健康溧水 活力新城

溧水年鉴

LISHUI YEARBOOK

2021

南京市溧水区地方志编纂委员会办公室 编

方志出版社
Publishing House of Local Records

图书在版编目（CIP）数据

溧水年鉴. 2021 / 南京市溧水区地方志编纂委员会办公室编. —北京：方志出版社，2021. 10

ISBN 978-7-5144-4893-1

Ⅰ. ①溧… Ⅱ. ①南… Ⅲ. ①溧水—2021—年鉴
Ⅳ. ①Z525. 34

中国版本图书馆CIP数据核字（2021）第253452号

溧水年鉴（2021）

编　　者： 南京市溧水区地方志编纂委员会办公室
责任编辑： 张　健
出 版 者： 方志出版社
地址　北京市朝阳区潘家园东里9号（国家方志馆4层）
邮编　100021
网址　http://www.fzph.org
发　　行： 方志出版社发行中心
电话（010）67110500
经　　销： 各地新华书店
印　　刷： 南京顺和印刷有限责任公司
开　　本： 889×1194　1/16
印　　张： 37
字　　数： 942千字
版　　次： 2021年10月第1版　2021年10月第1次印刷
印　　数： 001～600册

ISBN 978-7-5144-4893-1　**定价：** 200.00元

溧水年鉴编纂委员会

溧水年鉴编辑部

主　　编　高明芳

常务副主编　朱　芸

副 主 编　经贺军　王艳红　曹义文

执行主编　韦　静

编　　辑（以姓氏笔画为序）

韦　静　尹　伟　朱　芸　朱幸福　吴　萍　宋国朝

美术设计　张南海

工作人员（以姓氏笔画为序）

田家根　任雨霞　阴树琪　张孙凤　陈宗波　武春萌

柳元元　程伟林　魏　笑

主审人员名单

（按篇目先后排列）

陈　花	何晓明	唐红霞	蒋红松	颜　勤	张成林	陆　平	管红玲	周小军
芮　磊	杨丽丽	刘　智	徐名松	樊小力	黄晓宝	张友花	袁　民	张士顺
赵孝云	潘　超	杨　倩	相开玲	肖　伟	周　宁	刘　永	吴　雷	陆晓彬
张红头	芃　雷	薛　鑫	黄继元	王贵保	张　韧	周建誉	端木传龙	徐友章
王兆盛	魏　振	盛木彬	孔　刚	赵　霞	刘　玲	胡迎春	毕道涓	曹明辉
薛格非	江　淮	林　佳	俞桂平	谢文庆	胡光云	吴泽芳	赵晓红	邱　蔚
许　民	徐　捌	段向宁	王庆红	金　乐	邹　健	李光香	吴宇驰	王昌然
喻召双	任　伟	许正伟	董中生	陈　敏	骆照林	毛金宇	张忠林	陶巧良
戴志盛	尹照生	王　艳	赵国强	廖文健	曹智斌	唐　凌	郜振华	徐孝林
林　伟	李德琴	张方健	胡新春	查春华	张召中	端义友	朱继伟	陈社育
杨　锦	卞新宏	金伟素	史献金	高明芳	芮芳林	汤　杰	倪鲁金	吕鑑福
王保涯	嵇振岭	冷恩荣	严明星	陈发仁	邵　璟	张菊花	周明霞	徐小虎
葛晓宝	刘晓萍	邱训成	任贤俊	崔　纯	许金香	毛俊秀	王　栋	钱　锋
赵可可	李玉平							

编辑说明

一、《溧水年鉴》由南京市溧水区人民政府主办，南京市溧水区地方志编纂委员会办公室编纂，各街镇（开发区）、部委办局、集团公司、驻溧水单位供稿。

二、《溧水年鉴（2021）》记述时限为 2020 年 1 月 1 日— 12 月 31 日。坚持辩证唯物主义和历史唯物主义的立场、观点和方法，坚持以马克思列宁主义、毛泽东思想、邓小平理论、“三个代表”重要思想、科学发展观、习近平新时代中国特色社会主义思想为指导，贯彻落实中共十九大精神，求真务实，系统记载 2020年溧水区政治、经济、文化、社会、生态文明建设等方面情况，客观真实地反映全区各个行业取得的新成就、新经验以及需要解决的新矛盾和新问题，为社会各界了解溧水、研究溧水提供资料信息，为各级领导科学决策和有关部门开展工作提供参考依据，为编修地方史志积累地情史料，记述内容注重资料性、思想性和科学性的统一。

三、主体内容分为类目、分目、条目 3 个层次，部分分目下设副分目。条目为记述的基本层次。为避免交叉重复，大部分类目下不设“综述”，仅在分目或副分目下设“概况”作为第一条目，综合记述各行业、各类事物的总体情况。全书设27个类目、174个分目、44个副分目、1546个条目、78张表格、215张图片，其中类目题图为石臼湖，由俞小将拍摄。

四、该年鉴对框架进行适当调整：“农业”类目增设“农业绿色发展”“农业主体培育”分目，改“农业资源开发”分目为“高标准农田建设”；“工业 建筑业”类目增设“新产业行动”“企业疫情防控”分目；“商贸业”类目撤销“盐务专营”分目；“旅游”类目增设“乡村旅游”分目；“国有资产监督与管理”类目增设“水务集团项目建设与管理”分目，改“商旅集团项目建设与管理”分目为“产业集团项目建设与管理”；“城市建设与管理”类目增设“垃圾处置”分目；“水务”类目增设“污水处理设施建设管理”分目；“科学技术”类目增设“创新主体培育”“产学研合作”“创新创业服务”分目；“体育”类目增设“体育设施”分目；“社会生活”类目增设“退捕渔民专项安置保障”分目；“专记”记述年度特色内容《溧水区抗击新冠肺炎疫情实录》《从“后进生”到“排头兵”——江苏溧水在追求高质量发展中蝶变》，从各方面提高资料的完整性与框架的合理性。

五、条目中“各街镇（开发区）”指溧水区所辖永阳街道、柘塘街道、东屏街道、洪蓝街道、石湫街道、白马镇、和凤镇、晶桥镇和溧水经济开发区。凡未用全称的“省”“市”“区”分别指江苏省、南京市、溧水区，凡未冠属地的街镇，均指境内街镇。

六、柘塘街道整建制划归开发区管辖，实施“区街合一”管理模式。柘塘街道有关经济建设方面的内容在“溧水经济开发区”分目中加以体现，“街镇工业园区”分目及“街道 镇”类目中不再单设柘塘街道经济建设方面的内容。

七、卷首设有“溧水区部分机构（单位）全称简称对照表”，表格中收录的机构（单位）在条目中均用简称，未收录的第一次出现时用全称，再次出现时用简称；缩略语第一次出现时一般均有注解，再次出现时不再注解。

八、统计资料由区统计局提供，其他数据由各单位提供。由于统计口径不同，一些单位提供的数据与统计资料数据不一致，一般以区统计局统计资料数据为准。所有数据采用法定计量单位，个别遵从使用习惯。“特载”“文件”中的数据、计量单位未做改动。全书提及的“增长”或“下降”数据，除特殊说明外，均指“比上年增长”或“比上年下降”数据。

九、先进名录以有关表彰文件（证书）为准，收录市委、市政府及省级部门（含）以上表彰的先进集体和先进个人。

十、卷首设中文目录，内文有大事记，卷末有索引，全书信息资料可通过目录、大事记、索引 3 个检索渠道查找。

2020年溧水区部分机构（单位）全称简称对照表

全称	简称
中国共产党南京市溧水区委员会	区委
南京市溧水区人民代表大会常务委员会	区人大常委会
南京市溧水区人民政府	区政府
中国人民政治协商会议南京市溧水区委员会	区政协
中国共产党南京市溧水区纪律检查委员会	区纪委
南京市溧水区监察委员会	区监委
南京市溧水区人民法院	区法院
南京市溧水区人民检察院	区检察院
中国共产党南京市溧水区委员会办公室	区委办
南京市溧水区人民代表大会常务委员会办公室	区人大办
南京市溧水区人民政府办公室	区政府办
中国人民政治协商会议南京市溧水区委员会办公室	区政协办
中国共产党南京市溧水区委员会机构编制委员会办公室	区委编办
南京市溧水区人民武装部	区人武部
南京市溧水区国家保密局	区国家保密局
中国共产党南京市溧水区委员会党史工作办公室	区委党史办
中国共产党南京市溧水区委员会统一战线工作部	区委统战部
中国共产党南京市溧水区委员会巡察工作办公室	区委巡察办
中国共产党南京市溧水区委员会区级机关工作委员会	区委区级机关工委
南京市溧水区民族宗教事务局	区民宗局
中国共产党南京市溧水区委员会台湾工作办公室	区委台办
南京市溧水区人民政府台湾事务办公室	区政府台办
南京市溧水区粮食和物资储备局	区粮食物资储备局
南京市溧水区政务服务管理办公室	区政务办
南京市溧水区人民政府侨务工作办公室	区政府侨办
南京市溧水区台湾同胞联谊会	区台联
南京市溧水区归国华侨联合会	区侨联
中国共产党南京市溧水区委员会政法委员会	区委政法委
南京市溧水区发展和改革委员会	区发改委
南京市溧水区人民政府外事办公室	区政府外办
南京市规划和自然资源局溧水分局	溧水规划资源分局
南京市溧水区投资促进局	区投资促进局
南京市溧水区工业和信息化局	区工信局
南京市溧水区供销合作总社	区供销社
南京市溧水区城乡建设局	区城建局
南京市溧水区住房保障和房产局	区房产局
南京市溧水区文化和旅游局	区文旅局

全称	简称
南京市溧水区科学技术局	区科技局
南京市溧水区卫生健康委员会	区卫健委
南京市溧水区人力资源和社会保障局	区人社局
南京市医疗保障局溧水分局	溧水医保分局
南京市溧水区安全生产委员会	区安委会
南京市溧水区城市管理局	区城管局
南京市溧水区交通运输局	区交运局
国家税务总局南京市溧水区税务局	区税务局
南京市公安局溧水分局	溧水公安分局
南京市溧水区市场监督管理局	区市场监管局
南京市溧水区关心下一代工作委员会	区关工委
南京市溧水区人民防空办公室	区人防办
南京市溧水区精神文明建设指导委员会办公室	区文明办
南京市溧水区防汛防旱指挥部办公室	区防汛办
中国共产主义青年团南京市溧水区委员会	团区委
南京市溧水区妇女联合会	区妇联
南京市溧水区文学艺术界联合会	区文联
南京市溧水区科学技术协会	区科协
南京市溧水区工商业联合会	区工商联
南京市溧水区残疾人联合会	区残联
国家电网南京市溧水区供电公司	区供电公司
南京市溧水区人民政府国有资产监督管理办公室	区国资办
南京溧水城市建设集团有限公司	区城建集团
南京溧水商贸旅游集团有限公司	区商旅集团
南京溧水产业投资控股集团有限公司	区产业集团
南京溧水国资经营集团有限公司	区国资集团
南京空港国际博览中心	空港博览中心
江苏白马农业国际博览中心	江苏白马农博中心
江苏南京国家农业高新技术产业示范区	南京国家农高区
南京溧水经济开发区	开发区
南京溧水高新技术产业开发区	高新区
南京溧水高新技术产业投资有限公司	溧高投
南京傅家边现代农业园	傅家边农业园
中国人民银行溧水支行	人行溧水支行
江苏省溧水高级中学	省溧中
江苏省溧水中等专业学校	溧水中专校
南京市溧水区消防救援大队	区消防大队

健康溧水 活力新城
溧水

了都说好！
HERE, BE BETTER

吕一剑 摄

史鸿兵 摄

2020 年，溧水区面对新冠肺炎疫情，坚持“外防输入、内防反弹”总体策略，全面建立“防疫+”战时工作机制，强化“联防联控、群防群控、闭环管控”常态化精准防控措施，2800 多名网格员、8.2 万余名志愿者、1600 多名机关党员干部奋战一线，通过“大数据+网格化+铁脚板”，构筑起疫情防控的铜墙铁壁。图为网格员、志愿者、机关党员干部、交警、民兵等在村口、交通卡口等疫情防控检查点执勤

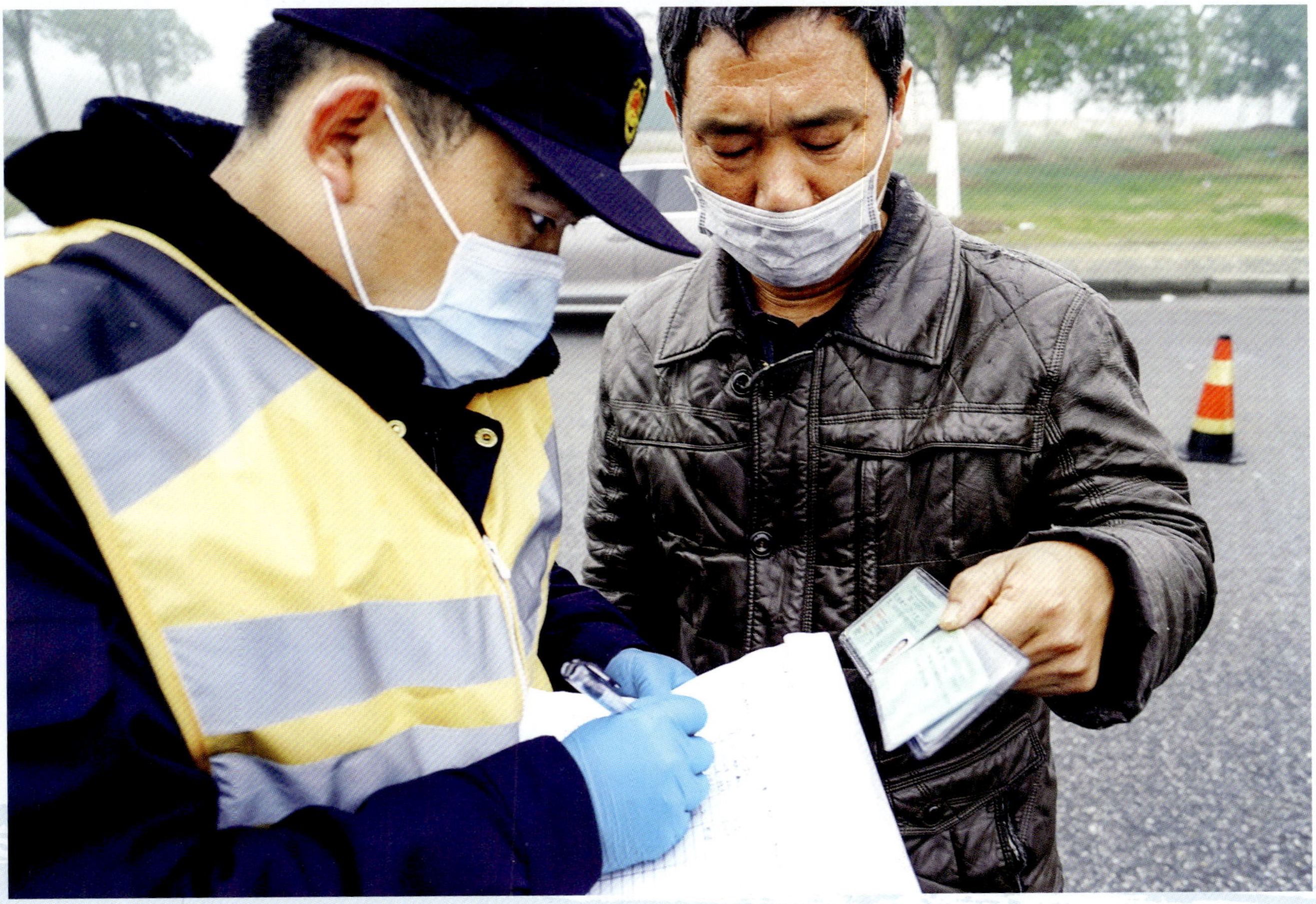

史鸿兵 摄

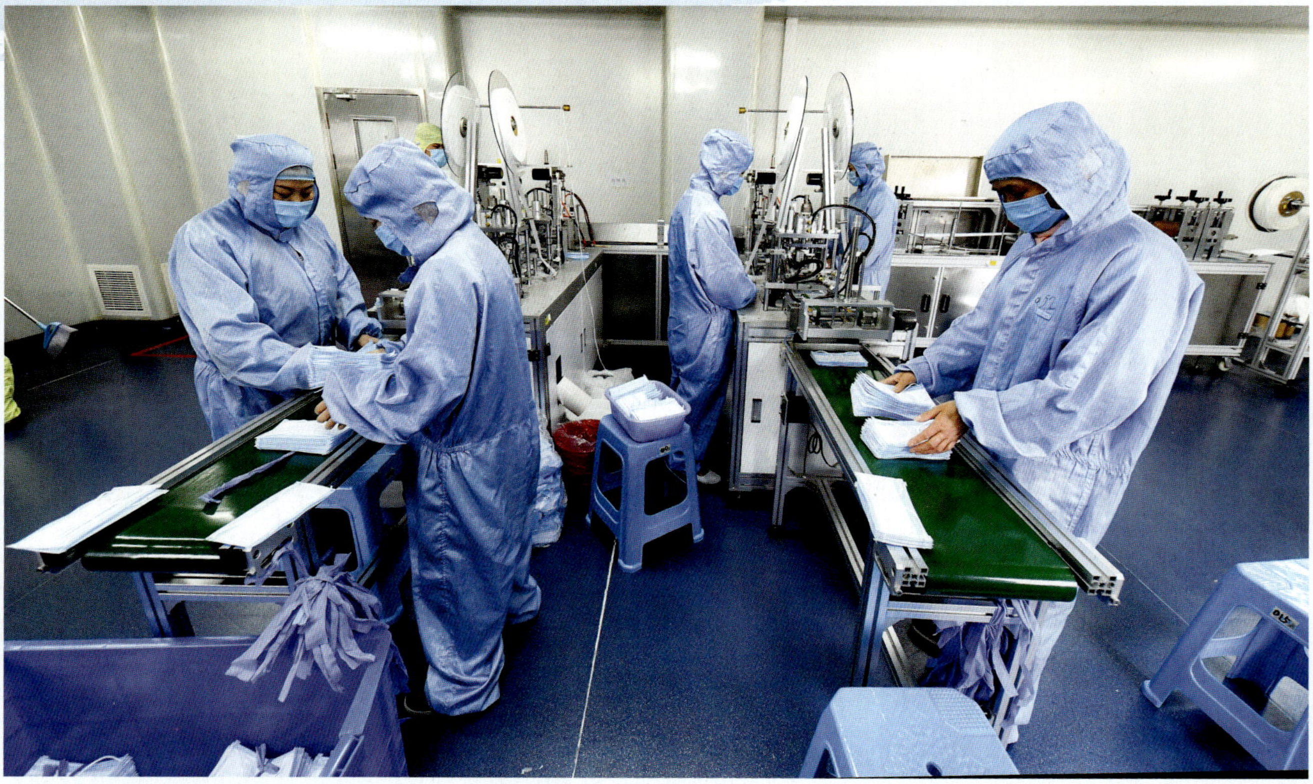

1月28日，溧水区内医用口罩企业南京新隆医疗用品有限公司提前复工复产生产口罩　　史鸿兵　摄

2月10日，全区首批符合复工条件的172家企业迎来节后复工　　《今日溧水》报　供

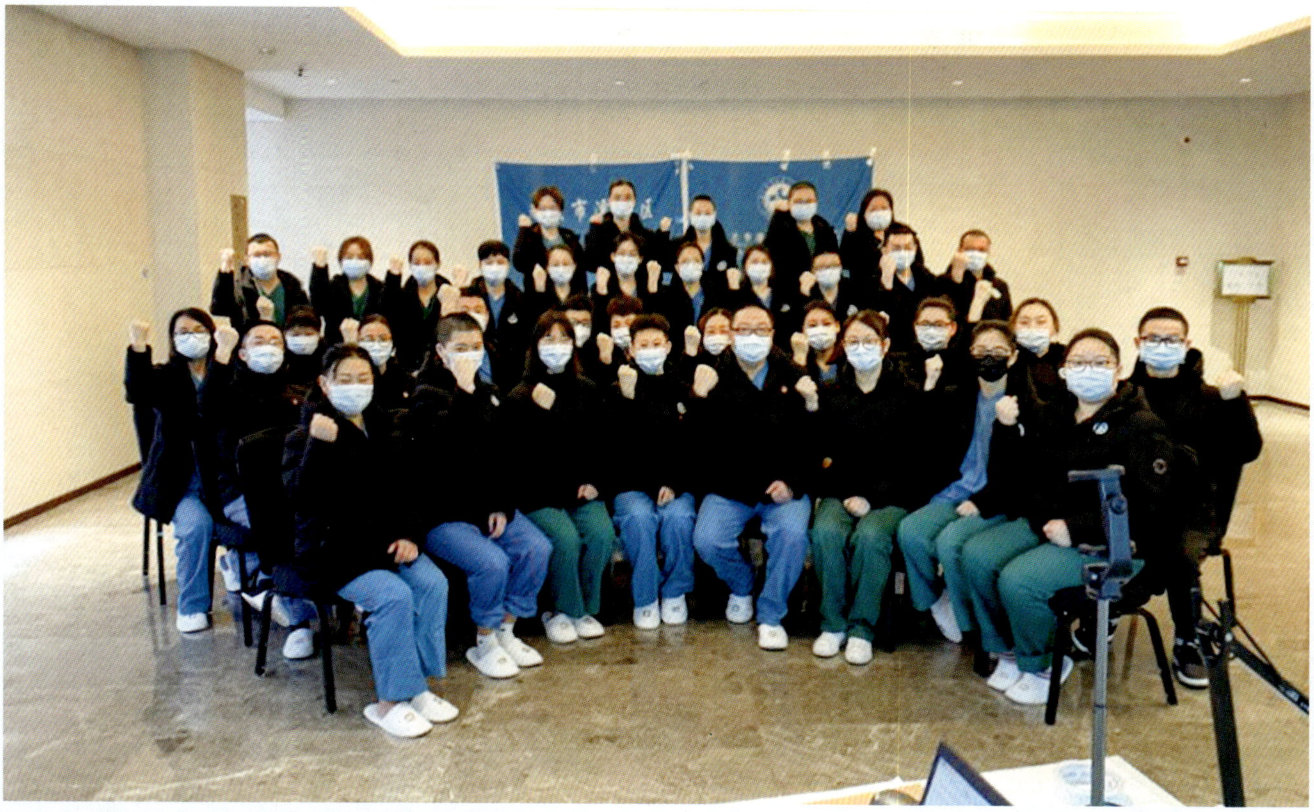

2月24日，区领导视频连线慰问溧水区援鄂医疗队员 《今日溧水》报 供

4月14日下午，溧水区第三批38名援鄂医护人员结束隔离休整，回到医院后，受到同事们的热情迎接 《今日溧水》报 供

6—8月，溧水遭遇特大暴雨和洪涝袭击，全区82条（座）河湖、水库超警戒水位。在长达41天梅雨期的日日夜夜，党员干部、人民子弟兵、社会各界众志成城抗击汛情，确保城市安全。图为晶桥镇新桥河芮家圩抢险现场　《今日溧水》报 供

◆防汛备战24小时（溧水防汛队员的一天）

9时至11时，近200名抗洪抢险人员合力化解险情

11时至13时，和凤供电所抢修人员在魏家村抬高供电设施保供电

13时至15时，抗洪抢险人员轮流就餐

15时至17时，帮助受灾群众避险转移，安排好受灾群众食住

17时至19时，公路养护人员及时清排路段积水，确保道路安全畅通

19时至21时，溧水区利用区智慧城市运营指挥中心的智慧防汛综合应用系统实时监测、预警汛情，指挥和调度防汛力量

《今日溧水》报 供

21时至23时，石臼湖战天圩骆山段，抢险突击队员开挖导渗沟

23时至次日1时，全体人员紧急集合，参与夜间抢险

1时至3时，连夜填充沙包，为防汛做好充足准备

3时至5时，夜幕里一个个忙碌的身影在坚守，一小时一巡查，盯紧盯紧再盯紧

5时至7时，突击队正在抢险加固，疲惫、疼痛统统顾不上

7时至9时，雨停了，他们依旧奋战在一线，防汛抢险的脚步一刻也不能停

4月26日，溧水区举办“四新”行动发布会，发布总投资超1700亿元的“四新”行动亮眼项目262个　《今日溧水》报 供

3月24日，溧水区召开并全球直播制造业高质量发展千人大会　《今日溧水》报 供

8月14日，溧水区在深圳举办2020南京溧水"四新"行动推介会，签约新产业项目18个，投资总额73.7亿元，其中10亿元以上项目3个

《今日溧水》报 供

12月18日，溧水区在北京举办2020南京制造业高质量发展试验区推介会，签约落户高端制造项目14个，投资总额96亿元

《今日溧水》报 供

2月12日，南京国林数控机械制造有限公司新建项目开工仪式在永阳街道工业园举行，总投资3亿元，将新建高新设备零件及设备生产线
《今日溧水》报 供

6月21日，江苏省康复医院在溧水开工建设
《今日溧水》报 供

8月18日，南京国家农高区重大项目集中签约仪式在江苏白马农博中心举行，溧水区与南京林业大学签订协议，双方合作共建南林大新校区和农业科技创新港，打造长三角首个产教融合的“没有围墙的大学” 《今日溧水》报 供

2020年，溧水位列中国工业百强区第43位、全国新城区竞争力百强第46位。10月16日，溧水开发区入选国家级绿色工业园区。图为开发区企业布雷博(南京)汽车零部件有限公司 《今日溧水》报 供

●直播电商消费

8月31日，位于开发区机场大通关外物流保税B型库园区的溧水直播电商产业基地迎来直播首秀。10月，溧水区率先在江苏省出台《溧水区支持直播电商发展扶持政策》

《今日溧水》报 供

10月3—5日，“智选美好生活·畅享美溧消费”——2020南京溧水工厂直购节在南京空港国际博览中心举办，销售总额590万元，线上直播平台观看量超2100万人次，线下客流量1.3万人次

《今日溧水》报 供

●假日消费复苏

秦淮源头过大年　　《今日溧水》报 供

第三届秦淮源头灯会原定时间1月1日至2月11日，受疫情影响，3月12日晚重新亮灯，延展至4月12日

1月1日，秦淮源头灯会年货节开幕

“五一”期间，“健康生活、溧水假日——五月到溧水来打卡”系列活动吸引150万人次到溧水踏青、参与打卡，实现旅游收入3.56亿元
区文旅局 供

第七届咪豆音乐节现场

梦华苑精品露营大会

市民在傅家边精品草莓生活馆采摘草莓

万达广场的无人机表演

“十一”期间，文旅、会展、促销等“新消费”活动精彩纷呈，8天实现旅游收入7.4亿元，海乐城、万达广场销售额同比增长7.9%
《今日溧水》报 供

9月26—10月2日，2019—2020赛季全国击剑冠军赛首站比赛在溧水举办

10月1—2日，中国江苏动漫产业论坛暨动漫嘉年华在溧水举办

9月30日晚，“健康溧水·无想夜跑ROCK RUN”热力奏响“FUN假溧水”序曲，近万市民参与
《今日溧水》报 供

10月1日，龙吟湾举行亲子活动抓螃蟹

10月2—3日，2020第八届咪豆音乐节在溧水举办

会展经济

8月9日，空港博览中心在中国会展（会奖）产业交易会颁奖盛典中，获评“新世纪20年·最具影响力会展中心金手指奖”；7月16—18日，在中国会展产业创新发展大会(CCESF)上获评“中国会展之星优秀展馆奖” 《今日溧水》报 供

9月24日，全国第五届新农民新业态创业创新大会主论坛在江苏白马农博中心举办 《今日溧水》报 供

9月20日，全球智慧出行大会暨中国
会（GIMC2020）在空港博览中心开幕

9月12日，2020 年中国农民丰收节溧水系列活动2020iFresh 亚洲果蔬产业博览会（江苏站）暨华东秋季百果嘉年华启动仪式在江苏白马农博中心举行

《今日溧水》报 供

南京）国际新能源和智慧网联汽车展览

《今日溧水》报 供

9月26日，2020长三角健康峰会（溧水）暨中医药博览会在江苏白马农博中心开幕

《今日溧水》报 供

●会展经济

10月11日，第二届“健康中国”发展大会暨中医药产教融合发展大会在溧水召开　　《今日溧水》报 供

“健康中国”发展大会当天，“健康溧水”建设成果展开展
《今日溧水》报 供

中国工程院院士、“共和国勋章”获得者钟南山在会上发表视频致辞　　中国网 供

10月22日，2020全国农商互联暨精准扶贫产销对接大会在溧水开幕 《今日溧水》报 供

11月28日，2020中国农村电商供应链博览会暨2020中国农村电商供应链大会在江苏白马农博中心开幕

《今日溧水》报 供

5月8日，南京空港保税物流中心（B型）封关运营仪式举行，首单货物正式通关　《今日溧水》报 供

11月19日，“黄教授”鸭血粉丝汤标准与新品发布会暨中华传统食品产业发展高峰论坛在江苏白马农博中心举办
《今日溧水》报 供

12月4日，溧水区与无锡市锡山区、苏州市相城区签约达成车联网联盟互认，标志着溧水开发区智能网联汽车测试进入省内互认阶段
《今日溧水》报 供

8月，江苏苏创智慧物流产业园投入运营
《今日溧水》报 供

5月26日，和凤镇入围2020年全国农业产业强镇，是南京市唯一上榜镇。图为和凤镇公正大米种植基地　史鸿兵 摄

2020年，南京国家农高区以“绿色智慧农业”为主题、以生物农业为主导产业，加速集聚高端科技人才和龙头项目。图为“光伏+农业”智慧植物工厂进行蔬菜种植

《今日溧水》报 供

6月20日，2020国际蓝莓品牌大会在南京国家农高区通过线上直播的方式举办。溧水区蓝莓亮相大会，溧水有40多年种植历史，是全国最早引种栽培蓝莓的地区之一。图为南京国家农高区中植蓝莓黑莓产业示范园

《今日溧水》报 供

洪蓝街道陈卞村依托石臼湖丰富的水资源优势，将螃蟹养殖作为特色主导产业

《今日溧水》报 供

和凤镇乌飞塘社区是市经济薄弱社区，自溧水区华成蔬菜专业合作社负责人路晓华担任社区党总支书记、区农业农村局副局长方明保任社区第一书记后，通过土地流转、组建农业合作社、建设高标准农田等措施，发展集体经济，2020年社区总经济收入220.96万元，增长56.13%

《今日溧水》报 供

晶桥镇邰村5座老建筑被评为"南京历史建筑"。该村将美丽乡村打造与历史传承保护相结合，以水稻为主要经济作物，2020年建设高标准农田220公顷，实现珍爱青山绿水与产业富民强村齐步走

《今日溧水》报 供

7月，晶桥镇芝山村被评定为省生态循环农业试点村，全市仅有2个村获此殊荣。8月12日，芝山富硒生态健康农业产业园开园，成为生态循环农业示范区和健康旅游网红打卡地

司徒安祺 摄

●花园城市

溧水区构建“3分钟到社区绿地、5分钟上健康绿道、10分钟进城市公园”的健康环境体系。图为遍布城市各个角落的花墙、花箱、花径等　　区城管局 供

富强
民主
文明
和谐
自由
平等
公正
法治
爱国
敬业
诚信
友善

4月17日，安民智慧农贸市场·马家园店启用 《今日溧水》报 供

6月6日，溧水区委党校(行政学校)新校区（高岩路）落成暨省委党校(行政学院)现场教学基地举行揭牌仪式。图为区委党校鸟瞰图 张川 摄

2020年，溧水公共卫生中心投入使用　　张川 摄

9月25日，溧水、安徽博望实现跨省办电　　《今日溧水》报 供

10月23日，溧水区"十三五"建设成就展开展仪式在溧水市民之家举行 《今日溧水》报 供

11月20日，新华社直播团队联合区文旅局、农业农村局和水务局走进石臼湖洪蓝街道陈卞村段，全程直播天鹅飞临石臼湖的美景，进一步打造石臼湖"天空之镜""天鹅湖"品牌。新华社客户端、新华网、百度直播等多个平台同步直播，在线观看人数超过150万人次

《今日溧水》报 供

溧水区在区特殊教育学校开展学生自然体验课　　武燕飞 摄

石山下村慧泽自然学校举办米糕制作亲子活动　　姜明灯 摄

12月4日，“澎湃杯”2020年全国滑板锦标赛在国家极限运动溧水训练基地开幕　　《今日溧水》报 供

2020年，溧水区新建的14个“残疾人之家”陆续投入运营，进一步完善残疾人托养服务体系，让更多残疾人感受到“家”的温暖

《今日溧水》报 供

2020年，溧水区垃圾分类先行先试定时定点投放，在部分居民小区引进智能垃圾分类房，实现垃圾分类进社区

《今日溧水》报 供

2016—2020年，溧水区实施老旧小区整治40个，涉及房屋户数16326户，建筑面积160余万平方米。图为整治后的财贸新村

《今日溧水》报 供

至2020年底，全区建有公共图书馆及分馆15个、镇街综合文化服务中心8个、农家书屋93个、社区图书室19个、学校图书馆30余个、特色阅读空间近20家，“15分钟阅读文化圈”真正进入市民生活

《今日溧水》报 供

芸台书舍

郊野书屋

鲜花开满晶桥镇石山下村

程建新 摄

2020年，溧水区开展全国重点文物保护单位蒲塘桥修缮工程　　傅小江 摄

第二届“健康中国”发展大会期间，溧水区在卧龙湖大道边布置宣传景观台　　高俊 摄

位于溧水无想山风景区的唐家庵村

俞小将 摄

总　　目

目　录

特　载

专　记

大 事 记

区 情 概 览

党政机关

民主党派　工商联　人民团体

法　　治

军　事

园　区

农业　乡村

工业　建筑业

商 贸 业

旅　游　业

交通　通信

房 地 产 业

金融业

经济管理

国有资产监督与管理

城市建设与管理

生态环境保护

水　　务

科学技术

教　　育

文　化

体　育

卫 生 健 康

应急管理

社会生活

街道　镇

人物　名录

附　录

索　引

在区委十三届十次全会上的讲话

（2020年12月27日）

这次全会的主要任务是，全面贯彻党的十九大和十九届二中、三中、四中、五中全会以及中央经济工作会议精神，深入落实习近平总书记视察江苏重要讲话指示精神，认真贯彻省委十三届九次全会和市委十四届十一次全会要求，回顾总结“十三五”和今年工作，研究部署“十四五”和明年工作，审议区委关于制定国民经济和社会发展第十四个五年规划和二〇三五年远景目标的建议，动员全区上下承前启后、接续奋斗、争创一流，着力深化“强富美高”新溧水建设，以“争当表率、争做示范、走在前列”的使命担当，奋力开启全面建设社会主义现代化新征程。

下面，我根据区委常委会讨论精神，讲五个方面意见。

一、坚决贯彻习近平总书记系列重要讲话指示精神，奋力夺取疫情防控和经济社会发展“双胜利”，交出了一份令人振奋的收官成绩单

今年以来，区委常委会坚持以习近平新时代中国特色社会主义思想为指导，以非常之举应对非常之时，在极不平凡之年创造出极不平凡的业绩，干成了一批对未来发展具有深远影响的大事要事。我们化危为机、危中寻机，成为全省首批低风险地区，抓住疫情加速区域分化的重大机遇，在许多地区发展明显降速的情况下，预计全年完成地区生产总值906亿元、增长6%，实现一般公共预算收入79亿元、增长12%，15项指标创出历史新高，“四新”行动走在全市前列，一举缩小了与先进标杆地区的总量差距。我们干字当头、只争朝夕，不断刷新重大项目建设的“溧水速度”，机场大通关基地、两大会展中心等重大功能平台建成运营，一举改写了对外开放的新格局。我们扛起责任、强化担当，高规格办好全区制造业千人大会、全国新农民新业态创业创新大会、第二届健康中国发展大会等重大活动，受到社会各界广泛关注、高度肯定，一举将城市影响力提升到前所未有新高度。我们超前谋划、反复论证，以对地区发展极端负责的态度，聘请国内最顶尖的智库机构、专家学者，在全省区县层面率先谋划“十四五”和中长期发展规划，确立了“南京南部中心、健康活力新城”的城市定位，一举提升了溧水战略地位和发展自信。这一年更加见证着，今天的溧水是一座拥有远大理想、强大担当、巨大潜力的城市！

*产业转型在迎难而上中再攀新高。*制造业高质量发展试验区建设取得新突破，被评为全市唯一的全省制造业创新转型成效明显地区。主导产

业逆势增长。建立三大主导产业“链长制”，引进百亿级龙电华鑫华东总部、哈佛大学适老科创中心、无想国医文旅小镇、苏宁易购等定标性项目，预计全区规上工业总产值增长13.5%，增幅排名全市第二，制造业前50强企业产值增幅创近年来新高。重大项目稳居前列。率先举办全市重点产业项目集中开工仪式，连续3个季度获全市“招商擂台赛”重大项目推进奖，12个项目列入明年省重大项目备选库。企业培育再创新高。净增规上工业企业100家、高新技术企业98家，净增数量均创历史新高。签约新型研发机构5家、通过市级备案2家，签约数量创三年来新高。瞪羚企业新增数量居全市第三位。园区转型实现突破。开发区获评国家绿色工业园区，东屏新材料基地创成国家火炬特色产业基地，“八马奔腾”的态势更加显现。产业扶持率先领先。创造性制定出台制造业高质量发展“双十条”政策，帮助企业降本减负24.9亿元。制造业贷款余额增长44%，创“十三五”以来新高。

*城乡建设在主动作为中掀起热潮。*473个城乡建设项目有力推进，率先建成一流的新型智慧城市综合运营平台。永阳新城，通济街、飞燕活塞环厂旧址、寺桥等老城客厅更新已初具模样，区委党校新校区、国家极限运动馆等重点项目全面建成，大街小巷更加呈现出古今交融、大气开放的城市新魅力。空港国际城，空港国际博览中心正式投入使用，南外仙林分校等标志性项目开工建设，打造南京地标性门户窗口迈出关键一步。生态智慧未来城，“1+9”规划体系基本完成，“五横三纵”路网框架全面拉开，成功签约枫叶国际学校等重点项目，宁杭合作试验区建设受到长三角办和各界高度肯定。石湫文艺科教新城，全面完成12平方公里新城规划编制和城市设计，南京艺术学院、江苏传媒学院等重大项目正式签约落户。南京国家农高区，省委两次专题召开农高区建设工作领导小组会议，完成“4+1”规划编制工作，白马湖公园、玲陇酒店、白马大道等重点项目全面建成，签约亿元以上项目24个，获评全省首批数字乡村试点地区。南部特色田园片区，高标准创成省级全域旅游示范区，获评全国美丽乡村旅游目的地。傅家边农业科技园创成省级示范园区，李巷被评为全国乡村旅游重点村，石头寨入选中国美丽休闲乡村。

*健康溧水在先行先试中打响品牌。*健康溧水总体指标提前十年达到国家标准，主要考核指标基本达到健康江苏2022年水平，健康江苏实践示范区基本建成。健康环境上，率先基本实现全域Ⅲ类水，集中式饮用水源地和省市考断面100%达标，石臼湖“天空之镜”火遍全网，空气优良率为“十三五”以来最好。垃圾分类实现全覆盖，获评全市唯一的国家农村生活垃圾分类和资源化利用示范区。健康事业上，区中医院创成三级医院，成为全省为数不多拥有2家三级医院的区。国家紧密型县域医共体建设、省级医保支付方式改革获国家卫健委专家组肯定。健康平台上，“互联网+健康”大数据平台试运行，率先发布全国首批6个大健康标准技术评价规范。健康品牌上，第二届健康中国发展大会关注度超过1.3亿人次，探路先行的经验做法受到新华社、《人民日报》等中央媒体广泛报道，“健康中国看江苏、健康江苏看溧水”受到广泛认可。

*改革开放在扛起重任中擦亮品牌。*重点改革走在前列，开放平台全面构筑，六大试验示范区建设取得新进展。以思想破冰引领改革突围。9大领域130项改革全面完成，其中：“放管服”改革“一件事一次办”“一站式收费”等做法走在全市前列，新增市场主体数量创历史新高，率先实施“交房即办证”。城乡融合改革率先出台相关暂行办法，农村集体经营性建设用地入市开题破局。国企改革召开全区国企座谈会，整合设立农高集团、产业集团，区属国企资产规模增长至2000亿元。以重大平台增创开放优势。空港保税物流中心封关运营，金陵海关正式入驻，跨境电商进出口业务突破1亿美元。自贸区联动创新发展区加速推进，平台窗口全面进驻自贸区南京片区行政服务中心。实际利用外资超3亿美元，增长19.5%；外贸进出口总额突破100亿元大关，增长30.1%。

*民生福祉在应对疫情中持续提升。*坚持人民至上、生命至上，疫情防控取得重大战略成果，高质量办好十件民生实事，群众获得感走在全市前列。着力增收入，预计全体居民人均可支配收入增长6.5%，农村居民收入增幅连续五年稳居全省前列。着力稳就业，城镇新增就业2.27万人，超额完成“宁聚行动”见习岗位开发任务。着力攻脱贫，持续巩固脱贫成果，对口帮扶的商南县如期脱贫，荣获全省脱贫攻坚组织创新奖。着力强教育，

2所新学校投入使用，普惠性幼儿园覆盖率超省市标准13个百分点，省溧中、二高中获全市教学成绩突出贡献奖。着力抓养老，东屏区级集中供养点全面建成，3A级居家服务中心和村居助餐点实现全覆盖。着力优出行，“两纵两横”高速公路网基本形成，智慧交运二期完成建设，交通路等重点道路整治一新。着力保住房，完成棚户区改造37万平方米，分配安置房7191套，推出人才公寓1120套。着力促稳定，安全生产事故起数和死亡人数连续三年实现“双下降”。获评全省扫黑除恶专项斗争成绩突出集体，公众安全感连续保持在98%以上。“一站式”矛盾纠纷调处化解中心投入使用，信访考核稳居全市前列。

*党的建设在重大考验中不断加强。*面对疫情防控、复工复产、防汛抗旱等各类考验，全区1200多个基层党组织、23000多名党员冲在一线、守在一线、拼在一线，成为今年党建工作最大亮点。坚持不懈学习贯彻新思想。常态化、制度化学习习近平总书记系列重要讲话指示精神，一切行动听从总书记号令，所有工作围绕党中央决策部署展开，把党的建设融入各项工作、各个方面。把握意识形态工作领导权。意识形态巡察工作基本实现全覆盖，区委党校、红色李巷等阵地影响力大幅增强，连续三年以全市第一名的成绩被评为全省基层党员冬训工作示范区。新时代文明实践中心省级试点扎实推进，开展各类活动5000多场，率先举办“十三五”建设成就展。建设高素质专业化干部队伍。“三项机制”功效充分释放，233名干部因工作实绩突出晋升职级，鼓励激励支援武汉医务人员案例入选省委组织部典型案例。突出政治过硬，大力发现培养选拔使用优秀年轻干部，“80后”区管干部数量增长50%，“90后”正科职干部总数增长三倍。树立大抓基层鲜明导向。首次召开全区村（社区）书记座谈会，在全省率先试行村书记专职化管理和农村发展党员违规违纪排查整顿工作，率先出台鼓励发展村集体经济政策。基层党建“巩固提升年”行动取得实效，整顿软弱后进党组织15个。构筑人才集聚新高地。市区两级高层次创业人才入选数量创历年新高，提前一年超额完成“创业南京”人才计划五年任务。务实推进“百校对接计划”，人才引育数量和质量实现“双提升”。持之以恒正风肃纪反腐。形式主义、官僚主义和民生领域突出问题得到有力整治，区委巡察工作获省委巡察指导组肯定。创新打造“三不一体”实境课堂，持续开展政治生态监测评估，风清气正的政治生态得到进一步巩固。同时，坚持和加强党的全面领导，人大、政协围绕中心、履职尽责，统一战线工作亮点频现，汇聚起发展的广泛共识和强大力量。

二、全面践行新发展理念，坚持解放思想、对标找差、创新实干，决胜全面建成小康社会取得决定性成就

党的十八届五中全会系统提出了五大发展理念，“十三五”成为践行新发展理念的第一个五年。在新发展理念的引领下，全区上下创造性贯彻落实中央和省、市委各项决策部署，以思想大解放引领区域大崛起，以发展大手笔引领工作大突破，推动溧水从“名不经传”迈向了“前沿前列”。

*——五年来，最具战略性意义的是，我们贯彻新思想、践行新理念，成为“强富美高”新江苏高质量发展样本。*坚定不移推动新发展理念入脑入心、落地落实。尤其是近年来，每次区委全会都聚焦一个主题，先后围绕制造业高质量发展、优化城市空间布局、打造健康中国示范样本、“十四五”规划等事关溧水长远发展的重大问题，做出前瞻性系统性安排，被评为全省推进高质量发展先进区。地区生产总值连跨四个百亿级台阶，距离千亿大关仅一步之遥。一般公共预算收入五年增长近一倍，在全省41个涉农县市中，排名从第23位跃升至第8位。全国百强区排名从2015年的第72位攀升到2019年的第52位。实践证明，道路千万条，发展第一条。只要我们全面践行新发展理念，咬定青山不放松，撸起袖子加油干，再吃五年苦，一定能够辉煌“十四五”。

*——五年来，最具根本性意义的是，我们坚持生态优先、绿色发展，率先走出一条生态高水平保护和经济高质量发展齐头并进之路。*深入践行“两山”理念，以壮士断腕的决心，整治低端落后、小散乱污等企业上千家，实现污染化工企业全面清零，高新技术企业总数五年增长近4倍，成为全国为数不多“没有传统路径依赖、没有传统产业负担”的区，绿色发展水平排名全国百强区第18位。实践证明，生态美才能产业兴。只要我们大力推进产业生态化、生态产业化，以极大的定力抓好产业转型升级，一定能够让三大千亿级产业梦想照

进现实。

——五年来，最具标志性意义的是，我们敢闯敢试、探路先行，无中生有打造出一个又一个示范样本。各级干部在实干中创新、在创新中实干，取得了许多探索性、创新性、引领性的发展成果，许多工作从“我们向别人学”转变成“别人向我们学”。比如，我们以自我革命的勇气打造营商环境最优区，在全国首创并率先基本实现“1120”目标，被评为全省营商环境综合评价先进区。比如，我们主动争取成为全省唯一的健康江苏实践示范区，成功拼抢江苏省康复医院、南京市颐养中心等旗舰型项目落地。比如，我们主动争取成为全市制造业高质量发展试验区，推动宁杭合作试验区建设被列入市委明年重点工作，成为自下而上主动改革的典型。比如，我们主动争取游府西街小学、南京艺术学院等9所名校（园）落户，创新推动医共体建设，彻底甩掉了公共服务水平落后的帽子。再比如，我们立足最高标准推进智慧城市建设，短短三年多时间实现“从零起步”到迈向“全省一流”，受到省委编办高度认可。这样的例子不胜枚举。实践证明，从跟跑到并跑，再到领跑，解放思想、创新实干、务实苦干是工作制胜的法宝。只要我们勇于争第一、敢于创唯一，一定能够书写出新的更大奇迹。

——五年来，最具历史性意义的是，我们保持定力、久久为功，创造了许多“一切皆有可能”的生动实践。不自弃、不抛弃、不放弃，永葆钉钉子精神，是这五年成功的重要秘诀。我们坚持以“高于主城、比肩河西”的标准，狠抓城乡规划建设管理工作，一草一木、一砖一瓦、一路一桥，每个规划都挑灯夜战、反复推敲，短短两年多时间建成了16座城市公园，实现了“健康绿道”“公共卫生间”“美丽乡村”全覆盖，城乡面貌华丽蝶变、流光溢彩。我们以难以想象的韧劲，历时四年创成全国首批、长三角唯一的国家农高区，坚持不懈推动开发区创建国家级经开区，有望成为全国为数不多同时拥有国家级经开区和国家级农高区的区。我们坚决打赢三大攻坚战，提前两年完成38个村、8951名低收入农户脱贫摘帽，全面建成小康社会指标实现程度排名全省第四，创成国家生态文明建设示范区，被评为全国信访工作“三无”区。看似寻常最奇崛，成如容易却艰辛。实践证明，一切的不敢想象，都来自敢于想象。只要我们保持定力，大力发扬钉钉子精神，一定能够将一个个美好愿景变为生动现实。

——五年来，最具决定性意义的是，我们纵深推进全面从严治党，各级党组织的创造力凝聚力战斗力明显提升。事业兴衰，关键在人。我们深入贯彻新时代党的建设总要求，把抓好党建作为最大政绩。鲜明树立发展第一、干字当头、只争朝夕的工作导向，大力弘扬“五不”精神状态，率先出台容错纠错机制，广大党员干部群众一年当作三年干、三年当作五年干，用五年时间，干成了其他地区可能需要八年、十年甚至更长时间才能办成的事。尤其是历经一系列重大考验、重大斗争，各级干部的创新创造能力、干事创业能力、政策执行能力得到广泛赞誉。一个人就是一颗星，一群人汇成一束光，一座城市才能拥有耀眼光芒。实践证明，溧水干部是一支想干事、能干事、干成事的队伍。只要我们不忘初心、牢记使命，风雨无阻、团结拼搏，一定能够建成一座让本地人自豪、外地人向往的城市。

在肯定成绩的同时，也要清醒看到，溧水发展不平衡不充分的问题仍然突出，主要表现在：一是转型升级任重道远。产业发展总体水平还不高，与先进地区相比，经济总量、亩均税收、上市企业数等指标存在一定差距。二是城市能级亟需提升。常住人口数量是目前溧水最大的短板，新城新区建设需要加快步伐，城乡功能品质还有较大提升空间。三是公共服务有待加强。虽然基本公共服务均等化建设走在省市前列，但是对照百万人口和美好生活的要求，教育医疗、居民收入、城市治理等方面还存在弱项。四是党的建设还需发力。群众身边的腐败和作风问题仍有发生，少数党员干部进取意识、创新思维仍显不足。对于这些，要深入研究、持续用力，在解决好每个问题中，不断开辟高质量发展新境界。

三、牢记习近平总书记“争当表率、争做示范、走在前列”谆谆嘱托，奋力建设南京南部中心、健康活力新城，在开启现代化新征程中走在最前列

党的十九届五中全会胜利闭幕不久，习近平总书记第一次到地方视察就来到江苏，要求在改革创新、推动高质量发展上争当表率，在服务全国构建新发展格局上争做示范，在率先实现社会主义现代化上走在前列。这是总书记在“两个一百

年"奋斗目标历史交汇的关键时刻，对江苏工作的精准把脉、科学定向，为谋划未来发展提供了重大战略指引和根本行动遵循。这次省、市委全会分别提出了"一中心一基地一枢纽"和"一名城一古都"的新定位，我们要自觉将总书记重要讲话指示与十九届五中全会精神结合起来，深入贯彻落实省、市委全会精神，聚焦"一个定位"，打造"五大名城"，实施"十大工程"，努力成为表率中的表率、示范中的示范、前列中的前列。

*"一个定位"是南京南部中心、健康活力新城。*这既是强化溧水为南京提升城市首位度的担当之举，也是大力提升溧水战略地位的实际行动。这个中心是区域地理中心。随着郊区新城战略的实施以及金坛、溧阳正式加入南京都市圈，溧水在南京南部的中心地位更加明显，是宁杭生态经济带主轴上的南京桥头堡，是向南对接迎接杭州资源的战略支点。这个中心是区域经济中心。从南京都市圈南部25个县(市、区)来看，溧水地区生产总值排名第三，一般公共预算收入排名第一，两项指标增幅均遥遥领先。"十四五"期间，溧水经济总量和增幅有望全部排名第一，成为名副其实的区域经济龙头。这个中心是区域创新中心。随着南京创新名城的深入推进，溧水科技创新正迎来加速期，哈佛大学适老科创中心、南农大作物表型组学、未来食品技术创新中心等一批重大创新载体落地建设。特别是南京都市圈南部、宁杭生态经济带沿线基本都是涉农区县，当前南京国家农高区肩负着"两区一地"的历史使命，溧水有责任、有义务成为区域创新的重要策源地。这个中心是区域开放中心。在服务构建新发展格局下，随着机场大通关基地、两大会展中心等重大功能平台做强做大，溧水将成为长三角融入"双循环"的核心枢纽。这个中心是区域消费中心。我们拥有江苏省康复医院、国家冰雪极限运动训练基地、无想国医文旅小镇等独一无二的重大项目，随着扩大内需战略的深入实施、南京打造国际消费中心的强烈带动，溧水将成为长三角乃至国内外康养、旅游、文体等区域性消费目的地。

*"五大名城"是制造名城、健康名城、会展名城、教育名城、文体名城。*制造名城，就是要坚持创新核心地位，更高水平建设制造业高质量发展试验区，到"十四五"末，力争三大主导产业产值突破2500亿元，南京国家农高区集聚高新技术企业250家以上，开发区创成国家级经开区。各镇街工业园区产值力争三年突破百亿。健康名城，就是要打造健康中国示范样本不动摇，立足两年一个周期，持之以恒抓好重点项目建设，到"十四五"末，区人民医院、区中医院创成三甲医院，健康溧水建设水平位居全国最前列。会展名城，就是要构建"一南一北、南北呼应"的会展新格局，每年举办展会100场，到"十四五"末，引进培育4个以上全球有影响力的展会活动，集聚20家以上会展总部企业，成为全国知名的会展名城。教育名城，就是要抓好义务教育优质均衡发展，加快推进南京艺术学院、南京林业大学等院校建设，到"十四五"末，再引进20所以上名校名园、100名以上名师，教育教学质量进入全省前列。文体名城，就是要充分保护与挖掘历史文化资源，发挥老城客厅、红色李巷、石湫影视基地等独特优势，激发南京艺术学院赋能效应，不断打造咪豆音乐节、秦淮源头灯会品牌，擦亮"秦淮源头、千年古城"的城市名片。要依托国家极限运动馆、国家冰雪极限运动训练基地等重大场馆，积极承办国内外顶尖赛事，持续提升马拉松赛等群众性赛事影响力，"十四五"期间，承办国内外有影响力的重大赛事30场以上，努力打造百亿级体育产业。

*"十大工程"是支撑城市发展定位、建设五大名城的主抓手。*一是科技创新赋能工程。重点抓好高新技术企业培育、新型研发机构引进、高标准载体建设等10大子项，到"十四五"末，高新技术企业突破1500家，各类新型研发机构超过40家。二是先进制造强基工程。重点抓好省级制造业重大项目、规上工业企业倍增、工业互联网培育等10大子项，到"十四五"末，全区规上工业企业突破1000家，培育上市企业10家，实施低效用地再开发3000亩以上。三是全域开放辐射工程。重点抓好自贸区联动创新发展区、会展经济、外资企业等9大子项，到"十四五"末，引进外资企业50家、跨境电商项目100个。四是现代农业引领工程。重点抓好绿色优质农产品品牌打造、未来食品产业培育等8大子项，到"十四五"末，培育市级以上农业龙头企业60家，白马未来食品产业园总投资超100亿元。五是城乡融合建设工程。重点抓好六大经济功能区、重大交通基础设施、美丽乡村等9大子项，到"十四五"末，新增城镇发展空间20平方公里，城镇化率达70%。六是健康溧水示范工

程。重点抓好"一平台三基地"、健康产业重大项目、污染防治等10大子项，到"十四五"末，全区医疗机构全面提档升级，健康产业重大项目总投资超400亿元，生态环境质量走在全省最前列。七是民生福祉提优工程。重点抓好富民增收、教育、交通出行等11大子项，到"十四五"末，群众幸福感走在全市最前列，建成美好生活示范区。八是人口集聚倍增工程。重点抓好名校引进、高层次创业人才引育、高质量就业岗位提供等13大子项，到"十四五"末，全区常住人口达到100万人。九是社会治理智慧工程。重点抓好平安溧水、法治溧水、安全城市等8大子项，到"十四五"末，社会文明程度明显提高，智慧城市建设走在全国前列，公众安全感保持在98%以上，打造特大城市郊区治理样本。十是重大载体支撑工程。重点抓好江苏省康复医院、低运量有轨公共交通、区文化艺术中心等定标性项目，到"十四五"末，城市能级和核心竞争力显著提升，冲刺全国百强区前20强。

一分部署，九分落实。要构建整体规划体系。要在明年二月份前完成规划纲要的制定出台、对外发布等工作，明年上半年全部出台27个重点专项规划，形成定位清晰、有机衔接、管用实用的整体规划体系。要构建项目实施体系。围绕"前三年攻坚、后两年决胜"的要求，十大工程既要制定前三年行动计划，也要统筹谋划后两年决战决胜行动，并且对每个工程进行任务分解落实，明确牵头单位、责任人等，确保各项工作取得实效。要构建要素保障体系。建立重点项目要素保障工作机制，按照"要素跟着项目走"的原则，推动人才、土地、政策、资金等，优先匹配大项目、好项目，实现项目"拿地即开工"。要构建跟踪评估体系。强化全区一盘棋思想，健全政策协调和工作协同机制，完善跟踪评估、监督考核等制度，以更严要求保障"十四五"规划实施到位。

四、坚持起步冲刺、开局决战，全面吹响"十四五"开局冲锋号，确保高质量实现"开门红"

2021年是"十四五"开局之年，做好全年工作意义重大，总的要求是：以习近平新时代中国特色社会主义思想为指导，全面贯彻党的十九大和十九届二中、三中、四中、五中全会精神，坚持稳中求进工作总基调，立足新发展阶段，坚持新发展理念，构建新发展格局，以推动高质量发展为主题，以深化供给侧结构性改革为主线，以改革创新为根本动力，以满足人民日益增长的美好生活需要为根本目的，坚持系统观念，巩固拓展疫情防控和经济社会发展成果，更好统筹发展和安全，扎实做好"六稳"工作、全面落实"六保"任务，推进十大工程建设，确保高质量实现"十四五"开门红，以优异成绩庆祝建党100周年。

五年看三年，三年看头年。按照"开局起势、三年成势、五年胜势"的要求，在抓好产业质效提升的同时，区委决定把明年定为"十大工程攻坚年"和"鼓励基层创新年"，重点把握好四个方面：一是坚持比学赶超。溧水体量小、基础弱的发展现状还没有实现根本性转变。明年一季度，区委将召开全区对标找差大会，各部门、各板块要围绕十大工程，拿出更多超常规思路举措，确保打赢一场场攻坚战。二是坚持改革创新。干好十大工程，冲刺全国百强区前20强，走老路行不通，闯新路才会有出路。要坚持问题导向、需求导向和结果导向，在全区上下掀起思想大解放、鼓励创新的热潮。三是坚持系统观念。要把系统观念作为基础性工作方法，加强对每项工程的规律性认识，把握好战略与战术的关系，找到"牵一发而动全身"的突破口，取得"一子落而满盘活"的效果。四是坚持守牢底线。要高度重视经济运行、各类传染病、极端气候、安全生产、信访维稳等风险挑战，强化底线思维，果断科学处置，决不能优柔寡断、贻误战机，坚决防范重特大事故发生。要毫不松懈抓好常态化疫情防控，牢牢把握"防得住才能放得开"这个辩证法，坚持外防输入、内防反弹，把各项防控工作抓紧抓细抓实。

明年各项目标任务要继续落实"保三争一"的总要求，预期目标是：地区生产总值增长9%以上，力争总量突破1000亿元；一般公共预算收入增长12%以上；全社会固定资产投资增长11%以上，其中工业固定资产投资增长13%以上；社会消费品零售总额增长8%以上；实际利用外资达到3.5亿美元。围绕上述目标，要重点抓好六个方面。

1.要深刻认识到经济发展迈向创新引领、数字赋能的新阶段，在大抓科技创新上当表率、做示范。要以制造业高质量发展试验区为牵引，依靠创新提升实体经济发展水平，让抓创新成为全区上下共识。要大抓重点企业。聚焦高新技术企业、规上工业企业、上市企业、专精特新企业、总部企业、外资企业等“六大类企业”，研究修订上市企业培育等政策，全年净增规上工业企业超100家，完成市委下达高新技术企业净增目标任务，力争实现2家企业上市。要大抓源头创新。深化与省产业技术研究院全方位战略合作，密切跟进服务各类新型研发机构，签约新型研发机构5家以上。要聚焦主导产业，抓紧布局一批科研机构、重点实验室等，争创区域性科技创新中心。要大抓数字经济。大力推进产业数字化、数字产业化，深入实施数字经济三年行动计划，建设5G基站500个，推动30家工厂接入工业互联网平台，争创国家智能制造示范区。要大抓园区转型。举全区之力支持开发区创建国家级经开区，鼓励各镇街大胆探索打造百亿级特色产业园区。要完善南京国家农高区和开发区“一区多园”机制，深化镇街与国企对口合作，加快推进工业高标准载体建设。

2.要深刻认识到主导产业迈向集群发展、质量提升的新阶段，在打造产业地标上当表率、做示范。以打造三大千亿级产业地标为牵引，确保制造业投资保持相当比重，加快构建现代产业体系。补链强链要打好硬仗。深入实施主导产业“链长制”，推进新能源汽车等4条产业链基础再造行动，每条产业链至少引进1家“链主式”企业，打好产业基础高级化、产业链现代化攻坚战。要积极搭建平台，促进产业链区内循环配套，全年举办3场以上对接活动。招商引资要争先夺旗。建立健全专班招商、驻点招商等机制，深入开展产业链招商、基金招商、平台招商等，做到“天天有洽谈、周周有签约、月月有推介”，全年引进亿元以上项目220个，其中制造业项目180个、百亿级项目2个。要研究产业规律，严守招商门槛，提升招商质量。重大项目要稳居前列。牢固树立“项目为王”理念，持之以恒抓好项目引进，确保省市重大项目数量稳居省市前列。要每季度召开重大项目观摩点评活动，完善省市重大项目区领导挂钩联系制度，健全专班保障推进机制，确保一季度开工率达75%、上半年达90%、三季度全面开工。现代农业要争先领跑。发挥南京国家农高区独特优势，推进农业供给侧结构性改革，制定农业现代化行动计划，把饭碗牢牢端在自己手上，推动农业现代化水平走在全国最前列。企业服务要拿出实招。每月召开企业家座谈会，政策支持上，凡是别人做到的，溧水要做得更好；别人做不了的，我们要创造条件做。要引导广大企业家以张謇为楷模，坚持实业报国，担当社会责任。产业基金要力求突破。按照市场化运作、专业化管理原则，每个主导产业至少有1个产业发展基金。积极引进各类专业投资机构，全年引入5家在地注册基金管理公司。

3.要深刻认识到区域协调迈向功能互补、深度融合的新阶段，在城乡融合发展上当表率、做示范。以六大经济功能区为牵引，落实“产城融合、职住平衡、生态宜居、交通便利”的郊区新城要求，高标准抓好城乡建设计划项目，提升城市综合承载能力。永阳新城，要加快推进国家冰雪极限运动训练基地、天安健康产业园等重点项目建设，全面建成老城客厅，推动洪蓝建成区成为主城重要功能区，不断提高城市功能品质，让城市重现记忆、看见未来。空港国际城，要立足国际化定位，推动港产城人融合发展，完善国际化功能配套，抓好南外仙林分校、区文化艺术中心等项目，推动三山湖核心区实现新蝶变。生态智慧未来城，要坚决落实好市委关于宁杭生态经济带合作试验区部署要求，全力做好对上争取，赢得更多支持。要立足世界眼光、对标上海虹桥，制定专项工作方案，全面实质性推动试验区建设，打造长三角一体化跨省合作样本。要抓紧展开5平方公里先行启动区建设，重点推进人才公寓、站前综合体、枫叶国际学校等标杆项目，力争再引进2个以上定标性重大项目。石湫文艺科教新城，要抓紧推进征地拆迁工作，同步做好安置房建设，确保南京艺术学院、江苏传媒学院、荔枝广场等重大项目顺利开工。南京国家农高区，要扛起“两区一地”历史使命，加快推进南农大作物表型组学、未来食品技术创新中心、南林大新校区、东部创新港、会展中心二期等项目建设，加强国际科技交流合作，有序推进生物育种产业化应用，解决好农业技术“卡脖子”问题，率先为农业农村现代化探索出新路子。南部特色田园片区，要全面推进乡村振兴，深入开展乡村建设行动，打造市级美丽乡村30个，持续规范村级征收拆迁工作，让农民过上与时代同步的现代生活。要突出抓好红色李巷二期、裸心岭等项目建设，打造更多爆款旅游产品。明年上半年，区委将召开全区城乡工作暨国家全域旅游示范区创建大会，确保2021年创成国家全域旅游示范区。要把全面提高人口吸引力作为六大经济功能区重要任务，研究人口集聚规律，探索全面放开落户限制，提高全龄人群服务能力，全年集聚8万人以上。

4.要深刻认识到民生改善迈向品质提升、共同富裕的新阶段，在共享美好生活上当表率、做示范。以打造美好生活示范区为牵引，高标准办好民生实事，解决好群众的操心事烦心事揪心事。就业增收要扩大就业容量，提高就业质量，城镇新增就业1.9万人以上，确保居民收入增幅稳居省市前列。要巩固拓展脱贫攻坚成果，做好同乡村振兴的有效衔接。教育要优化新一轮教育布局，持续扩大优质教育供给，引进国内一流名校（园）5所，打造名校名师名园集聚示范区。明年将再次召开全区教育大会，系统总结两年来工作，更高标准谋划部署下一步重点任务。养老服务要加快推进区级集中供养点建设，建立社区养老服务用房使用制度，完成家庭适老化改造200户。要大力推进医养康养结合，鼓励社会资本参与养老事业，形成健全的本土服务体系。住房保障要实施城市更新行动，完成老旧小区整治22万平方米，改造棚户区16万平方米，新建安置房80万平方米、分配4000套，实现高品质物业全覆盖。要积极推进利用集体建设用地建设租赁住房，研究出台农村宅基地改扩建房政策，因地制宜探索让城市更向往的农村现代化住房形态。交通出行要加快推进低运量有轨公共交通示范线、省道204溧水段改扩建等重点工程，打造智慧交通、平安交通、绿色交通，建设全省城乡公交一体化示范区。社会治理要高标准打造"城市110"，推动社会治理大联动深度融合，建设全国一流的智慧城市。要深化"大数据+网格化+铁脚板"工作机制，统筹平安溧水、法治溧水、智慧溧水建设和网格化社会治理，创新构建"1+5"社会治理体系，打造特大城市郊区治理样本。党政机关要带头过紧日子，带领群众共创现代化的高品质生活。

5.要深刻认识到健康溧水迈向全面突破、创新引领的新阶段，在打造健康中国示范样本上当表率、做示范。以健康江苏实践示范区为牵引，坚持"两年一周期、三月一节点"的工作要求，打造美丽中国、健康中国典范。要推进健康事业再提升。深化国家紧密型县域医共体等改革试点，加快推进区人民医院、区中医院创建三甲医院，启动区第三人民医院三级专科医院创建，全面提升基层医疗服务水平。巩固深化"互联网+健康"大数据平台功能应用，强化突发公共卫生事件预警，推进互联网医院实体运作。要促进"体医融合"发展，争创国家全民运动健身模范区、国家慢病综合防控示范区。要推进健康产业再突破。抓紧编制健康产业发展规划，加快推进绿地中国中医健康养生示范区、宝能国际健康城、无想国医文旅小镇等引领性项目建设，力争再引进一批10亿元以上项目。要推进健康环境再优化。继续打好污染防治攻坚战，持续减少主要污染物排放总量，扎实推进暂创高质量全域Ⅲ类水三年行动计划，推动空气环境质量走在省市前列，争创全国"两山"理论实践创新基地。要大力推进健康城市、健康村镇建设，推动国家卫生镇街、省级卫生村全覆盖，创成省级健康促进区。加强食品安全监管，打响富硒品牌，争创国家农产品质量安全区。

6.要深刻认识到改革开放迈向探路先行、辐射带动的新阶段，在深化改革和对外开放上当表率、做示范。以六大试验示范区为牵引，发挥优势、主动作为，创造出更多可复制可推广的溧水样本。改革要坚持问题导向，牢牢把握集成超越这一重要方法，更大力度打响改革品牌。"放管服"改革要巩固"1120""753"改革成效，运用智慧并联手段，创新打造"溧刻办"政务服务品牌，推动营商环境走在全国前列。国家城乡融合发展试验区要围绕五大领域，加快在科技成果入乡转化等方面取得明显突破。国企改革要聚焦市场化转型方向，做优做强做大主责主业，支持区水务集团上市。园区改革要厘清溧水高新区和白马高新区、溧高投和农高集团体制机制关系，深化与主城高新园区战略合作。开放要紧扣构建新发展格局，牢牢把握扩大内需这一战略基点，更大力度发展"五大经济"。大力发展临空经济，做强机场大通关基地、南京机场跨境电商产业园、空港保税直播大厦等重大功能平台，加快跨境电商、临空制造等产业发展，打造外资企业集聚区，力争外贸进出口总额突破125亿元，引进亿元以上外资项目16个。大力发展会展经济，发挥空港和白马两大会展中心功能，全年举办重大展会活动100场以上，引进一批会展产业链企业，做到办好一场会、搞活一座城。大力发展节庆经济，要制定实施消费提振行动，办好咪豆音乐节、秦淮源头灯会、草莓节等重大活动，打造区域性消费中心。大力发展总部经济，抓住大企业总部加速向生态环境好、综合成本低的特大城市近郊区转移机遇，加快推进三山湖中央商务区等重点片区建设，打造总部经济最佳承载地。大力发展培训经济，利用区委党校、红色李巷等导流入口，壮大教育培训产业，让更多人感受到“溧水，来了才知好”，促进带动文旅等产业发展。

五、纵深推进全面从严治党，提高党的建设质量，为全面建设社会主义现代化提供坚强政治保证

新征程带来新要求。要深入贯彻新时代党的建设总要求，引导广大党员干部更好地担负起新的重大使命，汇聚起谱写“强富美高”新溧水建设现代化篇章的强大合力。

*一要在学思践悟新思想上走在前列。*要把稳思想之舵，坚持不懈对标对表新思想，做到眼睛特别明亮、头脑特别清醒、立场特别坚定。要带着信仰学。当前，溧水正在打造全面体现新发展理念的样板区，倒逼着我们在学习新思想上必须更及时、更深入、更加知行合一。始终把新思想作为一切工作的根本遵循和行动指南，深入开展“四史”教育，树牢“四个意识”，坚定“四个自信”，做到“两个维护”。要带着使命学。为全国发展探路，是中央对江苏的一贯要求。国家和省、市赋予了溧水大量试点试验重任，我们要从新思想中学出“坐不住、等不起、慢不得”的紧迫感，敢想敢干、敢闯敢试，迈出步子、闯出路子。要带着担当学。善于用政治眼光观察和分析经济社会问题，把学习成效体现在一言一行之中，体现在斗争实效之上。要抓好庆祝建党100周年系列活动，激励全区上下奋进新时代、建功“十四五”。落实意识形态工作责任制，开展“万名大学生看溧水”等活动，更加生动地讲好溧水故事。

*二要在激励干部新作为上走在前列。*开启现代化新征程，就要有体现现代化的新作为。要通过换届换出新气象。明年是换届年，做好换届工作意义重大、影响深远。要提高政治站位，严守换届纪律，坚持公道正派，通过换届，把一心想发展、善于谋发展的干部选出来；通过换届，打造一支素质更高、结构更优、能力更强的领导班子；通过换届，把全区上下的政治热情转化为凝心聚力、干事创业的强大动力。要通过激励激发新热情。增强“三项机制”的穿透力和引领力，强化发展第一、干字当头、只争朝夕的鲜明导向，大力弘扬“五不”精神状态，旗帜鲜明宽容探索中的失误、改革中的过错，及时为受到不实举报的干部澄清正名、消除顾虑，做到能者上、优者奖、庸者下、劣者汰，让优秀者优先、吃苦者吃香、有为者有位。要通过斗争斗出新本领。干部干出来，才会被选出来；选出来，就要更好地干出来。要更加注重在斗争一线历练干部，深入实施“上派下派外派”工程，扎实开展“万企千户百村大走访”活动，分批选派优秀“85后”“90后”中层干部到一线挂职锻炼，培养更多贯彻新发展理念、构建新发展格局的行家里手。

*三要在鼓励基层大胆闯上走在前列。*出台鼓励基层大胆创新实施意见，树立“一切工作到支部、一切工作靠支部”的鲜明导向，大力营造放心干、放开干的生动局面。要有拼劲、有干劲。越是任务艰巨，越要咬定目标、奋勇拼搏，相信“努力不会辜负，付出终有回报”；越是问题突出，越要解放思想、敢想敢干，相信“改变思路才有出路”；越是前路艰难，越要保持定力、久久为功，相信“最美的风景在顶峰”。要敢担当、敢担责。领导干部特别是“一把手”，敢不敢担当、会不会创新，是事业成败的关键。要多做一些可能开始遭非议、遭议论、受质疑，但最后被敬佩的事；多做一些看似不自量力、不具备条件去做，但经过努力不仅能做成而且超出预期的事；多做一些打基础、利长远、形成影响、创造历史的事。要争第一、争唯一。各个部门要把能拿的国家级牌子拿到手；各个板块要加快走出一条在全省叫得响的特色发展之路；各个村（社区）要在为民服务、村级集体经济等方面创出特色，共同擦亮“美溧先锋”党建品牌。要切实抓好基层减负，推动资源向基层倾斜，做到基层权力给基层、基层事情基层办。

*四要在务实清廉守底线上走在前列。*坚持严管与厚爱结合、激励与约束并重，常态化抓好警示教育，巩固发展风清气正的良好政治生态。要更加突出政治监督。坚守政治监督基本职责，始终胸怀“两个大局”，围绕中央重大决策部署落实情况，及时跟进监督、精准监督、有效监督，持续纠治形式主义、官僚主义，确保中央有要求、溧水有行动、落实见成效。要更加突出执纪为民。深入推进群众反映强烈的突出问题专项治理，严防严查涉农领域违纪违法行为，聚焦安全生产、小微工程等重点领域问题，把“两个专项监督”引向深入。

要精准查处涉黑涉恶腐败和“保护伞”案件，更高水平建设平安溧水。要更加突出机制健全。扎紧织密监督体系，保持惩治腐败高压态势，驰而不息正风肃纪，构建一体推进不敢腐、不能腐、不想腐体制机制。要深化纪检监察体制改革，打造高素质专业化纪检监察铁军。要认真做好巡察工作，确保实现区委管理部门单位、镇街基层站所、村（社区）党组织“三个全覆盖”。

同志们，今天的溧水，大时代赋予了大机遇，大担当构筑了大平台，大发展迎来了大爆发，无想山下的溧水已经成为充满无限想象的发展热土，各级都在期待溧水各项事业再攀新高、再创辉煌！发展的机遇从来不是与生俱来的，而是自下而上拼出来和抢出来的。发展机遇也是有宝贵窗口期的，稍纵即逝。我们要不忘初心、牢记使命，绝不在赞扬声中迷失自我和沾沾自喜，避免丢掉原有的艰苦奋斗的优良作风。我们要低调务实、埋头苦干，绝不躺在已有的功劳簿上不思进取，避免错失溧水发展的大好良机。我们要谋定后动、锲而不舍，绝不在规划不清的路径上盲目发力，避免出现“翻烧饼”和走弯路，给历史留下遗憾。我们要锐意改革、创新突破，绝不做为改革而改革的瞎折腾之事，避免聚焦散光、顾此失彼。

宝剑锋从磨砺出，梅花香自苦寒来。让我们更加紧密地团结在以习近平同志为核心的党中央周围，解放思想、对标找差，奋勇争先、砥砺前行，以更加昂扬的姿态、更加扎实的工作、更加优异的成绩迎接党的百年华诞！

政府工作报告

——在南京市溧水区第十六届人民代表大会第五次会议上的讲话

（2021年1月6日）

一、2020年和“十三五”工作回顾

刚刚过去的2020年，是极其艰辛、极具挑战、极不平凡的一年，是风险和困难比预判要大、创造和突破比预想要多、成果和变化比预期要好的一年。突如其来的新冠肺炎疫情和历史罕见的洪水带来双重严重冲击，经济社会发展遇到前所未有的严重挑战。面对严峻复杂的外部环境和艰巨繁重的发展任务，我们坚决贯彻习近平总书记重要讲话指示精神，在省、市和区委的坚强领导下，沉着应对各种风险挑战，全力打赢疫情防控、防汛抗洪、复工复产三场硬仗。面对疫情冲击的挑战，我们守土负责、守土尽责，以“防得住”实现了“放得开”。坚持“外防输入、内防反弹”总体策略，全面建立“防疫+”战时工作机制，强化“联防联控、群防群控、闭环管控”常态化精准防控措施，2800多名网格员、82000多名志愿者、1600多名机关党员干部奋战一线，通过“大数据+网格化+铁脚板”，构筑起疫情防控的铜墙铁壁。坚持服从大局、服务全局，优先服从全市防疫物资统一调配，认真做好4752名境外省外来宁航班、国内中高风险地区来溧人员的集中医学观察和生活保障服务。“岂曰无衣，与子同袍”，先后调配4批次44名医务人员奔赴湖北、会战武汉、医疗援疆，涌现出一大批抗疫先进典型。面对洪水肆虐的考验，我们闻“汛”而动、逆“水”而行，以“冲在前”实现了“城市安”。入汛以来，溧水遭遇特大暴雨和洪涝袭击，全区82条（座）河湖、水库超警戒水位，其中石臼湖超保证水位12天。在长达41天梅雨期的日日夜夜，广大党员干部冲锋在前、人民子弟兵奋力驰援、社会各界众志成城，汛情“有险无惊、有灾无难”，确保了河湖安澜、城市安全、百姓安康。面对经济下行的风险，我们危中寻机、化危为机，以“快复工”实现了“稳回升”。率先举办全市首场重点产业项目集中开工仪式；率先成功举办面向全球直播的制造业发展大会；率先促进消费回补，延长秦淮源头灯会时间，举办“咪豆Holiday”“打卡溧水”等主题消费活动；系统构建“一对一”24小时联系服务企业制度，制定出台“暖心稳企”四项措施、“‘促消费、稳增长’六条”等政策；在全省率先实现所有规上工业企业全面复工，连续三个季度夺得全市重大项目推进奖，全年预计地区生产总值完成906亿

元、增长6%，一般公共预算收入79亿元、增长12.1%，实现了“一季正、半年红、三季进、全年胜”。一年来，我们主要做了以下工作：

（一）持之以恒谋发展、稳运行，经济“体魄”更壮了。坚持用“招商突破年”的激情、“企业服务年”的实干，奋力绘就经济发展“上扬曲线”。产业从“高原”向“高峰”攀升。先进制造业稳中提质，深入实施强链补链行动，全年净增规上工业企业100家，预计规上工业产值增长13.5%，增幅排名全市第二。现代服务业稳中有进，新增入统限上商贸企业56家，服务业增加值405亿元、增长3.5%。现代农业稳中向好，牧原集团溧水生猪养殖场建成投产，44个农业重点项目完成投资28.53亿元，新增市级龙头企业11家，休闲农业综合收入23亿元，长乐社区获评全国乡村特色产业亿元村，洪蓝创成省级现代农业产业示范园，“无想田园”优质农产品亮相品牌商超、省市机关、高速服务区。项目从“量增”向“质优”迈进。欣旺达二期、西门子数控等5个省重大项目全部开工，完成投资72亿元。“四新”行动①全面发力，148个项目累计完成投资346.7亿元，专项考核位居全市前列，建成5G基站650个，完成率全市第一。精准招商硕果累累，成功举办南京金洽会溧水专场推介会以及北京、上海、深圳推介会等30多场招商活动，上线运行“美溧云”产业投资地图，引进百亿级龙电华鑫华东总部、苏宁易购等重大项目，签约亿元以上项目226个，其中亿元以上制造业项目166个。内外资实现逆势增长，增幅分别达30%、28%。惠企从“普惠”向“定制”转变。认真落实减税降费政策，全力办好优化营商环境10件实事，制定出台制造业“双十条”②等优惠政策，“企业服务直通车”一站式平台运行投用，37个省市重大项目、174个区重点产业项目实现全程跟踪代办服务。率先在全省出台支持直播电商发展扶持政策，通过工厂直购节、直播带货等途径扩大内需、带动消费，举办“抗疫情、稳增长”银企对接会，全区金融机构各项贷款余额首次突破1000亿元，助力363家民营企业节约转贷成本2350万元，企业产销难、融资难等问题得到有效纾解。

（二）持之以恒抓改革、促开放，发展“活力”更足了。系统深化改革，坚定推动创新，激荡起高质量发展的“一池春水”。集成改革蹄疾步稳。深入推进“放管服”改革，在全国首创并率先基本实现“1230”改革③目标的基础上，初步实现“1120”改革④目标，“753”改革⑤走在省市前列。大力实施“宁满意”“十个一”工程，“企业注销一件事”“婚育户一件事”“殡葬服务一‘键’事”改革走在全市前列，医疗救助“免申即享”在全市推广。加快政务服务事项标准化建设，实现500个高频审批事项“一网通办”、50个事项“一城通办”。开放开发活力涌动。对外贸易逆势上扬，全区进出口总额达102亿元，增长32.5%。会展经济蔚然成势，成功举办全球智慧出行大会等重大展会52场次，其中李克强总理对全国新农民新业态创业创新大会作出重要批示，获评“中国最佳会展目的地”。临空经济破题起势，机场大通关基地、空港保税物流中心(B型)、南京机场跨境电商产业园正式运营，入驻跨境电商项目9个。宁杭合作试验区蓄势待发，生态智慧未来城开工建设，“1+9”规划体系基本完成，“五横三纵”路网框架全面拉开。创新主体育木成林。深入实施高新技术企业引育计划，成功签约新型研发机构5家，新增“瞪羚”企业20家、净增高新技术企业121家。纵深推进“两落地一融合”，新增产学研合作项目110个。积极兑现科技创新、人才安居系列政策，引进培育创新创业人才48名，集聚高层次“双创”人才19名、高素质

①“四新”行动：新基建、新消费、新产业、新都市等四个行动计划。

②制造业“双十条”：《溧水区支持制造业高质量发展十条政策(试行)》《溧水区关心关爱企业家更好服务企业助推制造业高质量发展的十条措施》

③“1230”改革：开办企业1个工作日、不动产登记2个工作日、工业建设项目施工许可30个工作日内完成。

④“1120”改革：开办企业1个工作日、不动产登记1个工作日、工业建设项目施工许可20个工作日内完成。

⑤“753”改革：实现除重大工程建设项目外，政府投资项目审批时间控制在70个工作日内；一般社会投资项目审批时间控制在50个工作日内；带方案出让用地的社会投资项目及小型社会投资项目，审批时间控制在30个工作日内。

人口10.5万人，累计兑付各类奖补资金2.3亿元，发放科技贷款8.6亿元。

（三）持之以恒强功能、优品质，城市“气质”更佳了。坚持城乡联动、建管并重，全域共美的“锦绣画卷”次第呈现。城市从“环境美”转向“生活美”。国家极限运动馆、区委党校新校区建成投用，城隍庙、永寿坊等2个文化街区即将正式开放运营，琴音大道、新珠路景观提升工程顺利完成。实施“美丽家园”三年行动计划，整治老旧小区5个、背街小巷10条，城区新增停车泊位6000余个。厕所革命、垃圾分类实现全覆盖，新（改）建农村公共卫生间200座、城区公共卫生间3座、旅游公共卫生间8座，新建定时定点垃圾分类房277个，天山水泥窑协同处置生活垃圾项目、日处理50吨的餐厨垃圾处理厂和大件垃圾分拣中心建成运行，获评全市唯一的2020年度国家农村生活垃圾分类和资源化利用示范县（区），成功通过文明城市创建“国测”“省测”。乡村从“局部美”转向“全面美”。精心打造13个美丽乡村示范村、56个宜居村，实现规划布点村美丽乡村建设全覆盖，石山下、涧东等6个村获评省级特色田园乡村，李巷被列入第二批全国乡村旅游重点村，石头寨村入选中国美丽休闲乡村、全国文明村。高标准农田建设和人居环境整治两项工作获省政府督查激励，获评全国农村创新创业典型区（县）。生态从“一时美”转向“一直美”。全面完成禁捕退捕工作，337户666名渔民悉数退捕上岸。率先在全省提出“誓创高质量全域Ⅲ类水”目标，在全市率先完成劣Ⅴ类水体销号，集中式饮用水源地水质达标率100%，省市考断面达标率100%。实施增绿补绿工程，新增绿道5公里、垂直绿化3公里。强化工业污染源治理及扬尘管控，空气质量优良率达83.1%，同比上升15.4%；PM2.5浓度均值为32.3微克/立方米，同比下降20.4%。

（四）持之以恒惠民生、增福祉，群众“家底”更厚了。聚焦关键小事、民生大事，努力补短板、强弱项，民生答卷充满“幸福成色”。持续加快民生实事推进。人大代表票决产生的10件50项民生实事全面完成。住宅小区非机动车车棚建设实现全覆盖，符合条件的住宅小区业主自治组织成立实现全覆盖，完成10个小区燃气改造，新增3A级居家养老服务中心25家，新区小学、东屏小学改扩建等11个教育类项目扎实推进，教育教学质量稳步提升。稳就业、保民生推出实招，城镇新增就业2.27万人，减免社保费9.85亿元，发放稳岗补贴2513万元，开工建设东屏街道、洪蓝街道特困人员集中供养点，全体居民人均可支配收入增幅位居全省前列。持续加强“健康溧水”建设。成功举办第二届健康中国发展大会，与哈佛大学、省产业技术研究院共建全国首个国际化适老社会科技创新中心。洪蓝、柘塘创成国家卫生镇（街），白马、晶桥、东屏通过省级健康镇评估验收，省级卫生镇（街）实现全覆盖，公立医院改革连续三年被省政府通报表扬，“健康溧水”83.9%的可统计指标提前十年达到健康中国2030年目标。持续加大社会治理力度。建立“城市平安、精细化管理、环境保护”三大智慧应用集群，“溧城精靓”智慧平台①上线运行，建成区信访接待中心、人民调解中心、诉讼服务中心“三位一体”的社会矛盾纠纷调处化解中心，全面畅通基层治理“毛细血管”。守牢安全红线，生产安全事故发生数和死亡人数连续三年实现“双下降”，扫黑除恶专项斗争群众好评率位居全市第一，创成江苏省首批全国信访工作“三无”区。

（五）持之以恒转作风、提效能，自身“筋骨”更强了。健全完善依法决策机制，组建绩效评价委员会、专家咨询委员会，把公众参与、专家咨询、风险评估、合法性审查、集体研究等作为重大事项决策必经程序。自觉接受人大法律监督、工作监督、政协民主监督和社会舆论监督，办理人大代表建议和政协提案300件，答复率、办结率均达100%。依法履行出庭应诉职责，行政机关负责人出庭应诉率100%。用心用情办好“12345”热线工作，解决群众诉求5.4万余件，绩效考评位列全市第一。深入排查形式主义、官僚主义突出问题，进一步精简文件、压缩会议、统筹规范督查检查考核，切实为基层松绑减负。严格落实党风廉政建设责任制，突出教育卫生、建设工程、征地拆迁等重点领域审计监督和行政监察。深化预算管理制度改革，“三公”经费、区级行政机关运行支出保持“零增长”。同时，工会、妇女、未成年人保护、残疾人等工作实现了新进步，对口帮扶的商南县如期脱

① “溧城精靓”智慧平台：系统集成智慧渣土、智慧控违、智慧环卫等功能的综合服务管理系统。

贫，民宗、台侨、科协、红十字会、档案、人武、退役军人和双拥等工作迈上了新台阶。

各位代表，2020年是“十三五”的收官之年，这五年是溧水经济发展“裂变”、城乡面貌“蝶变”、百姓生活“质变”的五年。全区上下对标找差、攻坚克难、创新实干，啃下了一个又一个“硬骨头”，实现了一个又一个“不可能”！

五年来，我们锚定发展高质量、以实干创实绩，经济发展量质齐升。经济运行稳中有进，地区生产总值接连迈上“5789”四个百亿级台阶，一般公共预算收入增长近一倍。全社会固定资产投资累计达2286亿元，264个市级以上重大项目完成投资1053亿元，省市重大项目数量和投资额连续五年均位居全市前列。综合实力大幅跃升，成功获批全国首批、长三角唯一的国家农业高新技术产业示范区等国字招牌，全国综合实力百强区排名从2015年的72位跃升至2019年的52位，工业百强区排名43位，连续三年获得市对区高质量发展综合考核第一等次，获评江苏省2019年度推进高质量发展先进区，综合指数在全省63个郊区中位列第三。全国新城区竞争力百强榜位居第46位、名列全省第11位，实现了从“默默无名”到“榜上有名”，再到“金榜题名”的华丽转身。

五年来，我们构筑创新强磁场、以硬招增硬核，内生动力强劲澎湃。深入实施创新驱动发展战略，高新技术产业产值占规上工业总产值比重达50.8%，高新技术企业数增长近4倍、达405家，市级以上工程技术研究中心增至104家。万人发明专利拥有量达55件，PCT申请475件，年均增幅位居全市第一，获评知识产权强省建设示范区。区域性创新取得新成效，幸庄科技产业园和溧水空港智慧创业园成功创建国家级孵化器、在科技部考评中获优秀等次，开发区新能源汽车、东屏新材料基地创成国家火炬特色产业基地，溧水高新区、白马高新区成为省级众创社区试点。

五年来，我们推动改革再出发、以先行争先进，发展活力竞相迸发。宁杭合作试验区建设加快推进，与杭州余杭区签订战略合作协议，成功承办首届宁杭生态经济带建设论坛，连续2年在上海进博会发声推介，更加积极主动融入长三角一体化。城乡融合发展有序推进，获批国家城乡融合发展试验区，集体经营性建设用地改革入选省级试点。坚守制造业这一立区之本，被确定为全市唯一的制造业高质量发展试验区，获评全省制造业创新转型成效明显区。全面完成机构改革任务，政府运转效能进一步提高。加快推动国企改革发展，区属国企资产规模增至2000亿元。

五年来，我们统筹资源均衡化、以共建促共享，城乡面貌焕然一新。坚持历史文脉传承与城市更新改造互融并进，实施城乡建设任务2139个，改造棚户区（危旧房）550万平方米、农村危旧房1023户，整治老旧小区40个，分配安置房3.65万套，惠及群众4.75万人，改造提升飞燕文化产业街区等老城客厅，建成市民之家、白马农业国际博览中心等地标建筑。交通脉络更加清晰，轨道交通S7、S9线竣工通车，溧高高速、S340、S341等干线公路建成使用，扬镇宁马、宁宣黄城际铁路、宁宣高速南延、秦淮河四级航道等省市重大工程扎实推进，提档升级市政道路75.8公里、农路525公里，打通“断头路”13条。功能品质持续提升，健康绿道里程逐年递增，村（社区）实现沥青道路全覆盖，创成省级“四好农村路”示范区，获批全省首批交通运输信息化综合应用示范县。深入推进旅游厕所革命，建成A级及以上旅游卫生间68座。成功塑造石山下、李在凤、郭兴等“美丽乡村”名片，先后建成状元坊公园、秦淮源公园、团山公园等十大公园，“城在林中隐、人在景中游”的园林城市逐步显现。

五年来，我们聚焦群众获得感、以民生聚民心，全面小康圆满收官。全体居民人均可支配收入连续四年增长9%以上，农村居民人均可支配收入增幅稳居全省前列，48个市、区经济薄弱（欠发达）村、8951名低收入农户提前2年实现脱贫摘帽，获得全省脱贫攻坚组织创新奖，全面建成小康社会指标实现程度位居全省第四。公共服务水平明显提升，实施教育布局调整五年提升计划，引进金陵中学、游府西街小学、南外仙林分校、太平巷幼儿园等名校名园，新增市区名师工作室26个，区级以上名特优教师达1027人，创成全国义务教育发展基本均衡区。医疗服务水平大幅跃升，完成区中医院异地新建和4个乡镇卫生院新（改、扩）建，区人民医院、区中医院创成三级医院，区域医共体实现全覆盖。

各位代表，历尽天华成此景，人间万事出艰辛。回顾五年来的历程，那么多惊心动魄、荡气回肠的场景，每每想起都令人无限动容；那么多起早贪黑、挑灯夜战的日子，每每忆起都让人感怀在心。惟其艰难，才更显勇毅；惟其笃行，才弥足珍贵；惟其共担，才值得铭记。我们取得的每一点进步、每一点成绩都归功于中央和省市区委的正确领导，归功于历届区委区政府和各位老领导、老同志打下的良好基础，归功于溧水人民的一路同行、一路打拼、一路向前。在此，我谨代表区人民政府，向辛勤工作在各行各业的广大干部群众，向给予政府工作大力支持和有力监督的全体人大代表、政协委员，向各民主党派、工商联、无党派人士、人民团体、驻溧部队和社会各界人士，表示崇高的敬意和衷心的感谢！

立足新坐标、新方位，我们也清醒地看到发展中还存在不少薄弱环节：一是稳增长的基础尚需夯实。经济发展速度较快但总量偏小，在全市占比仍然不高；开放型经济带动力还不强，枢纽区位优势尚未转化成枢纽经济优势。二是抓创新的举措亟需强化。实体经济规模化、绿色化、高端化水平有待提升，原始创新能力和成果转化能力不强，地标性龙头企业总量偏少。三是惠民生的力度仍需加大。公共服务优质均衡发展还不充分，在教育、医疗、养老等方面与群众需求还有差距，城市更新和环境治理还有短板。四是善治理的水平还需提升。各片区发展不平衡不均衡现象仍然存在，城市本质安全水平还不够高，营商环境还有改善空间，对政府治理能力提出更高要求。对此，我们将在今后工作中采取有效措施，努力加以解决。

二、“十四五”工作展望

百围之木，始于勾萌；万里之途，起于跬步。当前正值两个“大局”交织、两个“百年”交汇和两个“五年规划”交接的关键阶段，我们必须胸怀大局、把握大势、着眼大计，续写溧水高质量发展新辉煌！

根据《中共南京市溧水区委关于制定国民经济和社会发展第十四个五年规划和二〇三五年远景目标的建议》，区政府制定了《南京市溧水区国民经济和社会发展第十四个五年规划纲要和二〇三五年远景目标（草案）》，提请本次大会审议。

“十四五”期间，全区经济社会发展的总体思路是：高举中国特色社会主义伟大旗帜，深入贯彻党的十九大和十九届二中、三中、四中、五中全会精神，坚持以习近平新时代中国特色社会主义思想为指导，认真贯彻落实习近平总书记视察江苏重要讲话指示精神，紧扣“强富美高”总目标，坚持稳中求进工作总基调，立足新发展阶段，贯彻新发展理念，服务新发展格局，以推动高质量发展为主题，以深化供给侧结构性改革为主线，以改革创新为根本动力，以满足人民日益增长的美好生活需要为根本目的，全面融入“强富美高”新江苏建设和“创新名城、美丽古都”南京愿景，全力打造“南京南部中心、健康活力新城”，在社会主义现代化建设新征程中“争当表率、争做示范、走在前列”①。

综合考虑国内外发展环境、城市发展趋势和自身发展实际，今后五年溧水将围绕“南京南部中心、健康活力新城”目标定位，统筹推进“科技创新赋能、先进制造强基、全域开放辐射、现代农业引领、城乡融合建设、健康溧水示范、民生福祉提优、人口集聚倍增、社会治理智慧、重大载体支撑”等“十大工程”，奋力建设“制造名城、健康名城、会展名城、教育名城、文体名城”等“五大名城”。到2025年，全区地区生产总值达到1400亿元、年均增长8.5%，一般公共预算收入达140亿元，全社会固定资产投资累计达2500亿元，常住人口达到100万，城乡居民人均可支配收入增速与地区生产总值增速同步，综合实力冲刺全国百强区前20强。

按照上述思路和目标，我们将重点突出“四个抓手”：

一是深耕大智造。坚持“制造如根、根深叶茂”，巩固制造业战略支柱地位。创新增“高”，强化实体经济与科技创新协同发展，鼓励企业牵头设立制造业创新中心、成立产业技术创新联盟，在设计研发、供应链管理、品牌运营等价值链上游环节突破，加快制造业向高端跃升。数字增“智”，充分发挥5G、大数据、云计算等新一代信息技术作用，让数字技术为制造业赋能，实现产业形态再造、生产方式“智造”。集群增“量”，围绕制造业集群深耕细作，推进产业链重构，提高产业垂直整合程度，推动以大带小、上下联动、内外协同，实现制

① “争当表率、争做示范、走在前列”：在改革创新、推动高质量发展上争当表率，在服务全国构建新发展格局上争做示范，在率先实现社会主义现代化上走在前列。

造业增量崛起。到"十四五"末,全区规上工业企业超过1000家,高新技术企业突破1500家,上市企业达10家,培育15个"群主""链主"企业和15个有较大行业影响力的"专精特新""小巨人"企业。

二是深耕大健康。坚持医防融合、体医融合、体教融合、医养融合,全力推进"健康江苏实践示范区"建设。健康产业方面,推动生态产业化、产业生态化,实施无想国医小镇等标杆项目,形成包括健康城区、健康特色小镇、健康田园乡村在内的多层次复合化健康发展格局;健康环境方面,开展"水、土、气、碳"综合治理,建设健康社区、健康企业、健康公园等健康细胞,打造集绿色生态、健康休闲于一体的城市风光带;健康服务方面,加快江苏省康复医院、南京市颐养中心等重要健康载体建设,深化与省中西医结合医院、中大医院、市口腔医院、市妇幼保健院、市儿童医院等优质医疗资源合作,推动区人民医院、区中医院创成三甲医院及高校附属医院。到"十四五"末,健康溧水建设整体水平步入全国前列,健康产业项目投资突破400亿元,打造长三角康居颐养胜地。

三是深耕大教育。坚持发展人民满意的教育,引进优质教育资源,完善资源供给体系。学前教育注重"普惠+公益",大力发展公办幼儿园,积极扶持民办惠民幼儿园,形成公办为主、非营利民办为辅的幼教体系;义务教育突出"优质+均衡",创优集团化办学、教育联盟办学模式,加快引进区外优质教育资源,创成义务教育优质均衡发展示范区;高中教育围绕"特色+多元",深化育人方式变革,激发办学活力,积极探索更加完善有效的优质人才培养路径;职业教育强化"定制+配套",引入知名"双高"职业学校,推动省市属职业技术学院在溧水设立分校、实训基地,大力培养与溧水产业关联度高的特定从业人员;高等教育促进"融合+多元",加快推动南京艺术学院、南京林业大学、江苏传媒学院等高校溧水校区建成使用,大力开展高校"聚溧计划",引进一批高等院校落户。到"十四五"末,再引进20所以上名校(园)、100名以上名师,基础教育教学质量进入省市前列,让教育成为溧水城市核心竞争力的重要支撑。

四是深耕大文旅。坚持以文塑旅、以旅彰文,打造城旅一体、产旅互融、主客共享的全域旅游目的地。景点再升级,丰富完善旅游业态和公共配套,推动现有景区景点、乡村旅游区等提档升级;结合美丽乡村建设,形成一批特色乡村旅游点和特色网红打卡点,拓展"吃、住、行、游、购、娱"等文旅"云消费"渠道,构筑全域旅游发展格局。赛事树品牌,持续举办山地半程马拉松、山地自行车赛等全民健身系列赛事,联合申办跨区域高等级赛事,树立以春路跑、夏水游、秋户外、冬冰雪为特色的"四季赛事"品牌,以国家极限运动馆、国家冰雪运动基地为依托,打造全国极限运动高地。会展聚人气,完善空港国际博览中心、白马农业国际博览中心"会展+产业"核心功能,构建市场化、品牌化、融合化的会展新格局。到"十四五"末,实现年举办展会活动百场以上,创建国家AAAA级景区2个,争创AAAAA级景区1个、省级旅游度假区1个,举办重大赛事30场以上,旅游收入超200亿元,创成国家全域旅游示范区,建成文化艺术中心、大小剧场、文化街区等一批文化设施,形成规模化城市文化核心区。

通过深耕"大智造、大健康、大教育、大文旅",持续推动功能提升、环境提优、服务提质,促进各类人才纷至沓来、各类项目接踵而至、各类市场主体竞相发展,率先探索"产城融合、职住平衡、生态宜居、交通便利"的郊区新城实践路径。

三、2021年工作安排

五年看头年,起步最关键。2021年是"十四五"开局之年,也是开启全面建设社会主义现代化新征程的起步之年。做好今年工作,要按照中央经济工作会议以及省市区委全会部署要求,坚持系统观念,巩固拓展疫情防控和经济社会发展成果,更好统筹发展和安全,扎实做好"六稳"工作、全面落实"六保"任务,大力推进"十大工程攻坚年"和"鼓励基层创新年"行动,高质量实现"十四五"开门红。今年经济社会发展的预期性指标主要是:地区生产总值增长8.5%左右;一般公共预算收入增长8%;全社会固定资产投资增长10%,其中工业投资、高新技术产业投资均增长12%,工业技改投资占工业投资比重达60%以上;社会消费品零售总额增长8%;外贸进出口总额达100亿元,实际利用外资达2.8亿美元;城镇新增就业1.9万人,城镇登记失业率控制在省市标准以内,全体居民人均可支配收入增速高于地区生产总值增速。约束性指标主要是:节能减排和大气、水环境质量确保完成省市下达目标任务，安全生产管控指标控制在省市目标以内。重点做好以下八个方面工作：

（一）巩固“防”的成效，拧紧疫情防控“安全阀”。慎终如始抓好常态化疫情防控工作，做到“可知可控、精准防控”。

构建立体化防控体系。坚持“外防输入、内防反弹，人物同防、多病共防”，织密扎牢疫情防控网。“人”防方面，规范集中隔离场所和居民小区管理，强化入境人员和中高风险地区来溧人员闭环管理，积极稳妥做好各类活动疫情防控工作。“物”防方面，深入开展爱国卫生运动和环境卫生综合整治，重点针对学生、老年人等易感人群，商贸流通、冷链食品等重点领域和宾馆酒店、医疗机构等重点场所，规范开展环境消杀。

构建系统化公卫体系。健全完善疫情处置机制，建设以区疾控中心为骨干、医疗机构为依托、基层医疗卫生机构为网底的防治结合疾控体系。实施“健康细胞”工程，健全区疾控中心和城乡社区联动工作机制，落实乡镇卫生院和社区卫生服务中心疾病预防职责。开展“省级健康促进区”创建，推动石湫、和凤争创国家卫生镇（街），柘塘、洪蓝争创省级健康街道，实现国家卫生镇（街）全覆盖。建立智慧医疗体系，探索医疗健康领域5G网络应用，建立健全网上预约导医平台，支持区人民医院、区中医院实体化运作互联网医院，建立线上患者服务中心，持续深化医共体建设和医保支付方式改革。

构建专业化应急体系。加强应急能力提标建设，提升应急兜底能力。加快定点医院设施改造，建立医疗救治梯队，配齐配强基层医疗卫生医务人员，提高村（社区）卫生服务站、健康驿站医疗服务水平。广泛开展业务培训和应急演练，确保预防在先、发现在早、处置在快。及时发布相关信息，主动回应舆论关切。

（二）保持“稳”的态势，夯实实体经济“基本盘”。坚持不懈壮大实体经济，推进产业基础高级化、产业链现代化，打造现代产业高地。

推动先进制造业提质扩效。加强制造业高质量发展试验区建设，实施总投资218亿元的工业重点技改项目73项，制造业增加值占地区生产总值比重不低于43%。强链补链上，深入实施“链长制”，确保新能源汽车、智能家居、新医药与生命健康、智能制造装备等4条重要产业链主营业务收入增长20%。加快开沃重卡、龙电华鑫、英博路普等新能源汽车项目建设，争取一批新能源汽车头部企业落户。企业培育上，积极构建“链主式+骨干型+高成长”企业的雁阵梯队，培育产值超10亿元以上企业4家、专精特新企业30家、独角兽和瞪羚企业6家以上、总部企业2家、上市企业2家，净增规上工业企业80家以上、市场主体4000家。

推动现代农业提标赋能。促进农村一二三产融合发展，壮大农业产业化龙头企业，新增市级以上农业新型经营主体10家、绿色食品企业6家、有机食品企业2家，力争休闲农业综合收入25亿元以上。牢牢守住耕地保护红线，坚决防止耕地“非农化”和“非粮化”，提升粮食和重要农副产品供给保障能力，新增高标准农田5000亩。加快推进智慧农业发展，做大做强“五莓”经济①。大力支持南京国家农高区建设，推进南京林业大学白马校区、中国东部农业科技创新港、未来食品技术创新中心等重点项目，不断巩固在国家农高区中的头部位置。

推动服务业提档升级。全力推进消费提振行动，巩固提升海乐城、万达广场两大商圈带动作用，加快建设雨帆苏宁广场等商业载体，大力培育城隍庙、永寿坊等特色商业街区，积极发展总部经济、直播经济、夜间经济、假日经济，培育限上商贸企业40家以上，网络零售额保持20%以上增长。办好秦淮源头灯会、咪豆音乐节、山地半程马拉松等节庆赛事，打响“共享康养院子”“健康溧水绿色美食”等文旅品牌，争创国家全民运动健身模范区，积极推动文旅产业向多样化、品牌化发展。

推动项目招引提速增量。树立“投行思维”，深入开展专题招商、嵌入式招商，提升创新周、金洽会等重大平台影响力，高水准办好25场境内外主题招商活动，力争引进超亿元项目220个，其中制造业项目180个，超10亿元或1亿美元项目36个以上，实际利用内资145亿元。加快重大项目建设，坚持项目签约率和落地率双向发力，持续优化重大项目要素保障机制，推动欣旺达二期、西门子项目上半年竣工投产，确保省市重大项目一季

① “五莓”：蓝莓、黑莓、杨梅、草莓、青梅。

度开工75%以上、上半年开工90%、三季度全部开工。

（三）释放“创”的效应，积蓄比学赶超“强动能”。贯彻落实市委第四个“一号文”，深度融入创新名城建设，持续放大创新引领的集聚和倍增效应。

壮大主体育火种。激发企业创新潜能，深入实施高新技术企业培育“小升高”①行动计划，净增高新技术企业160家，高新技术产业产值达到440亿元。扎实推动知识产权强区建设，实现发明专利授权350件、PCT申请150件、技术合同交易额9亿元。实施新型研发机构提质增效行动，新增新研机构5家以上，健全以企业为主体、市场为导向、产学研深度融合的技术创新体系。

筑牢平台强根基。深化高新区“1+N”管理体制改革②，优化都市型高新园区发展路径，引进创新平台2个，力争入驻率达到80%，打造“园区+企业+高校+科研院所”的创新联盟模式。高标准建设10万平方米科创载体，统筹科技研发、商务金融、创意文化、生态宜居功能，拓展创新创业活力空间。积极释放众创空间“投资孵化”功能，创成1个国家级孵化器、1个国家级众创空间。更加注重“从0到1”的创新，加快“一室一中心”③引进培育，积极布局重大科技基础设施落地。

优化生态聚要素。务实推进“生根出访”④“百校对接”⑤，充分发挥科技镇长团后方资源作用，继续办好创新周溧水专场、溧智创业营等活动，实体化运营以色列投资服务机构、丹麦海外协同创新中心，高水平建设海创园、中意产业园等国际化合作平台，不断提升创新资源集聚能力。更加突出全方位、全周期的科技金融支持，加大转贷基金等支持力度，发放“苏科贷”“苏微贷”“宁创贷”“溧科贷”等各类科技贷款10亿元。坚持培育本土人才与招引海内外人才双管齐下，大力实施省“双创”计划、“创业南京”人才计划及海外人才计划，持续提升科技创新支撑能力。

（四）铆足“闯”的劲头，跑出改革开放“加速度”。坚持系统集成、整体推进，努力突破束缚，抢占发展先机。

更高站位深化改革攻坚。国资国企改革要推进“一企一策”和“三年行动计划”落地，在资产管理、资本运营、公共服务、创新投资等领域持续发力，力争区属国有企业资产规模突破2500亿元。农业农村改革要聚焦国家城乡融合发展试验区5大重点任务，加快在科技成果入乡转化、职务科技成果权属所有制等改革试点上形成突破。抓好增减挂钩、占补平衡、“两库”⑥土地整理，实施产业用地全生命周期管理，改革工业用地出让方式，提高资源利用效率。

更实举措激发开放活力。发挥自贸区联动创新发展区、机场大通关基地、空港保税物流中心（B型）、空港会展小镇牵引功能，加快航空装备制造、跨境电商、临空高端服务等业态集聚，打造具有全国影响力的临空产业高地。加快宁杭合作试验区建设，在飞地经济、数字经济等方面加强跨省区域战略合作。高标准办好第34届世界电动车大会、全国新农民新业态创业创新大会、全国未来农业食品百强峰会等50场以上品牌会展活动，做到办好一场会、搞活一座城。

更准定位优化营商环境。深入落实市“优化营商环境100条”，制定区优化营商环境政策2.0版。持续深化“1120”“753”改革成果，进一步提高审批服务、政务服务、便民服务水平。建设“一窗受理”平台，以企业和群众办成“一件事”为导向，探索更多“一件事一次办”场景，推动服务事项“一网通办”、企业开办全程网上办理，积极探索24小时“无休政务”。兑现减税降费、减租降息等纾困惠企政策，坚定不移支持民营企业轻装上阵、减负前行。

更宽视野拥抱数字蓝海。数字产业方面，深入实施数字经济三年行动计划，建设5G基站500个，企业数字化改造100家以上，推动30家制造业

① 高新技术企业培育“小升高”：促进科技型中小微企业加速成长为高新技术企业。

② “1+N”管理体制改革：核心区幸庄科技产业园独立运营，开发区、永阳、东屏、和凤工业园区作为高新区联动发展区。

③ “一室一中心”：实验室、创新中心。

④ “生根出访”：与全球创新国家地区结对，积极构建国际科技合作网络。

⑤ “百校对接”：与100家国内高校院所建立深度合作关系。

⑥ “两库”：土地开发复垦整理项目库和新增耕地储备库。

幸庄湿地公园　　　　　　俞小将　摄

企业接入工业互联网平台。数字政务方面，推进"互联网+政务服务"，运用智慧并联手段，打造"溧刻办"政务服务品牌，提升市民和企业的体验度、便捷度和满意度。数字社会方面，建立健全"1+5"社会治理体系①，统筹平安溧水、法治溧水、智慧溧水、数字乡村建设，推动社会治理智慧化、公共服务便捷化、城市管理精细化、基层建设普惠化。

（五）厚植"绿"的底色，下好生态文明"先手棋"。坚持生态优先、绿色发展，争创"两山"理论实践创新基地，让绿色成为溧水鲜明的底色。

厚植生产之绿。调整产业结构、优化产业布局，推进重点行业清洁生产。强化"亩均论英雄"机制，深入开展低效工业用地再开发，在"低效供给、低端产能"上坚定做减法，在"高端产能、绿色产业"上持续做加法，引导资源要素向高效益、高技术、高成长性企业集聚，处置低效闲置土地1000亩以上。

厚植生活之绿。打好蓝天保卫战，完善"空天地一体化"检测体系，狠抓"散乱污"企业、工地扬尘、餐饮油烟等专项治理，确保全年空气质量优良率、PM2.5浓度均值达到省市考核目标。打好碧水保卫战，严格落实河（湖）长制、断面长制，确保主要水体水质持续稳定达标，省市考断面水质、集中饮用水源地水质全部达标。打好净土保卫战，加强重点污染地块风险管控和治理修复，提高危固废处置水平。

厚植生态之绿。坚决守住生态本底，优化国土空间开发保护格局，统筹山水林田湖草系统治理，严格落实秦淮河、石臼湖流域"十年禁渔"任务，深入谋划石臼湖及沿线周边保护布局规划，启动全域水利风景区规划、省级湿地公园等项目建设。扎实开展城乡绿化行动，实施河道生态走廊、城镇和农村主要道路绿化等工程，实施状元坊和竹溪园等公园节点提升，建成2个口袋公园，确保林木覆盖率35%以上。

（六）彰显"美"的底蕴，塑造城市形象"高颜值"。大力实施515个城乡建设计划，进一步拓展城市功能、凸显城市品质。

提升功能配套能力。完善交通路网体系，加快宁宣高速南延工程、省道204溧水段改扩建、仪凤南路改造提升等工程建设，贯通断头路23条，确保秦淮河四级航道竣工通航，创成城乡公交一体化省级示范区。坚持旧而新生、新旧共生、新而再生，推进城市有机更新。统筹推进通济街、寺桥片区、南门城市广场等项目，打造城市文化地标。

提升城市管理水平。按照城市客厅标准推进精细化管理，完成杨家园片区、荷花塘、县前新村等老旧小区整治，增设小区机动车位500个，新（改）建城区公共卫生间3座，整治背街小巷5条。实施城镇污水处理"333"行动②，新改建各类管网40公里。巩固垃圾分类工作成效，推广可降解餐厨专用垃圾袋进小区，推进城西生活垃圾无害化处理设施封场，改造提升垃圾中转站4座，确保垃圾日产日清。

提升美丽乡村品质。加快发展乡村产业，深入推进乡村治理，实施乡村建设行动，全力推动乡村振兴，促进农业高质高效、乡村宜居宜业、农民富裕富足。深化农村人居环境整治，新（改）建农村公共卫生间158座。补齐农村基础设施短

① "1+5"社会治理体系：党建引领，政府主导、群众自治、公众参与社会协同、法治保障、科技支撑。

② 城镇污水处理"333"行动：以"三消除""三整治""三提升"为主要内容的城镇污水处理提质增效精准攻坚行动。

板，新(续)建农村公路60公里。加快美丽乡村建设，抓好红色李巷二期、里佳山、石臼湖“天空之境”等文旅项目建设，建成6个特色田园乡村组团，打造30个美丽乡村。大力实施文化惠民工程，推动文化产业发展，倡导全民阅读，开展1000场以上文化活动，让群众在家门口享受优质文化服务。

提升区域发展能级。全力支持板块立足自身资源禀赋，各展所长、各美其美，形成蒸蒸日上、美美与共的“八马奔腾”之势。开发区要持续做大新能源汽车、临空、智能制造等优势产业量级，努力建成“全国有影响、全省有地位、全市第一流”的现代产业园区，力争创成国家级开发区。永阳要提升北经开·南京园、联东U谷等园区产业承载能力，放大国家极限运动馆等载体辐射效应，建设产业转型标杆和美好生活示范区。白马要与南京国家农高区园镇一体联动，争当产城、产镇、产村融合发展样板。东屏要以生态智慧未来城规划建设为引领，有机融入主城区，形成以新材料产业为主导的产城融合示范区。洪蓝要按照“一年打基础、两年大建设、三年出成效”的思路，加快新城开发建设，在规划衔接、设施联通、产城融合、公共服务等方面与主城深度融合，让“古韵洪蓝、魅力新城”交相辉映、相得益彰。石湫要高标准建设文艺科教新城，加快南京艺术学院、江苏传媒学院、荔枝广场等重大项目建设。和凤要加快机电产业园建设，创成国家火炬机电特色产业基地。晶桥要做好“健康+”文章，争创省级健康产业集聚区。

(七)提升“治”的水平，守牢本质安全“生命线”。立足智能化、精细化、网格化目标，打造特大城市郊区治理新样本。

围绕服务质效抓治理。深化智慧城市建设，打破数据壁垒，在社会治理、城市平安、市民生活等领域拓展更多应用场景，持续推进智慧技防和“雪亮工程”[①]建设，建立健全“城市110”[②]机制，创成全国社区治理和服务创新实验区。坚持分层分类治理、源头化解，学习推广新时代“枫桥经验”[③]，健全矛盾纠纷多元化解机制，充分发挥社会矛盾纠纷调处化解中心作用，把各类矛盾风险防范于早、化解在小。

围绕本质安全守底线。牢固树立安全发展理念，巩固“一年小灶”成果、落实“三年大灶”任务，深入开展危化品、建筑施工、特种设备、燃气消防等27个重点行业领域专项整治，坚决杜绝发生较大以上事故。健全隐患排查和安全预防控制体系，加强企业本质安全建设，拧紧安全生产责任链条。加强食品药品监管和质量强区建设，创成省食品安全示范区。

围绕社会稳定防风险。推行风险防控“四项机制”，建立健全社会稳定风险监测预警指标体系和信息平台，常态推进大排查大整治、矛盾隐患攻坚化解等行动，坚决防止“黑天鹅”“灰犀牛”事件。持续开展打击非法集资等专项行动，防范化解各类金融风险。积极稳妥化解政府性债务，推动存量隐性债务降规模、降成本、降风险，规范区属国有企业对外投资和担保等行为。

(八)做好“保”的文章，提升民生幸福“含金量”。创新公共服务提供方式，满足多层次、多样化需求，提升群众获得感、幸福感、安全感。

让社会保障更暖心。持续稳定和扩大就业，多措并举加大高校毕业生、退役军人、困难群体就业帮扶力度，确保新增大学生就业人数4500人、援助困难人员就业人数900人，培育自主创业820人，完成城乡劳动者就业技能培训6500人、创业培训2000人，城镇登记失业率保持在3.5%以下。推行失能人员基本照护保险制度，推进全民参保计划和工伤保险“同舟计划”[④]，企业五项社会保险新增参保5.5万人次。更加注重为老服务，加快区级集中供养点和公办敬老院区域性养老试点建设，每个镇街建成社区居家养老综合护理中心1个，新增养老机构床位200张。

让群众生活更舒心。大力实施名校名园战

① “雪亮工程”：以县、乡、村三级综治中心为指挥平台、以综治信息化为支撑、以网格化管理为基础、以公共安全视频监控联网应用为重点的“群众性治安防控工程”。

② “城市110”：以社会治理大联动平台为依托，对城市管理事项实行现场即时处理、现场核查、跟踪督办以及重点区域的巡查巡防。

③ “枫桥经验”：浙江省诸暨市枫桥镇发动和依靠群众，坚持矛盾不上交，就地解决；实现了“捕人少，治安好”。

④ “同舟计划”：国家、省根据建筑行业特点、保障建筑业职工工伤保险权益而专门出台的政策。

略，引进名校（园）5所，持续优化教育布局，新建和改扩建学校（园）24所，启动实验小学通济街校区分设，加快农村小规模学校整合，推进开发区区域集团化办学全覆盖，支持省溧中申创省高品质示范高中，创成省平安校园建设示范区。深化医疗体制机制创新，争创国家慢病综合防控示范区。坚持“房住不炒”定位，加快危房治理和棚改项目建设，开工建设栖凤佳苑二期公共租赁住房，健全完善物业管理机制，以“小切口”促进城市“大文明”。

让民生实事更贴心。今年我们继续实行民生实事人大代表票决制，做到“三个方面坚持不变、三个方面有所改变”，即总体思路不变、工作原则不变、征集渠道不变，项目精准性再提高、战略导向上再聚焦、发展合作上再紧密。充分考虑市民对教育、医疗、养老、就业以及改善居住条件等需求，在前期广泛征求意见、充分研究论证的基础上，遴选形成12个方面40件候选项目，请各位代表审议并票决。对票决产生的项目和群众反映集中的事项，我们将逐项认真办理，主动接受区人大代表和社会各界监督，努力让全区人民享受更高品质生活。

四、推进政府治理体系和治理能力建设

“绣花还得手绵巧，打铁必须自身硬”。各位代表，新的一年，我们将坚持政府带头过“紧日子”，严格预算约束、严控增支事项、严把绩效考核，加快治理体系和治理能力建设，努力建设人民满意的服务型政府。

守初心，让为民造福成为一种情怀。树牢“四个意识”、坚定“四个自信”、坚决做到“两个维护”，加强政府系统党的建设，强化政治能力建设，严格落实意识形态责任制，不断提高政治判断力、领悟力和执行力。坚守为民情怀，巩固“不忘初心、牢记使命”主题教育成果，坚持民生投入优先保障、民生项目优先安排、民生问题优先解决，让发展更多惠及百姓民生。

重法治，让依法行政成为一种习惯。严格执行重大行政决策法定程序，落实合法性审查要求，出台《法治政府建设五年实施规划》，抓好跨部门综合执法、相对集中行政处罚权等试点工作，推进镇街综合行政执法体制改革，加强行政执法监督检查，完善出庭应诉机制，深入推进民法典贯彻实施，切实规范行政行为。

担使命，让创新实干成为一种风尚。深化“先解决问题再说”机制，建立健全运用互联网、大数据等技术手段进行行政管理的制度规则，强化节点控制、会办协调、督查推进、跟踪问效，做到知责于心、担责于身、履责于行。坚决破除路径依赖的求稳心态，用改革求解、用创新作答，创造性推动各项工作落地见效。

存敬畏，让清正廉洁成为一种自觉。认真履行全面从严治党主体责任，织密扎紧权力制约的“笼子”，紧盯工程建设、国资管理等重点领域、重点环节，加强行政监督、审计监督和统计监督。实体化运作绩效评价委员会和专家咨询委员会，强化绩效评价结果综合运用，提高科学决策水平和财政资金使用效率。构建“亲”“清”新型政商关系，当好服务企业发展的“店小二”，保持风清气正的良好氛围。

各位代表，风云变幻、行远自迩，镌刻铿锵步伐；春山可望、笃行不怠，更需斗志昂扬。让我们更加紧密地团结在以习近平同志为核心的党中央周围，在省市区委的坚强领导下，团结和带领全区广大干部群众，埋头苦干、真抓实干，戒骄戒躁、接续奋斗，在新的起点上书写“争当表率、争做示范、走在前列”的溧水答卷，用优异成绩迎接党的百年华诞！

责任编辑　宋国朝

溧水区抗击新冠肺炎疫情实录

2020年，面对突如其来的新冠肺炎疫情，溧水区委、区政府坚持将习近平总书记“把人民生命安全和身体健康放在第一位”的要求作为行动指导，充分发扬“生命至上、举国同心、舍生忘死、尊重科学、命运与共”的伟大抗疫精神，超前谋划、果断行动，取得抗击新冠肺炎疫情斗争重大战略成果。2020年，全区规范处置确诊病例2例，入境集中隔离人员初筛阳性4人，溧水区被省市确定为最早的低风险地区之一，疫情防控工作得到国务院、省市指导组肯定，充分展现“溧水精神”“溧水担当”。

【建立防控机制】 2月3日，区委、区政府印发《溧水区新型冠状病毒感染的肺炎疫情防控工作机制方案》，成立区委应对新型冠状病毒感染的肺炎疫情工作领导小组，建立区新型冠状病毒感染的肺炎疫情联防联控工作指挥部，按照“依法依规、属地管理，完善机制、合力应对，公开透明、回应关切，依靠科学、有效防治”原则，形成“一办九组+N个专项工作组”组织架构，组建新冠肺炎流行病学调查、核酸采样检测、环境消杀和心理健康服务4支疫情处置队伍，其中流调队伍112人、核酸采样检测队伍36人、环境消杀队伍81人、心理健康服务队伍20人。

【集中隔离收治】 1月29日，溧水区发现第一例新冠肺炎疑似病例，2月7日发现第二例疑似病例。全年依法临时征用集中医学观察场所7家，对国内中高风险地区到溧人员、密切接触者以及密接的密接实施14天集中隔离观察及14天居家观察管理，规范开展新冠病毒核酸和(或)血清抗体检测；健康告知和提醒一般接触者。核查反馈湖北到溧人员7844人次，其中核查武汉到溧人员834人，密接人员146人，居家隔离(观察)4354人；核查北京到溧人员2461人次。全年集中医学观察国内中高风险地区到溧返溧人员720人，核酸检测788人次，结果均为阴性。指定区人民医院为区定点救治医疗机构，隔离病房收治360人次，区人民医院、中医院发热门诊筛查发热患者5620人次；全区各医疗机构“六大类”人群(发热门诊患者、新住院患者及陪护人员、出现发热或呼吸道症状的在院患者、手术患者、开展内镜检查等风险操作的患者、医疗卫生机构工作人员及护理员)核酸检测79219人次。

【防控物资保障】 根据疫情防控工作实际需要，成立专班组织专人落实疫情防控物资采购，拓宽物资供应渠道，采购防疫物资5大类17个品种190万只(件)，采购资金1200多万元。强化物资管理，指定

1月28日，城区农副产品交易中心、城西农贸市场和6个便民中心全部开业，各街镇（开发区）16个农贸市场开业15个

专人发放并落实出入库登记，按照从严从紧和保一线的原则严格审批流程。

【市场物资保供】 制订《关于疫情防控期间生活必需品市场保供应急预案》，监测生活必需品价格、供应情况，认真分析生活必需品市场走势，猪肉、蔬菜、鸡蛋、水产品、粮油等关系民生的重要生活必需品出现断档脱销现象时，及时启动应急措施，确保市场供给。商务、发改、市场监管、农业农村、公安、卫生等部门加大执法力度，严厉打击囤积居奇、哄抬物价、牟取暴利以及销售有害副食品、损害消费者利益等违法犯罪活动，进一步优化市场环境。

【捐赠物资管理】 鼓励动员社会各界组织捐赠活动，区红十字会、慈善总会收到524家（3500余人）有关单位、人大代表、政协委员、爱心企业、社会爱心人士捐款及物资1188万元。落实省民政厅在新冠肺炎疫情防控工作中加强慈善捐赠款物管理使用的工作要求，确保捐赠管理工作规范高效，公开透明。在捐赠款物分配、拨付和使用管理上坚持专款专用、重点使用、及时分配原则，主动与接收单位有效对接，及时拨付捐赠款物，做到“快进快出、物走账清”，防止捐赠款物积压。

【社区防控落实】 坚持每日调度疫情防控工作，区、街镇指挥体系始终保持24小时运行状态，严格执行“日报告”和“零报告”制度。建立区、镇、村三级网格分包体系。区委、区政府主要领导负责全区统一指挥调度，区委常委、区政府领导每人挂钩联系1个板块，开发区、各镇街党委书记直接抓，各级“一把手”靠前指挥、一线推动、一线落实。组织2800多名网格员、8.2万名志愿者奋战一线，通过“大数据+网格化+铁脚板”，构筑疫情防控铜墙铁壁。发挥网格化治理优势，强化群防群治，开

1月27日凌晨2点多，一辆装载着15箱医用防护服的货车从南京运输进入武汉。徐国庆和汪辉是此次承运民航江苏监管局至民航湖北监管局（武汉市汉江区）的救援物资司机

疫情面前，南京金色庄园农产品有限公司帮助莓农收购因疫情滞销的草莓，将部分草莓捐赠出去，图为向区人民医院医务人员捐赠1000盒草莓

展大数据研判、地毯式排查、全流程追溯、网格化防控措施，把疫情防控工作推进落实到每个社区、每个网格、每个单位、每户家庭和每个居民。区主要领导多次“四不两直”（不发通知、不打招呼、不听汇报、不用陪同接待、直奔基层、直插现场）深入现场，及时发现问题、解决问题；明确疫情防控“八个严禁”、容错纠错“五种情况”，激励广大党员干部在疫情防控工作中敢担当、善作为，做到“七个见底”“七个确保”，既做到疫情高发地区籍到溧人员、区内有疫情高发地区行程史人员、确诊患者密切接触人员、集中隔离人员、居家隔离人员、社区外来人员、社区发热人员7类人员身份、健康、交往、交通4类信息全部见底。确保防止疫情由外输入，确保防止疫情蔓延、输出，确保严格落实综合防控措施，确保重点人员全部在位在控，确保迅速处置涉及疫情的案件事件，确保果断处置与疫情相关的敏感舆情，确保筑牢抵御疫情的源头防线。

广大网格员、志愿者积极投身新冠肺炎疫情防控一线　　吕一剑　摄

【部门防控落实】　成立由区委常委、常务副区长任组长的区疫情防控机关专项组，区、镇机关单位（含省市驻溧单位）严格落实疫情防控责任。由区政府办牵头，指导全区72个党政机关事业单位建立健全疫情防控体系，完善疫情防控工作机制。及时全面准确收集区、镇机关单位（含省市驻溧单位）的疫情信息，全面摸底排查全区机关事业单位干部职工以及聘用人员、外包服务单位人员情况，提出有针对性的应对措施，指导组织实施。疫情期间，为减少人员聚集，降低病毒感染风险，严格控制或减少会议、培训及大型活动，尽量减少见面办理事项，提倡视频会议、网上办事等方式创新。强化疫情防控知识宣传教育，向全区各单位下发机关单位工作人员疫情防控“十提醒”及答疑二十条，学习了解基本知识，增强自我防范意识。倡导干部职工少乘公共交通工具，减少不必要的外出、聚集。

【涉外疫情防控】　外籍人员情况。至2020年底，全区登记外国人134人，未入境返溧人员56人、在溧人员78人。其中2月12日之后入境返溧人员18人（日籍8人、韩籍3人、美国籍1人、加拿大籍4人、其他国籍2人），集中观察后均解除隔离。国外返境中国籍人员情况。国外返境中国籍648人，集中隔离后纳入健康管理。市涉外指挥部下交核查的14日内国外返境溧水籍1300人，全部核查到位。其中，属溧水区管控责任的529人（入境后外地就地集中隔离22人，解除隔离507人），移交其他市（区）94人，经查无须列管677人。区涉外指挥部排查出境外返溧人员121人，其中解除隔离119人、经查无须列管2人。动态核查溧水区籍境外人员情况。为有效防范境外疫情输入风险，通过公安大数据库，溧水区核查58272条人员信息，摸排出户籍仍在溧水区持有护照的中国公民52486人。其中，溧水区547人持有护照在境外（留学生179人，探亲、旅游、商务等事由368人），51939人在溧。

【社会综合管控】　抓好集中医学观察场所、交通场站、医疗机构、学校、养老院、监所等重点场所疫情防控管理。全面摸底建档辖区农贸（批发）市场、大型超市、餐饮企业自建自备冷库及提供冷冻冷藏贮存服务的第三方冷库，对进入辖区范围内每批次进口冷链及其他货物（含外包装）进行物表核酸采样检测，做到“逢进必检”，严格落实相关从业人员“每周一检”。组织抽检冷链食品及农贸市场物表及环境样本1474个，检测冷链食品相关从业人员1587人次。

区疾控中心采样人员在某农贸市场开展水产品新冠病毒监测采样工作

区卫健委　供

出台暂停农村集体聚餐、加强餐饮单位供餐管理、疫情期间证照办理及投诉举报等一系列措施规范，形成完整指挥链条和配套工作体系。加强野生动物市场、价格、质量、计量、食品、药品等重点领域监管，采取“早巡夜查日监管”方式，24小时全方位无缝隙监管农贸市场、餐饮服务单位。加强冷链食品尤其是进口生鲜冷链食品检查，督促落实防控主体责任。加大寄递物流和外卖食品的监督检查力度，重点监督和指导辖区邮政、顺丰、申通、中通、圆通、韵达快递、“饿了么”“美团外卖”平台，确保防控措施和食品安全落实到位。超前研判价格发展趋势，向每家药店发放价格提醒函，高密度开展价格监督检查，全覆盖巡查全区零售药店200余家，查处医疗器械违法案件5件，确保疫情期间全区物价水平稳定可控。管理涉野生动物养殖经营企业，检查排查全区驯养繁殖场所、农贸市场等，根据省政府要求，清退以食用为目的的驯养繁殖场所2家。

【交通场站管控】　严格实施溧水客运站、高铁溧水站返溧人员体温检测，查验健康码、行程码，做到旅客逢进必检、必查、必提醒。公共交通工具日消毒，每班次通风，督促做好“三站一场一卡（口）”公共交通工具卫生检疫、监测、卫生监督和卫生处理工作。在主要道路卡口检查点，检查和登记区内所属企业进口货物、消毒记录等情况，检查车辆近20万辆次、妥善处理异常情况57例（发热）、转运人员2388人次。

【新闻宣传引导】　利用广播、电视、报纸、网站和各类新媒体平台，开设专题专栏，及时发布涉疫信息，策划制作各类高质量稿件。利用1200多个应急广播喇叭、200余辆移动宣传车、2000多个流动小喇叭，宣传疫情防控知识；向社会公布“57202591”“57213721”咨询热线，及时回应群众诉求。全区发放宣传手册、宣传折页11万余份，宣传海报1.1万余份，防疫相关倡议书1万余份，横幅1200余条，实现区、镇街、社区、自然村四级社会宣传全覆盖，在全区营造做好疫情防控的浓厚社会氛围。

【检查督查】　各镇街（开发区）防控指挥部、各工作组建立自查自纠制度，定期检查日常工作开展情况，发现问题及时整改。区委、区政府成立8个专项督导组，重点督查督办区委区政府领导批示落实情况、各项重大防控工作推进情况，整理下发督查通报13期，推动防控措施有效落实。区人大第一时间加开常委会会议，作出关于依法防疫的决定，保障全区防控工作始终在法治轨道上统筹

开学季，区城建集团公交公司结合疫情防控要求，开通“学生公交专线”“返校直通车”，方便学生入学

推进，组成4个检查组，采取“四不两直”方式开展督促检查20余次，走访机关企事业单位和基层点位150余个，针对防护物资储备不足、农副产品生产保供薄弱等提出整改建议30余条。

2月21日，溧水区总投资482亿元的56个重点产业项目集中开工，是南京市春节后举办的首场集中开工活动　　金涛　摄

【复学复课】 全区托幼机构、中小学、社会培训机构和高校的防控做到方法科学、措施精准，严格管理外来人员和师生员工外出。学校专项组成立托幼机构、社会培训机构和中小学、高校4个防控工作领导小组，做到教育教学管理和疫情防控两手抓。复学前，开展线上教学、线上体育锻炼和健康教育等，学生居家停课不停学；摸排不同地点旅居史和接触史人员；开展开学前联合验收，检查和指导防控方案和制度、防控演练、物资储备、校门把关、晨午晚检、食品安全管理、信息上报等工作，给全区135所学校、幼儿园配发一次性医用口罩3万只、N95口罩400只、防护服360套、护目镜180个、防护面屏180个和额温枪300个。3月30日，开始第一批学校学生复学。

【复工复产】 1月27日，成立工作专班，全面摸排、精准对接，形成复工时间表、任务书、责任单，压实企业主体责任、镇街属地责任、部门监管责任，全面部署安排复工复产，做到错峰安排到位、闭环管理到位、物资准备到位、机制建立到位、内部管理到位。建立企业职工卡口通行、企业集中登记管理、社区联防联控的闭环管理系统，确保员工安全返岗。安排31家爱心宾馆、3000张床位，为不具备居厂隔离条件企业提供免费集中安置。爱心宾馆安置企业职工4000人次，获得各方点赞。2月20日，溧水区在全市率先实现规模以上工业企业全部复工复产。

【企服政策落实】 系统构建“一对一”24小时联系服务企业制度，聚焦企业痛点、难点问题，精准施策，及时出台“暖心稳企”四条政策，支持企业开足

3月28日，2020年溧水消费促进月暨“放心出门·点亮秦淮源”夜间消费活动启动仪式在通济街举行，提振信心、共促发展

5月6日，2019年度“最美溧水人”暨“最美抗疫先锋”颁奖仪式在溧水区委党校报告厅举行

马力生产，一级响应期间兑现补助资金近1200万元。针对原材料“运不进”、产品“运不出”问题，率先开辟企业物流车辆绿色通道，实现交通卡口进出“不停车、不检查”。针对产业链复工不平衡问题，补贴区内相互采购产品、购买服务的企业，鼓励开展生产互助。针对招工难问题，疫情期间新增本区户籍员工的企业给予专项补贴，鼓励企业稳岗就地用工，率先组织企业开展村口招聘、线上招聘、外出招聘。南京新隆医疗器械有限公司、南京南亚医疗器械有限公司、江苏本川智能电路科技股份有限公司入选省疫情防控重点保障企业名单。

【重大活动保障】 区卫健委组建疫情防控专班和区技术指导组，成立由疾控、卫生监督等专家组成的队伍，加强重大活动疫情防控工作的指导、检查、评估审核，做好防控工作预案和应急预案，确保60余场大型会议、活动及赛事安全顺利进行。举办全市首场重点产业项目集中开工仪式，全国第一个摘下口罩举办生态智慧未来城开工仪式，连续2个季度夺得全市重大项目推进奖；举办第二届健康中国发展大会、制造业发展千人大会，开创全区综合性大会面向全球直播先河；促进消费回补，延长秦淮源头灯会时间，发展夜间经济，提前策划一系列文旅活动，五一“踏青户外·打卡溧水”人数突破150万人次。

【典型示范引领】 选派1153名党员干部下沉社区参与疫情防控；429名党员干部“一对一”联络服务指导企业；组织200名机关党员成立先锋突击队，入驻交通卡口严防死守，让党旗在防疫一线高高飘扬。先后调配4批次44名优秀医务人员奔赴湖北。区卫健委被表彰为全省抗击新冠肺炎疫情先进集体，溧水公安分局、区市场监管局、人民医院、中医院等单位被表彰为全市抗击新冠肺炎疫情先进集体，全区25人被省市表彰为抗击新冠肺炎疫情先进个人。区委组织部编发正面典型案例9期、表扬118人次。发放一线防疫医务（疾控）人员临时性工作补贴307万元。

典型示范事迹及名录

王凤凤 区人民医院感染科护士，溧水区第一批驰援武汉的医护人员。“在医院号召组建驰援湖北医疗队伍时，感染科的护士长义不容辞带头前往，但我一想护士长走了，感染科的工作怎么办？于是我多次和医院反映，我要主动去前线。”王凤凤说。作为第一批驰援人员，她不仅要在新春佳节与家人分隔两地，还要独自面对疫情第一线难以预料的种种挑战。即便如此，她还是暂时放下内心的柔软，义无反顾奔赴一线。“总要有人站出来！主动担当才是我们年轻人的血气。”她坚定地说，“支援武汉疫情，我义不容辞。我们一定平安归来！”第一批驰援的3名护士被分配到武汉市江夏区第一人民医院，她和刘辉主要负责第二隔离病房，主要工作是护理、治疗、测血压等。

刘　辉 区人民医院呼吸内科护师，溧水区第一批驰援武汉的医护人员。“没来之前，脑海中想象过武汉的疫情情况，真正到达这里，感受更深。口罩、快速手消液等一些医疗物资比较缺乏，为了保障我们的安全，在临行前，医院为我们准备了充足的物资和防护装备。感谢所有关心我们的人，我们定会平安归来。”深处疫区，作为一名医护人员，她不放弃、不气馁，每天都充满着活力。“病人已经很沮丧了，如果我们医护人员也悲观，那对于抗击病魔是很不利的。”她说，自己病房里有一个患者，有糖尿病史40年，这次又不幸感染病毒，患者情绪很低落，在她们的耐心劝导下，患者渐渐树立信心，这让她既感到宽慰，又感到自豪。

1月25日，溧水区人民医院护理人员王凤凤、刘辉、杨秋悦志愿报名组成的医疗队伍奔赴湖北抗疫第一线，支援武汉

杨秋悦 区人民医院重症监护室护师，溧水区第一批驰援武汉的医护人员。她先是放弃休假，在ICU病房连轴转；武汉暴发疫情，她又主动请缨，将“战场”转移到武汉。作为一个和凤骆山人，前往湖北前的遗憾就是没看到骆山大龙，“没想到这么快要出发，本想闲下来回趟老家，没来得及。”看着送行的家人，她依然坚定，“我一个普通的人，我也想成为一个不普通的护士，选中是我的幸运。”她被分配到武汉市江夏区第一人民医院ICU，护理危重病人。她说：“在武汉急需医疗支援的时候，我作为一名护理人员，责无旁贷。只要国家和组织需要，我愿意投身到最前线去，驰援武汉，做好护理病人的工作。我相信，我们会打赢这场没有硝烟的战争。”

王　娟 溧水区中医院EICU护士长。1月24日除夕，区中医院护理管理群里发布征集令后，第一个报名驰援湖北，1月27日奔赴湖北武汉疫情抗击第一线。经过最初两天的培训，正式进入临床。她的支援地在武汉大学附属中南医院隔离重症ICU，该院有床位3300张，ICU拥有床位60张，分3个病区。她从事隔离ICU危重症患者的临床护理工作，每天与确诊的危重症患者直接接触，任务重、风险大、强度高，工作任务艰巨。排班为4小时1班，每天工作2班8小时，身体氧耗较大。每天结束工作后汗流浃背，贴身穿的手术服已全部湿透，脸部被防护眼罩压出深深的勒痕，承受着巨大的生理及心理压力。出征时她说：“现在新型冠状病毒感染的肺炎疫情越来越严峻，在哪里都会有危险，武汉那里有我们很多医护人员，大家在一起，我就不害怕。而且帮助患者恢复健康，支援国家公共卫生工作是我们医护人员的责任，是我们应该做的。”

1月27日，区中医院护士王娟奔赴武汉抗疫一线，区中医院执行院长周海森前来送行

胡星星 溧水区中医院急诊科主任，中西医结合医院急重症医学科副主任医师，国家级紧急医学救援队队员。面对征召，他第一个报名，他说：“疫情紧急，在这场没有硝烟的战争中，作为一名党员，我想这只不过换一个地

胡星星在武汉抗疫一线病房

点去战斗。"坚定无畏，却在临行前给儿子录制视频时红了眼眶。他所在的江夏区第一人民医院呼吸科ICU内多为重型、危重型患者，随着病程交的延长以及卧床，患者可能出为现呼吸肌肉功能减弱和两下肺早不张，增加继发性细菌性肺炎感染风险。在江苏省中西医结合医院急重症医学科倪海滨教授的提醒下，他巧用空针和手套自制简易呼吸功能锻炼器，促进患者呼吸功能早期康复并取得良好效果。将早期康复理念引入新型冠状病毒感染患者的救治中，促进他们肺部功能保留，减少并发症。

市级以上表彰的抗击新冠肺炎疫情先进集体

单位名称	授予称号	授予部门	授予时间
区卫健委	全省抗击新冠肺炎疫情先进集体	省委、省政府	2020年11月
区人民医院	全市抗击新冠肺炎疫情先进集体	市委、市政府	2021年1月
区中医院	全市抗击新冠肺炎疫情先进集体	市委、市政府	2021年1月
溧水公安分局	全市抗击新冠肺炎疫情先进集体	市委、市政府	2021年1月
永阳街道办事处	全市抗击新冠肺炎疫情先进集体	市委、市政府	2021年1月
区交通局运输管理科	全市抗击新冠肺炎疫情先进集体	市委、市政府	2021年1月
区市场监管局食品安全监督管理科	全市抗击新冠肺炎疫情先进集体	市委、市政府	2021年1月
区人民医院援鄂医疗队	南京青年五四奖章集体	团市委、市青联	2020年5月

市级以上表彰的抗击新冠肺炎疫情先进个人

姓　名	工作单位	授予称号	授予部门	授予时间
郑　继	区疾控中心	全省抗击新冠肺炎疫情先进个人	省委、省政府	2020年11月
张立平	区人民医院	全省抗击新冠肺炎疫情先进个人	省委、省政府	2020年11月
刘　俊	溧水公安分局	全省抗击新冠肺炎疫情先进个人	省委、省政府	2020年11月
张婷婷	区人民医院	全市抗击新冠肺炎疫情先进个人	市委、市政府	2021年1月
史敦平	和凤中心卫生院	全市抗击新冠肺炎疫情先进个人	市委、市政府	2021年1月
倪　伟	区人民医院	全市抗击新冠肺炎疫情先进个人	市委、市政府	2021年1月
卞红红	区人民医院	全市抗击新冠肺炎疫情先进个人	市委、市政府	2021年1月
张才军	区中医院	全市抗击新冠肺炎疫情先进个人	市委、市政府	2021年1月
邓　涛	区中医院	全市抗击新冠肺炎疫情先进个人	市委、市政府	2021年1月
刘　坤	区疾控中心	全市抗击新冠肺炎疫情先进个人	市委、市政府	2021年1月

续表

姓　名	工作单位	授予称号	授予部门	授予时间
李健平	永阳街道社区卫生服务中心	全市抗击新冠肺炎疫情先进个人	市委、市政府	2021年1月
邓远洋	白马中心卫生院	全市抗击新冠肺炎疫情先进个人	市委、市政府	2021年1月
章壮云	柘塘中心卫生院	全市抗击新冠肺炎疫情先进个人	市委、市政府	2021年1月
罗　玲	洪蓝街道卫生院	全市抗击新冠肺炎疫情先进个人	市委、市政府	2021年1月
周　勇	区交运局	全市抗击新冠肺炎疫情先进个人	市委、市政府	2021年1月
蔡　宏	溧水公安分局治安警察大队	全市抗击新冠肺炎疫情先进个人	市委、市政府	2021年1月
傅　俊	永阳街道庆丰路社区居委会	全市抗击新冠肺炎疫情先进个人	市委、市政府	2021年1月
陈树奇	开发区管理委员会	全市抗击新冠肺炎疫情先进个人	市委、市政府	2021年1月
朱绍黄	区产业集团	全市抗击新冠肺炎疫情先进个人	市委、市政府	2021年1月
杨昌棉	区发改委	全市抗击新冠肺炎疫情先进个人	市委、市政府	2021年1月
史建国	区纪委	全市抗击新冠肺炎疫情先进个人	市委、市政府	2021年1月
刘德胜	区市场监管局永阳分局	全市抗击新冠肺炎疫情先进个人	市委、市政府	2021年1月
范诗巧	区城管局	全市抗击新冠肺炎疫情先进个人	市委、市政府	2021年1月
赵亲贵	洪蓝街道办事处	全市抗击新冠肺炎疫情先进个人	市委、市政府	2021年1月
陈　实	石湫街道塘窦村居委会	全市抗击新冠肺炎疫情先进个人	市委、市政府	2021年1月
尹　滇	区人民医院	新冠肺炎疫情防控“记功”奖励	省人社厅、省卫健委	2020年3月
黄　刚	区人民医院	新冠肺炎疫情防控“记功”奖励	省人社厅、省卫健委	2020年3月
张婷婷	区人民医院	新冠肺炎疫情防控“记功”奖励	省人社厅、省卫健委	2020年3月
端星星	区人民医院	新冠肺炎疫情防控“记功”奖励	省人社厅、省卫健委	2020年3月
邵明月	区人民医院	新时代“最美逆行者”	湖北省委、省政府	2020年4月
黄　超	区人民医院	新时代“最美逆行者”	湖北省委、省政府	2020年4月
王　娟	区中医院	南京青年五四奖章	团市委、市青联	2020年5月

溧水区最美抗疫先锋(20名)：赵荣英(洪蓝街道妇联主席兼第三产业办公室主任)、黄芬芬(石湫中心卫生院护士长)、俞同柏(和凤镇骆山村村民)、吴来新(晶桥镇芮家村村民)、张卉(永阳街道卫计办主任、仪凤社区党总支书记)、潘兹全(永阳街道高塘村村委会委员)、顾翔(白马中心卫生院院长)、吴中平(南京金色庄园农产品有限公司董事长兼总经理)、冯辉(区交通公共客运有限公司镇村车队队长)、李东升(南京溧水智选假日酒店餐饮运营部负责人)、周强(区融媒体中心副主任记者)、胡凤玉(省溧中备课组长)、任启岱(区公路站路政员)、程嘉(区城管局执法大队宣教科副科长)、邢辉(开发区城市建设与管理科工作人员)、张继芬(南京新隆医疗器械有限公司生产主管)、樊春燕(区人民医院感染科执行主任)、郑继(溧水区疾控中心副主任)、赵上瑛(区疾控中心检验科科长)、胡志专(溧水公安分局交警大队大队长)。

溧水区最美抗疫先锋队(44名)：刘辉、王凤凤、杨秋悦、秦艳萍、黄刚、李晶晶、敖丹、叶晓丽、高振云、任重远、王辉、黄超、张启兵、张欢欢、王露、刘婧婧、张婷婷、张雨微、尹滇、罗谦、吴洵瑜、刘小丽、谢芸、丁倩、卞红红、颜孝悦、骆春苗、端星星、黄芳、章敏泽、邵明月、李婷、杜雯、王颖、赵星、徐英平、任婷、杨国凤、吴成、胡玥、祁桂苗、周春香、王娟、胡星星。

(溧水区新型冠状病毒感染的肺炎疫情工作领导小组成员单位供稿　《今日溧水》报供图)

①
②
③

① 4月1日，溧水区第一批、第二批支援湖北医疗队5人在南京国际会议大酒店隔离休养14天后，当天结束休养期

② 经过51天艰苦奋战，3月31日，溧水第三批38名援鄂医护人员乘坐飞机平安回到南京

③ 解除隔离，溧水区援鄂医疗队队员全员回家

从“后进生”到“排头兵”——江苏溧水在追求高质量发展中蝶变

南京溧水区，距离主城60公里。这60公里曾是城与乡的距离，是经济先发与经济薄弱的差异，是人才吸纳和人口外流的对比——这60公里让溧水长期被冠以经济“后进生”的帽子。

近年来，溧水这座“南京后花园”后发赶超变成南京的“发展主战场”，全区生产总值从2015年的572亿元增长到2019年的852亿元人民币，实现经济增长“三连跳”。在江苏省2019年度高质量发展综合考核中，溧水综合指数在全省63个郊区（县、市）中位列第三，一举迈入全省区县第一方阵，成为经济发展的“排头兵”。

如今的溧水处处活力涌动，气象万千，正在成为大城市郊区发展的生动样本。

“梧桐栽好凤凰来”，把“穿城而过”的资源留下

一个百亿级项目从签约到投产需要多久？一份工业建设项目施工许可证办结需要多久？一个区三年左右时间能够集聚多少家外资企业？一个区在全国百强区中连续超越近20位需要多久？

溧水区给出了答案，分别是9个月、20个工作日、80多家、4年。

溧水速度，有目共睹。表面看来，溧水似乎非常幸运，常常出其不意制造惊喜，每次“下注”都是赢家。然而溧水不是没有走过弯路，这份幸运是“越努力越幸运”。

早在2005年，几经审时度势，溧水确立了“工业立县”的发展方针。打那时起，原先仅有3平方公里的溧水经济开发区迅疾地扩张。为了把经开区变成项目来了就能入住的“高级宾馆”，溧水投入了大量资金“铺床叠被”。

2013年，溧水撤县设区，区委区政府当机立断，提出将新能源汽车产业作为全区第一产业予以培育，并在开发区先后规划布局10平方公里建设统一规划、招商的新能源汽车专业化基地。彼时新能源汽车产业前景并不明朗，在溧水，仅有的产业基础是一家重组之后的南京金龙客车。发展新能源汽车产业，溧水怀抱破釜沉舟之心。

几年过去了，比亚迪、开沃、长安等6家新能源汽车整车企业相继落地，以意大利布雷博、美国康迈、深圳欣旺达为代表的100多家关键零部件企业纷纷进入，溧水集中了南京市80%以上的新能源大客车产能和70%以上的新能源汽车零部件配套能力，年产值近400亿元，成为全省最大、全国知名的新能源汽车产业基地。

“干事创业，不问西东。”这是溧水干部常常念叨的口号，干新能源汽车产业如此，创临空产业同样如此。

2017年9月，溧水启动大通关基地建设，宣布引进最先进的航空物流及综合服务运营模式，真正实现“快进快出”。

南京禄口国际机场和溧水西北端之间，横亘着秦淮河水，原本到河对岸需绕行半小时。2018年，历时两年半斥资两亿元的溧水桥竣工，一桥通南北，禄口机场和大通关基地之间的车程被压缩至5分钟。

金龙客车生产车间总装线　　田喜泉　摄

大通关基地建设吸引了红土航空江苏基地、京东电商产业园、宝能临空物流华东总部等30多家临空产业项目。“溧水临空产业年均产值增幅超过20%，预计2025年突破千亿，成为继新能源汽车产业之后，溧水经济的新增长极。”溧水经济开发区工作委员会副书记贾晨介绍。

“梧桐栽好凤凰来。”时光弹指而过，曾经从溧水“穿城而过”的人流、物流和资金流渐渐留了下来，几经沉浮的溧水终于形成了以新能源、大健康、临空三大千亿级产业，智能产业以及其他产业为主的“3+1+X”多元产业集群。

智慧+健康，让“城市大脑”谋篇布局

“一屏感知”全区河流水库水位信息、“一键上传”为城市治理“找茬”、政务服务“一网通办”、市区公共区域免费WiFi实现全覆盖、“一件事”一窗受理当日办结……这是近年来溧水实施信息化和新型智慧城市建设取得的成果。

走进溧水区智慧城市运营指挥中心，全区13条主要河流和85个中小型水库的水位信息、17个泵站运行状态、150辆公交车运行情况，在一张大屏上实时展示。这得益于溧水整合公安、城建、交运、水务、城管、气象、公交7个部门平台系统，接入全区公安智能交通和雪亮工程视频资源7000多路。

溧水区智慧办主任章丽坤说，目前溧水已初步建成“城市大脑”基础架构，汇聚了43个部门的近3亿条数据；整合接入网格巡查、市民热线、网络诉求等多个民意表达渠道，对接60个职能部门、8个镇街、113个社区的工单处置。

在溧水国家极限运动馆，滑板运动员时而如风驰电掣，时而腾空跃起，洋溢着青春的朝气。在馆内，记者看到与运动、健康相关的人工智能体测、健康管理、健康饮食、农副产品生产和营销升级等诸多细分产业正风起云涌。

运动带来的是一个巨大的健康产业链。以“健康溧水”为统领，溧水在城市建设、生态提升、公共服务完善、产业发展上协同谋篇布局，积极打造大健康产业。

总投资18亿元、列入省重大项目的江苏省康复医院于今年6月份开工建设，建成后将成为世界领先、全省首家规模化康复医院。紧邻江苏省康复医院的是总投资25亿元、6月底开工建设的南京市颐养中心，这里将打造成为全国养老综合服务示范新标杆。在颐养中心内，鼓楼医院老年医院已经签约入驻。与此同时，宝能集团投资160亿元的宝能国际健康城、总投资150亿元的绿地·中国中医健康养生示范区项目也正在加快建设。

与健康产业同步，溧水的健康事业也取得新突破：县域医共体列入国家试点；智慧医疗建设通过全国互联互通四级甲等评测；近三年累计投入50多亿元，率先在全省基本实现全域三类水质；建成城市公园14座、健康绿道1350公里，构建起“3分钟到社区绿地、5分钟上健康绿道、10分钟进公园”的城乡环境体系……

成功“逆袭”，靠的是敢于拼抢和精准高效

溧水一甩往日“后进生”的贫困帽子，成功逆袭，靠的是溧水人敢于赶超的拼抢意识，更是溧水

江苏省康复医院效果图　　区卫健委　供

人对经济的深刻洞察，对自身条件的高度自信。

溧水人有理由自信，溧水的所有产业、任何项目，都是“三城一园”（枢纽新城、产业新城、康居新城和都市田园）大棋盘中的棋子。谋篇布局心中有数、山水整治一新、产业向中高端挺进、康居已有现实模样……正因为有这样的大局大势在手，才有了溧水每一次落子的看似轻松自如。

幸庄人才公寓　　俞小将　摄

经常有基层干部抱怨用地紧，表示如果土地指标够用，发展就能“上去了”。可见，用地空间富足常常被视为后发地区的天然优势。溧水的林木覆盖率全省第三，生态空间占55%，开发区域只占15%，其中12%已在过去几十年用完，剩下的3%一定要用好用足。早在2016年，溧水在全市率先构建“亩均效益”综合评价体系，以亩均税收、亩均销售收入、单位电耗税收、单位能耗销售收入等亩均核心指标为标准，对全区工业企业按类型分别制定评价指标和计算权重，按分值高低将企业划为四档，从项目申报、土地使用税等12个方面推进实施资源要素差别化政策，对综合评价首栏企业加大支持，对综合评价末档企业依法依规实施整治倒逼，推动低端落后企业退出。如今，已处置低端落后企业51家，盘活低效闲置土地1257亩，另外完成土地增减挂钩3400亩，为溧水未来几年发展腾出了空间。

在省内率先出台“容缺受理”办法，率先实现“多规合一”，探索集成审批、一网通办……江苏省编办主任俞军认为，近年来溧水区扎实推进“放管服”改革，在企业开办、不动产登记、施工许可办理等方面基本实现“1120”目标（1天开办企业、1天完成不动产登记，20天办结工业建设项目施工许可），走在了全省前列。

诸多“率先”的背后是政府运转的精准高效。每周一政府例会，各部门各街镇把问题上报，谁想节约路上时间就视频连线，当场讨论，当场拍板。

溧水区晶桥镇有条穿镇而过的新桥河，曾经作为两岸企业的排污通道，是远近闻名的黑臭河。2006年，整治开始，光搬迁污染企业就花了6年时间，最终使得新桥河的水质从劣五类提升到三类，而恢复良好水生态的晶桥也因此成为“健康溧水”的核心打造区，如今已有宝马体验中心、省淡水研究所等项目落户。

15年前，溧水主政者感叹，哪一天“离乡背井”的溧水人能在家门口赚钱就好了。现在，不仅外地务工务农人员大批回归，流入溧水的大学生数量远高于流出量，3年净增高素质人口5.6万人。

高素质人口的大量流入是地方发展最有力的证明。而今，溧水已集聚7所高校，长三角首个“没有围墙的大学”南京林业大学新校区和农业科技创新港等9个龙头性、引领性重大项目签约落户。与此同时，南京农业大学作物表型组学研发中心、未来食品技术创新中心等一批国家级研发平台和农业科技创新资源正加速集聚。

《今日溧水》报供稿；原载《光明日报》（2020年12月08日12版）　记者　郑晋鸣　刘已粲

责任编辑　韦静

大事记

Chronological Events

2020年

1月

1日

△溧水第三届秦淮源头灯会亮灯，主题为“健康溧水，活力新城”。灯会延展至4月12日。

△溧水工业文化产业街区——南京飞燕文化产业街区启动建设，8家文创企业单位签约入驻。

3日

△溧水区政协第十届委员会第四次会议开幕，审议常委会工作报告，表彰先进集体和个人，通过会议决议。5日，大会闭幕。

△红色李巷和中山烈士陵园入选南京市第六批爱国主义教育基地。

4日

△溧水区第十六届人民代表大会第四次会议开幕。会议审议各项报告、决议；选举张蕴为溧水区人民政府区长，葛飞为溧水区监察委员会主任，裴敬为溧水区第十六届人民代表大会常务委员会副主任。6日，大会闭幕。

8日

△江苏股权交易中心溧水区专场挂牌。

16日

△南京市首个氢能源燃料电池项目——英博路普氢能源燃料电池项目签约落户溧水，研发生产移动式燃料电池设备及应用。

18日

△溧水开发区特高压重大施工装备科技研发及智能仓储物流中心项目启动。

△2020美丽乡村欢乐汇·幸福小康过大年·南京首届春节文化大型市集溧水专场活动在明故宫遗址公园举行。

19日

△溧水区人民医院获批省超声造影培训基地。

20日

△溧水区50吨餐厨废弃物处理厂投入使用。

△南京周子未来食品科技有限公司落户南京国家农高区，研发细胞培养肉并规模化生产，总投资1亿元。

23日

△区人民医院刘辉、王凤凤、杨秋悦志愿报名组成第一批区卫健系统援鄂医疗队，赴湖北援助抗击新冠肺炎疫情；1月27日，区人民医院秦艳萍、区中医院王娟第二批援鄂；2月9日，区人民医院敖丹等38名医护人员第三批援鄂；4月3日，区委区政府举行仪式，欢迎43位支援湖北医疗队队员返乡。

26日

△溧水区新冠肺炎疫情防控工作指挥部发布《关于加强新型冠状病毒感染的肺炎疫情防控工作的通告》。

△相关部门制发《溧水暂停农村集体聚餐活动》《溧水暂停部分公共交通车辆运营》《天生桥、李巷等景区暂停开放》等紧急通知。

△溧水区启动应急广播系统，通过近1200个广播喇叭，全天6个时间段反复播送溧水区新冠肺炎疫情防控工作指挥部的通告和防治知识。

27日

△区城管局启动76个小区和机关事业单位废弃口罩清运处置。

30日

△市长、市新冠肺炎疫情防控指挥部指挥长韩立明调研指导溧水疫情防控、市场保供工作。

31日

△溧水区确诊首例新冠肺炎患者，2月8日治愈出院。

△区新冠肺炎疫情防控指挥部发布《南京市溧水区红十字会接受社会捐赠公告》。

2月

1日

△区领导到开发区、各街镇、社区、企业检查指导新冠肺炎疫情防控工作。

△溧水教育"空中课堂"上线，确保全区各学段、各学校学生"停课不停学"。

3日

△溧水区1065名机关党员组成22支队伍，对接城区22个主要社区，3班轮换24小时值班，实行226个卡口值守和110名重点人员新冠肺炎疫情管控。

10日

△溧水首批符合条件的172家企业复工生产。

14日

△溧水区第十六届人大常委会第二十三次会议召开，审议通过《南京市溧水区人民代表大会常务委员会关于依法防控新型冠状病毒肺炎疫情 切实保障人民群众生命健康安全的决定》。

15日

△溧水区开通"智慧溧水"APP在线问诊功能，为公众免费提供新冠肺炎咨询、疫情防护指导服务。

16日

△省委常委、南京市委书记、市委应对新冠肺炎疫情工作领导小组组长到溧水区重大项目建设现场和生产企业，检查疫情防控和企业复工复产工作。

18日

△省长吴政隆到南京国家农高区及溧水开发区排涝站工程现场调研农村疫情防控和春耕备耕、水利建设、产业发展等工作。

21日

△溧水56个重点产业项目集中开工，总投资482亿元。

△2020年全市重点招商项目云签约仪式举行，溧水区9个项目参加签约，总投资63亿元。

28日

△2020年溧水梅花节以网络形式开幕。游客通过登录"溧水旅游"APP、官方网站、微信公众号，欣赏溧水傅家边科技园、秦淮梅园及钟山风景区"两梅"（梅花、腊梅）展溧水展区的各色梅花。

29日

△溧水区政府与牧原实业集团签订战略合作协议，建设现代农业（生猪）产业化项目，总规划年出栏生猪5万头，当年投资1.5亿元。

3月

3日

△溧水区新材料基地获批2020年第一批国家火炬计划特色产业基地。

6日

△南京金服溧水分中心揭牌，由溧水区地方金融监管局与南京联合产权（科技）交易所合作共建，向小微企业提供市区联动、"线上+线下"投融资对接业务。

△溧水区银企对接会举行，南京国家农高区和全区673家企业获得33家金融机构授信2092亿元。

10日

△溧水区获2019年度全市招商引资完成奖、优胜奖、完成目标突破奖、重大项目突破奖4个奖项。

11日

△南京国际健康城和宝能华东智慧供应链临空产业园项目落户溧水开发区，南京国际健康城项目总投资160亿元，宝能（南京）华东智慧供应链临空产业园项目总投资24亿元。

12日

△长三角一体化宁杭合作试验区溧水生态智慧未来城开工建设。先行启动建设宁杭高铁溧水站站前区域，总投资约15亿元。

16日

△溧水区与江宁区管道天然气实现互联互通。

17日

△溧水所有公交班线恢复运营。

19日

△溧水区人民医院通过市级医疗机构校验评审，取得三级医院执业许可。

△参加社区新冠肺炎疫情防控工作的机关党员干部撤离社区卡口。

25日

△绿地·中国中医健康养生示范区项目落户溧水区晶桥镇，建设集文、研、康、养、游、居于一体的中国中医康养示范样本，总投资150亿元。

28日

△溧水区启动消费促进月暨“放心出门，点亮秦淮源”夜间消费活动，持续到5月15日。

4月

1日

△溧水区十六届人大常委会第二十四次会议召开。审议区政府相关工作报告，表决通过人事任免。

2日

△溧水区向印度鲁宾制药捐赠10000只医用一次性口罩。

8日

△溧水开发区获评全国绿化模范单位。

△溧水区48个农业农村重大项目集中开工，总投资84.05亿。

10日

△2019年度保障房分配大会举行。

14日

△溧水区政府与南京银行签订金融支持溧水高质量发展战略合作协议。

△南京国家农高区与中国移动江苏有限公司南京分公司签订“5G+绿色智慧农业”战略合作协议。

△溧水区首个综合管廊及沿线地下空间工程开工建设。

17日

△上海优宁维南京生物园项目落户永阳街道，总投资2亿元。

18日

△民革南京市溧水区基层委员会成立。

△江苏永阳建发集团成立，属溧水区政府授权委托街道监督管理的区国有企业，承担永阳街道基础设施建设、公共服务、战略性新兴产业投资等职能。

20日

△农业农村部办公厅、财政部办公厅发布2020年农业产业强镇名单，和凤镇入选。

△南京都乐制冷VOC（挥发性有机化合物）回收设备技术改造项目基地开工，总投资2.5亿元。

26日

△溧水发布“四新”（新基建、新消费、新产业、新都市）行动项目262个，总投资超1700亿元。

27日

△溧水区获评全省高质量发展先进区20强。

29日

△2020年溧水区“十佳青春榜样”颁奖暨纪念五四运动101周年活动举办。

△2020年南京市独角兽、培育独角兽、瞪羚企业榜单发布，溧水区新增瞪羚企业20家。溧水开发区被评为2019年度全市培育独角兽瞪羚企业工作优秀载体，开沃新能源汽车有限公司获“2019年度全市优秀成长企业”称号。

30日

△秦淮区政府、溧水区政府、宏光空降装备有限公司签订三方投资合作框架协议。宏光空降装备有限公司从秦淮区搬迁至溧水开发区，新建空降装备产业园。

5月

6日

△溧水区2019年度“最美溧水人”暨“最美抗疫先锋”颁奖仪式举行，授予方英、毛岸生等10人2019年度“最美溧水人”称号；授予樊春燕、郑继、赵上瑛等20人“最美抗疫先锋”称号。

8日

△省信用融资担保公司溧水分公司成立。与溧水农商行等5家银行签署授信合作协议，与南京明辉混凝土有限公司等10家民营企业签署担保意向协议，与溧水开发区、高新区、南京国家农高区签订《战略合作框架协议》。

△南京空港保税物流中心（B型）封关运营，南京空港大通关基地项目投用，依托禄口机场国际空港枢纽，主营保税物流分拨业务、跨境电商业务。

9日

△南京市首届地产汽车推介会在南京空港博览中心举行，推介12家南京本土汽车品牌。

△溧水区粮食行业协会成立。

10日

△民建南京市溧水区基层委员会成立。

14日

△“智慧交通”研究院项目落户溧水。溧水开发区、英特尔中国研究院和南京至睿智能科技有限公司三方协同研发智慧交通解决方案、技术创新和应用实践。

20日

△南京艺术学院溧水校区签约落户石湫街道，总投资25亿～30亿元。

21日

△南京国家农高区与江苏农林职业技术学院、江苏中植生态农林科技集团签订战略合作协议，三方以南京国家农高区为载体，共同建设中植园林学院、产教融合实训基地和江苏现代园艺园林工程技术中心。

22—23日

△2020 iFresh亚洲果蔬产业博览会（江苏站）、2020中国浆果产业博览会、2020中国樱桃展在江苏白马农博中心开幕。展会设置1万平方米专业展览区，国内外230多家展商参展。

26日

△溧水区金融行业联合工会成立。

29日

△在疫情后文化旅游产业振兴发展高峰论坛会上，溧水区无想山景区、三叶·梦华苑获“美丽中国春天100景”称号。

6月

3日

△2020南京创新周“中华门创将”大赛新能源汽车组——云上遴选赛在溧水区举行。16个项目参加路演，5个项目进入总决赛。

△南京国家农高区与中国电信南京分公司签订“互联网+智慧农业”战略合作协议。开展基于5G和高速光宽带的“互联网+”国家级智慧农业高新区管理服务、创新创业的信息化环境建设。

6日

△溧水区委党校（行政学校）新校区落成，位于溧水城南新区，总建筑面积4.95万平方米。

8日

△溧水公安分局行政审批服务中心揭牌。

9日

△溧水区分别在区政府办、溧水公安分局、区行政审批局等10家单位投放自动体外除颤仪。

16日

△溧水区2020“四新”行动——新产业推介会在上海举行，17个新产业项目签约，总投资335.8亿元。

19日

△2020南京创新周系列活动——“蓝莓之夏”白马乐活嘉年华在白马镇石头寨村李巷开幕。

20—21日

△2020国际蓝莓品牌大会在溧水举办，大会同时组织“十大好吃蓝莓”遴选和线上蓝莓节活动。

21日

△江苏省康复医院在溧水开工建设。项目选址轻轨S7线与宁杭高速出口之间，规划床位1000张，总投资18亿元。

23日

△农业科技嘉年华·农高区专场——国际未来食品峰会在江苏白马农博中心举行，由2020南京创新周组委会主办、南京国家农高区承办。期间，南京国家农高区与江南大学签订共建未来食品技术创新中心框架协议；牡丹园生态农业、水产健康养殖、1000亩绿色农产品示范基地、程桥金庄智慧农业等14个现代农业招商项目签约；综合保险乡村振兴创新试验区、923全球农

产品直播电商节、未来农业食品坐标城市等7个企业集群项目落户南京国家农高区。

24日

△南京创新周溧水分会场活动——2020中国(国际)电子竞技行业发展高峰论坛举办。主题为“赢在未来、竞于至善”。

28日

△南京市颐养中心项目在溧水开工建设。该项目是南京市民生实事项目和市重大项目，紧邻地铁S7线群力站，总建筑面积26万平方米，规划床位3000张，总投资25亿元。

△江宁经济技术开发区人民法院(溧水)知识产权审判巡回法庭揭牌。行使溧水区内诉讼标的在200万元以下的非技术类知识产权第一审民事案件以及相应辖区内知识产权刑事、行政案件管辖权。

29日

△苏合集团与南京国家农高区签订合作协议，建设“苏合农服——溧水现代农业综合服务中心”，开展订单农业与农产品营销、农业市场信息服务、农业产业发展规划等综合服务。

△“九九为功久久红”庆祝中国共产党成立99周年全媒体行动启动仪式在白马红色李巷举行，由省委党史工办、省档案馆、新华报业传媒集团主办。

30日

△“毋忘在莒”1938—1949年溧水红色印记暨《新华日报》革命战争时期优秀新闻作品展在白马红色李巷开展，展出革命战争时期优秀新闻作品展70余篇，覆盖抗日战争时期和解放战争时期发生的重大事件。

7月

1日

△溧水区庆祝中国共产党成立99周年暨优秀共产党员抗疫事迹报告会举行，表彰在抗击新冠肺炎疫情中做出突出贡献的共产党员，李忠霞等30人被授予“溧水区优秀共产党员”称号。

2日

△枫叶教育集团创始人、董事长任书良带领集团领导、学校校长到溧水区考察，签署推进创办溧水枫叶国际学校相关事宜合作备忘录。

3日

△溧水区政府与南京证券公司签署战略合作协议，旨在做好融资服务、企业挂牌、上市服务和资本中介服务。

7日

△溧水区1608名考生参加“疫时高考”，全区设2个标准化考点、58个实用考场、8个备用考场。

9日

△机场大通关空港保税物流中心(B型)推介会在南京空港博览中心举行，小红书、考拉海购、苏宁易购等国内电商平台，江苏跨境、杭州涟漪、北京盛景等重点直播企业代表，外资(贸)及港澳台资(贸)企业代表，中央、省市区媒体代表参加。

△文旅部发布第二批全国乡村旅游重点村名单，白马镇李巷村入选。

11日

△南京溧水采摘季暨傅家边第十七届采摘节启动。

16日

△南京国家农高区与阿里巴巴华东有限公司签署合作协议，推进阿里巴巴在南京国家农高区的智慧农业生态布局。

△“走向我们的小康生活”系列新闻首场发布会在溧水举办，中央、省、市以及各大网络平台的媒体记者现场报道溧水推动高质量发展、全面建成小康社会情况。

16—17日

△溧水区3367名初中毕业生参加中考，全区设15个考点、120个考场(不含备用考场)。

16—18日

△在十七届中国会展产业创新发展大会上，南京空港博览中心获“中国会展之星优秀展馆”奖。

22日

△幸庄人才公寓开业，一期试运营253套，8种户型，实行人才居住、出行、休闲、社交、学习、创业、就业等一站式服务。

25日

△溧水·中国好粮油(南京)推介会在南京举行，发布溧水区粮食行业协会集体商标“湫湖大米”团体标准及质量管理和控制办法。

△溧水区眼病防治中心揭牌。同时启动2020年江苏博爱光明行项目。

29日

△南京鼓楼医院老年医院签约溧水，规划医疗床位300张、护理床位300张。

30日

△南京市口腔医院与溧水区签约合作共建口腔医院。

8月

1日

△中共溧水区第十三届委员会第九次全体会议举行。全会听取和讨论区委常委会工作报告、全区“四新”行动暨重大产业项目推进情况报告、《关于推进“健康溧水”建设的实施意见》。

5日

△溧水区“万企联万村·共走振兴路”行动工作推进会召开，22个村企对接项目签约，总投资34.5亿元。

7日

△溧水外资及港澳台资企业投资沙龙暨上海招商推介会在上海举办，中国意大利商会副主席康华特以及上海地区40多家外资及港澳台资企业代表出席。会上，溧水开发区与佛吉亚、Vmoto、DLJ、THI、康迈中国总部签订入园协议，英特尔与至睿科技、加拿大路普公司与开沃汽车、意大利瑞纳蒂与中意产业园签订技术合作协议。

8日

△溧水共建共享康养院子行动发布会举行，“万企联万村、共建康养院子”现场签约。

12日

△晶桥芝山富硒生态健康农业产业园开园，核心区种植富硒水稻、富硒水果、富硒茶、绿色蔬菜等。

△溧水区入选2020年江苏省首批特色农产品优势区名单。

13日

△“95后”溧水市民刘志杰前往东南大学附属中大医院捐献造血干细胞，是溧水区第三例造血干细胞捐献志愿者。

14日

△溧水“四新”行动招商推介会在深圳举办，签约新产业项目18个，投资总额73.7亿元。

14—17日

△2020年江苏省足协青训俱乐部联赛总决赛在游府西街小学溧水分校举行，全省13个市32支球队参赛。

15日

△市长韩立明到溧水区石臼湖三拱桥、陈家桥等地检查禁捕退捕工作。

△2020南京溧水石湫文化科技产业推介会在深圳举办。文化科技5G与物联网培训和应用中心项目、电影《二十三区》项目、趣味昆虫音乐项目等文化产业项目签约。

18日

△江苏南京国家农业高新技术产业示范区管理委员会(筹)揭牌，17名院士、专家被聘为专家咨询委员会委员。中粮华润新消费产业基金项目等8个重大项目签约。南京林业大学与溧水区签订协议，共建南林大新校区和农业科技创新港，打造长三角首个产教融合的“没有围墙的大学”。

20日

△第十届中外会展项目合作洽谈会(“EPF-IC2020”)在溧水空港博览中心开幕。洽谈会由溧水区政府、《中外会展》杂志社主办，以“筑梦十年·遇水而兴”为主题，全球千余会展人参与。溧水区政府与中国机械国际合作股份有限公司签约。

△2020南京文化艺术节闭幕暨南京市第十届精神文明建设“五个一工程”颁奖典礼举行。区委宣传部获南京市第十届精神文明建设“五个一工程”组织工作奖，动画片《石头娃》获南京市第十届精神文明建设“五个一工程”入选作品奖。

24日

△市长韩立明到溧水区察看秦淮河流域南源溧水河乌刹桥断面水质情况，了解内源污染控制和水体生态治污措施，检查河长制落实情况。

27日

△《人民日报》14版刊登题为《溧水，来了都说好》报道，聚焦溧水旅游、交通等多个领域。

31日

△溧水直播电商产业基地开业，建有5个直播室和产品展示大厅。

9月

1日

△溧水区红十字会第五次会员代表大会召开，审议通过溧水区红十字会第五次会员代表大会工作报告，选举产生第五届理事会理事、常务理事，副区长王超勇当选区红十字会第五届理事会会长。

△溧水区现代农业产业示范园入选2020年建设省级现代农业产业示范园。

2日

△溧水区设立政法网格员工作站。

5日

△空港会展小镇工厂直购节媒体发布会在溧水空港博览中心举办，通过直播带货新模式向外推介溧水区特色工业和农业产品。

10日

△溧水区少年法学院成立。

12—14日

△2020年中国农民丰收节溧水系列活动——2020 iFresh亚洲果蔬产业博览会（江苏站）暨华东秋季百果嘉年华在江苏白马农博中心举行。展会吸引380多家展商、近千种来自全国各地的优质果品参展。

14日

△第八届“创业江苏”科技创业大赛暨第九届中国创新创业大赛江苏赛区新能源和新能源汽车行业赛在溧水开发区规划馆启幕，全省44家新能源及新能源汽车行业创业企业和团队参加。

15日

△溧水区海外人才创业园开园，开展国际创业投资服务、留学归国人员创业服务和国际技术转移服务等国际化科技创新服务，引进和扶持海外高层次人才创新创业项目。

△溧水区中关村海淀园开园，向科技型创业企业各阶段发展提供市场对接、融资贷款、产业落地等服务。

16日

△2020中国（南京）国际智慧节能博览会在溧水空港博览中心开幕，由溧水区政府主办，全球300余家行业知名企业携3000多件展品参展。

17—18日

△2020全球服务贸易大会在南京开幕，溧水区近十家服务贸易企业参加。

18日

△江苏省中医药管理局确认溧水区中医院为三级中医医院。

20日

△南京道格勒食品工厂投产。该项目位于南京国家农高区，一期投资3亿元。

20—22日

△全球智慧出行大会暨中国（南京）国际新能源和智能网联汽车展览会在南京空港博览中心开幕。

21日

△2020中国南京金洽会溧水专场推介会开幕，37个重大项目签约，投资总额510.6亿元。

△溧水区老科学技术工作者协会第一次会员大会举行，审议通过《溧水区老科学技术工作者协会章程》（草案），选举产生第一届理事会会员，陈小冬当选理事会会长。

22—24日

△全国新农民新业态创业创新大会在江苏白马农博中心开幕。吸引全国800多家企业和2000多名投资商、采购商、科技成果发明人参展。同时，“9·23”全球农产品直播电商节暨首届全国农村电商（白马）高峰论坛举行。

23日

△第十届金砖国家农业部长视频会议在溧水召开。

26—28日

△2020长三角健康峰会（溧水）暨中医药博览会在江苏白马农博中心举行。

28日

△溧水区十六届人大常委会第二十七次会议举行。会议审议区政府相关报告、议案，表决和通过相关人事任免。

30日

△溧水区政府与江苏省信用再担保集团签订“园区保”合作协议，解决中小微企业融资难题。

△2020“健康溧水，无想夜跑”活动举行。赛道自幸庄公园至无想山景区，全程约8千米，全区千余人参加。

10月

2—3日

△2020第八届咪豆音乐节在溧水天生桥景区举办。

3—5日

△"智选美好生活,畅想美溧消费"——2020南京溧水工厂直购节在南京空港博览中心举办,"线上+线下"销售总额590万元。

4日

△首届粉黛露营节在溧水郭兴庄园举办。130亩粉黛乱子草成为网红打卡点,央视新闻现场直播。

4—6日

△全国击剑俱乐部联赛在南京空港博览中心举办,全国各地近2700位各年龄段的选手参赛。

11日

△第二届健康中国发展大会暨中医药产教融合发展大会在溧水召开。教育部学校规划建设发展中心与溧水区政府签订共建中医药产教融合示范区合作协议。

△白马镇阡陌花开农旅项目开园。项目涵盖游客服务商业街区、农业大棚区、梯田麦场农业嘉年华区、花田移动装配式民宿区、花海梯田观赏区、竹海树屋区、霍比特人区等内容,交通以小火车、游览车为主。

16日

△溧水籍作家庄深向家乡捐赠68万字长篇小说《根》。

17日

△2020中国智慧康养旅居新生态博览会中国医学创新和医药技术转移大会在江苏白马农博中心举行。

△2020溧水秦淮源秋季美食节在通济街商业广场举办。

22—25日

△2020全国农商互联暨精准扶贫产销对接大会在溧水举办。

23日

△溧水区"十三五"建设成就展在市民之家开展。展览以"奋斗新时代、建设新溧水"为主题,通过翔实的资料、600多幅新旧照片对比,展示"十三五"期间溧水政治建设、经济建设、文化建设、社会建设、生态文明建设取得的成就。

24日

△2020年溧水农民丰收节在和凤镇省级水稻绿色高质高效示范区举办。与会领导为国家绿色粮食生产示范基地、江苏省"味稻小镇"和中国美丽休闲乡村集中授牌。

28日

△2020"一带一路"经济与环境合作高级别圆桌会议在溧水区举行。

△溧水区委党校市级机关党员干部教育培训基地揭牌。

△市志办到溧水区傅家边社区开展系列方志文化调研和志书捐赠活动。傅家边被市志办选为"方志南京"图书角推广社区。

29—31日

△中华环保联合会第十四届环境与发展论坛在江苏白马农博中心召开。

30日

△溧水区新能源汽车产业链供需暨招商对接会召开。开沃集团等5家整车企业代表、云海特种金属等近80家新能源汽车零部件企业代表参加。开沃集团、恒天领锐汽车有限公司分别与相关汽车零部件制造企业签订合作协议,新能源汽车产业联盟揭牌。

11月

1日

△溧水区第七次全国人口普查入户现场登记,总登记人口近75万人次。

△溧水区启动生活垃圾强制分类。

5日

△南京国家农高区城市产业创新中心揭牌。

△溧水开发区与和凤园区签署建设发展战略合作协议。溧水开发区支持和凤园区载体建设,共同设立智能制造产业基金,推介优质项目落户和凤等。中铁十一局参与共建,实现三方合作共赢。

6日

△2020(第八届)江苏省互联网大会数字乡村高峰论坛在南京国际博览会议中心举行。溧水区入选首批江苏省数字乡村试点地区。

8日

△南京国家农高区与亚太投资银行签署战略合作协议，携手打造面向华东、辐射全国、链接全球的数字农业金融中心。

△石湫世界昆虫邮票博物馆开工建设。配套系列昆虫主题民宿、活体昆虫生态园、昆虫文创产品集市、沉浸式多媒体影视厅等相关文化项目。

9日

△溧水区在第三届进博会现场做推介。

△上海广播电视台第一财经《进博声音》栏目邀请区长张蕴现场解读溧水进阶之道。

11日

△第七届中国·江苏国际产学研合作论坛暨跨国技术转移大会之CITTC 2020高科技农业领域专场活动在南京国家农高区举办。

12日

△2020中国智慧企业发展论坛在溧水召开。

△龙电华鑫锂电铜箔华东总部项目落户溧水开发区，建设年产5万吨6～8微米锂电铜箔区域总部、研发中心和生产基地，总投资100亿元。

13日

△“共舞长江经济带·看高质量发展”网络主题活动在溧水举办。20多家中央、省市新闻媒体采访报道溧水区实施创新驱动发展战略和乡村振兴战略，建设国际农业科技合作示范区等情况。

△溧水区入选2020年“中国工业百强区”，位列43名。

15日

△“央视新闻”客户端、“最溧水”APP以《候鸟飞临，“天空之镜”变身“天鹅湖”》为题，全程直播石臼湖天鹅栖息情况，引发全国网友围观互动。

△2020世界机器人大赛华东地区选拔赛在江苏白马农博中心进行。

17日

△溧水区2020年新冠肺炎疫情处置实操演练在区中医院举行。南京市卫健委、南京市疾控中心、区卫健委、市场监管局、溧水公安分局、开发区、各街镇、各医疗卫生机构等100余人观摩。

19日

△黄教授“鸭血粉丝汤”标准与新品发布会暨中华传统食品产业发展高峰论坛在江苏白马农博中心举行。

19—20日

△2020中国电子质量品牌建设高峰论坛在江苏白马农博中心举办。

20日

△新华社直播团队联合溧水区文旅局、农业农村局和水务局到石臼湖，全程直播溧水石臼湖天鹅飞临景象。

21日

△在2020博鳌国际旅游奖颁奖典礼上，“溧水来了才知好”获年度IP形象大奖。

23日

△民盟南京市溧水总支成立大会召开，选举产生新一届总支和两个支部班子成员。

25日

△2020中国(溧水)乡村旅游健康餐饮绿色发展大会暨江苏省百道乡土地标菜代表性企业发布大会在溧水举行。江苏溧水健康餐饮示范区揭牌。大会发布2020健康溧水乡土风味烹饪大赛获奖名单、江苏省百道乡土地标菜代表性企业名录。

26日

△江苏省抗击新冠肺炎疫情表彰大会举行，溧水区郑继、张立平、刘俊3人获“江苏省抗击新冠肺炎疫情先进个人”称号，区卫健委获“江苏省抗击新冠肺炎疫情先进集体”称号。

△“溧合美”婚姻家庭纠纷人民调解室成立。

28日

△2020中国农村电商供应链博览会暨2020中国农村电商供应链大会在江苏白马农博中心开幕。

△溧水新材料产业联盟成立。

12月

3日

△世界沐浴健康产业博览会暨第十届沐浴温泉文化节活动在南京空港国际博览中心举行。

△“品湫湖大米·享健康生活”2020溧水中国好粮油南京新港推介会在南京举行。溧水沙塘庵粮食加工市场、南京新港粮油食品销售市场30多家企业代表对接交流。

4日

△2020国际未来农业食品百强·白马峰会在江苏白马农博中心开幕。

△大通关基地入园项目集中签约，苏宁易购、直播

电商孵化运营商南京空港文化科技发展有限公司及16家MCN标杆企业签约入驻。

4—6日

△“澎湃杯”2020年全国滑板锦标赛在国家极限运动溧水训练基地举办，全国17支代表队近百名运动员参赛。

8日

△适老社会科技创新中心落户溧水，由哈佛大学、江苏省产业技术研究院与溧水区三方共建。

9日

△溧水智慧城市运营一周年暨“智慧溧水2.0”APP上线新闻发布会举行。

10日

△2020中国会展经济研究会年会暨第二届溧水会展产业发展高峰论坛在江苏白马农博中心开幕。副区长张德才围绕溧水区位优势、生态环境、发展定位、会展产业业态等作主题推介。

△扬州大学美术与设计学院教学实践基地在晶桥镇石山下村挂牌。

11日

△晶桥镇石山下村芮家社区乡贤调解工作室揭牌。

△溧水区政府与大连枫叶教育集团签署南京枫叶国际学校项目合作协议。项目位于东屏街道，办学层次为幼儿园、小学、初中和高中，面向全国招收3600至4230名学生。

13日

△溧水区南京大屠杀死难者国家公祭日活动在大金山庄国防园举行。

18日

△中国农业科技成果转化与产业创新2020高峰论坛——首届三农金桥博览会暨第三届三农金桥奖启动仪式在江苏白马农博中心举行。

△溧水区赴北京举办2020南京制造业高质量发展试验区推介会，14个高端制造项目签约落户，总投资96亿元。

△中关村海淀创业园—溧水高新区项目对接会在北京举行，现场签约7个落地项目。

△江苏省产业技术研究院工业生物技术研究所（溧水）揭牌，由江苏省产业技术研究院、溧水区政府、南京工业大学、郭凯团队四方共建。

19日

△2020全球特种肥料及植保产品交易会在江苏白马农博中心开幕。

20日

△2020中国母基金50人论坛通报表扬名单揭晓，溧水区产业发展引导母基金获2020中国最佳政府引导基金（区、县级）第30位。

21日

△溧水区革命老区经济开发促进会、溧水区扶贫开发协会召开第六届会员大会。

22日

△首个江苏“两中心一平台”融合发展试点区在溧水揭牌。溧水区新时代文明实践中心、溧水区融媒体中心、“学习强国”江苏学习平台三方签署战略合作协议。

△南京国家农高区举行新闻发布会，发布“4+1”专项规划，规划设计未来5～15年农业现代化建设。

23日

△溧水区十六届人大常委会第二十九次会议举行，审议区政府相关工作报告，讨论区人大常委会年度议题安排，表决通过相关人事任免。

27日

△中共溧水区委十三届十次全会召开，审议通过《中共南京市溧水区委关于制定国民经济和社会发展第十四个五年规划和二〇三五年远景目标的建议》《中共南京市溧水区委关于深入学习贯彻习近平总书记视察江苏重要讲话指示精神在“争当表率、争做示范、走在前列”中扛起使命担当的决定》。

28日

△溧水开发区、区教育局、游府西街小学溧水分校签署协议，共建南京市游府西街小学溧水分校红光路新校区。

30日

△溧水区城建集团与腾飞出行网络科技有限公司签约，启动溧水区出租车巡约融合项目。

（吴萍）

责任编辑　吴萍

区情概览

Overview of the District

基本情况

【位置面积】 溧水区位于江苏省西南部，是省会南京南大门，南京市南部中心。东邻溧阳市，南连高淳区，西与安徽省马鞍山市博望区毗邻，西北与江宁区交界，东北与句容市接壤。距南京主城区45千米，距南京禄口国际机场13千米。S55宁宣、S68溧芜、G25长深、G4221沪武4条高速公路及宁杭高铁穿境而过，243省道、246省道、340省道、341省道、204省道贯穿全境，是长三角重要交通枢纽，苏、浙、皖、沪三省一市重要交通节点。宁溧城际轨道交通（S7线）、宁高城际轨道交通（S9线）直通南京主城。2020年，全区总面积1067.26平方千米（含石臼湖水域面积）。

【地貌环境】 溧水区位于北纬31°23′～31°48′、东经118°51′～119°14′，属宁镇扬丘陵山区，地势东南高西北低，低山丘陵面积占总面积72.5%，最高海拔368.5米。境内浮山、东庐山、回峰山、芳山、秋湖山、无想山拱踞东南，连绵环列，西横山突兀西端，逶迤绵延。主要河流分属秦淮河及石臼湖两大水系，秦淮河水系有溧水河及溧水河分支一干河、二干河、三干河，石臼湖水系有天生桥河、新桥河、云鹤支河，过境长118.62千米。全区有中小型水库79座，其中方便水库（东屏湖）、中山水库（中山湖）分别为市第二、第三大水库。山水天然组合，植被完好，森林覆盖率34.2%，生态环境优良。

【历史沿革】 溧水历史悠久，文化底蕴深厚。早在1万年前就有人类生存。隋开皇十一年（591）析溧阳西北境及丹阳（今江宁小丹阳）故地东部置溧水县，此为建县之始。唐代诗人李白、书法家颜真卿、南唐政治家韩熙载曾在溧水留下足迹和诗文。唐代新罗诗人崔致远曾任溧水县尉，宋代词人周邦彦曾任溧水县令，北宋状元、溧水人俞栗曾任兵部尚书，南宋状元、溧水人吴潜官至左丞相。元元贞元年（1295）升溧水为州，明洪武二年（1369）复改为县。明弘治四年（1491）析西南境置高淳县。溧水人齐泰曾任明朝兵部尚书，为“明初四杰”之一。清顺治二年（1645），溧水属江南省江宁府。清康熙年间（1662—1722），溧水明觉人汤鹏创作的铁画，至今仍为世人称道。中华民国元年（1912）至三年（1914），溧水先后属南京府、金陵道，中华民国18—38年（1929—1949），分别属江宁区、溧阳区、江苏省第一行政督察区。1938年6月，新四军到达溧水，溧水成为苏南抗日根据地战略要地。项英、陈毅、粟裕、谭震林、邓子恢、张鼎丞、傅秋涛、陶勇、王必成、江渭清、钟国楚等新四军将领曾在溧水组织指挥苏南地区抗日斗争。1941年，中国共产党在县境内分别建立溧水（后改为溧高）、江溧句（后改为江宁）、江当溧（后改为横山）抗日民主政府，组织领导抗日运动。同年底，新四军第六师第十六旅旅部和苏南党政领导机关移驻溧水。1942年，溧水成为中国共产党领导苏南人民抗日斗争中心区。1949年4月25日，溧水解放，属镇江专区，1958年属常州专区，1959年9月9日复属镇江专

区。1983年1月，划属南京市。2013年2月19日，撤销溧水县，设立溧水区。（区志办）

【自然资源】 2020年，全区耕地面积422平方千米，盛产水稻、小麦、油菜、蔬菜、薯类、豆类等农作物。水域面积90.4平方千米，盛产青虾、龙虾、螃蟹、鲈鱼、鳜鱼、细鳞斜颌鲴、白鱼、青鱼、草鱼、鲢鱼、鳙鱼、鳊鱼、鲫鱼、鳖鱼等水产品，莲藕、菱角等水生植物。山林面积3.25万公顷，盛产林、桑、茶等，有金银花、铁皮石斛、茅苍术等中药材。山区有野猪、貉、果子狸、狗獾、鼬獾等哺乳动物12种，有小天鹅、豆雁、绿翅鸭、斑嘴鸭、白鹭、白鹤、东方白鹳、凤头鹰、白鹇等鸟类145种。境内矿产资源丰富，金属矿产有锶、铜、铅、锌、锗、铁、金、银8种，非金属矿产有水泥用石灰岩、建筑石料用火山岩、砂岩、砂、耐火黏土、高岭土和砖瓦用黏土，能源矿有铀矿，水气矿有矿泉水。

（溧水规划资源分局 区农业农村局 溧水生态环境局）

【气候特征】 2020年，溧水区年平均气温16.6℃，比常年偏高0.6℃；年高温日（日最高气温≥35℃）13天，比常年平均少1天；年极端最高气温37.4℃（8月19日），年极端最低气温-9.2℃（12月31日）。年降水量1550.4毫米，比常年偏多35%；年雨日（降水量≥0.1毫米）152天，年暴雨日5天，日最大降水量116.3毫米（7月17日）；年降雪日9天，最大积雪深度3厘米（12月29日）。年平均风速1.8米/秒，最多风向为东南偏东风。年日照时数1951.9小时，较常年偏少1%。全年雾日56天，霾日34天。6月10日入梅，7月21日出梅。梅雨期长41天，梅雨量785.6毫米，较常年偏多2.1倍，仅次于1991年和2016年，位列有气象记录以来第三。年内发生的主要气象灾害为暴雨、寒潮、连阴雨、强对流、高温、干旱、台风、雾和霾。

（王凯）

【人口民族】 2020年，全区户籍人口44.98万人，增长6.71‰。在户籍人口中，男性人口22.56万人，女性人口为22.42万人。0~17岁人口7.58万人，18~34岁人口9.25万人，35~59岁人口18.07万人，60岁及以上人口10.08万人。全年人口出生率10.41‰，人口死亡率7.21‰，人口自然增长率3.20‰。户籍少数民族人口2626人，占全区总人口0.58%，以布依族、苗族、回族、彝族等为主，涉及少数民族族别38个，散居在各街镇（开发区），以永阳街道、石湫街道、开发区居多。其中蒙古族97人、回族385人、藏族11人、维吾尔族8人、苗族420人、彝族260人、壮族140人、布依族454人、朝鲜族22人、满族132人、侗族62人、瑶族63人、白族127人、土家族185人、哈尼族14人、傣族17人、黎族41人、傈僳族74人、佤族2人、畲族9人、高山族1人、拉祜族3人、水族24人、东乡族1人、纳西族1人、景颇族12人、土族12人、达斡尔族1人、仫佬族7人、羌族2人、布朗族6人、仡佬族16人、锡伯族7人、阿昌族1人、怒族5人、俄罗斯族1人、鄂温克族1人、京族2人。和凤镇孔镇民族村是南京市3个民族村之一。（区统计局 区民宗局）

【行政区划】 2020年，永阳街道、柘塘街道、和凤镇实施部分村（居）民委员会调整，其中永阳街道设立琴音居民委员会、和凤镇设立凤凰路居民委员会，柘塘街道调整合并后新设立柘塘、空港、乌山、群力、康怡、崇贤、团山、明珠桥、新安、沙河居民委员会，至年底，全区设永阳、柘塘、东屏、洪蓝、石湫5个街道，辖白马、晶桥、和凤3个镇；设有111个村（社区），其中社区居委员会74个、村委会37个。

2020年溧水区村（社区）情况一览表

街　镇	数量（个）	村（社区）
柘塘街道（开发区）	14	社区（14）：团山、明珠桥、新安、前进、荷花、机场路、柘塘、空港、乌山、群力、康怡、崇贤、秦淮、沙河
永阳街道	27	社区（24）：中山路、秦淮路、庆丰路、毓秀路、东门街、通济街、状元坊、宝塔路、财贸新村、交通路、板桥、龙山、致远、仪凤、崇文、戴家、恒大、琴音、工农兵、城郊、十里牌、中山、东庐、石巷
		村（3）：东山、高塘、秋湖

续表

街　镇	数量(个)	村(社区)
东屏街道	10	社区(5):方边、徐溪、长乐、定湖、金湖
		村(5):爱廉、爱民、和平、丽山、白鹿
洪蓝街道	12	社区(8):洪蓝、三里亭、天生桥、西旺、无想寺、傅家边、蒲塘、上港
		村(4):塘西、青锋、陈卞、姜家
石湫街道	14	社区(6):石湫、塘窦村、明觉、光明、蟹塘、社东
		村(8):东泉、向阳、三星、同心、桑园蒲、横山、九塘、上方
白马镇	10	社区(6):金谷、白马、朱家边、白龙、上洋、革新
		村(4):曹家桥、石头寨、大树下、浮山
和凤镇	12	社区(6):凤凰路、双牌石、毛公铺、沙塘庵、孔镇、乌飞塘
		村(6):孙家巷、张家、骆山、沈家山、吴村桥、中杨
晶桥镇	12	社区(5):陶村、杭村、新桥、枫香岭、芮家
		村(7):水晶、笪村、芝山、云鹤山、孔家、仙坛、邰村

注:全区有111个村(社区居)民委员会,其中社区居民委员会74个(划线社区居民委员会为“城市居民委员会”,计24个;其他社区居民委员会为“村改居”,计50个),村民委员会37个。(陈静)

经济社会发展

【经济建设】 2020年,溧水区地区生产总值911.51亿元,增长6.1%;一般公共预算收入79.02亿元,增长12.1%。全社会固定资产投资增长8.6%,其中工业固定资产投资增长16.8%。社会消费品零售总额349.8亿元,增长1.6%;实际利用外资及港澳台资3.35亿美元,增长29%;外贸及港澳台贸易总额115.6亿元,增长50.5%;净增规模以上工业企业100家,规模以上工业产值增长12.4%;新增入统限额以上商贸企业56家,服务业增加值405亿元,增长3.5%。全体居民人均可支配收入46655元,增长6.4%。其中,城镇居民人均可支配收入59740元,增长5.1%;农村居民人均可支配收入29078元,增长7.4%。城镇登记失业率控制在1.78%。

“十三五”期间(2016—2020年)溧水区主要经济指标情况一览表

指　标	单位	2016年		2017年		2018年		2019年		2020年	
		绝对值	增幅(%)	绝对值	增幅(%)	绝对值	增幅(%)	绝对值	增幅(%)	绝对值	增幅(%)
常住人口	万人	43.25	—	46.39	—	47.33	—	47.93	—	49.16	—
城镇化率	%	58.2	—	60.02	—	61.07	—	62.35	—	65.7	—
地区生产总值	亿元	624.96	9.3	700.03	8.9	789.09	8.1	852.37	8.4	911.51	6.1
其中:一产	亿元	40.05	2.7	42.27	2.9	44.16	1.3	48.48	1.9	50.42	1.8
二产	亿元	328.53	9.4	362.98	9.0	411.76	8.1	419.38	9.9	459.57	9.9
三产	亿元	256.38	10.1	294.78	9.7	333.17	9.0	384.51	7.7	401.52	2.4
固定资产投资	亿元	552.33	9.2	610.56	12.4	—	9.6	—	9.1	—	8.6
社会消费品零售总额	亿元	193.53	10.7	213.66	10.4	235.2	10.1	326.55	5.0	349.84	1.6
全体居民人均可支配收入	元	31736	9.0	34865	9.9	40156	9.6	43836	9.2	46655	6.4
城镇居民人均可支配收入	元	44082	8.3	48156	9.2	52393	8.8	56863	8.5	59740	5.1

续表

指　标	单位	2016年		2017年		2018年		2019年		2020年	
		绝对值	增幅(%)	绝对值	增幅(%)	绝对值	增幅(%)	绝对值	增幅(%)	绝对值	增幅(%)
农村居民人均可支配收入	元	20650	8.5	22558	9.2	24701	9.5	27082	9.6	29078	7.4
一般公共预算收入	亿元	51.28	—	56.66	—	63.09	—	70.51	—	79.02	—
实际利用外资及港澳台资	万美元	19228	—	20139	4.7	20506	1.8	26003	26.8	33515	28.9

（管洪飞）

【政治建设】　2020年，溧水区接受人大法律监督、工作监督，政协民主监督和社会舆论监督，办理人大代表建议138件、政协提案162件，答复率、办结率均100%。依法履行出庭应诉职责，行政机关负责人出庭应诉率100%。用心用情办好“12345”热线工单，解决群众诉求5.4万余件，绩效考评位列全市第一。排查形式主义、官僚主义突出问题，精简文件、压缩会议、统筹规范督查检查考核，切实为基层松绑减负。落实党风廉政建设责任制，突出教育卫生、建设工程、征地拆迁等重点领域审计监督和行政监察。深化预算管理制度改革，“三公”经费、区级行政机关运行支出保持零增长。工会、妇女、未成年人保护、残疾人等工作实现新进步，对口帮扶陕西省商洛市商南县如期脱贫，民宗、台侨、科协、红十字会、档案、人武、退役军人和双拥等工作迈上新台阶。

【文化建设】　2020年，溧水区修订完善《溧水区优秀文艺成果和文艺人才奖励扶持办法》，各文艺家协会会员在国家、省市级平台展出演出及发表各类文艺作品1000多件，全年兑现148个优秀文艺作品及文艺精品项目区级配套奖励资金50万元。南京首部抗战乡土小说《南京南》出版，余善红《吧啦吧啦》、周凤《芭沙姐妹去赶集》入选第三届江苏美术作品展。开展“我们的节日——秦淮源头过传统节庆”等文化活动惠民主题活动100余场。与市演艺集团合作开展“百旦秦淮源·遇见夜金陵”“秦淮源头，文艺魅溧”“梅赞金陵”等高品质文艺专场活动10余场。在11所中小学、幼儿园常态化开展戏曲、书法、诗词进校园活动，推动优秀传统文化传承普及。推进文化产业工作，利用南京融交会、市文化产业创意资源共享会等平台资源，促成瑞应珠宝创意产业链与智能制造实践创新平台等项目6个，总投资额100亿元。8月15日，在深圳举办2020南京溧水石湫文化科技产业推介会，签约路客派文化景区建设等项目4个，总投资30亿元。排定海峡青年文创孵化基地等年度区重点文化产业项目21个，其中新建项目16个、续建项目4个。大运河项目完成省对市个性指标考核，胭脂河古遗址公园、洪蓝运河特色小镇洪蓝街道仓口村、石湫街道九塘村、和凤镇诸家村等运河美丽村庄列入2020年市级大运河文化带建设工作重点。无想国际创业小镇建设工程项目（城隍庙文化街区）获大运河文化带建设专项债券发债额度1.4亿元。石湫科创中心、江苏（国家）未来影视文化创意产业园、六六众创空间获评南京市文化产业园区（基地）。搭建文化企业投融资服务平台，帮助南京万驰汽车文化传播有限公司等6家文化企业申请优惠利率贷款4000万元，南京幸庄科技创新产业园管理有限公司等6家企业获市级文化产业专项扶持资金146万元，第三届秦淮源头灯会等22个项目获区级专项扶持资金473万元，南京创维平面显示有限公司获南京市第八届“金梧桐奖”文化企业十强。壮大文化人才队伍，建立高层次文化人才库，至年底在库20人，陈维、黄勰、申洪瑞3人入选第二批南京市百名优秀文化人才，陈维的南京城墙主题篆刻、黄勰的《时间的声音》古钢琴与声乐民乐经典音乐会2个项目获市级文化人才项目资助。文化部文化产业创业创意人才梅六真出品的原创科普动漫《石头娃》获市第十届精神文明建设“五个一工程”奖和省广播电视政府奖。

【社会建设】　2020年，人大代表票决产生的10件50项民生实事全面完成。全区学前教育新增学位720个，普惠性幼儿园覆盖率98.11%，创成8所市优质幼儿园、2所市示范幼儿园，6所幼儿园通过省优质幼儿园复审，省市优质幼儿园就读幼儿由上年74.5%提高到86.3%。义务教育标准化建设达标率100%，新增市小学特色文化示范校1所，市新优质初中、素质教育示范校各1所，全区2020年中考目标如期实现，超全市均分11.4分，列第五。高中教育对标意识增强，教育教学针对性、科学性提高，探索尖子生培养新路径，力求有新突破。实现住宅小区非机动车车棚建设全覆盖，实现符合条件住宅小区成立业主自治组织全覆盖，完成22个小区燃气改造，新增3A级居家养老服务中心25家。稳就业、保民生推出实招，城镇新增就业2.27万人，减免社保费9.85亿元，发放稳岗补贴2513万元，开工建设东屏街道、洪蓝街道特困人员集中供养点，全体居民人均可支配收入增幅位居全省前列。坚持历史文脉传承与城市更新改造互融并进，实施城乡建设项目2139个，改造棚户区（危旧房）550万平方米、农村危旧房1023户，整治老旧小区40个，分配安置房3.65万套，惠及群众4.75万人，改造提升飞燕文化产业街区等老城客厅，建成国家极限运动溧水训练基地等地标建筑。交通脉络更加清晰，溧芜高速等干线公路建成使用，扬镇宁马、宁宣黄城际铁路，宁宣高速南延、秦淮河四级航道等省市重大工程有序推进，提档升级市政道路75.8千米、农路525千米，打通断头路13条。举办第二届健康中国发展大会和首届中医药产教融合发展大会，集聚国内外健康领域高端产业、人才、资本。创成省级慢性病综合防控达标区、省级卫生应急规范区。区人民医院、中医院创成三级医院，基层首诊率提高20%，万人全科医师数增长1.11倍，城乡居民健康素养水平提升13%。全省首家规模化康复医院江苏省康复医院落户并开工建设；全国一流南京市颐养中心启动建设，规划床位3000张。

【生态文明建设】 2020年，溧水区集中式饮用水水源地水质达标率100%；省、市考断面达标率100%。溧水区环境空气优良率83.1%，上升15.4%，PM2.5浓度均值为32.3微克/立方米，下降20.4%。区域内未发生较大等级以上突发环境事件。印发实施《溧水区农村黑臭水体排查工作实施方案》，排查辖区内河、塘、沟渠等各类大、中、小、微水体。对全区10个省市考核断面、155个河长制水体、11个非建成区小微水体（每月2次）、街镇主要河道城市内河以及13条集中式饮用水水源地62个断面（每月2次）开展预警监测，形成水质专报49份。开展全区73座小型水库水质监测。监测地下水1次。投资1500余万元，建设水质自动监测站24个，构建全区重点河道水体、城市内河、重点断面水质自动监测监控网络，提升水环境预警能力。推进全区35家重点行业企业土壤污染状况调查风险分级。落实2019年耕地、水稻、生态公益林、水利风景区、饮用水水源地、生态红线区域、湿地公园等生态补偿资金2.226亿元。完成市对区2019年度生态保护补偿考核，考核得分106.2分，排名全市第三。制订2020年度5410万元生态补偿资金分配方案。完成2019年度石湫街道东泉村、晶桥镇笪村、洪蓝街道上港社区、东屏街道白鹿村、永阳街道东山村、东庐社区省级生态文明建设示范村（社区）考核验收。开展新冠肺炎疫情环保专项执法检查，检查隔离点、医疗机构、污水处理厂及其他敏感单位152家次，推动整改问题6个。检查涉气企业407家，发现问题98家，立案查处30家，责令整改58家，完成整改31家次。开展施工工地夜间专项执法检查6次，检查工地44家次，出动执法人员88人次，查处夜间违法施工4家，有效遏制工地野蛮施工、夜间违法施工现象。

【综合改革】 2020年，溧水区深化供给侧结构性改革。整治“散乱污”企业113家，处置低效闲置落后企业60家，淘汰落后产能企业8家。推进减税降费，兑现发展先进制造业项目奖补资金5651.6万元，使用市民营企业转贷互助基金512笔，贷款金额26.2亿元。完善政银担体系，在全市率先引入全省唯一AAA级江苏省信用再担保集团，设立“园区保”风险资金池，助力小微企业信贷融资。优化营商环境，在率先实现“1230”改革目标的基础上，首推“1120”（开办企业1个工作日、不动产登记1个工作日、工业建设项目施工许可20个工作日内完成）改革。全年“1日办结”开办企业全流程352个、不动产交易登记案例1945个，其中1个工作日内办结891个；社会治理大联动中心整合接入网格巡查、市民热线、网络诉求等多个民意表达渠道，全年处置各类工单31.1万件。国家城乡融合发展试验区建设取得阶段性成果。编制《溧水区国家城乡融合发展试验区实施方案》并上报国家发改委批复。制订配套领导小组和五大任务三年行动计划。重点推进集体经营性建设用地入市改革，完善收益调节金征管、净收益管理、使用权抵押贷款3个暂行办法，启动永阳、东屏、白马等街镇5宗地块土地入市挂牌工作。

【城乡建设】 2020年，全区城建项目有序推进，473个城乡建设任务总开工458个，开工率96.8%，完成投资243.2亿元；17个市精细化项目开工率100%，完成投资84.8亿元。溧芜高速建成通车，204省道溧水段、446省道白马互通段、秦淮河航道整治工程加快推进。建成市政道路19千米，整治主次干道2条，打通断头路新珠路东延、石燕路2条。完成秀园西路、天生桥大道等绿化提升8千米，建成口袋公园2个，完成景观提升项目30个；新(续)建农村公路80千米。溧东大道、高铁新城站前广场景观、白马湖公园、玲陇酒店、溧白路东延、石山公园等一批重点基础设施项目建成投入使用。推进农村人居环境整治，完成农村贫困户危房改造231户，建设农村生活污水设施214套，新(改)建农村公厕200座。打造美丽乡村示范村13个、宜居村56个，创建"美丽庭院"1200户。全区84个行政村(社区)898个自然村垃圾分类覆盖率100%。智慧城市建设成效明显，全年41个智慧项目有序推进，"城市大脑"基础架构初步建成，一屏观全域、一网管全城、一图知全局、一口理诉求、一掌聚服务的"五个一"应用格局基本形成。

【创新发展】 2020年，全区自主创新能力显著提高。规模以上工业企业研发投入强度3.59%；新认定市级以上工程技术中心16家，其中省级4家，南京云海特种金属股份有限公司获批组建江苏省轻金属合金研究重点实验室。全年实现净增高新技术企业121家，其中引进市外高企23家。全区高企总数405家。帮助企业降低创新成本，兑付343家企业市区两级创新券奖励2244万元，累计兑付各类奖补资金2.3亿元，发放科技贷款8.6亿元。高水平完成创新周工作，签约项目26个，总投资超70亿元。创新载体加快建设，签约新型研发机构5个，博士众创空间、INSPACE获省级众创空间，东屏新材料产业园成功创建国家火炬特色产业基地。知识产权意识提高，全区新增有效发明专利2423件，PCT国际申请330件，万人发明专利拥有量54.2件，获批知识产权强省建设示范区。创新人才加快聚集，入选国家海外高层次人才引进计划4项、省"引智计划"3项、"345"海外高层次人才计划1项、省科技副总16人，申报科技顶尖、创新型专家18人。 （詹泽中）

文化遗存

【概况】 2020年，溧水区文化遗产丰富，全国重点文物保护单位有蒲塘桥。省级文物保护单位有胭脂河与天生桥、长乐桥、宋瑛墓、永寿寺塔、魏家土墩墓群。市级文物保护单位有无想寺摩崖石刻、石湫社东魏氏宗祠、和凤诸氏宗祠、和凤杨氏宗祠、洪蓝芮氏祠堂、秋湖山采石遗址、黄家古井、谢氏宗祠、晶桥刘氏宗祠、溧水大金山抗日根据地遗址。区级文物保护单位有苏南反顽战役回峰山遗址、永昌桥、赵氏宗祠、李巷革命遗址建筑群、寻仙观、樊氏宗祠、邱氏宗祠、义气墩、金井涌泉、石山遗址、秦淮源头。有非物质文化遗产保护项目46个。其中，国家级项目1个(骆山大龙)，省级项目3个(蒲塘桥祠山庙会、跳当当、打社火)，市级项目6个(明觉铁画、玉带糕制作工艺、打五件、西宋马灯、溧水剪纸、张氏喉科)，区级项目36个。

【蒲塘桥】 蒲塘桥明正德年间修建，又称尚义桥。位于洪蓝街道蒲塘村，是溧水最大一座古桥。作为国家级文物保护单位，蒲塘桥是南京市唯一一座九孔古石桥，也是全国40家国保级别的古代桥梁之一，十分珍贵。该桥为多孔坦拱桥，有九孔，长91.3米，宽5.7米。桥下有8个带分水尖桥墩，中心孔最大，两侧逐渐收小。拱石为火山凝灰岩，用无铰连接并列砌置方法砌成。20世纪30年代至70年代末仍为公路桥。2020年9—12月，按照依法保护、原真性、完整性、最小干预原则，溧水区全桥修缮蒲塘桥。市文旅局文物处、东南大学、南京中山园林建设公司以及区文旅局、洪蓝街道有关领导、专家到桥梁修缮工地，考察工程进展情况，特别是对桥栏板、望柱等修复部分进行仔细研究，力争让五百年古桥重现风采。至年底，包括桥面、拱券、桥台和基础、金刚墙、券脸、撞券石、雁翅墙、栏杆及全桥相关装饰完成修缮。 （吴萍）

【胭脂河与天生桥】 建于明代，位于溧水城西部。胭脂河全长7.5千米，是明代初年开凿的人工运河，沟通石臼湖和秦淮河，进而连接苏南太湖水系和秦淮河水系，运粮船可从太湖直达南京。该河南起洪蓝集镇，北至沙河口，地段由砂岩、页岩等组成。采用开凿四川省都江堰“火焚之、水激之”古老方法，工程中工人们巧妙地将两处石质最硬、地势最高地方留下来，作为行人通道，河成之后，将巨石下段凿开以通船只，故名天生桥。桥原有两座，南桥于明代崩塌，现仅余北桥。北桥长34米、宽9米、桥面厚3.5米、河底高程35米，桥顶厚8.9米。

【长乐桥】 建于元代，位于东屏街道长乐村。原是溧水至句容交通要道上一座主要桥梁，宋元时期风格，是南京地区现存最古老一座石拱桥。长乐桥用溧水地产火山凝灰岩筑成，在明代重修时采用部分青石石料。桥全长39.5米、宽3.7米，为坦拱桥。

【宋瑛墓】 明代墓葬，位于开发区团山西麓。为溧水境内规模最大、等级最高的古代墓葬，是明朝永乐至正统朝驸马都尉西宁侯宋瑛与明成祖朱棣第四女咸宁公主朱智明夫妇合葬墓。宋瑛墓全长近15米，最宽处7.6米，高3.5米，总面积60平方米，由墓门、甬道、前室和2个后室组成。室内原有棺木，发现时均已朽毁。

【永寿寺塔】 建于明代，位于溧水城西北。塔为仿木楼阁式砖塔，平面呈八边形，7层，总高40米。在塔座之上用砖砌成塔身，从下至上逐层向内收缩，塔室为正方形，原有木楼板，后毁于战火，2000年维修时恢复。

【魏家土墩墓群】 时代西周—春秋，位于晶桥镇魏家村。该土墩墓群由围绕在魏家村周围十几座西周至春秋时期土墩墓组成，土墩墓保存状况较好。

【晶桥刘氏宗祠】 建于明代，曾大修于民国期间。位于晶桥镇石山下村东南，砖木结构，以石雕柱础及木雕斜撑精美著称。南北向，三进，面阔三间。长32.3米，宽11.2米，总面积331平方米。其中，第三进有台基、踏步、抱鼓石等，为穿斗式九架十梁，有轩式装修。二、三进之间天井两侧以廊相连。祠堂内石雕柱础形式不一，金柱、檐柱不同。

（甘莉莉）

【骆山大龙】 第一批国家级非遗保护项目，是和凤镇骆山村重要民俗文化活动之一，在溧水、高淳、安徽广德、郎溪一带有很大影响，起源于明代。大龙龙身长近百米，参与者500人之多，号称“江南第一大龙”。每年舞龙期间，周边地区群众争相赶往骆山看龙，成为大众娱乐文化活动，同时走亲访友，增进感情交流。骆山大龙由于龙身巨大，参与人数众多，一般每年年底在石臼湖滩上表演。

【蒲塘桥祠山庙会】 南京地区规模最大的祠山庙会，起源于明代。每年农历三月十八，经过“十八会茶”（蒲塘老街六大家族长老聚集商议出会相关事宜）、“见青”（在万年台前树立旗杆）等环节后，举办出会仪式，包含放铳、抛叉、敲锣鼓、踩高跷、挑花篮等传统民俗表演，参与村民近500人。出会仪式后，需进行“跳三星”（福、禄、寿三星），随后搭台唱正戏3天。唱戏3天后，经过扫台、燃香敬神、放炮、请菩萨上殿、叉队收草等仪式，整场庙会结束。

（吴萍）

【跳当当】 祭祀性舞蹈，主要流行于东屏街道爱廉、爱民、凉篷下、堡星村等地。演出形式简称“三当四鼓十三锣”。表演时，当当居于核心，起指挥作用，4面鼓和16只大鼓围绕在外围。演出图形按八卦阵排列，取名“龙凤胜会”。主要动作有“百鸟朝凤”“乌鸦亮翅”“犀牛望月”“凤凰三点头”“童子拜观音”等。锣鼓队随当当号令，变换不同阵式。

【打社火】 又称“社鼓”，主要流行于柘塘街道一带。过年时，在柘塘老街表演，市民燃放烟火爆竹以示庆祝，俗称“炸街”。行街之后，表演跳鼓，以当当锣响为号，依次表演。正月十五，社火队开始“冲街”，以先达到街西万年台，并摘青者为优胜。“冲街”之后，表演甩鼓，以圈数多者胜。另有抛鼓、变阵等表演形式。

（甘莉莉）

责任编辑　宋国朝　尹伟

中共南京市溧水区委

·重要会议·

【概况】 2020年，溧水区委以习近平新时代中国特色社会主义思想为指导，贯彻中共十九大和十九届二中、三中、四中、五中全会精神，落实习近平总书记视察江苏重要讲话指示精神，按照省、市委全会要求，深化“强富美高”新溧水建设，以“争当表率、争做示范、走在前列”的使命担当，开启全面建设社会主义现代化新征程，先后召开区委十三届九次、十次全会，总结和部署全区工作。召开区委常委会议38次，涉及党建、经济、社会、文化、稳定等议题236个。召开全区深化对标找差创新实干推动高质量发展、城乡工作、区委人大工作、区委政协工作、制造业高质量发展试验区建设推进、制造业企业家座谈会、国有企业座谈会等重要会议21次，部署落实全区重点工作，强化责任担当，推动管党治党不断走向“严紧硬”，为全区高质量发展提供政治保证。

【区委十三届九次、十次全体会议】 8月1日，区委十三届九次全体会议在区级机关礼堂召开，区委常委会主持。全会以习近平新时代中国特色社会主义思想为指导，贯彻中共十九大、十九届二中、三中、四中全会和全国两会精神，落实省委十三届八次全会和市委十四届十次全会要求，总结上半年工作，部署下半年任务，对打造“健康中国”示范样本做出安排，动员全区上下解放思想、对标找差、比学赶超，确保打赢高水平全面建成小康社会和“十三五”规划收官战，夺取疫情防控和经济社会发展“双胜利”，谱写“强富美高”新溧水建设新篇章。全会听取和讨论区委常委会工作报告、《全区“四新”行动暨重大项目推进情况报告》《关于推进“健康溧水”建设的实施意见(讨论稿)》。

12月27日，区委十三届十次全体会议在区级机关礼堂召开，区委常委会主持。全会全面贯彻中共十九大、十九届二中、三中、四中、五中全会以及中央经济工作会议精神，落实习近平总书记视察江苏重要讲话指示精神，贯彻省委十三届九次全会和市委十四届十一次全会要求，回顾总结“十三五”和2020年工作，研究部署“十四五”和2021年工作，审议区委《关于制定国民经济和社会发展第十四个五年规划和二〇三五年远景目标的建议》，动员全区上下承前启后、接续奋斗、勇争一流，深化“强富美高”新溧水建设，开启全面建设社会主义现代化新征程。全会听取和讨论区委常委会工作报告、《关于2021年经济指标和重大项目安排的说明》《中共南京市溧水区委关于制定国民经济和社会发展第十四个五年规划和二〇三五年远景目标的建议(讨论稿)》《中共南京市溧水区委关于深入学习贯彻习近平总书记视察江苏重要讲话指示精神在“争当表率、争做示范、走在前列”中扛起使命担当的决定(讨论稿)》，听取区委常委会2020年度抓党建工作情况。

【全区深化对标找差创新实干推动高质量发展大会】 2月22日在区级机关多功能厅召开，区委副书记、区长张蕴主持。会议以习近平新时代中国特色社会主义思想为指导，再动员、再部署全区对标找差工作，弘扬疫情防控斗争精神，营造发展第一、干字当头、只争朝夕的火热氛围，统筹做好疫情防控和经济社会发展各项工作，推动高质量发展走在前列，加快迈向全省区县第一方阵。表扬2019年度对标找差创新实干推动高质量发展先进街镇（开发区），2019年度“双比双争”主题活动优秀建功单位、集体和个人，和谐（平安、文明）村（社区）考核第一等次村（社区），2019年度机关作风建设先进单位。宣读2019年四季度招商引资擂台赛评奖结果。通报溧水区2019年度受市委、市政府以上表彰、表扬事项。区人大办、商务局、行政审批局、溧水生态环境局以及溧高投围绕对标找差、创新实干、推动高质量发展和作风建设表态发言。

【全区城乡工作会议】 3月17日在区委党校新校区报告厅召开，区委副书记、区长张蕴主持。区委副书记方靖部署城乡融合发展工作，区政府副区长唐海清部署全区城建城管工作，区政府党组成员刘人祥部署农村环境综合整治工作。会议动员全区上下以习近平新时代中国特色社会主义思想为指导，对标找差、勇争一流，推动城乡工作再上新台阶，为夺取“双胜利”、建设“强富美高”新溧水做出更大贡献。开发区、白马镇，区城建局、城管局、农业农村局围绕自身工作表态发言。

【溧水制造业高质量发展试验区建设推进大会】 3月24日在江苏白马农博中心召开。会议全面落实习近平总书记关于“一定要把制造业搞上去”的重要指示精神，贯彻新发展理念，奏响南京制造业高质量发展试验区的“集结号”，打造全国有影响力的产业创新新高地、外资及港澳台资企业集聚区，为南京建设创新名城做出更大贡献。市政府秘书长翁国玖宣读市委主要领导批示、溧水制造业高质量发展试验区方案批复，区委副书记、区长张蕴发布支持试验区政策措施。举行支持制造业高质量发展政策兑现、项目签约仪式，表彰2019年度突出贡献优秀企业家、2019年度纳税超亿元突出贡献工业企业代表等，启动南京新型研发机构先进制造业产业化基地建设。南京市政府市长韩立明讲话。会后集体参观先进制造业展。

【全区纪检、组织、宣传、统战、政法工作会议】 4月10日在区级机关多功能厅召开 。会议高举习近平新时代中国特色社会主义思想伟大旗帜，学习贯彻中共十九大和十九届二中、三中、四中全会精神，传达落实中央和省市委有关会议精神，回顾总结2019年工作，分析研判当前形势，部署全年工作任务，以奋斗姿态、必胜决心、扎实担当全面提升新时代党的建设水平，以高质量党建引领高质量发展，为加快“强富美高”新溧水建设提供坚强保证。开发区围绕新时代文明实践工作、永阳街道围绕全面从严治党主体责任落实、区检察院围绕发挥检察职能助力高质量发展、区卫健委围绕以党建为引领推进医共体建设、和凤镇围绕优化服务台资企业作交流发言。

【村（社区）党组织书记座谈会】 5月15日在区级机关多功能厅召开。会议为近几年区委首次召开的村（社区）党组织书记座谈会，全区所有村（社区）书记参加。号召全区村（社区）党组织书记沉下心来，扑下身子，经起诱惑，耐住寂寞，珍惜书记岗位，为人民群众多出一份力，多做贡献，不忘初心、牢记使命、不负重托，在基层这片广阔天地里大显身手，为推动溧水高质量发展做出新的更大贡献。会议就村（社区）书记定位、区委和群众对村（社区）书记期望、履职3个方面提出明确要求，向区级部门、各街镇（开发区）在支持、关爱、严管方面提出明确要求，柘塘街道爱景社区，永阳街道通济街社区、宝塔路社区，白马镇石头寨村，东屏街道和平村，洪蓝街道青锋村，石湫街道光明村，和凤镇中杨村、吴村桥村，晶桥镇芝山村10位村（社区）书记在和谐社区、基层组织建设、垃圾分类、扶贫增收、集体经济发展等领域作代表性交流发言。

（颜夏男）

·重要决策部署·

【暂创高质量全域Ⅲ类水】 1月14日，区委办、区政府办下发《“健康溧水·活力新城”——暂创高质量全域Ⅲ类水三年行动计划（2020—2022年）》，明确有关事项，遵循习近平总书记“节水优先、空间均衡、系统治理、两手发力”新时期治水方针，紧扣“使命担当、路径倒逼、实践示范、科学系统、关键支撑、共建共享”六大关键词，加快把治水兴水的“路线图”变成”实景图”、以“军令状”赢得“军功章”，凝心聚力打赢暂创高质量全域Ⅲ类水这场硬仗，为高水平建设“健康溧水”提供有力支撑。文件明确行动计划的指导思想、总体目标、主要任务、保障措施。

【全面加强党的领导，坚决打赢疫情防控阻击战】 2月2日，区委下发《关于全面加强党的领导，坚决打赢疫情防控阻击战的通知》，要求提高政治站位，贯彻落实习近平总书记重要指示精神，组织动员各级党组织和广大党员、干部始终站在最前列，采取最有力举措，执行最严格要求，确保疫情防控工作有力有序有效推进。全区各党(工)委(党组)要强化使命担当，严格一把手负责制和包干负责制，各街镇(开发区)、各部门要认真分析研究本地区本部门疫情防控形势，各级党组织领导班子和领导干部，特别是主要负责人要坚守岗位、靠前指挥。动员基层党组织，建立健全街镇、村(社区)等防护网络，加强网格化管理，完善本土化措施，充实专业化力量。区领导和各镇街(开发区)班子领导要直接挂钩社区、网格，确保全区所有村(社区)网格全覆盖。克服防控工作中的形式主义，减轻基层一线负担。强化党建引领，发挥基层党组织战斗堡垒和共产党员先锋模范作用。强化科学防控，做好各项防控措施的统筹和落实，带领全区广大干部群众万众一心、众志成城，坚决打赢疫情防控阻击战。2月9日，区委、区政府下发《关于印发溧水区应对疫情支持制造业企业复工生产政策措施的通知》，要求贯彻落实习近平总书记关于坚决打赢新型冠状病毒感染的肺炎疫情防控阻击战的重要指示精神，应对疫情影响，帮助制造业企业纾困解难、稳定发展。文件明确鼓励企业全力组织生产、开展生产互助、增强扩产信心、稳岗就近用工相关措施。

【加快溧水制造业高质量发展】 3月7日，区委办转发市委深改委批复的《溧水制造业高质量发展试验区总体方案》《支持溧水制造业高质量发展试验区建设事项》，号召全区上下认真研究思考，大胆改革试验，加强与市相关部门对接争取，推动各项政策举措落细落实落地，确保试出成效，切实承担起制造业高质量发展试验区建设重要使命。3月23日，区委、区政府下发《溧水区支持制造业高质量发展十条政策(试行)》，重点从重大项目引进、产业联动发展、企业绿色发展、企业开拓创新、企业数字化转型、企业扩大规模、培育行业标杆、企业上市融资、低效闲置土地再开发、引进技术人才10个方面明确支持事项与具体细则，推进制造业高质量发展试验区建设，打造南京南部制造业高质量发展高地。4月15日，区委办、区政府办下发《关于印发〈溧水制造业高质量发展试验区建设行动计划(2020—2023年)〉的通知》，要求围绕总体方案制定的发展目标和实施路径，坚持问题导向和目标导向，实施制造业高质量发展量能提升、科技赋能赋智制造业、打造产业生态圈、合作开放试验、产业生态化、体制机制改革创新试验六大行动，推动全区制造业质效量全面提升、加快突破，形成制造业高质量发展新亮点。文件从制造业高质量发展试验区建设总体思路、主要目标、重点任务、支撑保障4个方面进行部署。4月28日，区委办、区政府办下发《溧水区支持制造业高质量发展十条政策实施细则(试行)》文件，明确支持重大项目引进等10个方面具体操作细则。

【应对疫情开展“四新”行动】 5月9日，区委、区政府下发《关于印发应对新冠肺炎疫情影响新基建新消费新产业新都市“四新”行动方案的通知》，具体部署应对新冠肺炎疫情影响，发展新基建、培育新消费、壮大新产业、建设新都市4个行动。主要包括：总体推进全区21个新基建及关联产业项目加快建设，总投资786亿元，年内完成投资109.5亿元；同步推进6个新基建关联产业载体(园区)建设，总投资361.8亿元，年内完成投资61亿元。全区社会消费品零售总额上半年实现正增长，完成7%年度目标任务，全年增长高于全市平均水平，在全市排名中争先进位；限额以上批发、零售、住宿、餐饮业销售额366亿元，网络零售额26.8亿元。全区新产业总规模430亿元，其中新一代数字经济规模10亿元、新医药与新健康产业主营业务收入30亿元、智能网联汽车和新能源汽车产业主营业务收入240亿元、临空产业规模150亿元。年内计划完成棚户区危房改造、公共基础设施建设、现代交通枢纽提升等方面固定资产投资120

亿元，打造更宜居、更安全、更人文、更现代的新都市。

【加强村级组织建设】 5月30日，区委下发《关于印发〈南京市溧水区村干部专职化管理试点工作方案〉的通知》，要求以村（社区）党组织书记“专职五级”管理为重点，建立健全村（社区）干部准入定级、教育培训、薪酬待遇、考核评价、制度保障五项机制，建设一支思想政治素质好、道德品行好、带富能力强、协调能力强的村（社区）干部队伍，为推动新时代乡村振兴、建设“强富美高”新溧水提供坚强组织保证。文件明确总体目标、对象范围、推进措施、进度安排。11月20日，区委办、区政府办下发《2020年度溧水区村集体工作实绩考核办法》，明确考核对象、考核组织、考核内容、考核程序、考核结果与运用、相关要求，激发村级组织和村（社区）干部队伍活力，提供乡村振兴战略坚强组织保障。

【加快城乡融合发展】 9月30日，区委办、区政府办下发《南京市溧水区国家城乡融合发展试验区实施方案》，要求以协调推进乡村振兴战略和新型城镇化战略为抓手，以缩小城乡发展差距和居民生活水平差距为目标，以完善产权制度和要素市场化配置为重点，破除体制机制弊端，促进城乡要素自由流动、平等交换和公共资源合理配置，加快形成工农互促、城乡互补、全面融合、共同繁荣的新型工农城乡关系，加快推进农业农村现代化。文件明确试验基础、总体要求、试验措施、政策保障。10月24日，区委办、区政府办下发《溧水区农村集体经营性建设用地入市试点行动方案》《溧水区科技成果入乡转化制度工作方案（2020—2022年）》《溧水区搭建城乡产业协同发展平台行动方案》《溧水区“探索生态产品价值实现机制”工作方案》《溧水区健全农民持续增收体制机制工作方案》等文件，主要根据《南京市溧水区国家城乡融合发展试验区实施方案》，部署5个方面试点工作。

（颜夏男）

·巡察工作·

【概况】 2020年，区委巡察机构落实中央和省市委巡视巡察部署要求，以省委第一巡察指导督导组指导督导溧水巡察工作为契机，围绕“三个聚焦”，发现问题，形成震慑，发挥监督保障执行、促进完善发展作用，为建设“强富美高”新溧水提供坚强政治保证。至年底，常规巡察4家区级机关部门、3所区属学校和38个村（社区）党组织，区委管理的党组织巡察覆盖率96.9%，村（社区）党组织巡察覆盖率89.3%。开展巡视巡察联动工作，专项巡察43个党组织落实“六保”任务情况、13个党组织危化品安全生产情况，对4个街镇党（工）委开展巡察“回头看”。区委巡察工作经验做法先后被《中国纪检监察报》《光明日报》《巡视巡察情况》等媒体报道30余次，在全市巡察办主任会议上发言交流经验。

【巡察指导督导】 2020年，溧水区作为全省唯一区县接受省委巡察指导督导，落实省委第一巡察指导督导组“专题培训辅导、现场跟进指导、工作调研督导、制度规范传导”有关要求，做到同题共答、同向发力，向省委第一巡察指导督导组展示4家区级机关部门、4个街镇巡察整改成效，落实区委“提高认识抓整改、深查细照动真格、举一反三促进步”等工作要求，制订3大类7个方面18项整改措施，促进区委巡察工作高质量、规范化开展。

【巡察整改】 2020年，区委巡察机构抓实前8轮巡察发现的9个方面突出问题的对照整改工作，成立督查组“机动式”走访、“随机式”抽查，形成专报，推动深化整改16项、专项治理12次，构建交办、整改、评估“闭环”巡察整改机制。主动对接市纪委，联合派出机构对洪蓝街道党工委开展巡察整改督查工作，联合派驻、派出机构开展巡察整改专项督查2批次，督促有关单位建章立制232个，给予党纪政务处分55人次，直接挽回经济损失2579万余元。

【成果运用】 2020年，区委巡察机构提请书记专题会研究巡察发现的政策性、体制性问题专题报告15个，通报制约改革发展、群众反映强烈的典型案例16个，向被巡察党组织发出立行立改“通知书”26份，向派驻、派出机构发出巡察整改“督办函”7份。职能部门以“小切口”开展“能人”建房、尊老金发放等专项监督20余批次，推动区级层面出台《溧水区政府购买社区服务实施办法（试行）》《对标找差创新实干，推动全区教育高质量发展实施意见》等一批规范性文件，着力从体制机制上破解各类难题。探索以巡察监督为平台，综合推进村（社区）“三不”一体建设，督促基层干部公正用权、规范用权。

【巡察队伍建设】 2020年，区委巡察机构开辟“区内定期培训、选送省市培训、上派跟班锻炼、轮派岗位交流”的人才培养渠道，选送参加市委巡察工作担任巡察专员2人次，参加省市级培训160余人次，开设“清风润溧·巡察人课堂”，举办本级巡察培训21场次。加强巡察机构党支部规范化、标准化建设，坚持“支部建在组上”，区委巡察机构18名党员干部接续战斗在疫情防控、防汛阻击第一线，彰显忠诚干净担当的良好形象。 （杨文默）

·组织工作·

【概况】 2020年，溧水区委组织部门实施“三个五五”（组织工作要做到五聚焦五落实、干部工作要做到五突出五强化，人才队伍建设要做到五坚持五提升）组织工作布局，履职尽责，抓实主责主业。加强干部教育，从严管党治党，从严管理干部队伍。印发《关于开展2020年度溧水区担当作为先进个人评选工作的通知》，评出2020年度溧水区“担当作为先进个人”64人。至年底，全区党员23883人，直属党（工）委30个，党（总）支部1296个，新发展党员200人，其中女性77人。

【干部教育】 年初，区委组织部下发《2020年干部教育培训工作要点》，明确全年干部教育培训工作。全年主体班次培训项目13个，培训干部2700余人次。部门办班4个，培训干部180余人次。强化理论知识学习，举办区管领导干部十九届四中全会精神网上专题轮训班、公务员及科级事业人员轮训班5期。在中青年干部培训班、公务员及科级事业人员轮训班等主体班次中强化党性知识学习，开设党史和新中国史专门课程，组织党员领导干部到福建古田县、广西百色市等党性教育基地接受教育2期，培训干部120余人次。强化专业知识学习，举办制造业高质量发展、防范和化解安全生产风险、资本市场改革政策学习及现代金融风险防范、生态文明建设等7个专题培训班，培训干部300余人次。加强年轻干部教育培训，组织80后区管干部赴淮安开展理想信念宗旨教育培训，引导年轻干部在实情实境中筑牢信念之魂、补足精神之钙；联合区委党校举办第15期中青年干部培训班，提升年轻干部能力素质。与东南大学开展校地合作，举办“溧水大讲堂”4期，培训1600余人次。推动领导干部上讲台，在公务员及科级事业人员轮训班、第15期中青年干部培训班等班次上，推动区委组织部、宣传部，溧水生态环境局，区信访局等部门区管干部上讲台80余次。完成省市委组织部调训任务，组织处级以上干部参加市秋季高校专题培训班，参训128人次；有针对性选派市管干部参加《美丽古都与生态文明建设》等专题培训40余人次；对口选派区管干部参加安全生产、乡村振兴等专题培训29人次。做好商南在溧挂职交流干部培训工作，8名商南挂职干部分3期同步参加全区公务员及科级事业人员轮训班。量身打造现场教学基地，发挥红色资源丰富优势，重修、复建新四军将领旧居等设施26个，开发“党性教育”等6个现场教学专题、30余处现场教学点，同步推进配套课程体系建设，开发“聚力‘共建共享’全域旅游助推高质量发展的‘溧水画卷’”等8门配套课程、“李坚真：善于做群众工作的‘李大姐’”等7个微课程。 （张波波）

【干部监督】 2020年，溧水区坚持把政治监督作为干部管理监督的重中之重，突出政治纪律和政治规矩监督，把干部在疫情防控等重大活动、重要时期、重要关头、关键任务时的政治表现记录在案，发掘典型案例。疫情防控期间，提拔政治表现突出干部4人，其中科级及以下干部2人。对26家区管单位开展“一报告两评议”（专题报告年度干部选拔任用工作情况，评议干部选拔任用工作，评议选拔出来的干部），加强选人用人监督。把监督运行程序由事后向事前事中转变，增强各单位选人用人监督检查力度和实效。将干部政治表现作为区管单位中层干部推荐考察必谈内容，坚持“政治体检”正反向测评、政治廉洁“双签字”，考准考实干部政治素质，指导监督各单位选拔任用中层干部80余批次。与纪检监察、政法机关、审计、民政等15个部门快速联动，共享信息80余条。组织全区600多名领导干部填报个人有关事项报告，把如实填报当作对党忠诚的“试金石”，通过微信等方式，推送填报指南、政策解答等，签署600多份家庭承诺书，提醒领导干部与亲属充分沟通、共同填报。加强分析研判，及时提醒纠正报告中发现的苗头性、倾向性、普遍性问题。聚焦5个方面重点任务，梳理全区2019年以后查核比对处理情况，发现填报不一致问题，区分主客观原因，实事求是认定，确保认定处理精准科学。强化经常性监督管理，做好信访举报核查，收到和接待信访举报14件，均按规定调查处理。严格领导干部因公、因私出国（境）审批制度，从严把握出国（境）事项审批，调整区管领导干部出入境登记备案110余人次。严格落实退休制度，办理区管干部退休29人。严格规范领导干部社团兼职审批，配合做好5名市管领导干部在社团兼职审批工作。会同区审计局、财政局开展领导干部离任交接、经济责任审计和“三责联审”工作。（张益霖）

【基层党建】 2020年，全区各级党组织全面贯彻落实新时代党的建设总要求和新时代党的组织路线，突出政治引领，坚持用新思想领航定向，确保党中央决策部署和省市区委各项要求落到实处。建立健全机关党员进社区、党员“三坚持三带头”等长效机制，推动主题教育、夯实基层基础、有效服务群众等互融共促，巩固“不忘初心、牢记使命”主题教育成果。疫情期间发出倡议，1600多名机关党员干部、1.2万余名党员志愿者下沉一线防疫情助复产，得到国务院督导组高度肯定。汛期组建党员突击队、抢险队120余支，在防汛一线筑起抗洪“堡垒”。树立党员教育培训品牌，“党课开讲啦”活动经验做法获《中国组织人事报》宣传报道。抓好基层党建导向，以高质量党建增强党在基层的政治领导力、群众组织力和社会号召力。制订“巩固提升年”重点任务108项，区委领导带头挂点联系，开展“一支一策”整顿，提升软弱后进党组织15个。深化“党旗飘在一线、堡垒筑在一线、党员冲在一线”突击行动，“繁荣通济”商圈党建活力凸显，“红色物业”服务民生屡获好评。培养过硬“头雁”，在全省率先试行村（社区）书记专职化管理，“1+5+18”制度体系（全链式构建1个方案、5项机制、18个配套文件的村（社区）干部专职化管理体系）经验在省委组织部《组工研究》刊发。召开村（社区）书记座谈会，制订村集体经济发展激励办法，激发村（社区）干部谋事创业热情。精心谋划村（社区）“两委”换届，确保换出强阵容新气象。完成农村发展党员违规违纪问题排查整顿试点任务，制订党员档案管理规范等制度文件4件，做到从先行先试到先行示范。

【村干部专职化管理】 2020年，溧水区被确定为全省村书记专职化管理试点区之一，区委将试点工作列为区委书记年度党建项目，试点范围由村书记扩大到所有村（社区）干部，对标“五有五化”落细落实村（社区）干部队伍专职化管理各项政策举措。“全域式”配强书记队伍。严格落实县乡共管机制，启用民营企业家李其军、全国优秀农民工路晓华等创业致富能手，省优秀大学生村官杨明担任村（社区）书记。搭建村（社区）书记“专职五级”评定管理体系，94名村（社区）书记完成职级评定、待遇兑现。通过“百村百品”“千培百训”开展村（社区）干部专题轮训。举办溧水区2020年度“党建引领乡村振兴”村（社区）党组织书记专题培训班和“两新”党组织书记示范培训班。在全市率先举办村（社区）书记座谈会。依托驻地高校开展学历提升，70名村（社区）干部入读“大专班”。从村（社区）书记、村（社区）干部、村（社区）集体3个维度分别制订考核办法，坚持以考促干、以考量酬，切实解决干与不干、干多干少、干好干坏一个样问题。村（社区）后备干部实行区招镇管村用，吸收储备35岁以下、大专学历以上村级后备干部529人。重点考察培养优秀村（社区）“两委”委员，加大优秀村（社区）书记、主任定向选拔力度，构建“岗级薪酬+普惠年金+定额补助”待遇保障体系，完善城乡同步、动态调整的“三岗十八级”和“五险两金”机制。村（社区）书记、村（社区）干部全年薪酬平均增长3.2万元和3.5万元。在全省率先为全体村（社区）干部缴纳企业养老年金、离任村（社区）干部定额生活补助。相关经验做法在省委组织部《组工研究》刊发。

【基层组织建设提升计划】 2020年，区委组织部结合基层党组织建设工作实际，按照《溧水区2019—2021年党的基层组织建设提升计划》目标要求，逐条分解省委基层党建“五聚焦五落实”30项重点任务，研究制订包含108个工作要点的年度巩固提升计划，把一系列党建工作任务分解到清单要点中。定好时间表，做到统筹谋划、分步实施、阶段总结、年终问效。将“百项计划”推进落实情况纳入年度党建考核内容，树立“抓党建是最大政绩”的理念，强化各级党组织书记抓基层党建工作主责主业意识，推动全区基层党组织全面进步、全面过硬。

【农村发展党员违规违纪问题排查整顿】 2020年，溧水区作为南京市农村发展党员违规违纪问题排查整顿唯一试点区，先行开展农村发展党员违规违纪问题排查整顿工作。7月24日，召开全区动员部署会，专题培训各党(工)委45名工作人员；成立区委排查整顿领导小组办公室，统筹推进排查整顿工作。区、街镇、村(社区)三级联动，“四查三核”(基层自查、联合审查、街镇互查、综合复查，支部初核、镇街复核、区级终核)全区中共十八大以后发展的933名农村党员档案；甄别外地转入的2040名党员身份，经过“本人承诺确认、书记谈心谈话、联系转出地核实”，做到底数清、措施细、情况明。在全区112个村(社区)公开举报电话、设置意见箱，接受群众来信来访。落实“三必谈”要求，集中、个别谈心谈话300余次。牵头统一征求公安、法院、检察院、司法等部门意见，查询纪检、巡察、信访部门涉及发展党员问题线索，点对点反馈问题线索27条。抽调24名工作人员组成区级核查组，集中审查所有党员档案，以及基层党(工)委上报的问题线索。经过两轮“审查—反馈—审查”，确定疑似重点问题110个。10月初，各街镇(开发区)党(工)委成立由分管领导带队，组织、纪检干部全程参与的专项调查组，逐一调查核实疑似重点问题，形成调查报告和调查卷宗。11月初，确定违规违纪问题28个，其中“带病入党”8人、“弄虚作假”1人、“徇私舞弊”9人、“严重违反入党程序”10人，涉及28名问题党员和34名相关责任人，拟给予组织处理43人、纪律处分6人。

【“防控疫情、党员先行”行动】 2020年，区委组织部门开展“防控疫情、党员先行”行动，动员全区机关企事业单位1153名党员到城区22个主要社区参与执勤，实行3班轮换24小时值班制，重点做好226个小区卡口值守和110个重点户人员管控2项任务。组织200名党员干部组成机关党员干部疫情防控突击队，奔赴全区11个出入境交通卡口，切实做好“外防输入、内防输出”。组织第三批240名机关党员赴开发区，指导复工复产企业做好体温检查、信息登记以及防控宣传等相关工作。挖掘防疫期间各系统各行业各单位普通党员先进事迹，编写《党员战“疫”群英谱》，防疫一线及时发展党员4人，表彰区级优秀共产党员30人。相关先进典型案例，被刊物《江苏组工研究》《南京快报》、及“江苏先锋”“南京党建”等平台采用，其中网格党建特色做法被《人民日报》报道。

(黄殿臻　焦鹏)

·宣传工作·

【概况】 2020年，溧水区宣传系统围绕区委、区政府中心工作，导向正确、基调鲜明，讲好溧水故事、传播好溧水声音。建立规定动作和自选动作相结合的意识形态责任制清单，推进理论学习、意识形态与新闻舆论引导、精神文明创建和全民阅读工作。连续3年以全市第一名获评全省基层党员冬训工作示范区。推进新时代文明实践中心建设试点工作，建成1个实践中心、8个实践所、111个实践站。评选2019年“最美溧水人”和2020年“最美抗疫先锋”，举办书香溧水读书节，开展各类阅读活动1000余场，“红色经典阅读季”获江苏省公益阅读推广活动认证，是南京市唯一入选的区级阅读项目。

【思想理论建设】 2020年，区委宣传部门下发年度专题学习计划和各区属党(工)委(党组)月度中心组学习计划13期。区委中心组开展理论学习42次，撰写调研报告34篇，配备理论学习书籍27套。“学习强国”学习平台全区适龄党员注册率113.85%，全区平均活跃度92.7%，位列全市第一。采用稿件262篇，用稿量位于全市前列。在全市“点赞中国之治”现场演讲比赛中，分获一、二等奖。围绕习近平新时代中国特色社会主义思想创新推出“江南叶”巡回党课，举办“我身边的小康”“百姓名嘴”微宣讲比赛活动。开展“我身边的小康”、党的十九届四中、五中全会精神等各类主题宣讲1000余场。

【新闻舆论引导】 2020年，区委宣传部门聚焦实现疫情防控和经济社会发展双胜利、制造业高质量发展、第二届“健康中国”发展大会、全国新农民新业态创业创新大会、防汛等主题做好形势、政策、成就宣传。围绕“聚力创新南京，决胜全面小康”“走向我们的小康生活”“我们的小康路”“高质量发展看江苏”等中央和省市有关重点活动，借势开展宣传。组织开展南京都市圈媒体溧水采风行等媒体活动，全年区外媒体刊播有关溧水区稿件1.3万余篇。其中，中央电视台、《人民日报》2家重点央媒发稿64篇，增长4倍。媒体深度融合发展有序推进，区融媒体中心通过省级验收，形成以“微溧水”“溧水融媒”2个微信公众号和“最溧水”新闻客户端为龙头，台报网融合传播的全媒体矩阵，新开通“微溧水”视频号、“bilibili”平台账号，“微溧水”微信、“溧水发布”抖音分别获评全市优秀政务微信和政务抖音号。《溧水战疫日记》抖音播放量超4000万，获评南京新媒体战疫奖。《城管小姐姐无人机喊话》短视频6次登上“今日头条”等媒体热搜。石臼湖《天空之镜变身天鹅湖》相关视频图文3次上热搜，“溧水来了才知好”抖音挑战赛话题播放量近1.5亿，“溧水来了才知好”获评2020年度博鳌国际旅游十佳IP形象大奖，全年网上流量突破15亿，助力溧水成为全国网红区。

2020年度国家级媒体报道溧水新闻一览表

时　间	媒体名称	新　闻　标　题
1月2日	中央电视台	进入腊月，年味越来越浓
1月3日	《人民日报》	溧水看花灯
1月14日	《人民日报》	南京溧水：做优做强枢纽经济
1月15日	《新华日报》	溧水：加速冲刺全省区县第一方阵
1月23日	中央电视台	迎新春，文化活动添彩中国年
2月6日	《人民日报》	废弃口罩，可别乱丢
2月21日	中央电视台	复工复产、企业复产、防疫多措并举
2月22日	中央电视台	战疫情特别报道：复工复产，企业复产，防疫多措并举
2月27日	《人民日报》	南京溧水56个重点项目集中开工
3月4日	澎湃新闻	江苏多位省领导密集调研南京溧水的这个园区，这是为何？
3月9日	《人民日报海外版》	33家金融机构向溧水授信2092亿元
3月10日	澎湃新闻	南京表彰招商引资先进板块，溧水包揽4个奖项，实现区域领跑
3月15日	中央电视台	南京溧水：宁杭合作迈入实质性阶段
3月16日	《新华日报》	南京农高区奋进高质量发展“春天里”
3月25日	《新华日报》	溧水“倾其所有”发展制造业
3月26日	《人民日报》	溧水建设制造业高质量发展试验区
3月30日	《新华日报》	制造大省的“示范样本”
4月6日	《人民日报》	网格党建，筑起坚固线
4月14日	《新华日报》	健康溧水起宏图，活力新城再出发——“强富美高”新江苏高质量发展溧水样本调研报告
4月19日	中央电视台	稳产保供·菜篮子供应能力稳步提升
4月27日	《新华日报》	总投资超1700亿元，溧水发布“四新”行动项目262个，“活力新城”注入“四新动力”
5月5日	中央电视台	五一假期全国共计接待国内游客1.15亿人次
5月5日	中央电视台	南京溧水：“五一”假期·出游：享受美好假期，市民放心踏青
5月6日	中央电视台	江苏南京享受美好假期游客放心踏青
5月6日	中央电视台	南京：五一假期，无人机喊话小姐姐又来了
5月11日	《新华日报》	溧水不断刷新行政审批速度、建强专业代办队伍、聚焦“一件事”改革，改革创新剑指“最优营商环境”

续表

时　间	媒体名称	新　闻　标　题
5月18日	《光明日报》	有健康才好奔小康，江苏溧水用全民健康为发展打底
5月25日	《新华日报》	2020 iFresh亚洲果蔬产业博览会（江苏站）盛大开幕：打造会展名城，溧水驶入快车道
6月16日	中央电视台	江苏南京：暴雨导致城区多处积水，救援转移群众
6月17日	《人民日报海外版》	杨梅挂满枝，游客采摘忙
6月18日	澎湃新闻	宁杭生态经济带建设“溧水行动”获赞，长三办：支持先行先试
6月22日	《新华日报》	填补我省大型三甲康复专科医院空白，形成一批“健康中国”样本元素：全域康养托举“健康溧水”
6月23日	中央电视台	江苏：布局医疗康复资源产业，辐射长三角及周边
6月29日	《人民日报》	江苏康复医院在溧水开工
7月13日	《新华日报》	智慧赋能，让溧水更美好
7月17日	澎湃新闻	今年首场对外招商推介，南京这个区为何选择上海？
7月18日	中央电视台	各地紧盯雨情汛情，防汛救灾抓紧进行
7月18日	中央电视台	防汛救灾，让党旗在一线飘扬
7月20日	《新华日报》	南京农高区探寻打开小康大门“金钥匙”——绿色+智慧，给农业插上“科技翅膀”
7月21日	中央电视台	抢险！江苏石臼湖陈家圩塌方现场正在进行填土加固
7月21日	《人民日报》	防汛救灾工作有序有力推进
7月22日	中央电视台	江苏南京：石臼湖陈家圩现大面积塌方，抢险正进行
7月27日	《人民日报海外版》	溧水防汛装上“智慧大脑”
7月29日	中央电视台	江苏南京：智慧平台赋能农业增产增收
8月2日	《新华日报》	七项指标增幅居南京市前三——溧水：“半年报”彰显发展后劲足
8月6日	中央电视台	《乡约》：溧水老师带着孩子来相亲
8月14日	澎湃新闻	南京这个昔日不起眼的郊县，到深圳招商显露了哪些底气与豪气？
8月16日	中央电视台	江苏南京：优化业务流程，加快行政审批速度
8月16日	新华社	南京市溧水区接二连三赴国家超大城市发声，到底有何深意？
8月17日	中央电视台	江苏南京：优化业务流程，加快行政审批速度
8月17日	《新华日报》	发力“四新”行动，融聚“头部”资源——溧水：“活力新城”同频国家战略
8月21日	《人民日报》	探索创新载体，助力高质量发展——农业科技创新港落户南京农高区
8月21日	《光明日报》	溧水逆袭的发展之道
8月21日	《光明日报》	在不断创新中育新机开新局
8月23日	中央电视台	江苏南京：2020年大学生创新创业实战营销大赛总决赛闭幕，模拟真实场景，比赛中体验营销过程
8月27日	《人民日报》	生态宜居、联通四方、宜业宜家——溧水，来了都说好
9月6日	《新华日报》	全国首批、全省唯一“国家农高区”花落南京溧水区——十年砥砺，白马“农业小镇”蝶变“农科新城”
9月7日	《人民日报海外版》	天生桥靓丽迎客
9月21日	《农民日报》	超前谋划，只争朝夕，用高水平服务办好全国“双新双创”大会 南京溧水：承办一场会，激活一座城
9月21日	《新华日报》	打造“农业硅谷”培育职业农民，溧水田间地头劲涌“双创”热潮

续表

时　间	媒体名称	新　闻　标　题
9月23日	中央电视台	全国新农民新业态创业创新大会
9月24日	中央电视台	李克强对第五届新农民新业态创业创新大会作出重要批示强调,进一步优化农村创业创新环境,加快培育农村发展新动能,持续拓展农民就业空间和增收渠道
9月25日	中央电视台	农业农村部:我国1700多万农民工实现就地就近就业
9月25日	《人民日报》	李克强对第五届新农民新业态创业创新大会作出重要批示强调:进一步优化农村创业创新环境,加快培育农村发展新动能,持续拓展农民就业空间和增收渠道
9月25日	中央电视台	全球农产品直播电商节23日开幕
9月29日	中央电视台	全国新农民新业态创新大会,直播带货卖全球,助力农民迎丰收
9月30日	中央电视台	南京溧水百亩粉黛花海盛放
10月7日	中央电视台	双节“超长黄金周”迎来消费反弹
10月9日	中央电视台	南京溧水:实力乐队加盟音乐节,呈现音乐盛宴
10月9日	《人民日报》	健康溧水,活力新城——健康江苏实践示范区,溧水,来了才知好
10月10日	《人民日报》	健康溧水,活动新城——健康江苏实践示范区,溧水,来了都说好
10月12日	澎湃新闻	从名不见经传的郊区到“健康样板区”,南京溧水是如何做到的
10月14日	《新华日报》	践行探路使命,“健康溧水”交出两年答卷
10月14日	《新华日报》	地处昔日偏僻乡镇,投用一年档期全满,小城展馆何以成全国“网红”
10月16日	《人民日报》	江苏首个健康实践示范区报告发布
10月17日	新华社	健康成为这个地方发展的“密码”——南京溧水区高质量发展见闻
10月19日	《新华日报》	32场大小展会参展人数超60万人次:办好一场展,搞活一座城
11月9日	《新华日报》	善感知,会呼吸,有温度——溧水:“智慧”让城市更美好
11月16日	《新华日报》	每年增加规上企业100家以上“溧水制造业”驭时而进
11月16日	《新华日报》	来“天空之镜”,看十年禁渔溧水实践
11月18日	《农民日报》	在实干中砥砺奋进——江苏南京国家农业高新技术产业示范区获批一周年实践与思考
11月18日	《新华日报》	砥砺新征程,谱写新篇章——写在南京国家农高区获批一周年之际
11月23日	《新华日报》	溧水涌现一批网红路、网红桥、网红公园“绣花功夫”精雕花园城市
11月25日	《人民日报》	产业结构优化,绿色制造体系完备:南京溧水开发区奋力争创国家级经济技术开发区
11月30日	《新华日报》	溧水区省市重大项目连续五年走在南京前列:项目支撑有力,发展动能澎湃
12月4日	中央电视台	[综合]全国滑板锦标赛在南京溧水开赛
12月5日	中央电视台	[综合]潘家杰“大乱下台阶”拿到最高分
12月7日	中央电视台	[综合]街式滑板:是全国锦标赛,更是奥运积分赛
12月8日	《人民日报》	南京溧水创新办事流程,优化营商环境,审批提速,服务更优
12月8日	《光明日报》	从“后进生”到“排头兵”——江苏溧水在追求高质量发展中蝶变
12月11日	《人民日报海外版》	溧水建成智慧城市平台
12月14日	中央电视台	南京溧水:“智慧”让城市更美好
12月14日	《新华日报》	溧水5年“引才”10万:人口集聚,活力喷涌
12月16日	中央电视台	江苏南京:慢性病综合防控,守护社区居民健康
12月21日	《新华日报》	新增近百亿项目落户,溧水制造业成“强磁场”
12月23日	澎湃新闻	江苏唯一的国家农高区发布未来5到15年规划:产业主导

续表

时　间	媒体名称	新　闻　标　题
12月24日	中央电视台	南京国家农高区发布规划：加速智慧农业发展
12月28日	中央电视台	习近平新时代中国特色社会主义思想指引下：中国乡村走向振兴
12月29日	澎湃新闻	老龄社会挑战严峻，江苏探索如何驱动“科技向善”

（区委宣传部）

【精神文明建设】　2020年，区委宣传部门扎实推进精神文明创建，成立深化文明城市创建工作专班，开展文明城市实地测评标准培训、乡风文明测评体系业务培训等专题培训，编发《文明城市创建专班实地督查组工作快报》57期，努力提升创建成效。打造公益景观34处及沿线系列小品72处，更新公益广告8000余幅，印发文明创建宣传手册、宣传折页6万份。组织开展第六届全国文明村镇推荐、全区首届“文明家庭”和第二批“溧水区文明校园”评选工作，石头寨村获评“全国文明村”，1102户家庭被评为区级“文明家庭”，13所学校被评为“溧水区文明校园”。全面推进新时代文明实践工作。建成实践中心1个、实践所8个、实践站111个，建立新时代文明实践志愿服务总队1支、新时代文明实践志愿服务支队19支、新时代文明实践志愿服务队111支。开展理论宣讲、教育服务、文体文艺、科技科普、健康服务等多样化新时代文明实践活动6000余场。开展全区“优秀志愿者”“优秀志愿服务组织”“优秀志愿服务项目”评选活动，评选出优秀志愿者10名、优秀志愿服务组织5个及优秀志愿服务项目5个。推进“两中心一平台”融合，首个江苏“两中心一平台”融合发展试点区在溧水揭牌落地。深化社会主义核心价值观教育实践。印发《关于做好“决胜全面小康　决战脱贫攻坚”主题宣传策划工作的通知》，开展群众性主题教育活动。选树典型人物，方述怀入选“中国好人”，毛岸生入选“江苏好人”，7人入选“南京好人”，范哲海入选“江苏省最美抗疫先锋”，张草生入选“南京市最美防疫先锋”，8人入选南京市“新时代好少年”。举办2019年“最美溧水人”暨“最美抗疫先锋”、2020年区级“新时代好少年”评选，评选出100余名先进典型。参与南京市国防教育微视频大赛，“赤诚的军魂”“励志国防教育，传承红色军魂”分别获市国防教育微视频大赛二等奖、三等奖。

【党员冬训】　2020年，区委宣传部门创新冬训形式，形成“抗疫+冬训”工作思路，运用“线上+线下”联动、“理论+防疫”兼顾、“志愿服务+融媒”支撑的“特时特训”工作法，推动基层党员冬训走深走实，连续3年获评全省基层党员冬训工作示范区。区级机关各部门、各街镇（开发区）冬训工作分管负责人，各村（社区）书记等374人参加骨干培训班。印发《关于认真组织开展2019—2020年度全区基层党员冬训工作的通知》，围绕6大专题开展党员培训。组织开展“点赞中国之治”主题演讲活动，收集演讲作品73篇，评选出优秀作品22篇。组织全区4000余名党员干部参观“五个迈上新台阶”新南京建设成就展。把抗疫一线作为冬训实境课堂，全区1000余个党组织、2万

4月21日，“学习强国”江苏平台线下学习打卡活动走进溧水区，在区融媒体中心一楼演播厅举办　　区委宣传部　供

余名党员坚持抗疫和学习双推进。各级党组织张贴疫情防控宣传单、悬挂标语横幅2万余张（条），开展小范围学习会、红色故事分享会等50余场。发动志愿者7万余人次参与防疫文明引导、理论知识宣讲等，其中党员志愿者超过1.5万人。开设冬训"云"课堂，将名师授课视频、文艺宣讲作品等40余个学习资料上传到"云"课堂，组织动员党员干部线上学习，点击量10万余次。通过人民网、《新华日报》等主流媒体宣传报道冬训活动，市级以上媒体报道120余篇，创作文艺作品13个，形式包括戏曲、快板、小品等，征集冬训宣讲主题55个。组建成立骨干宣讲团、"百姓名嘴"宣讲团、志愿者宣讲团等队伍，赴全区各街镇（开发区）、部门（单位）和村（社区）等开展宣讲200余场次，覆盖全区2万余名党员。组织开展主题为"冬训聚能量，学习在路上""学习强国"线下学习打卡活动，展示全区党员冬训工作成效，宣传冬训工作优秀典型。

【新闻出版行业管理】 2020年，区委宣传部门开展年度核验辅导、审核工作，涉及全区52家印刷企业、79家出版物发行单位。组织印刷企业、书店参加省市技能大赛，溧水新华书店在第三届南京市出版物发行业综合业务知识竞赛中获一等奖。组织参加江苏省"我的书屋我的梦"大赛，1人获省绘画一等奖、1人获省征文三等奖，1人获省书法三等奖。检查印刷企业、书店、电影院等安全生产工作7次，协调联动区有关部门联合检查12次，引进第三方安全评估机构开展拉网式检查，指导街镇（开发区）每季度至少开展1次安全隐患大检查。全年召开新闻出版（电影）行业安全生产培训4场，组织应急演练观摩活动1次，签订新闻出版（电影）安全生产经营责任书，督促相关企业落实主体责任。

【社科联活动】 2020年，区委宣传部门制订《溧水区社科联2020年工作要点》。组织申报社科类研究课题8项，完成2019年度课题结项。申报南京市第十七届科普宣传周科普合作项目"英雄课堂"，举办"聚焦小康决胜年"系列讲座暨"市民学堂"溧水分讲堂成立仪式。组织发放《防控疫情，我们共同行动》倡议书2万余份，举办社区科普教学活动20余场次。综合运用国防军事文化、抗战文化、雷锋文化、党史国史文化、法制文化、科普文化等，打造社科知识普及新平台，其中"重走长征路"成为溧水区特色科普体验项目。出台《关于对全区公开类讲座讲坛进行备案管理的通知》，备案管理报告会、研讨会、论坛、讲座等活动。

【全民阅读】 2020年，区委宣传部门承办2020年南京市"全民阅读春风行动"启动活动、全市农家书屋管理员培训等市级重点阅读活动。开展各类阅读活动1000余场，重点打造2020年书香溧水读书节开幕式暨作家新书分享会、"抗击疫情，我们同在"线上朗诵会、名家名师大讲堂、"美读美颂遇见溧"主题讲座、"诗画溧水，书香相伴"阅读行走、首届古诗词大赛、"诗颂溧水"音乐朗诵会、"凤凰读书会""芸台讲堂"阅读基层行等特色活动品牌。推进书香公园（广场）、共享书房、朗读亭等阅读新空间建设，获评南京市共享阅读空间2个、三星级农家书屋6个、四星级农家书屋7个。印发《溧水区共享阅读空间扶持办法（试行）》，资金扶持区内26个共享阅读空间。筹备建立区全民阅读促进会，评选年度十佳读书明星和十佳阅读推广人，分类分级培育本地阅读推广人103人，深入街镇、村（社区）开展各类阅读活动。搭建集电台、电视、报纸专栏、微信公众号等为一体的全媒体宣传平台，办好"我爱读书"电台节目，通过"书香溧水"微信公众号推送信息581期，在《今日溧水》报设立书香溧水专栏，刊载"书香新闻""好书推荐""佳作欣赏""园丁心语"等。向"书香南京""书香江苏"等省市相关平台供稿30余篇。放映农村公益电影1700场。推进白马、和凤、晶桥3个镇新影院建设。

【"最美溧水人"评选】 5月4日，"最美溧水人暨最美抗疫先锋"颁奖仪式在区委党校报告厅举行，约400人参加。经各街镇（开发区）、部门和社会各界广泛推荐、征求意见、媒体展播、社会投票、综合评定等环节后，授予方英等10人2019年度"最美溧水人"称号、郑月侨等10人2019年度"最美溧水人"提名奖称号，授予樊春燕等20人"最美抗疫先锋"称号、刘辉等44位医护人员组成的驰援湖北医疗队"最美抗疫先锋队"称号。颁奖仪式上，"最美溧水人""最美抗疫先锋"代表通过视频展示和现场访谈等形式，向大家分享战疫故事和生活点滴。

（黄晓萍）

·统战工作·

【概况】 2020年，溧水区委统战部门将全区统战工作纳入党建工作考核重要内容，民主党派和新的社会阶层人士工作等纳入全区重点工作和民主法制改革工作内容。5月，区委召开区委统一战线工作领导小组会议，加强统战工作和对台工作领导，调整充实区委统一战线工作领导小组成员、区委对台工作领导小组成员。5月，召开对台工作领导小组会议。区委常委会4次学习传达统一战线工作文件和会议精神。10月，全国政协原副主席、民革中央原常务副主席齐续春考察调研民革溧水区基层委员会组织建设情况。市委常委、统战部部长华静4次调研溧水统战工作，提出工作要求。制订《关于建立区委常委与党外代表人士、民营经济人士、新的社会阶层人士联系制度的意见》，丰富与党外代表人士联谊交友方法举措。出台《溧水区统战工作阵地经费补助办法》，加强和完善统一战线工作平台和阵地建设。区委统战部获评2019年度溧水区机关作风建设先进单位。

【凝聚思想政治共识】 2020年，区委统战部门凝聚统一战线人心力量，贯彻落实《2019—2023年溧水统一战线教育培训规划》《溧水区统一战线2020年教育培训计划》，开展主题教育15批1700人次。深化“不忘合作初心、继续携手前进”主题教育活动成果，支持九三学社溧水支社、农工党溧水综合支部等民主党派开展主题教育活动，重温多党合作历史，弘扬优良传统。围绕“凝聚新力量、筑梦新时代”主题，举办第二届溧水区“新的社会阶层人士同心大讲堂”培训班，组织新的社会阶层人士“线上+线下”联动学习。开展非公有制经济人士理想信念教育活动，引导广大民营经济人士特别是新生代民营企业家凝聚共识，弘扬优秀非公经济人士奉献精神和工匠精神，培育“四有”（政治上有方向，事业上有发展，责任上有担当，文化上有内涵）新溧商。组织统一战线成员参与全省统一战线“助力小康·奋斗有我”微视频拍摄及书画作品大赛，展现新时代统战助力“强富美高”新溧水建设精神风貌，获一等奖1个、三等奖2个。

【多党合作与政治协商】 2020年，区委统战部门重点加强民主党派组织建设，在全市率先成立民革、民建南京市溧水区基层委员会，完成7个民主党派换届工作。加强党外青年干部、知识分子和新的社会阶层代表人士队伍建设，开展学习培训，提升履职参政能力。推荐党外人士担任区作风建设监督员、区青年联合会成员。协助区委制订《溧水区委常委与党外代表人士、非公有制经济人士、新的社会阶层人士联系制度的意见》，开展走访谈心，向党外人士通报情况2次。落实党外人士担任相关职能部门特约检察员、民主监督员等特约人员工作，围绕产业发展、经济民生、机关作风等，参与民主监督评议，发挥党外代表人士参政议政、民主监督、服务社会作用。推动党外人士参政建言，提出建议、提案70余件。其中，2019年度优秀建议、提案5件，优秀社情民意信息2条。17名党外人士获评区政协2019年度优秀政协委员。

【新的社会阶层人士统战工作】 2020年，溧水区按照“区镇联动、触角延伸”工作思路，开发区在全区街镇（开发区）中率先成立新的社会阶层人士联谊会，新增培育新的社会阶层实践创新基地2家（凉篷下驿站、法律服务驿站）。11月，区第二届“新的社会阶层人士同心大讲堂”启动，100余名新的社会阶层人士参训。组织新的社会阶层人士开展“新媒体+农业助力乡村振兴”“体验非遗技艺”“宁心聚力助学行”“垃圾分类，生活更美”“书画进社区”等活动30余场，服务1500余人次。运用微博、公众号等新媒体推介、宣传新的社会阶层人士良好社会形象。1月，在南京市新的社会阶层人士统战工作实践创新总结推进大会上，王克全、张金勇、李金花、孙爱娣被评为工作突出个人，郑毓宁、谢鑫、卞维亮、徐兵仿、黄能能5人被评为优秀新的社会阶层人士，李巷艺术沙龙被评为新的社会阶层人士统战工作实践创新重点项目。新的社会阶层人士梅六真原创科普动漫《石头娃》获省优秀科普作品新媒体一等奖、市第十届精神文明“五个一工程”入选作品奖。

【非公有制经济统战工作】 2020年，溧水区统战部门聚焦服务民企，营造民企发展氛围。助推非公有制经济高质量发展。疫情期间，组织各基层商会逐家走访民营企业，建立联动机制解决实际困难，举办政商沙龙，召开保驾护航座谈、开展“民营企业服务月”活动，帮助企业应对疫情冲击。建立溧水民营企业法律服务平台，定制六大服务菜单，与13家成员单位上下联动形成合力，为商会会员企业协调解决法律问题16个。强化招商引资，助力溧水在上海、余杭、深圳“四新”招商推介会，邀请上海江苏商会、张家港工商联企业家到溧水考察。全年梳理招商信息13条，吸引2个亿元项目落户溧水。引导工商资本参与乡村振兴，举行“万企联万村、共走振兴路”签约项目现场推进活动，参与村企共建民营企业60家。引导非公有制经济人士投身光彩事业。8月，启动区统一战线金秋爱心助学仪式，动员各商会、民营经济人士捐款153.4万元，资助学生300余人。推进基层商会建设，开发区、东屏街道2家基层商会被评为全国“四好”(班子建设好、团结教育好，服务发展好、自律规范好)商会。

【同心助力抗击疫情汛情】 2020年，区委统战部门动员统一战线力量助力打赢疫情防控阻击战，发出倡议书，号召全区统一战线广大成员和各级统战干部众志成城抗击新冠肺炎疫情。执行“双暂停一延迟”规定，部署宗教活动场所疫情防控工作。落实涉外疫情防控工作要求，联系华人华侨、台胞，传递最新防控政策措施信息。动员统一战线人士捐款捐物，各民主党派、新的社会阶层人士、非公经济人士、党外知识分子、民族宗教界人士以及侨界人士捐资捐物2800万元。面对严峻抗洪抢险形势，统一战线积极行动支援防汛，民革南京市溧水区基层委员会组织“抗洪救援博爱服务队”，民建南京市溧水区基层委员会、区总商会组织人员到防汛一线慰问，送去后勤补给。区新的社会阶层联谊会通过镜头和话筒，及时宣传报道险情面前的感人事迹和杰出典型。溧水欧美同学会(留学归国人员联谊会)组织24名志愿者支援石湫街道一线防汛工作，连夜加固河堤。新社会阶层联合新媒体人士举办采果节活动，帮助受灾果农销售滞销水果。 (王健)

·党校教育·

【概况】 2020年，溧水区委党校举办干部培训、社会培训等培训班次348期，培训学员3.39万人次。完成省市委党校调研课题7个，年度立项课题3个。6月6日，省委党校(行政学院)现场教学基地揭牌暨溧水区委党校(行政学校)新校区落成仪式举行。12月22日，《中共南京市溧水区委党校志》通过终审。10月28日，区委党校被南京市级机关工委授牌党性教育培训基地。12月28日，全市党校系统后勤工作研讨会在区委党校召开。11月26—28日，华东地区党校(行政学院)教学改革研讨会在溧水区委党校召开，100余人参加，围绕贯彻落实《中国共产党党校(行政学院)工作条例》、深化党校(行政学院)教学改革等内容集中研讨，推动党校事业不断迈上新台阶。

【干部培训】 2020年，区委党校全年举办主体班次13期(受疫情影响，举办主体班次集中在下半年)。5月21日至8月21日，举办区第十五期中青年干部培训班。9月14—18日，举办区防范和化解安全生产风险专题培训班，培训103人。9月16—20日，举办区资本市场改革政策学习及现代金融风险防范专题培训班，培训70人。9月15—28日，举办区公务员及科级事业人员轮训班，分习近平新时代中国特色社会主义思想、党性教育、能力提升与知识拓展3个单元，完成5期，受训1500余人。9月19—28日，举办“党建引领乡村振兴”村(社区)党组织书记专题培训班2期，培训93人。9月18—25日，举办制造业高质量发展专题培训班，培训47人。10月19—23日，举办区新闻发布及新闻素养专题培训班，培训44人。10月19—23日，举办年轻区管干部理想信念宗旨教育专题培训班，培训34人。10月27—31日，举办2020年区高层次人才“爱国·奋斗·奉献”主题教育专题培训班，培训31人。11月3—7日，举办溧水区全域旅游主题培训班，培训50人。11月24—28日，举办新任区管干部区域特色发展专题培训班，培训27人。12月14—18日，举办区第十期生态文明建设专题培训班，培训49人。

【调研科研】 2020年，区委党校发表理论文章4篇，其中3篇文章发表在《金陵瞭望》、1篇发表在《南京智库成果专报》。6项课题结题，其中1项课题获全市宣传文化系统优秀调研成果三等奖、1项课题获省党校系统调研课题良好结题、1项课题获市党校系统优秀调研结题、1项课题获南京市哲学社会科学优秀成果奖、1项获全市党校（行政学院）系统第九届优秀科研成果奖。申报省市党校调研课题6项，其中2项为2020年度习近平新时代中国特色社会主义思想专项课题、1项为全市党校（行政学院）系统第二批现场教学课题、1项为全市党校系统调研课题。主办刊物《溧水党政干部论坛》，全年出刊4期，累计出刊84期。

【理论宣讲】 2020年，区委党校围绕“一个中心、四个方面”教学布局，深化习近平新时代中国特色社会主义思想教育，确保习近平新时代中国特色社会主义思想、意识形态工作等课程在主体班全覆盖。以中共十九届四中、五中全会精神为主要内容，开展冬训宣讲88场次，参训5600余人。开展新时代文明实践理论宣讲志愿服务活动，打造红色文化系列课程，长效开展“江南叶”巡回党课志愿活动，宣讲8场，受训950余人。1名教师获南京市第三届“梧桐论语”理论宣讲比赛二等奖，1名教师获评2019—2020年全市基层理论宣讲先进个人。用好白马李巷、大金山国防园和周恩来纪念馆、黄花塘新四军军部纪念馆等区内外现场教学资源，按照《中国共产党党校（行政学院）工作条例》要求为党员干部配发党史国史读本450本，把“四史”课程纳入主体班次必修课。着眼学员体验之旅，研发“党性教育”“新兴产业”“健康溧水”等6大现场教学专题，拓展中山烈士陵园、大金山国防园、苏南反顽战役阵亡将士纪念地等现场教学点，开发“全域旅游助推高质量发展的‘溧水画卷’”等8门配套课程和“李坚真：善于做群众工作的‘李大姐’”等7个微课程，打造体验式、互动式现场教学矩阵。与区纪委合作开发“领导干部用权五讲”“一体推进农村（社区）‘三不’体制建设”课件，打造廉政实境课堂。首次增设中央党校（国家行政学院）“网上党校”网络直播课程，更好适应常态化疫情防控前提下干部教育培训需要，聚焦“问题+需求+成果”培训导向，强调“分类+全程+动态”培训体系全覆盖，将培训资源库延展至线上。

延伸阅读 “一个中心、四个方面”：即以学习习近平新时代中国特色社会主义思想为中心，着眼于提高党员领导干部的领导素质和执政能力；以掌握理论创新的最新成果为重点，夯实学员的理论基础；以把握时代特征和国际经济政治形势为重点，拓展学员的世界眼光；以强化大局意识和应对复杂局面为重点，培养学员的战略思维；以坚定理想信念、增强宗旨观念和改进作风为重点，加强学员的党性修养。

【中青年干部培训班】 2020年，区委党校联合区委组织部举办第15期中青年干部培训班，围绕习近平新时代中国特色社会主义思想、党的理论成果等内容，分4个单元：习近平新时代中国特色社会主义思想、党性修养、区情研究、能力提升与知识拓展进行教学，安排党的最新理论成果、马克思主义经典著作等相关内容专题讲座25个。邀请省市委党校、雨花台干部学院、南京师范大学、东南大学等20余名专家教授，为中青干部培训班学员授课26场次。组织学员到红色李巷革命旧址参观，学习红色文化；到雨花台烈士陵园参观，接受革命精神熏陶。刊发《美溧中青，学无止境——溧水区第15期中青班专刊》，集结33篇优质调研文章编印成册。开展学情反馈和教学评价，利用“问卷星”网络服务平台，科学设置“课程满意度测评”表，通过微信、QQ等网络信息服务平台及时发布信息，提高班级管理效率。线下通过签到、班主任全程跟班等教学管理手段，及时掌握学员最新需求和动态。

【教学管理制度】 2020年，区委党校出台并实施《中共南京市溧水区委党校教师外出授课管理规定》《中共南京市溧水区委党校外聘教师来校授课管理规定》等制度，维护讲坛纪律和意识形态安全，把“用学术讲政治”贯穿教学管理全过程。落实《2020年全区干部教育培训工作要点》相关要求，严格班级管理，所有主体班次均配备班主任，并由学员测评班主任服务满意度。严格考勤和请销假制度，保证主体班次学员到课率不低于90%。健全教学质量评估机制，多维度科学设置课程满意度测评，全年主体班次教学测评率100%，培训效果满意度98.1%。

【党校新址启用】 2020年，区委党校新址启用，位于永阳街道高岩路288号。占地近6.2公顷，总建筑面积4.95万平方米，有会议中心、行政楼、培训楼、文体活动中心、专家楼、学员公寓和餐饮中心7幢单体建筑。教学场所配备高清电子屏、电脑、音响、录播等多媒体设备。文体中心配备有游泳池、室内篮球场、乒乓球室、健身房、室外篮球场和网球场。学员公寓有学员宿舍158间,其中标间108间、单间50间。餐饮中心有近500个餐位,可以同时容纳在校学员1500人。（张薇）

·老干部工作·

【概况】 2020年,溧水区统筹做好疫情防控与老干部工作,重点推进离退休干部党组织“六有一提升”达标创优工程和老干部作用发挥“银发生辉”工程。全区48家老干部党支部分三批达标。获省示范支部1家、市示范支部1家。在全市率先建立“银发生辉”工作总站,开展老干部志愿服务活动,老干部作用发挥更加凸显。

【老干部服务保障】 2020年,区委老干部局及时将《溧委办通报》等文件送到老干部家中,做好全区老干部情况通报会、四套班子老领导座谈会的组织工作,落实老干部政治待遇,为全区老干部赠阅《今日溧水》《南京日报》,订阅《银潮》杂志,为全区53家离退休干部党支部赠阅《离退休干部党支部·学习参考》。指导各部门更新完善全省离退休干部服务管理系统数据,新增录入事业退休干部信息,离退休干部信息电子化水平有新提高。新冠肺炎疫情暴发时,及时下发《给全区广大老干部预防新型冠状病毒肺炎的倡议书》,提出老干部要照顾好自己、要教育好子女、要发挥好作用3项倡议。适应疫情防控需要,科学做好家庭医生服务和医院探望工作,及时上门慰问出院返回家的老干部。5月,集中3天时间组织离休干部和四套班子老领导健康体检。“春夏秋冬”4次大走访慰问活动按时开展。重阳节期间,为48位90周岁及以上离休干部过生日,会同所在单位、社区为2位离休干部过百岁生日,特困帮扶8位离休干部和56位离休干部的无工作遗孀。

【离退休干部党建】 2020年,区委老干部局制订《溧水区2020年度离退休干部党建工作要点》,从11月起每月向全区离退休干部党支部发放支部学习清单,有重点地开展好支部政治学习。适应疫情防控需要,采取分散安排、小规模活动,4月开始,分党群片、经济片、街镇片、卫生教育片等不同条口,召开由支部书记和联络员参加的5场离退休干部党支部“对标找差、达标创优”分片交流促进会,对照评分标准,逐项找不足、逐家补弱项。5月,在全区离退休干部党支部中布置开展“畅谈奔小康、助推双胜利”主题党日活动。6月23日,为区级机关工委直属党支部60多名老干部党员举办主题党日活动。6月30日—7月1日,在新落成的区委党校新校区举办全区离退休干部党支部和联络员党建业务能力培训2天;“七一”期间,在《今日溧水》报开辟“老干部党员风采”专栏,作“不忘入党初心、牢记历史使命,永葆政治本色、继续发挥余热”通版宣传连载。11月26日,召开全区离退休干部党支部“六有一提升”达标创优巩固提高交流会,进行《做好党支部工作“一二三四五”》专题辅导。11月16—19日,分2批组织全区离退休干部党支部书记和联络员赴淮安周恩来故居开展党性修养现场教学。指导区检察院、工信局等27家单位离退休干部党支部按期换届,调整优化15名支部书记。在离退休干部党支部书记和党员中开展党内关怀活动。

【老干部作用发挥】 1月,区委老干部局组织区老年书画家协会的老干部志愿者,开展“银发生辉”义务为民写春联活动,为群众书写赠送春联福字近2000幅。7月,组织召开“银发生辉”先进人物宣讲会,动员布置老干部志愿服务。8月,新建巷老干部活动室进行功能转换,建立溧水区老干部“银发生辉”志愿服务总站,添置电脑、办公桌椅、沙发、会议桌等设施,成为8个志愿服务团队工作室,为志愿服务提供工作平台。11月,组织召开“银发生辉”老干部志愿服务团队牵头人座谈交流会。至年底,全区有老干部志愿服务团队8个,各类老干部志愿者223人,区级银发人才56人,为志愿者统一配置“银发生辉”志愿服装。参与全区“五送五助力”系列活动,区农业农村局送经验技术,助力增收致富;政法系统送政策法规,助力基层善治;卫生系统送医疗服务,助力健康惠民;银发关爱团送关心关爱,助力社会求助;教育系统送文明新风,助力移风易俗。区检察院退休干部章壮根被评为“江苏省首届最美老干部志愿者”。

【老干部活动开展】 1月，区委老干部局组织离退休老干部代表参加全区各界人士新春团拜会；6月，举办庆祝中国共产党成立99周年老干部座谈会，开展老干部体检报告解读答疑活动；8月，举办“我看脱贫攻坚新成就”老干部座谈会；10月，组织区老年书画家和摄影家协会会员参加“夺取‘双胜利’、建设新南京”全市离退休干部书画摄影集邮展，选送书画摄影作品参加；12月，举办区老年书画家协会年会暨书画展，展出作品223幅，出版《老年书画册》和《翰墨颂党恩》作品集；组织四套班子老领导参观城市建设、美丽乡村活动3次。做好省委老干部局局机关离退休老干部、省老干部活动中心老干部、扬州市四套班子老干部参观李巷红色教育基地、大金山国防园和江苏白马农博中心的接待服务工作；做好10月18—24日、10月25—31日期间，接待市级老干部70余人到溧水考察“四新”行动项目成果。

（王晓梅）

·机关党建·

【概况】 2020年，溧水区委区级机关工委履行从严治党主体责任，制订年度党建工作要点，细化党建工作任务，做到党建工作与业务工作同部署、同检查、同考核。督促指导各直属机关党组织书记带头履行第一责任人职责，带领班子其他成员落实“一岗双责”，形成一级抓一级、层层抓落实的党建工作格局。统筹协调，发挥机关党组织和党员干部在疫情防控和经济社会发展中的战斗堡垒和先锋模范作用。会同区委组织部动员全区机关党员干部1593人，投入到基层疫情防控一线中，做好226个卡口值守、110个重点户人员管控，指导复工复产企业体温检查、信息登记、防控宣传等相关工作，确保党旗飘在一线、堡垒筑在一线、党员冲在一线。

【机关思想建设】 2020年，区委区级机关工委发挥“七彩党建联盟”理论学习中心组理论学习示范带头作用，以学习《习近平谈治国理政》第三卷为抓手，通过示范引领推动机关党组织学习深入开展。开展中共十九大精神系列学习竞赛活动，组织各直属机关广大党员参加省级机关工委开展的“学用新思想”网上学习活动，历时3个月，保持参赛率100%，获全省县(市、区)级优秀组织奖第一名。强化机关意识形态工作，将意识形态工作纳入年度机关党建工作目标，建立意识形态季报制度，纳入2020年度区级机关单位党的建设考核。加强“学习强国”平台运用，注册学员1800余人，注册率130%，平均活跃度稳定在95%，全年采用稿件31篇。举办“初心向党”演讲比赛，收集征文102篇；开展“书记微党课”评比活动，征选参赛视频23个，评选出优秀“微视频”10个发放至各直属机关党组织。突出抓好基层党建实务知识培训，举办直属党组织书记培训班、党务干部培训班、“中国之治”十九届四中全会专题培训班。

【机关组织建设】 2020年，区委区级机关工委全面推动支部标准化规范化建设，印发支部标准化规范化建设实施方案和实施细则，完成第一批28家直属党组织87个支部创建。梳理直属党组织、二级支部、支部换届、支委构成、党员发展情况并上墙公示。梳理摸底所属基层党组织，整理出每个月需要换届的支部信息，提前6个月书面提醒。选优配强基层党组织书记，排查各直属机关党组织，结合党组织换届和任内改选工作，坚持把“党性强、品行好、作风正”，工作能力较强，群众信任度较高优秀党员干部，作为选拔党组织书记首要标准。严把党员入口关，始终把政治标准放在首位。加强老干部支部建设、支委配备，为老干部支部配备联络员。在机关工委庆祝建党99周年大会上集中表彰先进基层党组织10个、优秀党务工作者15人、优秀共产党员30人。全年发展党员16人。其中，女党员7人，占43.75%；35岁以下14人，占87.50%；大专以上16人，占100%。培训入党积极分子和预备党员99人。至年底，直属基层党组织43个，其中机关党委3个、党总支20个、党支部20个。机关党委（总支）下属二级党支部99个。

【机关作风建设】 2020年，溧水区被市委、市政府授予作风建设先进单位，5人被评为作风建设先进个人。区委区级机关工委完善作风建设长效机制，优化满意度评议方案，研究制定《2020年溧水区作风建设满意度评议方案》，纳入区级机关绩效考核。选优监督员队伍，4月初，区作风办启动监督员换聘工作，完善监督员管理办法，选配监督员60人。根据“服务化监督、监督服务化”理念和要求，完善2017年制订的《溧水区作风建设监督员管理暂行办法》，健全监督员工作制度。强化监督员理论业务培训，举办作风建设监督员培训班。召开全区94个部门(单位)作风建设工作推进会5场，面对面通报监督组阶段性作风监督情况，提优作风建设水平。组织召开3场提升作风建设工作为主题的研讨会，听取采纳监督员意见建议5条。主动作为助力“镇街吹哨、部门报到”、“12345”工单办理、“57213721”服务热线、机关干部进社区及协助交通执勤等工作，组织百余场专项监督。6月、12月，组织各类评议人(区领导、党代表、人大代表、政协委员、作风监督员以及各街镇开发区、区级部门科长以上干部、群众代表、企业代表等)3500多人，采取书面评议、网上评议、委托第三方评议等方式，开展作风评议2次。

【落实全面从严治党主体责任】 2020年，区委区级机关工委履行全面从严治党主体责任，加强机关党员教育、管理和监督。持续开展警示教育，学习中央、省市区纪委监委通报的违反中央八项规定精神等方面的典型案例4次，观看警示教育片2次。区级机关纪监工委按照区委、区纪委要求，审理派驻组移送案件，全年受理审结派驻组移送案件19件。在春节、端午、国庆、中秋等关键节点，传达区纪委廉洁过节要求，开展明察暗访，防止“四风”反弹回潮。 (邢力)

9月15日，溧水区海外人才创业园、溧水区中关村海淀园开园仪式在幸庄科技产业园举行 吴康 摄

·人才引进与培养·

【概况】 2020年，溧水区以人才引领创新、创新驱动发展为导向，落实“人才强区”发展战略，推进高素质人口集聚工程，深入实施国家、省市重点人才工程计划，推动高层次创新创业人才集聚。1月，参加人才问需月谈“人才国际化”专场座谈会，组织20名创新创业人才代表参加2020年全区各界人士春节团拜会。2月，在全市首创《溧水区应对疫情关爱人才企业发展八条举措》，助力200余家人才企业复工复产。走访调研企业复工复产情况，开展党委联系服务专家工作。3月，召开2020年全区人才工作布置会，强化考核目标导向。4月，率先举办“百校对接计划”线上万人对接会，将人才政策、营商环境等信息精准推送给海内外高校院所师生。组织区人才工作领导小组成员进园区、企业开展政策推介推送16场次，提高政策知晓率和覆盖面。接待中国科学院院士芮筱亭一行，洽谈项目合作转化落地事宜。5月，组织197人申报区级高层次创业人才引进计划，25名专家(团队)申报区级企业专家工作室，遴选20名区级中青年优秀人才。举办江苏人才创新创业路演暨2020年溧智创业营第三季第三期高层次人才专场活动，搭建人才交流平台，对接创新要素资源。6月，举办江苏省2020年青年双创大赛溧水区宣讲会、国际未来食品峰会、2020 T20荷兰绿色智慧农业企业线上路演等创新周活动，集聚创新资源，营造浓厚创新创业氛围。7月，完成省第十二批、第十三批科技镇长团轮换压茬。召开全区人才工作专题会议暨人才工作领导小组会议，健全人才工作制度体系，形成工作合力。8月，组织4名海内外院士专家申报市科技顶尖专家集聚计划、14名企业人才申报市创新型企业家培育计划。参加亚太经合组织(APEC)创新城市论坛暨2020全球菁英人才节活动。9月，举办第五届全国新农民新业态创新创业大会和第八届“创业江苏”科技创业大赛暨新能源汽

车行业赛，启动海外人才创业园暨溧水区中关村海淀园开园仪式。召开创新创业人才金融对接会暨人才问需“月谈”座谈会，问需于才，问计于企。10月，组织30名人才代表赴安徽金寨举办高层次人才“爱国奋斗奉献”主题教育培训班，强化人才心为党属，激发使命担当。11月，举办第五届江苏省科协青年会员创新创业大赛农业科技领域总决赛。组织40名人才代表参加全省高层次人才“爱国·奋斗·奉献”精神主题学习会。加快博士人才集聚和科研成果转化，南京金龙客车制造有限公司成功入选2020年江苏省博士后创新实践基地。12月，搭建校地合作平台，促进校地融合发展，赴上海、无锡等地开展溧水区第二批“百校对接计划”科技人才专员送岗，举办南京大学师生代表溧水体验活动，赴上海参加国家火炬南京溧水金属材料特色产业基地上海推介会，现场进行人才政策推介。

2020年，溧水区推进各类人才服务工作，落实”十万研究生见习行动”，支持鼓励留学生创新创业。集聚高素质人口2.34万人，留学回国人员884人，至年底，集聚高素质人口10.5万人，超额完成5年集聚10万人目标任务。加快博士人才集聚和科研成果转化，指导企业开展博士后和博士人才引进工作，全年引进博士后1人。

（匡星星　王晓静）

【创新创业人才】　2020年，全区坚持需求导向，突出工程牵引，以人才项目申报为主抓手，加速集聚一批人才到溧水创新创业，打造人才集聚“强磁场”。全年组织申报省“引智计划”项目4个，3个项目成功入选；乡土人才入选省“三带”行动计划第二批培养对象31人，入选率和综合占比率均位于全市前列；组织2名急需紧缺外国专家申报“345”海外高层次人才计划，1名成功入选，实现零突破；围绕创新名城建设，实施“创业南京”英才计划，组织4名院士专家申报市科技顶尖专家，2名专家被评为市科技顶尖专家；组织14名企业人才申报市创新型企业家培育计划，3名企业人才被评为市创新型企业家；组织197人申报高层次创业人才引进计划，遴选区级高层次创业人才32人，推荐24人参加市级高层次创业人才评审，11人被评为市级高层次创业人才，入选数创历年新高。务实开展“生根出访”“百校对接”，设立海外协同创新中心、人才驿站，不断汇聚高端创新创业人才。突出既要引高人，更要孵优企，升级幸庄科技产业园、空港智慧创业园等重大创新创业载体平台。

【宜居宜业环境营造】　2020年，全区聚力打造宜居宜业环境，集聚创新要素资源，让各类人才有用武之地。加快推进南京国家农高区创新载体建设。南京农业大学作物表型组学研发大楼封顶，建筑面积2.27万平方米；南京周子未来食品科技有限公司创新载体投入使用，面积约500平方米；加快建设未来食品产业园，总面积6.23万平方米；推进未来食品研究院过渡场地、神农智慧农业研究院、南京爱易测生物科技、丰码科技（南京）有限公司创新载体建设改造，总面积约9300平方米；完成新型研发机构科研园、东部农业科技创新港方案设计，总面积66.5万平方米；加快建设幸庄科技产业园、空港智慧创业园、溧水产业新城人才公寓等载体。幸庄科技产业园一期投入运营15万平方米，入驻企业384家。空港智慧创业园投入运营2.68万平方米，入驻企业超200家；空港智慧创业园人才公寓一期建设启动，建筑面积2.7万平方米，人才公寓400套。溧水产业新城一期投入运营2.3万平方米；产业新城人才公寓投入运营418套，总面积1.86万平方米；强化人才服务保障，全年发放人才服务保障卡137张，解决子女就学需求67人，为29名高层次人才提供健康体检服务。加强落地企业与团队创业服务和跟踪监测工作，给予入选“创业南京”等重点工程人才生活补贴、购房补贴，落实人才安居等“一揽子”政策。依托幸庄科技产业园、华夏幸福产业新城等重大创新创业载体平台，孵化人才企业近100家，毕业64家。

【人才扶持资金兑现】　2020年，全区兑现市科技顶尖专家资助资金890万元、创新型企业家贷款贴息补助45.48万元、市级高层次创业人才资助资金900万元、区级高层次创业人才资助资金1295万元、省双创人才资助资金141万元（含区级配套资金）、省科技副总资助资金100万元。（匡星星）

【企业专家工作室申报】　2020年，溧水区组织企业专家工作室申报工作。全区申报企业25家，4

家企业通过区级评审参加市级申报，其中南京恒天领锐汽车有限公司凭借“新能源中型公商务客车”项目获批2020年度南京市企业专家工作室。

【职称技能评审】 2020年，溧水区职称评定工作稳中求进，全年完成职称初定760人，其中初级668人、中级92人。审核教育系统一级、二级教师253人，高级教师44人；审核卫生系统高级职称144人。注重发挥领军型高技能人才示范带动作用，健全技能人才队伍培养，完善技能人才评价、使用、激励和服务保障机制。新增高技能人才302人、职业技能鉴定取证3032人。

（王晓静）

·人事和机构编制管理·

【概况】 2020年，溧水区扎实推进街镇集成改革、事业单位改革、综合行政执法改革，学习宣传贯彻《中国共产党机构编制工作条例》，管住管好用活机构编制资源，推进治理体系和治理能力现代化。制发《进一步加强全区机关事业单位编外人员员额管理的补充规定》《部分区级机关事业单位编外人员员额调整方案》，规范做好编外人员员额使用审批，办理编外人员招聘申请办文28件。

【教育系统机构编制优化调整】 9—11月，区委编办开展教育系统机构编制和人员现状调研，撰写《全区中小学编制管理和师资配备情况报告》，向区委编委报告。12月15日，整合区教师进修学校、区教学研究室、区教育科学研究室，组建南京市溧水区教师发展中心。调剂筹措区内事业编制30个用于高层次人才和紧缺专业人员引进，为教育高质量发展提供机构编制保障。12月30日，下达2021年度教育系统进人计划。

【卫生系统机构编制优化调整】 6月12日，区精神病防治院增挂“区第三人民医院”牌子。11月17日，区委编委同意区人民医院行政科室及科级领导职数调整事项。核增区疾病预防控制中心全额拨款事业编制。设立区妇幼保健院，挂区妇幼保健所牌子，为区卫健委所属事业单位，公益二类，规格相当于正科级，经费渠道为差额拨款，核定人员总额及领导职数；撤销原区妇幼保健所（区妇幼保健计划生育服务中心），收回全额拨款事业编制。明确区口腔病防治院为区卫健委所属事业单位，公益二类，规格相当于正科级，经费渠道为差额拨款，核定人员总额及领导职数。调整区120急救中心差额拨款编制。重新核定区精神病防治院（区第三人民医院）人员总额。

【其他机构编制调整】 3月5日，区委编委同意江苏永阳建设发展集团有限公司“三定”（定部门职责、定内设机构、定人员编制）规定草案，设置综合管理部、财务管理部、投资促进部、资产运营部、工程管理部、审计法务部等6个内设机构；核定本部员额，规范领导职数及中层职数设置。3月6日，区委宣传部等16个区级部门单位内设科室增挂“安全生产监督管理科”牌子。4月20日，区商务局下属事业单位区外向型经济服务中心增挂“南京市溧水区会展经济服务中心”牌子，增加全额拨款事业编制，领导职数副主任1名（副科级），职责增加：协助统筹协调区内会展活动，宣传推介会展资源环境，提供会展信息咨询服务，招引会展项目，推动交流合作，培育会展品牌等。4月20日，溧水公安分局新增内设机构行政审批服务中心，正科级，核定领导职数1正1副。4月20日，区委编委将区行政审批局承担的外商投资市场主体登记注册管理职责调整至区市场监管局行使，在区市场监管局内设科室注册登记指导科挂“外商投资企业登记管理科”牌子，承担外商投资市场主体登记注册管理职责。4月24日，将溧水公安分局内设科室国内安全保卫大队更名为政治安全保卫大队。7月27日，增加区文化市场综合执法大队全额拨款事业编制，增加区投资项目审计中心全额拨款事业编制。11月17日，区科技局增设内设科室区委创新办综合协调科，增加科长职数1名；增加区科技局所属事业单位区科技创新服务中心全额拨款事业编制。11月17日，区财政局（区国资办）内设机构及科级领导职数调整，将国资改革与产权管理科、国资财务监督与评价科调整分设为资产管理科、国资运行管理科、国资改革与产权科、国资财务监督与评价科；将原挂牌科室绩效管理科单设。11月17日，区勘验服务中心成立，为区行政审批局所属事业单位，公益一类，相当于正科级，经费渠道全额拨款。12月4日，区委编委明确管理体制调整后区森林公安机关机构名称、级别及政法专项编制数。南京市公安局溧水分局森林公安派出所名称调整为南京市公安局溧水分局森林派出所，隶属关系由区农业农村局调整至溧水公安分局，正科级，职能保持不变，重新核定政法专项编制。12月15日，区委编委明确区土地整理中心整建制划入区土地储备中心，机构规格相当于副处级，为溧水规划资源分局所属事业单位，经费渠道自收自支，公益二类，核定自收自支事业编制和领导职数。撤销区土地整理中心，收回自收自支事业编制，人员整建制划转至区土地储备中心。

【国有企业机构管理】 4月20日，区委编委同意并印发《溧水区区管国有企业机构设置和员额管理办法》，明确规定区管国有企业设置、内设机构、企业领导职数、人员员额总量。明确10家区管国有企业比照规格。

【南京国家农高区编制调整】 3月5日，区委编委同意成立江苏南京国家农业高新技术产业示范区管理委员会(筹)，明确示范区管理委员会(筹)统筹领导高新区和白马镇。同意南京国家农高区集团有限公司"三定"规定草案，设置综合管理部、财务审计部、投资发展部、工程管理部4个内设机构；核定本部员额，规范领导职数及中层职数设置。

【街镇集成改革】 2020年，区委编办推进"三整合"(整合基层审批服务执法力量)改革各项工作。成立赋权赋能、一体化平台建设、"三定"起草3个专项工作小组，落实街镇集成改革具体工作，细化为6个方面21项任务事项，明确牵头单位和相关责任单位，提出具体路径、方法和举措。统筹党政机构和事业单位职责，综合设置职能机构9个，构建资源优化配置、管理扁平高效、人员编制精干的组织架构；向基层倾斜机构编制资源，分两批调剂事业编制104个下沉到街镇，赋予街镇更加灵活的用人自主权，人员统筹使用；赋予街镇行使行政许可及公共服务事项21项、行政处罚事项169项、行政强制事项16项，行政检查事项1393项；按照统一支付、统一标准、共同推进原则建设街镇一体化信息系统和指挥平台，重点建设"党建引领""审批服务""综合执法""网络管理""指挥调度""经济发展""业务对接""系统管理"8个模块，融入"双随机一公开""吹哨报到"等特色模块。11月6日，和凤镇、晶桥镇代表南京市通过省委编办评估组街镇集成改革评估验收。

【农业领域综合执法改革】 4月20日，区委编委同意并印发《南京市溧水区农业综合行政执法改革实施方案》，组建区农业综合行政执法大队，受区农业农村局委托，依照法律法规规定，承担全区农业领域统一行政执法职责，实现农业领域"一支队伍管执法"。6月2日，经市委编办批复，明确区农业农村局所属南京市溧水区农业综合行政执法大队机构规格相当副处级，核定大队长(副处级)领导职数1名。11月17日，区委编委同意区农业综合行政执法大队"三定"规定草案及人员选调实施方案。12月5日，经区委常委会同意，区委编委印发《南京市溧水区农业综合行政执法大队职能配置、内设机构和人员编制规定》。

【事业单位登记管理】 2020年，区委编办新批准设立登记事业单位7家，变更登记114家，注销登记2家。公示事业单位年度报告274家。机关群团统一社会信用代码变更27家、撤销1家。12月18日，市委编办将白马未来食品研究院纳入市级管理事业单位核准登记，颁发事业单位法人证书。7月22—9月18日，开展全区2019年度事业单位信用等级评价工作，全区事业单位登记评级均为A级。 (杨支援)

【人事工资调整】 2020年，溧水区按年度考核结果调整公务员级别和级别工资档次，审核备案公务员年终一次性奖金。核定41名新录用公务员和17名军转干部工资。调整公务员公积金和逐月住房补贴。审核备案公务员应休未休假报酬。专项检查机关事业单位收入分配情况，发送自查自纠整改函8件。办理59名公务员到龄退休手续，审批发放一次性退休补贴。

2020年，溧水区人社局审批241家单位6391人绩效工资总量调控，专项检查9家机关事业单位津补贴发放情况，明确津补贴发放范围和标准，发送违规发放津贴限期整改信函9件。

(练远洋 王晓静)

【公务员招录】 2020年,溧水区根据省市公务员主管部门时间节点要求,扎实推进网上报名、资格复审、考察政审、办理录用等各环节工作。规范做好公务员考录每一个环节的工作,着力构建公开公平公正的公务员考录秩序。全区公开招录公务员36人(不含警校生),持续优化公务员队伍人员结构。

【公务员考核晋升】 2020年,溧水区全面考核公务员德、能、勤、绩、廉等情况,重点考核政治素质和工作实绩。召开全区公务员平时考核推进会,全面推进公务员平时考核工作。根据上年度部门和街镇综合考核等次,实行单位年度考核优秀比例分等次差异化测算,加大正向激励力度,树立鼓励干事创业、激励担当作为的鲜明导向。全区2019年度公务员(含参公管理人员)年度考核记三等功44人、获嘉奖334人。贯彻落实公务员法、公务员职务与职级并行规定及溧水区相关实施方案,开展公务员职务与职级并行职级晋升工作。全区晋升职级251人(不含警务技术、执法勤务序列),统筹发挥好职务与职级两条并行晋升通道的功能。（付辉）

【事业单位招聘】 2020年,溧水区完成事业编制人员招聘378人。其中,教育系统参加南京市统一招聘190人,校园招聘8人,高层次人才引进19人;卫健系统公开招聘54人,面向新冠肺炎疫情防控一线编制外医务人员定向招聘4人,高层次人才引进17人;通用类招聘77人;各类政策性安置9人。其中,退役大学生士兵2人,退役士兵2人,随军家属调动2人,随军家属定向招聘3人。

【评比达标表彰】 2020年,溧水区完成抗击新冠肺炎疫情省级、市级表彰推荐评选工作。其中,抗击新冠肺炎疫情省级表彰推荐申报先进集体1个、先进个人3人;抗击新冠肺炎疫情市级表彰推荐申报先进集体6个、先进个人22人。发放“中国人民志愿军抗美援朝出国作战70周年”纪念章47枚。（王晓静）

南京市溧水区人民代表大会

【概况】 2020年,区人大常委会履行宪法和法律赋予的职权,依法召开相关会议。1月3—6日,召开区第十六届人民代表大会第四次会议。全年召开区人大常委会会议7次、主任会议7次,听取和审议区政府、法院、检察院专项工作报告12项,计划、预算、审计等报告9项,开展执法检查4次,专题询问1次,依法做出决定决议7项,任免国家机关工作人员102人次,年初确定的目标任务高质量完成,各项工作取得新进展新成效。

【区第十六届人民代表大会第四次会议】 1月3—6日,溧水区第十六届人民代表大会第四次会议在区级机关礼堂召开。会议听取和审议区政府代区长张蕴向大会作的政府工作报告、区人大常委会主任张伟作的人大常委会工作报告、区法院院长水振华作的法院工作报告、区检察院检察长梁云作的检察院工作报告。听取区人民代表大会法制委员会工作报告和财政经济委员会工作报告。分别审议政府各项报告,审议2019年国民经济和社会发展计划执行情况与2020年国民经济和社会发展计划、2019年财政预算执行情况及2020年区本级财政预算及开发区(柘塘街道)、永阳、石湫、东屏、洪蓝街道和相关单位部门预算等。表决通过政府工作报告、国民经济和社会发展计划报告、财政预算报告、区人大常委会工作报告、区法院工作报告、区检察院工作报告6项决议。选举裴敬为区人大常委会副主任,张蕴为区政府区长,葛飞为区监察委员会主任,补选文博、张传新、陈晓燕、周金刚、相开玲、赵定海、葛盛凤为溧水区第十六届人民代表大会常务委员会委员。表决通过关于南京市溧水区第十六届人民代表大会有关专门委员会设立的决定,决定南京市溧水区第十六届人民代表大会设立社会建设委员会、监察和司法委员会。表决通过赵定海为区十六届人大社会建设委员会主任委员,周金刚、经佩敏、相开玲、夏木生、臧小亮为区十六届人大社会建设委员会委员,徐强为区十六届人大监察和司法委员会主任委员,喻晓华为副主任委员,张勇、张诗鹏、周爱玉、葛盛凤、濮方圆为区十六届人大监察和司法委员会委员,蔡广金为区十六届人大法制委员会副主任委员。表决通过民生实事项目人大代表票决办法,票决出2020年度区政府民生实事项目。

【区第十六届人大常委会会议】 2020年，区人大常委会召开常委会会议7次，听取和审议“一府一委两院”专项工作报告19项，做出决议决定24项，任免国家机关工作人员64人次。

【区第十六届人大常委会主任会议】 2020年，区人大常委会召开主任会议7次。

2020年溧水区第十六届人大常委会会议一览表

时间	会议名称	会议内容
2月14日	十六届常委会第二十三次会议	审议通过《区人大常委会2020年工作要点及议题安排》《关于依法防控新型冠状病毒感染肺炎疫情，切实保障人民群众生命健康安全的决定》及有关人事任免案
4月1日	十六届常委会第二十四次会议	审议区政府《关于溧水区2019年环境状况和环境保护目标完成情况的报告》《关于溧水区招商引资工作情况的报告》；审议区住房保障和房产局《关于溧水区小区住宅物业管理工作情况审议意见的落实情况报告》，并进行满意度测评；审议《区住房保障和房产局主要负责人履职情况的报告》，并进行评议；审议《中华人民共和国野生动物保护法》贯彻实施执法检查情况；审议通过区人大常委会《关于加强产业发展用地保护的决定》；审议通过人事任免案
5月21日	十六届常委会第二十五次会议	听取区政府《优化营商环境综合改革十项实事落实情况的报告》《关于溧水区社区居家养老服务工作情况的报告》并开展专题询问，听取《关于溧水区公共文化设施规划与建设工作情况的报告》，审议《〈中华人民共和国土壤污染防治法〉贯彻实施情况的报告》《区人民检察院关于区检察机关未成年人检察工作情况的报告》，审议通过人事任免案
8月6日	十六届常委会第二十六次会议	审议区政府《关于2020年上半年工作情况和下半年工作安排报告》《关于2020年国民经济和社会发展计划上半年执行情况的报告》《关于2020年预算上半年执行情况的报告》《关于溧水区2019年区级决算情况的报告》《2020年省转贷新增地方政府债券安排及区级预算调整方案的报告》《关于2019年区级财政预算执行和其他财政收支情况的审计报告》；听取东屏街道芦家边安置房一期工程竣工决算、2017—2019年度老旧小区改造资金的审计报告；审议区政府《关于溧水区国有资产管理情况的综合报告》《关于溧水区企业国有资产管理情况的报告》《关于〈中华人民共和国安全生产法〉〈江苏省安全生产条例〉〈南京市安全生产条例〉实施情况的报告》，并开展专题询问；审议区政府《关于老旧小区环境综合整治情况的报告》《关于设立永阳街道琴音居民委员会的议案》；审议区人大常委会关于《人大代表票决民生实事项目监督工作暂行办法》；审议通过人事任免案
9月28日	十六届常委会第二十七次会议	审议区政府《关于区第十六届人大第四次会议代表议案和建议办理情况的报告》《关于〈中华人民共和国就业促进法〉实施情况的报告》《关于溧水区教育布局调整情况的报告》《关于溧水区实施乡村产业振兴情况的报告》；审议区法院《关于切实解决执行难工作情况的报告》；审议区市场监管局《关于全区食品安全监督管理工作情况审议意见的落实情况报告》，并进行满意度测评；审议区农业农村局《关于溧水区现代农业园区建设情况审议意见的落实情况报告》，并进行满意度测评；审议区农业农村局主要负责人履职情况的报告，并进行评议；听取王芳、陈春华、郁巧、周建明、周海森、唐慧炜等6名市人大代表履职情况报告并进行测评；审议区政府关于设立和凤镇凤凰路居民委员会议案的提请报告；审议通过人事任免案
11月27日	十六届常委会第二十八次会议	审议区政府《关于2019年度本级预算执行和其他财政收支及政府投资项目审计整改情况的报告》《关于溧水区“健康溧水”建设情况的报告》《关于规范性文件制定工作情况的报告》，审议区人大法制委关于规范性文件备案审查工作情况的报告，听取区人大常委会永阳街道、石湫街道工作委员会工作情况的报告，审议通过人事任免案
12月23日	十六届常委会第二十九次会议	审议区政府《关于2020年经济社会发展目标完成情况及2021年目标编制情况的报告》《关于2020年预算执行情况及2021年预算编制情况的报告》《关于2020年度民生实事项目实施情况和2021年度民生实事候选项目的报告》《关于国民经济和社会发展“十三五”规划纲要实施情况、“十四五”规划纲要和二〇三五年远景目标编制情况的报告》，讨论区人大常委会2020年工作报告及2021年主要议题安排，审议通过《区第十六届人大第五次会议有关筹备事项》及有关人事任免案

2020年溧水区第十六届人大常委会主任会议主要议题一览表

时　间	会议名称	主　要　议　题
2月13日	第三十次主任会议	讨论决定提请区第十六届人大常委会第二十三次会议审议的人事任免案；听取区人大常委会2020年度工作要点及议题安排；听取《关于依法防控新型冠状病毒肺炎疫情，切实保障人民群众生命健康安全的决定》的起草说明及征求意见的情况；决定区第十六届人大常委会第二十三次会议举行的日期、讨论会议议程和会议日程
3月26日	第三十一次主任会议	讨论决定提请区第十六届人大常委会第二十四次会议审议的人事任免案；听取《关于溧水区2019年环境状况和环境保护目标完成情况》《小区住宅物业管理工作审议意见的落实情况》《区住房保障和房产局主要负责人履职情况》《溧水区产业发展用地实行红线保护做出决议等议题准备情况的报告》《关于溧水区招商引资工作情况议题准备情况的报告》《关于〈中华人民共和国野生动物保护法〉贯彻实施情况执法检查议题准备情况的报告》；讨论通过《南京市溧水区人大常委会2020年代表工作计划》《溧水区人大常委会全体会议议程规范要点》；决定区第十六届人大常委会第二十四次会议举行的日期，讨论会议议程和会议日程
5月18日	第三十二次主任会议	讨论决定提请区第十六届人大常委会第二十五次会议审议的人事任免案；听取《关于区政府优化营商环境综合改革十项实事落实情况调研议题准备情况的报告》《关于溧水区社区居家养老服务工作情况调研并开展专题询问议题准备情况的报告》《关于〈中华人民共和国土壤污染防治法〉贯彻实施情况执法检查议题准备情况的报》《关于溧水区公共文化设施规划与建设工作情况调研议题准备情况的报告》《关于区检察机关未成年人检察工作情况调研议题准备情况的报告》；决定区第十六届人大常委会第二十五次会议举行的日期，讨论会议议程和会议日程
7月29日	第三十三次主任会议	讨论决定提请区第十六届人大常委会第二十六次会议审议的人事任免案；讨论决定提请区第十六届人大常委会第二十六次会议审议的议案；听取《关于2020年国民经济和社会发展计划上半年执行情况》《关于2020年预算上半年执行情况》《2020年地方政府债务限额》《2020年省转贷新增地方政府债券安排及区级预算调整》《2019年区级决算》《关于2019年区级财政预算执行和其他财政收支情况的审计情况》《东屏街道芦家边安置房一期工程竣工决算、2017—2019年度老旧小区改造资金的审计情况》《关于溧水区国有资产管理情况》《关于溧水区企业国有资产管理情况等议题准备情况的报告》《关于安全生产“一法两条例”执法检查及专题询问议题准备情况的报告》《关于老旧小区环境综合整治情况议题准备情况的报告》；讨论决定提请区第十六届人大常委会第二十六次会议审议的《人大代表票决民生实事项目监督工作办法》；决定区第十六届人大常委会第二十六次会议举行的日期，讨论会议议程和会议日程
9月22日	第三十四次次主任会议	讨论决定提请区第十六届人大常委会第二十七次会议审议的人事任免案；听取《关于区第十六届人大第四次会议代表议案和建议办理情况的议题准备情况的报告》《听取关于〈中华人民共和国就业促进法〉实施情况议题准备情况的报告》《关于溧水区实施乡村产业振兴情况议题准备情况的报告》《关于溧水区教育布局调整情况议题准备情况的报告》《关于区人民法院切实解决执行难工作情况议题准备情况的报告》《区市场监管局关于全区食品安全监督管理工作情况审议意见的落实情况议题准备情况报告》《关于对溧水区现代农业园区建设情况审议意见的落实情况》《区农业农村局主要负责人履职情况调研等议题准备情况的报告》；听取《关于王芳、陈春华、郁巧、周建明、周海森、唐慧炜等6名市人大代表履职情况议题准备情况的报告》；决定区十六届人大常委会第二十七次会议举行的日期，讨论会议议程和会议日程
11月24日	第三十五次主任会议	讨论决定提请区第十六届人大常委会第二十八次会议审议的人事任免案；听取《关于2020年区级预算调整草案》《关于2019年度本级预算执行和其他财政收支及政府投资项目审计整改情况等议题准备情况的报告》《关于溧水区“健康溧水”建设情况议题准备情况的报告》《区政府关于规范性文件制定工作情况、区人大法制委关于规范性文件备案审查工作情况等议题准备情况的报告》《永阳、石湫街道人大工委工作情况报告议题准备情况的报告》；决定区第十六届人大常委会第二十八次会议举行的日期，讨论会议议程和会议日程

续表

时　间	会议名称	主　要　议　题
12月21日	第三十六次主任会议	讨论决定提请区第十六届人大常委会第二十九次会议审议的人事任免案，听取区第十六届人大五次会议有关人事安排；听取《关于溧水区2020年经济社会发展目标完成情况及2021年目标编制情况的议题准备情况报告》《区政府关于2020年预算执行情况及2021年预算编制情况报告和政府投资建设项目审计整改情况报告的议题准备情况报告》《区人大常委会2020年工作报告及2021年主要议题安排》《区人大财经委、社会委、法制委、监察和司法委2020年工作报告》《区十六届人大五次会议有关筹备事项的报告》《区十六届人大五次会议计划和预算审查委员会、议案审查委员会组成人员建议名单》《关于2020年度民生实事项目实施情况和2021年度民生实事候选项目报告议题准备情况的报告》《区政府关于国民经济和社会发展"十三五"规划纲要实施情况和"十四五"规划纲要编制情况报告的议题准备情况报告》；决定区第十六届人大常委会第二十九次会议举行的日期，讨论会议议程和会议日程

【建议督办】　区第十六届人大四次会议召开期间，区人大代表围绕全区经济、政治、文化、社会和生态文明建设以及人民群众关心的热点难点问题，对政府工作提出意见和建议。会后，经区人大常委会有关委员会审查确定将112件代表建议交由区政府系统研究办理。闭会期间，部分代表围绕疫情常态化防控等重大问题又提出31件代表建议。除12月份代表提出的5件办理中，其他138件办结并答复代表。至年底，所反映的问题已经或者正在解决117件，占84.78%；列入计划逐步解决17件，占12.32%；因客观条件限制暂时不能解决并向代表做出解释说明4件，占2.90%。

【考察调研】　2月14日，区第十六届人大常委会第二十三次会议通过《关于依法防控新型冠状病毒肺炎疫情，切实保障人民群众生命健康安全的决定》，区人大常委会领导带队，组成4个检查组，围绕村(社区)疫情防控，制造业、服务业、农业龙头企业复工复产，重大项目复工开工等重点焦点问题，采取"四不两直"(不发通知、不打招呼、不听汇报、不用陪同接待，直奔基层、直插现场)方法实地走访了解，检查执行情况。围绕一线防疫人员保护、农村地区防疫、外防输入预案完善、复工复产企业用工难资金周转难、产业达效达能进度慢6个方面向区政府提出办理建议，推动《决定》有效落实。

3月17日，区人大常委会开展全区《中华人民共和国野生动物保护法》贯彻实施情况执法检查。检查组先后现场察看无想山陆生野生动物监测点、溧水区青锋永兴畜禽养殖专业合作社(黑天鹅)、江苏溧水国家级陆生野生动物疫源疫病监测站(石臼湖)，听取区农业农村局、市场监管局、卫健委、财政局、司法局、区林场、溧水生态环境局、溧水规划资源分局、溧水公安分局、和凤镇关于《中华人民共和国野生动物保护法》贯彻实施情况汇报，并进行座谈。

4月21日，区人大常委会调研区检察机关未成年人检察工作情况。调研组先后视察大金山国防园青少年教育基地、区检察院法制教育体验基地，并召开座谈会，听取全区未成年人检察工作现状，提出工作中存在的不足、下一步工作意见和建议等。

4月23日，区人大常委会组织召开《中华人民共和国土壤污染防治法》执法检查动员暨培训会，区人大常委会执法检查组成员、部分市区人大代表、区土壤污染防治工作协调小组办公室成员单位、各土地收储平台负责人参加会议，省环境科学研究院高级研究员王水解读《中华人民共和国土壤污染防治法》。5月8日，区人大常委会副主任臧正满带领执法检查组成员开展《中华人民共和国土壤污染防治法》贯彻落实执法检查，溧水生态环境局、溧水规划资源分局、区农业农村局、区工信局等相关部门参加。执法检查组成员先后察看南京长安汽车有限公司、南京天意公路材料有限公司等地块采样现场，听取溧水生态环境局、溧水规划资源分局、区农业农村局相关工作进展、存在问题及下一步工作设想汇报。

5月7日，区人大常委会主任张伟带队，调研全区社区居家养老服务工作。调研组先后到开发区荷花社区、永阳街道财贸社区、洪蓝街道西旺社区居家养老服务中心，现场了解中心建设运营情况，副主任裴敬，副区长、溧水公安分局局长徐正凯参加。张伟肯定全区社区居家养老工作取得的成绩，并指出各部门要进一步提高政治站位和思想认识，高度重视社区居家养老工作，全面推动全区养老服务事业高质量发展，不断增强老年群众的幸福感和满意度。要增强问题意识，找出问题短板，在完善养老设施、提高专业化服务水平、体制机制上下功夫，将“健康溧水”发展和居家养老服务有机结合起来，实现差异化发展，满足多层次养老服务需求。

7月7日，区人大常委会组织召开《中华人民共和国安全生产法》《江苏省安全生产条例》《南京市安全生产条例》执法检查动员会。主任张伟，副主任吴国荣、臧正满、裴敬，区政府副巡视员黄学忠以及区人大常委会执法检查组全体成员参加。7月9—10日，组织安全生产“一法两条例”执法检查专题学习培训，学习贯彻习近平总书记关于安全生产的重要论述，传达全省安全生产“一法一条例”执法检查动员部署会精神，再动员再部署全市“一法两条例”市区联动执法检查工作。7月13日，召开座谈会听取各街镇（开发区）“一法两条例”实施情况和溧水区安全生产专项整治行动开展情况汇报，听取安全生产工作和《南京市安全生产条例》修订的意见建议。7月14—15日，现场检查校园校车、医院、加油站、商场、老旧危房等安全生产生活重点单位和场所，听取区应急管理局、商务局、卫健委、工信局、城建局、交运局、教育局、文旅局、市场监管局、消防大队和溧水公安分局“一法两条例”实施情况、安全生产专项整治行动开展情况、《南京市安全生产条例》的修订建议。

7月8日，区人大常委会开展老旧小区调研。调研组现场视察安居苑小区等3个老旧小区，听取区房产局对全区老旧小区环境综合整治情况汇报，并结合专题学习准备、现场视察情况提出意见建议。7月22日，区人大常委会主任张伟带领调研组现场视察金山公寓等3个老旧小区，并在座谈会上提出要进一步提高思想认识，摸清家底、完善规划方案，加强老旧小区改造质量管理，加强组织协调，更多运用市场化的办法，落实小区改造后的长效管理等6个方面的工作要求。

8月28日，区人大常委会执法检查组启动《中华人民共和国就业促进法》实施情况执法检查工作。执法检查组成员首先开展有关业务学习，走访相关区人大代表、基层群众和企业。9月8日召开街道、企业负责人座谈会，听取开发区和各街镇及有关企业就业促进法实施情况汇报。9月9日赴溧水中专校、南京恒宇助残服务中心、区人力资源市场现场调研，听取区人社局、教育局、退役军人事务局、总工会、残联就业促进法实施情况汇报。

8月19日，区人大常委会组织部分区人大常委会组成人员、农业农村委委员，对全区乡村产业振兴情况开展调研。调研组首先召开街镇、村（社区）干部和业主座谈会，听取有关情况。8月26日视察傅家边草莓园、南京溧乐农业发展有限公司、南京市溧水牧原农牧有限公司，听取区农业农村局、发改委、财政局、金融监管局和溧水规划资源分局、各街镇（开发区）乡村农业产业振兴情况汇报，广泛听取各界对乡村产业振兴工作的意见建议。

9月4日，区人大常委会调研区法院切实解决执行难工作情况。调研组听取区法院情况汇报，了解切实解决执行难工作情况现状、工作存在不足和下步工作打算。

9月15日，区人大常委会调研全区教育布局调整情况，调研采取走访、视察、座谈、听取工作汇报等方式进行，调研组先后视察区东屏街道中心幼儿园、永阳街道石家山小学、区晶桥初级中学、晶桥镇水晶小学、区水晶镇水晶幼儿班与城南初中、小学、幼儿园规划选址等情况，并召开座谈会听取区教育局情况汇报，全面了解全区学校建设和新一轮教育布局规划情况及教育布局规划中存在困难问题和下一步工作打算。

11月13日，区人大常委会调研区政府关于规范性文件制定工作情况。调研开展前，调研组专题学习《南京市人民代表大会常务委员会规范性文件备案审查办法》、省人大2020年7月31日修订通过的《江苏省各级人民代表大会常务委员会规范性文件备案审查条例》以及区司法局整理成册的行政规范性文件管理工作资料汇编。调研组成员在学习相关文件、把握有关政策、熟悉法律法规的基础上，集中听取区司法局的政府规范性文件制定工作情况汇报，并就政府规范性文件制定工作与区政府办、司法局、市场监管局、城建局、民政局、房产局、残联、溧水规划资源分局等部门分管领导进行座谈讨论。

11月23日，区人大常委会调研“健康溧水”工作推进情况。调研组实地查看区第三人民医院社会心理服务中心、国家极限运动馆、省康复医院项目、区中医院体医融合促进中心等5个现场点位，重点了解、访谈“健康溧水”工作推进情况及“健康溧水2030规划纲要”实施情况。就全区健康溧水工作开展情况、目前存在主要问题、薄弱环节和下一步工作打算，广泛听取各方面的意见和建议。

【通过依法防控疫情决定】 2月14日，区第十六届人大常委会第二十三次会议，表决通过《关于依法防控新型冠状病毒肺炎疫情，切实保障人民群众生命健康安全的决定》，这是在全市率先出台的疫情依法防控决定。《决定》紧密结合区内实际，提出要在全面落实各项防控措施的基础上，更加精准开展防控，实现疫情防控和经济社会发展双胜利。针对溧水地处郊区的实际，切实加强农村地区防控，强化农村社区和村庄管理。突出制造业发展试验示范区建设，在落实企业防控主体责任前提下，帮助制造业企业复工复产。围绕项目建设加强网络招商，确保项目有储备，同时强化人大票决制民生实事项目开工复建。加强舆论引导，纾解公共情绪，化解社会矛盾。

【监督民生实事项目落实】 2020年，溧水区出台《人大代表票决民生实事项目监督工作暂行办法》，依照办法全程监督民生实事项目推进情况。3月制订区代表小组监督方案。4月召开专题会议进行动员部署对接。5月召开代表监督组与项目实施部门见面会。6月项目实施部门进行自查自报。6—7月各代表监督组通过调研、座谈、走访、检查等方式监督。8月开展“民生实事项目监督专题接待月”活动。9—10月代表监督组开展跟踪监督。11月组织全体区人大代表集中视察。各代表监督组12月形成书面监督报告，评价项目完成情况，与区人大常委会人代联委监督情况报告、区政府民生实事项目完成情况报告一并提交区人大常委会会议审议。12月23日，区第十六届人民代表大会常务委员会第二十九次会议开展民生实事票决项目完成情况满意度测评，22位常委会组成人员投票，其中满意21票、基本满意0票、不满意0票、未按1票。

【重点建议督办】 2020年，黄安化代表在区第十六届人民代表大会第四次会议提交的《关于把加强住宅小区物业管理作为重要的民生工程来抓的建议》，被列入区人大常委会重点督办建议。切实贯彻以人民为中心思想，视角和思路聚焦发挥居民小区居民、人大代表的主体和主导作用上。突出民意调查在对物业企业考核中的权重，注重发挥小区各级人大代表作用，引导各级代表闭会期间深入个别老大难的“差评”小区走访调研，倾听居民呼声，掌握问题症结，助力提升物业管理水平。出台《溧水区住宅小区物业管理专项奖励资金管理办法》《溧水区安置房小区物业费补贴实施办法》《溧水区老旧住宅小区管理考核办法》等，137个小区成立业委会(管委会)，老旧小区整治后全面落实常态长效物业管理，管理考核机制基本健全。10月23日，《新华日报》刊载溧水区人大助力全区物业管理工作报道。10月26日，市人大常委会主任龙翔专门做出批示：“总结实践成果，积极探索解决物管难题的新路径新方法”。

【市区人大代表开展接待活动】 2020年，市区人大代表联系点开展接待活动29期，参与接待代表97人次，接待群众78人次，收集意见建议52条，办结50条。其中，7月27日至8月27日开展民生实事项目监督主题接待活动10次，45名省市区人大代表参与接待人民群众35人次，收集建议意见29条，全部办结。5月，区人大常委会主任张伟接待来访群众，帮助解决馨怡嘉园住宅小区综合管理问题。督促相关部门实现人大代表提出的殡葬改革、社会车辆如厕临时停车位等建议，取得较好社会效果，经验做法和成效被“学习强国”平台宣传推广。

【合力打赢疫情防控阻击战】 2020年，面对突如其来的新冠疫情，机关全体党员干部和全区300余名各级人大代表下沉一线，深入社区参与疫情防控。30余名机关党员干部下沉社区24小时值勤值守，省市区镇人大代表以不同方式参与抗击疫情战斗，捐资捐物110余万元。宣传表彰先进典型，在人民网、交汇点新闻等媒体宣传报道一线代表事迹55篇。区人大常委会组成4个检查组，聚焦卡口、村(社区)疫情防控，制造业、服务业、农业龙头企业复工复产，重大项目复工开工等重点焦点问题，采取“四不两直”的方法检查《决定》贯彻落实情况，督导16次，走访机关企事业单位和基层点位150余个。针对企事业单位防护物资储备不足、货物运输通行证办理困难、农副产品生产和保供薄弱等问题，提出整改建议30余条。结合代表建议和反映的情况，向政府提交6条书面建议，帮助政府组织落实各项防控措施。

【基层人大工作】 2020年，各街镇（开发区）人大围绕区人大常委会工作要点和议题内容，发挥代表主体作用，激发代表履职活力，帮助代表提高履职能力。以代表接待群众为抓手，采取接访、约访、问访相结合的互动方式，整合“人大代表之家”“代表联络站”“代表接待岗”“常委会主任接待日”等平台，组织区、街镇（开发区）人大同步联动。加强街镇人大工作指导，组织代表提出高质量建议，加强跟踪督办，开展民生实事监督，发挥代表主体作用。建立监督工作新机制。为落实十件民生实事项目监督任务，各街镇（开发区）人大建立“一事一小组”“一月一通报”“一季一督查”“半年一报告”“一年一测评”等工作机制，组织在街镇（开发区）的区人大代表通过集中视察、定向视察、明察暗访等方式，自觉主动当好项目的“调研员”“宣传员”“监督员”，发挥监督组责任代表联系监督与属地代表日常监督叠加效应，形成全区上下齐心协力推进项目实施的强大声势。8月，在“民生实事项目监督工作主题接待月”活动中，各街镇（开发区）组织147人次代表参加接待，接待人民群众773人次，收集建议意见210条。 （洪霞）

南京市溧水区人民政府

·重要会议·

【区政府常务会议】 2020年，区政府召开常务会议21次，涉及议题118个。

1月20日，区政府召开第一次常务会议。听取和讨论《2020年区政府主要任务和重点工作分工方案》《南京石湫文化创意有限公司整合重组及市场化转型方案》以及2019年四季度区招商引资擂台赛情况；听取2019年度区食品安全工作情况、金陵海关申请拨付工作经费补助等事宜。

2月13日，区政府召开第二次常务会议。听取和讨论“12345”工作，以及《关于溧水区2019年度生态保护补偿资金分配方案》《溧水区推进智慧城市建设“一网统管”实施意见》《溧水区社会治理大联动平台考核评价办法》等事宜。

2月24日，区政府召开第三次常务会议。听取和讨论《关于进一步加强安全生产工作的意见》《南京市溧水区推进城市安全发展实施意见》《溧水区农业农村污染治理攻坚战实施方案》以及江苏省康复医院建设项目设计等事宜。

3月16日，区政府召开第四次常务会议。听取和讨论全区城乡工作会议方案和《溧水区2020年城乡环境综合整治工作意见》等系列文件，研究溧水区2020年棚户区改造及征收计划、《南京高新区（溧水园）深化管理体制改革方案》、南京佳境冷暖设备有限公司“12·22”车辆伤害事故、铜陵万通井巷有限责任公司“1·14”物体打击事故调查情况等事宜。

3月23日，区政府召开第五次常务会议。听取和讨论《溧水区支持制造业高质量发展十条政策》《溧水区支持制造业高质量发展十条政策实施细则》《溧水区制造业高质量发展试验区建设行动计划》，以及2020年市政府主要目标任务分解落实方案涉及溧水区任务分工、下穿宁杭高铁跨沿江高速公路特大桥立交委托代建、与新华报业传媒公司合作、市文投大运河（溧水）文化旅游发展基金合作事宜等议题。

4月17日，区政府召开第六次常务会议。听取和讨论《市政府关于提升行政效能完善执行协调督查体系的意见》，研究区政府系统贯彻落实措施。研究《2020年溧水区打好污染防治攻坚战目标任务》《2020年溧水区打好污染防治攻坚目标责任书》《南京市溧水区2020年臭氧污染防治方案》《南京市溧水区辐射事故应急预案（修订版）》《南京市溧水区乡村振兴战略实施规划（2019—2022年）》，以及金陵海关与区政府促进开放型经济高质量发展合作备忘录事宜、外商投资企业行政审批事项划转事宜等议题。

4月24日，区政府召开第七次常务会议。听取和讨论《关于决胜高水平全面小康高质量推进农业农村现代化建设的实施意见》《关于建立溧水区防止返贫长效机制的实施方案》，以及全区防汛抗旱工作情况汇报、2020年溧水区垃圾分类重点工作、交通东路综合整治景观提升工作、珍珠路环境综合整治项目变更等议题。

5月14日，区政府召开第八次常务会议。听取和讨论《南京市溧水区关于深化改革加强食品安全工作的实施意见》《南京市溧水区党政领导干部食品安全工作责任清单》《溧水区优化调整学前教育财政投入结构促进学前教育普惠优质发展的实施细则》《关于建立企业联络员制度的通知》，以及2019年度行政机关负责人出庭应诉情况、打击传销工作情况、稳定粮食生产和恢复生猪生产工作情况、赋予街镇行政许可及公共服务类事项情况、溧水区国有土地上房屋征收补偿补助奖励标准、安徽毅昌科技有限公司“3·9”高处坠落事故、江苏九创标识系统有限公司“4·3”高处坠落事故调查情况、无想夜市项目电力增容情况等议题。

6月5日，区政府召开第九次常务会议。听取和讨论《溧水区镇（街）开展相对集中处罚权工作方案》《溧水区城乡公交一体化示范区创建任务分解》，以及民生实事工作推进情况、公园管理体制改革事宜、2020年申请市委市政府重点支持事项、出资朗泰并购投资基金等议题。

6月16日，区政府召开第十次常务会议。听取和讨论2020年度质量强区工作、2020年溧水区应对疫情支持制造业复工生产政策项目（第一批）资金拨付事宜。审议《溧水区市管领导联系重点工业企业名单》以及交通西路综合整治工程、区水务局公益性岗位补助等议题。

7月10日，区政府召开第十一次常务会议。听取和讨论全面推进长江流域溧水重点水域禁捕退捕工作、全区违法违规“小化工”专项整治推进、2020年环境空气质量考核指标调整情况。审议《溧水区农村不动产确权登记工作方案》《溧水区农村不动产确权登记相关问题处理意见》《区卫健委与市口腔医院合作协议》，以及2019年度溧水区科技创新奖励兑现、2019年加快发展先进制造业奖补项目资金兑现、幸庄产业园室内外装饰项目、晨曦航空等议题。

7月18日，区政府召开第十二次常务会议。听取和讨论南京国家农高区有关工作。

7月23日，区政府召开第十三次常务会议。听取和讨论2019年区级决算（草案）情况、2020年上半年财政预算执行情况、2020年省转贷新增地方政府债券安排、区级预算调整方案（草案）以及2019年度国有资产管理情况的综合报告、2019年度全区企业国有资产管理情况的专项报告。审议《溧水区2019年度区本级财政预算执行和其他财政收支审计情况》《溧水区贯彻落实国家统计督察反馈意见整改方案》《溧水区变型拖拉机提前报废补贴实施方案》，以及204省道和凤段道路交通重大安全隐患整改情况、南京经纬达汽车科技有限公司（邓伟文教授团队）第二批扶持资金拨付及新型研发机构、党校项目变更等议题。

8月20日，区政府召开第十四次常务会议。听取和讨论《2020年开发区、高新区、镇（街）千分制考核办法》《南京市溧水区2020年法治政府建设工作计划》《溧水区普惠托育服务专项行动工作方案》《关于开展村级集体经济组织与村民委员会功能分离及分账管理的实施意见》《关于长江流域溧水重点水域渔船渔具回收补偿办法》以及溧水区第七次全国人口普查工作、“12345”工作、行政审批事项调整划转等议题。

9月8日，区政府召开第十五次常务会议。听取和讨论《关于贯彻落实〈溧水区关于进一步加强内部审计工作的实施意见〉情况进行专项检查的综合报告》《溧水区促进服务业高质量发展扶持政策》《溧水区直播电商发展扶持政策》《溧水区政府购买社区服务实施办法（试行）》《溧水区政府购买社区服务第一批指导性目录》《溧水区政府购买社区服务资金管理办法（试行）》《2019年区管国有企业负责人综合业绩考核及薪酬兑付方案》《2020年区管国有企业负责人综合业绩考核目标》，以及全区信访工作、近期安全生产工作情况、南京恒达传媒文化有限公司“8·9”物体打击一般事故调查情况、设立永阳街道琴音居民委员会、顾家市场稳定发展情况、城乡居民基本养老保险基础养老金计发标准、被征地人员社会保障待遇、社会保障费筹资标准调整等议题。

9月20日，区政府召开第十六次常务会议。传达全国加强当前安全防范工作视频会议和省、市续会精神以及市安委会第七次全体（扩大）会议精神，研究贯彻落实国务院江苏安全生产专项整治“回头看”突出问题举一反三和省安全生产第一督导组反馈问题清单任务分工，部署当前安全生产工作。听取和讨论新型研发机构主营经费、创新创业大赛经费、“溧科贷”风险金使用方案，江苏省产业技术研究院适老科技创新中心项目、共建南京浙溧智能制造研究院及运营实体南京浙溧智能制造研究院有限公司、综合防灾减灾科普教育体验馆运维、南门河下游整治工程变更情况、溧水公安分局指挥中心智能化改造工程立项等议题。

10月24日，区政府召开第十七次常务会议。听取和讨论《溧水区推进殡葬服务“一‘键’事”改革实施意见》，研究设立和凤镇凤凰路居民委员会和柘塘街道村（居）委员会调整。研究《关于进一步加强全区老旧小区管理工作的通知（暂行）》《溧水区老旧小区管理工作考核奖励办法（暂行）》，以及溧水区青苗、附着物补偿标准指导价调整、区第三实验小学庆丰路校区改造项目投资调整、秀园二期等5个保障房项目临时施工通知单申请延期，与中粮、华润联合成立产业基金等议题。

11月6日，区政府召开第十八次常务会议。听取和讨论《南京市溧水区突发事件总体应急预案》《南京市溧水区生产安全事故应急预案》《南京市溧水区地震应急预案》《南京市溧水区自然灾害救助应急预案》《南京市溧水区突发地质灾害应急预案》《南京市溧水区人民政府关于修改废止部分区政府规范性文件的决定》《溧水区残联改革方案》《溧水区残疾儿童康复救助工作办法》。研究南京金雀建设有限公司“8·28”物体打击事故、江苏华勇建设工程有限公司“9·23”机械伤害事故调查情况、共建南京启复增材制造研究院及运营实体南京启复增材制造研究院有限公司、共建南京智慧农业技术与装备研究院等议题。

11月26日，区政府召开第十九次常务会议。听取和讨论《溧水区冬春火灾防控工作实施方案》《溧水区农村集体经营性建设用地入市管理办法（试行）》《溧水区农村集体经营性建设用地入市收益调节金征收和管理暂法》《溧水区农村集体经营性建设用地入市收益管理暂行办法》《溧水区农村集体经营性建设用地使用权抵押贷款暂行办法》《溧水区工程建设项目砂石土处置实施意见（试行）》《溧水区重污染天气应急预案》《溧水区林长制试点工作实施方案》《溧水区突发重大动物疫情应急预案》《东南大学附属中大医院、南京市溧水区人民政府关于进一步深化紧密型合作推动南京市溧水区人民医院高质量发展的补充协议》《中共南京市溧水区委、东南大学附属中大医院党委关于建立和加强党对溧水区人民医院领导联席会议制度的意见（暂行）》《溧水区人民医院党委组成意见》《2020年区本级财政预算调整方案编制情况》。传达学习民政部和省市相关部门违建墓地专项整治成果巩固提升行动有关文件精神，研究全区贯彻落实工作。研究龙电华鑫项目投资等议题。

12月10日，区政府召开第二十次常务会议。传达贯彻全国安全生产工作视频会议及省市续会精神，部署全区安全生产工作，传达南京国家农高区党工委（筹）会议精神，听取和讨论区食品安全监管暨创建食品安全示范城市工作情况汇报研究2020年度第四届区政府质量奖、粮食安全责任制考核工作。审议《南京市溧水区粮食应急预案》《南京市溧水区大面积停电事件应急预案》《关于加强全区土地储备管理工作的意见》《溧水区共享助力车投放方案》以及溧水区协议征转用地进保工作情况、全面推进出租车业态融合发展改革情况等议题。

12月21日，区政府召开第二十一次常务会议。听取和讨论《南京市溧水区国民经济和社会发展第十四个五年规划纲要和二〇三五年远景目标草案》《关于溧水区2020年国民经济和社会发展计划执行情况与2021年国民经济和社会发展计划（草案）的报告》《2020年民生实事完成情况和2021年民生实事候选项目编制情况》《溧水区区属国有企业违规经营投资责任追究办法（试行）》以及2021年溧水区城乡建设计划、南京枫叶国际学校项目合作办学、区第二高级中学与南通海门实验学校合作、2020年预算执行情况和2021年预算编制草案等议题。

【第二届“健康中国”发展大会暨中医药产教融合发展大会】 10月11—12日，第二届“健康中国”发展大会暨中医药产教融合发展大会在溧水举办。全国政协副主席、民革中央常务副主席郑建邦，省政协主席黄莉新出席并讲话。省委常委、南京市委书记在开幕式上致辞，副省长、民革江苏省委主委陈星莺主持大会，中国工程院院士、“共和国勋章”获得者钟南山向大会发来视频贺词。10月10日下午，省长吴政隆会见郑建邦一行，省政协主席黄莉新参加会见。大会践行“健康中国”战略，主旨明确，议程丰富，影响力广。区机关社区干部、企事业单位人员及广大市民2000多人，参观“健康溧水”建设成果展。溧水交出打造“健康中国”样本两年答卷。大会引发的招商“蝴蝶效应”明显，“产业集聚”效应初步形成。健康产业项目40个，总投资440.8亿元。项目科技含量高、健康产业关联度高、投资体量大。其中有国药（天津）健康产业发展有限公司投资80亿元的国药·溧水晶桥康养示范区项目、无锡拈花湾文化投资有限公司投资50亿元的拈花湾无想山项目、江苏省产业技术研究院与哈佛大学合作的苏哈适老社会科技研究所项目。 （李泽华）

·政务服务·

【概况】 2020年，溧水区行政审批与政务服务工作坚持新发展理念，以政务服务标准化建设为抓手，以推进行政审批制度改革为主线，突出互联网技术和大数据思维。全年市民之家窗口受理办件超111万件次。其中，区审批局受理办件近5.4万件次，税费超12亿元，综合满意率99.80%。在市机关作风和行业作风建设满意度评议中，溧水区“12345”政务热线考评列全市第一，区政务服务中心考评列全市第一，窗口服务满意度第三方考评列全市第二；代办服务工作考核列全市第一，代办优秀案例评比全市第一。南京市政务服务技能竞赛获团体第一，李斌华、孔秋兰分获全市第二名、第四名；李斌华获省政务服务技能竞赛第三名。薛春、黄菊蕾、刘群、汤莹华、张燕被评为市政务服务系统“最美政务人”。发挥先进典型示范引领作用，首次开展全区政务服务工作评比，评选出“政务服务先进集体”3家、“政务服务先进个人”10名、“政务服务之星”10名、“优秀首席代表”5名、“优秀代办员”10名、“代办服务优秀案例”10个。制订《镇（街）便民服务中心服务绩效考评细则》，升级街镇服务窗口“好差评”评价系统，街镇“便民服务中心”更名“为民服务中心”。

【行政审批服务】 2020年，溧水区持续深化“放管服”改革，贯彻落实《南京市优化营商环境100条》，以市“宁满意”工程建设要求为指导，紧盯企业和群众办事的难点、痛点和堵点，聚焦网络技术赋能和审批流程再造，努力提升群众和企业对政府改革的获得感和满意度。全年办理审批事项52922件次，其中办理投资项目347个，投资总额内资超615亿元，外资及港澳台资近10亿美元。办理注册企业3862家，注册总额内资近32亿元、外资及港澳台资超5亿美元。办理施工许可证116件（含房地产）。

【“疫情防控+政务服务”战时机制】 2020年，溧水区落实柔性管控措施，构建“疫情防控+政务服务”战时机制，推行“网上办、预约办、快递办、远程办”服务，减少市民外出接触，倡导不见面办理方式，开设重大项目抢时专班，开辟涉及疫情防控、省市区重点工程、重大项目审批绿色通道，助推区内企业复工复产。全区40个部门认领权力事项1556项，均完成对应指南编制。政务服务事项（不含公共服务事项）标准化认领率和事项编制率100%，事项办理承诺时限压缩比从42.40%提升至73.10%，即办件占比由13.60%提升至37.30%。加强监管行为数据上报，严格落实照单监管、规范监管，提升全区监管行为数据覆盖监管事项比率，根据《2019年省级政府在线监管能力调查评估指标》文件精神和优化营商环境考核要求，做好最新监管行为数据上报工作。26个区级部门认领577个监管事项，上报监管行为事项515个，监管行为覆盖率89.25%。

【“1120”改革】 2020年，区行政审批与政务服务工作在全国率先实现“1230”改革目标的基础上，进一步创新突破，实现“1120”改革目标。制订印发《溧水区不动产登记一日办结工作实施方案》《溧水区工业建设项目施工许可20日内办结的工作方案》，将开办企业、不动产登记、工业建设项目施工许可分别控制在1个、1个、20个工作日内办结。在溧水市民之家3楼设立开办企业“一站式”服务大厅，实现开办企业全流程“一窗受理、一日办结”；增加服务环节，在注册登记、公章刻制、涉税业务、银行开户4个环节基础上增加社保登记、公积金开户2个环节；企业开办登记申请材料14件精简到5件；10月1日起，在全市率先开展赠送公章。不动产登记实行窗口包案制，由不动产登记、房产、税务部门联合受理，实施不动产登记全业务、全过程“一窗受理、集成服务”；督促各商业银行完善并优化贷款审批流程，实现不动产登记全流程1个工作日内办结。在工业建设项目立项、用地审批、规划设计等环节提前介入、联合预审，提高项目方案质量，压缩审批时限，全面实现施工许可“20个工作日内办结”常态化。全年开办企业全流程办结案例2545个，其中“1日办结”1138个。全流程办结施工许可52件，均在20个工作日内办结。9月开展不动产登记1日办结，至年底，办理不动产交易登记案例663个，1个工作日内办结622个，达标率93.8%。

【工程建设项目“753”改革】 2020年，全区持续深化工程建设项目审批制度改革，印发《关于施工许可试行告知承诺制的通知》，实行建筑工程领域施工许可试行告知承诺制，为建设项目开通常态化绿色审批通道，急需开工的建设项目无需配齐所有审核材料。其中，由政府各部门出具的土地证、建设工程规划许可证、施工图审查合格书和消防设计审查意见书4个关键材料，施工单位只需承诺在规定时间内提交，即可先行领取项目施工许可证，帮助项目至少提前1个月开工。4月26日，西门子数控（南京）有限公司生产及研发基地项目工作人员通过告知承诺方式领取首张告知承诺制施工许可证。12月7日，为南京国家农高区深能南京能源控股有限公司科技研发投资管理中心项目办理告知承诺制施工许可证。12月25日，为江苏省康复医院项目办理告知承诺制施工许可证。推进“一站式”收费改革，6月底，开通“一站式”收费系统，将原先需要到不同部门办理的工程建设项目收费事项集中到1个综合窗口办理，实现“一单清、一网办、一窗办、一次办”，破解工程建设项目缴费重复提交材料、多头跑、多次跑的难题。南京传仕重工科技有限公司年产3000台工业机器人生产线扩建项目作为首个“一站式”收费项目于8月14日办结。全年办结“一站式”收费项目12个，收费10505.38万元。

延伸阅读 “753”改革：实现除重大工程建设项目外，政府投资项目从申报立项用地规划许可证阶段到办理产权登记，审批时间控制在70个工作日内；一般社会投资项目从取得用地到办理产权登记，审批时间控制在50个工作日内；带方案出让用地的社会投资项目及小型社会投资项目，从取得用地到办理产权登记，审批时间控制在30个工作日内。

【“宁满意”工程建设】 2020年，溧水区根据《市政务办2020年工作要点》工作部署，聚焦企业发展全周期和个人生命全过程，发挥相对集中行政许可权的优势，推行“一窗受理、一次告知、一表申请、一套材料、一次提交”改革，将审批事项所涉及的申请材料集成受理，组织全区各部门、街镇在区政务服务中心、基层服务中心开展“一件事”集成服务。2月，制订《溧水区企业设立、注销登记“一件事、一次办”的工作方案（试行）》，在实现开办企业一日办结的基础上，推进企业全生命周期改革，整合企业开办、获得信贷、注销涉及的8个部门相关业务，设立“企业全生命周期一件事”综合窗口，通过专窗前台受理、部门后台联办，实现企业全生命周期一次办结。整合进驻市民之家的银行资源，在“企业全生命周期一件事”服务专窗提供信贷服务，企业抵押贷款业务不出市民之家即可一窗受理。4月29日，首次推出“婚育户一件事”模式，只要填1张表格，民政、公安、卫健3个部门数据共享、联审联办，现场一次性办结结婚登记、生育登记、婚前医学检查（或孕前优生健康检查）、夫妻投靠市内移入户口（迁往永阳城镇地区）、婚姻状况变更登记5个事项。6月3日，首次当天发出《注销核准通知书》，依托一体化政务服务平台，市场监管、商务、公安、税务、银行、人社、法院7个部门联审联办，企业注销申请材料由28份简化至3份，简化89.29%；办理环节由8个减少到1个，减少87.50%；办理时间由7个工作日压缩至1个工作日，提速85.71%。全年全区发布“一件事”清单121个，“企业开办一件事”“企业获得信贷一件事”“企业注销一件事”“医疗救助零星报销免审即享”“亲人身后一件事”“婚育户一件事”均在全市率先推行，其中“企业注销一件事”案例被国务院办公厅采用。拓展“江苏省政务服务·溧水旗舰店”APP，依托区大数据共享平台和各部门汇聚的数据接口，开发和上线高频应用模块30个。实现24小时自助服务全区覆盖，完成2个区级和8个街镇的24小时自助服务点建设，实现企业和群众“随时办、就近办、马上办、一次办”。9月7日，常务副区长郜伦浩、市政务办副主任余荣红带队开展“宁满意2020企业加油站”走访活动，为南京创捷和信汽车零部件有限公司等6家企业送去“获得信贷一件事”“人才奖补”“一业一证”等政策大礼包。

【投资建设审批代办服务】 2020年，区行政审批局以企业需求为导向，狠抓窗口咨询、项目代办、省市重大项目审批3项服务，为企业提供全流程、专业化、精准化服务。健全"区—街镇—投资集团"服务全覆盖代办网络体系，新增区水务集团纳入代办体系，代办网点增加至13个。全区注册代办员64名。其中，区级代办员6名，各街镇（开发区）代办员31名，各投资集团代办员27名。创新设立代办员培训载体，开设"代办课堂"，建立常态化授课机制，采用模拟教学、微视频云教学等方式，开设代办小白第一课、企业批前辅导第一课、招商一线人员必修课、新政落实专题课4堂精品课，涉及审批新政传达、审批业务更新、系统操作等内容。全年举办专业培训4次。其中，线下集中培训2次，线上教学2次，培训240人次。5月22日，编印《溧水区工程建设项目审批宝典》，内容涵盖代办简介、审批流程、申报系统、费用和中介服务、公共服务、审批代办体系联络6个篇章，从项目注册、立项规划用地到不动产首次登记，为代办员和企业审批全流程提供简单易懂的办理指南。1月，37个省市重大项目42个子项、68个需办理审批手续的区重点工业项目全部完成代办员配对，至年底，有28个省市重点项目取得施工许可证或临时施工通知单，11个项目持续推进中，3个前期项目落实代办员跟踪服务。代办工作被《人民日报》《新华日报》《中国环境报》《南京营商环境专报》《南京快报》等媒体、内刊宣传推广。12月9日，在南京全市政务系统代办服务专题培训班案例评选会上，晶桥镇代办员信涛《发展为要、项目为王、实干为先》和区级代办员黄菊蕾《全心全意为代办项目服务》2个案例被评选为"2020年度全市优秀代办服务案例"。溧水区在2020年度代办工作"一事通"考核中位列全市第一。

【公共资源交易服务】 2020年，溧水区推进公共资源交易改革，推行"互联网+公共资源交易"，实现全流程电子化，打造公共资源交易有序竞争、公平公正公共资源交易环境。防疫期间，第一批EPC（工程总承包）纸质标评审工作永阳街道教工新村、康乐佳苑、交通路南片区老旧小区整治工程于3月10日开工。4月20日，"不见面开标大厅3.0"系统上线，推动"不见面开标"常态化运行，打破区域、时间限制，让招标人、投标人同一时间实现多个项目开标，节约招标、投标成本，同时，实现招标人、评标专家与投标人在空间上的隔离，减少人为因素干扰，保证招投标项目开标、评标公开、公平、公正。5月8日，区公共资源交易分中心编制的课题"创新公共资源监管机制"立项成为省交易中心重点课题。配合完成工程项目招投标领域营商环境专项整治工作，取消外地企业单项备案，提升公共资源配置效益和质量。全年组织政府采购74批次，采购预算资金2.5亿元，实际采购金额2.23亿元，综合资金节约率10.84%，全程电子化率100%。完成省康复医院、颐养中心等489个标段工程项目进场交易，交易金额145.03亿元。进场国有房产出租项目98个，完成交易项目52个，交易金额3409万元。

【"12345"工单办理】 2020年，溧水"12345"政务热线中心办理群众诉求工单5.4万余件，综合满意度96.47%，年度绩效考评排名列全市12个区（包括江北新区）首位。区"12345"政务热线服务中心创新工作方式方法，修订印发《溧水区"12345"政务热线工作专项考核办法》，完善长效管理机制，推动诉求高效解决。强化数据源头分析，挖掘诉求中的重要民生问题，指导成员单位精准施策，做到问题早发现早解决，全年解决此类问题600余件。按照"先解决问题再说"要求，完善疑难工单会办机制，协调会办疑难工单152批次。在《新华日报》《南京日报》《政务快讯》等副省级以上平面媒体刊登信息宣传报道100篇。张雯被评为南京市"12345"热线工作先进个人。 （马茜）

·民生实事·

【概况】 2020年，溧水区制订《2020年民生实事建议征集实施方案》，通过"线上线下结合+多渠道下沉"模式，向社会各界和人民群众开展一个月公开意见征集，立体化宣传征集公告，征集数量上升400%。首次实施民生实事人大代表票决制，采取有效措施推进民生实事落地落实，区本级10件50项民生实事基本完成，南京市级16项民生实事全面完成。教育供给不断增加，义务教育优质均衡发展水平全市第一、全省领先。开发区怡景佳园幼儿园、南堡幼儿园建成开学，新增学位720个；双塘路幼儿园新建工程主体建设完成；永阳新区小学改扩建一期投入使用，东屏中心小学改扩建完工，省溧中改扩建工程交付，石湫街道明觉小学易地新建工程结构封顶；按照市级标准，实现中小学教室健康照明系统全覆盖。住房条件显著改善，新建拆迁安置房213.08万平方米，分配4896套，超额完成27万平方米、296套；完成棚改35.8万平方米，改造农村危房184户；消除在册危房3幢。住宅小区非机动车棚建设实现全覆盖，符合条件的住宅小区成立业主自治组织。

2020年溧水区10件50项民生实事完成情况一览表

民生实事	序号	具体任务	牵头部门	完成情况
（一）公共教育项目	1	省溧中、永阳新区小学一期、区东庐初级中学、东屏中心小学改扩建工程	区教育局	省溧中改扩建一期完工交付；永阳新区小学一期工程完工；区东庐初级中学改扩建：土建工程完工、室外工程招标前期工作完成、接电、通水；东屏中心小学改扩建工程完成水电、消防安装，室内装饰及门窗安装，室外及附属工程施工
	2	石湫街道明觉小学易地新建工程主体建设		结构封顶，完成主体结构施工
	3	启动区实验小学通济街校区易地新建工程		完成方案设计
	4	南堡幼儿园、怡景幼儿园建成并投入使用		完成
	5	双塘路幼儿园新建工程主体建设		外墙保温施工完成，内墙粉刷、幕墙龙骨安装、室内水电安装完工
	6	白马中心幼儿园建设		完成建筑图图审、控制价送审，土方外运进行中
	7	按照市中小学幼儿园教室照明验收标准，实现中小学教室健康照明系统全覆盖		完成
（二）就业创业项目	8	新增5000名大学生在溧就业创业，援助400名就业困难人员实现就业	区人社局	新增6499名大学生在溧就业创业，援助1100名就业困难人员实现就业
	9	开展就业招聘会100场		开展145场线上线下相结合的就业招聘活动
	10	开展政府补贴性培训5000人次		城乡劳动者就业技能培训25593人次
	11	灵活就业人员参保相关业务下延至各街镇便民服务中心办理		灵活就业人员参保相关业务下延至各街镇便民服务中心办理
（三）卫生健康项目	12	推行“互联网+护理”服务	区卫健委	区人民医院、中医院和8家基层医疗机构完成175例上门服务，服务内容主要为血糖监测、导管护理、伤口护理等
	13	新建10个公共场所母婴室		完成14个公共场所母婴室建设
	14	完成20个以上村（社区）标准化心理咨询室建设		完成
	15	街镇卫生院糖尿病并发症筛查工作站全覆盖		8个街镇卫生院（社区卫生服务中心）均建成筛查工作站，开展常规筛查服务
	16	实现区、街镇、村（社区）三级医疗服务机构慢病常用药物目录统一，方便慢性病患者就近就诊购药		完成2家医共体内药品目录前期统一工作，慢性病患者用药和抗菌药物目录相对统一
	17	公共场所配置60台自动体外除颤仪	区红十字会	完成
	18	开展8000人次普及培训，培训持证救护员800人		普及培训8653人，救护员培训831人

续表

民生实事	序号	具体任务	牵头部门	完成情况
(四)养老服务项目	19	新增老年人助餐点14个	区民政局	建设老年人助餐点16个,超额完成2个
	20	新增AAA级及以上居家养老服务中心17家		建设AAA级居家养老服务中心25家
	21	开工建设东屏街道、洪蓝街道特困人员集中供养点		完成东屏敬老院扩建工作,洪蓝敬老院项目开工建设
(五)住房改善项目	22	新建拆迁安置房186万平方米,分配4600套	区房产局	应开工项目10个,实际开工10个(13862套、213.08万平方米),锦和家园二期(1392套、22.1万平方米)、秦淮人家二期西地块(1532套、21.2万平方米)、卧龙溪岸一期(3448套、53万平方米)、秋湖嘉苑四期(1164套、18.11万平方米)、山泉云庭一期(574套、6.6万平方米)、山泉云庭二期(695套、10.5万平方米)、博士牛(1326套、22.56万平方米),孔镇安置房(1188套、19.61万平方米),金谷佳苑五期(703套、11.34万平方米)、卧龙溪岸一期东岸(1840套、28.06万平方米)开工,开工面积完成率114.61%
				应竣工分配安置房项目6个,实际竣工6个(4896套),锦和家园(606套)、福田雅居二期(928套)、湖韵怡居(706套)、华塘佳苑二期(902套)、金谷佳苑四期(782套)、湖韵怡居B(972套)。锦和家园、金谷佳苑四期、福田雅居二期已分配,湖韵怡居和湖韵怡居B开始分配,华塘佳苑二期即将分配。竣工套数完成率106.43%
	23	教工新村等5个老旧小区整治,增设小区机动车位500个		永阳街道教工新村、康乐佳苑、交通路南片区基本完成;雨污分流、管线下地、停车位、路面平整完工;城建集团实施的幸庄北苑、幸庄佳苑硬化场地、绿化、停车位、门卫房、围墙施工结束,均完成形象进度100%。增设小区机动车位500个
	24	10个老旧小区燃气改造工程	区城建局	花园小区、天生府邸、新龙佳苑、河滨小区、宏进小区、尚城领寓、分龙岗、师范小区46号、燕溪苑、三园新村施工完成,室内挂表通气。超额完成开发区老旧小区整治并通气9个
	25	明觉片区增设1处燃气和液化气供应点		完成
	26	住宅小区非机动车棚建设实现全覆盖,实现符合条件的住宅小区业主自治组织成立全覆盖	区房产局	完成
	27	农村贫困户危房改造230户以上	区城建局	实际改造农村危房184户(应改尽改)
	28	300栋高层住宅实施消防设施增配或改造	区消防大队	完成
(六)农村人居环境项目	29	建设镇村公交站亭70座、站牌280块	区交运局	完成
	30	提档升级"四好农村路"40千米		完成
	31	建设70千米乡村林荫道	区农业农村局	完成
	32	创建40个美丽乡村		完成56个村创建

续表

民生实事	序号	具体任务	牵头部门	完成情况
（七）文体惠民项目	33	开展全民阅读活动200场以上，农村放映电影1700场	区委宣传部	开展阅读活动985场，放映农村公益电影1700场
	34	建设乡村大戏台4座	区文旅局	完成
	35	推进区图书馆、儿童图书馆及文化馆选址建设工作		区文化馆选址尚溧城，占地0.37公顷，总建筑面积18280平方米，地上建筑1.31万平方米，可兼顾满足区工人文化宫功能，完成概念性方案设计；区图书馆、儿童图书馆选址中山河南侧，现陈沛桥菜场地块，占地约1公顷，拟建筑规模1.5～2万平方米，符合图书馆一级馆面积要求
	36	柘塘、洪蓝、和凤3个街镇体育元素进公园		完成
	37	更新健身路径50套		完成
	38	完成全区足球场地建设22片		完成
	39	完成体育场改造提升工程主体建设		完成体育场主体封顶
（八）道路绿化项目	40	建设石燕路（文昌东路—青年东路），贯通新珠路东延（珍珠南路—淮源街）道路	区城建局	新珠路东延路基施工结束，摊铺水稳，人行道等附属设施施工完成。石燕路分龙岗路至青年路段人行道及粗沥青层铺设完成，文昌东路至分龙岗路段侧平石及灰土层完成。石燕路、新珠路东延均通车
	41	新增绿道5千米和秀园西路、宏力花园东侧围墙、万辰广场北侧围墙垂直绿化3千米		完成
	42	建成2个口袋公园		完成包家、新珠路口袋公园建设
（九）居住环境项目	43	提高市民垃圾分类意识和参与率，示范小区居民垃圾分类参与率70%	区城管局	20个省级达标小区参与率95%
	44	建立垃圾分类收运体系，餐厨垃圾收运覆盖率80%		建成餐厨废弃物收运体系，收运覆盖率95%
	45	完成5条背街小巷整治		完成10条背街小巷整治
	46	新（改）建公共卫生间203座（城区3座）		完成
	47	A级以上旅游厕所8座	区文旅局	完成
（十）水环境治理项目	48	实施南门河中游（大西门桥至天生桥大道）河道综合整治、景观提升	区水务局	完成
	49	实施48座当家塘清淤整治		完成
	50	建设200套以上农村生活污水处理设施		完成214个村庄农村生活污水处理设施建设

【富民增收】 2020年，溧水区坚持边推进、边谋划、边实践、边探索，拓展产业、就业、创业、保障、扶贫等富民增收渠道，率先在全省出台《溧水区支持直播电商发展扶持政策》，推进深化医改、医疗救助不见面审批及健康江苏实践示范区建设。制订《2020年溧水区聚焦富民促进城乡居民增收重点工作计划》。推动全体居民人均可支配收入增长与经济增长同步提升，农民和全体居民人均可支配收入增幅均列全市第一。城镇新增就业人口23867人，城镇登记失业率控制在1.78%。13197名困难人员免费参加城乡居民医保，4041名困难人员享受居民养老政府代缴养老保险。城乡居民养老保险覆盖率98.6%，

城乡居民医疗保险覆盖率99.9%，社会保障卡持卡人口覆盖率99.6%。大病保险报销比例提高到60%，重点医疗救助对象政策范围内门诊大病、住院救助比例90%，实现医疗救助“一站式”服务。

【公共服务】 2020年，溧水区实施164项基本公共服务标准，对照《溧水区“十三五”时期基层基本公共服务功能配置标准》要求，全面达到区定标准。每季度摸底调查基本公共服务事项，街镇、部门联动，补缺补漏未达标事项。建成区南堡幼儿园和开发区怡景佳园幼儿园2所。全区130多家AAA级居家养老服务中心与基层卫生室签订合作服务协议，4家AAAA级养老服务中心配备智能医护床和健康体检设备，16家养老机构具有医疗资质。

【对口帮扶支援】 2020年，溧水区制订《2020年溧水区对口帮扶对口支援工作要点》，对口帮扶工作纳入对各街镇（开发区）和区相关部门考核，建立健全“月报表、季汇报、半年点评、年度评价”等跟踪督查体系及工作台账报送机制。额外财政支持资金683万元，增加11万元，涉及商南县各街镇11个产业及基础设施项目；社会帮扶资金297.3万元，增长40%，惠及商南县23个贫困村，资助贫困学生200余名。组织开展农产品销售扶贫推介活动2次，推进“商产入苏”消费扶贫行动。搭建溧商劳务协作平台，先后举办溧商劳务协作专场招聘会等招聘活动5场次，以焊工输出为重点，开展苏陕协作焊工培训4期，培训贫困劳动力104人，帮助商南县贫困人口到江苏转移就业141人。建立常态化沟通交流机制，两地街镇办、部门先后互访交流28批204人次，商南县选派9名干部挂职交流，组织10名专业技术人才到溧水交流学习。溧水区选派2名党政干部、18名卫健、农业、教育等系统专业技术人才赴商南县挂职交流。

【粮食储备管理】 2020年，溧水区投资1800万元，建设“中国好粮油”行动示范区，成立南京首个区级粮食行业协会，举办“中国好粮油”南京推介会和宁波推介会，启动区域粮油品牌培育工作，聘请专家团队制订“湫湖大米”品牌标准和质量管控办法，南京晶健米业有限公司和南京溧水公正稻米种植专业合作社入选“水韵苏米”核心企业，获多项省市奖励。完成夏秋两季粮食收购，其中，小麦收购2.1万吨，稻谷收购5.3万吨，收购量增长46%。投资1.6亿元，重新规划改造和凤沙塘庵粮食交易市场核心区和加工厂区；投资5700万元，曹家桥二期工程建成使用；全区总仓容16.8万吨，其中现代化高大平房仓13.8万吨，占82%；投资1400万元建设三个国有粮食产后服务中心，为农“五代”（代清理、代干燥、代储存、代加工、代销售）服务能力提升。根据新冠肺炎疫情防控需要，采购防疫物资160余万件，资金600余万元，制订发放方案，规范流程手续，完善管理台账；按照“以实物储备为主、协议储备为辅、生产能力储备为补充”的储备方式，确定防护装备和生活救助两大类47种物资储备目录，选择和凤粮食购销有限公司孔镇粮库作为区级救灾物资储备库，按照物资储备要求进行升级改造库房房顶、墙壁、地坪等设施，8月，第一批38个品种货值112万余元物资入库上架，完成与苏果超市（溧水）有限公司10种商业代储物资审批手续，进入正常储备管理。

（徒成兔）

·信访工作·

【“一治理两整治”专项行动】 2020年，区信访部门制订《溧水区突出信访矛盾专项治理行动工作方案》《关于开展城乡建设领域突出信访问题专项整治实施方案》《溧水区重复信访治理行动工作方案》，成立工作专班，压实工作责任，落实领导包案，突出矛盾攻坚，推进“一治理两整治”，一案一策、专班推进，做到挂图作战减存量，全年化解信访事项116件。市交办6件突出信访，化解4件，结案2件。城乡建设领域信访问题专项整治交办85件，化解82件，化解率96.47%，居全市前列。

【领导接访】 2020年，区信访部门坚持党政领导信访接待日制度和预约接待制度。每月25日公示次月领导接访计划日程表，通过OA系统发至各有关部门，按照初信初访随机接、复杂信访包案接，区党政领导坚持坐班接访机制，通过30余次专题会、会商会，妥善处置涉及房屋全装交付、征地补偿、安置房分配及质量等10件涉众型信访矛盾。领导干部通过接访下访约访，收到人民意见建议58条。其中，有效建议17条，实现成果转化7条。区党政领导参加接访下访166人次，接待来访群众72批158人次，批示交办23件。其中区主要党政领导落实“百县千案”6件，全部办结，起到“减压阀”“灭火器”作用。

【重复信访治理】 2020年始，区信访部门根据国家、省、市信访部门部署，按照“三到位一处理”（诉求合理的解决问题到位、诉求无理的思想教育到位、生活困难的帮扶救助到位，行为违法的依法处理）总体要求，开展全面治理重复信访、化解信访积案专项工作，以此为主攻方向，探索完善源头预防长效机制，维护正常信访秩序。中央、省、市交办的重复信访事项基本化解。重点领域和重点群体矛盾缓解，源头预防、多元化解、基层基础等长效机制更加完善，信访秩序规范有序，信访治理体系和治理能力现代化水平提升。

【区社会矛盾纠纷调处化解中心建设】 9月，溧水建成全市首个区级社会矛盾纠纷调处化解中心，开创区级矛盾调处新格局。区社会矛盾纠纷调处化解中心全方位利用大数据信息化系统串联线下线上矛盾调处服务资源，引入法律咨询、心理服务、仲裁调解、社会工作等社会力量，构建“全要素、全流程、全周期、全联动”的区域一体化社会矛盾综合治理平台，以群众走访“一站式接待、一揽子调处、一条龙服务”为目标，为群众提供全覆盖、全领域、全过程优质服务，实现群众诉求解决“最多跑一地”。 （张芳）

·保密工作·

【概况】 2020年，溧水区完善保密安全领导责任制，建立健全各单位内部保密工作领导小组（委员会），做好保密自查自评工作。提升技术保障能力，做好涉密会议活动保密服务。区招生考试委员会做好中考、高考保密工作，增强考务人员保密意识，确保试卷接送、存放安全保密。

【保密法十周年宣传教育活动】 2020年，溧水区以保密法颁布十周年为契机，加强全区保密宣传教育工作。“4·15”国家安全日开展系列宣传教育活动，在“微溧水”公众号等自媒体账号发表专题宣传文章，在溧水电视台、城区公交站台、人流量密级区域的10余块户外电子大屏循环播放公益广告片与宣传标语，受众超10万余人次。10月，举行保密法宣传教育活动周，张贴宣传海报2000余张，发放宣传手册5000余本。发挥《保密工作》《保密科学技术》杂志宣传教育作用，征订范围实现全区重点部门全覆盖。严格涉密载体销毁管理，指导协助全区67家单位开展涉密载体存储、销毁工作，销毁文件资料7000余件。按照涉密会议、活动保密要求，以手机信号全程管控为主要内容，服务保障重要会议活动110余场。 （颜夏男）

·外事工作·

【概况】 2020年，溧水区外事工作部门强化外事服务地方高质量发展大局，受新冠肺炎疫情影响，按省市外办要求，自1月29日起，暂停受理领导干部因公临时出国（境）审批，已批团组暂缓出访，3个已批待出访团组全部取消出访计划，全年未受理领导干部因公临时出国（境）审批。

【涉外疫情防控措施落实】 2020年，溧水区落实省市区委有关疫情防控工作部署要求，对接市外办，及时掌握国家、省、市涉外政策及海外疫情动态，成立工作专班24小时值守备勤，高效做好入境人员接驳管理、集中隔离等工作，全年集中隔离医学观察入境人员2921人。加强服务保障，建立与外籍商会、企业协会沟通机制，通过建立微信沟通群等方式，做好沟通联系和人文关怀，及时解决隔离观察外籍旅客沟通、餐饮、生活所需等问题，做好隔离人员情绪安抚工作，未发生涉外敏感事件。做好涉外主体复工复产复学。畅通涉外企业沟通协调机制，为贸易、科技创新等重要外籍人士防疫个案做好服务。加强属地高校管理，及时了解在校外教和留学生工作生活情况，严格执行各项防控措施。

【服务地方经济发展】 2020年，溧水区坚持外事工作服务于国家总体外交战略和地方经济发展，积极向上对接，严格报批程序，充分展示溧水对外形象，不断提升对外开放水平。做好驻华使领馆人员考察接待工作，配合省市外办接待拉美大使团到溧水参观新能源汽车企业、澳门文创考察团到溧水考察等，协助邀请日本驻上海领馆人员到南京国家农高区参观交流。做好国际会议报批工作。围绕展会经济，打造会展名城，对接省市外办，加强与主办方沟通衔接，做好全球智慧出行大会、第十四届环境与发展论坛等国际会议报批工作。 （李泽华）

·侨务工作·

【侨务宣传】 2020年，溧水区侨务侨联部门走访摸排归侨侨眷、侨资企业、留学人员情况，用好微信公众号和微信群，宣传涉侨政策及市、区相关配套政策、溧水发展成果。2名90后海归返溧创业拼搏故事在《新华日报》等重要媒体报道，其中1篇在"学习强国"报道。整合溧水区情宣传资料，9月，在日本华文刊物《中文导报》刊发，扩大溧水海外知名度。印制涉侨法律政策宣传资料，做好涉侨民生工作，走访慰问侨胞侨眷，依法开展为侨服务工作。

【经贸合作和文化交流】 2020年，区侨务侨联部门发挥"以侨为桥"作用，密切与侨商侨团和归国留学人员的沟通交流。举办海外代表人士考察座谈会，邀请11名海外重要侨团侨领考察溧水。邀请省政协侨联界委员考察团20余人、省海外中青年人士研修班近40人考察溧水。与泰国、匈牙利、西班牙等国侨领保持沟通关系。用好周园"江苏省华人华侨文化交流基地""留学人员创新创业基地"等工作品牌，引荐海境外人士参观空港物流会展项目、幸庄产业园、南京国家农高区、红色李巷等，全年接待10余批100余人次海外人士，搭建文化交流、项目合作平台。

【区侨联换届工作】 2020年，溧水区落实《中华人民共和国归国华侨联合会章程》和省市侨联工作要求，筹备溧水区侨联换届工作。区侨联就第五届侨联代表人选，征求区人社、人才、公检法、应急管理等部门和各街镇（开发区）意见，做好代表人选审核与把关工作。12月19日，召开溧水区侨联第五次代表大会，会议听取《南京市溧水区侨联第四届委员会工作报告》，审议通过《南京市溧水区侨联工作守则》以及第五届委员会选举办法和人事安排。大会选举产生新的一届区侨联，袁源任区侨联主席，蒋邦龙、黄明、徐立南、阮成诚、林萍华、赵景阳、梁蓓蓓任副主席，王有明任秘书长。 （王健）

·台湾事务·

【服务台胞台企】 2020年，溧水区主动服务、创新方法，从政策宣传、政务服务、生活服务等多维度入手，为在溧水的台商台胞提供更多便利。春节期间，区台办邀请区部分台企代表参加溧水区各界人士春节团拜会，慰问区困难台属，协助市台办做好台企走访工作。新冠肺炎疫情防控期间，摸底统计和实地走访相结合，为台企排忧解难，零距离心贴心服务，参加市台办台胞台商"战疫"新媒体作品征集选推宣传工作，报送作品并获表彰。助力台资企业复工复产，向区内3家规模以上台企捐赠2700只口罩等防疫物资。走访调研侨伟运动器材（南京）有限公司、南京京成精密科技有限公司、南京传仕重工科技有限公司、大同（上海）有限公司南京分公司、汉刚机械（南京）有限公司、南京阔长电子科技有限公司、南京新概念农业科技有限公司等台企，与负责人座谈交流，了解企业疫情期间生产经营状况及困难。落实好南京市惠台75条措施，与区教育局对接，解决2家台企5名台胞子女入学问题。协助台湾电电公会南京联络处，共同举办台资企业转型升级专题培训班，组织参观溧水高新区，在溧20余家台企相关负责人参加。

【招商引资】 2020年，溧水区依托涉台优势与资源，主动出击，开展招商引资工作。加强与台湾电电公会联系，发挥南京办事处效能，推动溧水和凤台湾机电产业园新一轮发展，会同和凤镇政府拜访苏州台企，推介和凤台湾机电产业园投资环境、产业发展和投资政策优势。9月28日，以"产业联动、共享发展"为主题，协助省台办承办江苏省国有企业与台资企业需求对接会，宣传溧水区位优势及优惠政策，搭建国有企业与在溧台资企业对接合作平台，促进更多台资项目到溧水发展，投资兴业，为两岸共同市场寻求创新发展空间和机会。

（王健）

政协南京市溧水区委员会

【概况】 2020年，溧水区有市政协委员5人，区政协委员259人，分布在19个界别。新调整区政协委员7人，增补委员10人。至年底，区政协召开第十届政协第四次全体委员会议1次、常委会会议5次、主席会议5次；组织专题协商、对口协商、界别协商、提案办理协商等协商会议30场次，开展"有事好商量"民生实事专项协商议事活动，召开基层协商议事会46场次，围绕全区发展大局，组织相关部门和委员开展协商议政，献计献策。召开政协理论与实践研究会年会、工作例会等其他工作会议5次。区第十届政协第四次全体会议期间，收到委员提案193件，立案162件，并案27件，转工作建议4条。疫情期间，各界政协委员组织捐款捐物1300多万元。龙利平委员被中国民主同盟江苏省委员会评为“江苏民盟抗击新冠肺炎疫情先进个人”，徐国财委员被民盟南京市委员会评为“抗疫爱心使者”，陶孝玲委员被九三学社南京市委会评为“抗击新冠疫情先进个人”。

【区政协第十届第四次全体会议】 1月3—5日举行，会议应到委员259人，实到248人。会议听取和审议区政协主席朱克成代表政协溧水区第十届常委会作《学习新思想、践行新使命，为高质量全面建成小康社会贡献力量》工作报告，审议通过十届政协三次会议提案办理情况报告。与会委员列席区第十六届人民代表大会第四次会议开幕式，听取和讨论区长张蕴作政府工作报告以及发改、财政报告，听取“两院”（法院、检察院）报告。会议举行参政议政发言，表彰2019年度委员履职先进集体和先进个人。闭幕会上，委员们听取和审议《政协南京市溧水区第十届委员会第四次会议提案征集情况报告》，通过《政协南京市溧水区第十届委员会第四次会议决议》。

【区政协常委会会议】 2020年，区政协召开常委会会议5次。1月5日，区政协召开十届第十五次常委会议，听取区政协十届第四次全体会议委员讨论情况汇报，讨论提案征集情况报告（草案），审议《中国人民政治协商会议南京市溧水区第十届委员会第四次会议决议（草案）》，审计通过有关人事安排和委员增补事宜。

5月22日，区政协召开十届第十六次常委会议，听取开发区关于推进临空型高端产业集聚发展情况和临空型高端产业招商工作情况汇报，围绕“加快临空型高端产业集聚发展，推进空港国际城建设”主题建言献策。会议协商通过张成林任白马镇政协工委主任、薛永俊任东屏街道政协工委主任、王栋任石湫街道政协工委主任、俞炜任和凤镇政协工委主任的决定，通过钱锋、傅强、常琴、刘明辞去政协委员的申请，增补端淳华、张成林、薛永俊、王栋、俞炜为区十届政协委员。

8月21日，区十届政协召开第十七次常委会议，分别听取上半年全区经济社会发展情况、十届四次会议提案办理情况通报以及全区Ⅲ类水创建进展情况汇报，围绕下半年工作提出意见和建议。

9月24日，区十届政协召开第十八次常委会议，围绕“强化政策支持、创新体制机制、加快医养融合养老体系建设”主题开展专题协商，协商通过王京任区政协委员工作委员会主任、谢秋任区政协教卫文体委员会副主任的决定。通过王兆伟、冯磊辞去政协委员的申请，增补谢秋为区十届政协委员。

12月10日，区十届政协召开第十九次常委会议，听取全面脱贫攻坚和党风廉政建设情况通报；讨论政协十届五次全会日程安排、主要议程和常委会报告；协商通过刘黎任区政协委员工作委员会副主任、陈磊任永阳街道政协工委主任的决定，通过张明春辞去政协委员的申请，增补陈磊、刘黎为区十届政协委员。

【区政协主席会议】 2020年，区政协召开主席会议5次，重点围绕“全区河道环境整治及规范农村污水处理运营管理情况”“农村中小学校园环境改善和教育水平提升进展情况”“全区数字经济发展进展情况”“加快智慧社区建设，创建全国社会治理和服务创新实践示范区进展情况”“农高区未来食品产业园、国家未来食品技术创新中心规划建设进展情况”“农村人居环境改善、特色美丽乡村建设进展情况”等议题协商讨论，形成工作建议报送区委、区政府。

2020年溧水区第十届政协主席会议情况一览表

时　间	会议名称	内　　容
4月29日	区十届政协第二十六次主席会议	实地察看永阳街道韩湖村河道水环境整治施工现场和夏庄村污水处理设施运维情况，听取区水务局、水务集团关于全区水环境整治及农村污水处理设施运维情况的介绍，围绕推进创建高质量全域Ⅲ类水、加强城乡污水管网建设、提高农村污水收集处理运维水平等方面协商建言

续表

时 间	会议名称	内 容
8月18日	区十届政协第二十七次主席会议	视察调研区和凤初级中学、和凤中心小学、区和凤中心幼儿园情况，围绕农村中小学校园环境改善和教育水平提升主题协商建言
11月19日	区十届政协第二十八次主席会议	视察联东U谷溧水智能制造产业园和溧水直播电商产业基地，听取区发改委、工信局、商务局、农业农村局汇报全区数字经济发展进展情况，围绕全区数字经济发展进展情况协商建言
11月25日	区十届政协第二十九次主席会议	围绕全区智慧社区建设情况，视察调研宝塔路社区、荷花社区、板桥社区，听取区民政局、智慧办、永阳街道、开发区关于"推动智慧社区建设，创建全国社会治理和服务创新实验区情况"的汇报并建言献策
12月2日	区十届政协第三十次主席会议	视察调研石湫街道上方村上方寺、葫芦坝自然村，听取区农业农村局农村人居环境整治提升工作情况汇报，围绕全区农村人居环境改善、特色美丽乡村建设情况协商建言

【委员履职管理】 3月，区政协制订《政协南京市溧水区第十届委员会委员履职考核办法》，按组别季度考核委员履行政治协商、民主监督、参政议政情况，考核结果作为年度评先评优依据。建立政协委员定期培训机制，增强委员履职能力。5月27日，举办区政协委员履职能力提升培训班，专题辅导委员做好新时代反映社情民意信息工作、撰写高质量提案和开展好基层协商民主议事工作等。9月29日，举行区十届政协委员专题培训会，进行"健康产业高质量发展的实现路径"主题授课，讲解演示"溧水区智慧政协平台"使用操作方法。12月1日，组织区十届政协委员专题培训及重大项目和民生工程集中视察活动，开展"乡村振兴与农村产业融合发展"专题和"推动权力运行规范化法治化、提升高质量发展保障水平"主题培训。考察国家极限运动溧水训练基地、溧水直播电商产业基地、西门子数控（南京）有限公司、江苏省康复医院展示中心、永阳街道宝塔路社区河滨花园等地，了解健康产业、制造业、直播电商行业和垃圾分类工作进展情况。

【提案办理】 1月3—5日，区十届政协四次会议期间收到政协委员提案193件。其中，集体提案和委员联名提案99件，占51.30%；委员个人提案94件，占48.70%。经审查，立案162件，属提案内容相同相似的并案27件，转工作建议4件。按类别分，创新发展和产业转型类38件，占23.46%；城乡建议和生态环境类56件，占34.57%；社会发展和民生改善类43件，占26.54%；法治建设和社会治理类25件，占15.43%。经过区政协主席会议协商，26件提案确定为2020年度主席会议重点提案，其中《关于誓创高质量全域Ⅲ类水在水环境建设治理保护方面的提案》定为2020年区政协"一号提案"。162件提案分别由59个相关部门、单位办理，至年底全部办复，办复率100%。其中，所反映问题已经或正在解决148件，占91.36%；列入计划逐步解决11件，占6.79%；因客观条件限制暂时不能解决并向提案人作出解释说明3件，占1.85%。委员对办理结果表示满意和基本满意率100%。

延伸阅读 2020年，区政协将《关于誓创高质量全域Ⅲ类水在水环境建设治理保护方面的提案》确立为"一号提案"。该提案由石湫街道政协工委提出，与和凤镇政协工委《关于加快建立完善"巡、治、管"一体化河长制体系，打赢健康溧水、誓创全域Ⅲ类水目标攻坚战的提案》及《关于创溧水高质量全域Ⅲ类水的提案》并案。该提案建议，要科学布局，以内源治理为主线，积极推动辖区内水环境提升工程和河道疏浚整治工程，着力做好水生植物修复与生态湿地建设工作，提升水体自净能力；精准施策，以控源截污为抓手，规划扩建污水处理厂，铺设污水主管网，完善水质溯源机制，强化入河排口水质监管，严格实施污水排放许可证制度，高标准建设农村污水处理设施，实现全域农村污水治理全覆盖；制度先行，以长效管护为导向，深化落实河（湖）长制管护制度，加大街镇、村（社区）两级河（湖）长巡察力度，深入开展环境警示教育，营造防治水污染、保护水资源的浓厚氛围。

该提案由区水务局负责主办，区水务集团、各街镇（开发区）分办。区水务局先后召集区水务集团、城建局、农业农村局、财政局、产业集团和溧水生态环境局、溧水规划资源分局等单位举办提案办理协商会9次，就城镇污水处理、农村污水处理、农业面源污染防治、河道整治及雨污分流项目推进情况等进行研究讨论。区水务局成立全域Ⅲ类水工作推进领导小组，联合22个成员部门统筹推进全区水环境治理提升工作，编制印发《誓创高质量全域Ⅲ类水三年行动计划（2020—2022年）》、展开城镇污水处理提质增效精准攻坚“333”行动，深入推进河长制工作，积极开展日常监督检查，努力做好劣Ⅴ类水体消劣工作，同时以排水许可证为抓手，规范污水接管、排放行为，建立健全“源、厂、网、河”一体化管理考核机制，持续强化农村污水设施管理，切实提升全区水环境质量。

【专题协商】 5—12月，区政协举办专题协商会8次，围绕打造南京南部先进制造业高地、发挥中山书院文化传承功能、推动中小企业集聚高质量发展、推进农业面源污染治理、加强智慧交通建设、社区老年人助餐点、示范性健康社区建设和垃圾分类工作以及“有事好商量·民生专题协商议事月”系列协商议事活动和主席会议重点督办提案办理专题，听取相关部门、单位及委员意见建议，形成工作建议报区委、区政府。

5月26日，区政协召开提案办理专题协商会，围绕“关于打造南京南部先进制造业高地方面提案”办理协商建言。区发改委、工信局、行政审批局、科技局、投促局、溧水规划资源分局等提案承办单位分别汇报提案办理落实情况。区政协提案委、经科委，提案人（单位）分别评价提案办理情况，就进一步推进全区制造业高质量发展提出意见建议。

6月10日，区政协召开专题协商会，开展“创新运营管理机制，发挥中山书院文化传承功能作用”主题座谈。区长张蕴、区政协主席朱克成、副区长张为真、区政协副主席汤义政参加会议，张蕴就发挥中山书院文化传承功能作用讲话。相关界别区政协委员、区政府办、财政局、城建局、文旅局、教育局、民政局、文联、商旅集团、编办以及民革南京市溧水区基层委员会从中山书院的重要价值、功能定位、管理体制、运营形式、经费保障等方面提出意见建议。会后形成《关于加快中山书院实体化运作的建议》报区委区政府。

6月24日，区政协围绕“加快中小企业发展载体建设，推动中小企业集聚高质量发展”主题召开专题协商会，听取开发区、区发改委、工信局关于中小企业发展载体建设情况的汇报，区投促局、行政审批局、应急管理局、地方金融监管局、溧水规划资源分局、溧水生态环境局等部门和部分政协委员围绕主题建言献策。

7月7日，区政协围绕“加快推进农业面源污染治理，实现农业绿色生态发展”主题，在白马镇红色李巷协商议事室召开专题协商会，视察南京沃优生物肥业有限公司、南京英特生态农业有限公司，调研畜禽粪便回收利用和地膜回收利用情况，并组织协商建言。

7月9日，区政协召集溧水公安分局（交警大队）、溧水规划资源分局、区交运局、城建局、城管局、智慧办、城建集团、商旅集团等单位召开专题协商会，现场视察交通路与秦淮大道交会处、区智慧城市运营指挥中心和万达广场慧云智能化管理中心，听取相关部门介绍区智慧交通建设工作情况，委员、市民代表围绕“进一步加强我区智慧交通建设”主题协商建言。

8月26日，区政协召开“有事好商量·民生专题协商议事月”工作推进会，促进协商活动常态长效、议事提质增效。

9月30日，区政协在红色李巷“有事好商量”协商议事室召开专题协商议事会，察看白马社区老年人助餐点、金谷社区新建老年助餐点、曹家桥村老年人助餐点运行情况，听取区民政局、白马镇民政办、金谷社区等相关单位情况汇报，参会政协委员就加强助餐点管理、提升餐食标准、增加资金渠道等方面建言献策。市政协副主席王汝成、市政协经科委副主任王国钧、区政协副主席汤义政等参加。

12月3日，区政协围绕“示范性健康社区”建设和垃圾分类主题开展协商议事活动，考察永阳街道宝塔路社区河滨花园小区垃圾分类现场，听取区城管局、永阳街道保洁所和宝塔路社区关于垃圾分类工作和示范性健康社区创建工作情况汇报，政协委员就垃圾分类前端分类收集、后端配套处置和垃圾投放站点选址、监管执法、资金保障、宣传引导等方面提出针对性意见和建议。

【专题调研】 2020年，区政协以加强公共文化资源运营管理、推动中小企业集聚高质量发展、石臼湖流域联防联治、地域文化挖掘与传承、有效提高提案办理质量、打造智慧经济、加快医养融合养老体系建设等专题，组成调研组考察调研。5月11—13日，区政协教卫文体委、区文旅局、区商旅集团等相关负责人和区政协委员赴苏州市、泰州市考察调研公共文化资源及书院管理运营经验，形成工作建议报区委、区政府。6月2—4日，区政协经科委、区发改委、工信局相关负责人赴靖江、江阴、宜兴市考察高质量发展民营企业，学习中小企业集聚高质量发展经验，形成工作建议报区委、区政府。6月9—10日，区政协人资环委、溧水生态环境局、区水务局相关负责人赴安徽省调研石臼湖流域联防联治工作情况，了解石臼湖固体废物治理先进经验和做法，形成工作建议报区委、区政府。8月3—6日，区政协办公室、委工委、白马镇相关负责人和部分政协委员赴宿迁、盐城、南通学习政协协商议事室建设情况及协商议事工作经验。8月25—28日，区政协教卫文体委、区政协办公室和区人社局相关负责人赴河南省安阳、洛阳、开封考察地域文化挖掘与传承工作，学习先进经验。9月15—19日，区政协提案委相关负责人赴山西省太原、忻州、大同等地学习有效提高提案办理服务质量的先进经验做法。9月27—28日，区政协办公室、经科委，区发改委、农业农村局、商务局、工信局相关负责人和部分政协委员赴浙江省杭州市余杭区学习“打造智慧经济，助推高质量发展”的经验做法，形成工作建议报区委、区政府。

【固体废弃物处置利用情况调研】 6月，区政协人资环委联合溧水生态环境局，区水务局、农业农村局等相关部门成立调研课题组，开展石臼湖生态环境保护区域联管共治情况调研，先后赴安徽省博望区和当涂县实地考察、座谈交流相关经验做法，充分发挥两市三区一县联管共治作用，有效推动石臼湖的治理和保护。结合考察调研和部门协商建言情况，区政协人资环委撰写调研报告《关于加快建立石臼湖生态环境保护区域联防共治机制的报告》，整理形成工作建议《关于加快建立石臼湖生态环境保护区域协调联动机制的建议》报区委、区政府和市政协。

【社情民意】 2020年，区政协收集社情民意信息及线索130余条，向区委、区政府和上级政协组织编报《工作建议》《信息专报》56期，得到市政府领导批示2条，区委、区政府领导批示15条。推动落实区政协《工作建议》跟踪督察制度，跟踪督查区领导批示事项完成情况，构建履职闭环。5月，《关于探索社区农贸市场管理新模式的建议》得到副市长蒋跃建批示；9月，《关于推动农村中小学校园环境改善和教育水平提升的建议》得到副市长胡万进批示。《关于加强对人员密集公共场所消杀管理工作的建议》《关于大力扶持村级综合社发展的建议》《关于开通溧水高铁站至农高区公交专线的建议》《关于加快中山路沿街建筑外立面改造出新的建议》《关于加大连片养殖池塘生态化改造的建议》《关于加强农村公厕管理的建议》《关于加快中山书院实体化运作的建议》《关于加强省市对区高质量发展考核工作的建议》《关于切实重视崇庆寺大觉桥保护的建议》《关于加强溧水区中小企业载体建设的建议》《关于加强中山河管理的建议》《关于抢抓RCEP战略机遇加快溧水外向型经济发展的建议》《关于进一步规范农村土地流转合同签订和履行的建议》得到区委、区政府领导批示。

【基层政协】 2020年，全区各街镇（开发区）政协工委围绕推动经济社会高质量发展、保障和改善民生积极履行职能，着力提高政治协商、民主监督、参政议政水平，彰显政协作为、贡献政协力量。

开发区政协工委围绕优化公交线路、民生实事项目运营、园区企业停车难、十字路口设立遮阳棚等开展视察调研4次，撰写社情民意13篇。完善黄彩萍“有事好商量”协商议事室，十届政协四次全会期间提交提案15件。组织委员参与扶贫济困，捐助资金5万余元。

永阳街道政协工委全年组织委员视察调研5次，围绕老旧小区整治、物业管理、美丽家园建设等议题协商建言，召开专题协商会4次，反映社情民意信息11条。十届政协四次全会期间提交提案15件，组织集中学习4次，完善提升宝塔路社区“有事好商量”协商议事室、汤绿香委员工作室。

白马镇政协工委新增委员2人，全年组织开展学习5次，围绕镇基础设施建设、农业、民生事业等方面组织委员视察调研5次，以“合理开发使用抛荒农田，发挥高标准农田整治建设作用、提高高标准农田产出效益”“进一步做好镇街基础设施建设”“解决小区居民电瓶车充电难问题”等议题召开专题协商议事会4次。推动红色李巷“有事好商量”协商议事室提档升级。十届政协四次全会期间提交提案13件。以金秋助学、商南扶贫、捐赠物品等形式，捐赠爱心资金14.08万元，助力精准帮扶。

石湫街道政协工委以誓创全域Ⅲ类水、社会基层治理、石湫田园综合体建设等为主题，组织政协委员深入开展一线调研活动4次、民主监督4次、协商议事活动6次；围绕中共十九大和十九届四中全会精神集中学习4次，组织委员撰写社情民意9条。完善“有事好商量”协商议事室建设。

洪蓝街道政协工委以推动全区高质量发展为目标，在街道社会经济发展、民生实事方面发挥政协职能作用。全年组织集中学习培训2次，上报工作建议17条。开展街道招商引资、停车区域规划建设、文体设施和傅家边农业科技园提档升级等工作视察调研，召开协商议事会4次，履行民主监督职能。组织委员慰问抗疫防洪一线人员，开展扶贫帮困等光彩事业。

东屏街道政协工委持续优化大金山国防园“有事好商量”协商议事室、陈伟清委员工作室建设，开展水环境治理、安全生产、红色旅游、人居环境整治提升、建设停车场和市民健身广场等民生实事视察调研4次。全年组织“进一步打造一流的营商环境”“加强农村人居环境提升之长效管理”“关于在农贸市场建设停车场的建议”“关于建设徐塘巷健身广场的建议”等议题协商议事活动4场，整理转化社情民意信息10条，工作动态信息10篇。十届政协四次全会期间提交提案10件。

和凤镇政协工委在政协十届四次全会期间提交提案7件，获优秀提案1件。视察调研拆迁安置房、雨污分流建设情况等4次。民主监督全镇经济社会发展和民生实事落实等工作。反映社情民意信息5条，被区政协《工作建议》采用1条。组织委员向困难学生、贫困家庭开展献爱心活动。

晶桥镇政协工委在十届政协四次全会期间提交提案8件，开展经济发展、镇村建设、康养产业发展、乡村振兴等问题专题调研活动。召开“晶桥中学至陶村窑塘冲路段安装路灯问题”“誓创全域Ⅲ类水开展畜禽养殖禁养工作”议题协商议事会，开展扶危济困、捐资助教等社会公益活动。防汛期间，号召政协委员在防汛一线执勤，捐款捐物3万余元。（汤文璐）

纪检　监察

【概况】　2020年，溧水区纪委监察组织围绕统筹疫情防控和经济社会发展，跟进监督、精准监督、全程监督，强化一体思维，统筹推进全面从严治党向基层延伸、向纵深发展，一体推进“三不”（“不敢腐、不能腐、不想腐”）机制，深化标本兼治。强力纠治“四风”（形式主义、官僚主义、享乐主义、奢靡之风）顽疾，巩固拓展作风建设成果，严防“四风”反弹回潮；聚焦群众关心关切，坚持“小切口”选题，开展专项监督；坚守政治巡察定位，彰显“利剑”作用；深化纪检监察体制改革，健全监督体系。全年开展监督检查200余次，受理信访举报220件次，处置问题线索1395件次、违纪违法案件立案286件，采取留置措施7人，移送检察机关7人。区纪委监委获评南京市精准脱贫先进集体。

【纪检监察体制改革】　2020年，溧水区纪委监委深化纪检监察体制改革，健全监督体系。全面落实街镇纪（工）委、派驻机构“三为主一报告”工作机制。指导区属国有企业明确纪检机构组织架构、人事管理模式。完善信访举报、问题线索闭环管理，探索以问题线索为核心要素，构建问题线索一体排查、一体研判、一体处置、一体整改4项机制。制发派驻纪检监察组和区属企事业单位纪检机构2项工作规定，规范派驻机构工作。成立问题线索研判、审查调查攻坚、外宣信息、交叉审理等业务专组，提高派驻机构综合业务水平和监督执纪能力，持续擦亮派驻“探头”。派驻机构全年立案71件，增长129.03%。坚持对标找差，专题调研学习徐州市铜山区经验做法，探索建立日常监督、案件查办一体化机制。聚焦打造“常驻不走的巡察组”，严肃整治农村集体“三资”（资金、资产、资源）、村级小微工程、“能人建房”（党员、领导干部、有权有钱的特殊群体违规建房）、安全生产、水库环境治理等群众反映强烈突出问题。监察员办公室立案75件，增长36.36%，净化基层政治生态，涉及农村群众信访件下降60.84%，打通监察监督“最后一公里”。

【纪监队伍建设】　2020年，区纪委监委立足干部队伍年轻化特点，聚焦审查调查战线，信访、党风、案管、审理业务专线，办公室、干部室综合干线，乡镇基层一线4个维度，加强培养锻炼纪检监察干部特别是年轻干部。落实全员培训要求，把“清风润溧”微课堂作为常态培训主阵地，全年开展分专题、小班化、研讨式培训26期。贯彻落实江苏省纪检监察干部“八严禁”要求、处置办法和市纪委八小时外行为提醒，开展多种形式的“学恩来精神、守初心使命”专题教育活动，推动纪检监察干部忠诚履职、知重负重、苦干实干。用好监督办案平台和纪检监察基层综合业务应用系统，以信息化倒逼权力行使规范化。首聘30名特约监察员，强化社会监督。

【政治监督】 2020年，区纪委监委坚持思想引领，专题学习习近平总书记重要讲话精神35次，涉及专题50个，筑牢忠诚信赖、看齐跟随的思想根基。面对防疫防汛、复工复产、“六稳六保”等急难险重任务和重大决策部署，全区纪检监察组织闻令而动，监督力量下沉一线，值班值守、督查督导200余次。出台《溧水区党员干部疫情防控工作纪律“八个严禁”》，严肃查处不担当、不作为和违反“禁聚令”9起13人。制订《关于对疫情防控工作五种情形予以容错纠错的通知》，容错过度管控措施的担当作为行为2起3人。突出三大攻坚战、安全生产、长江流域禁捕退捕、整治农村乱占耕地建房等重点工作，查处不正确履行职责、虚报冒领补偿款等违纪违法案件12件，党纪政务处分11人。

【“两个”专项监督】 2020年，区纪委监委有效融合一体推进“在夺取全区‘双胜利’中开展形式主义、官僚主义问题专项监督”“解决民生领域群众反映强烈突出问题专项监督”两个专项监督工作。聚焦群众关心关切，坚持“小切口”选题，把群众难点、痛点作为正风肃纪反腐的着眼点、着力点，贯通日常监督、巡察发现、信访举报等问题线索，选定农村“能人”建房、尊老金发放、残疾人资金补助等领域，把切口进一步缩小。借鉴“大数据+网格化+铁脚板”经验，督促相关职能部门，通过信息化比对，开列问题清单，各监督主体同向发力、同时发力，专项监督成为“四项监督”（纪律监督、监察监督、派驻监督、巡视监督）统筹衔接的重要载体。创新打造智慧控违系统，利用无人机实现违建巡查全覆盖，有效遏止“能人”建房，相关经验做法在《中国纪检监察报》刊登。坚持“治根本”解题。聚焦体制机制漏洞和制度执行层面问题，制发《中共南京市溧水区纪律检查委员会纪律检查建议》《南京市溧水区监察委员会监察建议》30份，推动问题整改237个，修订制度20余项。把群众关注度高、反映强烈的水库移民直补资金发放工作纳入纪委“两个专项监督”，第一时间移交违纪违法问题线索8件，起到主体责任挂帅出征、监督责任协同配合的示范效应。全年15项专项监督发现问题线索151件、立案134件。

【纠治“四风”顽疾】 2020年，全区纪委监察组织坚持日常监督、节点监督与专项监督相结合，开展作风建设监督检查和明察暗访，重点查找公款吃喝、公车私用、私车公养、违规发放津补贴等顶风违纪、隐形变异问题。全年查处违反中央八项规定精神问题60起72人，其中形式主义、官僚主义28起33人，享乐主义、奢靡之风32起39人。探索破解发文形式主义难题。发挥省纪委基层发文监测点“前哨”作用，推动开展全区发文形式主义专项整治，着力解决发文主体泛化、发文流程不规范、发文内容虚化、收文流转随意等问题，出台精简文件“六个不得”取得良好示范效应，相关经验做法在省纪委《党风政风监督工作简报》专题刊登。构建作风建设长效机制。健全完善纠治“四风”配合协作、追责问责、通报曝光、成效评价以及问题会商会审5项工作机制，层层传递作风建设主责压力。坚持以案为鉴、以案促改，推动出台或修订区级机关培训费管理、行政事业单位国有资产管理、党政机关公商务接待财务报销管理等制度规定，扎牢制度笼子，健全体制机制。

【推进“三不”机制建设】 2020年，溧水区纪委监委一体推进“不敢腐、不能腐、不想腐”机制建设。全年受理信访举报220件次，下降62.33%，获评全省纪检监察信访举报工作先进单位，信访分析报告受到区委主要领导批示肯定。全年立案286件、采取留置措施7人，直接移送司法2人。综合运用“四种形态”处置党员干部、公职人员1397人次。严肃查处涉黑涉恶腐败和“保护伞”，强化与执法司法机关协作配合，立案查处10名党员干部、公职人员涉黑涉恶腐败和履职不力问题，向溧水公安分局、区法院制发3份纪律检查建议、监察建议。在高压震慑和政策感召下，156名党员干部、公职人员主动投案或说明问题。坚持有逃必追、一追到底，成功追逃1件。根据中共中央办公厅印发的《纪检监察机关处理检举控告工作规则》，制订信访公开澄清实施办法，先后为5名党员干部澄清正名不实举报。联合公安机关，依法查处1起涉嫌恶意举报行为。精准把握政策策略，先后对5件可诉可不诉案件，探索给予不移送审查起诉，仅给予党纪政务重处分的处理方式，市纪委高度认可。鼓励干部担当作为，给予11名符合容错纠错条件的党员干部减责免责处理。全年制发40份纪律检查建议和监察建议，督促推动职能部门修订制度30余项，建成“智慧控违”“智慧渣土”“清廉医院”等区属监管平台，嵌入“纪委独立监督模块”，实现一屏观全域、监督全天候。强化党风廉政教育，协助区委召开全区领导干部警示教育大会，同步向全区80余家单位8200余名党员干部和公职人员开展警示教育。结合专项监督和审查调查典型案例，制作警示教育专题片《正风反腐永远在路上》。

【打造“三不”一体实境课堂】 2020年，区纪委监委依托区委党校“走读式”谈话点，创新打造“三不”一体溧水区实境课堂，立足“一对象一主题”自主开发设计的课程体系，探索“三不”贯通融合有效载体的“溧水样本”，坚持教育、警示、激励并举，重点围绕新提拔区管干部、村组干部等群体，筛选发生在身边的违规用权典型案例编制个性化教材，梳理典型案例暴露出的权力运行问题，编制规范用权“正面清单”“负面清单”，帮助廉政教育对象强化纪律规矩意识，自觉接受监督。实境课堂11月27日对外开放，至12月30日接待4批次200余人次参观学习。溧水区“三不”一体实境课堂选址区委新党校，面积120平方米，课堂坚持习近平总书记对一体推进不敢腐、不能腐、不想腐的重要论述，以“规范用权”小切口开展党风廉政教育，督促党员干部公正用权、依法用权、秉公用权，扎牢不能腐的笼子、增强不想腐的自觉、强化不敢腐的震慑3个板块。

（张忠林）

12月4日，区纪委监委探索建成“三不”一体实境课堂 区纪委监委 供

延伸阅读 “三为主一报告”：查办案件、纪委书记（组长）副书记（副组长）提名考察、业绩考核以上级纪委为主，线索处置和案件查办在向同级党委报告的同时必须向上级纪委报告。

“八严禁”：严禁有与“两个维护”、党的政治纪律政治规矩和全面从严治党要求不一致的言行；严禁利用职权或职务影响搞特权、谋私利；严禁接受可能影响公正执纪执法的礼品礼金、有价证券和宴请等活动安排；严禁压案不查、拖案不办、办人情案关系案、越权执纪执法等不作为乱作为行为；严禁非因工作需要谈论、透露纪检监察工作秘密和可能影响纪检监察工作正常开展的内部信息；严禁以权压人、以势压人等粗暴执纪执法行为；严禁酗酒、公务活动期间饮酒和酒后参与公务活动；严禁出入私人会所、营利性陪侍场所消费。

“六稳六保”：稳就业、稳金融、稳外贸、稳外资、稳投资、稳预期，保居民就业、保基本民生、保市场主体、保粮食能源安全、保产业链供应链稳定、保基层运转。

“六个不得”：针对个别临时机构、机关部门内设机构、单位科室发文问题，明令禁止发文；凡党内法规、国家法律法规已有明确规定，现行文件已有部署且仍然适用的，不再重复发文，对不属于开发区、各街镇职责范围的事项一律不得行文；机关部门领导责任分工调整及内设科室负责人调整等能在政府网站公示的，不得另行发文；可通过电话、传真、邮件、微信工作群等方式沟通协调解决问题的，不再发文；没有职责分工成立或变更联席会议、领导小组的，不再发文，新成立需要发文的只表述单位职务，不附具体人名；印发范围较小，可直接进行工作部署的。

“四种形态”：党内关系要正常化，批评和自我批评要经常开展，让咬耳扯袖、红脸出汗成为常态；党纪轻处分和组织处理要成为大多数；对严重违纪的重处分、作出重大职务调整应当是少数；严重违纪涉嫌违法立案审查的只能是极少数。

责任编辑 宋国朝

民主党派　工商联　人民团体

Democratic Parties & Federation of Industry and Commerce & People's Organizations

民主党派　工商联

·民主党派·

【概况】　2020年，溧水区各民主党派加强组织制度建设、思想政治建设和履职能力建设。开展与政府部门沟通联系和共建活动，选派民主党派人士和无党派人士担任特约人员，履行政治协商、民主监督、参政议政职能。开展“不忘合作初心、继续携手前进”主题教育活动。进行党派换届工作，民革、民建溧水综合支部升格成立民革溧水区基层委员会、民建溧水区基层委员会，民盟溧水成立民盟溧水总支部。至年底，全区各民主党派成员189人，其中新发展成员47人。

2020年溧水区民主党派情况一览表

单位：人

民主党派	人数						
	合计	其中					
		男	女	专科	本科	研究生	其他学历
民　革	42	32	10	5	33	3	1
民　盟	25	15	10	9	14	2	—
民　建	40	25	15	7	26	6	1
民　进	11	6	5	—	10	1	—
农工党	31	21	10	2	23	4	2
致公党	10	8	2	1	8	1	—
九三学社	30	20	10	2	18	10	—
合　计	189	127	62	26	132	27	4

【民革南京市溧水区基层委员会】　2020年，民革溧水综合支部加强组织建设，新发展党员12人。4月18日，民革南京溧水综合支部升格建立民革南京市溧水区基层委员会，下设综合一支部、综合二支部2个支部。2月，动员民革党员和积极分子向区红十字会捐款近15万元和价值15万元的500件进口医用防护服，践行民革人的社会责任和担当，共同抗击新冠肺炎疫情。6月，民革江苏省委

4月18日，民革南京市溧水区基层委员会成立，成为南京市首个民革基层委员 区委统战部 供

直属科技支部与民革溧水区基层委员会开展协作共建。10月，参与第二届“健康中国”发展大会暨中医药产教融合发展大会，参与接待十二届全国政协副主席、民革中央原常务副主席齐续春率队到南京考察调研康养产业发展情况，安排参观溧水“中山博爱之家”。接待民革沈阳市委会副主委郑向东一行到溧水民革“中山博爱之家”开展学习、考察、调研、共建活动。民革溧水区基层委员会被授予“民革南京市委抗击新冠肺炎疫情工作先进集体”，黄安化被民革江苏省委授予“抗击新冠肺炎疫情工作先进个人”称号、被民革南京市委评为优秀企业家，周承胜被民革南京市委评为党务工作先进个人。

【民盟南京市溧水总支】 2020年，民盟溧水支部重视组织建设，11月，民盟溧水总支成立，下设教育支部、综合支部2个支部，发展新盟员8人。总支积极建言献策，开展调查研究，撰写人大建议、政协提案和社情民意，反映群众心声，为政府决策提供参考，主委汤义政向中共溧水区委、区政府提交调研报告《强化政策支持，创新体制机制加快溧水医养融合养老体系建设》。12月，邀请区部分抗疫医护工作者代表及其子女，在天生桥景区开展“爱暖童心”亲子公益活动。开展关爱贫困学生慰问走访活动，组织盟员看望慰问晶桥镇中心小学品学兼优、家境困难学生。丁虹、邱霞、张春燕、边江被民盟南京市委会表彰为“基层抗疫卫士”，徐国财被民盟南京市委会评为“抗疫爱心使者”，吴丽花被区总工会表彰为创业明星，曾艳获省溧中2019—2020学年突出贡献奖。

【民建南京市溧水区基层委员会】 2020年，民建溧水综合支部加强组织建设和会员发展。5月10日，民建南京市溧水综合支部升格建立民建南京市溧水基层委员会，下设一支部、二支部2个支部，新发展会员11人。围绕全区经济发展、民生工程等热难点问题建言献策，提交人大建议2篇、政协提案17篇。开展“龙乡溪谷”团建徒步活动、“铭记抗战历史，弘扬抗战精神”主题讲座，与民建南京市委员会直属总支部联合开展红色教育主题活动，邀请民建南京市委会副主委吴先斌指导会员撰写高质量的调研报告和社情民意信息，提高会员参政议政履职能力。12月，与民建黔东南州委黎平支部缔结友好基层组织。春节前，前往和凤镇敬老院为孤寡老人捐赠生活用品和食品爱心活动。疫情期间，会员捐款23.62万元。防汛期间，前往和凤镇战天圩和石湫街道胜利圩慰问一线人员。参加区总工会开展的“圆梦微心愿·关爱暖童心”献爱心活动，捐款2万元、口罩5000个，被民建江苏省委会表彰为先进集体、抗击新冠肺炎疫情先进集体、基层组织目标考核先进支部、年度宣传工作先进集体二等奖。参加中共江苏省委统战部“助力小康·奋斗有我”微视频比赛，获图片组一等奖、三等奖。《以支部为根、会员为本、活动为凝聚力，激发基层组织生机活力》调研文章，获民建江苏省委会征文活动优秀作品奖。会员翟海萍撰写的征文《一届委员一生情缘》，获民建江苏省委会征文活动优秀作品。陈龙云被民建江苏省委会评为抗击新冠肺炎疫情先进个人，王鑫磊被民建南京市委会评为抗击新冠肺炎疫情先进个人，官爱萍、董群被民建南京市委会评为年度优秀调研成果作者三等奖，翟海萍、葛丽被民建南京市委会评为宣传工作先进个人二等奖。严令明、李敏、陈林香、葛丽被评为区优秀政协委员。

【民进南京市溧水支部】 2020年，民进溧水支部发展新会员3人。开展“不忘合作初心，继续携手前进”主题教育活动，成立民进溧水支部“溧水基础教育基地”工作小组，制订《民进溧水支部开展“基础教育基地”主题教育活动实施方案》，组织城区中小学校长和支部会员召开主题教育活动动员部署大会，为全区中小学生家长开展10余场教育讲座。春节期间，开展送温暖活动，为怡鹤园老年公寓老人送去围巾、食品等。慰问贫困儿童，展现民进会员企业家回报社会、乐于奉献的良好风范。支部被民进南京市委会表彰为年度先进基层组织，汤绿香被评为民进全国组织建设先进个人、南京市三八红旗手，童月琴、路晶被民进南京市委会评为组织建设工作先进个人。

【农工党南京市溧水综合支部】 2020年，农工党溧水综合支部加强组织和思想建设，新发展党员5人。12月，完成支部换届工作，周海森当选为新一届农工党溧水综合支部主委。12月，完成“农工党之家”建设。组织党员学习中共十九届五中全会精神，参加“十九大以来反腐形势政策分析”讲座，重温《中国农工民主党基层组织工作条例》《中共中央关于全面推进依法治国若干重大问题的决定》。11月，组织党员赴江西上饶集中营和安徽红色革命教育基地开展实践教育活动，与九三学社溧水支社开展联谊活动，开展红色教育活动2次。全年组织开展义诊3次，5位党员每周到街镇卫生院开展义诊和健康知识讲座，建立4个街镇义诊服务基地，定期走进社区、校园开展中医健身气功培训及中医养生讲座。疫情期间，党员邓涛支援新疆抗疫，每位党员抗疫捐款500元。积极建言献策，提出人大建议1件、政协提案7件、社情民意4件，撰写《进一步加强医共体建设，切实提高基础医疗机构服务水平》等多篇调研文章。支部被农工党江苏省委评为年度先进基层支部，周海森被评为全省抗击新冠肺炎疫情先进工作者并获2020年度南京市“人民满意的卫生健康工作者”称号，方长风撰写的《关于加快推进石臼湖口蓄水控制工程立项建设的建议》获农工党江苏省委参政议政突出贡献奖。

【致公党南京市溧水综合支部】 2020年，致公党溧水区综合支部重视组织和思想建设，新发展党员1人。9月，支部换届选举，裘武任主委，张英姿任副主委；启动“致公之家”基地建设，搭建拓展活动平台，丰富党员活动内涵。开展形式多样的思想教育活动，组织党员到皖南革命老区开展红色教育实践活动。围绕中心工作，履行参政党职责，发挥支部中人大代表、区政协委员作用，撰写调研报告、议案、提案27件，反映社情民意38条，参加政协提案监督小组活动、专题监督活动。发挥党员专业特长，各尽所能开展服务社会活动，树立党派良好形象。争做疫情防控排头兵，杨军通过区慈善总会捐款5万元，卞维亮被致公党南京市委会评为抗击疫情先进个人。张锦花被水利部评为全面推行河长制湖长制先进个人。

【九三学社南京市溧水支社】 2020年，九三学社溧水区支社加强组织建设和队伍管理，新发展社员2人。10月，完成换届产生新一届委员会，严雪凤任主委，解承美、陶孝玲任副主委。召开季度例会4次，参观南京国家农高区农业博览中心，开展庆祝九三学社创建75周年系列活动。组织义务下乡义诊和农业咨询服务，向农民赠送蔬菜种子。组织开展第三十二届国际科学与和平周送科普进社区活动，冯连吉为白马镇金谷社区50多名居民举办“关爱女性，关注乳房健康——乳腺疾病的防治”科普讲座。与农工党溧水综合支部联合赴江西上饶开展红色现场教育。撰写人大议案1件、政协提案11件、社情民意3篇，完成调研报告《关于加快建立高龄老人就医绿色通道的思考与建议》，报送各类信息10余条。疫情期间，陶孝玲、吴梅琴、高传虎、俞宇宙、冯连吉、常荣华等放弃春节休息，参与疫情防控。23位社员向区红十字会捐款1.27万元，涂维浩捐赠现金和蔬菜等物资近1万元，顾郑强捐赠KN95口罩2000副、3M防护服100件。支社被九三学社南京市委会评为2020年度先进集体，吴红月、严雪凤、涂维浩、冯连吉被评为先进个人，陶孝玲被评为抗击新冠肺炎疫情先进个人。陆友正等发表论文3篇，顾郑强等获得发明专利授权1件、实用新型专利授权10余件。涂维浩被评为2020年江苏省首批乡土人才“三带”名人，被聘为区安全生产人民监督员；顾郑强被评为2020年南京市创新型企业家；陶孝玲被评为委员履职先进个人，被聘为区医疗保障社会监督员、区文明城市建设社会监督员；严雪凤、陶孝玲等被聘为区政协民主监督组成员。

（张金勇）

·溧水区工商联·

【概况】 2020年，溧水区工商联组织非公经济代表人士参加各类培训学习，促进非公有制经济人士健康成长。上报全国工商联2019年度规模以上民营企业调研材料45家，完成全国工商联2019年度民营企业社会责任调研表16份、"走出去"调研3家民营企业情况（南京正源集团有限公司、南京美高美新材料有限公司、含羞草（江苏）食品有限公司），完成全国工商联系统数据库录入系统2250家、南京市工商联调查点平台录入系统40家。动员工商联常执委企业和各基层商会投身疫情防控、光彩助学、防洪防汛等，筹集2751.97万元资金和物资用于新冠肺炎疫情防控、153.4万元帮助困难学生427人、41万元慰问一线防汛人员。在各级工商联考评验收中，坚持量质并举，以"星级基层商会"和"四好"（政治引领好、队伍建设好、服务发展好、自律规范好）商会考评为手段，推动所属商会工作制度化、规范化和特色化。开发区商会、东屏街道商会被评为2019—2020年度全国"四好"商会，石湫街道商会、东屏街道商会、晶桥镇商会、区进出口商会被评为2019—2020年度江苏省"四好"商会，石湫街道商会、晶桥镇商会被评为南京市"四好"示范商会，区进出口商会、休闲农业商会被评为南京市"四好"商会。区工商联特色工作《搭建法律服务平台、护航民企发展》获评2020年创新中国最佳案例。至年底，全区有基层商会24家，其中行业商会14家、各街镇（开发区）商会8家、异地商会2家。友好商会21家，企业会员2580家。

【工商联九届四次执委会】 4月29日，溧水区工商联（总商会）召开九届四次执委会。区委常委、统战部部长王克全、市工商联党组成员黄国平及区工商联主席（会长）、副主席（副会长）、常委、执委150余人参加。会议听取并审议九届四次执委会工作报告、2019年度总商会会费审计报告，选举葛和平、王庆红、陈龙为区工商联（总商会）九届执委会副主席（副会长）、常委、执委，表彰中介商会、物业管理协会等4家获得南京市"四好"商会荣誉的基层商会。

【服务民企】 2020年，区工商联开展"新型冠状病毒疫情对民营企业复工复产的影响"专题调研，配合各有关部门帮助企业缓解信贷、税费、房租、用工、物流等方面压力。联合市工商联举办"政企联动，助力'四新'"主题政商沙龙，邀请市发改委和市商务局围绕国家《企业境外投资管理办法》相关政策以及政府因疫情影响扶持外贸及港澳台贸易企业发展的最新政策作解读，取得政策服务、案例分享、解决问题的良好效果。联合区检察院召开"为打造溧水制造业高质量发展试验区保驾护航"座谈会，现场解答企业法律疑惑，发挥民营企业法律服务平台作用，推动企业高质量发展。

【招商引资】 2020年，区工商联邀请上海江苏商会、张家港工商联40余名企业家到溧水考察投资环境。完成招商信息13条，2个亿元项目落户开发区，分别为瑞京食品进出口贸易项目（总投资1.5亿元，租赁厂房4500平方米，主要从事食品进出口贸易）、尚源智能家用电器项目（总投资2.7亿元，租赁厂房6500平方米，主要从事家用电器零部件制造）。与晶桥镇对接康养溧水基地项目。

【友好商会交流】 6月12日，玄武区工商联党支部到溧水考察并开展"重走长征路，永远跟党走"主题活动；7月3日，到溧水学习交流。8月14日，区总商会与深圳市南京商会结为友好商会。11月13日，区工商联（总商会）与宿迁市沭阳县工商联（总商会）缔结友好商会。12月13日，陕西省商南县工商联到溧水学习交流。

【商南对口扶贫协作】 8月28—30日，区委统战部副部长、工商联党组书记夏建国与民营企业家一行11人赴陕西省商南县开展扶贫交流活动，实地调研民营企业。南京常力食品有限公司、南京八建集团、南京西普诗鸿酒店管理有限公司、南京康利置业有限公司、南京鸿发有色金属制造股份有限公司、南京明辉建设集团6家对口协作企业代表及溧水区总商会代表分别向商南县太吉河社区、青山社区、团坪村捐助产业扶贫资金6万元；江苏溧水民丰村镇银行向21名商南贫困学生发放爱心助学金2.1万元；南京果果食品有限公司副总经理杨建国以个人名义资助1名商南贫困大学生8000元，资助其到大学毕业。 （王杰）

人民团体

·溧水区总工会·

【概况】 2020年，溧水区总工会围绕区委中心工作和市总工会"基层工作年"总要求，狠抓基层工会组织建设和思想建设，凝聚职工力量，当好主力军，为高质量建设"强富美高"新溧水作出贡献。至年底，全区有基层工会1512个，会员18.65万人。成功申报南京市劳模、职工创新工作室4家，创建非公有制企业党建带工建"三创争两提升"(创争先进党支部、创争模范职工之家、创争工人先锋号，提升政治引领力、提升群众组织力)示范点10家，选举产生市工会第十七次代表大会溧水区参会代表28名。推进溧水工人文化宫阵地列项建设，确定异地新建区工人文化宫。举办溧水区2020年职工创业创新论坛，邀请4名创业明星现场分享创业创新经验。南京金龙客车制造有限公司工会委员会获"全国模范职工之家"称号。区总工会获省总工会2019年度县以上工会财务会计工作竞赛评比一等奖、江苏省"安康杯"竞赛组织工作优秀单位。

【工会组织建设】 2020年，区总工会重点抓好"两新"组织(新经济组织和新社会组织)、"八大群体"(货车司机、快递员、护工护理员、家政服务员、商场信息员、网约送餐员、房产中介员、保安员)、联合工会、第三产业工会组建工作，全年新建工会52家，发展会员6197人。按照"六有"(有依法选举的工会主席、有独立健全的组织机构、有服务职工的活动载体、有健全完善的制度机制、有自主管理的工会经费、有会员满意的工作绩效)标准，提升"职工之家"规范化建设水平，被评为南京市基层建会发展会员工作先进单位。深化"互联网+工会"建设，开展信息录入实名登记百日攻坚行动，推进工会组织和工会会员实名制登记工作，平台新录入会员5648人。召开全区基层工会组织建设现场观摩会，从非公有制企业、机关、街镇3个层面选择南京市罗奇泰克电子有限公司、区税务局、石湫街道工会观摩交流基层组织建设工作的做法和经验，夯实工会基层基础，推动全区工会基层组织建设工作创新与发展。市总工会在溧水区举办"送教到基层"开班仪式并观摩区工会阵地建设情况，了解区工会工作经验和创新做法。全区获评南京市"十佳模范职工小家"1个(区税务局)、市工会积极分子4人、市工会之友4人。开展劳模、工匠、高技能人才创新工作室建设，打造非公企业"三创争两提升"示范点，"党建带工建"品牌纳入年度党建考核，提高党工活动阵地建设水平，形成一批在全市具有特色亮点的工会组织品牌。牵头制订《新时期溧水产业工人队伍建设改革方案》《新时代溧水产业工人队伍建设改革工作2020年重点项目工作计划》，明确全区产改工作总体要求、目标和任务，建立产改联席会议制度推进改革方案落实的工作机制，开展产业工人队伍建设改革试点。加快工会干部队伍专业化建设，推进工会干部队伍素质提升三年计划，开展工会各项业务培训班，培训工会干部职工300人。督导直属工会经审委履行职责，开展本级和对下审计工作，审计直属工会21家。联合区委组织部等4家单位检查全区机关事业单位工会福利发放情况，至年底，全面完成第一轮直属工会经费三年审计全覆盖计划。

【职工思想政治引领】 2020年，区总工会在基层工会、企业一线举办中共十九届四中全会精神、社会主义核心价值观和中国工会十七大精神报告会10场。组织万名职工群众参加省总工会"学习贯彻中共十九届四中全会精神"、市总工会"悦读新思想、加油双胜利"线上知识竞赛，举办"思政教师进企业、劳模工匠进校园"理论讲座活动3场，增进思想共识，凝聚智慧力量，用社会主义核心价值观凝聚职工。开展"弘扬劳动精神，追梦新时代"征文、短视频征集活动，营造崇尚劳动良好风尚；在新冠肺炎疫情防控中和高质量发展中评选产生区"最美抗疫人"30人、文明职工20人；打造书香工会，评选市文明职工2人、省文明职工3人。开展全民阅读活动，区供电公司获评省级职工书屋、书香企业，区第二高级中学获评省级职工书屋。引领新时代文明实践职工志愿服务活动，培育市级优秀职工志愿服务品牌1个、服务组织1家。强化工会意识形态工作，纳入年度工作要点和党建工作责任制考核，加强宣传思想文化阵地管理，定期排查工会各职能部门和各基层工会意识形态领域问题和风险点，报送社会舆情分析报告35篇。加强正面宣传，发出工会好声音，在省市媒体发表稿件40余篇。"五一"

前夕在区电视台开设“劳动者·奋斗情”栏目，宣传各行各业涌现出的先进典型，引领职工见贤思齐。

【劳动技能竞赛】 2020年，区总工会围绕溧水高质量发展，结合六大试验示范区建设，开展多种形式劳动和技能竞赛，推动职工技能提升。联合开发区总工会举办企业班组长职业技能竞赛，颁发理论竞赛成绩符合要求的班组长安全培训合格证书。联合区水务局工会开展抗洪排涝四项技能比赛；联合溧高投举办江苏（溧水）人工智能创新创业大赛；联合区城建局工会举办建筑业、园林绿化职业技能比赛；组织中铁四局、中建五局、南京市欣旺达新能源有限公司等单位参加市劳动竞赛和重点工程竞赛。全年组织劳动技能竞赛50余场次，参加人员近万人。

【劳动安全保护】 2020年，区总工会组织规模以上企业参与“安康杯”竞赛，获市级“安康杯”竞赛优胜单位2个、优胜班组2个、优秀个人1人，区总工会获评省“安康杯”竞赛优秀组织奖。组织职工群众参加安全隐患“随手拍”竞赛活动，征集作品42件，推荐10件作品参与市级评选。组织开展“消除事故隐患，筑牢安全防线”主题安全生产宣讲，提高安全责任意识，筑牢安全生产防线。

【困难职工帮扶】 2020年，区总工会投入120多万元用于困难职工帮扶和一线职工慰问。精确建档区级困难职工54人，元旦、春节、疫情期间发放生活救助17.28万元；慰问困难职工239人次25万元、困难劳模20人次6万元，发放劳模生活补贴37人38万元；慰问突发性困难职工184人18.4万元，救助大病困难职工11人6.3万元，帮助困难职工和环卫工人购买互助互济保险768人；申请“宁工爱心基金”救助大病职工21人22.4万元；发展互助互济会员2854人，保费530多万元，总会员3.5万人，慰问困难互助互济会员362人40万元。开展“夏送清凉”工作，慰问户外高温作业的一线职工1795人10.39万元。开展“金秋助学”活动，为23名区级困难职工子女发放助学金6.35万元。为失业职工做好创业贷款服务，帮助134名下岗失业职工申请1220万元小额创业贷款。牵头组织开展2020年“圆梦微心愿·关爱暖童心”活动，面向全区困难家庭小学初中生征集200个“微心愿”，帮助实现小梦想。

【职工权益保障】 2020年，区总工会加大工会普法宣传，组织工会维权律师深入企业开展“尊法守法·携手筑梦”法治宣传活动，举办职工法律维权知识讲座12场次，发放宣传资料2000多份。深入工地、企业、班组开展“携手防疫·共克时艰”职工法律服务活动20场次，提高职工依法维权意识。加强工会法律监督工作。接待职工来信来访9件20多人次，提供法律咨询和劳资矛盾调解服务，全年办理法律援助案件22件，结案率100%，为97名受援人挽回经济损失362万元，其中成功为白马镇某公司78名职工讨回拖欠职工工资、欠缴保险等339万多元。开展集体协商“春季要约行动”，下发《溧水区关于做好疫情防控，支持企业复工复产，扎实开展集体协商“春季要约行动”的通知》，发出要约书900份。在洪蓝颐和康复中心召开全区工资集体协商现场观摩推进会和工作培训会。推行工资集体协商工作，有100家企业与员工代表协商疫情防控期间职工卫生健康、生活保障、加班时间、劳动报酬以及工资增幅调整问题。落实南京市女职工康乐互助保障计划（增惠版），扩大女职工医疗互助保障范围，提高女职工重大疾病医疗互助保障水平，参加康乐互助保险女职工476人。制订《溧水区女职工生殖健康和“两癌”筛查“三年行动”实施方案》，预防和减少妇科疾病发生，保护女职工生育能力和健康水平。组织奶粉捐赠活动，为58名贫困职工捐赠价值6万元奶粉。申报新建市级基础爱心母婴室9

7月31日，区总工会开展“夏送清凉”活动　　区总工会　供

家，提档升级三星1家、四星2家、五星1家，推动将爱心母婴室纳入年度民生实事项目。

【先进典型选树】 2020年，区总工会开展“五一”系列活动，围绕弘扬劳模精神、抗疫精神，开展省市“五一劳动奖状”“五一劳动奖章”“工人先锋号”“南京工匠”创建评选活动。南京喜之郎食品有限公司获省级“五一劳动奖状”，南京可特玩具公司研发部获省级“工人先锋号”；嵇振岭、芮强武、施义强、任彩华获市“五一劳动奖章”，区税务局获市“五一劳动奖状”，南京艾布纳密封技术股份有限公司浸渗车间、南京新核复合材料有限公司技术部获市“工人先锋号”。召开“五一”表扬大会，评选表扬区级“工人先锋号”“文明职工”“最美抗疫人”等9大类140个先进集体和个人。开展“五一”巾帼岗、“五一”巾帼标兵争创活动，区特校副校长王成琴被授予“江苏省五一巾帼标兵”称号，其个人事迹登上“学习强国”平台。

【服务疫情防控和经济社会发展】 2020年，疫情发生后，区总工会及时向社会发出倡议书，教育引导广大职工群众同心协力、群防群治共同做好疫情防控工作。下拨80余万元专项资金，用于疫情防控保障和慰问等。多举措服务企业复工复产，下发《溧水区关于做好新冠肺炎疫情防控期间职工劳动保护工作提示函》，组建劳动关系法律志愿服务队和专职集体协商指导员队伍，组织职工居家线上职业技能培训。开展“春季战疫，助力复工”就业援助线上招聘活动，鼓励待业职工线上招聘。落实省总工会《关于应对新冠肺炎疫情影响进一步落实小微企业工会经费支持政策的通知》精神，返还全区小微企业全额工会经费103余万元。助力商南县消费扶贫100余万元，其中区人民医院、中医院、永阳街道、白马镇4家工会采购超10万元。鼓励全区职工消费517万元。（赵伟）

·溧水团区委·

【概况】 2020年，溧水团区委团结和组织团员青年，围绕全区发展大局和青年成长需求，服务青年成长成才，融入经济社会快速发展，圆满完成各项目标任务，有序推进全区共青团工作。加强组织建设和思想政治引领。鼓励青年创业创新，开展青年志愿服务和圆梦助学活动。团区委工作获省级以上表彰先进集体3项、获市级以上表彰2项。获市级以上表彰先进个人3人。

【共青团组织建设】 2020年，团区委加强基层共青团组织建设，团员发展和团组织建设工作踏上新台阶。至年底，全区有基层团(工)委41个、团总支84个、团支部1192个，团员1.4万人，团干部3135人，其中专职团干部23人。全年发展新团员610人，18所中学团委团干部配备率100%。团区委运用“智慧团建”系统，摸清家底，健全组织。做好机关企事业单位、街镇社区、非公企业团组织建设。引导新兴领域建团，青年社会组织新建团组织3家，新兴青年群体领域新建团组织1个，社工服务机构等其他领域新建团组织3个。至年底，“智慧团建”系统录入团组织1491个，团员14310人。全区创建、申报推选“五四”红旗团委10个、先进团(总)支部58个、优秀团干部64人、优秀共青团员67人。

【青年主题团日活动】 2020年，团区委围绕纪念“绽放战疫青春·坚定制度自信”，开展“青春心向党·建功新时代”等主题团日活动80余场，2.2万名团员青少年参加。围绕中华人民共和国成立71周年，开展少先队员爱国主义和民族团结教育。举行“青春助力暖冬行动”、少先队员线上升国旗仪式、2020年溧水区入团宣誓仪式、“宁聚青春·筑梦金陵”青少年公益暑托班活动、“童享阳光·希望有约”公益夏令营等。选树榜样引领，开展2020“溧水十佳青春榜样”评选活动，王娟、王迎斌、史志明、张军、武欣、敖丹、徐亮亮、梅白青、傅宏伟、谢鑫当选。

【“青年大学习”行动】 2020年，团区委推进“青年大学习”行动，强化意识形态工作。打造“小溧学堂”品牌，以市级示范学习社“李巷红色精神研学社”为模板，提升全区青年学习社硬件和软件建设，每周组织“青年大学习”网络课程，动员辖区内青年团员开展网络学习，每周参加学习1万余人。

【青年志愿服务】 2020年，团区委打造“小溧志”青年志愿服务品牌，抓住新冠肺炎疫情防控、学雷锋纪念日、植树节、五四青年节、高考、国际志愿者日等志愿服务节点，参与社会志愿服务工作。为区内防疫抗洪贡献青春力量，组织32支青年突击队，发动青年力量3000余人下沉战疫一线，充实卡口值班值守力量。开展“绽放战疫青春·坚定制度自信”宣讲，宣传援鄂抗疫青年事迹，发扬榜样力量。活动招募志愿者5200人次，团队服务2万多小时。

【青年创新创业】 2020年，团区委深入实施“宁聚计划”，创新工作举措，优化工作安排，推进大学生“三进”计划，帮助大学生提升就业能力。面向区各机关、村（社区）、企业征集岗位258个，其中机关部门97个、社区53个、企业110个。

【青少年综合服务平台建设】 2020年，团区委建立溧水区困境儿童“一网三库”（以互联网架构，建立完善的保障体系，搭建困境儿童、志愿者、爱心企业数据库）“智慧帮扶”平台。健全围绕事实无人抚养儿童、困境青少年成长的全周期关爱辅导平台及培育体系，用好困境儿童、志愿者、爱心企业数据库，精准对接帮扶需求。引入社会资源，通过爱心人士、第三方服务机构等提供更精准、更专业的力量，为事实孤儿、困境儿童成长提供帮助。

【助力青年成长】 2020年，团区委开展“暖冬行动”“圆梦行动”“童享阳光”“公益计划”“守护事实孤儿”等活动。摸排全区困境青少年238人，发放微心愿238份。开展2020年度“童享阳光·希望有约”公益夏令营及暑托班，受益儿童600余人。

（张宇翔）

·溧水区妇联·

【概况】 2020年，溧水区妇联以聚焦改革破难为主线，引领巾帼志愿服务，开展美丽庭院建设，寻找最美家庭故事，加强优秀典型宣传，扩大妇女儿童阵地建设，将联系服务妇女儿童工作落细落实，推动“十三五”妇女儿童发展规划圆满完成，在共克时艰中推动妇女儿童事业取得新成效。至年底，全区有妇联组织280个、“妇女微家”68个。指导基层妇联吸纳全区村（社区）网格员为妇联执委，密切联系群众，为妇女群众排忧解难。开展“宁姐在身边，服务零距离”群团共建大走访系列活动33场次，引导妇联干部、执委加强与妇女群众沟通交流，提高履职能力和服务水平。

5月11日，区妇联开展“宁姐帮您带货溧水站”直播带货活动　　区妇联　供

【优秀典型选树】 2020年，区妇联申报省、市级巾帼示范基地，南京富雪果蔬专业合作社获评省级巾帼示范专业合作组织，南京未见山酒店获评省级巾帼示范精品民宿，南京青果文化旅游发展有限公司等5家单位获评市级巾帼示范基地。洪蓝街道无想寺社区《汇聚乡土女性智慧，投身乡村振兴实践》案例获评省级乡村振兴巾帼行动十佳案例。在全区开展“美丽庭院”创建工作，评出“美丽庭院”示范户800户，产生市级“美丽庭院”示范户400户。洪蓝街道上港社区、石湫街道上方村、和凤镇张家村被评为“美丽家园”省级示范点。

【“三八”国际妇女节系列活动】 2020年，区妇联在“三八”国际妇女节110周年期间，在疫情防控特殊背景下，结合选树优秀典型，开展“巾帼风采”系列宣传，宣传在疫情防控工作中表现突出的巾帼典型、抗疫战线巾帼身影；向全区广大妇女姐妹们发出倡议，呼吁大家“众志成城，共克时艰，疫情面前担当作为”；开展‘最美的鲜花送给最美的你”活动，到基层为全区优秀女性代表们送去节日问候和祝福。开展“立足岗位，争做最美巾帼奋斗者”“三八”活动，进行“三八红旗手”“三八红旗集体”“巾帼岗位明星”“巾帼文明岗”等评选表彰活动。评选出方文琪等22名区级“三八红旗手”，区商旅集团妇女联合会等10个区级三八红旗集体、区交运局行政服务窗口等21个区级“巾帼文明岗”、厉从敏等25名区级“巾帼岗位明星”、开发区红星社区妇女联合会等19个区级优秀基层妇联组织、杜荣萍等28名优秀基层妇联干部、方媛媛等8名新兴领域优秀妇联主席。李宏伟获评省级“三八红旗手”，区人民医院急诊科获评省级“三八红旗集体”。

【寻找“最美家庭”活动】 2020年，区妇联开展寻找“最美家庭”活动，通过群众自荐、基层推荐和单位举荐，全区选出100户“最美家庭”。计竹华家庭获全国“五好家庭”称号，刘洪义家庭获省级“五好家庭”称号，尹滇家庭获省级“抗疫最美家庭”称号，朱松伢等10户家庭获市级“最美家庭”称号。开展“我家新风尚，美丽新生活”抖音话题征集活动，汇编“最美家庭”事迹进2020年《溧水家韵》专辑。

【妇女维权】 2020年，区妇联联合区司法局成立溧水区“溧合美”婚姻家庭纠纷人民调解室，构建溧水婚姻家庭纠纷化解体系。发挥婚姻家庭纠纷调解员作用，畅通妇女信访维权途径，全年接待来访60例。其中，58%案件涉及家庭暴力，问题解决率100%。指导基层妇联依托社区“妇儿之家”“妇女微家”开展妇女议事工作，涌现出洪蓝街道“流动茶馆”、永阳街道“三彦有约”、和凤镇“娘家人”、石湫街道上方社区“‘乡’约上方”等议事品牌，提高妇女群众参政议政意识能力。举办全区妇联系统维权工作专题培训班，为法律工作者、妇联干部以及婚姻家事调解员提供解读《民法典婚姻家庭编》《婚姻家庭矛盾调解》等课程。以“三八”维权周、“5·15”国际家庭日、“11·25”国际反家暴日等节点为契机，线上、线下宣传法制，建立法制宣传长效机制。

【妇女儿童实事项目】 2020年，区妇联召开全区妇女儿童工作会议暨“十三五”妇儿发展规划终期评估、“十四五”妇儿发展工作部署会，研究部署“十三五”妇女儿童规划终期评估工作，听取“十四五”规划意见和建议。完成《南京市“十三五”妇女儿童规划》指标监测工作。《南京市“十三五”妇发展规划》的95项指标终期评估达标率92.3%；《南京市“十三五”儿童发展规划》的68项指标终期评估达标率100%。在公务员及科级事业人员轮训班中，开设男女平等基本国策教育课程或讲座；永阳街道作为儿童友好工作试点街镇，推进“儿童友好城市”建设，在财贸新村、龙山、致远等8个社区投入1060万元打造“智慧社区”健身广场，组织开展系列活动，引导居民和孩子们共同打造融自然教育、科学观察、生态环保于一体的社区花园。实施“溧质水韵、蝶变芳华”“溧质天生、芳菲欲燃”项目，分别与齐心和英博社会组织合作，开展“溧智营”“溧质悦读”“溧质绽放秀”等活动，提供全区妇女儿童、女性社会组织宣传、维权、教育、培训、交流等服务。

【女性创业就业指导】 2020年，区妇联联合区人社局举办2020年度南京市千名“宁姐月嫂”培训溧水专场，分5期培训学员175名。其中，164名学员通过考试取得证书，考证通过率91%，上岗签约率94%。实施妇女创业小额担保贷款服务，帮助250名妇女申请贷款1615万元，带动750名妇女就业。开展溧水区乡村振兴巾帼骨干专项培训，培育贴合新时期乡村振兴发展需求的巾帼队伍。

【关爱行动与志愿服务】 2020年，区妇联帮助“两癌”妇女申报“贫困两癌妇女救助”项目，4名妇女获得国家救助金，46名妇女获得市级救助金。全区各级妇联开展助困帮扶“两癌”（宫颈癌、乳腺癌）、单亲、大病等困难妇女、贫困学生等弱势妇女儿童群体活动，发放慰问款50万余元。引导女党员、女干部、巾帼志愿者加入疫情防控队伍，联合多部门为援鄂医疗队员家属送上“暖心包”“暖心菜”，组织女企业家为疫情防控捐款捐物近50万元。通过发放问卷，征集百姓需求，分类建立巾帼志愿服务需求库，开展与妇女儿童密切相关的普惠性志愿服务116个。 （杨静）

法　治

Rule by Law

政法委和社会治安综合治理

【概况】　2020年，溧水区政法系统坚持围绕中心、服务大局，聚焦服务保障“六稳”“六保”，统筹推进战疫情、防风险、保安全、护稳定、促发展、惠民生，平安护航、法治护航全区高质量发展。统筹经济社会发展，推出系列惠民便企措施，办理一批涉疫涉企案件。落实风险防控四项机制，防范化解重大风险。完善重大事项请示报告、政治督察、政治轮训、执法监督等配套制度，推动政治轮训47次，向市委政法委和区委报告重大事项30余件。接受全市政法系统政治督察，试点开展区级政治督察，形成督察、反馈、整改工作闭环。建成“一站式”矛盾纠纷调处化解中心，试点建设13个政法网格工作站，群众获得感、幸福感、安全感提升，扫黑除恶专项斗争成效好评率97.61%，网格工作群众满意率99.13%，矛盾纠纷调解率、一审服判率、平安创建活动群众参与率均位列全市第一。

【维护稳定】　2020年，溧水区聚焦防范化解重大风险攻坚战总目标，建立区级层面重大风险分析研判数据信息库，每月分析研判12个重点领域风险点。围绕政治安全、反恐怖安全、重大矛盾、公共安全、疫情防控等方面，建立战时研判制度，落实国家公祭日、全国两会和新冠肺炎疫情期间安保战时研判模式。全年排查各类基础风险点109个，化解56个，化解率51.4%；应评尽评直接关系人民群众切身利益、影响社会稳定的重大决策事项，报备并完成社会稳定风险评估项目72个。

（魏猷国）

【依法治区】　2020年，溧水区召开依法治区委员会第二次会议，通过《中共南京市溧水区委全面依法治区委员会2020年工作要点》和《2020年法治为民十件实事》，围绕党对依法治区的领导、提升法治保障能力、深化依法行政建设、深化司法体制改革、建设法治社会5个方面21项工作要点，开展“疫情防控，法治同行”宣传活动，播放6期新冠肺炎疫情防控法律知识解答电视节目；开展民法典法治宣传社区行活动50场次。深化依法行政建设，落实“放管服”改革，动态调整行政权力事项清单，实现基本建成法治政府目标。在全国首创并率先基本实现“1120”改革目标，被评为省级营商环境先进区。推动审批速度迭代升级，CCTV-13《新闻直播间》栏目报道《溧水区优化业务流程：加快行政审批速度，打造最优营商环境》。印发《南京市溧水区行政执法公示办法（试行）》《南京市溧水区行政执法全过程记录办法（试行）》《南京市溧水区重大行政执法决定法制审核办法（试行）》，形成全区“1+3+X”指导体系（法治政府五年规划、三项制度、相关配套办法）。全区26家行政执法部门严格落实行政执法报告制度，办理行政许可事项31734件、非许可审批事项2581件、行政处罚案件2707件。做好行政复议应诉，通过复议纠错、复议建议书、行政监管建议函等形式，促进政府依法行政。全年审理行政复议案件21件，审结19件；办理区政府为被告的行政应诉案件47件，结案19件；听证审理案件中行政机关负责人出席率100%，区政府负责人出庭应诉率100%。打造公共法律服务体系，覆盖区、街镇、村（社区）三级公共网络，全年接待咨询9551人次，办理法律援助案件1205件（含法律帮助案件），“12348”法律热线咨询4105人次，为受援人挽回经济损失1200余万元。

（刘妍伶）

【平安溧水建设】 2020年，溧水区建立健全平安溧水建设领导责任制，落实风险防控四项机制、社会矛盾纠纷多元预防调处化解综合机制及系列平安创建工作机制，推进平安建设融入高质量发展大局，服务和保障经济社会发展。组织全区政法干警，发动专兼职网格员、万余名平安志愿者，投入新冠肺炎疫情防控，消除潜藏安全隐患。围绕“最多访一地，矛盾不上交”，建成“一站式”矛盾纠纷调处化解中心。落实严重精神障碍患者监护责任“以奖代补”488人，补助资金110.38万元。梳排铁路沿线监控点位并纳入新一轮“雪亮工程”建设规划，成立溧水区铁路沿线外部环境专项整治工作领导小组，做好涉铁矛盾纠纷、突出治安问题、安全隐患三项排查工作，《密织铁路“安全网”，群防疫情不放松》等6篇文章被中央铁路护路联防杂志等国家级媒体录用。平安建设考核位列全市第一，群众安全感满意率98.5%。

【扫黑除恶专项斗争】 2020年，溧水区打好扫黑除恶收官战，聚焦“六清”（线索清仓、逃犯清零、案件清结、伞网清除、黑财清底、行业清源）目标任务，同步推进破案攻坚、“打伞破网”“打财断血”和综合治理。上级下交、督办、转办线索办结率100%，打掉恶势力犯罪集团4个、犯罪团伙2个，破获9类涉恶案件216起，抓获涉恶人员472人，查封、扣押、冻结涉恶资产3.28亿元。整治十大重点行业领域乱象、非法金融活动、黄赌毒及涉网涉黑涉恶犯罪，集中排查涉金融领域市场主体2160家，存量风险全部清零；查办涉黄赌毒案件73起，抓获涉案人员183人；侦破网络违法犯罪案件8起，抓获犯罪嫌疑人11人，全区三年扫黑除恶群众知晓率、好评率始终位居全市前列。

【网格化治理】 2020年，溧水区640余名专职网格员开展网格巡查10.14万人次，729名政法网格员下沉巡查1.36万人次，2800余名专兼职网格员下沉网格一线参与疫情防控，助力全区827家制造业企业复工复产。处置各类不文明现象3.77万件，排查处置矛盾纠纷4.13万条、报送社情民意2.36万条。推动派出所所长进街镇班子，52名社区民警担任村（社区）两委成员，全区警情下降53.9%。区、街镇、村（社区）三级心理咨询中心（室）建成率78%，建立特殊人群心理服务电子档案。依托区网格分院开展政治、业务培训3批400人次。建成“管警官服务群众工作站”“邻舍间人民调解服务队”“检察官青少年心理咨询工作室”等9个政法网格工作品牌，2个案例入选全市政法网格工作年度十佳案例。

【政法队伍建设】 2020年，溧水区落实《关于全省政法领域意识形态工作责任制的规定（试行）》和《全省政法领域意识形态十不准》，压紧压实政法系统意识形态责任。常态化开展纪律作风督查巡查，每季度专项督查政法系统干部干警作风和违法违纪情况。11月，督察区法院洪蓝法庭政治建设情况，推动问题整改。建立健全违纪违法典型案件、领导干部干预司法活动、司法机关内部人员过问案件、司法人员不正当接触交往等定期通报制度，开展案件评查75件。推进惩防体系建设，全区政法系统常态开展警示教育87次，组织廉政教育等党课辅导40余场。持续开展“七个十佳”评选，宣扬政法干警敢于担当、敢于斗争的精神气和正能量，提振政法队伍干事创业热情。

【执法监督（涉法涉诉信访）】 2020年，溧水区政法系统依法维护当事人合法权益，保障社会公平正义，接待涉法涉诉信访群众829人次。做好司法过程中困难群众救助工作，落实司法救助75件75人，发放救助金147.16万元。制订《2020年溧水区民营企业法律服务平台工作计划》，组织法律专家走访民营企业，开展法治教育培训，帮助解决企业困难。联合区工商联召开劳动合同争议座谈会，防范打击劳动合同“碰瓷”现象。开展案件评查工作，与栖霞区开展交叉评查案件20起，案件零瑕疵。

【法学会活动】 2020年，溧水区探索有自身特色社会治理新路径，组建民法典专题宣讲团，开展青年普法志愿者法治文化基层行活动66场，其他各类活动35场。组织“我为‘平安溧水’建设献言献策”征文活动，收集征文120份。挂牌成立溧水区少年法学院和8个街镇少年法学院分院。8月19日，白马镇李巷村列为“南京市法学会会员党性教育基地”。（魏猷国）

法治政府建设

【概况】 2020年，溧水区推动法治政府规范化建设，落实政府法律顾问制度，实现党政机关律师顾问全覆盖、一村居一律师顾问全覆盖，建立行政执法部门联动机制，推动政府合同合法性审查工作水平稳步提升。制订印发《开展市场监管领域部门联合“双随机、一公开”监管工作实施细则》，建立全区24个部门联席会议制度，部门联合抽查常态化。归集17个部门各类信息工作，包括行政许可事项2528件，行政处罚案件560件，行政执法抽查检查7979件，行政指导26件，8个单位36个抽查计划，44个抽查任务。审查重大行政决策草案7件，出具意见书9份。将合法性审查关口前移，提前介入决策征求意见阶段，出具意见书25份。严格行政执法人员资格准入，颁发行政执法资格证79件，培训执法人员310人（镇街231人）。打造具有法律职业资格工作人员为主体，区政府法律顾问团共同参与的高素质审查队伍。

【规范性文件审查】 2020年，溧水区司法局为夯实文件管理基础，制订《关于进一步加强溧水区行政规范性文件管理和监督工作的通知》。落实规范性文件合法性审核全覆盖，审核规范性文件送审稿8件，出具合法性审核意见书8份，提前介入规范性文件征求意见阶段，审查征求意见稿96件，出具意见书7份。制订《关于规范溧水区政府合同管理工作的通知》，审查政府合同（含PPP项目合同）109件，出具合法性审查意见书110余份，提出审查意见600余条。审查区政府及部门其他文件39件，出具审查意见书45份。完善规范性文件动态清理机制，清理废止规范性文件9件，修改6件，公布有效、废止和失效的规范性文件目录。

【行政复议应诉】 2020年，溧水区司法局审理行政复议案件21件，其中，2019年积存4件，新收17件，不予受理2件。办理区政府为被告的行政应诉案件47件、区政府为被申请人的行政复议答复案件4件。行政应诉案件中，经区政府复议12件，未经复议直接诉讼35件，复议决定无一件被法院判决撤销或确认违法。推进行政机关负责人出席听证会制度，听证会审理案件中行政机关负责人出庭率100%，南京市中级人民法院公开庭审理以区政府为被告的行政诉讼案件15件中，区政府负责人出庭率100%。

【街镇综合执法体制改革】 2020年，根据《南京市溧水区街道集成改革实施方案》，各街镇成立综合行政执法局，溧水区司法局负责行政执法职能，建立健全“一对多、多对一”制度（由区级8家行政执法单位各联系一个街镇，8个移权部门与各街镇沟通衔接机制）。调整划拨市场监管、城市管理、交通运输、安全监管等部门执法人员135名、执法辅助人员400余名，解决街镇执法资源分散、力量分散、条块分割、功能单一等问题。根据《关于印发赋予镇（街）行使部分行政许可及公共服务事项清单的通知》文件要求，在街镇实施“审批服务一窗口、综合执法一队伍”，赋予各街镇行政许可及公共服务事项21项。制订《溧水区相对集中行政处罚权工作方案》，各街镇集中行使行政处罚事项169项，行政强制事项16项。（刘妍伶）

公　安

【概况】 2020年，溧水公安分局贯彻公安部、省、市公安工作会议精神，全面实施“五个现代化”警务战略，开展“十大攻坚提升行动”，以实干实绩推动公安工作和“平安溧水”建设高质量发展。落实意识形态工作责任制，收集情报信息3000余条，编发《每日公安情况》344期、《公安信息快报》21期、《网络舆情信息》159期。化解涉法涉诉矛盾13起，排查化解各类矛盾纠纷9000余起，协助收治33名易肇事肇祸精神病人。强化重大活动保障，坚持“万无一失、一失万无”的标准和“细致、精致、极致”的作风，会同大型活动场所、旅游景区、繁华商圈等主管单位，落实新冠肺炎疫情防控措施，开展安全隐患排查。完成各级“两会”、全国“双新双创”大会、第八届江苏“咪豆”音乐节、长三角健康峰会（溧水）暨中医药博览会、健康中国发展大会等重大活动20余场安保任务。全年有7个集体、121人受到区以上表彰，其中立二等功1人、三等功14人。

6月30日，溧水公安分局党性教育基地揭牌仪式暨“警心永向党，建功新时代”迎七一主题党日活动在红色李巷举行　　曹阳　摄

【打击犯罪】　2020年，溧水公安分局立各类刑事案件2450起，破获1016起，抓获刑事作案成员1119人，刑事拘留673人、逮捕330人，抓获在逃人员326人。开展“扫楼行动”、涉稳风险企业摸排工作，走访单位400余家，采集风险企业123家，化解风险矛盾50余次，8起存量非法集资案件全部破案。开展整治跨境网络赌博犯罪“断链”“净边2020”“利刃四号”等专项行动，打击黄赌、套路贷等违法犯罪行为；推进“昆仑2020”、长江流域禁捕退捕等行动，侦破特大盗收销电动车电瓶团伙案、跨省跨市盗窃别墅案等一批要案，侦破百万以上的通讯网络诈骗案6起，挽回受害人经济损失100余万元。

【公共安全监管】　2020年，溧水区公安系统针对道路交通、群租房、危险物品、基层消防、大型活动、物流寄递、水域安全、校园安全八大领域制订“梳网清格”专项整治行动实施方案。开展“小化工”、剧毒、易制爆危险化学品、基层消防、物流寄递领域大排查大起底整治。运用“慧治安”“智慧危管”信息系统，将数据治理融入风险排控，滚动排查、早排早处、即查即改、跟踪督改，排查整改各类风险隐患1.57万余处，重大道路交通安全隐患按期整改率100%。检查涉危单位726家次，排查治安隐患113处，新增列管剧毒易制爆单位5家，侦办涉爆涉危刑事案件3起，抓获涉案人员6人，收缴处置剧毒易制爆危化品20吨。排查“小化工”单位47家，查处无证无照“黑作坊”3家。检查寄递从业单位230家次，排查安全隐患15处，处罚违规经营寄递企业10家，取缔代收代投“黑网点”2处，新增区级治安保卫重点单位6家。巡查大型活动场馆、旅馆景点、繁华商圈65家次，发现安全隐患33条；检查三级消防重点单位和一般消防单位3000余家次，整改隐患1万余处；排查水域安全隐患9条。

【疫情治安防控】　2020年，溧水公安分局着眼“外防输入、内防扩散”，突出科学防控、精准施策，落细防控措施、拧紧责任链条，全力投入新冠肺炎疫情防控。抽调专人入驻区防疫指挥部，对接市、区两级指挥部，加强集中隔离观察点守护，落实24小时专人值守。查处拒不执行紧急状态下决定、命令案件19起，处罚19人，关停擅自开门营业的娱乐服务场所357家。落实社区疫情防控措施，发放“爱心提示卡”5万份。严防境外疫情输入，会同交通运输、卫健等部门承担上海虹桥及浦东机场入境到溧水中外人员转运工作，完成转运隔离任务。联系4家酒店作为涉外航班隔离点，做好集中隔离点安全防范和服务保障工作。核查入境人员3146人，集中隔离2463人。

【警务设施装备建设】　2020年，溧水区公安系统新建续建分局业务大楼、基层派出所、交警中队等基础设施项目8个。购置防爆装甲车、运兵车等特种车40余辆。8家派出所全部建成“训练角”，规划建设溧水公安分局全局性“训练角”1个；更新公务用车15辆、新增警用摩托车52辆。建成社会动员体验点，健全配套激励机制，常态化组织动员“五类群体”（行政服务管理对象，政府机关、企事业单位工作人员，新闻宣传舆论工作者，民生工作群体,警风警纪监督员)“九大员”(保安员、快递员、保洁员、出租车驾驶员、旅馆登记员、场所行业服务员、公交高频乘员、急诊室医护人员、网格管理员)体验互动,打造良好社会效果。组织各警务实战单位依托户外训练场地、室内训练场及各种警务训练器材,加强全警实战训练工作。

【科技强警建设】 2020年,溧水公安分局推进“雪亮工程”三期建设,在路口建设智能交通系统、增加人脸识别监控,建成智能安防小区104个。启动溧水城区干道绿波云控系统建设工作,在溧水城区5条主要交通干道50个路口实施安装。会同区智慧办落实“镇街吹哨、部门报到”机制,依托网格化社会治理大联动平台,成功分流非警务警情4.7万余起,有效警情总量下降53.4%。

【警务服务】 2020年,强化窗口服务,依托“民意110”和“12345”市民服务热线,分析、研判执法成效,对民生反映强烈的举报、投诉,组织警力依法落实处置措施,结合二次回访提升民警解决问题、落实措施的成效。短信回访“110”接处警工作和窗口办证业务11万次,总体满意率99.51%,接收办理短信工单1747次、来电工单54次,全部按时办结。做好信访人员接待、登记受理,认真听取信访诉求,接待来访207批次,受理信访诉求48项,及时处置办结。

【交通违法整治行动】 2020年,溧水区公安系统联合交通运输、城管等部门走访检查重点企业366家次,完成重点驾驶人背景审查6223人次,检查车辆11307辆次,其中检查渣土运输车辆5540辆次。约谈重点企业86家,发放交通安全告知单641份、隐患整改通知书324份。开展驾驶人交通安全教育124场次、4491人次。结合电动自行车“戴盔亮尾”行动,开展各类宣传活动100余场,推送佩戴头盔安全提示短信400余万条,为电动车粘贴反光条27.99万辆次。排查整改道路交通安全隐患547处、整改率100%,重大道路交通安全隐患按期整改率100%。

【群租房安全整治】 2020年,溧水区新登记出租房屋7760户,居住证系统登记实有出租房屋24608户,其中登记群租房47户,通过压降人数、消除隐患等措施整改注销群租房43户,实有登记群租房4户;摸排群租房各类安全隐患143处,其中治安隐患58处、住房隐患26处、消防隐患48处、燃气隐患2处、用电隐患2处、其他隐患7处;与房主签订治安综合责任书47份,下发隐患整改通知书163份,发放隐患抄告通知书163份;各类安全隐患整改率100%。受理申领流动人口居住证4687人。通过流动人口登记和出(群)租房摸排,破获各类案件9起,治安处罚9人,处罚违规出租房主3人,抓获“三逃”(批捕在逃人员,负案在逃人员、服刑或羁押在逃人员)5人。

【侦破“6·9”非法储存危险物质案】 6月9日,溧水公安分局在开发区滨淮大道江苏鹏程实验器材有限公司,现场查获硝酸、硼氢化钾、氯酸钾、硫磺、硝酸锶等易制爆危化品38.4公斤,以及乙腈、甲醇、乙醇、异丙醇等30个品种危险化学品11.8吨,会同区应急管理局进行相应处置,行政拘留2人。“6·9”非法易制爆化学品储存点查处工作,受到省委常委、市委书记批示肯定。

【“断链”“净边2020”“利刃四号”专项行动】 2020年,溧水区公安系统开展打击整治跨境网络赌博犯罪“断链”“净边2020”“利刃四号”等专项行动,打击黄赌违法犯罪行为,紧盯小额小贷公司利用套路贷方式实施诈骗、“讨债”暗收保护费、插手拆迁、经济纠纷等行为,严厉打击套路贷。查处娼赌刑事案件21起,抓获涉案人员66人次,提起公诉45人;查处娼赌治安案件77起,治安处罚223人,处罚违法经营场所7家。 (刘利娟)

检察

【概况】 2020年,溧水区检察院围绕区委目标定位,聚焦夺取新冠肺炎疫情防控和经济社会发展“双胜利”,以高度的政治自觉、法治自觉、检察自觉,防疫情、保稳定、促发展。全年办理各类案件1046件,多起案件被省、市检察院评为典型案例,案一件比、审结率等案件质效指标稳居全省前列。全年15个集体、40人次受到区级以上表扬奖励,涌现出全国检察宣传工作先进个人、全市政法系统疫情防控先进干警、全市新时代最美机关人等一批先进典型。

【服务疫情防控大局】 2020年，溧水区检察院调整办案方式，通过网络、视频提审、开庭、监督，减少人员聚集，降低传染风险。打击涉疫犯罪，办理涉疫案件4件5人，起诉3人，附条件不起诉1人，建议公安机关撤案1件。向区疫情防控指挥部办公室发出提醒函，推动规范收集、管理公民个人信息。开展预防疫情犯罪普法宣传，发放涉疫犯罪预防手册2000余份，提升群众防范能力。

【维护社会安全稳定】 2020年，溧水区检察院严厉打击刑事犯罪，参与平安溧水建设，办理审查逮捕案件220件325人，审查起诉案件613件836人。主动融入社会治理，发出社会治理类检察建议、提醒函15份，帮助相关单位建章立制、堵塞漏洞。惩治严重危及公共安全犯罪，起诉11人，办理公安部挂牌督办的“7·20”非法制造、买卖枪支弹药系列案件和“3·11”非法买卖爆炸物专案。依法惩治生产、销售有毒、有害食品犯罪，起诉17人。重点惩治电信网络诈骗、隐瞒、掩饰犯罪所得以及利用网络赌博、泄露个人信息等犯罪，起诉58人。坚持“一案一分析、一案一建议”，依法惩治重大责任事故等安全生产领域犯罪，起诉5人。

【扫黑除恶专项行动】 2020年，区检察院开展“六清”行动，检察环节案件全部结清。加强与各政法单位协作配合，落实提前介入、案件会商、请示汇报等办案机制，确保案件质量。坚持扫黑除恶治乱一体推进，办理寻衅滋事、非法拘禁、聚众斗殴、开设赌场等9类关联犯罪197件477人，其中认定恶势力犯罪集团4个、恶势力犯罪团伙2个，起诉45人，向相关部门发出检察建议4份，规范行业监管秩序。加强与监察委办案衔接，提前介入留置案件，引导调查取证，起诉6件10人。依法办理南京检察机关自行侦查的首例恶势力犯罪集团“保护伞”案件，以涉嫌徇私枉法罪依法对鼓楼公安民警罗某提起公诉。坚持惩防并举，开展预防职务犯罪宣讲，以案释法，巩固反腐成效。

【服务三大攻坚战】 2020年，区检察院起诉金融诈骗、破坏金融管理秩序犯罪13人，办理非法吸收公众存款案“黄金一号”水投资项目，涉案金额达6亿元。打击恶意欠薪，追究2名企业负责人刑事责任。民事支持起诉，帮助44名农民工讨回工资40余万元。推动司法救助与精准脱贫衔接，对因案致贫、因案返贫家庭发放救助金36人、80万元。依法惩治非法狩猎、非法捕捞水产品等破坏环境资源犯罪，起诉23人。推进长江流域禁捕退捕工作，联合公安、渔政等单位开展普法宣传，引导渔民弃船上岸。

【助力民营企业发展】 2020年，区检察院打击侵犯民营企业合法权益、扰乱市场秩序等犯罪，起诉46人。坚持少捕慎诉慎押，对涉嫌虚开增值税专用发票罪的6名企业负责人，依法补缴税款后作不起诉处理，最大限度保护企业生产经营、促进工人就业。落实《沪苏浙皖社区服刑人员外出管理办法》，依法准许30余名社区矫正期的人员赴外地从事生产经营活动。主动服务构建新发展格局，出台意见服务保障制造业高质量发展试验区建设。深入重点民营企业，实地调研企业所需。编印《民营企业法律风险防控手册》，筑牢企业发展“防火墙”。服务企业的做法被《新华日报》报道。

【未成年人保护】 2020年，区检察院落实未成年人案件特别程序，坚持被害人、犯罪嫌疑人双向保护，对其开展法律援助、心理疏导及训诫。开展“保障校园周边安全”“护未成长”专项行动，联合区法院、教育局、民政局、妇联、溧水公安分局等单位建立联动保护机制，帮助多名未成年人走出监护困境。办理事实孤儿盗窃案，帮助其找到失散17年的母亲，督促其母履行监护职责。检察建议公安机关开展房屋租赁专项整治，规范长租房监管。未检办案组获评全市“巾帼文明岗”。

【群众信访】 2020年，区检察院落实“群众信访事项件件有回复”工作要求，群众来信做到7日内程序性回复，3个月内办理过程或结果答复。新冠肺炎疫情防控期间，“12309”检察服务热线24小时畅通，全年妥善处置群众信访110件。落实“三同步”要求，重点做好公安部挂牌督办的“爱芝莓”特大传销案宣判后信访维稳工作。践行新时代“枫桥经验”，在永阳街道宝塔路社区、通济街社区设置公益诉讼线索征集工作站、青少年心理咨询工作室,全体干警作为政法网格员,深入社区宣传法律、化解矛盾,促成轻微刑事案件达成和解8件。

【普法宣传】 2020年,区检察院落实"谁执法谁普法"责任,开展"百千万"法治宣传活动。突出未成年人保护、民法典宣传、公益诉讼等重点,开展法治宣传活动20余场,受众6000余人次。加强青少年法治教育,院领导担任学校法治副校长,开展法治进校园活动,开设"防范校园欺凌""青春期女生课堂"等多个课程。

【刑事检察】 2020年,区检察院依法履行指控证明犯罪主导责任,对不构成犯罪或证据不足的决定不批捕56人、不起诉87人。推进认罪认罚从宽制度,释法说理促进犯罪嫌疑人认罪认罚,听取律师意见、做好被害人工作,最大限度减少社会对立。适用该制度得到从轻处理706人,一审服判率98.58%,为全市最高。推进精准量刑工作,确定型量刑建议采纳率100%。加强立案和侦查活动监督,监督立案11件、监督撤案8件,书面纠违18件,纠正漏捕、漏诉14人,监督意见得到有效整改。加强审判活动监督,依法审查刑事判决508件,提出再审检察建议3件。对恶势力犯罪、"保护伞"等案件发表意见,提高办案质量,维护司法公正。加强刑罚执行监督,新冠肺炎疫情防控期间,开启看守所"线上检察"新模式,消除安全隐患73次,监管场所连续19年安全无事故。常态化开展社区矫正检察监督,收监执行3名不服从管理的社区矫正对象,社区矫正检察工作经验被省检察院推广。

【民事检察】 2020年,区检察院构建民事检察多元监督格局,受理各类案件72件,提出监督意见69件。开展虚假诉讼专项监督活动,对一起双方当事人恶意串通、伪造证据骗取生效判决的虚假诉讼案件,依法建议人民法院再审。持续关注农民工维权,连续第三年办理支持农民工讨薪案,获评"全市检察机关典型案例",获集体三等功。强化监督审判程序和执行活动,提出送达程序不规范、执行结案程序违反规定等问题检察建议,促进审判、执行活动规范。坚持监督与支持并重,维护正确裁判,依法不支持监督不符合监督条件的案件,并充分释法说理,促使息诉罢访。协助人民法院开展强制执行,帮助解决执行难问题。

【行政检察】 2020年,区检察院开展行政非诉执行监督,针对行政处罚程序不规范及执行活动违法等情形,向相关行政、执行机关提出检察建议7件,依法维护国家利益和当事人合法权益。针对征地拆迁、土地承包经营权确权引发行政争议,向相关行政机关提出检察建议。加强两法衔接,定期走访行政机关,依法监督立案2件。办理的"吴某某污染环境案"获评全省优秀法律监督案例,系全市唯一入选案例。

【公益诉讼检察】 2020年,区检察院开展"公益诉讼守护美好生活"专项行动,办理公益诉讼案件66件,履行诉前程序60件,提起诉讼6件。聚焦食药安全、生态环境和野生动物保护等问题,开展专项行动,对6名危害食品安全的侵权行为人提起民事公益诉讼,督促相关单位查处违规销售"长江大白鱼"案件。探索建立"诉前认罚认赔"办案机制,督促侵权人修复环境、登报道歉23人次。拓展公益诉讼案件范围,检察建议建筑垃圾影响出行、公共自行车存在安全隐患等公共安全问题,促进规范管理。

(闫小旺)

法　院

【概况】 2020年,溧水区法院以法律为准绳、犯罪事实为依据,高质量审判各类案件,统筹推进执法办案和服务新冠肺炎疫情防控、经济社会发展。全年新受理各类案件1.05万件,办结1.08万件,结收案比102.69%。组织干警参加民法典讲座20余次,8名法官受邀开展民法典普法宣讲活动,提高法官说法释法用法能力。加强司法调研,在市级及以上媒体发布典型案例58个,国家级刊物采用3篇;形成涉劳动争议等调研报告31篇,国家级刊物采用1篇,省、市表彰14篇;发出司法建议9条。

【执行成效加强】 2020年,溧水区法院加强执行长效机制建设,推动执行工作从"基本解决执行难"向"切实解决执行难"转变。新收各类执行案件4040件，结案4056件，执行质效向好，法定期限内执结率等“3+1”核心指标（首次有财产可供执行案件法定期限内执结率、无财产可供执行案件终本合格率、最高人民法院交办的执行信访办结率、执行案件执结率）均位于全市前列。推进“854”模式（由执行指挥中心集中办理执行当事人初次接待、制发法律文书、线上线下查控、办理委托执行事项、录入强制措施信息、网络拍卖辅助、接待执行来访、接处举报电话8类事务性工作；提供视频会商、执行过程记录、执行公开、舆情监测、决策分析5类技术服务；承担繁简分流、案件质效、执行案款、终本案件4项管理职责）实体化运行，加强执行团队建设，形成执行指挥中心、快执团队、普执团队、财产处置团队、保全团队及终本审查组的执行队伍组织架构。依托执行信息化系统，实现对执行案件36个关键流程节点的实时监控和动态管理。

【破产审判质效提升】 2020年，溧水区法院推进债务人资产处置，办结破产清算类案件18件，涉及债权超25亿元，释放土地、房产34.23万平方米，安置职工120余人。设立全省首家破产管理人工作站和智慧破产工作室，配备远程视频会议设备，推进线上财产处置。指导管理人以“不接触、不见面、非现场”办公方式与天鑫公司债权人沟通确认，清偿28位债权人626.37万元，相关做法获《江苏法制报》报道。出台《关于提升破产案件审理质效七项措施》，完善府院联动机制，召开联动会议5次。创新适用预重整程序，南京爱德置业有限公司天生御景楼盘项目自裁定受理重整至表决通过重整计划草案，用时38天，有效压降时间成本。

【接受外部监督】 2020年，溧水区法院办结区人大代表建议、政协委员提案4件，向区人大常委会专题汇报“切实解决执行难”工作情况，落实审议意见。邀请人大代表、政协委员旁听庭审、见证执行11次91人次，参与物业纠纷集中攻坚行动25人次。接受纪检监察部门监督，办结信访34件。接受检察机关监督，邀请检察长列席审委会，办结检察建议10件。定期召开作风监督员会议、新闻发布会，自觉接受人民群众、新闻媒体对审判执行活动的监督。

【扫黑除恶】 2020年，溧水区法院出台《扫黑除恶专项斗争责任追究实施办法》《扫黑除恶信息协同汇报反馈实施办法》等文件，建立健全扫黑除恶长效机制。做到“案件清结”“线索清仓”“黑财清底”。审理陈某林、张某等涉恶案件，向区扫黑办、纪检监察等部门移送线索30余条。开展“打财断血”专项执行活动，铲除黑恶势力犯罪经济基础，三年内判处财产刑6件涉及25人，执行到位36.23万元。刑事审判庭获全市扫黑除恶专项斗争先进集体。

【犯罪惩治】 2020年，溧水区法院按照量刑适当、精准打击原则，依法严惩各类刑事犯罪，新收各类刑事案件507件，结案506件，判处罪犯695人。审结职务类犯罪3起，判处罪犯7人，涉案金额67.3万元。审理“开‘斗气车’被判刑案”，警示公众文明礼让驾驶，不当“路怒族”。打击电信网络诈骗等涉民生领域犯罪行为，依法惩处陈某义等电信诈骗犯罪分子。审结1起疫情期间恶意闯卡、寻衅滋事案件。组织开展“国际禁毒日”专题宣传活动，制作并发放禁毒图册，受众400余人。发出涉安全生产司法建议5条，推动完善社会安全体系。

【民事纠纷多元化解】 2020年，溧水区法院开展预防化解物业纠纷攻坚战，设立驻社区巡回审判法庭、与街道共建预防化解物业纠纷政法网格工作站，打造主体多元、方式多元、途径多元的物业纠纷解决平台，调处物业纠纷1344件，相关工作经验入选全市政法网格员工作月度十佳案例。晶桥法庭创新打造石山下乡贤调解工作室，发挥当地新老乡贤影响力和村民自治力，拓宽非诉化解纠纷渠道。与银行机构建立金融纠纷多元化解联席制度，推动金融纠纷高效化解。组织“阳光溧法”法治报告团与政法网格员，构建72名网格法官直通全区8个街镇、112个基层村（社区）群众的“溧法直通车”工作机制。网格法官实地走访调研490人次，解答法律咨询235次，参与纠纷化解73次，开展巡回审判16次、法治宣传活动48场，发放宣传资料7663份，开展网格员、调解员培训8次，网格员协助法院开展查人找物等工作110次，相关经验多次入选省法院《“一站式”建设专刊》、市法院《司法改革典型案例选编》。

【繁简分流改革试点】 2020年,溧水区法院建立复合型立案团队,形成"类案专审、简案快审、繁案精审"三级递进甄别分流模式。探索交通事故、物业、婚姻家庭类纠纷要素式审判,提升审判质效。加强独任制审理工作,结案4597件,一审独任制适用率80.47%。与辖区内12家律师事务所、法律服务所签订电子送达备忘录,依托网上诉讼服务中心向律师、法律工作者等送达其代理的民事案件诉讼文书。试点开展外勤集中送达工作,送达784件,送达成功率83.23%,居全市前列。

【群体性纠纷化解】 2020年,溧水区法院做好房地产纠纷、劳动争议等涉群体性纠纷案件审理工作。适用省法院全装修房审理指南,审理海伦堡等涉众型房地产纠纷案239件,促进溧水房地产业健康稳定发展。受新冠肺炎疫情影响,部分企业经营不善,劳动争议类案件增多,坚持兼顾企业生存发展和劳动者合法权益保护,审结劳动争议类案件368件、劳动报酬类案件136件。加大对农村土地流转案件审理力度,审结案件69件,撰写调研报告1份。

【优化营商环境】 2020年,溧水区法院成立落实南京市优化营商环境新100条领导小组。组织"企业服务年"活动,开展规模以上企业常态化菜单式法律服务200余次。优先立案、保全、调解、审理和执行涉企纠纷案件,从简从快审结涉企业简单民商事案576件。出台《关于服务和凤机电产业园高质量发展的实施意见》,促进和凤机电特色小镇建设。发布《南京市溧水区人民法院关于提升合同案件质效、优化营商环境十项举措》,推动合同类纠纷执行案件实现快立、快执、快结。贯彻善意执行理念,撤销民营企业限制高消费措施159人,解除涉企被执行人失信惩戒54起。推动"僵尸企业"经济转型、产业升级,释放发展空间,移送执转破案件3件,促进新旧产能转化。

【化解金融风险】 2020年,溧水区法院参与互联网金融、非法集资等领域风险点排查和问题整治,审结非法吸收公众存款案8件。开展惩治非法集资犯罪专项活动,成立推进陈案处置专班小组,清结陈案18件。推进金融放贷领域专项整治,强化对借贷合同和相关证据实质性审查,审结民间借贷纠纷案742件。建立民间借贷案件强制检索制度,依托"套路贷"虚假诉讼智能预警系统在立审执全环节检索筛查职业放贷人4名,移送公安线索10条,民间借贷案件收案数下降31.04%。

【"两个一站式"建设】 2020年,溧水区法院推进诉讼与非诉讼对接中心、非诉讼服务中心溧水法院分中心实质化运行,选聘10名人民调解员常驻法院,建立道路交通、物业、家事等专业化调解工作室。新收诉前调解案件2842件,诉前调解分流率54.34%。设立跨域立案窗口,通过中国移动微法院协作开展跨域立案26件。在全省率先将诉讼服务中心迁入区社会矛盾纠纷调处化解中心,选派工作人员常驻,设立诉讼服务业务窗口6个,实现群众反映问题"最多访一地,矛盾不上交"。

【优化"智慧审判"机制】 2020年,溧水区法院完成7个科技法庭建设。完善在线庭审设施,建立随案文书中间流转平台,实现数字化、无纸化办案。探索互联网审判机制,出台《南京市溧水区人民法院网上开庭须知(暂行)》,为网上诉讼办理提供明确指引,新冠肺炎疫情期间通过"宁审通"等线上平台开庭71件。参与溧水政法大数据共享应用服务平台业务协同系统建设。安装看守所远程提讯设备,新建驻所科技法庭,实现"无接触庭审"常态化。建成24小时自助式诉讼服务中心,方便当事人就近开展诉讼活动。坚持法理情相融合,审理离婚、赡养、继承等案件632件。全面实行道路交通事故损害赔偿纠纷网上数据一体化处理,受理案件517件,受害人受偿1073万元。

【涉疫案件处置】 2020年,新冠肺炎疫情期间,溧水区法院利用线上网络拍卖,依法处置南京新得力等3家破产企业土地使用权8.99万平方米,成交价1.15亿元,盘活土地资源。至年底,处理涉新冠肺炎疫情案件22件,其中涉消毒液设备生产企业买卖合同纠纷案件入选首批长三角地区法院典型案例,涉新冠肺炎疫情旅游纠纷案件获《人民法院报》报道,"金龙公司执行案件"被央视"国际在线"作为典型案例报道。出台《关于疫情防控期间为企业复工生产提供司法服务和保障的意见》,选派干警走访企业、社区50余次，开展法律咨询30余次，相关工作获“江苏政法”微信公众号报道。

（刘秀）

司法行政

【概况】 2020年，溧水区司法行政系统发挥维护稳定、推动法治、服务发展等方面作用，助力复工复产复市。出台《2020年法治为民十件实事》，增强全区群众法治获得感、幸福感和满意度。牵头开展法治政府建设“补短板、强弱项”专项活动，全区14家行政执法部门梳理排查并整改问题37个。开展新冠肺炎疫情防控法律服务，疫情期间，为多起群体性讨薪案件提供法律援助，44人群体性讨薪案件获全省优秀案例。成功申报省级民主法治示范村（社区）7个、省级法治文化建设示范点1个，动态管理全区52个省级民主法治示范村（社区）。完成全区人民调解员等级评定，评出一至四级调解员166名。联合区教育局在区状元坊小学成立少年法治剪纸实践基地。完成3家标准化家事调解工作室样板打造。办理法律服务案件4946件（公益998件），公证2991件。推进“数字法治·智慧司法”建设，建成集指挥调度、应急值班、突发事件处置等工作职能为一体的司法行政指挥中心。

【矛盾纠纷排查调处】 2020年，溧水区司法行政系统创新调节机制，化解矛盾纠纷，开展矛盾纠纷排查化解“百日会战”和发展“枫桥经验”，举办“矛盾不上交三年行动——2020巩固发展年”专项活动，全力化解重大疑难纠纷。接收因新冠肺炎疫情产生的劳动关系、房屋租赁等咨询155件；调处外来人员（车辆）进出小区（村）、办理出入证等引发纠纷182件，调解成功率100%。制订《溧水区关于建立非诉讼纠纷解决综合平台的工作方案》，成立区非诉讼中心，实现区非诉中心、信访分中心、法院分中心“三位一体”管理模式。全区受理行政调解5260起，调解成功率100%，各人民调解组织受理调处矛盾纠纷16982件，调解成功16972件，涉及金额8372.98万元。

【特殊人群管理】 2020年，溧水区司法行政系统召开大排查、大督查专项活动部署会和推进会，提高社区矫正工作人员安全意识，落实管理制度，依法履职。全年接收社区矫正对象260人，解除矫正274人，在册292人，其中缓刑289人、假释2人、暂外执行1人；在册安置帮教对象1311人，其中监所释放536人，解矫775人；重点安置帮教对象接回8人。开展暖心会见，实现监狱服刑人员远程视频会见96人次，未发生严重影响社会安全稳定事件。推进“春风行动”特殊人群帮扶，发放困难补助金8000元；联合人社部门开展特殊人群职业招聘专场；开展“春风护苗助学行动”，帮扶特殊人群困难家庭未成年子女5人。

【公共法律服务】 2020年，溧水区建成区公共法律服务中心，总面积3000平方米。集指挥调度、应急值班、突发事件处置等工作职能为一体。完成公共法律服务进驻南京国家农高区工作。各律所与区法院建立各类调解中心9个，成立公调（各街镇人民调解委员会驻派出所公调对接工作室）、访调（区人民调解委员会驻区信访局人民调解工作室）、物调（区物业管理纠纷人民调解委员会）、医调（区医患纠纷人民调解委员会）、基层人民调解委员会等组织124个，化解纠纷452起，参与重大案事件善后处置工作。开展“知识产权保护法律服务进企业园区百日行”活动，宣传维权援助和

5月25日，区司法局组织“法润江苏·2020春风行动”人民调解进企业活动

区司法局　供

荷花社区演绎情景剧让民法典深入人心　　《今日溧水》报　供

开展专题讲座，调研150余家企业知识产权保护现状，为园区企业提供“点对点”精准服务。受理知识产权举报投诉案54件，调解知识产权纠纷案12件，接受知识产权法律服务咨询200次，上门服务企业180余家，开展社区知识产权类法律宣传100余次。全年接待公共法律服务咨询9551人次，增长6%；办理法律援助案1205件（含法律帮助案件），上升14.86%；“12348”法律热线咨询4105人次，为受援人挽回经济损失1200余万元。推进公共法律服务中心“互联网+政务服务”新模式，入驻“12348”江苏法网，提供电商式服务，形成横向到边、纵向到底、线上线下全覆盖法律援助网络体系。

【法治宣传】 2020年，溧水区司法系统创新普法方式，开展“疫情防控·法治同行”宣传活动。利用“溧水普法”“溧水司法”微信微博平台，宣传传染病防治法、野生动物保护法、房屋租赁、复工复产等常用法律知识。联合区融媒体中心开设《与法同行》电视栏目，邀请律师在直播间解答群众生产生活、劳动纠纷、野生动物保护等方面法律咨询。开展迎新年系列法治宣传活动，邀请书法家送法治春联进村（社区），发放法治对联和台历2600余份。到建筑工地开展农民工普法，宣传企业安全生产法律知识，分发法律手册400余本。举办法治优秀讲稿颁奖暨经验交流会活动，将优秀讲稿编印成册分发给全区30余所中小学校。联合区教育局开展第二届青少年“法在心中”书画比赛，提升青少年法治文化素养。组织“三下乡”集中服务活动，送法律知识到群众中去。开展“4·8”司法日系列活动，通过微博、微信平台、市民之家电子大屏、溧水FM92.3广播等多种形式展开推广。利用微信知识竞答、《今日溧水》报、电视台滚动字幕、公益广告大屏等，多举措宣传社区矫正法。启动民法典宣传，张贴《民法典与生活同行》系列挂图，覆盖村（社区）法治宣传栏，扩大受众面和触达率，提升宣传影响力。编印《民法典50问》宣传手册，分发3万余份，开展民法典法治宣传社区行活动20场次。开展国家安全日、防范非法集资、五一劳动法治宣传服务月以及爱国卫生月运动等主题线上普法活动。

【农民工维权】 2020年，溧水区司法局推进新冠肺炎疫情期间欠薪维权、脱贫解困等重点援助事项，保障涉疫情援助案件办理，开展“法援惠民生，助力农民工”“自强脱贫助残共享”法援专项维权活动。组织律师、公证员、法援工作者40人，赴南京八建天生华府工地开展送法进工地活动，解答法律咨询50余人次。推进刑事案件辩护和法律援助，办理农民工法律援助案件279件，其中劳动争议214件，涉及金额150万元。开通农民工劳动争议法律援助绿色通道，降低法律援助受理标准，简化审批手续，维护农民工合法权益。开展农民工送福送法送春联活动，发放法援宣传单页、农村法律知识读本、法治扑克、法治台历等宣传资料500余份、“德法同行”法援宣传布袋350余只。

（刘妍伶）

责任编辑　吴萍

人民武装

【概况】 2020年，溧水区按照国防和军队改革总要求，坚定举旗铸魂维护核心，聚焦主责主业练兵备战，从严正风肃纪纯净生态，适应新体制、履行新职能、担当新使命，增强应急应战国防动员能力。持续深化“不忘初心、牢记使命”“传承红色基因，担当强军重任”主题教育成果，持续推进《习近平谈治国理政》理论学习。聚焦能打胜仗练兵备战，按照“超前谋划、及早准备”工作思路，完成民兵整组工作，抓好实战化训练演练，提升民兵分队综合能力，梳理国防工程、交通运输、民兵支前等工作，做好数据采集和补充完善工作。按照“一季征兵、全年准备”要求，早筹划早准备，组织征兵工作人员培训，开展征兵宣传和兵役登记，严把体检和政审关口，落实征兵廉洁纪律。区人武系统应对新冠肺炎疫情，设立民兵执勤布控点，动用民兵参与疫情排查、防疫消毒、拦截查问等工作。组织民兵防汛抗洪，在石臼湖沿线遂行打桩、填沙袋等巩固堤坝任务。整合区内国防教育资源，发挥大金山庄国防教育基地、红色李巷、回峰山纪念馆等红色基地作用，拓展国防教育普及面，扩大红色传统国防教育影响。举办高校新生军训，开展“国防教育宣传月”活动，普及中小学国防知识，开展夏令营、国防知识竞赛等教育活动，激发全社会关心国防、热爱国防、保卫国防热情。区人武部被市警备区评为安全管理先进单位，5人被评为市警备区优秀个人。

【兵役征集】 2020年，溧水区人武系统做好大学生兵役征集工作。利用微信公众号、门户网站等新媒体以及全区公交站台、商场LED显示大屏，滚动播出2020年大学毕业生参军入伍新增优待政策。通过电话、短信、微信等方式，将新增优待政策推送至每一名征集对象，实现最新政策宣传全覆盖。召开4次征兵工作推进会，各街镇和高校严格按照下达指标完成征集任务。9月，举办全区

9月8日，溧水区举行2020年新兵入伍欢送仪式　　《今日溧水》报　供

新兵欢送大会，为进藏新兵代表佩戴鲜花。研究通过《南京市溧水区机关事业单位、开发区、镇（街）编外人员招聘退役大学生士兵工作实施办法》，解决退役大学毕业生就业问题，为新年度大学毕业生应征打下坚实基础。

【民兵整组】 2020年，溧水区人武系统坚持平战一体、军地合力，持续推动军事斗争动员准备向纵深发展。抓好民兵编组落实，完成普通民兵、基干民兵编组；突出抓好首批编建队伍建设，确保基础队伍强大、基干力量精实、应急应战一体的新型民兵力量体系，达到“服务主战、保障打赢”目的。5月，随机拉动民兵分队；6月，全员全装拉动民兵连队；11月，组织连队集中训练与考核。

【军事训练】 2020年，溧水区人武系统稳步推进军事训练有序落实，组织应急应战业务集中强化训练，按纲落实基本技能训练。修订完善处置突发事件总体应急预案、指挥所编组预案以及抗洪抢险、森林防火、反恐维稳、应急行动等16套方案预案。重大节日前开展战备演练，组织战备教育，值班人员24小时在岗在位，履职尽责，提升民兵分队应急应战水平。完成干部集训、全市森林防火集训、民兵应急连备勤轮训、新兵役前教育训练等训练任务。推进规范化建设，根据省军区系统战备、训练、工作、生活秩序规范要求，投入35万元全面规范“三室一库”（办公室、资料室、执勤室、战备器材库）建设，永阳、东屏、石湫街道和晶桥镇4个基层人武部门规范化建设基本完成。

【安全保密建设】 2020年，溧水区人武系统加强安全工作，坚持把军人、军车形象作为安全建设基础工程。开展学法守法用法活动，树牢法治理念，培塑法治文化，肃清陈规陋习，推进法治化正规化建设。组织“学条令、学法规、正秩序”和条令条例学习活动，定期开展安全教育、安全训练。年初，组织全体人员签订保密安全责任书。2月，开展专项保密清理检查活动，重点查找涉密文件资料、涉密计算机和移动存储载体等8个方面问题，坚决防范失泄密。每季度组织1次安全和保密工作检查、分析和讲评。加强文件档案全流程管理，做好永久档案整理移交准备。抓好重要时段、敏感时期安全管理，组织重大活动安全风险评估，强化各类防范措施末端落实。加强重点部位、关键人员管控，定期开展安全隐患排查整治。加强和改进信息安全保密措施，推进保密办公秩序整治和手机使用管控。综合巡查常态化，突出特殊敏感时期督导，确保单位安全稳定。

【国防教育】 2020年，溧水区人武系统下发《2020年溧水区国防教育工作要点》。9月19日，在大金山庄国防教育基地举办“军民同心筑梦·共担强军重任”主题教育活动。组织国防教育专题讲座，邀请南京陆军指挥学院黄培义将军主讲，500余人参加。推动国防教育进景点、进公园、进学校，在红色李巷开设国防教育宣传长廊，在秦淮源、幸庄公园放置国防教育宣传牌，选定东屏中学作为年度国防教育示范点，宣传全国十大英模人物以及韦昌进等8名溧水籍优秀献身国防人物。12月13日，在大金山庄国防教育基地组织开展南京大屠杀死难者国家公祭日活动。（张赟）

【武警溧水中队】 2020年，武警溧水中队坚持“务实作风，团结一致，夯实先进内涵”抓建理念，全面实现“两个确保”，提升按纲建队质量。1名战士立三等功、10名战士被评为“四有”优秀士兵，3名战士入党。全年持续开展“传承红色基因、担当强军重任”主题教育，组织观看红色电影、教唱红色歌曲、制作主题板报、读书体会交流、开展讨论辨析会、主题故事会6类活动。对照胜战标准，组织“龙虎榜”“创纪录、当尖兵”等评比竞赛活动，提升实战化军事训练水平。按照“全面建设、体系防控、科技强勤、确保安全”总思路，与溧水公安分局联合开展方案演练2次。全年出动武警官兵30余次，完成武装押解犯人、巡逻等任务。春节期间，协助公安特警武装巡逻。1月，组织武警官兵到看守所打扫卫生，清理生活垃圾。2月，出动武警官兵参加夫子庙秦淮灯会安保任务。4月，出动武警官兵为烈士陵园敬献花圈。6月，为区血液中心献血10余人次4000余毫升。9月，出动武警官兵担负周边中小学开学期间武装巡逻任务。12月13日南京大屠杀死难者国家公祭日，派武警官兵担负武装巡逻任务。12月，被武警江苏总队评为2020年度正规化执勤优秀单位。（仓浩）

人民防空

【指挥通信保障】 2020年，溧水区人防系统依据《人民防空训练与考核大纲》规定，拟定训练计划，坚持从实战出发，强化使命任务课题学习训练。开展机动指挥所训练4次，参与省、市开展的机动指挥车拉练，提升技能、锤炼队伍，基本实现一人多岗、一岗多人，提升指挥通信保障能力。落实人防专业队伍编组整训。实现人防指挥通信平台建设向永阳街道延伸，强化警报维护管理，落实专人负责。6月、11月，组织专项巡检，及时排除故障。完成4月4日、9月18日、12月13日警报鸣放工作。

【人防工程建设】 2020年，溧水区根据《关于印发南京市人防系统深入开展安全生产专项整治行动工作方案的通知》，开展安全生产专项整治行动。检查全区结建人防工程安全，要求安全管理不到位、安全隐患突出的单位整改。查处人防工程违法案件3起，下达限期整改通知书，3家单位均整改到位，全年未发生人防安全生产责任事故。按照"应建必建，应收必收"要求，区人防办配合区行政审批局做好结建、易地人防工程审批。至年底，完成人防工程年检备案工作与标识标牌更换。

【人防训练演练】 2020年，溧水区人防系统坚持从实战出发，强化使命任务课题学习训练。5月，组织人防机关干部及专业队训练70人次，联合永阳街道在恒大社区开展高层疏散演练150人次；联合区应急管理局在大金山开展"5·12"防灾减灾演练200人次。6月，参加区自来水公司基坑坍塌应急演练；联合区水务局、城建集团进行自来水漏氯重要经济目标防护应急演练。9月，在开发区康怡社区开展防空袭疏散演练240人次，在永阳街道庆丰路南苑社区开展疏散演练150人次。10月，组织警报器管理人员及机关干部训练61人次。11月，组织全区工程维护管理人员培训82人次。11月5—6日，联合秦淮区人防办、石湫街道开展城市防空袭临战人口疏散实战化演练，社区群众和区红十字会医疗救护专业人员130余人参加。组织参加市办各类集训6次30人次。

【人防宣传教育】 2020年，溧水区人防系统利用"3·1"国际民防日、"5·12"防灾减灾日、"9·18"国防教育日、"12·13"国家公祭日向市民分发宣传册1000份，知识问答300条，展示防空减灾宣传图板10块，发放宣传品2000份。组织观看《献礼新中国人民防空70周年》专题教育片。与区教育局签订人防教育合作协议，组织全区人防教师集训，提升人防教育水平；配发中小学人防教育书1696册；开展中小学人防知识竞赛活动。4月，举办"关注人防工事，守护地下长城"线上答题踩楼活动。9月，组织人防课程进党校。全年在永阳街道庆丰路、通济街、致远、状元坊社区发放人防救援包1万个。（王蓉）

8月1日，雷锋战友赵明才为夏令营的孩子们讲述雷锋的故事
区退役军人事务局　供

退役军人事务

【概况】 2020年，区退役军人事务局坚持以退役军人为中心，推进

退役军人思想政治和权益维护工作，组织先进退役军人选树，引导广大退役军人为建设“强富美高”新溧水奉献力量。4月，遴选3名优秀退役军人参加市退役军人事务系统微党课比赛，68岁任生安获三等奖，85岁雷锋精神传播者赵明才、80后军嫂马雯分别获优秀奖，溧水区获优秀组织奖。微视频《赤诚的军魂》获南京市“爱我国防”微视频大赛二等奖。接办各类权益事项117件，接待来访900余人次，即时办结率100%。赵明才被评为“江苏省模范退役军人”，胡义川、毛岸生被评为“2020年度南京最美退役军人”，方述怀获“南京最美退役军人”提名，尹光新先进事迹在中央台播出。

【优待抚恤】 2020年，溧水区退役军人事务局落实政策规定待遇，帮扶救助重点优抚对象、1955—1956年入伍老兵、未享受烈士待遇的父母配偶及子女、60周岁退伍老兵及老年烈士子女，发放春节慰问金151.08万元。为享受国家抚恤补助优抚对象发放3030.66万元和190.91万元生活补贴。春节和“八一”建军节慰问企业退休“两参”（参战参试）人员23.4万元。“八一”建军节前夕慰问健在的抗日战争、解放战争、抗美援朝时期老复员军人15.5万元，普遍慰问重点优抚对象中的“三属”、在乡残疾军人、带病回乡退伍军人、参战参试退役军人54.15万元；走访慰问烈士遗属16人，发放慰问金3.2万元。

9月26—30日，溧水区举办2020年度退役军人欢迎仪式暨适应性培训
区退役军人事务局　供

【英烈军属褒扬】 2020年，溧水区悬挂光荣牌1.36万块，“光荣之家”牌匾换发1247块。为68名老战士发放抗美援朝出国作战70周年纪念章。17名溧水籍立功人员名单在《金陵晚报》上刊登。新冠肺炎疫情期间，烈士陵园管理中心推行替代式祭扫，实行预约登记、有序开放。4月，溧水114网站首页开设“清明祭英烈”活动专栏，提供网上云祭扫服务。推进全区烈士纪念设施功能建设，完成中山烈士陵园内部道路改建，出新烈士纪念馆内部展陈，美化苏南反顽战役纪念塔周边环境。

【退役军人就业安置】 2020年，溧水区退役军人事务局落实就业创业政策。建立2019年自主就业退役士兵一人一档。接收2020年秋冬季退役自主就业退役士兵，举办首届退役军人返乡欢迎仪式，组织适应性培训、退役军人及家属专场招聘会和部分退役士兵社保接续工作，开展退役军人技能培训。8月，组织自主创业退役军人参加市“戎创金陵”大赛，1人获三等奖，3人获“退役军人创业之星”，溧水区获“优秀组织奖”。按照“积分选岗、阳光安置”办法和全程纪实要求，安置转业士官到事业单位、国企就业，全年安置16名计划分配转业军官。

【退役军人服务保障体系建设】 2020年，提升服务保障体系能力，强化“基层基础基本建设年”活动成效，梳理区、街镇、村（社区）三级退役军人服务保障体系工作职责、工作流程、服务公约、政策咨询、窗口接待人员职责，编制下发《退役军人就业创业方面政策问答》等办事指南手册至各街镇退役军人服务站，完善建档立卡困难人员管理数据库。9月，组织区、街镇、村（社区）三级退役军人事务系统工作人员业务轮训，成立退役军人志愿者服务队。成立区退役军人服务中心，组建永阳街道、柘塘街道、石湫街道、洪蓝街道、东屏街道、晶桥镇、白马镇7家退役军人服务站。

（王贵保）

双拥共建

【拥军优属】 2020年，春节、“八一”建军节，溧水区领导带队慰问驻溧部队。新冠肺炎疫情防控期间，溧水区成立军地联合专项组，负责协助驻溧部队防疫战疫，对接各部队疫情防控动态，为各部队补充抗疫物资。2月11日，区长张蕴带队与武警江苏总队某支队领导商讨军地联合抗疫相关工作；6月13日，省退役军人服务中心与武警江苏总队某支队开展“军地携手、缘定金陵”联谊活动；7月22日，省长吴政隆带领省、市、区主要领导慰问武警江苏总队某支队，发放慰问金100万元；8月28日，协调50多家地方企业，举办退伍军人专场招聘会。全年发放随军未就业驻溧部队官兵家属困难补助3.321万元；足额发放2018年、2019年入伍士兵慰问金53.8万元；家庭优待金755.97万元和义务兵大学生奖励金231.5857万元（含学院兵）。协调解决军人子女入学入托。走访慰问驻溧部队、军烈属和革命伤残军人，发放慰问金70万元。做好“后路、后院、后代”工作，实现军官转业安置满意率、退役士官政策安置率、退伍士兵上岗培训率、驻溧官兵子女就近入学率4个100%。10月10日，开展“服务地方经济发展，共同建设美丽家园”双拥活动，共建“双拥林”。

（王贵保　张赟）

【拥政爱民】 2020年，驻溧部队积极为第二故乡建设贡献力量。春节前，到石湫街道塘窦村社区慰问贫困户10万元。8月15日，解放军陆军工程大学教练勤务营国防工程连与前进社区、开发区小学联合开展“学军人风采，展少年雄心”爱国主义教育活动。8月，武警江苏总队某支队开展军营开放日活动，小天鹅艺术中心（禄口校区）师生参观学习兵器知识，提高国防意识；9月，武警江苏总队某支队帮助南京视觉艺术学院、南京航空航天大学金城学院、正德职业技术学院组织新生军训。

【双拥宣传】 2020年，溧水区双拥办结合市创建全国双拥模范城“九连冠”和创建省级双拥模范区工作，加强双拥宣传力度，营造双拥氛围。8个街镇、112个村（社区）双拥工作站通过张贴双拥海报、宣传横幅、LED电子显示屏播放等多种方式宣传。动员社会力量，对接非公企业党支部，让社会组织融入双拥宣传，发挥企业拥军代表示范引导作用。10月，区退役军人事务局、城管局、交运局、永阳街道、供电公司5家单位和端燕、王贵保、张赟、李璐雯、赵亮5名个人获评市创建全国模范双拥城优秀集体和优秀个人。

（王贵保）

责任编辑　吴　萍

10月10日，溧水区开展“服务地方经济发展，共同建设美丽家园”双拥共建活动　　区退役军人事务局　供

溧水经济开发区

【概况】 溧水经济开发区位于南京市南部，溧水区城北侧，与溧水主城相依。境内有宁宣、宁杭、常合3条高速和204省道、243省道、246省道、340省道4条一级公路及宁杭城际铁路、轻轨S7线，距南京南站30分钟车程。域内水陆空立体交叉，交通方便快捷、物流顺畅，是苏、浙、皖3省交通节点，航空产业园距南京禄口国际机场仅一河之隔。2020年，开发区辖域面积138平方千米（含柘塘街道），下辖14个社区和1个果园试验场，户籍人口66062万人。有工业、服务业生产企业620家，其中规模以上工业企业210家、高新技术企业172家。园区形成新能源汽车、临空经济、智能家居、信息技术、食品医药等特色产业集群，建有新能源汽车产业基地（国家火炬特色产业基地）、南京临空经济示范区（溧水片区）、南京溧水航空物流园（省级示范园）、机场跨境电商产业园、空港保税物流中心（B型）、空港会展小镇、海外人才创业中心等特色园区。全年地区生产总值321.19亿元，增长8.6%；一般公共预算财政收入28.37亿元，增长12.33%；全社会固定资产投资172.11亿元，增长8.9%；工业固定资产投资102.61亿元，增长16.8%。注册合同外资及港澳台资2.88亿美元。年底排名全省省级开发区第10位，省级以上开发区（含国家级）第34位。4月，溧水开发区被市政府授予“南京市独角兽瞪羚企业培育工作优秀载体”称号；10月，被工信部授予“国家绿色工业园区”称号；获区委、区政府2020年度对标找差创新实干推动高质量发展先进镇（街）区一等奖。

【工业】 2020年，开发区工业总产值680.7亿元，增长10.7%；规模以上工业总产值491.12亿元，增长14%；实际利用外资及港澳台资2.16亿美元。外贸及港澳台贸易总额86.3亿元，增长42.8%。完成技术改造项目76个，新增规模以上工业企业42家、市“专精特新”企业21家、互联网化提升企业12家、瞪羚企业6家、总部企业2家（创维电器股份有限公司、康迈南京机械有限公司）、国家级“单项冠军”企业1家（南京云海特种金属股份有限公司）。新增高新技术企业49家，高新技术产业投资增长13.5%，高新技术产业产值占48%。

【新冠肺炎疫情防控】 2020年，开发区落实市区委、政府新冠肺炎疫情防控措施，境内所有企业单位、村（社区）实行人员进出管控，遵守疫情防控规章。1月23日，南京新隆医疗用品有限公司接到区政府医用口罩保障需求指令后，紧急行动，动员职工放弃春节休假，迅速恢复生产，上马3条生产线，三班制24小时生产。艾欧史密斯（中国）环境电器有限公司捐赠的第一批空气净化器在武汉同济医院投入使用。南京星银药业集团有限公司捐赠10万瓶葛根汤口服液用于湖北咸宁疫情防控。2月13日，开发区党工委到前进社区琴韵华庭小区，看望慰问援鄂医护人员张婷婷家属。

【复工复产】 2月9日开始，开发区一手抓新冠肺炎疫情防控，一手抓企业复工复产，印发《南京溧水经济开发区关于加强企业复工疫情防控工作的通知》，成立企业复工服务专班，明确企业复工复产工作职责。2月23日，开发区435家工业企业全部实现复工，涉及员工近3万人。2月26日，开发区企业复工管理平台上线，50家企业通过平台上传信息。

【"四新"行动】 2020年，开发区落实市"四新"行动部署，围绕5G、特高压、新能源汽车充电桩、人工智能等七大领域，建设开发区5G基站、新能源汽车充电桩、智能网联汽车测试赛道、智慧城市指挥中心、智能家居、智能仓储物流等新型基础设施及关联产业项目11个，总投资350亿元。依托南京保税物流中心（B型）、南京机场跨境电商产业园，以保税直播构建起"一站式播全球、一站式买全球和卖全球"消费新模式。南京空港国际博览中心举办大型工业展会20余场，吸引参展观众20万人次。招引新能源汽车、临空经济、智能制造、大健康产业项目27个，总投资57.27亿元，新产业形成新动能，规模以上工业产值491.12亿元，增长14%。2月21日，率先举办重点产业项目集中开工仪式；3月24日，召开全国首个制造业千人规模大会；6月、8月，率先赴上海、深圳等地开展"四新"行动专题推介，全年签约亿元以上项目152个，其中制造业项目114个。围绕空港新都市打造，在基础设施、功能配套、人居环境、城市韧性方面实施84个城建计划项目，总投资226亿元。启动群力大道、科创大道、珍珠北路等一批市政道路新建改造；实施马场路、环一路、汽车4S园、沂湖公园等景观建设；扩建柘塘污水处理厂、易地搬迁喜旺污水处理厂；柘塘中心卫生院、南外溧水校区、正方佳园、怡景佳苑三期等18个工程建设项目有序推进。实施征地拆迁项目50个，面积50.4万平方米。9月5日，省市领导观摩园区江苏省康复医院、南京市颐养中心、南京空港国际博览中心、国美江苏总部、南京金龙客车制造有限公司、南京机场跨境电商产业园、欣旺达动力电池等"四新"行动重点项目。

【招商引资】 2020年，开发区招商签约亿元以上项目93个。围绕新能源汽车产业"补链强链"，引进投资3.5亿元的英博路普氢燃料电池、投资4亿元的致精减速器、安立国际传感器、南潭动力汽车部件、利亚智能仪表装备等项目。围绕临空制造及服务业集聚，签约引进总投资106亿元的宝能国际健康科技城，以及睿海科创园、龙禹总部基地等项目。围绕智能制造和数字经济产业发展，引进投资7亿元的安讯智能制造总部、3.5亿元的万石溧水智造产业园以及登葛特半导体器件装备等项目，总投资500亿元。

【科技创新】 2020年，开发区企业申请专利2018件，授权专利2078件，PCT专利申请173件，万人发明专利拥有量80件。新增高新技术企业49家、认定科技型中小企业130家、市级工程技术研究中心5家、省级工程技术研究中心3家、省级研究生工作站1家、省博士后创新实践基地1家、市博士后创新实践基地1家。新增国家知识产权优势企业2家、省级重点实验室1个。企业与高校、科研院所实施产学研合作项目27个，协助企业办理"溧科贷""苏科贷"等各类贷款8亿元。

【人才引进】 2020年，开发区申报市科技顶尖专家1人，入选省"双创计划"3人、省"乡土人才三带新秀"3人、市高层次创业人才3人、市创新型企业家2人、市企业专家工作室1人、区级高层次创业人才8人。集聚高素质人口1.02万人，享受人才安居租赁补贴697人，解决子女就学需求18个。

【37个项目金洽会集中签约】 9月21日，2020中国南京金洽会溧水专场推介会在开发区空港国际博览中心举行，37个重大项目集中签约，总投资510.6亿元。其中，制造业项目24个，占61%；三产项目12个，占36%；外资及港澳台资项目4个，总投资2.37亿美元。签约项目中，包括Adler集团汽车工厂研发总部项目、国信恒基（南京）云数据中心项目等20个大型智能制造装备项目，总投资270.82亿元，占53.1%；美国SLG公司与南京国家农高区围绕共建农业科研院所、农业生态圈开展国际合作项目签约落户溧水。

【开发区获"全国绿色工业园"称号】 10月29日，工信部发布第五批绿色制造名单，开发区上榜国家级绿色工业园区名单，全市唯一上榜园区。全年能源产出14.16万元/吨标准煤；万元工业增加值碳排放量消减率16.08%；单位工业增加值废水排放量1.17吨/万元。南京创维家用电器有限公司生产的电动洗衣机、家用电冰箱2个产品同步入选国家级绿色设计产品名单。开发区紧邻禄口国际机场，是南京南部重要先进制造业基地、现代服务业集聚区和对外开放新兴高地，布局形成新能源汽车、临空经济、智能制造等实体经济产业格局。园区坚持发展绿色现代服务业，通过优化产业空间布局、调整产业结构，提高能源资源利用率，在推动传统优势产业循环化改造同时，发展新能源汽车和临空经济战略性新兴产业。园区新能源汽车集聚南京比亚迪汽车有限公司、南京金龙客车制造有限公司、南京恒天领锐汽车有限公司等6大整车及102家核心零部件企业，新能 源客车产能占全省70%，被评为国家火炬特色产业基地，实现"三大电、三小电"全产业链布局，构建完整上下游产业链条。立足区位优势，合理布局临空产业，上半年，南京大通关基地和南京空港会展小镇两大平台相继投用，为园区绿色可持续发展提供新支撑。至年底，园区临空产业形成以机场大通关基地、空港会展小镇、航空物流园三大平台为支撑，航空机电设备、航空新材料、无人机制造为核心，保税物流、智慧供应链为保障的产业体系，完成年产值200亿元，全面融入南京空港"一体两翼"发展。践行"两山理念"，推进绿色园区建设，绿化覆盖率42%，绿地率38%。4月8日，被省绿化委授予"全国绿化模范单位"称号。

【先进制造业持续发力】 2020年，开发区以制造业高质量发展试验区为主阵地、以临空经济示范区为先导区优势，强化资源要素保障，优化内部服务，提升制造业企业成长环境，先进制造业持续发力。以"项目责任化、责任具体化、进度序时化"为要求，落实菜单式服务，开工省市重大项目16个、区重点产业项目43个，完成年度计划项目开工指标100%。西门子数控（南京）有限公司、南京市欣旺达新能源有限公司、南京恒天领锐汽车有限公司、南京创维家用电器有限公司、南京联塑科技实业有限公司等项目完成投资149.78亿元。完成企业技改项目72个，占技改投资额48.8%。开展"亲企""护企"等五大行动，兑现制造业"双十条"政策资金5000万元，涉及制造业重点企业70余家，完成南京恒生制药有限公司、南京创源天地动力科技有限公司、江苏可兰素环保科技有限公司等6家瞪羚企业评定，成功推动江苏本川智能电路科技股份有限公司在创业板备案上市，获市独角兽瞪羚企业培育工作优秀载体、省大中小企业融通型特色载体认定。（张国庆）

·南京溧水新能源汽车产业基地·

【概况】 南京溧水新能源汽车产业基地是溧水区首个国家火炬特色产业基地，紧邻南京禄口国际机场，规划面积9.43平方千米，分3个片区。北片区重点打造整车产业集群，面积5.4平方千米，依托南京比亚迪汽车有限公司、南京金龙客车制造有限公司、南京恒天领锐汽车有限公司等企业，以新能源汽车整车和汽车发动机制造、研发、检测及其技术服务等产业为发展方向。南片区重点打造零部件配套产业集群，面积1.5平方千米，以佛吉亚汽车部件系统有限公司、布雷博（南京）汽车零部件有限公司、南京法比奥汽车电气系统有限公司等零部件生产研发企业为核心。东片区重点打造新能源商用大客车及配套，面积2.53平方千米，以南京长安新能源、南京银隆新能源整车项目为代表。2020年，基地围绕新能源汽车产业"补链强链"，新能源汽车产值370亿元。按照国际化、生态化、智能化要求，设计建成国内一流、国际知名新能源汽车研发、生产、销售和服务基地，打造溧水千亿级产业新地标。

【氢能源电池项目落户】 1月16日，国际领先燃料电池解决方案开发商——加拿大路普能源公司与北京英博新能源联合打造的英博路普氢能源燃料电池项目签约落户开发区。该项目签约总投资8000万美元，主要从事移动式燃料电池设备及应用的研发生产。

【南京地产汽车推介暨"极限征途（南京—拉萨）"发车仪式】 7月4日，南京地产汽车推介暨"极限征途（南京—拉萨）"发车仪式在开发区举行，新能源汽车品牌开沃向西藏自治区拉萨市交付多款定制电动公交车。西藏自治区拉萨市作为江苏省对口支援城市，与南京市在脱贫攻坚、项目援建、干部人才等方面全方位、多角度合作交流，建立深厚友谊。活动旨在通过开展汽车产业对接合作，推进南京市与拉萨市汽车产业高质量发展。拉萨市政府、江苏省工信厅及南京市、溧水区相关领导出席活动。

【尚易环保新项目开工】 10月18日，南京尚易环保科技有限公司投资建设的汽车尾气净化剂生产线及产品储运智能化改造项目开工。该项目位于开发区沂湖路，建筑面积1.4万平方米，建设智能车间、成品仓库，购置管坯注塑机、吹瓶机、全自动灌装线、AGV叉车、货架等智能化设备10台(套)，项目采用先进的WMS系统，新增贯通、穿梭立体货架等设备，改造汽车尾气净化剂生产线及产品储运智能化。建成后企业生产智能化程度提升30%，产品储运智能化程度将提升50%。

【溧水新能源汽车产业联盟成立】 10月30日，溧水区新能源汽车产业联盟成立揭牌。该联盟有成员单位80余家，其中，南京金龙客车制造有限公司为理事长单位，南京长安汽车、南京云海特种金属、南京恒天领锐汽车等11家企业为副理事长单位。举行溧水区新能源汽车产业链供需暨招商对接会，全区6家整车企业近百家核心零部件企业代表互动对接。开沃新能源汽车集团有限公司和南京恒天领锐汽车有限公司分别与南京银茂微电子制造有限公司、南京斯迪兰德机械科技有限公司等核心零部件公司签订战略合作协议。开沃新能源汽车集团是溧水新能源汽车龙头企业，从事新能源整车及核心零部件研发、生产、销售、服务等，产品涵盖4~18米全系列新能源汽车产品。该集团打造多个智能网联汽车系统及相关产品，寻求供应需求，在对接会上发布线控转向系统、线控驻车制动系统等产品具体技术参数需求。

【龙电华鑫锂电铜箔华东总部项目落户】 11月12日，总投资100亿元的龙电华鑫锂电铜箔华东总部项目落户。该项目是韩国SK电池、宁德时代、比亚迪等龙头动力电池企业的主要供应商，由开发区、华夏幸福基业共同引进，是龙电华鑫在华东区域建立的首个锂电铜箔生产基地，建设年产5万吨6~8微米锂电铜箔的区域总部、研发中心和生产基地。 （张国庆）

·南京溧水经济开发区科创中心·

【概况】 经济开发区科创中心分为3个片区，分别为福田路与淮源大道交界处空港汇智产业园片区，福游路以南、创业路以西产业新城科创中心片区，柘宁东路368号空港智慧创业园。该中心围绕开发区主导产业方向，重点引进培育新能源、临空产业、生物医药、电子信息等科技含量高、市场前景好的新兴产业。建成14.19万平方米孵化研发楼、7.5万平方米中试厂房、5万平方米人才公寓。规划用5年时间建成集科技企业孵化加速器、中试厂房、产业基地及相关配套设施于一体的综合性科创载体。2020年，建成国家级科技企业孵化器1个、市级科技企业孵化器1个，市级众创空间2个。推进23家企业与在宁高校产学研合作，加速科技成果转化。助力科技企业服务，完善汇智产业园科创大厦设施功能，新增1.4万平方米孵化空间，引进专业运营团队3家。畅通企业知识产权质押贷款、知识产权入股、融资等渠道，帮助21家企业申请“溧科贷”“宁科贷”“苏科贷”资金900余万元。12月，被市科协评为2020年南京海智工作先进单位。

【产业新城科创中心】 2020年，开发区产业新城科创中心启动产业核心区建设，占地2万平方米，建筑面积3.4万平方米。该中心以现代服务业、移动互联网、数字经济等科技含量高、人才集聚产业为招商方向，打造具备科技企业孵化器、企业加速器及其配套设施的综合性创业园区。至年底，有科技企业11家，毕业企业1家。

【空港汇智产业园】 2020年，开发区科创中心汇智产业园建有科创大厦A座地上15层，建筑面积1.99万平方米；B座地上15层，面积2.27万平方米，展览中心地上2层，面积2919.54平方米；科创大厦地下一层，面积1.53万平方米。在建中试厂房地上6层，面积2.56万平方米，建成人才公寓地上17层，面积2.70万平方米，设有单人间225套，双人间169套，套间6套，可容纳580人入住。汇智产业园主要为科技型企业、初创企业和创新创业人才团队提供办公、研发、孵化、中试、运营、生活等一站式服务，打造高端人才集聚区和自主创新创业示范基地。至年底,拟签约入驻企业有中欧科创基地、集萃适老研究院、南京智电汽车研究院等重点项目。

【空港智慧创业园】 2020年,开发区科创中心空港智慧创业园有孵化场地2.68万平方米,其中在孵企业使用场地(含公共服务场地).1万平方米。以新能源、新材料、临空经济和智能高端产业(新兴产业)为特色,以服务人才企业、科技型中小企业发展为根本,提供研发、中小试生产、经营办公场地及共享配套设施。培育以技术开发和产业化为主导高新技术企业。至年底,驻园企业140家,毕业企业21家,培育高新技术企业19家。引进国家级人才5人、省"创业创新"人才6人,新增高层次创业人才15人、创新型企业家2人。

【高新技术载体建设】 2020年,开发区科创中心贯彻省市创新驱动发展"121"战略,加快国际创新资源和高端人才集聚,打造"城市硅巷""科创森林",推动高新技术载体建设。加强高新技术企业培育,认定高新技术企业49家,累计172家,入库科技型中小企业130家。加快企业技术研发平台建设,南京恒天领锐汽车有限公司等5家企业被认定为市级工程技术研究中心,南京艾布纳密封技术有限公司等3家企业被认定为省级工程技术研究中心,南京云海特种金属股份有限公司获批省级重点实验室。至年底,规模以上工业企业研发覆盖60%,R&D研发投入强度3.84%。深化知识产权试点,开展南京联塑科技实业有限公司、南京西普水泥工程集团有限公司、南京云海特种金属股份有限公司、南京创捷和信汽车零部件有限公司等科技型企业专利导航,完成企业知识产权贯标15家。强化产学研合作,推进溧航仿生研究院、南京工业大学先进生物材料研究院建设,推动23家企业与在宁高校产学研合作,加快科技成果转化。助力科技企业、人才团队服务,帮助88家企业申请"溧科贷"、"宁科贷"、"苏科贷"资金7.87亿元。发放22个优秀创业项目场地租赁补贴108.66万元,发放697名科技人才租赁房补贴384.68万元。

【英特尔智慧交通研究院项目签约】 5月14日,开发区科创中心与英特尔中国研究院、南京至睿智能科技有限公司举行智慧交通研究院项目签约仪式。年初开始,该中心整合资源,构建"智慧公交"与相关部门协同配合,建成智能公交调度系统、电子公交站牌、"智慧公交"APP、"溧水智慧公交"公众号,成为全市较早布局智能网联汽车园区。推动智能网联汽车产业化基地建设和场景建设,依托智能网联汽车测试基地5500米开放式测试道路,打造国内有影响力的L4级智能网联汽车无人驾驶测试基地。此次与英特尔中国研究院等签约合作,建设智慧交通研究院项目,将携手打造全球领先"智慧交通"和智能驾驶协同研发应用中心,致力成为长三角地区"智慧交通"产业标杆。9月20日,全球智慧出行大会暨中国(南京)国际新能源和智能网联汽车展览会在南京空港国际博览中心开幕。

【工业生物技术研究所(溧水)揭牌】 12月18日,江苏省产业技术研究院工业生物技术研究所(溧水)揭牌仪式在开发区南京先进生物材料与过程装备研究院举行。该研究所由江苏省产业技术研究院、区政府、南京工业大学、郭凯团队共建,面向社会及企业所需,提供化工过程强化技术优化方案及配套装备、生物基材料新产品开发服务平台,致力推动生物基材料、助剂新产品及新工艺开发,强化精细化工过程绿色化和安全化,有效延伸生物产业链,为生物材料等行业转型升级提供技术支撑。 (张国庆)

·南京临空经济示范区(溧水片区)·

【概况】 南京临空经济示范区规划面积81.84平方千米,核心区分江宁片区、溧水片区和机场片区。溧水片区东至243省道(扬句线)、西至溧水河、南至一干河、北至二干河,面积24.78平方千米,包括机场大通关基地、沂湖临空制造区、三山湖临空商务区以及空港会展小镇。西侧靠近机场区域为空港综合保税区及其预留区,约2.72平方千米,主要打造江苏自贸区(南京片区)联动创新区、机场跨境电商产业园、溧水直播电商产业园;东侧主要打造先进航空制造、临空现代服务、空港国际博览中心,重点发展临空先导产业、航空核心产业、临空未来产业三大类九大临空产业。2020年,南京临空经济示范区(溧水片区)加快推进落实,新产业重点项目27个,总投资57.27亿元。全年新产业主营业务收入240亿元。举办大型专场活动20余场，吸引20万人参加。电商直播3545场，实现零售量125.35万件、零售额3.32亿元。17家企业入驻江苏自贸区南京片区。

5月9日，南京市首届地产汽车应用推介会在南京空港国际博览中心举行

《今日溧水》报　供

【南京空港国际博览中心】　南京空港国际博览中心位于开发区空港会展小镇核心区，区内规划总建筑面积50万平方米。其中，室内净展面积15万平方米，室外5万平方米，会议面积3万平方米，涵盖展览、会议、酒店、商业在内的会展综合体设施。2020年，该中心举办大型专场活动20余场，包括首届南京市地产汽车应用推进会、2020南京溧水工厂直购节、中国（南京）国际智能消防设备技术博览会、中国（南京）国际智慧节能博览会、空港保税物流中心（B型）政策发布会、全球智慧出行大会等，有20万人次参加。5月9日，市工信局主办、开发区承办的南京市地产汽车应用推介会在南京空港国际博览中心举行，南京汽车集团、南京长安、长安马自达、南京依维柯等12家南京本地汽车企业73辆汽车重点产品展出，覆盖乘用车、商用车、改装车及专用车等，新能源汽车产品超过50%。9月16日，2020中国（南京）国际智慧节能博览会在南京空港国际博览中心开幕，来自华为、中国移动、微软、施耐德、海尔等188家行业知名企业的3000多品类展品在展会上亮相，吸引1万余人参加。11月6日，南京空港国际博览中心获2020年度中国最具影响力会展综合体“金熊猫”大奖。

【深圳宝能集团两大项目落户】　3月13日，在南京市与宝能集团视频合作签约仪式上，宝能集团与南京临空经济示范区（溧水片区）签订协议，总投资184亿的南京国际健康科技城和宝能华东智慧供应链临空产业园两大项目落户开发区。其中，南京国际健康科技城项目规划建设三甲综合医院、高端特色医疗中心、空港总部经济大厦、健康科创中心等，总投资160亿元，建成后将提供超过1万个直接就业岗位，着力打造健康城市地标；宝能华东智慧供应链临空产业园项目重点建设宝能汽车零配件集采中心、冷链供应链中心、跨境电商中心、大零售供应链中心、宝能航空综合服务中心五大业态，总投资24亿元，打造临空产业新标志。

【宏光空降装备项目落户】　4月30日，秦淮区政府、溧水区政府、宏光空降装备有限公司举行三方投资合作框架协议签约仪式。宏光空降装备有限公司将由秦淮区搬迁至溧水，在开发区新建空降装备产业园，一期占地9.33公顷，定位为航空工业空降空投系统和机电装备制造基地。

【17家企业入驻省自贸区】　8月7日，开发区首批17家企业注册入驻中国江苏自贸试验区南京片区。此次入驻的17家园区企业全部属于技术、货物进出口和食品经营行业，依托溧水开发区空港保税物流中心（B型），企业均可享受进出口贸易一站式服务，大幅提高口岸通关效率。入驻企业在自贸区注册后，享有自贸区政策，按照“一址多照”模式，自由选择经营场所。至年底，入驻自贸区的17家企业贸易额14.11亿元。

【溧水直播电商产业基地运营】　8月31日，位于开发区的溧水直播电商产业基地运营。基地建筑面积1.2万平方米，有各具特色直播间100间，建有主播培训中心、品牌孵化中心、内容制作中心、供应链运营中心，构建“一站式播全球”“一站式买全球”“一站式卖全球”直播电商全产业链及配套服务中心。抢抓直播经济风口，溧水区率先在全省出台《溧水区支持直播电商发展扶持政策》，明确符合条件运营方给予一次性奖励以及对直播电商企业予以资金、场地、设备等一系列优惠政策，帮助电商企业做大做优做强直播电商经济。至年底，全区直播3545场次，参与直播商品1.55万个，实现零售量125.35万件、零售额3.32亿元。带动农村电子商务快速发展，农产品网络销售额2.02亿元，增长130.8%。

【工厂直购节】 10月3—5日，2020南京溧水工厂直购节在南京空港国际博览中心举行，直购节以“智选美好生活·畅享美溧消费”为主题，分成智能家电、绿色食品、家居用品、服饰与运动器材、新能源汽车五大板块，吸引小洋人、创维、无想田园、开沃、长安等近百家本地企业代表参加。活动3天内，参加人次1.3万人，销售总额590万元。

【16家MCN标杆企业入驻开发区】 12月4日，开发区机场大通关直播电商产业基地重点项目签约仪式在市级机关大礼堂举行。苏宁易购、直播电商孵化运营商南京空港文化科技发展有限公司及16家MCN标杆企业签约入驻。（张国庆）

江苏南京国家农业高新技术产业示范区

【概况】 江苏南京国家农业高新技术产业示范区位于溧水区白马镇，距溧水城区15千米，面积145.86平方千米，东至常州溧阳市、南至溧水区晶桥镇、西至溧水东庐山麓、北至镇江句容市。宁杭城际铁路、长深高速公路（宁杭段）、341省道纵横境内。2020年，南京国家农高区贯彻落实国务院批复精神，紧扣“两区一地”（国际农业科技示范区、科技振兴乡村样板区，长三角农业科技创新策源地）战略定位，以绿色智慧农业为主题，以生物农业为主导产业，强化工作推进。至年底，签约亿元以上项目24个，总投资65.57亿元，完成年度目标任务119%。其中，列入市级重大项目3个、区级重点产业项目17个，开工建设项目16个。12月，南京白龙有机农业科技开发有限公司被生态环境部授予“全国有机食品生产示范基地”称号，南京国家农高区被中国会展经济研究会授予“中国特色农业会展示范基地”称号。

【机构建制】 2月，南京国家农高区建立管理机构，成立综合管理部、规划建设部、投资促进部、经济运行部、科技创新部5个内部机构。8—9月，市委、市政府成立南京国家农高区筹备管理机构，明确设立江苏南京国家农业高新技术产业示范区党工委（筹）、江苏南京国家农业高新技术产业示范区管委会（筹）。10月17日，区委、区政府成立南京国家农高区现场工作专班，统筹推进南京国家农高区各项建设事宜。

【科技创新】 2020年，南京国家农高区聚力科技创新，全年新增高新技术企业6家，南京慧瞳作物表型组学研究院、南京神农智慧农业研究院2家新型研发机构落地运行。打造全球领先农业科技场景，有序推进省农科院、省现代农业装备科技示范中心等科技农业重点企业应用场景项目16个；国家级星创天地入驻企业130余家，高层次人才创业企业33家；协助企业完成申报省级各类科技计划项目14个，争取项目资金1000万元。引导园区单位申请专利512件，其中发明专利268件。有效发明专利拥有量849件，完成专利合作协定申请32件，签订企业产学

南京国家农高区　　《今日溧水》报　供

研合作协议21项。南京正源搪瓷设备制造有限公司获“苏南国家自主创新示范区瞪羚企业”称号,南京白龙有机农业科技开发有限公司、南京双吉农业发展有限公司被认定为省农业科技型企业,南京秦驰机械制造有限公司、南京泽朗生物科技有限公司、江苏中桓生态农林科技集团股份有限公司获市发改委同意建设市级工程研究中心。协助企业兑现市级创新券7.89万元、区级创新券233.04万元。

【人才集聚】 3月,南京国家农高区落实机构人员编制,工作人员配备试行去行政化改革,建立企业化运行机制和市场化薪酬激励机制。在全国范围内网上公开招聘高层次人才24人,其中副部长4人、工作人员20人。8月,成立专家咨询委员会,聘请包含6位院士在内的17位知名专家为首批委员。至年底,集聚高素质人口569人,其中2人入选市科技顶尖专家集聚计划。5人入选江苏省科技副总、省“三带”人才7人、区级高层次人才7人。

【招商引资】 2020年,南京国家农高区强化产业招商引资,围绕未来食品产业,招引项目3个,总投资14.5亿。其中,大希地食品加工项目3亿元、金阳光高端乳品生产项目10亿元、周子未来细胞培养肉研发项目1.5亿元。围绕浆果加工产业招引项目2个,总投资2.19亿元。其中,禾谷食品全品类浆果深加工项目1.08亿、神农园生物富硒有机黑莓研究及其益生菌发酵项目1.11亿。围绕电商直播产业助力乡村振兴,引入项目3个,总投资3亿元。其中,村村播科技电商直播节及互联网营销培训项目1亿元,天翼合创智慧果园、社会化服务体系运营平台项目2亿元。

【江苏白马农业国际博览中心】 江苏白马农业国际博览中心是南京国家农高区展示、交易、推广创新型农业会展及农业成果的转化平台,拥有室内布展面积2万平方米,室外布展面积3万平方米,会议中心3500平方米,配套中小型会议室30余个,实地展示体验万亩特色农业基地4个。2020年,该中心举办会展项目32场,其中国家级项目12场、国际级项目8场。来自全国各地厅级以上领导134人、副部级以上领导10人、副国级领导3位、驻华大使及参赞13人,到中心亲临现场观摩。参展企业3300余家,参展客商、参会嘉宾及观众20万余人次。

【重大项目集中签约仪式】 8月18日,南京国家农高区重大项目集中签约仪式在江苏白马农博中心举行,集中签约项目9个,涉及科技创新、产业发展、涉农金融等,分别是南京林业大学溧水校区及南林校区科技创新港、江南大学未来食品技术创新中心、良润(溧水)产业基金、阿里数字乡村。南京国家农高区管理委员会(筹)在签约仪式上揭牌。

【周子未来食品科技公司落户】 1月20日,南京周子未来食品科技有限公司签约落户南京国家农高区。该公司是国内第一家“细胞培养肉”生产研发平台,项目投资1.5亿元,主要开展“细胞培养肉”开发及规模化生产,由国际食品科学院院士、南京农业大学教授周光宏担任首席科学家。12月22日,该公司获北京经纬创荣投资中心2000万元融资,用于开展“细胞培养肉”开发及规模化生产,加速产品应用。

【中国东部(南京)农业科技创新港项目】 6月13日,中国东部(南京)农业科技创新港项目启动征地拆迁,该项目位于南京国家农高区核心区,总投资68亿元,建筑总面积75万平方米。建设园区门户和生态廊道,形成创新办公区、休闲服务区、人才公寓和标准办公区四大功能区,利用科教资源优势,加快南京国家农高区人才资源集聚,提升科技创新能力,促进农业科技创新成果转化,成为集农业研究开发、技术创新、科技孵化、研讨培训为一体的现代农业产业科技创新中心和产学研三方合作交流平台,打造中国东部农业科技创新港。

【未来食品技术创新中心落户】 6月23日,南京国家农高区与江南大学签订框架协议,共建国家未来食品技术创新中心。该中心建设采用“研究院+平台公司+项目子公司+产业园”模式,以白马未来食品研究院为“运行”主体,计划投入建设和研发投资8.5亿元,建筑总面积4.02万平米,下设综合配套服务平台、创新平台、食品高新技术转化和示范基地。建成后,中心将围绕健康中国战略需求，聚焦食品营养与健康调控、食品新资源生合成、食品定向设计与重组、食品增材制造与装备、智慧食品大数据五大研究方向，培训食品新资源细胞工厂、新型蛋白重组食品制造、个性化精准营养食品加工、特殊需求健康食品加工、智慧化健康中央工业厨房、食品智慧加工装备六大新兴业态。

【南京林业大学溧水校区项目落户】 8月18日，南京林业大学溧水校区签约落户南京国家农高区。项目位于宁杭高速以北、溧白路以南，占地80公顷，规划建筑面积93.6万平方米。其中，12项基本办学用房建设面积80.2万平方米，大学科技园和国际交流中心建设面积13.4万平方米。建设项目包括生命科学类组团、文科类组团、设计类组团、工科1组团、工科2组团学院楼、学生宿舍、国际学院和部分公共基础实验区。南京林业大学溧水校区是南京国家农高区教学科研功能载体，将打造林学实训园、教学生活园、科研示范园，构建实训、教学、科研“三位一体”教学模式。

【道格勒食品厂投产】 9月20日，南京道格勒食品厂投产仪式在南京国家农高区举行。该厂为杭州大希地科技股份有限公司全资子公司，位于白马镇茶兴路22号，占地3公顷，建筑总面积1.6万平方米，其中生产车间6000平方米、综合仓库4000平方米、办公及职工生活设施用房6000多平方米。第一期投资3亿元，其中固定资产投资1亿元。投产后日产牛排32万片，年加工牛肉1.2万吨，年产值12亿元。

【南京农业大学作物表型组学研发中心大楼封顶】 10月12日，南京农业大学作物表型组学研发中心大楼封顶仪式在南京国家农高区举行。作物表型组学研发中心是国家重大科研基础设施，集大数据中心、表型组学分析平台、种质资源库、团队实验研究、学术交流等功能于一体，总投资1.44亿元，建筑总面积2.2万平方米，主楼建筑高度59.1米，建设内容有基因功能与组学分析平台、表型基因型信息管理利用大数据中心、分析测试平台、表型环境控制室等。

【“4+1”规划方案发布】 12月21日，南京国家农高区“4+1”专场规划新闻发布会在白马园区科创中心举行，发布4个专项发展规划和高质量发展三年行动计划。《南京国家农业高新技术产业示范区（白马镇）国土空间规划（2020—2035）》，全域空间形成“一城一环”总体架构，一城为科创城，由制造核与智慧核组成；一环为绿色智慧环，主要分为南北两个田园片区和西部总部带。《江苏南京国家农业高新技术产业示范区产业发展规划（2021—2025年）》，到2025年，在创新引领、产业升级、国际合作、融合共享、绿色生态等方面实现突破。《江苏南京国家农业高新技术产业示范区“十四五”科技创新专项规划（2021—2025）》，南京国家农高区在探索工业化思路发展模式、促进国际农业科技创新资源集聚，凸显农业绿色化、智慧化发展特色，科技支撑乡村振兴、农业农村现代化等方面取得重要进展。《江苏南京国家农业高新技术产业示范区科技振兴乡村样板区规划（2021—2025）》，到2025年，南京国家农高区现当代农业产业体系健全优化，乡村建设达到新水平，农民收入跨越新台阶。《南京农业高新技术产业示范区高质量发展三年行动计划（2020—2022年）》，到2022年，南京国家农高区全社会研发投入占GDP的比重4.8%，高新技术企业规模不断增大、新型研发

9月20日，南京道格勒食品厂举行投产仪式　　金涛　摄

机构相继落户、海外留学人才和外籍常驻人员不断增大。（余金峰）

南京傅家边现代农业园

【概况】 南京傅家边现代农业园产业示范园位于溧水区洪蓝街道东南面，北与无想山风景区相邻，东临晶桥镇。规划控制面积36平方千米，核心区面积12.8平方千米。2020年，傅家边农业园以草莓为主导产业，以青梅和优质稻米为重点产业功能布局，建设“三区一中心”，即草莓、青梅为主的果品生产区（2133.33公顷），优质高产水稻生产区（1400公顷），农产品深加工集中区，农产品销售管理服务中心。加大科技服务指导力度，开展科技成果学术研究和科技成果转化，提高草莓、青梅、林果及优质稻米生产量，壮大园区经济。至年底，推进产学研合作，与省农科院合作建成草莓高标准示范基地133.33公顷，取得科技成果20项，国家专利16项，拥有莓、林果、水稻产业科技专家顾问20人，如草莓专家赵密珍等。12月23日，江苏苏园农业科技有限公司精品草莓获中国园艺学会草莓分会金奖。

【省级示范园创建】 2020年，傅家边农业园加大财政投入，完成草莓园高架草莓示范、基础设施提升、园区标识建设、精品草莓园育苗等工程建设项目6个，建成以草莓鲜果为主导产业，以青梅、水稻等为重点产业融合发展的“1+2”现代农业产业体系，总资产2000万元。提升草莓产业发展水平，引进刘东华博士团队，协同日本草莓专家团队，建立草莓脱毒基质育苗基地，改良傅家边草莓苗质量。年内产出优质脱毒基质种苗40万株，优质脱毒母苗15万株；发展草莓新品种，引进天使8号白草莓、淡雪橙色草莓和香野3个草莓新品种；改进草莓种植方式，推广高架草莓和超高垄草莓栽培技术。引进示范水肥一体化、膜下微喷灌、绿色防控技术，由传统粗放式经营向现代化农业智能化管理转变。全年认定区级农业龙头企业2家、监测企业5家，绿色蔬菜产业基地1家。8月，傅家边农业园成功创建省级现代农业产业示范园。

【草莓产业】 2020年，傅家边农业园强化草莓生产科技服务，草莓专家、技术顾问深入农户家庭、大棚、田头地间与莓农手把手开展种植、施肥等管理技术指导服务，帮助农户增产增收。傅家边草莓园区313.33公顷，近400户莓农，70%莓农每公顷年收入22.5万～30万元。全年，销售草莓6000吨，收入1.8亿元。（赵荣）

街镇工业园区

【概况】 2020年，溧水区有街镇工业园区7个，园区内各类产业园、基地约30个，工业总产值307.89亿元，平均增长6%，工业固定资产投资平均增长10%，规模以上工业企业完成产值占总产值85%。永阳街道园区发挥溧水高新技术投资有限公司工业载体开发建设优势，打造“溧水高新”高标准载体建设品牌，一期三栋高标准载体厂房施工完成，8月交付使用，园区年工业产值增长13.6%。东屏街道与南京工程学院材料科学与工程学院签订合作协议，助推产学研合作，3月溧水金属材料特色产

12月9日，傅家边精品草莓园引进栽培的日本香野、天使8号、淡雪等10多个新品种上市，游客进园采摘　　　卞维亮　摄

业基地获批国家火炬特色产业基地。11月28日，溧水新材料产业联盟成立，将以东屏街道新材料科技产业园为依托，进一步整合资源，加强新材料对新兴产业导入和传统产业产品改造，着重发展与新能源汽车、通用航空、汽车及其零部件配套新材料细分领域，加速形成新材料产业上下游集群，新增技改项目20个，完成固定资产投资10.6亿元，增长14.6%，实现产值42亿元，税收1.8亿元。洪蓝街道工业园"腾笼换鸟"清退低效企业10余家，赢得发展空间，疫情防控期间街道提供一对一精准服务，保障园区200多家工业企业复工复产，帮助20家企业获取市区相关奖补资金。新增规模以上工业企业7家、高新技术企业8家。石湫街道工业园区产业定位于智能制造，以精密机械、汽车核心零部件为主要发展方向，推动工业园区经济发展，实现工业增加值19.9亿元，增长11.8%。和凤镇工业园区持续激发产业园发展活力，聚焦台湾高端机电装备、智能制造产业，主动融入南京高新区发展板块，打造工程研究中心市级3个、省级1个，拥有"专精特新"企业9家，独立核算工业企业62家。白马镇关停收购工业园区低效企业8家，盘活闲置土地13.3万平方米，发展机械加工、食品加工和生物农业等主导产业，园区规模以上工业产值增长12%。晶桥镇落实园区工业转型政策，持续关停化工污染企业，淘汰落后产能企业6家，引进医疗器械项目5个，净增规模以上工业企业3家。（张国庆）

【永阳街道工业园】 永阳街道工业园区位于溧水区永阳街道琴音大道以东、宁杭高速以西。2020年园区面积8.86平方千米，驻园工业企业132家。工业产值55.44亿元，增长13.6%；工业固定资产投资12.7亿元，增长10%。工业开票销售65亿元，增长10%；工业税收4.2亿元，增长35%。完成省重大建设项目1个、市重大项目10个、区重点项目39个，总投资215亿元。加大产业链招商力度，围绕园区高端数控机床产业链，生物医药、医疗器械产业链，签约亿元以上项目39个，总投资216亿元。实际利用外资及港澳台资2218万美元。至年底，园区新注册工业企业242家，新增规模以上工业企业24家，净增高新技术企业27家，新增"专精特新"企业9家。（刘峰）

【东屏街道工业园】 东屏街道工业园区位于溧水中心城区东北部，毗邻宁杭高铁溧水站。2020年，园区面积4平方千米，驻园工业企业187家。东屏街道围绕高质量发展，打造新材料产业高地，开展"四新"行动重点产业项目观摩活动，新开工南京云海特种金属股份有限公司等重点产业项目27个，竣工投产18个，年底，园区实现税收超亿元。启动园区新材料产业园核心区建设，开工新建4.2万平方米高标准生产载体和两座110kV变电站，为制造业发展提供源源动力。牵头成立溧水新材料产业联盟，3月，溧水金属材料特色产业基地获批国家火炬特色产业基地。至年底，东屏新材料产业园有企业108家，新增25家，占园区企业总数62%，其中规模以上工业企业36家\产值42亿元。工业园区新增技改项目20个，完成固定资产投资10.6亿元，增长14.6%，培育智能车间4家、总部企业4家。（黄浩）

洪蓝精密制造产业园　　洪蓝街道　供

【洪蓝街道工业园】 洪蓝街道工业园区位于溧水西南部，宁宣高速溧水天生桥大道出口处。2020年，园区总面积4.3平方千米，驻园工业企业230余家。洪蓝街道加大工业转型升级力度，实施工业园区"腾笼换鸟"清退低效企业举措，明确定位精密机械、汽车核心零部件为主导产业，高质量发展园区经济。园区一处黄金位置被一家国有物流企业占用，年税收不到50万元，清退该企业后，引进一家新能源汽车零配件企业，年税收200万元。上半年，总投资30亿元的溧水丰树产业园项目签约入驻工业园，项目地块原有10多家企业，其中6家低效企业被清退，其余具有一定规模的企业转移。一退一换，亩均效益成倍增长，产业更加绿色、创新、集约。强化工业园区服务，街道实行领导联系企业、联系重点项目制度，提供保姆式服务。疫情防控期间，街道干部分片包干，提供一对一精准服务，保障园区200多家工业企业复工复产，帮助80家企业申请市级、区级各类奖补资金1298万元，完成“苏科贷”3家1500万元，“溧科贷”1家200万元。至年底，园区规模以上工业企业58家，工业企业开票收入50亿元，高新技术企业34家。新认定省级研究生工作站1家，市工程技术研究中心5家。（周星星）

【石湫街道工业园】 石湫街道工业园区位于溧水区石湫街道南部，距南京禄口国际机场8000米。2020年，园区总面积220.07公顷（含明觉、桑园蒲2个产业园），驻园企业160余家。石湫街道抢抓机遇抓落实，利用园区紧邻南京大都市和禄口国际机场优势，着力产业定位于智能制造、精密机械、新能源汽车核心零部件、健康产业、日用消费品、刀具等特色产业发展园区经济。至年底，工业园区产值46.1亿元，增长12.1%；工业增加值19.9亿元，增长11.8%。工业固定资产投资5.1亿元，增长18.6%。新增规模以上工业企业13家，销售开票收入超亿元工业企业4家，纳税100万元以上工业企业30家。完成低效企业处置14家，盘活工业闲置土地14.5公顷。（石瑾）

【白马镇工业园】 白马镇工业园区位于溧水区白马镇集镇宁杭高速白马出口处西南部。2020年，园区总面积2.1平方千米，驻园工业企业77家。白马镇实施工业转型升级，园区以机械加工、食品加工和生物农业为主导产业定位，招商引资签约项目24个，其中工业10个。开工项目9个，分别是南京丰源机械、南京云海电缆、南京信祥电力、江苏凯泉水泵、南京三源设备、常力蜂业、道格勒牛排、百汇食品产业园、巴比食品南京智能制造中心。至年底，园区有规模以上工业企业34家，新增7家；高新技术企业23家，市“专精特新”企业1家。规模以上工业产值23.49亿元，增长12%；清退低效污染企业，关停收购企业8家，盘活园区工业闲置土地13.3公顷。（端舒娅）

【和凤镇工业园】 和凤镇工业园区位于溧水区和凤镇集镇和昌路以南，宁宣高速以西，104省道以北。2020年，园区面积2.22平方千米，驻园工业企业62家。和凤镇将发展壮大园区经济作为全镇发展首要工作重点，持续激发园区发展活力，聚焦台湾高端机电装备、智能制造产业，打造以台湾大同、高崎电机、传仕重工、京成精密等为代表的台湾机电制造主导产业基地。全年实施重点产业项目28个，总投资16.97亿元，其中16个制造业项目竣工投产。加大工业园区服务力度，建立镇党委、政府领导班子成员助企援企联系制度，落实责任，分片包干到园区30家规模以上企业，协调解决生产经营困难，为14家企业落实技改设备专项补助资金656.68万元。至年底，完成工业项目总投资14.84亿元，增长78.36%；规模以上工业产值32.17亿元，增长14.5%。新增规模以上工业企业10家、高新技术企业4家。打造市级工程技术研究中心3个、省级1个，“专精特新”企业9个。（李士伟）

【晶桥镇工业园】 晶桥镇工业园区位于溧水区晶桥镇集镇东南部，2020年，园区总面积4.04平方千米，驻园工业企业50家，其中规模以上工业企业11家。晶桥镇持续推行工业转型政策，实施原观山工业园化工业有序退出，关停低效企业，以引进发展健康产业工业企业入驻园区定位，壮大园区工业经济。全年处置低效闲置企业6家（卓洋工艺、信用船舶、欣飞汽车内饰、庆楷新材料、宇洪包装、后莱新材料）。加大园区工业招商力度，引进医疗器械项目5个；签约亿元以上项目10个，总投资79.4亿元；重大项目注册8个。至年底，绿地中国中医健康养生示范区建成项目一期中医药展示中心。园区工业产值47.82亿元，增加值20.94亿元，增长9.7%；新增规模以上工业企业3家、“专精特新”企业1家。（王雪琴）

责任编辑　尹伟

综 述

【概况】 2020年，溧水区坚持农业农村优先发展总方针，推动农业智能化、绿色化、精品化发展，围绕“六稳”“六保”“四新”要求，实现农业稳产保供和农民增收。全区粮食种植总面积2.84万公顷，增加373.33公顷；总产量20.64万吨。其中，小麦种植面积8550公顷，总产量4.32万吨；水稻种植面积1.73万公顷，总产量15.02万吨。新增高标准农田2800公顷，6666.67公顷省级绿色优质农产品基地通过验收，绿色优质农产品占94%。推进1万公顷水稻全国绿色食品原料标准化生产基地及4000公顷省级绿色优质农产品基地创建。新增经济林果面积469.67公顷、设施蔬菜面积245.73公顷。全区蔬菜播种面积1.23万公顷，总产量43.03万吨，总产值25.46亿元，其中有机蔬菜面积400公顷、高效设施蔬菜面积2000公顷。生猪出栏5.92万头、存栏3.62万头。溧水区被授予“全国第五批率先基本实现主要农作物生产全程机械化示范县（区）”“江苏省数字乡村试点地区”“全省首批特色农产品优势区”称号。区农业农村局获全省脱贫攻坚组织创新奖，晶桥镇富财圩螃蟹通过农业农村部农产品地理标志认定，洪蓝现代农业产业示范园创建成省级现代农业产业示范园，白马镇李巷村、晶桥镇水晶村等6个村被命名为省级特色田园乡村。（严俊）

2020年溧水区农林牧渔业总产值、增加值情况一览表

指　标	本年度现价计算（万元）	缩减指数（%）	按可比价格计算（万元）	上年现价同期（万元）
一、农林牧渔业总产值	832720	102.35	813606	800305
（一）农业	474700	101.27	468978	463701
（二）林业	35020	104.05	33657	32571
（三）牧业	52750	110.25	47846	51080
（四）渔业	200100	103.12	194046	185723
（五）农林牧渔服务业	70150	101.55	69079	67230
二、中间物质消耗	289655	—	—	277971
（一）农业	112450	—	—	112161
（二）林业	15120	—	—	13991
（三）牧业	31125	—	—	30066

续表

指　　标	本年度现价计算（万元）	缩减指数（%）	按可比价格计算（万元）	上年现价同期（万元）
（四）渔业	99700	—	—	92073
（五）农林牧渔服务业	31260	—	—	29680
三、农林牧渔业增加值	543065	102.27	531013	522334
按行业分	—	—	—	—
（一）农业	362250	101.58	356615	351540
（二）林业	19900	104.05	19125	18580
（三）牧业	21625	110.25	19615	21014
（四）渔业	100400	103.12	97362	93650
（五）农林牧渔服务业	38890	101.55	38296	37550
按支出法分	—	—	—	—
（一）固定资产折旧	55000	—	—	50000
（二）劳动者报酬	401000	—	—	389000
（三）生产税	5600	—	—	5200
（四）生产补贴	—	—	—	—
（五）营业盈余	81465	—	—	78134

（区统计局）

【农业招商】 2020年，区农业农村部门利用江苏白马农博中心硬件和溧水区区位交通优势，强化会展招商，先后举办2020中国国际浆果产业博览会、2020南京创新周·农业科技嘉年华、全国新农民新业态创业创新大会等重点农业活动10余场。活动期间专门设置农业招商板块，重点推介健康农业和南京国家农高区，接待参会客商1000余人。全区签约农业项目16个，总投资11.20亿元，其中亿元以上项目4个。

【农业产业项目建设】 2020年，溧水区建设农业重点产业项目44个，计划投资28.4亿元，实际投资28.53亿元，完成计划投资100.45%。其中，开发区建设项目2个，完成投资0.7亿元；永阳街道建设项目4个，完成投资10.5亿元；东屏街道建设项目5个，完成投资0.47亿元；洪蓝街道建设项目5个，完成投资1.09亿元；石湫街道建设项目8个，完成投资1.57亿元；白马镇建设项目3个，完成投资8.45亿元；和凤镇建设项目7个，完成投资1.47亿元；晶桥镇建设项目10个，完成投资4.28亿元。至年底，提前竣工项目31个，提前竣工率70.45%。 （林婷婷）

【第十届“金砖国家”农业部长视频会】 9月23日，第十届金砖国家农业部长视频会议在俄罗斯莫斯科召开，中国代表团团长、中国农业农村部部长韩长赋率团在南京溧水会场出席会议。与会成员就维护粮食安全重要举措和成效，深化农业领域务实合作，共同探讨新阶段农业合作方向，凝聚合作共识，完善合作机制发表建设性建议。讨论加强农业科技创新推广，携手推进农业现代化，加快农业基础信息交流、农产品市场信息系统建设；畅通农业投资贸易往来，密切农业合作互鉴；加强贸易对话和政策协调，建立健全农业投资对话机制。会议由俄罗斯农业部长德米特里·尼古拉耶维奇·帕特鲁舍夫主持，并发表《第十届金砖国家农业部长会议共同宣言》。中国、巴西、俄罗斯、印度、南非5个国家参加，金砖国家农业部长视频会议第一次在区县召开。

【农业管理体制调整】 12月5日，区农业农村部门依据《南京市溧水区农业综合行政执法大队职能配置、内设机构和人员编制规定》要求，组建区农业综合行政执法大队，为区农业农村局所属全额拨款事业单位，公益一类，副处级。该大队以区农业农村局名义，依法统一行使兽医兽药、生猪屠宰、种子、化肥、农药、林业、渔业、农机、农产品质量、农村集体资产等行政处罚以及与行政处罚相关行政检查、行政强制等执法职能。撤销区农业行政执法大队、区动物卫生监督所（区动物检疫站）、区渔政监督大队（区水生动物卫生监督所、区石臼湖管理委员会办公室、区渔业船舶检验站），暂保留区农业机械安全监理所牌子。12月4日，区森林警察大队（南京市公安局溧水分局森林公安派出所）更名为南京市公安局溧水分局森林派出所，隶属关系由区农业农村局调整至溧水公安分局，区农业农村局不再行使森林公安政法专项编制。 （严俊）

种植业

·粮油种植·

【概况】 2020年，溧水区围绕稳粮绿色高质高效发展目标，克服新冠肺炎疫情不利影响，综合施策，减轻农作物产量和经济损失，做到农药化学肥料双减和提质增效。粮食生产基本稳定，夏粮种植面积8970公顷，增加1437公顷；单产4.95吨/公顷，减少0.17吨/公顷；总产量4.44万吨，增加0.58万吨。其中，小麦面积8550公顷，增加1697公顷；单产5.06吨/公顷，增加0.11吨/公顷；总产量4.32万吨，增加0.22万吨。油菜面积3047.27公顷，增加24公顷；单产2.48吨/公顷，减少0.02吨/公顷；总产量0.75万吨，减少41吨。秋粮种植面积1.95万公顷。其中，水稻种植面积1.73万公顷，玉米630公顷，大豆900公顷，山芋670公顷。水稻单产8.7吨/公顷，减少0.08吨/公顷；总产量15.02万吨，增加0.03万吨。秋粮总产量16.2万吨，增加0.06万吨。

【省级水稻、小麦绿色高质高效示范片创建】 2020年，溧水区创建柘塘、东屏、石湫、和凤、晶桥水稻绿色高质高效示范片5个，总面积1171.6公顷，涉及15个村（社区），农户3948户，种植品种以南粳5055、武运粳31号、南粳46、镇稻15为主。11月9日、12日，省、市级绿色高质高效专家组分别到和凤、晶桥镇现场收脱测产验收。和凤镇示范片平均产量11.24吨/公顷，晶桥镇示范片10.26吨/公顷，全区5个创建方算术平均产量10.59吨/公顷。创建和凤镇、晶桥镇省级小麦绿色高质高效示范片2个，总面积277.3公顷，涉及6个村（社区），农户684户，种植品种以扬麦25为主推品种。示范片平均产量6.92吨/公顷，比全区大面积平均产量5.39吨/公顷高出1.53吨，增长28.5%。

【省级耕地轮作休耕】 2020年，溧水区实施省级耕地轮作休耕制度试点项目建设，指标面积2933.33公顷，其中轮作换茬1466.66公顷、休耕晒垡1466.67公顷。区财政局抽取第三方——南京中信会计师事务所进行核查，实施试点项目8个街镇43个村（社区），面积3270.67公顷。其中轮作换茬1654.07公顷、休耕晒垡1616.6公顷，超额完成面积337.34公顷，超额指标111.5%，规范操作合格率104.53%。获财政支持资金1100万元，其中省级资金440万元、市级资金330万元、区级资金330万元。

【水稻种植补贴】 2020年，溧水区根据《南京市2020年稻谷补贴工作实施方案》要求，实施水稻规模种植（2公顷以上）补贴，补贴标准1500元/公顷。全区水稻规模种植面积8164.1公顷，涉及农户398户，发放市级补贴资金1224.61万元。 （林婷婷　陈桂玲）

【耕地地力提升工程试点县项目】 2020年，全区实施耕地地力提升工程试点县建设项目。建设晶桥镇耕地地力提升核心示范区1个，面积350公顷；推广应用连作障碍水旱轮作模式5.3公顷、湿旱轮作模式10公顷。开展项目技术培训会，培训项目实施主体及部分农民专业合作社、家庭农场主、种田大户171人次。发放稻、麦油两季播种前施肥建议卡10万份，全区测土配方施肥技术覆盖率96.8%，稻麦化肥平均利用率42.66%。 （梁路）

【稻米产业化品牌建设】 2020年，溧水区倡导绿色优质稻米生产，突出发展优质食味稻米。全区种植高端优质稻米面积1270公顷，总产量0.84万吨，产值9400万元；中端优质稻米386.7公顷，总产量0.3万吨，产值1200万元；常规优质稻米1.62万公顷，总产量13.66万吨，产值5.56亿元。提升粮食综合生产能力，启动2000公顷高标准农田建设，推进和凤、晶桥等5个街镇5300公顷水稻绿色高质高效示范片创建。推广应用武运粳、南粳等系列优质稻米品种，打造优质稻米“无想田园”品牌主导产品，建设稻米文化休闲项目，促进农业旅游融合发展。建设市级优良食味稻米基地5个、展示基地1个、育种基地1个。加快1万公顷全国绿色食品原料（水稻）标准化生产基地、4960平方米集低温储藏、烘干、加工、包装、展示、销售于一体的优质稻米产业综合服务体建设。

（林婷婷）

【省级“味稻小镇”建设】 2020年，溧水区以省级“味稻小镇”为目标，培育和凤镇现代农业产业化基地、稻米加工产业、大米品牌、稻米文化等。发展优质稻米产业，种植南粳46、南粳5055等优良食味水稻面积1593公顷，建设以优质稻米全产业链发展为主导优势产业的市级现代农业示范园区。和凤镇拥有以粮食种植、收购、加工、储存、销售于一体大米加工企业19家、省内最大粮食交易市场——南京沙塘庵粮油交易市场。其中，南京沙塘庵粮油实业有限公司湫湖牌大米通过ISO 9001质量体系认证，获绿色食品认证、江苏省名牌产品、国家驰名商标。南京晶健米业有限公司晶健牌大米被评为南京市名牌产品，1月获第四届“华西村”杯江苏好大米特等奖。南京溧水公正稻米种植专业合作社公正稻米生产基地获“中国优质农产品示范基地”称号，道好牌公正大米连续4年获江苏省好大米特等奖、江苏省首届“好吃苏米”金奖，是江苏好大米十大品牌之一。打造和凤镇独特稻米主题文化，9月5日，和凤镇万亩绿色优质水稻展示“五彩凤凰”“无想田园”“产业强镇、富民增收”等大地农业景观。10月24日，“好山好水，珍米珍味”2020年溧水农民丰收节在和凤镇省级水稻绿色高质高效示范区举办，展示湫湖、道好、公正、晶健、吴谷道、京湖等品牌产品。手工饭团、八宝粥、炒饭、寿司、米糕等和凤大米系列主题特色小吃亮相，游客们品尝美食，体验“味稻”喜悦。

（严俊）

【农作物病虫草害防治】 2020年，区农业农村部门围绕绿色植保，加强农作物病虫草害预测预报，强化植物检测，推进统防统治。开展“科学用药进万家”行动、草地贪夜蛾监测、福寿螺防控等。发布病虫草害情报21期，印发病虫通知单7期32.3万份，张贴病虫墙报11870份；电视滚动字幕6次，防治现场展示1次，网上发布情报5期，统防统治覆盖率68%，主要农作物绿色防控覆盖率51.19%。全年病虫草鼠发生面积23.54万公顷次，防治面积38.5万公顷次，挽回粮食损失8.54万吨。

（钱荣明　严俊）

【“南京好大米”评比获奖】 12月12日，2020“南京好大米”“南京好大米优质品牌”评鉴推介活动在南京农业科技大厦举办，活动评出“南京好大米”等奖项41个。其中，特等奖、金奖、优胜奖31个，优质品牌奖7个，综合种养奖3个。溧水区获奖项6个。其中，南京晶健米业有限公司晶健大米、溧水泥歌果蔬种植专业合作社泥歌牌荷香园香米获特等奖，溧水沙塘庵传中粮食加工厂京湖大米、南京三元农业科技有限公司吴谷道大米获金奖，溧水公正稻米种植专业合作社道好牌公正大米、南京沙塘庵粮油实业有限公司湫湖大米获优质品牌奖。

（严俊）

·蔬菜种植·

【概况】 2020年，溧水区种植蔬菜1.23万公顷，与上年持平，其中有机蔬菜面积400公顷、高效设施蔬菜面积2000公顷；蔬菜总产量43.03万吨，增加1.38万吨；总产值25.46亿元，增加10.46亿元。巩固和凤镇乌飞塘村万亩蔬菜产业园，提升华成、普朗克等品牌蔬菜质量，发展溧水真喜果蔬专业合作社、东屏祥康蔬菜合作社、永阳苏星生态农场、和凤金农汇农业公司、石湫九塘藕生产基地、南京金万辰生物科技有限公司等一批特色蔬菜基地。南京金万辰生物科技有限公司成为华东地区食用菌最大生产基地，日产140吨。

【设施蔬菜建设】 2020年，溧水区立项部级蔬菜绿色高质高效示范基地项目1个、省级设施蔬菜项目1个，市级标准化菜地项目2个、设施蔬菜项目3个、蔬菜绿色防控项目1个。全年新建设施蔬菜面积73公顷，其中8米钢架大棚46.67公顷、6米钢架大棚10.53公顷、连栋钢架大棚11.46公顷、棚篱架2.67公顷、竹木大棚1.67公顷。

（张晓英　林婷婷）

【设施蔬菜净土工程试点县项目】 2020年，全区设施蔬菜净土工程试点县建设项目涉及实施主体87个，面积1371公顷，其中核心示范区683.3公顷、辐射区687.3公顷。建立东屏街道、和凤镇相对连片设施蔬菜核心示范区各1个，面积333.3公顷。完成土壤采样分析100个、田间肥效试验5项，推广应用商品有机肥4350吨。设施蔬菜核心示范区土壤有机质含量提升16%。（梁路）

【华成蔬菜“四新”示范基地建设】 2020年，区农业农村部门推进溧水华成蔬菜专业合作社蔬菜“四新”（新品种、新技术、新模式、新装备）示范基地建设。采取“合作社+企业+基地+农户”组织模式，农户加入土地股份融入合作社，土地折价入股作为农户出资，入股农户优先选择在合作社工作，除股金分红，成员每年获得3万～4万元工资性收入。升级改造基础设施，引进新品种、新技术、新装备，建设蔬菜标准化生产设施，推广测土配方施肥及绿色防控技术，减少化肥、农药使用；采用水肥一体、机械化生产管理技术，降低生产成本，提高效益；集成全程绿色标准化生产模式，促进蔬菜产业高质量发展。“华成商城”电商平台以溧水华成蔬菜基地自产蔬菜为主，融合溧水范围内优质蔬菜产品。全年拥有会员900余人，月销售额100余万元。（严俊）

2020年溧水区种植业生产情况一览表

指　　标	面积(公顷)	单产(吨/公顷)	总产量(吨)
农作物总播种面积	46135.6	—	—
一、粮食作物合计	28433.33	7.26	206394
(一)夏收粮食	8970	4.95	44425
其中:小麦	8550	5.06	43198
(二)秋收粮食	19463.33	8.33	161969
1、秋收谷物	17893.33	8.61	154121
其中:稻谷	17253.33	8.7	150182
2、秋收豆类	900	2.58	2325
3、薯类(按五折一计算)	670	8.25	5523
二、油料合计	3618.87	2.51	9043
其中:油菜籽	3047.27	2.48	7538
三、棉花	182.4	1.23	224
四、苎麻	203.47	2.46	500
五、甘蔗	44	38.2	1682
六、药材	191.27	—	—
七、蔬菜(含菜用瓜)	12297.27	35	430308
八、瓜果类	931.07	31.25	29092
九、其它农作物	233.93	—	—
附:常年种蔬菜面积	3562.73	—	—

（区统计局）

林　业

【概况】 2020年，溧水区新增营造林面积490.33公顷，完成2个"三化"(彩色化、珍贵化、效益化)片、10个绿美乡村市级核查验收。绿化农村道路46条，总里程102.51千米。完成宁杭高速溧水段杨树更新改造方案编制及林木采伐申报，开发区、永阳街道、白马镇完成杨树采伐面积99.4公顷。完成溧水区森林经营规划编制和"十四五"林木采伐限额编制，通过省级验收；完成《南京市溧水区森林防火规划(2021—2025年)》编制。按照自然资源部、国家林草局要求，区农业农村局完成与溧水规划资源分局林权移交。10月、11月，区森林消防专业队参加省、市森林消防技能竞赛，均获二等奖。

【绿化造林】 2020年，区农业农村部门植树造林面积490.33公顷，分布各街镇(开发区)，主要造林榉树、栾树、乌桕等树种。绿化永阳街道高塘村、石湫街道光明社区、东屏街道爱民村，白马镇石头寨村、曹家桥村等农村道路46条，总里程102.51千米。建设开发区、晶桥镇2个"三化片"；绿美东屏街道爱民村何村、定湖社区大东岗，石湫街道九塘村小曹，白马镇曹家桥村尤咀、尤陈边和白龙社区北城，和凤镇乌飞塘村乌飞塘，晶桥镇云鹤山村胡家、芝山村东官塘、仙坛村旋风山10个自然村。总投资500万元。　(贺军)

【森林资源管理】 2020年，区农业农村部门开具林木采伐许可证44件，采伐面积946.15公顷，蓄积木材2.72万立方米。其中限额内采伐面积911.94公顷，蓄积木材2.07万立方米。办结使用林地项目7个，涉及占用林地14.36公顷，其中省级公益林地0.77公顷、市级公益林地0.9公顷、一般商品林地12.69公顷，缴纳植被恢复费250.41万元。

【野生动物保护】 2020年，区农业农村部门根据《中华人民共和国野生动物保护法》，完成2019年冬至2020年春小天鹅迁徙监测，未发现病死异常。按照省政府要求，清退以食用为目的的驯养繁殖场所2家，处理大雁218只、孔雀95只，补偿资金14.26万元。4家养殖黑斑蛙企业，按要求移交区农业农村局。通过"12345"市民热线、溧水公安部门电话转接等方式，全年救助野生动物50余起，涉及猫头鹰、夜鹭、野猪、娃娃鱼等。结合"爱鸟周"、野生动物保护宣传月，联合溧水生态环境局、区图书馆等部门在区状元坊公园、无想山国家森林公园等地开展系列野生动物保护公益性宣传活动，摆放展板20块、悬挂横幅40条、发放野生动物保护折页500册，参与市民1000余人。

【森林防火】 2020年，区农业农村部门加大森林防火基础设施建设，采购消防物资运输车1辆，新修回峰山、观山、小茅山、龙王庙等地水泥路21.15千米，新建无想山国家森林公园引水上山4000米，覆盖核心区域333.33公顷森林范围。建成秋湖瞭望台和小茅山电视转播站智能监控点2个、同频同播基站2个，购置对讲机50套。完成森林防火智慧监控系统一期建设，包括前端全部21个监控点位基础施工和21套热成像森林防火监控系统设备安装调试、GIS平台部署，接入区智慧办。坚持值班备战，落实24小时值班和领导带班制度。完善森林防火体系，提升森林防灭火能力，加大森林防火宣传教育、火情监测预警，悬挂防火安全横幅900条，重点林区(景区)路口设置固定防火宣传牌300块，设置防火卡通"虎威威"智能语音播报器10处、防火码展牌10处，发放宣传资料3000余份。加强森林消防专业队伍管理，开展森林消防应急演练，提高防火应急水平，5月、11月在大金山国防园分别开展封闭式集训7天；6月，会同区商旅集团在无想山景区开展森林防灭火综合实战演练1次。　(范双虎　严俊)

【森林病虫害防治检疫】 2020年，区农业农村部门加强森林病虫害防治检疫，清理松材线虫病疫木2.08万株，面积7356.67公顷。其中，清理2019年秋季普查疫木4238株，面积290公顷。做好75处美国白蛾，12处松毛虫、扁叶蜂，10处杨舟蛾类，6处竹蝗竹螟等林业有害生物监测，更换诱捕芯片3次，新增204省道洪蓝街道塘埂村段美国白蛾发现地。发送监测信息40余条、溧水虫情简报4份。联合区森警大队执法检查木材加工企业16家，检疫规模苗圃产地52家，核发林木种子生产经营许可证25件。全区布置太阳能杀虫灯40盏，释放生物天敌管制肿腿蜂2000管、周氏啮小蜂1000只。在无想山及其周边飞机施药防治黄脊竹蝗等虫害1次，面积1333.33公顷。

【林长制】 10月13日，溧水区落实省市林长制相关文件要求，严格森林资源保护、提升森林资源质量、促进森林资源利用，制订《溧水区林长制试点工作实施方案》，启动林长制试点。区政府主要负责人担任总林长，分管负责人担任副总林长，明确区纪委、区委组织部、区委宣传部、溧水公安分局、区财政局等18个相关部门为林长会议成员单位，设区级林长18人，建立区、街镇、村(社区)三级林长制组织架构，划分各级林长责任区域，在无想山国家森林公园等处设立区级林长制公示牌18块。在区融媒体电视、报纸等平台投放字幕、开辟专栏宣传8次，张贴海报400张，发放宣传页1000份，悬挂横幅200条。 （罗敏　严俊）

园 艺 业

【概况】 2020年，溧水区经济林果面积1.55万公顷，增加469.67公顷。其中，果园5639.87公顷，增加435公顷；花卉苗木7124.40公顷，增加103.67公顷；茶园1768公顷，增加10.13公顷；中药材794.20公顷，减少5.8公顷；其他经济林果100公顷，增加26.67公顷。经济林果总产值8.25亿元，增长1%。其中，水果4.96亿元，下降1.95%；花卉苗木1.87亿元，下降10%；茶叶0.79亿元，下降8.16%；中药材0.62亿元，增长308.62%；其他150万元，增长33.93%。加强特色林果“五莓(梅)”产业发展，黑莓面积346.67公顷，产量4200吨，减少1000吨；产值1300万元，下降16.67%。草莓面积834.67公顷，增加32公顷；产量1.63万吨，增加3916吨；产值3.76亿元，增长25.46%。蓝莓面积920公顷，增加10公顷；产量2600吨，减少682吨；产值7000万元，持平。青梅面积600公顷，增加231.13公顷；产量1600吨，下降2.87%；产值1152万元，持平。杨梅面积118公顷，增加13.33公顷，产量500吨，减少30吨，产值1000万元，增长3.52%。

【经济林果开发】 2020年，溧水区发展红颊草莓、翠冠梨、高丛蓝莓、油桃、蟠桃、花李、冬枣、阳光玫瑰葡萄、红美人橘等水果和白茶、高中档花木。采用开沟定植果树、茶叶，全垦土地栽植花木。开发经济林果469.67公顷，其中桃73.47公顷、梨48.47公顷、葡萄14.2公顷、蓝莓10公顷、草莓32公顷、茶叶10.13公顷、苗木103.67公顷、中药材(山栀)2.07公顷、其他175.66公顷。

【设施园艺建设】 2020年，溧水区立项省级设施园艺项目1个，市级设施园艺项目5个、绿色防控项目6个、高效特色园艺基地项目5个。新增设施园艺面积172.74公顷，其中8米钢架大棚50.6公顷、6米钢架大棚12公顷、钢架避雨大棚21.67公顷、连栋钢架大棚3.47公顷、玻璃温室3公顷、防鸟网29.33公顷、棚篱架2公顷、茶园防霜设施10.33公顷、喷滴灌36.67公顷、其他3.67公顷。

【茶叶质量评比】 4月18日，区农业农村部门举办名优茶评比活动，评出头茶奖5个、名茶奖5个、好茶奖9个。南京新世纪园艺研究所傅家边牌碧螺春、区商旅集团昱达文旅发展有限公司无想望悠茶牌碧螺春、南京溧峰集团制茶有限公司溧峰牌碧螺春、溧水严景万茶场吴村桥严景万牌白茶、南京中山园林建设(集团)有限公司茶厂盛峰牌雨花茶获头茶奖。区吕新英茶叶专业合作社骆山白龙牌碧螺春、南京白龙有机农业科技开发有限公司六步山牌碧螺春、南京月牙湖生态茶业有限公司月牙湖牌白茶、溧水慧饮茶叶专业合作社久宏牌雨花茶、区傅家边绿园茶厂家边绿园牌金陵玉芽获名茶奖。溧水绿福茶叶专业合作社涧之东牌碧螺春、区倪春香茶场倪春香牌碧螺春、南京逸程农林开发有限公司逸程农林牌碧螺春、溧水严景万茶场吴村桥严景万牌碧螺春、区商旅集团昱达文旅发展有限公司望悠牌翠眉、南京剑茗绿茶有限公司茗剑牌白茶、区杨白海茶叶专业合作社杨白海牌白茶、南京月牙湖生态茶业有限公司月牙湖牌红茶、溧水严景万茶场溧香红严景万牌红茶获好茶奖。

4月30日，溧水区茶叶在南京市雨花茶暨名特茶质量评比中获金奖9个。雪松牌雨花茶获雨花茶类金奖，无想望悠茶牌碧螺春、望悠牌翠眉、白龙牌碧螺春、月牙湖牌白茶、傅家边牌碧螺春、六步山牌碧螺春、严景万牌碧螺春、月牙湖牌红茶获名特茶类金奖。 （严俊）

【3家企业入选省“百园荟萃”榜】 11月，溧水区3家企业入选首批江苏省种植业“百园荟萃”培育与推介活动优胜榜。溧水和凤华成蔬菜现代农业示范园入选“百园荟萃”绿色菜园榜、南京溧水石湫玫瑰园入选“百园荟萃”缤纷花园榜、南京金色庄园精品莓园产业示范园入选“百园荟萃”精品莓园榜。

12月22日，傅家边精品草莓生活馆种植的草莓在第十九届中国（句容）草莓文化旅游节暨中国精品草莓擂台赛中获得金奖　　《今日溧水》报　供

【果品质量评比】 12月，傅家边精品草莓生活馆、南京美莓源生态农业科技有限公司红颜草莓均获第十九届中国（句容）草莓文化旅游节暨中国精品草莓擂台赛金奖。溧水区草莓在第六届江苏（东海·黄川）草莓文化节暨第七届江苏“紫金杯”优质草莓评比活动中获金奖1个、银奖3个、优秀奖2个。南京金色庄园农产品有限公司雪兔草莓获金奖；南京金色庄园农产品有限公司红颜草莓，南京美莓源生态农业科技有限公司红颜草莓、香野草莓获银奖；南京美莓源生态农业科技有限公司淡雪草莓、傅家边精品草莓生活馆红颜草莓获优秀奖。溧水南京红美人特色林果专业合作社红美人柑橘在江苏省首届评鉴活动中获银奖。

【蔬菜园艺“四新”示范基地】 12月3日，南京市特色园艺基地现场观摩会暨蔬菜园艺“四新”示范基地授牌仪式在晶桥镇邰村举行。溧水南京红美人特色林果专业合作社（新品种——红美人柑橘）、南京美莓源生态农业科技有限公司（新品种、新模式——日式高架草莓栽培）、区商旅集团昱达文旅发展有限公司（新模式——草莓天瀑）、江苏中植生态植物科学研究院有限公司（新装备——蓝莓现代智慧装备）、溧水华成蔬菜专业合作社（新模式——蔬菜产销衔接模式）5家单位被授予蔬菜园艺“四新”示范基地。全市蔬菜园艺“四新”示范基地15家。　（张晓英）

畜牧业

【概况】 2020年，溧水区加强生猪恢复生产、养殖废弃物资源化利用，推进蛋鸡、水禽等畜禽养殖方式转型升级，畜牧生产规模化、装备自动化和环境生态化产业发展，促进全区现代畜牧业发展。全区规模养殖企业28家，其中万头生猪规模养殖场2家。年末存栏生猪3.62万头，全年出栏生猪5.64万头，猪肉产量5076吨；存栏肉禽305.21万羽，出栏741.11万羽，禽肉产量2.39万吨；蛋禽存栏152.14万羽，其中蛋鸡130.43万羽；禽蛋产量3.17万吨，其中鸡蛋1.96万吨。养蜂1.1万箱，生产蜂蜜1378.68吨。　（陈家琪）

【家禽屠宰点建设】 2020年，区农业农村部门根据南京市《关于疫情防控期间稳定全市重要菜篮子产品生产供应的十条措施的通知》《关于加快做好家禽自宰点建设工作的通知》要求，实施家禽光鲜入市。建设南京温氏畜禽有限公司家禽屠宰生产线，年屠宰标准化黄羽肉鸡1000万羽，总投资400余万元，12月25日通过省市专家验收，实现家禽光鲜鸡、冰鲜鸡上市，满足市民生活需求。

【生猪生产恢复】 2020年，区农业农村部门落实《省政府办公厅关于印发进一步促进恢复生猪生产政策举措的通知》精神，制订生猪生产扶持政策，加快区内生猪生产恢复。晶桥镇新建溧水牧原农牧有限公司万头猪场，获区财政奖补资金1300万元；南京绿康种猪有限公司、溧水牧原农牧有限公司、南京天惠林牧发展有限公司出栏商品肥猪34630头，获规模猪场扩能增量综合奖励资金346.3万元；南京绿康种猪有限公司新增种猪571头，发放补贴57.1万元。南京双勋农业发展有限公司、南京衡银畜牧有限公司、区吉祥生猪养殖场和溧水牧原农牧有限公司4家规模猪场获贷款贴息76.84万元。至12月20日，全区50头以上生猪养殖场34家，出栏生猪5.64万头，存栏生猪3.62万头，其中出栏万头以上猪场2家。（冯杰）

【生猪产地检疫监管】 2020年，溧水区完善检监结合机制，提高产地检疫、屠宰检疫规范化管理。落实屠宰环节非洲猪瘟自检制度监管，开展屠宰检疫人员非洲猪瘟检测培训和规范生猪产地检疫培训。严格生猪产地检疫由官方兽医实施，留存带有时间、地点标记影像资料，协检员不再从事生猪产地检疫，经专门监管人员审核确认再出证。全年生猪产地检疫出证618张4.4万头，其中用于屠宰3.82万头。（张晨）

【牧原生猪养殖场投产】 2020年，区政府推进生猪转型升级稳产保供，引进牧原食品股份有限公司，建设溧水牧原农牧有限公司生猪养殖场，场址位于晶桥镇芝山村，占地21.33公顷，新建猪舍面积5万平方米，4月8日开工，7月20日投产，11月20日项目主体工程竣工。至年底，生猪出栏2.72万头，存栏1.81万头，实现年初生猪出栏2.5万头目标的108.8%。（陈家琪）

【重大动物疫病免疫】 2020年，区农业农村部门下发《关于做好当前重大动物疫病防控工作的紧急通知》《关于进一步做好畜禽养殖场(户)重大动物疫病防控工作的通知》，巡查指导畜禽养殖场、兽药经营企业和病死动物无害化处理中心，防控非洲猪瘟、高致病性禽流感和H7N9流感，检查各类场所900余家次，出动执法人员1300余人次。做好引进种猪隔离期内2次非洲猪瘟采样检测。开展春季、夏季重大动物疫病集中补免和消毒灭原、秋季重大动物疫病集中免疫行动，重大动物疫病保持应免尽免，免疫应免密度和免疫抗体监测符合省、市规定要求。全年免疫口蹄疫生猪4.59万头、牛羊1.03万头，免疫猪瘟4.60万头，免疫高致病性猪蓝耳病4.23万头、禽流感1237.79万羽(鸡900.96万羽、水禽287.55万羽)、羊小反刍兽疫1.10万头。狂犬病免疫犬3074只，其中城区1568只、街镇1506只。做好强制免疫病种免疫，确保应免密度100%，全年未发生重大动物疫情。

【动物疫病检测】 2020年，区农业农村部门检测非洲猪瘟、口蹄疫、高致病性禽流感等各类重大动物疫病样品1.9万余份。其中，免疫抗体检测1.3万余份，各病种免疫抗体合格率均高于80%，超过农业农村部规定的70%标准；病原学检测6000余份，均为阴性，保障全区畜牧业健康发展。（周伟）

【动物无害化处理】 2020年，区农业农村部门推行重大动物疫病防控责任制，开展兽医技术培训、动物无害化处理知识讲座。全区养殖环节无害化处理病死生猪1486头；家禽8.83万羽，不足1千克家禽6.25吨；屠宰环节无害化处理病死生猪76头，处理屠宰废弃物及病害猪产品折合生猪53头。（张晨）

水 产 业

【概况】 2020年，溧水区围绕质量渔业、生态渔业、高效渔业发展目标，保障水产品质量安全，实现渔业增效渔民增收。全区水产放养面积4582公顷，其中养殖区面积2562公顷、稻田养殖面积(限养区面积)2020公顷。其中，河蟹养殖面积2850公顷，鲈鱼养殖面积267公顷，青虾主养面积800公顷。全年水产品总产量2.8万吨。加大新品种、新技术推广，重点推广长江2号河蟹、优鲈2号加州鲈鱼、太湖2号青虾。引进长江2号河蟹大眼幼体7.5公斤、中科5号异育银鲫亲本300组、太湖2号青虾秋苗75公斤、兴凯湖白鱼水花30万尾、黑莓鲈太阳鲈鱼一龄鱼种1.5万尾。通过农业农村部水生动物防疫系统实验室能力测试，开展河蟹、加州鲈鱼、青虾、鲫鱼、草鱼、花白鲢等水产养殖常见性、多发性病害监测，监测样品43个10个批次药敏试验，上报水产养殖病害测报、预报8期，全区无一例重大病害发生。

【百亩连片养殖池塘生态化改造】 2020年，区农业农村部门实施百亩连片养殖池塘改造，包括池塘规整、进排水系、净化设施、场地道路、生产用房等，提升全区渔业基础设施水平和生产能力，促进尾水达标，推进渔业绿色、高质量发展。百亩连片改造面积264.67公顷，超额完成64.67公顷，其中柘塘街道28公顷、洪蓝街道146.67公顷、和凤镇90公顷。总投资2065万元。

【稻田综合种养】 2020年，区农业农村部门制订《南京市溧水区加快稻田综合种养发展实施方案（2020—2022年）》，推动稻田综合种养发展。经第三方中介机构现场核实验收，认定全年稻田综合种养面积461.33公顷，获区财政水稻生态补偿资金138.04万元。其中，柘塘街道稻鸭面积36.27公顷，稻+水产养殖面积3.6公顷，分别补助5.44万元、2.17万元；永阳街道稻鸭面积13.73公顷，补助2.06万元；东屏街道稻鸭面积3.87公顷，稻+水产养殖面积58.47公顷，分别补助5.8万元、35.05万元；洪蓝街道稻+水产养殖面积23.67公顷，补助12.62万元；石湫街道稻鸭面积64.6公顷，稻+水产养殖面积25.6公顷，分别补助9.69万元、14.36万元；白马镇稻鸭面积19.33公顷，稻+水产养殖面积6.8公顷，分别补助2万元、4.08万元；和凤镇稻鸭面积99.2公顷，稻+水产养殖面积6.53公顷，分别补助14.88万元、3.92万元；晶桥镇稻鸭面积35.13公顷，稻+水产养殖面积35.73公顷，分别补助5.27万元、20.7万元。实现增收239.6万元，公顷均增8965.5元。

【农业农村部标准化健康养殖示范场创建】 2020年，区农业农村部门制订《关于做好国家级水产健康养殖示范场建设工作的通知》，推进农业农村部标准化健康养殖示范场创建。各创建企业对标找差，补足短板，落实健康养殖主体责任；开展水产健康养殖、质量安全培训2期和专项检查5次，抽检水产品2次，检测品种4个，合格率100%。12月25日，区山洪水产专业合作社、区湖岸家庭农场、青亚家庭农场、齐飞家庭农场、洪蓝街道塘西村和溧水淳利水产养殖专业合作社6家养殖企业通过农业农村部标准化水产健康养殖示范场创建验收。 （彭广霞）

农产品质量安全

【概况】 2020年，溧水区加强农产品质量安全保障，制订《2020年溧水区农产品质量安全监管工作要点》，满足市民农产品质量需求。建设全国绿色食品原料（水稻）标准化生产基地，新增绿色食品面积1333.33公顷、有机产品面积200公顷，12家企业通过绿色食品认证，8家企业通过有机产品认证。建设省级绿色优质农产品基地2个，富财圩螃蟹通过农业农村部地理标志评审。定量抽检农畜水产品603份，合格率100%。制订《2020年溧水区农产品质量安全专项整治“利剑”行动方案》，开展蔬果产品、畜禽产品、水产品专项整治，出动执法人员1308人次，检查企业714家次，监督抽检215批次，发放宣传材料3145份，培训指导45场次1073人次。查办生猪检疫案件3件，处罚金额10万余元，查处率100%。指导水产养殖户建立健全健康养殖档案，结合农民技术培训和渔业科技入户，开展水产品质量、养殖技术等培训3次391人次。组织水产苗种及养殖专项检查5次，检查养殖企业、水产合作社、家庭农场3250家，接受水产品监督（例行）抽检2批次，检测水产品种和样品20个，合格率100%。至年底，全区313家农业生产企业进入江苏省农产品质量追溯平台，使用追溯二维码41.4万张。

【全国绿色食品原料（水稻）标准化生产基地】 2020年，溧水区加强农业绿色发展，推进全国绿色食品原料（水稻）标准化生产基地建设。标准化生产基地总面积1万公顷，涉及东屏、洪蓝、石湫、白马、和凤、晶桥6个街镇，推广使用NY/T393绿色食品农药。建立绿色农药目录，发放农户身份识别卡，按照“谁种植、谁享受”原则，按化学农药购药单次单品种享受原价25%、生物农药享受原价40%奖励。12月3日，洪蓝街道1466.67公顷、白马镇2666.67公顷水稻绿色优质农产品基地通过省农业农村厅验收。 （袁丹丹）

【绿色食品、有机产品认证】 2020年，区农业农村部门加强绿色食品、有机产品基地建设，新增绿色食品基地1260公顷、有机产品基地200公顷。全区20家企业食品、产品通过绿色食品、有机产品认证。其中，南京和荣蓝莓专业合作社兔眼蓝莓、绿宝石蓝莓、天后蓝莓，南京溧峰集团制茶有限公司炒青茶、雨花茶、碧螺春，南京三元农业科技有限公司大米（粳米、籼米），区傅家边制茶厂炒青茶、白茶、碧螺春，区傅家边绿丰茶厂白茶、炒青茶、碧螺春，区林场鲜竹笋，溧水老赵草莓种植专业合作社红颜草莓，江苏苏泽农业科技有限公司夏黑葡萄、白罗莎里奥葡萄、魏可葡萄，区和平茶叶专业合作社碧螺春、炒青茶、雨花茶，南京闲心静水旅游服务有限公司冬枣、岭香板栗、枫香岭板栗，南京枫竹农业科技有限公司水蜜桃，江苏苏星资产管理有限公司青椒、茄子、西红柿通过绿色食品认证；江苏汇隆农业发展有限公司稻谷、大米，南京蓝泉农业发展有限公司蓝莓，南京普仁有机农业有限责任公司白菜、豇豆、茄子、胡萝卜、韭菜、西红柿、蒜苗、黄瓜、西瓜、甜瓜、草莓等16种蔬果，市长乐农业科技有限公司大米、稻谷，南京普朗克科贸有限公司芸苔、甘蓝、豌豆、菜苔、蒜头、塌棵菜、药芹、萝卜、莴苣、茼蒿、荠菜等15种蔬菜，南京九荷塘农业科技有限公司、区佳民水产养殖专业合作社龙虾，石湫街道农业服务中心花鲢、鲫鱼通过有机产品认证，绿色、有机品牌获区财政补贴463万元。（袁丹丹　严俊）

【农产品质量安全监测】 2020年，区农业农村部门注重农产品安全生产，加强农产品质量监测，守牢农产品质量安全底线。定量抽检农畜水产品603份，合格率100%。各街镇（开发区）监管员与村（社区）协管员每月巡查监管对象1次，定性抽检各类农产品1万余份，合格率100%。开展生产园区（基地）、农贸市场农产品农药残留速测，速测农产品1.06万批次，合格率100%。

【农产品质量追溯平台建设】 2020年，区农业农村部门推进全区农产品质量安全追溯平台建设，加入追溯平台企业402家，地产农产品质量安全合格率99%。至年底，进入江苏省农产品质量追溯平台农业生产企业313家，发放合格证13.2万张，使用追溯二维码41.4万张，实现绿色、有机认证企业、规模农业生产经营主体全覆盖。（孔燕）

【农产品网上销售】 2020年，区农业农村部门推进农产品网上销售，全区网上销售经营主体341个、网店425家，营销总额5.56亿元。其中，农产品销售额4.32亿元，农资销售额4870万元，休闲观光农业相关网络销售额7530万元。根据南京市《“菜篮子”产品生产供应“十条措施”中产销对接线上销售奖补》要求，经市区两级农业农村局与财政部门审核，新冠肺炎疫情期间，全区8家农业经营主体网上销售符合条件，给予市级奖补资金70万元。奖补对象数量与奖补资金均位列全市第一。（吕孝伟　严俊）

【疫情期间农产品供需】 2020年新冠肺炎疫情期间，全区主要交通要道设卡，村庄实行封闭，车辆、行人不能通行，导致农业生产资料运不进、农副产品运不出，企业生产、市民生活受到影响。区农业农村部门与相关部门沟通协调，发放农产品、农业生产资料调拨和转运证明267份，转运农业生产资料2235.53吨、农副产品1424.96吨，其中肉鸡613.65吨、鸡蛋98.9吨、鸭蛋5吨、肉鸭257.8吨、肉猪71.5吨、蔬菜309.37吨、青虾5.95吨、饲料1439.98吨、饲料原料418.98吨、屠宰用品0.6吨、有机肥139.5吨、化肥139吨、蟹苗10.02吨、青虾苗2.8吨、鸡苗141.38吨、鸭苗3吨、西瓜苗3.06吨，确保农业生产物资和农产品“绿色通道”运行通畅，稳定畜牧生产和市场供给。建立蔬菜应急保供运输通行“绿色通道”，组织溧水华成蔬菜专业合作社、溧水真喜果蔬专业合作社、金色庄园农产品公司等农业主体，参加由市农业农村局会同南京报业传媒集团、新农集团等单位主办的“齐心战疫送菜到家”“战疫情、平价菜、直送家”公益平台，采取无接触方式配菜到家，保障市、区蔬菜供应。配送南京农贸市场4230吨、溧水农贸市场3296吨，其中溧水华成蔬菜专业合作社5700吨、溧水真喜果蔬专业合作社819吨、金色庄园农产品公司1007吨。网络公益平台销售3960吨，满足市民蔬菜需求。

（查贵生　汪巧生　张晓英　林婷婷）

【农产品地理标志】 12月9日，富财圩螃蟹通过农业农村部地理标志评审。富财圩水域面积667公顷，水体、土壤pH值7.5（中性），水底特有坚硬黑色土壤，钙、磷含量高，适合螃蟹养殖。2008年成立溧水水晶水产专业合作社，社员130余人，“晶湖”螃蟹2014年被认定为江苏省著名商标。2020年，农业农村部农产品质量安全中心产品品质检测报告显示，富财圩螃蟹体厚饱满、健壮结实、青背白肚、壳硬油亮、步足修长、金爪黄毛，蒸煮后壳体橘黄、蟹香浓郁、膏黄肥美、蟹肉油脂浸润、口感紧实鲜甜。富财圩是螃蟹养殖地名，其农产品地理标志地域保护范围为晶桥镇水晶、周庄、山下徐、圩西埂、枣树巷、牛耳朵、下堡、上堡、浮桥头、前李、后李11个自然村。保护区面积530公顷，年产量80吨。（严俊）

农业绿色发展

【概况】 2020年，溧水区推进农业绿色发展，开展全国绿色食品原料（水稻）标准化生产基地、省级绿色优质农产品基地建设。推广绿色农药使用，建立绿色农药推广目录，设置绿色农药销售点121个，落实绿色农药奖励政策。完成配方肥应用面积1156.67公顷、缓控释配方肥应用面积420公顷、有机肥应用面积1773.33公顷。新增绿色食品基地1333公顷、有机产品面积200余公顷，8家企业（15张证书）通过绿色食品、6家企业通过有机产品认证，洪蓝、白马2个省级水稻绿色优质农产品基地通过验收。全年回收废旧农膜1067.5吨、农药包装废弃物65.43吨。建设省级农作物病虫绿色防控示范区4个，其中水稻示范区面积66.67公顷、蔬菜示范区面积6.67公顷。7月1日起，推进长江流域禁捕退捕，实施重点水域石臼湖十年禁渔。

【农药管理】 2020年，区农业农村部门加强农药销售使用环节监督与管理，发放农药经营许可证网点121个。其中，经营一般农药销售点108个，定点经营限制农药销售点13个。印发《农药行业安全专项整治和危化品安全综合治理实施方案》，与各街镇（开发区）农业服务中心签订农药打假和监管责任状，农药市场监管重心下移，实现经营网点检查全覆盖，确保源头质量安全监管到位。按照"双随机、一公开"要求，加大主要粮食、果、菜、茶种植大户和合作社农药使用监督检查，抽查168家，检查各类农药品种127个，下发责令整改通知书11份。发放店主《农药使用者应履行的法律义务》《禁限用农药名录》等宣传资料800余份。培训农户农药使用5场、指导培训489人。（林婷婷）

【废旧农膜、农药包装废弃物回收】 2020年，溧水区制订《2020年溧水区废旧农膜回收利用实施方案》《2020年溧水区农药包装废弃物回收处置实施方案》，区农业农村部门加强废旧农膜、农药包装废弃物回收利用与处置，降低废旧农膜、农药废弃包装物影响农田土壤、农村生态环境，推进农村环境治理和健康溧水建设。按照政府主导、部门配合、财政支持、企业运作原则，相关部门协同监督、有偿回收、统一归集处置机制，建立区、街镇、村（社区）废旧农膜、农药废弃包装物回收网络，通过专家评审，确定回收实施主体溧水兴农农业生产资料有限公司，南京维施信会计师事务所为第三方跟踪核查和审计。全区设立废旧农膜回收点43个、农药包装废弃物回收点106个，做到应收尽收、整体推进。至年底，回收废旧农膜1067.5吨，其中地膜202.64吨；回收农药包装废弃物65.43吨，回收率94.96%。财政补贴资金200万元，其中省级财政20万元、市级财政20万元、区级财政160万元。（查贵生　汪巧生）

【化肥农药减量行动】 2020年，区农业农村部门落实"两减"行动，开展低毒低残留农药、化肥使用。全年农药使用量299.52吨，绿色防控区化学农药减量超过50%。优化肥料运筹，减少化肥使用，提升土壤有机质含量，测土配方施肥技术入户率96.8%。完成配方肥应用面积1156.67公顷、缓控释配方肥应用面积420公顷、有机肥应用面积1773.33公顷。全年化肥施用总量（折纯）8451吨，比2015年9945吨削减15.02%。

【污染耕地安全利用项目】 2020年，区农业农村部门推进农田土壤环境风险管控，从源头保障农产品质量安全，实施受污染耕地安全利用项目。在项目区应用"低累积品种+碱性物料+有机肥+土壤调理剂+叶面阻控"5种技术模式，消除耕地污染，提升耕地土壤环境质量。项目区安全利用类措施覆盖率100%，综合测算受污染耕地安全利用率100%，通过省、市目标考核，土壤环境风险得到基本管控。

【农作物病虫绿色防控】 2020年，区农业农村部门建设省级农作物病虫绿色防控示范区4个。其中，区谷丰农机专业合作社、溧水润博农作物种植专业合作社水稻绿色防控示范区2个，溧水华成蔬菜专业合作社、溧水真喜果蔬专业合作社蔬菜绿色防控示范区2个。水稻示范区面积66.67公顷，辐射带动666.67公顷；蔬菜示范区面积6.67公顷，辐射带动66.67公顷。各街镇（开发区）建设1个主要农作物绿色防控百亩示范方。示范区绿色防控技术产品到位率100%，生物物理等非化学农药绿色防控技术覆盖率30%；化学农药使用量减少30%，其中蔬菜减少40%。

【果菜茶有机肥替代化肥项目】 2020年，区农业农村部门推进耕地质量提升，实施化肥减量增效和果菜茶有机肥替代化肥项目，推广配方施肥、增施缓控释配方肥和商品有机肥替代化肥等技术模式。补助项目农户物化产品45%配方肥520.5吨、51%缓控释配方肥378吨、商品有机肥2014吨，应用总面积3350公顷。（程雅梅）

【石臼湖湿地保护】 2020年，区农业农村部门加强石臼湖生态湿地资源保护，改善湿地水禽鸟类栖息环境。修复湿地胭脂河陈卞村至汤家段，面积52.5公顷，超额完成市下达26.67公顷湿地修复任务；协同省湿地野生动物保护站完成石臼湖湿地（省级湿地公园）界桩、标识选点、方案设计、安装等，总投资43.18万元。建设石臼湖沿线视频监控二期，长4千米，安装前端监控10台，监控中心大屏、设备1套等，投资30万元。成为江苏省首个省级重要湿地保护区。（贺军）

【石臼湖十年禁渔】 7月1日起，溧水区按照省委省政府、市委市政府决策部署，推进长江流域禁捕退捕，实施重点水域石臼湖十年禁渔。成立禁捕退捕领导小组，区政府主要负责人任组长，召开专题会议8次，制订《关于长江流域溧水重点水域渔船渔具回收补偿办法》。加大宣传，张贴禁渔通告160份，树立永久性宣传牌50块，悬挂禁渔期专题宣传横幅60条，发放禁渔告知书、禁捕退捕宣传资料1.13万份，出动宣传车、宣传船300余车船次，执法人员沿湖街镇、村（社区）、船舶停泊点大喇叭巡回宣传120次，区电视台专项采访报告、滚动播放宣传15次。建档立卡安置渔民337户666人，回收渔船493艘、渔网270吨；安置转产转业71人，灵活就业68人，做到人安置、证注销、船封存、网销毁，发放补偿资金4066万元，确保湖区“清湖、清船、清网”。开展检查、巡查、蹲守、监控、举报受理等各类执法行动，至年底，办理石臼湖涉渔行政处罚案件7件，其中移交公安机关4件；查处禁渔渔具339件，没收放流渔获物293.5公斤，协助溧水公安部门处理涉渔刑案9件。开展生态修复、渔业资源增殖放流，3月25日、27日，4月7日、10日，放流鱼苗鲢鱼78.04万尾、草鱼5.49万尾、鳙鱼39.95万尾，总投资80万元，补充石臼湖鱼类资源，维护水域生态平衡。（丁荣 严俊）

农业机械化

【概况】 2020年，溧水区农业机械总动力34.89万千瓦，增长1.2%。完成主要农作物（水稻、小麦）机耕面积2.56万公顷、机播（插）面积2.3万公顷、机植保面积2.5万公顷、机收面积2.56万公顷、机械化秸秆还田面积0.91万公顷、产地机械化烘干粮食14.5万吨。主要农作物（水稻、小麦）生产全程机械化水平95%。

【农机购置补贴】 2020年，区农业农村部门制订《2020年溧水区农机购置补贴实施方案》《溧水区农机购置补贴内控管理相关制度》，相关政策文件公示于农机购置补贴信息公开专栏。全年新增各类农机具239台，其中大中型拖拉机34台、乘坐式水稻插秧机20台、联合收割机8台、农用挖掘机24台、秸秆还田机68台。受益农户135户，享受省级以上财政补贴资金320.33万元，带动农户投入1440余万元。（杨向红）

【秸秆机械化还田】 2020年，区农业农村部门制订《2020年秸秆机械化还田实施方案》《2020年溧水区秸秆机械化还田实施意见》，投入大中型拖拉机及配套还田机373台套，完成稻麦秸秆机械化还田作业面积0.91万公顷，其中麦秸秆机械化还田作业面积0.26万公顷、稻秸秆机械化还田作业面积0.65万公顷。享受省、市秸秆还田作业补助资金341.1万元。

【农机化项目】 2020年，区农业农村部门委托第三方南京永信联合会计师事务所，审计区明头农机专业合作社等20家合作社承担的2019年度农机化项目，出具审计报告。农机化项目运用先进适用的机械装备农业，改善农业生产经营条件，提高农业生产技术水平和经济效益、生态效益。7月16日，通过专家组验收，拨付项目资金922万元。实施2020年度市级农机化项目，经过核查、筛选，区和平农机服务专业合作社、区谷丰农机专业合作社、江苏中植生态植物科学研究院有限公司、南京粟丰农作物种植专业合作社、区宏志水稻种植专业合作社5家符合农机化项目条件，被纳入2020年度市级农机化项目。

【变型拖拉机提前报废】 2020年，溧水区根据省市变型拖拉机提前淘汰报废要求，成立分管负责人为组长的变型拖拉机提前报废领导小组，区农业农村局、交运局、财政局，溧水公安分局、生态环境局，各街镇（开发区）为成员单位。制订《关于印发溧水区变型拖拉机提前报废实施方案的通知》，推进变型拖拉机提前淘汰报废，明确相关部门职责，树立安全生产与生态环境保护“红线”意识。全区在册变型拖拉机88台，分布在湖北、福建、重庆等7个省（直辖市）和连云港、宿迁、淮安等15个市从事运输作业，上门提供变型拖拉机报废查验、办理注销和补贴等“一站式”服务，打消机主顾虑，争取机主理解。制作88台变型拖拉机报废情况一览表，挂图作战，至10月31日，完成88台变型拖拉机报废处置，提前1个月完成省市目标任务。区内变型拖拉机清零，发放补贴133万元。

（吴小康　严俊）

【农机安全服务】 2020年，区农业农村部门围绕消除事故隐患、筑牢安全防线主题，开展农机“三查一禁”（查拖拉机、联合收割机无牌作业，查无证驾驶，查农机逾期未检；禁止变型拖拉机违法使用）普法教育，主动服务农户，送安全宣传手册、农机检测服务到村间地头。举办农机安全生产月活动，农机合作社、种粮大户、家庭农场等涉农经营组织561人参加，发放农机安全生产宣传资料1300余份。办理补贴机具上牌117台；农机送检下乡13次，年检拖拉机530台、收割机106台。（吴小康）

【粮食生产全程机械化示范区创建】 12月9日，省农业农村厅举行粮食生产全程机械化整体推进示范县（区）考评会议，溧水区以小组第二成绩通过粮食生产全程机械化示范区创建。12月22日，溧水区被授予“全国第五批率先基本实现主要农作物生产全程机械化示范区”称号。2018年，溧水区被列为全省第五批粮食生产全程机械化整体推进示范县（区）创建单位，区农业农村部门落实省农业农村厅粮食生产全程机械化整体推进示范区创建要求，依托农机合作社和农机大户为实施主体。创新模式，出政策、补短板、强示范，突出“整体”，强化“全程”，开展粮食生产全程机械化整体推进行动，投入财政补助资金1772万元，新增各类农机具750余台套，粮食生产全程机械化水平95%。

（黄海）

高标准农田建设

【概况】 2020年，溧水区农田建设以国家高标准农田建设和市级耕地质量提升两大项目为主。完成2019年7个国家高标准农田项目建设，面积1946.67公顷；立项2020年国家高标准农田建设项目6个，面积733.33公顷；申报2021年国家高标准农田建设项目3个，面积333.33公顷。完成市级耕地质量提升项目12个，面积2666.67公顷；立项市级耕地质量提升项目10个，面积2084公顷。高标准农田建设融入美丽乡村打造，实施全省第一批高标准农田生态型试点项目，争取省级生态资金1000万元。

（贺香）

【国家高标准农田项目】 8月，溧水区7个2019年国家高标准农田建设项目通过市级验收。7个项目建设总规模1946.67公顷，总投资6635万元。其中，柘塘街道项目1个733.3公顷，投资2293.42万元；永阳街道项目1个66.7公顷，投资175万元；和凤镇项目3个946.7公顷，投资3600.13万元；晶桥镇项目2个200公顷，投资566.45万元。立项2020年国家高标准农田建设项目6个，总面积733.33公顷，总投资2150万元。其中，永阳街道项目1个200公顷，投资615万元；洪蓝街道项目1个66.7公顷，投资175万元；石湫街道项目1个73.3公顷，投资222.5万元；白马镇项目2个233.3公顷，投资650万元；和凤镇项目1个160公顷，投资487.5万元。经招投标，8月进场施工。

【全省高标准农田生态型试点项目】 8月28日，和凤镇沈家山村全省高标准农田生态型试点项目通过市农业农村局专家组验收。该项目2019年12月23日开工建设，总面积213.33公顷，新建泵站3座、农桥10座、路涵338座、涵闸46座、放水口690座、石磨广场1处、水泥路10.67千米、休闲步道1.66千米，衬砌渠道12.56千米，埋设暗渠0.58千米，塘坝护砌1.91千米，农田林网植树2131株，开挖土方31.75万立方米，6月28日竣工。总投资1991.85万元，其中财政补助资金1629.08万元（省级补助1203万元），区镇配套资金362.77万元。

（贺香　汤姣姣）

【市级耕地质量提升项目】 9月3日，溧水区6个2017年市级耕地质量提升项目通过市级核查验收。项目总规模1348公顷，总投资1.21亿元。其中，东屏街道定湖社区232公顷、和平村134公顷，分别投资1735万元、1168万元；洪蓝街道163公顷，投资1475万元；石湫街道464公顷，投资4063万元；白马镇155公顷，投资1720万元；晶桥镇199公顷，投资1964万元。12月30日，6个2018年、2019年市级耕地质量提升项目通过区级验收，项目总规模1329公顷，总投资1.12亿元。其中，东屏街道长乐社区、爱民村193公顷，徐溪社区158公顷，分别投资1517万元、1418万元；石湫街道197公顷，投资1651万元；白马镇172公顷，投资1450万元；晶桥镇杭村社区、云鹤山村、仙坛村388公顷，郜村222公顷，分别投资3026万元、2101万元。

2020年，立项市级耕地质量提升项目10个，总规模2084公顷。其中，柘塘街道梅山、爱景社区147公顷；东屏街道爱廉、和平村265公顷；洪蓝街道三里亭社区、天生桥社区、塘西村367公顷；石湫街道社东社区151公顷，东泉、向阳村186公顷；白马镇朱家边社区159公顷；和凤镇孙家巷、张家村157公顷，毛公铺社区、骆山村182公顷；晶桥镇芝山村264公顷，陶村、杭村社区206公顷。至年底，各项目全部进场施工。（肖鹏）

农业行政执法

【概况】 2020年，溧水区农业农村部门推进农业综合行政执法体系建设，规范行政执法主体，登记持证执法人员58人，持证上岗率100%。推行行政执法“三项制度”（行政执法公示制度、执法全过程记录制度、重大执法决定法制审核制度），严格公正文明执法，查处案件58件，获评市级优秀案卷3卷。落实“谁执法谁普法”责任，开展农业普法活动12场次。在全市率先试点新型农业经营主体信用评定，推进农业农村信用体系建设。办结人大议案19件、政协提案19件，满意率100%；接受人大专题调研野生动物保护1次，区政协民主监督组乡村振兴专题调研3次。全年接待办理群众来信来访74件、“12345”工单88件、社会治理大联动工单57件，主要反映土地承包经营纠纷、林场网格内服务管理等，全部按期办结。（陈松）

【农业行政审批】 2020年，区农业农村部门办理农业行政许可申请34336件，予以许可34336件，主要涉及动物产地检疫、生猪屠宰检疫、森林植物检疫证书以及拖拉机、联合收割机驾驶证核发等。其中，森林植物检疫证1708件，木材运输证503件（7月起该事项取消），法定权限内林木采伐审批4件，动物检疫证32043件，林木种子生产经营许可证28件，农作物种子生产经营许可证2件，农药经营许可1件，畜禽生产经营许可1件，拖拉机行驶证43件，水域滩涂养殖证1件，动物防疫合格证1件，食用菌菌种许可证1件。办理审批事项无投诉、曝光、通报批评，无矛盾纠纷进入调解程序，无行政复议事项。

（田宇　严俊）

【农业行政执法检查】 2020年，区农业农村部门推行行政执法“三项制度”，加强农资市场监管。检查农资经营单位237家次、种子品种107个、农药品种121个、肥料品种22个，下发责令整改通知书18份，整改率100%，维护农民合法权益。强化事中事后监管，开展“双随机、一公开”抽查5批次，检查企业22家。严格案件查处，办结农业行政处罚案件58件，罚款11.28万元。其中，农机案件53件，生产销售假冒伪劣农药案件1件，动物卫生违法案件3件，渔业案件1件。

【农业生产安全隐患排查】 2020年，区农业农村部门走访农业企业和基地，加强农机使用、设施农业、渔业船舶等重点领域安全隐患排查。出动执法人员2360人次，排查农业企业和基地、生产经营企业851家次，发现一般隐患60处，整改60处，整改率100%。开展安全隐患大排查大整治、安全生产“打非治违”专项行动，加强农药、兽药、生猪屠宰、饲料、农机、农产品加工、沼气、渔业船舶等安全隐患排查。开展专项执法检查726家次，其中联合市农业农村局、区安监局、溧水消防大队、区市场监管局等部门开展农机、农资等执法检查96次，发现一般安全生产隐患43个，全部整改到位。全年未发生农业安全生产事故。 （严俊）

农业经营主体

【概况】 2020年，溧水区加快农业经营主体培育，新增南京黄教授食品科技有限公司、南京晶健米业有限公司2家省级农业龙头企业；新增江苏富禾农业科技有限公司、南京观前农业科技发展有限公司、南京三元农业科技有限公司等10家市级农业产业化龙头企业。全年农民合作社进入省政府优先扶持名录195家，成立农民合作社综合社7家，创建国家、省、市、区四级示范社71家，新认定省市区示范家庭农场47家。

【农民合作社】 2020年，溧水区进入省政府优先扶持名录农民合作社195家。开展农民合作社“空壳社”专项清理，注销100余家。新冠肺炎疫情期间，调查摸排疫情阶段84家新型农业经营主体融资需求，其中农民合作社43家。根据贷款贴息管理办法，按程序委托第三方核查审计，市补资金301万元，其中农民合作社补助134.62万元。探索农民合作社综合社运营模式，壮大村集体经济，促进农户增收，推进农民合作社综合社试点，提升创新发展能力，至年底，成立农民合作社综合社7家。实施省级农民合作社规范化建设整区推进，围绕财务审计、名录认定、示范创建、品牌发展、技术培训和档案建设等，完善示范社国家、省、市、区四级联创机制。实施分级分类培训，重点做好区级示范社理事长和街镇辅导员培训，完成培训1000余人次。 （周明胜 严俊）

【农业龙头企业培育】 2020年，溧水区加快农业龙头企业培育，新增培育江苏富禾农业科技有限公司、南京观前农业科技发展有限公司、南京三元农业科技有限公司、南京中山园林白马苗木有限公司、江苏奥迈生物科技有限公司、南京小洋人生物科技发展有限公司、南京严景万茶叶有限责任公司、南京致润生物科技有限公司、南京溧水秦淮梅园有限公司、南京沃优生物肥业有限公司10家市级农业产业化龙头企业。新增南京黄教授食品科技有限公司、南京晶健米业有限公司2家省级农业产业化龙头企业。 （吕孝伟 严俊）

【“四级”示范社创建】 2020年，区农业农村部门推进农民合作社质量提升整区试点，开展农民合作社“四级”（国家、省、市、区级）示范社创建活动，提升农民合作社发展能力。至年底，71家示范社通过国家、省、市、区验收。其中，国家级示范社溧水天福禽业专业合作社、溧水真喜果蔬专业合作社2家，省级示范社南京溧水普农果蔬专业合作社、南京溧水杨家桥苗木专业合作社等6家，市级示范社溧水爱生中药材种植专业合作社、区众禾果蔬专业合作社等12家，区级示范社溧水立新蔬菜专业合作社、溧水琴音食用菌种植合作社、溧水吴道农作物专业合作社等51家。

2020年溧水区“四级”示范社创建情况一览表

街镇（开发区）	数量（家）	国家级示范社	省级示范社	市级示范社	区级示范社
开发区	2	—	溧水志洪农作物种植专业合作社	南京志凯农机服务专业合作社	—
永阳街道	3	—	—	溧水爱生中药材种植专业合作社	溧水立新蔬菜专业合作社 溧水琴音食用菌种植合作社
东屏街道	2	—	—	区祥康果蔬专业合作社	区丰润经济林果专业合作社

续表

街镇（开发区）	数量（家）	国家级示范社	省级示范社	市级示范社	区级示范社
洪蓝街道	14	溧水天福禽业专业合作社	—	溧水傅家边天润果蔬专业合作社	南京创久水稻专业合作社、溧水傅家边红艳草莓专业合作社、溧水农口水果专业合作社、溧水盛红苗木专业合作社、溧水源来草莓专业合作社、溧水秋雁果蔬专业合作社、溧水天桥苗木专业合作社、溧水玉梅花卉专业合作社、溧水玉凤蔬果专业合作社，区双发蔬果专业合作社、茶香缘农作物专业合作社、沈庄苗木种植专业合作社
石湫街道	6	—	溧水芊芊杨梅专业合作社	南京绿湫农产品专业合作社	溧水莲友莲藕种植专业合作社、溧水邦达果蔬种植专业合作社，区佳民水产养殖专业合作社、仲阿宝农机服务专业合作社
白马镇	15	—	—	区众禾果蔬专业合作社、溧水鸿河畜禽养殖专业合作社	溧水吴道农作物专业合作社、南京顺业果蔬专业合作社、瑞洲农机服务专业合作社、南京广盛苗木种植专业合作社、南京五民苗木种植专业合作社、溧水惠农农机专业合作社、溧水秦和农机服务专业合作社、溧水浮山小籽花生专业合作社，区双辉果蔬专业合作社、鑫龙农林牧专业合作社、广源苗木种植专业合作社、智亭苗木专业合作社、卓冠果蔬苗木专业合作社
和凤镇	9	—	区杨白海茶叶专业合作社	区富华果林专业合作社、南京恭田花卉专业合作社	市雨辰果蔬专业合作社、南京杨成飞农作物专业合作社、南京华鹏秸秆专业合作社，区明头农机专业合作社、众一水稻种植专业合作社、吕新英茶叶专业合作社
晶桥镇	20	溧水真喜果蔬专业合作社	溧水普农果蔬专业合作社、溧水杨家桥苗木专业合作社、区果香农作物专业合作社	区百花苗木专业合作社、荣德苗木专业合作社、溧水晶云农作物种植专业合作社	溧水树上飞家禽养殖专业合作社、南京尤姐水产养殖专业合作社、南京江苑果蔬种植专业合作社、南京华祥水稻种植专业合作社、溧水秀鹏果蔬苗木专业合作社、南京和晶林果专业合作社、溧水百丰果蔬种植专业合作社、溧水鹤鸣农产品专业合作社、溧水陈董果树种植专业合作社、溧水金晶苗木种植专业合作社、溧水善诚青虾养殖专业合作社，区庆宏农机专业合作社、宗轩生态农业专业合作社

【家庭农场发展】 2020年，溧水区新认定示范家庭农场47家。其中，区国风家庭农场、嘉信家庭农场、北元家庭农场、石泽森居家庭农场等8家为省级示范家庭农场，区金亮家庭农场、道国家庭农场、悦达家庭农场、秦庆家庭农场、周兆红家庭农场等10家为市级示范家庭农场，区品恋家庭农场、程云家庭农场、万云家庭农场、伍勇家庭农场等29家为区级示范家庭农场。区恒益家庭农场、嘉丰家庭农场获南京市“最美家庭农场”，区奕同家庭农场、正芳家庭农场获南京市“美丽家庭农场”称号。

2020年溧水区新认定示范家庭农场情况一览表

街镇（开发区）	数量（家）	省级示范家庭农场	市级示范家庭农场	区级示范家庭农场
开发区	5	区马群家庭农场	—	区前云家庭农场、齐飞家庭农场、马涛家庭农场、晓文家庭农场

续表

街镇(开发区)	数量(家)	省级示范家庭农场	市级示范家庭农场	区级示范家庭农场
永阳街道	5	—	区金亮家庭农场、文俊家庭农场	区品恋家庭农场、程云家庭农场、万云家庭农场
东屏街道	4	—	—	区风调雨顺家庭农场、祥虹家庭农场、城玥家庭农场、溧果家庭农场
洪蓝街道	9	区嘉信家庭农场	区悦达家庭农场、秦庆家庭农场、乡野家庭农场	区扣扣家庭农场、燚嘉家庭农场、廷洪家庭农场、润泽家庭农场、仁宣家庭农场
石湫街道	2	区北元家庭农场	区连发家庭农场	—
白马镇	6	区国凤家庭农场	区道国家庭农场、周兆红家庭农场	区伍勇家庭农场、郦欢喜家庭农场、国香家庭农场
和凤镇	7	区石泽森居家庭农场、千腾山家庭农场	—	区陈铭家庭农场、海景家庭农场、奇珍生态家庭农场、和丰家庭农场、燕云家庭农场
晶桥镇	9	区谷吉果蔬家庭农场、归农家庭农场	区尤继贵家庭农场、邵仕洪家庭农场	区欣兴家庭农场、晶晶家庭农场、德善家庭农场、长青家庭农场、江苑家庭农场

（周明胜　陶红云）

乡村振兴

【概况】 2020年，溧水区实施乡村振兴战略，注重"三农"发展，加强农村人居环境整治，推进农村综合改革，构建乡村产业体系，促进一、二、三产业融合发展。农村居民人均可支配收入29078元，增长7.4%，增幅位列全市第一，连续五年居全省前列。推进国家城乡融合发展试验区建设，利用收储闲置房屋改造升级，发展共享康养院子。实施城乡居民走共同富裕道路，动态调整低收入农户，精准帮扶低收入家庭2793户5558人。落实省市"万企联万村，共走振兴路"行动部署，推动企业与村（社区）联建，全区联建村企94个，联建项目98个，完成投资5.5亿元。拨付经济薄弱村（欠发达村）发展项目资金1720万元、市级经济薄弱村（欠发达村）一次性疫情补助380万元、结对帮扶专项资金1390万元。（范粒）

2020年溧水区各街镇（开发区）农村组织情况一览表

街镇（开发区）	村委会（个）	涉农居委会（个）	村民小组（个）	乡村户数（户）	乡村人口数		
					合计（人）	男（人）	女（人）
合　计	37	46	2153	108979	327485	171914	155571
开发区	—	8	343	14353	43679	22752	20927
永　阳	3	5	74	12746	33143	16937	16206
东　屏	5	5	305	12843	34890	17903	16987
洪　蓝	4	7	294	14869	44164	23014	21150
石　湫	8	6	195	13784	47065	27014	20051
白　马	4	5	227	12859	36057	17785	18272
和　凤	6	5	411	15431	50657	26900	23757
晶　桥	7	5	304	12094	37830	19609	18221

（区统计局）

【农村改革】 2020年，区农业农村部门推进国家城乡融合发展试验区建设，农村集体经营性建设用地入市纳入省级试点。利用收储闲置房屋进行改造升级，发展共享康养院子，首批建设1000余座。制订《南京市溧水区大力支持发展村集体经济实施意见》，集体经济发展成效纳入村（社区）集体千分制考核内容，与村（社区）干部个人绩效考核挂钩，全年40个村（社区）符合村（社区）集体经济发展激励标准，发放奖金124.86万元。 （严俊）

【农村集体经济创新】 2020年，溧水区探索农村集体经济转型升级新形式，推出“合作强村、资源强村、投资强村、政策强村、制度强村”五大举措。实现村（社区）集体经营性收入2.18亿元，增加1534.76万元，增长7.56%，村（社区）均232.24万元。其中，经营性收入100万元以上村（社区）90个，占95.7%；300万元以上村（社区）50个，占53.2%。落实省市“万企联万村，共走振兴路”行动部署，成立区级联席会议制度。摸排企业、村（社区）需求，推动国企、民企与村（社区）联建，做到联业联责联心。全区联建村企94个，联建项目98个，联建覆盖率100%；计划投资45亿元，完成投资5.5亿元。梳理村（社区）项目合作需求信息150条，意向合作企业近100家。 （周明胜　严俊）

【农村人居环境整治】 2020年，溧水区推动农村垃圾减量化、资源化、无害化处理，生活垃圾分类处理回收利用率35%；完成214个自然村生活污水处理设施建设，生活污水治理受益农户95%；新改建农村公厕200座，农村无害化卫生户厕普及率99.99%；完成59个村（社区）非规模畜禽养殖场（户）整治，畜禽粪污资源化利用率98.5%；回收废旧农膜、农药包装废弃物1132.93吨，回收率94.96%；秸秆综合利用率95%，村内道路硬化率100%。全年建成市级美丽乡村69个，农村人居环境整治获省政府通报表扬。

【乡村治理】 2020年，区农业农村部门清理村（社区）办公场所“牌子乱象”，推动党群服务中心“六个规范化”（党内组织生活规范化，组织体系设置规范化，班子队伍建设规范化，工作运行机制规范化，活动场所建设规范化，基本工作保障规范化）建设，制订《溧水区村级重大事项“四议两公开”实施办法》，规范村级“三务”（党务，村务，财务）公开。在推进村（社区）党组织书记、主任“一肩挑”基础上，鼓励村（社区）党组织书记担任村（社区）集体经济组织负责人，实现“一肩挑三职”。构建区、街镇、村（社区）、网格四级联动机制，推进社会治理网格化，网格覆盖率100%；建立网格和警务联席会议制度，实现警格、网格“双网联动融合”。市级民主法治村、法治街镇实现全覆盖，石湫街道上方村被评为“全国乡村治理示范村”。

【三产融合】 2020年，区农业农村部门推进农业产业融合发展，拓展乡村休闲农业，举办国际蓝莓品牌大会、玫瑰节、杨梅节、溧水农民丰收节等系列农业节庆活动，提高农业特色产业经济效益和社会效益，促进一、二、三产业有机融合。栗文化创意主题农园创建成江苏省主题创意农园。全年休闲农业接待旅客超过478万人次，休闲农业综合收入超过23.9亿元。保障农村一、二、三产业融合发展用地需求，联合溧水规划资源分局开展一、二、三产业融合发展用地项目申报，溧水梦华苑、南京金色庄园农产品有限公司等11家单位6.67公顷用地需求进入南京市农村一、二、三产业融合发展用地项目库名单。

【乡风文明】 2020年，新时代文明实践中心、所、站建设铺开，成立新时代文明实践志愿服务总队1支、服务支队19支、服务队112支、服务小分队N支。和凤镇吴村桥村计竹华家庭获2020年“全国五好文明家庭”（爱国守法、热心公益好，学习进取、爱岗敬业好，男女平等、尊老爱幼好，移风易俗、少生优育好，勤俭持家、保护环境好）。“听党话、感党恩、跟党走”宣讲活动实现街镇、村（社区）全覆盖，受众5000余人次。

【共同富裕】 2020年，溧水区强化各项保障措施，实施城乡共同富裕道路，全年动态调整低收入农户2793户5558人，其中柘塘街道88户183人、永阳街道54户100人、东屏街道380户772人、洪蓝街道270户604人、石湫街道382户814人、白马镇435户902人、和凤镇836户1434人、晶桥镇348户749人。结对帮扶家庭年人均可支配收入不足1万元的105户低收入农户，由各街镇（开发区）负责人精准帮扶。强化政策保障，降低返贫风险，确保“两不愁三保障”（不愁吃、不愁穿，保障义务教育、基本医疗、住房安全），低收入家庭学生教育减免名单由区扶贫办直接提交区教育局，惠及低收入家庭学生364人，减免费用92.7万元。开展急重病灾救助，通过“一折通”拨付到户方式救助510户，统筹使用市、区资金101.3万元；低收入人口参加城乡居民基本医疗保险个人缴费部分由财政全额资助，大病保险起付标准1万元，各报销费用段报销比例提高5%，全部纳入医疗救助对象，在定点医疗机构住院一律先诊疗后付费。建立住房安全精准保障机制，改造危房农户231户。家庭人均收入低于低保标准且财产状况符合条件的低收入农户，按规定程序纳入农村低保范围，全年发放农村低保4656人，发放金额4277万元。区财政按照1000元/户标准发放低收入农户春节慰问资金，慰问1437户，发放慰问金143.7万元。新冠肺炎疫情期间，防止建档立卡低收入人口生活困难，按照每人500元标准发放一次性生活补助，用于防疫物资购买、生活困难救助及就业帮助等，发放2810人，补助金额140.5万元。制订《溧水区农村精准防贫工作实施方案(试行)》，探索实施“防贫保”，统筹市、区财政资金300万元，按照市定脱贫标准2倍，分类设置防贫标准，对因病、因学、因灾致贫返贫对象，建立近贫预警、骤贫处置、脱贫保稳精准机制，促进全区居民共同富裕。　（严俊）

【美丽乡村创建】 2020年，溧水区落实美丽乡村建设“五美”（形态美、生产美、生活美、生态美、和谐美）要求，以旅游环线为主轴线，围绕无想山南、红色李巷、秦淮源头、石臼渔歌4大片区，实施土地综合整治、交通路网建设、新社区建设、现代农业发展、乡村旅游发展、农田水利建设、生态环境保护、公共服务提升、农民收入倍增、和谐农村建设十大工程，建设美丽宜居乡村，建成市级美丽乡村69个，其中示范村13个、宜居村56个。至年底，69个创建村通过市级验收。同时，白马镇李巷村，晶桥镇水晶村、石山下村，洪蓝街道涧东村、上庄村，石湫街道李在凤村等6个村被命名为省级特色田园乡村。

2020年溧水区创建南京市美丽乡村情况一览表

街　　镇	美丽乡村示范村	美丽乡村宜居村
永阳街道	秋湖村郑巷	—
东屏街道	爱民村前村、长乐社区凉蓬	爱廉村开泰，丽山村上王、官塘，金湖社区前巷，定湖社区丰安、大东岗，和平村高塘、西顶，白鹿村金家棚子
洪蓝街道	无想寺社区沙砺、陈下村陈家	青锋村青圩、泉庄，三里亭社区毛家，塘西村塘东、安山嘴，蒲塘社区蒲塘、路家、赵家，天生桥社区天生桥
石湫街道	桑园蒲村桑园蒲、同心村六甲	光明社区武墟，桑园蒲村枣树岗，蟹塘社区小付、塘头边，横山村朱村、胡家店，九塘村夏家，三星村周塔
白马镇	石头寨村石头寨	上洋社区上坊、赵家，朱家边社区草涧屋，曹家桥村牛角里，石头寨村缪家边、毛岗头
和凤镇	吴村桥村南史、乌飞塘社区陡门圩、骆山村山南	吴村桥村小王埂、王家庄，沈家山村刘家，孙家巷村孙夏、南堡，沙塘庵社区大沟圩、沙塘庵，毛公铺社区毛公铺、丁村诸家、俞家，骆山村曹家，孔镇社区孔镇，中杨村后许、南杨、许家、张家
晶桥镇	芝山村曹庄、邰村村上堡	仙坛村魏家，邰村村下堡、上街、下街、徒家，水晶村前李、后李、圩西埂

（诸建华　严俊）

责任编辑　朱幸福

综　述

【概况】 2020年，溧水区围绕制造业高质量发展试验区建设，实施新产业行动计划，聚力强链补链，挖掘新增长点，释放发展新动能，推动工业经济质效提升。工业总产值1084.3亿元，增长10%；增加387.1亿元，增长11%，占地区生产总值42.5%；新产业规模311.3亿元；规模以上工业企业产值632.92亿元，位列南京市郊区组第二。规模以上工业企业主营业务收入574.18亿元；税收32.12亿元，增长2.9%，占全部税收29.3%。工业投资增长16.8%，超过全市平均水平5.8%，技术改造项目投资占工业投资比重60.9%。被省政府授予"制造业创新转型成效明显地区"称号。

2020年，溧水区推进建筑施工现代化，促进建筑业发展。全年建筑企业完成施工面积1273.68万平方米，下降1.5%。其中，新开工面积510.48万平方米，下降0.2%。完成施工产值252.55亿元，增长7.4%；税收12.24亿元，下降13.2%。集聚高素质人才531人，完成区下达指标120.7%。

（尹伟　孙燃）

2020年溧水区工业主要经济指标情况一览表

单位：万元

指　标	合计	规模以上工业*	规模以下工业
企业个数（个）	3363	506	2857
资产总计	10810351	8269489	2540862
本年折旧	295698	150173	145525
工业总产值	10842982	6329188	4513794
主营业务收入	8068222	5741831	2326391
主营业务税金及附加	58675	32365	26310
营业利润	682684	343829	338855
利润总额	706964	387937	319027
应交增值税	256731	153854	102877
工业增加值	3871035	3351786	519249
职工平均人数（人）	102587	57544	45043

注：规模以上工业指年主营业务收入2000万元以上的工业企业。

2020年溧水区规模以上工业企业主要产品产量情况一览表

产品名称	单位	产量
饲　料	吨	43554
塑料制品	吨	12251
饮　料	吨	41397
服　装	万件	772
灭火器	台	2090731
纸制品	吨	24352
铸钢件	吨	23182
水泥熟料	吨	1718229
水　泥	吨	181900
铜　材	吨	19355
自来水生产量	万立方米	3130
汽　车	辆	16928
新能源汽车	辆	5560
锂离子电池	只	357095
彩色电视机	台	1753711
家用电冰箱	台	1792087
铝合金	吨	271645

（区统计局）

【产业量级提升】 2020年，全区有重点工业项目145个。其中，技术改造项目56个，占38.6%。开工项目138个，开工率95.2%，完成投资273.11亿元。全年新增规模以上工业企业126家，新增产值超亿元企业18家、超10亿元企业4家、超50亿元企业1家。

【企业提质增效】 2020年，溧水区新认定省级企业技术中心3家（南京银茂微电子制造有限公司、南京创维平面显示科技有限公司、南京金鑫传动设备有限公司）、市级企业技术中心7家。新认定省重点推广应用新技术新产品8个、省级工业设计中心艾欧史密斯(中国)环境电器有限公司1家，新增市级及以上中小企业公共服务平台2个、市级“专精特新”企业30家。6月16日，开发区被确定为全市首家省级大中小企业融通型特色载体。（尹伟）

【优化营商环境】 2020年，溧水区企业发展服务中心成立，在区市民之家设立服务窗口，开通“57213721”为企服务热线，提供企业“一站式”服务。整合各部门服务事项17项，实现“一窗受理”。在“智慧溧水”APP上增设企业服务板块，建有企业招聘、惠企政策、供需发布等7个模块，发布信息500余条。制订《关心关爱企业家更好服务企业助推制造业高质量发展的十条措施》《溧水区支持制造业高质量发展十条政策》，兑现区级加快发展先进制造业项目奖补资金5651.6万元，中央、省市项目资金1.32亿元。使用南京市民营企业转贷互助基金664笔，带动贷款金额32.94亿元。落实上级降税减负相关政策，全年降本减负24.6亿元。（张宏达）

【省重点推广应用新技术新产品目录】 2020年，溧水区8个新技术新产品入选省重点推广应用目录，分别是南京西普水泥工程集团有限公司VRM

智控型带分选辊驱式节能立式粉磨系统、南京自强铁路车辆配件有限公司YBW-12/0.4-630(X)小型化预装式变电站、南京华天科技发展股份有限公司HT3100SC电导率仪、开沃新能源汽车集团股份有限公司蓝鲸号5G+无人驾驶微循环车(NJL6450ICEV)、南京西普环保科技有限公司TX-TL型超低排放脱硫脱硝集成化设备、南京云海特种金属股份有限公司5G基站用高导热镁合金变形加工材料、南京泽朗生物科技有限公司用于提取果蔬粉活性成分的低温提萃技术、江苏冠军科技集团股份有限公司天然彩色木器漆。

（端木小月）

【制造业高质量发展试验区建设】 3月3日，市委全面深化改革委员会复函同意支持溧水建设制造业高质量发展试验区及《溧水制造业高质量发展试验区总体方案》，印发《支持溧水制造业高质量发展试验区建设事项》。3月24日，南京溧水制造业高质量发展试验区建设推进大会在江苏白马农业国际博览中心召开，参会人员约1000人。4月15日，区委办、区政府办印发《溧水区制造业高质量发展试验区建设行动计划(2020—2023年)》。5月29日，溧水区被省政府授予“制造业创新转型成效明显地区”称号。8月27日，南京市召开支持溧水制造业高质量发展试验区建设第一次联席会议，上下联动共谋改革。（刘耀晨）

新产业行动

【概况】 2020年，溧水区坚持“3+1+X”(新能源汽车、临空、健康三大支柱产业，高端装备制造产业，未来产业)产业定位，构建先进制造业产业体系。加快重大产业项目引进与开发，全年引进亿元以上制造业签约项目172个。其中，18个新产业核心项目全部开工，竣工投产11个，完成投资98.8亿元。新能源汽车、新医药与生命健康、高端软件和信息服务三大新产业分别实现主营业务收入255亿元、46亿元、10.3亿元。加大企业技术改造，提高产出效益，实施智能化改造项目47个，完成投资35亿元；完成规模以上工业总产值793亿元，增长12.4%。新增市级“专精特新”企业30家。

【产业链“链长制”】 2020年，溧水区对照南京市产业链高质量发展要求，结合区内产业发展实际，聚焦新能源汽车、新医药与生命健康、智能制造装备、智能家居四大产业，实施产业链“链长制”，实现四大产业主营业务收入年增长20%。建成核心技术自主可控、产业链安全高效、产业生态循环畅通的先进制造业体系。各产业链分别打造1～2个聚焦产业细分领域产业集聚区，挖掘5～10家行业龙头和重点企业，建立1～2个专注全产业链体系研究高端智库，构建1～2个产业链协同创新发展平台，推动产业链发展扶持政策制订，形成龙头企业带动、重点企业支撑、配套企业联动梯队发展格局。

【产业链合作】 2020年，溧水区推动产业链供需对接，促进产业联动发展。承办南京市地产汽车推介会3场，帮助地产车企业开拓市场；在全市首次开展区级新能源汽车产业链对接活动，现场签约项目8个，20余家企业达成合作意向，促进区内企业互采互助、开拓市场、协同发展。成立溧水区新能源汽车产业联盟，87家新能源汽车产业链企业融合，推动企业间区域互采，强化成员间信息共享、需求对接、技术和产品合作等，促进区域新能源汽车产业发展壮大。

【行业工业互联网平台建设】 2020年，溧水区重点打造南京西普水泥工程集团有限公司“行业工业互联网平台”，升级改造水泥预热器、冷却机、立磨等主机设备及通讯设备，完成“西普水泥生产工业互联网管理云平台”搭建，开展“基于多层感知的多步超前预测大数据处理”等技术应用，形成窑炉工艺操作优化寻优、设备预测性维护2个解决方案，在WEB网页端、APP端完成实时监测、设备预警、专家系统、能源报表、水泥配方优化、交流论坛等功能开发。利用该平台完成湖南、贵州、四川以及越南等地近20家企业数据收集，提供企业行业信息服务，提升西普水泥行业影响力。（尹伟）

【工业数字化改造】 2020年，溧水区培育智能工厂(车间)2家，累计8家。新增省“两化融合”管理体系贯标试点企业9家，累计通过“两化融合”管理体系贯标企业26家。其中，工信部试点贯标企业5家，省试点贯标企业16家，自行贯标企业5

家。新增星级上云企业22家，至年底，全区有省星级上云企业36家，其中四星级10家、三星级26家。实施智能化改造项目47个。

【5G融合应用】 2020年，溧水区实施5G+工业互联网应用场景7个，分别是江苏安意达智慧医疗产业园5G智慧项目、大唐移动5G远程驾驶项目、南京鼎通园区建设发展有限公司5G示范产业园区项目、南京鼎通园区建设发展有限公司5G智慧项目、南京万德体育产业集团5G应用项目、南京大德科教设备有限公司5G应用项目、南京金鑫传动设备有限公司5G应用项目。实施5G+工业互联网行业应用6个，分别是开沃新能源汽车集团股份有限公司、南京润科置业有限公司、区交运局、区人民医院(2个)、南京鼎通园区建设发展有限公司5G智慧项目。打造全区首家省工业互联网标杆工厂——南京金龙客车制造有限公司。

(杭云)

【医工产业】 2020年，溧水区加快医药制造、医疗器械、食品加工等医工产业发展，全区医工类在库企业44家，其中规模以上企业26家。完成开票销售收入60亿元，增长12.3%。至年底，签约医工类项目25个，总投资100.98亿元。 (王成)

【开发区新能源汽车产业园入选南京市产业链重点园区】 11月3日，开发区新能源汽车产业园入选南京市新能源汽车产业链重点园区。产业链重点园区在全市各类经济开发区、高新产业区等产业集聚区中遴选，聚焦南京市八大产业链，主营业务突出、技术水平先进、公共服务完善、发展潜力强劲，高效集聚产业链重点企业产业载体。入选产业链重点园区，南京市着力强化培育，营造“园区大环境+行业小环境”产业生态，打造公共服务平台，提供专业化服务，集聚园区更多人才、资金、技术、企业保障。 (尹伟)

工业招商

【概况】 2020年，溧水区签约亿元工业项目186个，总投资608.95亿元。其中，1亿~5亿元项目165个，5亿~10亿元项目7个，10亿元以上项目14个。落户开发区龙电华鑫锂电铜箔华东总部项目总投资95亿元、英博氢能源燃料电池项目总投资3.5亿元，落户永阳街道南京日新科技有限公司电力自动化技术研发制造项目总投资1.5亿元，落户洪蓝街道泽亮电子溧水产业园项目总投资10亿元、丰树溧水产业园项目总投资1亿美元。项目投资方主要来自马来西亚、新加坡、香港、北京、深圳、东莞、上海、广东、台湾、苏州、南京。完成区全委会要求163个制造业项目任务的114.1%。实现创新链、供应链、产业链和价值链补链、扩链、强链，促进溧水工业经济高质量发展。

【招商引资】 2020年，区工信局拟定《2020年溧水区工业招商工作意见》，明确招商主攻方向、目标任务。利用企业家资源帮助招商，与南京国家农高区、区金融监管局、海尔集团(青岛)金融控股有限公司联合举办溧水海尔资本招商推介会，实现以商引商；围绕装备制造、新能源汽车、机器人、电子信息等产业，到北京、深圳、上海、石家庄等地开展活动招商；针对健康产业深挖项目信息，开展医疗器械、医药产业厂房、孵化器、制药研发主导产业招商。通过举办制造业、科技创新、地标产业、总部企业等领域精准化招商活动，推动符合溧水产业发展优质项目落地，加强强链、补链，至年底，全区签约亿元工业项目186个，总投资608.95亿元。其中，高端智能装备项目121个，总投资419.6亿元；绿色智能汽车项目12个，总投资31.94亿元；新型电子信息项目22个，总投资35.62亿元；生命健康项目12个，总投资37.36亿元；环保新材料项目9个，总投资19.68亿元；生物医药与节能项目7个，总投资56.75亿元，为全区注入制造业高质量发展新动能。重点工业开工项目138个，开工率95.2%，完成投资273.11亿元。

【产业链精准招商】 2020年，溧水区梳理各产业链重点企业，绘制产业链图谱，加强招商引资，推进产业链上下游协作配套。全年先后到深圳、上海等地召开专题推介会，招引新能源汽车产业链项目30余个，总投资400亿元；生物医药与生命健康产业链项目19个，总投资94.11亿元；智能制造装备产业链项目121个，总投资

7月28日，区工信局承办2020南京—拉萨汽车产业合作暨南京地产汽车推介会　　汤浩波　摄

419.6亿元；智能家居产业链项目5个，总投资20.8亿元。（王成）

【溧水区新能源汽车产业链供需暨招商对接会】10月30日，溧水区新能源汽车产业链供需暨招商对接会召开，会议搭建企业间交流平台。开沃新能源汽车集团股份有限公司现场发布需求，康迈(南京)机械有限公司等6家企业现场路演。开沃新能源汽车集团股份有限公司和5家零部件企业签约，南京恒天领锐汽车有限公司和3家企业达成合作协议，南京哈维斯特精密机械有限公司、南京斯迪兰德机械科技有限公司、南京创捷和信汽车零部件有限公司等10家企业达成初步合作意向。（张宏达）

绿色发展

【概况】2020年，溧水区坚持绿色发展理念，深化重点行业节能改造，提高资源能源利用效率，推行清洁生产，挖掘绿色增长潜能，培育制造业竞争新优势。全年节能环保产业规模以上企业40家，产值90.98亿元，增长12.4%。绿色制造实现零的突破，开发区获评工信部“国家级绿色园区”，南京金龙客车制造有限公司被工信部认定为工业产品绿色设计示范企业；南京创维电器股份有限公司电动洗衣机、家用电冰箱，江苏冠军科技集团股份有限公司贝壳粉生物环保内墙面漆3项产品入选国家绿色设计产品名单；南京飞燕活塞环股份有限公司入选省级绿色工厂名单。全年通过自愿性清洁生产审核企业9家，完成清洁生产无(低)费方案98项、中(高)费方案13项，投入资金504.32万元，增收节支292.04万元。

【南京柯菲平盛辉制药有限公司清洁生产项目】2020年，南京柯菲平盛辉制药有限公司投入61.4万元，申请自愿性清洁生产审核。产生无(低)费方案9项、中(高)费方案2项，节水0.23万吨，节电3.92万度，年增收节支3.94万元。

【江苏金恒新型包装材料有限公司清洁生产项目】江苏金恒新型包装材料有限公司是一家从事转移喷铝卡纸、接装纸、转移膜、内衬纸等加工企业。2020年，该公司投入101.8万元，申请自愿性清洁生产审核。产生无(低)费方案11项、中(高)费方案2项，节电10.4万度，减少VOCs(挥发

11月18日，冠军集团召开2020年秋季新品发布会暨零售渠道订货会
《今日溧水》报　供

性有机物)排放0.1吨,年增收节支9.6万元。

(范玮洁)

【低端落后企业处置】 2020年,全区处置低端落后企业60家,处置土地81.98公顷。其中,政府回购广日三洋电梯(南京)有限公司、南京康睿玻纤科技有限公司、南京富清机械有限公司、南京美燕钙业有限公司、南京荣信型钢有限公司等企业16家,盘活南京至佳包装材料有限公司、南京精诚电工有限公司、南京福龙机电有限公司、南京恒荣矿山有限公司等企业10家,拆迁南京龙禹工贸有限公司、南京常力蜂业有限公司、溧水县宁力石棉制品有限公司、南京市嘉世龙有机玻璃有限公司、南京明璇橡塑机械厂等企业25家,自主转型南京振业铸造有限公司、南京豪蒙理发美容器材有限公司、南京百汇食品有限公司等企业12家,关停南京卓洋工艺陶瓷有限公司、南京市溧水区信用船舶舾装件厂、南京宇洪包装材料有限公司等企业6家,司法拍卖南京安达泰星电子有限公司1家。

(王成)

【企业绩效评价】 9月30日,溧水区完成2019年度工业企业资源集约利用绩效综合评价,形成制造业"亩均产出百强榜",全区1587家工业企业参与评价。其中,规模以上企业486家,规模以下企业1101家,总占地2153.33公顷。规模以上企业亩均销售收入298.7万元,提升37.26万元;亩均税收14.65万元,提升3.32万元。 (刘耀晨)

【3项产品入选国家绿色设计产品名单】 10月16日,江苏冠军科技集团股份有限公司贝壳粉生物环保内墙面漆,创维电器股份有限公司WX45CPS家用电冰箱、F1221TDi电动洗衣机3项产品入选国家绿色设计产品名单。贝壳粉生物环保内墙面漆申请专利1项,其中发明专利1项;WX45CPS家用电冰箱申请专利14项,其中发明专利5项;F1221TDi电动洗衣机是行业首款AI-DD智能语音滚筒产品,申请专利26项,其中发明专利8项。

【南京金龙客车制造有限公司获工信部工业产品绿色设计示范企业】 11月23日,南京金龙客车制造有限公司被工信部认定为工业产品绿色设计示范企业,全市唯一一家。该公司全年纯电动客车销量9533台,位居全国同行业第二。通过自主创新和对外合作,累计申请专利939项,其中发明专利285项。获专利授权625项,其中发明专利28项。

【南京飞燕活塞环股份有限公司入选省级绿色工厂名单】 12月22日,南京飞燕活塞环股份有限公司入选江苏省绿色工厂(第一批)名单。该公司烟尘排放量0.48千克/万元、二氧化硫0.000748千克/万元、废水排放量2.95吨/万元、COD(化学需氧量)排放量8.15千克/万元、石油类产生量4.97千克/万元,废气产生量92.45吨/万片,工业固体废物综合利用率97.5%、废水回用率82.74%。

(范玮洁)

重点产业

【概况】 2020年,溧水区制造业发展重点围绕新能源汽车产业、临空产业、电子信息产业等主导产业,致力于建立"龙头企业带动、重点企业支撑、配套企业联动"梯队发展格局。主导产业产值占规模工业总产值比重73.4%。开发区被确定为全市首家省级大中小企业融通型特色载体。南京云海特种金属股份有限公司镁合金产品入选工信部制造业单项冠军产品,是第五批次南京市唯一一家通过审核的民营企业,实现溧水区国家级制造业单项冠军产品零突破。推动工业企业智能化转型,培育智能工厂(车间)2家;新增省级"两化融合"(信息化、工业化)管理体系贯标试点企业9家,新增总数全市第一。全年实施智能化改造项目47个、5G+工业互联网应用场景7个;新增星级上云企业22家,增长57%。

【新能源汽车产业】 2020年,溧水区新能源汽车产业实现产值280亿元,增长15.5%,完成税收8.56亿元。全区聚集南京金龙客车制造有限公司、南京市比亚迪汽车有限公司、南京长安汽车有限公司等5家整车企业以及南京市欣旺达新能源有限公司、布雷博(南京)汽车零部件有限公司等100家关键零部件企业。开发区规划建设新能源汽车产业基地，重点发展新能源整车、关键零部件和推广应用示范三大领域。至年底，入驻新能源汽车企业92家，纯电动汽车生产初具规模，基本形成从整车制造到关键零部件研发、生产、销售，覆盖产业链上下游新能源汽车产业生态系统。其中，龙头企业南京金龙客车制造有限公司完成产值79.67亿元，增长47.7%，获评全区首家省级工业互联网标杆工厂。

【电子信息产业】 2020年，全区电子信息产业在库企业99家，实现产值196.17亿元，增长15.7%；完成税收4.98亿元，增长12.1%。依托南京创维家用电器有限公司、南京创维平面显示科技有限公司、南京众山电池电子有限公司、东盟电气集团南京股份有限公司等重点企业，挖掘产业发展新动力，完善产业链上下游配套，提升产业竞争优势，助力全区电子信息产业高质量发展。其中，龙头企业南京创维家用电器有限公司、南京创维平面显示科技有限公司分别完成产值38.19亿元、29.65亿元，增长19.6%、6.3%。全年软件业务收入35.5亿元，增长21%。新增涉软企业14家，累计180家；新增从业人员700余人，累计3.2万人；新增涉软建筑面积8.1万平方米，累计50.1万平方米。全区建成电路企业1家、双软企业13家、工业APP 3个。

【临空产业】 2020年，全区临空产业在库企业186家，实现产值300.59亿元，增长15.7%，完成税收8.42亿元。创成国家临空经济示范区和空港保税物流中心（B型），填补全省高等级空港对外开放口岸空白。以金鹏航空公司与江苏航空产业集团共同建设的江苏航空总部建设项目为辐射，临空产业主要涉及无人机制造、发动机电控系统、航空材料等高端航空制造业和临空服务业，建成普洛斯投资（上海）有限公司、中国物流股份有限公司等一批高端航空物流项目。

【智能装备制造产业】 2020年，全区智能装备制造产业实现产值117.34亿元。其中，瀚乐电子机械（南京）有限公司产值2.34亿元，增长59.8%；南京都乐制冷设备有限公司产值2.19亿元，增长13%；江苏新恒基特种装备股份有限公司产值2.16亿元，增长121.8%。全年签约亿元以上高端智能装备项目121个，总投资419.6亿元。南京西普水泥工程集团有限公司创成“行业工业互联网平台”。

【新材料产业】 2020年，全区新材料产业实现产值123.81亿元，增长9.3%，完成税收3.93亿元。全年签约亿元环保新材料项目9个，总投资19.68亿元。东屏街道新材料产业园被认定为国家火炬南京溧水金属材料特色产业基地，在东屏街道举办第十一届在宁高校材料院（所）长论坛暨溧水新材料产业联盟成立大会，参会企业40余家。至年底，全区新材料产业主板上市公司1家、挂牌“新三板”企业4家，初步形成特种金属材料、高性能纤维复合材料、工程塑料材料、光电材料、新型膜材料、磁性材料六大特色产品群。

11月12日，2020中国智慧企业发展论坛——智慧健康产业生态发展专题论坛在溧水举办

《今日溧水》报　供

【新医药与生命健康产业】 2020年，溧水区以“健康溧水”作为高质量发展突破方向，加快健康产业增能赋能，初步形成“健康+”特色产业体系。签约重点生物医药与大健康类项目29个，总投资473.08亿元。其中，在建项目27个，完成投资40.9亿元。签约上海基时溧水未来健康城、哈佛大学与江苏省产业技术研究院合作共建全国适老社会科技创新中心国际、南京大

学校友生物医药产业园、洪宇健康产业园等项目34个，总投资386.58亿元。全年新认定南京鼎立生物科技有限公司、南京双优医用材料有限公司、南京申基生物科技有限公司等6家新医药与生命健康高新技术企业，累计22家。南京恒生制药有限公司发挥产业引领作用突出，实现产值10.05亿元，增长19.5%。（耿玥）

重点企业选介

【开沃新能源汽车集团股份有限公司】 开沃新能源汽车集团股份有限公司成立于2010年，位于开发区，占地83.33公顷，建筑面积50万平方米，总投资50亿元。该公司是集新能源整车及核心零部件研发、生产、销售、服务于一体的国家级高新技术企业、独角兽企业，南京市唯一新能源商用车总部企业，可提供客户4～18米大中轻型客车、乘用车、货车、物流车、专用车和无人驾驶车、纯电动矿卡车等新能源汽车产品。2014年至2019年连续六年电动客车销量稳居全国前列，荣登中国独角兽企业榜单。2020年完成产值6.47亿元，自主研发的“新一代VCU和BMS（电控系统和电池管理系统）二合一控制器获国家级技术金桥奖“优秀项目奖”、L4级无人驾驶观光车“蓝鲸号”获“2019年度ICT（信息通信技术行业）中国创新项目最佳城市创新应用奖”。累计申请专利1214项，其中发明专利439项。获专利授权720项，其中发明专利29项。核心子公司南京金龙客车制造有限公司获“全国模范职工之家”称号，是溧水区第一家获此殊荣的非公企业，被省人社厅评为“博士后创新实践基地”。

【江苏可兰素环保科技有限公司】 江苏可兰素环保科技有限公司成立于2009年，是一家生产环保车用尿素及环保车用尿素加注设备、工业脱硝还原剂、防冻液、DPF（柴油尾气颗粒捕集器）清洗设备、DPF（柴油尾气颗粒捕集器）清洗液等汽车环保类产品高新技术企业。该公司四大厂区分布在南京、山东、天津、广东，是国内规模最大、技术最成熟、设备最先进的环保车用尿素生产企业，拥有年产环保车用尿素超过100万吨及环保车用尿素加注设备2万台产能。全年实际销售额约8亿元，税收6000余万元。获江苏省质量信用AA级、江苏省工程技术研究中心、南京市放心消费示范单位、南京市瞪羚企业、溧水区区长质量奖、南京市创新领军企业以及溧水区有功企业、先进工业企业等，经审核认证获CGT（车用尿素水溶液）产品标识证书、CNAS（中国合格评定国家认可委员会）认证证书。2020年，推进智慧驿站成品库项目建设，提升产品销售水平、品牌影响力和整体库存管理能力。

【康迈（南京）机械有限公司】 康迈（南京）机械有限公司是康迈美国公司下属全资工厂，成立于2010年，位于开发区，主要从事商用车轮端产品研发、生产和销售，在册员工200人。2011年1月建成第一条轮毂组装线并投产，主要产品为鼓式和盘式长寿命轮毂总成、铝制轮毂总成等，主要客户有一汽解放汽车有限公司，东风德纳车桥有限公司、北京众力福田车桥有限公司、中国重汽集团济南桥箱有限公司、方盛车桥（柳州）有限公司、广东富华重工制造有限公司等国内大型主机厂以及车桥厂，部分产品远销泰国和澳大利亚，供应给瑞典沃尔沃汽车公司、美国德纳控股公司等国外知名企业。2020年，康迈汽车轮毂自动化生产线改造，购置11台AGV（电磁或光学等自动导航）机器人上下料自动设备，提高生产效率10%。全年产值10.07亿元，增长41.8%；缴税3490万元，增长54.4%。获“江苏省跨国公司地区总部”“南京市跨国公司区域型总部”“溧水区高质量发展先进工业企业第一等次”“溧水经开区对标找差创新实干推动高质量发展有功企业”称号。

【南京喜之郎食品有限公司】 南京喜之郎食品有限公司2003年建成投产，占地40公顷，总建筑面积22万平方米，有员工1200余人。主要产品有喜之郎果冻系列、美好时光海苔、优乐美奶茶、开心时间巧克力饼干系列等，2020年纳税2.7亿元。南京食品生产基地建有华东地区先进的高低温冷库，投资数亿元引进意大利Guala-packGroup公司、美国NDC（红外技术公司）等多家著名国际供应商设备，从配料工序到产品出库基本实现生产自动化。获“南京市农业产业化重点龙头企业”“江苏省紫菜行业诚信示范企业”“南京市职工文化示范基地”“2019年度第三届溧水区政府质量奖”“溧水区文明诚信企业”称号。

【南京云海特种金属股份有限公司】 南京云海特种金属股份有限公司1993年成立，2007年深交所上市，全球规模最大镁合金、金属锶生产企业。是集矿业开采、有色金属冶炼和压延加工为一体的国家火炬计划重点高新技术企业、江苏省高新技术企业、江苏省创新型领军企业、江苏省科技创新型企业、江苏省百强创新型企业、江苏省“双百工程”百家重点自主创新企业、国家星火外向型企业，主营产品镁合金、铝合金、镁铝合金变形加工产品、金属锶、中间合金等。2020年，镁合金获工信部、中国工业经济联合会第五批制造业单项冠军产品，获“江苏省科学技术创新奖”。全年营业收入58.75亿元，增长6.5%，净利润2.15亿元；产值58.65亿元，增长3.3%；利税4.98亿元，增长24.58%，获“溧水区纳税超亿元突出贡献工业企业”称号。该公司在山西、广东及内蒙古等地设有16家控股子公司，形成年销售铝系产品35万吨、镁合金18万吨、金属锶4000吨、压铸件1500万件、微通道扁管1万吨规模。总投资26亿元镁铝合金变形加工项目有序推进中。建成江苏省镁合金材料工程技术研究中心、江苏省企业技术中心、江苏省轻金属合金研究重点实验室等创新研发平台，总投入2.35亿元。设立研究生工作站、博士后创新实践基地等人才智力平台，与东南大学、河海大学、合肥工业大学等高校开展长期稳定科研合作。先后完成科技部项目“25000吨高品质镁合金产业化示范”“10000吨镁二次资源循环再生产业化示范”“镁及镁合金关键技术开发与应用”“节能环保硅热法原镁工程化技术开发”“面向应用的新型镁合金研究开发”“低成本高延展性高强镁合金成分与组织性能调控”，工信部重大项目稀土产业调整升级专项资金项目“高性能稀土镁合金精密铸件”和工业转型升级强基工程项目“高强镁合金及其变形加工产品研究与产业化”，江苏省科技成果转化专项资金项目“高端装备用高性能镁合金变形加工产品研发及产业化”“江苏省轻金属合金研究重点实验室项目”等，累计获专项资金9000万元，拥有授权专利331项，参与标准制订10余项，被科技部列为“高品质镁合金产业化示范基地”“镁二次资源循环再生技术开发与产业化示范基地”。

【艾欧史密斯（中国）环境电器有限公司】 艾欧史密斯（中国）环境电器超级产研基地总投资1.5亿美元，位于开发区，总规划占地23.33公顷，其中一期总建设规模6.5万平方米。2020年总产值12.25亿元，缴税7079万元。新冠肺炎疫情期间，消费增长放缓，实施数字化创新战略，打造“艾锦囊”“艾经销”等数字化工具，加速数字化向传统产业渗透。作为江苏省高新技术企业，建设科研合作基地、战略合作实验室，被认定为江苏省工业设计中心、南京市创新型领军企业、示范智能车间等。奥维云网检测数据显示，领跑中高端家电行业领域，全年旗下核心品类市场占有率稳居首位，净水器市场占有率34.1%、燃气热水器市场占有率28.5%、电热水器市场占有率46.2%。

【南京联塑科技实业有限公司】 南京联塑科技实业有限公司是中国联塑集团下属子公司之一，位于开发区，2009年注册成立，占地20余公顷，注册资本2675万美元。拥有国内外先进生产设备，塑料管道产品年产量13万吨。“联塑”商标被评为广东省著名商标、非金属管道行业首个中国驰名商标，产品获广东省名牌产品。2009年11月至2020年11月，该公司通过“国际质量ISO9001、环境ISO14001、职业健康安全OHSAS18001”三合一管理体系认证。技改和新产品研发投入增加，成功申报南京市工程技术研究中心，通过江苏省高新技术企业认证，获知识产权管理体系认证证书、省高新科技产品认证证书、CNAS（中国合格评定国家认可委员会）国家实验室认证证书、江苏省质量先进企业证书等。工程师研发团队30余人，至年底，获国家专利40多项，被评为“溧水区对标找差有功企业”“2020年度高质量发展先进工业企业”。

【南京恒生制药有限公司】 南京恒生制药有限公司成立于1995年，位于开发区，是一家聚焦铁剂和肾科领域，集医药研发、生产、销售为一体的医药创新型企业。该公司产业链条完整，涵盖上游特色原料药生产供应；中游高附加值制剂产品研发和江苏省多糖铁复合药物工程技术研究中心、江苏省慢性肾病药物工程研究中心、江苏省认定企业技术中心3个省级研发中心；下游核心产品均为国内首家上市，填补国产空白，出口远销俄罗斯、墨西哥、菲律宾等30个国家和地区。2020年实现销售收入8亿元，利税3亿余元，创汇1300万美元。作为溧水区本土医药制造企业，该公司赋能核心品种，投资发展高端制剂自动化生产线建设项目，提升产业能级，被评为“南京市瞪羚企业”。

【南京市欣旺达新能源有限公司】 南京市欣旺达新能源有限公司成立于2019年，是欣旺达电子股份有限公司子公司、欣旺达集团华南以外首个大型生产项目，规划总产能30GWh（亿瓦时），主要从事动力电池电芯、电池模组和电池系统研发、生产、检测、销售、运营等。该公司有电动汽车电池包领域完整生产制造能力，拥有完全自主知识产权，达到行业领先水平的关键材料技术、电池、模组、系统机构设计和电池管理系统等，生产高安全性、长寿命、高能量密度锂离子电芯及电池模组。新能源动力电池项目一期2019年4月启动，总投资35亿元，占地10.36公顷，总建筑面积14万平方米，新建锂离子动力电芯生产线4条、电池模组生产线5条、电池包PACK（组合电池）线1条，可年产8GWh（亿瓦时）电芯和8GWh（亿瓦时）电池模组。2020年，启动二期项目建设，计划投资100亿元，占地47.4公顷，新建厂房和综合配套建筑面积86万平方米，规划新建16GWh（亿瓦时）电芯及16GWh（亿瓦时）电池模组生产线，至年底，厂房竣工面积26万平方米，进入工艺验证和试生产阶段。该公司通过ISO 14000环境管理体系和ISO 45000职业健康安全管理体系，建立起一支涵盖产品研发、工程设计、测试验证、生产制造等技术团队，坚持自主研发同时，与国内外知名企业、工信部、高校院所建立科研项目合作关系，与国内外知名主机厂法国雷诺汽车公司、东风日产乘用车公司，以及国内广州小鹏汽车科技有限公司、福建省汽车工业集团云度新能源汽车股份有限公司、浙江吉利汽车研究院有限公司、浙江远景汽配有限公司（浙江吉利控股集团有限公司子公司）、东风柳州汽车有限公司等知名新能源汽车生产商建立供销关系，力争成为国内乃至国际顶尖水平电动汽车锂离子电池系统提供商。

【布雷博（南京）汽车零部件有限公司】 布雷博（南京）汽车零部件有限公司于2016年在开发区注册成立，是布雷博集团全资子公司、国内唯一一家拥有铝制固定式制动卡钳完整工艺链生产基地。该公司拥有集铸造、阳极氧化、机加工、装配为一体的完整工艺链，生产过程实现从原材料采购到成品运输一体化，主要产品铝质卡钳、铝制转向节。2020年实现产值8.67亿元，缴税9584万元。主要客户覆盖华晨宝马、梅赛德斯—奔驰、奥迪等汽车品牌，备受特斯拉（上海）有限公司、上海蔚来汽车有限公司、比亚迪股份有限公司等新能源汽车公司青睐。自2018年初竣工量产，产品产量逐年保持30%增长。获开发区“2020年度经济贡献奖”。

【南京市腾阳机械有限公司】 南京市腾阳机械有限公司成立于2010年，是一家专业生产高端数控机床的法人独资企业，注册资本2500万元。占地6.07公顷，在册职工154人，总资产2.22亿元，2020年销售收入2.92亿元，利税5757.01万元。该公司具备年产700台多种型号数控机床生产能力，拥有生产研发设备、高密度检测设备21台（套），机床设计符合ISO国际标准，所有零部件和仪表计量单位均采用国际单位（SI）标准。集研发、生产、销售、服务于一体，大批量生产CNC数控机床，用于航空航天、军工、汽车、3C电子、5G、精密模具及精密设备加工，CNC数控机床主导产品包括立式加工中心系列、卧式加工中心系列、龙门加工中心系列、钻攻加工中心系列、精雕机、数控立式车床等六大系列数十种产品。获“国家级高新技术企业”“南京市企业技术中心”“南京市工业设计中心”“南京市工程技术研究中心”“南京市专精特新企业”“江苏省民营科技企业”“2020年南京市高质量发展先进科技创新企业”称号。

【南京胜捷电机制造有限公司】 南京胜捷电机制造有限公司2000年成立，为国内领先汽车零部件技术及产品供应商、中国汽车电子扇行业龙头企业，产品以汽车电机为主，涵盖汽车空调鼓风机、汽车冷凝电子扇、汽车水泵、汽车助力转向电机等。拥有员工400余人、技术研发人员57人。2020年销售收入3.2亿元，缴税950万元。拥有各类生产设备200余台，其中全自动设备50余台。组建成柔性全自动电枢生产线11条，每条生产线生产节拍30台/秒，单班产能15万台/月。企业产品自主设计开发，每年研发投入超过2000万元，拥有50项自主知识产权专利。在汽车和新能源空调电机与冷却电机领域，国内市场占有率超过22%，产量排名第二。重点客户有上汽通用五菱汽车股份有限公司、比亚迪汽车股份有限公司、长城汽车股份有限公司、哈飞汽车股份有限公司等多家汽车制造公司，提供上海德尔福汽车空调系统有限公司、广州电装有限公司鼓风机马达，重庆长安汽车股份有限公司水箱配套散热电子扇。获“江苏省高新技术企业”“江苏省科技型中小企业”“江苏省研究生工作站”“江苏省高成长中小企业”“江苏省知识产权贯标企业”“南京市工程技术中心”称号，核心产品新能源汽车电子水泵、散热风扇获江苏省名牌产品。

【江苏冠超物流科技有限公司】 江苏冠超物流科技有限公司成立于2016年12月，注册资本3000万元，位于东屏街道工业集中区，占地5.33万平方米，是一家服务全球货物装卸与物流分拣自动化设备研发、设计、生产、销售企业，是国内首台四节7.5米机身最大伸展16米智能伸缩机、五节6.0米机身最大伸展16米智能伸缩机、五节7.5米机身最大伸展21米智能伸缩机研发者和推广商。2020年销售收入3.66亿元，净利润8200万元，纳税3000余万元，连续数年实现跨越式增长，被评为“溧水区高质量发展前二十强企业”。获专利和知识产权42项，获国家“高新技术企业”“科技型中小企业”“专精特新企业”“信用管理贯标示范企业”称号。二期建设用地2.73万平方米，建设生产车间、研发大楼等，新建面积2.6万平方米。 （耿玥）

2020年溧水区开票销售收入前50名工业企业名录

序号	单位名称	序号	单位名称
1	南京创维家用电器有限公司	26	南京氟源化工管道设备有限公司
2	南京创维平面显示科技有限公司	27	南京正锐电力科技有限公司
3	南京金龙客车制造有限公司	28	南京飞燕活塞环股份有限公司
4	南京云海特种金属股份有限公司	29	南京正源搪瓷设备制造有限公司
5	南京喜之郎食品有限公司	30	南京胜捷电机制造有限公司
6	南京联塑科技实业有限公司	31	南京聚鑫材料科技有限公司
7	艾欧史密斯（中国）环境电器有限公司	32	南京合强混凝土有限公司
8	南京长安汽车有限公司	33	南京明辉混凝土有限公司
9	康迈（南京）机械有限公司	34	南京都乐制冷设备有限公司
10	南京市比亚迪汽车有限公司	35	南京市腾阳机械有限公司
11	布雷博（南京）汽车零部件有限公司	36	江苏恒基混凝土有限公司
12	南京创源天地动力科技有限公司	37	南京海特汽车部件有限公司
13	南京恒生制药有限公司	38	南京三叶金鹰摩托车有限公司
14	南京我乐家居智能制造有限公司	39	江苏川钿明椿电气机械有限公司
15	溧水天山水泥有限公司	40	南京恒天领锐汽车有限公司
16	江苏可兰素环保科技有限公司	41	南京云海轻金属精密制造有限公司
17	江苏昆腾新材料科技有限公司	42	南京西卡德高建材有限公司
18	南京众山电池电子有限公司	43	南京仁创智能制造有限公司
19	南京顶正包材有限公司	44	瀚乐电子机械（南京）有限公司
20	南京美高美新材料有限公司	45	南京永川混凝土有限公司

续表

序号	单位名称	序号	单位名称
21	南京云开合金有限公司	46	南京隆尼精密机械有限公司
22	南京金岛服装有限公司	47	南京果果食品有限公司
23	南京喜之郎海苔食品有限公司	48	南京鸿发有色金属制造股份有限公司
24	江苏冠超物流科技有限公司	49	东盟电气集团南京股份有限公司
25	含羞草（江苏）食品有限公司	50	南京市澳华生物科技有限公司

（区统计局）

企业疫情防控

【概况】 2月4日，区疫情联防联控工作指挥部制订《溧水区新型冠状病毒感染的肺炎疫情联防联控工作指挥部企业专项组工作方案》，抽调各部门人员5人，成立溧水区企业专项组，加强企业疫情防控。2月5日，区疫情联防联控工作指挥部企业专项组印发《关于做好复工企业外地员工及同行人员返溧相关工作的通知》，编印《溧水区关于企业复工的七问七答》1000余份，明确企业复工及员工返溧操作流程。建立溧水区疫情防控企业网格化防护责任体系，担负各行业企业复工和复工后疫情防控指导和管理。全区抽调412名党员干部实行复工企业"一对一"联络，负责属地企业复工前审核、复工后防疫指导与检查。每日跟踪省外返溧员工健康、隔离情况，提前梳理摸排全区31家经济型宾馆、近3000张床位免费提供给无集中观察条件企业落实集中观察。2月20日，全区486家规模以上工业企业在全市率先实现全部复工复产。

【保供企业服务】 2020年，溧水区鼓励保障城市运行必需（供水、供气、供电、通讯等行业）、疫情防控必需（医疗器械、药品、防护品生产企业）以及其他涉及重要国计民生相关保供类企业复工复产，在做好疫情防控前提下，协调解决复工企业原材料、用工、水电气、物流等困难。选派6名工作人员在南京南亚医疗器械有限公司、南京新隆医疗器械有限公司、江苏中意汽车有限公司3家企业驻点，调拨南京新隆医疗器械有限公司口罩生产原料熔喷布20吨、协调生产设备3台、原材料运输车2辆，调拨南京南亚医疗器械有限公司口罩生产原料熔喷布25吨、无纺布40吨，邀请专家技术诊断生产设备，保障溧水口罩生产线运行。开出25家企业疫情防控应急物资调拨和转运证明364张，破解物流运输难题。

（尹伟　刘耀晨）

【资金帮扶】 2月9日，区政府制订《溧水区应对疫情支持制造业企业复工生产政策措施》，鼓励企业组织生产、开展生产互助、增强扩产信心，分两批先后兑现帮扶资金1500万元。帮助企业申报南京市工业企业技术装备投入普惠性奖补项目（两批），170个项目获奖补资金3725.3万元。组织企业申报南京市落实促进中小微企业稳定发展措施专项资金项目（三批），获补助4340万元。

（端木小月）

【3家企业列入省工信厅疫情防控重点保障企业名单】 3月16日，省新冠肺炎疫情防控重点保障企业名单公示，南京新隆医疗器械有限公司、南京南亚医疗器械有限公司、江苏本川智能电路科技股份有限公司3家企业入选。省级名单重点支持省疫情防控工作突出的卫生防疫、医药产品、医用器材等企业，加强与同级发展改革、财政、银行、审计等部门协同联动，及时帮助企业解决问题，保障企业资金需求。

【制造业企业家座谈会】 5月25日，溧水区召开制造业企业家座谈会，全区重点制造业、新型研发机构、金融机构和产业园区等13家企业负责人围绕战疫情、稳增长交流发言，根据企业自身发展提出建议和意见。针对疫情影响、经济形势，与会企业建议强化企业发展信心，鼓励企业抢抓发展机遇，优化营商环境，帮助企业抢订单、招人才、解难题等。45家企业代表参加。

【南京恒生制药有限公司获中央财政补助】 9月1日，市财政局、工信局下达2020年中央财政应急物资保障体系建设补助资金指标，南京恒生制药有限公司新建的高端制剂智能制造工业互联网标杆工厂项目获补助资金1180万元。该项目引进4条国际先进的洗烘灌联动线，购置全自动灯检机、全自动配液系统、高效脉动真空灭菌设备等智能化生产设备63台(套)，构建全流程自动化操作系统和控制系统。依托PLC(可编程逻辑控制器)、U8ERP(用友企业资源计划系统)、大数据系统等构建自主可控工业互联网平台，完成智能化装备与信息化系统高度集成，打造高端制剂智能制造工业互联网标杆工厂。项目建成后，实现制剂车间一体化协同生产，核心注射剂产品年产能1.8亿支，减少水电能耗15%，提高良品率10%。

【企业防控典型案例】 1月26日，溧水区启动突发公共卫生事件一级响应后，南京恒生制药有限公司召开电话会议，成立新冠肺炎疫情应急专项小组，制订防控应急方案，规范各部门职责。开展复工前排查、隔离与物资准备，复工后日常监测管理、员工行为规范、消毒通风、交通就餐安排等各项防疫工作，规范疫情防控和安全生产行为，确保各项措施有序实施。先后采取问卷调查、实时异常动态跟踪3次，掌握员工行程轨迹、体征状态和危险源提醒；要求外地员工2月3日返宁，提前进行健康隔离与防护。备有防疫物资红外式体温枪5支、一次性医用防护口罩1.4万副、75%酒精840千克、84消毒液100升、洗手液24瓶、一次性医用手套1000副、防护服5套、废弃口罩专用垃圾桶6个。每天安排5名专职人员负责排队、测温、消毒、登记、口罩发放等，体温记录表和考勤关联，保证统计无差错；上班时间，行政人员每两小时进行办公环境病毒消杀，防疫小组组长随时监督相关情况。不定时告知员工疫情防护方法、救助机构联络方式、卫生指导信息、区内疫情简况等。

（尹伟　刘耀晨）

建筑业

【建设工程招投标】 2020年，溧水区城市建设部门监管工程534个标段，减少134个；交易和登记总金额145.1亿元，下降7.87%；建筑面积93.06万平方米，减少230.4万平方米。坚持备案管理、过程监督，把好事前前提关、事中审核关、事后监管关，规范招投标市场管理。

【建筑企业管理】 2020年，全区有资质建筑施工企业393家。其中，特级资质企业1家(南京明辉建设有限公司)、一级资质企业25家(总承包12家、专业承包13家)、二级资质企业103家(总承包28家、专业承包75家)、三级资质企业217家(总承包183家、专业承包34家)、专业承包不分等级企业15家、劳务企业32家。升级专业承包一级资质企业4家(南京天翼消防工程有限公司、南京润色园林工程有限公司、江苏旭强建筑工程有限公司、南京崇南建设工程有限公司)、总承包(机电)二级资质企业1家(南京倍特建设有限公司)、总承包(建筑)二级资质企业3家(江苏龙鼎建设有限公司、江苏乐骋建设工程有限公司、江苏鑫义康建筑工程有限公司)。新办专业承包二级资质企业23家、总承包三级资质企业25家、专业承包三级资质企业7家、模板脚手架不分等级资质企业1家、施工劳务资质企业4家。迁入总承包(市政)一级资质企业1家(中铁十一局集团华东建设有限公司)、专业承包(装修装饰)一级资质企业1家(江苏锦盈富隆建筑装饰有限公司)、总承包三级资质企业26家、专业承包二级资质企业2家、专业承包三级资质企业1家、施工劳务资质企业1家。

【建筑工程质量安全监督】 2020年，区城市建设部门新增质量监督工程项目662个，建筑面积575.25万平方米。其中，安置房面积192.72万平方米，总造价176.69亿元。安全培训在建工程负责人、机械管理人员、塔吊操作人员、信号司索工、建筑起重机械安装人员等1200余人，召开建设工程安全生产专业委员会季度会议4次。按照区政府安全生产专项整治行动部署，实施在建工程质量安全日常监督网格化，推动建筑施工管理标准化、信息化、智能化建设，开展施工质量安全现场观摩活动3次。开展“双随机、一公开”专项检查6次，发布红黑榜18期，通报黑榜项目28个、红榜5个，季度通报批评项目25个，执行行政处罚134件。其中，简易行政处罚128件，处罚金额47.43万元。全区首个按照“绿色三星”标准建设的万达广场B地块住宅项目通过建设单位竣工验收。完成各街镇(开发区)固定应急避难场所建设10处。

【建筑安装工程质量检测】 2020年，区检测中心与建筑安装工程签订检测项目141个，办理委托检测送样1.51万批次，增长21.5%。其中，混凝土和砂浆试块类10.29万组，增长28.4%；钢筋类4.07万组，增长42.5%；主体结构及现场检测类2.98万组，增长51.3%。出具检测报告约17.74万份，其中不合格检测报告1330份。全年检测产值3400万元，增长17%。

【全装修项目专项检查】 2020年，区城市建设部门规范全区新建商品住宅全装修管理，保护购房者权益，联合区房产局、发改委、市场监管局检查全装修住宅，采用现场查勘、抽查资料等，重点检查广告宣传及现场公示、现场装修质量、装修标准、样板房等。全年检查新建商品住宅全装修项目12个，发现问题13个，责令开发商房屋交付前整改完毕。全年未发生商品住宅装修问题群诉群访。

【施工图审查】 2020年，区城市建设部门推进施工图审查提质增效，精简流程，要件材料由23件精简到5件。全年审查各类建筑项目413个，面积345.54万平方米，审查并纠正勘察设计文件中违反工程建设强制性条文276条次，违反应执行条文1934条次。收取图审费683.22万元，减少37.7%；设计变更审查56项、绿色建筑方案45项。实现施工图审查数字化，至年底，完成数字化审查项目70个，确保在10个工作日(工业项目5个工作日)内完成技术性审查。

【建筑项目实名制管理】 2020年，区城市建设部门办理建档项目349个、实名制登记项目360个，办理工资专户项目281个，开通覆盖率78.1%；考勤项目302个，覆盖率83.89%。银行代发工资项目267个，覆盖率74.17%，通过工资账户发放农民工工资5.3亿元。全年办理竣工结算项目187个，金额8985万元。

【区市民中心项目获“国家优质工程奖”】 12月1日，区市民中心项目获“国家优质工程奖”。该项目由南京溧水城市建设集团有限公司承建、江苏建科工程咨询有限公司监理、江苏地质工程有限公司勘察、南京柏海建筑设计有限公司设计、中建八局第三建设有限公司施工。项目采用框架结构，地上建筑面积4.2万平方米，地下建筑面积3.2万平方米，总造价4.63亿元。该项目于2016年3月开工建设，2018年9月竣工。

区市民中心项目外立面采用具有溧水特色胭脂河主色调，搭配溧水特色梅花花瓣造型穿孔铝板，采用两个L形实体围合一个玻璃共享中庭手法，形体虚实相间，寓含“山水共融”理念，体现“谦虚、开放、透明”建筑特质。12月，入围南京市“十三五”期间十大优秀公共建筑项目，被评为“南京市十大新地标”。 (孙燃)

责任编辑　朱幸福

商贸业

Commerce and Trade Industy

综　　述

【概况】 2020年，溧水区商务经济总体运行呈现质量提升、稳中有进，主要经济指标好于预期或超额完成年度计划。全区实现社会消费品零售总额349.84亿元，增长1.6%，增幅高于全市0.7%，位列全市第四。外贸及港澳台贸易额115.6亿元，分别完成市、区目标139.3%、128.4%，增长53.3%，位列全市第一。实际利用外资及港澳台资3.3亿美元，分别完成市、区目标139.6%、128.9%，增长28.9%，位列全市郊区组第三。

2020年溧水区社会消费品零售总额一览表

单位：万元

指　　标	数　　据
社会消费品零售总额	3498408
其中：限额以上	1700905
一、限额以上批发业	109642
二、限额以上零售业	1544889
三、限额以上住宿业	5143
四、限额以上餐饮业	41231

（区统计局）

【商贸项目建设】 2020年，溧水区确定重点服务业建设项目38个，总投资374.2亿元，全年计划投资93.58亿元，实际投资95.37亿元，投资进度102%。其中，国家极限运动馆溧水训练基地、中国中医健康养生示范区、江苏省康复医院等重大项目11个，总投资250.78亿元，全年计划投资60.2亿元，实际完成投资60.23亿元。

【农贸市场信息化建设】 2020年，城区农贸市场加强肉菜追溯体系信息化建设，采用信息采集、电子屏幕显示，经营商户、产品检验、市场行情、销售价格等基本信息上传网络端，实现信息共享；公示投诉电话，接受群众和社会监督。至年底，城西农贸市场、双塘景苑便民中心、石虎名苑便民中心、幸福佳苑便民中心、陈沛桥便民中心、板桥便民中心、秦淮东郡便民中心、马家园智慧农超8家农贸市场，开发区乌山农贸市场、塞纳名邸农贸市场、怡景家园便民服务中心、荷花嘉苑便民中心4家农贸市场，众鑫食品有限公司和洪溪有限责任公司2家生猪屠宰企业建立信息化平台和肉菜追溯体系，系统覆盖率88%。

【溧水宾馆有限公司被认定为南京市“老字号”企业】 9月15日，溧水宾馆有限公司被认定为第四批南京市“老字号”企业。溧水宾馆有限公司始建于20世纪50年代初，70年成长见证溧水跨世纪变迁与发展，积淀着厚重历史文化，承载几代人情怀与记忆，传承世纪底蕴与技艺。虎皮扣肉、红烧牛肉等老牌菜肴造型逼真、口味独特，突出色、香、味、鲜四大特色。经过几代名厨匠心传承与悉心创新，溧水宾馆有限公司具有自主特色常用菜品近300道。专家组查看史料证明、企业资料，听取汇报，察看现场，与职工交流，一致予以通过认定。

（刘晨）

投资促进

【招商引资】 2020年，溧水区实际利用内资262.1亿元，增长47.28%，完成市目标262.1%、区目标208.02%。亿元以上签约项目230个，增长3.6%，完成市目标158.62%、区目标109.52%。其中，亿元以上制造业签约项目177个，增长6.63%，完成市目标168.6%、区目标101.1%；亿元以上外资及港澳台资签约项目15个，增长87.5%，完成市目标250%、区目标125%。建设主导产业集聚区，开展产业链招商，全年招引产业链关联项目90个，投资总额705.71亿元，占全年亿元以上签约项目投资总额63.9%。龙电华鑫锂电铜箔生产基地、苏宁跨境电商、宝能国际健康城、英特尔智慧交通研究院、Adler（阿德勒）集团汽车工厂研发总部等一批重大项目签约落地。

【签约项目转化】 2020年，溧水区围绕“落地比签约更重要”指导思想，强化招商引资区街镇联动、部门合作，加快签约项目落地转化。全年注册亿元以上重大项目151个，签约亿元以上项目开工运营101个，开工运营率43.9%；上年亿元以上签约项目开工运营171个，开工运营率77.02%。在市“招商擂台赛”郊区组中，连续3个季度获“重大项目推进奖”。2019年亿元以上签约项目年内到资额107亿元，年度到资率42.46%；2020年亿元以上签约项目年内到资额48.5亿元，年度到资率22.09%。

【招商方式拓宽】 2020年，溧水区拓展“三化”（大数据化、资本化、市场化）招商方式，推进中介招商、以商引商、基金招商等，深化与天津谷川科技有限公司、七六一工场（北京）科技发展有限公司等中介机构招引合作，对接项目33个。做实北京、深圳等驻外招商，走访企业146家，捕获招商项目信息22条，邀请到溧水考察企业13家。开拓网上推介、微信联络、云端视频等不见面招商方式，举办南京溧水投资环境线上推介暨项目对接会、“溧水—761工场”线上医疗健康推介会，对接招商项目36个。举办“四新”行动上海、深圳推介会，经洽会溧水专场推介会，进博会政企对接会等22场。在全球智慧出行大会、“健康中国”发展大会等10场规模大、层次高、影响力强、招商资源丰富的活动中嵌入招商环节。

【招商机制完善】 2020年，溧水区制订《2020年溧水区招商引资工作考核计分细则》，细化考核办法，任务目标完成、重大项目引进、招商工作开展等内容纳入全区综合考核，构建层层责任落实体系。制订《2020年“溧水区招商工作擂台赛”实施方案》《2020年溧水区招商引资风险抵押金管理办法和激励政策》，将年度考核与季度考核相结合、项目招商落地成果与一线奖励挂钩。

【精准招商】 2020年，溧水区绘制新能源汽车、智能网联汽车、氢燃料电池汽车产业图谱，针对产业链需求开展精准化招商。组织招商人员300人次，参加市投促局组织的南京精准招商讲堂系列培训12场；在杭州国际城市学研究中心举办2020南京溧水“数字经济”招商专题培训班。在全区范围内遴选抽调14名80后年轻干部，充实到开发区、永阳街道招商一线。升级改版《溧水投资指南》，突出溧水强劲坚实产业基础和完善齐全功能板块；发布“美溧云”溧水区产业投资地图，集聚产业发展图、投资考察图、载体导引图、用地供应图四大功能板块于一体，建设高效投资信息和资讯平台。

（匡燕敏）

批发零售

【概况】 2020年，溧水区有限额以上批发、零售、住宿、餐饮企业360家。其中，批发企业（年主营收入2000万元及以上）139家，零售企业（年主营收入500万元及以上）188家，住宿业（年主营收入200万元及以上）13家，餐饮业（年主营收入200万元及以上）20家。涉及商贸、粮食、种养殖业等行业，全年销售总额292.48亿元。

【限额以上批发前十名企业】 2020年，全区限额以上贸易批发前十名企业是南京金能科技投资有限责任公司、南京卓乐销售管理有限公司、南京云海金属贸易有限公司、南京开拓能源有限公司、南京锦诚科贸有限公司、南京我乐家居销售管理有限公司、南京晟天机电设备有限公司、南京濑州化工贸易有限公司、南京昊瑞化工贸易有限公司、江苏信首贸易有限公司。

【限额以上零售前十名企业】 2020年，全区限额以上零售企业188家，其中年销售额15亿元以上企业1家，5.5亿～15亿元企业3家，4亿～5.5亿元企业2家，2亿～4亿元企业4家。限额以上零售前十名企业是江苏苏果超市有限公司、南京溧水产业投资控股集团有限公司、南京润立供销集团有限公司、南京溧水通润商贸有限公司、南京盛世新景汽车销售有限公司、南京溧星汽车服务有限公司、南京泰信服装有限公司、南京金色庄园农产品有限公司、江苏安特智行新能源汽车销售有限公司、南京辉烨源科技有限公司。10家企业销售额84.46亿元，占全区限额以上零售企业年销售额33.94%。

（刘晨）

供销合作经济

【概况】 2020年，溧水区供销系统商品销售总额34.7亿元，增长34.03%。其中，基层供销社销售额6.88亿元，专业合作社销售额1.81亿元，为民服务中心销售额2.2亿元，企业销售额23.81亿元。农村电商销售额5.07亿元，利润1645.92万元。新领办、参办农民专业合作社54家，东屏供销社创成“三体两强”（自主经营实体、农民社员主体、合作经济联合体，综合实力强、为农服务能力强）供销社，新建洪蓝街道塘西村、晶桥镇云鹤山村2家村级供销社。提档升级永阳街道高塘村、东屏街道丰安村、洪蓝街道塘西村、晶桥镇云鹤山村4家为民服务中心，新建东屏街道长乐社区与和凤镇毛公埠社区为民服务中心庄稼医院2家，和凤镇诸家村服务点、石湫街道明觉社区服务点、柘塘街道群力社区服务点等电商服务站点5个。9月18日，中华全国供销合作总社理事会主任、党组副书记喻红秋一行到溧水考察调研供销社深化综合改革和基层组织建设。3月，区供销社被省供销合作总社授予“2019年度二十强县级供销合作社”称号。

【“溧水e菜园”上线】 2月14日，溧水区首个官方食材销售线上平台“溧水e菜园”上线。是新冠肺炎疫情期间由区供销社紧急搭建推出的社区电商业务，以宝塔路社区店作为社区电商大本营，联合15家区内生鲜类供应商，获区农产品公共品牌“无想田园”授权，开展城区满额免费配送服务。市民可通过秒杀、预订、拼团、众筹等方式，网上订购蔬菜、米面、粮油等食材，足不出户吃到放心菜、买到平价菜，销售额18万余元，带动滞销农产品销售200万元，保供、稳供市民生活物资，解决农产品供应商滞销难题。

【电商消费扶贫】 4月18日，区供销社开展消费扶贫活动，促进陕西省商南地区农产品在互联网上发展，提高村民收入，实现国网电商扶贫。“无想田园”成功对接国网电商扶贫平台“慧农帮”，上架销售商南地区大米、食用油、面粉、挂面、黄花菜、木耳、香菇、花菇等40余款特色农产品，带动20多家企业供货，销售金额350万元，帮扶村民320余户，户均增收1万余元，打通商南地区农产品江苏区域线上销售渠道。

【“溧水美食周”走进市级机关食堂】 9月27—30日，市级机关综合事务管理服务中心联合区机关事务管理局、文旅局、供销总社和溧水产业集团共同举办“共享健康，源味溧水”溧水美食周走进市级机关食堂活动。溧水文化、美食、旅游、特产等行业40多家单位展示100多种产品、50多道溧水特色菜肴，通过市机关大院食堂、新城大厦食堂两大平台，分享给市级机关干部职工，销售额50.8万元。现场展示传统非遗项目，设置扫码送门票、购物满额抽奖等互动游戏，赠送溧水旅游门票4000多张、旅游年卡110张、民宿体验券10张。邀请溧水宾馆有限公司、昱达文旅酒店等餐饮机构厨师现场烹饪50多道溧水美食（“百道地标菜”洪蓝手抓鸡、东屏鱼头、永阳辣子鸡、和凤敲肉、富财圩螃蟹、群力老鹅、粽叶捆蹄、孔镇肥肠、李巷黑猪肉等），提供南粳46大米品尝，展现溧水健康形象，推介溧水特色旅游，提高溧水特色美食和农产品知名度、美誉度。

【塘西村供销合作社成立】 11月10日，洪蓝街道塘西村供销合作社成立大会暨第一次社员代表大会召开。大会通过《南京市溧水区洪蓝塘西供销合作社章程（修订草案）》，选举理事会、监事会成员。该社是全区首家村级供销合作社，通过党建带社建、村社共建，带动村民增收致富。塘西村拥有规模苗木、林果、“蟹稻香大米”和仓口古典民宿、祠堂等特色产品、地标。依托咏梅苗木专业合作社联合发展林果经济，与村委会合作，加强“蟹稻香大米”产前、产后增值服务，利用区供销合作社“无想田园”电商平台推广“蟹稻香大米”，使其成为地方特色品牌产品。结合塘西村地方特色，建设一、二、三产业融合发展的品牌村级供销合作社。

【农田污染物资回收】 2020年，区供销社根据省政府办公厅、省供销社相关文件精神，加强全区农田废旧农膜、农药包装物等污染物资回收。建成污染物区级归集点洪蓝街道1处，街镇（开发区）供应站7个，村（社区）供应点170个。至年底，回收农田污染物资95吨，获区财政补贴512万元。 （潘旭）

烟草专卖

【概况】 2020年，溧水区销售卷烟2.82万箱，增长4.64%；销售收入12.56亿余元，增长10.84%；销售平均单价178.35元/条，增长5.93%。查获各类案件771件，涉案卷烟4.28万条，涉案金额914.25万元。其中，5万元以上案件42件，100万元以上案件1件。查获假私烟案件134件，抓捕“9·03”案件在逃人员3人。处理各类举报投诉53件，满意率100%，获市烟草专卖局嘉奖令38个。

【烟草营销服务】 2020年，区烟草专卖局（分公司）推广金丝利“通·家·号”平台。运用信息化平台开展卷烟营销及零售客户服务，实现由“线下跑”到“云上干”转变。全年上线客户33户，正常运行户占100%。引导新增客户注册“南京金丝利”微信公众号，全年关注用户1.23万个。开展店铺“一户一码、一户一档”（一户店铺一个二维码、一户店铺一个经营档案）整理，安装设备编码管理、上线店铺信息归档。推进客户跨行实时结算，基本实现二维码支付、绑卡支付。推广“香溢宝”“香溢优选”，帮助客户搭建非烟商品、团购服务运作平台。诚信互助小组开展线上活动7686次、线下活动219次，获省“彩中杯”诚信互助小组3个，蒲塘小组组长获省“彩中杯”诚信互助三等奖。

【专卖执法监督】 2020年，区烟草专卖局（分公司）开展“突击月”“利剑5号”“利剑6号”行动，出动执法人员506人次，全覆盖检查辖区1945户经营零售客户，联合区市场监管局集中梳理排查辖区电子烟实体店3次，规范辖区电

11月10日，洪蓝街道塘西村供销合作社成立大会暨第一次社员代表大会召开

《今日溧水》报 供

子烟经营市场。更新50户大户基本信息档案，每月4次监管频次，实行大户监管责任制，取缔注销违法违规大户6户，“双随机、一公开”检查11次，查获违规经营4件；处理“三员”（市管员、客户经理、送货员）联动市场信息反馈单200份。落实“六个严禁”（严禁滥用专卖执法权力、严禁滥用许可审批权力、严禁充当制假贩私“保护伞”、严禁充当违规经营“内鬼”、严禁向监管对象吃拿卡要、严禁执法不文明行为）要求，约谈专卖管理人员25人，签订《个人承诺书》27份。

【专卖法治宣传】 2020年，区烟草专卖局（分公司）开设“空中讲堂”直播活动，提升零售客户知法守法意识。定期普法宣传辖区11家聚集式物流中转站和12个分散式快递网点。向辖区2065户正常经营客户发放高价位卷烟提醒函，为724户15档及以上零售客户张贴烟票警示贴，向有效客户零售户发放合法经营告知书2065份，按内管要求“一户一档”扫描命名上传至云端。

【行政许可“南京模式”办理】 新冠肺炎疫情期间，区烟草专卖局（分公司）针对卷烟零售户普遍行动不便、出门不易实际，围绕“承诺前置、核管同行、网上为主，集中办理、服务为先、现时办结”行政许可、流程及操作要点，推行行政许可“南京模式”办理。依托江苏政务服务APP，通过“网上办”“掌上办”“自助办”“邮寄办”等不见面服务举措，确保疫情防控和行政许可“两手抓、两不误”。根据《南京市烟草制品零售点布局管理规定》，严格许可证办理执行流程，通过事先定位、优化线路、提前预约，缩短审批时限，提高勘验效率，全年新办证429件。

【文明吸烟环境建设】 2020年，区烟草专卖局（分公司）加强文明吸烟环境建设，以“四区三站两口”（交通枢纽服务区、公众休闲区、旅游景区、创建全国文明城市需要覆盖的区域，公交站、汽车站、火车站，商场、大型场馆出入口）为重点，建设江苏白马农博中心、红色李巷、溧水农商银行等场所文明吸烟点67个。根据消费者意见，增加石湫街道便民服务中心、区市民之家2个吸烟区（亭）建设，投资10万余元。 （邱梦文）

电子商务

【概况】 2020年，溧水区有电子商务企业150余家（流通类50余家、农业类50余家、工业类50余家），其中，年销售额亿元以上企业2家，3000万元以上企业4家，1000万元以上企业5家。上半年，区政府制订《溧水区支持直播电商发展扶持政策》，发展直播电商新模式。

【数字商务】 2020年，溧水区推动数字商务产业发展，网络销售额40.82亿元，增长24.4%。发展直播电商新模式，率先在江苏省制订《溧水区支持直播电商发展扶持政策》，从基地建设、人才培养、模式应用、要素支持、氛围营造等方面加大扶持，发挥直播电商政策招引效应，加速电商企业集聚发展。直播电商产业基地建成运营，直播3545场次，参与直播商品1.55万个，实现零售量1253.5万件，零售额3.32亿元。发展农村电子商务，农产品网络销售额2.02亿元，增长130.8%。溧水区创建成省级农村电子商务示范区。

【商旅消费】 2020年，溧水区加快“线上引领+实体消费”建设，组织培训电商企业100余家200余人。秦淮灯会、“健康生活·果季溧水”“跟着非遗游溧水”等活动受到市民青睐，“溧水，来了才知好”文旅品牌在2020博鳌国际旅游奖颁奖盛典上获年度IP形象大奖，吸引线上线下旅游150万人次；第八届咪豆音乐节吸引话题关注量2.2亿次，举办万达广场城市万货节、家居建材博览会、2020南京溧水工厂直购节等商贸活动近100场，拉动消费8.5亿元。其中，工厂直购节创新性采取线上线下同步、内外联动模式，80余家企业集体“摆摊”，搭建企业与消费者桥梁，央视予以新闻报道。

（刘晨）

商务会展

【概况】 2020年，南京空港国际博览中心、江苏白马农博中心投入运营。全区举办各类展会52场，其中国家级以上展会18场。带动人流量80余万人次，促进住宿、餐饮、零售等行业增收6.7亿元，新注册会展企业20家，直接与间接集聚人才2400人。溧水区连续两年被评为“中国最具吸引力会展目的地”，被中国会展经济研究会授予“中国特色产业会展目的地”称号；南京国家农高区被授予“中国特色农业会展示范基地”称号。

10月22—25日，2020全国农商互联暨精准扶贫产销对接大会在江苏白马农博中心举办　《今日溧水》报　供

【首届全球智慧出行大会】 9月20日，首届全球智慧出行大会暨中国(南京)国际新能源和智能网联汽车展览会及新能源汽车下乡江苏站在空港国际博览中心举办。大会展览面积3万平方米，吸引国内外100余家知名汽车企业、零部件及关联企业上千种产品参展，央视、人民网、新华网等39家国内主流媒体，法新社等10多个海外国家主流媒体宣传报道全球智慧出行大会及大会举办地南京空港国际博览中心。

【全国第五届新农民新业态创业创新大会】 9月22—24日，全国第五届新农民新业态创业创新大会在江苏白马农博中心举办，作为农村创业创新领域层次最高、规模最大、阵容最强大会，集中展示全国农村创业创新最新成果和最高水平。中共中央政治局常委、国务院总理李克强作出重要批示，农业农村部部长韩长赋出席大会宣读李克强总理批示。全国17个省、市、自治区组团参展，参展企业800多家，参展农副产品1200多种，投资商、采购商、科技成果发明人等与会嘉宾约5000人。

9月23日，“923全球农产品直播电商节”在江苏白马农博中心举办。影视演员叶一茜、快手美食推荐官浪胃仙、淘宝Top主播祖艾妈、水木年华成员缪杰等57位主播齐聚南京国家农高区，通过4个半小时不间断直播，让白马成为网红打卡地，吸引4000余万网民线上同步观看，一大波优质农产品接二连三被“秒光”，销售额突破1.5亿元。该活动获第二十七届“中国国际广告节”2020年度营销金奖、年度电子商务类银奖；2020中国创新营销峰会暨中国创新营销大奖、年度中国创新营销案例奖银奖。　（刘晨）

10月29日，第十四届环境与发展论坛在溧水开幕　《今日溧水》报　供

【2020全国农商互联暨精准扶贫产业对接大会】 10月22日，2020全国农商互联暨精准扶贫产业对接大会在江苏白马农博中心举行，全国23个省、自治区、直辖市商务厅组团参展，700余家参展企业集聚溧水，展出区域公共品牌、“一县一品”等农副产品及加工、扶贫产品2000余种。　（严俊）

【第十四届环境与发展论坛】 10月29日，全国第十四届环境与发展论坛在江苏白马农博中心开幕。该论坛由中华环保联合会主

办，围绕加快构建现代环境治理体系、推进经济发展方式转变、分析国内外新情况新趋势以及“十四五”政策趋势，助推生态文明建设。第十届全国人大常委会副委员长顾秀莲，葡萄牙、乌克兰、保加利亚、智利、哥伦比亚、塞浦路斯，斯洛伐克、巴巴多斯、毛里求斯9个国家驻华大使出席会议，江桂斌、侯立安、刘文清、吴丰昌、马军、任洪强、吴明红7名中国科学院、工程院和俄罗斯两院院士及160多名专家参与论坛。（刘晨）

【2020中国农村电商供应链博览会】 11月28—30日，中国国际经济合作学会、中国小康建设研究会、区政府联合主办的2020中国农村电商供应链博览会在江苏白马农博中心举办。京东生鲜、苏宁拼购、阿里云等307家企业参展。2020中国农村电商博览会聚焦农村电商生态，强调农村电商供应链上下游各环节整合与协同，打通供应链金融、仓储物流与快递、电商技能培训与教育、农产品采购与分销、直播及社交电商营销等环节，提供农产品及农产品上行服务。直接服务县域经济和贫困地区，推动农村电商事业发展。大会吸引50位政府官员与专家学者、50家知名电商与直播平台企业及200位高管，1000家电商贸易及供应链企业，1000家优质农产品生产企业负责人，500名县（区）级、1000名乡镇政府负责人，500个农村电商供应链金融、物流、营销等领域服务企业负责人参会。大会设置展览区1万平方米，集中展示农村电商供应链项目2000余个。（刘晨　严俊）

【中国会展业年会暨溧水会展经济论坛】 12月9—11日，中国会展经济研究会、区政府联合主办的2020中国会展业年会暨第二届溧水会展产业创新发展论坛在江苏白马农博中心举行。论坛以“服务发展新格局，谋划会展十四五”为主题，构筑会展主管部门、会展行业协会、会展主办方、会展服务商、会展研究机构、会展院校之间交流平台，形成会展行业相关政府官员、企业家、专家学者之间通畅多向沟通渠道，研讨全国会展行业面临的焦点、热点、难点问题，共商会展行业发展大计，寻找良策，推动全国会展业可持续发展。国际展览业协会（UFI）名誉主席、全国会展业标准化技术委员会主任陈先进主持会议，中国会展经济研究会会长袁再青、市政府副秘书长吴秀亮致辞，区政府副区长张德才介绍溧水区优势产业和城市特点。来自全国各地协会、会展公司、外包服务商等会展业界代表500余人参加。中国会展经济研究会授予溧水区“中国特色产业会展目的地”、南京国家农高区“中国特色农业会展示范基地”称号。

【2020全球特种肥料及植保产品交易会暨特种肥料大会】 12月18—20日，2020全球特种肥料及植保产品交易会暨全球特种肥料大会在江苏白马农博中心举办。美国、日本、韩国、英国、德国、法国、以色列、挪威、西班牙、巴西等数十个国家和地区的企业、产品展出洽谈，四川泸天化（集团）有限责任公司、浙农集团股份有限公司等100余家国内知名肥料企业设定展位，展出优质特种肥料产品和高精农业技术。大会旨在推动农资行业交流合作，促进技术创新与产销对接，助推中国现代农业产业高质量发展。（刘晨）

对外及对港澳台经济

【概况】 2020年，溧水区实际利用外资及港澳台资3.35亿美元，增长29%，完成市目标任务139.6%。外贸及港澳台贸易进出口额115.7亿元，分别完成市、区目标任务139.3%、128.4%，增长53.3%，增幅位居全市第一。服务贸易额3895万美元，增长16.4%，完成市目标任务103.9%。离岸服务外包执行额1.58亿美元，增长69%，完成市目标任务168.7%。

2020年溧水区外向型经济主要指标完成情况一览表

指　标	单　位	数　据
一、直接利用外资及港澳台资	—	—
1、当年利用外资及港澳台资项目数	个	45
2、千万美元以上项目数	个	20
3、注册合同外资及港澳台资	万美元	61306
4、实际利用外资及港澳台资	万美元	33515
二、对外及对港澳台贸易	—	—
进出口总值	万元	1157000
其中:出口	万元	1042000
进口	万元	115000

（区统计局）

【外资及港澳台资利用】　2020年,溧水区新增外资及港澳台资企业45家,协议投资6.13亿美元,其中开发区9家、永阳街道7家、东屏街道2家、洪蓝街道1家、石湫街道5家、白马镇8家、和凤镇3家、晶桥镇1家、溧水高新技术产业开发区9家。全年实际利用外资及港澳台资主要分布在汽车制造、租赁和商务服务、电器机械和器材制造、科技推广和应用服务等行业。

【总部经济成果】　2020年,在溧跨国(境)公司被认定省级总部1家、市级总部2家、省级研发中心1家。康迈(南京)机械有限公司被认定为江苏省第十一批跨国(境)公司地区总部(南京仅一家),康迈(南京)机械有限公司和创维电器股份有限公司分别被认定为市级区域型总部企业和功能型总部企业。艾欧史密斯(中国)环境电器有限公司被认定为江苏省2020年度第二批符合采购国产设备退税政策的外资研发中心,列入全省被认定的5家外资及港澳台资研发中心之一。

【自贸联动创新发展】　2020年,溧水区先试先行自贸区内外联动发展,自贸改革经验和案例44项在全区复制推广、付诸实施。报送中国(江苏)自由贸易试验区南京工作领导小组办公室溧水自主改革经验20条,供南京片区借鉴。支持企业参与共建“自贸试验区联动创新发展示范园”,入园注册企业51家,其中实际经营企业占70%。

【外资及港澳台资企业走访】　6月16—18日,区商务局开展全区重点外资及港澳台资企业大走访活动。采取企业座谈会与实地调研相结合方式,全面走访全区170家正常运营的外资及港澳台资企业。分别在开发区、和凤镇召开重点外资及港澳台资企业座谈会,会同市商务局实地调研走访3家重点企业,了解企业生产经营状况及困难需求,帮助企业协调解决市场拓展、物流运输等相关问题20余个。

【古斯腾获聘“城市国际化紫金友好使者”】　9月29日,市政府举办“开放融世界,创新赢未来”——2020南京城市国际化发展研讨会,瀚乐电子机械(南京)有限公司总经理古斯腾获聘南京市首批“城市国际化紫金友好使者”。古斯腾是全市获此殊荣12位国际友人之一,溧水区唯一获此殊荣外籍人士。

（刘晨）

责任编辑　朱幸福

旅游业

综 述

【概况】 2020年，溧水区以创建国家级全域旅游示范区为目标，将文化、体育、教育、农林、水务、金融、会展等产业融入旅游元素，推动旅游业发展。印发《2020年溧水区文旅体任务实施计划》，梳理文化、体育、农林等方面产业与旅游融合发展任务124项，按照序时进度推进实施重点项目、产业线路、宣传营销、游客导入、民宿及农庄打造升级、基础设施配套7项主要工作。上半年，面对新冠肺炎疫情冲击，全区一手抓疫情防控，一手抓旅游企业复工复产，协助重点旅游企业争取省、市纾困资金107万元、旅游专项资金600万元，推动旅游产业逐步恢复。下半年，借助国家大运河文化带项目建设，梳理大运河文化带溧水段文旅融合建设项目5个，打造胭脂河古遗址公园、洪蓝街道运河特色小镇、石湫街道九塘社区、和凤镇诸家村、洪蓝街道仓口村5个运河美丽村庄，列入2020年市级大运河文化带建设工作重点。贯彻国务院长江经济带“共抓大保护，不搞大开发”要求，区文旅部门牵头编制《石臼湖及周边区域总体保护规划纲要》。紧扣宁杭经济带、长江经济带建设机遇，加大改革创新力度，打造长三角健康旅游目的地。全年接待游客1213.15万人次，增加23.15万人次；旅游收入137.73亿元，增长2.0%。新上线民宿3家，累计34家。6月，溧水成功入选省级全域旅游示范区。12月4日，无想山景区创成AAA级景区。年底，溧水区获评南京市“平安景区”创建工作先进单位。 （黎战　吴萍）

【全域旅游发展】 2020年，溧水区编制完成《溧水区全域旅游发展规划》，围绕“健康”主题，加快全域旅游“吃、住、行、游、购、娱”基础设施建设，持续推进“+旅游”融合，因地制宜发展“农业+旅游”“文化+旅游”“水务+旅游”“交通+旅游”“体育+旅游”“会展+旅游”，延伸旅游产业链，打造长三角健康旅游目的地。以美食，打造健康主题餐厅20个，举办江苏省乡村旅游健康餐饮绿色餐饮峰会，8家餐饮企业获省餐饮名店，郭兴庄园、龙吟湾获江苏休闲餐饮五瓣级农庄；以“健康旅居”，打造恒大、温德姆、金陵、开元名都、天泉云都、智选等一批健康主题酒店和康养院子50个；依托全域资源，打造会奖、自驾旅行、亲子家庭、甜蜜采摘、赏花、婚纱摄影、乡村体验、疗养休闲、文化寻觅、骑行等多主题旅游线路，为市民游客提供个性化的健康主题产品。以“美物养生”，打造全省首个区县级农产品公用品牌“无想田园”，涵盖五梅（草莓、蓝莓、青梅、黑莓、杨梅）、蜂蜜、黑莓果汁、梨、雪桃、大米、富硒茶、玫瑰制品、青梅制品等100余种溧水健康产品，覆盖线下授权22家企业和苏宁易购、淘宝、“供销e家”等线上渠道，推动更多健康产品销售，带动农民增收致富。“五一”期间，接待游客超50万人次，旅游收入3亿元。5月22日，溧水区举办亚洲果蔬博览会，线上线下关注人次超2700万，成交额35.6亿元。围绕“产品线路、宣传营销、游客导入”3个重点，打造“会展名城、音乐名城、赛事名城”。开展“四大夜游主题活动”（秦淮源头灯会、夜梅、咪豆、夏夜无想生活节）、“四大乡村生活节”（梅花节、草莓节、采摘节、捕捞节）和“四大文体赛事活动”（世界街舞锦标赛、第六届溧水区广场舞大赛、“澎湃杯”2020全国滑板锦标赛、环溧水自行车赛）等多项健康活动，推动全域旅游发展。

【旅游市场复苏】 1月24日，溧水区文旅部门落实新冠肺炎疫情防控措施，乡村旅游点、民宿及相关乡村旅游业态全部暂停营业。2月14日开始，乡村旅游企业符合复工复产条件的按程序报批。2月底，召开文旅系统复工复产专题会，指导疫情防控和游客接待相关工作，制订专项报批审核制度，落实属地责任，打造安全健康旅游环境。提供文旅企业“扶持包”，帮扶傅家边科技园、约翰花园大酒店等重点旅游企业争取省、市级旅游业纾困资金700余万元。依托“我的南京”APP发放“金陵乡村踏春行”消费券，组织全区28家“上线智慧民宿”参与培训，开通南京旅游直通车线路3条，采取旅游年卡与商家促销相结合办法，推动旅游经济全面复苏。

【溧水全域旅游综合指挥平台入选省智慧文旅示范项目】 12月1日，2020江苏智慧文旅峰会暨“苏心游”推广活动会上，公布溧水区全域旅游综合指挥平台全省排名第六，入选省级智慧文旅示范项目。此次江苏省智慧文旅示范和培育项目，由省文旅厅、省信息化领导小组办公室联合推选。溧水区全域游综合指挥平台2017年启动，2020年智慧旅游项目二期建成投入运营。该平台为溧水智慧城市运指挥中心组成部分之一，为全区旅游系统数据共享，实时调取景区内部重点设施、外部交通卫生情况，辅助旅游执法电子档案建立，在重点节假日发挥应急指挥协调作用，提高处置应急事件能力。 （吴萍）

旅游资源与开发

【概况】 2020年，溧水区有A级以上景区6个（AAAA级景区2个，AAA级景区4个）、国家级乡村旅游重点村1个、省级乡村旅游重点村1个、省级旅游度假区（实验）1个、市级旅游度假区1个、省级生态旅游示范区1家、旅行社15家、星级酒店2家（四星级1家，三星级1家）。省五星级乡村旅游区1家、省四星级乡村旅游区4家、省三星级乡村旅游区4家。省级自驾游基地2个、市级自驾游基地1个、上线民宿34家。全域旅游理念以“健康”为主题，推动文旅体融合发展，全区基本形成“健康+旅游”“农林+旅游”“教育+旅游”“水利+旅游”“供销+旅游”“会展+旅游”“科技+旅游”等旅游融合多元化新型模式。

【旅游项目建设】 2020年，溧水区围绕文化创意、户外运动、特色酒店、乡村民宿、康体养生等业态，打造“制造名城、健康名城、会展名城、教育名城、文体名城”，开展旅游品牌招商。成功举办第二届“健康中国”发展大会暨中医药产教融合发展大会。依托南京空港会展小镇、江苏白马农博中心发展会奖旅游，配合“健康中国”发展大会、全国“双新双创”大会等大型会展，做好旅游推介和服务，培育“会展+旅游”新的经济增长点。裸心岭、周村古建筑群、天生桥景区咪豆音乐谷提升改造、宝塔文化休闲街区、无想水镇（城隍庙文化街区）、李巷二期、国家极限运动馆溧水训练基地等12个重点文旅项目建设竣工。飞燕文化街区、华侨城欢乐港湾、绿地中国中医健康养生示范区、石湫影视城综合配套等8个项目有序推进。成功引入江苏省康复医院、南京市颐养中心等康养项目，为康养旅游发展提供支撑。

【民宿打造】 2020年，溧水区贯彻省、市乡村振兴战略部署，先行先试打造洪蓝街道傅家边社区山凹村市级民宿示范村试点。持续鼓励农户抱团发展乡村优质民宿，推动全区旅游民宿规范、规模发展，形成多元格局。梳理民宿发展情况，形成全区民宿发展意见，成立溧水区民宿村改造工作指挥部。编制完成《山凹民宿村改造提升支持方案》《山凹民宿村改造提升实施清单》，将旅游要素融入美丽乡村建设，至年底，新增上线民宿3家，总数34家，总床位数1000余张。

【石臼湖区域保护】 2020年，溧水区落实中央、省、市部署，围绕长江经济带“共抓大保护，不搞大开发”要求，做好石臼湖及周边区域生态环境保护工作，将生态环境优势向绿色旅游发展优势转化。建立以区长为召集人的联席会议制度，全年召开石臼湖区域大保护联席会议5次。编制完成《石臼湖及周边区域保护总体规划纲要》，制订石臼湖资源保护工作方案，梳理保护项目40个。（黎战）

【飞燕文化产业街区建设启动】 1月1日，溧水区首个工业文化产业街区——飞燕文化产业街区启动建设。该街区前身为溧水著名制造企业南京飞燕活塞环厂，是20世纪80年代溧水享誉全国“五朵金花”之一。街区东至淮源街、南至中山东路、西至珍珠路、北至护城河，建设工期3年。将最大限度保留老厂风貌，在原有3万平方米基础上，创新建设五大功能区，即产业研发办公区、产业交流展示区、滨水文化商业街区、综合配套服务区、低碳品质生活区。新建商业、酒店、住宅、公共配套8万平方米（含地下停车场）。该街区建成后，将为全区旅游业发展带来新的经济增长点。

【省级全域旅游示范区创建】 6月25日，江苏省文旅厅发文公布第二批17家省级全域旅游示范区名单，溧水区以考核评审全市第一、全省第三成功入选，为下一步申创国家级全域旅游示范区奠定基础。创建省级全域旅游示范区，2019年开始，区委、区政府组建区全域旅游领导小组和全域旅游建设指挥部，将示范区创建纳入街镇年度千分制考核内容；区级层面成立健康办，统筹健康旅游发展。组建城建、商旅、水务等国资集团，实现涉旅投融资高效化。设立总规模10亿元的溧水区旅游产业发展引导基金，引进多所高校，吸引培育各类旅游人才7000多人。利用闲置民房及废弃管理用房2000余栋打造民宿、游客中心、旅游商品店，建成305千米全域旅游综合服务环，配建1350千米健康绿道，设置高等级旅游驿站。创成全国休闲农业与乡村旅游示范区。全国首架以区县命名的民航飞机“南京溧水号”，成为旅游空中营销新名片。

【无想水镇竣工】 12月，位于溧水区城南新区无想水镇（城隍庙文化街区）工程项目建设竣工。占地21.47公顷，紧邻幸庄水库，北倚秦淮河水系，南望无想山，建筑总面积13.73万平方米。采用唐、宋和明清多元和谐的古建筑形式及明式彩绘。正门、诰敕亭、徽恩阁、宝庆桥、肃仪门、戏台（万年台）、正显殿和五凤楼向北依次排列。正门入口的牌坊上刻有“城隍庙”3个泥金大字，大门两侧摆设“千里眼”和“顺风耳”彩色泥塑；诰敕亭为传统榫卯结构，全手工打造；古戏台参考唐代壁画，选用矿物质颜料，麒麟、祥云、飞天等画面均为手绘；正显殿内供奉城隍神唐化溧水县令白季康，两侧厢房设三白堂，以纪念白家父子叔侄三人。街区轴线东西两侧为水镇商业街、休闲娱乐街区，内有文昌阁、崔致远纪念馆等。街区灯光分为“健康溧水”“活力新城”“水韵城隍”“潋滟流光”4个主题，结合现代化水幕、灯光技术，开展水幕灯光秀、夜间演艺、驻场演出、主题美食等活动，复刻江南水街繁华之貌，打造夜间消费的网红“打卡”地。溧水城隍庙始于唐代，为文化地标和商业中心，此次异地重建，为游客游、购、娱、吃、住、行提供一站式文旅新体验，享受“大唐不夜城”般的体验，打造溧水文化、休闲旅游新名片。

（吴萍）

旅游节庆与推介

【概况】 2020年，溧水区围绕“南京南部中心、健康活力新城”定位，以创建省级全域旅游示范区为契机，以南京都市圈为主要客群市场，以全域旅游、全区联动为营销思路，打造旅游节庆名城。围绕“春赏花”“夏采果”“秋丰收”“冬年味”四季主题开展系列旅游节庆活动，丰富“山水境、花果园、乡愁地、文艺谷”文化内涵。作为新冠肺炎疫情低风险地区，2月28日，率先举办“梅好生活，相约美溧”2020溧水网上梅花节，拉开全年旅游活动序幕，实现720度全景VR“云赏花”，开创“线上云赏花，假期云打卡，在线云消费”旅游新模式。加强文旅融合，举办“秦淮源头过端午”、“踏青户外，天生桥景区咪豆holiday”、“5·19”中国旅游日、第三届凉篷下山栀花节、2020溧水采摘季暨傅家边第十七届采摘节、“健康溧水，活力新城”ROCK RUN无想夜跑、第八届咪豆音乐节、2020中国（溧水）乡村旅游健康餐饮绿色发展大会暨江苏省百道乡土地标菜代表性企业发布等活动。依托全域资源打造多种主题旅游线路，以南京空港、白马农业国际博览中心为核心的会奖旅游线，以石臼湖、无想山为核心的自驾旅行线路，以龙吟湾、郭兴庄园为核心的亲子家庭线，以傅家边、石头寨为核心的甜蜜采摘线，以玫瑰园、梦华苑为核心的赏花线，以石湫影视基地为核心的婚纱摄影线，以吴村桥为核心的乡村体验线，以恒大酒店、卧龙湖小镇为核心的疗养休闲线，以周园、天生桥为核心的文化寻觅线，以全域旅游环线为核心的骑行线等，为市民游客提供个性化的健康主题产品。发展新能源绿色交通，开通3条复古"铛铛车"旅游线路和16条公交旅游线路，启动美丽乡村溧水直通车，完成公共自行车优化布点和共享汽车网点升级，打通旅游"最后1公里"。溧水健康餐饮建设示范区正式授牌。溧水区全域旅游综合指挥平台入选2020年度省智慧文旅示范项目。

在第十七届中国梅花腊梅展溧水展区获2020 MFS（Moscow Flower Show，莫斯科国际园艺艺术展）组委会在线公布的"已建成花园（Realized Garden）"铜奖，以及由中国花卉协会梅花腊梅分会、第十七届中国梅花腊梅展览会组委会公布的地景类特等奖。

【旅游营销】 2020年，溧水区拓展旅游营销渠道，建立全方位多媒体宣传矩阵。依托南京电视台、江苏广播、新华网等传统媒体，拍摄制作溧水天生桥、无想山、红色李巷、周园、石湫影视基地婚纱摄影等宣传片，扩大溧水旅游影响力。"学习强国"《人民日报》《直播南京》等多次刊登报道溧水旅游活动。1月3日，《人民日报》刊登"溧水看花灯"报道；9月7日，《人民日报》海外版"天生桥靓丽迎客"报道。发力新浪微博、微信、抖音、小红书等新媒体渠道，利用短视频、直播、图文等多样化传播形式和创新IP营销、话题营销、社交互动等多元化营销方式。获新浪2020江苏年度微博最佳旅游策划奖。邀请主流媒体记者、网络大V、旅游达人、网红KOL等走进溧水，打造网红达人同款旅游线路，央视直播平台4次走进溧水进行文旅直播推介。邀请濮存昕、竹内亮等知名人物零距离感受溧水文旅魅力，推介"溧水，来了才知好"IP。与"马蜂窝"APP合作，推出8篇高品质游记。定制多样化溧水三天两晚旅游线路，在多平台宣传推广。举办秦淮源头灯会、夜间赏梅、"5·19"中国旅游日、咪豆音乐节、夏夜无想生活节等系列活动，在全市率先发行区级旅游惠民年卡，推出不限次游玩溧水景区及享受酒店、民宿、农家乐、采摘点、购物店专属优惠等系列政策，刺激旅游消费，拉动"夜经济"。

【网上梅花节】 2月28日，2020溧水梅花节开幕，受疫情影响，开幕式网上举办。溧水区利用智慧溧水、智慧旅游平台、融媒体中心等多媒体资源，创新推出以"梅好生活·香约美溧"为主题2020溧水网上梅花节，邀请微博、抖音流量大V（关注、转发、评论等流量大的主播）云直播做导游，与游客在"网上梅花节"活动专栏线上互动。以"云赏梅"形式，全方位展现溧水万亩梅海盛景，打造"溧水，来了才知好"旅游名片。梅花节期间，"溧水发布"微博平台推送溧水梅花节社交传播短视频，溧水网上梅花节微博话题"梅好生活·香约美溧"阅读量超1010万。梅花节以梅为介，通过溧水微信公众号"2020溧水网上梅花节"活动专栏跳转傅家边草莓购买链接，借助江苏广电平台推广，助力草莓销售。全区草莓销售6000吨，收入1.8亿元。

【"健康生活·花季溧水"赏花季】 3月18日，溧水区举办2020"健康生活·花季溧水"赏花季活动。创新采取线上推广"花季溧水"云赏花系列，新浪微博、抖音、江苏广电等平台全方位开展宣传。活动期间，区文旅部门推出新体验项目，旅游惠民年卡延长使用期限、发放乡村旅游消费券、恢复开通溧水乡村旅游直通车等多举措刺激旅游消费。构建旅游产品在线销售平台，建立"线上+线下"营销模式，线上关注量突破3000万。此项活动持续20天。清明小长假，全区接待游客28.97万人次，实现旅游收入3.15亿元。

【"'踏青户外，打卡溧水'，智慧旅游攻略"2.0发布会】 5月19日，溧水区在中山湖金陵文璟举行"'踏青户外，打卡溧水，智慧旅游攻略"2.0发布会暨溧水"五一"有奖打卡活动颁奖仪式。活动现场公布云打卡热度排行前10名景点，分别为天生桥、南京玫瑰园、三叶梦华苑、郭兴庄园、丽山音乐农场、山凹遇园、店上周园、红色李巷、石山下、石臼湖（诸家）；公布第二阶段打卡活动中奖名单。会上同时发布"'踏青户外，打卡溧水'智慧旅游攻略"2.0新内容。

【中国旅游日活动】 5月19日晚，溧水区2020“中国旅游日”主题推介活动在万达广场举行，活动推出多项旅游惠民措施。活动设置模拟法庭环节，向现场观众宣传文化旅游知识。各景区（点）代表上台推介溧水旅游惠民年卡，采取互动游戏，赠送2020溧水旅游惠民年卡、第八届咪豆音乐节兑换券等福利，吸引市民3000余人参与。现场进行文艺表演、文化美食体验，溧水剪纸、老虎鞋、面人、葫芦画、洪蓝玉带糕、洪蓝手抓鸡、明觉香菜、风鱼制作技艺等非遗展演。傅家边农业园、天润果园、真喜果蔬、竹上云想、傅蓝农业等品牌水果在活动现场展销。

【第三届凉篷下山栀花节】 5月30日，“花漾青春·香约美好”2020年溧水第三届凉篷下山栀花节在永阳街道凉篷下村举行。竹笛演奏、古风汉服舞蹈表演、小提琴演奏以及抖音主播“沙粒小姐”和“勇全学长”歌唱表演，为现场1000多名观众带来视听盛宴。主办方组织慈善义卖活动，邀请5位省市级书画家现场创作书画作品义卖，精选装裱4幅书画作品拍卖，收入全部捐赠给辖区困难学子。凉篷下村70余公顷山栀花海，被誉为华东地区山栀子花海、江苏省最大无公害山栀子花种植基地，是溧水周边游客打卡热门景点之一。

【无想夜跑】 9月30日晚，“健康溧水、活力新城”2020健康溧水无想夜跑活动在幸庄公园开跑，近万名跑步爱好者在炫彩荧光跑道体验一场灯光、音乐与健康跑步结合的狂欢夜跑嘉年华。活动由区文旅局主办，以“摇滚之路”为主题，全程8000米，推崇全民健身运动，倡导青春、活力、健康运动方式。赛道融入摇滚音乐元素，设置泡泡跑、彩虹粉大战、互动游戏等有趣环节，让跑者在跑前、跑后玩不停。非遗文创产品市集现场琳琅满目，无想山下巨型水果造型、卡通人物秀、古巴彩色街道、流光溢彩灯光装扮，吸引跑者互动拍照打卡。跑道终点设置时长2小时的摇滚音乐趴，邀请行动派乐队、沙棘草乐队、浪打浪乐队等现场演奏，凸显“摇滚元素”，用音乐增添夜跑活力，丰富市民夜间生活，助力溧水“夜经济”发展。

【咪豆音乐节】 10月2日，第八届咪豆音乐节在溧水天生桥景区开幕。此届咪豆音乐节由江苏音乐广播、溧水区文旅局主办，江苏东部文化传播有限公司承办。来自全国的乐迷或坐在帐篷里，或站在舞台前，享受音乐盛宴，现场狂欢乐迷近3万人。10月2日音乐节第一天，是跳大海、闪星、旋转保龄、刺猬、重塑雕像的权力、痛仰、新裤子等实力乐队，百威电音区集结吴赫伦、DEXTERKING等实力派DJ陆续登台。第二天10月3日，突降秋雨，观众热情依旧不减，歌手和乐队激情持续高涨，雨中热力开唱。其中，五条人乐队《梦幻丽莎发廊》，华语乐坛唱作才子李健《贝加尔湖畔》《假如爱有天意》等歌曲将音乐气氛推向高潮。

【健康餐饮建设示范区授牌】 11月24—25日，2020中国（溧水）乡村旅游健康餐饮绿色发展大会暨江苏省百道乡土地标菜代表性企业发布会在新时代开元名都大酒店召开，由省餐饮行业协会、区文旅局联合主办，来自省内200家农庄、农家乐、度假村、乡村旅游点等文旅企业餐饮代表参会。会上，省餐饮家协会、市文旅局负责人为溧水“健康餐饮建设示范区”授牌。明确江苏省乡土地标美食原产地推广计划正式启动。公布2020健康溧水·乡土风味烹饪大赛获奖名单，以及江苏省百道乡土地标菜代表性企业名

9月30日，溧水区在幸庄公园举办无想夜跑活动　　区文旅局　供

录，溧水区27家餐饮企业参赛，东屏鱼头和溧水洪蓝手抓鸡2道名菜入选江苏省百道乡土地标菜，明觉红烧甲鱼、溧水老鹅、水晶螃蟹、臼湖粽叶捆蹄、和凤生敲肉、无想鲢子鱼、土鸡汤锅巴、明觉香菜入选溧水十大乡土地标菜。（吴萍）

乡村旅游

【概况】 2020年，溧水区贯彻中央、省、市乡村振兴工作部署，将乡村旅游发展列为推动全区乡村振兴工作重点。全区有街镇（开发区）乡村旅游重点村（社区）30个，其中国家级1个、省级1个、市级5个、区级23个（含美丽乡村）。打造“秦淮源头”乡村旅游品牌和“无想居”精品民宿品牌，商标注册进入国家商标局受理审核程序，乡村旅游区域提档升级和产业发展取得省市奖补资金340万元。区文旅局强化乡村旅游公共卫生管理，改扩建旅游重点村A级以上旅游卫生间13座，累计81座。至年底，全区乡村旅游点接待游客1014.99万人次，占全区游客接待总量的83.66%。旅游收入97.92亿元，占全区旅游收入的71.09%。白马镇红色李巷创成全国乡村旅游重点村；洪蓝街道傅家边创成省级乡村旅游重点村，进入全国乡村旅游重点村培育名录。（吴萍）

【洪蓝街道乡村旅游】 2020年，溧水区洪蓝街道有天生桥山南牡丹园、郭兴庄园、傅家边农业园等旅游点。完成山凹村遇园徽派古民居一期主体工程建设，下半年试运营；张塘角村5.4公顷开心农场建成开放运营；12家民宿上线“智慧旅游”平台。举办农产品展销、农业科技体验、休闲观光和民俗文化文艺演出活动。全年接待游客345.69万人次，旅游收入35.32亿元。（周星星）

【东屏街道乡村旅游】 2020年，溧水区东屏街道有东屏湖、卧龙湖、大金山国防园等旅游资源，完成乡村旅游发展建设项目13个，开展节庆旅游活动6次，举办展销推介活动7次，提升旅游服务项目10个，各旅游点、餐饮企业采取系列优惠策略和措施刺激游客消费，依托全国“一村一品”长乐社区、金色庄园万亩草莓基地以及黑尊果蔬千亩桃花，开展游古桥、采摘草莓、赏花活动。结合“五一”“十一”假期，街道推出不出省市周边游举措，引导市民游客游览大金山国防园、丽山音乐农场、白鹿生态园。风雅客栈等4家民宿上线营业。至年底，新增虹园果农、南菜园、鹿鸣山庄、喜来乐山庄、秀才农家乐等一批旅游业态。全年接待游客144.92万人次，旅游收入15亿元。（黄浩）

【石湫街道乡村旅游】 2020年，溧水区石湫街道乡村旅游特色明显，境内有国家级影视拍摄基地江苏（国家）未来影视文化创意产业园、省级环山河水利风景区。美丽乡村焦赞石村业新民富、生态优美、乡风文明，吸引游客休闲慢跑享受生活，小茅山片区融乡风民俗、农事体验、精品民宿、亲子体验、休闲观光于一体，大运河文化带九塘社区整体打造美丽乡村，省、市、区送戏文艺演出吸引游客，横山人民抗日斗争纪念馆教育基地参观学习人员不断。打造玫瑰园、杨梅园乡村旅游特色品牌，南京玫瑰园完成玫瑰花海、花境花蹊、蔷薇科科普园3个旅游景点打造。石湫街道建成乡村旅游慢行系统和驿站，完成生态停车场、旅游厕所、标识引导系统等基础设施建设，举办玫瑰节、杨梅节、登高节、环山河音乐节等文化旅游活动。全年接待游客112.8万人次，旅游收入13.4亿元。（石瑾）

【白马镇乡村旅游】 2020年，溧水区白马镇有国家级乡村旅游重点村红色李巷、AAAA级徽派建筑周园、白马湖等旅游点及南京国家农高区和白马农博中心。围绕乡村旅游发展，白马镇成功举办“蓝莓之夏”乐活嘉年华第七届溧水蓝莓节。建成“南乡莓园”等多个创意主题农园（馆），旅游建设项目“阡陌花开”一期基本完工，年底试营业。举办白马镇首届乡村音乐节。红色李巷餐厅被评为区级健康餐厅，石头寨村入选2020年中国美丽休闲乡村，红色李巷获第二批全国乡村旅游重点村。全年接待游客217.85万人次，旅游收入22.3亿元。（端舒娅）

【和凤镇乡村旅游】 2020年，溧水区和凤镇围绕乡村旅游发展，持续推进“三叶·梦华苑”、廉洁文化博览馆、华城蔬菜科普休闲中心、月牙湖茶艺景观建设，引导鼓励社会资本投入“+旅

和凤镇秦淮梅园　　王鸿盛　摄

游”项目；打造都市田园美丽风光带、石臼湖渔家风情带和特色休闲农业等乡村旅游精品。石臼湖“天空之镜”爆红全网，梦华苑精品花园成为乡村旅游龙头产品，成功举办2020年溧水农民丰收节、第三届“诗画和凤”全国摄影大赛、“五一”帐篷大会、康养院子招商发布会，吴村桥社区举办田园乡村系列活动。和凤田姐家、太白谷民宿上线运营。探索依托景区、庄园带动、文化融入、科技引导等多种乡村旅游新业态。全年接待游客118.3万人次，旅游收入1.28亿元。（李士伟）

【晶桥镇乡村旅游】　2020年，溧水区晶桥镇围绕乡村旅游发展，加大乡村环境更新改造力度，推动产业融合发展，部村集镇整体环境改造工程竣工，建成美丽乡村区级2个、宜居村8个，芮家村石山下创成市级旅游村、江苏省特色田园村。望悠谷、枫香岭、里佳山形成“一环三片区”全域旅游圈。打造花迹酒店、竹上云想旅游度假区、未见山乡居酒店、翠海拾心、有间堂、青年墅、麦芽糖、遇见民宿院8家民宿，房间114间，床位208张。举办宝马精英训练营活动3场，清明“井山螺蛳节”、“五一”踏青、“缘来溧水·鹊起晶桥”七巧生活节、晶桥首届板栗丰收节系列活动4场。全年接待游客105.43万人次，旅游收入10.62亿元。（王雪琴）

旅游管理

【概况】　2020年，溧水区在抓好旅游业疫情防控低风险常态化管理工作基础上，推进服务型旅游行政执法工作，着力提高行政管理服务水平，规范旅游市场秩序，做好旅游安全生产，营造优质、高效、文明、和谐氛围，打造安全、健康旅游环境。全年投入疫情防控、监控设备、天生桥维修等安全保障经费74.98万元，联合相关部门开展旅游大巴、水上游艇、消防火灾等安全检查6次，安全教育培训2次，组织文旅企业开展消防安全暨反恐防暴演练9场次，疫情防控安全演练2次。加强旅行社经营行为监管，检查旅游企业200余家次，查处旅游违法行为。强化清明节、“五一”、“十一”、咪豆音乐节等重点时段旅游市场监管，保障旅游市场安全有序。全年全区未出现旅游安全事故。

2020年溧水区国家AAA级以上景区情况一览表

景区名称	等　级	地　址
天生桥景区	AAAA	洪蓝街道天生桥大道500号
周园景区	AAAA	白马镇白袁路88号
大金山景区	AAA	东屏街道金山路99号
无想山景区	AAA	洪蓝街道
万驰国际汽车体育公园	AAA	开发区东城路1号
傅家边景区	AAA	洪蓝街道傅家边农业科技园

2020年溧水区旅行社情况一览表

旅行社名称	地　址	负责人
秦源国际旅行社	永阳街道中山路3号	丁　虹
彩虹国际旅行社	永阳街道中山路12号2-3	许　可
金辉国际旅行社	永阳街道中山路66号19-1	成迎春
昆仑旅行社	永阳街道中山路5号	夏长江
景宏国际旅行社	永阳街道石燕路345-10号	徐　辉
聚泰国际旅行社	永阳街道恒隆大厦1楼1—5	侯　俊
宁杭旅行社	开发区十里牌溧水东收费站	许斌兵
南京润力国际旅行社	永阳街道交通路229号	陶成林
世纪风国际旅行社	永阳街道中山西路时代商务大厦	韦　蓉
南京雨火旅行社	永阳镇中山西路时代大厦201室	王小霞
新亚旅行社	永阳街道新龙佳苑8幢8-11	刘　杰
小脚丫国际旅行社	永阳街道中山西路23号	苏　杰
云马国际旅行社	东屏街道开屏路6号	季红星
安华国际旅行社	永阳街道大东门街85号	谢雪青
金叶国际旅行社	永阳街道小东门街104号	叶福金

【平安景区创建】 2020年，溧水区落实省、市文旅主管部门工作部署，围绕平安景区创建，制订预案方案，明确创建工作重点，加大安全投入。年初，区文旅部门举办全区文化娱乐市场企业安全生产业务培训；4月，与消防部门联合组织全区旅游景区、星级宾馆负责人在天生桥景区开展消防安全工作培训；指导A级旅游景区、星级饭店，将旅游行业消防安全提示七条通过导游讲解、展板展示、背景广播等形式，融入景区介绍、景点讲解、酒店文化；组织旅游企业开展消防安全暨反恐防暴演练、疫情防控安全演练7次，其中景区开展5次、星级宾馆2次。参与“安全生产月”活动，制作宣传展板5块，向游客发放安全宣传册2000余份。7月，开展天生桥景区水上救生演练，聘请有安全风险评估资质的第三方为全区5家A级景区进行安全风险评估，出具评估报告。12月，溧水区获市“平安景区”创建工作先进单位，天生桥景区获市“平安景区”创建示范单位，大金山景区获市“平安景区”先进单位，傅家边科技园获达标单位，李雯、李明春、陈红军、黄善楼、易善林获市先进个人。

【无想山获批国家AAA级景区】 12月24日，市旅游资源规划开发质量评定委员会发布公告，溧水区无想山景区获批国家AAA级旅游景区。该景区设有游客咨询、寄存服务、医务室、手机自助充电站、母婴室、迷童中心、游客休息、婴儿车自助租赁等综合旅游服务。建成“天池雪霁”“石梯观云”“凤林摩崖”“无想晨钟”4个“无想十景”打卡点，及载心亭、云壑亭2个景观亭，修复韩熙载读书堂和美成草庐2个观景中心，设置5组铜质/石质的特定情景雕塑。完成天池彩虹步道和百虎路延伸工程，实施环湖路通电和路灯亮化项目，将天池夜景进行全面亮化。新建主停车场AAA级厕所和逐水径AA级厕所2座，及无想湖、天池生态化停车场2个，更新无想山景区导游导览和休闲观光设施，设置安全监控点位200多个。3月，入选“美丽中国春天100景”。 （吴萍）

责任编辑　尹伟

交通　通信

Traffic & Telecommunication

综　述

【概况】 2020年，溧水区综合公路线网里程1475.38千米。其中，宁宣、宁杭、常合、溧芜、溧高5条高速公路107.26千米；246省道、123省道、340省道、341省道和235国道5条干线公路162.23千米；县道、乡道、村道二级公路301.09千米，三级公路303.5千米，四级公路601.3千米。公路密度138.1千米/百平方千米，高速公路密度为全国最高地区之一，农村双车道四级公路覆盖率100%。开展扬镇宁马城际铁路、宁宣铁路前期工作和低运量有轨公共交通项目方案研究，宁宣高速傅家边互通专题研究，246省道市政化改造工程设计方案研究。宁宣高速南延工程溧水段完成征地拆迁交地，进入路基土方施工。204省道一期改扩建工程（开发区至洪蓝段）完成征地拆迁、杆管线迁移，路基、桥梁、涵洞等小型构造物施工。提档升级农村公路41千米，秦淮河四级航道建设有序推进。溧水空港新城公交首末站、洪蓝公交首末站、城南新区公交首末站建成投入使用。完成公交智能化、综合服务管理平台、公众和"智慧溧水"微信公众号、公交智能调度系统、智能公交综合业务平台（ERP）、车智网建设。南京市货车超限超载运输非现场12处综合执法系统投入使用。全年新增公交线路1条（东屏—官塘—西塘），优化公交线路18条。探索新业态发展，结合公共交通出行方式多元化，研究投放共享电动助力车，推动出租汽车巡约融合发展。新建电动汽车充电桩461组，公交候车亭70座、候车牌280块。8月9日，溧水区被省政府授予"四好农村路示范区"称号。

【溧水区普通国省道国土空间控制规划报告修编】 2020年，区交运部门根据《国家公路网规划（2013—2030年）》《江苏省省道公路网规划（2011—2020年）》中认定的溧水区境内普通国省道规划待建（新建、扩容、改线）路段，修编《溧水区普通国省道国土空间控制规划报告（2011—2020年）》，12月24日，该修编通过省交通运输厅、市交通运输局等部门组织的专家评审。修编涉及235国道石湫段、204省道溧水段一期二期、446省道溧水段、246省道江宁溧水界至南环路段改扩建工程及相关储备项目国土空间规划。

【省道公路网规划研究】 2020年，区交运部门开展溧水区新一轮省道公路网规划（2021—2035年）研究，分析研究境内相关路网，梳理可能进入新一轮省道公路网项目，专题汇报省交通运输厅、市交通运输局及区政府。12月，该研究汇入南京市新一轮省道公路网规划（2021—2035年），由市交通运输局上报省交通运输厅。根据省交通运输厅下发的省道网调整布局思路，通过分析上位规划、溧水区所面临的外部条件、境内现状省道网、境内路网功能定位及建设必要性，拟将中部干线、东部干线、南部干线、机场快速线、机场外环线5条道路提升为省道，纳入新一轮省道网规划（2021—2035年）。

【区域公路网】 2020年，溧水区县道总里程375.91千米，减少1.27千米。其中，一级公路65.05千米，减少0.8千米；二级公路124.51千米，减少1.2千米；三级公路186.35千米，增加9.53千米。街镇道路总里程617.75千米，减少75.56千米。其中，一级公路23.93千米，减少0.32千米；二级公路55.64千米，增加23.45千米；三级公路78.37千米，增加6.06千米；四级公路459.81千米，减少104.75千米。村道总里程212.23千米，减少69.42千米。其中，一级公路2.11千米，增加0.01千米；二级公路29.84千米，增加3.03千米；三级公路38.79千米，增加2.68千米；四级公路141.49千米，减少75.14千米。

交通工程

【概况】 2020年，溧水区交运系统完成宁宣高速南延工程溧水段征地拆迁交地，傅家边互通省发改委项目建议书批复、工程项目可行性审查、项目选址意见书，246省道市政化改造项目立项、初步方案设计，轨道网前期方案研究，204省道溧水段一期改扩建工程滨淮大道至交通西路段施工图设计变更。溧高（溧阳—高淳）高速溧水段建成通车，秦淮河航道溧水段完成投资3.51亿元。洪蓝黄砂货运码头完成堆场道路、生产管理用房、防风抑尘网、粉尘在线监测系统等设施建设，完成投资9800万元。提档升级农村公路41千米，新建、更新公交候车亭70座、候车牌280块。建设以轨道站点换乘枢纽、停保养场、公交首末站、农村客运站、村（社区）回车场为主次格局的站场配套体系。空港新城公交首末站、洪蓝公交首末站、城南新区公交首末站建成投入使用，高平大街公交首末站进场施工。

【轨道网研究】 2020年，区交运部门推动扬镇宁马城际铁路、宁宣铁路前期研究，与相关设计单位、省市交运部门对接线路方案，争取宁宣铁路设立洪蓝站点方案。7月8日、9月29日，扬镇宁马城际铁路、宁宣城际铁路分别通过省发改委、安徽省发改委预可行性研究报告联合评审，至年底，2个项目工程可行性研究报告均编制完成待审。对接市域（郊）地铁等前期方案，研究18号线南延至溧水方案，争取纳入相关规划中。开展低运量有轨公共交通示范线项目研究，至年底，线网规划通过市规划委员会审查，完成示范线项目建议书初稿。

【204省道溧水段一期新改建项目】 2020年，区交运部门推进204省道溧水段一期新改建项目建设。新建隧道项目北起滨淮大道，南接栖凤路，全长2.02千米，7月20日开工建设。改建项目一天生桥大道至洪张线段起点天生桥大道、终点洪张线，全长4.7千米，完成征地拆迁、杆管线迁移、路基、桥涵小型构造物施工；改建项目二开发区段起点规划一路、终点340省道，全长8.3千米，进入征地拆迁，杆管线、绿化迁移，围挡、路基施工。

【农村公路提档升级】 2020年，区交运部门按照贫困社区优先"提速"、革命老区优先"提档"、经济节点优先"提标"、旅游景点优先"提品"要求，加快全区农村公路提档升级。全年提档升级塘桑线、老社线、西庄线等农村公路20条，全长41千米，总投资1.8亿元。

2020年溧水区农村公路提档升级一览表

项目名称	行政等级	技术等级	里程（千米）	路面宽（米）	路面类型	总投资（万元）
塘桑线	县道	三级公路	3.31	7	沥青混凝土	1655
老社线	乡道	四级公路	0.68	7	沥青混凝土	289
中孙线	乡道	四级公路	1.28	7	沥青混凝土	548
西庄线	乡道	四级公路	2.01	7	沥青混凝土	862
溧石线（沙河段）	县道	四级公路	3.49	7	沥青混凝土	1743
芦北线	乡道	四级公路	1.67	7	沥青混凝土	718

续表

项目名称	行政等级	技术等级	里程(千米)	路面宽(米)	路面类型	总投资(万元)
黄南线	乡道	四级公路	1.40	7	沥青混凝土	603
枫石线	乡道	四级公路	2.06	7	沥青混凝土	885
宝曹线	乡道	四级公路	2.33	7	沥青混凝土	1000
浮东线(白马段)	乡道	四级公路	1.31	7	沥青混凝土	563
专二村线	乡道	四级公路	1.59	7	沥青混凝土	685
淳东线	乡道	四级公路	3.35	7	沥青混凝土	1438
上五线	乡道	四级公路	1.9	7	沥青混凝土	817
浮东线(东屏段)	乡道	四级公路	0.2	7	沥青混凝土	86
生活垃圾处置配套道路	乡道	四级公路	5.98	7	沥青混凝土	2569
下桥头线	乡道	四级公路	2.07	7	沥青混凝土	888
张村南线	村道	四级公路	0.85	7	沥青混凝土	365
枣圩线	乡道	四级公路	1.83	7	沥青混凝土	786
东吴线	乡道	四级公路	2.22	7	沥青混凝土	955
沈后线西延	乡道	四级公路	1.42	7	沥青混凝土	608
合计	—	—	40.94	—	—	18064

枣圩线平交口区　　区交运局　供

11月15日,淳东线投入使用　　区交运局　供

【城西公交停保场项目】 2020年,城西公交停保场完成桩基等基础工程施工,完成投资1.63亿元。城西公交停保场项目位于永阳街道栖凤北路以西,宁宣高速以东,占地9.95万平方米,建筑面积5.28万平方米,总投资4.52亿元。

【秦淮河四级航道整治工程】 2020年,该工程完成洪蓝船闸土建、房建、电气等配套设施交工验收,老明公路桥、毛家村桥,周前村桥,马塘坝桥,史家庄桥和闷水桥交付使用。完成航道护岸1487.6米、护坡8314米,开挖土方421.68万立方米,建设锚地驳岸237米;完成排涝站、排灌站、涵闸、排水沟等恢复设施建设。完成投资3.51亿元,累计完成投资25.76亿元,占总投资83.2%。秦淮河航道整治工程2017年2月开工建设,起点溧水天生桥河入石臼湖口,终点江宁区彭福村。

【公交智能化项目】 2020年,溧水公交公司建成公交智能化调度中心1个、"智慧公交"场站10个、电子站牌155个,安装车载终端公交车477辆,完成公交综合服务管理、智能公交综合业务、指挥中心、视频综合管理4个平台建设,形成移动化应用APP、微信公众号、智能调度、车智网远程监控、企业资源管理、车载视频监控、场站视频监控、电子站牌8大系统,集车辆管理、运营管理、企业管理“三位一体”平台系统。提供企业运营管理智能服务、市民“智慧公交”APP和微信公众号等信息,市民出行打开手机就能查询公交相关信息,通过“智慧公交”电子站牌实时了解各路公交信息,享受智能化候车出行服务。总投资6300万元。

【品质工程建设】 2020年,溧水区注重农村公路项目品质工程、平安工地建设,王郎头线、东官线、白曹线A1标3个项目被评为市“品质工程”示范项目。204省道、工农兵1标、工农兵2标、中孙西庄线、生活垃圾处置配套道路5个项目被评为市“平安工地”示范项目。全省农村公路质量综合检查排名第一。

【工程质量监管】 2020年,区交运部门办理质量监督申请12份,完成18家施工、监理单位工地试验室备案。监管在建农村公路17条37.71千米,其中续建农村公路2条3.66千米、新建农村公路15条34.06千米。通过抽查、专项督查、综合检查,实现监管项目全覆盖,开展质量综合检查3次、专项督查1次,抽查点(组)1.97万个,下发质量意见通知书104份,形成质量监督专报4份。完成交工验收检测、评定农村公路16条,竣工检测、鉴定农村公路39条,工程质量合格率100%。

【农村道路维修工程】 1月,开工建设。全区农村公路养护维修工程涉及县道郭云线、小无线、郭沈线等235千米,乡村道洞东线、三向线、朱龙线等418千米。其中,一级公路50千米,二级公路192千米,三级公路278千米,四级公路133千米。包括路基、路面、桥梁、涵洞维修,绿化及沿线设施维护等,总投资1795万元。

【公交首末站项目】 4月,空港新城公交首末站投入使用;12月,洪蓝公交首末站、城南新区公交首末站投入使用,高平大街公交首末站项目开工建设。空港新城公交首末站位于开发区滨淮大道以北、福田路以东,占地6793.06平方米,建筑面积1537.8平方米,总投资1300万元。洪蓝公交首末站位于洪蓝街道蒲塘桥南路以东、341省道以北,占地1.53万平方米,建筑面积6378.95平方米,总投资6486.95万元。城南新区公交首末站位于123省道以西,宁宣高速以北,占地8800平方米,建筑面积8235.44平方米,总投资7438.96万元。高平大街公交首末站位于高平大街与246省道交叉口西南角,占地1.98万平方米,总投资8162.16万元。

【“智慧交通”二期工程】 6月19日,该工程开工建设,12月30日投入使用,总投资163.68万元。“智慧交通”二期工程紧扣“智慧城市”建设、交通运输行政执法改革、农村公路养护体制改革,探索大数据、云计算、区块链技术在交通运输行业应用,建成集云监管、云指挥、云执法、云考核于一体的云信息化系统。二期工程依托省市区资源,建成区级政务交通云和政务交通网,以信息化手段再造行业业务线上流程,监测行业业务数据。新增搭建道路管养、综合执法(两客一危、维修驾培、公共交通、路政)等业务应用场景,实现业务过程有闭环、全记录、可追溯。通过大数据挖掘分析提供领导决策科学依据、基层执法情报线索,提升全区交通运输行业智能化水平与业务管理效率。

【县道大中修工程】 12月,该工程竣工。县道大中修工程涉及白明线(曹家桥至新桥段)、溧石线(溧铜线至太平线)2条道路,全长12.28千米。涉及边沟硬质化约30千米,安全生命防护工程64.3千米,总投资3997.8万元。 (袁建平)

交通运输

【概况】 2020年,溧水区综合公路总里程1475.38千米,高速铁路总里程29.04千米,轨道交通总里程45.7千米,航道总里程90.68千米。全区有公路客运总站1座、高铁客运站1座、轨道交通客运站10座、水路货运码头3座。有城市公交车477辆、客运班线车77辆、出租车113辆、货运车辆4261辆、航运船舶18艘。全年客运量2019.25万人次,货物运输量3437.51万吨。

【公路】 2020年,溧水区综合公路线网总里程1475.38千米,减少143.85千米。其中,高速公路107.26千米,增加2.4千米;一级公路184.03千米,减少1.11千米;二级公路254.43千米,增加25.28千米;三级公路328.36千米,增加18.27千米;四级公路601.3千米,减少188.69千米,公路密度138.1千米/百平方千米,高速公路密度为全国最高区份之一。全区基本形成"两纵三横"(宁杭高速、宁宣高速,常合高速、淳芜高速、溧高高速)高速路网、"三纵两横"(204省道、243省道、246省道,340省道、341省道)一级公路主骨架。

【铁路】 2020年,溧水区境内宁杭(南京南站—杭州东站)高速铁路总里程29.04千米,设溧水站1座,客运量115万人次。轨道交通45.7千米,其中S9线(翔宇路南—高淳)溧水段全长17.9千米,设轻轨站2座;轨道交通S7线溧水段无缝对接南京禄口国际机场站,终于溧水无想山站,全长27.8千米,设轻轨站8座(其中地下站4座),客运量355.2万人次。

【航道】 2020年,溧水区有秦淮河、新桥河、二干河、三干河、中山河、石臼湖湖区段航道6条,总里程90.68千米。其中,四级航道洪昌河口—17、18号标11.77千米,六级航道乌刹桥—下旺渡大桥、毛家村—三汊河大桥、三汊河大桥—洪昌河口13.5千米,七级航道下旺渡大桥—江宁区彭福村、彭福村—沙河口、沙河口—下思桥、新天生桥河闸—毛家村10.58千米,等外级航道下思桥—天生桥闸、天生桥闸—红旗桥、沙河口—宁宣高速桥、宁宣高速桥—小西门桥、石臼湖—姚家水库、严郎渡—石坝、倒桥—施家庄闸桥、中山河口—中山河节制闸、洪昌河口—长流嘴54.83千米。在建秦淮河四级航道(江宁区彭福村—毛家村)1条,全长18.19千米。

【港口】 2020年,溧水区有水运码头3座。开发区水运货物仓储物流基地货运码头投入运营,主营杂货,全年停靠船舶129艘次4.98万总吨位,年吞吐量4.41万吨。南京秦源热电有限公司电煤专用码头2019年10月18日港口经营许可证到期停用。在建洪蓝黄砂货运码头,设500吨级泊位10个、工作船泊位1个,泊位长664米,设计年吞吐量384万吨,主营建材散货。

【旅客运输量】 2020年,溧水区完成公路、高铁等客运量2019.25万人次。其中,城市公交车477辆,完成客运量1434.92万人次;南京润溧汽车客运有限公司客运班线车57辆,完成客运量11.98万人次;南京溧晨汽车客运有限公司客运班线车20辆,完成客运量36.43万人次;出租车113辆,完成客运量63.1万人次;高铁客运量115万人次;地铁客运量355.2万人次。

【货物运输量】 2020年,溧水区完成公路货物运输量3437.51万吨,下降0.3%;货物周转量49.83亿吨千米,增长1%。完成水路货物运输量113.51万吨,增长6.51%;货物周转量6.85亿吨千米,增长21.64%。

【运力结构】 2020年,全区新增各类货物运输车辆1569辆,总计营业性载货运输车辆4079辆,总吨位4.8万吨。其中,普通货物运输车辆3186辆,总吨位3.7万吨,占77.1%;危险品运输车辆28辆,总吨位0.05万吨,占1.04%;集装箱运输车辆30辆,总吨位0.05万吨,占1.04%;大件运输车辆83辆,总吨位0.13万吨,占2.7%;冷藏保鲜运输车辆71辆,总吨位0.38万吨,占7.92%;罐式运输车辆681辆,总吨位0.49万吨,占10.2%。有货物运输营业户2422家,其中普通货物运输2290家、危险品货物运输3家、集装箱货物运输9家、大件货物运输19家、冷藏保鲜货物运输28家、罐式货物运输73家。全年在册航运船舶18艘,船舶载重吨位3.15万吨。

【地铁S1、S7线开行"大站快车"】 5月26日,地铁S1(机场线)、S7(宁溧线)采取增加运行线、大站快车等超常超强列车运行措施,优化运营通行方式,实现S1、S7线跳站运行"大站快车"功能,运行时间缩减为50分钟。S1线大站快车停靠空港新城江宁站、禄口机场站、翔宇路南站、南京南站4个站点,单程运行时间31分钟;S7线大站快车停靠无想山站、幸庄站、中山湖站、溧水站、空港新城江宁站5个站点,单程运行时间24分钟。每线每日各开行2对"大站快车",工作日S1线"大站快车”空港新城江宁站发车时间分别为7:20、18:47，反向为7:19、18:43；S7线“大站快车”无想山站发车时间分别为6:50、18:17，反向为7:24、18:47。周末S1线“大站快车”空港新城江宁站发车时间分别为9:58、15:44，反向为9:54、15:41；S7线“大站快车”无想山站发车时间分别为9:28、15:15，反向为9:58、15:45。（袁建平）

城市公共交通

【概况】 2020年，溧水区新增镇村公交线路1条，优化调整线路18条。开通城区公交线路22条、城镇公交线路7条、镇村公交线路53条、旅游公交线路3条、毗邻公交线路1条。优化镇村公交站点设置，改善农村市民候车环境，新建农村港湾式站台38座。全年公交运营总里程1914.02万千米，营业收入1972.07万元，运营总班次101.64万班次，总客运量1434.81万人次，其中城区客运量856.71万人次、城镇客运量470.48万人次、镇村客运量107.74万人次，日均客运量3.93万人次。出租车运营总里程513.54万千米，营业收入703.1万元，总客运量65.72万人次，日均客运量1729人次。全区投放公共自行车2275辆，服务站点141个，骑行约88.05万辆次。

【城乡客运】 2020年，全区有公交车477辆，其中纯电动车218辆、LNG（液化天然气）燃气车150辆、柴油车109辆。开通城区公交线路22条、专线2条（恒大线：城东公交首末站—恒大金碧天下；滨淮线：省溧中西—金龙汽车厂）、城镇公交线路7条、镇村公交线路53条、旅游公交线路3条、毗邻公交线路1条。运营总里程1914.02万千米，日发2785班次，总班次101.64万班次。至年底，全区有汽车客运总站1座、公交场站61座，其中城区9座、街镇7座、村（社区）回车场45座。实施60～69周岁凭老年人卡、市民诚信卡享受半价乘坐城市公交优惠政策，70周岁以上老人卡、残疾人卡免费，全年办理公交IC卡3716张。

【城乡公交一体化】 2020年，溧水区组织编制《溧水区城乡公交一体化发展规划（2020—2035年）》，制订《2020年溧水区公交线网优化实施方案》，科学规划城乡公交站场和线网布局。推进信息化建设，建成“智慧交通运输”信息化系统、智能化公交平台系统。至年底，全区有公交场站61座，构建“城市、城镇、镇村”三级公交枢纽体系，镇村公交通达率100%。建设公交智能化系统，安装车载终端车辆477辆，新建更新公交站亭70座、电子站牌280块，实现可视化电子站牌信息发布，公交站台标准化率100%。

【公交线路优化】 2020年，区交运部门根据区内地铁、学校、医院、商场、小区等城市建设发展步伐，调整公交线网结构，完善公交线路对接管理，方便市民出行。形成层次清晰、运力配置科学的城乡公交线网，满足市民、上班族以及学生上放学需求，配套地铁S7线、S9线，区中医院、中山东路小学、区第三实验小学等公交出行，全年优化公交线路18条，新增公交线路1条。统一执行公交票价2元。

2020年溧水区公交线路优化情况一览表

日期	线路名称	起讫站点	延伸、变更、调整	首末班发车时间	高峰间隔（分钟）	平峰间隔（分钟）
4月7日	游2路	天生桥景区—周园	覆盖白马工业园至溧水高铁站	7:20—18:10	30	60
5月20日	明觉—赵村	明觉客运站—赵村	明觉—明觉地铁站延伸至赵村	6:50—17:00	100	200
6月1日	2路	城东公交首末站—胜水路	终点站移至秀山西路，增设胜水路站	5:50—18:30	10	12
6月26日	S7柘塘站—关家	S7柘塘站—关家	延伸至S7柘塘站	8:00—17:30	75	240

续表

日期	线路名称	起讫站点	延伸、变更、调整	首末班发车时间	高峰间隔（分钟）	平峰间隔（分钟）
6月26日	S7柘塘站—小陶	S7柘塘站—小陶	延伸至S7柘塘站	6:30—16:40	120	210
7月26日	15路	团山站—崇文路小学	途径青年路、秦淮大道至团山站	5:50—18:30	12	14
8月26日	28路	省溧中西—空港保税中心	延伸至大通关	6:40—18:30	20	60
8月26日	游1路	S7溧水站—石山下	途经随园路至无想山，覆盖幸庄公园	7:20—18:10	40	50
10月1日	东屏—前巷—北城	东屏—北城	由共和调整至北城	6:30—16:00	170	240
10月26日	22路	汽车客运站—和凤客运站	增设孔镇北站	5:50—18:10	7	15
10月26日	24路（沙）	汽车客运站—杭村客运站（芝沙线）	增设孔镇北站	6:00—17:50	40	60
10月26日	孔镇—沙岗	孔镇—沙岗	增设孔镇北站	7:00—17:50	90	180
11月12日	孔镇—骆山	孔镇—骆山	增设小陈站	7:00—17:50	60	160
12月5日	25路	汽车客运站—共和小学	增设永阳城管中队站	5:50—18:10	10	16
12月5日	溧水—小王边	中医院—小王边	增设永阳城管中队站	6:30—17:40	40	60—70
12月5日	溧水—高塘	交通客运公司—高塘	增设永阳城管中队站	6:10—17:10	130	210
12月19日	20路	汽车客运站—石湫公交首末站	调整至石湫公交首末站	5:50—18:10	20	35
12月26日	白马—芳山林场	白马—芳山林场	由岗上延伸至芳山林场	7:30—17:20	90	250

【公共自行车点位优化】 2020年，区交运部门根据属地政府申请、区人大代表建议及市民诉求，解决企业员工、小区市民中短途出行需求，优化公共自行车布点，新增蓝湖西岸、石虎名苑、群力社区、创维平面、创维电器、淮源新村、石湫碧桂园7个公共自行车点位，投入资金33.2万元。

12月30日，区交运局举行出租车巡约融合启动仪式　　区交运局　供

【出租车巡约融合】 2020年，溧水区与腾飞出行网络科技有限公司签约，启动出租车巡约融合改革，促进区内出租车巡约融合发展。以南京溧水交通出租汽车客运有限公司为主体试点，制订《出租车网巡融合改革工作方案》，探索有序化网巡融合模式。首批接入出租车80辆，借助腾飞出行网络科技有限公司平台大数据、调度引擎及流量优势，帮助传统巡游出租车实现网约化转型。

【东屏—官塘—西塘镇村公交开通】 10月18日，东屏—官塘—

西塘镇村公交开通，起点东屏，终点西塘，沿途停靠东屏集镇、下旺、上林、上王、官塘、上窑何、南北丁、田冲、西塘。东屏发车时间：8:00—17:00，西塘发车时间：8:30—17:30，统一执行公交票价2元。

（袁建平）

交通管理

【概况】 2020年，溧水区交运系统加强交通管理体系构建，建立统一协调、运行顺畅、职责明晰行政执法机制。全年检查各类车辆5100余辆次、企业500余家次，查处违法超限超载车辆1054辆，恢复原状非法改装车辆12辆。公交车辆驾驶区域防护隔离措施安装率100%。实施水上巡航3290千米，维护航标760座次，规范检验渔船336条。落实“一超四罚”（违法超限运输车辆，处罚驾驶员、承运人、货运企业、装载企业）制度，淘汰国三及以下排放标准营运柴油货车411辆。提升交通沿线综合环境，修剪乔灌木7.7万株，树木喷药、挂袋治虫约1.5万株，干线公路补植乔木707株、灌木1798株；县道修补路面2.8万平方米，灌缝10.68万米。全年行政处罚抛洒滴漏案件225件，办结225件；办理“12345”投诉工单1607件、114网络舆情17件、省交通运输厅转发舆情2件、区长信箱8件，办结率100%。

【农村客运、出租车行业成品油价格补贴发放】

2020年，区交运部门发放2019年度运营的农村客运、巡游出租汽车经营者成品油价格补贴296万元。其中，溧水交通公共客运有限公司、润溧汽车客运有限公司补贴220万元，溧水交通出租汽车客运有限公司补贴76万元。

【“两客一危”车辆整治】 2020年，区交运部门按照区交通运输安全专项整治方案，成立“两客一危”（从事旅游包车、三类以上班线客车，运输危险化学品、烟花爆竹、民用爆炸物品道路专用车辆）车辆专项整治领导小组，摸排区内“两客一危”企业8家。其中“两客”企业2家，车辆77辆；“一危”企业6家，车辆131辆。涉及清退危险品运输车辆2辆，报废危险品运输车辆3辆，停运涉嫌挂靠客运车辆2辆。至9月底，整改规范“两客一危”车辆问题621个。

【交通运输安全宣传】 2020年，区交运系统结合安全生产专项整治、安全示范城市创建、安全生产月、平安建设宣传月等活动，组织全体员工观看安全生产教育警示片，学习重大事故调查报告，吸取事故教训，发放企业落实安全主体责任重点事项清单200份、《安全生产基本知识》500册、《近年来交通运输重特大事故案例》200册。加强市民交通安全教育，营造交通安全氛围，增强全民安全意识，悬挂横幅100余条，开展咨询2次，发放《致全区市民遵守交通安全的一封信》5000余份。

【运政管理】 2020年，全区办理道路运输行政许可证417件、换发155件、补发29件、注销266件。道路运输从业人员5801人，其中客运554人、巡游出租150人、货运5097人。注销过期及年满60周岁从业人员资格证289件，新办从业人员资格证204件、换证1137件、补办17件。继续教育培训从业资格人员110人次，网络继续教育签章2744件。全年查处各类违章210件，其中“黑车”3件、非法网约车4件、大客车30件、非法改装车12件、危险品运输车18件、出租车2件、汽车维修8件、驾驶员培训4件，处罚55.62万元。检查散装建材工程运输车2800余辆次，处罚抛洒滴漏散装运输车225辆次；查处违法超限超载车1054辆次，处罚1054辆次，警示约谈高频超限超载运输企业15家，依法注销1家。检查维修企业207家次，依法查处8家。检查驾驶员培训学校48家次，处罚4家次。落实“一超四罚”制度，停业整顿货物运输企业36家、通报36家。全年招收车辆驾驶培训学员11056人，结业学员5431人。办结“12345”“96196”等平台诉求和投诉举报工单397件，办结率100%。

【路政管理】 2020年，区公路管理站加强区内道路日常养护管理，路面修补204省道宁高线、341省道老宜溧线、246省道宁郎线、340省道虞宁线9649平方米，灌缝3.99万米；维修县道约1.26万平方米，灌缝2.16万米，摊铺出新5.08万平方米，增设标线7656平方米；维修农村公路2800平方米，灌缝4.52万米，摊铺出新1.95万平方米，增设标线

600平方米；新砌县道梯形边沟4567米；维修县道护栏4733米、油漆出新1466米；维修县道桥梁栏杆1处，长9米。实施路政巡查总里程12万千米，查处路损案件323件、抛洒滴漏案件225件，办理许可案件6件，挽回路产损失145.36万元；清理路面堆积物、路障133处，体积1700立方米；制止公路摆摊设点125处、非公路标志110处。加强绿化管养，修剪遮挡标志标牌树枝和影响视线树木，疏枝打顶高大树木，修剪乔灌木约7.7万株，树木喷药、挂袋治虫约1.5万株，干线公路补植乔木707株、灌木1798株，绿化扶正146株；县道补植香樟100株；新设白石线涵洞2道，重新埋设部分县道百米桩286根、护栏附着式百米桩137根、里程牌52块、警示桩25根。安装护路员公示牌156块，油漆出新20座桥梁护栏，建设县道景观小品4座。

6月12日，区交运局清理汛期行道树断枝　　区交运局　供

【海事管理】　2020年，溧水地方海事处加强巡航检查，全年巡航117.5小时，出动检查人员424人次，巡航里程3290千米。落实船舶进出港报告制度，现场监督检查船舶37艘次、船旗国监督检查52艘，实施行政处罚3件。监督检查天生桥文化旅游发展有限公司水上游览经营活动13次；签发水上水下施工作业许可证2件，发布航行通告2份、预警信息16条，水工现场检查7次。按照渔船检验规范，出动执法人员33人次，完成石臼湖开捕前336条渔船年度检验。检测船用燃油油品9批次18艘次，码头接收船舶垃圾101艘次、总量312.1千克。全年未发生水上交通事故、堵航事故及船舶污染水域事故。

6月24日，区交运局开展渔船年度检验　　区交运局　供

【航政管理】　2020年，区航道站巡航总里程2422千米，维护航标760座次，航标出水维护打漆17座，更换锚链、坠石2套，更换航标灯2盏，航标正位8座次，航道年通航率100%。全年扫床航道两次，总里程92.16千米，拔除暗桩3根，清除各类碍航物1.2吨，测量航道典型断面15处。加强事前、事中、事后监管，办结航政处罚1件，协助市交通运输综合行政执法监督局完成航评行政确认5件（204隧道穿越一干河、老溧石线供水管道穿越秦淮河、10千伏供电线跨越秦淮河、洪蓝工业园10千伏下穿天生桥河、开发区兴无圩涵洞拆建

工程)。开展架空缆线达标整治,按照“一线一验收”(每条缆线整治完成后验收)原则达标整治辖区跨航道架空缆线,至年底,达标整治架空缆线16处。

【航管(港政)管理】 2020年,区航运管理所检查企业24家次,出动检查人员76人次,巡查岸线2250千米,跟踪巩固黄砂码头整治长效管理。核查旅游船舶客位236个,督促企业签订安全生产承诺书6份。按照交通运输部关于交通运输企业统计实行一套表联网直报要求,完成基本单位名录库建设5家,督促指导4家企业完成交通运输部一套表联网直报工作。全年审核区内4家水运企业、2家水运服务企业经营资质,现场核查营运船舶经营资格、制度建设,核查率100%。

4月23日,区交运、文旅部门联合开展旅游包车专项整治行动

区交运局 供

【交通运输安全管理】 2020年,全区客运、公交、出租、车站、货运、危险品运输企业按要求上报《2020年度道路运输安全生产承诺保证书》。区交运部门组织安全检查人员457人次,检查企业40家次,发现隐患33件,开出整改通知书20份,责成相关企业限期整改。加强道路安全运输检查,全年检查营运车辆1000余辆次,查处各类安全隐患286件。处理“12345”“96196”平台出租车投诉工单30件。开展“两客一危”专项检查,提高企业和行业管理部门管理能力。聘请第三方检查“两客一危”企业6家,发现问题27个,责成企业限期整改并提交整改报告,由第三方复核验收。加强客运站源头管理,落实“三不进站、六不出站”(无关人员不进站、无关车辆不进站、易燃易爆和易腐蚀品不进站,超员客车不出站、客车证件不齐不出站、乘客未系安全带不出站、驾驶员资质不符合要求不出站、安全例行检查不合格不出站、出站登记表未经审核签字不出站)制度,强化“安全带—生命带”专项检查、大客车行李舱载货安全检查,检查客运车辆845辆次,发现安全带缺损或损坏7件,责令企业及时更换到位。源头检查与道路动态稽查相结合,加强车站、旅客集散地、高速公路出入口、旅游景区等地客运、危险品运输道路稽查,加大过境大客、危险品运输车辆检查,严防输入性安全风险,严查无证营运、不按规定上下客等影响道路运输安全违法违规行为,查处“两客一危”违法案件41件,按规定外籍违法车辆案件抄告源头管理部门,维护运输市场秩序。走进溧水汽车客运站、海乐城、机场路、天生桥收费站等周边区域,开展道路运输非法经营专项整治“打非清零”行动,打击“黑车”非法营运行为。出动执法人员8人次,执法车辆3辆次,查扣涉嫌违法网约车3辆,查处货运车辆1辆并立案处理。

【交通运输疫情防控】 2020年,区交运部门常态化开展道路运输疫情防控,组成专项组3个、工作组13个、突击队11个、党员先锋队5个。组织干部职工到全区交通卡口、社区卡口、客运站点等执勤,守护交通运输出行安全。全年投入人员10万余人次,检查车辆近200万辆次,体温测量旅客、驾乘人员等约400万人次。监督检查企业疫情防控,督促企业严格消杀、体温检测等。专项检查冷藏运输企业及车辆,排查冷藏运输企业28家,收到冷藏运输专业户《不从事进口冷链食品运输承诺书》20份,路检路查冷藏运输车辆30余辆次。做好新冠肺炎疫情期间生活物资、应急物资等运输保障,主动办理企业、个体户等应急物资通行证558件,运送生活、应急等各类物资1.02万吨。采取“点对点”方式，为有需求企业和返岗复工人员提供客运定制包车服务，办理返岗包车通行证21件，接送返岗复工人员577人，助力企业复工复产。减轻新冠肺炎疫情对全区巡游出租汽车行业的影响，给予新冠肺炎疫情期间驾驶员承包费减免2家企业补助，发放出租车企业疫情补贴4.8万元。

【驾培市场治理】 2020年，区交运部门开展驾培市场安全生产隐患排查和治理，重点检查学驾合同、教练车、训练场地等，遏制安全隐患和驾培事故发生，维护驾培市场稳定。全年检查驾培企业11家48家次，查处异地培训教练车1辆、私家车违法开展驾驶员培训经营1件。依法依规处罚违法经营企业4家次，责令不符合《机动车驾驶员培训机构资格条件》相关规定的区汽车驾驶员培训学校、南京溧江驾驶培训有限公司、溧水县东城驾驶培训有限公司停止招生，逐渐消耗存量学员，进行整改。

【维修市场管理】 2020年，区交运部门开展维修市场行政执法检查300余家次，行政处罚8家次。明确企业安全生产主体责任，确保安全生产无事故。联合溧水生态环境局开展机动车维修企业危险废物处理、烤漆房改造等污染防治，督促维修企业打好污染防治攻坚战，推进挥发性有机物专项整治，落实尾气治理制度。至年底，30家企业完成烤漆房改造。

【新能源汽车推广】 2020年，区交运部门推广应用电动汽车3288辆(6143标准车)。其中，公交客运车218辆，出租车100辆，环卫、物流等用车427辆，新能源汽车租赁1853辆，私人乘用车86辆，其他车辆604辆。新建充电桩461组，其中直流电充电桩220组、交流电充电桩241组。

【交通行政审批】 2020年，区交运部门根据法律法规“立改废”(新立、修改、废止)、权力下放、区编办行政权力清单，自查、核对入库事项清单办事指南，梳理、确认权力事项664项，梳理不见面审批清单102项、不见面审批事项清单45项。完善省政务服务平台工单224件、行政许可权力事项99项，维护拓展信息125条。全年办结道路普通货物运输经营许可证417件、换发155件、补发29件，注销道路普通货物运输经营许可证266件，年审道路普通货物运输许可证1495件。新增道路普通货运车辆1569辆(含过户)，换发道路运输许可证199件，注销普通货运道路运输许可证878件；审验道路普通货物运输车辆3622辆，异地审验6辆，网上审验8辆。审验客运运输许可证2件，换发客运运输许可证14件、变更1件、注销13件，审验客运车辆68辆、客运场站1座。审验公交车辆477辆、公交客运许可证1件，换发公交车辆运输许可证112件、变更85件。审验出租车辆135辆、出租客运许可证3件，换发出租车辆运输许可证93件、注销18件。完成121家汽车维修企业备案，其中一类汽车维修企业6家、二类汽车维修企业19家、三类汽车维修企业96家。完成65家机动车维修经营者收费项目和收费标准备案。从业资格证窗口完成继续教育签章110人次，网络继续教育签章2744人次。受理从业资格证报名180人，转籍从业资格证档案至南京8件，补办从业资格证17件，从业资格证到期换证1137件，注销过期从业资格证289件。

【交通运输“双随机、一公开”检查】 2020年，区交运部门推进“双随机、一公开”监管，转变监管理念、创新监管方式，减轻企业负担，在省市场监管平台建立执法检查对象企业名录库279家、执法检查人员名录库67人和检查事项清单16项。制订“双随机、一公开”方案和年度检查计划，全年开展“双随机”检查5次，检查上年度被评定为严重失信运输企业20家次，公共汽车客运企业(含出租车)3家次，市际、县际客运班线企业2家次，危险品运输企业3家次，水路运输企业5家次；联合区市场监管局跨部门“双随机”检查危险品运输企业3家，实现“双随机、一公开”监管全覆盖、常态化。

【交通运输行政执法】 2020年，区交运部门落实行政执法“三项制度”(行政执法公示制度、行政执法全过程记录制度、重大行政执法决定法制审核制度)，严格执法行为，通过区政府行政执法平台，依法公示执法人员、执法行为、执法规范、执法依据、“双随机、一公开”事项清单、重大执法决定法制审核目录清单等10项内容；通过信用平台向社会公示行政处罚、行政许可，接受社会监督。建立执法音像记录使用规范、监督管理等制度，完善重大执法决定法制审核制度，统一3份全过程记录台账格式，执法人员在执法过程中利用执法记录设备，实现执法行为全过程留痕，确保执法过程合法真实。至年底，审核并报送区司法局重大执法决定备案8件。

【交通污染防治】 2020年，区交运部门结合“平安工地”创建，督查204省道改扩建项目、农村公路提档升级工农兵线等12个项目18条公路施工工地，开展环保专项检查3次、日常抽查87次。定期巡航、不定期检查重点航段，检查进港船舶相关证书文件、防污染设施设备安装和使用、船舶污染物送交、燃油质量等，随机取样送检船舶8批次16艘次，检验结果均达标。加强船舶日常执法检查，实施船舶防污染检查92艘次。督促企业落实船舶污染物接收责任，设立污染物接收公示牌；建立污染物船岸交接和联合检查制度，落实垃圾接收、转运、处理电子联单制度，确认船舶移交码头101艘次312.1千克船舶污染物。督促开发区水运货物仓储物流基地货运码头按要求与南京瑞恒物业管理有限公司签订协议，落实接收船舶生活垃圾、生活污水等污染物转运、处理。在建洪蓝黄砂货运码头水污染防治设施建设列入市对区考核销号事项，于5月完成销号。至年底，检查散装建材工程运输车辆2800余辆次、散货源头企业及混凝土有限公司280余家次，发放告知函800余份。配合溧水生态环境局等相关部门打好污染防治攻坚战、突出环境问题整改，全年淘汰国三及以下营运柴油货车411辆。其中，报废139辆，退出营运市场178辆，审验过期公示注销92辆，转出至外省市2辆。

【货车超限超载源头治理】 2020年，区交运部门联合区城管局、交警大队等部门专项整治货物运输车辆违法超限超载，超限检测站实施24小时路警联合执法，以超限检测站为固定执法点，各街镇（开发区）辖区为机动执法区域，实现全区超限超载路面执法全覆盖，遏制货车违法超限超载运输行为。利用科技治超手段提高源头管控效率，实施货物装载源头、货运车辆源头100%信息化监管。巡查重点货运源头企业13家205家次，发现未落实装载源头主体责任问题4类100个，警示约谈被通报的15家次高频超限超载运输企业7次，依法注销企业1家。港口码头、重点货运单位100%安装称重和视频监控设施，违法超限车辆100%实施“一超四罚”，立案处理企业36家。全年查处超限超载运输车辆772辆，超限吨位2.35万吨，卸驳载2.9万吨，公安记分4298分、处罚金额117.31万元，运政处罚金额5.5万元，其中非法改装车辆119辆、“百吨王”32辆。

【春运安全保障】 春运期间，区交运部门开展为期15天客运市场集中专项整治，出动执法人员120人次、执法车辆35辆次，检查出租车320辆次、网约车80辆次、危险品运输车6辆次、公交车10辆次、过境大客车3辆次，查处违章2件，罚款0.5万元。

【货车超限超载非现场综合执法】 4月21日，货车超限超载非现场综合执法系统数据调试。5月1日运行，检测数据实时上传至市综合执法“南京市货车超限超载运输非现场综合执法系统”平台，依托信息化、智能化设施，实现科技治超。通过科技手段实行路面24小时管控，减少执法空隙、执法矛盾，降低人力物力成本，提高执法安全性和工作效率，促进公正廉洁执法。至年底，查处（立案）货车超限超载车辆779辆，处罚250辆。

【挂靠车辆清理】 5月开始，区交运系统经过动员部署、自查自纠、甄别审查、整改规范、组织验收5个阶段，确定6家企业所属车辆符合省市清理标准范围，符合相关情形挂靠车辆148辆（客车59辆，危险品运输车辆89辆）。其中，通过企业落实安全生产管理责任实施整改车辆133辆，通过车辆淘汰、终止协议、车辆回购、股份改造、经营权转移等形式可实施整改车辆15辆（客车6辆，危险品运输车辆9辆）。被认定挂靠2辆客运车辆上报市级执法部门，被认定挂靠2辆危险品运输车辆，报市级执法部门注销道路运输证，至9月底，全区挂靠车辆清理完毕。

【交通应急演练】 6月11日在公交客运站，6月19日在工农兵线项目部，7月24日在区交运局，11月20日在204省道（溧水段）一期改扩建工程项目部，区交运部门组织区交运局机关、公交客运企业、公路建设施工企业开展消防安全应急演练，邀请溧水消防大队讲师韩建祥作消防安全法规、火灾事故案例讲座，学习有关消防知识和器材使用。演练采用真火扑灭，直观了解火灾危害，增强全体员工公共安全意识，掌握消防设施、器械使用和逃生方法，提高抗击突发火灾事故应变自救能力，了解车辆、电气火灾危险，采取应急措施等基本技能。全区各交通运输企业、在建项目负责人和驾驶员、工程参建人员、机关工作人员260余人参加。6月23日，区公路管理站苏通路桥公司在枫石线与李毕线交叉路口开展机械伤害事故应急演练，演练分施工人员沥青摊铺时烫伤、被挖掘机尾部撞伤以及钢筋切割机割伤3个场景。普及交通工程建设机械伤害事故现场应急救援知识，提高安全防范意识，增强自我保护能力，掌握突发机械伤害事故应变、自救技能和自我防护、互救处理能力。公路在建工程各项目部、区城建集团、监理单位负责人、施工人员200余人参加。6月30日，在淳东线项目部开展新冠肺炎疫情防控应急演练。演练模拟端午节返岗复工人员徐某在项目部防疫卡口常规检查时被发现体温异常并患有呼吸道感染症状，项目部立刻启动应急预案，隔离处置徐某，快速通报防疫部门，有针对性模拟隔离时送餐、消杀、转运等细节，核酸检测成阴性取消隔离以及成阳性大范围封闭和排查。疫情防控应急演练，提高全体参建单位人员疫情防控意识，检验项目部应对突发状况应急处置能力。各交通企业、区城建集团、监理单位、施工单位负责人、施工人员160余人参加。

（袁建平）

通　信

【概况】 2020年，溧水区邮政行业有营业网点18个，其中城区4个、农村14个。投递班组12个，邮政信筒22个、信箱64个。邮政业务汽车41辆，其中快递业务汽车36辆。邮政邮路60条，投递总里程4932.5千米，业务收入1.07亿元。全区开通5G网站1243个，在网用户55.86万户，其中5G用户13.19万户。宽带用户20.65万户。全年业务总收入5.2亿元。全区光纤宽带覆盖率100%，4G基站密度每平方千米超过0.94个。重点工业园区公共区域免费WiFi全覆盖，全年建成AP（无线接入点）971个，覆盖开发区管委会、溧水科创中心、幸庄科技产业园、和凤机电产业园和东屏园区服务中心。全年建设5G基站589个，完成城区主干道5G全覆盖。（柳元元　杭云）

【中国邮政集团有限公司南京市溧水区分公司】

2020年，溧水邮政分公司围绕“三视角一提升”（客户视角、竞争视角、行业最佳实践视角，内涵提升）理念，推进普遍服务、金融、寄递和农村电商业务发展。全年业务收入1.07亿元，增长18.71%。其中，非寄递收入8358.59万元，增长13.36%；寄递收入2299.25万元，增长43.28%。其中，特快业务收入405.2万元，增长38.3%。全年揽收快递包裹391.55万件，增长24%；投递快递包裹276.47万件，增长21%。

提升普遍服务能力，夏家边、朱家边、乌山3个农村代办点转为自办点，完成基础设施改造和内部管理功能。推动寄递“有序规范、效益优先、提升能力”网格化转型，调整邮路段道，32个段道整合为7个网格，提升营揽投服务质量。寄递板块转化惠农合作社45家，走件5万余件。深耕传统市场，推动文化业务创新发展，至年底，函件专业收入167万元、集邮专业收入192万元、发行专业收入269万元、线上媒体收入60.31万元、文创收入157.84万元、期刊图书收入96.67万元。

科技赋能，促进快包业务发展，9月，快包集包中心建成运营，集包率55%，重点发展3公斤以内轻小件电商客户，实现快包业务降本增效。开发大客户市场，实现寄递业务提速，调整驻点服务人员，解决客户更换服务商不适影响。建立主动客服微信群，开展邮政业务答疑互动，申请一票多件业务，提升客户体验，客户走件切换邮政EMS（特快专递服务）。集聚平台业务优势，引流金融“活水”，提供便民服务，开办警邮业务办理网点15个、税邮网点7个，全年办理警邮业务8387笔，税邮代征税额1255万元。探索惠农发展新路径，与区农业农村局、邮储银行溧水支行签订家庭农场和农民合作社战略合作协议，走访区内农业合作社1218家、惠农助销合作社7家，发挥平台优势，线上销售蓝莓、杨梅、草莓、蔬菜、大米等农产品11种，助销收寄3万余件。

推进金融业务转型升级，新增资产11.78亿元，其中余额5.05亿元、标保6.59亿元、基金6650万元。拓展销售化转型，自助设备33台，离柜率87.79%。构筑金融生态圈，结合“行万里、访千万、夺百亿”专项走访活动，依托垃圾分类、人口普查等社会热点，对接社区，入户走访，开展公益进小区活动100余场次，参与市民9000余人次，实现新客引流2080人。开发寄递客户，转化金融及渠道等方向，专业联动各板块，共享客户资源。至年底，渠道平台专业收入350.03万元，其中增值业务收入43.03万元、分销业务收入307万元。

（柳元元）

【中国电信股份有限公司南京溧水区分公司】

2020年，溧水电信分公司在网用户18万户，其中5G用户7.04万户。宽带用户11万户，天翼高清用户9.5万户，业务总收入2亿余元，增长6.4%。全年建设5G站点218个，累计开通538个，5G网络室外覆盖率99%。5G新建站点转维524处，4G网络20兆替换专项258处，高铁沿线优化整治24处，扩容、光路优化调整18处，配套隐患整治站点14处。

提升无线容量、有线接入能力，实现南京国家农高区、滨淮大道金龙园区、石湫高校区重点区域室外5G全覆盖，区内5G室外覆盖率98%。完成部分校园、电信营业厅5G覆盖和国家极限运动馆溧水训练基地、南京我乐家居智能制造有限公司、同城逸境小区等室分4G覆盖，无线接通率、掉话率，5G覆盖等运行指标全区领先。参与区政府重大项目保障，提供省康复医院开工仪式、南京地产汽车应用推介会、白马农展馆亚果会、农业博览会、机器人大会、医博会、农产品电商大会、咪豆音乐节等大型活动网络保障15次。增强有线接入、高带宽响应能力，新增万兆板卡86块、万兆口700个，光缆68.32千米，驻地网小区20个14433户。

提升区域内政府与企业信息化水平，签约街镇审批服务综合执法一体化平台、广成小区智能化小区、福田雅居智慧社区、智慧城市指挥中心呼叫平台、南京国家农高区5G物联网、北京华弘集成电路设计有限责任公司物联网、开沃新能源汽车集团股份有限公司5G物联网、南京三表科技有限公司NB智能抄表、沃行科技（南京）有限公司云主机、区财政局云桌面、南京创维家用电器有限公司云桌面二期等区内重点项目，签约金额4024.19万元。

统筹前后端资源，整合一线运营维护力量，秉持“早启动、早发展”理念，利用“3+1”（三条营销路线，一个专业场景）模式，聚焦“智慧家庭”产品发展，实现公众、政企全覆盖。改进营销策略，由单一一次性智家产品向多元化月付融合产品转型。助力国家“雪亮工程”，推进数字乡村建设，振兴乡村经济。借助政府力量，实现合作共赢，精准营销养殖户、小型作坊、沿街店铺等特殊市场群体，讲卖点、包服务、促成交。至11月底，实现实体渠道门店智家全覆盖，店内安装高清看家设备，现场演示操作过程，用户亲自体验天翼看家乐趣，全年发展“天翼看家”2500余户，建成平安乡村2个，拉动收入23万元，占总收入0.12%；发展全屋WiFi 1.05万户，拉动收入91.5万元，占总收入0.47%。

（王盼）

【中国移动通信集团江苏有限公司溧水分公司】

2020年，溧水移动分公司有员工87人，营业网点109个。在网用户31.7万户，宽带用户9万户，5G在网用户5.79万户。开展网格化运营，探索业务运营新模式，成立开发区、永阳街道等8个网格，贴近用户，提供高品质服务。全年完成业务收入2.87亿元，增长5.2%。

全年完成无线网络建设项目636个，其中宏站类577个、室分类59个。按细项划分4G宏站41个、5G宏站497个（支持SA独立组网），宏站扩容39个，4G室内分布系统30个，5G室内分布系统29个。与南京国家农高区、和凤镇等单位签订战略合作协议，争取上级单位建设资源，服务地方经济社会发展。建成南京国家农高区5G基站51个、溧水生态智慧未来城5G基站74个，实现南京国家农高区、溧水生态智慧未来城核心区域5G网络连续覆盖。服务地方会展及旅游节庆活动，提供梅花节、咪豆音乐节等区内重大活动应急通信保障30余次。

参与开发区智能网联汽车示范道路项目建设，通过搭建车路协同服务平台、虚拟仿真测试平台、综合测试管理平台，提供测试主体管理服务。启动白马镇“数字乡村”项目，搭建3D建模一张图综合管理平台，实现“两莓”（黑莓、蓝莓）产供储销科学化管理和控制。配套上线5G物联网平台、农产品双向溯源系统、5G+VR(虚拟现实技术)配套、VLOG(视频网络日志)打卡相机、远程专家问诊等信息化功能,提升信息化应用"数字乡村"项目运营效能。创新"智慧抗疫",用科技保驾护航新冠肺炎疫情防控,提供区政府、人民医院、中医院等重点场景云视讯、"和对讲"、"燃信"、视频彩铃等服务支撑,参与员工149人次。结合园区企业复工申请、审批流程复杂特征,搭建园区企业复工平台,保障园区企业复工申请审批流程高效有序。助力"智慧城市"建设,建成无想山、污水管控、"雪亮工程"社会面、"智慧混凝土"4类监控专网项目。

普及5G终端,开展"和分期",降低5G终端使用门槛。提供永阳、东屏、洪蓝街道"银发族"智能手机辅导服务,现场讲座12场。推广"智慧小区"综合服务平台建设,实现业主、物业、商圈、社区互动。参与"智慧溧水"智能充电桩系统、"智慧窨井"、"智慧门禁"、"智慧小区"综合服务等9大平台项目建设,建成南苑、新月湾、湖韵怡居、河滨花园、龙山名府5个"智慧小区"。提供城市建设重大项目智能化底座,立项国家极限运动馆溧水训练基地5G室内分布系统建设,实现5G室内分布系统与项目同时交付。建设5G+VR沉浸式校园系统,助力江苏第二师范学院招生宣传,报考学生第一时间近距离感受校园风景、建筑环境、人文建设、校园活动。 (杨辉)

【中国联合网络通信有限公司溧水区分公司】 2020年,溧水联通分公司下设"两网格两中心"(公众网格、政企网格,支撑中心、工维中心),在职员工58人。全年在网用户6.16万户,其中5G用户3637户、宽带用户6534户,业务收入3300万元,增长6.1%。提高区域内信息化项目参与率,采购区政府、企业智能化系统集成项目等创新业务,创新收入占政企总收入40%。被评为市消费者协会消协系统先进集体、2018—2020年度文明单位。

以网络能力、网络速率双提升为目标,推进精品网络建设,全年建设5G站点246个,至年底,5G基站528个、4G基站459个、3G基站192个、2G基站304个。保障集团用户、公众场所通话质量,完成中国供销社博物馆、白马国家农业高新技术展览馆、区委新党校、国家极限运动馆溧水训练基地4处大型公共建筑室内网络建设。完成溧水梅花节、咪豆音乐节、马拉松赛、健康发展大会等重大活动及会议通信传输保障40余次。加大小区宽带接入,至年底,小区、沿街商铺宽带接入271户,覆盖用户近15万户。

新冠肺炎疫情期间,注重生产经营,成立志愿者队伍,服务永阳街道、开发区社区28家、企业221家、商铺300家,做好企业复工复产服务,利用"14天行动轨迹查询"大数据平台帮助社区及复工企业员工排查登记、报备及验收确认。保障区卫健委4M电路疫情防控通信畅通。

引入广天手机连锁合作商大型手机连锁商户,进驻通济街核心商圈,提供用户手机终端购买、业务办理等便利服务。落实《国务院办公厅印发关于切实解决老年人运用智能技术困难实施方案的通知》要求,聚焦涉及老年人高频事项和服务场景,解决老年人运用智能技术困难,启动"联通小燕,服务到家"活动,提供老年人"暖心服务",先后走访5个街道、10个社区、13个村委会,开展智能手机辅导8场,现场讲解演示微信常用功能、健康码使用、预约挂号等操作,上门单独辅导行动不便老年群体,助力1万余户老年群体掌握智能手机使用。 (汪慧娟)

责任编辑 朱幸福

房地产开发与管理

【概况】 2020年，溧水区房地产开发与管理围绕建设“南京南部中心，健康活力新城”目标定位，统筹新冠肺炎疫情防控和房地产业发展，做好全区住房改革、住房保障、房地产市场管理和国有土地房屋征收与补偿。城市中低收入住房困难家庭实现应保尽保，探索实践住房保障常态化受理，全年申请住房保障家庭70余户。推进栖凤佳苑二期保障房开工建设，出新或装修公租房，实现住房困难群众拎包入住。加强保障性住房动态化管理，年审清退廉租住房保障家庭27户、租赁补贴保障家庭资格4户。加大人才安居，续建幸庄人才公寓、开发区汇智产业园人才公寓一期2个人才安居住房项目，建筑面积6.2万平方米；安居人才1249人，其中租赁补贴1137人、购房补贴112人。发放人才安居货币补贴1993万元，其中租赁补贴919万元、购房补贴1074万元。全年提供7名外来务工人员住房租赁补贴1.13万元。配合拆迁，压缩被拆迁户房改查询时限4户，提高查询效率，查询房改档案500余人次。接到“12345”工单、市长信箱工单、各种来电投诉咨询等2400余件，逐一核查市民投诉举报咨询，逐件给予回复，办结率100%。以中央财政支持租赁住房发展试点为契机，选址开发区集体土地建设租赁住房试点。建立商业办公项目上市前联合会审机制，会审3次，约谈商业办公项目建设企业4家；建立全装修商品住房项目开盘前联合约谈制度，约谈9次，涉及开发企业54家次。加强精装房屋和商业房屋销售管理，规范企业经营，打击房地产市场违法违规行为，开展房地产市场联合检查5次，检查企业300余家次。加大品牌房企招商，提高区域内楼盘品质。会同溧水规划资源分局召开城市建设项目推介会，吸引中国保利集团有限公司、中国葛洲坝集团公司等近60家知名房企、部分媒体及规划设计研究院100多位代表参会，推介拟出让地块11宗。借助365网等媒体，加大区内房地产市场宣传，提高区域板块热度，导入区外购房需求。

5月15日，区房产局召开房地产市场座谈会　　区房产局　供

2020年溧水区房地产开发项目投资情况一览表

指　标	单位	金额
计划总投资	万元	10475766
自开始建设累计完成投资	万元	5957503
本年完成投资	万元	1497618
其中:本月完成投资	万元	—
按构成分:	—	—
建筑工程	万元	775309
安装工程	万元	137144
设备工器具购置	万元	34441
其他费用	万元	550724
其中:旧建筑物购置费	万元	620
土地购置费	万元	506407
按工程用途分:	—	—
住宅	万元	1165120
其中:90平方米及以下	万元	265802
144平方米以上	万元	188556
其中:别墅、高档公寓	万元	—
办公楼	万元	19082
商业营业用房	万元	167617
其他	万元	145799
本年新增固定资产	万元	537770

（区统计局）

【房地产市场调控】　2020年,全区商品房上市面积158.32万平方米,其中住宅132.76万平方米。实现商品房合同销售125.85万平方米,其中住宅114.81万平方米。完成预售款监管协议备案55件,涉及23家开发企业25个项目,监管房屋157幢,总金额71亿元。全年商品住宅开盘73次。其中,公证摇号开盘10次,占13.7%。成交均价1.28万元/平方米,增长14.75%;上市、成交面积分别占全市10.65%、11.21%,上市、成交面积列全市第五。至年底,全区商品住宅滚动一年供销比1.16:1,供需趋于合理,市场运行平稳。

【房屋安全管理】　2020年,区房产部门办理房屋结构变动许可90件,接到涉及房屋安全投诉及咨询等近80次,出现场100余次,投诉案件均结案,无行政处罚案例。完成消险在册危房3处(中大街14号、西坛新村8幢、洪蓝街道平安西路86号洪蓝街道办公楼),分别于1月14日、5月28日、12月28日拆除。会同永阳街道排查城区老旧房屋,梳理出老旧房屋150余栋。

【二手房市场监管】　2020年,区房产部门加强房产中介行业管理,注重二手房市场监管,规范经营行为,开展全区房产经纪机构检查5次,检查经纪机构和租赁企业300余家次,打击存量房市场违法违规行为。全年新增房产经纪机构备案25家,年检审验47家。制订二手房交易资金代管模式和流程,保障二手房交易安全。

【房地产交易管理】　2020年,全区办理房屋维修资金收存2.48万件,金额1.66亿元;电梯专项资金收存91件,金额2285.46万元;房屋租赁登记备案

493件，租赁代征2599件，税收金额438.02万元。受理房地产测绘申请355件，测绘配图6102件，配图审核2521件。房产交易与不动产综合受理5107件，存量房网签307件，商品房预售合同备案12631件。

【房屋租赁管理】 2020年，区房产部门规范住房租赁市场，推广租赁服务监管平台使用，实行租赁合同网签，规定房屋租赁机构遵守出租房屋管理，杜绝违法违规租赁行为。强化"房产+公安"租赁管理模式，配合溧水公安部门摸排辖区内群租房安全隐患，全年摸排出租房屋23434套，租赁企业387家，开展群租房安全隐患专项整治3次，排查出存在安全隐患群租房76户。使用租赁服务监管平台实行租赁房源发布和租赁合同网签，督促租赁当事人按要求申办租赁登记备案手续。

【直管公房经营管理】 2020年，区房产部门收缴房屋租金83.6万元，其中公共租赁住房51.59万元、直管公房1.15万元、门面房30.8万元。上门催缴公共租赁住房12户拖欠租金，清退收回不符合承租房屋资格租户4户。新建巷地块征收涉及6套直管公房签订拆迁协议，加强实验巷、寺桥巷拆迁遗留9户直管公房清退，签约7户。完成新分配31套公共租赁住房承租户合同签订及租金收缴。

【房地产市场管理】 2020年，溧水区落实房地产市场调控政策，秉持"房住不炒"主基调，房地产市场运行平稳，商品房供需两旺，商品住宅价格稳中有升。全区商品房上市面积158.32万平方米，增长0.73%；成交125.8万平方米，下降3.85%；成交金额160.55亿元，增长8.16%。其中，商品住宅上市132.76万平方米，下降3.01%；房屋11659套，下降4.26%；成交114.81万平方米，下降7.74%；房屋10083套，下降11.9%；成交金额146.41亿元，增长5.87%。至年底，全区商品住宅可售面积79.03万平方米，房屋6236套；按近一年商品住宅月均去化速度计算，去化周期分别为8.26个月、7.42个月。全区二手房成交40.1万平方米，增长17.39%；成交3971套，增长19.93%；成交金额41.78亿元，增长17.18%。其中，二手房成交39.29万平方米，增长16.33%；成交3722套，增长16.13%；成交金额41.03亿元，增长16.26%；成交均价10442元/平方米，下降0.05%。全区完成房地产投资149.76亿元，下降1.3%。其中，住宅投资116.51亿元，下降0.5%；办公楼投资1.91亿元，下降13.2%；商业用房投资16.76亿元，下降31.4%；其他用房投资14.58亿元，增长81.2%。加强商品房预售款监管，防范市场风险。规范商品房市场经营行为，建立商品房项目开盘前约谈制度，执行供需矛盾突出商品住房项目采取公证摇号方式确定选房顺序号。加大综合执法，保持高压态势，打击房地产市场违法违规行为，开展房地产市场联合执法检查5次，检查企业300余家次。委托第三方机构每月专业分析全区房地产市场，形成报告上报区政府，提供政府决策基本数据。

2020年南京市各区商品住宅市场供销面积基本情况一览表

区属	商品住宅上市			商品住宅成交		
	面积(万平方米)	占比(%)	同比(%)	面积(万平方米)	占比(%)	同比(%)
全市	1246.05	100	17.95	1024.15	100	4.11
鼓楼区	36.86	2.96	11.2	31.20	3.05	-21
建邺区	76.11	6.11	16.69	57.19	5.58	-24.14
栖霞区	165.89	13.31	103.65	136.82	13.36	51.7
秦淮区	37.18	2.98	13739.96	7.24	0.71	61.92
玄武区	23.19	1.86	39.03	15.02	1.47	-23.63
雨花台区	72.64	5.83	-6.37	67.02	6.54	22.34
江北新区直管区	134.15	10.77	-5.76	118.22	11.54	-14.9

续表

区　属	商品住宅上市			商品住宅成交		
	面积(万平方米)	占比(%)	同比(%)	面积(万平方米)	占比(%)	同比(%)
浦口区	157.39	12.63	26.74	127.83	12.48	40.89
江宁区	279.67	22.44	22.98	217.92	21.28	8.81
六合区	65.79	5.28	−8.56	57.81	5.65	1.91
溧水区	132.76	10.65	−3.01	114.81	11.21	−7.74
高淳区	64.42	5.17	−18.78	73.05	7.13	−17.59

2020年南京市新六区商品住宅均价走势一览表

单位:年月、元

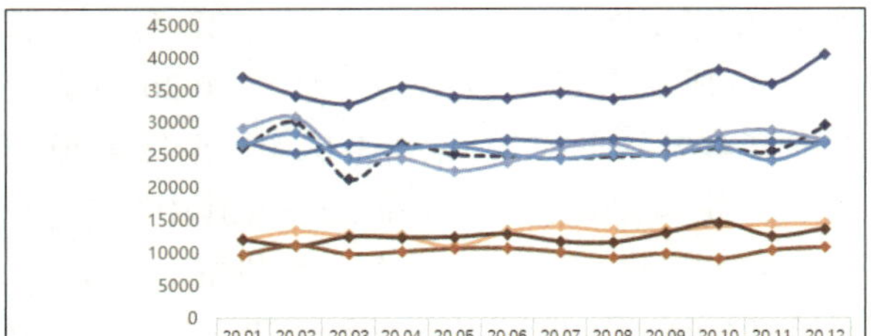

	20.01	20.02	20.03	20.04	20.05	20.06	20.07	20.08	20.09	20.10	20.11	20.12
全市	26244	30254	21332	26669	25219	24931	24589	24911	25214	26200	25653	29640
江南六区	37156	34259	32915	35610	34108	33879	34694	33716	34933	38205	36038	40584
江北新区直管区	29330	31013	24422	24576	22623	23962	26240	26921	24941	28284	28983	27341
浦口区	27182	25333	26775	26268	26682	27464	27068	27531	27077	27115	27119	26906
江宁区	26809	28452	24596	26069	26503	25227	24530	25243	25128	26382	24270	27180
六合区	12213	13447	12808	12702	11103	13450	14115	13444	13621	14208	14525	14600
溧水区	12275	11261	12661	12498	12588	13042	11920	11792	13227	14757	12726	13806
高淳区	9788	11276	9891	10261	10740	10794	10197	9347	9939	9109	10516	10965

【房产测绘】 2020年,区测绘队完成私房测绘117件、单位房测绘56件,其中单位房测绘面积147.57万平方米。完成商品房及安置房竣工实测面积257.29万平方米、商品房预测绘及安置房委托测绘面积161.22万平方米,包括孔雀城月鹭府、万科未来城、锦合悦名邸、玖熙府、创维文汇苑、湖韵怡居二期等项目。配合拆迁,测绘面积24万平方米。　　(严海燕)

物业管理

【概况】 2020年,溧水区房产部门严格物业行业监管,加强安全生产管理,推进小区出新整治,做实做细维修基金管理。交付竣工小区326个,其中有物业企业托管小区159个、社区托管无物业小区167个。全区保障房小区53个,其中物业企业托管小区48个、社区托管小区5个。全区有托管住宅物业企业67家,其中区内注册企业25家。实施商品房小区、安置房小区、老旧小区物业管理考核全覆盖。物业矛盾调解中心建立运行。加快小区非机动车棚建设,安装电动车充电桩3800余组、插座近4万个。完善"智慧小区"人防、技防智慧系统建设,提升居民小区智慧化、安全化管理水平。永阳街道启动车辆识别、人脸识别智能化系统改造,板桥社区成为"智慧小区"运营试点,河滨花园、龙山名府、湖韵怡居、荷花嘉苑三期4个试点项目建设基本完成。推进小区垃圾分类,引导居民垃圾分类习惯养成,至年底,物业管理小区全部完成撤桶并点,居民定时定点投放垃圾。

【物业业务办理】 2020年,区房产部门完成九筑名邸、锦和家园等23个项目承接查验、80余件电话投诉受理、106件"12345"工单和60余件大联动平台工单

5月20日,区房产局召开物业企业安全生产春风行动宣讲会　区房产局　供

处理、21件市区两级文明城市督查工单整改、9件信访（市长信箱、人民来信）投诉回复。指导碧桂园、创维乐活城等11个项目成立业主自治组织，参与颐园世家、溧都桂苑等5个小区矛盾协调，配合完成市平安小区检查。指导南京万科物业管理有限公司、南京华辉物业管理有限公司等6家物业企业完成省、市示范项目创建。数字城管工单接单128件，完成28件，非权属100件。物业网格化信息采集入库项目184个，数据采集进度95.65%、完整度87.52%。全年业绩信息申报42条，审核通过32条。

5月20日，区房产局召开全区物业管理工作总结暨居民小区文明城市创建专项行动布置会　　区房产局　供

【物业管理示范项目创建】 2020年，区房产部门加强物业管理督查，树立物业管理示范项目典型，提高全区物业精细化服务水平，至年底，通过省、市验收示范项目7个。其中，万科滨水花园、区市民之家2个项目获省级示范项目，秦淮湾、琉璃花园、翡翠雅苑、金龙南郡、幸庄科技产业园5个项目获市级示范项目。

【老旧小区整治】 2020年，区房产部门完成教工新村、康乐佳苑、交通路南片区、幸庄北苑、幸庄佳苑老旧小区整治项目5个。其中，教工新村、康乐佳苑、交通路南片区住户1462户，面积17万平方米，总投资6000万元；幸庄北苑、幸庄佳苑住户1175户，面积11.1万平方米，总投资4000万元。增设机动车泊位500余个。

【公益性物业服务企业组建】 2020年，区房产部门加强物业企业服务，组建全区公益性物业服务企业，成立开发区、永阳街道、东屏街道、洪蓝街道、石湫街道、白马镇公益性物业服务企业6家。预防因安置房物业费收取难导致市场物业退出后引发矛盾，提供辖区老旧小区、保障房小区低价有偿托底服务。

【消防安全管理】 2020年，区房产部门加强小区消防安全管理，联合溧水消防大队开展消防安全培训3次、消防演练10次。选聘第三方机构开展全区高层小区消防安全隐患排查，排查小区36个。其中，恒隆大厦、学府雅苑、亚东同城印象等7个小区存在消防安全隐患15处，及时整改到位。改造全区高层小区消防立管1000余套，保障高层住宅消防救援安全。

【维修资金管理】 2020年，区房产部门维修资金受理使用申请356件。其中，一般维修申请105件，应急使用申请243件，房改房维修申请8件。批准资金划拨204件，金额543.01万元。其中，一般维修42件，金额83.14万元；应急维修157件，金额452.69万元；房改房维修5件，金额7.18万元。办理首期住宅专项维修资金收存24835件，金额1.66亿元；电梯专项资金收存91件，金额2285.46万元；物业保修金收存12件，金额4440.91万元。

【白蚁防治】 2020年，区白蚁防治所联合中山东路社区共同举办白蚁防治科普宣传活动，现场勘查、灭治受白蚁侵害居民住宅30户。与南京未名房地产开发有限公司、南京金碧房地产开发有限公司、区和凤初级中学、南京农业大学等签订白蚁防治公共服务受理单103份，总面积500万平方米。其中，白蚁预防施工350处，面积73.6万平方米。

（严海燕）

房屋征收拆迁

【概况】 2020年，溧水区克服新冠肺炎疫情影响，倒排时间节点，分层分类开展棚户区（城中村、危旧房)改造、拆迁安置房建设,明确项目解决路径和方案。全年完成棚户区改造面积35.8万平方米,开工建设安置房218.32万平方米,竣工分配安置房4896套,超额完成省市区下达目标任务,争取安居保障奖励资金4000万元。

【棚户区(城中村、危旧房)改造】 2020年,区房产部门根据区政府2018—2020年棚户区(城中村、危旧房)改造3年行动计划,成立棚户区(城中村、危旧房)改造项目组9个,其中征收项目组6个、结转攻坚项目组2个、分房组1个。全年实施征收拆迁项目59个,涉及征收拆迁住宅(企业)1232户(家),面积30.43万平方米,资金概算24.87亿元。其中,住宅1168户,面积13.14万平方米;企业64家,面积17.29万平方米。至年底,完成征收住宅(企业)1080户(家),完成率87.66%。

【拆迁安置房建设】 2020年,区政府下达拆迁安置房建设项目10个,面积173.68万平方米,实际开工项目9个,面积218.32万平方米。至年底,竣工房屋12661套,面积195.18万平方米。其中,卧龙溪岸一期3448套,面积53万平方米;博士牛1326套,面积22.56万平方米;秦淮人家二期西地块1532套,面积21.2万平方米;山泉云庭一期574套,面积6.6万平方米;山泉云庭二期695套,面积10.5万平方米;屏溪佳苑二期1342套,面积21.5万平方米;锦和家园二期1392套,面积22.1万平方米;秋湖嘉苑四期1164套,面积18.11万平方米;孔镇安置房1188套,面积19.61万平方米;竣工面积完成率104.93%。全区续建安置房项目23个,房屋24119套。其中,开发区续建荷花嘉苑三期、秦淮人家一期、秦淮人家二期东地块、秦淮佳苑五期、丽景雅苑、淮源雅筑安置房项目6个,房屋5981套,面积86.82万平方米;永阳街道续建梁家边安置房项目1个,房屋1014套,面积15.75万平方米;洪蓝街道续建华塘佳苑二期、华塘佳苑三期四期安置房项目2个,房屋2280套,面积34.14万平方米;白马镇续建金谷佳苑四期、金谷佳苑五期安置房项目2个,房屋1485套,面积23.40万平方米;和凤镇续建和泰嘉园二期安置房项目1个,房屋420套,面积5.8万平方米;晶桥镇续建晶桥镇三期安置房、晶桥镇四期安置房项目2个,房屋1494套,面积21.91万平方米;区城建集团续建湖韵怡居A、湖韵怡居B、天生华都、中山水苑、南堡翠城、天生华府安置房项目6个,房屋8408套,面积126.02万平方米;区商旅集团续建秀园南苑、秀园西苑二期、秀园西苑三期安置房项目3个,房屋3037套,面积48.09万平方米。

【拆迁安置房分配】 2020年,全区分配拆迁安置房项目6个,房屋4896套。其中,开发区分配福田雅居二期928套,永阳街道分配锦和家园606套、湖韵怡居A706套、湖韵怡居B972套,洪蓝街道分配华塘佳苑二期902套,白马镇分配金谷佳苑四期782套,拆迁安置房分配完成率106.43%。全区拆迁安置房分配具备办证条件房屋23750套,其中领取办证材料房屋12313套。

【安置房建设融资确认】 2020年,财政部下达保障性安居工程配套基础设施建设中央预算内投资基金2492万元,用于南堡翠城项目配套基础设施建设;下达城镇保障性安居工程专项资金1271万元,用于区城建集团南堡翠城和锦和家园二期、白马镇金谷佳苑五期、开发区山泉云庭和秦淮人家二期西、洪蓝街道华塘佳苑二期三期四期项目。省下达城镇保障性安居工程专项资金249万元、棚户区改造奖励资金200万元。其中,区城建集团锦和家园二期191万元,东屏街道屏湖佳苑二期77万元,洪蓝街道华塘佳苑三期四期84万元,白马镇金谷佳苑五期97万元。 (严海燕)

责任编辑 朱幸福

金融业

综 述

【概况】 2020年，溧水区地方金融系统围绕防范化解金融风险、助推地方金融发展、优化地方金融生态环境、注重地方金融服务，构建新冠肺炎疫情防控期间金融服务保障，推动“线上+线下”融资对接，加强融资转贷，深化“政银担”机制，推行信贷目标考核。制订《2020年度全区银行业金融机构目标管理考核办法》，实施辖区内银行业金融机构贷款规模、同比增长、贷款投向等多维目标综合管理，引导金融机构提供更长期限、更大规模信贷资金，保障信贷供给。至年底，全区银行业金融机构21家、营业网点88个；证券业金融机构4家，保险业金融机构16家，中国基金业协会登记备案基金管理人3人。全区银行业金融机构各项存款余额915.83亿元，增加206.34亿元，增长29.08%；各项贷款余额983.43亿元，增加102.65亿元，增长11.65%。其中，制造业贷款余额79.73亿元，增加21.85亿元，增长37.75%；实体经济贷款余额536.04亿元，增加190.07亿元，增长54.94%；民营及小微企业贷款余额287.66亿元，增加23.77亿元，增长9.01%。区政府与南京联合产权（科技）交易所签订战略协议，添力溧水“智慧金融”，提供企业市区投融资联动，提升小微企业融资环境，3月6日，南京金服溧水分中心挂牌成立。溧水区被授予“江苏省金融生态优秀区”称号，区地方金融监管局被评为“2019年度南京市打好防范化解重大金融风险攻坚战先进集体”。

2020年溧水区银行业金融机构存款情况一览表

单位：万元

指 标	金 额
年末存款余额	9158335
（一）境内存款	9155355
1、住户存款	3561082
（1）活期存款	978936
（2）定期及其他存款	2582146
2、非金融企业存款	3931997
（1）活期存款	2082813
（2）定期及其他存款	1849184

续表

指　标	金　额
3、广义政府存款	1462148
(1)财政性存款	92947
(2)机关团体存款	1369201
4.非银行金融机构存款	200129
(二)境外存款	2980

2020年溧水区银行业金融机构贷款情况一览表

单位:万元

指　标	数　据
年末贷款余额	9834304
(一)境内贷款	9834162
1、住户贷款	3225354
(1)短期贷款	516313
消费贷款	108634
经营贷款	407679
(2)中长期贷款	2709041
消费贷款	2483993
经营贷款	225049
2、非金融企业及机关团体贷款	6608807
(1)短期贷款	1549985
(2)中长期贷款	4964045
(3)票据融资	93786
(4)融资租赁	—
(5)各项垫款	991
3、非银行业金融机构贷款	—
(二)境外贷款	142

（区统计局）

【金融资源招商】 2020年，区地方金融监管部门围绕区委、区政府确定的年度招商目标，牵头引进金融分支机构9家，完成年度目标300%，其中省信用融资担保有限责任公司溧水分公司4月15日注册登记。提供招商信息33条，完成年度目标220%，其中涉及基金类招商信息25条。开展金融招商活动5场次。12月29日，南京科创资本招商及溧水“智慧交通”专场活动在南京上秦淮国际文化交流中心举办，15家创投机构与区内25家新能源企业交流，达成共识。

【助力企业上市】 2020年，区地方金融监管部门围绕全区“3+1+X”(新能源汽车、临空、健康三大支柱产业，高端装备制造产业，未来产业)主导产业，精准培育成长型、科技型瞪羚和独角兽企业，建设企业上市梯次格局。上市奖励纳入《溧水区支持制造业高质量发展十条政策(试行)》，给予辖区内在境内外公开发行股票公司1000万元、“新三板”挂牌企业200万元、区域性股权交易市场挂牌企业10万元奖励，鼓励企业拓展股权融资。江苏本川智能电路科技股份有限公司IPO(首次公开募股)材料被深交所受理,开沃新能源汽车集团股份有限公司报省证监局辅导备案,省股交中心挂牌企业新增44家,增速116%,增速位列南京市第三。全年走访企业40余家,对接券商提供企业专业化服务。开展不同主题资本市场政策和证券专业知识培训、创投项目招商路演等活动12场次,帮助83家企业对接交易所、券商、创投等专业机构,动态推动企业资本运作。

3月6日,区地方金融监管局召开溧水区抗疫情稳增长促发展银企对接会
区地方金融监管局 供

【银企对接服务】 2020年,区地方金融监管部门常态化做好银企对接服务,发挥政府资讯信息优势,聚焦区主导产业、南京国家农高区和制造业高质量发展契机,开展“基金+银行+独角兽、瞪羚企业”“担保+证券+新都市”“保险+银行+担保+新产业”“保险+银行+外贸企业”等不同主题不同层次银企对接活动,点对点对接企业融资需求,多渠道引入低成本资金要素,全年组织各类银企对接活动14场。其中,区级层面7场、各街镇(开发区)7场,授信融资总额2099.33亿元。与南京证券股份有限公司、南京银行溧水支行签署金融支持溧水高质量发展战略合作协议,提供溧水区300亿元等值人民币意向性融资额度。举办外贸企业专场银企对接会,授信金额3800万元。支持小微企业续贷转贷,全年区内企业享受市级转贷基金规模32.94亿元(全市第3位),完成转贷服务664笔,助力412家民营企业节约转贷成本2742.04万元。新冠肺炎疫情期间,豁免375家企业转贷费用(含逾期费用)402.04万元。深化“智慧金融”服务,与南京联合产权(科技)交易所合作共建南京金服溧水分中心,推广省综合金融服务平台,建立省、市、区三级联动“智慧金融”模式,降低小微企业融资交易成本。至年底,省综合金融服务平台南京子平台接入溧水中小企业3090家,接入率16.97%;发布融资需求761笔,融资金额31.13亿元;获授信599笔,授信金额26.01亿元,融资撮合率83.55%。

【金融惠农】 2020年,区地方金融监管部门制订《南京市溧水区“万企联万村、共走振兴路”行动金融服务组工作方案》,召开“金企村”对接会,溧水农商银行推出“万联贷”金融产品。做好国家城乡融合发展试验区改革,制订《南京市溧水区农村集体经营性建设用地使用权抵押贷款试点暂行办法》,保障农村集体经济组织和农民合法权益,构建完善城乡统一建设用地市场体系。通过省综合金融服务平台注册农业企业181家,发放“惠农贷”2.21亿元;涉农贷款余额161.19亿元,增长37.37%。

【“政银担”体系构建】 2020年,区地方金融监管部门服务实体融资,紧扣“3+1+X”主导产业体系,定期发布新产业融资需求,组织银企专场对接。助力“四新”项目降本减负;防控信用风险,发挥区级财政作用,针对国家、省、市担保基金风险空白,构建“园区+担保+银行+企业”战略合作,创新“政银担”风险分摊机制,实现“四新”项目信用风险防控全覆盖。至年底,省信用融资担保有限责任公司溧水分公司与南京桥健高分子材料有限公司、南京安隔拉建筑科技有限公司等10家“四新”小微企业签约担保授信5000万元;南京国家农高区等3家园区、溧水农商银行等5家金融机构与省信用融资担保有限责任公司签订战略合作协议,合作担保授信规模10亿元。

【地方金融组织监管】 2020年,区地方金融监管部门协助第三方审计机构完成区内3家农村小额贷款公司、1家典当行分支机构监管评级,1家融资性担保公司年审换证、评级。其中,区苏垦农村小额贷款有限公司AA级，区恒大农村小额贷款有限公司BBB级，溧水宁成农村小额贷款有限公司B级，3家农村小额贷款公司评级均提升1个等级。

【金融风险防范】 2020年，区地方金融监管部门落实属地责任，加强网格化管理，集中排查涉农合作组织、房地产、旅游、养老等行业领域1280余家市场主体；开展非法金融活动"双随机、一公开"定向抽查企业71家，未发现涉金融类风险。会同公安、市场监管、人行溧水支行、网信等部门，开展涉贷类APP开发企业核查整治，排查全区投资类公司426家，369家未发现非法集资等金融活动风险线索。至年底，全区154家非法金融存量风险企业清零、12件非法集资陈案结案；全年接访市民30余批次400余人次。

【金融知识普及宣传】 2020年，区地方金融监管部门联合人行溧水支行、农行溧水支行、溧水农商银行、南京银行溧水支行等21家银行业金融机构围绕"守住钱袋子，护好幸福家"主题，进农村、进社区、进校园、进企业，加大金融知识普及宣传，提高市民金融风险识别能力。全年开展防非反诈宣传活动39场，发放传单、手册5万余份，悬挂张贴海报、展板、横幅1675张（块、条），发送宣传短信19.7万余条，常年利用窗口单位电视、户外LED电子屏滚动播放公益短片。

【溧水区获评"省金融生态优秀区"】 2020年，溧水区开展金融生态创建活动，加强诚信体系建设，助力实体经济发展，强化经济社会金融支撑，推动"线上+线下"融资对接服务。开展金融招商活动5场次，引进金融分支机构9家。发挥财政资金引导作用，区政府出资5000万元设立风险资金池，省再担保集团以10倍杠杆开展"园区保"授信担保业务，服务和支持区内中小微企业发展。提升制造业信贷投放规模，贷款余额79.73亿元，增加21.85亿元，增长37.75%。推动国家城乡融合发展试验区金融改革，全区信用评级AA级以上企业8家，发行债券类金融工具63支，债务余额419.15亿元。会同区公安、市场监管、人行溧水支行、网信等部门，开展涉贷类APP开发企业核查整治，涉贷类APP8个（芝麻借宝、蚂蚁小花、小钱借呗等）全部上报下架。完成市金融监管局推送全区426家投资类公司排查整治，注销5家、变更2家、列入经营异常名录47家、吊销3家。开展"双随机、一公开"定向抽查存量风险企业、涉农合作组织，实现非法金融存量风险企业154家、2017年前非法集资陈案12件结案清零。畅通信访渠道，接访30余批次400余人次。办理"12345"工单49件、社会综合治理大联动平台工单2件，办结率、满意率100%。经省金融稳定协调小组审核，授予溧水区"金融生态优秀区"称号，连续两年综合排名全省第十。

【省信用融资担保公司溧水分公司成立暨授信签约仪式】 5月8日，省信用融资担保有限公司溧水分公司成立暨授信签约仪式在溧水开元名都酒店举行。区地方金融监管部门引入全省唯一AAA级增信机构，溧水国资经营集团有限公司增资入股省信用再担保集团，合作成立省信用融资担保有限责任公司溧水分公司，优化金融环境、服务流程，提升服务质量，创新金融产品，降低企业融资成本，致力于缓解中小微企业融资难题，增强区内优质实体企业金融扶持。区政府、省信用再担保集团、银行业金融机构共同对接集团科贷、租赁、投资。签约仪式上，与溧水农商银行等5家银行签署授信合作协议，与开发区、溧水高新区、南京国家农高区3家园区签订战略合作框架协议，与南京明辉混凝土有限公司等10家"四新"企业签署担保意向协议。至年底，服务企业79家，在保余额22.08亿元。

【"溧水园区保"合作协议签订】 9月30日，区政府与省信用再担保集团签订"溧水园区保"合作协议，落实国家金融政策，发挥财政资金引导作用，完善"政银企"风险分担机制，构建"政银担"体系，解决中小微企业融资难题，助力实体经济高质量发展。"溧水园区保"服务于小微企业，融资担保增信服务符合溧水区产业政策、高质量发展授信额度低于1000万元小微融资需求"白名单"企业和重点建设项目，首期1000万元风险资金池用于制造业类小微企业融资担保需求。

（何秋艺）

银　行

【概况】　2020年，人行溧水支行贯彻稳中求进总基调和“六稳”“六保”决策部署，统筹协调新冠肺炎疫情防控、金融服务，结合辖区实际，落实金融支持稳企业保就业，推进货币政策精准落地，服务地方经济恢复和增长。至年底，存贷款余额1899.26亿元，增长19.43%。其中，人民币各项存款余额915.83亿元，增加206.34亿元，增长29.08%；各项贷款余额983.43亿元，增加102.65亿元，增长11.65%。全省县域金融生态环境得分排名位列第十。获2017—2019年度“南京市平安金融创建先进集体”、2020年度“南京市国库会计标准化标杆行”“江苏省移动支付便民工程引领县”“江苏省金融生态优秀区”称号。

【金融资源汇聚】　2020年，人行溧水支行立足区域发展，加强部门协作，联合区地方金融监管局举办溧水区抗疫情稳增长促发展银企对接会，交流企业融资需求、银行信贷产品信息。13家驻宁银行与673家企业908个项目授信规模692亿元、南京国家农高区授信1400亿元。制订《溧水区制造业发展指导意见》，细化金融支持制造业提质增效信贷政策，签约金额202.75亿元。举办“护航‘六稳’‘六保’，共促乡村振兴”专场活动，5家银行与14家企业授信规模6.36亿元。举办外贸企业政策宣传暨专场银企融资对接会，现场签约3800万元。

【货币政策直达】　2020年，人行溧水支行加强金融服务保障，支持企业复工复产，制订《中国人民银行溧水支行金融支持稳企业保就业专项工作方案》《推动溧水区金融支持稳企业保就业工作“十项重点措施”》，推动政策及时落地实施，统筹疫情防控与经济发展，做好疫情防控下企业复工复产金融保障。发放抗击疫情相关优惠利率贷款3.27亿元，平均利率4.17%；支农再贷款1.52亿元，平均利率4.59%；小微企业再贷款2亿元，平均利率5.03%，支持稳企业保就业，促进小微企业和“三农”发展。制订《溧水区2020年银行信贷工作指导意见》，申请人民银行总行再贷款政策落地，发放再贷款再贴现6笔，金额3.57亿元；运用普惠小微企业延期及信用贷款支持计划工具发放贷款6.30亿元。全区银行业金融机构通过转贷基金、减免咨询手续费、降低贷款利率等方式，为企业节约融资成本4717.34万元。

【金融服务热线开通】　新冠肺炎疫情期间，人行溧水支行做好金融服务和应急保障，开辟《今日溧水》报“美溧金融”在线通版10个、专题9个，反映辖区金融运行动态，提升社会各界金融政策知晓度、公认度。通过“最溧水”微信公众号，开通辖区金融服务需求热线，建立“企业吹哨，银行报到”扫码机制，第一时间响应企业融资需求，承办金融服务无缝对接。至年底，通过热线提供南京飞抖文化传媒有限公司贷款40万元、南京铭凯服饰有限公司贷款50万元、南京沃杰传媒展览展示有限公司贷款16万元。

【信贷投向结构优化】　2020年，人行溧水支行支持区内制造业高质量发展试验区建设，全区制造业贷款余额79.73亿元，增加21.85亿元，增长37.75%，是贷款增长的3.24倍，贷款占比及增长均位居南京市首位。保持涉农贷款增长，至年底，全区涉农贷款余额161.19亿元，增加43.85亿元，增长37.37%。涉农贷款占总贷款增量42.72%，位居南京市第二。

【农村信用体系建设】　2020年，人行溧水支行优化农业农村融资环境，助推金融支持乡村振兴，深化农村信用体系建设，创新开展新型农业经营主体信用评定试点，制订《新型农业经营主体信用评定（溧水区）试点工作方案》。10月10日，联合人行南京分行营管部、市农业农村局、区信用办、区地方金融监管局在溧水区召开南京市新型农业经营主体试点区信用评定推进会，摸排区内省级农业龙头企业50家，建立信用评定模型。

【国库疫情防控绿色通道开通】　2020年，人行溧水支行开通国库疫情防控绿色通道，多措并举，保障新冠疫情防控资金1746万元、防疫国债等新增财政资金2.99亿元并及时拨付到位，落实小规模纳税人财政支持政策，清算发放财政支持资金4026.90万元。提高个人所得税、小微企业税收减免退付质效，账户核验系统推广应用到城乡低保居民生活补助发放中。

【农村普惠金融提质增效】 2020年，人行溧水支行制订《溧水区农村普惠金融服务点建设工作(2020—2022年)实施方案》，至年底，建设农村普惠金融服务点159个，其中智能点1个、综合点30个、支付点128个。完成服务点建设计划44.5%，基本实现地域范围、业务功能、农村服务群体全覆盖，初步形成智能点、综合点、支付点等多层次服务点布局“溧水模式”，建成南京地区普惠金融服务点示范区。

【移动支付引领县(区)创建】 2020年，人行溧水支行制订《2020年溧水区移动支付便民工程实施方案》，以创建江苏省移动支付引领县(区)为目标，督促银联和商业银行加快移动支付场景建设，重点建设“移动支付+政务服务”“移动支付+智慧生活”“移动支付+智慧旅游”“移动支付+智慧校园”4个品牌示范点。联合区政府、银联江苏分公司启动创建移动支付引领区暨畅享美“溧”新消费行动，开展“云闪付”拉新业务竞赛活动。至年底，区市民之家线下缴费窗口，全区85条公交线路、447辆公交车全部支持“云闪付”支付，被人行南京分行授予“江苏省移动支付引领县(区)”称号。

【外汇管理】 2020年，人行溧水支行加强经常项目外汇收支非现场监测和现场核查，深化资本项目业务管理，注重国际收支间接申报，提高国际收支管理水平。优化外汇管理，促进贸易投资便利化。至年底，辖区贸易进出口总额10.17亿美元，增长8.77%。其中，进口总额2.26亿美元，增长22.16%；出口总额7.91亿美元，增长5.47%；跨境收支总额17.49亿美元，减少3.5%。开展“外汇服务银企行”活动，建立外汇政策绿色通道，优化外汇管理支持涉外业务发展，组织国家外汇管理局溧水支局，区工信局、统计局、商务局梳理重点支持企业564家，涵盖外贸、批发零售、制造业、专精特新企业以及部分文体旅游类企业，完成融资201.57亿元资金需求摸排。其中，对接融资185.97亿元，占92.26%。

【金融放管服改革】 2020年，人行溧水支行落实区政府“1120”改革，督促银行业金融机构服务企业开户，新办企业账户开立时间压缩在2小时以内，组织人员以企业财务人员身份到银行网点暗访，优化营商环境。各银行业金融机构新开立企业银行结算账户5598个，均在0.5个工作日办结。配合区行政审批局(审改办)制订《溧水区不动产登记一日办结工作实施方案》，提升不动产登记服务效率。至年底，全区二手房贷款审批业务2138笔，1个工作日内完成2096笔，达标率98.04%。其中，0.5个工作日内完成1076笔，占50.33%，增长52.75%。

【金融消费者权益维护】 2020年，人行溧水支行加强常态化宣传，提高金融消费者权益保护宣传质量。依托“3·15”消费者权益保护日、金融知识普及月、“12·4”宪法日等主题宣传，全年开展宣传活动60余场次，参与消费者7500余人次，发放宣传资料2.1万余份，微信推送阅读量约6000人次，媒体报道3次，体现金融机构责任担当，维护金融消费者合法权益。联合区法院召开金融纠纷多元化解联席会议，加强消费者权益保护岗位人员培训，探讨金融纠纷调解原则、工作机制、案件受理范围、诉调对接方式等，提高业务能力，及时受理、处理辖内金融消费者投诉，全年受理投诉事项7件，办结率100%。

【金融风险防范】 2020年，人行溧水支行成立防范化解重大金融风险工作领导小组，制订《人民银行溧水支行打好防范化解重大金融风险攻坚战实施方案》，明确金融风险防范职责，守住不发生系统性、区域性金融风险底线。协助做好天安财产保险公司被接管事宜，维护辖区金融秩序。推进平安金融创建，召开区金融系统安全生产专项整治工作动员会，现场签订安全生产责任书21份。开展安全生产大检查3次，筑牢安全生产防线，提升金融机构涉黑涉恶可疑交易监测分析能力，打击非法集资等金融活动。 (许云)

【中国工商银行股份有限公司南京溧水支行】

2020年，工行溧水支行在编员工118人，内设综合管理部、公司金融业务部、机构与结算业务部、个人金融业务部4个部门。下辖1个营业部和中大街、开发区、珍珠南路3个二级支行，配有离行自助区10个。至年底，人民币各项存款余额91.94亿元，增加10.93亿元；各项贷款余额208.36亿元，增加27.13亿元。

新冠肺炎疫情期间，区内部分企业停工停产，贯彻金融支持“六稳”“六保”、执行特事特办工作要求，确保各类资金安全准时不延误，免费为区红十字会开通抗疫捐赠场景二维码，科技助力防疫抗疫。走访了解辖内企业资金需求，投放南京市唯一具有医用口罩生产资质企业经营快贷170万元，定点物资捐赠东屏街道丽山村委会等防疫抗疫重点单位。确保延本延息应延尽延，运用市转贷基金，缓解企业转贷资金压力，支持企业复工复产。

全年完成项目审批17个，金额150.46亿元，发放公司类贷款107.55亿元。完成洪蓝街道低效用地建设一期项目资金27亿元审批。开启融资新方式，8月24日，首次首单尝试投放某公司旅游资产售后回租业务8.5亿元；9月29日，投资某企业实现类永续债权7亿元。新融资方式总结经验并复制，11月26日，投资某公司实现类永续债权6亿元。

落实金融监管部门两项直达实体经济政策，通过张贴告知函、发放宣传资料、上门走访客户、短信微信推送等，告知全区符合要求小微客户，确保客户应知尽知；通过批量延期、续贷、民营企业转贷互助基金以及银政通产品等方式确保普惠小微贷款应延尽延。优化、完善现有普惠金融产品，跟随科技金融发展，推出极具性价比线上普惠产品。其中，纯信用贷款经营快贷和个人优质房产抵押最高500万元、后疫情时代企业复工复产“e抵快贷”最高1000万元受到小微企业欢迎，全年新拓线上小微客户58户，发放贷款1.74亿元。至年底，普惠口径贷款余额5.22亿元，增加1.90亿元。

支持居民住房及生活类消费，全年发放个人类贷款12.98亿元，其中商贷7.96亿元、公积金1.56亿元。利用线上“工银南京e溧水”公众号以及网点阵地、上门服务、职场营销等线下方式给企业及市民带去诸多金融法律知识，包括人民币防伪、防范非法集资、常见公积金业务政策、“3·15”消费者权益保护等金融知识。4月3日，开立退役士兵社保接续资金专户。7月17日，作为全区首个医疗救助零星报销不见面审批代发试点银行，首次尝试代发446人医疗救助款，启动不见面审批操作系统，节省零星报销需救助人员时间。

（魏文秀）

【中国农业银行股份有限公司南京溧水支行】

2020年，农行溧水支行有员工205人，内设公司金融部、个人金融部、普惠金融部、风控与信用管理部、综合营运部5个部门。下辖支行营业部、湾子口支行、华府支行、交通路支行、永阳支行、洪蓝支行、石湫支行、晶桥支行、和凤支行、柘塘支行、白马支行、东屏支行12个营业网点，设青年路、人民医院、小洋人、渔歌、中大街5个离行式自助服务区，惠农通服务点22个。1月6日，交通路支行迁址重装开业，新址位于永阳街道双塘巷131号12幢110室。至年底，各项存款余额131.28亿元，增加30.18亿元；各项贷款余额93.56亿元，增加15.33亿元。

新冠肺炎疫情期间，暂时受困中小微企业，坚持不抽贷、不断贷、不压贷，简化审批流程，缩短审批时长，推行“最多补充一次+限时办结”机制，支持企业复工复产、农民春耕备耕。授信区人民医院贷款8000万元，提供疫情防控资金支持。全年安全运营无事故，行内内控评价一类行，被市公安局评为“安全保卫先进集体”、人行溧水支行评为“平安金融创建先进集体”。

响应“四新”行动计划，中标区城建集团“智慧停车”项目，推进“智慧医疗”项目，提供“南京南部中心，健康活力新城”建设资金保障，助力地方经济发展，加快项目审批进度，审批项目5个，授信额度34.2亿元，重点支持中国建筑第五工程局有限公司基础设施、保障房PPP(政府和社会资本合作)、空港大通关基地等项目建设。围绕区内特色产业集群，推出“一项目一方案一授权”模式，以批量化运作带动批量化获客，审批项目12个，授信客户180户，金额7.35亿元。

践行普惠金融发展理念，优服务、增投放、降成本、提效率，探索创新，推出“税e贷”“微捷贷”“抵押e贷”“资产e贷”等线上产品。全年普惠贷款平均利率下降26个基点，涉农等重点稳产保供行业客户和支持客户最低执行利率降至4%，减轻企业负担，至年底，普惠贷款余额9.72亿元。其中，法人普惠贷款余额5.21亿元，增加2.64亿元；个人普惠贷款余额4.51亿元，增加2.08亿元。

提升金融服务水平，关停低效现金类自助设备8台、自助终端15台；更新现金类自助设备20台，增配智能柜员机、存折存取款一体机、超级柜台、自助打印边柜等机具设备30余台。堵截假印鉴、异常开卡、电信诈骗等各类风险事件51起，避免689.8万元银企资金损失。加强金融知识宣传，走进东屏街道长乐社区便民服务中心，通过发放折页、案例讲解等方式普及市民支付安全、个人信息保护、防范网络电信诈骗、抵制非法集资等金融知识；走进石湫街道安置房建筑工地，开展“让现金服务更贴心、让国家名片更亮丽”主题宣传教育活动，宣传普及人民币识假等金融知识；走进区洪蓝中心幼儿园，宣传新版人民币识别、防范电信诈骗等金融知识，全年发放各类金融宣传手册7000余册。（王芸芸　熊琪）

【中国银行股份有限公司溧水支行】　2020年，中行溧水支行有员工95人，内设公司金融部、个人数字金融部、综合管理部3个部门，下辖1个营业部和状元坊、开发区、秦淮源3个经营性支行，配有4个依附式自助服务区、4个离行式自助服务区。至年底，人民币各项存款余额62.33亿元，增加9.69亿元；人民币各项贷款余额114.65亿元，增加15.93亿元；实现拨备前利润2.31亿元，中间业务净收入4137万元。

加大信贷投放，支持区内重点项目建设，推动银政、银企合作，关注政府部门和企业重点项目，落实重大项目信贷投放，条线净贷款58.27亿元。其中，围绕“四新”项目清单，加大政府融资平台贷款投放，助力地方经济发展和基础设施建设，投放信贷17亿元；服务制造业高质量发展试验区、开发区创建国家级经济技术开发区建设，获批项目资金12亿元；支持永阳新城、溧水高新区、南京国家农高区和区南部特色田园片区建设资金25亿元。

支持民生金融发展，落实中行江苏省分行、市区政府支持实体经济、民生金融战略，加快发展步伐，调整信贷结构，加大市民住房和普惠金融资源投入，至年底，零售贷款余额56.38亿元、普惠金融贷款余额4.87亿元。与溧水烟草专卖局建立合作关系，联合举办烟草零售商户重点产品交流会，对接并开立烟草零售商户对公账户办理“中银智慧付”烟草项目。服务南京城市职业学院新生2000余人金融办理。

加强金融知识普及，提升金融消费者风险意识，走访南京城市职业学院，开展“金融知识普及月+，金融知识进万家”宣传活动，普及师生金融、反洗钱、反假币知识，受众师生2000余人。参与人行溧水支行“守住钱袋子，护好幸福家”暨“6·15”防范非法集资集中宣传日活动，普及市民金融基础知识，引导公众远离和抵制非法集资行为。与人行溧水支行组成金融知识宣传小队，走进南京游府西街小学溧水分校，举办“金融知识普及月，金融知识进万家，争做理性投资者、金融好网民”活动，帮助师生了解反洗钱、反通讯网络诈骗、反假币等金融安全知识。（周慧婷）

【中国建设银行股份有限公司溧水支行】　2020年，建行溧水支行有员工102人，内设综合管理部、公司业务部、个人金融部、住房金融业务部4个部门，下辖营业部、大东门支行、珍珠桥支行及开发区支行4个营业网点。配有自助服务区8个、自助银行设备22台、智慧柜员机11台。至年底，一般性存款余额58.6亿元，增加2.66亿元，非贴贷款余额107.96亿元，增加22.98亿元，中间业务净收入6047万元。

支持地方经济发展，加大信贷投放，全年审批项目19个，金额64.09亿元，发放公司类贷款23.64亿元。发放区城建集团固定资产贷款3.7亿元、南京溧水经济开发集团有限公司非建行溧水支行政府隐性债务置换贷款4000万元，实现政府隐性债务置换业务零突破。助力永阳街道老旧小区改造，发放江苏永阳建设发展集团有限公司城镇化建设贷款3850万元，该贷款属建行南京分行与南京市政府签署城市更新项目战略合作协议第一笔落地的城市更新类贷款。

发展一手房交易住房贷款和再交易住房贷款，简化操作程序，全年发放个人贷款11.3亿元，增加3.7亿元，年度计划完成率114.9%。发放公积金住房贷款3.14亿元，增加1.91亿元。加强网点“质押贷”营销、快贷“白名单”授信单位营销走访，发放个人消费贷款2.3亿元。推进信用卡分期信贷业务发展，实现各项分期交易额1.14万元。

联合溧高投开展入园企业“共享金融之道，赋能六稳六保”普惠宣讲活动，普惠贷款市场竞争表现同业领先，增加5亿元，增长90%，新增普惠贷款位居4行（工行溧水支行、中行溧水支行、农行溧水支行、建行溧水支行）第一，占50.53%；余额份额42%，提升6%。普惠生态建设取得进展，“惠懂你”绑定企业179家，授信12家，金额1176万元。住房租赁存房业务实现零的突破，历时一个半月，南京金龙客车制造有限公司员工宿舍(234间)存房项目落地。金融科技助力创新发展，“智慧溧水”APP实现五大服务品牌出海，是建行南京分行系统首家。

履行社会责任，普及金融消费者宣传，开展金融知识进乡村、进校园、进社区等活动，围绕防范非法集资、个人金融信息安全、新版人民币基础知识、理财、消费者权益保护等金融知识，拓宽市民金融知识面，提升金融素养，全年发放各类金融宣传手册7000余册，摆放展板60余块、调查问卷800余份。 （孙溧）

【中国农业发展银行南京市溧水区支行】 2020年，农发行溧水支行有员工12人，内设办公室、信贷业务部、会计结算部3个部门。至年底，各项贷款余额37.07亿元，增加10.22亿元，增长38.06%。各项存款余额5.45亿元，实现账面利润2420万元。到期贷款收回率100%，无不良贷款和表内外欠息。

发挥粮食收购资金供应主渠道作用，全年投放夏粮购销储贷款5529万元，收储小麦2.49万吨；投放秋粮购销储贷款1.82亿余元，收储稻谷6.25万吨。

与区城建集团合作，新获批项目贷款3亿元，用于白马农业会展中心农业展览馆、会议培训中心、成果交易中心、地下车位建设，年内投放2.8亿元。支持国家极限运动馆溧水训练基地项目建设，获批贷款6亿元，年内投放1.7亿元，助力打造成达到奥运会规格的国家极限运动基地。强化履职意识，实现目标定位，保障信贷资金及时到位，助力区内重大民生工程实施，支持溧水宝冶PPP项目复工复产，投放资金2.88亿元。服务乡村振兴，投放小微企业信用贷款1000万元。 （赵玲）

【江苏溧水农村商业银行股份有限公司】 2020年，溧水农商银行有员工411人，营业网点30个，其中营业部1个、分理处2个。内设18个部室，配有离行式自助服务区3个，设便民服务点122个。至年底，各项存款余额187.59亿元，增加15.54亿元，增长9.04%；各项贷款余额149.70亿元，增加19.65亿元，增长15.11%。

落实“六稳”“六保”要求，推出“战‘疫’惠企”10项信贷措施、“复工复产贷”等，提供疫情防控与企业复工金融支持，助力中小微企业渡难关，受理“复工复产贷”608户，金额4.85亿元。减轻企业融资成本，落实相关减免、延期还本付息政策，实行新冠肺炎疫情期间贷款还款计划变更或延期，全年办理阶段性延期还本贷款5.80亿元。

对接服务乡村振兴战略，坚持回归本源、聚焦主业，主动策应区域经济发展、乡村振兴等重大战略部署，加大1000万元以下小微企业、500万元以下农户贷款投放，新增信贷资源重点投向涉农、小微企业等经济社会薄弱环节。至年底，涉农贷款余额42.24亿元，小微企业贷款余额88.81亿元，分别新增18.68亿元、12.72亿元。开展网格化走访活动，落实“百行进万企”、AB类清单客户、金陵惠农贷、科技型小微企业等客户清单实地走访，进行整村、整企和整街授信。至年底，完成82个村(社区)996个自然村4.31万户农户整村授信。全年升级建设普惠金融服务智能点1个、综合服务点20个、支付点101个，打通农村金融服务“最后一公里”。 （王新亚）

10月1日，溧水农商银行云鹤支行堵截一起疑似电信网络诈骗行为
溧水农商银行 供

2020年溧水区银行业金融机构存贷款情况一览表

单位:亿元

名　称	存款余额	贷款余额	名　称	存款余额	贷款余额
工行溧水支行	91.92	208.36	宜兴农商银行溧水支行	3.27	6.37
农行溧水支行	130.91	90.32	民生银行溧水支行	40.43	28.75
中行溧水支行	62.73	114.66	恒丰银行南京溧水支行	3.44	5.05
建行溧水支行	58.43	109.92	浙江稠州商业银行溧水支行	14.07	11.80
农发行溧水支行	5.02	37.07	光大银行南京溧水支行	27.31	17.63
溧水农商银行	187.59	149.70	平安银行溧水支行	0.61	3.00
邮储银行溧水支行	64.99	29.39	华夏银行溧水支行	6.79	7.19
江苏银行溧水支行	53.07	38.95	中信银行溧水支行	16.40	13.72
南京银行溧水支行	39.62	29.76	宁波银行溧水支行	17.85	3.30
溧水民丰村镇银行	11.09	12.21	兴业银行溧水支行	33.96	24.42
上海浦发银行溧水支行	37.02	41.84	—	—	—

注:存款余额含地方财政存款。　　　　（许云　徐冰涵）

保　险

【中国人民财产保险股份有限公司溧水支公司】

2020年,人保财险溧水支公司保费收入2.75亿元,增长21%。其中,车险保费收入2.04亿元,增长20%;非车险保费收入3808万元,增长28%;农险保费收入3322万元,增长20%。支付各类赔款1.34亿元。以车险发展为核心,紧随报行合一大环境,克服费率改革等不利因素,保持增速,车险市场份额由58.56%提升到62.12%,全省县域经营单位排名第一。农险经营模式由政府与保险机构“联办共保”转为政府指导下的保险机构共保经营第二年,作为全区农险主承保方,坚持服务大局,履行主承保责任,维护主业务,拓展新险种、新领域,新增杨梅、核桃、无花果、枣等险种,新增客户单位19个,新增保费约150万元。借助大灾试点区政策导向,开办农业大灾保险,做到全区应保尽保,承保小麦、水稻大灾保险农户365户,面积9873.33公顷,保费602万元。探索“农业保险+”模式,推进农险与信贷、担保、期货(权)等金融工具联动,通过农业保险增信功能,提高农户信用等级,缓解农户“贷款难、贷款贵”,改善农业现代化融资环境。　（冉晴）

【中国人寿保险股份有限公司溧水支公司】 2020年,中国人寿溧水支公司有员工40人,其中劳动合同制员工36人、劳务派遣合同员工4人。内设营销发展部、收展发展部、个险培训部、机构业务部、客户服务中心和综合部,各街镇(开发区)设有正常运转营销服务部2个。至年底,总保费收入3.84亿元,增长2.9%;保险理赔6005.31万元,增长137.81%。完成长期险首年标准保费4393.82万元,增长31.04%;十年期及以上首年期交保费4639.73万元,增长1.42%;长期险首年期交保费7605.24万元,增长12.14%;短期险保费3749.65万元,增长36.16%;保障型产品3258.56万元,增长55.78%。至年底,各项业务指标和队伍指标均超额达成年度预算目标,全市系统综合考核排名第一,被中国人寿江苏省公司评为2020年度先进单位。

加强销售人员队伍建设,关注队伍质态发展,提升队伍竞争力和战斗力。利用销售队伍新基本法套改机会,引导人员有质量地晋升,注重新人入职培育。至年底,队伍考核指标综合得分排名全市综合经营单位第一。助推六步成福、专业面谈、小早管练等专业技能体系在销售团队落地,严格六步成福培训通关考核,带动国寿福件均保费提升,增长4.8%,件均保额25万元。

借力大客户服务策略,细化客户服务形式,每月制订客户服务方案。启动“国寿小画家”、星级客户服务等活动,确保1、2星客户每季度安排平台经营服务,3星级以上客户定制送达生日鲜花蛋糕，4、5星客户在重要节日由经理上门拜访。用好孤单资源，深挖客户市场，制订孤单分配办法，树立服务标杆，孤单二次开发率提升58%。

针对老人险、计划生育险、残疾人险等民生保障项目，加强与政府职能部门对接，制订销售人员考核办法，实行划片管理，注重各街镇（开发区）社区理赔服务和续保等，提升民生保障功能。通过区民政局、教育局和慈善总会，开展为全区46位孤儿捐助活动，赠送现金及生活用品15万元。推广普及商业补充健康保险，短期险达成率列全省系统第一，商业补充健康保险纳入区政府“健康溧水”规划内容，强化诚信销售，防范非法集资、反洗钱等，各渠道配备专职风控信息员，做好各类排查，确保风控制度落地，全年无重大风险发生。（张幼敏）

证　券

【国泰君安证券股份有限公司南京溧水中大街证券营业部】 2020年，国泰君安证券南京溧水营业部有员工7人，内设综合营运部、财富管理部、营销业务部3个部门，主营证券经纪、证券投资咨询、融资融券、证券投资、基金代销、期货公司中间介绍、代销金融产品等业务。以“根植本土、覆盖全球、有重要影响力的综合金融服务商”愿景为目标，推进银行及企业渠道拓展业务，优化合作模式，提升合作效率。发展线上直播、线上策略会等客户活动，侧重于活跃客户服务，依托“君弘”APP，参加高端业务交流会，提供客户线上财富盛宴。开展“3·15”投资者保护、“创业创新共迎发展”创业板改革、防范非法证券期货宣传月、新证券法知识竞答等线下投资者教育活动9场，增强客户理性投资理念，践行企业社会责任。3月，加强苏宁金融合作，扩大君得鑫C产品上架“苏宁金融”APP销售。9月，在东屏街道长乐社区普及居民金融基础知识、投资理财技能、理性借贷、防范非法集资等相关知识。开展客户身份重新识别、信息不规范账户清理和反洗钱培训4次。至年底，客户总数34117户，托管总资产72亿元，理财产品月均保有1.07亿余元；融资融券开立496户，融资余额6849万元。被人行溧水支行评为“平安金融创建达标单位”。（张园）

【华泰证券股份有限公司溧水珍珠南路营业部】

2020年，华泰证券溧水营业部有员工6人，秉承“高效、诚信、稳健、创新”核心价值，坚持“以客户为中心，以市场为导向”经营宗旨，获溧水区“高质量发展先进服务企业”称号。提供区域内证券经纪业务、证券承销业务、证券投资咨询、证券资产管理，提供期货公司中间介绍、融资融券、代销金融产品、证券投资基金代销等业务。拥有畅通通讯网络，开展创新和特色业务，普及客户相关金融知识，提供财富管理服务，开发线上网络渠道，提升金融便民服务能力，与自媒体合作创新业务模式，线上线下相结合。创新机构业务方式，与区政府合作，提供股交挂牌业务。与区城建集团、商旅集团、南京溧水经济技术开发集团有限公司、江苏幸庄建设发展集团有限公司沟通交流，拓展营业部机构业务类型。至年底，全年新增资金客户1882户，新增资产约17.31亿元；融资融券客户88户，交易量约47.3亿元。新开机构户9户，辅助东屏、洪蓝、石湫、白马等街镇企服中心挂牌企业20家。（张爱华）

责任编辑　朱幸福

9月25日，国泰君安证券南京溧水营业部在东屏街道长乐社区开展反洗钱宣传活动
张园　摄

经济管理

Economic Management

宏观经济管理

【概况】 2020年，溧水区经济运行稳中有进，地区生产总值911.51亿元，增长6.1%；一般公共预算收入79.02亿元，增长12.1%。全社会固定资产投资增长8.6%，其中工业固定资产投资增长16.8%。社会消费品零售总额349.84亿元，增长1.6%；实际利用外资及港澳台资3.35亿美元，增长29%；外贸及港澳台贸易总额115.7亿元，增长50.5%；净增规上工业企业数100家；全体居民人均可支配收入46655元，增长6.4%；城镇登记失业率控制在1.78%以内。高水平全面建成小康社会，综合实现程度达97.4%，排名全省第四，全市第二。巩固六大类53项小康监测体系中优势指标，提升小康社会获得感和幸福感，开启全面建成社会主义现代化建设。

【“十三五”建设收官】 2020年，溧水区“十三五”发展目标计39大项、46分项指标，实现分项指标39项，占比84.8%，较高水平完成“十三五”规划的主要目标。地区生产总值连跨4个百亿级台阶，人均地区生产总值由2015年的13.46万元提高到18.20万元。全国综合实力百强区排名从2015年72位跃升至2020年46位，工业百强区排名43位，五年四夺高质量发展第一等次，获评江苏省2020年度推进高质量发展优秀区。

【“十四五”规划编制】 2020年，溧水区编制完成《南京市溧水区国民经济和社会发展第十四个五年规划和二〇三五年远景目标纲要草案》，编制从基本思路阶段开始，历时一年半，组织全区各街镇、部门主要负责人考察交流4次，先后到苏州昆山市、杭州余杭区、南京江北新区和苏州相城区参观学习，通过线上线下形式，组织专家论证会6场、企业调研座谈4轮，部门、街镇平台调研座谈14场和媒体记者座谈会1场，收集意见和建议416条，该纲要草案计13篇43章，明确“十四五”时期溧水“南京南部中心、健康活力新城”目标定位，按照五大发展理念设定“十四五”发展指标体系，首创提出包含112个具体项目及其目标的科技创新赋能等“十大工程”。

【地方政府债券发行】 2020年，溧水区列入国家重大建设项目库储备项目24个，申请专项债资金33.03亿元。入选项目23个，下达资金额度31.53亿元，其中，地方政府专项债17个，下达资金额度27.64亿元；一般债项目4个，下达资金额度1.89亿元；抗疫特别国债2个，下达资金额度2亿元。储备项目1个、规模1.5亿元。申报2020年棚户区改造、老旧小区改造、市政管网中央预算内项目7个，资金8089万元，下达资金2492万元。申报2021年棚户区改造、老旧小区改造中央预算内项目4个，资金5786万元。

【城乡融合试点】 2020年，溧水区按照“工农互促、城乡互补、全面融合、共同繁荣”新型城乡关系，根据城乡融合试验区五大改革任务，明确按照“1+1+5+N”（1个三年实施方案、1个工作推进领导小组、5大任务三年行动计划、N个具体实施项目）总体架构推进。印发《溧水区国家城乡融合发展试验区实施方案》；出台区农村集体经营性建设用地入市收益调节金征管、净收益管理、使用权抵押贷款3个暂行办法。制订《南京农高区促进科技成果转移转化奖励办法》，建立科技成果入乡转化激励机制。排定城乡产业协同发展项目24个，形成郭兴庄园、红色李巷、玫瑰园、梦华苑等一批城乡融合典型项目，白马镇申报国家农村产业融合发展示范园报国家发改委备案，南京市仅此1家。集体经营性建设用地入市纳入省级试点，启动永阳、东屏、白马等街镇5宗地块土地入市挂牌工作。开发区创新利用集体用地建设租赁房，完成项目方案、建设运营、收益分配等制度设计。推出"共享康养院子"项目，吸引社会资本活化乡村闲置资源，探索田园康养新模式。制订《溧水区大力支持发展村集体经济实施意见》《南京市溧水区激励村干部发展村集体经济实施办法（试行）》《关于进一步规范完善村集体领办的农民合作社项目投资、财务管理和生产经营办法》，推进村（社区）分账全域试点，促进农民持续增收。

【宁杭生态经济带建设】 2020年，溧水区与杭州市余杭区签订规划共绘、设施共联等9个方面战略合作意向，计划形成产业链互补、承接产业转移跨区域合作典型地区。启动研究长三角一体化背景下溧水建设宁杭合作试验示范区战略规划实施方案；定期召开宁杭合作试验区专题会议；先行落实长三角一体化国家战略宁杭合作试验区溧水生态智慧未来城项目建设，其中枫叶国际学校、人才公寓、TOD综合体等重大项目和汉威研创园、中科创新广场等产业项目完成部分工程设计方案和项目用地土地规划调整。深化周边交流，定期召开溧阳、宜兴、武进等5个地区11个城市经济交流会，按季度分析调度经济运行情况、比对交流GDP等核心指标、借鉴参照新冠肺炎疫情应对举措、讨论学习改革经验。

【信用体系建设】 2020年，溧水区依托市区两级统一公共信用信息归集平台，归集各类信用信息25418条，其中双公示信息18899条（行政许可信息17100条，行政处罚信息1799条）。发布自然人失信被执行638人次，屏蔽自然人84人次；限制高消费1267人次，撤销663人次。发布法人及其他组织失信信息139条，屏蔽法人及其他组织48条。强化政务诚信建设，推进以信用为基础的新型监管，在安全生产、税收、环保、工程建设、企业上市、债券发行和财政金融等领域开展信用分级分类监管。协助部门、企业和自然人开展信用修复、信用预警和信用查询等。拓展信用场景应用，开展非学历教育培训机构信用评定。帮助企业开展试点示范工作，全区信用贯标企业200家、市级信用示范企业24家、省级信用示范企业1家。

【现代农业发展】 2020年，溧水区实施乡村振兴战略，印发《南京市溧水区乡村振兴战略实施规划（2019—2022年）》，为进一步加快实现全区农业农村现代化进程做好方向指引。创建特色小镇，农业重点产业项目44个，总投资68.18亿元，年度计划投资28.4亿元，完成投资28.53亿元。全区6个市级特色小镇完成投资近50亿元，完成省市目标任务。组织空港会展小镇、无想国际创业小镇、石湫影视小镇、白马农科小镇、东屏新材料小镇5个特色小镇参加市级特色小镇考核。全年水稻、小麦、油菜保险覆盖面持续保持在80%以上，高效设施农业保险要求保费占农业保险总保费的60%。全年理赔1000万元，涉及惠农户数500余户。

【工业提速升级】 2020年，溧水区紧扣"3+1+X"主导产业方向和产业地标打造要求，推进产业转型、政策创新、增量培育、存量提升等工作。梳理建立全区瞪羚企业重点培育企业库，指导街镇（开发区）企业申报市2020年瞪羚企业26家，认定20家。举办2020年南京市高成长性企业暨独角兽、瞪羚企业发布会溧水分会场活动，瞪羚企业新增居全市第三位。推进主导产业发展，月度监测汽车整车生产企业产能利用情况，季度监测汽车重要零部件生产企业。部署开展集成电路、轨道交通产业链企业调查统计工作。

【经济运行跟踪调度】 2020年，溧水区做好季度GDP关联指标逐项分解，定期开展情况调度，有针对性地下发指导意见，督促街镇提前介入。坚持常态化服务开发区产值前50强、永阳街道前30强、其他各街镇前10强，每月25日与各街镇对接第二产业、第三产业重点企业经营状况，跟踪企业用工、订单、销售情况，利用制造业试验区企业服务平台，月度分析汇总。开展月度调度和季度点评，及时提醒和反馈薄弱指标。4月，参与在扬中市举办的一季度苏南五地县级发改部门经济交流活动。对标找差，省内对标宜兴市，省外参照浙江余杭区，分析余杭区发展经验，对比发展指标，定期分析研究GDP、全社会固定资产投资、一般公共预算收入、全体居民人均可支配收入等核心指标。

【重大项目建设】 2020年，溧水区围绕“稳投资、促发展”目标，开展重大项目建设，做好新冠肺炎疫情防控与项目推进两手抓。欣旺达新能源、西门子数控、国家极限运动溧水训练基地等项目在严格落实新冠肺炎疫情防控措施下持续施工，实现跨年持续安全开工，为省重大项目建成投产奠定基础。2月，率先在全市举办一季度集中开工活动。欣旺达一期竣工投产，二期主体在建，部分主体封顶；西门子数控项目主体厂房封顶；国家极限运动溧水训练基地竣工投用。37个省市重大项目（含3个前期项目），开工实施34个，完成投资265.35亿元，完成年度计划100.51%。其中欣旺达、西门子、省康复医院、中国中医养生示范区、国家极限运动溧水训练基地5个省重大项目，完成投资72.03亿元，达年度计划116.18%。227个区重点产业项目开工225个，开工率99.12%，完成投资397.01亿元，占年度计划101.25%。

【新基建行动】 2020年，溧水区率先在全市发布区级“四新”行动计划，确定区级新基建项目建设计划，重点发展5G、大数据、人工智能、轨道交通、工业互联网和新基建关联载体等，其中有18个项目列入市级新基建及关联载体建设项目，计划投资121.02亿元，实际投资121.61亿元，完成100.5%，完成5G基站建设650个，完成率116.07%，位列全市第一。

【健康产业项目】 2020年，溧水区立足现有健康产业基础，以产业集聚为目标，实现健康产业全面突破，推出重点健康产业项目29个，包含文化旅游、康养医养、医疗医药、农业食品、体育运动等方面，总投资374亿元，完成投资41亿元。建成国内单体面积最大的国家极限运动馆，国家冰雪极限运动训练基地、江苏省康复医院、南京市颐养中心、中国中医健康养生示范区等一批定标性健康项目落地。 （徒成兔）

土地资源管理

【概况】 2020年，溧水区贯彻省市土地资源管理部署要求，围绕高质量发展，强化供地保障，提供全区经济社会发展支撑。加强国土空间规划管理，完善《溧水区土地利用总体规划》；完成征收土地项目19个、重大建设项目37个；组卷招投建设用地9批次49个项目，用地255公顷。全年办理土地出让建设项目115个，面积365.94公顷，出让金收益118.09亿元，增加20.48亿元。启动农村集体经营性建设用地入市试点，制订《溧水区国家城乡融合发展试验区实施方案》《溧水区农村集体经营性建设用地入市试点行动方案》等文件。至年底，全区有农村集体经营性建设用地279宗，面积393.46公顷。坚持耕地红线，加强耕地保护，全年划定永久基本农田保护区面积3.37万公顷。推进增减挂钩、占补平衡项目建设和工矿废弃地复垦，保障耕地面积不减少，实施完成各类项目266个，新增耕地370.4公顷。4月，溧水规划资源分局依据市规划和自然资源局机构改革方案，设职能科室18个、直属事业单位10个、下属国土资源所8个。

【耕地保护】 2020年，溧水规划资源系统实行严格土地用途管理制度，结合问题图斑核查，加强永久基本农田特殊保护。落实耕地保护责任，区、街镇签订耕地保护责任书。加强划定永久基本农田保护区3.37万公顷，提高保护规模、集中连片程度、耕地质量和地力。全区耕地保护补贴面积2.71万公顷，发放补贴1.22亿元，惠及农户8.16万户。

【供地保障】 2020年，溧水规划资源系统加强国土空间规划保障，完善土地利用总体规划，结合全区发展战略，修改涉及规划空间指标，征收土地项目19个，面积180.51公顷。倾斜重大项目需求，主动对接省市重大建设项目37个，面积1269.75公顷。落实区级增减挂钩指标台账管理，更新复垦验收形成、区级交易、省级购买、各街镇(开发区)平台使用与节余。年初,土地节余增减挂钩指标775.04公顷,全年验收形成土地248.33公顷,2次通过省级交易平台购入增减挂钩节余指标(附带规划空间)20.93公顷。报批增减挂钩建新区使用用地指标380.22公顷,至年底,全区土地节余增减挂钩指标664.08公顷。组卷上报建设项目征地6个批次,获征地116.76公顷。

【节约集约用地】 2020年,溧水规划资源系统依据《关于实施〈南京市2019—2020年度城镇低效用地再开发实施计划〉的通知》《溧水区城镇低效用地再开发实施意见》,按照低效用地标准,排查低效用地企业名单,加大低效用地有序退出。实施拆迁收购、追加投资转产转项、土地使用权转让举措,全年处置低效用地再开发项目65个,面积151.86公顷。其中,招拍挂项目39个,面积98.15公顷;政府收储、收购项目16个,面积36.37公顷;转让项目10个,面积17.34公顷。依托自然资源部土地市场动态监测与监管系统,跟踪监管建设用地按照合同约定及时缴纳土地出让金、按期交地、按约定开发利用等,督促用地单位如约履行合同,提高土地开发利用率。各街镇(开发区)国土所(办)设立巡查岗,上下联动,监管供后土地,约谈未按期竣工地块(2018G32)受让单位,巡查率100%。围绕"节约集约用地,严守耕地红线"主题,开展"全国土地日"宣传,发放宣传单500余份、宣传礼品袋250余个,吸引1000余市民咨询、参与。

【国有土地使用权出让】 2020年,溧水规划资源系统按照重点工业项目用地有限保障、"三产"服务业项目用地有序推进、房地产业和保障房项目用地有限供给、城市公共设施和公益事业项目用地充分保障原则,制订全年土地供应计划。构建网上公开交易系统,防范交易过程人为干扰,执行经营性土地最高限价、保障性住房用地竞价和工业用地底价出让方式,遏制地价上涨,维护土地市场稳定。全年办理出让土地建设项目115个,面积365.94公顷,出让金118.09亿元。其中,经营性土地项目52个,面积179.71公顷,出让金111.68亿元;工业用地项目49个,面积171公顷,出让金6.11亿元;协议出让土地项目10个,面积11.11公顷,出让金2926.88万元;划拨供地项目4个(公共设施和公益事业用地),面积4.12公顷。

【不动产登记服务】 2020年,溧水规划资源分局落实区委、区政府"1120"改革目标,实现不动产登记存量房交易(含抵押)业务1个工作日办结,至年底,受理相关案例662件。其中,"1日办结"622件,办结率94%。落实"交房(地)即发证"政策,全年办理"交地即发证"案例6件,土地20.23万平方米,出让金11.56亿元;在全市率先推出个人住房"交房即发证"服务,提供水电气网等业务联动办理,实现"一站式"服务。落实《南京市优化营商环境政策新100条》,实施招拍挂取得出让用地首次登记1个工作日办结,全年受理相关案例95件,1个工作日办结率100%;开通不动产登记关联业务移动端服务,通过"我的南京"APP实现不动产登记与水电气网业务线上联动办理;实现南京银行溧水支行、民生银行溧水支行、浙江稠州商业银行溧水支行、农行溧水支行、宁波银行溧水支行、江苏紫金农商行、招商银行7家银行抵押权首次登记"不见面服务"。开展房地数据核档,入库产权业务数据9.8万条、抵押业务数据7.8万条,结合实物查封档案重新梳理1.8万条;完善档案管理,实现档案数字化,完成原房产登记档案移库15.46万余卷、存量档案数字化加工14.15万余卷。全年不动产登记中心受理不动产登记6.23万件,发放不动产证书证明3.25万件,开具购房登记证明2331件,出具查询证明8.81万件,接听"96510"业务来电咨询8128次,处理"12345"工单179件。

【"交房即发证"改革】 2020年,溧水规划资源系统根据省自然资源厅《关于在全省推广"交房(地)即发证"不动产登记模式提升服务质量的通知》要求,与区内用地企业、开发企业沟通,采取前置程序、并联办理等措施优化流程,实现企业交地与办证、交房与办证服务改革。5月22日,在溧水区"交地即发证"颁证首发仪式现场,南京溧水振扬医院管理有限公司在领取交地确认书后,同步领取溧水区第一本"交地即发证"不动产权证书。5月30日,在实现"交地即发证"基础上,在全市率先推出以个人住户为对象的"交房即发证"服务,开设交房发证专场,20分钟办结,保障百姓居住权、所有权同步实现,提供水电气网等业务联动办理一站式服务。石湫街道碧桂园项目24户业主在交房同时拿到不动产权证书，成为全区“交房即发证”改革试验首批住户。

【土地维权】 2020年，溧水区批后实施土地项目94个，面积309.86公顷，办理征地进保3166人。接待涉及土地资源群众来信来访25批次44人次，下降43%，其中集体访2批次22人次。无重大上访，办结率100%。接到来信3件、领导信箱8件、和谐信访网8件、市规划资源局交办5件、自然资源部信息系统9件、区纪委交办4件，全部办结。受理“12345”工单278件，答复率100%，办结率100%。

【国有土地收储】 2020年，溧水区加大国有土地收储，收储国有土地48宗，面积215.8公顷。加强收储资金调度，注重省级债券与市、区联合收储资金使用和管理，与财政部门共同做好收储资金使用监督。将2017年结余1.2亿元土地储备专项债券对应地块调整为开发区双基冷冻地块（原对应十里陈家地块因规划调整暂不收储）。完成市区联合收储地块红土航空资金上解。统筹全区增减挂钩指标收购交易，解决建设项目用地指标紧缺难题。全年区土地储备中心收购各街镇（开发区）增减挂钩指标201.33公顷，交易给开发区、区城建集团、产业集团、溧高投增减挂钩指标113.33公顷。推进区土地储备中心实体化运作，制订《关于加强全区土地储备管理工作的意见》，完成储备地块委托管护，与永阳街道签订储备地块委托管护协议，管护储备地块37宗，面积191.94公顷；与东屏街道签订储备地块委托管护协议，管护储备地块4宗，面积100.25公顷。

【地籍管理】 2020年，溧水规划资源系统根据国家、省市关于第三次全国土地调查统一时点更新相关工作要求及实施方案，按照2019年第三次全国土地调查成果数据，开展统一时点更新。全区统一时点更新内业图斑中地类图斑15.08万个、举证图斑3.88万个，举证照片33.15万张。上报区第三次国土调查统一时点更新成果数据库，通过省级、国家级内外业核查。完成各街镇（开发区）农村不动产权籍调查入库10.84万宗。完成永阳街道东山社区邱家、赵家组土地权属，柘塘街道爱景社区、东屏街道徐溪社区集体土地所有权变更登记24件51宗。

【土地执法巡查】 2020年，全区加强日常土地执法巡查督查，溧水规划资源分局巡查41次，各街镇（开发区）国土资源所巡查602次。结合巡查周报、群众举报、季度卫星图片，发现新增违法用地86宗，面积227公顷，下达责令停止违法行为通知书，责令停止86宗。立案查处违法用地案件62件225公顷，罚款885.01万元；拆除16宗1.3万平方米；现场制止8宗，面积7000平方米。打击土地违法行为，全年处罚相关责任人51人次，查处率100%。

【矿山环境治理】 2020年，溧水规划资源系统按照《溧水区矿山地质环境恢复和综合治理规划（2017—2025年）》要求，完成和凤镇土山采石场废弃矿山地质环境恢复治理项目，通过专家验收。根据《江苏省自然资源厅关于做好2020年度矿业权人勘查开采信息公示工作的通知》要求，梳理底数，完成全区矿业权人勘查开采信息登记、公示，登记率100%。制订《南京市溧水区工程建设项目砂石土处置实施意见》，规范工程建设项目范围内砂石土处置，维护全区矿政管理秩序，完成江苏天山水泥集团有限公司芝山灰岩矿采矿许可证延续申请，延期5年。

【地质灾害防治】 2020年，区政府办印发《溧水区2020年地质灾害隐患点、危险点排查工作通知》，溧水规划资源系统拟订《溧水区2020年地质灾害防治工作方案》，召开全区地质灾害防治专题会议，培训各街镇（开发区）、各旅游景区相关业务员100余人，全区排查出地质灾害隐患点16处，其中滑坡点10处、崩塌点3处、塌陷点3处。发放地质灾害明白卡16份和崩塌、滑坡、泥石流等地质灾害防灾避险明白卡73份。设立安全警示牌23块，严格24小时值班、领导带班、灾（险）情速报、续报、汛期“每日零报告”等工作制度，完善地质灾害信息报送平台，确保信息畅通、报告迅速、处置及时，连续16年地质灾害零死亡。完成东屏街道丽山膨润土矿应急消险工程、开发区爱景山地质环境治理工程，通过专家验收。选取洪蓝街道陈卞村、渔歌狮子山原人工监测隐患点2个，开展自动化监测站点建设，增加土体深部沉降、危岩体变形监测与视频监控，织密监测预警网络，保障人民生命财产安全。

【集体土地房屋搬迁】 2020年，溧水规划资源系统根据市、区两级政府要求，开展集体土地房屋征收领域相关文件解读，启动集体土地房屋征收拆迁。做好集体土地房屋征收拆迁领域司法执行情况汇报、巡察反馈意见整改、矛盾多元化解。至年底，全区集体土地自愿、协议搬迁项目9个31.63万平方米，住宅763户，非住宅26宗。

2020年度溧水区集体土地房屋搬迁情况一览表

区　域	项目(个)	建筑面积(万平方米)	住宅(户)	非住宅(宗)
区本级	2	5.32	200	11
开发区	1	5.98	188	0
东屏街道	1	0.61	8	2
洪蓝街道	1	15.41	105	13
白马镇	4	4.31	262	0
合　计	9	31.63	763	26

【农村集体经营性建设用地入市试点】 2020年，溧水区发布《溧水区国家城乡融合发展试验区实施方案》《南京市溧水区农村集体经营性建设用地入市试点行动方案》，启动农村集体经营性建设用地入市试点。全区有农村集体经营性建设用地279宗393.46公顷。其中，商业服务用地51宗124.2公顷；工矿仓储用地188宗约249.94公顷；养老用地3宗约1.31万平方米；乡村旅游用地34宗11.62万平方米。编制永阳、东屏、洪蓝、石湫、白马、晶桥6个街镇试点村庄规划。其中，17个村(社区)规划形成初步成果，通过专家评审。

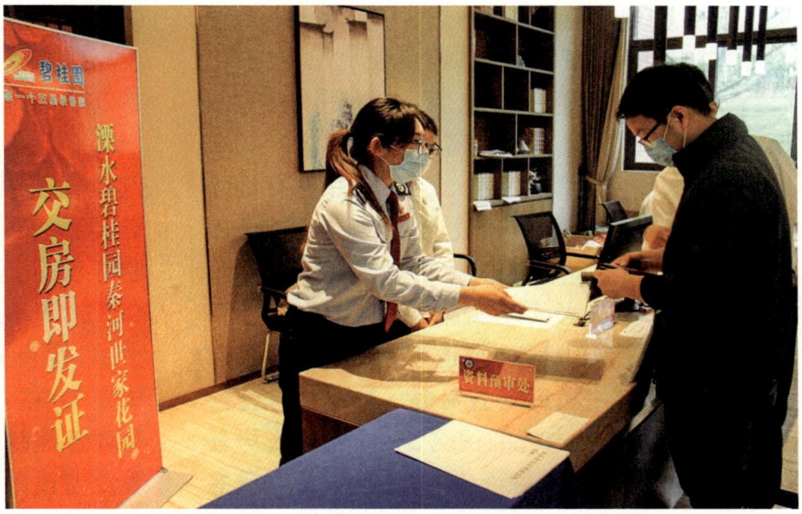

5月30日，区税务局升级服务，完成第一笔新政策契税申报缴纳事项，标志着溧水正式步入“交房即发证”时代　　区税务局　供

【土地资源招商推介会】 4月18日，溧水土地资源招商推介会在区城市展示中心召开，集中推出地块39宗281.83公顷。其中，工业用地22宗161.04公顷，占60%；科研办公用地6宗43.87公顷；居住用地11宗76.92公顷。推介会吸引近百名全国工业地产投资商、品牌房地产开发商代表参加。　　(杨文健)

财　政

【概况】 2020年，溧水区财政保障疫情防控资金需求，支持做好“六稳”工作，落实“六保”任务，推进“四新”行动，统筹运用财政政策和资金，聚力财政运行提质增效，确保经济社会平稳有序运行。全区一般公共预算收入79.02亿元，增长12.1%。

其中，税收收入63.81亿元，占一般公共预算收入80.8%。一般公共预算支出125.89亿元，增长8.5%。其中，民生支出105.72亿元，占一般公共预算支出比重83.98%。

【财政资金保障】 2020年，溧水区财政系统围绕教育、医疗、文体和公共安全等领域以及普惠兜底的"关键小事"，支持"健康溧水"建设，落实"退捕禁捕"系列工作，助力保障和改善民生。安排卫生健康支出7.27亿元，保障新冠肺炎疫情防控需要，推进医疗机构发展，完善基本公共卫生服务体系建设，提高居民医疗保险参保补贴及待遇支付标准。安排教育支出20.42亿元，支持教育布局调整，增加学位资源供给，推进教育现代化建设，完善从学前教育到高中教育全覆盖的政府助学体系。安排社会保障与就业支出11.72亿元，支持城乡居民养老、就业产业扶持，城乡最低生活保障，优抚安置等。安排科学技术支出3.11亿元，重点用于推进创新名城建设，支持"创业南京"英才计划，完善大学生就业创业扶持政策体系；安排节能环保支出13.79亿元，积极推动新能源汽车发展，推进环境保护与污染防治，支持生态红线区域保护及修复。安排城乡社区支出26.03亿元，开展规划项目编研，加大城乡基础设施建设，改善城乡环境，着力提升城市品质。安排农林水支出12.98亿元，重点支持乡村振兴战略实施，落实农业保险补贴、农业支持、地力保护等惠农补贴政策，保障长江禁捕退捕和渔民安置补偿，加大农村公共服务投入，深入实施精准扶贫，推进农村人居环境整治，打造美丽乡村。安排资源勘探信息等支出4.85亿元，推动产业转型，落实支持民营经济发展各项政策。

【财政支持疫情防控】 2020年，溧水区财政系统安排新冠肺炎疫情防控保障资金1.12亿元，开启集中支付和疫情防控物资政府采购2个"快速通道"，确保疫情防控资金及时支付。合理利用3.15亿元抗疫特别国债额度，用于基础设施项目建设2亿元，其中江苏省康复医院项目1.4亿元、中医院异地新建项目0.6亿元。抗疫相关支出1.15亿元，用于应对新冠肺炎疫情产生的相关支出，其中医疗卫生机构设备购置补助0.58亿元、援企稳岗补助0.4亿元、困难群体生活补助0.17亿元。

【财政保障市场主体】 2020年，溧水区财政统筹资金13亿元，缓解企业流动资金危机，降低企业运营成本，帮助企业渡过难关。推进"苏科贷""宁创贷""溧科贷"工作，开通不见面审批绿色通道以及"白名单"机制，发放科技贷款约7.5亿元；"金陵惠农贷"业务放贷规模1.81亿元，超额完成计划任务0.21亿元；发放科技贷款10.83亿元，其中"溧科贷"4700万元，"苏科贷"4000万元，"宁创贷"9.96亿元。出资6500万参建南京市民营企业转贷互助基金，帮助符合条件的中小微企业开展转贷续贷业务，减轻企业信贷成本。全年使用南京市民营企业转贷互助基金32.9亿元、带动贷款金额34.8亿元。新冠肺炎疫情期间，实际为全区375家企业豁免转贷费用（含逾期费用）402.037万元。发放小规模纳税人企业财政支持资金4041万元。落实省市区相关要求，减免企业失业、养老、工伤、医疗保险费9.85亿元，落实企业稳岗补贴2513万元，发放企业职工技能提升补贴2091万元。

【财政精细化管理】 2020年，溧水区财政以稳投资、促增长、稳预期为导向，紧抓政策机遇，申报债券项目，新增政府债券额度29.53亿元，增长44.8%；争取特别国债资金3.15亿元。成立专项小组，检查全区非税收缴及财政票据情况，重点核查12家一级预算单位，根据各单位实际情况制订管理制度和内部监督控制制度，加强非税收缴及财政票据管理工作。扩大差旅电子凭证网上报销试点改革面，全区26家预算单位差旅电子网上报销试点工作全面上网运行，试点单位注册公务卡957户，激活515户，报销出差3239人次，出差天数3243天，网上提交出差申请1797份，审批通过1797份，报销单数1721份，报销金额82.17万元，提升财政科学化、精细化管理水平。

【政府投资项目资金管理】 2020年，溧水区财政按照"四新"行动计划要求，围绕"新都市""新基建"，重点保障政府投资项目推进。全区城乡建设计划项目628个，其中AB类项目458个、C类项目

170个。规划总投资1259.79亿元，年度计划投资345.8亿元。加强项目资金源头审核，从严核定建设规模和建设标准，各项目立项前，平衡方案审核项目资金来源。全年审核项目244个，审核资金139.5亿元。

【政府采购管理】 2020年，溧水区财政强化政府采购监督与管理，完成政府采购计划资金5.73亿元，节约资金0.51亿元。其中，货物采购2.77亿元，节约率7.36%；工程采购0.26亿元，节约率15.70%；服务采购2.19亿元，节约率9.74%。全年处理政府采购信访、举报和投诉80余件，其中，正式受理投诉10件，查处违法违规案件2件，涉案金额6400余万元，处罚金额近4万元。

2020年溧水区一般公共预算收支执行情况一览表

单位：万元

收　　入		支　　出	
项　目	决算数	项　目	决算数
合　计	790223	合　计	1258948
其中：一、税收收入	638131	其中：1.一般公共服务	91560
1.增值税	190418	2.公共安全	42771
2.营业税	0	3.教育	204219
3.企业所得税(40%)	83100	4.科学技术	31068
4.个人所得税(40%)	85191	5.文化旅游体育与传媒	27664
5.资源税	155	6.社会保障和就业	117236
6.城市维护建设税	28566	7.卫生健康	72673
7.房产税	22964	8.节能环保	137924
8.印花税	6132	9.城乡社区	262258
9.城镇土地使用税	33448	10.农林水	129780
10.土地增值税	91880	11.交通运输	7583
11.车船税	2842	12.资源勘探信息等	48500
12.耕地占用税	25275	13.商业服务业等	6609
13.契税	58420	14.金融	561
14.环境保护税	9774	15.援助其他地区	4069
15.其他税收	-34	16.自然资源海洋气象等	8016
二、非税收入	152092	17.住房保障支出	49198
1.专项收入	71504	18.粮油物资储备	2932
2.其中：教育费附加收入	12407	19.灾害防治及应急管理	2235
3.地方教育费附加收入	8275	20.债务付息支出	10839
4.文化事业建设费收入	25	21.债务发行费用	46
5.残疾人就业保障金收入	736	—	—
6.教育资金收入	27711	—	—
7.农田水利建设资金收入	22168	—	—
8.水利建设专项收入	182	—	—
9.行政事业性收费收入	23874	—	—
10.罚没收入	6245	—	—

续表

收入		支出	
项目	决算数	项目	决算数
11.国有资源(资产)有偿使用收入等	42954	—	—
12.其他收入	7515	—	—

2020年溧水区区本级(含开发区、各街道)一般公共预算收支决算一览表

单位:万元

项目	决算数	项目	决算数
一般公共预算收入	718993	一般公共预算支出	1191867
其中:一、税收收入	569437	其中:1.一般公共服务	79333
1.增值税	167992	2.公共安全	42090
2.企业所得税	76669	3.教育	202854
3.个人所得税	58965	4.科学技术	29159
4.城市维护建设税	26267	5.文化旅游体育与传媒	27462
5.房产税	21262	6.社会保障和就业	105550
6.城镇土地使用税	32269	7.卫生健康	71571
7.土地增值税	90342	8.节能环保	136748
8.契税	56637	9.城乡社区	256090
9.其他各项税收	39033	10.农林水	101577
二、非税收入	149556	11.交通运输	7583
1.罚没收入	6244	12.资源勘探信息等	46658
2.专项收入	69513	13.商业服务业等	6602
3.行政事业性收费收入	23874	—	—
4.其他各项收入	49925	—	—

(方晶)

3月5日,溧水区税务局“十姐妹”雷锋班揭牌成立　　区税务局　供

税　　务

【概况】 2020年,溧水区税务系统围绕“放管服”改革,强化依法治税建设,落实省、市减税降费政策,提升高质量服务水平,支持经济发展。全区有税务登记纳税人5.75万户,其中,企业类纳税人2.04万户,占35.52%;个体类纳税人3.71万户,占64.48%。增值税一般纳税人9115户,企业所得税纳税人1.25万户,消费税纳税人103户。组织入库税收收入131.61

亿元，增长2.6%。举办劳动技能大赛，选树先进。开展“书香税月”“好书推荐”等特色主题活动。区税务局获评市委宣传部、市文明办“学雷锋活动示范点”称号，市总工会“五一劳动奖状”，市体育局“群众体育先进单位”，全区税务系统10人获市级表彰。

【税收征收】 2020年，全年组织完成各项收入131.61亿元，增长2.6%。其中，税收收入111.91亿元，增长6.91%（增长7.22亿元），地方级税收63.81亿元，增长7.71%；社保费收入17亿元，下降19.5%；其他非税收入2.7亿元，下降2.17%。

【减税降费】 2020年，溧水区税务系统推进减税降费工作落地，建立有效工作机制，依托减税降费工作领导小组，统筹、协调推进减税降费各项工作。全年办理各类税费退库11.83亿元（不含出口退税），其中，增值税期末留抵退税3.03万元，落实安置残疾人就业等增值税即征即退优惠政策6244万元，企业所得税汇算清缴退税1.6亿元，土地增值税清算退税1.08亿元。按周上报减税降费工作情况报表和退税统计表，定期制作溧水区减税降费简报，发布减税降费动态，按月总结减税降费工作推进情况，保证各项工作有序推进。全年新增减税降费6.11亿元，其中，2020年出台支持新冠肺炎疫情防控和经济社会发展税费优惠政策，新增减税降费3.01亿元；2019年出台政策，翘尾新增减税降费3.1亿元。

【依法治税】 2020年，溧水区税务系统全面深化依法行政，扎实推进法治建设。发挥集体审议决策优势，落实重大税收事项集体决策制度。召开全面依法行政领导小组会议3次，接收重大税务事项集体审议提请2项，重大税收执法事项审议面100%，无越权或违反规定决策情况。持续推进重大税收执法说明理由制度，深化行政审批制度改革。全面取消非行政许可审批事项，清理中央指定地方实施的行政审批事项，规范和改进行政许可行为，优化审批流程、加快审批效率，提高纳税人满意度。完成最高开票限额审批3853户次，个税延期申报行政许可审批148户次，纳税人延期申报行政许可25户次，未发生审批超期情况。执行行政处罚裁量，梳理现行有效税收行政处罚相关法律法规，加强专题培训、辅导，强化监督政处罚裁量权运行情况。

【征管风险应对】 2020年，溧水区税务系统落实省税务部门风险应对工作模板，规范风险平台操作，优化风险管理运行，完成风险应对任务237户次。其中，省税务部门指令性任务181户次，注销任务41户次，国家税务总局下发任务15户。税收收入6758.67万元，非税收收入213.55万元，加收滞纳金1545.72万元，合计入库8517.94万元；调减留抵366.92万元，调减亏损65606.88万元，折合总成效25286.58万元，户均成效106.69万元。全区风险应对工作持续向好。

【社会保险费征缴】 2020年，溧水区税务系统全面做好社保费征缴工作。落实专人专岗跟踪机关事业单位基本养老保险费的申报进度，每月申报和征缴进度100%。跟踪和催缴企业社保费当期未申报户，响应和处理社保往期欠费投诉。强化城乡居民两险（养老保险、基本医疗保险）征收。多次联合召开部门碰头会、培训会，部署集中征期缴费。联合溧水医保分局、社保中心印制《溧水区2021年城乡居民医保参保缴费告知书》，安排专人24小时接线，解答参保人缴费过程中遇到的问题，形成全区城乡居民医保征缴良好社会氛围。全年组织征收企业社保费155707.03万元，其中机关事业单位社会保险27959.49万元。征收城乡居民基本养老保险缴费48457人次，缴费金额6453.44万元，征缴进度101.84%；城乡居民基本医疗保险缴费203951人次，缴费金额8020.21万元，征缴进度100%。其中，集中征收退役士兵的企业职工基本养老保险548人、1399.93万元，基本医疗保险1.15万元。征收南京视觉职业艺术学院1284名大学生城乡居民医疗保险55.41万元，轻度残疾人城乡居民医疗保险3692人、168.83万元。

【纳税服务】 2020年，溧水区税务系统坚持以纳税人需求为导向，以办税厅现场管理为抓手，不断提升纳税人满意度。推广税企服务智能平台，引导纳税人第一时间获取最新政策、操作提醒等，推送各类税收政策、热点问题、操作提醒、涉税通知290多次。开展税法宣传群直播11场次，在线观看超2000人。推进“非接触式”办税缴费服务，引导纳税人网上办、自助办。开展柜面办税分析，培训网上办税事项操作，提升导税人员服务技能。全年"非接触式"办税缴费比例90%，降低疫情传播风险。整合优化营商环境100条、区级营商环境10项实事、便民办税春风行动以及打造营商环境最佳体验区5项任务，明确责任部门、完成时限，开展分析监控。加强纳税信用宣传，提升纳税人税法意识。通过微信、短信、纳税人学堂等宣传纳税信用评价方法、相关指标及激励奖惩规定，鼓励和引导纳税人增强依法诚信纳税意识，纠正纳税失信行为，提升企业纳税信用等级。深化"银税互动"助力解决融资难题，缓解民营和小微企业融资难问题，多渠道、多形式宣传"银税互动"，提升守信激励示范效应，扩大"银税互动"知晓面，助力小微企业复工复产，促进营商环境持续优化。

【企业所得税管理】 2020年，溧水区税务系统贯彻落实省、市税务局税务工作方针，做好企业所得税汇算清缴工作。按照"明确主体、规范程序、优化服务、提高质量"总体要求，完成年度汇缴申报12515户，增长14.14%。其中，查账征收企业12235户，核定征收应申报280户，查账征收面97.76%；准期申报12345户，申报率98.64%。全区企业所得税汇算清缴应纳所得税4.28亿，增长8.35%，享受优惠减免企业所得税27.13亿元。强化确保各项优惠政策落实，3292户盈利小微企业享受汇缴优惠政策，减免企业所得税1.29亿元。68户高新技术企业享受减免优惠，减免企业所得税1.98亿元，增长69.23%（增加0.81亿元）。申报享受固定资产加速折旧优惠企业91户，折算减免所得税税额1044.17万元。申报享受研发费加计扣除优惠企业460户，加计扣除额11.74亿元，折算减免所得税税额2.93亿元。

【进出口税务管理】 2020年，溧水区税务系统全面贯彻落实"非接触式"办理。推行"非接触式"办理退（免）税事宜，企业申报无纸化，单证申请无纸化，审批通知书线上出具，办理全程无接触单证企业40余户。简化办税流转环节，加强部门协同，加快审核进度，提高出口退税审核速度，缓解企业资金压力，月均审核生产企业申报数据125户次、外贸及港澳台贸易企业30户次、外贸及港澳台贸易综合服务企业1户。全年办理退库4.63亿元。做好区域内企业分析报告，核实出口企业总户数475户，其中，生产企业348户，占73.3%，外贸及港澳台贸易企业127户，占比26.7%。选取60户重点企业进行线上调研，收集企业困难和问题并形成调研报告，反馈政策疑问。关注企业经营状况，按期上报直联企业调查问卷和成本调查表。

【个人所得税管理】 2020年，溧水区税务系统落实网格化管理责任，建立一对一服务模式，将管理服务细化到户，分片包干、分类施政。非接触式"点对点"对接补、退税扣缴义务人，分批分期错峰办理，合理有序引导个税汇算清缴工作。坚持"稳、细、实"原则，做好退税人工审核工作，完成审核3360条。监控退税进度，确保及时退税，逐个通知少退税款的纳税人。全年应汇缴人数49446人，涉及扣缴义务人2826户，汇缴完成77.63%。申报补税1485人、1131.49万元；申请退税29222人、1666.73万元。

【土地增值税清算管理】 2020年，溧水区税务系统加强土地增值税项目、预征、清算、后续管理，跟踪房地产开发项目立项、规划设计、施工、预售、竣工验收、工程结算、项目清盘等全过程，做到税务管理与项目开发同步，确保房地产开发项目土地增值税管理工作质量。梳理全区未清算的房地产开发项目158个，其中达到清算条件项目88个。统筹推进土地增值税清算工作，建立审核团队，高效推进29个房地产项目清算，补税1.47亿元、退税1.35亿元。全年组织征收土地增值税9.19亿元、环保税9799.05万元、房产税22921.34万元、城镇土地使用税3.34亿元、城市维护建设税2.86亿元、印花税6106.63万元、资源税155.04万元，车船税3027.06万元、耕地占用税2.53亿元、契税5.84亿元。

【环保税征收管理】 2020年，溧水区税务系统加强税源管理，有序开展环保税税源清查和新增环保税纳税人识别、认定工作。组织监测和征收管理，保障纳税申报质量。加强环保税风险识别及防范，降低纳税人未纳入环保税税源管理、未缴、少缴环保税的风险。加强环保税征管协作，提高环保税征管质效。通过区城建局获取在建工地信息，核查全区288个施工工地，补征42个工地扬尘环保税354.13万元。参与市财政局2个创新项目固体废物环保税征管难点研究、施工扬尘环保税征管难点研究，形成研究报告。

【纳税咨询管理】 2020年，溧水区税务系统特服号呼入37013人次，其中转人工语音30782人次，人工接听29751人次，分别上升6.58%、15.06%、20.74%，人工接通率上升4.95%；全年30秒内接通率88.69%，60秒内接通率92.34%；综合接通率93.17%，完成咨询接通率各项指标。加强服务人员热点纳税问题培训，及时、准确、高效解决纳税人、缴费人咨询。

【"非接触式"办税】 2020年，溧水区税务系统加强宣传"非接触式"办税缴费便捷度，引导纳税人缴费人网上办、自助办。按月开展柜面办税分析，加大网上办税事项操作内部培训，提升导税服务人员服务技能。全年"非接触式"办税缴费比例90%，降低新冠肺炎疫情传播风险。落实相关税收征管政策，受新冠肺炎疫情影响逾期申报或逾期报送相关资料的纳税人，均不进行批量催报催缴，不给予责令限改、加收滞纳金、行政处罚、调整纳税信用评价、认定非正常户等措施。全年受理审批延期缴纳86户，涉及税款10280.92万元。完成延期申报348户次，其中，个税148户，其他8户，统一延期申请192户。

【车辆购置税网上申报管理】 2020年，溧水区税务系统推行车辆购置税电子化申报。走访销量较大汽车销售企业，上门为企业人员培训车辆购置税网上申报操作流程，提醒税款缴纳相关细节。在车辆销售环节，告知纳税人网上申报购置税。逐户回访现场柜台申报税款较多的汽车销售公司，一对一服务，帮企业排解困难。全年，纳税人申报车辆购置税13631辆，其中，通过电子税务局网上申报13140辆，办税厅柜台申报490辆，网上申报率97%。

2020年溧水区税务部门组织完成各项收入情况一览表

单位：万元

项　　目	累计收入			
	金额	增减额	增幅	占税收比重
合　计	1315072.7	32379.4	2.5%	—
一、税收收入（含免抵）	1118269.2	74655.8	7.2%	—
（一）分级次完成情况	—	—	—	—
中央级	479374.0	28916.5	6.4%	—
地方级	638895.1	45739.2	7.7%	—
（二）分税种完成情况	—	—	—	—
1.增值税	380628.3	-26156.9	-6.4%	34.0%
2.消费税	13732.4	85.0	0.6%	1.2%
3.企业所得税	207933.8	24295.1	13.2%	18.6%
4.个人所得税	214722.9	27106.1	14.4%	19.2%
5.车辆购置税	21733.4	11069.3	103.8%	1.9%
6.资源税	155.0	22.1	16.6%	0.0%
7.城市维护建设税	28555.3	342.2	1.2%	2.6%
8.房产税	22919.5	7373.9	47.4%	2.0%
9.印花税	6107.3	468.2	8.3%	0.5%
10土地使用税	33447.8	11026.4	49.2%	3.0%

续表

项　　目	累计收入			
	金额	增减额	增幅	占税收比重
11.土地增值税	91880.1	7955.2	9.5%	8.2%
12.车船税	3027.1	417.0	16.0%	0.3%
13.契税	58419.8	-6635.2	-10.2%	5.2%
14.耕地占用税	25275.5	14619.3	137.2%	2.3%
15.环境保护税	9799.1	2810.0	40.2%	0.9%
二、非税收入	196803.6	-42276.4	-17.7%	—
社保收入	170180.7	-41154.1	-19.5%	—
非税收入	26622.9	-1122.3	-4.0%	—

（胡东涛）

审　计

【概况】　2020年，溧水区审计项目644个，其中计划内审计项目23个，工程结算审计及复核项目621个，核减10.93亿元；完成招标控制价项目113个，核减2.75亿元。参与政府隐性债务化解、清理拖欠民营企业和中小企业账款、保障性安居工程政策跟踪审计。专项审计招商引资及营商环境、疫情物资储备供应保障情况等。派3名审计人员支持全区棚户区改造拆迁工作，派2名审计人员参与区委第十三轮巡察工作，派3名审计干部赴上级审计机关跟班学习，派2名审计干部参加审计署计算机中级培训。区审计局被江苏省审计厅评为2020年全省审计通联工作成绩突出单位，被南京市审计局评为全市审计机关信息宣传工作先进单位、2020年全市区级审计机关综合考核优秀等次，排名第一，实现十一连冠。实施的区商旅集团董事长（原总经理）经济责任审计被审计署评为全国审计机关优秀审计项目二等奖；实施的2019年度南京市溧水区本级预算执行和决算草案审计被江苏省审计厅评为县（市、区）审计机关优秀“两统筹”审计项目；实施的区城建集团原董事长、总经理经济责任审计被南京市审计局评为2019年度全市优秀审计项目；实施的溧水区2018年度财政预算执行和其他财政收支情况审计组被南京市审计局评为2019年度全市优秀审计组；实施的溧水区石湫街道拆迁安置房三期工程竣工决算审计实施方案被南京市审计局评为2019年度全市优秀审计实施方案。

【财政预算执行审计】　2020年，溧水区审计部门开展2019年度区本级财政预算执行和决算草案审计。深化预算管理制度改革，关注预算执行效率、财政改革推进、专项资金管理、非税收入管理、决算草案编制等方面，延伸审计10家部门预算单位，完善财政和预算管理机制。审计区税务局2018—2019年部门预算执行情况。重点关注中央八项规定及其实施细则精神贯彻落实情况、财政资金绩效情况、资产管理情况等内容。

【经济责任审计】　2020年，溧水区审计部门开展原第二高级中学校长、第三高级中学校长经济责任离任审计，开展白马镇、区科技局、区委党校3个单位主要负责人任中经济责任审计。审计关注重大政策落实、重大经济决策、内部管理控制和国有资产管理等，促进领导干部履职尽责。推进领导干部任职告知和离任交接，增强领导干部责任意识和自律意识。

【自然资源资产离任审计】　2020年，区审计部门结合白马镇领导干部任中经济审计开展自然资源资产离任审计。根据白马镇功能区定位及自然资源资产禀赋特点和生态环境保护工作重点，结合领导干部岗位职责特点，组织实施促进全面节约和高效利用资源、加快改善生态环境，依法审计土地、水资源、森林等国有自然资源以及环境综合治理和生态保护修复等情况，揭示违法违规问题，加强资源管理，维护资源安全，促进领导干部守法、守纪、守规、尽责，切实履行自然资源资产管理和生态环境保护责任，促进自然资源资产节约集约利用和生态环境安全，促进绿色发展。

【国有企业审计】 2020年，溧水区审计部门开展江苏南京白马现代农业高新技术产业园有限公司资产负债损益审计。重点关注企业资产规模、结构、质量，企业负债规模和结构情况，资产负债率总体情况，现代化企业治理结构建立健全情况，企业损益规模和结构、收入质量，关注企业持续经营状态。通过审计摸清总公司资产规模，核实企业资产负债损益真实性、合法性、效益性，揭示存在问题，促进企业加强内部管理、建立健全现代企业管理制度，防范经营风险和投资风险。

【民生审计】 2020年，溧水区审计部门开展2017—2019年老旧小区改造资金审计，揭示老旧小区改造过程中存在的项目建设程序不规范、建设资金筹集不到位、使用不规范、项目投入后质量欠缺等问题，推动民生资金用之于民、发挥保障效益。组织公立医院综合改革政策落实情况专项审计，重点调查医疗服务价格改革、医保支付方式改革、药品采购政策改革、政府投入责任落实、建立现代医院管理制度等政策落实情况，强化公立医院公益性，有效控制医疗费用不合理增长。开展企业职工基本养老保险收支执行及基金管理情况专项审计，重点关注企业职工养老保险制度覆盖面、基金征缴、支出、结余以及基金运行质量与安全情况等，规范基金征缴和支出政策，促进保障体系规范有效运转。

【政府投资建设项目审计】 2020年，溧水区审计部门开展新建东屏街道芦家边安置房一期项目工程竣工决算审计、溧水区2018—2019年度拆迁安置房建设分配管理专项审计。完成工程结算审计及复核项目621个，核减10.93亿元。审计招标控制价项目113个，核减2.75亿元，节约建设资金。开展153个重大项目全过程跟踪审计，审核5个地块土地出让收储成本，完成华夏幸福产业新城利息结算、南京空港会展小镇PPP项目合同绩效补充协议、新建城区公共建筑PPP项目补充协议、溧水区安居保障工程PPP项目补充协议等审核，出具书面回复文件4份、提出修改意见21条，促进相关建设部门加强过程管理，提高政府投资效益。

【疫情防控资金和捐赠款物专项审计】 2月20日—3月31日，溧水区开展新冠肺炎疫情防控资金和捐赠款物专项审计。审计结果表明，新冠肺炎疫情发生后，区委、区政府高度重视、加强领导，建立健全工作机制，多措并举强化防控，制订办法加强资金和物资管理，全区疫情防控资金和捐赠款物管理工作有序进行，疫情防控取得阶段性成效。审计提出区疫情防控指挥部加强指导街镇防疫工作，督促相关街镇建立健全物资台账登记和管理制度，加大街镇疫情防控物资存放点安全检查，加强捐赠物资发放管理，严格按捐赠意向发放、使用等意见建议。

【新建芦家边安置房一期工程竣工决算审计】 3月6日—6月10日，溧水区审计东屏街道新建芦家边安置房一期工程竣工决算，重点关注电梯质量及电梯运行安全，确保百姓安全乘梯。促进建设单位合法有效使用建设资金，减少投资损失和浪费，提高投资效益和保证工程质量。审计提出落实拆迁安置相关政策，履行基本建设程序、加强工程建设项目质量过程管控，加强《中华人民共和国招标投标法》《中华人民共和国招标投标法实施条例》等相关法律法规学习和贯彻，加强工程价款支付管理等意见建议。

【2017—2019年度老旧小区改造资金收支审计】

4月27日—6月15日，溧水区审计2017—2019年度溧水区老旧小区改造资金收支。重点审查老旧小区改造相关政策措施制订和落实，改造资金筹集管理和使用，改造工程建设管理等情况，审计结果表明，2017—2019年永阳街道落实纳入老旧小区改造计划小区的拆除违章搭建、翻修、拓宽道路，增设停车位，整修车棚，整治陈旧、破损、脱落外立面和内楼道，美化绿化环境等项目改造，完善配套功能建设，营造舒适整洁居住环境。提出完善老旧小区相关制度规定，规范工程建设管理，加强资金管理使用，拓宽资金筹集渠道等意见建议。

【2018—2019年度拆迁安置房专项审计调查】 6月22日—10月30日，溧水区开展2018—2019年度在建及交付使用的拆迁安置房项目专项审计调查。审计结果表明，各街镇（开发区）严格贯彻落实中央、省、市及区委区政府的各项政策要求，积极推进棚户区改造及拆迁安置房建设，在为民办实事及保障民生工程方面取得明显成效。提出加强资金管理，严格工程审批程序，完善工程发包过程，加强施工现场管理，注重拆迁实施前期管理，健全内控制度等意见建议。 （翟海萍）

市场监督管理

【概况】 2020年，溧水区市场监管系统落实防疫工作机制，统筹推进新冠肺炎疫情防控和市场监管，扎实做好"六稳"工作、落实"六保"任务，为全区经济、社会高质量发展贡献力量。3月，区政府召开全区食品药品安全暨质量强区工作会议，区政府与各街镇签订食品药品安全工作目标责任书。稳定市场秩序，加强野生动物市场、价格、质量、计量、食品、药品等重点领域监管，采取"早巡夜查日监管"方式，24小时全方位无缝隙监管农贸市场、餐饮服务单位。优化营商环境，激发市场发展活力。开展"凝聚你我力量·携手放心消费"等新消费主题促销活动，释放消费红利，激发消费热情。清理全区妨碍统一市场和公平竞争的政策措施，强化竞争政策基础地位。坚持"标准引领、品牌带动、专利驱动、质量提升"发展战略，打造质量强区。

【品质管理】 2020年，溧水区新增注册商标1659件，"溧水草莓"获批国家地理标志证明商标，"溧水黑莓""溧水蓝莓"成功申报南京市地理标志培育项目。国家有机蓝莓种植标准化示范区通过验收。组织6家单位申报2020年省标准化项目，发布国家标准1个、团体标准1个。协助制定、发布首批6个大健康标准技术评价规范。以最高评分通过江苏知识产权强省建设示范区验收。全年全区专利授权4858件，其中发明专利授权737件。有效发明专利拥有量2536件，完成目标任务133%；PCT申请383件，完成目标任务450%，增幅位列全市第二。万人发明专利拥有量55件。新增63家企业开展知识产权管理标准化创建。举办知识产权"送服务"活动，搭建知识产权优质服务平台，帮助企业知识产权质押融资3.21亿元。2家企业入围市长质量奖现场评审，5家企业被评为区政府质量奖（创维电器股份有限公司、南京云海特种金属股份有限公司获区政府质量奖，南京金龙客车制造有限公司、华成蔬菜专业合作社、南京小洋人生物科技发展有限公司获区政府质量奖提名奖）。11篇企业质量管理论文获市级奖项，创历年新高。举办首届首席质量官培训班，90家企业负责人参训。以节能环保行业、8家重点企业为着力点，开展质量改进、质量攻关、质量比对等活动，提升行业、企业经济效益。江苏可兰素环保科技有限公司被核定为江苏质量信用AA级企业。

9月28日，区食安办、区市场监管局联合举办食品安全"实验室开放日"活动 何数华 摄

【市场安全监管】 2020年，溧水区市场监管系统实施"健康+食品"战略，结合南京市国家食品安全示范城市创建，持续开展食品安全"利剑"行动、食品安全放心工程建设等专项行动，出动执法人员上万人次，检查食品生产经营单位8000余户，立案查处违法行为50起，罚没44.9万元。完成食品抽检计划2023批次，不合格31批次，合格率98.4%。推进食品安全保险工作，全区8个街镇为农村集体聚

餐投保，学校投保覆盖率92.6%，网络订餐平台入网餐饮服务者投保率100%。全区农贸(批发)市场食品快检室专项整治，全区24家农贸市场均设立食品快检室。集中开展药品经营使用(化妆品经营)质量、医疗器械经营使用、无菌和植入性医疗器械、化妆品经营企业、防疫物资产品质量和市场秩序等专项检查。开展药品不良反应上报及评价工作，上报药品不良反应323件、医疗器械不良事件80件。开展国家安全发展示范区创建监督，检查重点特种设备使用单位357家，发现隐患416条，发出安全监察指令书85份，办理特种设备案件29件，罚没30.5万元。开展检验检测机构实验室危险废物、熔喷布、电动自行车及其相关产品、成品油市场等质量安全专项检查，抽检民生相关用品70批次。

【市场行政执法】 2020年，溧水区市场监管系统强化竞争政策基础地位，牵头制订清理全区妨碍统一市场和公平竞争的政策措施。推进市场监管领域“双随机、一公开”抽查，19个部门制订抽查计划96条，制订任务147条，抽查各类主体1839户，对诚信守法企业“无事不扰”，对失信者“利剑高悬”。强化信用约束和联合失信惩戒，归集涉企信息13811条，形成“一处违法、处处受限”格局。加强知识产权保护，成立南京市知识产权维权援助中心溧水区分中心和江宁经济技术开发区人民法院知识产权审判溧水巡回法庭。开展打击侵犯知识产权和制售假冒伪劣商品等多领域违法行为，立案213件，下达罚没款332万元。实施打击传销“百日攻坚行动”，集中力量打早打小打源头。开展涉嫌非法集资风险集中排查整治专项行动，列入经营异常名录企业18家。开展燃气、防疫物资、头盔等价格收费专项检查，整治哄抬物价、价格欺诈、涉企乱收费等违法行为，维护消费者利益。

【消费维权】 2020年，溧水区市场监管系统开展“凝聚你我力量·携手放心消费”等新消费主题促销活动，释放消费红利，激发消费热情。走访调研部分企业，推动放心消费创建工作，4家企业被评为南京市放心消费创建示范单位(区域)。加强网络交易监管，监测网络交易主体3700余户次，依法处置违法违规行为29起。深化投诉举报热线“五线合一”(原工商“12315”、质监“12365”、食药监“12331”、物价“12358”、知识产权“12330”合一)，加强消费投诉举报工单办理，受理工单4676件，“12345”转办2967件，来电来函560件，涉及争议金额730万余元，办结率100%，为消费者挽回经济损失580万元。围绕预付式消费纠纷、网络平台交易纠纷、汽车销售维修纠纷、食品经营诉求四大群众关心热点问题，开展“专项整治月”行动，打造“满意放心”消费环境。

【优化营商环境】 2020年，溧水区市场监管系统畅通“一网通办”“掌上办”“银行代办”通道，落实“容缺受理”、放宽个体工商户住所等举措，促进市场主体“快生多生”。新增个体工商户19519户，增长17.59%；新增外资及港澳台资企业46家，增长率76.92%。帮助企业开展信用修复，移出异常名录676条。对从事不涉及人身健康、公共安全、安全生产的一般性经营活动及新经济新业态，采取包容审慎监管，建立容错纠错机制，实施“豁免清单”制度；对轻微违法行为落实市场监管领域免罚规定。

【菜单式服务】 2020年，溧水区市场监管系统创新服务模式，以“一封信”形式向2351家制造业和农业龙头企业开出21项服务菜单，提供精准服务，包含工业产品生产许可证、食品生产(经营)许可证、商标专利注册登记、企业质量管理体系及相关认证培训等技术指导类服务，商标专利奖励、质量奖评定、计量器具检定等政策补助类服务，以及特种设备检验、企业信用修复、动产抵押等通用类服务。企业“点单”后，安排专人对接，分层分类为188家企业解决具体需求，“一体化”上门服务走访企业30家。

【文明城市创建】 2020年，溧水区市场监管系统结合全区文明城市创建活动，成立综合协调组、农贸市场组、公益广告组、食品药械安全组、诚信建设组、执法维权组、监督检查组7个工作组，牵头开展全区农贸市场、小餐饮店专项整治活动，围绕农贸市场、餐饮店、食品店等领域监管，自提标杆，加强文明城市创建工作。制订专班方案，明确各成员单位职责，召开专班组会议5次，组织专班督查10次，编发督查通报7期。

【市场领域疫情防控】 2020年，溧水区市场监管系统面对新冠肺炎疫情，第一时间成立领导机构和工作机构，落实联防联控工作责任机制，出台暂停农村集体聚餐、加强餐饮单位供餐管理、疫情期间证照办理及投诉举报等一系列措施规范，形成完整的指挥链和配套工作体系。主动融入全区疫情防控工作大局，筹措防控物资，保证市场供应。加强市场、价格、质量、计量、食品、药品等重点领域监管，采取"早巡夜查日监管"的方式，24小时全方位无缝隙监管农贸市场、餐饮服务单位。强化冷链食品尤其是进口生鲜冷链检查，落实防控主体责任。督促电梯使用单位做好电梯安全、消毒工作全覆盖。巡查全区200余家零售药店，查处医疗器械违法案件5件，确保疫情期间物价水平稳定可控。设立联络员，开辟绿色通道，向2351家生产经营者发放"一封信"，帮助企业复工复产。

【进口冷链食品监管】 2020年，溧水区市场监管系统牵头开展市场及物流专项检查，组建冷链食品监管专班，排查屠宰企业、食品生产加工企业、冷库、农贸（批发）市场、商场超市、餐饮服务单位5845家次。按照人、物、环境同检、应检尽检要求，11月5日起，每周对进口冷链食品从业人员进行核酸检测，检测9批953人次，均为阴性。11—12月，完成食品及包装物核酸检测样本372个、环境核酸检测样本199个，均为阴性。

【"长江禁捕，打非断链"专项行动】 2020年，溧水区市场监管系统建立"1+5"（1个领导小组，5个专项工作组）组织体系，以"五个严格"（严格市场准入、严格现场检查、严格网络监管、严格广告监管、严格稽查执法）开展全链条监管执法。出动执法人员4534人次，检查生产经营单位10104家次，电商平台及网络经营者370家次，整改违规菜单、标签、店招57个，责令20家经营主体变更名称、经营范围，依法办理营业执照注销手续10家。查处的涉嫌利用自动售货机发布虚假广告案入选国家市场监管总局"长江禁捕，打非断链"第一批典型案例。

【食盐质量安全监管】 2020年，溧水区市场监督管理局承接全区食盐质量安全监督管理职能，集中行使食盐质量安全管理与监督执法职责。针对盐业体制改革过渡期食盐市场违法违规情况，重点加强各类食盐经营主体日常监管，督促规范食盐购进渠道、盐产品质量和标志标识，全年无食盐质量安全事故。5月，在永阳街道板桥社区东郊小区广场举行"特殊食品、食盐安全宣传进社区"活动。开展校园食堂、食品生产加工场所等多项食盐安全执法检查行动，出动人员121人次，车辆22辆次。重点监督检查全区16家食品生产加工用盐单位、24家农贸市场、6家大型商超、165家食盐零售终端、134家餐饮单位食盐安全。全年食盐质量安全抽检（区抽）11次，无不合格样品，无涉盐违法案件。

（何数华）

知识产权管理

【知识产权创造】 2020年，溧水区实施专利质量提升工程，推动专利申请适度合理增长。全年有效发明专利2536件，完成目标133%；PCT申请383件，完成目标450%；万人发明专利拥有量56.7件，申请商标2579件，注册商标1659件，增幅位于全市前列。新增贯标企业80家，通过省级验收企业或第三方认证61家。创成江苏省知识产权强省建设示范区，通过省知识产权局专家组验收。8月，白马农高区获批江苏省知识产权示范园区。10月，"溧水草莓"获国家知产权颁发的地理标志证明商标。

【知识产权保护】 2020年，溧水区知识产权局完善知识产权保护机制，营造良好营商环境，做好知识产权维权保障服务。全年查处专利标识标志不规范案件32件，专利纠纷案件22件，查处商标侵权案件10件。加大知识产权保护力度，6月28日，成立江宁经济技术开发区人民法院知识产权审判溧水巡回法庭。4月29日，市知识产权局、市司法局在溧水区召开知识产权维权援助分中心建设推进会，加大知识产权维权援助力度，打造最严知识产权保护生态。开展"知识产权保护法律服务进园区百日行"活动，走访全区8个街镇（开发区）150余家企业，拓宽企业知识产权保护服务渠道。

2020年度溧水区获南京市优秀专利奖项目情况一览表

专利名称	专利号	专利权人	类型
一种景观式户外环网柜	ZL201822012286.1	江苏华富电力科技有限公司	实用新型
多维度调节金属幕墙连接组件	ZL201720282306.X	南京晨光艺术工程有限公司	实用新型
环网柜(户外景观式)	ZL201930365711.2	江苏华富电力科技有限公司	外观

【知识产权宣传】 2020年,溧水区知识产权局开展"线上+线下"宣传,利用"溧水普法"微信公众号、"知识产权工作群"推送知识产权维权法律知识、最新动态和典型案例。在"4·26"世界知识产权日、11月"专利活动周",开展知识产权保护、法律讲座进社区宣传活动,组织知识产权法律服务队,开展"保护知识产权,助力企业创新",走访全区百家企业,为各企业提供量身定制知识产权服务。

【企业知识产权建设】 2020年,溧水区推进知识产权强企行动计划,培育一批知识产权密集型企业,新增一批企业实施《企业知识产权管理规范》国家标准。加强企业知识产权管理标准化示范单位统筹指导和培训管理,加大贯标培训和绩效评价工作力度,指导企业开展国标认证,助推企业提升知识产权管理和战略运用水平,61家企业通过省级验收(认定)。6月,江苏冠军科技集团股份有限公司获批南京市高价值专利培育中心建设。恒驰环保设备(南京)有限公司、南京晨光艺术工程有限公司、南京天朗制药有限公司、南京东亚橡塑制品有限公司、江苏地龙重型机械有限公司、江苏金恒新型包装材料有限公司创成南京市知识产权示范企业;南京恒众信息科技有限公司、南京晨光艺术工程有限公司、南京能益泰科建材料有限公司、南京泽朗生物科技有限公司、南京德尔隆工程塑料有限公司通过知识产权标准化创建省绩效验收。南京溧水粮食交易市场获南京市"正版正货"示范街区、天利广场获南京市"正版正货"试点街区。缓解科技型企业融资难题,支撑全区产业转型升级和创新型经济高质量发展。利用"互联网+知识产权+金融"平台,创新知识产权融资产品,实现融资额翻番。全区82家企业99件专利、1件软件著作权、3件商标完成知识产权质押3.2亿元。搭建知识产权优质服务平台,帮助70家企业利用知识产权质押融资2.57亿元。 (何数华)

价 格 管 理

【价格服务】 2020年,溧水区围绕稳控房价,做好新建商品住房价格申报备案指导工作,全年申请备案批次59个、项目26个。推进全区农业水价综合改革,开展清理规范电网和转供电环节收费有关事项行政指导,联合区市场监管局督查、检查,规范转供电主体收费行为。调整区民用管道天然气、民用管道液化石油气、非民用管道天然气价格,加强前期物业服务合同备案和停车场收费备案管理。核定公办公营养老服务机构收费标准,开展幼儿园收费检查,调整大金山和天生桥景区门票价格。至年底,完成各类价格认定案件110件、认定总额120万余元,无重新认定或申请复核裁定案件发生,准确率100%。处理"12345"投诉工单、网络舆情以及信息公开、行政诉讼等相关工作。

【价格监测认证】 2020年,溧水区开展粮油、肉禽蛋、水产品、调料、水果、豆制品、蔬菜等多方位价格监测,及时上报各类价格信息。完成农户种植意向、农户存售粮情况调查以及省、市下达的农户购买农资情况调查任务,完成粳稻成本收益调查和油菜籽成本收益调查的一次性预测,完成优势农产品草莓成本收益、粳稻成本收益和油菜籽成本收益比较调查;开展设施西红柿、茄子、菜椒、露天圆白菜成本收益调查;完成种粮大户与普通种粮户种植成本收益比较调查任务。 (徒成兔)

【收费检查】 1月起,溧水区巡查口罩等物资价格行为,加强新冠肺炎疫情防控物资价格监管,打击价格违法行为，维护市场秩序，保障防控物资供应。接“12345”投诉举报，查处江苏递乐科技发展集团有限公司涉嫌口罩价格欺诈行为，罚没款入库30万元。统筹新冠肺炎疫情防控与经济社会发展，减轻相关企事业单位负担，阶段性降低非居民用气成本，3月，走访滨海、金屏、洁宁等6家燃气公司，督促燃气公司规范收取燃气费用。接区审计局公立医院收费专项审计移送线索，检查区人民医院医疗收费情况，要求区人民医院退还多收价款，逾期未能退还全部罚没入库。

（何数华）

统　计

【概况】 2020年，溧水区加强统计监测研判，服务推动高质量发展。制订《溧水区统计局关于对标找差创新实干推动高质量发展工作方案》，参与政府工作报告数据核实工作。分析和监测新冠肺炎疫情对实体经济冲击，走访调研各街镇（开发区）相关重点企业，现场指导企业统计业务。提高数据质量。全年实地核查24家工业企业、6家服务业企业、11家批发零售贸易业企业数据。组织各行业（企业）统计调查对象业务培训14场次，受训300人次。完成部分事业单位调查，水运能源、文化产业、体育产业、健康产业、妇幼规划、居民出游、村（社区）工作满意度、生产者价格指数、二手房价格调查，新建楼盘走访调查、新设小微企业调查、市民化调查等。承担省级机关工作满意度调查、网购调查等非常规性调查任务。

【第七次全国人口普查】 2020年，溧水区统计系统按照区政府《关于做好溧水区第七次全国人口普查工作的通知》要求，组建区人口普查办公室及内设工作机构，成立街镇领导小组和办事机构。选聘3000多名普查指导员和普查员，划分3100个普查小区，开展人口普查专题调研和人口普查试点工作。组织培训163场，参训4946人次。5月，在永阳街道工农兵社区开展人口普查综合试点。9月，完成113个普查区边界确认，标绘建筑物12万个。10月，全面完成人口普查摸底。11月，完成全区人口登记。全区常住人口49.13万人，与2010年第六次全国人口普查相比，10年间增加70013人，增长16.62%，年均增长1.55%。

【农业农村调查】 2020年，溧水区统计系统采用现场指导和事后质量检查等方法完成农作物面积遥感测量调查和粮食测产。调查新冠肺炎疫情对畜牧业生产影响状况，核实新样本框名录库，运用网络电联等方式完成畜牧业调查任务。实施乡村振兴战略实绩考核数据预测工作，完成2020年设施农业调查及联网上报和生猪考核数据调查监测。完成2020年特色小镇、美丽乡村调查。

【住户样本轮换】 2020年，溧水区统计系统摸排二轮住户样本200户，掌握样本户3年发生的收支变动、人口变动、落实开户等情况。评估上报新老样本代表性、差异性、完整性，获得国家统计局江苏调查总队、南京调查队通过，换户41户，换户率30.5%，确保溧水区居民收支水平代表性。开展新一轮一对一、点对点多模式开户培训及电子账推广，完成200户轮换、开户、试记账、正式记账工作，电子化记账开通率97%，全省涉农区县中位列第一。

【统计依法行政】 2020年，溧水区政府常务会组织集体专题学习习近平总书记关于统计工作重要讲话指示批示精神和相关统计法律法规。将统计法律法规学习贯彻纳入《2020年全区党（工）委（党组）理论学习中心组专题学习计划》和《2020年溧水区法治宣传教育工作要点》。组织区各相关部门、各街镇领导班子和统计工作人员学习统计法律法规。出台《溧水区党政领导干部防范和惩治统计造假、弄虚作假责任制实施办法》《2020年全区统计法治工作要点》《2020年统计执法“双随机”抽查工作方案》，开展永阳街道、晶桥镇统计督查，抽查15个单位（项目）进行统计执法，给予警告处罚单位4个。

（张三福）

责任编辑　吴萍

国有资产运作

【国资国企改革】 2020年，溧水区围绕国资国企改革重点工作任务，拟订2020年度国有企业改革及市场化转型工作目标，指导并推进国资国企改革。重点推进区城建集团开展混合所有制改革试点、区产业集团试行薪酬管理改革、区水务集团试行体制机制与绩效考核改革。拟制溧水区国有企业公司制改革方案，有序推进22家全民所有制企业改革，完成其中2家。全年，相关行政事业单位和国有企业按规定减免小微企业房产租金600余万元。

【国有资产整合及优化重组】 2020年，溧水区印发《江苏南京国家农业高新技术产业示范区发展集团有限公司整合重组方案》《南京石湫文化创意有限公司整合重组实施方案》，通过股权划转、经营性资产资源依法依规整合注入方式，组建南京国家农高集团和石湫科教城建设集团，为南京国家农高区、石湫科教城建设和发展提供支撑平台。推进溧水区产业集团、水务集团文化旅游资源和城市公共服务资源梳理整合，启动优质资产上市培育工作，制订上市行动计划。审核投资项目资金平衡方案104个，项目资金165.16亿元。

【党政机关事业单位所办企业清理脱钩】 2020年，溧水区印发《关于推进区级党政机关事业单位所办企业清理脱钩的实施方案》《关于开展区级党政机关事业单位所办企业清查和改革方案申报的通知》等文件，开展党政机关事业单位所属企业情况清查及改革方案申报；召开企业清理脱钩工作推进会，结合各单位改革方案，拟定党政机关事业单位所办企业脱钩方案。

【PPP项目管理】 2020年，溧水区申报省级PPP示范项目3家。至年底，洪蓝新市镇综合建设PPP项目、溧水新建城区公共建筑PPP项目和石湫影视小镇一期配套设施PPP项目获评省级PPP示范项目，奖补资金1373万元。申报S204（溧水段）建设工程PPP项目市级项目落地奖补资金，获得市级以奖代补资金100万元。 （方晶）

【国有资产管理】 2020年，区国资集团加强行政事业单位经营性资产运营与管理，划入经营性资产26848.64平方米，涉及划转单位10家（区民政局、人社局、卫健委、城建局、行政审批局、法院、财政局、教育局、税务局、区委党校）。完成7家单位不动产权证办理。在区公共资源交易中心公开挂牌招租永阳街道中山路商汇楼约266平方米门面房，确保国有资产租赁收益最大化，实现国有资产增值保值。完成南京活塞环厂资产清查工作。4月，组建拆迁工作领导小组，落实南京活塞环厂食堂及7幢北面平房19处房产拆迁政策。

【支持实体经济】 2020年，区政府与省再担保集团签订《溧水区与江苏信保集团“园区保”项目合作协议》，区国资集团负责“园区保”项目风险资金池，监管专户资金安全，服务中小企业。加强指导下属子公司溧水保安服务公司与溧水环卫服务有限公司，完善监督管理职能。启动两家下属企业改制工作，至年底，完成保安服务公司企业改制；保留未实际运营的南京活塞环厂企业名称。与工商银行、建设银行进行政府隐形债务置换，减缓集团资金压力，加强金融债务风险防控。控制融资担保规模，暂停对区属国有企业的融资担保工作。

（颜瑞）

高新技术产业投资与开发

【概况】 南京高新区（溧水园）管辖面积24.38平方公里，包含永阳、东屏、和凤等联动发展区域，溧水高新技术产业投资有限公司为科技投融资平台，注册资金32亿元，负责全区创新载体打造、建设、招商、运营及股权投资、创业环境塑造、科技成果转化等工作。聚焦人工智能、新材料、生物医药主导产业，发展信息技术、智能制造、高端装备等产业，重点吸引"3+1+X"产业领域区域总部、研发中心和高科技制造企业入驻。建立资源共享机制，推动高校、科研院所与企业之间紧密合作，建立优势互补、利益共享、风险共担、共同发展的产学研协同创新机制。2020年，辖区规模以上企业608家，高新技术企业406家。开工建设联东U谷、天安等10亿元以上投资项目7个，引进新型研发机构及研究院13家。完成新型研发机构备案1家；新型研发机构孵化引进企业578家，企业研发投入占营业收入的3.2%；高新技术产业投资75.15亿元；新增指标高技术服务业营业收入16.65亿元、高技术制造业产业产值119.76亿元。3月6日，溧水区召开抗疫情稳增长促发展银企对接会，与苏州协立资本、上海逐鹿资本、南京正善资本合作设立3家创投基金，与毅达资本、海尔资本合作设立智能制造基金，完成相关合作项目签约。溧水高新投资入选全国性政府引导基金评选的"中国投资机构软实力LP100"榜单，"投后赋能力TOP10"榜单。溧水区产业发展引导母基金获评2020年中国最佳政府引导基金（区、县级）前30位。

【重大项目推进】 2020年，溧水高新区（溧高投）列入省市区重大项目5个，总投资311.4亿元，计划投资51亿元，完成投资43.83亿元，占年度计划72%，开工率100%。联东U谷智能制造产业园完成一期市政沥青铺设和外墙建设，二期部分建设主体结构封顶。高新区永阳园区高标准科创载体建设项目一期交付。天安溧水幸庄科技产业园基础开挖。北京经开·南京园项目晨光大道段开挖，文昌路、润阳南路人行道施工扫尾，建设水保东路水稳铺设及绿化工程、城东4号路沥青铺设和段林水库周边综合环境改造工程竣工。南大校友经济产业园项目A地块A1、A2、A3封顶，B地块B6—B14主体封顶。

【路演创业比赛】 2020年，溧水高新区举行溧智创业营第三季线上路演活动9场，参加项目82个。4月28日，2020年中国创交会科技硬核战役高峰论坛暨第九届金博奖启动仪式在"博士云"平台举办，3个与疫情防控相关创新创业项目参加。5月20日，举办江苏人才创新创业路演（第64期）暨2020年溧智创业营第三季第三期·高层次人才专场活动，7个高层次人才创业项目参加。7月24日，举办2020年溧智创业营第三季第5期·巾帼专场活动，10个巾帼创客项目参加。8月27日，举办2020溧智创业营第三季第6期·大学生创客专场活动，7个创业项目参加。11月19日，2020海外高层次人才线上路演活动在幸庄科技产业园举办，澳大利亚、韩国创新创业4个项目参加路演。12月12日，举办智能网联汽车沙龙暨溧智创业营第九期智能网联专场活动，12家智能网联汽车项目参加。

【合作项目签约】 3月21日，溧水高新区（溧高投）、永阳街道与常州隆宇建设、金宇茂物举行洪宇健康产业园签约仪式。6月1日，举办幸庄科技产业园入园项目集中签约仪式，签约南京电无忧物联技术研究院有限公司、南京未来互动智能科技有限公司、南京云鼎智通信息技术有限公司3家企业，营业范围涵盖电力物联系统、新能源车辆的纯电动驱动系统研发等方面。8月10日，与上海千协汽车科技有限公司签订汽车工业设计生产项目协议。

【南京创新周活动】 6月23日，溧水高新区举办2020年南京创新周江苏人才创新创业路演暨2020年溧智创业营第三季第四期·物联网专场活动。必照岩土科技（南京）有限公司、南京欣牲捷科技有限公司2家创业公司签约落户，江苏联合光电技术研究中心、南京玛斯特轻量化技术研究院、南京（溧水）国际智能感知先进技术研究院、浙溧智能制造研究院4家新型研发机构签订共建合作框架协议。

6月23日，2020T20荷兰绿色智慧农业企业线上路演活动在溧水区举办
区委组织部　供

【幸庄人才公寓开业】 7月22日，溧水幸庄人才公寓开业仪式启动，实现人才拎包入住，完善居住、出行、休闲、社交、学习等一站式服务。10月30日，举行配套商业街芝麻唐Fun乐街开业仪式，项目定位休闲、购物、娱乐、健身、教育培训、餐饮美食于一体的“一站式时尚购物living街区、5分钟精致生活娱乐圈”。

6月24日，南京创新周分会场活动2020中国（国际）电子竞技行业发展高峰论坛在溧水举办
吴康　摄

【海外人才创业园开园】 9月15日，溧水区海外人才创业园、溧水区中关村海淀园开园，科创母基金（盛世投资集团）合作项目、新型研发机构（苏州聚复）合作项目及7个招商合作项目签约。整合国际创业投资服务、留学归国人员创业服务和国际技术转移服务等国际化科技创新服务职能，引进和扶持海外高层次人才创新创业项目，打造海外归国人才集聚高地和对接海外创新资源的科创中心。12月18日，中关村海淀创业园—溧水高新区项目对接会在北京举办，现场签约落地项目7个。12月29日，国际人才创业沙龙在海外人才创新创业园举办。

【无想投资人中心成立】 2020年，溧水区建立南京首个近郊产业投资人集聚区“无想投资人中心”，汇聚深创投、基石资本、海尔资本、盛景嘉成、浙江东方嘉富、冀民投、北京丰盛资本、永圣资本、意大利伊索达投资、天奇创投、美国Raidical等30多个核心战略合作伙伴基金，邀请20位投资人为资本学堂投资人导师。设立“无想企业家俱乐部”基金招商入溧驿站，推进投资人多次走访本地企业，助力企业发展。打造“金融加油站”第三方服务中心，为溧水投资机构和企业建立有效对接平台，提供财税、人力、法律、会计等企业服务，落地溧水第一家私募股权投资机构管理公司百联挚高。

（吴康）

产业集团项目建设与管理

【概况】 2020年,溧水区产业集团加快城市更新步伐、改善城乡面貌。开工建设省重大项目国家冰雪极限运动训练基地,文化地标项目次序实施,夯实合作试验区蓝图和高铁新城基础建设,为宁杭生态经济带合作试验区先行先试。创新产品开发、运营模式、策划营销。打造品牌,全矩阵使用抖音短视频、网红直播、大蓝鲸APP、FM97.5/89.7广播、"踏青户外·打卡溧水"微信网页、新闻发布会、南京主城广告窗口等平台,邀请省广电明星宣传,其中H5页面"五一""十一"期间吸引464万关注及参与,助力"溧水,来了都说好"品牌造势。开展"健康溧水"和生态智慧未来城招商,接洽中铁集团等单位100余家,接待客商200余次。完成亿元以上签约项目9个、完成率129%;合同签约总额110亿元、完成率306%;实际利用内资23.22亿元、完成率222%;合同外资及港澳台资2000万美元、完成率50%。完成重大项目注册6个、完成率120%;上报新增项目信息70条、完成率100%;举办招商活动2场、完成率100%。至年底,集团总资产规模391.21亿元、净资产规模159.68亿元,年度营业收入13.08亿元、净利润2.55亿元。

【机构职能调整】 8月5日,南京溧水商贸旅游集团有限公司更名为南京溧水产业投资控股集团有限公司,原审计监察部更名为审计法务部(纪检监察部),撤销粮食仓储经营部,设立资产运营部,内设机构调整为办公室、人力资源部(党群工作部)、财务管理部、审计法务部(纪检监察部)、投资发展部、规划建设部、企业管理部、资产运营部。职能新增建设健康、大数据等经济产业及生态智慧未来城经济板块等,职能调整为:加强国有企业党的建设,落实国有企业全面从严治党、党风廉政建设责任;负责优化配置、开发利用文旅、体育、健康等产业资本,建设研发载体标准化厂房、生态环保殡葬公墓园等,引导国有资本投向溧水战略产业;负责公开、非公开募集证券投资基金,搭建溧水健康、文旅、体育、大数据等重点产业投融资平台,促进溧水经济发展;负责更新改造老城区、综合运营高铁智慧新城、开发建设特色乡村,建设运营城乡文旅、体育、健康及其他城市公用功能设施;负责粮食储备工作,搭建运营粮食及农副产品综合物流储备、加工高标准载体平台;完成区委、区政府交办的其他任务。注册资本由10.13亿元增至20亿元。

【产业集团项目建设】 2020年,溧水区产业集团完成城乡建设任务,推进重大项目建设。5个民生实事项目开工4个,1个按序时推进。"健康溧水"建设重点项目4个,傅家边草莓智慧园基地建成投用,绿地·中国中医健康养生示范区、国家冰雪极限运动训练基地、沙塘庵粮食产业园开工建设。54项AB类城乡任务开工48项、开工率89%,6个未开工项目达序时进度。完成通济街更新改造8号楼、9号楼外立面施工;首开飞燕文化产业街区招商中心、路演中心,3、4号楼孵化器、众创空间建成投用;建设完工永寿坊商业文化街区;完成寺桥片区更新改造首开区房屋主体、南门广场及首开区沿河景观建设。新冠肺炎疫情期间,有序开放安民智慧农贸市场马家园、怡景佳园、金龙南郡、秋湖佳苑4个店;周家山公墓生命园土建完工、设备安装。建成开放绿地康养一期;无想国医文旅小镇深化修改方案;共建共享康养院子建成田姐家民宿、孙家康养院子等180余间。

【阿米巴课堂打造】 2020年,溧水区产业集团设立阿米巴课堂,打造企业管理技能、专业技能、通用技能等体系化培训平台,分层分类培养企业高管、中层干部、普通职工,推动建立以部门为单位的自主经营主体、培养具有经营意识的干部人才,构筑学习型、创新型企业文化,实现全体员工共同参与经营,搭建行业化、专业化、梯队化人才结构队伍。7月起,聚焦企业战略管理、商业模式创新、高效团队建设等企业管理课程和公文写作、人力管理、财务创新等技能课程,全年开展培训13场次(企业高管3场、中层干部3场、普通职工4场、专项培训3场)、培训1000余人次。

【生态智慧未来城建设】 2020年,溧水生态智慧未来城建设依托宁杭生态经济带合作试验区,全面融入长三角区域一体化,对接南京、杭州等地创新资源,集聚研发创新、科技金融、创业孵化产业生态,打造中央活力创新区。聚焦世界500强、中国500强、行业小巨人企业区域总部、职能型总部项目。推进“1+9”规划体系(城市设计、5平方千米控详、管线综合专线、竖向、交通、水系、综合管廊、标识系统、海绵城市、5G通信)等,市规划资源局规划编制专题例会审查通过城市设计及控详成果。完成站前综合体6轮规划研讨;完善人才公寓设计方案,同步推进项目可研、立项、土地报批、招标等工作;建成金溪路88号指挥部改造项目主体。全年重点在谈项目8个,投资总额100亿元,签约生态智慧未来城学校,星网软件园、中科创新广场等一批重大项目,均具备落地签约条件。

【老城客厅建设】 2020年,溧水区产业集团在城市更新改造中突出文脉传承,打造溧水城市文化客厅。8月,通济街一期城市更新改造开工,至年底,完成会景门、月星亭、三眼井、6座楼面建设等,展现改造初步效果。飞燕文化产业街区项目与金基集团合作运营,占地10公顷,总投资10亿元,首开招商中心、路演中心,有效可租面积基本招商完毕。永寿坊商业街区项目与市文投合作运营,总投资8.27亿元,用地面积3.55万平方米,占地面积1.51万平方米,总建筑面积6.95万平方米,街区依托永寿桥、永寿塔、钢铁厂文化记忆,设计历史记忆轴线、钢铁记忆轴线2条主轴串联商业内街,布局餐饮、布展、商铺、办公、住宿、游玩等功能,至年底,招商运营工作有序开展。寺桥城市更新改造项目,首开区主体已完工。状元坊中山书院项目占地面积约1.6万平方米,总建筑面积约1万平方米,业态布局初步形成中轴文化展示区、东侧文化创作区、西侧展陈和培训区、北侧经营业态区四大主题布局和功能分区,其中,中轴文化展示区500平方米,主要分布中山书院历史馆、城市文学客厅、国学讲堂等内容,完成中山书院功能分步、室内设计;东侧文化创作区980平方米,主要布局中山兔毫展示馆、民革江苏省中山书画院溧水分院等内容;西侧展陈和培训区1600平方米,主要布局多功能报告厅、傅小石纪念馆、琴棋培训馆等内容;北侧经营业态区,主要布局戏台、简餐、茶舍等内容,打造主题文化生态体验区。

【健康溧水产业建设】 2020年,溧水区产业集团助力健康溧水建设,招引发展健康产业。绿地·中国中医健康养生示范区项目选址晶桥镇,用地面积约1.32平方千米,以中医药产业为核心,引进上海药材、贵州药材、雷允上、南京中医药大学本科生实践基地等品牌资源。项目4月启动,分3期开发,计划三年建成、五年全面运营。国家冰雪极限运动训练基地项目位于永阳街道万达广场西侧,用地0.39平方千米,总投资约40亿元,以冰雪运动为核心引擎,冰雪旅游、冰雪赛事、冰雪营销、冰雪装备、冰雪运动培训五大产业为支撑,至年底,项目开工建设。8月8日,共建共享康养院子行动发布会举办,推出石臼湖、无想山、天生桥、望悠谷四大康养片区、13个特色村落、计1000余座共建共享康养院子,招引投资民宿酒店、休闲农业等多元产业,提供政企共同投资建设运营、投资方建设运营、投资方建设租赁方运营、政府建设租赁方运营4种合作模式,接到电话咨询120多起,接待51家企业、21位艺术家实地考察石湫街道李在凤村、晶桥镇石山下村、和凤镇诸家、骆山、张许村并达成合作意向。无想国医文旅小镇,位于无想山片区,总投资约80亿元,规划占地面积4平方千米,完成初步概念策划方案。

【特色旅游村打造】 2020年,溧水区围绕全域旅游和乡村振兴,致力把绿水青山变成金山银山。7月,红色李巷N4号院对外开放,与新华报业传媒集团签约合作,合资成立江苏新华美溧传媒有限公司,合作开发运营红色李巷。建成开放遇园乐坊、戏台、金丝楠木馆、曾家大院、游客中心,动工装修揽月楼餐厅、无想山居民宿。全域旅游环线观山、上方轩驿站对外开业。

【民宿酒店建设】 2020年,溧水区产业集团统筹民宿酒店资源,壮大“山、水、林、园、田”无想居品牌。中山湖金陵文璟酒店(中山湖无想湖居)、遇园无想山居开业,归隐·石山下、诸家栖泊民宿、孙家康养院子、李巷康养院子、谷仓酒店等民宿集群开工建设。

【溧水文旅节庆IP打造】 2020年,溧水区产业集团围绕“办好一次会,搞活一座城”要求,策划文旅节庆IP,助力打响“溧水,来了都说好”品牌。1月1日—2月11日,举办“健康溧水·活力新城”第三届秦淮源头灯会。1月1日—19日,举办江苏广播第三届年货大集暨溧水第三届秦淮源头灯会年货节,设置打酱油民俗体验、本土特产展销、中国传统艺术表演等活动。举办天生桥"咪豆holiday"活动,发布"踏青户外·打卡溧水"智慧旅游移动端网页,整合溧水30个景区(点),组团营销扩大影响,"五一"期间吸引105万人次关注及参与,天生桥、无想山、红色李巷入榜南京"五一"近郊热度旅游景点前10位。

溧水区产业集团子公司名录

全资子公司	合资子公司
南京溧水产业投资控股集团昱通建设发展有限公司	南京溧城测绘有限公司
南京昱扬建设工程有限公司	南京市溧水区晶桥建设开发有限公司
南京溧水文化旅游集团有限公司	南京枫香岭旅游发展有限公司
南京溧水产业投资控股集团昱达文旅发展有限公司	江苏澎湃体育发展有限公司
江苏秦源国际旅行社有限公司	中青城投明城江苏文旅发展有限公司
南京天生桥文化旅游发展有限公司	南京溧水傅家边旅游开发有限公司
南京无想山文化旅游发展有限公司	南京溧水傅家边休闲农业开发有限公司
南京溧水宾馆有限公司	江苏新华美溧传媒有限公司
南京溧水产业投资控股集团天生文化传播有限公司	南京燕然文化产业发展有限公司
南京溧水产业投资控股集团旭日投资发展有限公司	南京燕新运营管理有限公司
南京溧水粮食购销有限公司	南京康颐健康发展有限公司
南京溧水安民农副产品有限公司	南京中交商旅置业有限公司
南京溧水汇民农副产品市场管理有限公司	南京市银达商贸有限公司
南京市溧水区昱达集团金属材料有限公司	—
南京金苏皖物资城	—
南京市溧水区车辆租赁有限公司	—

(杨志业)

城建集团项目建设与管理

【概况】 2020年,溧水区城建集团实施城乡建设计划项目59个,完成投资40.2亿元。全年接待客商175批次、416人次,外出招商、考察14次,参加上海、深圳招商会、金洽会等各类招商活动13次,完成签约亿元以上项目6个,投资总额69.51亿元,实际利用内资21.427亿元。至年底,341省道、246省道环保设施补设工程、341省道收费站系统改造、246省道幸庄路—韩湖南路段电缆线路工程、南堡幼儿园、农展馆配套酒店、80千米农村公路绿化提升工程等9个项目竣工验收。农村公路提档升级建设工程省道204项目建设步入正轨,湖韵怡居B、省溧中改扩建工程等15个项目年底完工。省市重大项目国家极限运动溧水训练基地投入使用。城隍庙文化街区项目展陈布置、河道工程气盾坝完成施工,准备试运营。

【债权管理】 2020年,溧水区城建集团新增融资148.64亿元,全年资金收入174.57亿元,资金支出161.76亿元,融资年平均成本5.13%,净资产增加100亿,资产负债率降至60%以下。联系大公国际资信评估有限公司、上海新世纪资信评估投资服务有限公司、中证鹏元资信评估股份有限公司3家评级机构评价集团主体信用等级,由AA调增至AA+,为区内第一家AA+国有企业,利用AA+评级减少融资成本0.83亿元。

【城建项目推进】 2020年,溧水区城建集团推进保障房公司资质创建,8月,中山保障房公司完成房地产开发一级资质审批。建设运营码头公司与洪蓝街道投资合作，合资成立南京溧水胭脂河码头有限公司，城建集团、洪蓝街道分别占股80%和20%，负责码头设施建设与运营管理，年底，胭脂河码头建设完工，进入试运营准备阶段。实施智慧停车项目，完成溧水区智慧停车运营管理平台建设，软件系统包括智慧停车运营管理、停车运营大数据分析、公众服务（微信公众号、支付宝生活号、"智慧溧水"APP）等，联网开放接入停车管理平台6个和"停车管家""路内收费"内部管理使用APP 2个，启动收费运营管理工作。实施新能源发展建设，成立新能源发展公司，升级银隆车辆识别码40辆，实现平台自主记录充电车辆车牌号；对接、开发和调试市级监管平台，实现平台数据上传；完成充电设施运营微信小程序、微信商户号、微信开放平台账号申请及验证，为充电站运营提供便捷服务支持。建设50台充电桩，商定43个站点合作方案。选择优势产业试点混合所有制改革，年初，与民营企业南京明辉建设有限公司商谈合作，成立装配式建筑企业南京卓南建设科技有限公司，占股40%，至年底生产线投产运行。

【工程安全管理】 2020年，溧水区城建集团下发安全专项检查督办单79份，发现并消除问题或隐患1242项，其中生产经营单位84项、建筑工地1158项。加大安全培训，提升安全意识，组织开展多期安全生产大讲堂培训和安全知识考试。现场代表及安全管理人员参加安全培训、考试325人次。

【道路基础设施项目】 2020年，溧水区完成341省道、246省道环保设施补设工程，改造341省道收费站系统项目，农路提档升级工程续建20千米、80千米农村公路绿化带。在建项目204省道溧水段一期改扩建工程进入路基施工、桥梁施工、箱涵施工，204省道新建40千米路段进场施工。生活垃圾处置配套道路工程新建段基本完工，推进老路段1.7千米拓宽提升。

【公用基础设施建设】 2020年，溧水区白马公交首末站办理立项；审核高平大街公交首末站控制价，发布招标公告；溧水城西公交停保场（PPP项目）完成桩基工程施工；建成洪蓝公交首末站、城南新区公交首末站；公交智能化系统投入使用。

【市政道路建设】 2020年，溧水区城建集团承担13条市政道路建设工程，其中观峰路段基本完工；246省道市政化改造完成施工图绘制；仪凤北路改造灰土及雨污水管道施工；东洪公路无想山连接线因土地指标问题暂停施工；仪凤北路四期因一户房屋拆迁问题暂停施工；石燕路六期沥青摊铺；体育公园路西延完成新龙路小学段180米建设，其余段落完成75%；秋湖嘉苑配套市政道路南规划路完工，东规划路人非共面（人行道与非机动车道共同路面）施工建设、工农兵线路面施工结束，开展绿化施工；秦淮大道综合管廊主体结构完成80%；珍珠南路环境综合整治工程快车道底层沥青铺设完工并通车，管综施工完成95%，人行道铺装完成40%。

【政府代建项目】 2020年，溧水区农展馆配套酒店、南堡幼儿园交付并投入使用，10个避难场所建设工程基本完工；万科东体育中心和环卫设施综合体室内外装饰装修施工；新龙路含幼儿园主体施工，预计2021年9月投入使用；省溧中改扩建工程室外施工完成并交付；省溧中附属中学改扩建完成场地平整、施工单位招标；编制南堡办公楼控详调整方案；南堡社区中心通道完工，主体土方开挖，垫层施工45%，锚杆施工20%；体育公园体育场改造提升工程主体结构施工；金龙路社区中心临时水电接通；完成公安业务技术大楼主体结构及幕墙施工、室外景观和绿化及汽车坡道施工建设。

【拆迁安置房项目】 2020年，溧水区城建集团承担13个保障房小区及2个老旧小区改造项目建设，其中，锦和家园三期桩基土方部分发布招标公告，编制主体清单；审核栖凤佳苑二期招标控制价；锦和家园二期桩基、土方动工建设；完成湖韵怡居B装饰装修及室外附属设施建设；天生华都主体及基础设施施工；中山水苑A区装饰装修施工，B区进行主体及二次结构施工；南堡翠城、天生华府、秀园西苑三期主体及二次结构施工，部分主体封顶；秀园南苑、秀园西苑二期主体结构等施工；幸庄佳苑、幸庄北苑老旧小区整治进场进行绿化、停车位等施工；双塘佳苑老旧小区整治工程办理立项。

【城建服务民生】 2020年，溧水区公交车477辆，开通线路85条，运行总里程1525.01万千米，营业收入1009.71万元。出租车100辆，营运总里程248.96万千米，接单量13.25万次，营业收入557.92万元。公共自行车骑行次数36.87万车次，新增办卡224张。开通学生运行线路117条，线网覆盖全区21所街镇小学，接送学生7000余人次，校车安全行驶总里程61.5万千米，未发生交通有责事故。 （宋丹）

水务集团项目建设与管理

【概况】 溧水区水务集团是由区国资办列名监管、独立运作的区属国有企业。2020年，集团内设5个职能部室(综合办公室、财务审计部、企业管理部、工程建设部、水环境部)，下辖6家全资子公司(南京市溧水区自来水有限公司、南京清泉城市建设工程有限公司、南京溧水秦源污水处理有限公司、南京秦源环境有限公司、南京溧水清源资产经营管理有限公司、南京溧水环山河生态旅游投资发展有限公司)，其中南京清泉城市建设工程有限公司拥有管道安装、市政公用工程和建筑工程施工总承包三级资质，南京溧水秦源污水处理有限公司拥有管网检测行业资质及环保管家行业甲级资质。3月5日，区水务集团取得主体信用AA等级，利用水务板块优势，与商业银行、券商等开展多元化融资合作，以绿色企业主体认证以及建设南京智慧康养创新园为契机，探索绿色主体公司债、康养专项债等新融资品种。集团资产总额124亿元，净资产43亿元。

【水务项目建设】 2020年，区水务集团实施项目21个(新建12个，续建9个)，投资12亿元。新水厂30万吨/日、秦源污水厂5万吨/日四期扩建及污水处理厂提标改造工程基本竣工；新建改造主城区供水管网63千米，完成区域供水管网工程10千米、污水管网及雨污分流工程48千米，城区816个市政道路污水井井盖更换为“五防”(防响、防跳、防盗、防掉落、防位移)井盖；完成11.5千米清水通道生态廊道建设及扩容。承建的清水通道二标段、金毕河景观提升工程两个项目获2020年南京市园林工程“金陵杯”(市优质工程)奖。

【农污专业运维】 2020年，溧水区693个农村生活污水处理站点由区水务集团统一专业化运维，推进供水、污水专项规划修编，制订《溧水区农村生活污水处理技术导则》《溧水区农村污水设施运营方案》，建立“四位一体”(以主管部门为责任主体、水务集团为运维主体、街镇为落实主体、行政村为协管主体)农村生活污水处理设施运维管理体系和“一中心、两办法、三体系”(农污运维安全调度中心，“自主运维+外包服务”模式办法，农村生活污水处理设施运维管理与考核体系、巡查与养护体系、设备维修与保养体系)运维体制，补足农污设施专业运营一体化短板。

【节水型社会创建】 2020年，溧水区根据全区发展规划、“十四五”规划、新水厂建设实际情况，开展供排水与节水专项规划修编。普查探测1400千米城乡供水管网，更新GIS系统，制订分区计量，降低供水管网漏损率。中水

11月30日，区水务集团开展防冻保供工作专项检查　　章丽　供

回用由1.0万吨/日提升至4.5万吨/日，加快打通秦源污水处理厂至交通西路中水主管建设，合理设置取水点和补水点，提升水资源综合利用率。建设节水主题公园，宣传节水知识，培育节约用水生活方式和消费方式，为创建国家级节水型社会奠定坚实基础。

【供排水保障】 2020年，区水务集团实现供排水安全优质稳定，城乡供水总量3993.34万吨，其中水库水2971.09万吨，长江水1022.25万吨；全年污水处理总量2094.84万吨，污泥处理总量11304.72吨。完成城区12处智能截流井改造、2.2千米程家河水生态修复净化、3.6千米南门河上游水环境综合治理，安装2.3千米护城河生态浮岛和水质净化设备。

【大气环境监测】 9月，溧水区水务集团引进全区首辆走航监测车，该车装有挥发性有机物飞行时间质谱分析仪、车载大气采样系统、车载五参数（温度、湿度、气压、风向、风速）气象站及便携式VOC（挥发性有机化合物）检测仪等设备，车内各相关仪器能迅速定量分析经过区域气体成分，实时反映各项指标变化趋势，通过“污染画像—挂图作战—持续减排”三步作战方针，实现精准排查、精准打击、精准治理。全年走航6307千米，出具走航简报186份，发现76处异常点位，整改率100%。全区环境空气优良率83.1%，上升15.4%，PM2.5浓度均值32.3微克/立方米，下降20.4%。

【水务服务民生】 2020年，区水务集团优化营商环境，深化为民服务新举措，从“减材料、减环节、减时间”入手，简化接水报装审批程序，做实做深“最多跑一次”改革，推出“掌上营业厅”“五心服务”“双肩包”等线上线下品牌服务。在竹溪园公园、护城河和宝塔寺公园等12处设置公共直饮水台，供市民免费饮用。 （夏帆）

责任编辑 吴萍

区水务集团以海绵城市建设为理念，开展小区内水体治理，补齐雨污收集和处理设施短板，改善居民生活环境和生活质量 《今日溧水》报 供

城市建设与管理

规　划

【概况】 2020年，溧水区完成《溧水区绿地公园系统规划及绿化景观品质提升导则》《溧水区镇村布局规划（2019版）》《南京市溧水区规划矛盾图斑一致性处理方案》《南京市溧水区控制性详细规划》NJLSb010、NJLSb020、NJLSb030单元部分图则调整项目，《2020年度南京市溧水区控制性详细规划》NJLSb050、NJLSb070单元部分图则调整服务项目5个规划项目编制。

【《溧水区绿地公园系统规划及绿化景观品质提升导则》编制】 1月10日，《溧水区绿地公园系统规划及绿化景观品质提升导则》编制完成并通过专家评审。该规划2018年7月27日由杭州园林设计院股份有限公司组织编制。规划范围：溧水区行政辖区，总面积1067平方千米，以中心城区范围为主。规划目标与愿景：以"园林特色更加鲜明，生态环境更加优美，人们生活更加幸福"为目标，以优化生态环境为核心，落实"以人民为核心"发展理念，构建城市绿色生态格局，提升绿地景观风貌，建设"花园即城市，城市即花园"的幸福溧水。指导原则：生态筑基、城乡并举、特色为纲、美丽引领。具体内容：优化绿地公园体系，构建"一环、三廊、四带、五楔"绿色生态格局。"一环"即外部生态山水为本底的生态山水环，"三廊"即宁宣、常合、宁杭高速两侧生态结构绿廊，"四带"即一干河—中山河—中山湖、二干河—东屏湖、秦淮河—天生桥河—石臼湖、白马湖—新桥河—石臼湖4条水系周边生态绿带，"五楔"即东庐—白马山水田园生态绿楔、卧龙山—卧龙湖滨湖休闲生态绿楔、横山—小茅山文化创意生态绿楔、石臼湖—天生桥河诗画水乡生态绿楔、观山—无想山休闲山林生态绿楔。打造花园化"三带、五片、多点"特色风景体系，"三带"即健康山林风光带：以横山—小茅山—无想山—观山—东庐山为载体，打造天然生态氧吧，突显山林风光特色；古韵水脉风光带：以一干河—秦淮河—胭脂河为载体，以传统风貌为主，彰显悠悠文化水韵，塑造滨河文化画廊；生态休闲风光带：以二干河、卧龙湖为载体，强化生态郊野风貌，打造体现自然休闲之美生态水脉。"五片"即山水花园城市片，中心城区特色规划；白马山水田园片，以山水田园为特色，展示乡村田园和山地丘陵相交融的风貌特色；诗画水乡风情片，围绕石臼湖风景区，打造集湿地保护、生态旅游和农渔体验相结合的诗画水乡风景区；创意文化展示片，以石湫国家级影视基地为中心的西部创意片区，形成融合江南水乡风貌特色的文化风貌区；美丽乡村康养片，以健康康养为主题特色，塑造舒适宜人的美丽乡村风貌。"多点"即以石臼湖、无想山为代表的位于风光带上重要景观节点。绿化品质提升导则：提升道路绿化、滨河绿地、公园绿化、重要门户节点绿化、单位绿化、立体绿化、树种规划、绿道规划。

【《南京市溧水区控制性详细规划》NJLSb010、NJLSb020、NJLSb030单元部分图则调整项目】 12月31日，《南京市溧水区控制性详细规划》NJLSb010、NJLSb020、NJLSb030单元部分图则调整项目编制完成并完成成果归档入库。该规划11月4日由南京市规划设计研究院有限责任公司组织编制。规划范围：包括10项控规单元图则调整：NJLSb030-27图则单元，NJLSb030-09图则单元，NJLSb030-24图则单元，NJLSb020-18、19图则单元，NJLSb020-16图则单元，NJLSb010-13图则单元，NJLSb020-12图则单元，NJLSb030-02图则单元，NJLSb030-04图则单元，NJLSb030-17图则单元。规划内容要求：NJLSb030-27图则单元结合南京水上运动学校搬迁落户需求，处理好与水库保护等关系，优化调整控规图则方案。NJLSb030-09图则单元结合"健康溧水"建设发展要求和省康复医院、市养老公寓项目建设需求，优化调整控规图则方案。NJLSb030-24图则单元结合溧水区创建"先进制造业试验区"和团山片区产业升级要求，就现状南京星银药业集团有限公司增容技改要求开展可行性和必要性研究，优化调整控规图则方案。NJLSb020-18、19图则单元结合空港新城中心区城市设计优化方案和重大医疗健康项目落实需要，以提高轨道站点土地利用效率、完善居住公共配套为重点，优化调整控规图则方案。NJLSb020-16图则单元结合开发区教育设施布局规划调整，落实南京外国语学校仙林分校溧水校区选址和建设需求，优化调整控规图则方案。NJLSb010-13图则单元结合新能源汽车产业发展，保障落实新能源汽车制造新基地项目建设，优化调整控规图则方案。NJLSb020-12图则单元结合空港新城中心区城市设计优化方案和拟入驻企业总部商务办公需求，优化调整控规图则方案。NJLSb030-02图则单元结合新能源汽车产业发展，保障新能源汽车配套产业项目建设，优化调整控规图则方案。NJLSb030-04图则单元按照高新园区建设发展总目标和实际项目建设需求，协调城市整体空间环境塑造要求，优化调整控规图则方案。NJLSb030-17图则单元以优化和保障市政设施系统为要求，协调好邻避设施相互关系，优化调整控规图则方案。

【《2020年度南京市溧水区控制性详细规划》NJLSb050、NJLSb070单元部分图则调整服务项目】 12月31日，《2020年度南京市溧水区控制性详细规划》NJLSb050、NJLSb070单元部分图则调整服务项目编制完成并完成成果归档入库。该规划11月9日由江苏联合城市发展咨询有限公司组织编制。规划范围：包括马家园、南京飞燕活塞环股份有限公司、国家极限运动馆溧水训练基地、西点军校、中山水库北、区实验小学迁址、秀园路幼儿园、二手车交易市场、城西干道加油站9个地块控规单元图则调整。项目背景研究：了解项目源起，对接诉求，研判相关政策背景与发展形势，提供项目确立支撑。现状调查分析：结合地形、影像及地籍图核实现状；分析用地和重大市政设施、自然生态资源、河湖水系等制约因素；总结地区现状特点，作出现状评价；研究区内及周边地区人口、自然、历史文化条件；解读、梳理上位规划内容和要求。功能定位梳理：以城市总体规划及相关规划为依据，结合区域发展情况，综合分析规划区优势条件和制约因素，提升规划理念与发展定位；研究规划区土地利用、产业形态等要素，提出规划发展策略、整体空间形态和发展结构。规划方案设计：结合项目背景与定位，提出合理规划设计方案，明确城市各类建设用地规模，合理调整用地功能，确定各类用地边界、土地使用性质、经济技术指标等。公共服务设施配套：确定项目影响范围内各类公共服务设施等级、服务范围和服务容量，提出合理公共服务设施调整方案。基础设施规划：确定规划区内各类市政设施等级、服务范围和服务容量，划定各项市政设施源和站点位置、规模、用地边界。确定各类工程管线管径及管孔建设规模、走向以及重要节点控制标高。综合交通规划：梳理现状路网，与周边道路网络做好协调和衔接；提出区域对外交通联系、内部交通组织优化方案，确定路网格局；安排好区域内慢行交通。确定各级城市道路红线宽度、位置、路幅分配、控制点坐标、平面交叉口渠化、公交港湾停靠站、行人过街通道（包括地下过街通道）及其出入口位置、控制要求；确定主要交叉口、交通广场形式、位置、控制要求；确定各类交通设施规模、位置和用地边界以及规划控制要求。城市"六线"控制及控制指标确定：确定道路红线、绿地绿线、文物保护紫线、河道保护蓝线、高压走廊黑线、轨道交通橙线，规划深度"六线"上网。明确各地块控制指标，包括用地性质、用地面积、容积率、建筑密度、建筑高度、绿地率、配套设施、交通组织控制、地下空间利用引导、现状建设情况、规划建设状况等控制要求。

【《溧水区镇村布局规划(2019版)》修编】 12月31日,《溧水区镇村布局规划(2019版)》修编完成。该规划2019年12月19日由南京市城市与交通规划设计研究院组织编制,3月完成初步汇报和中期汇报,10月通过专家评审,12月获区政府批复,按照《江苏省镇村布局规划优化完善技术指南(试行)(2019年版)》要求提交备案成果。规划范围为溧水区行政管辖范围,总面积1067平方千米,含行政范围内开发区(柘塘街道)、永阳街道、东屏街道、洪蓝街道、石湫街道、白马镇、和凤镇和晶桥镇8个街镇。规划期限近期:2019—2022年,远期:2023—2035年。全区现状自然村庄905个,人口25.83万人;规划发展类自然村庄201个,占现状自然村庄22.21%。其中,集聚提升类自然村庄130个,占现状自然村庄14.36%;特色保护类自然村庄71个,占现状自然村庄7.85%。其他一般自然村庄231个,占现状自然村庄25.52%。搬迁撤并类自然村庄473个,占现状自然村庄52.27%。至2035年,非搬迁撤并类自然村庄432个,规划人口约16.48万人,规划村庄建设用地2563.03公顷,其中留白村庄建设用地100.18公顷。

2020年溧水区村庄分类情况一览表

街镇(开发区)	自然村(个)	规划发展类村庄					搬迁撤并类村庄		其他一般村庄	
		个数(个)	比例(%)	其中			个数(个)	比例(%)	个数(个)	比例(%)
				集聚提升类(个)	特色保护类(个)	城郊融合类(个)				
开发区	48	0	0	0	0	0	6	12.50	42	87.50
永阳街道	61	9	14.75	6	3	0	52	85.25	0	0
东屏街道	109	34	31.19	20	14	0	44	40.37	31	28.44
洪蓝街道	104	30	28.85	15	15	0	59	56.73	15	14.42
石湫街道	146	29	19.86	20	9	0	79	54.11	38	26.03
白马镇	178	22	12.36	13	9	0	106	59.55	50	28.09
和凤镇	133	44	33.08	33	11	0	46	34.59	43	32.33
晶桥镇	126	33	26.19	23	10	0	81	64.29	12	9.52
合　计	905	201	22.21	130	71	0	473	52.27	231	25.52

2020年溧水区规划村庄规模情况一览表

街镇(开发区)	非搬迁撤并村庄					村庄用地(公顷)	留白用地规模(公顷)	村庄总建设用地(公顷)	规划村庄人口(人)
	集聚提升类村庄(个)	特色保护类村庄(个)	城郊融合类村庄(个)	其他一般村庄(个)	合计				
开发区	0	0	0	42	42	207.39	0	207.39	12915
永阳街道	6	3	0	0	9	82.18	8.56	90.74	3650
东屏街道	20	14	0	31	65	375.72	4.73	380.45	20545
洪蓝街道	15	15	0	15	45	329.81	27.76	357.57	24565
石湫街道	20	9	0	38	67	342.87	12.48	355.35	23710
白马镇	13	9	0	50	72	358.01	4.97	362.98	20870

续表

街镇（开发区）	非搬迁撤并村庄					村庄用地（公顷）	留白用地规模（公顷）	村庄总建设用地（公顷）	规划村庄人口(人)
	集聚提升类村庄(个)	特色保护类村庄(个)	城郊融合类村庄(个)	其他一般村庄(个)	合计				
和凤镇	33	11	0	43	87	528.22	32.39	560.61	38700
晶桥镇	23	10	0	12	45	338.83	9.29	348.12	19810
合　计	130	71	0	231	432	2563.03	100.18	2663.21	164765

【《南京市溧水区规划矛盾图斑一致性处理方案》修编】 12月30日，《南京市溧水区规划矛盾图斑一致性处理方案》修编完成并通过省自然资源厅批复，该方案由江苏省兰德土地工程技术有限公司组织编制。处理方向和重点：做好过渡期内现有国土空间规划衔接协同，根据《自然资源部关于全面开展国土空间规划工作的通知》《江苏省自然资源厅关于进一步加强重大项目用地保障工作的通知》精神，溧水区按照国土空间规划"一张图"要求，一致性处理现行土地利用总体规划、城市(街镇)总体规划实施中存在矛盾图斑，作为国土空间用途管制基础。方案坚持最严格耕地保护制度和最严格节约用地制度，确保耕地质量和永久基本农田面积不减少、质量有提高、节约集约土地，围绕统筹城乡发展，优化城乡建设用地结构和布局，调整土地利用总体规划管制分区中允许建设区、有条件建设区，对应用途分区中城镇建设用地区、一般农地区和其他用地区。方案编制涉及调整面积14.43公顷，为规划矛盾图斑一致性处理。

（吕才修）

城市建设

【概况】 2020年，溧水区城市建设按照建设"南京南部中心，健康活力新城"目标定位，咬紧城乡建设、市政园林等目标任务，加强城市建设管理，推进重大项目建设。至年底，新增公共绿化面积10万平方米，城市建成区面积33.7平方千米，人均道路面积34.99平方米；城区园林绿地面积1524.5万平方米，绿地率40.87%，绿化覆盖率44.97%；城市路灯亮化率98%。

【城市建设项目】 2020年，全区城市建设项目473个，分交通基础设施、公共基础设施、功能区、生态环境、安居保障工程、其他重点建设六大类，其中新建项目287个、续建项目186个。至年底，开工项目458个，竣工项目169个，完成投资243.2亿元。完成国家极限运动馆溧水训练基地建设、农村公路提档升级、交通东路提升、寺桥片棚户区改造拆迁、美丽乡村建设、农村人居环境整治等项目。

【市政道路建设】 2020年，区城市建设部门按照区政府为民办实事要求，加强市政道路建设，启动珍珠路景观提升工程，全年建设市政道路14条。其中，续建道路10条，新建道路4条。至年底，完成市政道路建设9条，长19千米。贯通断头路石燕路(文昌东路—青年路)、新珠路东延(珍珠南路—淮源街)。

2020年溧水区新建、续建、改造市政道路项目情况一览表

分类	项目名称	工程规模	投资(万元)	开工时间	竣工时间
新建、续建、改造道路	仪凤北路(龙山路—青年路))	龙山路—青年路，长450米，宽28米。	1600	2019.08	施工中
	体育公园路(金龙路—观峰路)	新龙南路—观峰路，长280米，宽28米，桥涵1座	800	2016.04	施工中
	观峰路(尚书路—南外环路)	尚书路—南外环路，长2700米，宽28米，桥涵2座。	8000	2017.09	2020.12

续表

分类	项目名称	工程规模	投资(万元)	开工时间	竣工时间
新建、续建、改造道路	体育公园路东延	石燕路至琴音大道,长610米,宽28米	2422	2020.04	施工中
	薛李东路南延	天生桥大道至幸庄路,长1000米,宽28米	3569	2020.06	施工中
	水保路改造提升工程	长1100米,道路改造提升,雨污水改造,景观绿化提升	10460	2019.06	2020.12
	润阳南路(交通路—龙山路)改造提升工程	长1100米,道路改造提升,雨污水改造,景观绿化提升	10460	2019.06	2020.12
	文昌东路(水保路—润阳南路)改造提升工程	长700米,道路改造提升,雨污水改造,景观绿化提升	6080	2019.06	2020.12
	开发区群力路改造(含部分新建和路面修复)	秀山路—润淮大道2500米×50米,道路修复;润淮大道—新淮大道部分段800米×50米;200米新建,800米沥青摊铺	6000	2019.05	2020.06
断头路	石燕路(文昌东路—青年路)	文昌东路—青年路,长约900米,宽46米。	5000	2019.08	2020.12
	新珠路东延	珍珠南路—淮源街	1100	2020.06	2020.12
续建、新建城区主干道	溧东大道	道路总长2280米,宽44米,单幅主车道宽12米,慢车道宽3米,人行道宽2.5米。配套建设排水、桥梁等附属工程	16000	2018.08	2020.12
	交通东路	总长4200米,宽42~56米,总宽52米,电子警察、路灯建设、景观提升、两侧立面改造提升	35000	2018.02	2020.12
	珍珠路景观提升工程	珍珠南路(弯子口—天生桥大道)1400米道路景观提升,珍珠路(弯子口—永寿路)1500米道路景观提升	25000	2020.04	施工中

【市政设施养护】 2020年,区城市建设部门市政管养面积31.06平方千米,道路总长114.98千米,车行道面积221万平方米,人行道面积82.9万平方米,雨水管道197.6千米。实施市政设施养护市场化,完善市政养护管理办法,考核养护单位管理水平,提升城区市政道路养护管理质量。至年底,维修车行道2.13万平方米、人行道1.52万平方米、路牙5659米、树池1592米,更换检查井143套、雨水篦子509套,沥青灌缝7.08万米,安置阻车石547块,办结数字化城管工单213件。

【精细化建设管理】 2020年,全区精细化建设管理项目20个(含管理类项目2个)。其中,重大交通基础设施项目2个、园林绿化项目3个、城市管理项目5个(含管理类项目2个)、道路建设与环境提升项目5个,18个工程类项目开工18个,开工率100%,至年底,竣工项目12个。2个管理类项目按照规范长效管理中。区精细化建设管理指挥部办公室召开工作例会43次,协商解决议题414个,印发专题会议纪要41期,编制精细化工作简报43期。

【建筑垃圾资源化利用】 2020年,全区有南京嘉路新型墙体材料有限公司、江苏佳业环保再生资源有限公司建筑垃圾资源化利用企业2家。全年产生建筑垃圾10.59万吨,南京嘉路新型墙体材料有限公司处置利用10.59万吨,建筑垃圾资源化利用率100%。

【农村危房改造】 2020年,区城市建设部门按照《溧水区农村村民建房管理办法的通知(试行)》要求,会同区财政、民政部门实施农村特困群体危房改造,做好农村危房审批鉴定及资金保障工作,各街镇(开发区)落实目标任务。至年底,改造农村危房231户。其中新建(翻建)173户、维修58户,总投资1048.37万元。

【综合管廊工程】 2020年,秦淮大道综合管廊项目北起天生桥大道,南至南外环路,长3.8千米，主要施工范围包括市政道路、综合管廊及沿线地下空间。顺沿秦淮大道西侧，南北走向，距道路中线34.5米，沿线相交体育公园路、幸庄路、高平大街、金井路、石虎路、涌泉路。管廊采用矩形单舱结构，净宽3.5米，高3.6米，总投资9.7亿元。

【石燕路雨水管网改造】 7月，石燕路雨水管网改造开工建设，解决天生桥大道凯阳花园低洼路段积淹水。增设体育公园路与石燕路路口直径1000毫米东西走向雨水管道，分流上游来水至体育公园路东沿（石燕路——琴音大道），进入金毕河；增设石燕路和天生桥大道路口直径1500毫米东西走向雨水管道，引水入金毕河。路面增设雨水收水井，增加地表收水能力，消除路面积水。总投资142万元。 （孙燃）

城市管理

【概况】 2020年，溧水区城市管理部门树立城市管理队伍形象，提升城市治理水平。全区垃圾分类覆盖率100%，居民垃圾分类知晓率100%。新改建公厕203座，整治背街小巷10条，增加机动车停车泊位6000个，建成大件垃圾分拣（贮存）中心1座、日处理量16吨有机垃圾资源化处理站2座、垃圾收集亭（房）277座。发放城区一线骑电动车环卫作业工人安全头盔569顶，环卫保洁机械化清扫率97%，南京市郊区组专项考核排名第一。全年走访巡查村（社区）、自然村1700余次，拆除违法建设1508处，面积12.39万平方米。全年受理“12345”“12319”城管热线工单638件，办结率100%。举办第四届城市管理开放日活动，提高社会各界城市管理知晓度、参与度和满意度。在《南京日报》、人民网、龙虎网等省市区主流媒体发布稿件890余篇，发布原创微信260条、微博2014条，6个原创微视频、4篇新闻稿件登上“学习强国”平台。溧水区被授予“全国农村生活垃圾分类和资源化利用示范区”称号，区城管局被评为“南京市创建全国双拥模范城优秀集体”“南京市渣土管理先进单位”，区城市治理委员会被评为“南京市城市治理标准化先进集体”，区城市管理综合行政执法大队被评为“南京市城市管理行政执法先进集体”“南京市城管执法队伍案件处理先进单位”“‘四赛四评’线上大比武先进单位”，溧水环卫服务有限公司获南京市环卫行业机械化保洁技能竞赛精神文明奖，区城市管理综合行政执法大队永阳中队、晶桥中队被评为“南京市城市管理行政执法先进中队”。

【厕所革命】 2020年，区城市管理部门推进“厕所革命”，重点建设和改造农村公共卫生间。全年改建城区公共卫生间3座、新改建农村公共卫生间200座，其中开发区10座、永阳街道20座、东屏街道14座、洪蓝街道20座、石湫街道29座、白马镇44座、和凤镇34座、晶桥镇32座。按类别分二类公共卫生间15座、三类公共卫生间188座。总投资4500万元。

2020年溧水区新（改）建公共卫生间情况一览表

街镇（开发区）	名　称	地　址	建设类型	面积（平方米）	类别
开发区	新农贸市场公共卫生间	乌山集镇新农贸市场	新建	65	二类
	中城花园公共卫生间	机场路小区	新建	60	二类
	农贸市场公共卫生间	柘塘集镇农贸市场	新建	58	三类
	太尉庄公共卫生间	群力社区太尉庄自然村	改建	45	三类
	田家公共卫生间	景山村田家自然村	新建	45	三类
	蒲杆戏台公共卫生间	景山村蒲杆自然村	新建	30	三类
	石涧口东公共卫生间	沙河社区石涧口自然村	新建	30	三类
	石涧口西公共卫生间	沙河社区石涧口自然村	新建	30	三类

续表

街镇（开发区）	名　称	地　址	建设类型	面积（平方米）	类别
开发区	福田新村公共卫生间	福田社区福田新村	改造	60	三类
	谢家公共卫生间	交山社区谢家自然村	改建	30	三类
永阳街道	邵王公共卫生间	东山村邵王自然村	新建	60.38	二类
	南庄头公共卫生间	秋湖村南庄头自然村	新建	75.92	二类
	金三角公共卫生间	东庐集镇	新建	68.49	二类
	前王母岗公共卫生间	高塘村前王母岗自然村	新建	31.64	三类
	前三边公共卫生间	高塘村前三边自然村	新建	31.64	三类
	毛家公共卫生间	高塘村毛家自然村	新建	35.26	三类
	岗头上公共卫生间	高塘村岗头上自然村	新建	35.26	三类
	东岗头公共卫生间	高塘村东岗头自然村	新建	31.44	三类
	李家公共卫生间	高塘村李家自然村	新建	25	三类
	马塘公共卫生间	高塘村马塘自然村	新建	25	三类
	张家井公共卫生间	东山村张家井自然村	新建	31.44	三类
	倪村头公共卫生间	东山村倪村头自然村	新建	35.26	三类
	汤家边公共卫生间	东山村汤家边自然村	新建	31.64	三类
	上尹公共卫生间	东庐社区上尹自然村	新建	35.26	三类
	下尹公共卫生间	东庐社区下尹自然村	新建	31.64	三类
	新生公共卫生间	中山社区新生自然村	新建	45.92	三类
	岗头公共卫生间	中山社区岗头自然村	新建	45.92	三类
	淮源街公共卫生间	城区皇家永利对面	改建	60	二类
	体育公园公共卫生间	体育公园南大门	改建	115	二类
	体育公园公共卫生间	体育公园东南角	改建	184	二类
东屏街道	上开泰公共卫生间	爱廉村上开泰自然村	新建	30.3	三类
	杨家边公共卫生间	爱廉村杨家边自然村	新建	30.3	三类
	西顶公共卫生间	和平村西顶自然村	新建	30.3	三类
	青龙桥公共卫生间	金湖社区青龙桥自然村	新建	37	三类
	刘家棚子公共卫生间	金湖社区刘家棚子自然村	新建	37	三类
	后吕公共卫生间	金湖社区后吕自然村	新建	37	三类
	新店公共卫生间	丽山村新店自然村	新建	37	三类
	农业园区公共卫生间	长乐农业园区（戴山线旁）	新建	31	三类
	前村公共卫生间	爱民村前村自然村	新建	30.3	三类
	农业园区公共卫生间	爱民农业园区	新建	30.3	三类
	排上公共卫生间	爱民村排上自然村	新建	30.3	三类
	后谢公共卫生间	白鹿村后谢自然村	新建	37	三类
	五里牌公共卫生间	徐溪社区五里牌自然村	新建	37	三类
	甲方底公共卫生间	徐溪社区甲方底自然村	新建	37	三类

续表

街镇(开发区)	名 称	地 址	建设类型	面积(平方米)	类别
洪蓝街道	翟村公共卫生间	三里亭社区翟村自然村	新建	37	三类
	陈家东公共卫生间	陈下村陈家自然村	新建	37	三类
	陈家西公共卫生间	陈下村陈家自然村	新建	37	三类
	汤家公共卫生间	傅家边社区汤家自然村	新建	37	三类
	理村公共卫生间	傅家边社区理村自然村	新建	37	三类
	塘埂公共卫生间	姜家村塘埂自然村	新建	37	三类
	后傅公共卫生间	姜家村后傅自然村	新建	37	三类
	路家公共卫生间	蒲塘社区路家自然村	新建	37	三类
	赵家公共卫生间	蒲塘社区赵家自然村	新建	37	三类
	薛家公共卫生间	蒲塘社区薛家自然村	新建	37	三类
	小村公共卫生间	天生桥社区小村自然村	新建	37	三类
	燕子口公共卫生间	天生桥社区燕子口自然村	新建	37	三类
	仓口公共卫生间1	塘西村仓口自然村	新建	37	三类
	仓口公共卫生间2	塘西村仓口自然村	新建	37	三类
	石堆铺公共卫生间	无想寺社区石堆铺自然村	新建	37	三类
	郭兴公共卫生间	无想寺社区郭兴自然村	新建	37	三类
	端家公共卫生间	西旺社区端家自然村	新建	37	三类
	任家庄公共卫生间	西旺社区任家庄自然村	新建	37	三类
	何林坊公共卫生间	青锋村何林坊自然村	新建	37	三类
	圩埝头公共卫生间	青锋村圩埝头自然村	新建	37	三类
石湫街道	横山公共卫生间	横山村委会	新建	80	二类
	王母塘公共卫生间	明觉社区王母塘自然村	新建	50	三类
	大后村公共卫生间	明觉社区大后村自然村	新建	50	三类
	明二组公共卫生间	明觉社区明二组自然村	新建	50	三类
	茅村公共卫生间	明觉社区茅村自然村	新建	50	三类
	西元公共卫生间	桑园蒲村西元自然村	新建	50	三类
	油榨公共卫生间	桑园蒲村油榨自然村	新建	40.52	三类
	小杨甸冲公共卫生间	桑园蒲村小杨甸冲自然村	新建	40.52	三类
	大村公共卫生间	上方村大村自然村	新建	36	三类
	小村公共卫生间	上方村小村自然村	新建	33.66	三类
	小坟村公共卫生间	上方村小坟村自然村	新建	35	三类
	新村公共卫生间	上方村新村自然村	新建	39	三类
	社东公共卫生间	社东社区	新建	30	三类
	山口公共卫生间	社东社区山口自然村	新建	30	三类
	汤庄公共卫生间	塘窦村社区汤庄自然村	新建	32	三类
	姚家公共卫生间	塘窦村社区姚家自然村	新建	30	三类
	官塘角公共卫生间	塘窦村社区官塘角自然村	新建	33	三类

续表

街镇(开发区)	名　　称	地　址	建设类型	面积(平方米)	类别
石湫街道	东塘头公共卫生间	塘窦村社区东塘头自然村	新建	35	三类
	汤家公共卫生间	向阳村汤家自然村	新建	54.5	三类
	张家公共卫生间	向阳村张家自然村	新建	44.3	三类
	中天堡公共卫生间	同心村中天堡自然村	新建	37	三类
	汤家公共卫生间	同心村汤家自然村	新建	37	三类
	曾家公共卫生间	九塘村曾家自然村	新建	30	三类
	后村公共卫生间	九塘村后村自然村	新建	30	三类
	华山头公共卫生间	九塘村华山头自然村	新建	30	三类
	前村公共卫生间	九塘村前村自然村	新建	30	三类
	孙家庄公共卫生间	九塘村孙家庄自然村	新建	30	三类
	周家庄公共卫生间	九塘村周家庄自然村	新建	30	三类
	西元公共卫生间	九塘村西元自然村	新建	30	三类
白马镇	顺兴公共卫生间	浮山村顺兴自然村	新建	40.32	二类
	王家公共卫生间	浮山村王家棚子自然村	新建	32.32	三类
	胡家公共卫生间	浮山村胡家自然村	新建	32.32	三类
	五四公共卫生间	浮山村五四自然村	新建	32.32	三类
	兵马塘公共卫生间	浮山村兵马塘自然村	新建	32.32	三类
	何家公共卫生间	浮山村何家自然村	新建	37	三类
	东塘公共卫生间	浮山村东塘自然村	新建	37	三类
	上斗公共卫生间	浮山村上斗自然村	新建	45.6	二类
	灯头公共卫生间	白龙社区灯头自然村	新建	36.8	三类
	二郎头公共卫生间	白龙社区二郎头自然村	新建	36.8	三类
	上角公共卫生间	白龙社区上角自然村	新建	36.8	三类
	西方公共卫生间	白龙社区西方自然村	新建	36.8	三类
	上庄公共卫生间	白龙社区上庄自然村	新建	40.1	三类
	袁村公共卫生间	白龙社区袁村自然村	新建	40.1	三类
	杨家边公共卫生间	曹家桥村杨家边自然村	新建	75.6	二类
	陈笪公共卫生间	大树下村陈笪自然村	新建	37	三类
	东阳庄公共卫生间	大树下村东阳庄自然村	新建	37	三类
	贯家公共卫生间	大树下村贯家自然村	新建	37	三类
	梅家公共卫生间	大树下村梅家自然村	新建	37	三类
	神墩公共卫生间	革新社区神墩自然村	新建	37.5	三类
	地理公共卫生间	革新社区地理自然村	新建	30.5	三类
	涧东公共卫生间	革新社区涧东自然村	新建	36	三类
	交河公共卫生间	革新社区交河自然村	新建	30.5	三类
	吕家山公共卫生间	革新社区吕家山自然村	新建	36	三类
	石塘公共卫生间	革新社区石塘自然村	新建	36	三类

续表

街镇(开发区)	名　称	地　址	建设类型	面积(平方米)	类别
白马镇	东营里公共卫生间	白马社区东营里自然村	新建	40	三类
	体育公园公共卫生间	体育公园	新建	25	三类
	中巴站公共卫生间	中巴站	新建	32	三类
	段家山公共卫生间	上洋社区段家山自然村	新建	33.6	三类
	贺龙岗公共卫生间	上洋社区贺龙岗自然村	新建	33.6	三类
	涧屋公共卫生间	上洋社区涧屋自然村	新建	33.6	三类
	上坊公共卫生间	上洋社区上坊自然村	新建	33.6	三类
	张家山公共卫生间	上洋社区张家山自然村	新建	33.6	三类
	石头寨公共卫生间	石头寨村	新建	67.2	二类
	草涧屋公共卫生间	朱家边社区草涧屋自然村	新建	37	三类
	东塘公共卫生间	朱家边社区东塘自然村	新建	37	三类
	集镇公共卫生间	朱家边集镇	新建	37	三类
	秦涧屋公共卫生间	朱家边社区秦涧屋自然村	新建	37	三类
	新榔头公共卫生间	朱家边社区新榔头自然村	新建	37	三类
	尹巷公共卫生间	朱家边社区尹巷自然村	新建	37	三类
	曹家桥公共卫生间	曹家桥村曹家桥自然村	新建	32	三类
	白马公共卫生间1	白马社区	新建	33.6	三类
	白马公共卫生间2	白马社区	新建	33.6	三类
	白马公共卫生间3	白马社区	新建	33.6	三类
和凤镇	阙家公共卫生间	沈家山村阙家自然村	新建	48	三类
	上罗公共卫生间	沈家山村上罗自然村	新建	48	三类
	俞家公共卫生间	沈家山村俞家自然村	新建	48	三类
	下罗公共卫生间	沈家山村下罗自然村	新建	48	三类
	刘家公共卫生间	沈家山村刘家自然村	新建	48	三类
	魏家公共卫生间	沈家山村魏家自然村	新建	48	三类
	沈家公共卫生间	沈家山村沈家自然村	新建	48	三类
	吴村桥公共卫生间	吴村桥村	新建	46	三类
	小王埂公共卫生间	吴村桥村小王埂自然村	新建	46	三类
	大王埂公共卫生间	吴村桥村大王埂自然村	新建	45	三类
	周王公共卫生间	吴村桥村周王自然村	新建	44	三类
	沙岗公共卫生间	乌飞塘社区沙岗自然村	新建	44	三类
	陡门圩公共卫生间	乌飞塘社区陡门圩自然村	新建	64	三类
	乌飞塘公共卫生间	乌飞塘社区	新建	44	三类
	土山铺公共卫生间	沙塘庵社区土山铺自然村	改建	48	三类
	刘家公共卫生间	沙塘庵社区刘家自然村	新建	48	三类
	丁村诸家公共卫生间	毛公铺社区丁村诸家自然村	新建	48	三类
	俞家公共卫生间	毛公铺社区俞家自然村	新建	48	三类

续表

街镇(开发区)	名　称	地　址	建设类型	面积(平方米)	类别
和凤镇	黄家公共卫生间	双牌石社区黄家自然村	新建	45	三类
	刘家公共卫生间	双牌石社区刘家自然村	新建	45	三类
	戏墩公共卫生间	双牌石社区戏墩自然村	新建	45	三类
	施家公共卫生间	双牌石社区施家自然村	新建	46	三类
	黄家公共卫生间	孙家巷村黄家自然村	新建	56	三类
	南堡公共卫生间	孙家巷村南堡自然村	新建	56	三类
	罗山头公共卫生间1	张家村罗山头自然村	新建	24	三类
	罗山头公共卫生间2	张家村罗山头自然村	新建	24	三类
	张家公共卫生间1	张家村	新建	36	三类
	张家公共卫生间2	张家村	新建	86	二类
	张家公共卫生间3	张家村	新建	25	三类
	贯村公共卫生间1	张家村贯村自然村	新建	24.8	三类
	贯村公共卫生间2	张家村贯村自然村	新建	24.8	三类
	骆山公共卫生间1	骆山村	新建	42	三类
	骆山公共卫生间2	骆山村	新建	56	三类
	三叶园林公共卫生间	三叶园林	新建	70	三类
晶桥镇	吕村公共卫生间	仙坛村吕村自然村	新建	33.6	三类
	七里埂公共卫生间	仙坛村七里埂自然村	新建	33.6	三类
	宝马基地公共卫生间	枫香岭宝马基地	新建	33.6	三类
	笪村公共卫生间1	笪村	新建	33.6	三类
	笪村公共卫生间2	笪村	改建	33.6	三类
	曹家公共卫生间	枫香岭社区曹家自然村	新建	34.3	三类
	尤村公共卫生间	枫香岭社区尤村自然村	新建	34.3	三类
	段家山公墓公共卫生间	仙坛村段家山公墓	新建	60.2	二类
	碧山里公共卫生间	新桥社区碧山里自然村	新建	33.6	三类
	环步岗公共卫生间1	新桥社区环步岗自然村	改建	33.6	三类
	环步岗公共卫生间2	新桥社区环步岗自然村	改建	33.6	三类
	邵村公共卫生间	新桥社区邵村自然村	新建	33.6	三类
	新山里公共卫生间	新桥社区新山里自然村	改建	33.6	三类
	汤村公共卫生间	云鹤山村汤村自然村	改建	32	三类
	云鹤山公共卫生间	云鹤山村云鹤山自然村	改建	42	三类
	下芝山公共卫生间	芝山村下芝山自然村	新建	34.3	三类
	上芝山公共卫生间	芝山村上芝山自然村	新建	34.3	三类
	浮桥头公共卫生间	水晶村浮桥头自然村	改建	54	三类
	枣树巷公共卫生间	水晶村枣树巷自然村	新建	54	三类
	圩西埂公共卫生间	水晶村圩西埂自然村	改建	54	三类
	夏巷公共卫生间	陶村社区夏巷自然村	新建	33.6	三类

续表

街镇(开发区)	名　称	地　址	建设类型	面积(平方米)	类别
晶桥镇	西宋公共卫生间	陶村社区西宋自然村	新建	33.6	三类
	窑塘冲公共卫生间	陶村社区窑塘冲自然村	新建	33	三类
	下街公共卫生间	邰村下街自然村	改建	33.6	三类
	徒家公共卫生间	邰村徒家自然村	新建	33.6	三类
	前孔公共卫生间	孔家村前孔自然村	新建	33.6	三类
	刘家公共卫生间	孔家村刘家自然村	新建	33.6	三类
	山下公共卫生间	孔家村山下自然村	新建	33.6	三类
	芮家公共卫生间	芮家社区芮家自然村	新建	40	三类
	杭村中学公共卫生间	杭村集镇	新建	31.79	三类
	戴思岗公共卫生间	杭村戴思岗自然村	新建	28.95	三类
	朱村公共卫生间	笪村朱村自然村	新建	33.6	三类

【背街小巷整治】 2020年,区城市管理部门按照"一街一策"要求,提升设计标准和规划起点,建设环境优美、主题鲜明背街小巷。全年整治背街小巷10条,其中永阳街道4条、东屏街道1条、石湫街道1条、白马镇1条、和凤镇2条、晶桥镇1条。永阳街道韩湖东路、石湫街道塘桑线创精品等级。总投资5000万元。

2020年溧水区背街小巷整治情况一览表

街镇(开发区)	街巷名称	起　止	长度(米)	等级
永阳街道	韩湖东路	金山角—溧水农商银行东庐营业部	1000	精品
	韩湖西路	老明路—韩湖东路	400	达标
	小西门中路	红花巷—小西门桥	260	达标
	时代巷	致远路—秦淮大道	260	达标
东屏街道	金港路	东屏湖大道与金港路交界处—府前路与金港路交界处	450	达标
石湫街道	塘桑线	东起桑元蒲村委会,西至联通信号塔	450	精品
白马镇	美玉街	白马桥东街—神龙路	500	达标
和凤镇	孔镇文化街	和凤敬老院南门—孔镇街与文化街交叉路口	360	达标
	孔镇商业街	123省道与商业街交叉路口—孔镇街与商业街交叉路口	248	达标
晶桥镇	经一路	晶盈路西—341省道	40	达标

【环卫设施投入】 2020年,溧水环卫服务有限公司提升环卫作业质量标准,推进机械化清扫保洁,购置卫生保洁车辆49辆。其中,扫路车6辆、冲洗车4辆、洗扫车4辆、垃圾运输车2辆、小型冲洗车16辆、抑尘车2辆、垃圾分类车15辆,总投资973.75万元。所有作业车辆安装全球定位系统和记录仪,纳入环卫信息平台系统,机械化清扫率97.79%,城区870余名环卫工人每日作业道路面积803.21万平方米。

【停车管理】 2020年,区城市管理部门改善辖区停车环境,解决市民停车难。开展东至246省道、南至无想山大道、西至宁宜高速公路、北至机场路围合范围核心区域停车资源普查,主城核心区域有停车场、点517个（含永久、临时、路内等），停车泊位73225个，其中公共停车位11046个、配建停车位56996个、路内停车位5183个。全年新增停车泊位6000个，其中与区交警部门设置路内机动车泊位3131个。划非机动车辆停车标线1200余处2.6万平方米，可容纳1.6万余辆非机动车停放。

【违法建筑管控】 2020年，区城市管理部门按照"控制增量，减少存量，发现在早，处置在小"属地管理原则，落实区—街镇—村（社区）"三级巡查模式，利用"智慧控违"系统，信息化查违控违。出动无人机巡查违法建筑150余次，各街镇（开发区）城管人员走访巡查村（社区）、自然村1700余次，拆除违法建筑1508处，面积12.39万平方米。其中，拆除新增违法建筑1234处，面积6.27万平方米；拆除存量违法建筑274处，面积6.12万平方米。办结归档违法建筑类举报案件1907件。

【渣土运输管理】 2020年，区城市管理部门完成渣土智慧管理系统建设，"智慧渣土"包含运输过程中渣土车和消纳场、工地监管，全过程监管渣土车辆、工地两点一线运输。渣土车可视化管理平台实时远程监看、录像回放、违法视图归档等，统一管理渣土车运输全过程。制订《溧水区渣土联合管理实施意见》《溧水区"五小工程"运输企业管理暂行规定》《溧水区渣土安全运输专项整治行动工作方案》，成立渣土联合管理办公室，严格渣土运输管理，自主研发"溧城渣土"系统，整合城管、行政审批、公安、交运等7部门数据，实现"渣土审管联动一件事"全程网上办，压缩办结时限65%，工程车营运办证从75个工作日提速到4.5个工作日。全区准入常规渣土运输企业23家，运输车辆711辆；准入"五小工程"（小装修、小拆除、小平场、小挖占、小修补）渣土运输企业3家，运输车辆105辆，环保车更新率100%。联合区公安、交运、生态环境等部门执法50余次，查扣违规渣土运输车辆454辆次，查处无资质渣土运输车辆59辆，立案391件，罚款226万元，阻碍渣土管理执法被刑事拘留1人。规范渣土运输秩序，检查区内渣土运输源头建设工地35个，责令整改72次、停运8次，清理路面污染157次。

【渣土弃置场设置】 2020年，区城市管理部门推进各街镇（开发区）渣土弃置场设置，联合区行政审批局、水务局、农业农村局、应急管理局和溧水生态环境局、规划资源分局等，现场踏勘永阳街道东山村曹山、石巷社区塔山和晶桥镇芮家村渣土弃置场，召开现场协调会，提出涉及环保、生态、水系等意见与建议。经区行政审批局审批，通过永阳街道石巷社区塔山渣土弃置场80万立方米、晶桥镇芮家村渣土弃置场100万立方米设置。

【城市管理智慧化】 2020年，区城市管理部门树立"智慧管城"理念，以"智慧城管"统筹推进"智慧控违""智慧渣土""智慧环卫""智慧亮化""网格化巡查"5个系统平台建设，由人工监管向数字监管转变。主动对接区智慧办、溧水公安分局等职能部门，实现数据共享。打造综合管理服务"一张网"，实现问题诉求自动发现、人员监管实时定位、执法流程全程跟踪、基础设施远程控制、全域指挥统一调度、行业监管一网统管，推进城市管理向智慧化转型。

【城管应急保障】 2020年，区城市管理部门加强健康中国发展大会、全国新农民新业态创业创新大会、秦淮灯会、马拉松赛、咪豆音乐节、中高考护考、无想夜跑等执勤应急保障，统筹人员安排、车辆保障、后勤服务、物资准备等。保障活动期间宝塔路中大街片区、秦淮公园片区、城南片区和天生桥大道景观亮化，全年出动应急保障40余次、出动城管执法队员2500余人次。

【户外广告管理】 2020年，区城市管理部门根据市文明办《关于加强全市户外公益广告管理的通知》要求，加强户外广告、店招标牌、照明设施管理，提升城市景观，保障市民出行安全。组织各街镇（开发区）执法中队排查辖区破旧、内容过时公益广告、店招标牌，重点检查人流集中区域大型户外广告、楼顶广告以及高架广告等。全年出动执法人员2766人次，整改安全隐患720处，拆除店招、户外广告牌329处，清理破损公益条幅830余条。

【城市管理创新宣传】 2020年，区政府在区城管局举办"向社会报告工作"活动，听取区城市管理部门负责人2020年工作汇报、观看城市管理宣传片，就城市管理热点问题提出意见和建议，现场测评城市管理工作。各街镇(开发区)党(工)委副书记、区城市管理行风监督员、永阳街道社区负责人、城管家属家风监督员以及区政府相关部门负责人120余人参加活动。区城市管理部门发布原创微信260篇、微博2014条，《城管之歌》《无人机小姐姐“唐僧式”喊话劝退钓友》《垃圾分类，从娃娃抓起》《南京溧水餐厨垃圾4小时变废为宝》《南京溧水：7×24小时随时待命“城管蓝”助力“城市靓”》等原创微视频和新闻稿件10次登上“学习强国”平台。“溧水城管无人机小姐姐”系列喊话视频登上微博、抖音热搜榜，被《人民日报》《紫光阁》《半月谈》等央级媒体平台推广发布。国庆期间，“无人机硬核喊话城管小姐姐国庆上线”被新华社官微作为头条发布，单篇阅读超过10万人次；“无人机喊话”系列视频网络阅读量约8亿人次，点赞超过千万人次，展示溧水城管人性化执法和高科技管理形象。

【城管热线工单办理】 2020年，区城市管理部门受理城管热线工单638件(“12345”工单404件、“12319”工单234件)，其中受理信访系统交办3件、区委区政府交办6件、区纪委转办1件、社会治理大联动平台378件。受理污染防治监管平台工单95件，其中水污染8件、噪声污染9件、大气污染24件、固废污染50件。办结率100%。

【“溧城精靓”上线】 12月14日，区城市管理部门“溧城精靓”系统上线，完成网格化巡查系统建设并投入运行。“溧城精靓”系统与“智慧渣土”“智慧控违”功能融合，实现数据互联互通，提升城市治理效能。区城管执法大队及其下属中队执法记录仪通过4G无线网络连接到区行政执法指挥中心平台，实现全区执法人员统一指挥调度及考核管理，执法过程全程记录，形成完善执法台账。

（赵丽）

智慧溧水

【概况】 2020年，溧水区围绕“形神兼备、实战管用”建设目标，坚持稳中求进工作基调，探索“智慧城市”建设新路径。区智慧办围绕强基固本，完善“智慧城市”功能提升，实施政务云中心、电子政务外网延伸、业务中台等信息化基础设施建设，推进数据归集、治理、应用；构建“五个一”(一屏观全域、一图知全局、一口理诉求、一掌聚服务、一网管全城)应用格局，建成便民惠企、社会治理、城市平安、城市管理、交通出行、环境保护、科学施政7个智慧应用集群；精准指挥调度，创建统一指挥、精准联动“12445”社会治理工作体系。全年实施信息化项目41个，序时进度90%；统筹全区信息化项目建设，避免重复投入，节约资金3000万元。社会治理大联动平台受理归集各类工单393517件，综合处置率100%。糖尿病智能一体化管理系统被国家卫健委作为2020年度“互联网+医疗健康”服务典型案例通报表扬，全域旅游综合指挥平台获评“江苏省2020年度智慧文旅示范项目”，溧水区获评“江苏省交通运输信息化综合应用示范县(区)”，区智慧城市运营指挥中心获评“南京网格学院现场教学基地”。12月，召开溧水区“智慧城市”运营一周年暨“智慧溧水”APP 2.0版上线发布会。

延伸阅读 “五个一”应用格局：一屏观全域，建设社会面视频和AI智能分析应用；一图知全局，开发城市基础设施建设、生活服务、产业布局等多用途GIS地理信息应用系统；一口理诉求，将市民热线“57213721”“12345”“随手拍”小程序、“110”非警情等8个维度群众诉求，整合接入大联动平台一口受理、联动处置；一掌聚服务，面向广大市民、企业和公务人员服务的事项，汇聚到“智慧溧水”“溧水政务”2个掌上客户端；一网管全城，构建综合统管平台，实时采集城市运行各类数据并深度分析，实现预警预测、精准调度、一网统管。

【信息化项目建设】 2020年，区智慧办按照区委“八个统筹”工作要求，推进信息化项目建设，统筹全区信息化建设项目41个。其中，基础设施类11个、政府监管类13个、社会治理类4个、城市管理类4个、为民服务类9个，总投资1.2亿元。全年召开方案论证会132场、方案评审会32场、招标方案研讨会23场、专家评审会8场、项目验收会15场、数据对接协调会11场、项目推进会19场、专题调度会11场。城市部件数字化、视频共享交换平台、城市无线WiFi、“智慧环卫”“智慧交运”(二期)等34个项目完成建设,“一网统管”平台、健康大数据平台(一期)、溧水政务APP(二期)等7个项目建设中。

2020年溧水区城乡建设完成情况一览表(信息化项目)

类别	项目名称	建设起止年限	实施单位	建设规模及内容	完成情况
基础设施	政务云中心安全服务	2020年	区智慧城市运营指挥中心	建设政务云中心及系统网络全流程安全防护服务及安全硬件采购	完成
	政务云中心服务费	2019—2021年	区智慧城市运营指挥中心	政务云中心由第三方建成,每年支付服务费	完成
	政务云灾备购买服务	2020年	区智慧城市运营指挥中心	购买服务建立政务云灾备体系	完成
	“一网统管”平台	2020—2021年	区智慧城市运营指挥中心	建设城市运行大协同平台和数字驾驶舱	完成60%
	视频共享交换平台	2020年	区智慧城市运营指挥中心	基于视频资源融合应急指挥、网格综治管理、政务服务等服务器及互联软硬件采购	完成
	视频AI分析试应用	2020年	区智慧城市运营指挥中心	基于非警情视频资源深度AI分析应用	完成
	城市部件数字化管理系统(一期)	2020年	区智慧城市运营指挥中心	构建城市部件基础信息集成系统	完成
	主城区公共区域无线WiFi	2019—2022年	区智慧城市运营指挥中心	公益性公共区域室内、室外WiFi点位建设	完成
	社会面视频接入“雪亮工程”	2020—2021年	区智慧城市运营指挥中心	社会面视频接入“雪亮工程”	完成
	物联网综合管控平台(一期)	2020年	区智慧城市运营指挥中心	实现各类物联网数据交换融合、不同应用服务共享集成管理及综合展示。实现城市运行实时感知数据集成、共享与协同,为城市精细化、精准化管理提供运行保障	完成
	网络监管平台(056)	2020年	区智慧城市运营指挥中心	实现对全区党政机关和涉密单位互联网接入口、电子政务外网、政务云平台等全面保密监管,大幅提升对互联网攻击窃密和传输涉密信息、敏感信息等违法违规行为的监测发现和应急处置能力	完成
政府监管	健康大数据平台(一期)	2020—2021年	区智慧城市运营指挥中心	健康大数据平台建设及数据治理分析	完成70%

续表

类别	项目名称	建设起止年限	实施单位	建设规模及内容	完成情况
政府监管	溧水政务APP(二期)	2020—2021年	区智慧城市运营指挥中心	建设基于OA办公系统，扩展政务应用模块，用于政务系统工作人员掌上云端服务	完成90%
	信息化项目管理实施绩效评估系统	2020年	区智慧城市运营指挥中心	统筹管理信息化项目及实施效果评价	完成
	“智慧消防”(一期)	2020年	区消防大队	建设动态感知的“智慧消防”应用系统(高层楼宇消防水压和公共场所用电安全远程监控系统)	完成
	“智慧城建”管理系统	2020年	区城建局	基于建设项目从立项到施工、验收全流程智慧管理系统。建管部门智慧管理系统开发、城建部门智慧管控系统开发、相关软件端口对接、系统辅助硬件购买与布置、购买服务器和数据库服务	完成
	“智慧环保”云平台(一期)	2020年	溧水生态环境局	建设智慧环保“一张图”、开发应用软件、环保现有系统与“一张图”应用对接和各相关部门端口对接。大气监测站、水质监测站、噪声监测站移动端开发。LED大屏显示器、工位、服务器等	完成
	“智慧交运”(二期)	2020年	区交运局	智慧交运信息化系统，深化大数据应用、完善数据库，增建水运信息化管理板块、公路监管分中心(干线公路、农村公路、桥梁、涵洞、交安设施等信息化管理养护)	完成
	“12345”政务热线数据分析考评系统	2019—2020年	区行政审批局	利用南京市“12345”政务热线综合管理平台溧水区工单办理实时数据，完成区内三级和四级工单承办部门、科室站所的工单办理绩效考评分析	完成
	溧水非学历教育培训机构信用管理平台	2020年	区发改委	应用于记录非学历教育培训机构信用管理	完成

续表

类别	项目名称	建设起止年限	实施单位	建设规模及内容	完成情况
政府监管	绿色南京森林防火项目	2019—2020年	区林场	森林资源管护应急指挥系统和监控系统建设	完成
	“智慧环卫”综合平台	2019—2020年	溧水环卫服务有限公司	建设“智慧环卫”综合管理平台，实行环卫人员、设施设备、物件等有效信息监管，生成有效数据报表	完成
	智慧信访	2020年	区智慧城市运营指挥中心	建设“121”四大中心，即智慧接待中心、智慧办理中心、智慧指挥展示中心、智慧信访数据中心，通过安装视频终端和边缘采集设备，实时预警，降低维稳风险	完成
	智慧政协	2020年	区政协	建设集成提案工作、社情民意管理、政协会议保障、政协数据资源中心、委员履职评价管理、议政协商互动平台、政协数据汇聚及展示平台、掌上履职平台8套功能模块，基本实现面向多用户主体，以大数据集成技术为支撑，覆盖提案、参政、议政、协商、建议、会议、履职等多业务综合应用平台	完成
社会治理	社会治理大联动平台（二期）	2020—2021年	区智慧城市运营指挥中心	系统功能拓展及部件数据采集	完成60%
	综合业务中台	2020—2021年	区智慧城市运营指挥中心	通过建设政务业务中台系统，建立“互联网+政务服务”“互联网+公共服务”业务支撑能力，推动政务服务从分层级、分区域、分部门的分散式服务，向跨层级、跨地域、跨部门的一体化服务转变	完成80%
	街镇一体化平台	2020年	区智慧城市运营指挥中心	针对街镇（开发区）政府开展行政管理体制改革实际需求，建立审批服务综合执法一体化平台。围绕机构改革“1+4”基层治理新模式，包含“智慧党建”“审批服务”“综合执法”“网格管理”“指挥调度”等模块，推进基层审批服务执法力量整合，提升基层政府治理能力	完成

续表

类别	项目名称	建设起止年限	实施单位	建设规模及内容	完成情况
社会治理	全区应急安全指挥大数据平台	2020—2021年	区应急管理局	推进安全风险分级管控和事故预防科学化、信息化、标准化，建立以风险管控为基础的综合性、全方位、系统化城市安全发展体系	完成40%
城市管理	智慧城管	2020年	区城管局	行政执法平台升级，主要用于增加部分设备	完成
		2019—2020年		智慧渣土车项目	完成
		2019—2020年		智慧渣土车项目监理	完成
		2019—2020年		网格化巡查平台	完成
		2020年		无人机违建管控平台，全区覆盖无人机违建管控	完成
	混凝土智慧管控平台	2020年	区发改委	全区混凝土生产企业及混凝土车辆管控	完成
	城区主干道交通信号灯基于AI优化	2020年	溧水公安分局、区智慧城市运营指挥中心	基于大数据分析优化城区主干道信号灯绿波，提高通行效率	完成
	全区无人机管控平台	2020年	溧水公安分局	建设主城区无人机飞行管控	完成
为民服务	“智慧溧水”APP(二期)	2020年	区智慧城市运营指挥中心	升级拓展功能板块，提供市民和企业更多更优精准服务	完成
	惠企应用服务平台	2020年	区智慧城市运营指挥中心	面向企业提供各类精准惠企服务应用	完成
	全民健身公共服务平台	2020年	区体育局	提供云、管、端一体化服务，多协议泛在连接、行业标准便捷配置	完成
	信息系统建设	2020—2021年	区人民医院	“智慧医院”及互联网医院建设、基于5G及视联网智慧应用、基于医共体模式综合绩效管理系统、后勤水电气能耗管控与综合服务数字化平台	完成
	溧水区“智慧医疗”(二期)	2019—2021年	区卫健委	建设“两中心一平台”：智慧健康中心健全“互联网+医疗健康”服务体系，便捷就医；智能医疗中心探索医疗人工智能，结合物联网、大数据、移动互联网等，成为溧水区智慧医疗大脑；影像云平台建设全区统一影像云平台和电子影像数据库	完成

续表

类别	项目名称	建设起止年限	实施单位	建设规模及内容	完成情况
为民服务	殡葬服务管理系统	2020—2021年	区民政局	建立全区殡葬服务设施信息网络数据共享比对平台	完成
	“智慧溧水”跑步送好礼	2020年	区文旅局	活跃用户，增加用户量	完成
	24小时自助服务系统	2019—2020年	区行政审批局	配备多项服务“一机集成”自助终端系统，实现24小时自助区服务模式，打造“不打烊”政务服务	完成
	院前急救	2020—2021年	区卫健委	改造急救车辆和医院急救中心，打通医院各个系统，从而在急救车辆未到达的急救黄金时间内完成对患者的快速急救	完成50%

【政务云平台建设】 2020年，溧水区完成政务云平台（二期）升级改造。该平台拥有溧水3台GPU（图形处理器）服务器（CPU 5212核、内存14686G、存储池2240T），承载应用系统53个，开通虚机349台、存储资源248.9T，满足全区各级部门计算资源需求。严把政务资源开通审核关，确保平台资源和应用匹配，主动跟踪资源开通运行情况，及时调整，在满足应用需求基础上，尽可能降低平台运营费用。全年核减政务资源232核、内存536G，批量调整资源7次，节约平台运营费50余万元。

【政务数据归集治理】 2020年，区智慧办聚焦政务数据归集治理难题全面攻坚。成立数据归集攻坚小组，明确任务分工和责任人，推进区级应用系统数据归集，可集中入库数据不采用查询接口直接入库，加大数据归集。审核、清洗各单位归集的数据，提高数据含金量，落实数据使用制度要求，确保数据合理使用，所有数据交换均采用平台方式。全年归集48家单位各类数据6.44亿条，建立数据目录1361个，集成GIS（地理信息系统）图层329个，新增视频监控点位23504个；共享交换平台对外提供服务30万次，数据交换量3043万条。

【电子政务外网建设及安全保障】 2020年，全区电子政务外网完成建设，形成区、街镇（开发区）、村（社区）三级网络，覆盖66家单位、48个部门、113个村（社区）。区智慧城市运营指挥中心以网络安全等级保护建设规范、技术要求和网络安全法为指导，分析电子政务外网安全建设需求，建设系统安全运营体系，完成全区电子政务外网安全升级改造，增加下一代防火墙6台、上网行为管理设备2台、态势感知平台1台、终端检测响应（EDR）2台、潜伏威胁探针1台、综合日志审计1台、堡垒机1台，电子政务网内安装EDR计算机848台，引进经验丰富的网络安全运维团队，对外阻止网络攻击490637起，对内自检并修复系统高危漏洞38个、中危漏洞10个，保障电子政务外网运行安全。采用RIIL（实时智能基础架构库）综合业务管理平台、故障告警系统，保障全区视频会议、重大节假日活动、领导指挥调度期间信息化系统稳定运行。完善电子政务外网应急预案，梳理各类安全事件应急预案，组织安全应急演练，加强各相关单位协同配合和处理突发故障应急能力。

【社会治理体系创新】 2020年，区社会治理大联动中心创建统一指挥、精准联动社会治理工作体系，依托区智慧城市平台和综合指挥大厅，打造“1+2+3+4+5+N”总体架构的社会治理大联动平台，从网格员采集、数字城管、“110”非警情、网络诉求、市民热线“57213721”、便民热线

"12345"、媒体曝光、领导电子信箱8个维度汇集群众诉求。构建统一指挥体系，建立区、街镇（开发区）两级"城市110"实战指挥中心，侧重非警情的群众诉求和城市管理指挥调度；组建"城市110"应急处理队伍，协同指挥中心现场处置非警情类的紧急诉求。畅通线上、线下诉求通道，线上畅通7个维度群众诉求；线下组织网格员巡查、成立区矛盾调处中心。开发"一主三副"（社会治理大联动平台，城市预警联动平台、智慧信访平台街镇一体化平台）4个平台，实时监管城市运行、城市管理、社会治理等各类数据、突发事件，做到问题早预警、早发现、早预防、早处置。牵头制订《溧水区社会治理大联动平台考核评价办法》，实行街镇和部门专项考核。建立疑难工单研判会办及跟踪督办制度，协调各部门集中回应群众诉求。全年召开研判会2场，走访街镇（开发区）19次、部门11次，解决疑难问题20余个。全年接处工单9.86万件，综合处置率100%，归集其他渠道工单29.49万件，分流"110"非警情诉求，"110"有效警下降56.83%；助力"12345"政务服务工作，"12345"工单考核名列全市第一。

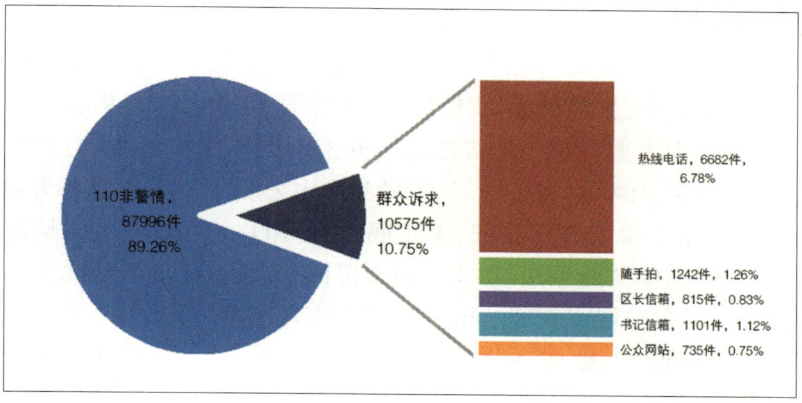

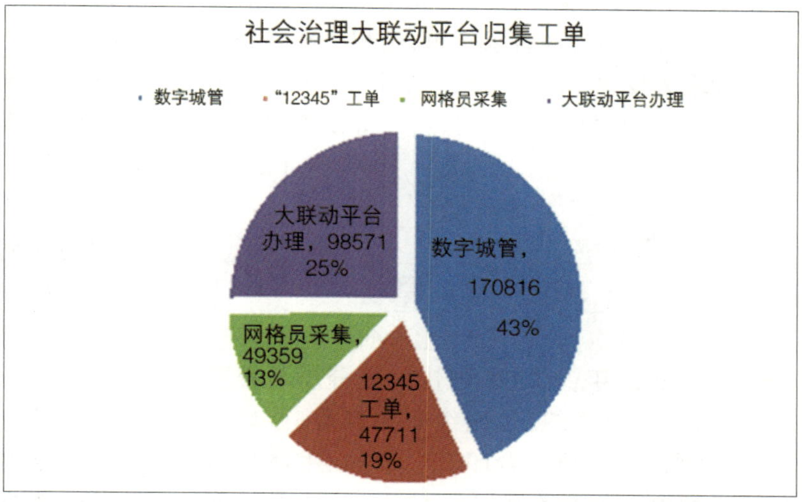

区智慧城市运营指挥中心　供

> **延伸阅读**　溧水区社会治理大联动平台"1+2+3+4+5+N"总体架构。一平台，社会治理大联动平台；两级指挥，区级联动指挥中心、街镇指挥分中心；三中心，全模式一口受理中心、全联动事件处置中心、全要素大数据分析中心；四级服务管理，区、街镇（开发区）、村（社区）、基础网格；"五个一"工作体系，一张网、一套机制、一支队伍、一个平台、一个办法；N个专题和业务系统，平安城市、城市管理、环境保护、吹哨报到、综合执法等。

【重大活动远程监测调度】　2020年，区智慧城市运营指挥中心依托智慧平台，利用物联网感知、视频AI分析和大数据分析技术，汇集客流、车流、餐饮、住宿等数据，开展实时监控、预警、引导，协同指挥调度，保障重大活动举办和假日经济发展。接入区内道路卡口监控视频20个，实时统计进出溧水车流数据；通过景区出入口视频监控进行人脸识别、客流统计；通过460个景区内视频监控，实时掌握重点景区现场情况，对打斗、踩踏、涉水等突发状况，及时预警。对接电信、移动、联通三大运营商基站数据，实时监控分布在各重点景区及周边客流量，根据疫情防控要求，景区客流量达到最大承载量50%时，触发预警机制，通知运营商向景区周边游客发送短信，疏散客流；通过"智慧旅游监管平台"实施统计餐饮、住宿等数据。"五一""十一"黄金周、咪豆音乐节、秦淮灯会、马拉松赛等大型节庆活动期间，参与安保活动20余次。

【"智慧溧水2.0"APP上线】　12月，区智慧办召开"智慧溧水2.0"APP上线发布会，该应用软件功能和界面全面升级，是一款面向市民、企业、游客的综合服务类移动应用，是溧水区智慧城市移动端门户。包含政务服务、"智慧交通"、文化教育、健康医疗、旅游服务、市民服务、金融服务、企业服务、为农服务9大公共便民服务330余项功能，集成区卫健委、文旅局、民政局和溧水公安分局等10余个单位应用服务，至年底，注册用户约5万人。其中，"随手拍"功能畅通市民诉求通道，鼓励市民参与城市管理。市民将影响市容环境、损坏市政设施、破坏公共秩序、危害公共安全4大类36小类问题拍成图片一键上传，社会治理大联动平台随即生成诉求工单，由相关部门处置后向诉求人反馈，形成闭环。"随手拍"小程序全年受理工单1242件，办结1242件，办结率100%。

（王艳）

垃圾处置

【概况】 2020年，溧水区加快垃圾分类与处置设施建设，区委组织部、区级机关工委、区垃圾分类工作领导小组联合印发《关于在生活垃圾分类工作中充分发挥基层党组织和广大党员作用的通知》，各街镇（开发区）、村（社区）成立垃圾分类专班，每月开展不少于110场进村（社区）"垃圾分类大家谈"，发挥村（社区）干部、党员、妇女代表、志愿者力量，入户督导宣传，分片包干，责任到户。全年开展"垃圾分类大家谈"1000余场，全区市民垃圾分类知晓率100%。开展215家党政机关、事业单位，84个村（社区）898个自然村、城区325家餐饮企业（中大型）垃圾分类，覆盖率100%。在125个小区建设垃圾收集亭（房）277座，总投资5000万元。建成日处理能力50吨餐厨废弃物处理厂、日处理能力500吨溧水天山水泥窑协同处置生活垃圾项目，大件生活垃圾分拣（贮存）中心投入使用。会同区市场监管局举行全区餐厨废弃物收运与处置工作发布会，成立溧水区餐厨废弃物自治联盟，与餐饮企业代表签订餐厨废弃物分类承诺书472份，订立餐厨垃圾收运处置合同，促进餐厨废弃物无害化处理和资源化利用。7月31日，"垃圾分类我先行·共创美丽新溧水"南京市第二十五期城市治理圆桌论坛在溧水举行，共同探讨垃圾分类南京新模式。

【大件生活垃圾分拣（贮存）中心投用】 8月1日，溧水区大件生活垃圾分拣（贮存）中心投入使用。该中心位于永阳街道栖凤中路生活垃圾卫生填埋场附近，占地1200平方米，实际使用面积1000平方米，分设备区、分类贮存区、有害垃圾暂存区、大件垃圾展示区等。可分类处置纸质类、木质类、塑料类、布料类、玻璃类、金属类等可回收物。配备大型自动纸张打包、废金属剪切、废金属打包、废木料粉碎等分拣线，日处理大件生活垃圾10余吨。

【垃圾强制分类】 11月1日，区城市管理部门按照《2020年南京市垃圾分类重点工作任务》要求，加强科学管理和宣传引导，开展人员培训，规范垃圾分类行为，提高垃圾分类质量。按照"可回收物、厨余垃圾、有害垃圾、其他垃圾"分类要求，启动全区125个居民小区、7个不同类型单位垃圾强制分类。配备垃圾分类宣传督导员310人，开展上门入户、桶边指导，提高投放准确率。定时定点分类投放，早晨开放时间：6:30—9:30；傍晚开放时间：17:30—20:30，满足市民上、下班投放要求，垃圾强制分类收集小区全覆盖。

8月1日，溧水区大件生活垃圾分拣（贮存）中心投入使用　区城管局　供

【农村垃圾分类】 2020年，全区84个村（社区）、898个自然村开

展垃圾分类全覆盖。配备农村保洁员、垃圾分类督导员1621人，设置垃圾收集点1420个；发放可烂、不可烂两分类垃圾桶6.52万组，村民垃圾分类知晓率100%、参与率95%。结合农村人居环境整治，首次创新垃圾分类纳入人居环境整治“门前三包”，实现长效机制考核。溧水区被授予“全国农村生活垃圾分类和资源化利用示范区”称号(江苏省2家：溧水区和常熟市)。

【垃圾收运】 2020年，溧水环卫服务有限公司配备垃圾分类标识车辆75辆，建立垃圾分类收运专线76条。其中，可回收物收运专线18条，餐厨垃圾收运专线15条，厨余垃圾收运专线19条，有害垃圾收运专线12条，其他垃圾收运专线12条。配置大件垃圾收运专用车辆5辆、城区道路垃圾收运专用车辆10辆，建立完善的垃圾分类收运体系和信息化监管平台，实施全区所有垃圾统收统运、收运车辆动态监管。

【垃圾分类执法】 2020年，区城市管理部门成立环卫执法中队，负责全区环卫执法统筹协调、监督指挥、检查考核，垃圾分类执法行动部署、指挥、调度，查处重大疑难案件。全年开展城区“六必查”(是否建立分类台账，是否建立分类工作制度，是否按规定设置分类收集容器，是否在收集容器上设置分类投放标志、在醒目位置设置投放引导标识，是否设置集中投放点、规范分类，分类投放设施周边环境是否“脏乱差”)政府、企事业单位215家，餐饮企业345家，下发责令改正通知书280余份，接待来访157人次，办结率96%。

【垃圾处理区内闭环】 2020年，溧水区建成日处理能力50吨餐厨废弃物处理厂1座，洪蓝、白马日处理能力16吨有机垃圾资源化处理站各1座，500吨生活垃圾溧水天山水泥窑协同处置项目1个，区餐厨废弃物处理厂、大件生活垃圾分拣(贮存)中心各1座。全年处理区内及周边地区生活垃圾16.5万吨、餐厨废弃物1.59万吨，处理率107%。全区各类生活垃圾处理形成区内闭环，实现垃圾处置不出区。

【垃圾分类志愿者服务】 2020年，溧水区成立垃圾分类志愿者服务大队，下设各街镇(开发区)12个志愿者服务中队，招募垃圾分类服务志愿者2165人。利用流动宣传车、小区“小喇叭”、表演节目等形式宣传垃圾分类，提高市民知晓率、参与率。开展志愿者家庭分类行动、公益推广行动、特色服务行动，加强垃圾分类源头服务，通过志愿者带动市民参与垃圾分类，实现垃圾分类成果全民共享。 (赵丽)

园林绿化

【概况】 2020年，溧水区园林绿地面积增加10万平方米，建设绿道5千米。完成道路垂直绿化15.7千米。配合市绿化园林局做好20株古树名木保护与系统相关信息。至年底，城区园林绿地面积1524.5万平方米，城区绿地率40.87%，公园绿地服务半径覆盖率92.82%，人均公园绿地面积22.65平方米，城区绿化覆盖率44.97%。全区园林养护在市郊区组年终考核中连续5年名列第一。

【绿化养护考核】 2020年，区城市建设部门加强绿化养护日常督察和考核，健全绿化养护考核机制。会同第三方单位日常检查和考核全区绿化养护(含未移交部分)，及时下发养护单位存在问题整改通知单，限时整改。每月考核评分、排名各标段，发布绿化养护考评通报。年底养护经费与考核成绩挂钩，形成“责、权、利”一体养护机制，提升全区绿化养护水平。

12月23日，50吨/日餐厨废弃物处理厂建成 区城管局 供

【绿化养护精细化管控】 2020年，区城市建设部门补植城区绿化缺损绿篱、灌木、行道树、草坪地被植物及垂直花木，涉及中山路、新珠路、西坛路、秀园西路、毓秀路等，补植行道树女贞、香樟、广玉兰18株，大乔木22株，海桐、红叶石楠、毛娟等花灌木20余万株，补植麦冬等地被植物2600平方米、草坪1600平方米，安装护栏127米。根据《美丽溧水·花园城市绿化景观提升行动实施方案》要求，立体绿化景观提升毓秀路、新珠路、秀园西路、新龙路等路段围墙，栽植藤本月季、凌霄、长春藤、爬山虎等1.5万余株，垂直绿化长约3000米。

【口袋公园建设】 2020年，区城市建设部门建设口袋公园2个。包家口袋公园位于天生桥大道以北、金庭国际小区以南，面积约1400平方米，布置绿雕，设置异形树池，搭配植物组团，丰富绿化空间层次，打造可游赏、可憩息口袋公园。新珠路口袋公园位于城区中心地段，紧临毓秀路、区第二高级中学，面积约4000平方米。根据"海绵城市"理念，设置旱溪，收集雨水，配置景石、卵石、宿根花卉，形成下凹绿地、雨水花园，展现清新优美景致，服务周边市民。

【苗圃花卉生产】 2020年，区城建局苗圃内种植矮牵牛、超级太阳花、金鱼草、紫罗兰、三色堇等时令特色花卉约32万余盆。日常更换城区道路广场花境、花箱、花坛草花5次，更新珍珠南路、新龙路、通济街、名仕阁广场等道路、广场节点花境、花坛12处，全年栽植(更换)花卉380多万盆(含市场化养护单位更换草花)。 (孙燃)

公用事业

·供 水·

【概况】 2020年，溧水区自来水公司围绕安全保供、文明服务、内部管理、重点项目建设等，实现城乡安全供水，供水总量3993.34万吨，其中水库水2971.09万吨、长江水1022.25万吨。售水总量3403.02万吨，增长6.58%，其中水库水2556.13万吨、长江水846.89万吨。最高日供水量13.87万吨，供水水质综合合格率、水压合格率100%。全年改造供水管网19千米，新建供水管网21千米。联合区水务局、水务集团开展漏氯、暴管事故应急演练2次。"五心水服务"获区优秀志愿项目。

【供水服务提升】 2020年，区自来水公司加强营商环境建设，简化接水业务流程，压缩办理时间，开展电话预约上门服务。新增中行溧水支行、上海浦发银行溧水支行代扣代缴水费渠道；开通扫码+刷脸缴费及"掌上营业厅"，推出电子发票随时开、用水清单即时查、新户开通不跑路、接水业务放心办等，涵盖实体营业厅业务服务范围，用户足不出户即可实现随时随地查询和办理各项用水业务。微信公众号全年推送各类服务信息、小知识66条，停水信息295条。提供用户查漏延伸服务286次。重视用户诉求，办理"12345"诉求工单572件，处理"三来单"4242件，投诉处理率、及时率100%。

【供水安全保障】 2020年，区自来水公司严把水质关，保障安全供水，加强水源监测，安装中山、东屏源水泵站活性炭、高锰酸钾临时投加装置，强化应对水源水质事故应急措施。增加原水、出厂水水质检测频次和监测点，每日31项常规水质检验，每月1次35项全分析，在有代表性居民用水点及管网末梢设水质监测点12个，每月检测2次。安全检查有毒有害生产企业内部循环水，杜绝内部循环水与市政供水管网连接，确保出厂水水质稳定达标，全年出厂水综合合格率100%。

【供水设备维护】 2020年，区自来水公司注重日常巡查、检修、测试二里桥、永阳、东屏水厂，加强取水泵房、二级泵房及二次增压泵房供水机泵、电气设备巡查维修。更换滤池、平流池、加氯加药间、二泵房、泵站等区域部件；检修、更换洪蓝、城西、渔歌泵站故障设备；安全检测高配房设备及1、2#变压器，中山、东屏泵站变压器；完成平流池、滤池及46个供水水箱清洗维护，全区332个变频器、小区电器柜、架空线路等电气设备维护保养，10处地面泵站防雷检测。每月巡查原水管网和供水主管网2次，全年查出大小漏点158处。巡查和维护消防栓、过桥管、阀门2次，维护阀门井1000余处，更换DN50单元阀门157个，确保供水设备设施安全运行。

【供水工程建设】 2020年，区自来水公司加强市政供水管道建设，新建五峰山路、幸庄路、湖前路、石燕路、宁高新通道、新341省道供水管网和迁改珍珠路南段供水管道、秦淮大道管廊21千米，完成望景名府、央誉花园、琴韵华府、天禧明庭、湖韵怡启B等10个新建小区供水工程。

30万吨/日新水厂建设航拍图　　李晨　摄

【30万吨/日水厂项目】 2020年，30万吨/日新水厂项目位于中山东路东延南侧、溧白路西侧，占地12.67公顷，主要建设30万吨/日新水厂工程、中山水库(中山湖)、方便水库(东屏湖)取水工程、水处理及管线工程、浑水管和清水主干管工程等，总投资10.6亿元。采用“常规+深度处理”净水工艺，出厂水水质实现“合格水”向“优质水”转变，提高生活饮用水水质，可应急反供南京主城区优质水15万吨/日。新水厂建有智慧水务管理平台，取水站、水厂、泵站、供水管网等供水设施生产指标、生产运行数据自动采集、远程实时监视、智能分析等全程管理，实现城乡供水运营一张网、一张屏智能化、数字化管理，整体提高供水运营管控能力。至年底，该项目具备通水目标，道路、绿化、附属设施等工程建设扫尾。

【供水管网改造】 2020年，区自来水公司改造供水管网19千米，改造淮源新村别墅、分龙岗片区、大西门、西坛新村、广成门面、花园小区、文昌东街、徐园、龙山路派出所宿舍、方塘巷、弯子口、小西门公安局宿舍等18个老旧小区(地段)贫水，受益用户5000余户。结合晨光路、幸庄路、水保南路、石燕路等8条市政道路出新，改造原DN500管道为DN800管道，长11.7千米，提档升级老城区市政管网。

【防冻保温】 2020年，区自来水公司加强管道冬季保温防冻，完成84个小区表外立管、59个小区1500余个单元楼道立管、城区12.7万余个水表防冻保温，消除上冻隐患300余处，保温加固过桥管排气阀等外露供水设施100余处。注重防冻保温宣传，与社区、小区物业、村委会等联动，发放冬季防寒知识宣传单页5000余份，通过新闻报道、视频、微信公众号推文等形式向用户宣传防冻知识。

【“13530”抢修】 2020年，区自来水公司以“13530”标准建设抢修专业队伍，以1分钟接单、3分钟出车、5分钟与用户联系、30分钟到达现场“13530”标准，加强报修服务和供水管线巡视维护。全年受理用户电话报修7548次，维修各类管道675处，其中DN100以上197处、DN100以下478处。维修、更换各类阀门1703只、消防栓106组，维护阀门井、消防井、水表井1595座和48条过桥管道、1648只消防栓，管网修漏及时率100%。

【节水科普宣传】 2020年，区自来水公司深化“五心水(热心、细心、耐心、尽心、贴心)服务”内容，开展供水服务进社区、进学校、进企业志愿服务活动15场，通过节水科普知识宣传，帮助市民认识健康安全水。举办水厂开放日活动，邀请小学生参观水厂、当环保小局长等，教育小学生从小知道“节水从我做起”。全年张贴、发放节水科普宣传海报500余张，发放宣传手册2000余份。

(章丽)

·供　电·

【概况】 2020年，溧水区社会用电量26.26亿千瓦时，售电量25.4亿千瓦时，分别增长7.32%、7.55%。调度最高用电负荷55.33万千瓦，增长9.24%。区域内有35千伏及以上架空线路380.2千米，电缆线路96.3千米；分布35千伏及以上变电站28座，其中500千伏变电站1座、220千伏变电站3座、110千伏变电站12座、35千伏变电站12座。获评“2020全国市场质量信用A等(用户满意)企业”、省电力有限公司“安全生产先进集体”、南京供电公司“四好领导班子”称号，业绩考核位列市郊高淳区、江宁区、江北新区、溧水区4家供电公司第一名。获区行风评议第二名，青年志愿服务队获评“南京市疫情期间优秀青年志愿服务集体”，职工曹阳获评区“最美抗疫人”称号。

【供电服务提升】 2020年，区供电部门实现苏皖跨省办电，以“区域一体化”供电服务模式融入“长三角一体化”发展。服务重大项目，完成2个省重点工程、5个市重点工程送电，金砖国家农业部长会议、咪豆音乐节等客户侧保电42项。压缩接电时长，高、低压业扩平均接电时长分别降低至18.8天、2.09天，下降35.73%、19.31%。全年收到投诉工单4件，万户投诉率0.1321次/万户，下降66.67%。

9月3日，区供电公司在35千伏东庐变内完成区内首次变电站带电作业缺陷消除工作　　区供电公司　供

【供电安全生产】 2020年，区供电部门落实安全责任制，编制全员安全责任清单。落实安全生产奖惩，制订《安全生产奖惩实施细则》《百日安全无事故奖励办法》。全员投入抗击洪涝灾害，出动应急人员2488人次、应急车辆652车次。召开平安电力工作会议1次，开展大面积停电应急演练1次。全年巡视运行维护679人次，完成现场缺陷消除745处。开展防触电宣传活动30次，悬挂横幅120条，张贴宣传画168处。配电线路绝缘化改造95%，至12月31日，实现连续安全生产5116天。

【电网建设】 2020年，区供电部门服务输电网项目建设，推进白鹤滩特高压入苏。220千伏大唐溧水燃机热电出线工程、110千伏永阳变新建工程、35千伏东屏变改造工程投运。巩固配网基础，投入配网建设资金1.24亿元，新建、改造线路345.11千米，新投变压器容量27.57万千伏安。配网强停故障次数下降25.53%，全年用户平均停电时间2.24小时/户，供电可靠性提升。

【供电改革创新】 2020年，区供电部门初步建成综合管控中心，提升数字化管理能力。深化人事、劳动、分配制度改革，全市率先开展九级职员和业务所长聘任。优化人力资源配置，组建同期线损攻坚和业扩配套提质柔性团队。开启“劳模+专家”双领航模式，职工陈洪、孔卫疆分获“南京工匠”提名奖和入围奖。《提高400V同期分台区线损合格率》获评中国水利电力质量管理协会电力行业优秀质量管理小组交流活动特等成果奖、省电力有限公司品质管控成果一等奖，《新型10千伏跌落式熔断器动作监测装置的研制》获评南京供电公司QC成果二等奖，《基于无线4G专网下智能末端感知系统的建立》获评第二十七届南京市企业管理现代化创新成果三等奖，《输电线路智能运维管理系统的建立》获评南京供电公司2019年度管理创新优秀成果三等奖。

【综合能源服务】 2020年，区供电部门推进综合能源服务，建设国家极限运动馆溧水训练基地、鲸充新能源、阡陌花开等示范项目。拓展电动汽车业务，建设国家电网公司新能源电动汽车下乡示范区。推广电能替代，建设南京国家农高区“乡村电气化样板”，建设城隍庙、“宝塔文化”街区、无想夜市等一批电能替代项目，实现电能替代量1.57亿千瓦时。

【供电疫情防控】 2020年，区供电部门组建疫情防控突击队，“四班三轮”24小时值守抗疫。落实政府决策，监测分析全区1800余户高压客户日用电，编制复工复产电力数据分析日报45期。实施“欠费不停电、不计滞纳金”政策，开设企业复工复产绿色通道。落实阶段性防疫电价优惠政策，减免全区3.79万户用电企业电费5921.91万元。

【低压台区故障压降】 2020年，区供电部门夯实农村电网基础，压降低压台区故障数量。研制自复式表前复位开关，实现线路状态感知和故障数据传输，变被动报修为主动运维，缓解表前开关故障频发。制作新型接户端子，不同用户接户线固定在不同接线位置，避免接户线拆除影响其他用户，缩小停电范围，提升供电可靠性。

【110千伏及以下变电站内蓄电池在线监测维护装置】 2020年，区供电部门针对变电站内单体蓄电池压差高，影响电网稳定运行，研制蓄电池在线监测维护装置。该装置整合状态监测模块、动态维护模块、数据传输模块，实现在线监测蓄电池内阻、电压、电流、温度等状态信息，动态均衡单节蓄电池，压差降至0.05伏以下。该装置能及时发现性能落后单节蓄电池并告警，运行维护人员实时掌控蓄电池组运行状况，预判蓄电池组备用时间，提升电网稳定性。

【电力照亮乡村发展】 2020年，区供电部门助力乡村建设，开展春季农业生产供电保障专项行动，出动供电服务人员359人次，巡视检查农业生产设备570台，处理缺陷隐患49处。助力春耕春灌和农资企业复工复产，新架农业生产用电线路4.16千米。解放农业生产力，在南京国家农高区开展电气化大棚“智慧种植”试点。全年农网建设项目483个，投资6013.65万元，项目完成率100%。

【负荷高峰电网管控】 2020年，全区电网调度最高用电负荷55.33万千瓦，区供电部门跟踪气象信息，强化电网运行监控，合理安排运行方式。加强设备巡视，开展重载设备与线路特巡、红外测温及负荷检查，及时消除设备缺陷。更新完善线路图纸资料，开展监控系统及配电自动化系统缺陷排查治理，提升区内电网调度能力，确保负荷高峰期间社会用电正常。

【敷设供电超前服务】 2020年，区供电部门致力于服务“提速”，助力区内重大项目跑出“加速度”。保障总投资30亿元南京市欣旺达新能源有限公司一期项目及时投产，超前服务，提前对接政府与企业，从110千伏小湾变电站及110千伏柴山变电站架设4条10千伏专线，新建基础井19座、环网柜4台，敷设10千伏电缆5.54千米，提前2个月送电。

【电线私拉乱接专项整治】 2020年，区供电部门响应区政府号召，成立小区电线私拉乱接专项排查整治工作小组。联合区公安、城建、消防、社区等部门专项整治城区小区及夜市摊点。出动志愿者136人次，完成飞燕小区、工业新村、康利华府、锦绣家园、宏力花苑、阳光家苑、水岸康城、宏泰嘉苑等43个小区“飞线”治理，建设电动车集中充电棚225处。

【大面积停电事件应急演练】 12月4日，区供电部门承办区内首次大面积停电事件应急演练。演练情景模拟区内受台风天气影响，全区电网减供负荷50%，区政府根据《溧水区大面积停电事件应急预案》，启动溧水区大面积停电Ⅳ级响应，由区处置大面积停电事件应急指挥部紧急处置。各演练场景通过视频模拟和现场直播方式与总指挥部对接，包括灾情现场、会商会议、处置指挥、抢险救援等场景，重点展现电网大面积停电事件发生前后，各项应急处置流程开展情况。 （陆炫宇）

·供　气·

【概况】　2020年，溧水区城市建设部门编制完成《溧水区燃气专项规划(2020—2035年)》，合理调整城市燃气供应结构，加强燃气行业管理，促进燃气行业有序竞争，规范市场行为，提供城市燃气建设管理依据。围绕省、市关于开展城镇燃气安全生产专项排查整治行动工作部署，以消除安全隐患、减少安全事故为重心，加强安全生产监管、隐患排查整治，开展"扫黑除恶"执法行动，落实各项安全管理措施，确保燃气安全生产。全区有液化气公司6家，液化气总储量595吨，瓶装液化气用户1.3万户；有天然气公司6家，燃气管道696.14千米，市民用户7.8万户，工商业用户469户。全年完成瓶装液化气转换管道天然气老旧小区22个。

【燃气隐患排查】　2020年，区城市建设部门加强燃气安全隐患排查，区内燃气经营企业全覆盖，"回头看"企业隐患问题整改，助力企业提升安全生产意识。全年查出场站一般安全隐患123处，整改122处，整改率99.2%。其中，管道气企业一般安全隐患63处，整改63处；液化气企业一般隐患60处，整改59处。整改完成溧石燃气管理服务公司重大安全隐患1处、省督导组检查金鲁溧城燃气有限公司和南京滨海燃气有限公司隐患23处、市创建办督导组检查5家液化气公司隐患14处。

【燃气市场管理】　2020年，区城市建设部门开展燃气行业"扫黑除恶"执法行动，依法打击"黑气点""黑气车"等无证经营行为。联合开发区、溧水公安分局、区市场监管局、溧水消防大队等职能部门，开展开发区境内田冲村等"黑气点"执法行动、中小餐饮场所禁止使用50公斤液化气钢瓶与使用外地气源专项检查，查处涉嫌倒装液化气非法经营点2处，暂扣液化气钢瓶200余只，规范燃气市场经营秩序。

【餐饮场所用气治理】　2020年，区城市建设部门实施《江苏省燃气管理条例》，抽查用气餐饮场所84处，督促燃气企业入户安检和宣传告知，签订用气安全合约，加强源头治理，安装使用燃气泄漏安全保护装置，降低餐饮场所燃气使用安全风险。推进餐饮场所瓶装液化气转换管道天然气，至年底，完成餐饮场所"管液转换"211户，其中开发区78户、永阳街道133户。

【燃气"春风行动"】　4月27日，区城市建设部门贯彻《溧水区组织开展落实企业安全生产主体责任集中宣讲"春风行动"的实施方案》要求，强化燃气企业安全生产主体责任意识，开展燃气"春风行动"宣讲活动。宣讲《中华人民共和国安全生产法》《江苏省安全生产条例》等政策法规，解读《关于全面加强危险化学品安全生产工作的意见》《城镇燃气专项整治清单》，观看《江苏省安全生产教育培训视频教材—深刻吸取"3·21"事故教训专篇》，全区各管道天然气企业、天然气加气站企业及各液化气企业主要负责人和安全管理员30余人参加。

（孙燃）

责任编辑　朱幸福

综　述

【概况】 2020年，溧水区围绕生态环境高质量目标定位，打好污染防治攻坚战，开展大气、水、土壤污染防治，加大监测预警能力建设。全年审批建设项目环境影响评价文件171份，网上备案登记486份，核发排污许可证60件。出动执法人员5724人次，处理环境信访1928件，检查工业企业939家次，其中"双随机"执法检查239家次。开展执行监督检查63家次，其他执法检查539家次。环境违法行为立案查处81件，下达处罚决定67件，实施查封扣押7件，移送适用行政拘留案件1件，涉嫌环境污染犯罪案件移送2件。完成生态环境部夏季臭氧污染防治监督帮扶组46个问题整改。全区集中式饮用水水源地水质达标率100%，地表水环境质量考核断面省考断面达标率100%、市考断面达标率100%。全年环境空气优良率83.1%，上升15.4%；PM2.5（可吸入颗粒）浓度均值32微克/立方米，下降20.4%。12月30日，南京市溧水生态环境综合行政执法局挂牌成立。溧水生态环境部门在南京环保官网、溧水政府网站、江苏文明单位在线等平台主动发布环境信息230余条，答复网络环境舆情73条，环保官微信息总量3300条；《今日溧水》报刊登稿件80篇，市级以上媒体发表26篇。东屏街道白鹿村、洪蓝街道上港社区、石湫街道东泉村、晶桥镇笪村和永阳街道东山村、东庐社区6个村（社区）被省生态环境厅命名为第三批"生态文明建设示范村（社区）"。区洪蓝街道中心幼儿园被省生态环境厅、教育厅授予"绿色学校"称号。

【环境保护核查】 2020年，溧水生态环境部门审批建设项目环境评价文件171份、环境评估登记备案486份。完成开发区、南京国家农高区环境影响评价区域评估2个，永阳工业园区规划环评审查1个。核发国家级排污许可证60件、变更21件、延续3件。挂牌土地出让预审32件。录入公共信用平台信息234条，入库率100%；录入新设主体证照信息216条，认领新设主体9985个。

【生物多样性保护】 2020年，溧水区以上年生物多样性本底调查为基础，在省市范围内率先编制完成《南京市溧水区生物多样性保护规划（2021—2030年）》，并通过专家评审。确定秤锤树、蝉花、小天鹅、黑眉晨蛇、中华虎凤蝶等30种优先保护重点物种，划定无想山、东庐山、石臼湖、方便水库、一干河等12个优先保护区域，制订多样性恢复生态廊道、生物多样性监测评估、就地保护体系建设等8个方面25项具体行动计划，构建生态廊道，推进生物多样性保护。开展生物多样性保护宣传，结合"六五"世界环境日现场活动、青少年爱鸟观鸟系列公益活动，通过区电视台、114网、《今日溧水》报等媒体，发布全区生物多样性调查及保护成果。

【"智慧环保"云平台一期建设】 4月30日，溧水生态环境部门启动"智慧环保"云平台一期建设。

主要建设生态环境质量管理系统、固定源信息管理系统、生态环境应急管理系统、生态环境大数据决策支持系统、视频监控融合联动系统、数据资源中心和综合运维管理系统，汇集13个大气自动监测站、26个水质自动监测站（其中水库2座）、4座噪声自动站，76家餐饮企业、56家机关食堂162台油烟净化器和25家重点污染源企业40个排口在线监控等实时监测数据接入，录入2016—2020年河流湖库断面人工监测数据、1515家固定源企业信息，掌握全区污染源排放，提供全域Ⅲ类水精准治污、精细管理科学数据支撑。8月19日，“智慧环保”云平台一期竣工，总投资400余万元。

【“六五”世界环境日主题活动】 6月5日，溧水生态环境部门联合区科协、农业农村局、气象局等相关部门，在区市民之家北广场举办“关爱自然，保护生物多样性，共建美丽新溧水”大型广场宣传活动。环保志愿者向市民宣讲环保法律法规知识和环保常识，宣传溧水生物多样性现状，呼吁市民关爱保护生物，共建美好家园。现场接受群众咨询630余人，发放环保布袋、晴雨伞、太阳能手电、环保手册等宣传品3000余份，参与市民5000余人。

（夏培华）

环境质量

【概况】 2020年，溧水区环境监测站获监测数据176067个（含自动站监测数据135360个、第三方监测数据13627个）。开展企业监督监测138家次，环境信访仲裁监测54家次，出具监测报告199份。通过26个大气热点网格微型站，实施各街镇（开发区）空气质量预警监测，处理报警2895个。发送空气质量短信366条、水体质量信息210条，形成监测专报等各类报告100份。

2020年溧水区生态环境保护情况一览表

指标	单位	数据
一、环境质量状况	—	—
1、大气可吸入颗粒物	微克/立方米	57
细颗粒物	微克/立方米	32
2、二氧化硫年日均值	微克/立方米	8
3、二氧化氮年日均值	微克/立方米	22
4、自然降尘月均值	吨/平方千米·月	2.9
5、酸雨频率	%	18.5
6、空气优良天数占全年比	%	83.1
7、饮用水源水质达标率	%	100
8、内河地表水总体水质	类	Ⅲ
其中：石臼湖	类	Ⅲ
东屏湖	类	Ⅱ
天生桥	类	Ⅲ
9、区域环境噪声平均等效声级	分贝	52.1
10、交通干线噪声加权平均等效声级	分贝	65.5
二、污染控制	—	—
噪声达标区覆盖率	%	100

【环境空气质量】 2020年，溧水生态环境部门针对卫星遥感全区大气污染热点区域，建设环境空气监测微型站点26个，新建街镇空气自动站7个，监测考核和监测预警热点区域和各街镇（开发区）空气质量，落实“三级”（区委区政府主要负责人、属地及部门负责人、村<社区>负责人）点位长制度和省市管控要求。全年环境空气优良率83.1%，上升15.4%；PM2.5浓度均值32微克/立方米，下降20.4%。

【大气污染应急管控】 2020年，溧水生态环境部门根据市攻坚办发布污染天气预警，制订《溧水区2020年非道路机械专项执法行动方案》等大气污染应急管控文件17份。开展各类大气质量应急管控17次78天，出动检查人员4995人次，检查企业1349家次、建筑工地1896家次，启动18家企业细颗粒物、VOCs（挥发性有机物）深度治理和251台工业炉窑细颗粒物、NOx（氮氧化物）、SO_2（二氧化硫）达标排放整治，编制管控日报60份。

【大气VOCs走航监测】 2020年，溧水生态环境部门联合区水务集团在全市12个板块中率先购置环境空气六参数和VOCs走航监测车，投资400余万元。实施大气VOCs和细颗粒物走航监测，通过针对性管控，保障细颗粒物浓度下降、VOCs减排。建立测评联动机制，提供环境管理技术支撑。大气VOCs走航监测利用高时空分辨VOCs走航监测和在线扬尘仪走航监测，实现大气污染源精准管控、靶向治理。至年底，发现各类空气环境污染隐患130个。

【水环境监测】 2020年，溧水生态环境部门加快水环境监测预警网络建设，完成全区省市考断面、街镇重点河道断面、主要城市内河断面等24座水质自动站建设。制订《溧水区环境监测要点》，每月上下旬监测各街镇（开发区）14条重要河道以及13条入中山水库（中山湖）、方便水库（东屏湖）支流62个断面，分析研判水质变化趋势，结果上报区政府，抄送各街镇（开发区），做好水质达标行动决策参谋。省、市考断面达标率，地表水省考断面好于Ⅲ类水质比例，集中式饮用水水源地水质达标率100%。全年预警监测省市考断面、区级河长制水体、农村污水处理设施、排水泵站等200余次，获数据22360个。（夏培华）

【太湖安全度夏交叉执法】 2020年，省生态环境厅统一部署太湖安全度夏交叉执法检查。5月18—20日，苏州环境执法局到溧水开展交叉执法检查3天，检查企业20家，其中污水处理厂7家、工业企业12家、畜禽养殖1家。期间开展夜查1次，现场采集水样16家。8月21—22日，扬州环境执法局到溧水开展交叉执法检查2天，检查企业4家。两次交叉检查交办问题17个，建议立案查处3家和移送安全问题1家，至年底，完成整改16家，整改进行中1家（溧水秦源污水处理厂四期改造工程）。

【辐射安全环境监管】 2020年，区生态环境部门严格辐射行政许可，强化应用企业辐射安全环境监管，辖区内有辐射应用企业35家。根据《关于印发江苏省核与辐射安全风险隐患排查治理三年行动方案》《关于印发南京市核与辐射安全隐患排查实施方案（2020—2022年）的通知》要求，督查溧水天山水泥有限公司、南京顶正包材有限公司、南京金永发塑胶加工制品有限公司3家市管放射源企业核与辐射安全风险隐患，全年检查辐射应用企业22家。落实《南京市核与辐射分类分级环境管理工作办法》，宣传核与辐射分类分级环境管理要求，开展国家核技术利用辐射安全管理系统数据质量核查，督促全区35家辐射单位补充更新核实国家核技术利用辐射安全管理系统数据。开展辐射项目审批，全年办理辐射安全许可证首次申领、重新申领、变更、注销等审批10件。

【夏季臭氧污染防治监督帮扶】 7月15日起，生态环境部夏季臭氧污染防治监督帮扶组开展溧水区5轮夏季臭氧污染防治监督帮扶，交办问题46个。按轮次分，第一轮交办问题7个、第二轮11个、第三轮6个、第四轮18个、第五轮4个；按问题类型分，立行立改类16个、跟踪督办类30个。溧水生态环境部门制订《2020年溧水区臭氧污染防治方案》，下达责令整改决定书1份，立案1件，罚款2.72万元，46个交办问题均完成整改。

【环境专项执法检查】 7月，溧水生态环境部门根据市生态环境局工作部署，开展VOCs百日攻坚专项执法检查，检查企业31家次，存在问题8个，立案查处1家。10月，根据省生态环境厅要求，开展环境质量目标攻坚“百日会战”专项执法行动，出动执法人员302人次，检查企业213家，发现问题47个，责令整改29个，立案查处18件，上报工作简报12期。（夏培华）

环境污染整治

【概况】 2020年，溧水区制订《南京市溧水区打赢蓝天保卫战2020年度实施方案》《南京市溧水区土壤污染防治行动计划2020年度实施方案》《南京市溧水区水污染防治行动计划2020年度实施方案》，加强大气、土壤、水环境污染整治，建立三级点位长制度，层层压实治污攻坚责任。全年整治重点餐饮企业76家、食堂90家，完成35家重点行业企业土壤污染状况调查风险分级。开展建设项目违法违规“三个一批”（关停一批、规范一批、提升一批）专项整治“回头看”，完成106家企业现场核查，责令整改79家；完成中山水库、方便水库饮用水水源地保护区内161个疑似问题点位现场核查和标注，生态环境部水源地“回头看”中发现2个疑似问题现场核实。落实耕地、水稻、生态公益林、水利风景区、饮用水水源地、生态红线区域、湿地公园等生态补偿资金2.41亿元。其中，省市生态补偿资金1.43亿元，区级生态补偿资金9853.53万元。

【大气污染整治】 2020年，区污染防治攻坚办加强VOCs污染、餐饮污染、机动车污染、非道路机械污染整治和扬尘污染治理。根据《江苏省环境空气质量监测站点“点位长”履职规则》，制订永阳街道国控站点，区委党校、溧水生态环境局省控站点环境空气质量提升实施方案，区委区政府主要负责人、部门负责人担任点位长；各街镇（开发区）标准空气站点由街镇党政主要负责人担任点位长，严格“党政同责”“一岗双责”责任。制订《镇街标准站环境空气质量保障考核办法》，细化考核目标、厘清管控清单、明确管控措施、强化责任落实，实施点位长履职月调度，环境空气质量日公布、周通报、月排名。提高重点时段、重点区域管控精准度，巡查3个重点管控区域89次，检查企业243家次、餐饮店456家次、工地231家次，发现问题127个，即时整改率100%。执行《溧水区大气污染防治责任追究若干措施（试行）》，完善考核机制，推动空气质量考核结果与财政资金奖惩挂钩、空气质量改善与部门负责人考核评价挂钩。

【扬尘污染治理】 2020年，溧水生态环境部门会同区城建局、城管局组成扬尘污染联合检查组，实施全天候、全覆盖扬尘管控巡查，出动执法人员900余人次，检查工地321家，督促立行立改165家，印发整改通报53期，通报扬尘问题62个，通过污染防治监管平台交办扬尘问题7个。加大扬尘、渣土查处，实施扬尘行政处罚3件、简易处罚128件，罚款17.8万元；发布红黑榜18期，通报黑榜项目28个，扣除50家施工企业信用分。查处渣土案件478件，查扣各类违规渣土运输车辆454辆，罚款226万元。全年出动抑尘车2478车次、洒水车1668车次，常态化保持主城区3个大气监控点周边保洁频次。

【机动车尾气污染治理】 2020年，溧水生态环境部门联合溧水交警大队委托第三方检测公司开展机动车尾气检测，在246省道、栖凤南路、区公路站开展尾气路检25次，抽检柴油车1800余辆，查处扣留9辆冒黑烟车辆行车证。冬春季管控、公祭日保障期间，联合溧水交警大队上路抽查尾气排放，检查车辆600余辆，劝退外地黄标车、无标车等不符合管控要求车辆217辆。

【土壤污染防治】 2020年，溧水生态环境部门制订《南京市溧水区土壤污染防治行动计划2020年度实施方案》，举办土壤污染防治培训，邀请省环境科学研究院高级研究员王水解读《中华人民共和国土壤污染防治法》。现场检查土壤污染重点监管企业2次，开展企业责任人土壤法相关知识测评4次，完成全区土壤污染治理与修复成效综合自评估报告。联合溧水规划资源分局开展建设用地土壤污染状况调查评审，评审地块24个。加强固废危废监管处置，督促关闭企业转移遗留危险废物659吨，其中南京八幸药业科技有限公司转移固废266吨、原南京金龙泰实业有限公司转移含铬污泥358吨。处置关停搬迁小化工企业遗留危险废物，行政代处置20家，转移危险废物1000余吨。推进南京经源环境服务有限公司总规模5000吨/年危险废物收集项目和溧水天山水泥有限公司水泥窑协同处置10万吨/年危险废物焚烧项目建设。

【生态空间管理】 2020年,溧水生态环境部门严格涉生态红线项目审批,出具涉及生态空间项目相关审核意见80个,审核南京市多规系统项目20个。完成长江经济带专项审计小组交办14个疑点问题现场核查反馈。拨付2019年度生态红线补偿资金4324万元,制订2020年度生态红线补偿资金6307万元分配方案,主要用于29家畜禽养殖污染及农业面源污染项目、2家污染工业企业关停取缔和重要水体生态修复。

【秸秆禁烧管控】 2020年,溧水生态环境部门制订《溧水区2020年秸秆禁烧与综合利用工作方案》,与各街镇(开发区)签订2020年秸秆禁烧与综合利用目标责任状。夏、秋两季印发《农作物秸秆禁烧与综合利用问答》20余万份,区电视台在重点时段滚动播放秸秆禁烧与综合利用。建立秸秆禁烧区、街镇、村(社区)、组四级网络,各街镇(开发区)安排专职人员巡查布控,区蓝天卫视监控平台掌控全区禁烧动向,全年未发现卫星遥感监测火点。拨付2019年秸秆禁烧补助资金1111.4万元、2020年秸秆禁烧与综合利用补助资金和奖补经费1453.41万元。

【餐饮油烟污染治理】 2020年,溧水生态环境部门联合区市场监管、城管、水务、消防等部门审查餐饮业20次,涉及企业100余家,否决不符合选址要求餐饮企业31家,责令整改40家。开展餐饮油烟污染整治"回头看",检查252家,整改24家,督促餐饮业主清洗油烟设施81家、更新老旧设施4家。开展重点区域联合执法检查3次,检查餐饮企业22家,督促整改6家;巡查17次,出动巡查人员350人次,督促餐饮业主清洗、更换油烟设施35家。开展17家餐饮企业多次油烟扰民投诉监督性监测。至年底,整治重点餐饮企业76家、重点食堂90家,安装餐饮在线监控设施150套。

【农村污染治理攻坚战】 2020年,区政府制订《溧水区农业农村污染治理攻坚战实施方案》,实施农村工业企业污染治理、农村生活污染治理、养殖业面源污染治理、种植业面源污染治理、农业农村环境监管及相关保障措施等23项目标任务,每月工作调度1次。整治污染超标行业企业23家,整治达标22家,关闭1家,通过市级核查验收。新建、改造农村供水主管网约34千米,投资6000万元。实现农村生活垃圾收运处置、"厕所革命"全覆盖,疏浚农村河道土方207.83万立方米,投资1210.22万元;制订《溧水区农村黑臭水体排查工作实施方案》,组织各街镇(开发区)排查区内河、塘、沟渠等各类大、中、小微水体,未发现黑臭水体。完成28个规模养殖场粪污处理设施配套,整村推进畜禽非规模场户养殖56个村(社区)整治;投资1600万元建成东屏街道畜禽粪污处理中心,集中处理全区范围内畜禽固粪,全年畜禽粪污实际产生量25.01万吨,通过生产商品有机肥、沼液厌氧发酵、堆肥发酵、床垫料发酵模式等,畜禽粪污综合利用量24.90万吨,利用率99.55%。改造生态化池塘养殖200公顷。实施化肥农药使用减量化行动,全年化肥使用量(折纯)8451吨,减少3.1%;农药使用量299.52吨,减少1.8%。实施秸秆综合利用和禁烧管控,全区秸秆收集量16.1万吨,综合利用率95%。回收废旧农膜等废弃物1132.93吨,回收率94.96%。

【畜禽养殖整治】 2020年,溧水生态环境部门根据《溧水区畜禽养殖禁养区划定调整方案》,调整畜禽养殖禁养区,全区畜禽养殖禁养区总面积455.83平方千米,占国土面积42.85%。会同区农业农村局、各街镇(开发区)完成28家规模养殖场排污许可登记备案。指导牧原食品股份有限公司按照《关于印发新建规模猪场环保设计要求的通知》及环评报告有关要求,落实各项生态影响和环境污染防治、环境风险防范措施,保证污染治理设施高标准、严要求建设。

【重金属污染防治】 2020年,溧水生态环境部门落实重金属污染防控要求,完成涉重企业全口径清单补充完善与动态更新、南京八幸药业科技有限公司土壤污染状况调查、两个"退出类"重金属重点防控区(洪蓝街道、白马镇)验收、南京飞燕活塞环股份有限公司搬迁扩建重金属(铬)减排技改项目。环境执法检查南京飞燕活塞环股份有限公司、南京台兴汽车零部件制造有限公司、南京海能

电光源有限公司、南京夏华电源厂、南京都能电源设备有限公司5家涉重企业15家次。（夏培华）

环境监测执法

【概况】 2020年，溧水区环境监察大队出动执法人员5724人次，处理环境信访1928件次，检查各类工地218家次、工业企业939家次，其中“双随机”执法检查239家次。开展监督检查63家次，其他执法检查539家次，处罚违规违法企业75家次。其中，建设项目违法14家、水环境违法7家、大气环境违法28家、固废危废违法14家、夜间违法施工12家，处罚款315.44万元。查处并移送环境污染涉嫌犯罪2件，运用“四个配套”(查封扣押、停产限产、按日计罚、信息公开)办法8件，其中实施查封扣押7件、移送行政拘留1件。完成执法大练兵、中高考绿色护考等。

【环保督察】 2020年，溧水生态环境部门定期调度环保督察反馈问题整改，推进问题整改销号。按时完成中央、省市环保督察及“回头看”和省环保督察反馈问题整改调度情况上报。配合省市完成信访件整改销号现场核查，至年底，3年50件信访交办件完成整改并销号48件，因搬迁涉及小区、学校噪声治理未完成销号2件。

【环境安全专项执法】 2020年，溧水生态环境部门开展环保设施安全隐患专项执法行动，发现11家企业RTO(蓄热式热力焚化炉)、RCO(蓄热式燃烧设备)等废气处理设施和18家企业脱硫脱硝、粉尘治理、污水处理设施未提供安全手续，1家企业危险废物仓库、2家企业废气处理设施未纳入安全评价，移交区应急管理部门安全隐患企业31家。开展固体危险废物安全专项执法行动，检查固体危险废物企业188家次，发现危险废物标签、标识牌不规范企业14家次，立案查处9家，环境污染涉嫌犯罪移送公安机关2家，其余监督整改到位。跟踪督促和后督查区安委办移交的10家企业和10家关闭取缔小化工企业。新冠肺炎疫情期间，开展环境专项执法检查，出动执法人员246人次，检查隔离点、医疗机构、污水处理厂及其他敏感单位123家次，推动问题整改6个，督促转移医疗废物429.27吨。

【环境应急】 2020年，溧水生态环境部门加强应急能力建设，制订《南京市溧水区辐射事故应急预案》，督促区内11家风险企业编制突发环境应急预案、58家工业企业完成应急预案编制备案，立案查处应急预案过期企业1家。组织监察、监测人员参加省市环境应急演练观摩3次。参加南京恒生制药厂危化品泄漏应急演练，牵头区应急、公安、消防、卫健、气象、水务集团等部门在南京金焰锶业有限公司开展危化品泄漏突发环境事件应急演练，11家重点企业参加。

【绿色护考】 中高考期间，溧水生态环境部门制订2020年中、高考噪声管控方案，保障考生学习和生活清静环境。停止夜间施工审批，考场周围500米范围内停止施工、跳广场舞。出动执法人员72人次，安排专人驻点昼夜巡查，检查工地102家次，提醒省溧中、区第二高级中学两个考点周边5家重点工地调整施工时间，停止大型机械作业。全区未发生因噪声影响考生考试与休息事件。

【环境信访办理】 2020年，溧水生态环境部门加强环保“110”24小时应急值班制度，确保值班值守和应急处置到位。全年受理生态环境信访投诉1928件，其中“12345”信访件983件、“12369”信访件605件、自接件78件、舆情29件、微信举报34件、区社会治理大联动199件。信访办理满意率94%，按期办结率100%。（夏培华）

污染防治攻坚战专项行动

【概况】 2020年，溧水区贯彻南京市打好污染防治攻坚战暨河长制工作大会精神，守牢生态环境质量底线，打赢污染防治攻坚战。全区空气质量优良率83.1%，PM2.5均值32微克/立方米；区域环境噪声52.1分贝，声环境功能区达标率100%。建成省市考核断面、城市内河断面、街镇重点河道断面水质自动站24个，形成全区水环境预警监控网络。13个省市考断面、1个省考城市内河点位、2个集中式饮用水水源地、11个省级重点水功能区水质达标率100%。完成开发区、南京国家农高区环境影响评价区域评估，审核重点企业强制性清洁生产中期评估9家。市电视台曝光1期2个点位，市转举报8个点位，其中属实4个、不属实3个、无效1个。所有曝光完成整改并上报销号材料。区电视台制作节目10期，曝光和正面宣传3期6个点位，曝光点位全部整改；制作专题报道7期，其中污染防治攻坚专题片1期。上报市攻坚办工作动态49期、信息115条，被录用信息6条、快讯10条。市污染防治监管平台交办溧水区工单1655件，办结1588件，办结率95.95%；交办溧水生态环境局1316件，办结1249件，办结率94.9%。行政处罚立案38件，办结23件，结案率60.5%。

【蓝天保卫战】 2020年，溧水生态环境部门加强大气污染源头治理，落实区、街镇、村（社区）三级"点位长"网格管理体系，更新3个重点区域污染源管控清单，完成7个街镇标准空气自动站和40个VOCs监测微站建设。制订《南京市溧水区2020年臭氧污染防治方案》，强化重点区域、重点行业、重点因子大气污染排放管控，分类制订重点企业VOCs综合整治、老旧柴油车淘汰、非道路移动机械污染防治、渣土车监管、车船油品整治等30条措施，联合生态环境部华南环境研究所技术帮扶VOCs企业249家，发现问题71个，立案查处13家，责令整改40家。按照《南京市溧水区打赢蓝天保卫战2020年度实施方案》《溧水区工业炉窑大气污染综合治理实施方案》要求，排查摸底全区工业大气污染源（锅炉）企业116家，完成251台工业炉窑核查、18家VOCs企业整治、6个重点VOCs项目治理、16家企业"一企一策"编制，建设VOCs在线监控企业10家。加强移动源污染防治，联合交警部门路检机动车1480辆，整治超标车辆4辆，淘汰国三及以下营运柴油货车411辆；检查非道路移动机械1765台，抽测尾气排放455台，整治超标机械181台。推进油气回收治理，在线监控重点加油站5座，完成3座加油站三级油气回收系统建设，开展加油站油气回收系统使用检查36家次。强化工地扬尘污染防治，创建"智慧工地"136个、差别化工地27个，建筑工地裸土覆盖率100%。

【碧水保卫战】 2020年，溧水区强化涉水企业整治，完成35家工业企业利用城镇生活污水处理厂处理工业废水评估、工业污染源超标问题整治"回头看"，实施9家重点企业强制性清洁生产审核。完成《南京市溧水区水污染防治行动计划2020年度实施方案》4个重点项目建设、生态环境部关于中山水库水源地"回头看"中2个疑似问题现场核实反馈、区自来水厂深度处理改造。开展中山水库、方便水库饮用水水源地保护和保护区勘界测绘，完成中山水库、方便水库饮用水水源地评估及保护区内161个疑似问题点位现场核查和标注。提标改造溧水秦源、柘塘、东屏等8座污水处理厂。其中，东屏、白马、和凤等6座污水处理厂竣工，溧水秦源污水处理厂四期扩建工程完成96%、柘塘污水处理厂扩建工程完成80%。完成入河排污口整治工程项目陈家河生态湿地项目建设。建立全区水环境质量预警、通报机制，每半月开展62个区级重点断面、3个省考断面、10个市考断面、155个河长制断面水体预警监测，形成水环境质量专报62份、预警简报6份。建立断面水质提升领导挂钩负责制，明确12个省市"水十条"、城市内河考核断面、17个区级主要断面挂钩负责人。强化排水许可管理，办理排水许可证企业107家，累计办理1060家，组织"回头看"1246家次。

【净土保卫战】 2020年，溧水生态环境部门完成35家重点行业企业土壤污染状况调查风险分级、南京八幸药业科技有限公司地块土壤污染状况调查、全区耕地土壤环境质量类别划分，建成傅家边鲜食农产品土壤质量综合试点区。完善全口径涉重金属重点行业企业清单，完成重点重金属污染物削减、防控区整治验收。开展危废固废安全专项整治行动，检查产危企业450家次，整改隐患问题77个；统一规范设置危废贮存设施和标牌标识更换160家，安装监控设施153家。启动溧水天山水泥厂协同处置污泥建设（静脉产业项目）。强化核与辐射环境管理，修订《南京市溧水区辐射事故应急预案》，召开辐射事故应急专题培训暨辐射事故应急演习观摩会，全区16家辐射企业和19家医疗应用单位参加；监督检查放射源企业4家、使用射线装置企业26家，审查辐射安全许可证企业13家。全区125个小区垃圾强制分类收集点、区垃圾分类(贮存)分拣中心、开发区餐厨垃圾处理站建成投用。

（夏培华）

水务

Water Conservancy

综述

【概况】 2020年，溧水区围绕全域Ⅲ类水总目标，对标生态环境高质量发展要求，推动河长制落实、水环境提升、水利工程管理、水资源管理、水行政执法。开展排口整治、控源截污和水体清理，杜绝污水直接入河，确保断面水质稳定达标。摸底调查280个河（湖）长制水体河湖基本信息，建立“一河（湖）一档”，全市率先完成305个劣Ⅴ类水体销号，水质均值全部达到或优于地表水Ⅲ类标准，16个水功能区达标率100%。30万吨/日新水厂建设完成，新改建市政供水管网40千米。改革农业水价综合面积3.27万公顷，列全市第一，通过省级验收。完成三丫圩等3座排涝站建设、赭山头省一级水管单位复核、7座省规范化小水库创建和9座省规范化小水库复核、无想寺水库省级水利风景区创建和中山水利风景区复核。创成和凤镇吴村桥村等4个市级水美乡村。率先在全省完成区级取水工程（设施）核查登记、整改提升。推进水利风景区生态补偿、移民和方便灌区节水配套改造等项目建设，建成姚家水库节水教育基地和清水通道节水主题公园。省级水生态文明城市创建待省级验收。12月30日，区河长制办公室被水利部办公厅、中国农林水利气象工会全国委员会授予“全面推行河（湖）长制先进单位”称号。

【河（湖）长制】 2020年，区水务部门建立河（湖）长制联动机制，梳理边界河道名录，推进区域界河（湖）联防联治和联合执法。全区280个河（湖）长制水体落实河（湖）长348人，其中区级河（湖）长20人、街镇级河（湖）长128人、村（社区）级河（湖）长200人。小微水体设置片长60人，招募民间河长、河湖志愿者1000余人，设立河（湖）长公示牌528块。邀请河海大学专家教授李一平现场培训，提升基层河（湖）长专业知识和技能，参训河（湖）长、河（湖）志愿者80余人。开展全区280个河（湖）长制水体基本信息摸底调查，建立“一河（湖）一档”，完善河湖基本信息。排查河（湖）长制覆盖下155个水体，完成64个区级“两违”（河湖违法圈圩、违法建设）整治。开展第二届最佳河（湖）长评选活动，经网民投票、部门评议、专业评审综合评定，表彰最佳街镇级河（湖）长4人、最佳村（社区）级河（湖）长4人、最佳民间河（湖）长2人、守护城市水环境巡河标兵8人。

【节水宣传】 2020年，区水务部门在世界水日、中国水周、城市节水周期间，拓宽节水宣传范围，丰富节水宣传形式，走进7个社区、5家企业、7所学校、300余户家庭。通过专题文艺演出、校园主题作文竞赛、微电影普及市民节水知识，推广节水型器具，提倡计划用水、节约用水。悬挂横幅150条，摆放展板15块，发放节水宣传品500件、宣传资料1500份。

（李兰平）

水资源管理与保护

【概况】 2020年，溧水区加强水资源管理与保护，执行最严格水资源管理制度，强化城市用水管理，促进水资源可持续利用，加强供水行业监管，提高用水效率。全区万元GDP用水量（按2015年可比价）37.5立方米，下降4.6%；万元工业增加值用水量（按2015年可比价）5.56立方米，下降6.9%。

【取水监管】 2020年，区水务部门加强取水许可与管理，下达自备水源用水户取用水计划4239万立方米，其中地下水4.5万立方米。按照《水资源费征收使用管理办法》规定，每季度开展取水户监督检查，逐一排查、梳理取水户取水及计量设施等，完成宾馆、企业、商场等14家取水户水平衡测试，征收水资源费766万元。加强地下水管理，规范地下水取水户取水行为，要求2017—2020年间注销地下水取水许可证的取水户依法进行深井封填，涉及取水户6家，封填深井7口。至年底，全区有地下水取水户2家，保有地下水取水许可证2件；年审取水许可证15件。

【取水工程（设施）核查】 2020年，区水务部门加强取水工程（设施）许可，推进取水口监管，开展取水工程（设施）核查登记。全区登记取水工程（设施）334个，其中取水闸174道、取水坝62座、取水泵站93个、取水井5口。申领取水工程（设施）取水许可证34件。率先在全省范围内完成取水工程（设施）核查登记。

【节水型社会建设】 2020年，区水务部门下发《关于下达溧水区规模以上公共供水非居民用水户2020年度用水计划的通知》《南京市溧水区节水行动实施方案》，监督、鉴证与评价用水户取水、用水、节水、耗水、退（排）水等合规性、经济性及生态环境影响。监督年用水量2万立方米以上的109家非居民用水户用水、14家自备水源取水户取水，不定期检查10家区级重点监控用水单位、111家规模以上企业供水用水情况，下达用水超计划风险用水户预警通知书19份。推进省市级节水载体建设，创建市级节水型企业22家、社区5个、学校4所，南京林华磁性有限公司、南京锦元水循环利用有限公司创成市节水减排示范企业，完成姚家水库市级节水教育基地建设、省级节水教育基地申报。开展南京太阳岛休闲独家俱乐部有限公司、南京创维家用电器有限公司用水审计。现场查勘规划用地2万平方米以上新建建筑物配套设施雨水收集利用系统和资料备案，29个建设项目办理登记手续，其中完成备案13个。

【饮用水水源地保护】 2020年，区水务部门完成《溧水区方便、中山水库饮用水水源地长效管理与保护评估报告》编制，分析饮用水水源地布局、周边产业设置、安全状况，评估水源地保护范围、管理措施、调（输）水工程、质量监测、应急预案等。加强方便水库（东屏湖）、中山水库（中山湖）饮用水水源地日常巡查、管理、考核，提升饮用水水源地保护管理水平。加强水源地水质检测，委托省水文资源勘测局南京分局每月水质检测，2个饮用水水源地水质常年稳定Ⅱ类水。

【水资源承载能力评价】 2020年，区水务部门委托省水利工程科技咨询股份有限公司开展实地调研，核算8个街镇水资源承载能力、承载负荷，评价水资源承载现状。明确各街镇（开发区）水资源

11月3日，溧水中专校经过15天用水改造，由“用水大户”变身“节水大户” 区水务局 供

承载评价结果、开发利用控制红线和全区水量配置能力，完成《溧水区水资源调查与承载能力评价报告》编制，12月15日，通过专家审查。报告结论，全区水资源综合评价为不超载；开发区、永阳街道农业用水量占80%，用水结构单一，易受年型影响，需要调整产业结构与种植结构；洪蓝街道、石湫街道地表水水资源量临近超载。

【供水水质管理】 2020年，区水务部门加强城镇供水水质管理，制订《关于进一步加强城镇供水管理工作的通知》，委托第三方谱尼测试集团江苏有限公司每月水质检测出厂水、管网水、管网末梢水、二次供水，水质报告在政府官网公示。全年水质检测49次，其中出厂水13次、管网水12次、管网末梢水12次、二次供水12次。水质均符合《生活饮用水卫生标准》GB5749—2006要求。

【供水演练】 4月8日，区水务部门配合区电视台在二里桥净水厂开展反恐演练，增强安保人员、企业员工反恐防暴安全意识，提高应对和处置突发事件能力，保安应急处理人员、护厂人员、救护人员、水质监测人员、信息处理人员30余人参加。4月23日，在二里桥净水厂开展区级层面供水应急演练，参加演练50余人。6月17日，在无想山大道开展夏季突发爆管应急演练，锻炼各部门快速反应机制和组织能力，及时处置现场、抢修漏点，提高部门自身应急熟悉过程。经营科、化验室、净水厂和清泉城市建设工程有限公司工程科、稽查科、设备科、材料科等40余人参加。6月29日，清泉城市建设工程工地开展土方坍塌事故应急演练，1名施工人员被掩埋、1名受伤。演练普及现场应急救援知识，提高员工安全防范意识，增强自我保护能力，掌握伤害事故应变、自救技能。区人防、消防、水务、清泉建设部门及街镇自来水分公司70余人参加。

（李兰平）

水环境整治

【概况】 2020年，溧水区持续提升水环境质量，梳理Ⅲ类水质以下河（湖）长制水体、未整治小微水体，加快污水基础设施建设。科学管控雨污水泵站，杜绝污水直接入河、入塘。竣工雨污分流片区15个，完成214个整治提升村、美丽宜居类自然村污水处理设施建设。加强排水行为监管，检查餐饮综合体、在建工地、生产企业等重点排水户排水，设立1118个排口身份档案牌，发放整改通知单165份，消除生活污水直排口。实施31个老旧小区阳台水、14家企事业单位庭院排水整治。至年底，全区水质均值全部达到或优于地表水Ⅲ类标准，3个省考断面、10个市考断面、1条城市内河达标率100%，16个水功能区达标率100%；实现全区乡村（10户以内或5年内计划拆迁除外）污水处理设施全覆盖。

【高质量Ⅲ类水修复】 2020年，区水务部门制订《“健康溧水·活力新城”——誓创高质量全域Ⅲ类水三年行动计划（2020—2022年）》，开展城镇污水处理提质增效，推进水环境整治，加强水资源保护，实施水生态修复。清疏修复致远路、高平大街污水管网2条，修复问题管网24.4千米。建设“水务设施一张图”APP，实现各涉水要素信息化、自动化和智慧化运行。加大溢流口整治，排查出迎湖路、珍珠桥东南侧等问题溢流口71个，逐一整治销号。清淤整治乌刹桥、北口、蔡家庄、秦村圩4个泵站前池，确保水质达标。引进耙吸式挖泥船等新型清淤设备，建立不干河常态化清淤机制，清淤整治南门河中游段、二干河等河塘水环境项目41个，至年底，疏浚整治河道19条、村庄河塘413座、当家塘坝48座。

【省市考断面水质稳定】 2020年，区水务部门根据《江苏省“十三五”水环境质量考核目标》、“水十条”省考断面考核目标要求，整治护城河、陈沛河等河道水环境，实施整治项目38个，开展排口控源截污和水体清理，杜绝污水直接入河，确保断面水质稳定达标。至年底，溧水河乌刹桥、二干河开太桥、新桥河群英桥3个省考断面，乌刹桥、群英桥、开太桥、洪兰河口、下思桥、石岗桥、滚水坝、石臼湖湖心、中山水库、方便水库10个市考断面水质稳定，达标率100%。

【劣Ⅴ类水体销号】 2020年，区水务部门根据《南京市消除劣Ⅴ类水体验收工作管理试行办法》相关规定要求，推进“两违”“四乱”（河湖违法圈圩、违法建设，乱占、乱采、乱堆、乱建）清理整治，罗列问题清单，实行对账销号。全域完成水体销号305个，包括石臼湖湖心、乌刹桥、中山水库、方便水库、洪兰河口等9个省市考断面，秦淮河、天生桥河、二干河等16个水功能区和280个重点河（湖）长制水体。全市第一家完成劣V类水体销号。

【企业污水排放整治】 2020年，区水务部门加强企业污水排放整治，检查各类排水企业1749家次，发放整改通知书165份。加大违法排水行为处罚，清理整顿排水企业直排、偷排、超标准排放等违法排水行为，查处江苏强浩建设有限公司、南京天鸿市政有限公司等企业10家，处罚款34.5万元，责令企业落实主体责任，整改67家，整改率100%。做好水环境突出问题有奖举报受理，鼓励公众参与水环境保护和监管，全年受理水环境有奖举报33件，查实32件，办结率100%。

【污水处理提质增效精准攻坚"333"行动】 5月9日，区政府制订《南京市溧水区城镇污水处理提质增效精准攻坚"333"行动实施意见》，开展城镇污水处理提质增效，推进"三消除"（消除劣V类水体、消除污水直排口、消除污水管网空白区）、"三整治"（整治工业企业排水、整治"小散乱"排水、整治阳台和单位庭院排水）、"三提升"（提升城镇污水处理综合能力、提升新建污水管网质量管控水平、提升污水管网检测修复和养护管理水平）精准攻坚行动，实施精准攻坚项目39个，其中"三消除"10个、"三整治"17个、"三提升"12个。区水务部门成立城镇污水处理提质增效专项工作组，定期召开"333"行动推进会，督导检查"333"行动开展。整治劣V类水体、污水直排口、污水管网空白区等薄弱环节和突出问题，划定空白区32个、提质增效达标区28个。强化源头污染管控，开展35家涉水企业评估、31个老旧小区阳台水、14家企事业单位庭院排水治理，整改755个阳台立管，建设中水管网7.4千米，检测市政污水管网671.5千米。加强排水户监管，完善排水户分类建档，加大违法排水行为处罚，发放临时排水许可证19件。提标改造污水处理厂项目7个，实施"一厂一策"系统整治、城区雨污分流综合整治工程10个报监项目质量安全监督全覆盖。 （李兰平）

水利工程建设与管理

【概况】 2020年，溧水区加强水利工程运行管理，常态化监测区域内石臼湖、79座中小型水库、7条骨干河道水体，强化涉水工程监督。完成7条骨干河道保护规划、73座小型水库安全方案编制，其中7条河道、65座水库通过专家鉴定审查。完成无想寺水库、方便水库水利风景区省级验收，赭山头水库省一级水管单位复核验收，6座小型水库省规范化小水库创建验收，9座小型水库省规范化小水库复核验收。至年底，累计创建国家级水利风景区1个、省级水利风景区6个、省一级水利工程管理单位7个，省级规范化小型水库54座，小型水库创建率74%。全年6座中型水库移民11641人，涉及各街镇（开发区）81个村（社区）250个村民小组13.6万村民，移民人口占总村民人口10%。拨付移民资金2889.69万元，其中人口直补资金191.82万元、各类项目资金2697.87万元。账户结余资金6063万元。

【水利工程维护】 2020年，区水务部门加强水利工程维修养护，维护石臼湖、一干河等7条骨干河道，方便、赭山头等6座中型水库，无想寺、涵子坝、安公塘等73座小型水库，天生桥闸、中山河闸、周家山闸、秋湖提水站等闸站和小西门枢纽。建设堤防护坡、道路、水工建筑物等，栽植乔灌木、铺设草坪，维修、更换机电设备等。省市区拨付补助经费1756.9万元，其中省级补助748万元、市级补助408.9万元、区级补助600万元。

【国普河道、水利工程管理范围划定】 2020年，省市下文划定溧水区新一轮国普河道、小型水库及闸站管理范围，包括二干河、三干河、新桥河、云鹤支河、高阳河5条国普河道，幸庄、路华、东角塘、山头、徐母塘、南塘、涵子坝、仙郎桥、段林、石塘、老虎山11座小型水库，天生桥闸、中山河闸、周家山闸、小西门枢纽4座中型闸站管理范围划定。区水务部门按照《江苏省水利工程管理条例》《江苏省水库管理条例》《南京市水利工程管理和保护办法》《南京市水库保护条例》《溧水区水利工程管理和保护实施细则》要求，划定5条国普河道、11座小型水库和4座中型闸站管理范围，埋设界桩

563根、界牌36块、告示牌30块,划定管理范围边界线83.92千米。由天生桥闸管理所、城区水源调度中心、各街镇(开发区)水务站负责辖区河道、水库、闸站界桩界牌范围内管理和维护。

【水库省级验收】 2020年,溧水区加强水库民生水利工程建设,严格水资源、水生态管理,注重饮用水水源地保护,完善水库设施,创建省级规范化水库。8月29日,省水利厅委托省水利工程科技咨询股份有限公司专家组复核验收赭山头水库,同意其通过省一级水管单位验收。9月18日,东水关、西水关、泥塘、藕塘、安公塘、忠家塘、上塘湫、汤家、山里沟9座小水库通过市水务局专家组省规范化小水库复核验收。10月16日,贯庄、涵子坝、友谊、五四、宋家、山头6座小水库通过市水务局专家组省规范化小水库创建验收。11月19日,方便水库、无想寺水库通过省水利厅专家组水利风景区创建验收。

【石臼湖堤防白蚁防治】 2020年,区水务部门加强石臼湖堤防白蚁防治,组织石湫街道、和凤镇防治陈家三拱桥至东家塘右岸1000米、张家桥头至骆山村右岸2000米约3万平方米堤段蚁患,出动专业技术人员及施工人员40人320余次,采用引诱桩布置、药物普遍与重点投放诱杀指示物查找等防治方式,灭治堤防蚁害。12月底,市水务局组织白蚁防治专家组复查验收石臼湖堤防蚁害防治达控,专家组深入堤防一线察看白蚁达控治理成果、听取白蚁防治报告、查阅台账资料,认为堤防白蚁防治达到基本控制标准,同意通过白蚁治理复查验收。

【石臼湖网格化管理】 2020年,区水务部门加强石臼湖保护和管理考核,按照石臼湖、固城湖联合管理指挥部《关于印发〈石臼湖固城湖网格化管理实施意见〉的通知》要求,开展石臼湖网格化管理。划分石臼湖三级网络22个网格,确定二级网格湖长1人、三级网格长4人、基础网格员4人,定员入格。按各自职责,三级网格长两周巡查1次、基础网格员每周巡查2次,确保石臼湖安全。

【水利风景区生态项目维护】 2020年,区水务部门加强水利风景区生态项目维护,天生桥河国家级水利风景区清理杂物、整理场地3000平方米,建设排水沟200米,绿化灌木、乔木、草坪等5000余平方米;方便水库水利风景区新建排水沟420米,修复破损管道100余米,坝下清理杂物2.32万平方米,放养水生植物4412平方米,铺植麦冬草坪1.05万平方米;中山水库水利风景区新建挡土墙100米、护坡560平方米,绿化提升约2000平方米;卧龙水库水利风景区新建排水沟640米、挡土墙360米,坝下清理杂物约9000平方米,栽植灌木3250平方米,铺植麦冬草坪8000平方米;老鸦坝水库水利风景区修复边坡1800平方米,库区四周清理杂物1820平方米,栽植灌木580平方米,放养水生植物2000平方米;环山河水利风景区护坡260平方米,放养水生植物1280平方米,绿化提升1500平方米。市、区下发水利风景区生态补偿资金584万元(市级资金292万元、区级资金292万元),其中天生桥河水利风景区补偿150万元、方便水库水利风景区补偿94万元、中山水库水利风景区补偿90万元、卧龙水库水利风景区补偿80万元、老鸦坝水库水利风景区补偿90万元、环山河水利风景区补偿80万元。

【移民后期扶持项目】 2020年,大中型水库移民中央后期扶持基金项目2批4个(开发区福田社区福田新村水美乡村项目、永阳街道秋湖村涧东自然村环境综合整治项目、中山水库库区环境整治项目、白马镇朱家边社区“美丽库区,幸福家园”建设项目),省、市水务部门批复,区水库移民扶持项目建设处负责实施,总投资1850万元。至年底,开发区福田新村水美乡村项目竣工,其余3个项目完成施工任务80%。省、市后期扶持建设项目10个,永阳街道中山社区潘家自然村综合整治,东屏街道白鹿社区巷南水库、方边社区庙山破塘、金湖社区北山底门口大塘、徐溪村综合整治和定湖社区丰安自然村道路建设项目,白马镇杨家边村综合整治项目,晶桥镇郃村、水晶村后李自然村道路建设项目,区林场环境整治项目,总投资812.06万元,至年底,全部项目竣工。溧水区利用历年移民后期扶持结存资金,实施晶桥镇里佳山村、西宋村,洪蓝街道集镇广场“美丽库区,幸福家园”建设;姚家水库、赭山头水库库区环境综合整治项目5个,至年底,所有项目竣工,总投资2190.6万元。

【一干河堤防加固工程】 5月21日，一干河堤防（常合高速桥—溧水河口段）加固工程通过市水务局专家组竣工验收。该工程2017年10月18日开工建设，加固堤防10千米，其中右岸8.1千米、左岸1.9千米。新建迎水坡防冲刷护砌10千米、堤顶道路12.6千米，处理防渗漏5处1.05千米，拆建涵洞2座、新建1座。工程设计开发区段（桩号8+100～0+000）防洪标准50年一遇，堤防级别2级；石湫街道段（桩号8+100～6+200）防洪标准20年一遇，堤防级别4级；穿堤建筑物级别与所处堤防级别相同，总投资6594.6万元。

【天生桥套闸除险加固工程增补项目】 天生桥套闸除险加固工程增补项目6月22日开工建设，8月21日竣工，9月16日通过区水务部门竣工验收。该项目主要建设管理区封闭围挡、巡查道路，完善水土保持、绿化、照明等，总投资288.15万元。

【水利水务安全生产】 2020年，区水务部门落实国家、省市安全生产决策部署，制订《溧水区水利水务行业安全生产专项整治三年行动实施方案》《溧水区水务局组织开展落实水利水务行业企业安全生产主体责任集中宣讲"春风行动"的实施方案》等，加强水利水务行业安全生产专项治理。汇编《安全生产应知应会学习读本》《企业落实安全生产主体责任重点事项清单》各200册，印制致企业、职工的一封信各50份，发至全区水务行业生产经营企业。开展安全生产月活动7场次，悬挂安全生产专项整治宣传横幅7条，张贴挂图30余张，发放市民宣传折页和手册1万余份。分解市安全生产第五督导组移交问题1个、区安全生产第一巡查组移交问题16个及风险隐患12个，形成具体整改方案，明确责任人和整改期限，整改结果及时反馈督导（巡查）组。围绕"三个必须"（管行业必须管安全、管业务必须管安全、管生产必须管安全）、"三个责任"（政府督促责任、部门监管责任、企业主体责任）要求，开展安全生产督查，覆盖行业在建工程、运行管理单位和生产经营企业，发现问题32个，形成问题清单，限时整改。深化问题隐患排查治理，每周报送181线索平台，每月填报水利部信息系统。加强河湖日常管理和养护，落实水库"四个责任人"（水库安全政府责任人、主管单位责任人、技术责任人、管理单位责任人），强化水利工程安全管理，推进73座小型水库安全鉴定和保护规划编制；汛前，梳理并消除河湖各类险工隐患64处。加强饮用水水源地管理，制订《关于印发〈南京市溧水区方便水库安全保障规划〉及〈南京市溧水区中山水库安全保障规划〉的通知》，在方便水库、中山水库一级保护区范围设置全封闭隔离设施，设置"电子隔离带"，短信温馨提示进入饮用水水源地保护区范围群众，引导市民参与饮用水水源地安全保护。委托水质监测合作单位江苏省水文水资源勘测局南京分局监测全区水功能区水质，16个水功能区水质达标率100%。全年水利水务未发生安全生产事故。（李兰平）

农田水利建设

【概况】 2020年，溧水区推进民生水利工程建设，强化农村水利工程长效管护，加强水土保持监督管理。完成方便灌区节水配套，9座村级小泵站、1条农村翻水线更新改造，东屏街道大新塘、石湫街道上方塘、白马镇蒋家大塘综合整治。完成年度农业水价综合改革面积5333公顷，整治农田水利土方206万立方米。永阳街道夏庄自然村、白马镇大树下村、和凤镇吴村桥村、晶桥镇水晶村创成市级水美乡村。

【水土保持监督管理】 2020年，区水务部门强化生产建设项目水土保持监督管理，完成《溧水区水土保持规划》编制，通过南京市水土保持目标责任考核。推进开发区、南京国家农高区水土保持区域评估，完成水利部、省水利厅下达的62处疑似违法图斑现场修复和违法项目整改。加强与区行政审批局协调配合，全年审批生产建设项目水土保持方案39个，征收水土保持补偿费546.18万元。

【村级小泵站、后方翻水线更新改造工程】 2月13日，村级小泵站更新改造工程完工。该工程2019年9月12日开工，涉及东屏街道青龙桥站、杨树塘站，洪蓝街道杜家站、理村站，石湫街道左山站，和凤镇东山站、孙家站，晶桥镇曹家站、下桥头站。新建泵站设计流量0.96立方米/秒，更新进水池、泵房、进出水管道、出水池等，总投资448.58万元。其中，市级资金373.92万元，街镇配套资金74.66万元。4月8日，后方翻水线更新改造工程完工。该工程2019年10月17日开工，位于东屏街道长乐社区，新建泵站1座，设计流量0.2立方米/秒，改造进水池、泵房、出水渠、分水渠、输水管线等，总投资507.01万元。其中，市级资金489.01万元，街道配套资金18万元。

【方便灌区节水配套改造工程】 4月7日，方便灌区节水配套改造工程开工，12月31日竣工。工程位于东屏街道，改造泵站2座，新建输水管道3条，长3.29千米；衬砌渠道2条，总长1.67千米。新建蓄水坝3座(何村蓄水坝1、何村蓄水坝2、丰安蓄水坝)；整治撇洪沟4条，长4.21千米。清淤整治塘坝12座，改造口门及涵洞73座、渡槽2座、箱涵3座、生产桥1座、溢洪道1座，新建灌区管理信息化工程，总投资3218.88万元。其中，中央资金1600万元，省级资金280万元，市级资金551万元，区级配套资金787.88万元。

【重点塘坝综合整治工程】 4月30日完工。该工程2019年10月11日开工。综合整治东屏街道大新塘、石湫街道上方塘、白马镇蒋家大塘。加固坝体，拆建、清淤涵洞和溢洪道等，总投资844.83万元。其中，市级资金563万元，区级配套资金281.83万元。

【上圩灌排站、毛家圩排涝站改造工程】 5月7日，上圩灌排站改造工程完工。该工程2019年10月14日开工，位于和凤镇乌飞塘村，改造泵站1座，设计流量1.0立方米/秒；新建进水口、泵室、出水管、出水池等，总投资364.49万元。其中，市级资金251万元，镇配套资金113.49万元。5月18日，毛家圩排涝站改造工程竣工。该工程2019年10月10日开工，位于石湫街道毛家圩，新建泵站1座，设计流量2.0立方米/秒；新建拦污栅桥、进水口、泵房、出水钢管、高位水池、箱涵、闸门井、出水口等，总投资417.6万元。其中，市级资金289万元，街道配套资金128.6万元。

(李兰平)

污水处理设施建设管理

【概况】 2020年，溧水区加强污水处理设施建设和运行监督管理，建设竣工雨污分流片区58个、污水管网7.8千米。与城建、规划等部门联合验收36个新建小区市政管网2.45万米，检查排水工地128个。每月考核8座污水处理厂日常运行，提标改造溧水秦源、柘塘、东屏等8座污水处理厂，完成专项省级突出环境问题销号1个。强化污水管网建设质量，按“双随机、一公开”要求每年抽查20%办证排水户，注重批后监管。新建214个整治提升类、美丽宜居类自然村生活污水处理设施，加强农村生活污水处理设施运行维护。

【城区雨污分流建设项目】 2020年，区水务部门加强城区雨污分流建设，涉及馨怡嘉园二期片区、供电小区、十七车队、寺桥片区、金庭国际花园等建设项目58个，其中区水务集团19个、区产业集团12个、开发区9个、永阳街道14个，企事业单位自建4个。至年底，区水务集团、开发区建设项目竣工，区产业集团完成项目8个，永阳街道完成建设项目10个，总投资7861.4万元。

【新建小区市政管网验收】 2020年，溧水区竣工亚东同城逸境三期、君兰苑、福田雅居二期、卧龙溪岸一期、秦淮人家二期西地块、博士牛、屏溪佳苑二期等小区36个，建设污水管网2.45万米。区水务部门按照20%抽查验收竣工小区市政管网，采用内窥镜方式，现场抽查小区36个，签字通过小区29个，7个小区整改中。

【工地临时排水管理】 2020年，区水务部门加强建设工地临时污水排放管理，联合区水务集团检查中交锦合、恒大悦龙台、省溧中扩建一期、玖熙府、秦淮大道管廊等项目128个建筑工地临时污水排放。发现问题工地8个，下发整改通知书3份，移交水政大队立案5件。

【省级突出环境问题销号】 2020年，溧水区制订《关于太湖流域城镇污水处理厂提标改造工作的通知》，实施溧水秦源、柘塘、东屏等8座污水处理厂提标改造，确定提标改造目标，至年底，6座污水处理厂提标改造完成，出水水质均达太湖流域除一、二级保护区外其他区域城镇污水处理厂排放标准。此项省级突出环境问题整改销号结果在区政府网站公示，未收到投诉，公示无异议。

【小散户排水监管】 2020年，区水务部门按照应办尽办原则，办理小型、分散户排水许可证1062件。检查酒店、餐饮综合体、洗车店、工地等重点排水户1200余家次，发现未办理排水许可户501家，当面申请办证245家，发出未办证、未安装使用隔油池排水户整改通知书274份。12月，复查排水户429家，未发现问题反弹。

【农村生活污水处理设施建设】 2020年，区水务部门根据区政府《关于下达溧水区2020年农村生活污水处理设施建设计划的通知》要求，新建214个整治提升类、美丽宜居类自然村生活污水处理设施。其中，开发区蒲杆自然村1个，永阳街道韦家大村、潘家等自然村5个，东屏街道巷南、金家棚子、信西、杨家边、袁村、后吕等自然村30个，洪蓝街道任家庄、端家、经家庄、方家甸、新庄等自然村23个，石湫街道水库里、上甸、东旺、西旺等自然村38个，白马镇东洋庄、西洋庄、王郎头、陈笪、六角塘等自然村46个，和凤镇新庄、高家、东山、周家、吕家等自然村40个，晶桥镇店塘头、东张村、下芝山、上芝山等自然村31个。至年底，全部设施建设竣工，总投资3.78亿元。

2020年溧水区农村生活污水处理设施建设情况一览表

街镇(开发区)	村(社区)	自然村(场)	投资(万元)	开工时间	竣工时间
开发区	群力	蒲杆	763.07	2020.05	2020.12
永阳街道	秋湖	韦家大村、潘家、林场	939.1	2020.05	2020.12
	东庐	上尹家边、下尹家边		2020.05	2020.12
东屏街道	白鹿	巷南、金家棚子	5653.1	2020.05	2020.12
	金湖	袁村、后吕、刘棚、谢棚		2020.05	2020.12
	定湖	赵庄、俞家边、丁家边、粉坊、鹅塘头、大东岗		2020.05	2020.12
	丽山	新建、前棚、新庄、老庄、胡棚、赵巷、南北丁、上窑河、新店		2020.05	2020.12
	爱廉	信西、杨家边		2020.05	2020.12
	徐溪	后芦		2020.05	2020.12
	方边	方边、陈家、庙山、下王、芦家边、柳家边		2020.05	2020.12
洪蓝街道	三里亭	红旗、小圩、山凹	2812.6	2020.05	2020.12
	上港	后曹、薛家咀、潘家、小杨古岱、大赵		2020.05	2020.12
	蒲塘	路家、赵家		2020.05	2020.12
	塘西	鼓楼庵、石家甸、周前、安山嘴、黄家庄、塘东		2020.05	2020.12
	青峰	方家甸、圩墙头、新庄		2020.05	2020.12
	天生桥	小村		2020.05	2020.12
	西旺	任家庄、端家、经家庄		2020.05	2020.12
石湫街道	光明	洪曹、杨甸、沟西、罗家、芮家、左山	6045.77	2020.05	2020.12
	九塘	竹丝岗、毛家圩、龚家、前村、后村		2020.05	2020.12
	同心	杨家、汤家		2020.05	2020.12
	横山	老虎头、胡家店		2020.05	2020.12
	桑园蒲	大杨甸冲		2020.05	2020.12

续表

街镇(开发区)	村(社区)	自然村(场)	投资(万元)	开工时间	竣工时间
石湫街道	蟹塘	大圩东、闷水桥、潘村、和尚山	6045.77	2020.05	2020.12
	三星	黄塔、小谢塔、大谢塔、杨家头		2020.05	2020.12
	向阳	张家、华村、赵华、汤家、农场、陈家、龙坎		2020.05	2020.12
	塘窦	神塘头		2020.05	2020.12
	明觉	水库里、上旬、东旺、西旺、茅村		2020.05	2020.12
	石湫	詹家		2020.05	2020.12
白马镇	大树下	东洋庄、西洋庄、潮塘、王郎头、陈笪、梅家、南岗	7791.6	2020.05	2020.12
	白龙	袁村、张巷、灯头、西方、二郎头、上庄		2020.05	2020.12
	浮山	天冲、曹家坝、上斗、东顶、何家、东塘、兵马、五四、顺兴、胡家、王家棚子		2020.05	2020.12
	朱家边	尹家边、六角塘、新郎头、东塘、南岗头、尹巷		2020.05	2020.12
	革新	吕家山、涧东、石塘		2020.05	2020.12
	上洋	赵家、贯庄、张家山、段家山、方家边、涧屋、马笪里、上坊		2020.05	2020.12
	白马	南角、北宋、张家岗、神龙桥、段家桥		2020.05	2020.12
和凤镇	吴村桥	新庄、高家、东山	6707.7	2020.05	2020.12
	沙塘庵	孙家、耿庄、门前、山东边、竹园		2020.05	2020.12
	孔镇	后胡、普头谢家、吕家、般砖		2020.05	2020.12
	乌飞塘	谢家、刘家、前傅		2020.05	2020.12
	沈家山	沈家、俞家、下罗、旱塘头		2020.05	2020.12
	中杨	周家		2020.05	2020.12
	骆山	坟上、小陈家、赵家、后西瑶		2020.05	2020.12
	孙家巷	南墅、黄家		2020.05	2020.12
	双牌石	戏墩、施家、刘家、唐邵、骆驼桥、塘北头、东堡、黄家桥		2020.05	2020.12
	毛公铺	后家、孔家、李家、吴巷、史家、前西瑶		2020.05	2020.12
晶桥镇	杭村	陈里杭、竹窠里、高楼下、周家、赵家、吴家	7104.9	2020.05	2020.12
	云鹤山	汤村		2020.05	2020.12
	枫香岭	尤村、曹家、东流、东庄头		2020.05	2020.12
	芝山	店塘头、东张、下芝山、上芝山		2020.05	2020.12
	孔家	山下、甘戴、前孔、后孔		2020.05	2020.12
	仙坛	吕村、七里埂、祝家		2020.05	2020.12
	部村	荷塘		2020.05	2020.12
	芮家	大曹、小曹、井头、庄里		2020.05	2020.12
	新桥	王村、邵村、新山里、碧山里		2020.05	2020.12

【农村生活污水处理设施维护】 2020年,区水务部门加强农村生活污水处理设施运行维护。聘请2家第三方企业运营维护2018年及以前建设的农村污水处理设施。其中,浙江双良商达环保有限公司运营维护白马镇、和凤镇、晶桥镇132个农村生活污水处理设施;江苏德立环保有限公司运营维护开发区、永阳街道、东屏街道、洪蓝街道、石湫街道142个农村生活污水处理设施。2019年建设

的146个农村污水处理设施由区水务集团运营维护。根据《溧水区农村生活污水处理设施管理考核细则》，每季度组织考核运营维护企业，根据考核结果拨付费用，全年拨付982.1万元。（李兰平）

水行政执法

【概况】 2020年，溧水区根据江苏省《关于推进基层整合审批服务执法力量的实施方案》要求，深化行政执法体制改革，下放行政处罚权给各街镇（开发区），建立行政执法协调机制。推行水行政执法“三项制度”（行政执法公示制度、行政执法全过程记录制度、重大执法决定法制审核制度），完成全省统一行政执法监督平台上执法主体与人员录入，完善各类行政执法全过程记录。依法查处水事违法行为108件，约谈1件。督促建设项目补办水土保持相关手续39件，市水务局“回头看”南京太阳岛休闲度假俱乐部有限公司，交办问题1个，补缴水土保持补偿费89.38万元。执行网上公开制度，水行政处罚执法决定信息在执法决定作出之日起7个工作日内在信用中国网公开。

【水事违法查处】 2020年，区水务部门依法查处水事违法行为案件108件。其中，一般程序立案查处10件，罚款34.5万元。发出责令限期整改通知书60份，约谈1件，处理率100%，全年执法行政复议无更改，行政诉讼无败诉。依规收缴水资源费、水土保持补偿费、水利工程水费1347.65万元。督促开发建设项目补办水土保持手续39件。

【涉水项目监管】 2020年，区水务部门加强消险、水库、桥梁等涉水项目监督管理，联合区防汛防旱指挥部办公室等部门监督巡查石臼湖沿湖景观绿化工程、和凤镇诸家村特色旅游村项目，二干河、新桥河、洪兰河等7条骨干河道整治，无想寺、卧龙、老鸦坝、赭山头等42座水库维护200余次，发现问题26个。实现涉水项目“双随机”抽查全流程整合、全覆盖监督、常态化管理。全年抽查取水户13家，抽查率100%，重点在建涉水工程项目抽查率100%，企业、小散户排水抽查率30%，抽查结果适时公开，及时反馈抽查对象。

（李兰平）

防汛抗旱

【概况】 2020年，溧水区受上游客水大、自身底水高、梅雨降水多三重叠加影响，石臼湖流域遭遇长时间洪水侵袭。入梅后，受流域及区内强降雨影响，7月18日，石臼湖水位12.91米，秦淮河一干河（沙河口）水位11.51米、二干河（开泰桥）水位11.66米。强降雨导致区内部分河湖库出现险情，发生各类险工地段40处。转移安置受灾居民132户324人，农作物受灾面积1590.7公顷。其中，成灾面积732.8公顷、绝收面积255公顷，直接经济损失2604.65万元。石臼湖流域进入应级响应状态46天：7月6日8时启动Ⅳ级应急响应2天，7月8日7时启动Ⅲ级应急响应2天；7月9日9时，石臼湖流域进入紧急备战状态，启动Ⅱ级应急响应9天，7月17日10时启动Ⅰ级应急响应15天；8月1日10时调整石臼湖流域防汛应急响应Ⅱ级3天，8月4日11时调整Ⅲ级应急响应17天，8月21日10时结束。秦淮河流域进入应急响应状态44天：6月15日17时启动Ⅳ级应急响应3天，6月18日9

9月29日，区水务局开展河道清淤船验收工作　　区水务局　供

时解除；7月6日16时再次启动Ⅳ级应急响应11天，7月17日11时调整Ⅲ级应急响应5天，7月22日9时调整Ⅳ级应急响应25天，8月16日10时结束。面对险情，区防汛抗旱指挥部第一时间组织抢险，采取挂漏、反滤围井、堵渗、填塘固基、培土夯实等除险消险，各类险情短时间内得到处置，成功抵御石臼湖、秦淮河流域高水位洪涝灾害。

【防汛防旱预案机制】 2020年，区委、区政府超前谋划，预防可能出现的自然灾害。2月，区防汛抗旱指挥部印发《关于印发2020年防汛防旱工作意见的通知》，2月24日，印发《关于开展2020年汛前检查的通知》，开展全区河湖、水库、重点塘坝、涵闸、泵站、排水管涵、蓄滞洪区、在建水务工程、涉水项目及积淹水点等检查，确定洪蓝街道天生桥河西大圩段、云鹤支河和凤镇陈郭村段2处河道堤防，和凤镇骆西抗排站、晶桥镇芮家排涝站2座泵站，晶桥镇湫湖山水库和白马镇老龙山大塘存在病患；三干河航道施工便道造成阻水，责令航道管理部门和属地政府在主汛期来临前完成各类隐患处置，保证安全度汛。4月15日，印发《关于落实溧水区2020年险工隐患消险度汛方案及责任人的通知》，落实消险度汛责任人，在《今日溧水》报公布。5月12日，召开全区防汛防旱工作会议，布置防汛防旱任务，与各街镇（开发区）防汛防旱指挥部责任人签订防汛防旱责任状。

【防汛消险工程建设】 2020年，全区建设防汛消险工程项目5个。其中，开发区天生桥河下思桥至沙河口段西侧骨干河道加固堤防项目1个；晶桥镇仙坛水库、秋湖山水库，洪蓝街道上塘湫水库大坝防渗处理、溢洪道重建项目3个；和凤镇幸福河孔家段、姚家圩堤防加固项目1个，总投资3230万元。

【"智慧防汛"应用系统建设】 2020年汛期，"智慧防汛"综合应用系统投入使用。该系统2019年开工建设，主要内容为监测监管运行平台、预警预报信息设备、智能监测补充完善、洪涝灾害调查评价、群策群防体系建立，纵向与上级防汛部门，横向与气象、生态环境等部门数据共享交换。实现监测数据一屏感知、多场景呈现，信息获取及时、数据辅助决策、安全隐患预警预报，提供省、市、区、街镇四级防汛视频会商，及时掌握现场险情，科学调度指挥，支撑安全度汛，总投资850万元。

【抢险队伍和物资落实】 2020年，溧水区组建防汛抢险队伍86支4202人。其中，区抗排队组建专业抢险队伍1支20人；区防汛抗旱指挥部与南京明辉建设有限公司签订协议，组建机械化抢险队伍3支330人；与南京宇正建设工程有限公司签订协议，组建机械化抢险队伍2支200人；区人武部、城管局分别组建1支115人的专业抢险队伍；各街镇（开发区）依托属地建筑安装工程有限公司和水务（市政）施工队伍，组建机械化抢险队伍78支3422人。区防汛物资仓库、各街镇（开发区）防汛仓库储备块石4.2万吨（省、市3万吨），木材270立方米，"三袋"（草包、编织袋、麻袋）20万只（协议储备15万只），土工布2.8万平方米。

【雨情·汛情】 2020年，溧水区落实省市抗洪防灾部署，建立信息互联互通机制，多渠道获取雨情信息，第一时间掌握汛情。6月10日，全区入梅，比常年偏早8天，7月21日出梅，比常年偏晚11天，梅雨期41天，比常年（22～23天）偏长，梅雨量572毫米（和凤镇）～829.2毫米（东庐林场）。其中，溧水国家站785.6毫米，是常年255.0毫米2.1倍。年降水量1550.4毫米，比常年增长35%，汛期经历4次短时强降雨过程。其中，6月15日7:00—14:00单站最大雨量159.2毫米（东屏街道长乐社区），27日8时—28日11时全区降雨量50.2毫米（和凤镇）～128毫米（东屏街道长乐社区），7月5日0时—6日9时全区降雨量64.6毫米（和凤镇）～137.8毫米（东屏街道长乐社区），7月17日最大雨量140毫米。

7月21日，长江下关水位10.39米，加之上游皖南山区为全国强降水中心，三重叠加之下导致石臼湖流域、秦淮河流域及水库水位暴涨，各骨干河道遭遇长时间洪水侵袭。7月18日，石臼湖水位12.91米。其中，12米以上26天（7月9日至8月3日），12.5米以上11天（7月14—25日）。一干河（沙河口）最高水位11.51米（7月18日），二干河（开太桥）11.66米（7月17日），卧龙水库19.12米（7月19日），中山水库26.66米（7月19日），方便水库27.20米（7月18日），老鸦坝水库35.25米（7

月18日)，姚家水库21.11米(7月17日)，赭山头水库27.30米(7月22日)。

【险情·灾情】 2020年，溧水区入汛后，强降雨导致河湖水位上涨，局部河湖堤防出现渗漏、塌方等险情，全区发现险工地段40处。其中，秦淮河流域骨干河道险情1处，石臼湖流域堤防险情7处、骨干河道险情14处、撇洪沟险情18处。按险情类型分滑坡塌方8处，渗漏32处，均抢险处置到位。

全区转移安置受灾居民132户324人。其中，洪蓝街道陈卞村1户2人；石湫街道向阳村2户4人，光明村1户2人，同心村4户16人，塘窦村2户3人，上方村1户2人；白马镇浮山村6户15人，朱家村1户7人；和凤镇张家村28户82人，乌飞塘社区54户130人，吴村桥村3户8人，骆山村14户18人；晶桥镇枫香岭社区14户34人，新桥社区1户1人。全区农作物受灾面积1590.7公顷(成灾面积732.8公顷、绝收面积255公顷)。其中，开发区成灾面积8公顷，绝收面积7公顷；永阳街道成灾面积53.1公顷，绝收面积10.3公顷；东屏街道成灾面积112公顷，绝收面积66.1公顷；洪蓝街道成灾面积23.1公顷，绝收面积11.8公顷；石湫街道成灾面积54.1公顷，绝收面积40.7公顷；白马镇成灾面积325.2公顷，绝收面积26.7公顷；和凤镇成灾面积17.3公顷，绝收面积10.5公顷；晶桥镇成灾面积140公顷，绝收面积81.9公顷。直接经济损失2604.65万元。

【防汛应急】 2020年，石臼湖汛前底水不足，水位一度降至5.4米左右。6月15日后历经两轮降雨，同时受上游水阳江来水影响，水位上涨。7月5日21时，水位超过10.4米警戒水位，7月7日22时，水位超过11.5米，7月8日7时启动石臼湖流域Ⅲ级应急响应；7月9日9时，水位超过12.05米，启动石臼湖流域Ⅱ级应急响应；7月17日10时水位超过12.68米，启动石臼湖流域Ⅰ级应急响应。应对可能出现的洪水险情，区委区政府主要领导靠前指挥，各级防汛责任人到岗到位，各支抢险队伍进入主阵地。区防汛抗旱指挥部发布33条调度指令，中型水库预降、提前泄洪，腾空库容。7月中旬，各中型水库发挥拦蓄功能，关闭溢洪闸，利用防洪库容拦蓄短时强降雨产生的洪水。7月17日16时，方便水库、中山水库、卧龙水库根据市防汛指挥部指令未开闸溢洪；7月18日16时，中山水库、卧龙水库未开闸溢洪。方便水库水位27.20米，减弱下游秦淮河流域二干河防汛压力，提供下游南京城区防汛安全保障。应急响应期间，全区270余千米湖堤、河堤落实24小时分班巡查值守点151个、7000余人在岗值守，安装低压照明线路69.37千米、照明灯2736盏。区政府派出12名有经验防汛人员到各街镇(开发区)指导防汛，区水务部门派出技术工作组8个，29名专业技术人员到防汛一线检查指导；执法监察组督促区、街镇、村(社区)三级干部投入一线、抢险人员驻扎一线、防汛物资保障一线，巡查防守责任落实到每一段堤防、每一座工程，确保防汛责任不留盲区。各街镇(开发区)防汛现场前置块石1000吨、木材500立方米、“三袋”10万只、土工布4万平方米等应急物资，在位机械设备286台套，申请调用市防汛指挥部潜水泵20台。加强与区公安、城建、城管、交管等部门沟通联系，建立信息联动共享机制，多渠道获取汛情信息，第一时间掌握汛情险情。Ⅱ级响应时集中办公，合力处置应急难题，形成有序防汛机制。

(李兰平)

责任编辑 朱幸福

科学技术

Science and Technology

综　述

【概况】　2020年，溧水区贯彻落实国家、省、市科教兴国、人才强国战略方针，围绕全区高质量发展，实施创新名城建设，将科技创新与经济发展紧密结合，对标找差，高质量服务全区科技创新工作，增强企业自主创新能力，促进科技成果转化。全年申报科技项目53个，其中省级19个、市级7个、区级27个。全区高新技术企业405个，增加121个。全年专利申请总量6079件，增加1442件，其中发明专利申请1289件，增加248件；专利授权总量4858件，增加956件，其中发明专利737件，增加320件。5月29日，溧水区获省政府办公厅“落实加快推进产业科技创新中心和创新型省份建设若干政策措施(科技创新40条)、深化科技体制机制改革推动高质量发展若干政策(科技改革30条)成效明显”表彰；8月4日，区委创新委员会成立，统筹协调创新名城建设工作；9月4日，区政府获市委创新委2020年度创新周组织奖；11月，区政府获评江苏省科技创业大赛组委会第八届“创业江苏”科技创业大赛优秀团队；年底，区科技局获区委、区政府2020年度区级机关单位对标找差创新实干服务高质量发展绩效考核第一等次。

【创新周成果丰硕】　6月22—26日，2020南京创新周活动在市国际博览中心开幕，由市委创新办举办。考虑到全球疫情影响，此次创新周活动在线上举行。溧水区作为全市唯一制造业高质量发展试验区，以创新周为契机，结合“四新”行动线上、线下，集中展览展示一批新基建、新消费、新产业、新都市等领域新技术、新产品、新业态，推动创新周活动取得成效。与国内外知名企业、研发机构、大专院校对接，建成产业地标6个、“四新”应用场景8个，其中参与十大应用场景遴选2个。征集新技术6个、新产品57个、新业态1个、高新园区和新型研发机构展示元素材料9个，按要求制作云上展示素材。在创新周期间，溧水区借力2020南京创新周平台，征集签约重大创新项目26个，总投资超70亿元。在创新项目中，江苏清联光电技术研究院高端光电制造与测控项目依托清华大学摩擦学国家实验室、天津高端制造装备研究院的智能材料与系统研究所，研究涉及摩擦、磨损、润滑、表面工程、微纳制造、智能系统、微纳光电器件等领域；由区政府、徐伟教授团队、东北大学三方合作打造轻量化连接技术及应用项目，依托东北大学轧制技术及连轧自动化国家重点实验室，主要从事轻量化多材料连接技术研究、轻量化材料连接数字化研究、高强度钢材料成型技术。

【国际未来食品峰会】　6月23日，2020南京创新周高端论坛——国际未来食品峰会在江苏白马农博中心举行。聚焦“绿色科创城，智慧农高区”主题，采取“线下+云上”双线并行模式，融入溧水创新主题客厅、南京现代农业推介、院士演讲、高峰论坛等内容板块。峰会期间，南京国家农高区与江南大学签订共建未来食品技术创新中心框架协议，该中心致力于前沿交叉学科基础研究，开发食品领域技术。会上，牡丹园生态农业、千亩绿色农产品示范基地、程桥金主智慧农业等14个现代农业招商项目成功签约，综合保险乡村振兴创新试验区、"923"全球农产品直播电商节、未来农业食品坐标城市等7个企业集群项目落户南京国家农高区。

【江苏省产业技术研究院适老社会科技创新中心签约】 12月8日，由哈佛大学、江苏省产业技术研究院与溧水区三方合作共建的江苏省产业技术研究院适老社会科技创新中心项目签约仪式在市政府举行，打造全国首个国际化标准适老社会科技创新中心。该项目依托哈佛大学、江苏产研院核心资源，围绕老龄化社会需求，开发老年服务、医疗保健、适老用品、咨询培训、认证认定、知识产权、智能制造、移动物联、人工智能和数据经济等系列高端服务和适老产品，汇聚国际人才和资源，形成产业聚集，推动溧水成为老年及健康领域应用技术和创新孵化平台。项目由哈佛大学医学院教授凯博文领衔，省产业技术研究院投资3000万元。 （傅中杰）

创新主体培育

【概况】 2020年，全区围绕创新名城建设，实施创新驱动发展"121"战略，加强创新主体、高新技术企业培育，全年净增高新技术企业121家。加大科技招商力度，引进优质科技企业资源。打造农业创新平台，新增省级"星创天地"备案1家，省农业科技型企业3家。推进南京国家农高区建设，8—9月，市委、市政府成立南京国家农高区筹备管理机构，明确设立江苏南京国家农业高新技术产业示范区党工委（筹）、江苏南京国家农业高新技术产业示范区管委会（筹）。10月17日，区委、区政府成立南京国家农高区工作专班，统筹推进南京国家农高区各项建设事宜。

【高新技术企业培育】 2020年，溧水区以高新技术企业培育为核心，建立"初创企业—科技型中小企业—高新技术企业"梯度培育机制，全区通过评价的科技型中小企业有342家。按照高新技术企业培育标准，"一企一档"建立培育台账，进行精准化培训。申报企业"一对一"进行"服务机构—业务科室—财务、技术专家"三重辅导，提高培育质量。全年公示认定高新技术企业130家（含复审企业32家），通过率高于全市13个百分点。引进市外高新技术企业24家，总量405家。新增121家，增长42.6%。

【科技招商】 2020年，区科技部门落实市委、市政府2020年招商工作突破年工作会议精神，按照市《关于加强招商引资工作的意见》和区《关于分解下达2020年全区招商引资工作目标的通知》要求，制订《溧水区2020年科技招商工作方案》，落实责任，分工负责。全年完成引进新型研发机构5家，通过市备案2家，引进市外高新技术企业24家、科技型中小企业16家，独立提供科技型企业项目信息25条，组织参与各类科技招商推介会和对接会39场次，提供引进科技型企业招商项目信息25条。

【企业自主研发】 2020年，溧水区鼓励企业开展研发活动，支持龙头企业牵头建立新型研发机构。全年高新技术产业投资增长12%，规模以上工业研发活动企业占67.5%，高新技术产业产值占规模以上工业总产值50.2%。鼓励企业建立研发机构，全年认定市级工程技术研究中心12家、省级4家，全区有市级以上研发机构104家。6月，云海轻金属合金实验室获批组建省级重点实验室，成为区内首家重点实验室。

【科创载体建设】 2020年，溧水区有序推进科创载体建设，南京溧水科技产业园、天安幸庄科技产业园等园区合作共建运营商载体。3月，溧水新材料基地获批国家火炬南京溧水金属材料特色产业基地，和凤机电产业园争创火炬基地工作有序进行。8月，白马高新区绿色智慧农业众创社区、南京溧水先进制造装备及技术众创社区成功创建省级众创社区试点。9月，博士众创空间（INSPACE）创成省级众创空间。至年底，全区有市级以上孵化器3家，其中国家级2家。市级以上众创空间7家，其中省级3家。

【农业创新平台建设】 2020年，溧水区以创成南京国家农高区为契机，加快推进农业创新平台建设。打造优质“星创天地”，坚持“政府引导、企业主体、市场运作、社会参与”原则，鼓励高校专家教授、大学生等到园区、企业、农村创新创业。全年新增省级“星创天地”备案1家（南京梅产业星创天地），至年底，全区有国家级星创天地3家、省级2家。壮大农业科技创新主体，以农业科技园区为重点，加强重点产业培育，推进农业信息、智能一体化建设，新增省农业科技型企业3家，省级农业科技型企业增至22家。推进城乡融合实验区建设，制订《溧水区科技成果入乡转化制度工作方案（2020—2022年）》。 （傅中杰）

产学研合作

【概况】 2020年，溧水区科技工作深化产学研合作，统筹各类科技资源，强化科技成果项目落地、新型研发机构落实、校地融合发展举措，加速科技人才引进，集聚创新要素，打造创新发展高地。加强新型研发机构建设，全区新型研发机构总数12家。做好科技成果转化工作，全年实施产学研合作项目110个，全年技术合同交易额11.1亿元。实施人才计划，全年引进、认定各类高层次人才53人，入选市级以上人才项目10个。4月16日，成功举办“百校‘溧’联动，引智云中来”2020、南京“百校对接计划”溧水线上对接会。9月，溧水高新区企业南京先进生物材料与过程装备研究院有限公司的绿色生物基聚氨酯新材料暨第九届中国创新创业大赛江苏赛区总决赛成长企业。获第八届“创业江苏”科技创业大赛项目三等奖。

【新型研发机构建设】 2020年，溧水区科技部门强化新型研发机构建设，与区内10支人才团队开展科技对接交流20次，促成签约南京莱特威特轻量化技术研究院、南京浙溧智能制造研究院、江苏清联光电技术研究院、南京启复增材制造研究院、南京神农智慧农业研究院5家新型研发机构落地运行，南京市翱翔信息物理融合创新研究所、南京神农智慧农业技术与装备研究院2家单位通过市级新型研发机构备案。至年底，全区有新型研发机构12家，各类研发人员321人，完成研发投入4612.68万元；在研在孵项目50个，孵化企业64家；申请专利300项，获专利授权175项。

【科技成果转化】 2020年，全区加强技术市场管理，加快科技成果转化，开展技术合同登记，落实省市技术转移奖补政策。全年实施产学研合作项目110个，强化企业与高校院所联合，主动邀请兰州大学、东南大学等高校专家团队到溧洽谈合作。组织申报省科技成果转化专项资金项目企业15家，配合省科技厅，指导申报企业做好省级成果转化项目现场跟踪检查和省、市级成果转化项目验收工作，组织银茂微电子申报国家科技重大专项地方支持资金。全年博士科技获市级技术转移机构培育入库，云海特种金属股份有限公司获江苏省企业技术创新奖，至年底，完成技术合同登记额11.1亿元，增长50%。

【科技人才】 2020年，溧水区实施科技人才计划，建立科技顶尖专家、科研人员及创新型企业家培育库，吸引高素质人才到溧水创业。全年入选省“科技副总”16人、科技顶尖专家集聚计划2人、创新型企业家培育计划3人，认定区级高层次创业人才计划32人，其中11人成功申报市级高层次人才。入选国家海外高层次人才引进计划4项、省“引智计划”3项、“345”海外高层次人才计划1项、市引智计划2项。落实双创人才保障，4月20日，召开2020年溧水区创新创业人才服务保障会议，认定创新创业人才服务保障卡发放名单；配合人社、房产等部门落实人才安居政策，构建安居、就学、就医等“一站式”服务，全年发放人才卡137张，解决人才子女就学62人，体检29人。

【“百校对接计划”行动】 4月16日，溧水区举办百校“溧”联动，引智云中来2020南京“百校对接计划”溧水线上对接会。活动由区委组织部主办，区科技局、东屏街道、溧高投、南京博士汇创产业发展有限公司承办，吸引国内100余家重点高校院所3.1万科技人才在线观看。围绕制造业高质量发展试验区、宁杭生态经济带先行示范区、"健康江苏"实践示范区建设，聚焦人才项目，招才引智。对接会上，区委组织部以"枢纽、腾飞、健康、创新、圆梦"5个关键词线上介绍溧水。产业化介绍智能仿生机器鼠、大健康产业中的核技术应用、植物纤维改性材料项目、微型涡喷发动机、基于多目标物联网控制居住环境集控系统5个优质项目，涉及人工智能、仿生技术、健康养生、材料工程、机械制造、设备控制等多个领域。区科技局刘磊作为南京市"百校对接计划"首批32名科技人才专员之一，赴兰州大学担任科学技术发展研究院副院长，开展科技"引联"服务，签订产学研合作协议12份，新增南京西创力智能科技有限责任公司、南京大为科创服务有限责任公司2家人才科技企业，与萃英医药研究院、中加高能电子研究院2所新型研发机构达成合作意向。（傅中杰）

创新创业服务

【概况】 2020年，溧水区科技部门强化科技服务，将资金支持、招才引智、科技培训等作为科技服务工作重点，以市委1号文件为蓝本，按照高质量发展要求，完善科技创新政策体系，强化政策落实，营造社会科创氛围。摸排企业融资需求，建立"溧科贷"企业白名单制度，激发企业生产、创新活力。全年发放科技贷款超过10亿元，增长17.6%。兑现市、区两级创新券等科创奖励资金2.3亿元。落实科技惠农，实施农业"三项更新"工程和科技特派员制度，定期举办农业科技培训，增强农业科技实力。开展新型研发机构服务月活动，8月举办新型研发机构科技人才午餐会、科技企业联席会活动，参会70余人。

【科技政策落实】 2020年，溧水区围绕创新名城建设，组织专业团队在全区街镇、园区、载体、企业进行全覆盖政策宣讲。修订完善区创新券管理办法，建立高新技术企业培育认定专项资金，落实省市高新技术企业及高新技术企业培育库入库奖励政策，拟定《溧水区推进高新技术企业发展若干政策》及高新技术企业"小升高"培育计划，印发《溧水区科技成果入乡转化制度工作方案（2020—2022年）》，完善科技创新政策体系，跟踪指导，将政策落实落细，及时兑付奖励资金。至年底，兑付48家企业市创新券奖励122.59万元、295家企业区创新券2121.12万元，兑付各类奖补资金2.3亿元，帮助234家企业申请税务加计扣除8.35亿元。以项目带动企业创新，开展各类项目计划申报，提升技术水平。全年申报省重点研发计划制造业项目7个、现代农业项目3个、省创新能力建设计划项目2个。

【科技金融服务】 2020年，区科技部门对接区财政局、金融管理局、各银行制订相关政策措施，建立"溧科贷"科技型中小企业库，实行动态监管，扶持科技型企业。2月，开展受新冠肺炎疫情影响的科技型中小微企业和疫情防控重点保障企业融资需求申报。3月，建立"溧科贷"企业白名单，283家企业列入首批白名单，年底增补至439家，全年发放科技贷款10亿元，增长17.6%。南京创维家用电器有限公司、南京恒生制药有限公司、江苏可兰素环保科技有限公司等11家企业纳入南京创新型领军企业培育库，推荐溧水区引导基金投资咨询专家入库11人，开展银企对接12场次，9月，组织多家企业参加省、市融资发布会，让更多企业享受科技扶持政策，解决科技型中小企业融资难、融资贵问题。

【科技惠农】 2020年，区科技部门开展科技惠农，实施农业"三项更新"工程，引进示范农业新品种，推广应用新技术，普及农业新知识，提升农业科技成果入户率、到位率和覆盖率。推行科技特派员制度，全年新选派法人科技特派员2人，自然人科技特派员12人。开展科技培训，邀请江苏省农检、省农科院、江苏农林职业技术学院等专家学者定期进行农业新品种、新技术、新模式等科技培训4期，培训人员500余人。（傅中杰）

科 技 普 及

【概况】 2020年，溧水区贯彻落实省、市科协工作部署要求，围绕服务科技工作者、服务创新驱动发展、服务全民科学素质提高、服务党和政府决策4

个工作重点，加强基层科协“四长”组织建设，实施“百名专家进百村”活动5次，开展以经济建设为中心、推动科研成果转化、促进科技与经济结合科技服务等为内容的“金桥工程”活动8项。全年开展“讲理想、比贡献”竞赛活动25次，举办南京科协大讲堂2场、市级社区科普大学教学活动15场、溧水科协大讲堂52场，科普报告进校园、进机关活动17场次，普及教育5000余人次。开展全国科普日系列活动36项。组建新增企业科协2家。5月30日，省内首家小学科协在晶桥镇云鹤小学成立。12月，区科协被省科协评为“县级科协创新发展能力提升计划”先进单位。

【科普惠民服务】 2020年，区科协强化科普惠民，服务全民科学素质提高。春节期间，面对新冠肺炎疫情，区科协紧急行动，按照疫情防控要求，采取线上线下相结合方式，开展疫情知识科普惠民系列活动，向全区科技工作者发出“防控疫情·我们共同行动”倡议书，利用《科普园地》《科普之窗》电视报刊、科普阅览屏、微信、QQ等媒介滚动推出疫情防控知识以及健康教育专辑，向公众提供权威科学知识，组织《科普中国》信息员分享抗疫科普信息2万余条，张贴科普防疫知识挂图3000张。3月，按照科普常态化工作要求，开展“诗词里的科学”网络挑战赛、市第三届公民科学素质知识竞赛和全国农民科学素质网络竞赛等线上活动，参与人员5万余人次。实施基层科普行动计划，集中有效资源推进村（社区）科普能力建设，邀请省农学会、科普服务公司专家为村（社区）科普把脉。至年底，举办市、区科协大讲堂54场，社区科普大学教学活动15场，开展市、区“双百工程”20项，组织农业专家上门服务60人次，带动农户200余户。申报的梨茶间种技术研究与应用、凌霄花新品引进及技术栽培、福鼎白茶种植技术推广应用、锦绣黄桃种植技术研究与应用、小籽花生种植与增产及推广普及技术5个项目被市列为资助工程项目。12月，柘塘街道荷花社区被省科协评为2020年度江苏省基层科普行动计划科普示范社区。

【科技工作者服务】 2020年，区科协主动作为，助力科技工作者成长成才，引领科技人员投身科技创新和科学普及。上半年，结合“5·30”全国科技工作者日系列活动，整合融媒体资源开展“科技为民，奋斗有我”主题宣传活动，在溧水融媒网、《今日溧水》报以及区广播电台开设《科学研究》《科学管理》《科学普及》《科技创新》《科技成果转化》5个专栏，宣传24名优秀科技工作者业绩。下半年，加大青年科技工作者服务力度，组织全区青年科技工作者代表167人到汤山直立人化石遗址博物馆、奥林匹克博物馆、江南丝绸文化博物馆、爱飞客航空科普基地等开展科普游行动。组织企业技术骨干、青年科技工作者参加“赢在南京·江北新区杯”青年科技工作者创新创业大赛，全区遴选参赛项目8个。其中，“爱易测——智慧快检”获二等奖，“低刚度离合器”等3个项目获优秀奖。组队参加第五届江苏省科协青年会员创新创业大赛农业科技领域决赛，“动物疫病与食品安全智慧快速检测系统平台”“HyperAII光谱无损检测技术的农业应用”2个项目分别获二等奖、三等奖。支持科普企业开展创新型科普图书创作，溧水区漫通传媒有限公司制作的科普动漫《石头娃》获第一届江苏省科普作品新媒体类一等奖和南京市创新型科普图书资助项目，《地球的自净能力》短视频获第六届江苏省科普公益作品大赛三等奖。

【服务创新驱动发展】 2020年，区科协以服务创新驱动发展为重点，响应科技人才需求，引导科技工作者创新。实施“金桥工程”木工科创课程建设等5个市科技资助项目。强化区海智基地建设，紧扣第二届“健康中国”发展大会、全国农业农村创新创业大会和开发区、永阳街道、白马镇特色基地对接海内外科技社团和专家契机，邀请美国、英国、德国、日本、以色列等地海外专家到溧水区开展考察交流，推进国际创新资源与区创新需求有效对接。“北美冬青花芽分化及开花机理研究”被市科协列为2020年度“海智引导资金”项目。

【科普基地建设】 2020年，全区新增认定2020—2024年度省级科普教育示范基地3家（南京玫瑰园科普教育基地、南京梦扬农业科技有限公司科普教育基地、江苏三叶园林股份有限公司梦华苑科普教育基地）、市级2家（梦华苑科普教育基地、南京美康玫瑰园科普基地）。年内，在溧水市民之家7楼建成全市首家综合性防灾减灾科普体验馆，科普展厅面积2600平方米。

9月22日，溧水区举办2020年溧水“全国科普日”广场科普咨询活动
王红　摄

【科普日活动】　8月26日，区科协在永阳街道大东门街举办全国科技活动周暨溧水区第三十二届科普宣传周活动，全区20多个部门近100名科技工作者和科普志愿者参加，设置科普展板24块，展示小制作挂图52件，接待咨询市民2500人次，赠送蔬菜新品种13个、种子2000余袋，发放宣传材料1万余份。9月22日，区科协联合区教育局、团区委、区总工会、区卫健委等20多家全民科学素质成员单位，在中山路社区广场举办“决胜全面小康·践行科技为民”为主题的2020年溧水“全国科普日”广场科普咨询活动，普及食品安全、环境保护、应急避险、健康生活、法制安全等科技知识，接待咨询1000余人次。期间举办系列活动36场。12月，区科协被市科协评为2020年度南京全国科普日活动优秀单位。

【科协组织建设】　2020年，区科协注重基层科协组织建设，5月30日，结合晶桥镇云鹤小学工作实际，率先成立省内首家小学科协。召开成立大会，审议通过校科协章程，选举产生校科协领导班子和第一届委员会委员。5月13日，区科协批复同意南京益彩环境科技股份有限公司成立企业科协。6月18日，批复同意南京市龙马通信工程有限公司成立企业科协。6月19日，南京市龙马通信工程有限公司科协召开成立大会。7月8日，南京益彩环境科技股份有限公司科协召开成立大会，分别审议通过企业科协章程，选举产生企业科协领导班子和第一届委员会委员。

（王红）

6月19日，南京市龙马通信工程有限公司科协成立　　徐孝林　摄

气象服务

【概况】　2020年，溧水区落实省、市气象部门工作部署，围绕气象监测能力、预报预警服务、气象防灾减灾、社会管理等重点工作，推动气象事业高质量发展。4月1日起，按照国家气象局统一要求，溧水国家气象观测站开启地面气象观测自动化，微波辐射计、手持气象站投入使用。下半年，区综合防灾减灾科普教育体验馆通过验收。

全年发布决策服务材料285期，发布和升级各类气象灾害预警信号94次，发布农业气象服务材料29期，出具农业保险理赔气象证明19份。8月，区气象局获2020年度南京市职工职业（行业）技能竞赛气象行业职业综合技能竞赛团体第一名。

【气象监测能力提升】 2020年，区气象局强化地面气象观测业务和监测能力建设。4月1日起，按照中国气象局统一部署，溧水国家气象观测站全面取消人工定时观测等工作任务，试行地面气象观测自动化。微波辐射计、手持气象站先后投入使用。加强区域气象站、土壤水分站、大气成分站运行维护监督管理，各监测站运行良好。8月，在南京市职工职业技能竞赛气象行业职业技能竞赛中，区气象局获团体第一名，3人分别获个人全能第三、第四、第五。1人代表市气象局参加第十五届江苏省气象行业职业技能竞赛，获装备技术保障项目单项第二名。

【预报预警服务】 2020年，区气象局优化预报预警服务流程，修订决策气象服务周年方案，规范气象灾害预警业务工作。全年发布决策服务材料285期，其中一周天气趋势预测52期、森林火险气象等级趋势预测28期、防汛专报105期、重大社会活动服务材料22期、重要天气过程31期、重大节日天气服务材料6期、春运气象服务材料41期。发布和升级各类气象灾害预警信号94次。汛期雨量大、水位高，石臼湖、秦淮河流域启动防汛高级别应急响应，气象业务人员24小时值班，局领导、应急保障人员全天值守，业务骨干驻守区防汛指挥部集中办公、靠前服务。

【气象防灾减灾】 2020年，区气象局结合全区实际，有序开展气象防灾减灾活动，提升公众气象防灾减灾能力。先后开展“3·23”世界气象日、“5·12”防灾减灾日、“6·5”环境日和科普宣传周等广场科普宣传活动6次，参加气象、地震、环境、危化品泄漏、供电、消防等各类应急演练8次，区气象局1人获2020南京全国科普日先进个人。向农业保险公司和种养殖大户及时提供农业气象灾害预警信息，协助农业气象灾害保险理赔服务，全年出具农业保险理赔气象证明19份，发布农业气象服务材料29期。更新部门、街镇、社区等重点防御单位责任人名录库。与区应急管理局签订气象防灾减灾联动合作框架协议。与区政法委、应急管理局联合举办村（社区）网格员和灾情信息员气象灾害防御知识培训，参加260人次。12月8日，区政府印发《溧水区重大气象灾害应急预案》。9月，区综合防灾减灾科普教育体验馆通过验收并投入试运行，年底，创成江苏省防震减灾科普教育基地。

【防雷安全管理】 4月15日，区气象局下发《关于进一步加强防雷安全管理工作的通知》，明确在溧雷电防护装置检测资质单位、防雷重点单位、防雷检测中介机构责任。5—11月，开展防雷安全执法检查，检查企业62家，其中3家企业存在8项防雷安全隐患，及时下发限期整改通知书，纳入重点监管，跟踪监督。6月24日，根据省气象局法规处《关于开展雷电防护装置检测资质和升放气球资质挂靠行为专项整顿的通知》要求，现场检查核实气球施放主体单位1家。 （王凯）

责任编辑 尹伟

综　述

【概况】 2020年，溧水区教育系统以立德树人为宗旨，加强教育管理，推进教育改革与发展。优化教育布局，全年完成校舍建设工程项目89个，总投资29.7亿元。改、扩建学校11所；竣工幼儿园2所，新增学前教育学位720个。改善学校基础设施，实施中小学教室健康照明工程，升级改造38所中小学658间教室照明设施，安装灯具6941盏，投资364万元。开展新冠肺炎疫情期间线上集体备课、骨干教师录制课程教育教学，开通溧水教育"空中课堂"，借助"微师"等网络平台统一授课。加大学校常规工作检查指导，开展常规管理校校行，巡查学校32所，梳理教育教学问题30个。加强教学过程管理，开展"作业效能提升年"、编外教师专题培训等活动，提升编外教师教学能力。中考均分超市均分11分，排名全市第五。高考本一达线增加62人，达线率34.4%；纯文化类（不含体育、艺术类）本科达线增加50人，达线率80%，省溧中、区第二高级中学高考获市教学成绩突出贡献奖。加强师资队伍建设，修订《溧水区名特优教师考核办法》，加大名师引进、培养、考核，招录编内新教师200人。创新年轻干部培养模式，组织小学青年干部跟岗体验学习。成立校园安全风险隐患专项整治领导小组，开展平安校园创建、校园安防提升工程建设、校园安全隐患排查整治、校园周边治安综合治理。推进中小学安全教育实验区、实训基地建设，启动校车安全专项整治行动，制订《溧水区校园和校车安全专项整治行动实施方案》，创成"南京市平安校园"10所。以省溧中附属初级中学为试点学校，开通城区学生公交专线试点运行。实施惠民幼儿园促进工程，全区普惠性幼儿园覆盖率98.11%，开展首批"省县域学前教育普及普惠督导评估"创建申报。至年底，全区有基础教育学校（园）131所，在校（园）学生62865人，教职工5960人，专任教师4796人。

2020年溧水区教育情况一览表

指　标	单位	合计	普通中小学			职业中学	特殊教育	幼儿教育
			小学	初中	高中			
一、学校数	所	131	28	15	3	1	1	83
班级数	个	1620	720	263	122	50	11	454
二、招生人数	人	17327	4964	3940	2169	602	37	5615
毕业生数	人	14300	3895	3288	1679	649	11	4778

续表

指标	单位	合计	普通中小学			职业中学	特殊教育	幼儿教育
			小学	初中	高中			
三、在校学生数	人	62865	28151	10978	6215	1634	137	15750
其中:毕业班人数	人	15380	4225	3382	1926	380	19	5448
四、教职工数	人	5960	2004	1210	690	192	53	1811
其中:专任教师	人	4796	1904	1113	605	182	50	942
五、学校占地面积	万平方米	216.1	74.94	64.05	29.39	13.43	6.67	27.62
其中:运动场地面积	万平方米	58.77	25.62	15.62	5.16	0.59	0.39	11.39
校舍建筑面积	万平方米	93.31	37.50	18.55	12.65	5.25	2.32	17.02
1、教室	万平方米	37.69	16.41	5.80	3.46	1.29	0.17	10.56
2、实验室	万平方米	6.37	1.05	2.64	1.16	1.51	0.01	—
3、图书室	万平方米	3.13	1.23	0.60	0.65	0.12	0.01	0.52
4、微机室	万平方米	1.61	0.71	0.51	0.38	—	0.01	—
5、语音室	万平方米	0.48	0.32	0.16	0.00	—	—	—
当年新增面积	万平方米	10.15	8.07	1.06	0.00	0.00	0.00	1.02
六、学校藏书量	万册	212.37	94.40	44.06	41.14	8.10	4.70	19.97
七、教学用计算机	台	12805	5862	4238	1769	847	89	—
每百名学生拥有教学计算机	台	20.37	20.82	38.60	28.46	51.84	64.96	—
平均每一专任教师负担学生数	人	13.11	14.79	9.86	10.27	8.98	2.74	16.72

（区统计局）

【教育经费投入】 2020年，全区一般公共预算教育支出增长16.8%，按在校学生人数平均一般公共预算教育支出各学段均高于上年。其中，幼儿园增长16.9%，小学增长9.96%，初中增长0.31%，普通高中增长21.49%，中职增长18.77%。全年征收教育费附加2.22亿元，用于学校发展安排教育费附加2.22亿元。

【校园基础设施建设】 2020年，区教育系统推进教育重点项目建设，改善办学条件，全年完成校舍建设工程项目89个，竣工面积48.58万平方米，总投资29.7亿元。完成东屏中心小学、新区小学一期、省溧中一期、区群力初级中学教学楼改扩建4个项目，面积6.65万平方米，总投资6.06亿元。晶桥镇云鹤小学、区和凤初级中学综合教学楼主体竣工，石湫街道明觉小学易地新建框架三层竣工，区第二高级中学宿舍楼、省溧中附属初级中学改扩建工程开工，区第一初级中学改扩建、第三实验小学优化改造完成招标，易地新建区实验小学老校区进入招标。与建设平台、街镇对接，推进幼儿园建设，区南堡幼儿园、开发区怡景佳苑幼儿园建成投入使用；双塘路幼儿园主体竣工，新龙路幼儿园完成框架二层，毓秀路幼儿园开工建设，白马中心幼儿园完成招标。消除学校安全隐患，全年校舍大、小型维修面积13.83万平方米，总投资3879.5万元。新建东屏中心小学塑胶运动场，维修改造区石湫中学、东屏中学、实验小学崇文路校区和洪蓝中心小学、洪蓝街道渔歌小学运动场5片，总投资900余万元；完成区第三高级中学、区柘塘初级中学、省溧中附属初级中学、区实验小学崇文路校区、白马中心小学5所学校厕所提升工程，面积1848平方米，总投资278万元；完成永阳街道石家山小学、石湫街道亭山小学、晶桥镇水晶小学3所农村小学小规模改造，总投资360万元。

【教育信息化建设】 2020年，区教育系统提升学校教育装备水平，服务教育高质量发展。推进“智慧校园”建设，改善校园网络学校6所，装备多媒体设备300多套、计算机613台，配置“智慧教室”13间、智慧管理系统10套，提供25所学校创建省、市“智慧校园”软硬件保障。缩小城乡学校办学条件差距，配置10所完小、2个教学点班牌、教学平板、答题器、书写板等“智慧校园”设备。助推管理信息化，所有学校完成181平台注册，建设基于大数据分析区校一体化精准教学平台，阅卷系统覆盖全区中小学，精准教学系统覆盖初中和普通高中。组建远程互动录播系统，搭建区级智能录播云平台，打通全区中小学录播教室互联通道，推进跨学校结对帮扶互动教学、名师教学录制与直播、名师教学资源共享、校际教学合作。开通溧水教育“空中课堂”，开展线上教学，保障新冠肺炎疫情期间全区各学校各学段“停课不停学”。

【校园安全管理】 2020年，区教育系统开展安全培训、考核评估、校园周边治安环境综合治理、校园安防建设，建立“五查”(学校自查、随机检查、专项检查、联合检查、回头看检查)机制。启动校园保安服务公司采购招标，提升改造视频监控学校39所，投入近700万元；建设中学规范化危化品储藏室、中小学(园)食堂大宗食材快速检测机制，投入130余万元；完成全区校园防雷防静电国家强制检测、灭火器维修及换粉、消防设施维护保养招标、4所直属幼儿园消防电气线路检测和整改，投入223万元。加强警校联动，全区学校(园)与区110指挥中心联网，提高校园安全防范能力。加强安全教育，常态化做好消防、警情、自然灾害等应急演练，学校(园)开展各种应急演练222次；推进明厨亮灶建设，开展全区学校(园)“星级健康食堂”评比。至年底，创建“南京市平安校园”10所。

【义务教育教师工资督导】 9月22日，国务院督导组一行4人(平辉、唐保国、钱程、田延辉)到溧水区督导义务教育教师平均工资收入水平不低于当地公务员决策部署落实情况。省教育厅二级巡视员林伟、省督导委办公室主任徐泰来、省教育厅人事处处长崔春霞，市教育工委书记张生、市教育督导室夏文国，副区长张为真，区教育局、财政局、人社局主要负责人参加。

【游府西街小学溧水分校红光路校区签约仪式】 12月28日，区教育局与开发区、游府西街小学溧水分校在区政府举行共建游府西街小学溧水分校红光路校区签约仪式，三方签约共建游府西街小学溧水分校新校区。开发区小学增挂“游府西街小学溧水分校新校区”牌子，带动提高开发区教育教学质量，满足群众优质教育资源需求。开发区作为打造“教育名城”先行先试区域，基本实现优质小学教育区域范围全覆盖，走出优质校园教育集团化办学坚实一步，奠定全区教育名城建设坚实基础。区委常委、开发区党工委书记夏云，副区长张为真，区教育局局长魏红星，游府西街小学溧水分校校长柳世清参加。 (杭蓉珍)

教育教学管理

【概况】 2020年，溧水区教育系统围绕“建设教育强区、率先基本实现教育现代化”目标定位，推进中小学教育提速发展。以省市内涵建设项目申报为抓手，推进学校内涵建设，区实验小学“以蚕融趣，蕴美育人——蚕文化课程基地建设”被列为市小学内涵建设项目，亮相区第三届秦淮源头灯会。东屏中心小学《英语课本剧教学的开发与应用》、区第一初级中学《基于场景的地理实践力学习项目的构建》、区状元坊小学《“泛在学下”视域下小学生数学学习途径的新构》入选市基础教育前瞻性教学改革实验项目，省溧中入选市新课程项目示范校，区第二高级中学入选市新课程项目培育校。以“薪火相传——我们的节日”为主题，开展爱国主义、孝老爱亲等主题教育，深化师生中华优秀传统文化认知认同。丰富学生假期生活，以“七彩的夏日”“缤纷的冬日”为主题，开展节日民俗、经典阅读、劳动实践、志愿服务、关爱帮扶等活动。用好《璞石成玉的秘密》《问道》《八礼四仪养成教育》读本，开展入学仪式、成长仪式、成人仪式等教育活动。与区文明办联合开展“新时代好少年”评选活动，50名中小学生被评为区“新时代好少年”，省溧中戴天仪、区第一初级中学王悦璇、区实验小学孔洁蕊、区特殊教育学校章梦洁等8名学生被评为市“新时代好少年”。举办区第二十五届中小学师生科技创新大赛、义务教育阶段学校“五小”(小课题、小考察、小智能、小制作、小影视)活动、中小学生科技“四个一”(一件科技小发明、一篇小科技论文、一篇科技读物读后感、一幅科幻绘画)

作品竞赛以及金钥匙科技知识竞赛。参加市金钥匙科技竞赛决赛，区第三实验小学获小学组第一名、区第一初级中学获初中组第二名，代表南京市参加省金钥匙科技竞赛。推进中小学科技创新“星光计划”项目研究，建设星光基地学校晶桥镇云鹤小学“乡土科技”特色示范项目，晶桥镇云鹤小学被市科协列为首家学校级别科学技术协会，被命名为“十三五”第五批省科学教育综合示范学校。推进学校体育特色建设，落实阳光体育一小时，开展大课间评比，提高阳光体育一小时质量和实效。举办中小学生田径运动会、“区长杯”校园足球联赛，参加市阳光体育节田径、篮球、排球、啦啦操、羽毛球、轮滑比赛和“市长杯”校园足球联赛，省溧中、区第一初级中学、区实验小学等7所学校被命名为“南京市体育特色学校”。

【“空中课堂”开课】 2020年，全区中小学受新冠肺炎疫情影响，春季学期开学延迟，区教育局开设“空中课堂”，启动线上教学，通过合理统筹、分批实施，建立疫情期间课程教学机制。2月1日，溧水教育“空中课堂”上线，区内3所高中高三年级开课，高二、高一年级分别于2月3日、2月5日在线教学。2月4—14日，开放初中3个年级网络学习平台。2月9日，区教研室制订学习指导方案，组织语数外骨干教师，在2月10—28日每天推送“宅家学习”小学生练习内容。全区45201名中小学生实现“停课不停学”。至5月18日，全区中小学复课，学生全部转入线下课堂教学，“空中课堂”下线。

【教师教学能力提升】 2020年，区教育部门加强学校教育教学管理，帮助教师分析和解决教学疑难问题，提升教师教育教学能力。3月起，开展中小学新入职教师教学能力提升工程，从语文、数学、英语3门学科入手，以师德师风、教学“五认真”(认真备课、认真上课、认真批改作业、认真辅导、认真检测)、课标、教材及教法研究、教学重难点把握与突破、课堂教学管理与优化、学科教学中存在问题诊断及解决策略、课例研讨等为内容，各学科教研员120人次驻点2所以上学科薄弱学校帮扶，集体视导中学36次、小学16次，指导教学，听课、放样上课，手把手指导学科教学，提升教师教学能力，促进青年教师专业成长，参加提升工程教师426人。9月23日，开展为期一个月全区中小学教职工工作量专项督导，核实、督查全区32所中小学4575名编内外教职员工岗位状况，分析各学校、各学段、各学科编内、编外教师及特殊状况教师岗位工作量，提供教师队伍配备、管理、建设等参考。

【心理健康教育】 2020年，区教育系统注重学生心理健康教育，制订《溧水区心理健康质量提升工程实施计划》，要求学校上好专题心理健康教育课，做好疫情防控背景下常规教育、生命教育、感恩教育和爱国主义教育。新冠肺炎疫情期间，发布《给中小学家长的一封信》，指导家庭教育。复学初期，下发《关于进一步做好中小学生心理关爱工作的通知》，召开中小学德育工作会议，邀请江苏省心理协会专委会委员符小斌作学生心理健康辅导报告。借助市教育局“金陵微校”平台录制“复学心理指导”“初中生常见心理问题及辅导策略”等主题视频，给予中小学师生及家庭指导。各校上交重点关心学生心理档案、重点关心学生统计表，派员进校督查，保证各项心理健康教育落实落地。班主任、课任教师关注需要关爱的重点学生，做到“一日一关注，一周一谈心，一月一家访”。开展新时代文明实践活动，走进金陵中学溧水分校、石湫中心小学、游府西街小学溧水分校开展公益心理服务活动，答疑解惑有心理困扰学生。全区100余名心理障碍学生受到关爱。

【传统文化教育】 2020年，区教育系统以“薪火相传——我们的节日”为主题，在全区中小学校开展祖国传统文化教育。结合清明节、端午节、中秋节、重阳节等传统节日，开展爱国主义教育、劳动教育、孝老爱亲教育、厉行节约教育等，深化师生中华传统文化认知认同。组织学校以“七彩的夏日”“缤纷的冬日”为主题开展节日民俗、经典阅读、劳动实践、志愿服务、关爱帮扶等活动，加强未成年人思想道德建设。全年，通过祭扫先烈、志愿服务等多种形式开展活动230余场次。（杭蓉珍）

【少年儿童校外特色课程教育】 2020年，区青少年校外活动中心注重特色课程教育，“节气24课”课堂视频在区电视台定期播放，“新学堂歌”项目邀请著名作家诸荣会向学员及家长作《老歌新唱为哪般》专题讲座,“秦淮源头画溧水”项目组织学员走进石山下、状元坊公园、天生桥、李巷等地实地写生。“24节气课程”“秦淮源头画溧水”获市级优秀公益项目一等奖、《新学堂歌》获市特色课程二等奖。开展“秦淮源头画溧水”项目进社区、“流动少年宫”送教下乡、创客夏令营等公益活动,创客教育进社区被市科学技术协会评为“全国科普日”优秀活动。 (王魏兰)

【中小学全民阅读】 2020年,区教育系统印发《关于开展2020年溧水区中小学师生“读书节”活动的通知》,开展“线上悦读汇,云享墨香浓”读书节活动、“童心里的诗篇”创作比赛、教师中华经典诵写讲比赛、“诵读中国”经典诵读大赛等。选送6部师生作品参加市级比赛,教师张建林《就是那一只蟋蟀》、王建春《人民的利益高于一切》分别获特等奖、二等奖,4个学生作品均获一等奖。

【“点赞中国之治”主题演讲】 2月8日,区教育系统举行“点赞中国之治”主题演讲选拔赛,遴选全区学校(园)4位选手参加,聘请溧水中专校教师张建林审稿并作演讲指导,区特殊教育学校教师张小钦获一等奖、区实验幼儿园教师王建春获三等奖、省溧中教师李芮获优秀奖。

【中小学线上升国旗仪式】 2月24日,溧水区中小学举行特殊升国旗仪式——线上升国旗仪式,受新冠肺炎疫情影响,学校正常教学安排按下“暂停键”,全国中小学推迟春季开学时间。通过互联网举行线上升国旗仪式,全区部分中小学学生身着校服,小学生佩戴红领巾,在家中视频前面向五星红旗肃立、敬礼、唱国歌,激发学生爱国之情,向抗疫一线英雄们致敬,全区3万余名中小学生参加。

【少年法学院成立】 9月10日,区教育局联合区委政法委、区依法治区办、区法学会、区法宣办等部门在区检察院成立‘少年法学院”,各街镇(开发区)8个分院同时成立,提供全区青少年学法懂法新平台和依法治校阵地保障。区委政法委组织各部门提供专业师资和阵地,建立师资库和阵地库。各校根据不同年龄段学生特点提出所需课程,区少年法学院根据师资库中不同教师专业特长安排对口课程教学,提升青少年知法、守法、用法、护法意识。市关工委副主任钱继红,区委常委、政法委书记陈霞,区相关部门负责人参加。至年底,开展授课活动20余次,法治教育融入学校教育各个阶段,提高青少年法制观念和法律意识。

【师生参加比赛】 2020年,区教育系统组织师生参加南京市各类竞赛活动。4月20日,区特殊教育学校教师张小钦代表溧水区参加市委宣传部“点赞中国之治”主题演讲,作品《弱有所扶,勇于逐梦》获一等奖。9月15日,参加市教育局教师中华经典诵写讲比赛,比赛以《义务教育语文课程标准》推荐背诵的古诗文为内容,考察教师诵读、讲解和书写能力,区第二高级中学靳晓慧获一等奖,永阳街道东庐小学谢飞、区商业幼儿园刘昀、和凤中心小学朱琳琳、区永阳中心幼儿园陈思雨、区明觉初级中学徐辉获二等奖,区教育局获优秀组织奖。9月26日,参加市教育局中小学生“学宪法讲宪法”比赛,比赛分高中组、初中组、小学组,笔试、演讲进行。区状元坊小学陶习之获小学组演讲比赛二等奖、储凡毅获小学组知识竞赛二等奖,金陵中学溧水分校徐晨卉获中学组演讲比赛一等奖、胡秋怡获中学组知识竞赛二等奖,区第二高级中学王汶林获高中组演讲比赛二等奖、李伟强获高中组知识竞赛二等奖。10月9日—11月9日,参加市禁毒办、教育局青少年禁毒知识竞赛,全区32所学校23686名学生参加。区群力初级中学被评为2020年南京市禁毒教育示范校,溧水中专校储海平等8位教师被评为“南京市禁毒教育先进个人”,区教育局、溧水中专校、区实验小学获“南京市禁毒教育先进集体”称号。 (杭蓉珍)

学前教育

【概况】 2020年,溧水区有成型幼儿园49所、办园点34个。其中,公办幼儿园(点)69所(个),民办惠民幼儿园13所,民办幼儿园1所;省优质幼儿园29所,市优质幼儿园14所;区南堡幼儿园、开发区怡景佳园幼儿园秋学期开园。创建省优质幼儿园2所、市优质幼儿园8所,通过省优质幼儿园复审6所。辖区内3~6周岁儿童入园率100%,在园幼儿15750人。其中，公办幼儿园就读幼儿11034人，占70.1%；公办和民办惠民幼儿园就读幼儿15453人，占98.1%；省市优质幼儿园就读幼儿14681人，占93.2%。在职教职工1811人，其中专任教师942人。《创新发展学前教育，服务建设教育名城》学前教育改革创新案例被评为溧水区改革创新年度十佳典型案例。区洪蓝街道中心幼儿园被省生态环境厅、教育厅授予“绿色学校”称号。

2020—2021学年溧水区幼儿园基本情况一览表

幼儿园名称	班级(个)	在园幼儿(人)	教职工(人)	占地(平方米)	校舍建筑面积(平方米)
区实验幼儿园	18	747	83	7850	5655
区工交幼儿园	12	464	50	4007	3074
区机关幼儿园	13	491	55	2750	2688
区状元坊幼儿园	9	366	42	6080	7549
区商业幼儿园	15	637	59	7118	4130
开发区中心幼儿园	10	396	38	4700	2700
开发区沙河幼儿班	2	48	5	500	270
开发区新城佳苑幼儿园	2	71	9	7214	5239
开发区怡景佳园幼儿园	2	70	9	7600	4094
区柘塘幼儿园	6	213	23	5333	1920
区乌山幼儿园	8	276	30	7792	5741
区永阳街道中心幼儿园	6	215	33	3333	2526
区永阳街道东庐幼儿园	7	334	35	4312	3527
区永阳街道新区幼儿园	7	210	35	2000	1451
区永阳街道十里幼儿班	2	45	12	1186	554
区永阳街道东山幼儿班	2	51	12	2379	1202
区永阳街道高塘幼儿班	2	66	12	2868	1200
区永阳幼儿园	19	770	71	5200	4232
区东屏街道中心幼儿园	10	370	42	6668.3	4498.8
区东屏街道凉蓬幼儿班	1	47	3	805	253
区东屏街道堡星幼儿班	1	25	3	875	253
区群力幼儿园	4	147	18	4600	2100
区洪蓝街道中心幼儿园	11	289	47	6475	3800
区洪蓝街道渔歌幼儿园	6	176	25	2440	1502
区洪蓝街道姜家幼儿班	1	17	2	380	180
区洪蓝街道塘埂幼儿班	1	9	1	700	280
区洪蓝街道陈家幼儿班	1	11	2	420	260
区洪蓝街道仓口幼儿班	1	19	3	860	290
区洪蓝街道青锋幼儿班	2	66	5	900	420
区洪蓝街道毛家幼儿班	1	22	2	680	280
区渔歌福娃幼儿园	4	80	16	2236	1436
区洪蓝幼儿园	9	249	38	5808	4860

续表

幼儿园名称	班级(个)	在园幼儿(人)	教职工(人)	占地(平方米)	校舍建筑面积(平方米)
区石湫街道中心幼儿园	12	466	46	7723	4544.42
区石湫街道明觉幼儿园	6	204	21	6670	2314
区石湫街道西庄幼儿班	1	17	2	800	241.92
区石湫街道同心幼儿班	1	18	2	310.3	180.3
区石湫街道东泉幼儿班	1	30	2	882	285.6
区石湫街道向阳幼儿班	1	16	2	780	246.6
区石湫街道武墙幼儿班	1	27	2	588	388
区石湫街道汤庄幼儿班	1	18	2	494.7	192.7
区石湫街道桑园幼儿班	3	68	6	2001	1163.2
区石湫街道横山幼儿班	1	25	2	420	228.2
区石湫街道九塘幼儿班	2	58	4	1520	494.8
区白马镇中心幼儿园	9	289	40	2868	2595
区白马镇朱家边幼儿园	3	76	15	6410	2690
区白马镇曹家桥幼儿班	2	39	9	2202	994.3
区白马镇大树下幼儿班	1	14	2	550	201
区白马镇浮山幼儿班	1	17	2	850	145
区白马幼儿园	7	172	22	3868	3356.8
区和凤第一中心幼儿园	12	439	44	6591	3584.9
区和凤镇中心幼儿园	6	185	23	4735	3318
区和凤镇乌飞塘幼儿班	1	29	3	636	319
区和凤镇吴村桥幼儿班	1	16	2	680	350
区和凤镇沙塘庵幼儿班	1	28	3	1168	292
区和凤镇大沟圩幼儿班	1	25	4	970.7	389.2
区和凤镇沈家山幼儿班	1	32	3	1183.3	797.2
区和凤镇孙家巷幼儿班	1	40	3	1332	800
区和凤镇张家幼儿班	1	46	3	2500	500
区和凤镇骆山幼儿班	1	32	3	598	380
区和凤镇幼儿园	4	139	19	4742	2560
区晶桥镇中心幼儿园	6	162	26	7984.3	2954.2
区晶桥镇云鹤幼儿园	8	210	26	6660	2633
区晶桥镇邰村幼儿班	2	47	6	3166.24	1300
区晶桥镇水晶幼儿班	2	37	5	1500	650
区交通幼儿园	9	315	39	6615	3961
区大地双语幼儿园	17	532	69	5500	3850
区小太阳艺术幼儿园	11	420	47	2800	2795
区塞纳名邸幼儿园	13	564	46	4700	2834

续表

幼儿园名称	班级(个)	在园幼儿(人)	教职工(人)	占地(平方米)	校舍建筑面积(平方米)
区小梅花幼儿园	12	453	42	3125	2040
区爱涛幼儿园	6	244	22	3220	1800
区小龙人幼儿园	6	250	29	3000	1255
区琴韵华庭幼儿园	9	348	34	3318	1403
区阳光家苑幼儿园	6	235	25	2994.5	1645.67
溧水凯斯幼儿园	11	297	48	5875.77	4900.5
区时代景园幼儿园	6	247	25	3108	1706.3
南京太平巷幼儿园溧水分园	9	304	44	4882.79	3561.7
区恒大金碧幼儿园	6	226	24	3835	1909.44
区创维幼儿园	9	345	33	5500	3560
区屏溪佳苑幼儿园	3	80	12	2800	1985
区金庭国际幼儿园	3	110	14	1500	1050
区金碧天下幼儿园	4	120	16	2587	1569
区万科幼儿园	13	470	47	5231	4474
区南堡幼儿园	5	172	21	5694.84	4673.21
合　计	454	15750	1811	275739.74	170226.96

【优质幼儿园创建】 2020年，区教育系统推进省市优质幼儿园创建，区洪蓝街道中心幼儿园、时代景园幼儿园创建成市示范幼儿园，10月接受省优质幼儿园现场评估。区恒大金碧幼儿园、万科幼儿园、创维幼儿园、状元坊幼儿园、金碧天下幼儿园、永阳街道中心幼儿园、屏溪佳苑幼儿园、小梅花幼儿园8所幼儿园创建成市优质幼儿园；区白马镇中心幼儿园等6所幼儿园通过省优质幼儿园复审，其中区白马镇中心幼儿园、永阳幼儿园接受省优质幼儿园复审现场验收。

【"课程游戏化"区域推进】 2020年，区教育部门制订《关于开展溧水区幼儿园课程资源开发利用的通知》《关于成立溧水区幼儿园课程研究共同体》等文件，落实《区域推进幼儿园课程游戏化项目建设三年行动方案》，优化幼儿园课程建设，提升幼儿园保教质量。邀请南京师范大学教授虞永平及其研究生团队，到区东屏街道中心幼儿园、晶桥镇中心幼儿园等现场指导课程资源调查，实地查看幼儿园周边资源，引领园长和教师开展课程资源开发与利用研究。各园开展教师专题培训，现场了解、盘点园内外课程资源，进行资源搜集、梳理、筛选和分类，形成各具特色资源地图，构建幼儿园课程资源库。尝试本土课程资源运用于幼儿园一日生活，积累一手鲜活课程故事，推进区域幼儿园"课程游戏化"活动开展。至年底，组织幼儿园课程资源开发与建设专题研修活动5场。

【学前教育管理机构整合】 2020年，区教育部门适应新时期学前教育发展要求，加强全区学前教育统筹与引领，增强学前教育管理力量，整合区内学前教育行政、教研人员合署办公。学前教育管理中心履行学前教育发展、保教质量管理、教师队伍建设等职能，最大化发挥全区幼教事业协调管理效能。

【幼儿园新园启用】 9月1日，开发区怡景佳园幼儿园投入使用，该园位于柘塘街道，处于空港新城区域，占地7600平方米，建筑面积4094平方米，按4轨12个班规模设计。开设教学班2个，幼儿70人，在职教职工9人。9月7日，区工交幼儿园南堡分园开园，该园位于永阳街道珍珠南路181号，占地5694.84平方米，建筑面积4673.21平方米，绿地面积2186.25平方米,学生户外活动场地1837平方米,按4轨12个班规模设计。开设教学班5个,幼儿172人,在职教职工21人。

9月7日,区工交幼儿园南堡分园投入使用　　　　区教育局　供

【广播操评比】　12月中旬,区教育局推动全区幼儿园"律动早操"开展与提高,联合区体育局开展全区大班幼儿广播操展示评比活动,全区22所幼儿园参加。区实验幼儿园、小太阳幼儿园、东屏街道中心幼儿园、小梅花幼儿园、机关幼儿园、大地双语幼儿园、工交幼儿园和开发区中心幼儿园8所幼儿园获金奖,区商业幼儿园、永阳街道中心幼儿园、洪蓝街道中心幼儿园、交通幼儿园、白马镇中心幼儿园等14所幼儿园获银奖。

【男教师联盟成立暨专业展示】　12月24日,溧水区幼儿园男教师联盟成立仪式暨专业展示活动在区实验幼儿园举行,该联盟提供男教师发展与成长引领、学习交流与相互促进平台,增强男教师幼教职业归属感、使命感,吸引男教师加入幼教事业,注入幼教力量,促进男教师热爱幼教、坚守童心、传递阳刚力量。区教育局局长魏红星为男教师联盟揭牌,全区22名幼儿园男教师现场展示幼儿音乐、科学、美术、游戏、体育等幼教技能,展现男教师专业风采。　(杭蓉珍)

小学教育

【概况】　2020年,溧水区有完全小学26所、办学点2个;教学班720个,在校小学生28151人;教职工2004人,其中专任教师1904人。招收一年级新生4964人,毕业学生4225人;适龄儿童入学率100%,巩固率100%;外来务工人员随迁子女100%安排到公办小学就读。区实验小学获市教师志愿者联盟"最美防疫教师志愿者组织单位"。区实验小学、状元坊小学、第三实验小学获首批市"四有"(有理想信念、有道德情操、有扎实知识、有仁爱之心)好教师重点培育团队。区实验小学获省健康促进学校金奖,洪蓝中心小学、柘塘中心小学、石湫中心小学获银奖。东屏中心小学、永阳新区小学(文昌小学)被评为市"智慧校园",游府西街小学溧水分校获评南京市园林式校园。开发区小学、区第三实验小学获评南京市平安校园。开发区小学、石湫中心小学获评市学校卫生工作先进集体。区状元坊小学获评南京市学校消防安全标准化管理示范学校。永阳新区小学创建成南京市民族工作"红石榴家园"。白马中心小学、游府西街小学溧水分校获评市小学"弹性离校"工作先进学校。实施素质教育,深化教育教学改革,促进学生德智体美劳发展。区状元坊小学获市抗击新冠肺炎疫情红十字应急救护知识竞赛活动单位组织一等奖、中国青少年啦啦操精英赛(无锡)自选动作冠军,《我和我的祖国》短视频获市第十三届中小学优秀校园影视节目评比一等奖,市教师发展示范基地学校。区实验小学、开发区小学获市"诵读中国"经典诵读大赛小学组一等奖。开发区小学获市第三届国防教育嘉年华活动团体一等奖。区第三实验小学获第三十二届省中小学生金钥匙科技竞赛一等奖,市教师发展示范基地学校。区实验小学获全国禁毒知识竞赛先进集体、市中小学合唱节二等奖。永阳新区小学创建成全国青少年校园足球特色学校,市田径、跆拳道体育特色学校,获南京市"市长杯"校园足球联赛二等奖。游府西街小学溧水分校凤凰战队获2020世界机器人大赛青少年组二等奖。柘塘中心小学获市第二十二届运动会青少年篮球比赛女子组第三名。洪蓝中心小学获市青少年阳光体育节校园排球比赛女子组二等奖。区实验小学获省健康促进金奖学校、市汉字学习研究基地学校,"融蚕蕴美"课程基地项目获市小学内涵建设项目,学生邵杰轩、薛一鹏获区首届古诗词大赛青少年组一等奖。

2020—2021学年溧水区小学基本情况一览表

学校名称	班级(个)	在校生(人)	教职工(人)	占地(平方米)	校舍建筑面积(平方米)
区实验小学	147	6481	398	118999	66453
区状元坊小学	51	1976	132	38046	30491
区第三实验小学	56	2527	158	55361	39536
开发区小学	46	1994	125	37766	25718
开发区乌山小学	12	400	28	16300	4090
柘塘中心小学	14	440	50	21794	8117
永阳新区小学	35	1570	101	28723	10681
永阳街道沙河小学	6	110	14	11000	2078
永阳街道东庐小学	20	665	41	22431	5389
永阳街道石家山小学	6	64	13	10300	2485
东屏中心小学	22	909	63	23868	17457
东屏街道群力小学	12	442	32	17700	6640
洪蓝中心小学	33	1226	103	21600	9579
洪蓝街道渔歌小学	17	567	51	14666	6403
石湫中心小学	27	1028	93	37901	25662
石湫街道明觉小学	30	1191	87	33155	30986
石湫街道桑园小学	9	279	19	7750	2728
石湫街道亭山小学	4	60	7	5051	1390
白马中心小学	30	1126	91	35790	9865
白马镇共和小学	8	206	23	21065	4182
和凤中心小学	28	1085	87	33600	15442
和凤镇孔镇小学	15	516	38	18675	5370
和凤镇沙塘庵小学	12	372	31	19343	3877
晶桥中心小学	15	459	52	21267	5571
晶桥镇云鹤小学	16	573	42	13400	4421
晶桥镇邰村小学	6	122	10	6000	1853
晶桥镇水晶小学	3	47	6	7048	2239
游府西街小学溧水分校	40	1716	109	50775	26269

【游府西街小学溧水分校创成市园林式校园】 1月8日,游府西街小学溧水分校创成市园林式校园。该校精心设计校园文化,五楼四院、南北贯穿形成"百年育人轴","金木水火土"五行元素打造中国传统文化与现代文明相结合。校园建有水景、石景、舞台、长廊、回廊、果园等景点,环境赏心、舒心,各景点独具特色,移步换景,充满童趣,彰显儒雅,呈现出传统园林式校园,通过专家组验收。

【区实验小学获批市汉字基地学校】 3月9日，区实验小学获批市汉字学习研究基地学校。该校弘扬祖国汉字文化，引导学生在兴味盎然生活中触摸汉字温度，感受汉字魅力，吸纳汉字文化基因，传承中华文明，促进学生汉字学习和中华传统文化教育，经过组织申报、材料初评及市教科所专家终审获批。2019年3月21日，成立"尹洁写字工作室"，10位志趣相投教师致力于汉字学习与传统文化教育研究，激发学生汉字思维、热爱祖国传统文化情感。8月30日，南京市第二届汉字研究活动视频课评比，教师陈琳《石》、郝梦《告》作品获市一等奖，徐亚男《炙》作品获二等奖，陈巧英《家》作品获三等奖。12月，在3所校区开展首届汉字文化节活动，向全校学生征集汉字征文、画报、小报设计等作品，收到征文四年级67篇、五年级98篇、六年级80篇，画报82幅，小报246张，溧水融媒体中心专题报道四(6)班学生靳欣瑶"汉字文化节"征文。

【游府西街小学溧水分校获世界机器人大赛二等奖】 12月3—4日，世界机器人大赛总决赛在广东省佛山市举行，该赛事由中国电子学会主办，全国2000余名选手参赛。游府西街小学溧水分校凤凰战队周广泽、施政从地方积分赛到片区晋级赛，进入总决赛，历时3个月，获世界机器人大赛青少年Makex(全球化赛事品牌，2017年5月发布，引导青少年全方位成长的国际化机器人赛事平台)机器人设计大赛二等奖。

【区状元坊小学获中国青少年啦啦队操精英赛冠军】 12月12—13日，国家体育总局体操运动管理中心主办，全国啦啦操委员会、无锡市体育局、无锡市体育总会、无锡市啦啦操协会、无锡机电高等职业技术学院、南京新恒鼎体育推广有限公司承办的2020年中国(无锡)青少年啦啦操精英赛在无锡市举行，全国100支队伍近2000人次运动员参加比赛。经过两天角逐，区状元坊小学"舞悦童心"啦啦队获花球啦啦操规定动作和自选动作双冠军。

(杭蓉珍)

中学教育

【概况】 2020年，溧水区有中学18所，其中普通高中3所、普通初中15所。班级385个，其中高中122个、初中263个。在校学生17193人，其中高中6215人、初中10978人。教职工1900人，其中高中690人、初中1210人。专任教师1718人，其中高中605人、初中1113人。2019—2020学年南京市初中发展性评估，溧水区获教育质量奖、教育公平奖、教育均衡奖；普通高中发展性评估，省溧中、区第二高级中学获教学质量突出奖等5个奖项，区第三高级中学获教学质量优秀奖等5个奖项。开展高中常规管理调研，促进3所高中健康发展。推进新优质初中、高品质示范高中建设，丰富学校办学特色与内涵。区第一初级中学通过市首批现代化初中验收，区洪蓝初级中学、云鹤初级中学通过市第二批新优质初中验收。省溧中、区第二高级中学分别入选市普通高中新课程新教材实施示范校和培育校。区第一初级中学被评为市体育特色学校、网络安全建设先进学校，区群力初级中学被评为市禁毒教育示范校。省溧中附属初级中学入选市初中教育内涵发展与全面提升计划项目学校，被评为市校园诗教试验基地，初二年级学生邹雨彤被评为省"最美中学生"。省溧中、区第三高级中学创建成南京市节水型学校。

2020—2021学年溧水区中学基本情况一览表

学校名称	班级(个)	在校生(人)	教职工(人)	占地(平方米)	校舍面积(平方米)
省溧中	48	2465	268	133334	58181
区第二高级中学	38	1953	224	96394	43368
区第三高级中学	36	1797	198	64149	24989
区第一初级中学	41	1909	162	55950	23965
省溧中附属初级中学	54	2582	176	77831	26011

续表

学校名称	班级(个)	在校生(人)	教职工(人)	占地(平方米)	校舍面积(平方米)
金陵中学溧水分校	31	1329	112	59248	38628
区柘塘初级中学	9	303	56	54800	10352
区东庐初级中学	13	518	92	68604	6667
区东屏中学	10	361	56	24479	6755
区群力初级中学	6	229	39	26296	7070
区洪蓝初级中学	16	673	105	31011	10473
区石湫中学	16	604	70	51870	9403
区明觉初级中学	15	575	54	22333	7214
区白马中学	16	600	95	50136	12790
区和凤初级中学	12	540	57	37497	7343
区孔镇中学	9	276	50	27023	7683
区晶桥初级中学	6	177	41	26217	4895
区云鹤初级中学	9	302	45	27240	6280

【中考、高考】 2020年，全区参加中考毕业生3367人，总均分520.8分，超市中考总均分11.4分，位居全市第五。全区参加高考毕业生1593人，增加44人。纯文化类(不含体育、艺术类)本科达线1273人，增加50人，达线率80%，超省本科招生计划数与高考报名人数比20%；本一达线548人，增加62人，达线率34.4%，超省本一招生计划数与高考报名人数比10%。

【高中教学】 2020年，区教育部门加强高中教学研究，开展集体综合视导，高考九门学科全覆盖。5月，邀请高考命题专家作“2020届高考备考”主题讲座。10月21—23日、12月3—8日，分别集体教学调研高三、高一年级。11月6日，开展高二年级英语提升工程视导专题活动，聘请宜兴中学3位专家到省溧中听高二年级全部教师英语课，查看作业、备课本，参与集体备课，开展小组讨论交流，集中解决共性问题。11月30日—12月1日，邀请市教研室及相关专家到3所高中专题调研，听课、点评，帮扶、指导英语教学。12月22日，邀请省特级语文教师雷雨作“如何提高写作能力”讲座，查阅最近学生作文，结合学情、考情作针对性指导。12月29日，邀请南京市英语特级教师邢文骏、数学特级教师渠东剑分别作“新高考·新题型·新策略”“如何提高中低档题解题能力”专题讲座，结合新高考新题型从命题者角度引领学生通过实践掌握解题策略和技巧。12月8日，特邀南京市教研室历史教研员袁廷虎指导高三年级历史教学，同课异构与专题讲座“新课标、新教材、新高考背景下的高中历史教学策略”。组织师生基本功竞赛，5月21日开展高中化学优质课、教学基本功课堂教学评比，5月22日开展高中地理教师无生课堂教学比赛，7月5日开展高二年级教师数学解题大赛，10月14日开展高中生英语口语选拔赛，12月11日开展高中英语教师优质课评比。

【区第二高级中学高考研究中心成立】 9月21日，区第二高级中学应对新高考带来新变化，成立全区首个高考研究中心，聘请路晶、金志胜、谢胜兵、夏方才、毛华玮等教师为学科项目长。致力于研究新高考背景下课程体系、课程标准、模拟试题，明确高考走向、教学方向、教学重点、新旧教材融合。建设高三备考智库、基础年级教学智库、学校管理智库，推进教育科研，提升教育教学质量。10月、11月，先后组织活动2次，根据山东省高考试卷、高考适应性考试试卷、南京市一模二模试卷等，分析学生现状，把握命题节奏，进行针对性靶向教学。

(杭蓉珍)

中等职业技术教育

【概况】 2020年，溧水中专校融职业中专、综合高中、“3+3”中高职衔接、成人教育及社会培训等多种办学层次于一体。10月，创建成江苏省现代化示范性职业学校。有专任教师182人，其中“双师型”教师67人，占36.2%；本科以上学历181人，占99.4%；高级职称95人，占51.3%；骨干教师34人，占18.3%。全年参加市级以上教师培训173人次，其中省级培训25人、国家级培训3人。全日制在校学生1634人，招收新生602人，毕业学生380人。全年转段升入合作高校常州工程职业技术学院建设工程施工专业20人、扬州工业职业技术学院电子计算机专业20人、江苏农林职业技术学院观光农业专业23人、江苏农牧职业技术学院电子商务专业11人。电子技术应用实训基地创成省现代化实训基地。全年建设机械类、种植类和酒店服务与管理类学考技能考点3个。建成考试专用机房1个、VR（虚拟现实）职业体验馆1个，学生通过VR技术体验汽修、旅游、建筑等。联合南京金龙客车制造有限公司、南京创维平面电器有限公司、南京创维家用电器有限公司、艾欧史密斯（中国）环境电器有限公司、南京长乐农业科技有限公司、南京市欣旺达新能源有限公司6家区域大型制造类企业，开展工科类专业现代学徒制背景下跟岗实习教学探索实践，深化“企业冠名班”等订单式培养模式。教学仪器设备总价值4083.6万元，实训实习工位3210个，生均2.03个；纸质图书8.10万册，生均74.8册；电子图书存储量17GB。获省职业院校“传承的力量”微视频大赛二等奖2个、三等奖1个和优秀组织奖。田径队获区第五十七届中小学生田径运动会总分第四名、“区长杯”校园足球联赛第三名，教工女队获区教育工会第十七届乒乓球赛女子团体冠军。教师张建林获中华经典诵读大赛江苏赛区社会人员组一等奖、南京市教师组特等奖，储海平获市职业学校班主任能力大赛一等奖、李德升获二等奖，杨永和被授予南京市“斯霞式教师”称号，刘健被评为“南京市在线教学先进个人”，梅白青被授予“溧水十佳青春榜样”称号，郭强获市“十佳职教教师”称号。教师获信息化教学大赛省二等奖1个、市三等奖2个。师生获省技能大赛二等奖1个、三等奖6个。溧水中专校获省禁毒竞赛优秀组织奖。

【合作办学签约仪式】 7月1日，溧水中专校与开沃新能源汽车集团股份有限公司、南京城市职业学院举行合作办学签约仪式。汽车制造与检修专业对接南京城市职业学院新能源汽车技术专业，联合开沃新能源汽车集团股份有限公司共同申报省教育厅职业教育体系贯通培养项目并获批。三方签订协同育人办学协议，决定开沃新能源汽车集团股份有限公司冠名2020级贯通培养项目班级、无偿提供价值12.5万元新能源汽车零部件，用于教学及实训室建设，订单式培养新能源汽车专业高技能人才。

【“乐德德育”作品获省文明风采奖】 7月24日，《散如星，聚是火，灿烂满中国》《“茶”相随成就不平凡的人生》《以针为笔、以线为墨，绣出美好蓝图》《勿忘国耻，圆梦中华》《茶为媒，引领学生德智体美劳全面发展》《在“红色地标”中强固“信念坐标”》《天生龙鼓，威风虎虎》7件“乐德德育”作品获省中等职业学校文明风采活动最佳作品奖。活动由省教育厅、省人社厅、省文明办、团省委等部门共同主办，围绕“我和我的祖国”主题，设征文演讲、职业规划、摄影视频、才艺展示和德育实践活动案例5个项目。溧水中专校获省“文明风采”活动优秀组织奖。

【“裁云为梦”剪纸社团通过市优秀社团验收】 12月3日，“裁云为梦”剪纸社团通过市优秀社团现场验收。剪纸是溧水区非物质文化遗产，溧水中专校“裁云为梦”剪纸社团成立于2017年9月，徐雪娇担任指导教师，聘请区内非遗传人李赣宾担任授课老师，3年培养掌握剪纸技能学生72人，学生刘心彤作品《过大年》入选明孝陵“牛年水牛牛更牛”民俗文化展览。

【市职业院校技能大赛】 12月9日，南京市职业院校技能大赛中等职业院校班主任能力比赛在市职教教研室举行，大赛由市教育局组织，旨在提升中等职业院校班主任建班育人能力。大赛设班级建设方案、模拟情境处置、教育故事和现场答辩4个环节。储海平获班主任能力比赛一等奖第一名、李德升获二等奖第一名，溧水中专校获团体奖第一名。

【新能源汽车实训体验中心启用】 12月24日，溧水中专校与南京金龙客车制造有限公司举行新能源汽车实训体验中心启用仪式，校企双方负责人、家长及部分师生170余人参加活动。该中心由校企双方合作共建，10月，在溧水中专校开工建设，总投资190万元。建有汽车发动机拆装、汽车底盘拆装、新能源汽车检测、新能源综合平台4个功能实训室，具有传统汽车、新能源汽车拆装与检测功能。 （詹喜发）

社会教育

【概况】 2020年，溧水区教育系统推进全区社会教育内涵发展、提升社区教育发展水平，建设特色溧水社区教育。白马镇社区教育中心获省社会教育先进集体、市级街镇高水平社区教育中心，和凤镇社区教育中心申报的溧水和凤镇华成蔬菜种植基地创建成江苏省教育服务"三农"高水平基地。开发区社区教育中心"团山舆苑"获市级终身学习活动品牌，晶桥镇社区教育中心申报的芝山综合社生态园——教育服务实现产业兴旺获市级教育服务乡村振兴优秀项目。"志愿有我"志愿服务队被区政府表彰为优秀志愿服务组织，白马镇社区教育中心"少年初心堂"农村儿童关爱项目被表彰为区优秀志愿服务项目，东屏街道社区教育中心臧德生被评为区优秀志愿者。

【社区教育品牌创建】 2020年，区教育系统加强社区教育品牌创建，溧水和凤华诚蔬菜种植基地教育服务"三农"高水平示范基地创建通过省级评审；开发区"团山舆院"创建成南京市终身教育活动品牌，晶桥镇社区教育中心"让科技素养与生态园建设同步"创成南京市教育服务乡村振兴优秀项目，白马镇等5个社区教育中心创建成市高标准街镇社区教育中心。全区社区教育中心提供中小学生辅导和服务，注重留守儿童、困难学生服务，其中东屏街道社区教育中心"屏娃才艺学坊"、白马镇社区教育中心"少年初心堂"为省级社区教育品牌。

【永阳街道社区教育中心学校学历班取消】 2020年，永阳街道社区教育中心落实区教育部门《关于暂停永阳街道社区教育中心招生的请示》回复意见，取消永阳街道社区教育中心学校学历班招生，做好学校资产维护保管、清查登记、报废处置、转移交接、统计报告等，确保国有资产安全完整。完成在校中职学生159人、教师14人分流。

【新时代实践教育服务】 2020年，区教育系统根据教育文明实践实施方案，组建专业志愿服务队10支，各学校、园成立校园文明实践点46个；在区青少年校外活动中心设立教育服务平台实践基地，结合校园德育工作、社会实践活动等载体，立足学生身心特点，借助校园文化特色等优势，开展新时代文明实践校园服务活动，让新时代文明实践活动走入校园、走近师生、走进课堂。全年开展新时代实践教育服务实践活动200余场次。 （杭蓉珍）

驻区高等院校

【南京视觉艺术职业学院】 2020年，南京视觉艺术职业学院全日制在校学生3289人，教职员工239人，设有传媒系、设计系、人文艺术系和国际学院4个教学单位，设置顺应社会发展需求的影视传媒类、艺术设计类、音乐舞蹈类、服务管理类等24个专业方向。秉承"立德树人""精艺创新、追求卓越"育人宗旨，加强师资、专业和校园文化建设，培养学生职业情怀和"工匠精神"。有传媒、设计、人文、竞技、实践等各类型学生社团19个，开展技能竞演、社会实践、青年志愿者服务、演讲辩论赛等活动30余场次。修订各类专业人才培养方案，印发《南京视觉艺术职业学院人才培养方案（2020年）》，覆盖24个专业。增加副高级以上职称教师4人、青蓝工程培养对象3人。新增省级以上高校哲学社会科学研究基金项目和自然科学研究面上项目10个、大学生创新创业训练计划项目13个、教学实践类项目13个(其中国家级项目3个)。教师在国内外各类学术期刊发表著作、论文或作品63篇。师生在各级各类比赛中获奖项100余个,获"领航杯"省大学生信息技术应用能力比赛奖项5个,其中一等奖2个。副院长谢建华摄影作品获省第六届大学生艺术展演"校长风采奖"2个、教师获奖8个;学生获省第六届科普公益作品大赛奖14个、教师获奖12个,传媒系获优秀组织奖;获第八届全国高校数字艺术设计大赛奖项4个、省赛奖项19个、优秀指导教师奖10个。9月,线上教学课程获省高职高专院校新冠疫情防控期间体育网络教学优秀案例,学生翟琬余被推荐为市优秀防疫青年志愿者。制订完善《关于做好防控新型冠状病毒感染的肺炎疫情工作的通知》《南京视觉艺术职业学院关于新型冠状病毒感染的肺炎疫情防控工作方案》《南京视觉艺术职业学院制止餐饮浪费行为工作方案》等相关制度和疫情防控管理办法11项。全年在15个省(市)录取新生1434人,学生年终就业率98.18%,保持全省同类院校前列。2019届毕业生用人单位满意度98.20%,职务晋升人数比55.3%。新冠肺炎疫情期间,举办线上线下"校园双选会"等专场招聘活动6场次。2020届毕业生赴韩留学41人。改造出新学生宿舍、师生餐厅,改善住宿、就餐环境,风雨操场综合楼主体建设竣工,总投资5000万元。

(丁剑峰)

【陆军工程大学溧水营区】 7月28日,陆军工程大学溧水营区教练勤务营国防工程连与柘塘街道前进社区举行军民共建签约仪式。8月15日,与柘塘街道前进社区、开发区小学联合开展"学军人风采,展少年雄心"为主题的爱国主义教育活动,20余名小学生与解放军战士近距离接触,开展系列交流活动。9月28日,参加柘塘街道前进社区"军民鱼水情,党群一家亲"双拥共建活动。

(李强)

【南京工业大学浦江学院溧水校区】 2020年,南京工业大学浦江学院溧水校区坚持"工本位"办学理念和教学中心地位,优化教育教学环境,加大人力资源配置,引进各类人才81人。其中,专任教师53人、专职辅导员7人、行政管理岗位21人,二级学院院长、副院长、副主任各1人,中外合作负责人1人,专业负责人11人;正高职称13人、副高职称8人、中级职称14人。搭建教师专业能力和综合素质成长平台,安排3位思政教师参加线上线下思政业务培训。鼓励教师参与校内外教学比赛,与同行交流互鉴,教师林静获江苏省马克思主义原理课程教学比赛一等奖。重视在线教学优质课程评选,激发教师参与课程改革热情,促进课堂教学与信息化深度融合,提高教学效率,提升教学质量。立项校级精品在线开放规划教材项目8个,其中《高等数学》参加江苏省重点教材建设评审、《线性代数》为"十三五"江苏省重点教材。完成规划教材结题3个。

新冠肺炎疫情期间,利用"浦江青年"微信公众号团委新媒体平台,开展"青春战疫,你我同行"2020寒假线上主题实践、"信仰公开课——战疫云演讲"等活动,发布课程134次,覆盖6000余名学生。推出《梦想公开课——助力考研,朋辈引航》《"三下乡"暑期实践成果展示》等系列文章,丰富学生精神文化生活,"浦江青年"发出推送509篇,阅读量11.58万人次。建立应急服务管理机制,开通电子资源校外访问服务、云课堂服务、学习平台校外账号,保障师生学习需求。推出"30分钟读书打卡""书脸秀摄影比赛""答题战役"等系列云端活动,调动学生线上阅读热情。

开拓国际合作项目,与纽约城市大学斯坦顿校区、森塔钠瑞大学、威奇塔州立大学合作,拓展学生海外就业市场和升学渠道。与奥地利MODUL大学、泰国正大管理学院、法国普瓦提埃大学等高校签署协议,提供学生多渠道海外交流机会。开拓就业市场,举办校企推介会3场、大型校企对接会1场,授牌就业基地3家,上线"南京工业大学浦江学院智慧就业平台""浦江就业"APP,建立"精准推送、精准到人"就业信息发布系统,帮助毕业生筛选适合企业,毕业生就业率87.60%。

推进二期续建工程建设,完成宿舍楼C1~C13、食堂(含地下车库)、B1~B4教学楼、图书馆、体育馆主体结构验收。编制学校"十四五"新蓝图,结合景观文化建设,完成楼宇道路命名、新校徽设计，形成特色校园文化体系，促进学校综合素质提升，营造校园文化氛围。

【江苏第二师范学院溧水校区】 2020年，江苏第二师范学院溧水校区到乡村中小学、幼儿园开展师德主题教育与实践活动，分享教书育人先进事迹。举办师德教育高端论坛，1人入选全国师德师风建设专家委员会委员。加强干部队伍建设，选聘科职干部110人，其中拥有硕士以上学位人员占75.45%。实施试用期考核60名新任中层干部，离任审计干部29人。举办中层干部培训班，网上培训1200人次。新任科级干部任前集体廉政谈话，开通微信公众号“清风江苏二师”，征求师生意见建议102条。获评江苏省先进青年集体、“五四红旗团委”，被授予“南京市园林式单位”称号。

加强专业课程建设，完善专业负责人制度，组建二级学院专业建设指导委员会，新增学士学位授权专业7个，省级一流专业增至12个，2个专业通过师范类专业认证考察。建设省内外线上教学观摩点12个，获江苏省师范生技能大赛一等奖8个，位居全省第二。印发学风建设工作指导意见，召开学风建设大会，突出“1+1+1工程”品牌活动效果，总结“一院一品”经验成果。师范专业首次纳入省内本一批次招生，首次开办留学生教育。举办大学生创新创业大赛，成立创新创业学院，建成大学生创业园。获江苏省大学生艺术展演特等奖6个，入围全国大学生艺术展演5个。启动大运河江苏流域戏曲文化长廊和戏曲博物馆建设，《永远的黄玫瑰》绘画展获批教育部中华优秀传统文化传承基地第二批项目。

优化师资队伍，提升教育教学质量，引进一般人才128人、高层次人才39人，省部级以上高层次人才增长17.5%。组建“未来卓越教师班”，推进“名师工作坊”等育人品牌内涵建设。获江苏省哲学社会科学优秀成果奖6个，获批江苏高校哲学社会科学重点研究基地、江苏高校哲学社会科学优秀创新团队。举办全省职业院校教学大赛，完成江苏人民教育家和“苏教名家”培养工程相关工作。举办长三角中小学名校长高峰论坛，建成省级乡村骨干教师培养培训体系，获批国家培养项目25个，经费近1000万元。 （宋政皓）

【南京城市职业学院（南京开放大学）】 2020年，南京城市职业学院（南京开放大学）明确办学定位和发展方向，编制完成“十四五”总规划和子规划7个。引领学院事业发展，落实职业教育改革，推进开放大学建设。启动高质量指标研究、培育工程，实施“攀登行动（2020—2024年）”，着眼质量发展，提升办学水平。开展机构调整，优化职能配置，推行“大部制”改革，31个部门合并为22个，5个二级学院整合成立四大产业学院。

坚持“停课不停教、不停学”，春季学期234名教师为32个专业4414名学生开设237门线上课程，开设率89.9%，覆盖率88%。3门课程在“中国大学MOOC”平台建设开课，全国选学2万余人次。强化多渠道育人机制，新增专职思政、辅导员教师10人。开展“高雅艺术进校园”等品牌校园文化活动，组织“战疫云演讲”主题活动6场、主题团课40期，54个学生团队或个人获市级以上荣誉。三年高职招生省份扩展到15个省、自治区，招录新生2427人，增长10.17%；五年高职招生录取616人，完成率92%；面向社会人员招生录取131人，超额31人；成人教育全年招生录取1608人，超额108人；开放教育招生录取6609人。制订《留学生招生录取工作管理办法（试行）》《外国留学生管理规定（试行）》，在读留学生28人、新招收5人。

提升就业质量，三年高职毕业生就业率94.75%，超省目标90%。完成省大学生创新创业建设项目43个，申报省第六届“互联网+”创新创业大赛项目298个。其中，进入省竞赛项目2个，获省“挑战杯”大学生创业计划竞赛铜奖1个、省大学生职业规划大赛三等奖1个。发放122名家庭经济困难毕业生求职补贴20万元，精准就业帮扶湖北籍毕业生5人。全年获批35项“1+X证书”制度试点，推进“1+X证书”融入专业人才培养方案，优化课程设置和教学内容，统筹教学组织与实施，改革教学方式方法，提高人才培养灵活性、适应性、针对性。项目试点专业数量占专业总数71.8%，学分银行学生填报率98%。失智老年人照护职业技能等级证书（初级）通过率85.7%，财务共享服务职业技能等级证书（初级）通过率96%。全年参加各级各类竞赛项目52个，参赛596人，获奖项目25个。51名选手参加省职业技能大赛17个项目比赛，导游服务获一、三等奖各1个，建筑工程识图赛和计算机网络应用赛分获团体三等奖。青年职业技能大赛获省二等奖、全国优胜奖；省大学生计算机设计大赛获一等奖；学生杨禹获ACA创意设计世界大赛中国总决赛冠军，晋级全球总决赛；获“蓝桥杯”省赛一等奖5个、AB杯特等奖，南京软博会工业APP软件测试大赛一等奖，全国软件测试大赛一等奖。

智能网联汽车产教融合实训平台获批南京市现代化职教体系项目立项，实现零突破。经省教育厅遴选新增产业教授1人，在用校外实训基地63家，订单培养900人，合作企业支持兼职教师137人，捐赠设备总值313.56万元，接受毕业生就业196人。健康管理专业群获江苏省高水平专业群建设立项，制订《高水平专业群建设管理办法》，3个校级高水平专业群进入第二个建设年份。6门校级精品在线开放课程结项，3门省级精品在线课程建设有序开展；制订教材管理办法，成立教材选用委员会，12本校级重点教材结项，《办公自动化高阶应用》教材获江苏省重点教材立项建设。校企合作共同开发课程162门、教材39本。教师教学能力竞赛参赛118人、信息化教学参赛4人、微课大赛参赛57人。微课作品获奖6个，其中二等奖3个、三等奖3个。教学案例“齐练八段锦，同心抗疫情”获江苏省高职高专院校体育网络教学评选二等奖；获全国健身气功网络视频大赛之八段锦（国家级）二、三等奖各2人。全年招聘教职工26人，校内转聘专职思政教师5人。完成教师国培、省培30人，新入职教师岗前培训22人。入选江苏省“青蓝工程”培养对象2人，期满考核获优秀2人。完成纵向科研课题立项60个，省教育科学“十三五”规划课题3个，江苏高校哲学社会科学研究项目20个，校级科研项目36个；横向科研项目5个。完成纵向科研课题结题43个，其中国家统计局重大统计专项1个（国家级）、省教育科学“十三五”规划课题1个、江苏高校哲学社会科学项目11个、省教育信息化课题2个、校级科研项目28个。提升科研项目级别，“调查队系统录用公务员面试技术开发研究”属国家统计局重大专项，“社区康养职业人才培养体系建构研究”属江苏省社科基金重点项目。改善科技服务，全年技术转让专利实施许可1项、专利权2项，技术服务收入14.6万元。

坚持社区教育特色发展，形成“全区域、广覆盖、强基础、高标准”发展态势，获省“十三五”社会教育先进集体、2020中国互联网教育“停课不停学”突出贡献奖；《南京老年开放大学办学模式探究》《传古都文化脉络，办银发空中学堂》获省老年教育办学优秀案例；“金陵学堂”入选《南京教育绿皮书》，获长三角地区社区教育、老年教育特色地方品牌项目。社会培训实现转型发展，举办江苏省机关事业单位工勤技能岗保育高级培训班；与市机关管理局、广电集团合作筹备开办物业管理、幼儿教育培训班；与国开教师培训学院合作开展中小学、幼儿园教师资格证培训。开放成人教育，改革教育考试模式，116门省开课程100%形成考试，实现省开课程线上考试；新建教学团队9支，推荐12位教师参加国开核心团队。推进学习在线资源建设，南京学习在线注册121万人，日活跃用户量近3000人次；刊载社区教育“战疫”在行动新闻报道16篇、推文34篇、学习专题8期；挂载国家数字化学习资源中心“新型冠状病毒防控公益课程”60门。

（狄勇）

特殊教育

【概况】 2020年，区特殊教育学校有教学班11个，学生137人（含送教上门学生14人），教职工53人，是全区唯一一所招收听障、智障儿童，集学前教育、义务教育和中等职业教育于一体的15年制特殊教育学校。以实训基地为平台，践行“教育—培训—就业—康复”一体化办学模式，促使区域内残障学生学有所得，实现潜能发展。省级前瞻性教改实验研究项目结题，学生实验基地被市教育局认定为“南京市中小学生研学实践教育基地”，被评为江苏省教科研工作先进集体、溧水区语言文字工作优秀集体、小学教学质量考核优胜单位。葛华钦被聘为区特殊教育学校“终身荣誉校长”。举办青年教师教学基本功选拔赛，代表溧水区参加市特殊教育青年教师教学基本功比赛。举行“青蓝工程”师徒结对现场签字仪式，10名优秀骨干教师分别与10名青年教师组成帮扶队伍。11月，省特殊教育第十九期校长国培班学员50余人到校参观交流。

6月10日，区特殊教育学校退休校长葛华钦被聘为“终身荣誉校长”，是全区第一位“终身荣誉校长”　　《今日溧水》报　供

【葛华钦被聘为区特殊教育学校“终身荣誉校长”】 6月10日，区特殊教育学校创始人葛华钦“终身荣誉校长”聘任仪式在区特殊教育学校举行，区委教育工委副书记查春华、区政府教育督导员张方健为葛华钦颁发聘书。1986年，葛华钦创办溧水县聋哑学校，扎根农村从事特殊教育，由单一聋哑教育发展成听障教育、智障教育、康复教育和职业教育为一体的特殊教育，探索实践残疾人“教育—培训—就业”一体化办学模式。曾被授予“全国助残先进个人”“全国教书育人楷模”称号。

【“农村地区随班就读巡回指导的现实困境与对策研究”结题】 7月15日，市“十三五”规划课题“农村地区随班就读巡回指导的现实困境与对策研究”结题鉴定会在区特殊教育学校召开。该课题2016年立项，从随班就读现实困境出发，分析研究政策、环境、资源、实践等层面对策，开展探索和实践。市教科所主任吴庆华、科研员邓大龙，区教科室副主任章明等参加评审。专家组听取课题主持人刘加芳课题结题汇报，查看课题研究成果系列材料，与课题组成员沟通探讨，同意该课题结题。

【市中小学生研学实践教育基地认定】 8月30日，区特殊教育学校残疾学生实验基地被市教育局认定为“南京市中小学生研学实践教育基地”。基地依托自然山水，发挥地理和资源优势，建设精品牡丹园、安全教育馆、科技体验馆等，总投资400余万元，提供全市大中小学生传统农业劳动教育和现代农业实践体验服务，学生走进田间地头，学习农业知识，体验生产劳动，感受劳动成果，帮助中小学生开阔眼界、增长见识，提升社会责任感、创新精神和实践能力。

【学生农业技能比赛】 12月28日，溧水区第三届特殊教育中职班学生农业技能比赛在区特殊教育学校实验基地温室大棚举行，区教研室劳技教研员申来平现场指导。比赛设种植和养殖两个技能项目，种植项目穴盘播种、养殖项目去虾线，提升残疾学生技能水平、竞争意识，展示自我风采，培养劳动习惯和协同合作能力。学生以2人小组实践操作，最终评出一等奖3组、二等奖3组。　　（后开照）

师资队伍建设

【概况】 2020年，溧水区教育系统在职教职工5960人（在编3813人），其中普通高中690人、中等职业学校192人、普通中学1210人、小学2004人、特殊教育学校53人、幼儿园1811人。全年公开招聘新教师200人，其中社会招聘招录192人、校园招聘招录8人。公开招聘高层次教师7人，其中市学科带头人5人、优秀青年教师2人。全区名特优教师1214人，其中省特级教师10人、市学科带头人89人、市优秀青年教师119人、区学科带头人618人、优秀青年教师378人。市级名师工作室3个，区级名师工作室23个。完成全员培训专任教师（含中专校）4894人，合格率99.98%；完成区级培训项目18个2033人次、市级以上培训项目67个546人。与秦淮区教师发展中心合作，搭建两区23对结队校（园）长、骨干教师交流探讨平台，指导、扶持区内薄弱校（园）发展。乡村物理培训站被评为省优秀培育站，第四期名教师高级研修项目获市教师培训优秀项目一等奖，区青少年活动中心特色课程“24节气课程”“新学堂歌”获市一、二等奖；教育部教师工作司子课题“基于教师积极心理品质培养的区域教师心理健康教育推进研究”通过专家组论证结题；初中心育教学视频获市心育教学评比二等奖。

12月4日，区青少年校外活动中心教师送教进开发区沙河小学
区教师进修学校　供

【城乡教师交流】 2020年，区教育系统加强教师队伍建设，推进校长、教师城乡交流轮岗制度建设，探索“区管校用”管理体制改革，创新教师补充方式方法。全年有符合城乡交流条件校长、教师605人，交流轮岗校长、教师102人。其中，骨干教师28人；交流教师占16.86%，交流骨干教师占27.45%。

【校园招聘】 2020年，区教育系统提升师资招聘质量，优化教师队伍结构，提高新录用教师层次，主动对接大专院校。10月，举行南京大学专场教师公开招聘，招录教师2人；12月，举行南京师范大学专场教师公开招聘，招录教师6人。两场招录教师8人，其中研究生学历5人。

（杭蓉珍）

【全员培训】 2020年，区教师进修学校优化全员培训过程管理，促进教师培训提质增效，有利于每一位教师的专业发展。依托现代信息技术，突破时空限制，解决工学矛盾，开展全员网络培训。突出师德教育、理论引领和精品课堂，必选课程以师德课程和通识课程为主，占60%；自选课程兼顾各学段学科教学，占40%。加强校（园）本研修指导与督查，注重校（园）本研修专家评审与指导，提高全区中小学、幼儿园校（园）本研修针对性、实效性，提升校（园）本研修质量。推荐校（园）本研修案例参加市级评选，区特殊教育学校获市优秀培训项目评比一等奖，区实验小学、实验幼儿园获二等奖。全年参加培训专任教师（含中专校）4894人，合格率99.98%；完成区级培训项目18个2033人次、市级以上培训项目67个546人。

【特色教师培训】 8月21日，区教师进修学校举行全区中小学学生处主任、教导处主任研修班，邀请市教育科学研究所博士李亚娟讲解“德育干部的专业化发展与自我教育效能修炼”、泰兴市洋思中学校长刘金玉讲解“科学培养学生自管能力，全面提升班级管理品质”。全区中小学学生处主任、教导处主任91人参加。10月13日，乡村骨干教师初中化学培育站开班，围绕“课标、课题、课堂”精准化研究，引领乡村初中化学教学改革，开展自主研讨、专家引领、教学沙龙、教学观摩、诊断示范、课例研修、专题研训、交流考察、微型讲座、成果交流10个方面研讨，达到“共同研讨、共同提升、共同发展”目标，为期一年。全区乡村化学骨干教师36人参加。10月27日，第五期乡村班主任骨干教师培育站开班，邀请秦淮区教师发展中心校长潘春雷、市教育科学研究所博士李宏亮分别举办“以道为本，以人为先——教育的实践与认识”“班主任素养与班级生活的重建”主题讲座。与秦淮区教师发展中心共同承担培训任务，为期一年，内容包括基础理论、能力提升、实践体验、研究创作等。通过互动式专题讲座、主题式沙龙研讨、案例式微型论坛、引领式读书指导、活动式创意设计、体验式学校考察等方式，推进班主任专业发展，促进班主任队伍建设。44位班主任骨干教师参加。11月8日，举行新入职教师开班典礼，宣读南京市中小学教师誓词，邀请市委党校教师胡宝平作“坚定中国特色社会主义文化自信”主题讲座、特级教师黄本荣分享自身成长故事，勉励新教师加强自主学习、自身修养，树立文化自信，做合格教师。全区184名新入职教师参加。

【班主任心理健康教育专题培训】 2020年，区教师进修学校加强全区心理健康教育队伍建设，提升中小学班主任心理素养、心理健康教育能力，为学生健康发展保驾护航。10月24日、11月1日，分别举办中小学班主任心理健康教育专题培训，全区小学4～6年级、初中初一年级390位班主任参加。市中小学心育指导中心主任林静，南京晓庄学院副院长李建军、教授任其平、博士赵燕，秦淮区未成年人成长指导中心主任韩璐，陶老师工作站浦口分站主任赵团山，金陵中学心育教师王诚俊，南京五中教师杨静平分别就中小学生心理发展特点及常见心理问题辅导、班主任心理素养及心理健康维护、中小学心理健康教育主题班会课设计与开展、如何有效指导家长做好中小学生心理工作4个主题开展专题培训。

【教师线上培训】 新冠肺炎疫情期间，区教师进修学校联合江苏师范大学教授魏本亚团队利用网络培训平台，组织高端研修班、第五期名师班学员71人参加线上培训，检验参训学员学习成果。3月8—10日，线上培训由江苏师范大学教授陈美兰主持，教授魏本亚、李箭担任第五期名师班文科组指导老师，指导文科组28位学员撰写论文和课题。3月12日，教授李箭剖析第五期名师班英语组学员提交的论文和案例。3月15日，第五期名师班学员通过网络视频会议，接受江苏师范大学教授程岭教育学、王娟心理学培训辅导。3月21日，江苏师范大学教授吴晓红、王帆通过视频会议提出高端研修班理科组15位学员课题申报、论文撰写具体修改意见。线上培训注重过程督促，采取“1+X”（1名专业导师带领若干学员）分组模式，整合资源，疫情防控与教师培训两不误，提升参训教师教育教学及教科研能力。

【教师教学能力提升班】 2020年，区教师进修学校举办小学教师教学能力提升培训班2期，开设语文、数学、英语学科3门，班级37个，学员893人，全年集中培训18次，教学实践周活动2次。立足课堂实践，以备课、磨课为培训内容，采取导师授课、学员小组互动研讨、课例分析、微课堂试讲、评课、反思、课堂实践、教学设计赛等，提升小学教师教学实践能力。

【“基于教师积极心理品质培养的区域教师心理健康教育推进研究”结题】 2020年，陶老师工作站溧水分站开展教育部教师工作司委托重大课题“基于教师积极心理品质培养的区域教师心理健康教育推进研究”。该课题2018年4月20日立项，主任姚宁平为课题主持人，课题成员单位7个，课题组成员9人，确定各单位研究重点，每季度召开课题研究分析会，明确课题研究方向，推进课题研究深入开展。7月，课题组成员参加乌鲁木齐市课题开题会。2019年4月课题组成员参加北京市大兴区课题中期研讨暨成果编写会。2020年6月，召开结题论证会，课题主持人姚宁平作结题报告，南京师范大学教授、该课题论证专家戴联荣，区教科室主任黄本荣等作结题论证指导。11月，课题经北京“教师积极心理品质提升暨教师专业成长行动研究”总课题组专家审定准予结题。

【陶老师工作站溧水分站活动】 2020年，陶老师工作站溧水分站开展中小学教师心理健康教育专题培训，组织志愿者参加省教育学会心理教育专委会年会。新冠肺炎疫情期间，发布《给中小学家长的一封信》，指导家庭教育。借助市教育局“金陵微校”平台录制“复学心理指导”“初中生常见心理问题及辅导策略”等，给予中小学师生及家庭指导。开展新时代文明实践活动，走进金陵中学溧水分校、石湫中心小学、游府西街小学溧水分校开展公益心理服务活动，为有心理困扰学生答疑解惑。开展心理教育进社区活动，走进石湫街道东泉村、开发区、洪蓝街道蒲塘社区老年公寓、永阳街道龙山社区和崇文路社区，服务社区居民；协助区检察院、妇联走进开发区前进社区、白马镇白马社区心理援助受伤害未成年人，维护未成年人心理健康。全年公益服务全区学生、家长、居民、老人和心理障碍人群约2000人次。

（王魏兰）

责任编辑　朱幸福

文　化

Culture

综　述

【概况】 2020年，溧水区围绕高质量发展，加强公共文化服务体系建设，提升历史文化资源保护利用水平，推动文化事业发展。开展“幸福溧水”文化惠民演出、送文化下乡等线上线下各类文化活动1100余场次，农村公益电影放映1600余场次。图书总藏量583554册，增加3.05万册。南京首部抗战乡土小说《南京南》出版，各文艺家协会会员在国家、省、市级平台发表、展出、演出各类文艺作品1000余件，148个优秀文艺作品及文艺精品项目兑现区级政策奖励资金49.8万元。文化产业持续发展，瑞应珠宝创意产业链与智能制造实践创新平台等6个项目分别在2020南京融交会、市文化产业创意资源共享现场签约，总投资102.1亿元。21个区级文化产业重点项目建设有序推进，帮助6家文化企业优惠贷款3600万元。树立“为党管档”服务理念，加强档案规范化管理，接待查档市民4711人次，调阅档案6285卷（份）。履行以史鉴今、资政育人工作职能，推动地方党史研究与意义宣教，《抗战中的红色溧水》《溧水抗战故事（第二辑）》等4篇影音、著作、论文分别获省、市党史优秀成果二等奖和优秀成果奖。加大地方志书编纂业务指导力度，把好镇志、部门志书出版质量关，全区二轮志书编修出版12部。强化媒体深度融合发展，推动全媒体创新宣传。向区外媒体发稿1.3万余篇，被省级以上媒体用稿102篇，增加25篇。《战“疫”进行时》《传承》2个电视节目被省广播电视局评为2020年度全省区县级广播电视节目共享平台最佳栏目奖。

2020年溧水区文化事业基本情况一览表

项　目	单位	数量
一、群众文化事业	—	—
1.文化馆、站	个	9
文化馆	个	1
文化站	个	8
2.图书馆	个	14
公共图书馆	个	2
其中24小时自助馆分馆	个	12

续表

项　　目	单位	数量
公共图书馆总藏量	册	583554
二、电影事业	—	—
1.影剧院	个	0
区级	个	0
乡镇级	个	0
2.影城	个	6
3.电影放映队	个	8
三、艺术事业	—	—
文艺团体(群众业余团体)	个	24
四、文博事业	—	—
博物馆	个	1
博物馆藏品数	件/套	2691
本辖区市区级以上文物保护单位	处	28
其中:全国重点文物保护单位	处	1
省级重点文物保护单位	处	5
市级重点文物保护单位	处	10
区级重点文物保护单位	处	12
五、非物质文化遗产保护	—	—
1.本辖区内非物质文化遗产名录	—	—
国家级项目	个	1
保护单位个数	个	1
省级项目	个	3
保护单位个数	个	1
市级项目	个	6
保护单位个数	个	4
区级项目	个	36
保护单位个数	个	32
2.本辖区内非物质文化遗产代表性传承人	—	—
国家级代表性传承人	人	1
学徒人数	人	200
市级代表性传承人	人	4
学徒人数	人	6
区级代表性传承人	人	38
学徒人数	人	47

(吴萍)

【文化产业】 2020年，全区强化文化基础设施建设，文化产业发展态势良好。石湫街道科创中心、江苏(国家)未来影视文化创意产业园、六六众创空间获“南京市文化产业园区”称号，瑞应珠宝创意产业链与智能制造实践创新平台等6个项目分别在2020南京融交会、市文化产业创意资源共享现场签约，总投资102.1亿元。加快推进文化产业项目建设，梳理“海峡青年文创孵化基地”等2020年度区级文化产业项目21个，其中新建项目16个、续建项目5个。建立月报、季度调度机制，全程介入做好协调服务工作。至年底，大运河文化带溧水段项目建设竣工；胭脂河古遗址公园、洪蓝街道运河特色小镇、洪蓝街道仓口村、和凤镇诸家村、石湫街道九塘社区运河美丽村庄列入2020年市级大运河文化带建设工作重点；无想国际创业小镇建设项目(城隍庙文化街区)获大运河文化带建设专项债券发债券额1.4亿元。加大文化企业服务扶持力度，搭建文化企业投融资服务平台，帮助南京万驰汽车文化传播有限公司等6家文化企业优惠贷款3600万元；南京幸庄科技创新产业园等6家文化企业获市级文化产业专项扶持资金146万元；南京飞燕文化产业街区22个项目获区级专项扶持资金473万元；南京创维平面显示科技有限公司获南京市第八届“金梧桐奖”文化企业十强。溧水区组织南京正雅文化传播公司等5家文化企业参展2020南京文化科技融交会，省市领导莅临参观指导点赞。 (黄晓萍　张敏)

文学艺术

【概况】 1月8日，溧水区文联召开六届四次全体委员会议暨2019年度区文联工作总结会议，增补文联委员5人，选举李华为区文联副主席。春节前夕，组织书法家义务为民写春联30场，送春联1万余幅。走进红色李巷，开展送文化下乡活动，赠送《画说溧水精品集》400余册作为嘉宾礼品，捐赠文化类书籍100余册。文艺创作成果丰硕，3月，南京市美术溧水馆获2019年度市文联系统文化工作优秀创新奖，戏曲进校园项目获2019年度市文联系统文化工作创新奖。区舞蹈家协会继续实施“少儿舞蹈美育工程”品牌活动，开展舞蹈培训活动。7月27日，南京市艺术节“百里秦淮，遇见夜金陵”演出活动在溧水万达广场举行，区戏曲家协会6个节目参加演出。10月18日，溧水区朗诵家协会与省朗诵家协会傅国等人在区状元坊小学报告厅联合举办“诗颂溧水”音乐朗诵会。11月30日，北京音乐家协会、北京手风琴学会溧水区实验小学教学培训基地揭牌仪式在区实验小学崇文路校区报告厅举行。

【文艺抗疫】 1—3月，区文联组织和引导文艺家创作诗歌、音乐、戏曲、舞蹈、美术、书法、剪纸、短视频等艺术作品，讴歌新冠肺炎疫情防控一线英雄，鼓动全民团结一致，打赢新冠肺炎疫情防控阻击战。1月26日，区诗词楹联家协会率先发动会员创作抗疫诗歌，至3月底，创作诗歌166首，编辑诗歌专辑19期，在“溧水诗词楹联”公众号发表，阅读量8486人次。区作家协会、区诗词楹联协会会员创作的20多篇抗疫作品先后刊发于《紫牛新闻》《江苏工人报》等媒体，2篇报告文学入选“学习强国”。溧水诗人杨孝洪创作的诗歌《今天是你的生日》获全国抗疫艺术作品征集大赛二等奖。4月，《秦淮源》第2期(抗疫专辑)出版，该专辑以小说、散文、报告文学、诗歌等形式传递抗疫精神，抒写人间大爱。

区摄影家协会在“溧水摄影家协会”公众号发表《众志成城战疫情，溧水摄影人在行动》5辑，推出会员作品118幅。区书法家协会组织骨干会员创作《同舟共济，战疫必胜》4辑，40余名书法家创作抗疫作品67幅。区民间文艺家协会创作抗疫剪纸作品40幅，其中入选《纸花纷飞助战疫情——〈当代剪纸家〉全国剪纸微刊抗疫主题作品选辑》，吴治平剪纸作品《钟南山院士》刊登于《南京日报》6幅。区戏曲家协会的锡剧《打赢疫情防控阻击战》和区影视动漫艺术家协会的说唱视频《渔鼓调，平安中国——南京溧水抗击新冠病毒》，被众多媒体转播。区青年文艺家协会编创舞蹈《武汉，你好吗？》，创作歌曲《防疫disco》《在路上》，表达打赢疫情阻击战的信心和决心。区朗诵家协会承办的“抗击疫情，我们同在”线上朗诵会在“斗鱼”平台进行直播。4月13日，区朗诵家协会会员卫少芸音频作品《我把最小的娃送上了战场》，获得由市委宣传部、市卫健委联合主办的“致敬白衣天使”主题诗歌散文朗诵(短视频)大赛音频作品二等奖。

【红色文艺作品创作】 3月25日，区文联和区委党史办编著、区作协骨干会员创作的《溧水红色故事》，由南京出版社出版发行。全书30万字，由“神州尚有英雄在”“大义长争日月光”“创业艰难百战多”“投身革命即为家”4个篇章、24个人物故事组成。6月29日，区作家协会会员曾宪军历经4年创作的长篇抗战乡土小说《南京南》由南京出版社出版。4月19日，区影视动漫协会《桑葚红》系列微纪录片《石臼湖上还“野”鸭》《捉活鬼子过春节》剧本论证会在区文联举行，分别于10月、12月完成拍摄工作。11月21日，区戏曲家协会创作的红色锡剧《石臼湖畔鱼水情》《粟裕赔盆》在区委党校会议中心首演。

【文学作品创作】 2020年，区作家协会、区诗词楹联家协会会员在国家、省、市级刊物发表文学作品500余篇（首），其中诗歌发表近400首。12月25日，由新华报业传媒集团主办、《江南时报》承办、紫金农商银行冠名的“小康路上，农商力量”征文大赛揭晓，方述怀、刘四清、翟海萍获一等奖。12月30日，市纪委监委举办的“钟山清风”廉政文化作品征集评比活动揭晓，翟海兰《一场未能举办的生日宴》、翟海萍《母亲的那缸莲》获文学类一等奖。全年出版文学作品9部，区作协骨干会员创作的《溧水红色故事》、陈春生创作的文史读物《品读李巷》、曾宪军创作的长篇小说《南京南》，潘惠明撰写的文史考证文集《无想寻踪》，赵进生创作的中短篇小说集《归途》，蒋岭创作的小说《夏日槐花》，方述怀的诗集《后方》、毛文文的诗集《春天的雨水》、张友国的诗集《黑夜的旋律》出版。

【美术书法摄影剪纸艺术创作】 1月，区美术家协会主席郑毓宁10幅作品入选新时代画集《艺坛翘楚》，由神州杂志社出版。7月9日，“奋进中的南京”2020南京书法篆刻新人作品展在南京美术馆开幕，区书法家协会10幅作品入展，3幅作品入选。6月3日，南京市公共机构生态文明作品征集活动评比揭晓，溧水区获得书法、摄影类一等奖各1个，书法、摄影、美术类二等奖各1个，美术类三等奖1个，摄影、美术类优秀奖各1个，并获得优秀组织奖。7月26日，区书法家协会8名会员作品入选第十二届江苏省新人书法篆刻作品展。7月，区摄影家协会会员深入抗洪第一线跟拍抗洪图片2000余张，制作完成《闻‘汛’而动·守护家园》抗洪摄影专辑，分“汛情”“守护”“抢险”“关怀”4部分，完整记录汛情实况、抗洪救灾现场和干部群众守护家园的感人场面。10月14日，余善红的国画《吧啦吧啦》和周凤的国画《芭沙姐妹去赶集》入选由江苏省美术家协会主办的小康颂·第三届江苏美术奖作品展。10月20日，市美术家协会主办的“挥毫颂祖国，齐力奔小康”2020南京市统一战线书画大赛开幕，区美术家协会会员邱德仑、刘诗春、王立春、郑毓宁等14名会员作品入选。10月30日，南京市第二十五届摄影艺术展览开幕，区摄影家协会3名会员获奖，其中姜明灯获银奖。11月4日，区民间文艺家协会会员创作的16张剪纸作品参加市文联在南京美术馆举办的“奋进中的南京”主题文艺作品展览。同月，在南京市第三届乡土人才暨技艺技能创业大赛上，会员丁友情的农民画获一等奖。11月22日，区书法家协会会员梅根保作品入选全国第五届正体书法作品展。区美术家协会杨国瑞美术作品《秋至》获“筑梦丹青”江苏省教育学会第一届中小学美术教师作品展优秀奖，作品《花间语》获山东省美术家协会“多彩2020”全国女画家作品展，作品《塬上》获江苏省青年美术家协会新人展新人奖（最高奖）。12月13日，余善红“红飞翠舞”中国画作品展在苏州市张家港市苏华美术馆市区馆展出。12月30日，市纪委监委“钟山清风”廉政文化作品征集评比揭晓，溧水区获得书画类一等奖2个、二等奖2个，三等奖3个。

【影视动漫艺术创作】 8月20日，区影视动漫艺术家协会副主席梅六真组织创作的科普动画片《石头娃》，获南京市第十届精神文明建设“五个一工程”入选作品奖和第十一届江苏省优秀科普作品新媒体类一等奖，该片在优漫卡通卫视、爱奇艺、腾讯、优酷等平台同步上线。12月19日，陈维民向省档案馆捐赠专题片《醒来——非遗项目南京市溧水区朱家边草狮挖掘恢复记》，省档案馆向陈维民颁发收藏证书。12月25日，南京市第五届微电影节“奋进中的南京”主题文艺创作大赛揭晓，《女生向前冲》《情书》《water》《雨天》均获虚构类微电影三等奖，协会获优秀组织奖。12月30日，微电影《106元班费》获市纪委监委“钟山清风”廉政文化作品征集评比活动视频类一等奖，微纪录片《石臼湖上还“野”鸭》获二等奖。

【“我们的节日”系列活动】 2020年，区文联以中国传统节日为重点，持续开展“我们的节日”系列活动。春节前夕，区书法家、诗词楹联家、美术家协会开展“我们的节日——‘翰墨送春’义务写春联”活动，义务为民写春联30场，送春联1万余幅。1月15日，组织10多名艺术家在红色李巷开展剪纸、写春联、拍全家福等公益活动。2月7日，“我们的节日·元宵节抗疫诗歌创作活动”由区诗词楹联家协会在线上发起，溧水诗人创作诗歌40余首。4月3日，“我们的节日·清明祭——溧水诗人诗歌创作活动”由区诗词楹联家协会在线上举行，20位诗人创作38首诗歌。6月23日，“我们的节日·万‘粽’抗疫迎端午”2020年端午诗会在城郊社区党群服务中心礼堂举行，诗会以歌颂抗疫先锋、展示端午民俗文化为主线，弘扬爱国主义精神。8月23日，“我们的节日·七夕——记住人间爱”由区诗词楹联家协会在线上举行，16位诗人创作21首诗歌。9月30日，“我们的节日·国庆月圆中秋夜”文艺晚会在区教师进修学校一楼报告厅举行，晚会有歌曲、诗朗诵、舞蹈、戏曲、器乐等表演形式，渲染积极向上、催人奋进的氛围。10月25日，“情暖金秋·艺起重阳”戏曲慰问演出在和凤镇吴村桥村举行，区戏曲家协会为老人们表演文艺节目11个。

【文艺家队伍建设】 2020年，区文联引导文艺家崇德尚艺，争做德艺双馨的文艺工作者。2月，区作家协会副主席方述怀入选中国文明办发布的“孝老爱亲”类中国好人榜；4月14日，被南京诗词学会评为“优秀抗疫诗人”；5月，被区委宣传部、区文明办评为2019年度“最美溧水人”。3月5日，中国好人、溧水区书法家协会理事杨小飞获评南京市“最美抗疫志愿者”称号。区地方文化协会会员周强、音乐家协会理事顾翔被区委宣传部、区文明办评为“最美抗疫先锋”。全年新增国家级会员3人、中国民间文艺家协会1人、中国诗歌学会2人；新增省级会员33人，其中省作家协会7人、省摄影家协会11人、省舞蹈家协会2人、省朗诵家协会13人；新增市级会员53人，其中市书法家协员6人、市作家协会7人、市舞蹈家协会10人、市美术家协会3人、市摄影家协会13人、市诗词楹联家协会6人、市影视动漫艺术家协会8人。1月11月，溧水区青年文艺家协会成立。8个届满文艺家协会完成换届选举。至年底，全区有国家级会员51人、省级156人、市级161人。11月，区文联开展溧水区优秀文艺成果和文艺人才评奖申报工作，全年申报文艺成果81项、文艺人才64人。

【南京美术馆溧水馆展览】 2020年，南京美术馆溧水馆举办各类展览4次。6月30日，新华报业传媒集团、溧水区委、邮储银行江苏省分行联合在白马镇红色李巷举行“毋忘在莒·1938—1949溧水红色印记暨《新华日报》革命战争时期优秀新闻作品展”启动仪式，在南京美术馆溧水馆展出作品75幅。所展作品覆盖抗日战争时期和解放战争时期发生的重大事件，是新华报人在黑暗统治下的呕心沥血之作。8月27日，信仰的光芒·雨花英烈主题红色文艺作品展在南京美术馆溧水馆举行，展出作品100件。10月8日，“奋进中的南京·大美溧水”绘画作品展在南京美术馆溧水馆举办，由市美术家协会、区文联主办，区美术家协会承办，展出作品100余幅，均为区美术家协会会员实地采风写生创作出的精品佳作。10月23日，“奋斗新时代，建设新溧水——溧水区‘十三五’建设成就展”在南京美术馆溧水馆展出，由区委、区政府主办，区档案馆承办，展览设

6月13日，区青年文艺家协会在通济街街演和直播活动　区文联　供

置经济建设、政治建设、文化建设、社会建设、生态文明建设五大模块，展出图片600余幅。

【征文大赛活动】 4月15日，“洪蓝杯·诗意溧水”第五届诗词大赛启动，收到参赛作品900篇。分小学、中学、成人3个组别，分别评出一等奖6名、二等奖15名、三等奖30名、优秀奖60名。6月1日，“清廉美溧，邀你同行”暨溧水区第三届廉洁文化作品大赛启动，收到文学类作品101篇、书法类作品190幅、美术类作品136幅。每类评选出一等奖5名、二等奖8名、三等奖10名、优秀奖15名。3月9日，“溧水网络作家”公众号启动，全年发布20期113篇稿件，先后开展“战疫：溧水作家行”“五月风”“七夕”等主题征稿活动。7月初，启动“颂祖国爱家乡少年在行动”暨“脱贫攻坚·全面小康”第一届溧水区青少年网络征文大赛，收到稿件300余篇，分初中组和高中组，各评出一等奖1名，二等奖3名，三等奖5名，优秀奖15名，评出优秀指导教师10名、优秀组织奖3个。

【民间艺术传播】 5月19日，区民间文艺家协会会员李赣宾、吴丽花、吴治平参加区文旅局在万达广场举行中国旅游日庆典活动，现场表演剪纸、做老虎鞋、画葫芦画。8月15—30日，剪纸传人和扎染、香包、面人等非遗传承人参与区文旅局举办的“跟着非遗游溧水”活动。9月8日，区民间艺术家协会组织部分会员在红色李巷开展“寻觅红色文化·体验非遗技艺”讲座，开设陶艺、草编、剪纸等青少年公益培训，丰富孩子暑期生活。

【文艺家创作体验点】 5月，溧水区红色李巷、状元坊公园、大金山国防园、郭兴庄园、无想山国家森林公园、傅家边遇园、石山下、七叶山庄、凉篷下、李在凤村、诸家村、上方村、仓口村和洞东村14处被市文联确定为全市文艺家“深入生活，扎根人民”体验点，14处体验点涵盖传统文化、生态文化、历史文化、红色文化，每个点均明确重点创作方向。5月27日，市文联党组书记、常务副主席任家龙一行到溧水调研全区文艺工作，为大金山国防园“深入生活，扎根人民”体验点揭牌。

【《青春·秦淮源》刊物】 7月16日，区文联与《青春》杂志社签订战略合作协议，将《秦淮源》内刊升级为有国内正式刊号的《青春·秦淮源》，提升溧水作家创作平台。8月17日、9月5日，先后两次召开《青春·秦淮源》编辑部会议，明确编辑分工，邀请《青春》杂志社总编辑李樯作文学期刊编辑专题讲座，提高期刊编校质量。11月，首期《青春·秦淮源》(2020年第5期)正式发行。主要栏目有“中山史话”“小说世界”“散文天地”“红色沃土”“诗意秦淮”等。

【“梅赞金陵”2020戏曲票友大“晒”】 9月12日，“梅赞金陵”2020戏曲票友大“晒”在区状元坊小学举行，由市委宣传部、市文旅局、市文联主办，区委宣传部、区文联、区文旅局协办。参赛剧种有锡剧、黄梅戏、京剧、越剧等，区戏曲家协会40名会员参赛，经过角逐，2名会员进入总决赛。10月7日晚，区戏曲家协会在南京市中山陵音乐台参加“小康江苏，梅赞金陵”——2020紫金文化艺术节群文活动票友大“晒”汇演，并获梅花活力组织奖。

（刘迎春）

公共文化

【概况】 2020年，溧水区落实省、市文化工作总要求，推进文化馆、图书馆总分馆制建设，统筹提升区、街镇、村(社区)三级文化资源服务效能。全区有区级文化馆(国家二级馆)1个、公共图书馆(国家一级馆)2个，24小时自助图书馆12个；增加郊野书屋阅读驿站1家，全区阅读驿站16家；村(社区)综合文化服务中心112家；增加乡村大戏台4座，全区84座。街镇文化站8个，均达到市级示范文化站标准。图书总藏量583554册，增加3.05万册。影视城6个、电影放映队8个、文化艺术团体24个。区级博物馆1个，藏品2691件(套)。全区每万人拥有公共文化设施面积2610平方米，增加24.77平方米，人均接受文化场馆服务4.76次，全区形成城市“十五分钟文化圈”和农村“十里文化圈”公共文化服务网络格局。全区普查登记不可移动文物点及区级以上文保单位257处，建立健全工作档案。1月1日，溧水第三届秦淮源头灯会亮灯仪式在宝塔公园举行。6月24日，区文旅局结合“我们的节日”主题活动，在万达广场举办“幸福溧水”第二十届文化惠民演出开幕式。开展“文化活动进农村”系列文艺辅导、讲座活动56场。送戏下乡巡回演出22场。举办“我们的节日”“书香溧水全民阅读”等主题活动和各类文化活动1000场次。全区农村公益电影放映1600场。区图书馆获2020年南京市公共图书馆业务技能竞赛团体二等奖。区儿童图书馆“共沐书香·共享图画童年”志愿服务项目入选江苏省文明实践志愿服务重点项目。

12月26日，2020溧水区首届古诗词大赛青少年组决赛在城区状元坊小学举行

《今日溧水》报　供

【文化队伍建设】　2020年，溧水区文旅体系统在编在岗84人，其中硕士研究生学历3人、本科生学历63人、大专学历8人、中专以下学历10人。副高及以上职称7人。专职文化管理在职职工55人(区图书馆、儿童图书馆16人，区文化馆15人，街镇文化站8个24人)。全区有文艺团队30余支、阅读组织40个，村(社区)综合文化服务中心112个154人；业余文化骨干1050人、文化类社会组织146个3250人。6月，挂牌成立街镇溧水区文化馆分馆8个。全区高层次文化人才在库人员20人，包括文化艺术、经营管理、哲学社会科学等多个界别。强化人才引培，支持鼓励文化企业以项目落地带动人才引进，以项目经营带动人才集聚。下半年，组织区昱达文化旅游公司等2家文化企业参加南京市第九届文化人才专场网格招聘会，3人入选第二批市百名优秀文化人才。在2020年度南京市公共文化服务先进集体和先进个人评选中，柘塘、东屏街道文体中心获评先进集体；杨中华、陈颖、庄婷婷、袁磊、李苏秦、张永兰、刘小青、殷勤、刘丽、张莉、刘敏11人获先进工作者；戴丽萍、端传顺2人获优秀志愿者；樊伟获南京市公共文化服务突出贡献奖。

【文化体系建设】　2020年，溧水区加快构建公共文化体系建设，成立区文艺精品创作工作领导小组，修订完善《溧水区优秀文艺成果和文艺人才奖励扶持办法》，完成地方文史书籍《溧水红色剪纸》《少年英雄张一郎》《溧水史话》等创作。举办系列文化惠民活动，创新载体，多种形式开展“我们的节日”主题活动，围绕国庆、春节、清明、中秋节等七大传统节日，开展“秦淮源头过大节”等主题活动100余场。与市演艺集团合作开展“百里秦淮源·遇见夜金陵”“秦淮源头·文艺魅溧”等专场活动5场，举办“梅赞金陵”2020戏曲票友大赛海选比赛2场。在11所中小学、幼儿园开展戏曲、诗词进校园活动12场。中秋国庆期间，举办“幸福溧水”第二十届文化演出专场活动5场。全年举办义务写春联、年俗讲座、综合演出等活动50余场。

(吴萍)

【《石头娃》动漫获市作品奖】　8月20日，2020南京文化艺术节闭幕式暨南京市十届精神文明建设“五个一工程”颁奖在江苏大剧院举行。经专家评审、艺术节组委会研究，溧水区委宣传部报送的动画片《石头娃》获入选作品奖。《石头娃》动漫系列经过江苏漫通传媒6年多的精心打磨制作，融入溧水无想山、天生桥等一些文化资源，2019年2月23日在优漫卡通卫视首播，多个新媒体视频网站同步上线，实现台网联动。该片为国内第一部地球科普类动漫作品，以南京特有名片“雨花石”为动漫造型，制作讲述地球46亿年的兴衰变迁过程，展现波澜壮阔地球演变史，观众通过动画片了解雨花石文化，普及地质科普知识，寓教于乐，呼吁“尊重自然、爱护环境”价值理念。创意独特、题材新颖、地域特色

鲜明，植入溧水文化旅游资源，增强文化发展生机与活力。（尹明）

【区图书馆】 2020年，溧水区图书馆实体文献藏量32.9万册，办证读者6.3万人，书刊文献外借33.9万册次。结合“4·23”世界读书日图书馆服务宣传周、新时代文明实践活动、中华传统节日等，开展线上线下读者活动250余场次，其中“文化活动进农村”系列活动37场、关爱特殊群体活动5场。完善图书馆服务管理体系，更新电子阅览室电脑20台、服务器3台，更新报刊阅览室桌椅12套、报刊架10个。7月，郊野书屋设立溧水区图书馆阅读驿站，驿站书籍3000册，提供游客阅读服务。受新冠肺炎疫情影响，1月24日—3月24日，区图书馆及各24小时自助图书馆分馆闭馆。期间，区图书馆启用图书馆网站、微信公众号、新浪微博、移动图书馆APP等网络平台推送新书、新刊等信息，举办各类线上活动，为市民提供图书服务。5月23日，在做好疫情防控措施前提下，有序恢复开放图书馆阅览服务及24小时自助馆分馆图书借还服务。10月29日，溧水区农家（社区）书屋通借通还培训会在图书馆三楼报告厅举办，提升农家书屋管理人员服务水平。11月，推动南京市百场公益文化服务进基层，邀请三江学院章柏平副教授在通济街社区举办“新时代，新茶艺——创新茶艺的叙事表达”主题讲座，邀请中国传媒大学南广学院播音主持艺术学院副院长、教授易旭丹在区状元坊小学举办“我把唐诗读给爸爸妈妈听”主题讲座；推出线上“如何说孩子才会听——做和善与坚定并行的父母”和“赢得人心的较量”2场讲座；推出线上线下展览“2020年‘年味儿万花筒’年画展”。在全市2020“阅美”系列活动中，区图书馆选送“跟习爷爷学经典”少儿主题演讲作品获三等奖1个、优秀奖2个，《阅读新“视”界》短视频获优秀奖2个；“阅美新诗篇”现代诗歌大赛获市级一等奖1个、二等奖1个、优秀奖2个；区图书馆获2020年“书香金陵”第二届南京市公共图书馆读者节优秀组织奖。参与全市“向抗击新冠肺炎疫情的英雄致敬”红领巾读书征文征集活动，区图书馆选送作品获市一等奖1个、二等奖1个、三等奖4个。馆员曹昌昌在2020年南京市公共图书馆业务技能竞赛中；溧水区图书馆获团体二等奖。（曹昌昌）

【区儿童图书馆】 2020年，溧水区儿童图书馆藏书22.33万册，接待读者10万余人次，借阅图书16万册次，开展元宵有奖猜谜、全省红领巾读书征文、“我们的节日”主题阅读系列活动、全国少年儿童阅读年系列活动、阅美系列活动之“跟习爷爷学经典”主题演讲、“我的书屋·我的梦”农村少年儿童阅读实践、新时代文明实践等活动80余场次。组织策划少儿图书馆开放日、大学生志愿者服务、我是小小管理员等读者体验实践活动，让小读者走进图书馆，参与图书馆工作，增强图书保护利用意识。与白马中心小学、永阳街道东门社区居委会等10个图书流通站开展图书交流活动，至年底，全区中小学校、街道、社区、幼儿园等建立图书流通站12个，年流通图书2万余册次，受益读者1万余人次。2020年区儿童图书馆共沐书香，共享图画童年志愿服务项目入选省级文明实践志愿服务重点项目。在市2020“阅美”系列活动之“阅美新诗篇”现代诗歌大赛中，区儿童图书馆获优秀组织奖。在2020全国少年儿童阅读年系列活动中，区儿童图书馆选送作品获金星奖4个、银星奖7个、铜星奖25个。区儿童图书馆入选“书香助抗疫，阅读通未来”绘画作品征集汇展活动全国星级组织单位名单。（杨中华）

【区文化馆】 2020年，溧水区文化馆结合新时代文明实践活动、重要节庆日、“我们的节日”等主题，举办各类线上线下群众文艺活动190余场次，其中“情暖新春”“幸福溧水”“送戏下乡”等品牌文艺演出活动50余场、特色展出展览4场、“文化活动进农村”系列活动56场、“溧艺学堂”公益培训80课时。1月24日—3月23日，受新冠肺炎疫情影响，文化馆场馆闭馆，期间，文化馆发挥自身优势，创作、征集抗疫文艺作品，2月23日，推送的抗疫文艺作品锡剧《病疫定能一扫清》登上“学习强国”App。6月24日，在万达广场舞台举办“幸福溧水”第二十届广场文化演出开幕式，创作歌曲《缘来是溧水》、音舞快板《健康溧水谱新篇》、器乐《雪落中山》、小品《赌债》《喜子变形记》、舞蹈《鼓舞中华》等节目深受观众欢迎。年底，区文化馆通过文旅部国家级二级馆评估定级复审。（程曦）

【区博物馆】 2020年按照疫情防控工作要求，区博物馆1月24日—3月24日闭馆，3月25日，恢复开馆。全年，区博物馆有藏品2691件（套），增加241件（套），文物保护单位28处，其中全国重点文物保护单位1处、省级5处、市级10处、区级12处。落实保护文物措施，强化安全防范保障，规范服务。2月19日，《溧水区博物馆馆藏文物预防性保护方案》通过省文物局专家论证评审；5月7日，《南京市溧水区博物馆安全防范监管系统升级方案》通过省文旅厅专家评审论证；9月11日，《南京市溧水博物馆可移动文物数字化保护方案》通过省文物局专家论证评审。实施《溧水区博物馆免费开放服务工作方案》，全年接待服务境内居民33.83万人次。弘扬时代精神，传播传统文化，让文物"活起来"，举办"5·18"国际博物馆日"濑水古今"溧水文化历史展、溧水区文物保护宣传图片展、溧水区非物质文化遗产专题展、"我们的节日·端午"图片展、文博夏令营等活动8场。文博夏令营活动，邀请国家高级工艺美术师王玉美给小学员们讲解有趣的紫砂知识，带领小学员们制作紫砂陶艺。至年底，完成博物馆展厅陈列升级工程，增加3D文物互动体验，项目建模14件，增设文物语音讲解40处。（甘莉莉）

【溧水秦淮源头灯会】 1月1日晚，溧水第三届秦淮源头灯会亮灯仪式在宝塔公园举行。灯会以"健康溧水，活力新城"为大主题，分为"欢乐年节""国风年味""民和年丰"与"吉祥年岁"4个主题板块。观灯地点以宝塔公园、状元坊公园、南门河、护城河为主，包括两区、六线、两河、三节点在内，灯会布展范围进一步扩大，灯组增加至80余组。灯会期间组织跳马灯、打社火、舞狮、划龙船等非遗展演，开展猜灯谜、民间书法家写楹联、美食联展等精彩活动，展现南京南部活力新城魅力。受新冠肺炎疫情影响，2月上旬，灯会熄灯暂停观赏。3月12日晚，重新亮灯，延展至4月12日。

【星级文艺团队评定】 2020年，溧水区贯彻省、市群众文化工作要求，强化业余推动文艺团队建设，提高文艺团队演出水平，做好星级文艺团队评定。4月，区文旅局制订《溧水区文艺团队评定及奖励办法》，经团队申报、实地考察、组织评审等工作环节，评出年度星级文艺团队14个。其中，四星级文艺团队2个（南京溧庆黄梅戏剧团、一枝花戏曲部），三星级文艺团队3个（锣鼓艺术协会、南京溧水大李巷文艺演出团、永阳街道文联音乐舞蹈协会），二星级文艺团队4个（老年人文体协会、龙山歌舞表演团、胭脂文化艺术团、夕阳红艺术团），一星级文艺团队5个（茂盛黄梅戏剧团、南京岗头李马灯表演艺术队、秦淮源戏曲协会、南京和美文化传媒有限公司、玉凤戏剧部）。（吴萍）

文化遗产保护

【概况】 2020年，区文化部门落实省、市文化遗产保护政策，按照《溧水区历史文化资源挖掘整理利用工作实施方案》要求，梳理溧水老城区历史文化资源点80余处，编辑完成溧水区和老城区文化地图，"以石头传文化"刻石立碑重要文化遗址和文化景观16处。开展"跟着非遗游溧水"景区行活动，协助挖掘利用区城隍庙等城建项目文化元素。挖掘民间文化资源，评选出白石观马灯、笪村马灯、青圩马灯等非遗代表性项目6个，非遗代表性传承人9人。普查登记不可移动文物点及区级以上文保单位257处。9月，修复完成具有500年以上历史的"中山书院官给田房碑记"，完成状元坊北商品房出让地块、秀园二期安置房、金龙南郡南地块地下古墓葬发掘考古。11月，按照修旧如故原则，启动区级文保单位洪蓝仓口村邱氏、樊氏宗祠保护修缮工程。国家级文保单位蒲塘桥维修工程有序推进。全年开展非遗知识讲座、溧水文化历史展、有奖知识问答等活动30场。

【非遗打五件传习所揭牌】 1月3日，溧水区在白马镇石头寨村举行打五件传习所揭牌仪式。"打五件"是指五件打击乐器，大锣、小锣、鼓、镲和匀板（又称"云牙子"）。"打五件"是市级非遗保护项目，舒照兴是市级非遗传承人。打五件传习所在宣传、保护、传承"打五件"方面做出积极贡献，传统节庆期间开展演出，授徒10余人，南京溧水大李巷文艺演出团副团长王配配是非遗打五件第十代传承人。除"打五件"外，传习所日常还组织民间艺术团队进行腰鼓、舞狮、打连响、划龙船等排练。区文旅局、文联、电视台及白马镇领导出席仪式，并为打五件传习所揭牌。

【“跟着非遗游溧水”体验活动】 2020年，暑期、中秋和国庆期间，区文化部门组织非遗传承人到天生桥、无想山、李巷、周园、郭兴庄园等景区景点开展“跟着非遗游溧水”文旅体验活动。市级非遗项目溧水剪纸、区级非遗项目葫芦画、老虎鞋、手工编织等一批特色传统手工技艺入驻景区景点，剪纸李赣宾、李红燕、李雪皎、吴治平，扎染吴丽花，香包徐玉花，面人栾清明等非遗传承人与游客零距离互动，游客欣赏精湛技艺、生动传神的作品，亲身参与、亲手制作。

【古墓发掘】 5—7月，区文化部门配合南京市考古院专家发掘区状元坊小学北出让地块项目古代墓葬群，发掘砖室墓11座、土坑墓3座，为西晋至东晋时期的一处家族墓葬群，墓室早年大部分被破坏，出土少量红陶和越窑青瓷。8—9月，配合南京市考古院专家发掘洪蓝街道西旺村古代墓葬群（金龙南郡南地块项目古代墓葬群），发掘土坑墓47座，墓葬群时间跨度从元末至清代，出土陪葬器物90余件，均为陶瓷器，以龙泉窑青瓷和景德镇窑青花为主。出土文物均由南京市考古院带回做进一步研究，将对研究溧水历史文化具有重要意义。

【《中山书院官给田房记》石碑修复工程】 7月，溧水区启动《中山书院官给田房记》石碑修复工程。此碑有500多年历史，是嘉靖年间（1522—1566）为纪念齐泰所立。由于长期处于野外，风化剥蚀严重，表面裂纹、虫斑较多，整体碑文清晰、保存完整，内容涉及明初“靖难之变”，有重要史料价值。区文旅局牵头制订修缮保护方案，区产业集团实施工程修缮，异址保护《中山书院官给田房记》石碑，修缮制订科学合理的现状整修措施，以石碑表面清洗、原不当修复材料剔除、断裂处锚杆黏接修复、裂隙部位灌浆保护、修复部位做旧处理、凉亭地基承重抗压台制作、石碑位置迁移为主。修复文物本体残损，避免病害扩大化，更好地保护文物，9月完工。

（吴萍）

文化市场管理

【概况】 2020年，溧水区文旅系统强化文化市场管理，提升行政执法服务水平，落实“双随机一公开”执法检查制度，在“十一”国庆节以及传统节假日等开展文化市场、旅游市场“扫黄打非”专项行动，采取联合执法、错时检查、随机抽查及拉网式排查等措施，以查处违规旅游大巴、无证照经营、校园周边文化市场违规、非法出版物销售、歌舞娱乐场所违规、暑期网吧违规经营为重点，进行专项整治。疫情期间，按照省、市、区要求关停网吧、歌舞娱乐场所及游戏游艺场所，坚持每天巡查，24小时不间断。3月下旬，文化行业复工复产后，主动做好服务，强化法律法规宣传，引导场所规范经营，将疫情防控指导纳入常态“双随机”检查范畴。至年底，全区出动执法人员930人次，检查各类文化场所1180家次，其中与公安、消防、交运、市场监管等部门联合开展网吧、娱乐场所、旅游及新闻出版领域执法检查8次。取缔无证经营场所2家，办理一般程序行政处罚案件14件、简易案件4件，没收非法出版物312本，罚款3.75万元，没收非法所得545元，保障全区文化、旅游及新闻出版市场繁荣稳定。

【境外电视传播秩序专项整治】 2020年，溧水区文化部门强化境外电视传播管理，开展境外卫星电视专项整治，实施区内户外电子大屏管控监管，与8家大屏产权单位签订安全播出责任书，开展境外电视持证酒店专项检查，定期检查文化旅游市场安全生产。8—9月，区文旅局联合区市场监管局开展市场巡查、入户教育检查和打击非法卫星电视接收源头专项行动，排查小商品集散地、电器维修部等重点部位，没收非法卫星电视接收设施7台，发放普法教育宣传材料300份。连续三年被省广电局评为全省境外电视传播秩序专项治理先进单位。12月，夏红保被江苏省广播电视局评为2020年全省广电系统“七五”普法先进个人。

（吴萍）

融媒体

【概况】 2020年，溧水区贯彻落实中共中央办公厅、国务院办公厅《关于加快推进媒体深度融合发展的意见》精神和省、市委舆论宣传工作方针，着力提升舆论引导、媒体融合、整体发展能力，推动全媒体创新宣传。区融媒体中心向区外媒体发稿

1.3万余篇、省级以上媒体发稿2000余篇，被省级以上媒体采录用稿(包括省级)102篇，增加25篇。其中，《人民日报》21篇，增加13篇；中央电视台43篇，增加34篇；《光明日报》4篇，《农民日报》2篇，新华社2篇，澎湃新闻8篇，《新华日报》26篇。发稿量和录用率均列长三角区县首位。年初，央视《新闻联播》等中央电视台6个栏目报道溧水区第三届秦淮源头灯会。2—7月，央视《新闻联播》《新闻直播间》报道溧水区《企业复产防疫多措并举》《南京溧水：宁杭合作迈入实质性阶段》《溧水区：防汛救灾让党旗在一线飘扬》以及溧水区多领域方面新闻43条。《人民日报》刊登《南京溧水56个重点项目集中开工》《33家金融机构向溧水授信2092亿元》《探索创新载体，助力高质量发展：农业科技创新港落户南京农高区》《溧水来了都说好》等报道21篇。加大创新宣传力度，率先制订《关于加快推进策采编发一体化的实施意见》，推行一体化策划、一体化采访、一体化编辑、一体化播发、一体化考核、一体化管理“六个一体化”管理模式，加快推动台报网由“物理相加”到“化学相融”。主动与央视客户端、新华社配合开展网络现场直播，视频《2020向人民汇报》被《人民日报》微信公众号推送。全年新开电视新闻栏目15个、广播电台栏目6个，制作电视专题片183个，宣传片、纪录片、汇报片86个；《今日溧水》报刊发100期，“学习强国”平台用稿56篇。12月，《战“疫”进行时》《传承》2个电视节目获省广播电视局2020年度全省区县级广播电视节目共享平台最佳栏目奖。

【媒体队伍建设】 2020年，区融媒体中心结合媒体融合工作实际，设立综合部、党群工作部、新闻策划采访部、编辑制作部、新媒体部、广播电台节目部、电视专题节目部、宣传管理部、报业出版部、技术保障部10个部门；区传媒集团探索改革路径，实行企业化运作，成立融媒广告、文化发展、影视产业3个子公司；中心下设南京市溧水微波中继站、南京溧水广电网络有限公司2个企事业单位。区融媒体中心各企事业单位和部门中层干部严格按照《干部选拔任用工作条例》进行民主推荐、民主测评、演讲打分、综合评判等规范程序竞争上岗；部门人员配备，坚持“德才兼备、以德为先”用人标准。注重人才队伍培养，采用“请进来、送出去”方法，提升队伍素质。4月12日，邀请南京大学新闻传播学院教授胡翼青就如何做好全媒体记者进行授课。全年举办编辑记者业务培训6期，参训485人次；派出编辑记者到省市媒体实习培训10余人次。至年底，区融媒体在职职工103人，其中聘用编外优秀人才5人、年薪制报酬特殊人才3人，大学本科学历76人、研究生学历1人，高级职称6人，编辑35人、记者42人。

【广播电视】 2020年，区融媒体中心围绕区委、区政府中心工作及区委宣传部相关工作部署要求，加强广播电视舆论宣传管理。每月拟定宣传工作要点，每周定期召开新闻宣传工作例会，确保广播电视宣传月月有主题、周周有重点、日常有创新。采取统一策划、选题筛选、审核派发、组合报道等手段，打通台、报、网内容生产之间壁垒，实现融合生产。创新新闻宣传。制作播出《聚焦区两会》《我们的节日》《抗击新冠肺炎·溧水在行动》《防疫发展两手抓·奋力夺取双胜利》《誓创高质量全域Ⅲ类水在行动》《机关干部进社区》《安全生产整治·溧水在行动》《高水平小康村村行》《我家的小康生活》《“四新”行动在溧水》《劳动者·奋斗情》《齐心协力·防汛抗灾》《垃圾分类·从我做起》《喜看十三五·奋进新溧水》《践行嘱托开新局——争当表率·争做示范，走在前列》15个专栏电台创新节目，FM92.3每天播出时长增加至18小时，覆盖南京地区。借助市广电集团力量入驻“喜马拉雅FM”“蜻蜓FM”等多家主流网络平台，让溧水声音传得更广。制作《老年人的幸福之家》《巧绘全面小康图·奏响乡村致富曲》《“金色庄园”架起农户的致富桥》《傅家边的“梅”好生活》等电视专题片，与丹徒、大丰、江宁、如东等12家县区级融媒体中心联合制作主题栏目《逐梦小康》。至年底，被央视、中央人民广播电台等媒体采用报道15篇，被省、市级广播、电视台媒体采用40余篇。

【新媒体】 5月18日，溧水区全新改版升级原有“溧水新闻网”“溧水融媒网”网站、“最溧水”手机客户端APP、“微溧水”微信公众号、“溧水发布”微博等各类新媒体平台，开通“溧水发布”头条号、百家号、抖音号、网易号、搜狐号、“微溧水”腾讯号等一批新媒体平台入驻。与区智慧办社会治理大联动平台对接，实现数据互通无缝联动。至年底，“最溧水”移动新闻客户端等平台注册用户14.5万人，增加8.3万人；“微溧水”微信公众号订阅数7.79万，增加3.79万；全年发送图文1100篇。《刚刚，央视现场直播！全国都在看溧水“天空之镜”变身天鹅湖》《见证发展奇迹！溧水“十三五”建设“自豪满满”，这五年……》等8篇宣传稿件阅读量超10万；“溧水发布”微博粉丝数43万余，发布图文3.89万条；话题《FUN假溧水不止咪豆》阅读数6497.4万，讨论数1.1万；《溧水来了都说好》阅读数3589.6万，讨论数2.3万；《2020咪豆音乐节》阅读数2亿，讨论数1.4万。“溧水发布”抖音号全年发布抖音作品441篇，播放量超100万作品20余篇，订阅数8.5万，《欢迎援鄂英雄回家！欢迎溧水最美逆行者回家！》单条播放量1128万；“溧水发布”今日头条号订阅8.2万。推出《老槽呱呱》等创意产品，以最流行方式探访介绍溧水重大项目以及网民关注度较高热点事件，成为社会、百姓喜闻乐见的新“网红”，策划“最美志愿者”“最美抗疫先锋”“美溧企业退休职工”等多场全民投票，为地方特色农副产品开展直播带货，发挥新媒体平台社会服务功能。开展第三届秦淮源灯会、制造业高质量发展千人大会、“最美溧水人”颁奖晚会等直播活动。“微溧水”微信公众号和“溧水发布”抖音号获“2020年度市级优秀政务新媒体”称号。

【新冠肺炎疫情防控宣传】 2020年春节期间，新冠肺炎疫情暴发后，溧水区紧急启动应急广播系统，1月26日起全天6个时段4个多小时播报疫情防控相关通告信息。在电视新闻节目中开辟专栏《抗击新型肺炎·溧水在行动》等栏目；制作4个电视专题片《“疫”战到底——守望相助》《涂维浩：网上蔬菜销售忙》《第一书记“带货”带火滞销龙虾》《抗击新冠肺炎·典型追踪》专题；制作《抗击疫情，我们必胜》《“空”城战斗堡垒》《同舟共济，驰援湖北》等30多部短片。2—3月，电视新闻播发抗击疫情相关新闻2000余条，电台播发抗疫稿件500余篇，新媒体全网发布9316篇，制作抗击疫情公益宣传标语20余条。抖音合集《溧水战疫日记》播放量4100万。

【《今日溧水》报】 2020年，溧水区《今日溧水》报出版100期，总版数1680版，采用稿件5000篇（新闻类）。编发“众志成城战疫情”专刊13期；“2020区两会”特刊1期（64版）；“全国新农民新业态创业创新大会”特刊1期（8版）；“第二届健康中国发展大会”特刊1期（8版）。全年《今日溧水》报征订1.8万份，覆盖全区机关、街镇、企事业单位及社区（村）。

【获奖节目】 2020年，区融媒体中心制作的电视专题片《科技教育，让山里孩子放飞梦想》《让非遗文化浸润童心》获南京市第二届关心下一代新闻奖一等奖和三等奖；《战“疫”进行时》《传承》节目获省级共享平台节目最佳栏目奖和优秀栏目奖；评论《加入“时间银行”等待爱的回声》和访谈节目《一张珍贵的入场证》获2020年度南京市区级台广播新闻奖一等奖；长消息《不能忘却的记忆：老战士徒位芳不畏生死保运输》《商南焊工在我区实现稳定就业》和评论《为古树让路“值得点赞”》获2020年度南京市区级台广播新闻奖三等奖；短消息《溧水区成立餐厨废弃物自治联盟》获2020年度南京市区级台广播新闻奖二等奖；公众性节目《“道不远人”溧水县尉崔致远》获2020年度南京市区级台广播新闻奖三等奖；《农民之友》获2020年度南京市区级优秀社教栏目。

【区传媒集团】 2020年，溧水区深化传媒集团职能改革，转变观念，拓展市场，服务经济、文化和社会建设，合力推动整体发展。上半年，溧水区传媒集团融媒文化发展公司承接“聚力创新南京，决胜全面小康”大型主题采访活动、纪念“5·12”护士节大会、南京市无烟机关创建启动仪式、书香溧水读书节、“无想水镇”杯歌手大赛等文化宣传活动。下半年，区传媒集团先后承接区制造业高质量发展千人大会、省“四好农路”建设助力乡村振兴启动仪式、第二届健康中国发展大会、全国双新双创大会等多个大型文化、经贸、会展活动，其中制造业千人大会通过人民网全程直播。拍摄制作《溧水制造走向世界》《健康溧水·活力新城》《红色李巷》《守正创新·融创未来》《底线》《正风反腐永远在路上》等80余部宣传片、纪录片，推介溧水亮丽名片，实现经济效益和社会效益双丰收，全年完成传媒产业收益4800万元。

【有线电视】 2020年，全区广电网络工作按照发展第一、服务第一、安全稳定第一，创全省领先要求，拓展业务合作新渠道与联通溧水分公司合作，建成柘塘街道、石湫街道明觉社区广电网络营业厅。东屏街道广电网络管理站参加省公司网格营销大赛获二等奖，全年全区有线电视用户缴费5441万元，收缴率95%，位居全省之首。至年底，全区有线电视高清互动用户37944户，宽带用户32651户，有线电视总户数102475户，增加2150户。溧水广电网络有限公司政企客户部获江苏有线先进集体，章金获江苏有线2020年度先进工作者。（张春燕　叶宁）

档　案

【概况】　2020年，溧水区档案馆贯彻落实省、市档案管理工作部署要求，以档案新馆投入使用为契机，内强素质、外树形象，着力提升档案管理和服务水平，持续推进档案信息化建设，加强档案资源体系建设管理，做好档案安全保障工作。依法接收16家单位到期档案进馆，开展档案业务指导36家。至年底，馆藏档案有172个全宗、235320卷（含寄存档案43691卷）、100705件。全年接待查档4711人次，调阅档案6285卷（件），提供凭证7492张。被区委、区政府评为2020年度机关作风建设优胜单位。

【档案新馆启用】　2020年元旦，区档案馆启动搬迁工作。1月18日，全体工作人员入驻新址，溧水档案中心启用。至1月21日，完成161个全宗235276卷、67226件档案，2万余册馆藏书籍报刊等资料，339种3万余册历年出版物，以及30多种档案用品库存的搬迁任务。春节后，区档案馆一手抓新冠肺炎疫情防控，一手继续完成搬迁扫尾工作，完成档案老馆密集架等设施设备拆除、办公家具搬运和废旧物品处理。溧水档案中心位于天生桥大道298号，交通便利、地理位置优越，内部功能齐全、设施配套完整，为全区档案资料的安全保管提供重要保障。

【新冠肺炎疫情防控档案征集】　2月10日，区档案局、档案馆联合印发《关于做好新冠肺炎疫情防控档案工作的通知》，档案业务人员到区疫情防控指挥部下设的9个疫情防控小组调研指导，随后组织疫情防控档案业务培训，全区37个主管部门和单位专（兼）职档案管理人员参加培训，学习疫情防控档案收集整理相关知识。5月15日，印发《关于开展新冠肺炎疫情防控档案集中立卷的通知》。7月，全区征集疫情防控文书档案2074件、图片417张、视频199个，并完成数字化加工。

【档案信息化建设】　2020年，区档案馆重新扫描挂接离婚档案数据101796页，完善数据目录10014条。开通长三角地区民生共享平台，整理馆藏民生档案清单及查档利用说明，上传“智慧溧水”APP供市民利用。更改档案全文数据35处，扫描馆藏文书档案4948卷，挂接婚姻档案全文数据10.2万页，核对民生档案数据324G，备份馆藏档案电子数据1.6T。

【档案资源建设】　2020年，区档案馆开展全区室藏档案摸底，至2018年底，全区有室藏永久档案6.06万余件、定期档案5.77万余件。按照档案管理规定，印发《溧水区档案馆档案接收标准》《2020年度档案接收工作计划》。全年，依法接收16家单位档案进馆，其中文书档案33479件、实物档案37卷、照片档案899张、电子目录21018条。开展宗谱征集工作，全年征集《严氏宗谱》《刘氏宗谱》《中山徐氏宗谱》《范阳汤氏宗谱》《俞氏宗谱》《傅氏宗谱》《王氏宗谱》进馆。配合区卫健委做好出生医学证明档案整理归档。完成区交运局档案室星级测评。

【档案安全体系建设】　2020年，区档案馆强化新馆安全体系建设，成立档案安全管理领导小组，建立档案安全保障体系，制订安全责任制，落实责任，分工负责，责任到人。聘请物业管理公司，选配安全保卫人员6人，实行24小时值守制度，负责常态化安全管理；邀请消防大队教官到馆开展消防安全知识培训及演练；加强日常安全管理，定期检查馆库内消防器材、除湿机、温湿度一体机等设备，确保正常运转。把好档案利用关，严格执行档案查阅利用制度，定期与不定期抽查档案实体管理情况，确保档案“八防要求”落实到位，实现全年档案管理安全无事故。

（张孙凤）

地 方 志

【概况】 2020年，溧水区地方志部门按照省、市志办要求，完成《溧水年鉴（2020）》编辑出版。加大镇志、部门志编纂业务指导力度，开展审阅、验收工作。3月，完成《2019年溧水区年度资料汇编》整理工作，全区126家单位年度资料得到妥善保管。坚持按月编印《2020年溧水区大事记》，全年印发12期，总计700条、5.1万字。6月，《[万历]溧水县志》点校本获江苏省地方志书质量评定优秀成果奖。《[康熙]溧水县志》点校整理工作有序开展，点校初稿6月完成，后进行一校、二校，年底，开展专家审稿。全年向上级业务部门投稿文史类文章16篇，其中在《南京文史》杂志上发表4篇。报送工作信息28篇，其中被"中国方志网"录用4篇；"方志江苏"微信公众号录用11篇，录用率39%。溧水区志办获南京市地方志优秀成果奖8项、政务信息供稿优秀组织奖。

【镇志、部门志编修】 2020年，区志办坚持镇志、部门志编修"三审一验收"（初审、复审、终审，验收）制度，组织审阅《中共溧水区委党校志》终审稿，《东屏镇志》《和凤镇志》验收稿。对《溧水县审计志》《永阳镇志》《柘塘镇志》进行出版前把关；按照打造全媒体志书要求，指导洪蓝街道开展《江苏名镇志·洪蓝街道志》出版前修订工作。1月、5月、8月，《柘塘镇志》《溧水县审计志》《永阳镇志》分别签字付印。区志办数次摸排在编志书编修情况，与在编单位加强联系沟通，帮助协调书号申领、出版印刷事宜，加快二轮志书编修工作进度。至年底，全区二轮志书编修公开出版12部，内部编印3部；在编镇志、部门志、村志9部，其中通过验收3部、通过终审1部、完成初稿5部。

【方志文化"六进"活动】 2020年，区志办开发利用方志资源，开展方志文化"六进"（进机关、进企业、进农村、进社区、进校园、进军营）活动，全年赠书近1100册。年初，为溧水新华书店"溧水地情文献专柜"补充最新出版的《[万历]溧水县志》点校本、《溧水年鉴（2019）》等书籍；10月，为省委党校（行政学院）现场教学基地溧水区委党校提供方志书籍400余本，放置在学员宿舍，供到溧参训学员阅读；配合市志办在傅家边社区开设"方志南京"图书角，向社区捐赠地方志书籍；11月，订阅2021年度《江苏省地方志》杂志80份，赠阅给基层单位以及方志文化爱好者。

【地情资料开发利用】 2020年，区志办挖掘利用现有方志成果，参与街镇国家地理标志申报、重大展陈和重要规划设计等活动，先后为洪蓝街道"溧水青梅"国家地理标志申报，以及南京市民主政治协商工作展示厅（溧水区内容）、省自然资源厅行业发展史料成果展（溧水规划资源分局内容）等提供基础性地情史志资料。利用方志工作中积累的大量图照、年度统计数据等资料，承办溧水区"十三五"建设成就展。该展览布展面积630平方米，以"奋斗新时代、建设新溧水"为主题，资料丰富翔实，通过600多幅新旧图片对比，生动记录溧水人民不懈探索、奋发有为的奋斗足迹，展示"十三五"期间溧水区政治、经济、文化、社会、生态文明建设取得的显著成就。10月23日，区四套班子主要领导等参加开展仪式，省市多家主流媒体报道，该展陈信息在"微溧水"微信公众号阅读量超10万次。11月，开设展陈网上展厅，方便网民阅览。

【《溧水年鉴（2020）》出版】 1月，区志办举办年鉴撰稿业务培训班，全区29名年鉴新上岗撰稿人参加。4月，《溧水年鉴（2020）》组稿工作基本完成。6月初，进入编校阶段。11月，交付印刷。受疫情防控与机构改革双重影响，《溧水年鉴（2020）》组稿难度较往年增加。区志办调整工作思路，优化编纂程序，创新采用滚动编校模式，类目稿件修改成熟一篇，及时按照出版格式编排一篇，保证出版工作按照编纂计划稳步实施。该部年鉴全书534页、100.8万字，设27个类目、166个分目、45个副分目、1454个条目、77张表格、238张照片，记述2019年1月1日—12月31日溧水区域政治、经济、文化、社会和生态文明建设各项事业的发展情况。以"强富美高"新溧水五年建设成果、溧水城市品牌（活力新城、健康名城、赛事名城、会展名城）、制造业高质量发展试验区建设、临空经济发展等为重点，体现时代特征和地方特色，发挥存史资政服务价值。

【地情资料库搬迁整理】 4月初，区志办开展地情资料库新址上架工作，整理馆藏地情资料1.7万余册，分类归属至23大类、137小类。开展全面核查，确保每一本资料归属得当、编号准确、书目相符，修整存在标签错漏脱落、档案盒破损等现象的在库资料。核对馆藏资料目录，确认新增地方史志书籍667本，并入库上架，以便日常查考利用。规范化管理出版物书库，盘点厘清历年自主出版物339种3万余册。落实出入库登记制度，新增出版物2258册，领用出版物2290册。

【《[乾隆]溧水县志》点校本出版】 11月，区志办与区档案馆联合整理的《[乾隆]溧水县志》点校本由凤凰出版社出版发行。《[乾隆]溧水县志》是区志办继《[顺治]溧水县志》《[光绪]溧水县志》《[万历]溧水县志》之后，整理出版发行的第四部现存溧水旧志点校成果。该书十六卷，另加卷首，是一部纂辑门类比较齐全、收录内容比较详备的县志。主修者为时任县令凌世御，纂辑者是方性存、吴鹤龄。点校工作由溧水文史专家傅章伟承担，上海社会科学院历史研究所研究员承载审订。

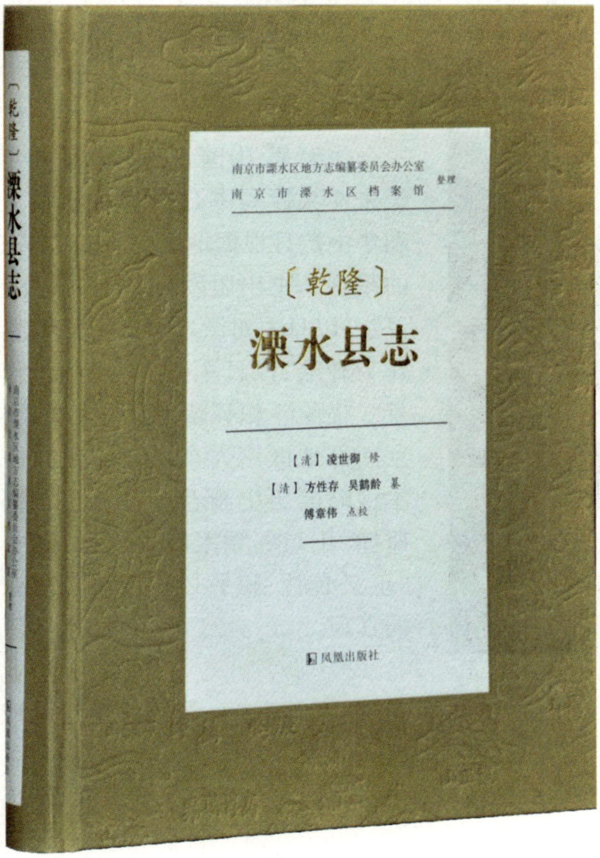

12月30日，《[乾隆]溧水县志》出版　　区志办　供

【“‘溧水大轰炸’方志文化产品开发及系列宣教活动”获评全省市县地方志特色创新项目】 12月28日，省志办通报2020年度市县地方志特色创新项目获奖情况，区志办报送的项目“‘溧水大轰炸’方志文化产品开发及系列宣教活动”位列其中，在12个受表彰的项目中排名第四，是全市唯一获奖项目。1937年11月29日，侵华日军空袭溧水城，造成1200余名无辜平民死亡，是造成南京地区平民死亡人数最多的单次空袭。从2015年开始到2020年底，区志办采取幸存者寻访、书籍发行、影像方志拍摄等手段，持续开发“溧水大轰炸”方志文化产品，通过纸媒与网络媒体宣传、线下参观宣讲等形式开展该事件的宣教活动，提高大众对这段历史的知晓率。经初评、复评、现场陈述和评定工作领导小组审定，该项目在全省特色创新项目评选中入围获奖，成为全省方志领域一项重要创新工作成果。（吴萍）

党　史

【概况】 2020年，溧水区党史部门履行以史鉴今、资政育人工作职能，加强地方党史研究，开展党史宣教活动，撰写资政报告。区委党史办撰写的资政报告《传承红色基因，助力乡村振兴》刊登在市委党史工办的《资政参阅资料》(总第24期)、省委党史工办主办的《江苏党史研究内参》(总第22期)。指导创作并出版南京首部抗战乡土小说《南京南》。整合媒体资源，开展建党99周年系列宣教活动，结合地方红色资源做好党史载体建设和党史作品创作。《抗战中的红色溧水》获2017—2019年度全省党史优秀成果影音类二等奖，《一路前行—南京溧水1949—2019》《溧水抗战故事(第二辑)》获2017—2019年度全市党史(著作类)优秀成果奖，《溧水区红色文化发展的历史性考察》获2017—2019年度全市党史(论文类)优秀成果奖。白马镇红色李巷入选第二批江苏省党史教育基地名单。

【党史载体建设】 2020年，区委党史办结合地方党史资源做好党史载体建设。启动回峰山苏南反

顽战役纪念馆提档升级，赴启东市抗大九分校纪念馆收集整理抗大九分校相关资料，撰写展陈大纲第三稿2万余字。配合晶桥镇开展铜山战斗遗址保护建设，审核铜山战斗遗址设计方案，提出可行性建议，修改把关铜山战斗纪念碑碑文。配合东屏街道爱民村打造党建公园，提供相关史料，提出设计方案修改意见。参与红色李巷二期建设，提出设计方案意见建议，提供里佳山周边红色遗址遗迹资料。

【党史编研】 2020年，区委党史办与江苏新华美溧传媒有限公司联合策划编写《红色溧水日历》，以电子日历形式挂接在“交汇点新闻”平台，每日发布1篇溧水及周边地区新四军重要历史事件介绍，扩大溧水红色文化影响力。配合省、市委党史部门编纂《江苏扶贫实录》《梦圆一高水平全面建成小康社会的南京实践》《中国共产党南京历史辞典》，分别上报扶贫稿件5篇，完成街道、社区、家庭三层级案例编写及短视频拍摄，增补报送红色资源点32处。

【建党99周年系列宣传活动】 2020年，溧水区整合媒体资源，采取多种形式开展建党99周年系列宣传活动。区委党史办与区融媒体中心联合采访溧水6位离休老干部，制作访谈节目，7月1日起在溧水新闻综合频道播出，相关内容在《今日溧水》报同步刊登。6月29日，配合省委网信办、省委党史工办、省档案馆和《扬子晚报》在红色李巷举行“九九为功久久红——庆祝中国共产党成立99周年”大型全媒体行动启动仪式，协助开展微纪录片拍摄、活动准备等前期工作。11月29日—12月1日，两集纪录片《溧水大轰炸》在溧水新闻综合频道、影视娱乐频道首播。

【新四军无名烈士坟调查】 4月，永阳街道石巷社区向区委党史办反映，其境内的新四军无名烈士坟因土地征用，亟需迁走。区委党史办在查找史料的基础上实地调查其境内7座合葬坟，出具《关于永阳街道石巷社区新四军无名烈士坟的鉴定意见》，建议将其迁入中山烈士陵园集中管理。7月，参与白马镇上洋社区、和凤镇双牌石社区新四军无名烈士坟调查，至年底，调查处于进一步寻找知情人、挖掘梳理相关史料阶段。

【南京首部抗战乡土小说《南京南》出版】 7月7日，溧水区举行南京首部抗战乡土小说《南京南》新书发布会。该书由区委党史办与溧水本土抗战文学爱好者曾宪军合作编著，中国新四军研究会会长朱文泉题写书名，作为《新四军和华中抗日根据地历史研究全书》的系列丛书出版发行。全书近80万字，以日军对溧水城进行狂轰滥炸为开端，以日军投降为结束，全景式描绘一幅以溧水为中心的南京南部地区广大军民全面抗击日本侵略的历史画卷。善与恶强烈碰撞、正与邪频繁较量，深刻揭示“正义必胜、和平必胜、人民必胜”的真理。 （陈宗波）

7月7日，纪念全面抗战爆发八十三周年《南京南》新书发布会在溧水档案中心举行 区档案馆 供

责任编辑 尹伟

体育设施

【概况】 2020年，溧水区贯彻体育强国战略，在全区构建“5分钟到绿地、10分钟上绿道、15分钟进公园”的健身服务圈基础上，有序加快城乡公共体育设施建设。新增公共体育设施面积49.27万平方米，累计公共体育设施总面积178.68万平方米，人均3.23平方米。新建街镇体育公园3个、村(社区)级体育公园10个、足球场19片，完成区体育公园体育场升级改造工程。更新篮球架15副、健身路径50套。

【街镇村体育公园建设】 2020年，溧水区新增柘塘街道、洪蓝街道、和凤镇体育公园3个，全区8个街镇实现体育公园全覆盖。其中，东屏街道体育公园获评2020年度全省最美乡村健身公园。新建和凤镇孙家巷村、张家村、骆山村、吴村桥社区、沈家山村、中杨村，洪蓝街道塘西村、青峰村，永阳街道东山村、高塘村村(社区)级体育公园10个。街镇各体育公园陆地面积平均3000平方米，村级各体育公园陆地面积平均1500平方米，配置乒乓球、篮球、排球、健身步道、健身路径等体育项目，提供居民集体跳舞、打太极等锻炼场所。

【足球场建设】 2020年，溧水区建成社会足球场19片，其中街镇足球场15片。永阳街道建成七人制足球场1片，开发区、白马镇、东屏街道、洪蓝街道、石湫街道、晶桥镇、和凤镇各建成七人制足球场1片、五人制足球场1片；区城建集团建成十一人制、五人制足球场各1片，产业集团建成十一人制、七人制足球场地各1片。

【国家极限运动馆溧水训练基地竣工】 9月，国家极限运动馆溧水训练基地竣工试运营。该基地位于溧水城南新区，无想山下、幸庄湿地公园西侧，银白色的建筑外形线条流畅，造型现代时尚，从空中俯瞰，如一朵盛开的白色梅花。总建筑面积4.28万平方米，建筑高度23.15米，项目总长度208.6米，宽度159米。馆内3层，分为运动区、服务区、体能训练及康复中心，是目前国内区县级单体面积最大、首个达到奥运会规格的国家极限运动基地。该馆为全智能化场馆，具备客流量实时监测、智慧能耗监控管理、场馆一体化智慧运营管理、智能动作捕捉系统及动作实时评分、智慧赛事管理平台、智慧健康大数据分析等多方面智能化功能。运动区包括滑板街式、滑板碗池、攀岩、冲浪、U形池、小轮车、风洞等极限运动场地，符合国家、省、市极限运动队训练要求和国内外大型专业极限运动赛事场地要求。 (吴萍)

竞技体育

【概况】 2020年，溧水区贯彻国务院体育强国建设纲要，围绕竞技体育举办、主办、承办市级以上比赛16次(国家级比赛6次、江苏省比赛2次、南京市比赛8次)。组队参加省、市竞技体育比赛12

8月14日，2020年江苏省足协青训俱乐部联赛总决赛在游府西街小学溧水分校开幕　　陈雅　摄

项。市队区办南京溧水女子橄榄球队获2020年江苏省青少年橄榄球锦标赛乙组第二名、甲组第三名。承办“澎湃杯”2020年全国滑板锦标赛、江苏省足球青训俱乐部联赛总决赛，主办2020溧水“珊瑚国际”百公里人车接力邀请赛，举办区第五十七届中小学生运动会等大型赛事。6月，风驰青少年田径俱乐部、耀武辉散打俱乐部获评省级青少年奥林匹克体育俱乐部。10月，南京溧水山地半程马拉松赛，被中国田径协会授予全国“金牌赛事”称号。　（张毅　吴萍）

【江苏省足球青训俱乐部联赛总决赛】　8月14日，2020年江苏省足协青训俱乐部联赛总决赛在游府西街小学溧水分校开幕。此次足球联赛总决赛由省体育局指导，省体育总会、省足球运动协会和溧水区文体育局主办。全省13个市32支球队参赛，分U10组和U12组，4天96场比赛。最终，南化实验小学和盐城安贝斯足球俱乐部分别获U10组和U12组冠军。

【溧水“珊瑚国际”百公里人车接力邀请赛】　9月19日，2020溧水“珊瑚国际”百公里人车接力邀请赛鸣枪开赛。MBA酷跑团菁英、珊瑚国际、南京大学、东南大学和南京工业大学等48名选手参赛。从无想山游客中心出发，途经无想山、东庐山、中山湖、东屏湖等自然山水，百步云梯、摩崖石刻、洞壁琴音等历史遗迹，白马周园、胭脂河天生桥等旅游景点，石山下村、山凹村、涧东村乡村景点，全程103.4千米。最终，笃行飓风队、笃行强风队、神秘战队分获前三名。

【“现代快报+”2019—2020赛季全国击剑冠军赛（南京站）】　10月2日，2019—2020赛季全国击剑冠军赛（南京站）在南京空港国际博览中心举行，赛事由中国击剑协会、溧水开发区管委会主办，省体育局作为支持单位，省击剑运动协会、《现代快报》社、嘉纳体育、南京空港国际博览中心共同承办。比赛设成人、青年2个组别，18块金牌。全国30个代表队580余名运动员参赛，国家击剑队全体运动员全部参赛，检验疫情期间训练成果，以赛代练、以赛促练，以更好的竞技状态备战东京奥运会。成人组12块金牌中，江苏队囊括4枚，分别为女子重剑个人、男子佩剑个人、女子花剑团体以及女子佩剑团体金牌。

【区中小学生运动会】　10月27—28日，区教育局、体育局联合举办溧水区第五十七届中小学生运动会，设小学组、初中组和高中组3个组别，分为篮球、排球、足球、田径、校园啦啦操、足球测试、冬段项目7个竞赛大项。全区中小学33个代表队、1000余名运动员参赛。区第三实验小学以总成绩290分获小学组团体第一名，区第一初级中学以总成绩185分获初中组团体第一名，省溧中以总成绩190分获高中组团体第一名。

【CCTC中国汽车场地职业联赛】　10月29日—11月1日，2020年CCTC中国汽车场地职业联赛（南京溧水站）在开发区江苏万驰国际赛车场举行。赛事由中国汽车摩托车运动联合会主办，来自深圳、东莞等地车队参赛。竞赛设2020年中国汽车场地职业联赛“中国杯”国家组、大湾区组、及超级杯3个项目，赛期4天，5场比赛。最终，东莞PCRRACING车队胡家信获CTCC中国杯大湾区杯年度车手总冠军。

【环溧水自行车赛暨第二届环石臼湖挑战赛】　12月5日，2020环溧水自行车赛暨第二届环石

臼湖挑战赛在无想山开赛。全国各地400余名运动员参赛。赛事由市体育竞赛和社会体育指导中心、市自行车运动协会作为指导单位，区体育局和区体育总会主办。由300余人组成的个人大众组沿溧水旅游百公里大环线展开比赛。团队组20支车队100余人开展77千米计时赛。经过4个多小时比赛，IGSPORT瑞豹联合车队获团队计时组冠军，王学丽获女子精英组冠军，叶晓红获女子大师组冠军，王伟获男子常青组冠军，邢愉快获男子大师组冠军，黄京获男子精英组冠军。

【"澎湃杯"2020年全国滑板锦标赛】 12月4日，"澎湃杯"2020年全国滑板锦标赛在国家极限运动馆溧水训练基地开幕。赛事由国家体育总局社会体育指导中心、中国轮滑协会及省体育局主办，市体育局和溧水区政府承办，区体育局协办，全国17支队伍100余名运动员参赛。此次赛事为2020年国内首场国家级滑板赛事，设男、女碗池，男、女街式4个竞赛项目，赛期3天，分预赛、半决赛、决赛3个阶段。男子街式决赛，广东省滑板队潘家杰获冠军，陕西省滑板队高群翔获亚军，上海市滑板队向小军获季军。女子街式决赛，广东省滑板队曾文蕙获冠军，广西省滑板队兰俊宜获亚军，云南省滑板队马静婷获季军。男子碗池决赛，杨越斌获冠军，陈烨获亚军，李明晓获季军。女子碗池决赛，张鑫获冠军，娄佳怡获亚军，李玉娟获季军。该锦标赛是东京奥运会滑板项目奥运积分赛，各项目排名前42名的选手将获得相应奥运积分，是中国滑板国家队队员争取东京奥运会参赛资格重要一步。

【拳王争霸赛】 12月31日，溧水区第四届"耀武世界"拳王争霸赛在溧水万达广场举行，赛事由区体育局、体育总会、耀武格斗俱乐部主办，来自国内广东、上海、天津等6个俱乐部的12名知名搏击拳手同台竞技。采用K1世界自由搏击竞赛规则，体现赛事职业化、专业化。比赛设男子格斗60公斤级、65公斤级和75公斤级3个级别、6场次，包括1场垫场赛、4场正赛、1场对战表演赛。正赛包括1场职业拳击赛，是该争霸赛首次加入专业拳击元素，吸引800余名观众到场观看。

（张毅）

群众体育

【概况】 2020年，溧水区落实省、市群众体育工作方针，结合全区实际，组织开展篮球、羽毛球、乒乓球、象棋、足球、广场舞等赛事20余场次。1—5月，因新冠肺炎疫情防控，暂停群众性体育活动。6月，启动八段锦网络赛、"舞动云端"广场舞挑战赛，举办机关乒乓球比赛、溧水区2020年"舞动江苏·舞韵金陵"主题广场舞大赛暨第六届溧水区广场舞大赛，主办区第六届羽毛球赛等赛事，组队参加市第二十二届运动会比赛。承办2020年全省体育舞蹈俱乐部联赛展示暨国际体育舞蹈对抗赛。强化国民体质监测和全民健身运动，全年免费体质监测3200人、国家级国民体质监测706人。全区体育锻炼人口20.84万人，增加2606人，增长1.3%。向国家、省、市输送各类运动员12人。全区社会体育指导员3153人，新增560人。10月，白马中心小学、开发区文化体育服务中心、区税务局、永阳街道文化体育站、溧水产业集团、东屏街道文化体育站、区级机关工委、石湫街道文化体育站8家单位被市第二十二届运动会组委会评为南京市群众体育先进单位，樊伟、张宇翔、陈敬辉、傅东平、陈年祥、钱宇晨、何白玉7人被评为南京市群众体育先进个人。12月，江苏省全民健身运动会组委会公布3个十佳和3个百佳评选结果，区体育公园体育馆获评"十佳优秀场馆"、邓桂华获评"百佳最美社会体育指导员"、苏敬涛获评"百佳健身达人"。年底，溧水区在2020年度全省县级体育重点工作督查中列南京市第一、全省第三。

【国民体质监测】 2020年，溧水区按照省、市国民体质监测部门要求，开展国民体质检测工作。全区在建立以区级国民体质检测中心为主、各街镇（开发区）国民体质监测站为基础的城乡一体化国民体质监测平台基础上，全年免费体质监测3200人、国家级国民体质监测706人。监测内容为身高、体重、握力、纵跳、俯卧撑、仰卧起坐、坐位体前屈、闭眼单跳站立、肺活量、台阶上下10个项目，居民体质监测合格率98.6%。

【全民健身】 2020年，溧水区贯彻国务院《关于印发全民健身计划（2016—2020年）的通知》要求，推动全民健身实施计划落实。强化全民健身运动质量，发挥社会体育指导员、体育骨干、积极分子、体育协会组织等指导作用，加强全民健身指导。至年底，全区有社会体育指导员3153人，增加560人，其中国家级社会体育指导员19人、一级236人、二级417人、三级2481人。强化健身运动场地建设，区体育局将街镇多功能运动广场、村(社区)体育公园建设纳入年度工作计划和年度工作考核，开展定期与不定期检查巡查，发现问题及时处理。全年全区新增公共体育设施面积49.27万平方米。（吴萍）

【气功八段锦网络赛】 6月3日，区体育局主办、南京同越传媒有限公司承办气功八段锦网络赛，全区120余名中老年健身气功选手参赛。赛期8天，通过网络打分，30人获奖，一、二、三等奖各10名。张美珍、许成华、郑江琼、严桂花、邓桂华、许晓玲、张萍、沈金美、曾祥和、周惜云获一等奖。

【机关乒乓球比赛】 7月25—26日，区体育局、体育总会举办溧水区2020年机关乒乓球比赛。区级机关单位22支队伍、近100名干部职工参加比赛，比赛设团体赛和个人赛，赛期2天。区教育局一队、石秋街道队、溧水公安分局一队获男子团体前三名。刘钢、毕咏联、葛晓宝获男子个人单打前三名；陈桂珍、查春华、刘晓萍获女子个人单打前三名。

【全民健身展演】 8月8日全国第12个“全民健身日”，区体育局、区体育总会在溧水万达广场举办“全民健身日”展演活动。来自区锣鼓艺术协会、溧水大李巷文艺演出团、区广场舞协会、长虹空竹队、溧水艺之星体育舞蹈俱乐部、金吉鸟健身、区阳光体育运动中心、区柔力球专委会、区气功协会、区老年大学等单位16支队伍参赛，近300名健身爱好者展演锣鼓、舞狮、广场舞、抖空竹、体育舞蹈、打莲湘、健美操、少儿篮球等，1000余名观众到场观摩，营造全民健身社会氛围。

【区广场舞大赛】 8月29日，溧水区2020年“舞动江苏·舞韵金陵”主题广场舞大赛暨第六届溧水区广场舞大赛在区体育馆举行。赛事由区委宣传部、区文明办、区体育局联合举办。全区26支队伍、300余名选手参加比赛，其中中老年组20个、中青年组6个。永阳街道东庐社区铿锵玫瑰舞蹈队、开发区秦淮社区舞动秦淮舞蹈队获中老年组一等奖，永阳街道戴家社区青年舞蹈队、开发区梅山社区梦舞健身队获中青年组一等奖，永阳街道秦淮路社区彰显广场舞队等6支队伍获中老年组二等奖，洪蓝街道青峰村队、晶桥镇晶桥幼儿园代表队获中青年组二等奖，洪蓝街道自然无想队等12支队伍获中老年组三等奖，开发区前进社区小龙人之恋舞蹈队、永阳街道仪凤社区马拉松舞蹈队获中青年组三等奖。开发区、永阳街道、石湫街道、东屏街道获优秀组织奖，白马镇、和凤镇、晶桥镇、洪蓝街道获组织奖。

【第六届羽毛球赛】 9月12—13日，区第六届羽毛球赛在区羽毛球活动中心举行，赛事由区体育局、体育总会主办，区羽毛球协会承办。赛期2天，设男单、女单、混合团体3个项目。最终，林昆仪获男单冠军，吴玉杰、徐致远分获男单亚军和季军；吕芳华获女单冠军，王燕、赵颖分获女单亚军和季军；亚羽一队获团体冠军，东顶一队和屏湖队分别获亚军和季军。

【参加市第二十二届运动会】 9—11月，溧水区组队参加市第二十二届运动会青少年部比赛。此届运动会竞赛项目16个，溧水区参加10个比赛项目。其中A类项目有篮球、足球、排球、游泳和田径，B类项目有击剑、赛艇，C类项目有啦啦操、轮滑、羽毛球。10月16日，组队12人在南京市中山东路体育运动学校参加青少年部排球比赛；10月17日，组队在鼓楼区秦淮水域参加青少年部赛艇比赛，运动员获金牌2枚、铜牌1枚；10月22日，组队7人在市体育运动学校参加青少年部击剑比赛，获个人第三名；10月26日，组队在市五台山体育馆参加青少年部游泳比赛，获团体总分76分。11月1日，组队参加全民健身家庭趣味运动会比赛，获团体二等奖。11月7日，组队参加市体育运动学校青少年部田径比赛，获金牌2枚、银牌5枚、铜牌9枚。12月15日，区体育局获市第二十二届运动会输送贡献奖、体育道德风尚奖、优秀组织奖、综合奖。开发区、永阳街道代表队获团

体总分一等奖，溧水区获团体总分第四名、二等奖。（张毅）

【群众体育比赛】 10月23—24日，溧水高新区举办第一届“高新杯”男子3人制篮球赛。赛事由溧水高新区管委会、团区委联合主办，花样年商业旅游文化发展（深圳）有限公司、永阳幸庄人才公寓商业配套钛镁体育公园协办，吸引来自园区12支队伍46人参赛。赛期2天，最终，“龙之队”获冠军，叁零叁队获亚军，“梦之队”获季军。10月11日，由区体育总会主办的2020中国体育彩票全国象棋业余棋王赛“乐在棋中”江苏赛区南京市预选赛暨溧水区2020年象棋赛在区体育馆举行，经过多轮较量，来自石湫街道的王幼平摘得新一届“棋王”桂冠。11月28日，区体育局主办、区足球协会承办的“健康运动·幸福生活”2020年溧水区“足协杯”男子足球赛在东屏街道金湖足球场举行，全区8个街镇（开发区）选派代表队参赛，分A组和B组，在东屏街道、白马镇和石湫街道3处公共足球场比赛。经过16场比赛，石湫街道、东屏街道、白马镇、永阳街道4支代表队进入四强。（张毅 吴萍）

【《国家体育锻炼标准》达标赛】 11月5—6日，溧水区《国家体育锻炼标准》达标赛在区体育公园举行，由区体育局主办，来自溧水公安分局特勤大队、区城建集团、溧水产业集团、溧水高新创业投资管理有限公司和区水务集团等320名选手参赛。达标赛设壮年一组、壮年二组2个组别，参赛者在立定跳远、25米×4折返跑、30秒跳绳、1000米跑、800米跑、俯卧撑、仰卧起坐、绕赶跑、十字象限跳、坐位体前屈、3000米快走、1分钟仰卧举腿、掷实心球、曲线托球跑14类项目中，选择5类项目测试，直观了解自身速度、力量、柔韧、耐力等身体素质，达标率90%。

【全省体育舞蹈俱乐部联赛展示暨国际体育舞蹈对抗赛】 12月8日，“魅力江苏·最美体育”“舞比快乐”2020全省体育舞蹈俱乐部联赛展示暨国际体育舞蹈对抗赛在溧水金陵大饭店举行，赛事由省体育总会主办，省体育舞蹈运动协会和区体育局、体育总会承办，来自中国、德国、俄罗斯、意大利、保加利亚等国体育舞蹈顶级表演大师参赛。活动分开幕式、舞步飞扬·裙袂翩跹·共赴舞蹈盛宴、风暴时刻、颁奖4个部分，国内外顶级选手同场竞技，展现体育舞蹈“力与美”，通过富有鲜明体育特色的视频、充满活力的酷炫街舞、热情奔放的拉丁等多种形式，为体育舞蹈爱好者提供集教学、互动、展示、交流、竞赛于一体的综合多元平台。区文旅局（体育局）获突出贡献奖。（张毅）

体育产业

【概况】 2020年，溧水区贯彻国务院《关于加快发展体育产业促进体育消费的若干意见》，以创建国家级全民运动健身模范区为目标，将体育产业发展列为全区高质量发展、打造“健康江苏”溧水样本重点工作。体医融合先试先行，建成溧水区中医院运动促进健康中心和溧水区体育公园运动促进健康分中心。建成国家极限运动馆溧水训练基地，成功举办“澎湃杯”2020年全国滑板锦标赛。至年底，全区600余家体育相关企业中，有3家企业体育产品开票收入超亿元。溧水区获评江苏省综合类体育产业基地；南京万德体育产业集团有限公司、南京亚狮龙体育用品有限公司、南京万驰文化传播有限公司3家企业被省体育局授予“2020—2022年度省体育产业示范单位”称号。7月，南京万德体育产业集团有限公司被国家体育总局授予“国家体育产业示范单位”称号。

【南京亚狮龙体育用品有限公司】 2020年，南京亚狮龙体育用品有限公司实现开票收入1.2亿元。该公司位于白马镇工业园，成立于2003年12月，是由香港大桐利集团公司全额出资建立的全球最大的羽毛球生产基地，主要生产经营羽毛球及系列产品，建有全球最大的毛片生产基地，生产能力月产毛片1亿片以上。亚狮龙牌羽毛球是全球著名品牌，产品销售日本、马来西亚、泰国、印尼、丹麦、英国、德国等十余个国家，销量全球第一。1月，被省体育局授予“2020—2022年度省体育产业示范单位”称号。

【南京万德体育产业集团有限公司】 2020年，南京万德体育产业集团有限公司实现开票收入2.2

亿元。该公司位于永阳街道天生桥大道680号。成立于2007年6月，是一家科研实力雄厚、生产设备先进的现代化管理企业。集团在上海、深圳、香港等设有多个子公司。2017年在美国设有北美业务中心（NABC），是全国领先的科学健身系统解决方案提供商，其内容涵盖户外科学健身系统解决方案（系列健身器材、一代健身路径、二代健身路径、配套休闲设备、体育设备、笼式运动场等）、全人群智能化体育公园解决方案、社区健身苑解决方案、健身站点解决方案、体育场馆运营解决方案、障碍跑体适能解决方案、游乐健身解决方案（通用系列儿童游乐设施、主题系列儿童游乐设施、定制化主题系列等）、仿真冰场应用解决方案，智能化管理解决方案等。产品远销欧美、亚太、非洲等80多个国家和地区，与肯德基、万科集团、恒大地产、碧桂园等一大批企业确立长期战略合作关系。1月，被省体育局授予“2020—2022年度省体育产业示范单位”称号。（吴萍）

2020年溧水区体育事业情况一览表

指　标	单　位	数　据
一、等级运动员	人	3
其中：运动健将	人	—
一级	人	—
二级	人	3
二、等级裁判员	人	—
其中：国家级	人	—
一级	人	—
二级	人	—
三、承办市级以上比赛项数	次	16
（一）承办国际比赛	次	—
（二）承办国家比赛	次	6
（三）承办江苏省比赛	次	2
（四）承办南京市比赛	次	8
四、参加体育人口数	人次	208368
五、向国家、省、市输送运动员人数	人	12
六、社会体育指导员	人	3153
（一）国家级	人	19
（二）一级	人	236
（三）二级	人	417
（四）三级	人	2481

（区统计局）

责任编辑　尹伟

卫生健康

Sanitary and Medical Services

综　述

【概况】　2020年，溧水区卫健系统以建设“健康江苏实践示范区”为目标，组织实施《“健康溧水2030”规划纲要》，梳理“健康溧水”建设2020年工作重点，围绕健康生活、健康服务、健康保障、健康环境、健康产业五大领域抓落实，促发展，推动全区卫生健康工作。全区居民健康素养水平提升，慢性病早死概率下降至8.44%，15分钟健康圈全面形成。“一平台三基地”建设有序推进，医防融合、医养融合、体医融合、教体融合等多融合促健康格局基本形成。成功举办第二届“健康中国”发展大会，溧水区率先发布全国首个《健康江苏实践示范区建设评估报告》。9月18日，区中医院被省中医药管理局确认为三级中医院，白马中心卫生院完成二级医院转设创成农村区域医疗中心，区第三人民医院通过二甲专科医院验收，区妇幼保健院和永阳街道社区卫生服务中心创成二级医院。9月，洪蓝街道、柘塘街道通过国家卫生街镇现场验收；11月，白马镇、东屏街道、晶桥镇通过省级健康街镇创建验收。9月，溧水区被国家卫健委疾控局、国家心血管病中心授予“国家高血压慢病综合防控示范区”称号。全区创成市级重点专科28个、省市级重点专科建设单位7个。全年卫健系统医疗机构门急诊307.54万人次，出院5.3万人次，医疗业务收入12.4亿元(扣除财政补助)。持续做好计生服务，全面放开二胎生育政策，确保人口稳增长。加快健康产业发展，全年健康产业签约项目25个，总投资100.98亿元。12月，区卫健委被市卫健委评为2020年度南京市职业健康重点工作先进单位，被区委、区政府评为“2020年度溧水区机关作风建设优胜单位”。

5月12日，区卫健委召开卫生健康系统“5·12”国际护士节大会

周晓　摄

【医疗卫生机构】　2020年，溧水区各类医疗卫生机构171个，增加5个。三级医院2家，增加1家(区中医院)。专科医院3家，护理院、站9个。街镇中心卫生院4家，街道卫生院3家，街道社区卫生服务中心1家。基层医疗机构152个

(包括一级民营医院、社区卫生服务中心、街镇卫生院、村(社区)卫生室、门诊部、诊所、医务室、卫生所)。公共卫生机构3个(区疾病控制中心、妇幼保健院、卫生监督所)。全区医疗卫生机构编制床位2552张,增加251张。全区卫生技术人员3869人,增加297人。

2020年溧水区医疗机构情况一览表

单位:个、张、人

指　标	机构	编制床位	人员	卫技人员
合计	171	2552	4557	3869
一、医院	17	2043	2847	2498
其中:综合医院	4	1110	1634	1443
中医医院	1	500	943	836
专科医院(精神病防治院、爱尔眼科、口腔)	3	284	206	170
护理院(护理站)	9	149	64	49
二、基层医疗机构	152	489	1511	1200
街镇卫生院(含社区中心、卫生站)	29	489	1080	882
村(社区)卫生室	76	0	162	117
门诊部(所)	5	0	45	31
诊所、医务室、卫生所	42	0	224	170
三、专业公共卫生机构	3	20	156	138
疾病控制中心	1	0	44	40
妇幼保健所	1	20	93	84
卫生监督所	1	0	19	14

2020年溧水区卫生人员情况一览表

单位:人

指标	合计	其　中			
		医院(含专科医院)	基层医疗卫生机构	公共卫生机构	其他卫生机构
一、卫生技术人员	3869	2498	1200	138	33
1.执业(助理)医师	1528	906	534	77	11
其中:执业医师	1318	889	341	77	11
2.注册护士	1559	1178	330	30	21
3.药师(士)	217	142	74	1	0
4.技师(士)	202	134	52	15	1
其中:检验士	149	88	45	15	1
5.其他	363	138	210	15	0
其中:乡村医生	117	0	117	0	0
二、其他技术人员	169	129	36	4	0
三、管理人员	88	35	92	3	1
四、工勤人员	297	185	92	11	9

(杨和生)

【新冠肺炎疫情防控】 2020年春节期间，面对新冠肺炎疫情，溧水区卫健系统贯彻中央、省、市区应对疫情工作要求，紧急行动，成立疫情防控领导小组，组建疫情防控业务指导、医疗救援、应急处置、物资保障、政策宣传等10个应对工作组，明确职责，周密部署。实施“外防输入、内防蔓延”防控措施，排查往返重点地区（湖北、浙江等）到溧人员并落实管理，管控中高风险地区到溧返溧、密切接触者、一般接触者等重点人群，快速规范处置疑似病例疫情，征用智选假日酒店、约翰大酒店等作为入境人员集中隔离医学观察场所。区卫健委疾病预防控制科、疾控中心负责全区疫情防控技术指导，组织开展业务培训，联合区委宣传部制作宣传标语、海报、居民一封信，到农村、社区、企业、学校利用小喇叭、宣传车向市民宣传疫情防控政策及相关法律、法规。基层医疗机构迅速行动，结合工作实际，落实疫情防控措施，建立健全防控制度。区级综合医院、专科医院、街镇卫生院（社区卫生服务中心）、村卫生室（社区卫生服务站），包括民营医院、诊所，门急诊患者包括陪护人员进院就医就诊须戴口罩、测体温、登记身份信息；保留1个出入口，严格管控病区病房。区人民医院、中医院定期召开新冠肺炎防控工作会议，组织开展发热门诊、预检分诊流程和疫情防控知识等培训，医务人员培训覆盖率100%。每日检查医疗、院感、护理疫情防控。街镇卫生院（社区卫生服务中心）主动作为，安排医护人员到交通要道防控卡口执行查验任务。区中医院、疾控中心建成PCR实验室并通过省市验收，实现区级综合医院、疾控机构新冠病毒核酸检测全覆盖。按照《关于下发集中医学观察场所工作要点的通知》要求，落实入境人员核酸检测、集中隔离、隔离解除后监测等闭环管理措施，各医疗机构选派医务人员到智选假日酒店、约翰大酒店、君凯大酒店、华美大酒店等集中隔离场所驻点开展入境人员健康管理。至年底，区人民医院、中医院集中医学观察国内中高风险地区到溧人员686人，核酸检测746人次，结果均为阴性。区级医院两家发热门诊接诊5620人，留观360人。管理第一入境点隔离期满解除隔离到溧人员433人，核酸检测692人次，结果均为阴性。强化入境人员集中隔离观察场所管理，隔离4030人，核酸检测3978人次，4例阳性及时转运至市公共卫生医疗中心。开展心理干预10人次。建立冷链食品及环境管控制度，开展进出口冷链食品和环境抽检，采样冷链食品及包装、环境1747份；检测冷链品从业人员1587人次，其中进口冷链食品从业人员918人次。11月，区卫健委被省委、省政府评为全省抗击新冠肺炎疫情先进集体。12月下旬，区卫健委落实省、市区部署，启动全区预防新冠病毒疫苗接种工作。

（杨和生　史敦平）

【医疗人才队伍建设】 2020年，区卫健系统组织医疗卫生单位公开招聘10批次，招聘各类卫技人员220人。向省卫健委争取农村定向医学生免费培养计划30人。街镇卫生院（含中心卫生院、街道社区卫生服务中心）全科医师规培送培12人，申报中青年人才19人。区人民医院强化医疗高层次人才引进，开展高层次人才引进面试，到岗高层次人才12人。至年底，该院高级职称211人、中级职称498人，博士17人、硕士131人、本科941人。区中医院公开招聘备案制人员38人，柔性引进年薪制专科人才3人，返聘专业技术人员19人，引进高层次人才在编人员5人（其中中医博士研究生1人），年内4人入选南京市中医药青年人才、1人入选江苏省“两学中”（高级人才研修项目）。

（杨和生　章碧君　吴孟涛）

【医疗卫生服务】 2020年，区卫健系统加强医疗卫生服务，提升医疗服务水平，进一步提高公共卫生服务质量，年内开展14类55项公共卫生服务项目，以医共体建设为平台，优化服务模式、服务流程、服务内容。建成母婴室14个，婴幼儿早期发展教育水平提高。调整区老龄工作委员会，拓展为老服务项目，老年人健康管理率73.5%，提高8%。区人民医院开展专科特色优质护理服务61项；修订护理工作制度109项；护理工作流程48项、护理操作流程3项、应急预案23个；全院科室参照最新服务指南，规范服务，住院病人护理满意度不断提高，全年电话随访2.24万余例病人，满意度98.07%，提高9%。区中医院根据上级《进一步改善医疗服务行动计划（2018—2020）年的通知》要求，实施新举措，成立患者服务中心，以改善患者就医体验、便民利民为主要内容，与门诊部相互补充协同，优化门诊管理和患者服务，为“门慢”“门特”“三优服务”患者提供服务1000余人次，患者满意度99.8%。开展

60周岁以上老人免费健康检查服务，全区8个街镇卫生院、中心卫生院和街道社区卫生服务中心定期与不定期免费开展健康检查活动48次，参与检查60周岁以上老人25万余人次。至年底，全区千人床位数5张，千人执业医师数2.92人，万人全科医师数4.9人。新增新技术新项目61项、四级手术128项、限制类技术20项。全区基层医疗机构拥有省级基层特色科室4个、市级基层特色科室11个。全区基层首诊率由2017年的51.4%提高到2020年的71.86%，转诊率从2017年的7.84%下降至2020年的2.45%，区内就诊率稳定在99%以上。

（杨和生　章碧君　吴孟涛）

【基本公共卫生服务】　2020年，溧水区基本公共卫生服务人均经费标准从上年95元提到100元，并纳入财政预算。实施公共卫生服务经费考核，区卫健委、财政局按照年初预报、季度督导、半年考核、年终结算办法和急事即办原则，及时足额拨付补助经费4733万元。其中，村（社区）卫生服务室（站）占51.71%，经费到账率100%。全区建立居民健康档案42.86万份，建档率90.55%，审核开放档案39万份，健康档案动态使用率53.73%。居民国家基本公共卫生服务项目知晓率96.75%，满意率91.60%。强化健康教育，全年全区包括基层医疗机构发放健康教育资料83万份，播放音像3.9万次，开展健康咨询235场、知识讲座1040场，培训健康知识指导员140人。优化重大疾病防控措施，提高各类传染病早期发现、诊断和处置能力，全年确诊肺结核病人131例。其中，病原学阳性68例，健康管理率100%。全年一类疫苗接种率99.78%，未发生接种差错事故。全区标准化儿童预防接种门诊合格率100%，公共卫生监督率100%。实施严重精神障碍患者健康管理项目，全年登记在册精神障碍患者2080人，检出率4.4‰；管理2017人，管理率96.97%；规范管理2017人，规范管理率96.97%，位居全市前列。　（杨和生）

【医疗行风监督管理】　2020年，区卫健系统强化卫生医疗行风管理，开展医德医风教育，上半年，全系统一手抓新冠肺炎疫情防控，一手抓职业道德教育、法纪教育、警示教育，聚焦药品耗材、非医疗相关产品，规范药品采购、临床诊疗行为，开展医疗服务“九不准”规定再教育活动60多场次；结合新时代文明实践活动，开展对标找差、谈心谈话、设立“群众满意窗口”“党员示范岗”，激发医务人员工作热情；开展整顿医药购销领域商业贿赂不正之风和“拒绝红包、远离回扣、廉洁从医”专项活动，遏制或减少医务人员职务犯罪，营造风清气正医疗服务环境。获“江苏省抗击新冠肺炎疫情先进个人”2人、江苏省“记功”表彰4人。全区援鄂抗疫34名女护士被市妇联评为“2020年度南京市三八红旗手”，2人被评为“南京市最美医护工作者”。推行“双随机、一公开”监督，抽查医疗卫生单位22家、传染病防治单位19家、放射卫生单位3家。加大违法行医打击力度，全年行政处罚13件，结案11件，移送公安部门案件1件；医疗行业行政处罚6件，罚款3万元，没收非法所得4550元，医师不良行为记分4分。所有医疗行政处罚案件结果录入市卫生健康综合管理平台、江苏省市场监督管理信息系统及市区两级统一公共信用信息归集和服务平台，并在信用南京网站公示。调处各类信访25件、接待来访5批次5人次；受理“12345”工单1321件，全部办结。

【药品保障管理】　2020年，区卫健系统着力落实药品供应保障体系建设，建立健全药品供应保障制度。公立医疗机构药品、医用耗材（试剂），尤其是高值医用耗材全面执行网上集中采购、阳光操作，规范药品、医用耗材（试剂）以及新增品种审批、采购程序，构建有利于医共体建设和双向转诊以及特色专科建设和慢性病患者用药需求的药品供应保障模式。区人民医院、中医院分别建成药品供应链云平台和药品SPD管理系统，平台、系统连通医共体所有成员单位，建立药品统一目录、统一采购、统一配送、统一结算贷款管理模式。落实医疗机构短缺药品分级储备职能，每月上报短缺药品，确定区人民医院为区短缺药品定点储备医院。强化药品采购制度管理，全区医疗机构与配送企业签订药品购销合同，廉洁购销合同率100%。3月6日，区卫健委印发《溧水区实施国家基本药物制度综合试点工作方案》，全面贯彻落实国家基本药物制度新政策，各公立医疗机构形成以基本药物为主导、非基药为补充的“1+X”用药模式，提升公立医疗机构国家基本药物配备使用占比。全年区级医院基药配备使用占比增长5%，基层医疗机构增长10%以上，位居全市前列。

2020年溧水区公立医疗机构国家基本药物配备使用情况一览表

医疗机构名称	基本药物配备产品数占比	基本药物销售金额占比
区人民医院	51.32%	34.87%
区中医院	55.30%	41.02%
区第三人民医院	58.86%	56.11%
永阳街道社区卫生服务中心	66.12%	62.60%
洪蓝街道卫生院	71.59%	66.90%
东屏街道卫生院	74.42%	66.28%
晶桥中心卫生院	71.62%	70.60%
石湫中心卫生院	69.75%	64.39%
柘塘中心卫生院	69.50%	63.22%
白马中心卫生院	68.91%	62.97%
和凤中心卫生院	73.28%	62.88%

（杨和生）

【医共体建设】 2020年，溧水区卫健系统以深化医疗改革为动力、提升医疗服务质量为主题、改善服务为重点，推进医共体建设落实。区人民医院制订《医共体技术下沉专家下派方案》《医共体下沉专家考核指标》，全年下派技术专家40余人次、高年资主治医师支农人员39人，开展技术指导、门诊、查房、业务讲座等工作，体现医共体资源共享。开展医务、护理、院感、药剂等相关知识培训32场，培训642人次。落实医共体内成员单位质量控制标准和制度，将成员单位相关责任人纳入区人民医院职能部门统一管理，接收成员单位进修29人。强化药品（试剂）供应环节管控，制订医共体药事统一管理实施方案，做到统一组织、统一目录、统一采购、统一结算（审核）、统一药学服务。开展信息远程指导，利月超声一体化系统平台，召开超声医学论坛暨溧水区医共体超声医学质量控制会议7次，邀请华中地区知名医学院校附属医院超声医学专业顶级专家60余人授课，全年开展医共体超声业务培训60余场，基层卫生院会诊481例。至年底，区人民医院派专家到基层医疗机构长期坐诊1126次，门诊指导5974人次，查房带教828人次，学术讲座32场，疑难病例讨论97次，带教手术61次，指导（无痛）胃肠镜843人次，病历质控428份，参与成员单位举办义诊15场，义诊病患者1500余人。支农医师坐诊3060人次，专项指导成员单位创建任务10次。加大中医优质资源下沉力度，区中医院下派各类技术人员到医共体成员单位32人。协助和凤中心卫生院开展新技术、新项目7项，柘塘中心卫生院新技术、新项目4项。年底，和凤中心卫生院脾胃病科创成市级基层特色科室，并通过验收。持续做好医共体成员单位影像、心电、临检、消毒供应、远程会诊五大中心建设，推动医共体区域医疗资源共享。至年底，影像会诊86人次，心电会诊2167人次。消毒供应中心供应和凤中心卫生院消毒包2735个、柘塘中心卫生院1398个、区妇幼保健院685个。区中医院制订《关于下发区中医院双向转诊"下转人数"考核奖惩细则方案（试行）的通知》，推动分级诊疗，全年下转病人381人，上转病人488人。

（杨和生　章碧君　吴孟涛）

【健康产业】 2020年，溧水区贯彻"健康中国"发展大会精神，加快推进健康产业发展。上半年，江苏省康复医院、南京市颐养中心、国家冰雪运动训练基地等标志性项目开工建设，国家极限运动训练馆溧水训练基地建成运营。围绕"互联网+健康"大数据平台、康复全产业链、中医药创新发展基地、大健康标准认证基地建设，签约落地绿地·中国中医健康养生示范区、百亿级宝能国际健康科技城、天安未来生态城、无想国医小镇以及裸心岭、花迹酒店等一批特色健康项目。汇聚科技领域创新资源，推动健康溧水国际化。12月，哈佛大学、省产业技术研究院与溧水区三方在市政府签订共建省产业研究院适老社会科技新创中心项目框架协议落户开发区。该中心由哈佛大学医学院教授凯博文领衔，省产业研究院投资3000万元。全年全区新医药与生命健康类企业44家。其中，规模以上企业27家，实现开票收入53亿元，增长12.3%。全年签约健康产业项目25个，总投资100.98亿元。 （鞠振帅）

社区卫生

【概况】 2020年，溧水区有基层医疗机构152家，卫生技术人员1200人。其中，区卫健系统基层街镇中心卫生院4家，街镇卫生院3家，街道社区卫生服务中心1家；城市社区卫生服务站42个，农村（社区）卫生室76个；有民营医院3家，民营诊所门诊部、医务室5家。区卫健委持续鼓励社会办医，按照非禁即入原则，受理医疗机构设置申请和执业登记许可。3家街镇卫生院创成市级特色科室3个，分别是白马中心卫生院儿科、洪蓝街道卫生院呼吸内科、石湫中心卫生院消化内科，省级特色科室1个（白马中心卫生院骨科）。区卫健委与区残联合作，遴选石湫街道石湫社区卫生室、洪蓝街道西旺社区卫生室创成省残疾人社区康复示范点，并通过省残联现场验收。永阳街道社区卫生服务中心获评第二批“江苏省社区医院”，东屏街道卫生院入选第三批“江苏省社区医院”。至年底，全区基层医疗机构有省、市级特色科室15个，其中市级11个、省级4个。

【街镇医疗卫生服务】 2020年，全区8家街镇卫生院（社区卫生服务中心）落实《溧水区优质服务基层行动实施方案》要求，规范诊疗行为。全年门急诊110.28万人次，增加2.49万人次，出院6960人次，减少1278人次。完成医疗收入约1.9亿元（含财政补贴、药品收入），下降5.8%。建立农村居民健康档案24.65万份，开放18.72万余份；家庭医生签约13.5万户16.5万人。

2020年溧水区街镇医疗卫生服务情况一览表

卫生医疗机构名称	门急诊（万人次）	出院（人次）
永阳街道社区卫生服务中心	20.07	1292
柘塘中心卫生院	23.24	889
东屏街道卫生院	11.03	1033
洪蓝街道卫生院	10.87	776
石湫中心卫生院	11.71	845
白马中心卫生院	12.39	775
和凤中心卫生院	11.15	545
晶桥中心卫生院	9.82	805
合计	110.28	6960

注：上表内数据来自各卫生医疗机构年度工作总结。 （杨和生）

【永阳街道社区卫生服务中心医疗服务】 2020年，永阳街道社区卫生服务中心有在编医务员工111人，卫生技术人员229人，其中高级职称16人、中级职称35人、初级职称163人。该中心落实《溧水区优质卫生服务基层行动实施方案》要求，围绕“标准化办院，特色化发展”思路，设置临床医技科室15个，打造标准化层流手术室2间，增加床位102张。强化服务质量，构建长效机制，与市第一人民医院、口腔医院建立医学合作关系，提升医疗竞争能力，创建省级特色皮肤科1个、市级特色口腔科1个。围绕国家基本公共卫生服务项目规范（第三版）及省、市区卫健委工作部署要求，以辖区所有重点人群管理为核心，以建立家庭医生为导向，有序开展医疗服务。加强居民健康档案管理，全年建立居民健康档案10.14万人，电子建档率85.18%，新建档案6339份。加强健康教育服务，发放健康教育资料40种16.18万份，播放影音文件15类120余次250小时，举办健康知识讲座125场，参与人员5838人；举办健康咨询活动30次，3752人参与。强化老年人健康管理服务，定期每季度一次免费为60周岁以上老人健康体检，年内60岁以上全面体检1.23万人，65岁以上全面健康检查9577人，健康管理率72.49%，增长11.69%。推进家庭医生签约，全年常住人口签约3.68万人，签约率20.83%；0～6岁儿童签约8074人，签约率67.74%；老年人签约8767人，签约率65.84%；慢性病（高血压、糖尿病）签约1.29万人；城乡低保、五保户、计生特殊家庭签约782人；离休干部签约68人，签约率100%。至年底，门急诊20.07万人次，增长26.9%；医疗收入1.08亿元。

（杨和生　刘峰）

【白马中心卫生院二级综合医院创建通过市级验收】 8月25日，市卫健委组织专家评审团到白马中心卫生院，开展转设二级综合性医院现场评审验收工作。该院位于白马镇集镇中心，占地1.5公顷，医疗用房建筑面积1.05万平方米，围绕“标准化办院，特色化发展”目标，增设床位99张，设置骨科、儿科、妇科、内分泌科、神经内科、心血管内科、皮肤科等12个临床医技科室和村（社区）卫生室9个，是江苏省首批农村区域性医疗中心建设单位。按照二级综合性医院创建要求，对标创建标准，落实院科两级管理、加强基础设施建设、优化医疗规范流程等，率先在全区基层医疗机构开展无痛肠镜检查，椎体成形术、人工股骨头置换三级、四级手术，提升卫生院医疗影响力。全年门急诊近11.15万人次（含社区卫生室），院骨科创成省级特色科室。8月，代表江苏省参加全国基本公共卫生绩效评价考核，获全国第一名。8月28日，白马中心卫生院被市卫健委批准晋升为二级医疗机构。

（杨和生　端舒娅）

疾病预防与控制

【概况】 2020年，溧水区疾控中心内设办公室、财务科、质量管理科、疾控一科、疾控二科、卫生科、慢病科、健康教育科、检验科、卫生应急办公室（非独立）10个科室。核定编制50人，在岗职工38人，其中在编38人中借出9人、借入6人、编外3人。正高级职称3人、副高级职称8人、中级职称15人，博士学位1人、硕士学位2人、本科学历20人。9月28日，由永阳街道中大街17号搬迁至文昌路203号区公共卫生中心9～12楼新址办公。新增仪器设备价值437.55万元，购置10万元以上设备9台套、万元以上23台套，建成生物安全二级实验室、PCR实验室，并通过省市验收。应对新冠肺炎疫情，该中心使用云视讯、钉钉会议、腾讯会议线上会议系统，减少人员聚集。12月，赵琴被评为全省疾控工作做出贡献个人，巩小娜被评为江苏省“疾控机构20周年”思想政治优秀工作者。

【新冠肺炎疫情防控】 2020年春节期间，面对新冠肺炎疫情，区疾控中心按照国家卫健委《新型冠状病毒肺炎防控方案》要求，开展病例流调、采样和密切接触者追踪、消杀及规范管理工作。1月22日至年底，按照省、市、区要求，出动调流人员655人次，开展306例收治观察病例流行病学

1月24日，区疾控中心检验科在区人民医院隔离病房收集样本　　区疾控中心　供

调查，规范开展2例国内输入性确诊病例及11例入境新冠病毒感染者流调、采样、密切接触者追踪及管理。采集生物标本（咽拭子、肛拭子、血液标本）5490人次6679份；检测3542人次，其中阳性4例，均为集中医学观察入境人员，并上报病例结果。采样检测区域冷链食品各类场所81家，采集检测样本2046份（其中从业人员585份，重点食品814份，重点环境647份），结果均为阴性。4月4—17日完成全区179户412人新冠病毒感染率调查。消杀并指导各类场所2429次234万平方米。开展复工、复产、复学新冠肺炎防控技术培训与督导，参加线下培训机构验收，开展中高考、大型会议活动等疫情防控指导。11月，郑继获评江苏省抗击新冠肺炎疫情先进个人。

【检验检测能力建设和公共卫生监(检)测】 2020年，区疾控中心强化实验室质量控制。参加省、市级实验室比对29份结果合格。分别为实验室质控考核省级水碘1份、尿碘2份、盐碘2份、新冠核酸检测5份；省质量技术监督局水中氯仿四氯化碳考核样品2份；市级总硬度考核样1项和副溶血性弧菌定性检测1项；市级艾滋病、丙肝和梅毒质控考核各5份，均合格。按要求完成食品风险和食源性疾病监测工作；食品风险检测样品微生物18份126项次、理化检测14份36个项次；突发公共卫生事件11起采集检测样品151份349项次；检测霍乱弧菌外环境样品42份；消毒质量监测托幼机构和医疗机构8家；江苏省农村生活饮用水监测丰水期、枯水期各36份1260项次，市政供水监测8个采样点二季度、四季度各8份560项次，均合格。碘营养监测900份样品；摸底调查216家企业职业病危害因素；随访调查辖区内143名尘肺病患者，并及时网报。指导全区34所中小学开展常见病防治、因病缺课监测工作，开展预警处置，处置率100%；开展8所学校采光照明、课桌椅、教学环境等环境检测；实施窝沟封闭，筛查小学三年级学生2330人，为1106人实施窝沟封闭、2362颗牙齿。

【卫生应急与疫情报告】 2020年，全区接到传染病自动预警信息101条，预警病种8种，所有预警信息均及时处理。规范处置突发公共卫生事件及相关信息14起，举办传染病及突发公共卫生事件处置现场培训7次，与全区8家街镇医疗机构联合开展卫生应急实战综合演练8次，参加区卫健委组织的新冠肺炎防控救治实操演练2次，通过模拟演练突发公共卫生事件应急处置，实现多部门参与、多场景行动、多受练人员参演，提升卫生应急队伍及个体卫生应急处置能力。落实疫情报告制度，全年网络报告传染病乙丙类1609例（报告发病率341.60/10万），死亡2例，无甲类传染病报告。其中，报告乙类传染病8种682例（报告发病率144.79/10万）、丙类传染病4种927例（报告发病率196.81/10万）。加强传染病管理与疫情报告工作培训及督导，全年未发生漏报、迟报病例，网报率、网报及时率100%；审核报卡2342张无漏报、迟报、重卡；全区发病率乙类下降5.99%、丙类下降55.81%。

【急性传染病防控】 2020年，全区报告手足口病18例，无重症及死亡病例。监测流感样病例5815例，未发现不明原因肺炎病例。4月，肠道门诊按要求开展外环境监测采样和病原学检测，完成病媒生物（四害）密度和登革热蚊媒专项监测。全年鼠密度0.188%、蚊密度0.145只/灯·夜、蝇密度2.78只/笼、蟑螂密度0.438只/张（粘蟑纸），布雷图指数2.92，平均布雷图指数未超过5，无输入性登革热病例。开展“发热伴血小板减少综合征”监测，捕获媒介生物蜱虫883只、宿主动物老鼠20只，按要求进行鼠种分类鉴定、密度计算并解剖采集标本，完成媒介生物和宿主动物监测任务。按规定开展“发热伴血小板减少综合征”确诊病例流调和生物样品采集，实施密切接触者医学观察、疫点消毒、健康教育等综合防控措施，所有疫情得到有效控制，无继发病例出现。

【结核病防治】 2020年，全区结核病健康管理率、报告率、转诊率100%；筛查高危人群11.78万余人次，免费拍片疑似肺结核3748张，发现肺结核11例；结核病防治督导街镇（开发区）32次、培训2次。肺结核患者系统管理率100%，治疗成功率90.78%。结核病专报系统中病案信息初次录入及时率、转入患者到位信息反馈率、病案转归信息完整率100%。

【艾滋病防治】 2020年,全区筛查HIV4.68万余人次,检测覆盖率9.9%,HIV感染者及时网报与流调率100%;所有感染者和病例均完成CD4检测、结核病筛查和配偶检测。区疾控中心通过手机短信、入户宣传、知识讲座、户外咨询、报刊、网络等形式普及艾滋病防治知识。

【麻风病防治】 2020年,区疾控中心管理麻风病人49例,失访3例,死亡1例,其中住院休养2例、麻风病例家庭医生签约率97.78%,健康体检44例,随访45例,慰问资助家庭困难麻风病人12例,发放慰问金1.06万元。

【血地寄预防控制】 4月,区疾控中心组织专业队及5支民工队对白马镇、晶桥镇、石湫街道、东屏街道、柘塘街道、永阳街道的历史有螺环境、石臼湖沿湖滩块开展螺情调查,查螺面积349万平方米。血吸虫查病永阳街道秋湖村民602人、外来流动人口200人均阴性。完成溧水区血吸虫病防治评估自查自评报告。碘盐、碘营养监测永阳街道、石湫街道、柘塘街道、白马镇、晶桥镇儿童200人、孕妇100人,尿碘中位数儿童234.7μg/L、孕妇150.4μg/L,儿童尿碘大于100μg/L,水平适宜。B超检查200名学生无甲状腺肿大。检测血片865张无疟疾阳性。完成国家级土源性线虫病监测点工作,监测洪蓝街道、和凤镇、柘塘街道、晶桥镇、石湫街道,每个街镇各200名2岁以上居民,查出阳性6例,其中姜片虫感染1例、蛲虫感染5例。

【计划免疫】 2020年,溧水区有预防接种门诊4类28个,9个一般预防接种门诊全部按照江苏省标准化儿童预防接种门诊标准完成改造,通过省、市、区级验收。全年出生人口3696人,免疫规划疫苗接种率99.78%(101292/101512)。督导预防接种门诊48次,培训接种人员521人次。规范冷链储运,新建20立方米冷库2座,完成疫苗搬迁。加强预防接种门诊管理,所有门诊实施疫苗扫码出入库、扫码接种,疫苗存储冰箱升级使用医用冰箱。全区接种门诊无责任差错事故发生。

【居民健康档案与慢病管理】 2020年,全区户籍人口44.86万人,户籍居民死亡人口2912人,户籍居民人均期望寿命82.76岁,上升1.10岁,其中男性81.27岁、女性84.40岁。建立居民健康档案42.86万份,建档率90.55%,健康档案动态使用率52.85%。60岁及以上老年人健康管理率58.42%(62161/106400),65岁及以上老年人健康管理率73.54%(50966/69300)。全区高血压、2型糖尿病患者健康管理任务数分别为40808人、11235人,实际管理51100人、15821人,任务完成率125.22%、140.82%,抽查的高血压患者规范管理率平均77.56%,糖尿病患者规范管理率平均73.86%;血压、血糖控制率分别为61.48%、56.33%。全区户籍居民肿瘤登记报告2535例(包括2019年诊断的肿瘤),其中发病报告1533例、死亡报告861例。完成慢性病防控社会因素调查的现场调查、糖尿病患者与高危人群筛查、慢阻肺筛查。开展国家慢病示范区建设,落实国家高血压慢病防控示范区建设、南京市高血压精细化管理、小学生减糖项目、南京市慢性病患者长效自我管理、区慢性病患者自我管理体医融合等项目试点工作。3月,傅爱华获评中国疾病预防控制中心慢病中心死因登记报告先进个人。

【健康教育与健康促进】 2020年,区疾控中心采取多途径普及卫生防病知识,提高居民健康素养水平。印发健康知识宣传折页6种9300份、制作发放宣传品雨伞、纸巾6000份;开展健康教育讲座18场覆盖2180人次;开展户外咨询活动14次;开展线上有奖知识竞答活动3场,答题人数和知识点传播数分别2.17万人次、17.59万次。《今日溧水》报"健康养生"专版中,开设"慢病防控直通车""健康促进园地"专栏,定期宣传慢性病防控知识、健康素养66条内容,发表文章52篇,南京健康教育网投稿30篇,微信公众号推文38篇,阅读量7523人次。10月,举办溧水区健康科普讲师演讲技能竞赛。11月,完成区国家级居民健康素养监测。

(赵琴)

卫生监督

【概况】 2020年,溧水区贯彻省、市卫生监督部门工作要求,落实公共场所卫生、医疗卫生、学校卫生、生活饮用水卫生、职业卫生、爱国卫生、中医药服务、计生服务、传染病防治、放射卫生等监督检查工作。推进“双随机、一公开”执法全过程记录等工作，规范卫生监督执法行为，保障辖区群众公共卫生安全，维护人民群众健康权益。全年“双随机”监督抽查任务195家，其中国家“双随机”监督抽查133家、省级“双随机”监督抽查62家。至年底，“双随机”监督抽查医疗机构53家、公共场所经营单位98家、学校11所、涉水产品机构1家、传染病防治机构19家、计生服务机构9家、放射卫生机构3家、供水单位10家。举办公共卫生知识培训4场，参与职业卫生培训企业422家。全区54所中小学、27家托幼机构日常卫生监督检查实施常态化管理。11月，区卫生监督所获市卫健委2020年度南京市职工职业（行业）技能大赛卫生监督技能比赛团体三等奖。

【新冠肺炎疫情防控】 2020年春节期间，面对新冠肺炎疫情，区卫生监督所紧急应对，召开疫情防控动员部署会，成立疫情防控工作领导小组，组建疫情防控卫生监督、业务指导、政策宣传工作小组3个。建立疫情防控责任制度，落实责任，分工负责，有序开展疫情防控卫生监督工作。1月23日—2月23日，到区人民医院、中医院2家发热门诊，永阳街道社区卫生服务中心、柘塘中心卫生院等8家街镇医疗机构开展疫情防控卫生监督检查。加强基层医疗机构疫情防控卫生监督管理，派出多个工作小组分头到街镇（开发区）、村（社区）卫生室、民营各类诊所、门诊部检查指导疫情防控工作。2月20日—3月10日，按照区卫健委工作部署要求，与区疾控中心联合开展企业复工复产疫情防控业务知识培训，到企业生产车间、班组与干部职工面对面交流宣讲疫情防控规范，增强企业干部职工防控意识。强化学校、幼儿园和校外机构疫情防控卫生监督管理。3月，配合区疫情防控指挥部、教育局、文旅局和市场监管局，分组验收全区中小学校、幼儿园和校外培训机构开学前疫情防控卫生工作。至5月底，疫情防控卫生监督检查560户次，其中检查道路临时检查点15个，监督检查学校、幼儿园和校外培训机构292家次，下达卫生监督意见书197份。

【医疗卫生监督】 2020年，区卫生监督所强化落实医疗卫生监督工作要求，重点检查依法执业及机构资质、人员资格、医疗技术管理、医疗文书管理等内容，全年监督检查医疗卫生机构172家。检查放射诊疗机构21家，监督其建设项目管理、放射诊疗许可管理、放射诊疗场所管理及其防护措施、放射工作人员管理、对患者及其他非工作人员保护情况，监督检查涉及计划生育机构13家。贯彻《南京市医疗卫生信用分类监管办法（试行）》《南京市医师不良执业行为记分管理办法（试行）》，开展医疗机构信用评价，落实医师不良执业记分制度。警告处罚未进行个人剂量监测的放射诊疗机构1家。开展医疗机构信用评价工作，3家不良行为的医疗机构、5名医务人员记4分，将失信行为信息录入市区两级统一公共信用信息归集和服务平台。全年行政处罚案件13件。

【公共场所卫生监督】 2020年，全区有公共场所各类工商户745家。3月，区卫生监督所排查全区公共场所疫情防控情况，符合疫情防控要求的及时准予正常营业。4月，全区公共场所卫生监督常态化管理。全年出动执法人员664人次，开展公共场所疫情防控监督823户次；出动卫生监督员152人次，查看酒店、宾馆相关消毒登记，电梯消毒及每日开窗通风情况。下达卫生监督意见书272份，张贴禁烟标识124张，发放《溧水区疫情防控期间理发店美容店管理办法》216份、《公共场所消毒记录表》501份、《公共场所从业人员、顾客登记表》438份，公共场所量化分级745户。

【饮用水及涉水产品卫生监督】 2020年，全区集中式供水单位3家，二次供水点98个，增压站9个，涉水产品生产企业8家。区卫生监督所按照国家生活饮用水卫生标准，快检出厂水、末梢水，检测结果均符合生活饮用水卫生标准（GB5749-2006），合格率100%。日常监督7家涉水产品生产企业，检查未发现违法违规行为。

【职业卫生监督】 2020年，区卫生监督所落实《溧水区尘毒危害专项执法工作实施方案》要求，开展全区尘毒危害专项执法，制订尘毒专项治理工作计划，排查摸底尘毒危害治理企业36家，其中矿山2家、化工4家、水泥生产3家、其他27家，并纳入年度尘毒危害治理重点监督单位。围绕尘毒危害着力检查职业卫生“三同时”、职业病危害因素申报，开展职业健康检查、职业病危害因素检测、职业健康培训3个方面监督检查。至年底，全区36家企业通过三轮卫生监督检查，职业病危害因素申报率、职业健康检查率、职业病危害因素定期检测率100%。（梁秋华）

妇幼保健

【概况】 2020年，溧水区以创建二级妇幼保健院为契机，以关爱妇幼、关注健康、规范服务、讲究实效为全区妇幼保健工作重点，在全区开展妇幼保健、婚前保健、孕前优生健康检查、计生服务、妇幼重大公共卫生服务项目及全区基层妇幼卫生指导，提高妇女儿童健康水平，降低孕产妇死亡率、婴幼儿死亡率和出生缺陷率。强化婚前医学检查、孕前优生健康检查、早孕建册、孕产妇分类管理。规范落实孕期保健、产前筛查、产后诊断等医疗服务。落实孕前优生健康检查情况通报制度，开展优生优育、生殖健康宣传，加强出生缺陷综合防治。建立健全妇幼保健服务指标绩效考核和分级服务制度，开展儿童预防近视、儿童早期发育、孕产妇营养、心理健康等知识咨询服务与培训。全区适龄儿童免疫计划疫苗接种率99.78%。新婚1970人，婚检1669人，婚检率84.72%，检出疾病196人，疾病检出率11.74%。执行《南京市托幼机构卫生保健合格评审细则》《南京市托儿所幼儿园卫生保健管理办法》《南京市托儿所幼儿园卫生保健工作规范》，全区在园儿童1.43万人，增加900余人，参加定期健康体检1.35万余人，体检率94.84%。完成孕前优生健康检查服务713对，目标人群优生知识知晓率100%。12月22日，市卫健委、行政审批局专家评审组到溧水区考核验收二级妇幼保健院创建工作。12月30日，市卫健委发布《关于批准南京市溧水区妇幼保健院为二级妇幼保健院的通知》。12月17日，区妇幼保健院全省国家免费孕前优生健康检查项目“2020年2次临床检验室间质控”被省卫健委妇幼处评为优秀项目。12月17日，区妇幼保健院被市爱卫办授予“南京市健康促进医院”称号。12月28日，被国家人口和计划生育委员会计生药具不良反应监测中心授予“2020年度全国避孕药具不良反应监测工作先进监测点”称号。

【妇女保健】 2020年，全区产妇3474人，活产儿3517人，早孕建册3202人，早孕建卡率92.17%，出生缺陷率6.82‰，高危孕产妇管理率100%，产后访视率96.02%。孕产妇系统管理率90.82%，提高1.47%；免费孕前优生健康检查目标人群覆盖率100%，孕产妇零死亡。

【儿童保健】 2020年，全区0～6岁儿童2.94万余人，接受保健管理2.79万余人，保健管理率95%。新生儿听力筛查3239人，筛查率99.5%；新生儿疾病筛查3239人，筛查率99.54%；婴儿死亡率1.54‰，下降1.43‰；5岁以下儿童死亡率1.84‰，下降2.04‰；6个月婴儿母乳喂养率88.03%，下降2.97%。新生儿访视率96.1%，提高0.7%。

【计生服务】 2020年，区妇幼保健院落实计生服务措施，避孕节育自主知情选择，避孕药具保障供应。规范避孕节育、避孕药随访服务，随访服务率100%。至年底，全区发放避孕药140盒、避孕套2.4万只、凝胶305支、外用栓137盒、节育器180套，上环112例，综合避孕率、知情选择率90%。上报避孕药具不良反应478例。（万忠武）

爱国卫生

【概况】 2020年，溧水区贯彻省、市爱卫工作部署要求，围绕加快“健康溧水”建设主线，开展卫生街镇、卫生村（社区）创建，强化农村人居环境治理，改善农村卫生环境。巩固全区“除四害”先进城区成果，高标准推进“健康细胞”创建工程，实施党政机关、学校、卫生医疗事业单位控烟禁烟行动计划，开展机关办公场所无烟创建活动。加强舆论引导，开展全社会健康教育，做好全区公共场所卫生监督。

【爱国卫生行动】 2020年，区爱卫办加快推进《健康溧水（2017—2020年）实施方案》落实，围绕营造“青山、蓝天、宁静、绿色家园”环境目标，制订爱国卫生行动计划，推动国家级、省级卫生街镇及省市级卫生村(社区)创建工作,按照国家、省、市要求,逐条落实、整改到位,将卫生创建列入区政府千分制考核内容,实行分值计绩与经济挂钩考核。结合区文明城市创建,与区文明办、城管局联合开展城市卫生大扫除活动,区级机关各部门放弃双休日,组织干部职工清扫、清运各类垃圾,打扫室内外环境卫生;各级城管部门加班加点清理背街小巷生活垃圾,整治脏乱差;环卫保洁部门实施清扫、清运、保洁"三位一体"管理,全区垃圾做到日产日清、封闭储存及运输,垃圾无害化处理率100%。爱国卫生月期间,全区清理各类垃圾1.2万吨,开展卫生大扫除600余次,参加卫生大扫除5000余人次。强化农村人居环境治理,各街镇(开发区)开展各类活动300余次,实施农村自然村水、电、路及公共卫生间等基础设施工程建设项目500多个,总投资约2亿元。区文旅局强化乡村旅游公共卫生管理,改扩建旅游重点A级以上旅游厕所13座。至年底,全区新增农村无害化三类公厕185座,农村无害化卫生户厕普及率99.99%。12月10日,柘塘街道、洪蓝街道通过国家卫生街镇创建现场评估。

【病媒生物防治】 2020年,区爱卫办巩固国家"除四害"先进城区工作成果,开展鼠、蚊、蝇、蟑病媒生物密度控制水平、布雷图指数方法进行登革热病媒监测。以治理蚊虫孳生地为重点,开展室内外环境整治行动,完善灭杀蚊蝇设施和住宅小区外部环境诱蝇笼放置,明确灭杀蚊蝇药物喷油时间节点,建立统一杀灭蚊蝇制度。8月13日,区爱卫办与区疾控中心联合组成多个工作组,先后到永阳街道、开发区主城区、街镇政府所在地、居民小区督查病媒生物防治。选取永阳街道阳光佳苑52户、龙山名府63户进行病媒生物防治抽查,入户开展鼠、蚊、蝇、蟑以及登革热常规监测调查登记115户。至年底,东屏街道实现病媒生物防治示范点目标全覆盖,永阳街道、柘塘街道、晶桥镇打造成病媒生物防治优良示范片区,各街镇(开发区)政府(办事处)所在地打造"四害"防治示范点各3个。

【"健康细胞"创建】 2020年,区爱卫办贯彻落实健康中国"健康溧水"样本部署总要求,有序推进健康街镇(开发区)、健康社区、健康单位、健康家庭、健康小屋、健康步道等健康细胞创建。多渠道、多形式开展健康教育与健康促进,整合媒体资源,利用《今日溧水》报、有线电视设立"健康养生""健康促进园地"等专栏8个,举办健康教育讲座18场,印发健康知识宣传折页9300份。培育兼职"康细胞"建设指导员100余名。8月26日,与区疾控中心联合在区中医院举办"三减三健"(减盐、减油、减糖,健康口腔、健康体重、健康骨骼)健康生活方式指导员培训班,参培150余人。传播科学健康知识及健康技能,让更多市民参与健康生活,践行先试。10月23日,举办溧水区健康科普讲师演讲技能竞赛,全区街镇两级医疗机构选手83人参赛。至年底,全区创建"健康细胞"工程项目58个。其中,省级健康街镇3个(东屏街道、白马镇、晶桥镇),省级健康村(社区)20个,市级健康村(社区)23个,健康步道12条。全年培育市级健康家庭100户、健康市民100名。

【控烟禁烟】 2020年,区爱卫办贯彻《江苏省爱国卫生条例》和省卫健委等9部门《关于开展公共场所控制吸烟专项督查工作的通知》精神,在全区推行公共场所禁烟、无烟单位创建工作。3—5月,结合新冠肺炎疫情防控常态化管理,组织区卫生监督所、疾控中心、永阳街道社区卫生服务中心等相关部门到全区医疗机构、车站、地铁站、学校、影视城等公共场所开展控烟、禁烟宣传教育活动3次。结合"5·13"世界无烟日,联合区政府办、区文明办、机关党工委,分成若干工作组,到全区73家党政机关单位和部门开展"无烟机关单位"创建监督检查和评估、考核及综合评比。至年底,区行政审批局等39家机关单位获评区无烟机关单位;东屏街道办事处、石湫街道办事处、和凤镇政府、区城建局、区交运局、区行政审批局6家机关(单位)获评2020年度南京市无烟党政机关(单位)。 (杨和生)

区级医院

·溧水区人民医院·

【概况】 溧水区人民医院位于溧水区城南新区,永阳街道崇文路86号,是江苏大学、皖南医学院、东南大学医学院和南京医科大学康达学院教学医院，国家级“爱婴医院”、东南大学附属中大医院溧水分院、三级综合医院。2020年医院占地8.26万平方米，建筑面积8.6万平方米；编制床位1000张，实际开放床位1000余张；设有标准病区23个，百级、万级洁净手术室12间，重症监护室1个，核定床位22张，血液净化中心1个，高压氧舱1座；业务科室40个，市级医学重点专科22个；拥有3.0T核磁共振、1.5T核磁共振、128排螺旋CT、256排多功能CT、心脑血管DSA、外周血管DASA、肿瘤直线加速器、钼靶乳腺机、胃肠机、全自动生化分析仪、高端四维彩超、3D腹腔镜、X射线骨密度检测仪等大中型医疗设备。全年门急诊86.3万人次，受新冠肺炎疫情影响，略有减少。各类健康体检3.53万人次，出院3.2万人次，手术1.63万例次，增加1500例次，四级手术520余项，限制类技术27项；全年开展新技术新项目128项。分娩1968人，肾脏透析5.15万人次，下降900人次。全年医疗业务收入8.47亿元，增加1.34亿元。全院在职职工1508人，增加81人。其中，卫生技术人员1343人，增加80人；高级职称232人，博士27人，硕士134人，江苏省第一批卫生拔尖人才1人，兼职教授4人，兼职副教授21人，市青年人才5人。全年选派医生、药师到三甲医院进修9人，接受23人到院进修。医务人员在各类医学期刊发表论文199篇，增加51篇。合作申报市医学科技发展项目11个，主办国家级继续教育项目1个、省级继续教育项目6个。12月，获“全国改善医疗服务行动示范单位”。

【新冠肺炎疫情防控】 2020年春节期间，全区新冠肺炎防控阻击战打响后，1月23日，区人民医院成立疫情防控工作领导小组，组建医疗专家组、院感防控组、物资保障组、防控督查组4个。医疗专家组依据国家卫健委发布《新型冠状病毒感染的肺炎诊疗方案》等规范性文件，开展全院发热及有呼吸道症状患者流行病学史排查、检查检验及相关鉴别工作，2—3月，发热门诊排查、检验发热、呼吸道症状患者733人，住院排查呼吸道症状患者209人。院感防控组负责制订疫情防控工作培训指导实施计划，每周召开一次由医疗科室负责人、护士长、医护骨干参加的疫情防控业务知识教育视频培训会，每天进行一次科室病房疫情防控指导与监督，检查医务人员规范防护及医疗废弃物消毒、处置等。防控督查组落实建立防控保障制度，封闭全院通道，保留门诊和急诊2个出入口，保安人员24小时值守，全院23个病区、80余个门急诊包括专家门诊，患者就医就诊（包括患者陪护人员）进医院必须佩戴口罩、测体温、登记身份信息，每天分早、中、晚3次全程动态督查检查，发现出现问题的医务人员，及时约谈，限期改正。期间，成功筛查新冠肺炎感染病例2例，第一时间隔离转到市级定点医院救治。全年，制订修改《新型冠状病毒感染的肺炎防控实施方案》8版，身份证、医保卡登记进院就医就诊病患者86.3万余人次。年底，被市委、市政府评为全市抗击新冠肺炎疫情先进集体。拍摄《全“溧”以赴》《我们都有一个共同的名字——护士》两部微电影，以抗疫过程中发生的一件件感人事例为题材，以点带面，展示区人民医院医务人员抗疫历程和精神风貌，在由省医院协会、新华网江苏有限公司主办的2020年第六届江苏医院微电影节上获优秀作品奖。

【援鄂抗疫】 2020年春节期间，面对新冠肺炎疫情，区人民医院响应省、市应对疫情部署号召，1月25日，组建由3名90后护理人员组成的第一批援鄂医疗队，赴湖北参加新冠肺炎救治；1月27日，神经外科主管护师秦艳萍作为第二批医疗队员赴武汉参与疫情救治工作；2月9日，根据省、市卫健委和区委、区政府安排，由38名医护人员组成的第三批援鄂医疗队赶赴湖北参加新冠肺炎重症患者救治，并在门诊大楼南广场举行援鄂医疗队抗疫出征欢送仪式。援鄂医疗队在武汉经历51个日夜救援工作，圆满完成任务，3月31日凯旋。援鄂医疗队所在的医疗二队获得全国卫生健康系统新冠肺炎疫情防控工作先进集体；3月6日，职工黄刚、尹滇、端星星、张婷婷获省卫健委、人社厅新冠肺炎疫情防控记功奖励；4月14日，职工尹滇被省委宣传部、文明委授予“江苏省文明职工”称号；11月26日，医务部张立平被省政府评为江苏省抗击新冠肺炎先进个人。

【医疗质量与服务】 2020年，区人民医院强化医疗质量与服务，上半年，制订《医疗质量提升行动方案》，明确各部门、科室责任，规范医务人员诊疗行为，开展危重病人电子化管理，取消原先“病危”“病重”的文字医嘱，实时查询住院病危病重患者病情，监测危重病例讨论情况；未能按照危重患者管理流程科室发出整改清单的，督促科室分析原因，提高临床路径入径率，至年底，由2019年52.64%提高到2020年55.19%；随着临床路径教育推广和新技术的开展，病种数由2019年194个增加至2020年264个，并将唇腭裂、骨肉瘤等纳入农村低收入30种大病临床路径管理。下半年，优化护理服务，提升医疗质量。9月10日，上线“互联网+护理服务”，梳理上线服务项目18个，邀请专家到院培训医务人员200余人，选送护士15人参加上级医院互联网+护理服务资质培训。各科室参照最新指南修订各专科护理工作制度、工作流程、护理常规。全年开展专科特色优质护理服务61项，修订护理工作制度109项、护理工作流程48项、护理操作流程3项、应急预案23项，做到护理工作有章可循、有据可依。全年电话随访出院病人2.42万余人，满意度98.07%。10月10日，国家卫健委发布《关于通报表扬“互联网+医疗健康”服务典型案例的通知》，对全国区域服务、医疗服务、公卫服务、创新应用、数字防疫5个方面典型案例予以通报表扬，区人民医院糖尿病智能一体化管理体系作为公共卫生服务方面典型案例受到国家卫健委通报表扬。11月1日，第一届江苏省预防医学会糖尿病预防与控制专业委员会在南京成立，副院长杨兵全当选该委员会常务委员，任期5年。

【科教水平与人才梯队】 2020年，区人民医院强化医疗科教水平，全年开展多科性学术活动21次，其中上级医院专家到区人民医院进行多科性学术活动9次。全年申报省科技厅项目2个、市卫健委课题21个、江苏省医院协会课题2个、省中医药科技发展项目1个、省卫健委课题3个、省妇幼健康科研项目1个，首次组织院级科研课题评审；全年申报省卫健委医学引进新技术评估1项、南京市医学新技术引进奖3项、南京中医药科学技术奖1项。围绕临床、检验、药学专业，主动与江苏大学、皖南医学院对接，接收4批次45名实习生到区人民医院实习，开展各种医学专项理论讲座8次，病历讨论8次，教学查房8次，技能操作培训75次，技能考核156人次。在年度住院医师规范化结业考核中，理论考核通过率100%，技能考核通过率97%。强化医疗人才队伍建设，提升医院竞争力，开展高层次人才引进面试工作，全年到岗高层次人才12人。至年底，全院有职工1508人，增加81人。其中，卫生专业技术人员1343人，增加80人；高级职称211人、中级职称498人；博士27人、硕士134人、本科941人，人才梯队逐渐成型。病房护士和床位占比为0.398∶1，各专业科室至少有1名医师为高级职称，有临床药师指导合理用药，全院有高级职称工程技术人员5人。 （章碧君）

·溧水区中医院·

【概况】 溧水区中医院位于溧水城区东部，永阳街道文昌路201号。2020年，医院占地8.4公顷，一期工程综合楼主体23层，建筑面积10万平方米。设有标准化病区17个，编制床位500张，开放床位500张，设置临床科室28个，医技科室9个，有市级中医重点专科2个（骨伤科、脾胃病科），市级中医重点专科建设单位11个，市级医学重点专科建设单位4个。有职工942人，增加108人。其中，卫生技术人员803人，增加102人；正高级职称29人，增加6人；副高级职称74人，增加14人；中级职称184人，增加13人；硕士及以上研究生131人，增加17人；本科511人，增加113人。南京市名中医6人，溧水区中青年拔尖人才3人，江苏省农村优秀中医临床人才2人。年内门急诊总量45.69万人次。其中，门诊下降1.41%，急诊增长5.29%；住院1.65万人次，下降18.11%；三级手术2004台次，下降17.87%；四级手术803台次，增长88.5%。全年业务收入3.56亿元，增长5%（其中，医疗收入3.28亿万元，中药饮片收入2797.86万元）。有设备1700余台，其中中医设备13类21种324台套，包括舌面脉信息采集体质辨识系统、中医紫外线光疗仪、钬激光治疗仪、光子治疗仪、中低周波治疗仪、骨质疏松治疗仪等中医诊疗诊断类设备以及针疗、灸疗、罐疗、磁疗、热疗等中医治疗设备。拥有256排CT、医用血管造影X射线系统、核磁共振成像系统、数字乳腺X射线影像系统、三维电生理导航及电子胃肠镜系统等大型设备。9月18日，区中医院被江苏省中医药管理局确认为三级中医医院。7

月，获市卫健委举办的2020年度南京市职工职业行业技能大赛院前医疗急救技能竞赛团体优胜奖。

【新冠肺炎疫情防控】 2020年春节期间，面对新冠肺炎疫情，区中医院贯彻省、市、区应对疫情工作部署，紧急行动，1月23日，召开医务人员《新冠肺炎疫情防控方案（第二版）》培训会，成立疫情防控工作领导小组，组建专家救治、综合协调、医疗救援、后勤保障4个工作组，制订发布疫情防控具体要求23条。1月28日，向全体医务人员发出《关于春节终止休假的通知》，要求所有人员充实到防控一线。加强内部疫情防控管理，制订新冠肺炎感染防控应急预案、医务人员穿脱防护用品流程，落实传染病相关感染防控制度；组织全院医务、预检分诊和发热门诊、保洁员等人员，进行疫情防控知识培训7场次。提升群防群控技能，每天督查预检分诊、发热门诊等各科室消毒隔离措施、防护用品穿脱等落实情况。根据省卫健委最新发布《新型冠状病毒感染相关医疗废物收集处置贮存运输处置技术指南》，规范医疗废物分类处置，发热门诊医疗废物采用三层包装，鹅颈式封口，标注"高度感染"，专人专桶指定路线收集转运。强化落实病患者防控管理，区中医院设立门诊楼入口24小时预检分诊台，所有进院就医就诊病患者包括陪护人员均需经过门急诊、预检方能入院；发热门诊集中分流有流行病学疫情接触史等不明原因发热患者。建立24小时发热门诊日报告制度和零报告制度，排查人员817人次，疑似病例为零。贯彻省中医药管理局下发中医药使用文件要求，彰显中医疫情防控特色，组织名医、药剂科、中药房制订中药预防1号、2号方，开出中药处方2565副，依据国医大师周仲瑛的"防疫香囊"制作方法，研发生产3000多个新冠肺炎中医药预防香囊。开展送健康中药进社区系列活动，全年走访社区26个，送防疫香囊130个、艾条130根，提供社区居民、就诊患者防疫香囊2330个，提供驻点隔离人员中药预防方药3195副。年底，被市委、市政府评为全市抗击新冠肺炎疫情先进集体。全年受到省、市、区各条战线疫情防控表彰奖励职工74人次。

【援鄂抗疫】 1月23日，全国新冠肺炎疫情防控阻击战打响后，区中医院医务人员纷纷提交请战书，报名要求驰援奔赴抗疫一线，成立40人的抗疫预备队，随时听从上级号令，1月25日（正月初一），急诊科主任胡星星赴湖北武汉参与"新冠新型冠状病毒肺炎"救治。1月27日，EICU护士长王娟赶赴武汉参加新冠肺炎病患者救治工作。8月3日，新疆新冠肺炎疫情暴发，检验科主任邓涛主动请缨，作为江苏第二批医疗队队员，8月4日清晨抵新疆后，迅速加入检验队伍，开展高效检验工作。年底，邓涛被市委、市政府评为南京市抗击新冠肺炎疫情先进个人。4月，胡星星被省委宣传部、省文明委、省总工会评为江苏省文明职工；3月，王娟被市委宣传部、市卫健委授予南京"最美医护工作者"称号，被武汉市江夏区委、区政府授予"武汉市江夏区荣誉市民"称号。

【医疗人才队伍与教学科研建设】 2020年，区中医院公开招聘备案制人才38人，柔性引进年薪制专科人才3人，返聘专业技术人员19人，引进高层次人才在编人员5人，其中中医博士研究

8月1日，溧水区中医院国家标准化代谢性疾病管理中心（MMC）正式运行
区中医院 供

生1人,年内4人入选南京市中医药青年人才,1人入选江苏省“西学中”高级人才研修项目。强化教学科研建设,与皖南医学院和药学院签订实习协议,新增中医教学合作单位1个,开展省级中医药适宜技术培训及继续教育项目活动5场。全年院级科研基金课题立项20个,新技术项目立项100个,申报南京市药学会科研项目1个并获批。6月,召开2020年院内新技术新项目审查会,审查新技术612项,其中风险高难度大限制类医疗技术152项。纯中医新技术、护理新技术及其他一般诊疗技术27项,检验检查新技术19项,其中多项新技术填补区内空白。加强诊疗能力建设,8月1日,溧水区国家标准化代谢性疾病管理中心(MMC)和由国家卫健委授牌设立的溧水区乡镇分中心(MMC)同时在区中医院运行,该中心将为患者完成眼、肾、心、足、脑、神经、血管、甲状腺等各种代谢性疾病的代谢指标检测,糖尿病急慢性并发症全面筛查一站式服务,全年收治诊疗患者335人,回访200人,满意度100%。11月,医院心血管监护病房(CCU)启用,联合和凤、柘塘中心卫生院和永阳街道社区卫生服务中心,成功开展主动脉内球囊反搏术为代表的新技术实验,完成高血压达标中心建设新项目100个。

【中医药特色服务】 2020年,区中医院持续推进治未病中心、中医康复中心、针灸推拿中心及中药制剂中心建设,开展“互联网+护理”服务,7月28日,与苏州德品医疗科技有限公司签订共建“互联网+护理”合作战略协议。至年底,服务12例。开设中医护理门诊,在针灸科门诊及病区开设中医经典病房,开展冬病夏治穴位贴敷、个体化浓煎剂、中药香囊等多种中药加工服务和中药免费快递服务。制订并施优势病种中医诊疗方案69个,常见病围手术期中西医结合诊疗方案21个,临床路径病种40个。落实上级《进一步改善医疗服务行动计划(2018—2020年)的通知》要求,8月10日,成立患者服务中心,以改善患者就医体验、便民利民为主要内容,与门诊部相互补充协同,优化门诊管理和患者服务,为患者提供“门慢”“门特”“三优服务”1000余人次,患者满意度99.8%。

(吴孟涛)

·溧水区第三人民医院·

【概况】 2020年,溧水区第三人民医院(区精神病防治院)易地搬迁改建后形成门诊、急诊、病房为一体的精神专科医院,占地面积约2.46万余平方米,设精神科开放治疗病区、康复病区,编制床位200张,实际开放120张。职工113人,卫技人员95人,占84.07%;高级职称10人(含外聘)、中级职称25人。精神科医师25人(含南京脑科医院规培11人)、护士39人。开设社区全科(内外科门诊)、精神科门诊、精神科男病区、精神科女病区、康复病区、急诊室、工娱疗室、预防保健室、医学心理科、心理咨询门诊、心理测量室、癫痫门诊、精残智残鉴定门诊、儿童精神科门诊等。临床科室医技科室有药剂科、检验科、放射科、脑电图室、TCD、B超室、心电图室等。实行二级管理,职能科室有办公室、医教科、护理部、感染管理科、社会精神科、病案管理科、财务科、信息科、后勤保障科、设备科等。医疗设备主要有:DR、全自动生化分析仪、血球计数仪、尿液分析仪、尿沉渣分析仪、进口脑电图仪、TCD、十二

1月17日,区第三人民医院精神科医护人员与患者开展“欢欢喜喜迎新年”活动 傅芹 摄

通道心电图、心电监护仪、经颅磁刺激仪、音乐治疗仪、生物反馈治疗仪、多功能麻醉仪、呼吸机、除颤仪、进口电休克治疗仪等。全年门急诊1.8万余人次，住院1272人次。医疗业务收入1521万元，增长3.09%。

【二级甲等精神专科医院创建】 2020年，区第三人民医院推进二级甲等精神专科医院创建工作，对照创建标准，制订实施方案，明确创建工作目标任务，对标找差、建立责任制、分工负责，落实具体工作要求。建立完善二甲创建责任追究制度，月例会、周例会工作制度，邀请南京脑科医院质控专家到院现场指导，解读创建重点条款及重要环节，指导台账创建，督查病区管理重点环节等。12月17日，南京医院协会、市卫健委医政医管处、南京脑科医院组成专家组，到溧水区第三人民医院开展创建二级甲等医院评审工作，批准区第三人民医院升级为二级甲等精神专科医院。

【新冠肺炎疫情心理危机干预】 2020年春节期间，全区新冠肺炎疫情防控阻击战打响后，2月4日，区第三人民医院组建疫情心理危机干预队伍，开通志愿者24小时心理援助服务热线电话，开展受影响、有需求人群及其他相关人群信息危机干预工作。先后6次选派心理危机干预专家，赴现场心理干预隔离医学观察点的隔离人员，接听心理热线196条，面访260人次，定期为隔离点医务人员举办心理讲座，提供疫情认知、健康指导和心理情绪辅导，评估心理危机，开展家庭支援、社会关系修复、政策咨询及转介等服务。援助热线的专家对一线医务工作者、确诊及疑似病例现场干预，对居家隔离群众热线干预，提供专业咨询、心理疏导、情绪稳定指导，跟踪回访特殊的、情绪不稳定来电，信息反馈相关部门处置。

【溧水社会心理健康服务指导中心成立】 10月1日，溧水区社会心理健康服务指导中心建成投入使用。该中心设在区第三人民医院门诊3楼，由中科院心理研究所专家设计方案，总投资300万元，建有社会心理云平台，集心理科普、心理体验、心理咨询、心理培训、应急干预、心理数据（云平台）于一体，形成覆盖各街镇（开发区）、社区的心理健康服务网络体系。社会心理云平台系统模块可进行心理测评、数据采集分析及报告，以及线上咨询、服务预约、心理健康科普、心理课程、心身健康自助干预等服务，形成线上线下结合的服务生态。其中，线下服务包括心理服务和科普体验，中心有微笑训练仪、智能情绪识别系统、沙盘室、积极情绪训练室、体感音波放松室、睡眠室等，为溧水及周边人民群众提供线上线下的心理服务。

【门、急诊新楼启用】 10月1日，在溧水区永阳街道中大街区人民医院旧址新改建的区第三人民医院门、急诊大楼竣工投入使用。大楼建筑面积8188平方米，地下1层、地上8层，1～5层为医疗区域，6～8层为行政区域。门、急诊新楼启用后，区第三人民医院整合门、急诊一站式服务、设立导医台及志愿者服务台，推行预约挂号、配置自动挂号缴费机、开通电子叫号及候诊服务，简化就诊程序，改造各诊区分诊模式，优化服务流程。设立明晰导引标识，保持整洁、安全、舒适的诊疗环境，创造安全有序的诊疗秩序。推行“一医一患一诊室”私密诊疗模式，提高诊疗质量和效率。

（陈婷婷）

责任编辑　尹伟

应急管理

Emergency Management

安全生产

【概况】 2020年，溧水区应急管理系统落实国家、省、市、区安全生产工作决策部署，围绕防风险、除隐患、遏事故、保安全工作目标，开展安全生产整治创建行动，健全完善安全生产责任体系和安全监管体制机制，全区安全生产形势平稳向好，未发生较大及以上有影响事故。至年底，全区取得安全生产标准化二级证书企业15家、三级证书企业336家，创建双重预防机制企业通过验收25家。加大危化品、冶金等工贸企业安全生产专项资金投入，支持重点行业领域、重大隐患治理以及安全生产科技成果应用，全年投资总额138万元。开展安全生产专项整治行动，在全区进行全覆盖、拉网式安全生产大检查、大排查、大整治、大执法集中行动，全年出动执法力量2.09万人次，检查企业8318家次，排查发现一般安全隐患1.54万处，整改14791处，处罚金335.12万元，责令停产停业企业30家。7月21日，溧水区被市安全生产委员会评为2019年度全市安全生产工作优秀单位，区应急管理局被区委、区政府评为2020年度溧水区机关作风建设优胜单位。

【安全生产责任体系建设】 2020年，溧水区加强安全生产责任体系建设，推动全区安全责任落实。强化安全生产主体责任，建立工业企业联络员制度。3月，区委、区政府印发《溧水区市管领导联系点工业企业制度》，相继出台《溧水区党政领导干部安全生产责任制实施办法》《区委常委会成员区政府领导班子成员2020年安全生产重点工作清单》等文件，全区40名市管领导联系区域工业企业100家，指导企业安全生产工作。落实重点企业安全生产管理措施，区应急管理系统印发《区有关单位安全生产工作职责清单》，推动企业主体责任落实，理清43家党政部门（单位）和属地安全生产工作职责，形成安全生产职责法定化、清单化。与中介服务机构签订专家购买协议，依托专业人才资源，形成“政府抓监管、中介机构抓服务、企业抓整改落实”的三方联动、齐抓共管安全生产模式。4月，区应急管理部门先后制订下发《进一步加强安全生产工作的意见》《溧水区安全生产警示提示制度》《溧水区安全生产重要工作事项督办制度》《区整治办关于办理国务院督导组交办安全生产隐患及举报事项暂行规定》《溧水区安全生产专业委员会述职报告制度》《溧水区安委会成员单位履职报告制度》等工作制度，建立警示提示、约谈相关配套制度，引入纪委监委“嵌入式”监督，统筹指导与协调，确保精准发力。至年底，全区安全生产与中介服务机构签订专家购买协议259条，聘请专家1110人次，整改安全问题隐患485个，下发各类文书293份，确定6个方面16项重点工作。制订《创建国家安全发展城市溧水区实施方案》，细化分解安全生产创建任务84项，完成市11个部门下达佐证资料上传任务146项。

【督导巡查问题整改】 2020年，区应急管理部门贯彻落实国务院安全生产督导组和省安全生产巡查组现场检查发现反馈的安全生产问题整改意见，做到存在问题一查到底、整治到底。至年底，整改完成国务院督导组现场检查发现的南京云海特种金属股份有限公司、南京市比亚迪汽车有限公司安全生产问题隐患5个，处理江苏天山水泥集团有限公司溧水芝山灰炭矿有限公司等群众投诉举报案件3件；落实国务院督导组反馈问题“4个清单回头看”和省巡察组反馈“2个问题清单”具体整改意见67条及市安全生产督导组反馈8个责任落实不力清单；整改危化品问题清单4个方面11条、风险隐患清单16条。

【安全监管网格化社会治理】 2020年，区应急管理部门按照“大数据+网格化+铁脚板”风险防控机制，依托市、区网格化社会治理机制，在全区640个综合网格上叠加“应急格”98个、“安监格”944个，开展城市风险源普查辨识建档和监管责任厘清确认组网行动，普查登记2.14万家经营场所，辨识风险源2.31万处，走访巡查5.46万家次，排查治理各类隐患4024处。根据省、市部署，摸排出疑似“小化工”25家，甄别确认10家，全部完成关闭取缔、断水断电，设备拆除、厂房和原辅材料清理，实施行政处罚71.8万元，移送司法机关5人。

【“181”信息化平台启用】 2020年，区应急管理部门加强安全生产信息化基础设施建设，推广使用“181”信息化平台，将平台运用纳入企业安全生产日常工作督促内容。至年底，全区进入平台安监格1075家，录入风险源3035个，录入“六查”（安全生产责任制、落实安全生产规章制度、安全生产培训、安全隐患排查整改、企业基层基础、应急处置）信息739条。完成重点监管企业平台登录43家、企业主体责任填报20条。在重点监管企业中，35家企业安全脸谱信息为安全，其中南京长安汽车有限公司是全市唯一一家省级示范企业申报单位。

【安全生产专项整治】 2020年，区应急管理部门落实区政府安全生产专题部署会要求，开展安全生产专项整治行动，构建“1+2+3+27”整治行动方案体系，明确27个行业领域区领导分管负总责，牵头部门主要领导为第一责任人，分管领导具体负责，相关部门参与配合的工作机制。细化任务，形成“1+27”专项整治行动项目化管理清单，做到整治任务有领导牵头、单位负责、科室承担、具体人员落实。坚持问题导向、目标导向和结果导向，进行全覆盖拉网式安全生产大检查、大排查、大整治、大执法集中行动。有序推进危化品、非煤矿山等领域专项整治。将危化品综合治理任务细化分解到24个部门，落实督导推动。开展危化品联合执法、危化品生产企业安全生产整改“回头看”等检查，全年出动检查人员703人次，下发各类文书318份，发现问题隐患504处，全部整改到位。办理应急预案备案登记266件，核发危化品经营许可证38家（23家新办、15家延期换证），注销危化品经营许可证17家。开展非煤矿山、冶金工贸等行业领域督导检查，出动检查人员324人次，整改问题隐患485处。

【安全生产执法】 2020年，溧水区制订印发《溧水区安全生产委托执法实施办法（试行）》，保持安全监管执法高压态势，健全完善法规体系，紧扣安全生产主线，确保“两非”（非法生产、非法经营）零增长。开展打非治违等联合执法行动，常态化组织异地交叉执法和“双随机”执法检查。全区应急管理系统立案268件，其中事前立案268件，增长40.31%，占立案数92.86%；事前立案占检查企业数57.26%，处罚金485.08万元（以处罚决定书发出为准）。事故移送司法机关追究刑事责任2人，移送纪委监委处理2人。 （卞跃瑶）

消防管理

【概况】 2020年，溧水区消防大队有执勤中队1个，政府专职队3个，水罐车5辆、抢险救援车3辆，在职警员93人。全区有消防安全重点单位211个、三级重点单位51个。区消防大队贯彻落实省、市、区关于确保生命通道畅通重要指示精神及上级消防工作要求，围绕“最大限度地减少火灾隐患和火灾危害”目标，开展人员密集场所、易燃易爆、“三合一”（住宿与生产、仓储、经营一种以上使用功能违章混合设置在同一空间内的建筑）场所、高层建筑、地下空间、古建筑、餐饮、歌舞娱乐场所等专项治理行动，提高救援能力。全年开展专项治理行动14次，检查单位2554家，发现并整改隐患2957处，接警出动368次，出动警力4886人次，出动消防车辆777台次，从火灾现场救出被困群众149人，疏散被困人员6人，抢救保护国家和人民群众财产价值96.6万元，全年全区未发生有影响的火灾事故，消防安全形势持续保持稳定。

【消防安全专项整治】 2020年，溧水区开展打通“生命通道”集中整治专项行动。区政府召开消防工作会议，与各街镇(开发区)、南京国家农高区及有关消防重点单位签订消防工作责任状，明确消防工作职责，督促各级、各有关部门落实消防责任。成立打通生命通道专班，张贴消防安全治理通告和提示海报3000余张，排查城区居民拆迁安置房老旧住宅小区168个和社会单位135家，完成消防车道划线1299处，设置警示标牌900处，拆除城市公共道路影响消防车通行停车位306个，设置禁停标志117处。结合文明城市创建，开展电动自行车消防安全专项整治，清理违规停放电动车8万余辆，拆除“飞线充电”2500余根，督促安装电动自行车集中充电设施63处。会同区工信、市场监管、城管等部门检查电动车销售、维修点76个。联合街镇(开发区)开展“三合一”场所专项治理，整改沿街“三合一”场所312家。至年底，消防专项行动检查单位2493家，发现火灾隐患2357处，下发责令整改通知书1887份，督促整改2941处，办理行政处罚案件67件，临时查封7起，责令“三停”(停止施工、停止营业、停产)6家，罚款68.52万元，拘留2人，2家市政府挂牌督办的重大火灾隐患单位整改到位销案。

【消防设施建设】 2020年，溧水区加强消防设施建设，编制完成《溧水区消防工作设施规划》。区委、区政府多次召开区委常委会和政府常务会，听取消防工作汇报，研究消防队站建设、消防基础设施建设及重大火灾隐患整改等消防安全问题。上半年，组建街镇消防安全委员会8个，并制订消防工作职责。强化公共消防设施建设，新建执勤消防站2个，白马镇、晶桥镇、东屏街道拨付专款更新派出所保安消防队消防车3辆。下半年，落实消防技防物防措施，至年底，新增安装市政公共消火栓70个、简易喷淋装置61套、独立式感烟火灾探测报警器611台、电气火灾监控系统60套。

【高层建筑火灾隐患治理】 2020年，区消防大队强化高层建筑消防管理，从高层建筑设计、招投标、工程施工到项目竣工验收全程参与，确保高层建筑“五到位一畅通”(消防车道标识标牌设置到位、可移动障碍物清理到位、不符合规范要求划设停车泊位整改到位、违停车辆等违法行为查处到位、楼层消防供水设施完整有效到位，安全出口畅通)。至年底，全区完成300栋高层建筑固化水带安装，整改严重火灾隐患高层住宅30栋，为871栋建筑设立高层建筑消防安全经理和消防安全“楼栋长”。

【消防宣传教育与演练】 2020年，溧水区举办消防安全科普知识培训，开展消防灭火演练，增强人民群众火灾防范意识。以“119”消防宣传周活动为契机，区消防大队深入街道、学校、酒店进行消防知识培训。与区教育局联合在全区中小学及幼儿园新学期“开学第一课”开展消防安全课等活动。9月24日，到溧水城南新区、天泉云都、开元名都酒店组织员工消防培训，现场指导灭火技能，参加培训200余人；11月6日，到永阳街道文昌小学，组织全校师生进行消防培训，消防监督员现场讲解抢险救援相关知识和操作技能，500多名师生深受教育，增强防范意识；11月19日，在永阳街道海乐城商场开展“119”消防宣传日活动，宣传消防灭火知识，社会、各单位志愿者600余人参加培训。消防监督员深入学校、农村、建筑工地开展消防灭火演练活动。9月24日，在江苏第二师范学院组织大一新生消防灭火演练，在校3700名新生观摩演练灭火操作要领。至年底，开展消防宣传教育授课145次，培训4326人；灭火演练128次，发放消防手册3400多份、消防宣传资料8479余份，直接受教育7万人次。

(刘天奇　潘云宏)

防震减灾

【概况】 2020年，溧水区地震工作加强地震监测、地震防御和地震应急三大体系建设，提升防震减灾能力。全区发生3.0级以下有感地震1次，区地震办快速判定出地震要素，及时向区委、区政府报告。有序推进地震灾害公共避难场所建设，至年底，全区建成地震灾害中心应急避难场所1个、固定应急避难场所5个、临时应急疏散场所10个。4月7日，大金山国防园被国家地震局命名为“国家防震减灾科普教育基地”。12月2日，区防灾减灾科普体验馆获“江苏省防震减灾科普教育基地”称号。

【地震监测台网维护】 2020年，溧水区数字化测震系统全年仪器设备无故障运行率和观测设备运行连续率99.67%，宏观观测点上报连续率100%，超过市地震局设定99%的目标。4月10日，省地震局监测中心到溧水区检修强震台设备。6月，市地震局开展溧水台站测震、强震、体应变、地下流体、通信线路和网络设备等多种观测仪器设备巡查，登记仪器设备IP地址使用情况，测量台站防雷接地电阻。11月9日，区地震办先后到东庐山数字化测震台、白马回峰山前兆台站及宏观观测点检查。12月23日，市地震局科技监测处到溧水区进行地震监测台站安全运行巡检和地震信息网络运行检查。

【地震活动】 2020年，溧水区发生有感地震1次。7月28日9时46分，溧水区北纬31.54度、东经119.10度发生2.4级有感地震，未收到人员和财产损失报告。

【地震灾害预防宣传与演练】 2020年，溧水区开展多种形式防震救灾科普宣传。5月11日，区地震办联合区城建局、气象局等单位在区政府南门开展“防灾减灾日”广场宣传活动，利用展板、宣传手册、宣传画向参与活动市民宣传防震减灾知识。5月12日，区政府、市应急管理局、市地震局、区减灾防灾委员会在大金山庄国防园举办南京市暨溧水区2020年防灾减灾地震应急救援演练活动。5—10月，全区开展防震减灾科普知识宣传教育活动30余次，其中街镇（开发区）9次，企事业单位、社区等13次，全区中小学均以各种形式开展防震减灾宣传教育活动。7月15日，区地震办举办全区社区地震科普宣讲员演讲比赛。8月7日，曹梦蝶在南京市第六届社区地震科普宣传员演讲比赛决赛中获第一名。8月17日，在南京市举办的“我最喜欢的社区地震科普宣传员”网络评选中，永阳街道龙山社区赵晓旭获三等奖。10月30日，南京市第六届防震减灾小学生手抄报大赛中，全区小学生获三等奖2个，优秀奖3个。区地震办与多部门联合开展地震应急救援演练，5—12月，全区开展地震应急救援演练6次，其中举办防灾减灾疏散演练1次、防震减灾实训演练2次、综合应急演练3次，参与活动800人次。 （胡珩）

应急救援

【应急能力体系建设】 2020年，溧水区应急管理部门强化应急救援能力体系建设，完成《溧水区应急队伍建设规划》编制起草工作，落实应急值班值守，常态保持应急处置力量。开展预案体系建设调查分析，督促修订完善预案，编制区级预案55个，修订完善发布13个、规模以上企业应急预案265个，其他企业应急预案232个；8个街镇（开发区）编制专项预案43个；部门预案47个；全区村（社区）编制预案40个；全区61所各类学校、幼儿园编制预案454个。统筹各类专业应急救援力量建设，推动836家小微企业与相邻企业、社区签订应急救援协议，保障应急处置和自救互救能力。开展各类应急演练45次，现场处置演练活动199次，参加演练10.76万人次。其中区防灾减灾地震应急救援演练、化学品泄漏、火灾事故应急演练等5个综合应急救援演练赢得省市点赞。

【防灾减灾救灾】 2020年，溧水区修订印发防汛、防台风、抗旱等18个预案方案，9月，举办救灾相关业务培训，培训123名基层灾害信息员以提高救灾业务能力。全区理赔自然灾害民生保险案件506件，理赔金额45.76万元。其中，洪涝灾情理赔356户，理赔金额21.36万元。 （卞跃瑶）

责任编辑　尹伟

人口与家庭

【概况】 2020年，溧水区人口出生政策符合率99%，孕前优生健康检查目标人群覆盖率100%，出生人口性别比基本正常，流动人口、基本公共卫生均等化服务管理率95%，妇女保健和计划生育服务机构队伍建设达标率96%。全区新出生户籍人口4683人，增加189人；其中男2405人，女2278人。在本区生育出生人口2698人，减少702人。其中，一孩1275人，减少296人；二孩及以上1423人，减少406人。全区人口出生率5.45‰。至年底，全区育龄妇女人数120906人（增加7086人），其中已婚育龄妇女85717人。全区只有一个子女家庭60539户，有效领证26624户，独生子女领证率70.63%。落实节育措施育龄妇女52950人，节育措施落实率98.5%。推进幸福家庭建设，完善婴幼儿早期发展管理体系，规范机构管理，组织各街镇（开发区）开展暑期关爱关怀留守儿童系列活动。做好区域流动人口基本公共卫生计生服务均等化管理，免费提供健康教育、孕产妇女和儿童健康管理等基本公共卫生和计划生育技术服务。发挥各级计生员、公安协管员和计生协会职能，流动人员列入常态化管理。

【妇幼健康管理】 2020年，溧水区强化落实妇幼健康管理，梳理全区妇女增补叶酸预防出生缺陷、农村妇女“宫颈癌、乳腺癌”检查和孕前优生健康检查等项目清单，开展免费检查。规范医疗程序，开展妇女预防艾滋病、梅毒、乙肝母婴传播检测筛查。全年婚检838对，“两癌”检查11029人，孕前优生健康检查713对，农村妇女增补叶酸1484人。强化0～3岁婴幼儿早期发展，新建村（社区）亲子活动室10个、镇级婴儿早期发展指导服务站1家（和凤镇）。建成普惠托育机构3家（区发改委牵头中央资金2家、市卫健委条线1家），普惠托位265个。举办家长阵地学堂135次，亲子活动279次，参与活动婴幼儿6626人次，发放指导手册5833份，知识折页1万余份。完成0～6岁儿童健康管理29431人，接收1岁及以上随访0～6岁儿童数2.79万人，健康管理率95%。新生儿访视人数3128人，访视率96.1%，全区街镇、村（社区）幼儿园和民营幼托机构在园儿童数14255人，建档14190人。

【家庭医生签约服务】 2020年，溧水区将家庭医生签约工作列入“健康溧水”建设工作重点，下发《“健康溧水”建设2020年工作要点》，全区基层医疗卫生机构家庭医生签约以人民群众健康为中心，一手抓医疗服务质量，一手抓家庭医生签约率，拓展服务项目内容，明确以老年人、高血压患者、糖尿病人、孕产妇等重点人群和建档立卡低收入人口、城乡低保、五保户、计生特殊家庭、创业创新人才、离休干部等为主要对象开展家庭医生签约。各街镇医疗卫生机构制订家庭医生签约服务实施方案、绩效考核方案，定期向区卫健委汇报家庭医生签约进度，区卫健委每季度向区委、区政府汇报家庭医生签约进展情况。区卫健委采取季度督导，半年一次抽查考核，年度一次绩效考评。全年下拨签约服务绩效考核、补助资金551.86万元。至年底，全区重点人群家庭医生签约服务率66.30%；全区门诊就诊居民签约覆盖率35.44%，知晓率80%，满意度100%。

（杨和生）

居民生活

【城镇居民收入】 2020年，全区城镇居民人均可支配收入59740元，增长5.1%；人均消费支出30965元，增长0.1%，其中食品支出占人均消费性支出26.1%。平均每百户城镇居民耐用消费品拥有量：家用电脑100台，上升3.1%；家用小汽车61辆；城镇人均住房面积54平方米。

【农村居民收入】 2020年，全区农村居民人均可支配收入29078元，增长7.4%；人均生活消费支出18413元，下降3.6%，其中食品支出占人均生活消费支出的比重29.7%。平均每百户农村居民耐用消费品拥有量：家用电脑55台，上升10.0%；家用小汽车59辆，增长9.3%；农村居民人均住房面积59平方米。

（张三福）

劳动就业

【概况】 2020年，溧水区做好“六稳”“六保”工作，稳定和扩大就业，组织开展线上线下招聘，鼓励创业带动就业，用足用好稳岗返还、社保补贴、岗位补贴、一次性奖励等援企稳岗政策。扶持高校毕业生就业创业，开展高素质人口集聚活动，宣传落实“聚溧计划”，完善大学生面试补贴、创业补贴和住房租赁补贴。坚持用工导向，实现就业培训无缝对接，瞄准产业结构和企业需求，开展多层次差异化精准培训，提高劳动者技能，稳定就业形势。全年城镇新增就业24713人，实现再就业2152人，促进大学生就业6526人，农村劳动力转移1825人。城镇登记失业率1.78%，低于政府3.5%目标。全区在职职工领取职业技能提升补贴5456人，金额1396.5万元。

【重点群体就业】 2020年，溧水区人社局调查企业用工需求，搭建就业平台，依托南京人才服务等媒体平台，加强线上线下对接，动态统计企业空岗情况，举办网络招聘会，开展“送岗上门”活动。开展公益性招聘会145场，提供就业岗位15588个。组织南京喜之郎食品、南京创维平面显示、南京创维电器公司等2682家次企业参加南京工程学院、南京财经大学、安徽工程大学、江苏大学等49所高校“线上+线下”校园招聘会，全区新增大学生就业创业6905人。

【就业援助】 2020年，溧水区人社局加强区内20家样本企业员工失业动态数据监测，掌握企业用工情况。开展用工调查与服务，按月收集企业岗位需求月报表。组织就业困难群体，尤其是失业时间较长人员专项就业帮扶活动，开展有就业能力及就业意愿人员职业指导1次、推荐就业岗位3次、推荐培训1次。组织开展专场招聘活动，结合本地产业特色及资源优势，为有创业意愿的就业困难人员推介创业项目，为符合条件人员落实创业担保贷款和一次性创业补贴等政策。发放富民创业担保贷701笔、7379万元（其中大学生贷款56笔、825万元）。全年援助困难人员就业1100人。

【城乡劳动者职业技能培训】 2020年，溧水区扩大职业技能培训覆盖面，坚持“进村办培训、上门送技能”服务宗旨，开展政策宣讲“四进”（进园区、进企业、进高校、进社区）活动。开展城乡劳动者职业技能培训，参训43354人。组织天山水泥、中盛铁路、天泉建筑、南京飞燕等公司举办焊工、磨工、车工、砌筑工等工种企业自主评价，400多人取得国家职业资格证书。全区发放各类人群培训补贴2091万元。

【跨区域劳务协作】 2020年，陕西省商南县分3次向溧水区企业输送电焊工63人（建档立卡贫困户33人）。新冠肺炎疫情期间，点对点包车接送滞留外地员工返岗就业，为7家企业包车31辆次，从山东、河南、安徽、陕西等地，接送561人返岗，支持企业复工复产。与安徽六安、淮北、亳州以及湖南湘西建立劳务合作关系，完善跨区域劳务合作体系。

【企业稳岗补贴落实】 2020年，溧水区落实失业保险稳岗返还政策、减轻企业负担，稳定就业岗位，为2503家企业发放稳岗补贴2513万元。落实企业岗位补贴和社保补贴政策，发放用人单位社保补贴33.64万元、岗位补贴25.11万元。

【创业服务】 2020年，溧水区依托各街镇基层服务平台，为创业者提供免费创业指导、政策咨询、项目评估、跟踪管理等专业性服务，助推大众创业。全年培育自主创业1216人，其中扶持大学生创业379人。推荐16个大学生创业项目参加省级大学生创业项目评选、南京市优秀创业项目遴选及“赢在南京”青年大学生创业大赛，创业青年陈雪琼获“南京青年创业潜力新星”称号。

【高校毕业生补贴】 2020年，溧水区推进高素质人口集聚工程，落实有关人才政策，做好租房补贴发放工作，为3573名高校大学毕业生发放租房补贴582.19万元。向企业及高校应届毕业生宣传、受理面试补贴，发放面试补贴512人，补贴金额51.2万元。2家小微企业享受招用高校毕业生社保补贴8.4万元，一次性奖励1万元。

【十万研究生见习行动】 2020年，溧水区组织企业赴江苏大学、南京财经大学以及安徽工程大学等十余所高校开展宣传推介招聘活动。组织安徽工程大学、黑龙江科技大学学生到区内企业参观交流，吸聚优秀人才见习就业。与智联招聘协作搭建“战疫情促就业十万研究生宁聚行动”在线服务平台，通过校招、带岗直播等渠道宣传，建立高校学生创业创新实践基地。 （王晓静）

劳动权益保护

【概况】 2020年，溧水区劳动保障部门书面审查用人单位2142家，联动平台举报投诉案件按期运行率100%，调处简易案件304件，结案率100%；行政处罚3件，涉嫌拒不支付劳动报酬移送公安机关3件，涉及农民工49人，金额65.2万元。受理省劳动人事争议调解服务平台案件770件，增长225%；调解成功案件763件，调解率99%。

【用工管理规范】 2020年，溧水区深化企业工资集体协商制度，启动春季要约，扩大工资集体协商覆盖面，指导用人单位签订集体合同508份。落实劳务派遣暂行规定，审批劳务派遣经营许可36家，劳务派遣经营许可证年度审验73家、延续19家、注销8家、变更14家。

【劳动执法维权】 2020年，溧水区加大劳动保障监察执法力度，开展工资支付、高温维权、用人单位遵守劳动法用工、社会保险法律法规执行等专项检查，重点执法检查用人单位超时加班、不支付高温津贴等情况，责令用人单位限期整改问题。专项检查用人单位181家，涉及劳动者1.5万余人。

【农民工工资保障】 2020年，溧水区开展《保障农民工工资支付条例》宣传培训工作。组织“宣传《条例》，送法进工地”活动，营造良好社会舆论氛围。开展《条例》线上培训工作，培训学员105人。联合执法检查，重点排查在建项目实名制管理、工资专户开设、银行代发工资、按月足额支付等方面，保障民工工资支付。检查工地36处，督促整改9处。加强拒不支付劳动报酬案件移送和联合惩戒，从严从快查处欠薪案件，持续高压震慑欠薪行为。全年办理拒不支付劳动报酬案件3起，涉及农民工49人，涉案金额65.2万元。

【劳动人事争议调处】 2020年，溧水区完善劳动人事争议事件仲裁办案机制，坚持预防为主、基层为主、调解为主、调裁结合办案方针。处理劳动人事争议案件1070件，其中立案处理307件，结案率100%。涉及劳动报酬类案件9件，工伤保险类178件，终止、解除劳动合同类120件。仲裁管理信息系统按期运行率100%。区人社部门，做好仲裁文书上网公示，促进庭审文书质量提升，主动接受社会监督，实现“阳光仲裁”，提升仲裁裁决公信力，全年互联网公布仲裁裁决书105件。

（王晓静）

退捕渔民安置保障

【概况】 2020年，溧水区开展长江流域退捕禁捕行动，摸排上岸渔民就业、社保、住房、生活等信息，建立“一户一档”“一人一策”就业安置及社会保障机制，全面帮扶退捕渔民。460名非领取养老待遇渔民全部就业；663名符合参保条件渔民，纳入城乡居民基本养老保险；665名渔民纳入城乡居民基本医疗保险。

【退捕渔民就业安置】 2020年，溧水区人社部门摸排退捕渔民信息，鼓励企业为渔民提供就业岗位564个；举办禁捕退捕渔民就业帮扶专场招聘会，为退捕渔民提供公共就业服务和创业指导服务。组织社保员入户走访渔民家，送政策送岗位上门，利用信息共享平台，推荐就业864人次；32名渔民稳定就业，248名灵活就业，180名渔民务农，有就业愿望和能力的退捕渔民均实现就业。

【退捕渔民专项培训】 2020年，溧水区人社部门组织长江流域退捕渔民专项培训，组织职业指导师、技能培训师到和凤镇张家社区、乌飞塘社区、洪蓝街道陈卞村举办培训4次，为退捕渔民提供免费职业指导和中式面点等职业技能培训286人次。

（王晓静）

住房保障

【概况】 2020年，溧水区改革、探索住房保障常态化申请模式，基本满足困难家庭住房需求，形成多部门联动申请模式。实施住房保障动态化监管，清退年审条件不符家庭21户。优化调整人才安居政策，扩大人才购房服务范围。开通线上线下人才购房服务申请渠道，提高服务效率。推进幸庄人才公寓出租运营，汇智产业园人才公寓一期竣工。

【住房保障申请常态化受理】 2020年，区房产部门联合永阳街道探索主城区住房保障申请受理常态化模式。社区每月10—25日受理困难群众申请，街道每两个月信息比对和审核，报送区房产局、民政局，区住房保障领导小组核准常态化受理住房困难申请家庭住房保障资格。形成闭环完整、流程合理、衔接顺畅常态化申请模式。至年底，开发区、永阳街道受理困难群众申请70余户，分配3次；新增公租房家庭58户，共有产权房家庭15户，租赁补贴家庭1户。

【人才安居企业注册】 2020年，全区注册人才安居企业219家，其中开发区114家、永阳街道46家、东屏街道29家、洪蓝街道5家、石湫街道4家、白马镇13家、和凤镇6家、晶桥镇2家。全年新增注册人才安居企业41家，其中开发区18家、永阳街道11家、东屏街道5家、石湫街道1家、白马镇6家。

【人才安居补贴】 2020年，全区安居人才1249人，其中申领租赁补贴1137人、购房补贴112人。全年在保721人，其中租赁补贴在保619人、购房补贴在保102人。新增安居人才287人，其中租赁补贴235人、购房补贴52人。发放人才安居货币补贴1993万元。其中，租赁补贴919万元、购房补贴1074万元，新增发放补贴1091万元（租赁补贴537万元、购房补贴554万元）。

【人才公寓建设】 2020年，区房产部门续建人才公寓项目2个，面积6.36万平方米。其中，幸庄人才公寓4.6万平方米、房屋738套，6月出租运营，至年底出租房屋165套。开发区汇智产业园人才公寓一期2.3万平方米，房屋400套。至年底，该项目竣工并通过验收。

【人才购买商品住房服务】 2020年，区房产部门制订《溧水区人才购买商品住房服务工作办法》，扩大人才购房服务范围，购房服务对象放

6月23日，溧水万达广场项目人才集中选房现场　　区房产局　供

宽学历至专科，取消年龄和毕业年限限制，人才购房服务企业范围扩大至全区登记注册企业。全年提供购买商品住房服务人才387人，其中149人通过人才安居系统开具人才购房证明、238人（专科学历31人、本科以上学历207人）通过线下人才购房服务申请。全年新增人才购房服务284人，其中线上148人、线下136人。

（严海燕）

【住房公积金管理】　2020年，溧水分中心扩大住房公积金覆盖面，提高归集率，提升服务水平。推广“一窗受理、一站办结、全市通办”服务模式，实现公积金在线异地转移，落实优化逐月归还公积金贷款模式，与省级公积金分中心开展联网还贷，实行商品房贷款无纸化审批，管理服务效能提升。落实服务管理办法和网络、柜面业务服务标准，在服务管理上做到“六个一”（业务咨询做到一问便知、一听就懂，业务办理做到一看就明、一办就成，回复投诉做到一说达理、一讲就通）。全年归集住房公积金9.24亿元，完成年度目标任务的112.7%，发放住房公积金贷款13.6亿元，完成年度目标任务的200%，贷款逾期率0.07‰。新冠肺炎疫情期间，实施“控聚集、分批办”服务模式，鼓励职工利用网上营业厅、手机APP等线上形式办理业务，减少人员聚集。缓解新冠肺炎疫情影响，办理阶段性缓缴公积金企业12家，缓缴资金300余万元。落实公积金定向帮扶政策，提高受新冠肺炎疫情影响职工租房提取额度，延长提取期限，延后还款时间。全年办理提取公积金业务93314人次，计4.66亿元，金额创历史新高。确定50家单位作为年度重点扩面对象，开展催建催缴200次。新增5人以上缴存单位134家，完成年度任务335%。新增缴存人数9269人，完成年度任务231.7%。维护职工合法权益，受理各类投诉案件62件，均妥善处理。

（陶世沛）

社会保险

【概况】　2020年，溧水区对照主城标准实施全民参保登记，拓展扩面。推进“同舟计划”二期，不断扩大农民工参加工伤保险保障范围。建立运行城乡居民基本养老保险制度，实现全市范围内参保缴费、政策待遇、基金管理、经办服务和信息系统五统一。有序推进企业退休人员社会化管理。开展工伤预防交流培训会1场次，建立工伤预防交流群1个，发放工伤预防宣传手册3000余份。

【社保费征缴】　2020年，溧水区完善全民参保登记动态管理，企业职工基本养老保险净增参保10582人，中断缴费人员续保6305人，新增参保单位2044户，职工五项社会保险费征收总额146405万元。在近200家尘肺病高发、危化、危货品企业开展工伤保险扩面征缴专项行动，确保重点行业企业应保尽保。

【社保费减免】　2020年，溧水区应对新冠肺炎疫情影响，2—12月，免征中小微企业养老、失业、工伤三项社会保险单位缴费部分。2—6月，减半征收所有参保企业医疗保险单位缴费部分，减半征收大型企业和民办非企业等养老、失业、工伤3项社会保险费单位缴费部分，叠加保险降费率相关政策。全年为6000多家参保企业减免社会保险费9.85亿元。

【社保待遇提高】 2020年，溧水区提高企业退休人员基本养老金，人均月增资121.10元。城乡居民基础养老标准从每人440元/月调整到每人470元/月，每人每月增加30元。被征地人员基本生活保障待遇与市区同步调整，自1185元/人/月上调至1266元/人/月。为28161名70周岁以上老年居民发放一次性春节慰问金2422万元。

【社保服务提升】 2020年，溧水区推进“放管服”改革，构建以信息比对为主，退休人员社会化管理服务与掌上经办服务相结合认证服务新模式。通过“我的南京”APP手机办理城镇企业职工养老保险领取资格认证，完成220名长期居住异地退休人员人脸识别认证工作。完成第六轮企业退休人员免费健康体检31211人，长期住外退休人员实现省内异地就医、联网结算。开展企业退休人员生日、重病及死亡慰问，全年生日慰问828人，重病及死亡慰问322人。

【社保扶贫政策落实落细】 2020年，溧水区经认定符合条件困难人员13196人，全部无障碍纳入城乡居民医保，个人应缴纳参保费用由财政全额补助。困难人员大病保险降低起付线，提高保障待遇，与基本医保、民政医疗救助一站式结算。全区困难人员享受居民养老保险政府代缴4088人，代缴费用594万元。

【城乡居民医疗保险】 2020年，溧水区人均筹资城乡医疗保险标准1650元(学生儿童1360元)，其中个人缴纳标准老年居民400元、学生儿童220元、其他居民480元，财政补助标准老年居民1250元、学生儿童1140元、其他居民1170元。全区经认定符合条件困难人员个人参保费用由财政全额补助，无障碍参保，13196名困难人员免费参加城乡居民医保。全区参保24.35万人，筹资3.8亿元。至年底，报销142.9万人次、统筹支付3.54亿元。

【工伤保险“同舟计划”】 2020年，溧水区按照工程项目“谁审批、谁负责”良性机制，深入推进工程建设项目参加工伤保险“同舟计划”。全年办理各类工程项目参保429个，参保农民工72513人次，其中69个交通水利新建工程项目人员全部参保。

【工伤认定】 2020年，溧水区受理工伤认定申请1462件。其中，做出认定工伤决定1428件，做出不予认定工伤决定1件，做出终止工伤认定决定28件，做出中止工伤认定决定且尚未恢复工伤认定程序5件。开展劳动能力鉴定面诊5场次，办结劳动能力鉴定申请审批791件。

2020年溧水区社会保险参保情况一览表

指标	参保人数(人)
企业职工基本养老保险	134067
职工基本医疗保险(不含退休)	143110
城乡居民养老保险	52426
失业保险	110376
生育保险	110693
工伤保险	183289

(王晓静)

4月13日，溧水区医疗保障社会监督员聘任仪式举行　溧水医保分局　供

医疗保障

【概况】　2020年，溧水医保部门坚持人民至上、健康至上，围绕医保待遇提升、医保基金监管、医保支付方式改革、医疗救助经办服务、医用耗材（药品）集中采购、“健康溧水”建设，推进溧水区医疗保障事业高质量发展。配合筹备2020长三角健康峰会（溧水）暨中医药博览会、第二届健康中国发展大会暨中医药产教融合发展大会。强化医保政策宣传，发布政策解读和宣传信息162篇，发放医保手册等宣传资料12万余份，组织业务专题培训24场次，覆盖1800人次。在市医保系统工作实绩考核排名第一。

【疫情防控】　2020年，新冠肺炎疫情防控期间，溧水医保分局助力防疫物资保障，采购体温枪、一次性口罩、防护眼罩、消杀用品等物资2万余件，派3人到区疫情防控指挥部、市防疫物资保障工作专班集中办公，2人获市物资采购专班表彰。严格落实疫情期间医保便民政策，实现确诊或疑似患者“零负担”治疗，缩短新参保人员参保等待期，延长各类医保服务事项服务时限。全区参保人员产生新冠肺炎医疗费用10万余元，医保政策范围内费用由基金全额保障。发挥“互联网+医疗”优势，简化医疗服务流程，区人民医院、中医院2家核心医院实现脱卡支付。完成“六保”任务，做好企业减负，2—6月职工医保单位缴费率由9%下调至4.5%，涉及企事业单位5463家，实现企业降费8584.37万元。

【基本医疗保险】　2020年，溧水区参加基本医保41.6万人（包含职工和居民医保），其中，参加城乡居民医保24.35万人，全额资助参保1.3万余名低保人员、特困人员、低收入家庭、建档立卡贫困户等困难群众，666名长江流域退捕渔民参保全覆盖，确保应保尽保、一个不漏。医保待遇稳步提升，增强“高血压、糖尿病”门诊保障能力，异地就医联网直接结算扩围至长三角地区，门诊费用纳入直接结算范围。医疗救助职能有效衔接，5572名建档立卡低收入人口纳入救助范围，全年享受医疗救助11372人，救助人次12.66万，支付救助资金2565万元。

【医保基金监管】　2020年，溧水区强化社会监督力量，开展“打击欺诈骗保、维护基金安全”集中宣传月，发放宣传折页、海报等2万余份。聘任区党代表、人大代表、政协委员等20人为全市首批医疗保障社会监督员，落实基金监管举报奖励制度。汇总打击欺诈骗保典型案例，公开曝光2例。完成全区239家定点医药机构现场检查全覆盖，发现并处理问题单位29家，取消定点服务资格1家、违规处罚2家。开展源头治理、打击医保卡套现等专项行动，全区239家定点医疗机构自查自纠，抽查复查定点医药机构34家，组织开展集体约谈，追回违规使用资金47万余元。

【医用耗材治理】　2020年，溧水区持续推动南京市医用耗材（药品）阳光监管平台建设，督促各级定点医疗机构完成信息数据上报。推动定点医药机构网上集中采购、集中结算、带量采购，提高网采率。破除以药补医机制关键环节，取消全区公立医疗机构医用耗材加成，销售价格按实际采购价格执行。开展带量采购全覆盖，落实4次国家组织药品带量采购、市级8月16日延续带量采购和12月30日耗材带量采购，涉及降压药等常用药94类，价格平均降幅50%，最高降幅94.5%，减轻群众医疗负担。

【省级医保支付方式改革】 2020年，溧水区依托"健康江苏"实践示范区，以区人民医院、中医院为核心，4家街镇卫生院为成员组建试点单位，推动紧密型医共体医保支付方式改革省级试点。成为省、市两级改革专班成员单位，聘请东南大学公卫学院专家团队指导、评估，刊登《江苏省县域医共体医保支付方式改革简报》3期。研究制订《南京市紧密型医共体基本医疗保险总额付费试点办法》，建成南京市医共体医保综合数据信息平台，建立医共体结算和考核系统，合理设置考核指标，细化分解一级指标6项、二级指标20项、三级指标35项，全年医共体月度考核均分95分以上。以强基层为重点，优化资源配置和分工定位，医共体结算分配向基层倾斜，取消上下转诊门槛费。两大医共体上下转诊量提高35%以上，基层门诊量提升15%，基层医疗服务水平不断提升，分级诊疗机制初步建立。

【市级医疗救助零星报销不见面审批试点】 2020年，溧水区推进"放管服"改革，开展南京市首个医疗救助零星报销不见面审批试点，转被动审批为主动服务，实现"免申即享、全程网办"，10月在全市推广。建立不见面审批操作系统，优化办事流程，开展线上审批，全区数据抓取仅需1小时，系统直接汇总、分析数据，救助对象无需申报，直接享受政策待遇，缩减申报、审批、资金拨付等环节时间，办理时间由20个工作日变为5个工作日，有效减轻街镇、村（社区）等基层审批压力，提升经办效率。与"智慧溧水"APP建立信息共享机制，救助对象直接通过APP实时查询报销进度、了解政策依据。操作系统实现数据分析自动化，审批流程全程跟踪留痕，避免人工计算失误等问题。聘请第三方评估系统运转、资金流转情况，严格规范系统运行。全年主动服务医疗救助对象6247人次，拨付零星报销款201万元。

7月16日，南京市医疗救助零星报销不见面审批试点工作现场推进会暨操作系统上线试运行启动仪式在溧水区举行　　《今日溧水》报　供

【大病补充商业健康保险】 2020年，溧水区按照"健康溧水"建设要求，推广大病补充商业健康保险，初步构建多层次医疗保障体系。调研群众所需及现行商业保险内容，发掘问题和制约难点，加大政府引导力，规范商业健康保险服务水平。以群众需求为目标，突破产品制约，实现带病参保，全年参保18.5万人。针对符合条件医疗救助对象，降低起付线至500元，提升报销比例，基本实现医疗救助对象医保政策范围内医疗费用"零负担"。全年赔付2468人，赔付资金845.57万元，赔付率91.4%，单人最高赔付12.35万元。聘请第三方机构审计赔付情况，保障群众合法利益。加大宣传力度，建立仙坛村联系试点，为1143名40周岁及以上人群、困难群众、大病患者等提供参保服务，收集减负案例，合理调整产品内容。（葛金玉）

社会救助

【概况】 2020年，溧水区全面落实最低生活保障、特困人员供养、临时救助等各项社会救助政策，核对申请救助家庭经济状况，做好精减老职工保障、低收入家庭认定、危房改造对象认定等工作，发挥社会救助在精准扶贫中的兜底保障作用。继续做好低保专项治理，精准救助率100%。做好退捕渔民排查及救助工作，建立救助备用金制度，推进社会救助"一事一议"。1—3月消费者物价指数大于3%，发放城乡低保人员、特困供养人员、孤儿、边缘户等对象临时生活补贴264.44万元。完成全区

361户经济困难的高龄、失能、重度残疾老年人家庭居家适老化改造。发放区残疾人两项补贴9657人、7874.03万元。全区困境儿童279人，其中，孤儿18人，事实无人抚养儿童80名，重病重残儿童181名，发放保障金217.71万元；困境未成年人生活补贴发放率100%。区救助站全年救助流浪乞讨人员191次。

【城乡低保】 7月，全区城乡居民最低生活保障标准提高至每人每月945元。城乡低保3264户5017人，占全区人口1.14%，全年救助6.18万人次，发放低保金4642.04万元。其中，城镇低保229户361人，发放低保金364.97万元，月人均补差金829.61元，新增21户46人、退出29户54人；农村低保3035户4656人，发放低保金4277.07万元，月人均补差770.7元，新增271户490人、退出394户654人。

【特困人员救助】 2020年，全区特困供养对象1664人，其中"三无"(无生活来源、无劳动能力、无法定抚养义务人或法定抚养义务人丧失劳动能力而无力抚养的公民)31人、集中"五保"303人、分散"五保"1330人，发放特困保障金2020.62万元。特困对象供养标准与低保标准同步提高，其中，城市"三无"供养标准1890元/月，农村"五保"集中供养标准1418元/月、分散供养标准1229元/月。

【残疾人两项补贴】 2020年，溧水区残疾人两项补贴发放9657人、7874.03万元，其中，困难残疾人生活补贴发放7354人、6679.74万元，重度残疾人护理补贴发放7675人、1173.93万元。助残服务人数207人，服务金额20.36万元。低保和低保边缘家庭中的重度残疾人助残服务纳入2020年区政府重点工作，覆盖全区所有符合条件的残疾人。7—8月，社会组织评估全区909名低保及低保边缘家庭中的重度残疾人，有效评估713人，其中失能408人、半失能236人、自理69人。各街镇(开发区)根据评估结果为符合条件的残疾人提供400元/月的助残服务。

【未成年人保护】 2020年，全区为279名困境儿童发放生活保障金217.71万元，其中孤儿18名、事实无人抚养儿童80名、重病重残儿童181名。7月31日—8月15日，开展全区困境儿童社区拉网式入户摸底调查，排查出困境儿童1219人、留守儿童81人、孤儿及事实无人抚养儿童98人，为困境儿童权益保护及儿童关爱工作提供数据支撑。

【慈善救助】 2020年，全区各级募集资金1526.40万元，其中"慈善一日捐"接收捐款423.14万元，副会长及理事单位捐款360万元。村(社区)慈善工作站募集善款334.7万元。年初，抗击新冠肺炎疫情募集善款467.26万元。全年向全区低保户中的667名癌症患者和器官移植患者发放救助款128.3万元；资助困难学生145人，发放资助款58.4万元；开展"情暖环卫"慈善助困活动，为200名困难环卫工人发放救助款13.28万元；发动南京喜之郎食品有限公司、中国联通溧水分公司共同参与"99公益"网络募捐，参与人数967人次，为全区困境儿童募集慰问款5.25万元。 (陈静)

养老服务

【概况】 2020年，溧水区新增36个为老助餐点(总数139个)，日均助餐1300人次；新建社区综合护理中心3个(总数5个)，全区AAA级居家养老服务中心133个；养老机构床位数新增270张，总床位数4819张，每千名老人拥有床位数46.16张，护理型床位占比84.3%，社会办养老床位占比61.98%。为4486名老人提供政府购买居家上门服务，发放服务补贴184.355万元；为1.37万名80周岁及以上老人发放尊老金918.26万元。整合虚拟养老院资源，提档升级为智慧养老综合信息平台，全面监管全区居家养老服务中心居家上门服务，上门服务人员通过扫描二维码信息实现跟踪管理、信息自动识别，完善居家养老服务监管体系，提升居家上门服务质量。扩大政府购买居家养老服务范围，通过开设家庭养老床位、适老化改造、"喘息"服务等，使为老服务更人性化。为80周岁以上老年人提供照护服务，至年底，有3897名80周岁以上老人享受政府购买居家上门服务。12月，完成东屏集中供养点建设以及洪蓝敬老院旧址拆除。

【时间银行】 2020年，溧水区推进时间银行服务。时间银行是一种互助养老方式，志愿者将为老人提供服务的时间存进时间银行，当自己年满60周岁后可提取时间兑换服务。服务对象主要为本市60周岁以上且存有时间的老年人、本市80周岁及以上空巢独居老年人及本市60~79周岁低保家庭中失能、半失能空巢独居老年人，服务项目主要为助餐、助洁、助浴、助急、助医。溧水区建立区、街镇、村（社区）三级时间银行管理服务机制，至年底，有时间银行志愿者1075名、服务对象2781名、服务点108个，服务量6575个，服务匹配成功率97.83%，时间存储量5112.27小时。开发区拍摄全市首部街镇时间银行工作纪录宣传片，溧水区和凤镇和乐时间银行服务点获评“市时间银行优秀服务点”，田金美、张爱丹、赵雪梅3名志愿者获“市时间银行优秀志愿者”称号。完成全区养老机构服务质量与等级评定，其中颐和养老康复服务中心创成南京市四级养老机构，爱英老年公寓、怡心苑老年公寓创成三级养老机构。全区各养老机构服务质量提升项目全部达标。（陈静）

7月24日，溧水区永阳街道举行时间银行服务启动仪式 区民政局 供

2020年溧水区养老机构情况一览表

养老机构名称	地　址
开发区五保供养服务中心	开发区航空产业园区福田路西侧
永阳街道五保供养服务中心	永阳街道韩湖东路8号
东屏街道五保供养服务中心	东屏街道长乐行政村凉蓬自然村
白马镇五保供养服务中心	白马镇朱家边集镇
石湫街道五保供养服务中心	石湫街道明觉林场
和凤镇五保供养服务中心	和凤镇孔镇集镇
晶桥镇五保供养服务中心	晶桥镇振兴北路1号
南京市溧水区爱英老年公寓	永阳镇秋湖村洞壁山庄
南京市溧水区乐遥老年公寓	石湫街道桑元蒲村140号
南京市溧水区东屏无忧乐园养老院	东屏镇屏湖路26号
南京市溧水夕阳红老年公寓	开发区长寿东街与长寿街交叉路口
南京市溧水区怡心苑老年公寓	洪蓝街道蒲塘桥大道98号
南京溧水颐和养老康复服务中心（金牛护理院）	洪蓝街道金牛北路299号
南京市溧水区怡鹤园老年公寓	开发区团山西路5号
东屏街道卫生院	东屏街道金湖路89号
晶桥中心卫生院	晶桥镇振兴北路1号

2020年溧水区养老助餐点情况一览表

街　道	村(社区)	助餐点名称	助餐点地址
永阳街道	宝塔路	南京溧水恒宇养老服务中心(宝塔路站点)	永阳街道河滨花园5幢1楼架空层
	中山路	南京溧水恒宇养老服务中心(中山路站点)	永阳街道园邨小公园对面
	东门街	南京溧水恒宇养老服务中心(东门街站点)	永阳街道县前新村内(原苗苗托儿所)
	财贸新村	南京溧水恒宇养老服务中心(财贸新村站点)	永阳街道财贸新村(原老干部活动室)
	恒大	南京溧水恒宇养老服务中心(恒大站点)	永阳街道永湖路188号恒大金碧天下恒大社区党群服务中心
	财贸新村	南京溧水恒宇养老服务中心(财贸北村站点)	永阳街道财贸北村10
	中山路	南京溧水恒宇养老服务中心(中山路园村站点)	永阳街道中山路园村网点房(1号车库)
	戴家	南京溧水恒宇养老服务中心(戴家站点)	永阳街道戴家社区时代景园4幢1单元101
	崇文	南京市溧水区鸿阳居家养老服务中心(崇文站点)	永阳街道中山首府16栋一楼
	戴家	南京市溧水区鸿泰居家养老服务中心(南方新城站点)	永阳街道戴家社区南方新城A区
	戴家	南京市溧水区鸿阳居家养老服务中心(幸福佳苑站点)	永阳街道戴家社区幸福佳苑党群服务中心
	东山	南京市溧水区鸿泰居家养老服务中心(东山站点)	永阳街道东山社区老年活动中心
	龙山	南京市溧水区鸿泰居家养老服务中心(东山站点)	永阳街道秦淮东郡7幢
	庆丰路	南京市溧水区鸿阳居家养老服务中心(庆丰路站点)	永阳街道庆丰小区绿村
	十里牌	南京市溧水区鸿泰居家养老服务中心(十里牌站点)	永阳街道十里牌党群服务中心
	石巷	南京市溧水区鸿泰居家养老服务中心(石巷站点)	永阳街道石巷社区A区6栋
	仪凤	南京市溧水区鸿泰居家养老服务中心(仪凤站点)	永阳街道琉璃花园二栋一单元
	致远	南京市溧水区鸿泰居家养老服务中心(致远站点)	永阳街道致远社区党群服务中心
	通济街	南京市溧水区润夕居家养老服务中心(通济街站点)	永阳街道通济街社区工业新村
	致远	南京市溧水区润夕居家养老服务中心(致远站点)	永阳街道广成东方名城30栋
	板桥	南京市溧水区润夕居家养老服务中心(板桥站点)	永阳街道板桥社区综合文化服务中心三楼
	中山	南京市溧水区润夕居家养老服务中心(中山站点)	永阳街道中山社区岗头村
	交通路	南京市溧水区巾帼居家养老服务中心(交通路站点)	永阳街道交通路明都苑内
	龙山	南京市溧水区巾帼居家养老服务中心(龙山站点)	永阳街道秦淮东郡7幢
	工农兵	南京市溧水区巾帼居家养老服务中心(工农兵站点)	永阳街道交通路126号
	状元坊	南京市溧水区欣雨居家养老服务中心(状元坊站点)	永阳街道状元坊社区大西门47-1号
	工农兵	南京市溧水区欣雨居家养老服务中心(康居站点)	永阳街道工农兵社区康居小区内
	高塘	南京市溧水区祥瑞养老服务中心(高塘站点)	永阳街道高塘村党群服务中心(原老明路北)
	高塘	南京市溧水区祥瑞养老服务中心(小茅园站点)	永阳街道小茅园村
	毓秀路	南京市溧水区祥瑞养老服务中心(毓秀路站点)	永阳街道毓秀路5号师范小区20-23幢
	城郊	南京市溧水区祥瑞养老服务中心(城郊站点)	永阳街道秀园西苑
	毓秀路	南京市溧水区祥瑞养老服务中心(天生福邸站点)	永阳街道天生福地
	秋湖	南京市溧水区旭阳居家养老服务中心(秋湖站点)	永阳街道秋湖村韦家大村
开发区	群力	南京市溧水区乐活居养老服务中心(景山站点)	开发区景山村蒲干村109号
	空港	南京市溧水区安正居家养老服务中心(富滨站点)	开发区富滨空港新苑
	空港	南京市溧水区安正居家养老服务中心(交山站点)	开发区交山社区谢家新村
	柘塘	南京市溧水区巾帼居家养老服务中心(秦淮站点)	开发区金鸡泉路50号
	柘塘	南京市溧水区欣雨居家养老服务中心(共和站点)	开发区共和社区小陶村

续表

街道	村(社区)	助餐点名称	助餐点地址
开发区	柘塘	南京市溧水区欣雨居家养老服务中心(梅山站点)	开发区柘塘集镇
	康怡	南京市溧水区爱景社区居家养老服务中心	开发区科创大道2号
	群力	南京市溧水区安颐居家养老服务中心(群力站点)	开发区群力社区居委会三楼
	崇贤	南京市溧水区爱景社区居家养老服务中心(福田站点)	开发区福田雅居10栋7号
	乌山	南京市溧水区爱景社区居家养老服务中心(华桥站点)	开发区大仁山村
	崇贤	南京市溧水区爱景社区居家养老服务中心(新淮站点)	开发区新淮社区党群服务中心
	沙河	南京市溧水区幸福苑居家养老服务中心(沙河站点)	开发区沙河社区朱家宕
	荷花	南京市溧水区祥瑞养老服务中心(荷花站点)	开发区荷花路10号
	乌山	南京市溧水区祥瑞养老服务中心(红星站点)	开发区徐母塘路100号
	前进	南京市溧水区祥瑞养老服务中心(前进站点)	开发区秦淮大道599号
	机场路	南京市溧水区祥瑞养老服务中心(机场路中城花园站点)	开发区塞纳名邸幼儿园东一楼
	明珠桥	南京市溧水区祥瑞养老服务中心(一品骊城站点)	开发区马场路便民综合服务中心三楼
	前进	南京市溧水区晚美居家养老服务中心	开发区机场路东城世家西园10号
东屏街道	金湖	南京市溧水区怡乐居家养老服务中心(金湖站点)	东屏街道金湖社区前段庄村38号
	方边	南京市溧水区无忧乐园居家养老服务中心(方边站点)	东屏街道屏湖路26号
	白鹿	南京市溧水区无忧乐园居家养老服务中心(白鹿站点)	东屏街道白鹿村
	爱民	南京市溧水区无忧乐园居家养老服务中心(爱民站点)	东屏街道爱民村何村
	爱廉	南京市溧水区开泰居家养老服务中心(爱廉站点)	东屏街道爱廉村开泰村
	长乐	南京市溧水区百德居家养老服务中心(长乐站点)	东屏街道长乐社区陈家村1号
	丽山	南京市溧水区丽康居家养老服务中心(丽山站点)	东屏街道丽山村东流自然村29号
	徐溪	南京市溧水区祥瑞养老服务中心(徐溪站点)	东屏街道屏溪佳苑
	和平	南京市溧水区孝和居家养老服务中心(和平站点)	东屏街道和平村
	定湖	南京市溧水区博瑞居家养老服务中心(定湖站点)	东屏街道定湖社区丰安村
洪蓝街道	蒲塘	南京怡家居家养老服务中心(蒲塘站点)	洪蓝街道蒲塘集镇
	西旺	南京市溧水区金牛居家养老服务中心(凤凰名苑站点)	洪蓝街道西旺社区端家村33号
	三里亭	南京市溧水区金牛居家养老服务中心(三里亭站点)	洪蓝街道金牛北路299号
	西旺	南京市溧水区金牛居家养老服务中心(金龙南郡站点)	洪蓝街道荆亭路18号
	青锋	南京市溧水区乐宁居家养老服务中心(青锋村站点)	洪蓝街道青锋医务室边
	天生桥	南京市溧水区邻里居家养老服务中心(天生桥站点)	洪蓝街道天生桥社区党群服务中心
	洪蓝	南京市溧水区鸿阳居家养老服务中心(洪蓝站点)	洪蓝街道洪溪街2号
	塘西	南京市溧水区鸿泰居家养老服务中心(塘西村站点)	洪蓝街道塘西村鼓楼庵自然村
	三里亭	南京市溧水区润夕居家养老服务中心(三里亭站点)	洪蓝街道三里亭社区毛家村小学
	塘西	南京市溧水区润夕居家养老服务中心(塘东村站点)	洪蓝街道塘西村塘东自然村
	上港	南京市溧水区静馨居家养老服务中心(上港站点)	洪蓝街道上港社区上庄自然村
	傅家边	南京市溧水区巾帼居家养老服务中心(卫生院站点)	洪蓝街道傅家边社区卫生院院内
	傅家边	南京市溧水区巾帼居家养老服务中心(涧东站点)	洪蓝街道傅家边社区涧东村
	无想寺	南京市溧水区巾帼居家养老服务中心(无想寺站点)	洪蓝街道无想寺社区沙板村
	姜家	南京市溧水区祥瑞养老服务中心(姜家站点)	洪蓝街道塘埂村
	陈卞	南京市溧水区祥瑞养老服务中心(陈卞村卞家站点)	洪蓝街道陈卞村卞家村
	姜家	南京市溧水区祥瑞养老服务中心(后傅自然村站点)	洪蓝街道姜家自然村

续表

街　道	村(社区)	助餐点名称	助餐点地址
石湫街道	桑元蒲	南京市溧水区乐遥养老服务中心(桑元蒲站点)	石湫街道桑元蒲村140号
	光明	南京市溧水区乐遥养老服务中心(光明站点)	石湫街道光明社区咎塘角村
	同心	南京怡家居家养老服务中心(同心站点)	石湫街道同心村西庄村
	向阳	南京溧水恒宇养老服务中心(向阳站点)	石湫街道向阳村(老居委会院内)
	向阳	南京溧水恒宇养老服务中心(石场站点)	石湫街道向阳村石场村
	社东	南京市溧水区鸿阳居家养老服务中心(社东站点)	石湫街道社东社区
	石湫	南京市溧水区鸿阳居家养老服务中心(石湫站点)	石湫街道影城新苑
	明觉	南京市溧水区百德居家养老服务中心(明觉站点)	石湫街道明觉社区
	上方	南京市溧水区巾帼居家养老服务中心(上方站点)	石湫街道上方村
	上方	南京市溧水区欣雨居家养老服务中心(端详站点)	石湫街道上方村端详村
	九塘	南京市溧水区幸福苑居家养老服务中心(九塘站点)	石湫街道九塘村亭山幼儿园东
	三星	南京市溧水区幸福苑居家养老服务中心(三星站点)	石湫街道三星村
	蟹塘	南京市溧水区幸福苑居家养老服务中心(蟹塘站点)	石湫街道蟹塘社区大傅村
	东泉	南京市溧水区幸福苑居家养老服务中心(东泉站点)	石湫街道东泉村原村委会
	横山	南京市溧水区祥瑞养老服务中心(横山站点)	石湫街道横山村陈沿村
	塘窦村	南京市溧水区鸿阳居家养老服务中心(塘窦村站点)	石湫街道塘窦村社区汤庄居家养老中心
白马镇	革新	南京怡家居家养老服务中心(革新站点)	白马镇革新社区王家边村
	大树下	南京怡家居家养老服务中心(大树下站点)	白马镇大树下村大树下自然村
	浮山	南京怡家居家养老服务中心(浮山站点)	白马镇浮山村上力自然村
	白龙	南京溧水恒宇养老服务中心(白龙站点)	白马镇白龙社区中心村
	朱家边	南京溧水恒宇养老服务中心(朱家边站点)	白马镇朱家边社区党群服务中心
	曹家桥	南京溧水恒宇养老服务中心(曹家桥站点)	白马镇曹家桥社区曹家桥村
	白马	南京市溧水区润夕居家养老服务中心(白马站点)	白马镇白马社区白马东街19号(老招待所)
	石头寨	南京市溧水区润夕居家养老服务中心(石头寨站点)	白马镇石头寨村南头村28号
	上洋	南京市溧水区润夕居家养老服务中心(上洋站点)	白马镇上洋社区党群服务中心旁
	金谷	南京市溧水区润夕居家养老服务中心(金谷站点)	白马镇金谷佳苑三期便民服务中心
	曹家桥	南京市溧水区曹家桥居家养老服务中心	白马镇曹家桥村黄家棚子村
和凤镇	中杨	南京市溧水区兴善居家养老服务中心(中杨村站点)	和凤镇中杨社区
	乌飞塘	南京市溧水区和美居家养老服务中心(沙岗站点)	和凤镇乌飞塘社区沙岗村
	孔镇	南京怡家居家养老服务中心(孔镇站点)	和凤镇孔镇社区
	吴村桥	南京怡家居家养老服务中心(吴村桥站点)	和凤镇吴村桥村
	双牌石	南京怡家居家养老服务中心(双牌石站点)	和凤镇双牌石社区
	沈家山	南京市溧水区鸿福居家养老服务中心(沈家山站点)	和凤镇沈家山原村委会
	沙塘庵	南京市溧水区凤鸣居家养老服务中心(沙塘庵站点)	和凤镇沙塘庵社区大沟圩村
	毛公铺	南京市溧水区百德居家养老服务中心(毛公铺站点)	和凤镇毛公铺社区党群服务中心
	张家	南京市溧水区和家乐居家养老服务中心(张家站点)	和凤镇张家村委旁
	孙家巷	南京市溧水区润夕居家养老服务中心(孙家巷站点)	和凤镇孙家巷村
	骆山	南京市溧水区龙祥居家养老服务中心(骆山站点)	和凤镇骆山村888号
	乌飞塘	南京市溧水区欣悦养老服务中心(乌飞塘站点)	和凤镇乌飞塘社区乌飞塘村

续表

街　道	村(社区)	助餐点名称	助餐点地址
晶桥镇	仙坛	南京市溧水区石燕居家养老服务中心(七里梗村站点)	晶桥镇仙坛村七里埂村
	孔家	南京怡家居家养老服务中心(孔家站点)	晶桥镇孔家村甘戴村
	水晶	南京怡家居家养老服务中心(水晶站点)	晶桥镇水晶村枣树巷村
	笪村	南京市溧水区福乐居家养老服务中心(笪村站点)	晶桥镇笪村自然村
	枫香岭	南京市溧水区鸿泰居家养老服务中心(枫香岭站点)	晶桥镇枫香岭社区横山村
	芮家	南京市溧水区鸿泰居家养老服务中心(芮家社区站点)	晶桥镇芮家社区芮家村
	芝山	南京市溧水区安悦居家养老服务中心(曹庄站点)	晶桥镇芝山村曹庄自然村
	邰村	南京市溧水区润夕居家养老服务中心(邰村站点)	晶桥镇邰村社区邰村
	新桥	南京市溧水区润夕居家养老服务中心(新桥站点)	晶桥镇新桥社区环步岗村
	杭村	南京市溧水区安悦居家养老服务中心(杭村站点)	晶桥镇杭村集镇圆盘下腾鹤楼
	杭村	南京市溧水区安悦居家养老服务中心(杭村集镇站点)	晶桥镇杭村集镇新燕路01幢3-4室
	芝山	南京市溧水区润夕居家养老服务中心(芝山站点)	晶桥镇芝山社区芝山村老年活动室
	仙坛	南京市溧水区惟吾德馨居家养老服务中心(仙坛站点)	晶桥镇仙坛村张千户自然村
	云鹤山	南京市溧水区祥瑞养老服务中心(云鹤山站点)	晶桥镇云鹤山村汤村
	云鹤山	南京市溧水区祥瑞养老服务中心(云鹤山自然村站点)	晶桥镇云鹤山村云鹤山自然村
	云鹤山	南京市溧水区祥瑞养老服务中心(云鹤山岗下村站点)	晶桥镇云鹤山村岗下村
	陶村	南京市溧水区祥瑞养老服务中心(陶村站点)	晶桥镇陶村社区党群中心
	陶村	南京市溧水区祥瑞养老服务中心(西宋站点)	晶桥镇陶村社区西宋村

(陈静)

社区建设

【概况】 2020年,溧水区民政系统坚持社区治理创新多点发力,全国社区治理和服务创新实验区建设取得阶段性成果。实施村(居)务公开提升行动,溧水广电8频道村(居)务公开板块升级改版,实现村(居)务足不出户"一键监督";建立"专业社工+志愿服务"联动机制,发挥社工机构与志愿组织服务叠加效应;19家社会组织成立党组织,筹备建立社会组织党委,以点带面提升全区社会组织基层党建工作水平。依法推进村(社区)完成"两委"换届选举。

【社会组织管理】 2020年,溧水区规范社会组织登记,新注册登记社会组织11个(总数731个,其中民办非201个、社团529个、基金会1个),每万人拥有登记社会组织数16个。6月,完成299家社会组织年检工作,严格审查社会组织执行法律法规和有关政策、党组织建设、开展业务活动、财务管理和经费收支、机构变动和人员聘用等情况。8—10月,全区35家行业协会商会全部与行政机关脱钩,注销行业协会商会4家。鼓励社会组织参与公益创投活动,8家社会组织中标市级公益创投项目9个,总投资89万元。

【社工队伍建设】 2020年,溧水区发布《关于做好2020年度社会工作者职业水平考试相关工作的通知》,动员全区750余人参加全国社会工作者职业水平考试,开展助理及中级社工师考前培训,为考生提供免费考试书籍,做好系列保障工作。鼓励社工参与江苏省"最美社工"评选和南京市社会工作督导选拔等系列活动,激发社工参与活力。组织开展社会组织能力提升培训,涵盖社会组织党建、疫情防控下的社会组织新思路、社会组织财务管理、新闻稿撰写、社工专业知识等领域课程,参与780人次。

【全国社区治理和服务创新实验区创建】 2020年,溧水区围绕"创新政府购买社区服务机制,加强和完善社区治理"实验主题，按照实验区建设实施方案和两年内完成实验建设任务的要求，分三步开展实验区创建工作。3月，区委、区政府印发《关于开展全国社区治理和服务创新实验区建设的实施意见》，成立实验区建设工作领导小组，建立会议制度，压实工作责任。根据实验区实施意见选树11个精品社区，实施精品社区项目招投标，以《关于溧水区精品社区标准化建设的指导意见（试行）》指导社区和社会组织实施精品社区项目品牌化、特色化打造。10月，区委、区政府印发《关于印发〈溧水区政府购买社区服务实施办法（试行）〉〈溧水区政府购买社区服务第一批指导性目录〉〈溧水区政府购买社区服务资金管理办法（试行）〉的通知》等文件，加快推进社区购买服务覆盖全区养老服务、社区文化、社区管理等领域，健全政府购买社区服务的体制机制。11月，民政部专家组跟踪指导实验区建设工作。（陈静）

社会事务

【概况】 2020年，溧水区以提高社会管理和公共服务水平为着力点，提升社会事务服务内涵和成效。推进殡葬服务"一'键'事"改革，全区新增骨灰入堂率60%以上。区殡仪馆火化遗体2931具，接待服务丧户18万人次，美人山公墓销售墓穴130穴。福彩销售4050万元。

【婚姻登记】 2020年，溧水区婚姻登记处联合卫健、公安部门开展"婚育户"一站式便民服务，形成"一次告知、一次填报、一次联办"的服务模式。率先在全省创建江苏省婚俗改革实验区，通过购买服务实现婚姻家庭辅导专业化。全年接待离婚夫妻769对，调解暂缓离婚270对，新婚辅导51对，满意率100%。8月25日，联合晶桥镇、区文旅局、团区委举办集体婚礼，发出《溧水区婚俗改革倡议》，荷花社区婚俗改革"五有"（有社区党组织领导，有婚事管理章程约束，有红白理事会参与，有形式多样宣传引导，有社会力量专业服务）工作法获民政部领导高度肯定。办理婚姻登记5082件，其中，结婚3374件、离婚1708件，补办结婚登记1156对、补办离婚登记81对，登记合格率100%。

【殡葬管理】 2020年，溧水区异地新建区殡仪馆，项目占地6.7公顷，建筑面积近3万平方米，投资3.5亿元。高标准建设和管理街镇公益性骨灰堂，配套建设集中守灵中心，创新采用"购岗"方式，统一招聘16名殡葬设施编外管理人员（每街镇2名）。全年新建村（社区）集中守灵、办丧事场所20处。完成辖区内散坟整治9603座，存入骨灰堂5593例、生态葬1621例，恢复土地原有功能3.35公顷，深埋碑石4920块，销毁棺材1400余个。推行节地生态安葬，全区死亡人口2913人，有1751具骨灰安葬于骨灰堂，骨灰入堂率60%以上，包含迁坟在内的以节地方式于骨灰堂安葬的坟2.1万座，选择不保留骨灰的生态葬2980座，兑现奖补582万元。推进殡葬服务"一'键'事"改革，整合区智慧办、卫健委、民政局、人社局、残联、溧水公安分局等部门资源，重组设计办事流程，形成"五个一"（一口清、一件事、一个窗、一次跑、一号通）办事流程，按照一门受理、部门联动的要求集成开展服务。

【地名管理】 2020年，区民政局加强地名文化建设，推进区划调整和界线联检。规范标准地名命名。全区新命名住宅小区9个，新命名商业综合体（商业楼）2个（永寿坊、康宁大厦），地名沿用1个（华塘佳苑）；地名更名1条，"滨淮大道"更名为"新能源大道"。开展宁镇线溧水句容段、区界溧水高淳段行政区域界线联检，由句容市牵头、溧水区配合，制订《关于开展宁

8月25日，溧水区开展"缘来溧水，鹊起晶桥"2020年溧水区"七巧生活节"，发起婚俗改革倡议　　区民政局　供

镇线溧水句容段界线联合检查的实施方案》，形成《关于开展宁镇线句容溧水段界线联合检查的报告》和《关于溧水区与高淳区行政区域界线联合检查的报告》。

（陈静）

2020年溧水区地名命(更)名情况一览表

所在街镇(开发区)	命名名称	类　别	位　　置	命名时间
永阳街道	锦合悦名邸	住宅小区	东至双塘景苑、南至永昌东路、西至宝塔路、北至永寿路	2020.1.13
永阳街道	玖熙府	住宅小区	东至随园路、南至草鞋山路、西至珍珠南路、北至高平大街	2020.6.16
洪蓝街道	华墉佳苑	住宅小区(安置房)	东至五峰山路、南至洪辉路、西至凤凰井路、北至五峰山路	2020.6.16
永阳街道	永寿坊	商业综合体	东北至一干河、南至交通西路北地块、西至西坛路(规划名)	2020.8.27
开发区	新能源大道	道路	东起淮源大道、西止滨淮桥	2020.9.22
永阳街道	熹樾花园	住宅小区	东至西坛路(规划名)、南至状元坊小学、西至栖凤中路、北至规划道路	2020.11.6
永阳街道	溧澜雅居	住宅小区	东至石燕路、南至规划道路、西至仪凤北路、北至交通路	2020.11.6
永阳街道	溧轩雅居	住宅小区	东至石燕路、南至规划道路、西至仪凤北路、北至分龙岗东路	2020.11.6
白马镇	茶兴雅居	住宅小区(安置房)	东至规划路、南至康居西路西延、西至康居路、北至白马桥东街东延	2020.11.12
石湫街道	康宁大厦	商业楼	东至规划路、南至华山路、西至S9轻轨、北至石湫大道	2020.12.24

（陈静）

残疾人事业

【概况】 2020年，溧水区推进残疾人之家建设，落实民生实事项目，完善残疾人社会保障和服务体系。全区持证残疾人16916人，其中，视力残疾2668人，听力残疾868人，言语残疾102人，肢体残疾8744人，智力残疾1700人，精神残疾1731人，多重残疾1103人，重度8415人。接待各类信访事项17件，其中“12345”政务热线16件，协助市残联处理法律援助事项1件，全部处结，答复率100%，满意率100%。

【残疾人教育就业】 2020年，溧水区为就业年龄段残疾人提供职业指导、技能培训、职业介绍、岗位推荐等服务，开展残疾人技能提升培训179人，新增残疾人就业47人。应届毕业残疾学生9人，双向选择实现就业4人，继续深造4人，推荐重度残疾毕业生参加江苏电信居家就业培训1人。

【残疾人康复治疗】 2020年，溧水区筛查贫困白内障患者39例，完成贫困白内障患者免费复明手术9例；筛查50名低视力残疾人并适配辅助器具；为21名有假肢安装需求的贫困肢体残疾人适配假肢；新增7名贫困精神病患者免费用药，总数455例。为507名有需求的持证残疾人提供精准康复服务，服务率100%，其中辅助器具适配58件，辅具适配率100%。

【残疾人扶贫济困】 2020年，溧水区为7354名困难残疾人发放生活补贴，为7675名重度残疾人发放护理补贴，有207名低保内（边缘）重度残疾人享受照护服务。为3912名残疾人发放基本医疗保险补贴168.51万元；为1396名残疾人发放基本养老保险补贴167.52万元；为525名个体参保户

8月18日，区残联组织3名选手参加全市残疾人职业技能竞赛
区残联　供

发放基本养老和医疗保险补贴82.64万元。提高持证残疾人参加意外伤害综合保险标准，全区1.68万名持证残疾人保险标准50.27万元。向贫困残疾人发放热水器4台、液晶电视229台、洗衣机167台、电饭锅177台、电风扇180台、轮椅161辆、电磁炉41台、郭氏补助3名。按照《关于印发〈2020年度溧水区对口帮扶对口支援工作要点〉的通知》要求，捐赠商南县残联20万元，用于帮扶困难残疾人接受康复服务，开展就业技能培训，扶持当地残疾人多种形式创业就业、产业化增收致富。

【残疾人文体活动】　2020年，溧水区残联在省市信息网站发布工作信息160篇。与区特殊教育学校联合举办残疾人趣味运动会暨溧水区残疾人运动员选拔赛，为2021年市残疾人运动会做准备。开展庆中秋国庆文艺演出、趣味运动会、"美溧心目"盲人观影、爱心剪纸、拥抱自然欢乐出行等协会活动8场。

【残疾人之家建设】　2020年，溧水区落实省政府民生实事项目，完善残疾人社会保障和服务体系，立足残疾人实际需求和基层工作特点，依托街镇、村(社区)公共服务资源，按照"七有"(有合法的法人注册登记、有独立财务核算、有统一名称和标识、有适宜活动场所、有管理服务队伍、有健全管理制度、有安全保障)标准新建残疾人之家14个。打造各具特色的残疾人之家，洪蓝街道西旺社区开设中医理疗项目，开发区爱景、联民社区开设农疗项目。为扎实推进残疾人之家由建向建、营、管并重转变，制订《南京市溧水区残疾人之家经费补贴实施方案》。

【残疾儿童康复救助】　2020年，溧水区落实国务院《关于建立残疾儿童康复救助制度的意见》，推动残疾儿童康复救助制度全面实施，推进残疾儿童定点康复机构建设。11月，区妇幼保健院通过市级验收，成为全区首家视力残疾儿童定点康复机构。出台《溧水区残疾儿童康复救助工作办法》，改善残疾儿童康复状况，促进残疾儿童全面发展，减轻残疾儿童家庭负担。组织区人民医院参加南京市第二届康复机构儿童康复档案书写质量竞赛，在全市25家机构中排名第四。

【社区康复示范点建设】　2020年，溧水区根据省残联《关于落实省2020年度民生实事项目的实施方案》文件要求，整合资源、完善功能、加强管理、改善服务，改造提升西旺社区残疾人康复站和石湫社区残疾人康复站，投资18.58万。区残联、卫健委联合制订《溧水区社区康复服务示范点改造提升实施方案》。12月，洪蓝街道西旺社区卫生室、石湫街道石湫社区卫生室通过省、市残联康复示范点验收。西旺社区残疾人康复站获评市级示范点。

【十年期满残疾人证换领】　2020年，溧水区2009—2010年期满换证人员6124人，在全市换证总量排第四。为减少新冠肺炎疫情影响，加快办理换领证业务，多渠道利用微信、QQ等网络媒介，为外地残疾人提供人性化换发证服务。10月，十年期满换证工作结束，完成速度全市第一。　(赵丹)

红十字会

【概况】　2020年，溧水区红十字会贯彻落实省、市红十字会工作部署要求，围绕"健康溧水"建设开展“三救三献”(应急救援、应急救护、人道救助和无偿献血、捐献造血干细胞、捐献人体器官组织)、募捐救助、博爱送万家、志愿服务、博爱家园建设等活动。春节期间,新冠肺炎疫情暴发后,区红十字会紧急行动,1月29日,在区红会官网发布《溧水区红十字会接收社会捐赠公告》,全区参与疫情防控捐款捐物3500余人次,收到社会爱心企业、个人捐款507.14万余元、物资66批次,价值157.36万元。强化落实“三献”工作,组织无偿献血5546人次,采血153.14万毫升。加入中国造血干细胞捐献者资料库102人,高分辨配型再动员成功3人,成功捐献1人。新增遗体器官捐献志愿者10人,成功捐献遗体1人。投放公共场所AED(自动体外除颤仪)60台。新增救护员831人,普及性救护培训8653人。位于大金山庄国防园的区红十字生命安全体验馆接待参观、体验与学习5万余人次。募集博爱资金558万元,物资160万元,开展“博爱送万家”等爱心慰问活动,受益困难家庭300户,发放救助金20余万元。完善博爱家园建设,推动博爱家园“4+X”(救护培训、三献、博爱超市、养老照护)新模式建设,东屏街道徐溪社区、永阳街道状元坊社区2个博爱家园项目建设有序推进。举办养老照护培训17场,培训1100人次。新增志愿者28人,志愿服务1520次,受益1591人,服务家庭796户。《中国红十字报》采用区红十字会稿件24篇,《江苏红十字报》采用3篇,市红十字会网站采用173篇。12月,区红十字会被市红十字会评为2020年度南京市红十字先进单位、宣传工作先进单位,获溧水区2020年度区级机关单位对标找差创新实干服务高质量发展绩效考核第一等次。

【防疫捐赠款物管理】 2020年春节期间,新冠肺炎疫情暴发后,区红十字会贯彻落实市、区疫情应对工作部署,紧急行动,1月29日,在区红会官网发布《溧水区红十字会接收社会捐赠公告》。1月31日,区新冠肺炎疫情防控指挥部转发该公告。区红十字会落实省民政厅关于在新冠肺炎疫情防控中加强慈善捐赠款物管理使用要求,对捐赠款物分配、拨付和使用做到专款专用、重点突出、按需分配、及时到位、公开透明。与接收单位对接,按时拨付捐赠款物,做到“快进快出、物走账清”,防止捐赠款物积压。强化捐赠款物监督,区红十字会邀请纪检、第三方审计机构提前介入,确保捐赠款物使用规范。除捐赠方有明确指定意向外,其余捐赠款物全部转交至区疫情防控指挥部指定账户和库房。至年底,全区参与疫情防控捐款捐物3500余人次,接收爱心企业、社会爱心人士捐款524家(人),捐款总额507.14万余元;接收捐赠物资66批次,价值157.36万元。

【“三献”工作】 2020年,全区组织无偿献血5546人次,采血153.14万毫升,献血与用血比154%。结合“世界献血者日”“献爱心”专题活动,开展无偿献血。6月9日,区红十字会与区级机关工委、南京红十字血液中心联合开展“战高温·献爱心”无偿献血专题活动,邀请“献血达人”“中国好人”杨小飞和造血干细胞捐献者卞红红参与宣传动员,43人献血1.18万毫升,3人加入中国造血干细胞捐献者资料库。7月1—3日,区红十字会联合区人民医院、南京红十字血液中心开展“献血,让世界更健康”无偿献血专题活动,308人献血8.27万毫升,13人加入中国造血干细胞捐献者资料库。10月29—30日,白马镇政府开展“金秋十月·献一片爱心”无偿献血专题活动,378人献血10.57万毫升。全年新增加入中国造血干细胞捐献者资料库102人。8月13日,区红十字会在晶桥镇举行欢送仪式,溧水区第三例造血干细胞捐献志愿者刘志杰前往东南大学附属中大医院捐献。至年底,新增10名遗体捐献志愿者,成功捐献遗体1例。12月,区红十字会被市红十字会评为2020年度南京市红十字遗体和人体器官捐献工作先进单位。

【救护培训】 2020年,溧水区强化落实省政府“应急救护百万培训”项目和区民生实事AED投放项目。6月9日,区红十字会举办红“惠”民生“救”在身边公共场所自动体外除颤仪(AED)投放仪式暨急救知识培训活动,分别在区政府办、行政审批局、溧水公安分局等10家单位投放自动体外除颤仪。全年公共场所投放自动体外除颤仪60台。开展公益救护“六进”培训活动,全年普及性救护培训8653人,救护员培训经考试通过取得证书831人。养老照护进社区、敬老院,志愿服务1520次,服务家庭796户,受惠老人1591人。区红十字生命安全体验馆向社会公众普及生命安全、自救他救等救护知识，接待群众5万余人次。10月，区红十字会获中国红十字会总会办公室应急救护知识竞赛活动单位组织二等奖。

【第五次红十字会会员代表大会】 9月1日，溧水区红十字会第五次会员代表大会召开，参加会议会员代表121人。会议听取并审议通过溧水区红十字会第五次会员代表大会工作报告，选举产生第五届理事会理事，选举产生第一届监事会监事、监事长和副监事长。大会选举产生30名常务理事，副区长王超勇当选区红十字会第五届理事会会长，刘晓萍当选区红十字会常务副会长。

（葛润苏）

关心下一代工作

【概况】 2020年，区关工委围绕“爱党爱国，立德立行”主题教育，开展宣讲52场，受教育3万余人次。组织“颂时代楷模、赞中国精神（圆梦小康）”老少同台朗诵、演讲比赛154场次，参加青少年18641人次，白马镇校外教育辅导中心站等2家获朗诵演讲比赛省级先进单位，实验小学关工委等4家获市级先进单位，12人获省、市级优秀朗诵者奖。组织科技夏令营35批次，参与学生3876人。开展中学生“在追梦中赛跑，做时代新人”“小康大美”“小康之路”等主题读书征文活动。资助贫困学生123名、17万元。各级关工委组织募集400多万元资助贫困学生538名。9月，溧水区少年法学院成立。11月，开通“溧水区关工委”微信公众号，至年底发布文章34篇。291家规模以上企业建立关工委，各街镇（开发区）全部建立政法系统关工委。调整充实思想道德讲师团成员52名，法治副校长队伍51名，“五老”（老干部、老战士、老专家、老教师、老模范）网吧义务监督员78名，信息宣传员140名。组织网吧、游戏厅大检查10次，出动执法人员220人次。

【主题教育活动】 2020年，区关工委组织“爱党爱国，立德立行”主题宣讲。“五老”思想道德讲师团成员到中小学和校外教育辅导站宣讲。面对新冠肺炎疫情，创新宣讲形式，设主会场和分会场，视频连线互动。组织“颂时代楷模、赞中国精神（圆梦小康）”老少同台朗诵、演讲比赛，各街镇（开发区）关工委寻访参加湖北抗疫溧水籍医护人员、退伍老兵等123场次115人，参与志愿者1614人次，撰写朗诵稿587篇，组织主题朗诵比赛154场，参加青少年18641人次。7月16日，南京市第十五届革命老区中小学科技夏令营溧水分营在江苏白马农博中心开营。开展中学生“在追梦中赛跑，做时代新人”“小康大美”“小康之路”等主题读书征文活动，收集征文近千篇，评选出优秀征文40篇。组织“德法同行”主题教育。法治报告团深入社区、学校开展“德法同行”主题教育107场，受教育4.7万人次。

【育人阵地建设】 2020年，区关工委下拨32万元，以奖代补14个村（社区）校外教育辅导站。推进大金山青少年社会实践基地建设，接待青少年教育近30万人次。重点培育粮食博物馆、龙吟湾休闲度假体验基地、江苏白马农博中心、傅家边草莓园、九塘荷花园等一批有特色、有潜力的农业科技实践基地。区检察院青少年法治教育体验基地被评为首届“南京政法关心下一代工作品牌”，全年面向中小学开放24场。参与“智慧南京·我的科技梦”第十二届社区科技“四个一”作品竞赛活动，提交科幻绘画103幅，科技发明小制作153件，科技小论文64篇，科普读后感69篇。组织参加“奋进2020——新春网络寄语”活动，上传5万多条祝福标语，区关工委、教育关工委获“最佳组织奖”。

（袁宗扣）

民族事务

【概况】 2020年，溧水区有布依族、苗族、回族、彝族等少数民族族别38个，户籍少数民族人口2626人，占全区总人口0.5%，散居在开发区、各街镇。人口分布以永阳街道、石湫街道、开发区居多，和凤镇孔镇民族村是南京市3个民族村之一。

【民族政策落实】 2020年，溧水区落实少数民族考生优录政策，为21名符合条件的少数民族中考考生出具民族成份审核证明。依据《中国公民民族成份登记管理办法》相关条款，为3名符合条件的居民出具变更公民民族成份证明信。全年接待咨询变更民族成份相关手续群众34人。

【促进民族团结进步】 2020年，溧水区促进各族人民团结一致，铸牢中华民族共同体意识。5月8日，孔镇民族村居家养老服务中心挂牌启用，占地2000平方米，建有篮球场、乒乓球场、健身区域以及289平方米功能用房，为辖区60岁以上老人提供助餐、养老、洗浴理发、棋牌娱乐等服务。以学校、民族村、村(社区)等板块为依托，打造省级民族工作"红石榴家园"柘塘街道康怡社区、区儿童图书馆2家；市级民族二作"红石榴家园"开发区、永阳街道、东屏街道、石湫街道、洪蓝街道、和凤镇、晶桥镇、永阳新区小学8家。11月，组织2支代表队参加南京市首届民族健身操展示活动，区民宗局获优秀组织奖。区民宗局改革创新案例课题《项目为笔，画好最美同心圆》获区改革创新年度十佳优秀案例。

【民族团结进步宣传】 9—10月，开发区举办"民族团结一家亲，爱我中华心连心"阅读、剪纸及描绘活动；永阳街道举办"携手奋进新时代，起航健康新永阳"专场文艺演出；石湫街道举办"民族团结一家亲，中秋国庆合家欢"活动；和凤镇开展民族团结进步宣传进校园活动；江苏第二师范学院组织学生到社区开展支教服务活动，围绕"维护民族团结从我做起"教育主题，宣讲维护民族团结重要性，引导社区群众和学生铸牢中华民族共同体意识。开发区、各街镇利用互联网平台举办民族知识答题活动，全区各族群众参与答题8000余人。区民宗局获2020年全市民族宗教系统信息宣传工作一等奖第一名。 (朱胡荣)

宗教事务

【概况】 2020年，溧水区有佛教、伊斯兰教、基督教三大宗教。经政府批准设立的宗教活动场所数量34个，其中佛教场所11个、伊斯兰教场所1个、基督教场所22个。经民政部门登记的宗教团体1个，即区基督教三自爱国运动委员会。经省市宗教事务部门认定备案的教职人员45人，其中佛教26人、伊斯兰教1人、基督教18人。经省民族宗教委员会核准编号建档的民间信仰场所3个，即象教禅寺、罗山禅寺和灵应寺。全年完成泰山古寺筹备设立审批及区灵峰寺扩建审批2个行政许可事项初审。打造区基督教中国化实践示范场所，包括社会主义核心价值观主题大道、阅读驿站、妇女微家、基督教中国化实践成果展示馆。

【宗教场所安全管理】 2020年，溧水区民宗局制订《溧水区宗教领域安全生产职责清单》，实现微型消防站、技防监控设备和安全管理员全覆盖。坚持逢节必查与常态巡查相结合，全年开展消防知识宣讲及应急演练各3场次、安全专项检查11次，宗教政策法规专题培训12场次，培训人员1000人次。排查发现安全隐患363个，整改363个，整改率100%。

【宗教场所规范化建设】 2020年，溧水区开展宗教活动场所标准化建设、星级档案室及星级场所创建工作。崇庆寺通过四星级宗教活动场所验收，云鹤禅寺、基督教开发区聚会点通过三星级宗教活动场所验收。至年底，全区标准化建设达标场所28个，星级档案室27个(五星级1个、三星级18个、二星级8个)，星级宗教活动场所26个(四星级4个、三星级22个)。

【宗教政策法规学习】 2020年，溧水区下发通知要求区三自爱国运动委员会和宗教活动场所负责人登录市局门户网站专题学习《宗教事务条例》、新修订《宗教团体管理办法》《江苏省宗教事务条例》等相关法律法规。4月，组织干部群众参与《江苏省宗教事务条例》网上知识竞答活动，推动竞答活动覆盖到村(社区)。举办"两条例两纲要一办法"学原文活动，培训40余人。举办开发区宗教知识讲座，100余人参加。5月，发放新修订《江苏省宗教事务条例》海报50份，单行本150份，宗教场所消防安全海报及应急预案处置板报180份。

(朱胡荣)

责任编辑 吴萍 尹伟

街道 镇

Sub-district and Local Towns

永阳街道

【概况】 溧水区永阳街道地处区委、区政府所在地，是全区政治、经济、文化、商业、交通、信息中心，辖区面积130平方千米。下辖9个涉农社区、18个城市社区。宁宣、常合、宁杭3条高速公路以及123省道、243省道、246省道、340省道、341省道5条高等级公路纵横境内。2020年，总人口111709人，地区生产总值252.04亿元，增长8.5%；一般公共预算收入23.39亿元，增长10.11%；全社会固定资产投资122.3亿元，增长9.1%；规模以上工业产值57.44亿元，增长13.6%；社会消费品零售额170.23亿元，增长11%；农村居民人均可支配收入29272元，增长7.5%；外贸及港澳台贸易额9亿元，实际利用外资及港澳台资2028万美元。获区委、区政府2020年度对标找差创新实干推动高质量发展考核先进镇（街）一等奖，被市委、市政府评为“抗击新冠肺炎疫情先进集体”。

【新冠肺炎疫情防控】 2020年春节期间，面对新冠肺炎疫情，永阳街道贯彻区委常委会会议暨区委应对疫情工作领导小组会议精神，成立应对疫情工作领导小组，落实责任、分级负责、分片包干、一抓到底。向城区居民印发“致居民朋友的一封信”3.7万余份、《居家隔离观察须知》3万份、《疫情温馨提示》3万份，悬挂横幅1222条，制作展板473块，配发录音小喇叭300余只。参与疫情联防联控党员干部1900余人。强化疫情防控主体责任，与物业企业、涉农社区、城市社区、无物业老旧住宅小区等签订疫情防控责任书207份。提高社会疫情防控水平，优化网格227个。在城市社区交通要道、各住宅小区设防控卡点188个、涉农社区62个，执行24小时值守制度。2月5—23日，监测宁杭高速东、宁宣高速天生桥大道出口卡点来往车辆人员体温2.8万余人次。2月24日起，全面推行新冠肺炎疫情防控常态化管理，所有单位、个人遵循疫情防控外出报告制度，戴口罩、勤洗手、测体温，至年底，未发现新冠肺炎病例。

【复工复产】 2月10日开始，永阳街道统筹推进企业复工复产，一手抓疫情防控，一手抓复工复产，帮助企业渡难关，确保疫情防控到位、企业平稳运行。党工委、办事处主要领导到江苏金恒新型包装材料有限公司等企业，深入生产车间现场查看，听取企业关于疫情防控和复工复产情况汇报，询问企业在发展中存在的困难和问题。指导和检查各企业厂区门卫、食堂、车间、员工宿舍等重点区域疫情防控管理状况，督促企业强化防控培训，提高员工自我防护意识和安全生产意识。4月30日，转入常态化疫情防控，136家工业企业全部复工复产，31个建筑施工工地陆续开工。

【农业】 2020年，永阳街道耕地承包总面积2271公顷，粮油种植面积1268公顷。其中，水稻种植面积799.73公顷，单产量7755千克/公顷，总产量

6201.9吨，增加303.72吨；小麦种植面积306.07公顷，单产量4845千克/公顷，总产量1482.9吨，增加64.12吨；油菜种植面积161.87公顷，减少0.03公顷，单产量2535千克/公顷，总产量410.34吨，减少0.51吨。加强农业科技服务，实施化肥减量增效、耕地质量提升和农业生态环境保护三大行动。建立耕地质量提升综合示范区1个，设立市级土壤动态监测点7个、重金属预警监控点2个，区级测土配方施肥定点10个，全年采集土壤分析样品25份。强化农业生产技术培训，举办水稻、小麦、油菜病虫防治知识培训班4期，培训技术骨干150人次，实施机械化除草农田1200公顷，化学除草124.34公顷，投资35.25万元。有序推进农业重点项目4个，分别是江苏臻柏霖农业发展有限公司，年内投资4.7亿元，建成景观梅园面积466.67公顷，成立三产开发康养公司，打造集休闲旅游、特色民宿、文化体验、健康养生为一体的综合农业服务基地；茅苍术繁育中心，年内投资200万元，新建培繁育中心1个，硕士生工作站1个、国家级中药材标准化示范基地1个，至年底，种苗数20万株；普朗克有机蔬菜产业基地项目，完成土地整理、基础设施面积86.67公顷，建成有机蔬菜生产连栋大棚25.47公顷，12月底，该产业基地通过上级论证；半山农旅文化创意园项目，投资3000万元，完成新建玻璃温室大棚5000平方米、连栋大棚3万平方米。

【工业】 2020年，永阳街道工业总产值83.91亿元，增长13.7%，增加值19.75亿元。其中，规模以上工业产值57.44亿元，增长13.87%；工业固定资产投资20亿元，增长76%；工业开票销售收入65亿元，增长10%；工业税收4.2亿元，增长35%。其中，规模以上工业利税5.26亿元，工业利润3.1亿元。全年，全街道有工业企业374家（其中新注册242家），在册职工8097人；新增规模以上企业24家，累计101家。街道有亿元以上工业企业14家，其中1亿～2亿元企业8家、2亿～5亿元企业5家、5亿元以上企业1家。年内重大项目加速突破，省级重大项目1个、市级重大项目10个、区级重点项目39个，完成投资215亿元。新增高新技术企业27家、瞪羚企业2家（南京赛博宁减振器制造有限公司、南京天力信科技实业有限公司）、省两化融合管理体系贯标企业2家（南京斯迪兰德机械科技有限公司、南京万德游乐设备有限公司）、省三星级“上云”企业（以互联网为基础进行信息化基础设施、管理、业务等方面应用，并通过互联网与计算手段连接社会化资源、共享服务及能力的企业）6家（一出科技发展有限责任公司、江苏谷策数字技术有限公司、南京数联空间测绘科技有限公司、南京溧水易网网络科技有限公司、南京瑞泽汇商信息科技有限公司、南京经纬达汽车科技有限公司）、省股权交易中心挂牌企业4家（南京东亚高新材料有限公司、南京宸旭汽车部件有限公司、南京仁恒轴承有限公司、南京普雷特钛业有限公司）、市级企业技术中心1家（南京溧水电子研究所有限公司）。年底，江苏金鑫传动技术中心挂牌成立，实现省级企业技术中心零突破。

【建筑业】 2020年，永阳街道有承包资质企业49家，其中一级资质企业5家、二级资质企业8家、三级资质企业36家。常年从业人员4万人，年内完成施工面积323万平方米，建筑产值110.5亿元，实现增加值35.6亿元。至年底，获评省文明工地4个、市文明工地7个，获“金陵杯”项目11个。

【服务业】 2020年，永阳街道社会消费品零售总额170.23亿元，增长11%；规模以上服务企业7家、限额以上批零住餐企业17家。服务业新增高素质人口1808人，举办新消费活动10场。天安溧水幸庄科技产业园、国家体育极限运动馆溧水训练基地开工建设，东庐山观音轴线项目基本完工。东庐佛教景区、寻添太平洋、溧水国际中心B2地块等10个重点服务业项目建设有序推进，全年完成投资额35.3亿元。

【招商引资】 2020年，永阳街道着力高质量发展经济，围绕装备制造、生物医药、电子信息等主导产业开展招商引资，采取走出去、请进来等办法创新招商。全年招商签约亿元以上项目39个。其中，工业项目29个，总投资72亿元；服务业项目10个，总投资144亿元。实际利用内资48.44亿元。签约项目注册28个、招商项目信息数160条，实际利用外资及港澳台资2218万美元，完成年度指标110.9%。

【街村建设】 2020年,永阳街道审批农居民住房维修43户、农居民住房翻建3户、危旧房改造6户。打造美丽乡村宜居村1个(秋湖村郑巷)。完成秦淮路经济河片区、东庐集镇、城中村雨污分流改造,建成污水管网12千米;完成5个非规划保留村及非布点村庄主管网铺设、污水处理设施建设。建成段林、老崇线、凉石线沥青路3.5千米。完成341省道及永湖路绿化提升。财贸北村出新改造项目和秋湖嘉苑、东庐、龙山等5个社区用房装修改造工程竣工验收,城市6个住宅小区改造工程项目基本完工。完成段林水库周边综合环境改造,面积26万平方米,其中绿道长1200米、绿化面积6.6万平方米。区梅园路工程有序推进,街道农村道路提升改造工程竣工;老明公路永阳段综合环境提升、韩胡村集镇综合改造等3个项目工程竣工验收;完成提档升级芦北线项目征地和城市公交站亭改造,投入1.5亿元新建芦基山纪念堂,上半年一期工程竣工投入使用。 (刘峰)

【土地管理】 2020年,永阳街道竣工验收土地增减挂钩项目28个,总规模30.87公顷,新增农用地30.25公顷,新增耕地29.90公顷。竣工验收占补平衡项目4个,总规模7.39公顷,新增耕地7.12公顷。强化土地供给保障,全年完成经营性项目建设用地报批2宗、工业用地17宗,面积37.99公顷。开展农村不动产确权登记,完成确权登记发证2800宗。加强农居民建房管理,审批农户住房维修、翻建46户。落实土地管理执法巡查制度,土地执法巡查56次,发现违法用地行为案件40余件,发出责令停工通知书41份。 (杨树)

【教育科技】 2020年,永阳街道有中心幼儿园1所、村级幼儿园2所、村办班3个,在园幼儿938人,在职教职工123人。永阳中心幼儿园创成市级优质幼儿园、语言文字规范化示范学校。小学3所(区第三实验小学、新区小学、东庐小学),在校小学生4795人、教职工411人,其中高级职称38人、中级职称58人。区第三实验小学获评《国家体质健康标准》实施先进单位、省健康促进学校金奖、小学质量优胜单位、省第32届江苏省中小学生金钥匙科技竞赛团体二等奖、省"新时代楷模、赞中国精神"老少同台讲好中国故事朗诵比赛先进单位、市"奋进2020·新春网络寄语比赛"优秀组织奖、2020年度市级园林式单位、市"四有"好教师重点培育团队、市阳光体育校园田径联赛二等奖、市消防安全示范管理单位、市平安校园、智慧校园、市教师发展示范基地学校、市中小学网络文明夏令营优秀营地;新区小学创成2020年全国青少年校园足球特色学校、市民族工作"红石榴家园"、市智慧校园,获"市长杯"校园足球联赛二等奖;东庐小学被市教育局评为"奋进2020·新春网络寄语"活动组织奖。初级中学1所(东庐初级中学),在校学生512人、教职工75人,其中高级职称20人、中级职称34人。东庐初级中学获市2020年"诵读中国"经典诵读大赛中学组一等奖、2020年市智慧校园示范学校、市校园安保先进集体,学校"优化管理,注重评价,提升质量"案例被《江苏教育》报刊社评为2020年度江苏省初中学校评价改革优秀案例。东庐初级中学、东庐小学均获第二十届中小学艺术月文艺汇演二等奖。注重高层次人才队伍建设,实施"创业南京高层次人才引进计划"项目56个、通过区级综合评审7人,入选市级高层次人才项目3人。年底,集聚高素质人口5653人,发明专利338件,专利合作协定申请25件。新增市级工程技术研究中心3家、高新技术企业27家、省级众创空间2家,签订产学研合作协议18份。

【文化体育】 2020年,永阳街道有文化体育站1个,建筑面积2000平方米,为五星级示范文化站、省级优秀文化站。强化文化体育阵地建设,建成琴音社区综合文化服务中心,新建中山社区臧笪里村、高塘村、东庐社区韩胡村乡村大戏台3座;建成智慧体育社区8个,新建恒大小区七人制足球场1片,建成东山、高塘、秋湖社区村级健身公园3个。举办大型文艺演出15场、送文化下乡演出30余场、公益电影放映210场、读书活动2场,开展义务写春联、民间文艺活动、趣味运动比赛等群众性文体活动300多场。辖区内有太极拳、广场舞、木兰操等晨晚集体活动点40余处,各社区文化体育中心均设有乒乓球室、健身房、棋牌室、图书室、电子阅览室、妇女儿童活动室、多功能室等,为居民提供文化书籍、党员教育、科技普及、普法教育、体育健身等"一站式"服务。5月份,开展国民体质监测500人,开展全民阅读系列活动"溧水红色故事"分享会,与党员群众交流读书感悟。

组织参加区首届中老年人“万达杯”健身广场舞大赛。全年新增数字电视用户2600户、高清互动2000户、宽带2600户，用户率96%。

【医疗卫生】 2020年，永阳街道社区卫生服务中心有床位99张，职工262人。其中，在编在册人员111人，卫生技术人员229人（含村医），高级职称16人、中级职称35人、初级职称163人。全年医疗业务收入1.08亿元，支出1.01亿元。有省级标准社区卫生服务站17家、村医生70人。省级特色科室皮肤科1个，市级特色科室口腔科1个，新增血液净化中心科1个。提升医疗水平，与市第一医院合作开设康复科，设有康复病床；与区人民医院联网，设有糖尿病并发症筛查工作室。全年门急诊20.07万人次，建立居民健康档案10.13万人，新建档案6339份，家庭医生签约3.68万人，健康体检44061人。12月，永阳街道社区卫生服务中心被市节能办评为样板单位。

【计生服务】 2020年，永阳街道出生人口1349人，其中男714人、女635人。计划生育率99.5%，随访服务率100%，知识普及率100%，知情选择率100%。妇幼保健和计生技术服务达标率96%，计生奖励扶助政策兑现率100%，育龄妇女殖感参查率96.5%，后续治疗率88%，统计准确率98.5%。免费孕前优生健康检查人群覆盖率、避孕药具不良反应和不良事件防治率、计划生育药具服务率100%。登记企业退休职工独生子女一次性奖励700余人，发放奖励金250万元；新增独生子女奖励扶助84人，退出23人，全年独生子女奖扶对象1512人，发放奖扶金14万余元；独生子女伤残死亡特别扶助对象167人，发放补助金130万余元；办理计生公益金19户，发放金额4万元。完善0～3岁婴幼儿早期发展服务管理体系，开展婴幼儿早期发展知识辅导服务与妇幼保健资源整合。全年投资15万余元新建东庐、状元坊、仪凤路、交通路社区4个亲子室，开展亲子活动13场，上门为2768户进行科学育儿指导；完善孕产妇健康管理，建卡1168人，产前检查1044人次，产后访视1123人、2727人次。

【社会保障】 2020年，永阳街道新增城镇就业5232人，完成指标113.74%。其中，大学生就业1793人，完成指标112.06%。培育自主创业204人，完成指标123.6%。其中，扶持农民自主创业111人，为年度指标138.75%。青年大学生创业77人，为年度指标96.2%。年内富民创业担保贷款办理277笔，放贷2923万元。全年社保补贴办理9534人次，灵活就业人员参保、停保办理1.43万人次。职业技能培训1220人次，通过考核取得证书410人，培训高校技能人才60人，转移农村劳动力116人。居民养老保险缴费3390人，续保率100%；城乡居民基本医疗保险参合3.77万人，参合率101.8%。劳资纠纷类投诉案件120余件，达成书面调解成功113件，发放书审企通信息1200户、企业劳动保障书面审查779家，完成年指标190%。社保缴费申报1020户，完成指标145%；签订集体合同110份，完成率100%。年内受理涉及劳资、征地进保、养老医疗方面“12345”工单233件，全部办结。按照“阳光救助、精准救助、温情救助、兜底保障”工作思路，落实社会福利保障政策，为社会困难家庭、特困户、困境儿童、残疾人、城乡低保户提供生产生活保障，城乡低保348户503人，发放低保金508.53万元；有特困供养人员106人，其中农村88人、城市18人，发放特困金174.9万余元；街道残疾人两项补贴发放1.69万人，生活补贴1011.76万余元。其中，困难残疾人生活补贴发放10843人、重度残疾人护理补贴发放14530人；有困境儿童35人，发放救助金27.69万元；年内临时救助32人次，发放救助金7.3万元；新增救助207人，停发救助金245人。建成AAA级居家养老服务中心34个、助餐点34个、日间照料中心34个、社区居家养老服务中心护理站1个、老人公共理发点27个，为2694名80周岁以上老人发放高龄津贴和尊老金168.62万元，为89户老人进行家庭适老化改造。开展社会化志愿服务，至年底，永阳街道注册时间银行志愿者357人，服务对象601人，服务点28个，服务量4131人，服务匹配成功率97.87%，时间存储量3583.38小时。

【退役军人管理服务】 2020年，永阳街道以创建全国示范型退役军人服务站为目标，有序推进退役军人服务规范化管理。协助部分退役军人核查社保1347人份，向395名优抚对象发放爱心消费券，组织233名优抚对象体检，完成优抚对象医疗报销82人次。发放优抚对象优抚金940万余元，受理更换伤残军人伤残证160份，整理核查退役军人档案3400余份，上门慰问老复员军人、伤残军人、烈士遗属20余人次，向6名抗美援朝退役军人颁发抗美援朝纪念章。11月，被市双拥工作领导小组评为南京市创建全国双拥模范城优秀集体。

【安置房分配】 2020年，永阳街道落实棚户区改造拆迁安置房分配政策，涉及16个村（社区）1263户拆迁户，完成信息核对、抽签登记、选房导选、选房确认等工作。如期完成秋湖嘉苑（二期）、锦和家园（一期）、湖韵怡居（一期、二期）、双塘景苑交房1263户2308套。其中，金龙南郡408套、秋湖嘉苑429套、锦和家园156套、湖韵怡居1187套、双塘景苑23套、其他小区零星分配105套，完成分房面积16.8万平方米。协助洪蓝街道西旺社区完成金龙南郡（二期）318户408套，面积3.8万平方米安置房分配。 （刘峰）

【城管服务】 2020年，永阳街道围绕全区高质量发展，创新提高城市管理水平，按照"打造整洁、有序、优美城市"工作目标要求，强化区域城市精细化管理，不断规范执法程序。年内城管中队拆除各类违建533处，面积9869平方米；拆除储备地块乱搭建110处，面积2250平方米；借助城市背街小巷整治、老旧小区改造、棚改拆迁、企业搬迁，拆除存量违建72处，面积2.2万余平方米。强化市容市貌管理，清理辖区占道经营6400余起，取缔流动摊点5200余个；沿街商户"门前三包"签约率100%，覆盖商户5000余户；清理商户"三乱"（乱堆、乱建、乱强贴）1.5万余处；整治卫生死角乱堆乱放3900余处。加大城区主次干道、农贸市场、超市、医院、背街小巷机动车和电动自行车停车管理力度，清理乱停放僵尸车95辆，及时完善停车设施。做好垃圾分类工作，规范餐厨废物分类收集，与辖区250多家政府机关、企事业单位及餐饮酒店签订垃圾分类投放承诺书和食堂餐厨废物分类责任书。年内街道城管中队联合环保、市场监督、水务等相关部门开展执法行动12次，检查餐厨废弃物产生单位173家，开具责令改正通知书79份，处罚29起、罚金1.87万元。至年底，永阳城管中队完成市级考评71次、工单4079件，连续6次在全市排名第一。做好区、街两级平台工单处理，全年受理区、街转办工单6600余件，全部办结；受理"12319"热线工单137件，全部办结，满意率100%；承办"12345"工单1460件，办结率100%，满意率95%。 （尹明）

【物业管理服务】 2020年，永阳街道贯彻市政府《关于加强住宅区物业管理工作实施意见的通知》精神，以文明城市创建为抓手，强化基层社区居民住宅区物业管理。有住宅小区232个（其中新住宅小区152个、老旧小区80个），物业管理总户11.6万户，人口19.3万人。强化责任落实，健全物业管理机构队伍，街道办事处专门设立物业管理办公室，负责辖区基层物业管理工作，根据各社区住宅区工作实际，分别建立社区物业公司和小区自治市场化物业公司；提高物业管理透明度，各社区党总支部牵头，组建成立住宅小区物业管委会和业主物业监督管委会，制订联席会议制度，定期召开物业管理协调会，研究解决物业管理难题。针对老旧、零星小区、敞开式小区物业管理，由基层社区划片与物业公司签订承包合同，实施物业市场化管理；加大老旧住宅区脏、乱、差整治力度，进行物业景观、小区道路等基础设施提档升级。街道专项拨付1000万元资金用于荣昌花园、三园新村、河滨公寓、新龙佳苑、秦淮东郡、广成东方名城6个住宅小区进行门卫起降栏杆、车牌、人脸识别器、路灯、晾晒杆、健身器材、监控及电动车充电桩等安装和区内路面、广场修补。至年底，完成基础设施改造

8月，永阳街道打造红色物业　　张兵　摄

项目3个、设施提升项目4个。教工新村、康乐佳苑、交通路南片区的老旧小区整治项目竣工,完成板桥社区智慧物业试点。成立小区物业管理委员会69个、业主管理委员会14个。建立社区物业公司41个,小区自治市场化物业公司41个。招聘物业保安人员827人,保洁员733人。物业费收缴率平均68.5%、物业停车费收缴率平均95.8%。

（黄广秀）

【永阳建发集团挂牌运行】 4月18日,经区政府授权,全区首家委托街道监督管理区级国有企业江苏永阳建设发展集团挂牌成立。该集团下设子公司4个:南京东庐山文旅发展有限公司、南京永阳市政建设有限公司、南京永阳物业管理服务有限公司和南京永阳投资发展有限公司。集团内部员工30人,总资产79亿元,重点承担永阳街道基础设施建设、公共服务、战略性新型产业投资等职能。上半年,集团成功发行交易所产品公司债券(第一期),发行规模10亿元,下半年成功发行交易商协会产品PPN,发行规模6亿元。 （刘峰）

柘塘街道

【概况】 溧水区柘塘街道位于溧水区西北部,地处溧水开发区,与永阳、洪蓝、石湫街道相邻,西北与江宁区相邻,宁宣、宁杭、常合高速以及204省道、243省道、246省道、340省道、S7轻轨纵横境内,与禄口国际机场隔河相望,交通便捷,是溧水区先进制造业基地。2020年,辖域面积134平方千米,出生人口708人,其中男361人、女347人。户籍人口6.6万余人,下辖14个社区居委会,地区生产总值增长8.6%;城镇居民人均可支配收入59517元,增长5.1%;农村居民人均可支配收入29069元,增长7.5%。获评国家卫生街道、江苏省基层党员冬训工作示范街道、南京市公共文化服务先进集体、南京市群众体育先进单位。在南京市实施乡村振兴战略郊区街镇高质量发展评价中获先进制造业主导型综合奖。

【新冠肺炎疫情防控】 2020年春节期间,面对新冠肺炎疫情,柘塘街道紧急行动,1月31日,江苏中意汽车有限公司捐赠1辆防疫专用车用于柘塘街道疫情防控。2月3日,南京优能生物科技有限公司总经理刘勇一行携自产的VC泡腾片及饼干、酸奶等慰问物资到共和社区慰问一线值班人员。2月10日,南京明辉建设有限公司捐款120万元,云海特种金属股份有限公司捐100万元,小洋人生物科技发展有限公司捐赠价值30万元的饮品,鸿发有色金属制造股份有限公司捐款5万元,用于支持疫情防控。2月11日,柘塘街道人武部组织17支村、社区民兵营(连)民兵预备役队员,投身疫情防控,向过往群众宣传普及疫情防护知识。3月4日,开展村(社区)新冠肺炎疫情防控技术培训,来自村社36名健康管理员参加。3月5日,福田社区志愿者到驰援武汉市方舱医院抗疫一线奋战的护士章文娟家中,帮助家中老人打扫卫生、洗衣洗被。参加疫情防控卡点24小时蹲守党员1126人。

【农业】 2020年,柘塘街道农业总产值11.47亿元,增加7.43亿元。耕地承包总面积3357公顷,水稻种植面积1507公顷,总产量1.29万吨。小麦种植面积537.6公顷,总产量2580吨;油菜种植面积245.8公顷,总产量550吨;蔬菜种植面积1100公顷,经济林果种植面积300公顷。其中,果品面积200公顷,总产量150万千克,总产值3500万元。高效农业面积80公顷,设施农业面积280公顷,新增17公顷。申报绿色农产品基地200公顷,申报有机农产品基地66.67公顷,申报市级农业龙头企业1家。完成“三化”示范片林建设133.34公顷,获评市级林业工作先进单位。

【工业】 参见“园区”类目,第122页。

【服务业】 2020年,柘塘街道服务业增加值94.26亿元,增长4.5%。社会消费品零售总额52.49亿元,增长10.8%。华夏幸福产业新城、空港会展小镇、跨境电商产业园、空港汇智产业园、华侨城、京东物流、宝能物流等重点服务业项目建设有序推进。

【街村建设】 2020年,柘塘街道实施建设项目84个,总投资90亿元,其中A类项目50个、B类项目34个(含市政项目8个,垃圾处理设施项目1个,环境景观提升建设项目11个,城市亮化工程2

三山湖湿地公园　　柘塘街道　供

项，水务项目19个，重点公共项目20个，安置房建设项目15个，城市设计项目8个)；完成开发区有机垃圾资源化处理站、群力路改造，环一路、马场路景观提升，柘塘共和高标准农田建设；启动及续建江苏省康复医院、南京市颐养中心、开发区企业综合服务中心、柘塘中心卫生院、沂湖大桥等重大工程；华夏幸福产业新城，综合基础设施、空港片区保障房、空港会展小镇4个PPP项目序时建设。全年启动拆迁9.5万平方米，完成土地收储14公顷，实施“增减挂钩”面积25公顷，占补平衡面积14.81公顷，出让产业用地13宗80.43公顷、经营性用地11宗66.48公顷；开展集体建设用地建设租赁住房试点，涉及面积1.3公顷；审批农居民房屋翻建、维修213户，完成农户不动产初审、核定登簿1722宗。实施道路保洁449.28万平方米，道路机扫率、洒水率90%。市政道路养护145.74千米，养护维修投入3245万元。绿化养护425.24万平方米，养护投入2471万元。建成25个居住小区垃圾分类房70座、垃圾分类亭6座，投资1800万元。47个自然村、1个城中村实现生活垃圾集中投放，建成有机垃圾处理站1座，日处理生活垃圾16吨。新(改)建公共卫生间10座，投资1600万元。

【教育科技】　2020年，柘塘街道有公办幼儿园8所和幼教点1个，民办幼儿园3所，其中省优质幼儿园5所。幼儿班级79个，在园幼儿3261人，教师196人(含编外人员)。小学6所，在校小学生5109人，教职工362人。中学3所，在校学生1884人，教职工219人。另有南京城市职业学院、南京视觉艺术学院、社区教育中心校(成人教育中心)、溧水中等专业学校等不同层次办学。街道社区教育中心校开展各类初、中、高级技能培训6期，培训人员230人次，考核取得证书230人。深化知识产权试点，开展联塑、西普、云海、创捷和信等科技企业专利导航，完成知识产权贯标企业15家，专利申请1221件，授权1345件，PCT(国际专利)申请78件，发明专利120件。

【文化体育】　2020年，柘塘街道开展各类文化活动342场，送戏下乡文艺演出78场，公益电影放映245场。新建七人制、五人制足球场2片。完成国民体质监测1000人。组队参加第六届溧水区广场舞大赛，秦淮社区舞动秦淮舞蹈队、梅山社区梦舞健身队分获中老年组、中青年组一等奖和二等奖。11月22日，由开发区主办、柘塘街道协办的第二届篮球联赛在恒大体育中心篮球馆举行，来自街道、村(社区)和开发区企业及社会组织31支代表队参赛。

【医疗卫生】　2020年，柘塘中心卫生院有床位35张，职工119人。其中，在编在册人员69人，卫生技术人员110人，高级职称22人，中级职称23人，初级职称50人。中、西医门诊23.24万人次，住院889人次。财政补助1916.1万元，基本公卫收入713.3万元，业务收入3601.9万元，含药品收入2463.4万元(西药部分1094.8万元、中药部分1368.6万元)。总支出5973.4万元，其中医疗支出5270.8万元(药品支出1952.7万元、人员经费2501万元)，公共卫生支出702.5万元。有村级卫生室14家，含省级示范卫生室5家，村医25人。

【社会保障】　2020年，柘塘街道新增城镇就业3745人，援助困难人员就业273人，培育自主创业132人，扶持农村劳动力自主创业70人，青年大学生创业80人。城乡居民基本养老保险缴费2473

人，续保率100%；城乡居民基本医疗缴费3.13万人，参合率99.2%。全年劳资纠纷类投诉案件412件，达成书面和解协议105件。94户202人低收入农户提前实现脱贫。发放城乡低保、特困供养、残疾人救助资金1110万元，重大疾病患者、急难型家庭医疗救助资金260万元；发放现役军人和退役军人慰问金及一次性补助金133万元，重点优抚对象医疗救助金6.78万元；发放尊老金127.4万元。居家养老服务全覆盖，创成AAA级居家养老服务中心3家，建成老年人助餐点4个。

【综治司法服务】 2020年，柘塘街道优化设立综治综合网格103个，注册登记平安志愿者1200人，安装"雪亮工程"公共安全视频监控500余个；建成社区心理咨询室11个，挂牌全区首个物业纠纷巡回法庭，开展驻点审判1次、调解矛盾物业纠纷15起。接待群众来访310批次，受理"和谐网"信访件465件，期限内办结率100%。夯实人民调解工作，成立调解小组126个、吸纳调解志愿者118人、网格调解员139人，依法调处各类矛盾纠纷2200余件，发放人民调解员案件补助11.32万元。推进法治文化建设，开展普法宣传、法律咨询活动45场次，受益群众2万余人次，"法润民生群"线上普法6886次，线上法律咨询2077次，公共法律服务窗口接待群众262人次，村（社区）法治宣传阵地覆盖率100%，全民法治宣传教育普及率80%。

【安置房建设与分配】 2020年，柘塘街道新建、续建正方佳园、山泉云庭等安置房项目18个，总建筑面积362.11万平方米，安置总套数24496套。完成机场路、果园、荷花、崇贤、乌山、康怡、秦淮等社区拆迁户安置房分房任务，分配安置房2620套、办证1300套。

【城管服务】 2020年，柘塘街道拆除新增违建237处，面积1.01万平方米、院墙416.8米。拆除存量违建51处，面积7915平方米。强化市容市貌管理，与沿街商户签订"门前三包"责任书750份，处罚违规出摊、流摊行为56起；开展店招备案180处；取缔机动车占道、流动摊点等5000余处，取缔非法废品回收站点8家。规范渣土运输管理，发放渣土准运证19034张，检查渣土运输车辆4000车次，查扣违规运输渣土车辆140辆，罚款84.96万元。做好省市重大项目开工仪式、安置房分配、秦淮灯会等专项活动安全保障。受理"12319"工单72件，办结率100%；承办"12345"工单889件，办结率100%。

【物业管理】 2020年，柘塘街道有安置房小区15个，商品房小区27个，建筑面积550万平方米，住户42773户，成立小区物业管理委员会27个、小区业主委员会3个。实施常态化疫情防控、安全生产检查、文明城市创建工程，落实业主委员会（管委会）自治及物业管理联席会议制度，做到小区物业管理每月"两检一考核"。投资1.3亿元实施秦淮花园一至四期安置小区全面提升改造和天人佳园、美丽新城等小区基础设施提升改造及荷花嘉苑三期、福田雅居二期小区智慧化改造等工程建设。

【污染防治】 2020年，柘塘街道严格落实大气污染防治规定，大唐溧水2×100兆瓦燃气—蒸汽联合循环发电机组项目3号燃气轮机完成基础混凝土浇筑。提升水环境，实施乌刹桥、开太桥重点断面达标整治。进行柘塘污水处理厂、秦淮污水处理厂管网清疏，改造机场路撇洪沟水质监测与环境。全年"河（湖）长"巡查2200余次，巡河率100%。强化环境管理，抓好98个在建工地扬尘、企业乱排乱放、车辆超载运输等监测查处，开展"散乱污"企业整治"回头看"企业20家，完成化工企业2家、"小化工"3家有序退出。 （张国庆）

东屏街道

【概况】 溧水区东屏街道位于溧水区东北角，东北部分别与句容市天王镇、郭庄镇接壤，西南面分别与白马镇、永阳街道相邻。东屏街道是江苏省重点中心镇、新型示范小城镇，被列为南京市重点建设新市镇、环境优美小城镇和旅游开发重点镇。2020年，街道下辖村委会5个、涉农社区5个。街道总面积103平方千米，人口36069人，增加456人。其中男17794人、女18275人。境内有国家AAA级景区大金山风景区和国家二级水质淡水湖东屏湖、卧龙湖，形成"三山两湖"的园林式城市格局。宁杭高速、常合高速、省道常溧公路穿境而过，宁杭城际铁路溧水站设在境内。全年地区生产总值55.36亿元，增长5.9%；一般公共财政预算收入2.97亿元，增长10.21%。全社会固定资产投资17.33亿元，增长8.6%；工业固定资产投资18.09亿元，增长17.8%；社会消费品总额33.61亿元，增长3.7%；外贸及港澳台贸易总额7亿元，增长11.5%；农村居民人均可支配收入29077元，增长7.5%。获区委、区政府2020年度对标找差创新实干推动高质量发展考核先进镇（街）区一等奖，被市委、市政府评为2020年“南京市机关作风建设标兵街道”。

【新冠肺炎疫情防控】 2020年，新冠肺炎疫情防控期间，东屏街道贯彻落实上级疫情防控决策部署，建立健全防控工作机制。成立专项工作领导小组和防控指挥部，设立综合信息组、应急保障组、疫情防控组、市场监督组、安全保卫组、交通运输组、社区指导组、宣传引导组9个。通过个人主动申报、村社登记报告、公安部门随访和数据信息推送等渠道，对外地到街及返街道人员，开展精准摸排，做好信息备案、轨迹跟踪、隔离管理、病理筛查。设立村庄、小区等疫情防控卡口131个，参与卡口值守人员580人。测量体温3.21万人次；发放门禁卡5122张；检查过往车辆4437辆。登录苏康码人群2.03万人，3月开始，推行疫情防控常态化管理。至年底，未发现新冠肺炎病例。

【农业】 2020年，东屏街道农业总产值8.79亿元，增长4%；农业增加值5.69亿元，增长0.9%。耕地承包面积2752公顷，林地面积886公顷。小麦播种面积1228.5公顷，单产量5052千克/公顷；油料面积567公顷，单产量2432千克/公顷；水稻种植面积1810公顷，单产量8640千克/公顷。粮食总产量23740吨，增长4.58%，蔬菜总产量51854吨；肉类总产量2189吨，增长35.37%。绿化造林面积71.07公顷，新增绿化造林面积33.33公顷。建设高标准农田259公顷，完成土地整治250.5公顷，稻田综合种养面积102.53公顷。推广绿色、有机种植，申报绿色食品面积250公顷。建设“8832”钢架草莓大棚40公顷。持续开展农业招商项目，注册农业企业2家，新增总部企业注册4家。

【工业】 2020年，全街道工业总产值68.46亿元，增长10.01%；增加值26.68亿元。规模以上工业产值54.15亿元，增长14%；工业开票销售收入35亿元，增长13.5%；工业固定资产投资18.09亿元，增长17.8%；外贸及港澳台贸易额7.8亿元，增长11.5%。新增工业项目信息101条，新签约项目16个（均为亿元以上项目），注册项目16个。制造业项目13个，投资总额50.37亿元。实际利用外资及港澳台资800万美元。申报市级“专精特新”企业6家，新增两化融合贯标企业2家，星级上云企业1家，奖补开票超1000万元的企业90万元，经济发展贡献奖励7家，盘活低效闲置企业7家。

【建筑业】 2020年，东屏街道有建筑企业28家。其中，一级资质企业1家、二级资质企业4家、三级资质企业23家，从业人员2500人。完成施工面积6.2万平方米，竣工9个，总产值12.7亿元，增加值2.97亿，税收4100万元。

【服务业】 2020年，东屏街道服务业总产值20.42亿元，增长0.39%；社会消费品零售总额33.61亿元，增长3.7%；服务业固定资产投入2.99亿元，受新冠疫情影响下降12.2%；完成批发业销售额9.65亿元，增长22.4%，新增限上商贸企业5个。1个重点服务业项目（大金山青少年社会实践项目）总投资0.5亿元。围绕溧水区全域旅游发展模式，完成大金山国防园长征路二期项目建设，建成田间超市500平方米及金色庄园草莓基地旅游厕所1座。开展服务业招商引资，完成服务业企业注册项目2个，吸税200万元。至年底，规模以上服务企业入库5家。推动“四新”行动，开展促销活动5场。完成工贸分离企业5家。

【招商引资】 2020年，东屏街道强化招商引资，在全区招商引资擂台赛中，获2020年一季度目标任务进度奖、重大项目落地奖双夺旗，四季度获重大项目落地奖。全年招商签约亿元以上项目21个（其中工业项目17个、服务业项目4个），10亿元以上项目4个（其中制造业2个、服务业2个），至年底开工运营8个，运营率38%，其余项目处于实施阶段。

【街村建设】 2020年，东屏街道审批农居民维修、扩改建房103户，农村危房改造20户。市民广场建设竣工,完成东屏街道卫生院停车场和面积5公顷的核心区绿化工程建设。建成云海三角地带景观和智慧平台。续建2019年专二线工程1.5千米,实施白鹿生态园建设项目,建成沥青路2千米;建成4000平方米科普教育馆。完成生态停车场建设面积4000平方米;持续推进丽山音乐农场项目建设,建成青少年拓展营地住房200平方米、沥青道路800米、小树屋50平方米、5个霍比特小屋150平方米。全年新建浮东线、淳东线、上五线3条线路、4条农路7.1千米。实施工业园区撇洪沟升改,建成污水管网1.8千米,河道全线清淤、新建迎水坡护岸5.1千米,新建农桥3座。至年底,二干河清淤10.64千米,土方32.35万立方米,总投资3953万元。改造建设污水管网1.5千米,建成农村污水处理设施站点36个,村社污水处理设施覆盖率100%,污水处理率92%。

【土地管理】 2020年,东屏街道依法开展土地保护,完成绿化造林面积71公顷,新增绿化造林面积33公顷;持续推进2年期的和平、爱廉村片区耕地质量提升。全年建成高标准农田216公顷。开展土地整治和再利用,实施增减挂钩项目28个,建设规模18.98公顷;工矿复垦项目1个,建设规模1.97公顷;完成占补平衡项目37个,建设规模27.76公顷,新增耕地指标20.1公顷。开展土地整改"回头看"行动,摸底排查高标准农田项目区、耕地质量提升项目区、增减挂钩项目区、占补平衡项目区及其他闲置土地,至年底,土地利用率90%。

(李雪)

【教育科技】 2020年,东屏街道有中心幼儿园1所,社区幼儿园1所,民办幼儿园2所,村办幼儿班15个,在园幼儿524人,入园率99%,教职工61人。街道财政分上下学期资助符合条件困难家庭学生308人。中心小学1所,教学班23个,在校生913人,巩固率100%,教职工88人。中学1所,教学班10个,在校生371人,巩固率100%,教职工57人。成教中心校1所,专职教师4人。东屏中心小学和东屏中学被区教育局评为2020年度义务教育办学水平优秀等级。东屏校外辅导站获全省优秀校外教育辅导站。"两落地一融合"(科技成果项目落地、新型研发机构落地,校地融合发展)签约产学研合作项目16个;全年高新技术企业通过36家。全年入库培育省级、市级高新技术企业通过14家。其中复审通过3家,年内高企新申报通过7家。全年新增发明有效专利112件,申报PCT(国际专利)22件。举办第十一届在宁高校材料院(所)院长论坛,牵头成立溧水区新材料产业联盟,被科技部认定为国家火炬溧水金属材料特色产业基地。至年底,指导美高美新材料有限公司通过市工程技术研究中心验收;组织企业申报创新券32家;通过科技型中小企业入库企业33家,指导6家企业完成省民营科技型企业备案。全年申报高层次人才企业项目3家,获认定区级1家,市级1家,2名"三带"新秀晋级"三带"能手,被确定为南京市中青年优秀人才。落实人才培养政策,人才企业存活率100%。开展科普主题活动2次、"科普报告进校园"活动2次、机关干部科普报告1次。

【文化体育】 2020年,东屏街道文体站被市二十二届运动会组委会表彰为群众体育先进单位、被市文旅局表彰为公共文化先进集体、街道体育公园获评江苏最美乡村健身公园。强化文体公共设施建设,实施街道影剧院围墙、地面破损维修工程;建成长乐家边乡村大戏台和金湖村级综合文

东屏街道市民广场 张俊 摄

化服务中心。长乐社区综合文化服务中心被列入省"十百千"示范村。做好新时代文明实践文化与体育分队工作,收集展示街道历史名人和特色文化项目。开展综合性文艺演出类活动18场次,参与活动5.45万人次。建成街道体育公园7人制足球场1片和大金山5人制足球场2片,新增公共体育设施面积4.6万平方米、培育体育社会指导员65人。举办街道第五届广场舞大赛、乒乓球友谊赛、体医结合项目培训10场次,国民体质监测500人次、全民健身大讲堂5场次。获第六届区中老年人健身广场舞比赛、机关青年篮球赛、"足协杯"足球赛、羽毛球比赛等奖项8个。全年公益电影放映200余场。

【医疗卫生】 2020年,东屏街道有卫生院1家,在编在岗职工110人。其中,卫技人员99人,正高职称1人,副高职称9人,中级职称17人。全年门急诊11.03万人次,住院1033人次,医疗业务收入3379万元,其中财政补贴1748.8万元。丰富健康内涵,提升健康水平,有序推进健康细胞建设,创成省级健康村(社区)2家(长乐社区、爱民村)、市级健康村(社区)2家(徐溪社区、丽山村)、市级健康企业1家(南京美高美新材料有限公司)、市级健康步道1条(方边社区见山底健康步道)、市级健康主题大道1条(屏湖大道)。创成省级卫生村(社区)3家(定湖社区、爱廉村、和平村)。徐溪社区被评为市级示范型健康社区。东屏街道卫生院免费为4818名65周岁以上老人进行健康检查。红十字"三献"无偿献血268人次,献血6.7万毫升,造血干细胞捐赠志愿者7人次。11月,东屏街道卫生院被省卫健委评为江苏省社区医院。12月,东屏街道创建省级健康街道通过验收。

【计生服务】 2020年,东屏街道出生人口312人,其中男155人、女157人。计划生育率100%。孕前优生健康检查目标任务数55对,完成59对,覆盖率100%。计划生育奖励扶助政策兑现率100%,办理奖励扶助119人,特殊扶助16人。其中,一次性奖励3人(3600元/人),公益金13人(2.8万元),发放独生子女奖励金7.87万元。办理奖扶、特扶退出26人。全年人口信息化建设达标率95%;计划生育机构队伍组建率100%。0~3岁婴幼儿早期发展知识普及率98%。开办家长学堂讲座8次,参加培训250人,村(社区)两级早教阵地亲子活动42场、免费体验1305人次,发放学育儿知识卡片、科学育儿指导丛书等宣传品1310份,其中0~3岁指导手册260人份。群众计生满意率98%。利用"连心家园"阵地开展特殊家庭帮扶、组织计生特殊家庭人员健康体检、家庭医生签约、心理疏导、健康知识宣传、集体生日、集体联谊,中秋、春节给特殊家庭送慰问金、公交、游园补贴。关爱女孩、留守儿童,为生活困难独生子女家庭、留守儿童赠送平安保险及慰问金。

【社会保障】 2020年,东屏街道新增就业2336人,其中新增大学生就业357人、实现再就业121人、农村劳动力转移211人、援助困难人员就业73人、培育自主创业106人、扶持农民自主创业65人、创业带动就业382人次。开展大学生创业扶持,鼓励大学生投身自主创业,大学生创业26人。帮扶创业人员提供小额贷款,审放50余笔,金额500余万元,新增留学回国人员5人;职业鉴定取证230人;再创业就业培训60人。开展职业指导培训,参培680人次,以工代训3300人次。开展企业走访和巡查,落实新增参保单位126家、企业净增养老保险参保990人、社保缴费基数申报197户。免费体检企业退休人员611人、劳动保障书审单位163家、签订企业集体合同43份。城乡居民养老保险缴费入库6019人次。新农合筹资参合2.27万人,参合率99.2%,大病补充商业保险参保1.53万人。保障疫情防控期间企业用工服务,招录企业员工150余人。至年底,调处劳动纠纷(包括"12345"、现场投诉)65起。通过本人申请、民政受理、调查公示、审核审批等程序,救助困难人群215人次,发放救助金47.36万余元。其中,支出型贫困救助41人次,救助金22.34万元;临时救助84人次,救助金3.5万元;慈善救助77人次,救助金5.3万余元;国家救助13人次,救助金16.22万元。春节慰问民政对象955人,发放慰问金84.18万元;发放57户残疾人春节慰问金4.85万元;大病儿童6人,慰问金7000元。全年街道城乡低保对象418户599人,其中农村416户595人、城市2户4人。清点城乡低保对象53户67人。其中,死亡退出26户31人,拆迁超标退出6户9人,其他情况退出3户5人。发放低保资金538.83万元。享受社会两项补贴残疾人927人,发放补贴

820.57万元。实施殡葬改革，开展绿色文明、绿色殡葬活动，启用北山纪念堂，完成和平骨灰堂骨灰迁移至北山纪念堂烘干存放工作。至年底，北山纪念堂摆放逝者骨灰4300具。根据《南京市溧水区节地生态安葬奖补实施办法（试行）》，制订《东屏街道节地生态葬奖补实施办法》印发至各村（社区）。

【安置房分配与物业管理】 2020年，东屏街道加快推进拆迁安置房建设，有序进行安置房分配。拆迁企业5家及个人住房16户，拆迁面积1万余平方米。完成屏溪佳苑安置房分配1397套、屏湖佳苑一期759套，金湖、定湖、和平、丽山等村（社区）拆迁安置房分配827套。强化住宅小区物业管理，完成老旧小区物业管理采购服务，引进专业物业团队负责建安等7个住宅小区物业管理，全年支付服务费122万元。安装完成10个住宅小区非机动车充电桩。小区业主主动交付物业费收缴率75%、停车费收缴率85%，金湖家园等4个老旧小区环境整治提升工程竣工。

【城管服务】 2020年，东屏街道强化城管服务，拆除新增违法建筑36处，面积4427平方米；治理存量违法建筑21处，面积4538平方米。加强市容市貌管理，与沿街商户签订“门前三包”责任书209份，劝离流动摊贩985起，规范依门出摊、倚门经营1241次，清理乱张贴、违规灯箱922起，整治乱堆乱放886处，规范非机动车停放3517起。规范渣土运输管理，发放渣土准运证94张，开展渣土运输车辆检查1500车次，查扣违规运输渣土车辆21辆，罚款7.6万元。受理“12319”工单15件，办结率100%，满意率100%。

【垃圾分类】 2020年，东屏街道按照垃圾分类要求与标准，建成农村垃圾分类集中收集点178个，配备督导员96人，招募垃圾分类志愿者150人。农村垃圾分类参与率97%、集中处理率91.5%，每日厨余垃圾收集量约2吨。投入资金245万元在5个住宅小区建成垃圾分类定时定点投放收集点11个，配备督导员11人，入户宣传，发放宣传折页5000余册，垃圾分类知晓率98%。小区每日厨余垃圾收集量1吨多。街道范围内所有餐馆配备餐厨垃圾桶1～2个，餐馆和企事业单位垃圾分类餐厨垃圾收运合同签订率98%，由第三方资质企业免费提供收运服务1年。至年底，餐厨垃圾收运量30吨。确保垃圾运输安全有效，建立垃圾分类收运线路5条，运输车辆安装GPS定位体统，建成垃圾分拣站1个、宣传教育站1个和日处理能力5吨有机垃圾处理中心1座。

【乡村振兴】 2020年，东屏街道贯彻中央、省、市、区乡村振兴战略决策部署，结合农业农村实际，梳理现代农业产业发展项目5个，计划两年总投资1.06亿元。提升耕地质量，实施建设高标农田项目，和平、爱廉2个村项目建设规模265公顷，总投资2341万元；提高种植金色庄园草莓生产能力，实施新建“8332”规格钢架草莓大棚46.67公顷，投资900万元；与南京森迪有机农业科技有限公司合作发展果蔬、黑莓、蓝莓种植66.67公顷，建设果蔬保鲜库及加工厂，总投资700万元；与南京君润有机生态农产品有限公司合作，实施新建果蔬种植连栋钢架大棚40公顷，总投资800万元；与南京合利兴现代科技有限公司合作，引进山东技术，实施新建大跨度蔬菜大棚面积33.33公顷，用于种植水果蔬菜，总投资700万元。全年，5个农业重点项目建成高标农田216公顷，建成草莓、黑莓、蓝莓、蔬菜、水果5类种植“8332”规格大棚和连栋大棚及大跨度蔬菜水果大棚面积128公顷。其中，黑莓水肥一体化设施建设26.67公顷，完成总投资5441万元。10个村（社区）实现稳定收入100万元目标，611户1502人全部脱贫。农民人均可支配收入29853元，增长10.8%。按照“三清一改”人居环境整治要求，实施自然村庄环境整治提升工程项目，开展爱国卫生运动，整治村口塘坝、清理河塘淤泥、新建卫生公厕、填埋露天粪坑茅厕等。至年底，建成示范村2个、宜居村9个，美丽乡村建设覆盖率占规划布点村100%。创建省级卫生村（社区）2个（徐溪、丽山）、省级健康村1个（白鹿），市级健康村（社区）2个（长乐、爱民）。11月，长乐社区被农业农村部评为“2020年度全国乡村特色产业亿元村”。

【省级健康街道创建】 2020年，东屏街道以创建省级健康街道为目标，打造健康细胞，申报创建省级健康村（社区）2个，市级健康村（社区）2个。

加强健康阵地建设，建成健康主题公园1个、健康步道3条、健康主题大道1条，市级健康企业1家；新建综合型自助检测站5个、高标准健康驿站1个，新增健身设施5套。开展“青山绿水”环境整治行动，新建各类公厕42座，辖区8个居民小区垃圾分类处理站全覆盖，生活垃圾和粪便无害化处理率100%；区域内绿化覆盖率42.8%，水源地水质达标率100%，居民生活饮用水水质达标率100%，病媒生物防制全覆盖，“四害”密度控制在国家标准以内，公交车、办公机关等全面推行控烟禁烟。12月，通过省级健康街道验收。

（黄浩）

洪蓝街道

【概况】 溧水区洪蓝街道位于溧水区西南部，西南临石臼湖，与石湫街道、和凤镇相邻，东北与开发区、永阳街道接壤。宁宣高速和341省道、123省道纵横境内。2020年，街道面积109平方千米，其中耕地承包面积2510公顷、林地1630多公顷、岗坡地1200多公顷、水面1100公顷。下辖4个村民委员会、7个涉农社区，1个居民委员会，总人口48733人。境内有无想山国家森林公园、天生桥风景区、傅家边现代农业园、太阳岛高尔夫球场等旅游风景区。地区生产总值63.68亿元，增长4.6%；一般公共财政预算收入3.64亿元，增长8.6%，完成年度目标任务105.96%；全社会固定资产投资增长8.57%。其中，工业投资4.18亿元，增长16.7%；服务业投资9.71亿元，增长3.3%；社会消费品零售总额22.39亿元，外贸及港澳台贸易额2.6亿元。农村居民可支配收入29014元，增速7.4%。通过全国文明城市复评。12月，被国家爱国运动委员会评为全国卫生街道。

【新冠肺炎疫情防控】 1月23日，洪蓝街道贯彻市、区新冠肺炎疫情防控要求，成立防控领导小组，设立信息综合、应急保障、医疗救治等8个工作组，抽调机关工作人员100余人，到企业、学校、村（社区）开展疫情防控指导，强化疫情防控管理，设置网格51个。12个村（社区）、99个自然村、18个住宅小区（含良种场），设置防控卡口129个，参与疫情防控1056人。其中，卡口志愿者797人，机关、村（社区）干部党员259人。印发各类告知书9万余份，悬挂疫情防控横幅380条，宣传车每天巡回播放疫情防控知识、政策法律法规。采写新闻稿件73篇，其中被国家级媒体采用1篇、省级媒体采用6篇、市级媒体采用4篇、区级网媒采用62篇。印发疫情防控简报15期。

【农业】 2020年，洪蓝街道农业增加值4.21亿元。粮食种植面积6478.6公顷，总产量2.9188万吨。其中，小麦播种1076.13公顷，总产量5331吨；水稻播种2517.87公顷，总产量2.18万吨。拥有在库畜禽监测单位9家、企业3家；农业“二品一标”（绿色食品、有机农产品和农产品地理标志）农产品7个，包括绿色食品6个，创成“溧水草莓”地理标志；农业规范（GAP）企业4个、省级绿色优质农产品基地2个（1666.67公顷水稻、666.67公顷草莓）。完成水利消险工程1个。全年发放农业支持保护补贴面积3716.75公顷，金额669.32万元；耕地保护补贴3665公顷，金额1650.09万元；稻谷补贴73.14万元、水库移民补贴2.88万元。至年底，有

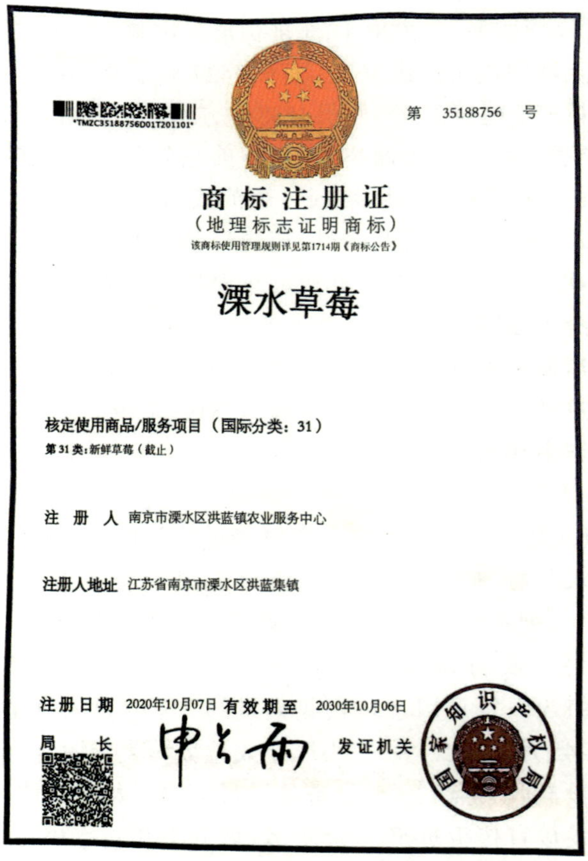
"TMZC35188756D01T201101"
第 35188756 号
商标注册证
（地理标志证明商标）
该商标使用管理规则详见第1714期《商标公告》
溧水草莓
核定使用商品/服务项目（国际分类：31）
第31类：新鲜草莓（截止）
注 册 人 南京市溧水区洪蓝镇农业服务中心
注册人地址 江苏省南京市溧水区洪蓝集镇
注册日期 2020年10月07日 有效期至 2030年10月06日
局 长
发证机关

10月7日，“溧水草莓”成功创建国家地理标志
洪蓝街道 供

农业合作社174家，其中39家合作社进入省合作社名录。有省示范社5家，25家合作社参与农业生产全程化服务。组织各类培训8批次400余人次。新增区级示范家庭农场5家、市级示范家庭农场3家、省级示范家庭农场1家，傅蓝、美莓源等30余个农村电子商务服务平台运行有序。承担傅家边管委会管理职能，厘清科技园体制机制问题，制订傅家边园区提升三年行动计划，傅家边农业园创成省级现代农业产业示范园；"溧水草莓"获国家地理标志产品。12月，"美莓源"红颜草莓获第十九届中国草莓文化旅游节金奖。

【工业】 2020年，洪蓝街道工业总产值75.49亿元，增长9.6%。其中，规模以上工业企业产值53.81亿元，增长13.9%；工业主营收入50.07亿元。全年重点工业项目14个，总投资10.41亿元。其中，新建项目4个，总投资6.67亿元；技改项目10个，总投资3.74亿元。合同利用外资及港澳台资3893.3万美元。80家企业申请奖补资金1298万元，"苏科贷"3家1500万元，"溧科贷"1家200万元。培育小升规达标企业14家、瞪羚企业1家，市级信用示范企业1家、区级信用贯标企业2家，股交挂牌企业5家。新增高新技术企业8家，复审通过1家；引进省外高新技术企业1家，新认定省级研究生工作站1家、市级工程技术研究中心2家，新增区级高层次创业人才1人。

【建筑业】 2020年，洪蓝街道有建筑企业86家，其中一级资质企业2家、二级资质企业6家、三级资质企业78家。常年从业人员7189人，一级职称15人、二级职称98人、专业技术人员530人。完成施工面积4.6万平方米，总产值12.96亿元，增加值3.63亿元，税收4139万元。

【服务业】 2020年，洪蓝街道社会消费品零售总额22.39亿元，受新冠肺炎疫情影响，下降29.2%；服务业增加值23.72亿元，增长0.2%，服务业从业人员1.8万人。物流企业23家，其中重点物流企业5家。农村电子商务示范社区1个(傅家边社区)，农村电子商务服务平台5个。全年服务业重大项目3个，总投资1.09亿元。协办2020年"梅花节""草莓文化节""傅家边采果节""咪豆音乐节""无想夜跑"等节庆活动。举办农产品展销、农业体验、休闲观光和民俗文化等表演活动4场。张塘角自然村5.06万平方米"开心农场"对外开放运营；12家民宿上线旅游智慧平台。

【招商引资】 2020年，洪蓝街道招商引资项目15个(其中亿元以上工业项目12个，10亿元以上工业项目3个)，签约10亿元以上服务业项目1个，完成合同利用内资115.72亿元，实际利用内资14.48亿元，其中利用外资及港澳台资652万美元。12月5日，2020南京溧水"醉美洪蓝，筑梦新城"招商引资推介会走进广州东莞，6个重点项目签约落户洪蓝街道，总投资30亿元。

【街村建设】 2020年，洪蓝街道修编完成《溧水区洪蓝街道工业园区建设控制规划》《洪蓝街道蒲塘古村落保护与发展规划》，审批农村居民建房243户，其中维修183户、翻建23户、危房改造37户。"四好"农路改造5千米。完成新市镇综合PPP项目建设，总投资额2.6亿元。建成华塘蓝庭苑安置房16栋894套，总建筑面积13.44万平方米。工业园区道路景观提升项目建成通车，凤凰井路、七里甸路、华塘路3条道路改造工程竣工。打造示范村2个、宜居村9个、特色田园乡村组团1个。完成雨污水管网清疏修复、污水处理设施扩建、农村生活污水老旧管网改造等9个水环境提升项目。新建污水管网4千米，建成污水处理设施27套，总规模505立方米/天。新建停车场3个，新增非机动车位400个。

【教育科技】 2020年，洪蓝街道有公办幼儿园2所、民办幼儿园2所，村办幼儿班(教学点)6个，在园(班)幼儿1045人，教职工151人。其中，在编教师10人，一级教师7人、二级教师27人。洪蓝中心幼儿园创成南京市示范幼儿园，洪蓝幼儿园通过省优质幼儿园复审。有中心小学1所(下辖渔歌小学)，班级50个，在校小学生1794人，教职工142人。其中，研究生6人、本科89人、专科42人、高中及以下5人，高级职称9人、一级76人、二级24人。初级中学1所，班级16个，在校中学生672人，教师93人。其中，研究生3人、本科87人、专科3人，高级职称36人、中级50人、初级7人。成人教育中心1所，教师3人。加大科技服务，高新技术企业19家，认定7家；申报市工程技术研究中心5家，认定2家；集聚高素质人口518人，申报区级高层次人才11人。全年发明专利拥有量99件，PCT申请8件。科普中国信息员注册158人。

【文化体育】 2020年，洪蓝街道有文化体育中心1个，建筑面积1100平方米，为南京市标准文体站。24小时自助图书馆1个，建筑面积110平方米。2000平方米多功能健身广场3个、600平方米以上村级多功能健身广场8个、标准篮球场12个、羽毛球场2个。农家书屋12个，文化活动室12个，内设乒乓、健身、棋牌、图书、阅览、电教、展览、舞蹈等11个服务项目；有高跷队、芮家塘蛇龙灯队、何林坊双龙队、戏迷文化俱乐部文艺队伍；建成村（社区）综合文化服务中心12个（内设宣传栏、图书室、多功能室、中老年文体活动室等）。全年举办综合性文艺演出、送戏下乡、书法讲座、义务为民写春联及各类群众性文化活动100余场；扶持何林坊双龙、青圩马灯等民俗文化和非遗传承项目；农村公益电影放映200场。至年底，更新健身路径4套，新建塘西、青锋村级健身公园2个，新建五人制足球场1片、七人制足球场1片。举办广场舞、掼蛋、乒乓球比赛等群众性体育活动10余场。文体中心获区级2020年度文化旅游体育工作先进单位、2020年溧水区足协杯足球赛组织奖、溧水区第六届广场舞大赛组织奖。

【医疗卫生】 2020年，洪蓝街道有卫生院1家，分院1家，有编制床位60张，医务人员118人，其中中高级职称37人。村（社区）卫生室9个，其中傅家边、上港、陈下、塘西、天生桥、青锋卫生室为省示范村（社区）卫生室。洪蓝街道卫生院配备DR（数字化X线成像）、胃镜、彩超、电动综合手术床、全自动生化仪、心电监护仪、麻醉呼吸机、洗胃机等医疗设备以及光子治疗仪、远红外治疗仪、超声波治疗仪、超短波治疗仪、中频治疗仪、红光治疗仪等康复设备。全年门诊10.87万余人次，医疗收入515.66万元（扣除财政补贴）。全年为60岁以上老年人、高血压、糖尿病患者免费健康体检8654人次；与南京鼓楼医院妇科合作，开展互联网+护理服务；“两癌筛查”农村适龄妇女1500人、开展成人慢性病防控社会因素调查等1100余人。西旺社区卫生室康复站通过市级验收；12月，洪蓝街道卫生院标准化发热门诊建成投用，康复医学科、呼吸道内科创成南京市特色专科。

【计生服务】 2020年，洪蓝街道出生人口458人，其中男226人、女232人。一孩、二孩生育登记209对，再生育审批14对。农村扶助享受人员1113人，特别扶助享受人员68人，市公益金享受人员4人，特殊家庭补贴享受人员7人，退休职工一次性奖励享受人员42人，发放14周岁独生子女父母奖励金4万元。整合资源，举办“家长课堂”48次，参与培训820人；开展亲子活动68次，参加活动2240人，普及科学育儿知识，发放宣传品1800份，其中0～3岁指导手册1200册，知识普及率97%。落实生育登记网上办理，做好“两癌”筛查服务人群734人。

【社会保障】 2020年，洪蓝街道城镇新增就业2536人，培育自主创业141人。城居保参保6706人，续保率102.35%。城乡居民医保统筹2.96万人。发放就业困难人员社保补贴1000.17万元、春节老年人一次性慰问金357.5万元。五保老人200人，其中集中五保55人、分散五保143人。城市“三无”2人，低保户467户686人。开展为老、为小、为残服务活动10场次。助餐点15个，进餐5.49万人次。走访慰问五保户、残疾人、低保、孤寡、困境儿童等200人次。创成市级社区康复示范点1个、省级健康社区1个、市级健康社区6个；建成AAA级社区居家养老服务中心2家。

【垃圾分类】 2020年，洪蓝街道落实省市区垃圾分类要求，加大人居环境整治力度，开展村庄清洁行动845场次，清理农村陈年生活垃圾、建筑垃圾、白色垃圾、河岸垃圾等5992吨；建成有机垃圾处理站1座，集镇生活垃圾无害化集中处理率100%；清理村内河塘沟渠、排水沟2695处。定期开展志愿者垃圾分类活动，提档升级小区垃圾分类收集点7个。至年底，建成智能垃圾分类房14个、垃圾分类收运线路5条，全面施行生活垃圾强制分类。

【乡村振兴】 2020年，洪蓝街道贯彻省、市、区乡村振兴工作部署，以创建省级现代农业产业示范园为契机，围绕“创响傅家边品牌、做强草莓产业、培优一批主体、富裕一方农民”目标定位，布局以草莓、青梅为主的果品生产区（2133.33公顷），优质高效水稻生产区（1400公顷），加强农产品销售管理服务，建成傅家边农产品深加工集中区，成立农产品销售管理服务中心。帮农促农加大提升草莓产业发展水平，引进刘东华博士团队，协同日本草莓专家团队，建立草莓脱毒基质育苗基地，改良傅家边草莓育苗质量，全年产出优质脱毒基质种苗40万株，优质脱毒母苗15万株；着力发展草莓新品种，引进天使8号白草莓、淡雪橙色草莓和香野草莓3种，引导莓农发展生产，增收致富。至年底，草莓种植面积533.33公顷。其中，优质大棚333.33公顷，增加135公顷，实现产值4.5亿元。实施“农业+旅游”融合，发展农村经济，举办梅花节、草莓文化节、傅家边采果节等活动，清明节、“五一”小长假接待游客23.5万人，旅游收入3.2亿元。因地制宜、分类指导，推进农村人居环境治理，全年打造美丽乡村示范村2个（沙坂村、陈家村）、宜居村9个。3月，获市委、市政府2019年度实施乡村振兴战略郊区街镇高质量发展评价发展奖；11月，傅家边社区被农业农村部评为2020年全国乡村特色产业亿元村。

【禁捕退捕】 7月12日，区政府《关于全面推进长江流域溧水重点水域禁捕退捕工作实施方案》下发后，洪蓝街道紧急行动，成立禁捕退捕工作领导小组和专门工作组4个，落实责任，分工负责，150余人到涉及禁捕退捕村（社区）、自然村排查摸底，上门入户与从事捕捞渔民面对面宣讲禁捕退捕政策、法律法规。加强禁捕退捕舆论宣传，出动车辆121车次，到石臼湖、天生桥河周边的姜家、陈卞、三里亭等村（社区）宣传《关于收回长江流域溧水重点水域渔业捕捞权公告》，悬挂宣传横幅32条，竖立宣传警示牌13块。至8月底，摸排从业捕捞渔民240户。其中，有证渔船户98户，无证渔船、渔具户142户，涉及村（社区）3个、自然村4个。解决退捕渔民上岸生活保障，提供“一三一”就业跟踪服务（一次职业指导，三次就业推荐，一次技能培训）。至年底，享受企业退休待遇退捕渔民7人，城镇居民退休91人，到企业就业9人，灵活就业70人。收回有证渔船98户、无证船渔网具142户，兑付有证、无证退捕渔民补偿资金1553.15万元。

（周星星）

石湫街道

【概况】 溧水区石湫街道位于溧水区西南部，地处苏皖两省交界，距禄口国际机场8千米，境内常合高速、235国道、341省道纵横境内，南京地铁S9线在境内设有2个站口，属南京大都市半小时经济圈。东与洪蓝街道接壤，南临石臼湖，西依西横山，与安徽省马鞍山市博望区接壤，北与江宁区禄口街道相邻。2020年，辖区面积116平方千米。有国家级影视拍摄基地江苏（国家）未来影视文化创意产业园、市级湿地公园环山河水利风景区。下辖村委会8个、涉农社区6个。常住人口7.25万人，增加1.2万余人，户籍人口51723人。地区生产总值63.71亿元，增长5.6%；公共财政预算收入5.18亿元，增长10.4%；外贸及港澳台贸易总额2.5亿元；全社会固定资产投资27.7亿元，增长8.9%；农民人均可支配收入29083元，增长7.4%。是新一轮省级行政管理体制改革试点单位、南京市重点建设新市镇、溧水区六大经济功能区之一。7月，被区委、区政府认定为“石湫文艺科教新城”。获区委、区政府2020年度深化对标找差创新实干推动高质量发展考核先进镇（街）区二等奖。

【新冠肺炎疫情防控】 2020年春节期间，面对新冠肺炎疫情，石湫街道贯彻省、市、区应对疫情要求，成立专门领导小组，组建综合信息、应急保障、宣传指导等工作组，抽调机关党员、团员、机关干部100余人到基层村（社区）、学校、企业指导和协助疫情防控。参与疫情防控志愿者1478人，摸排居民16755人，劝返人员3473人，核查境外人员135人；核查中高风险地区人员1227人，设置疫情防控检测卡点145个；张贴宣传海报700张，发放疫情防控知识折页1.6万余份，149个自然村利用广播滚动播放疫情防控知识，农贸市场、各居民住宅小区利用小喇叭宣传，街道、便民服务中心和部分社区（村）利用电子显示屏开展宣传活动。3月起，推行疫情防控常态化管理。

【农业】 2020年，石湫街道耕地承包面积3460公顷、水面面积1667公顷。小麦播种面积912.47公顷，总产量4560吨；水稻种植面积2882公顷，总产量24985吨。农林牧渔业产值11.08亿元,农业增加值5亿元,增长1.7%。农业产业玫瑰、杨梅、优质果品和蔬菜、高档次苗木、水产基地6个。年内新增设施农业面积30公顷、绿化造林面积40.13公顷。强化农业服务,举办新型职业农民技术培训班1期,参培120人;印发农技资料1000余份,出墙报8期,发放水稻、小麦、油菜病虫防治情报单5万份,自编栽培技术指导资料6份;利用经营服务点开展技术咨询服务1000余人次。发放测土配方施肥建议卡1万份,建成市级基本农田监测抽样点24个。农产品质量安全监管巡查农业企业和农资经营门店53次,开展农产品种植企业、专业合作社、家庭农场及农户产品采样检测,农残联网速测样品820个、农产品快速检测1500个,合格率100%。实施农业重点产业建设项目8个,分别是溉塘优质果树苗木基地种植高档花卉苗木10公顷,建成玻璃温室大棚3000平方米、桑葚采摘园20公顷,种植有机水稻50公顷;九荷塘艺术项目新建赏荷长廊96.7米、游船拱桥1座,新建休闲农业观光园门楼及接待室、观荷栈道397.8米、休闲四角亭2个、创意景观10个,种植莲藕33.33公顷;方庭高档苗木建设项目建成区间沥青道路6千米、生产管理用房800平方米,种植高档苗木20公顷、杨梅及其他经济作物;万菲园林花海项目种植樱花40公顷、海棠16.67公顷、紫薇16.67公顷、榉树13.33公顷和栾树、无患子、香樟13.33公顷;南京华顺优质果树苗木基地建设及采摘项目,建成区间道路及沟渠4千米种植高档苗木26.6公顷,建设玻璃温室大棚4000平方米;向阳耕地质量提升工程项目土地整改面积466.67公顷,建设区间道路5.9千米、沟渠6.17千米、泵站8座、农桥3座;陈家圩渔场百亩连片工程项目建设水泥道路2.4千米、护坡3.1千米、泵站2座、滚水坝2座、农桥2座、过滤坝10座,清淤池塘34公顷,铺设排水管道4.9千米;南京温氏活禽屠宰点项目建成内部水沟、净污区洗手间、更衣间等,购买、安装新屠宰设备,冷链及配套设施。

【工业】 2020年,石湫街道工业总产值56.4亿元,增长10.5%;工业固定资产投资5.4亿元,增长18%;工业增加值24.38亿元,增长11.2%。新增规模以上工业企业13家、高新技术企业22家、高企培育省入库16家、省民营科技企业6家。江苏新恒基特种装备股份有限公司、南京佰盛玻璃技术有限公司、南京沪友冶金机械制造有限公司等8家企业获市瞪羚企业认定,南京沪友冶金机械制造有限公司、南京江联焊接技术有限公司、南京金球数控机床股份有限公司等8家企业成功在江苏省股交中心挂牌,南京岸宝纸制品有限公司、南京众飞自动化设备制造有限公司完成清洁生产认定,完成四星级上云企业1家(南京可特玩具有限公司)、去产能企业1家(南京德京工具制造有限公司),清退关停危化品销售企业1家,处置低效企业15家,盘活工业用地14.6公顷。

【建筑业】 2020年,石湫街道有建筑企业25家。其中,一级资质企业1家、二级资质企业5家、三级资质企业18家,其他类1家。常年从业人员6600余人。建筑施工面积55.2万平方米,建筑业产值10.15亿元,增加值4.68亿元,税收0.78亿元。

【服务业】 2020年,石湫街道服务业增加值28.89亿元,增长1.6%;社会消费品零售总额11.86亿元,因新冠肺炎疫情影响,下降29.5%;服务业固定资产投资22亿元,增长5.6%。引进文化企业99家,文化企业税收4.41亿元,增长54.2%。

【招商引资】 2020年,石湫街道实施“第二个招商突破年”行动,年初,制订全年招商引资工作计划,整合人力资源,调整招商引资班子成员。全年招商引资亿元以上签约项目15个,其中制造业项目10个、服务业项目5个。注册重大项目14个,增长40%。全年亿元以上重大项目开工运营10个,增长66.6%。注册合同外资及港澳台资总额7550万美元,增长116%。其中,服务业项目内资占87.5%,增加0.5%;制造业项目内资占12.5%,下降0.5%。实际利用外资及港澳台资总额3230万美元,其中南京浦江学院为主要外资及港澳台资额来源。招商项目信息120条,增长20%。其中,制造业项目信息占80%、服务业项目占18%、农业项目占2%。举办大型招商活动5场(专题性活动4场、综合性活动1场),增长150%。8月15日,在深圳举办2020南京溧水石湫文化科技产业深圳推介会，来自全国70多家企业的代表参加，会上签约文化科技与物联网培训和应用中心项目、电影《二十三区》项目、趣味昆虫音乐项目等一批文化产业项目；全年在区招商引资擂台赛中获奖项3次，其中目标任务进度奖2次、重大项目推进奖1次。

【街村建设】 2020年，石湫街道集体会审、审批农居民建房改扩建56户，"三原维修"(原址、原高度、原面积)148户，农村危房改造57户。五期安置房石山东府主体完成7层，六期安置房、工业邻里中心、雅居乐地产项目开工建设。石湫中心卫生院裙房封顶、主体完成3层，明觉小学教学楼主体封顶。至年底，建成东泉、三星、向阳3个村党群服务中心，明觉农贸市场建成投入使用。工业园区兴石路改造、宁高新通道市政改造和老明路明觉段提升改造3个工程项目竣工。塘桑线、老社线、西庄线、中孙线4条农路建成通车，完成非规划布点村污水处理设施建设项目52个。

【土地管理】 2020年，石湫街道加强土地资源管理，实施耕地占补平衡项目和城乡建设用地增减挂钩复垦项目31个，总规模25.63公顷。新增耕地24.86公顷。其中，增减挂钩项目17个，面积16.83公顷，新增耕地16.5公顷；占补项目13个，总规模8.56公顷，新增耕地8.13公顷；废弃工矿复垦项目1个，面积2367.85平方米，新增耕地2367.85平方米。提升2019年耕地质量项目1个，总规模196.51公顷。其中，建设高标准农田157.27公顷、高效节水灌溉田15.33公顷，新增耕地1.70公顷。

【教育科技】 2020年，石湫街道有中心幼儿园1所、村级幼儿园1所、村办班9个，在园幼儿947人，教职工121人；中心小学1所、完小2所、办学点1个，在校小学生2563人，教职工218人。中学2所，在校中学生1073人，入学率100%，教职工133人；成人教育中心校1所，教职工9人。全年申请专利345件，有效授权发明专利56件，专利授权256件，产学研项目6个，申报PCT 2件。全年净增高新技术企业21家，复审1家；认定22家高新技术企业申报，其中复审1家。新认定高新技术企业21家，省入库16家，实现技术合同登记额2000万元。

【文化体育】 2020年，石湫街道有文体中心1个，建筑面积6000平方米，内设乒乓、健身、棋牌、展览等服务项目。村级综合文化服务中心14个，24小时自助图书馆1个，农家书屋14个，有图书1.8万余册。全年开展文化惠民综艺活动120场，公益电影放映200余场，国民体质监测470人，举办科学健身大讲堂3期、培训200余人次，组队参加溧水区第六届广场舞比赛、"万达杯"首届中老年人健身广场舞大赛、溧水区机关乒乓球比赛、南京市第二十二届运动会集体自行车慢骑项目赛、首届"足协杯"足球赛。加强体育设施建设，建成塘窦村熊家五人制足球场1片和江苏省第二师范学院北侧七人制足球场1片。8个村(社区)健身公园建设有序推进，完成4万平方米健身步道信息标识制作及安装健身科学知识标牌。

【医疗卫生】 2020年，石湫街道有中心卫生院1家、明觉卫生院1家，在岗医务人员122人。其中，在编人员78人(包括借出12人)、卫生技术人员75人、工勤技能人员3人，高级职称17人、中级职称21人，预防医学专业5人，有执业资质的公卫医师5人。村医39人，其中大学生村医13人(6人在岗、7人在外规培)。全年门急诊11.71万人次，增长11.1%；住院845人次，增长11.8%；手术75人

11月8日，石湫世界昆虫邮票博物馆开工仪式在石湫街道上方村举行
石湫街道 供

次，增长8.7%。全年医疗业务收入4201.84万元，增长19.1%。开展各类专家坐诊188次，专家健康知识讲座15次。强化公共卫生服务，建立居民健康档案4.56万余份，家庭医生签约8915人。建档立卡户签850人，签约率100%。为65周岁以上老人免费体检1.48万人次，幼儿疫苗预防接种1.41万人次。开展健康教育讲座136次、公众健康咨询32次、各类医学培训46次。代表溧水区参加南京市公共卫生服务项目管理质量考核获全市第一。石湫中心卫生院获2020年南京市妇联“三八红旗集体”称号。普外科(微创)创成市特色科室。

【计生服务】 2020年，石湫街道育龄妇女9738人，已婚育龄妇女7553人。年内办理生育登记254人，其中一孩办理103人、二孩办理151人。新生儿582人。其中，男孩313人、女孩269人，出生政策符合率99%。人口信息化建设达标率100%，免费孕前优生健康检查目标人群覆盖率100%，妇幼保健和计划生育技术服务达标率98%，计划生育奖励扶助政策兑现100%，计划生育队伍建设达标率100%。妇女两癌筛查697人，完成率99.6%。打造明觉、塘窦村、蟹塘、光明社区0~3岁早教阵地4个。强化街、村(社区)计生协会组织网络建设。至年底，街、村(社区)两级有计生协会15个，企业计生协会24个，企业计生联合协会1个，会员小组298个，会员之家15个，计生协会会员5937人。开展关爱残疾人活动，全年免费向残疾人赠送电视机34台、电风扇36台、洗衣机20台、电饭锅34个，免费安装假肢3副，发放低视力残疾人辅助器具3副，帮扶困难残疾人家庭无障碍改造2户、困难残疾人“四进”家庭项目25户，发放残疾人生活补贴741万元，护理补贴113万元，春节慰问困难残疾人78人850元慰问金。

【社会保障】 2020年，石湫街道新增城镇就业2531人，实现再就业141人，农村劳动力转移236人。培育自主创业151人，创业带动就业605人；培育大学生创业29人；发放创业小额贷款42笔430万元。就业(失业)人员登记办证2463人。政府职业性补贴培训603人。城乡居民医保参保3.38万人。申报社会保险缴费基数220家，新增企业职工参保148家704人。发放老年慰问金389.92万元。劳动保障书面审查144家，调处劳资纠纷案件68件，其中社会保险未参保纠纷15件、劳动合同纠纷14件、拖欠工资纠纷39件。成功调解64件，移交上级部门4件。发放临时救助8人次，金额2.2万元。申报慈善医疗救助59人次，发放医疗救助金6.3万元。全年城乡五保户277人，发放五保补贴413.23万元；低保户698人，发放低保金642.32万元。全年发放残疾人生活补贴741万，护理补贴113万元。

【房屋拆迁与安置房分配】 2020年，石湫街道科教城项目规划拆迁606户，面积10万平方米。沿街商住房472户，面积5.9万平方米；住宅92户，面积1.4万平方米；老农贸市场21户，面积2000平方米；沿街企事业单位21家，面积1.67万平方米。至年底，签约拆迁协议454户，完成率74.92%。工业园区升级改造项目拆迁企业22家，面积10.4万平方米。签约拆迁协议企业15家，完成率68.18%。落实拆迁安置房分配政策，回购石湫村片区安置房144套。其中，120平方米套型27套、100平方米套型41套、90平方米套型28套、60平方米套型43套、30平方米套型5套，结算金额7400万元，确保安置房分配基本量。

【城管服务】 2020年，石湫街道强化区域城市精细化管理。全年清理违规占道经营摊点4340余处，劝离取缔流动摊点1890余处。落实“门前三包”责任制与沿街商户签订责任书316份，覆盖所有商户。清理“三乱”2110余处，整治门头店招出新180余处，面积1160平方米。拆除各类违建79处，面积8539平方米；拆除存量违建83处，面积1.06万平方米。查处规划类案件石湫碧桂园A、B地块未验线，罚款16万元。规范渣土运输管理，开展渣土运输检查230余次，检查渣土运输车辆740余辆，查扣违规运输渣土车辆35辆，罚款16万元。受理“12345”工单374件、“12319”工单29件，全部办结，满意率100%。

【垃圾分类】 2020年，石湫街道成立生活垃圾分类工作领导小组，主要领导牵头，推动工作落实。建立协调机制，制订责任制，分工负责，抽调机关干部到基层村(社区)、学校、企业协助、督查垃圾分类工作；城管中队建立巡查制度，每日早、中、晚三次检查巡查；保洁所将自然村、机关事业单位、企业、沿街店铺、学校、居民住宅小区等纳入收运体系。设置垃圾分类收集点186个，配备厨余、可回收、其他、有害、大件等10辆分类收运车，建立收运路线7条，做到运行轨迹可查、垃圾来源可溯。全年新建小区垃圾分类房12座，开展垃圾分类知识宣传活动140余场，14个村（社区）摆放垃圾分类桶1.2万组，参与垃圾分类农户1.2万户，志愿者150人。

【乡村振兴】 2020年，石湫街道贯彻省、市、区乡村振兴发展战略，有序推进村（社区）、自然村庄建设。开展农村人居环境治理提升，完成自然村庄整治提升项目53个，创建示范村1个、区级示范户112户、市级美丽庭院56户，新（改）建农村公共卫生公厕30座、铺设污水管网45套，签订农户“门前三包”责任制上墙1.26万户；开展美丽乡村建设，依托石臼湖、环山河、田园综合体、西横山等生态环线，建成美丽乡村宜居村8个、美丽乡村示范村2个。着力村（社区）集体经济增收，发展乡村经济，至年底，14个村（社区）集体经营性总收入2890.4万元；开展“万企联万村，共走振兴路”行动，总投资3615.1万元。开展合作社“空壳社”专项清理，年底注销“空壳社”43家。开展脱贫攻坚“防反”助农增收，建档立卡低收入农户381户812人，兜底发放慰问金32.79万元，为89人减免教育费用22.8万元。建立22户“重点户”信息监测档案，杜绝返贫；发放惠农补贴农业支持保护补贴625.51万元、耕地保护补贴1563.75万元，受益农户1.19万户。

【网格化平台管理】 2020年，石湫街道创新网格化服务管理，以党建为引领，以居民需求为导向，开展全要素网格管理，提升社会治理能力。强化数据赋能，新冠肺炎疫情防控期间，摸排4500余次，代办服务8200余次，走访复工企业7500余次，完成基础数据3.9万条、工作信息2454条、社区服务66条、网格巡查2.48万次、重点监管对象136人、考勤签到等数据采集3.91万次。加强阵地建设，5月12日，在全区率先启动“三官一律进网格”，48名“政法网格员”进网入格开展矛盾调处、法律咨询62次，7月，石湫社区1号网格政法网格员李宏伟调解纠纷获南京市“十佳案例”。开展社会治理大联动，全年接收区工单326件、吹哨报到事件7件。12月，上方村网格员李则玉获2020年度南京市“最美网格员”。10月20日，中央政法委基层社会治理局一级巡视员汪锋一行参观考察，高度评价石湫街道创新网格化服务管理工作。

（石瑾）

白马镇

【概况】 溧水区白马镇位于溧水区东南部，东临溧阳市上兴镇，南接晶桥镇，西北连永阳、东屏街道，东北靠句容市天王镇，宁杭城际铁路、长深高速公路（宁杭段）、新老341省道穿境而过。2020年，镇域面积146平方千米，辖村委会4个、涉农社区5个、居委会2个、国营茶叶实验场1个，全镇户籍人口41750人。地区生产总值50.47亿元，增长4.8%，全社会固定资产投资14.94亿元，增长8.3%；一般公共财政预算收入2.68亿元；外贸及港澳台贸易总额2.5亿元；社会消费品零售总额27.96亿元，增长4.0%；农村居民人均可支配收入29105元，增长7.4%。石头寨村获评“中国美丽休闲乡村”、第六届全国文明村镇，红色李巷获评第二批全国乡村旅游重点村、第一批江苏省传统村落，10月，白马镇被省政府、省军区命名为江苏省人民防空重点镇。

【新冠肺炎疫情防控】 2020年春节期间，白马镇贯彻省、市、区新冠肺炎疫情防控要求，迅速成立疫情防控工作组11个（信息综合组、应急保障组、医疗救治组、市场工作组、安全保卫组、交通工作组、社区工作组、宣传引导组、进口冷链及货物专项组、重大活动保障组、督查工作组），在白马卫生院住院部旧址（白马镇白马桥东街2号）设置应急隔离点，环境消杀，喷散药剂1吨。落实镇、村（社区）、企事业单位疫情防控责任制，分级管理，责任到人。张贴疫情防控海报1450张，发放疫情宣传折页1.96万份、企业疫情防控告知书400余份，悬挂横幅100余条。排查境内疫情中高风险区域流动人口3200人、境外入境人员1530人，督促国内返乡人员核酸采样1550人，落实居家隔离35人，按要求登录苏康码市民4.1万余人。全镇设立疫情防控24小时卡点26处（区级2处，镇级24处），一般性卡口139处，参与防控党员干部1689人、志

6月19日，蓝莓之夏·白马乐活嘉年华在李巷举办　　金涛　摄

愿者1200人。3月起，在全镇推行疫情防控常态化管理。至年底，未发现新冠肺炎病例。

【农业】　2020年，白马镇农林牧渔业总产值10.93亿元，增加值7.12亿元。全镇有耕地面积4461.53公顷，其中耕地承包面积3273公顷，绿色优质农产品生产基地面积3466.67公顷，占耕地总面积77.7%。全年，油菜籽种植面积328公顷，总产量740吨，小麦种植面积1313.13公顷，总产量6392吨，水稻种植面积2710.6公顷，总产量23411吨。新增曹家桥、上洋、浮山“一村一品一店”示范村3个。新增家庭农场7个，新增市级农业龙头企业3家，区级1家。新增市级农民专业合作社3家、区级14家。实施区级重点农业项目3个（含市重大项目1个），完成总投资8.45亿元。推动数字乡村建设，蓝莓黑莓高效种植示范园、李巷指挥中心、南京大学南京创意农业研究院等合作建设的“两莓驿站”基本建成。打造省农科院、省现代农业装备科技示范中心等农业科技重点应用示范场景项目16个。南京市凯达农业发展有限公司被江苏省农业农村厅评为江苏特色优质种苗中心（企业）。

【工业】　2020年，白马镇工业总产值34.36亿元，增长8.7%，增加值12.58亿元，增长10.5%；规模以上工业产值23.49亿元，增长12%；工业主营业务收入29.76亿元，利税总额2.03亿元，其中规模以上工业收入20.35亿元，利税1.39亿元。实际利用外资及港澳台资400万美元。全年列入区级重点产业项目14个、市重大项目3个，其中工业类项目10个，总投资11.38亿元，完成2个。新增高新技术企业6家，净增规模以上工业企业7家。

【建筑业】　2020年，白马镇有总承包资质企业16家，其中一级资质企业1家，二级资质企业4家，三级资质企业11家。专业技术人员200人，项目经理63人，其中高级职称15人，中级职称75人，常年从业人员4000人。完成施工面积95.84万平方米，建筑业总产值11.35亿元，增加值3.05亿元，税收3816万元。金谷佳苑四期和中国江苏白马农业国际博览中心工程获“省文明工地”称号。

【服务业】　2020年，白马镇服务业增加值28.24亿元，增长3.7%，社会消费品零售总额27.96亿元，增长4.0%。规模以上批发销售额完成5.60亿元，规模以上零售销售额完成16.74亿元。新增限上批零入库企业3家（南京鹏骏新能源科技有限公司、南京泽亚酒业有限公司、南京明德再生资源有限公司）。新增农村电子商务服务点2家，全镇农村电子商务服务点23家。重点服务业项目4个（周村古建筑群建设、深能总部项目、白马酒店、阡陌花开农旅文融合发展项目），总投资26.2亿元，竣工3个，在建1个。推进全域旅游，成功举办2020年蓝莓节，打造完成红色李巷蓝莓驿站、黑莓驿站、青年旅舍民宿。石头寨村成功入选2020年中国美丽休闲乡村，红色李巷获第二批全国乡村旅游重点村。

【招商引资】　2020年，白马镇围绕高质量发展，强化招商引资，组织参与2020南京创新周农业科技嘉年华农高区专场活动、荷兰绿色智慧农业企业线上路演活动、中国江苏第七届国际产学研合作论坛暨跨国技术转移大会、上海招商推介会、深圳招商推介会、南京国际智慧农业博览会、金洽会溧水专场、全国新农民新业态双创大会、第二届健康中国发展大会、IFA2020国际未来农业食品百强·

白马峰会等重大活动，寻找优质客商资源，拓宽招商渠道。至年底，引进中饮巴比、金阳光乳品、大希地食品、丰码科技等一批龙头企业，全年签约亿元以上项目24个，总投资65.57亿元，其中大希地食品年内签约、开工、投产。

【镇村建设】 2020年，白马镇编制完成革新等村庄规划及《2020年白马镇村布局规划》；南京国家农高区核心区城市设计、综合交通路网规划、控制性详细规划、电力专项规划等有序推进。会审农居民建房2批次，现场勘验审查870余户，审批219户；危房改造6户，翻建3户，维修3户。白马集镇绿化养护8.8万平方米，维修白马镇集镇路灯1925盏及景观灯6处。农路提档升级4.8千米，完成白马大道整治提升、白马湖公园、玲陇酒店、中小食品产业园主体及美玉街背街小巷改造工程。拆除低效南京百汇食品有限公司和南京八幸药业有限公司2家企业厂房2.4万平方米，启动上洋吴家边、白马小白水塘、白龙北角、朱家边店上中心村、浮山大新塘、白马英塘及白马镇工业园区企业自愿搬迁项目6个。

【土地管理】 2020年，白马镇坚守耕地保护红线，实施农田水利设施配套66.67公顷、高标准农田整治项目166.67公顷、耕地质量提升面积300公顷。完成增减挂钩项目5个，新增农用地4.69公顷；占补平衡项目25个，总规模108.3公顷，净增耕地34.8公顷；强化耕地养护，实施耕地休耕轮作400公顷。开展地灾防治巡查、宣传，对大新塘村等存在重大隐患村庄实施搬迁。新增绿化造林面积40公顷。

【教育科技】 2020年，白马镇有公办幼儿园2所，村办点3个，民办幼儿园1所，在园幼儿648人，教职工93人。中心小学1所，完小1所，教学班38个，在校学生1333人，在岗教师116人，获评南京市“群众体育先进单位”、市小学“弹性离校”工作先进学校、市校园足球工作先进单位。中学1所，教学班16个，在校学生577人，在岗教职工65人。社区教育中心1所，专任教师5人，聘用教师16人。全年举办各类职业技术培训4期，参培2895人次，其中科技培训580人次，获批省级关爱“儿童之家”，“白马少年初心堂”项目案例入选省成人教育学会社区教育品牌案例汇编《春华秋实》。加强高层次人才队伍建设，入选区级高层次人才7人，入选“三带”名人1人，入选“三带”能手2人，入选“三带”新秀4人；组织6人申报南京市中青年拔尖人才，其中3人入选区级中青年优秀人才。5家企业获批省重点研发现代农业项目立项；江苏奥迈生物科技有限公司获批省科技计划现代农业后补助项目（“百城百园”行动）项目立项；3家企业获批省政策引导类计划（引进国外技术、管理人才计划）项目立项。新增高新技术企业6家，签订产学研合作协议21项；申请专利459件，有效发明专利有832件；规模以上工业企业研发投入强度3.66%，规模以上工业企业研发占比数73%。

【文化体育】 2020年，白马镇举办各类文化活动90余场次。新建曹家桥村级文化大戏台，文化艺术中心主体在建，打造镇级新时代文明实践所，完成五人、七人制足球场2片和篮球场建设，朱家边社区农家书屋获评省级四星级农家书屋。新增公共体育设施面积4万平方米，包括新增步道8条、健身路径12处。完成国民体质监测450人，培养广场舞三级社会体育指导员60人。白马镇篮球队参加溧水区机关篮球比赛，获第四名，白马镇2支广场舞代表队参加溧水区首届中老年人“万达杯”健身广场舞比赛，分获二等奖、三等奖；参加溧水区第六届广场舞大赛，分别获二等奖、三等奖。16人足球队参加溧水区“足球杯”足球比赛，获第三名。开展综合文化文艺演出、送戏下乡惠民演出等活动50余场；放映公益电影200余场。

【医疗卫生】 2020年，白马镇创建市级健康社区7个（曹家桥、石头寨、浮山、大树下、革新、朱家边、白龙），省级健康社区2个（曹家桥和大树下），区级示范健康社区1个（曹家桥）。白马中心卫生院全年门急诊12.39万余人次，医疗业务收入1243.1万元。8月，白马中心卫生院创成二级综合医院，成为溧水区首家二级综合医院中心卫生院；11月，创成全省首批80家农村区域性医疗卫生中心重点建设单位。该院儿科成功创建为南京市基层医疗机构特色科室，综合病区获评全区首批优质护理示范病区。在国家卫健委项目资金监管服务中心开展的2019年基本公共卫生服务项目绩效评价中，白马中心卫生院获全国第一名。该院改建万级层流手术室，成为溧水区首家拥有万级层流手术室乡镇卫生院；提高村级卫生室服务能力，上洋社区卫生室创成中医阁、曹家桥村卫生室创成甲等卫生室、白马社区卫生室达标建设通过上级验收；白马镇中心卫生院建成溧水区白马医疗实训基地、手术中心；9人入围2020年市级基层卫生人才。

【计生服务】 2020年，白马镇出生人口382人，其中男187人，女195人，计划生育率100%。孕前优生健康检查63对，覆盖率100%。计划生育奖励扶助政策兑现率100%，办理奖励扶助102人、特殊扶助18人、计生一次性奖励52人（3600元/人）、计生公益金7人（2000元/人），发放独生子女奖励金8.5万元，办理奖扶特扶退出29人。建成朱家边亲子活动室并通过市级验收，获取经费补助6万元。镇人口文化阵地通过区级验收，获取经费补助5万元。人口信息化建设达标率95%，计生队伍建设率100%，群众计生工作满意率98%。0～3岁婴幼儿早期发展知识普及率96%。全年开办家长学堂讲座2次，参学75人，举办镇村两级早教阵地亲子活动30场，免费参加体检960人次，发放宣传品960份，其中0～3岁指导手册600份。

【社会保障】 2020年，白马镇新增就业2273人，大学生就业361人，实现再就业123人，培育自主创业104人，大学生创业26人。扶持农民自主创业102人，职业技能考核取证220人。城乡居民基本养老保险缴费6082人。开展移风易俗殡葬改革宣传，散坟迁移1072座，新增骨灰入堂165例。发放各类民政补助1800多万元。新增金谷社区、曹家桥村AAA级居家养老服务中心2个，老年助餐点2个。举办社会组织负责人、专职社工、志愿者社会化服务技能培训4期。启动养老服务“时间银行”试点工作，建成“时间银行”镇、村（社区）、社会组织三级服务网络平台。强化社会综合治理，摸排涉及征地拆迁、重点项目建设、环境污染、企业改制、合同纠纷和生活保障等不稳定因素9大类49项。接待群众来访61批次215人次，办理省市区交办信访件24件，办结24件，办结率100%。全年受理化解矛盾纠纷1590件，调处成功1590件，成功率100%。

【拆迁安置房分配】 2020年，白马镇建成拆迁安置房金谷佳苑四期，安置房16幢，总建筑面积11.71万余平方米，其中地上安置房建筑面积8.76万余平方米，782套，地下车库等设施建筑面积2.95万余平方米，总投资6亿元，配建机动车停车位943个。做好信息核对、抽签登记、房款结算、秩序维护、政策解释、应急处置等各项工作，完成金谷佳苑四期779套安置房分配结算，发放金谷佳苑一、二期安置房办证材料942份。在建五期安置房15幢，其中住宅14幢，商业综合楼1幢，总建筑面积11.66万平方米，703套，总投资6亿元。

【城管服务】 2020年，白马镇强化区域城市精细管理，规范有序执法，服务人民，以“强基础、转作风、树形象”提升城管服务能力，结合创建国家卫生镇、省级文明镇，开展市容环境综合整治行动，清理占道经营、流动摊点4380余起，清理破旧条幅、陈旧展板、小区乱拉乱挂电线180余起，清除各类小广告、牛皮癣570余处，拆除违规、破旧及存在安全隐患店招店牌110余处，增设机动车停车位160余个、出新非机动车停车标线6000余米，清理各类非机动僵尸车30余辆。联合相关部门开展拆违整治行动160余次，拆除各类违建298处，面积1.66万平方米。围绕环境整治，开展建筑工地、渣土运输、露天烧烤、占道经营、乱排污水等水环境、大气污染防治等专项治理行动。查扣违规渣土车17辆，处罚款3.4万元，查处各类流动摊点183起。与村（社区）及部门横向纵向联动，构建城管中队与村（社区）间定期服务、矛盾调处、志愿帮扶等运作机制，至年底，办理“12345”工单201件，办结率100%，“12319”专项热线15件，办结率100%。

【物业管理服务】 2020年，白马镇有安置房小区4个（金谷佳苑一至四期），商品房别墅小区1个（回峰庄园），除金谷佳苑四期由白马物业管理外，其余4个均由市场物业管理。9月，成立南京白马镇物业服务中心有限公司，为2个老旧小区半封闭式提供基础性物业管理服务。按照区委、区政府统一部署，有序开展“美丽家园”三年行动计划。物业管理单位赴永阳、洪蓝、开发区等街镇学习物业先进做法，聘请永阳物业做现场培训指导，制订物业管理相关制度。试行基层党组织、社区居委会、物业服务企业、业委会或管委会“四位一体”的协调管理模式。至年底，金谷佳苑、廻峰庄园分别成立物业管理委员会。加强小区物业监督管理；设立物业管理服务中心，建立考核机制，负责监督、巡查小区公共部位环境卫生、绿化养护等日常物业管理工作；成立物业管理纠纷调解委员会，负责辖区物业管理纠纷受理、矛盾调解等工作。安装金谷佳苑一至四期非机动车棚（充电桩）85组，安装老旧小区非机动车棚（充电桩）9组，满足居民日常需求。

【垃圾分类】 2020年，白马镇开展“撤桶并点”小区生活垃圾强制分类。建立农村生活垃圾分类收集处理体系，通过“农户初分+保洁员上门分拣收集、镇回收清运、有机易腐垃圾就地生态处理”实现农村垃圾分类处理全覆盖。以“四分类”标准实施垃圾分类为长效目标，建成农村垃圾分类集中收集点亭231座，配备电动垃圾收集车310台。社区垃圾分类新增金谷佳苑小区两分桶2000组，建成分类投放点10座，垃圾分类墙绘500处，向市民印发垃圾分类宣传手册2.3万份，张贴垃圾分类宣传海报400余份。举办“‘绿水青山’垃圾分类大家谈”活动15场，在市垃圾分类排名中，白马镇位列全区第二。

【乡村振兴】 2020年，白马镇着力南京国家农高区区位优势，推动乡村振兴。全年蓝莓种植800公顷，总产量6000吨，年产值超5亿元。黑莓种植533.3公顷，总产量8000吨，年产值8000余万元。茶叶、蔬菜及其他林果等种植面积333.3公顷，年产值9000余万元。以政府为主导，构建“村集体+企业+农民”的生态产品价值共享机制，围绕红色旅游线路发展蓝莓、果蔬等绿色高效产业，初步形成一批优质生态产品，实现红色教育与蓝色休闲融合发展；依托周园文博、红色李巷等农旅文融合项目，全面推进全域旅游建设，建成“南乡莓园”等多个创意主题农园（馆）、曹家桥两莓高效种植示范园项目一期，与南京大学合作建成“两莓驿站”。完成全镇集体经济股份合作社3.88万成员赋码登记和村社分账改革。清产核资登记录入、核定村级集体资产资源，签约乡村振兴村企联建企业12家，通过省平台审核9家，实现村企联建全覆盖；全镇2个市级经济薄弱村、4个市级欠发达村、1个区级欠发达村和465户低收入农户，全部脱贫摘帽。全镇农村居民人均可支配收入29105元，增长7.4%。建成农村公厕44座、自然村污水处理设施47个、农村垃圾分类集中收集亭231座；完成6个宜居村、1个美丽乡村示范村和45个提升村庄工程建设项目，农村“四清一治一灭一改”（清理常年积存垃圾，清理河塘沟渠，清理农业废弃物，清除无保护价值的残垣断壁，加大乡村公共空间治理，灭农村旱厕，加快改变农民生活习惯）工作有序推进。

（端舒娅）

和 凤 镇

【概况】 溧水区和凤镇位于溧水区南部，东南与高淳区接壤，西濒石臼湖，北与洪蓝街道相邻，典型半山半圩地形。宁宣高速、芜太高速、123省道、104省道纵横全境，水运便捷，沿石臼湖可入长江黄金水道和苏南太湖水网。2020年，镇域面积190平方千米（其中石臼湖水域面积近100平方千米），耕地承包面积3559公顷。下辖涉农社区5个、村民委会6个、集镇社区1个，总人口53401人。境内有三叶·梦华苑、秦淮梅园、石臼渔歌、七叶山庄等旅游景点，是南京市现代农业主导型镇之一。地区生产总值54.75亿元，增长5.4%；一般公共预算收入2.21亿元，增加0.66亿元；全社会固定资产投资9.31亿元，增长8.2%；其中工业固定资产投资4.03亿元，增长14.4%。年实际利用外资及港澳台资1501万美元，增长50.1%；外贸及港澳台贸易总额4亿元，增长40%；农村居民人均可支配收入29009元，增长7.4%。3月，和凤镇被市委、市政府评为机关作风标兵（街）镇；12月，被农业农村部评为国家农业农村创新创业园区。

【新冠肺炎疫情防控】 2020年春节期间，和凤镇贯彻省、市区应对新冠肺炎疫情防控要求，成立镇应对疫情工作领导小组，组建联防联控综合组、宣传组、救治组等8个，抽调机关党员、干部100多人赴基层村（社区）、学校、企业，协助、指导、监督疫情防控工作。结合集镇、村（社区）、自然村、企业分布特点，布设交通要道、园区企业、自然村庄、学校、幼儿园等疫情防控卡点130个，核酸采样点1个。各卡点实行24小时值守，为进出市民测体温、查看身份证、排查外境人员等工作。参与新冠肺炎疫情防控一线人员1646人，其中党员592人、志愿者1054人。3月起，全镇推行疫情常态化管理，至年底，未发现新冠肺炎病例。

【农业】 2020年，和凤镇农林牧渔业总产值11亿元，增长3.6%。其中农业总产值6.4亿元、林业总产值4562万元、牧业总产值6960万元、渔业总产值2.57亿元。全镇耕地绿色面积4226.67公顷，其中水田2913.3公顷、旱地725.7公顷。全年夏粮小麦播种1427.8公顷，总产量7881吨，其中群英圩小麦绿色高质量示范片区亩产0.46吨；油菜播种419公顷，总产量1166吨；秋粮水稻种2780.2公顷，增加153.33公顷，总产量2.5万吨。绿色农产品220公顷、有机产品33.33公顷。强化农业科技服务，全镇引进推广南粳晶谷、南粳56、南粳3908、镇稻18、黄心芹菜、扬麦系列等农作物优良新品种20个，在全镇开展种植对比试验示范，提高种植大户农业生产水平，助农增产增收。全面推广小麦、水稻控释肥技术、个性化测土配方施肥、水肥一体化技术，践行蔬菜、茶叶、水稻绿色防控技术等先进技术，全年承担区农业农村局种子站、作栽站、耕保、植保等农技推广部门在全镇进行农作物新品种、新技术试验示范8个，承担江苏省推广总站在镇农业生产片区进行水稻生物降解膜水稻试验1个。至年底，开展春、秋农业生产、技术观摩、试验成果展示等现场会7次，发放测土配方施肥技术、病虫情报、农技情报、农业气象预报、绿色高产栽培技术、农产品质量安全等技术资料4.3万余份，引进农业企业高素质人才20人，选派精明强干农业生产能手参加市级高素质职业农民培训3次，参培350人，50人到外地学习。4月，和凤镇农业服务中心被农业农村部、财政部评为"全国农业产业强镇建设单位"；11月，成立南京溧水区优质稻米产业化联合体和南京月牙湖产业化联合体；12月，孔镇社区被市农业农村局评为"2020年南京市一村一品社区"。

【工业】 2020年，和凤镇完成工业项目总投资14.84亿元，增长78.36%；规模以上工业总产值32.17亿元，增长14.5%；工业固定资产投资4.03亿元，增长14.4%；规模以上工业利税1.31亿元，增长5%。新增规模以上企业10家；净增高新技术企业4家；培育市级专精特新企业4家，省级专精特新产品企业2家；重点培育瞪羚企业3家。实施重点产业项目28个，总投资16.97亿元，其中16个制造业项目投产，引导鼓励大同等3家企业进行"零用地"技改，获创新券支持企业14家。落实工业园区产业规划和空间布局安排，完成一期4.33万平方米高标准载体建设，建成高标准厂房6万平方米。

【建筑业】 2020年，和凤镇有建筑企业28家，其中一级资质企业2家、二级资质企业3家、三级资质企业23家。从业人员6500余人，完成施工面积160万平方米，总产值8.8亿元，增加值4.08亿元，税收3200万元。南京福瑞宁建设有限公司、南京通和建筑安装工程有限公司、南京市溧水区第二建设装饰工程有限公司、江苏方恒建设有限公司、江苏溧安建设工程有限公司、南京炬顺建设工程有限公司、南京敦韬建设有限公司7家企业成为镇建筑企业龙头单位。

【服务业】 2020年，和凤镇服务业增加值20.8亿元，增长1.8%；社会消费品零售额16.3亿元，下降21.9%；服务业固定资产投资4.3亿元，下降13.1%。规模以上服务业企业33家，其中批发零售业16家、服务业17家，各类商贸服务工商户600户。全年批发业销售额6.3亿元，零售业销售额4.95亿元。新增限上企业入库4家（批零3家、服务业1家）。集聚高素质人口90人。沙塘庵粮食产业园环境整治提升工程通过验收，占地10.9公顷，总投资0.3亿元。完成孔镇农贸市场改建，面积1617平方米，总投资477万元。

【招商引资】 2020年，和凤镇强化机电产业链招商，聚焦电机、电控及电池、汽车零部件等产业领域，突出以商引商、深化中介引商、强化驻点招商，以"建链、补链、强链"方式，签约亿元以上项目15个，其中高端项目2个、制造业项目12个（其中台资项目4个），实际利用内资9.31亿元，增长86%。全年农业招商外出12次，参加6次招商推荐、观摩会，接待客商38批次。签约项目3个，分别是：车厘子生态园33.33公顷、忘忧谷休闲观光园53.33公顷、田园综合体农旅特色小镇项目，总投资3.5亿元。

【镇村建设】 2020年，和凤镇集体会审审批农房民建房233户，其中“三原维修”143户，改扩建及新建90户。危房改造49户，其中五保户28户、低保户21户，维修6户、翻建43户。实施城乡建设项目15个，总投资4.82亿元。和泰嘉园安置房二期项目建设竣工，建成5层住宅14栋，建筑面积5.8万平方米；孔镇安置房项目建设有序推进；建成东吴线、沈后线西延等农路3.7千米。完成8个小区充电桩安装30套，建成公交候车亭11个。

【土地管理】 2020年，和凤镇验收通过增减挂钩项目16个，总规模18.6公顷，净增耕地面积17.7公顷；通过验收占补平衡项目16个，总规模10.4公顷，净增耕地面积8.82公顷。农村三产融合项目2宗，争取国家计划用地指标0.78公顷，上报审批并通过设施农业项目6个，面积1.37公顷。全镇不动产登记三方审核通过8408户，登簿完成6614户。

【教育科技】 2020年，和凤镇有中心幼儿园2所、村办幼儿班8个、民办幼儿园1所，幼儿教职工115人，其中公办园教职工在编7人，编外86人、民办园幼师22人，在园幼儿1019人，幼儿入园率99.6%。中心小学1所，在校小学生2031人，小学入学率100%，小学教职工152人。初级中学2所，在校中学生823人，巩固率100%，中学教职工109人，其中在编教师100人，编外职工9人。成人教育中心1所，专职管理人员2人，集专职教师1人，兼职教师1人。辖区内外来务工人员（流动）人口子女义务教育入学率和幼儿入园率均为100%。开展校舍安全专项大检查8次，整治校外培训机构12次，关停违规补习、托管2家。指导张家村创建0~3岁市级亲子室。和凤镇幼儿园创建市级0~3岁指导站并通过市级验收。持续推进产学研一体化，企业与高校产学研成果转化20项，成功申报创新型企业家1名、市高层次人才2名。新培育认定高新技术企业4家。发明专利2件，PCT专利8件。新增市级工程技术研究中心1个，新增省级星创天地1家，新增瞪羚企业1家。

【文化体育】 2020年，和凤镇24小时自助图书馆1个，馆内藏书1万册，功能室按时开放。文体服务中心1个，村（社区）综合文化服务中心11个，均设有图书及阅览室、乒乓室、棋牌室、文体活动室。开展文化惠民服务，举办诸家民俗文化节、骆山大龙文化节，文艺演出、送戏下乡等文化活动135场，公益电影放映190场。国家级非遗项目骆山大龙，成功推选5名区级传承人。有序推进体育设施建设，新建骆山、张家、吴村桥等村级健身体育公园6个，新建三叶梦华苑七人制足球场1片，村篮球场18个，乒乓球室26个，健身路径116套。培育三级社会体育指导员56人，国民体质监测450人，新增体育场地面积4万平方米。

【医疗卫生】 2020年，和凤镇中心卫生院有编制床位30张，医务人员120人，专科门诊部1个，村卫生服务室（站）10个。全年门急诊11.15万人次，医疗业务收入（含药品）1200万元，住院人次546人、增长0.55%。吴村桥、孙家巷创成省级卫生室，双牌石分诊中心通过省级验收，和凤镇中心卫生院预防接种门诊规范化建设通过市级验收。开展健康检查，免费为9240名年满65周岁老人健康体检。实施为民服务项目101个，总投资706.76万元。建成骆山、吴村桥、中杨、毛公铺、张家、孔镇6家心理咨询室并通过上级验收。组建6支家庭医生服务团队，家庭医生签约1.65万人次，重点人群签约率76.3%。强化农村公共卫生整改，新建三类公共卫生间34座。

【计生服务】 2020年，和凤镇新生儿541人，男273人，女268人。计划生育率96.47%，晚婚率81.18%，独生子女率32.29%。开展优生宣传，发送优生知识手册、书籍、资料320份，上门随访300余人次。全年办理生育登记服务278人，出生人口办理生育登记服务率100%。做好孕前优生检查指导，孕前跟踪服务率100%、早孕和妊娠随访率100%，所有孕期妇女一对一服务，满意率100%。

【社会保障】 2020年，和凤镇城乡居民基本养老保险参保1.13万余人、续保率104%，医保参保3.73万余人。兜底为市民购买大病补充商业保险2.32万余人，为60周岁以上居民购买老年人意外保险8609人。全年发放城乡低保金710万元，农村特困供养人员经费687.25万元，尊老金133.8万元，残疾人两项补贴1262.15万元，优抚384万元。

新增城镇就业2149人，援助困难人员就业61人，培育自主创业99人，创业带动就业341人。技能鉴定取证培训210人，新增高技能人才30人，企业净增养老保险参保192人，社会保险缴费基数申报113户，组织劳动力就业技能培训600人，劳动保障书面审查126户，签订集体合同40家。新建AAA级居家养老服务中心2个，实现全镇11个村社居家养老服务中心全覆盖，新增助餐点2个。持续推进殡葬服务改革，落实殡葬"一键事"服务，公路沿线散坟整治迁坟2674座，完成率100%，新增死亡骨灰入纪念堂256例、经营性公墓8例，骨灰入堂率100%。

【城管服务】 2020年，和凤镇强化区域城市管理，规范有序执法，服务为民。开展人居环境整治行动，出动1000余人次、车辆300余辆次，清理集镇、背街小巷、卫生死角2000余处，清运垃圾2200余吨。加强城市市容市貌整改，清理违规商户广告200处，整治店招店牌200余处，清理"三乱"600余处，取缔占道经营300余处，规范倚门出摊260处，清理乱拔、乱拉电线100余处，清除非机动车存放点280处。成立和凤镇渣土运输联合整治整改办公室，规范渣土运输秩序，建立巡查制度，打击渣土乱倒行为，检查渣土运输车50辆次，查扣渣土违规车2辆，处罚金5000元。严控违建房发生，至年底，依法拆除新增违建36处，面积2250平方米，拆除存量违建31处，面积5360平方米；签订"门前三包责任书"80份，签订率100%；办结区级工单1.81万件。

【垃圾分类】 2020年，和凤镇加大减污垃圾分类管理力度，组建标准化建设组、农村巡查组、垃圾分类组、外包单位考核组和集镇巡查组、机械组、车辆调配维护、财务后勤组8个，实施垃圾分类统筹管理。村（社区）建垃圾分类收集点186个，配设垃圾分类桶1.7万个，购置垃圾分类收集车141辆，12个村（社区）垃圾分类全覆盖。建成集镇居民小区垃圾分类集中点9座，配设餐厨垃圾分类桶2100个、垃圾分类督导员60人。至年底，全镇垃圾分类集中处理率93%。

【乡村振兴】 2020年，和凤镇贯彻省、市区乡村振兴战略方针，紧扣和凤镇优质稻米、花卉苗木、有机蔬菜、有机茶叶、健康养殖特色产品和乡村旅游优势，打造沿石臼湖、204省道"两大农旅融合片区"，推进"2814"（国家渔业项目）特色水产基地建设。建成沙塘庵粮油市场13.33公顷及和凤国家农业创新创业园区。建立省农科院博士工作站，打造新品种南粳46号良种繁育基地466.67公顷及"和美凤鸣"优质粮油示范片区。新增电商活跃主体3家，电商网络零售额1100万元，举办2020年溧水农民丰收节。品牌区域化，和凤镇实体化运作沙塘庵粮食含产业管委会及平台公司，致力打造"和凤螃蟹""和凤蔬菜"等系列区域品牌。"秋湖"大米成为全区唯一"农字头"中国驰名商标，"吴谷道"大米与"京湖"大米获2020"南京好大米"金奖。10月，和凤镇成功入选2020江苏"味稻小镇"。开展"万企联万村·工作振兴路"行动，链接资本要素，完善村企利益联结机制，梳理形成"一村一品"、三产融合、综合开发等村级"需求清单"15项，与市城建集团、溧水高新技术投资创业有限公司等多家企业达成合作意向。至年底，联建项目通过省级平台认定15个，总投资11亿元。强化村（社区）班子建设，选派能人挂钩帮扶经济薄弱村，发展集体经济，吴村桥村、自市纪委派"第一书记"到村挂职后，组建田园旅游发展公司，开展"吴村桥田园·插秧""一家三分田"等系列活动，到村观光打卡游客1.1万人次，村集体经济收入140万元。11月，吴村桥被南京市农业农村局评为"2020年度南京水美乡村"。和凤镇农村居民人均可支配收入29009元，增长7.4%。

7月10日，和凤镇新时代文明实践所投入使用 杨国栋 摄

【禁捕退捕】 7月，和凤镇贯彻落实区政府《关于全面推进长江流域溧水重点水域禁捕退捕工作实施方案》，成立和凤镇禁捕退捕领导小组，组建宣传、执法、业务指导等工作专班4个，落实责任，分工负责，有序开展禁捕退捕。7月下旬，在石臼湖深水段悬挂标语、横幅100余条，宣传车广播喇叭进村（社区）播放溧水区人民政府《关于开展长流域深水区重点水域禁捕退捕工作实施方案》通知，张贴石臼湖依法禁捕退捕宣传标志牌。水务、城管、农服中心等部门上船与渔民面对面宣讲禁捕退捕政策，摸底排查各户渔民船支、从业人员、渔网实际状况。8月5日，镇社保中心分别在该镇张家、乌飞塘社区举办禁捕退捕渔民职业指导培训会，来自该镇张家、骆山、乌飞塘、中杨等村（社区）181名渔民参加培训。落实退捕渔民上岸和尽快实现转移就业，和凤镇与区人社局联合在张家社区举办禁捕退捕渔民就业专场招聘会，10家企业参与，提供装配工、缝纫工、文员等60多个岗位，181人参加职业指导培训，达成就业意向47人，39人通过持证上岗。至年底，签订退捕补偿协议199户，回收持证渔船231户231条、无证渔船198户250条及渔网渔具、废弃船4条、餐饮船2条，拆除湖岸违建房建筑面积1000平方米。（李士伟）

晶桥镇

【概况】 溧水区晶桥镇位于溧水城区东南、国家森林公园无想山南麓，东临溧阳市，南与高淳区接壤，西北与和凤镇、洪蓝街道相邻。晶桥镇四季分明、气候宜人，属典型山地丘陵地区，半山半圩，林木覆盖率49.6%。新桥河由东向西流入石臼湖，新桥河五级航道西连长江黄金水道，246省道、341省道穿境而过。2020年，镇域面积135平方千米，下辖村委会7个、涉农社区5个，户籍总人口40356人，境内拥有溧水“中山八景”中的“金井涌泉”“芝山石燕”，有望悠谷、枫香岭、石山下、里佳山等旅游景点。地区生产总值50.31亿元，增长4.9%；一般公共财政预算收入2.31亿元；全社会固定资产投资9.44亿元，增长9.0%；规模以上工业产值40.84亿元，增长0.3%；外贸及港澳台贸易总额1.8亿元；社会消费品零售总额15.01亿元；农村居民人均可支配收入29136元，增长7.4%。11月，晶桥镇入选第三批江苏省生态文明建设示范乡镇（街）；12月，被省卫健委评为江苏省省级健康镇。

【新冠肺炎疫情防控】 2020年春节期间，晶桥镇面对新冠肺炎疫情，早见事、快行动，严格落实地毯式排查，利用46个综合网格，18个专属网格，“一人一档”，在集镇、省道沿线重点路口设卡开展检测检疫，设置卡口135个，其中24小时卡口47个，值守人员520人，测量体温300万人次，发放门禁卡1000张。排查境外来镇人员1054人，其中湖北、温州重点疫区241人，“四市一区”人员177人，均落实隔离观察程序，做到零输入零感染。30家企业家捐款82.2万元。3月开始，全镇推行疫情防控常态化管理，至年底，未发现新冠肺炎病例。

【农业】 2020年，晶桥镇耕地承包面积2926公顷，农业总产值7.31亿元，增长17.9%。粮食播种面积4750公顷，产量3.34万余吨；油料种植616.33公顷，产量1504吨；水产品养殖845公顷，产量3251吨；蔬菜瓜果种植1634.2公顷，产量5.77万余吨。“富财圩螃蟹”国家地理标志通过国家级验收，南京溧水善诚青虾养殖专业合作社、南京溧水淳利水产养殖专业合作社、南京市溧水区青亚家庭农场创成国家级水产健康养殖示范场，南京市溧水区谷吉果吉果蔬家庭农场创成江苏省示范家庭农场。镇市级现代农业园区入驻各类农业经营主体57家、农业公司7家、家庭农场27个、合作社23个。水晶村被农业农村部评为全国乡村特色产业亿元村，芝山村被省农业农村厅评为省级生态循环农业试点村。引进生猪产业化养殖项目、水晶现代渔业二期、普仁有机蔬菜种植基地、芝山硒谷乡土经济示范园、福晶杨梅等农业项目10个，总投资5.45亿元。完成村社经济股份合作社登记赋码12个，并发放登记证，新增区级示范社12家，扶持3家农民专业合作社进入省级名录，通过产权交易平台流转审批20宗。完成机械化秸秆还田，购置农机42台，创成市级全程机械化示范合作社2个，市级农业机械化示范镇创建通过区级评审。持续做好非洲猪瘟防控、一枝黄花清理、禁养区禁养、长江禁捕

9月20日，水晶螃蟹养殖基地展馆建成开馆　　晶桥镇　供

退捕，拆除、补偿红线范围内畜禽养殖场109户，回收处置有证渔船2条、无证渔船6条。全年新增绿化造林面积8公顷。2月，被省农业农村厅授予“江苏省绿色优质水稻基地”称号。

【工业】　2020年，晶桥镇工业总产值47.82亿元，增长0.3%；增加值20.94亿元，增长9.7%；工业主营业务收入42.21亿元，利税7.94亿元，利润5.97亿元。净增规模以上工业企业3家，新增“专精特新”企业1家，实际利用外资及港澳台资300万美元。淘汰落后产能企业6家，申报信用贯标企业1家。8个区重点工业项目有序推进，完成总投资7.6亿元。建成江苏安意达智慧医疗产业园，建筑面积0.1平方千米，引进医疗器械项目5个。实施技改项目3个，建成水泥窑协同处置500吨/天生活垃圾示范线项目，推动天山水泥等高效用地企业提质增效。

【建筑业】　2020年，晶桥镇建筑企业22家，新增申报限上建筑企业6家，其中一级资质1家、二级资质5家、三级资质14家、其他资质2家，常年从业人员6531人。全年建筑企业签订合同额25.31亿元。年内完成建筑施工面积57.02万平方米，总产值15.57亿元，其中竣工产值10.4亿元、增加值4.99亿元，税收5306万元。

【服务业】　2020年，晶桥镇有限上服务业企业36家，其中批发业15家、零售业8家、住宿业1家、餐饮业5家，常年从业人员295人；规模以上服务业企业7家，从业人员46人。全年服务业增加值20亿元，增长17.94%；社会消费品零售总额15.01亿元，服务业投资增长6.4%。

【健康产业】　2020年，晶桥镇贯彻区委、区政府“健康溧水”核心区、民革中央康养产业实践基地发展战略部署要求，厚植“国资+镇街”发展优势，开拓“科研+制造”产业领域，持续推进原观山工业园区整治，全面开展0.14平方千米厂房清洁维修，切实解决遗留问题，以健康产业为突破口，构建以健康服务业为主体、医疗器械制造为支撑、健康农业为基础的绿色可持续产业体系，推动“化工重镇”向“康养小镇”嬗变。3月，省重大项目绿地·中国中医健康养生示范区项目签订协议。5月，枫香岭船舶配件小区内企业完成搬迁，规划建设安意达医疗设备智能制造园区。10月，与区水务集团合作建设开发观山工业园区，建设医疗器械产业高标准载体，打造南京智慧康养创新园。11月，围绕民革中央康养实践示范基地建设，核心区总体规划报批、定标型项目招引、一期项目“六通一平”、水系改造、环境提升、项目报批等得以落实，核心区2.5平方千米框架全面拉开，绿地一期中医药展示中心主体工程竣工。全年实施区级重点产业项目26个，总投资78.2亿元。其中省市重大项目1个，即中国中医健康养生示范区项目，投资50亿元；农业类项目10个，投资5.45亿元；工业类项目8个，投资11.7亿元；服务业类项目7个，总投资11.05亿元。

【招商引资】　2020年，晶桥镇创新招商模式、拟定招商政策，聘用招商专员6名、高效服务企业31家，二季度获区“招商擂台赛”重大项目推进奖。全年赴北京、上海、深圳等地招商25次，接待客商124批次，推进在手在谈项目28个。年内签约项目10个，签约额79.4亿元，实际使用内资9.3亿元，合同利用外资及港澳台资2600万美元，其中南京康颐健康发展有限公司53.6亿元、南京梅好新能源发展有限公司10亿元、江苏达睿医生集团有限公司3亿元、江苏达睿医疗科技有限公司3亿元、江苏康汇医疗器械有限公司2亿元、南京市溧水牧原农牧有限公司1亿元、江苏睿科大器机器人有限公司1亿元。全年重大项目注册8个,重大项目开工运营率100%。

【镇村建设】 2020年,晶桥镇实施城乡建设项目23个,总投资24.1亿元,其中,观山园区整治、晶桥三期安置房、晶桥四期安置房、《晶桥国土空间总体规划(2020—2035年)》《晶桥村庄详细规划》、晶桥镇芝山村耕地质量提升片区项目、2020年危房改造计划、韩家圩桥拆除重建项目、水晶特色田园乡村建设、美丽乡村示范村和宜居村建设、段家山公墓绿化项目、农村道路提档升级下桥头线、溧水区生活垃圾处置配套道路建设、农村道路提档升级枣圩线、张村南线A类项目14个;晶桥集镇2020年雨污分流改造、晶桥镇2020年农村污水处理设施建设、晶桥镇集镇撇洪沟、老河口河道水环境综合整治提升工程、农村道路提档升级晶浮线、农村道路提档升级云沙线、农村道路提档升级沙岗线B类项目6个;枫香岭园区建设、农村道路提档升级轮小线、创建国家级“四好农村路”C类项目3个。至年底,编制完成《晶桥镇国土空间总体规划(2020—2035年)》《晶桥村庄详细规划》,安泰景苑三期安置房项目交付分房,安泰景苑四期安置房项目主楼主体封顶;惠民农贸市场建成营业;晶泉商业广场开盘。全年审批农民建房471户,危房改造56户。完成芮家、仙坛人居环境整村治理和31个自然村口容貌整治提升。农村人居环境考评全区第一。建成韩家圩农桥、溧水区生活垃圾处置配套道路建成通车。提档升级农路10条、排除校车线路隐患19条。创立“健康绿道”品牌,完成“护路员”试点打造。落实河长制,完成农村污水处理设施建设31个,农村污水提标改造村4个,改造村级泵站2座,村庄河塘疏浚整治32座,土方15万立方米,清淤整治当家塘10座。实施枫香岭河、集镇撇洪沟、老河口水环境综合整治提升、集镇雨污分流改造等工程项目4个,完成仙坛水库、湫湖山水库消险工程2个,水价改革5033.33公顷,完成中型水库移民后期扶持项目2个、太湖流域治理项目2个,镇域主干河道、水库水质均达到Ⅲ类水标准,水晶村创成市级水美乡村。

【土地管理】 2020年,晶桥镇坚守耕地红线,高标准打造农田建设项目3个,新增耕地20公顷;占补平衡项目13个,新增耕地23.4公顷;增减挂钩项目17个,新增耕地17.5公顷;耕地质量提升项目2个,新增耕地面积13.6公顷。

【教育科技】 2020年,晶桥镇有中心幼儿园1所,村级幼儿园(班)3所,教学班18个,教职工64人,专职教师40人,在园幼儿466人,中心幼儿园、云鹤幼儿园实施课程游戏化改造,中心幼儿园在区办园水平评估考核中获“优秀”等次。有中心小学1所,村级小学3所,教学班40个,教职工152人,在校小学生1202人,中心小学创成省智慧校园合格校、市语言文字规范示范校、市书香校园装备示范校、获区教学质量考核优胜单位;云鹤小学创成市特色文化示范校、市中小学创新基地学校、市科技校园装备示范校、先进科技活动小阵地、省智慧校园合格校,被评为“十三五”江苏省科学教育综合示范学校、2020年度提升基层科协组织能力“4+1”工作先进基层科协组织;郃村小学创成省智慧校园合格学校、南京市平安校园。有初级中学2所,教学班15个,教职工91人,在校中学生479人。社区成人教育中心校1所,专职教师2人,兼职教师20人。镇科协组织中小学科技知识专题讲座4次。年内新增有效发明专利拥有量24件,国际专利PCT拥有量1件,开展科普宣传10场,晶桥镇“让科技素养与生态建设同步”项目,被评为市“教育服务乡村振兴战略实施优秀项目”。申报省级乡土人才6人,通过“三带”名人1人、能手2人、新秀1人。全年集聚高素质人口293人。

【文化体育】 2020年,晶桥镇强化全民健身,受疫情影响,全镇中小学体育场有序适时对外开放,建成水晶、笪村、云鹤山、郃村、仙坛、芝山、孔家村级健身公园7个,新建5人制足球场2片,新增体育公共设施面积4000平方米,完成全国高质量体育场地普查102个,国民体质监测460人,培育三级社会体育指导员62人。全年开展综合性文化惠民演出12场、村文化活动100场,公益电影放映215场。笪村马灯,白石观马灯成功入选区级非遗项目。举办掼蛋、乒乓球、象棋比赛以及老年人体育运动会等镇级赛事4场,获区第六届广场舞大赛二等奖，南京市二十二届运动会团体赛二等奖、个人一等奖。

【医疗卫生】 2020年，晶桥镇中心卫生院在编医务人员47人，编外人员15人、返聘退休人员1人、临时用工9人、社区医生17人、村医17人。全年门急诊9.82万人次，住院773人次，增加50人次，医疗业务收入1173.23万元（含财政补贴、药品收入），增长2.49%，医疗业务纯收入357.43万元，增长7.96%。推进中心卫生院省级医联体建设，镇中心卫生院挂牌南京医科大学护理学院养老照护实践基地，建成医养康护一体化病区、安宁疗护病区，建成医疗远程会诊、影像、消毒供应、心电会诊及临床检验与病理中心5个。参与南京市特色科室孵化中心项目，建立区+镇+村糖尿病专病联盟，设置糖尿病专科病房，收治糖尿病住院患者170人次，糖尿病并发症筛查个性化签约101人。成立健康教育讲师团，开设健康教育讲座188场，发放健康教育材料10万份。免费为辖区内60周岁及以上老年人和农村建档立卡低收入人口健康体检、健康状况评估和健康指导服务，为35～64周岁农村妇女进行“两癌”筛查。

【计生服务】 2020年，晶桥镇出生人口351人，其中男176人，女175人。孕前优生健康检查120人次，目标人群覆盖率90%以上，孕前优生健康检查跟踪随访1800人次。开展计生服务手术免费服务，发放免费补助78人次，资金5292元；慰问计生困难家庭128人次，发放物资折合人民币10万余元；兑现14周岁以内独生子女父母奖励金3.37万元。新增计划生育特别扶助6人、奖励扶助33人、再生育审批12人、一次性奖励5人、计生公益金8人；打造市级“连心家园”1个，开展亲子活动48场次、家长讲堂6场次、各类宣传教育活动32场次。至年底，全镇发放享受奖励扶助政策859人、特别扶助政策79人，出具婚育证明42份，办理生育服务登记证190份、独生子女父母光荣证68本。

【社会保障】 2020年，晶桥镇城乡居民基本养老保险续保到账7981人。全年参农合人数2.66万余人，参合率98.8%。新增就业2262人，培育自主创业90人。为失业人员提供政府补贴职业培训601人次；开展技能培训，取证208人，新增高技能人才30人；为创业人员提供小额担保贴息贷款68笔，放贷资金730万元，创业带动就业433人；为就业困难人员提供社保补贴，办理补贴879人。上报审批发放临时救助款5.21万元，105人次；发放慈善救助款21.25万元，190人次；做好双拥优抚，发放各类补助430万余元；新增老年助餐点3个，创建AAA级居家养老服务中心3个，AAAA级居家养老服务中心1个；发放低保救助金633.6万元，残疾人两项补贴996.85万元，尊老金84.75万元，困境儿童保障金26.79万元。7月，建成枕头山纪念堂投入使用，骨灰入堂率100%。

【城管服务】 2020年，晶桥镇建立健全城市管理巡查制度，城管中队规范化建设通过市级复查，开展市容整治76次，整治倚门出摊387处、乱堆放254处，回复市级数字化照片2381张，区级数字化照片1.21万余张，开展小区、商户、道路飞线、门头店招、广告安全整治排查87次，整改门头店招21处。推进“小化工”整治，开展安全检查95家次，整改隐患428处，整改完成率100%。打造“社会治理一体化平台”。加大控违拆违力度，拆除违建44处，面积3650平方米。加强市貌市容管理，持续做好渣土运输管控，规范渣土车辆运营。完善舆情联动快速响应机制，年内受理“12345”工单2146件，调处化解矛盾纠纷1943件，调解成功1915件，调解成功率98.6%。

【垃圾分类】 2020年，晶桥镇组建垃圾分类工作专班11个，招募垃圾分类志愿者300人，开展大型宣传活动2次，垃圾分类大家谈144次，发放宣传册2万余份，编写新闻报道17篇。在安泰花园小区投放智能垃圾分类房1套，摆放餐厨垃圾桶410个，集中收运厨余垃圾集镇餐饮单位68家，其中餐饮个体47家，企事业单位12家，农家乐9家，日收运量1.5吨；仙坛、芮家、笪村、杭村、枫香岭创成市先进村，芝山、陶村创成区先进村。

【卫生村创建】 2020年，晶桥镇加强社会心理服务体系建设，打造镇心理健康咨询室1个，村心理健康咨询室12个。建成二类公厕3座、三类公厕12座，完成农村户改厕290座，农村无害化卫生户厕普及率100%；完成辖区全方位覆盖环境卫生“除四害”病媒生物防制试点工作。至年底，创成市级健康社区1个、省级健康村3个、省级卫生村2个，新增芝山、云鹤山、枣树巷卫生室3个，改造芮家、孔家、郃村、枫香岭、仙坛卫生室5个，芮家社区、仙坛村创成省级示范卫生室。

【乡村振兴】 2020年，晶桥镇创新多模式推动乡村振兴走实走深。芝山村采取"村党组织+综合社+人才+农户"模式，与南农大潘根兴团队合作建设芝山富硒农业基地，盘活集体闲置土地资源80公顷，打造特色餐饮、酒坊、瓷器坊，带动农民就业150人、增收500万元。孔家合作社以土地入股，因地适宜种植早燕竹20公顷，综合社负责日常生产经营管理，效益量化到全体村民折股分红，带动增收360万元。芮家社区石山下村被市文旅局评为市民宿村，采取"政府平台+社会资本"模式，与区商旅集团共同打造承接社会资本进驻平台。水晶村利用万亩蟹池、富财圩国家地理标志，采取"综合社+科研院所+社会资本+农户"模式，建成40公顷螃蟹、13.33公顷蟹苗养殖基地，实现产值600万元，村级收益120万元，带动周边养殖户创业热情。笪村成立笪村为民服务合作社、望悠谷农业专业合作社，实施镇域河道养护、片区苗木种管，带动农民就业50余人、增收300余万元，以溧水产业集团打造望悠谷片区契机，实施储备土地管护，增收30万元。镇政府制订下发《晶桥镇综合社财务管理制度》《晶桥镇农民综合社奖惩制度》及综合社重大事项管理等制度，形成村级上报、部门审核、独立建账管理机制，推动乡村经济发展。至年底，全镇打造美丽乡村10个，区级示范村2个，宜居村8个。

【防汛抗洪】 7—9月，晶桥镇面对史上罕见高水位特大汛情，组建960人参加的防汛抗洪队伍，在全镇7个圩、8个撇洪沟和10个水库，全方位防守，导渗新发现渗漏点22处，架设防汛照明21千米、临时排涝点2个，挖机10台，增设挡土墙100米。防汛人员24小时值守，全天候巡查。镇派出所、城管中队、民兵联合组建防汛抗洪突击队5支，镇机关、村两委、村民组建防汛指挥部7个、先锋队14支、战斗点90个。防汛指挥部做好通信、交通、供电、治安等各项保障工作，各村两委走访受灾农户204户，帮助搬迁较严重受灾37户，确保村民财产安全，芮家社区党员刘小年等人英勇事迹被中央电视台、《人民日报》报道。

【芝山富硒生态健康农业产业园开园】 8月12日，溧水区晶桥镇芝山富硒生态健康农业产业园在晶桥镇芝山村开园。芝山富硒生态健康农业产业园引进南农大、省农科院等农科院所，挂牌南京农业大学农业资源与生态环境研究所溧水基地、国家引进国外智力示范基地、南京农业大学资源环境学院校外教学实践基地，推广实施生态循环富硒农业技术，打造"山水田林园、林果茶米鱼"复合农业生态系统，建设秸秆炭化废弃物处理中心、种植富硒水稻200公顷、富硒果37.77公顷、富硒茶13.33公顷，建设稻虾共作13.33公顷、稻鸭共作33.33公顷。申报"芝山喜果""白玉硒米"等有机农产品4个，搭建乡土芝山公众号等品牌传播平台，构建"农产品品牌+综合社品牌+地域品牌"的立体化品牌，打响"乡土生态，健康硒谷"招牌。整合新四军抗大九分校、铜山反顽战斗遗址等红色资源，建成1.7千米观光山道、纪念广场等景观，和科普展示培训馆、酒坊、瓷坊、豆腐坊等业态，打造生态健康乡土经济模式。全国农技推广服务中心处长田有国、南京农业大学新农村发展院院长陈巍、江苏省农业科学院副院长孙洪武、中央电视台杨笑三等相关领导参加开园仪式。

【南京智慧医疗创新园框架协议签约】 10月20日，由区水务集团与晶桥镇合作共建南京智慧康养创新园战略框架协议在晶桥镇政府签订。该创新园主要建设医养产业服务中心、多层标准厂房、办公区、生活配套区、水景观绿化、道路、管网及污水处理设施等，后期计划招商引进高端医疗器械制造企业10~15家、数字医养企业7~8家。园区以产业研究为首任，以产业发展为核心，整合产、学、研、金、媒、医、政等资源，打造开放式能力与技术服务平台，在开发优质行业基础设施的同时，以"共享+平台"的理念打造一站式生命健康人才项目引进、孵化和产业化等全产业链协同创新和赋能服务，全力支撑新医药与生命健康产业高质量发展。

（王雪琴）

责任编辑　尹伟

人　物

·新任区领导·

张　蕴

2020年1月6日，溧水区第十六届人民代表大会第四次会议当选为溧水区人民政府区长，2020年4月2日，经中共南京市溧水区委决定，兼任中共南京市溧水区委南京溧水高新技术产业开发区工作委员会委员、书记。参见《溧水年鉴(2020)》第394页。

汪冬宁

2020年6月5日，经中共南京市委决定，任溧水区委委员、常委、副书记。2020年9月30日，经中共南京市委决定，任江苏南京国家农业高新技术产业示范区党工委(筹)委员。

男，汉族，1973年12月生，江苏南京人，1994年6月加入中国共产党，1995年8月参加工作，研究生学历，博士学位。

1991年9月，南京建筑工程学院经济管理专业本科学习；1995年8月，南京市房地产市场管理处科员；1999年4月，南京市房地产管理局办公室科员、副主任科员、主任科员(其间，2001年11月—2004年11月，南京大学公共管理专业在职研究生学习；2004年7月—2005年6月，借调南京市委组织部帮助工作)；2005年7月，南京市房产管理局房改与房地产监管处处长助理；2007年7月，南京市房改办(住房保障办)副主任兼副书记；2009年5月，南京市物业管理办公室副主任兼副书记；2009年9月，南京市物业管理办公室主任兼副书记；2010年9月，南京市住房和城乡建设委员会房地产开发处处长(其间：2010年9—12月，市委党校第21期中青年干部培训班学习)；2011年8月，南京市住房和城乡建设委员会房地产开发处处长，南京市保障房工程建设指挥部指挥长助理(挂职)(其间：2007年9月—2011年9月，南京大学地理与海洋学院土地利用与规划专业博士研究生学习；2011年12月—2012年4月，江苏省首届公共行政管理高研班美国斯坦福大学学习；2012年5—7月，浦口区信访局挂岗锻炼)；2012年7月，南京市住房和城乡建设委员会房地产开发管理处处长，市保障房工程建设指挥部指挥长助理(挂职)，高新区管委会主任助理、工委委员(挂职)；2013年5月，南京市浦口新城开发建设指挥部副指挥长、党组成员；2014年2月，南京市浦口新城开发建设管委会副主任、党组成员；2014年10月，江北新区管委会(党工委)(筹)开发建设部副部长、江北新区公共工程建设中心副主任；2016年7月，江北新区党工委、管委会城乡建设局局长(管理体制调整前)；2017年8月，江北新区党工委、管委会建设与交通局局长；2018年11月，江北新区中央商务区建设管理办公室主任；2020年6月，溧水区委副书记；2020年9月，溧水区委副书记，南京国家农高区党工委(筹)委员。

邰伦浩

2020年4月24日，经中共南京市委决定，提名为溧水区人民政府副区长人选，2020年5月22日，溧水区第十六届人民代表大会常务委员会第二十五次会议任命为溧水区人民政府副区长。2020年5月9日，经中共南京市溧水区委决定，任溧水区人民政府党组副书记。

男，汉族，1970年12月生，江苏南京人，1995年10月加入中国共产党，1990年8月参加工作，省委党校研究生学历。

1988年9月，常州纺织工业学校纺织企业经营管理专业中专学习；1990年8月，溧水县纺织原料公司财务科副科长、办公室主任、副经理；1993年9月，南京苎麻纺织厂办公室主任兼县纺织工业公司团委书记；1996年5月，溧水县团委副书记；1998年2月，溧水县孔镇乡副乡长；1999年5月，溧水县团委书记（其间：1997年9月—2000年7月，江苏省委党校经济管理专业大专学习）；2002年4月，溧水县正科级干部（赴广东招商）；2002年10月，溧水县政府办副主任（正科级）；2002年11月，溧水县政府办副主任（正科级、主持工作，其间：2000年8月—2002年12月，中央党校函授学院法律专业大学学习）；2003年2月，溧水县政府办主任、经济研究室主任；2007年12月，溧水县副县长、县政府办主任、经济研究室主任；2008年1月，溧水县副县长（其间：2006年9月—2009年7月，江苏省委党校世界经济专业研究生学习）；2013年3月，溧水区副区长人选；2013年4月，溧水区副区长；2016年7月，溧水区委常委、政法委书记；2020年4月，溧水区委常委、区政府副区长人选；2020年5月，溧水区委常委、区政府常务副区长、党组副书记。

葛　飞

2020年1月6日，溧水区第十六届人民代表大会第四次会议当选为溧水区监察委员会主任。参见《溧水年鉴（2020）》第395页。

陈　霞

2020年4月24日，经中共南京市委决定，任溧水区委常委。2020年5月9日，经中共南京市溧水区委决定，任溧水区委政法委员会书记。

女，汉族，1975年5月生，江苏如东人，1996年6月加入中国共产党，1997年8月参加工作，省委党校研究生学历，学士学位。

1993年9月，扬州大学农学院食品科学系食品科学专业本科学习；1997年8月，通州市骑岸镇党委秘书；1998年12月，通州市骑岸镇党委组织委员；1999年8月，溧水县科委工作；2000年6月，溧水县妇联工作；2001年8月，溧水县永阳镇镇长助理；2001年11月，溧水县永阳镇党委委员；2005年1月，溧水县东屏镇副镇长；2007年10月，溧水县中小企业局副局长、县乡企局副局长（副局级，其间：2004年9月—2008月7月，江苏省委党校宪法学与行政法学专业研究生学习）；2010年6月，溧水县工信局副局长；2012年4月，溧水县开发区管委会经济发展局局长、县经济开发总公司副总经理；2012年12月，溧水县晶桥镇党委副书记、镇长；2013年4月，溧水区晶桥镇党委副书记、镇长；2013年9月，溧水区晶桥镇党委副书记（区管正职）；2016年2月，溧水区晶桥镇党委书记；2017年1月，溧水区副区长，晶桥镇党委书记；2018年7月，溧水区副区长；2020年4月，溧水区委常委、区政府副区长；2020年5月，溧水区委常委、政法委书记。

成晓光

2020年4月24日，经中共南京市委决定，任溧水区委委员、常委（挂职），提名为溧水区人民政府副区长人选（挂职），2020年5月22日，溧水区第十六届人民代表大会常务委员会第二十五次会议任命为溧水区人民政府副区长（挂职）。

男，汉族，1978年10月生，江苏南通人，1999年12月加入中国共产党，2000年8月参加工作，大学学历，学士学位。

1996年9月，南京经济学院投资经济与统计学系统计学专业本科学习；2000年8月，江苏省高速公路建设指挥部、江苏京沪高速公路安全营运部职员；2001年7月，江苏交通产业集团公司投资发展处工作；2004年10月，江苏交通产业集团公司交通控股投资发展部工作（2004年11月，获得经济师专业技术职务）；2005年12月，江苏交通产业集团公司交通控股投资发展部主办（2011年11月，获得高级经济师专业技术职务）；2012年1月，江苏交通产业集团公司交通控股投资发展部主管；2015年9月，江苏快鹿汽车运输公司党委副书记、副总经理（主持工作）；2017年3月，江苏快鹿汽车运输公司党委书记、董事长、总经理；2018年3月，江苏交控文化传媒公司筹备组组长、江苏快鹿汽车运输公司董事长；2018年6月，江苏交通文化传媒公司董事长、总经理，江苏快鹿汽车运输公司董事长；2018年11月，江苏交通文化传媒公司董事长、总经理；2020年2月，江苏宁沪高速公路股份有限公司总经理、党委副书记；2020年4月，溧水区委常委、区人民政府副区长人选（挂职）；2020年5月，溧水区委常委、区人民政府副区长（挂职）。

吴国忠

2020年8月5日，经中共南京市委决定，任溧水区委委员、常委。

男，汉族，1973年11月生，江苏丹阳人，1995年6月加入中国共产党，1992年12月参加工作，自考大学学历。

1992年12月，三十一集团军九十一师炮兵团榴炮二营四连战士；1995年9月，南京炮兵学院学员；1998年7月，一集团军炮兵九师三团三营七连一排排长；1999年5月，一集团军炮兵九师三团一营三连指挥排排长；2000年6月，一集团军炮兵九师三团政治处宣传股正排职干事；2001年1月，一集团军炮兵九师三团一营一连副政治指导员；2001年3月，一集团军炮兵九师三团政治处宣传股副连职干事；2001年9月，一集团军炮兵九师政治部干部科副连职干事；2002年3月，一集团军炮兵九师政治部宣传科副连职干事；2003年3月，一集团军炮兵九师三团汽车连政治指导员；2004年4月，一集团军炮兵九师三团政治处组织股正连职干事；2005年3月，一集团军炮兵九师三团政治处组织股股长；2005年11月，一集团军炮兵九师政治部组织科副营职干事；2007年3月，一集团军炮兵九师修理营政治教导员；2008年8月，一集团军炮兵九师政治部组织科正营职干事；2009年2月，一集团军炮兵九师政治部宣传科代理科长；2009年9月，一集团军炮兵九师政治部宣传科科长；2012年3月，一集团军炮兵九师政治部副主任；2014年2月，常州市戚墅堰区人民武装部政治委员；2017年6月，常州市戚墅堰区人民武装部政治委员（调整改革，重新任命）；2019年8月，溧水区人民武装部政治委员；2020年8月，溧水区委常委、人民武装部政治委员。

裴　敬

2020年1月6日，溧水区第十六届人民代表大会第四次会议当选为溧水区人大常委会副主任。

男，汉族，1966年4月生，江苏溧水人，1993年7月加入中国共产党，1990年8月参加工作，党校大学学历。

1987年9月，苏州农业学院经济管理专业；1990年7月，毕业待分配；1990年8月，溧水县群力乡政府工作，历任经管站农经员、副站长、站长兼任工业公司副经理；1996年9月，溧水县群力乡党委委员兼党政办主任（其间：1997年8月—1999年12月，中央党校函授学院经济管理专业）；2000年1月，溧水县群力乡副乡长；2000年2月，溧水县东屏镇党委委员；2002年1月，溧水县东屏镇党委委员、副镇长；2002年10月，溧水县东屏镇党委副书记、副镇长；2003年12月，溧水县永阳镇党委副书记；2006年3月，溧水县永阳镇党委副书记、副镇长；2006年10月，溧水县东屏镇党委副书记；2007年1月，溧水县东屏镇党委副书记、镇长；2010年5月，溧水县东屏镇党委书记、镇长；2012年12月，溧水县东屏镇党委书记；2013年1月，溧水县交运局局长、党委副书记；2013年4月，溧水区交运局局长、区委交运工委副书记、区交通建设投资有限公司董事长、总经理；2013年10月，溧水区交运局局长、区委交运工委副书记、区交通建设投资有限公司董事长；2014年3月，溧水区交运局局长、区委交运工委副书记；2016年5月，溧水区国土分局局长、党组书记，兼任溧水区不动产登记局局长；2019年3月，溧水区财政局局长、党组书记，区国土分局局长、党组书记；2019年7月，溧水区财政局局长、党组书记；2019年12月，溧水区人大常委会副主任人选，区财政局局长、党组书记；2020年1月，溧水区人大常委会副主任，区财政局局长、党组书记；2020年2月，溧水区人大常委会副主任。

顾顺清

2020年8月5日，经中共南京市委决定，提名为溧水区人民政府副区长人选（挂职），2020年9

月29日，溧水区第十六届代表大会常务委员会第二十七次会议任命为溧水区人民政府副区长(挂职)。

男，汉族，1980年12月生，江苏徐州人，2002年7月参加工作，研究生学历，硕士学位。

1998年9月，南京大学本科学习；2002年3月，红豆集团董事长助理；2005年7月，中国国际电子商务中心无锡分部副主任科员；2007年9月，中国国际电子商务中心无锡分部主任科员(其间，2007年9月—2009年8月，美国西北理工大学工商管理硕士学习)；2010年8月，中国国际电子商务中心无锡分部副主任(副处级)(其间，2013年9—11月，美国加州大学洛杉矶分校学习)；2014年11月，商务部中国国际电子商务中心无锡分部常务副主任(主持工作)；2015年10月，商务部中国国际电子商务中心无锡分部主任(其间，2018年9月—2020年8月，徐州市沛县人民政府副县长、科技镇长团团长)；2020年8月，溧水区人民政府副区长人选(挂职)；2020年9月，溧水区人民政府副区长(挂职)。

代吉上

2020年10月24日，经中共南京市委决定，提名为溧水区人民政府副区长人选，2020年11月30日，溧水区第十六届人民代表大会常务委员会第二十八次会议任命为溧水区人民政府副区长。

男，汉族，1980年4月生，河南通许人，1998年6月加入中国共产党，2006年8月参加工作，研究生学历，硕士学位。

1999年9月，东北大学信息科学与工程学院自动化专业本科学习；2003年9月，东北大学信息科学与工程学院模式识别与智能系统专业研究生学习；2006年3月，毕业待工作；2006年8月，溧水县东屏镇政府工作；2008年1月，溧水县东屏镇团委书记；2008年9月，溧水县团县委副书记；2011年6月，溧水县团县委书记；2012年2月，溧水县晶桥镇党委副书记、副镇长(正镇级)(其间，2012年10月—2013年3月，挂任福州市台江区洋中街道党工委副书记)；2013年3月，溧水区晶桥镇党委副书记、副镇长(副处级)；2016年2月，溧水开发区党工委委员、经发局局长(正处职)；2017年11月，溧水开发区正处职干部，商南县委常委、副县长(挂职)；2020年10月，溧水区人民政府副区长人选；2020年11月，溧水区人民政府副区长。

戴孝礼

2020年8月5日，经中共南京市委决定，提名为溧水区政协副主席候选人。

男，汉族，1967年1月生，江苏南京人，1986年7月参加工作，省委党校研究生学历。

1984年9月，连云港财经学校财政专业学习；1986年7月，溧水县财政局企业科办事员；1988年3月，溧水县财政局预算科科员、副科长；1996年12月，溧水县财政局文行科主持工作(其间：1994年9月—1997年7月，江苏经济管理干部学院财会专业大专学习)；1998年7月，溧水县财政局综合科科长(其间：1997年8月—1999年12月，中央党校函授学院本科班经济管理专业学习)；2002年5月，溧水县财政局经济建设科科长；2002年10月，溧水县财政局副局长；2007年10月，溧水县农业资源开发局局长(其间：2006年9月—2009年12月，江苏省委党校政治经济学研究生学习)；2010年6月，溧水县农业局副局长、农业资源开发局局长；2010年10月，溧水县农业局局长、林业局局长、水产局局长、农业资源开发局局长；2013年3月，溧水县政协副主席(不驻会)，县农业局局长、县林业局局长、水产局局长、农业资源开发局局长；2013年4月，溧水区政协副主席(不驻会)，区农业局局长、林业局局长、水产局局长、农业资源开发局局长；2013年10月，溧水区政协副主席(不驻会)，区农业局局长、林业局局长、水产局局长；2016年2月，溧水区政协副主席(不驻会)，区科技局局长、区知识产权局局长；2019年3月，溧水区政协副主席(不驻会)，区科技局局长；2020年3月，溧水区政协副主席(不驻会)，区科技局局长，高新技术产业开发区管委会主任；2020年8月，溧水区政协副主席候选人，区科技局局长，高新技术产业开发区管委会主任。

刘人祥

2020年8月16日，经中共南京市委决定，任江苏南京国家农业高新技术产业示范区管委会(筹)副主任，2020年9月30日，经中共南京市委决定，任江苏南京国家农业高新技术产业示范区党工委(筹)委员。

男,汉族,1965年12月生,江苏南京人,1992年10月加入中国共产党,1987年8月参加工作,党校研究生学历。

1987年8月,溧水县在城镇政府工作,历任镇团委书记、科委副主任、主任;1995年6月,溧水县在城镇工业公司副经理;1998年6月,溧水县在城镇私营经济园办公室主任;1999年6月,溧水县在城镇工商企业服务中心主任、企管站站长;2000年1月,溧水县在城镇副镇长;2000年3月,溧水县永阳镇副镇长;2002年10月,溧水县永阳镇党委委员、副镇长;2003年12月,溧水县永阳镇党委副书记、副镇长;2006年3月,溧水县石湫镇党委副书记;2006年4月,溧水县石湫镇党委副书记、镇长;2007年10月,溧水县和凤镇党委书记;2007年12月,溧水县和凤镇党委书记、人大主席;2010年1月,溧水县和凤镇党委书记、镇长;2010年12月,溧水县白马镇党委书记;2011年1月,溧水县白马镇党委书记、镇长;2012年5月,江苏南京白马现代农业高新技术产业园区管委会副主任、工委委员(副县处级)、白马镇党委书记、镇长;2012年12月,江苏南京白马现代农业高新技术产业园区管委会副主任、工委委员(副县处级)、白马镇党委书记;2013年3月,江苏南京白马现代农业高新技术产业园区管委会副主任、工委委员(副区级)、白马镇党委书记;2013年4月,江苏南京白马现代农业高新技术产业园区管委会副主任、工委委员(副区级)、白马镇党委书记;2017年1月,江苏南京白马现代农业高新技术产业园区管委会副主任、工委委员(副区级);2019年8月,溧水区副区级,区政府党组成员;2020年8月,溧水区副区级,区政府党组成员,南京国家农高区管委会(筹)副主任;2020年9月,溧水区副区级,区政府党组成员,南京国家农高区党工委(筹)委员、管委会(筹)副主任。

翟晓黎

2020年12月10日,经中共南京市委决定,任南京溧水经济开发区管委会主任。2020年12月19日,经中共南京市溧水区委决定,任中共南京溧水经济开发区工作委员会委员、副书记。

男,汉族,1973年8月生,河南南阳人,1995年12月加入中国共产党,1996年8月参加工作,党校研究生学历,学士学位。

1992年9月,南京经济学院贸易经济专业本科学习;1996年8月,建邺区朝天宫办事处科员;1998年2月,建邺区团委科员;2000年8月,建邺区安品街办事处主任助理;2001年12月,建邺区南苑办事处主任助理;2002年9月,建邺区南苑办事处副主任、党工委委员(其间:2003年9月—2006年7月,中央党校经济管理专业研究生在职学习);2006年12月,建邺区发改局副局长;2012年2月,建邺区科技局副局长、区知识产权局局长;2013年4月,建邺区科技局局长;2016年10月,建邺区沙洲街道党工委副书记、办事处主任;2019年12月,建邺区江心洲街道党工委书记;2020年12月,溧水经济开发区党工委副书记、管委会主任。 (区委组织部)

·新闻人物·

方述怀

区城管局环卫科科长。2020年1月,被中央文明办、中国文明网评选为“中国好人”称号。

男,汉族,1963年10月出生,大学本科学历,南京溧水人。1981年10月服兵役,1984年赴云南老山前线参加对越自卫反击战,多次冒着枪林弹雨为阵地送给养,采访、报道战士们英雄事迹,被战友们称为“战地诗人”。战友韦仁义不幸牺牲,他牢记战友“如果我牺牲了,请你帮我照顾好家人”的嘱托,退役后,经常到韦仁义家中看望其父母,在朝夕相处中与韦仁义妹妹产生感情。1988年10月,与战友韦仁义妹妹结婚,主动挑起照顾牺牲战友双亲的责任,把两位老人接到身边一起生活,孝敬31年,直至百年。2002年10月,被评为“南京市首届好市民”,多次被市城管局评为“行风建设先进个人”“优秀共产党员”“优秀中层干部”。2019年,被评为“江苏好人”“最美溧水人”。

(赵丽)

史梅兰

区第三高级中学校医。2000年获中国红十字总会“红十字救护能手”称号。

女,汉族,1970年7月出生,南京溧水人,专科学历。1992年8月分配到溧水城郊中学(区第三高级中学前身),从事校医工作。她注重专业知识学习,提升业务水平,服务全体师生。始终以一颗仁者之心面对日常门诊、常见病干预、传染病防控、健康教育、卫生知识宣传等,工作头绪多,从无抱怨。当学校疫情出现,她总是冲在最前面,把师生安全放在首位,经常超负荷工作。2011年9月代表溧水区校医参加市红十字会应急救护师资培训取得救护师资格,在全区高一学生军训中进行应急救护、意外伤害培训,多次给予社会各界救护知识培训,传播和普及应急救护知识和技能。2015年,区第三高级中学被市教育局、市红十字会评为“红十字救护培训与国防教育结合”工作优秀学校。2017年、2018年她获得南京市职工职业(行业)技能大赛应急救护技能竞赛“红十字应急救护能手”称号,2019年获“江苏省红十字会基层组织工作先进个人”称号,2020年获南京市“红十字应急救护能手”“学校卫生岗位技术能手”称号。(杭蓉珍)

程　嘉

区城管局宣教科副科长。2020年在中央政法委“平安之星”评选活动中获“平安卫士”称号。

女,汉族,1988年10月出生,硕士研究生学历,中共党员,南京溧水人。防疫期间,她主动递交请战书,关键时刻冲在前面,及时发声做好宣传和动员,从大年初二开始奋战在防疫一线。白天奔波在卡口、社区、垃圾场等地,深夜回到办公室撰写稿件、剪辑视频。她创新使用无人机现场喊话市民,用诙谐幽默话语耐心劝导,让群众听得懂、听得进、听得开心。“南京城管小姐姐无人机喊话”系列视频爆红网络,登上多个热搜榜,被《人民日报》、紫光阁等媒体发布,网络阅读量近8亿、点赞超过5000万。她明白城管与群众之间有着密不可分的关系,沟通是拉近彼此距离桥梁,主动参与群众宣讲队伍,成为“南京团市委青年讲师团”成员,将城管故事讲遍社区、学校和单位。2018年获区“‘双比双争’活动优秀建功个人”,2019年被评为区“优秀共产党员”,2020年获区“最美抗疫先锋”“三八红旗手”称号,5月被评为“南京好人”“最美溧水人”。(赵丽)

王　婷

农行南京溧水支行行长助理。2020年5月,被中国农业银行股份有限公司授予“金融服务‘三农’最美青年”称号。

女,汉族,1989年1月出生,南京溧水人,中共党员,大学本科学历。2011年7月进入农行南京溧水支行工作,历任柜员、客户经理、网点负责人、行长助理。她担当作为,主动服务地方主流经济和特色产业,助力小微企业和“三农”经济发展。立足县域特色产业和种植业,带领团队走进村(社区)、农业合作社、家庭农场、农业龙头企业,加大符合信贷政策小微企业、农户金融扶持,为实体经济发展纾难解困。疫情期间,送去优惠信贷政策和产品,用高效专业服务帮助企业和农户复产复工、春耕备耕。她坚持服务群众理念,送金融知识进社区、进乡村,普及居民防诈骗、防非法集资、反假币、存款保险等专业金融知识,守护群众“钱袋子”。2015年获评农行南京分行、农行溧水支行先进个人,2017年获农行江苏省分行、农行南京分行“百佳女员工”称号,2019年获农行江苏省分行、农行南京分行“优秀共产党员”称号。(熊琪)

姚宁平

区教师进修学校中小学生心理援助中心主任。2020年获中国社会工作教育协会“杰出志愿者”称号。

女,汉族,1967年11月出生,湖南省涟源市人,大学本科学历,中共党员。1990年8月分配到县教师进修学校工作,从事心理学、教育学教学,历任教育学心理学科教研组长、办公室副主任及主任、区中小学生心理援助中心(陶老师工作站溧水分站)主任,兼任省教育学会学校心理教育专委会理事、市妇女儿童工作委员会“十三五”妇女儿童事业发展规划观察员、南京大学兼职心理咨询师、南京陶老师工作站心理咨询师、市“宁教授工作室”成员、市中小学心理健康教育指导中心组成员,区妇联执委、社会心理服务体系建设专家指导组副组长、社会心理服务体系建设督导组成员、中小学心理教研员。2013年,带领区中小学心理健康教育中心组成员和中小学生心理援助中心志愿者团队走进校园、社区进行心理送教,帮助学生、家长、教师解决心理困扰。2014年、2015年、2017年、2019年获区陶老师工作站溧水分站“优秀志愿者”称号，2015年获区教育系统“德育先进个人”，2016年参加省阜宁县风灾心理援助获省心理学会“优秀志愿者”称号，2018年获区妇联“最美巾帼志愿者”称号，2018年、2019年获市妇女儿童工作委员会“十三五”妇女儿童发展规划“优秀观察员”称号，2020年获区妇联“巾帼文明岗”称号。

（王魏兰）

·最美溧水人·

学习身边榜样，汇聚道德力量，在全区营造崇德向善的社会氛围。2019年1月开始，区委宣传部、区文明办联合开展2019年度“最美溧水人”推荐评选活动，全区上下高度重视，各单位积极参加，经过基层推荐、评委会评选、征求有关部门意见、社会投票、综合评定、媒体宣传等环节，20人脱颖而出。他们来自不同行业、不同岗位，或助人为乐，或见义勇为，或诚实守信，或孝老爱亲，或敬业奉献，他们有一个共同特点：有一颗真诚热情善良的心，用自己的选择、行动和坚守，对什么是高尚道德和美好情操做出最生动的注解。

刘怀喜

东屏中心小学语文教师，2020年5月4日，被区文明委授予2019年度“最美溧水人”称号（孝老爱亲类）。

55岁，他作为丈夫，与妻子互敬互爱，相濡以沫；作为孙子，坚持顺者为孝，总惦记着先给老人添新衣、买新物；作为父亲和老师，时常教育子女和学生学习要踏实、生活要简朴、对人要和善。他以实际行动做出表率，赢得单位同事和亲朋好友称赞。

计竹华

和凤镇吴村桥村村民，2020年5月4日，被区文明委授予2019年度“最美溧水人”称号（孝老爱亲类）。

34岁，33年前，出生仅仅4天的计竹华被送到养父母家中，被视若亲生骨肉般养育。13岁时，时年48岁的养父身患绝症去世；16岁时，年仅23岁的哥哥骤然离世。面对突发脑溢血，瘫痪在床的养母，计竹华知恩图报，辞职照顾瘫痪在床的养母，不离不弃，用尽全力撑起一个破碎的家庭，一言一行成为全村孝行的典范，成为当地佳话。

方述怀

区城管局环卫科科长，2020年5月4日，被区文明委授予2019年度“最美溧水人”称号（诚实守信类）。参见“新闻人物”，第416页。

臧小亮

南京中亮有机蔬果食品有限公司总经理，2020年5月4日，被区文明委授予2019年度“最美溧水人”称号（诚实守信类）。

37岁，留学归来的臧小亮，从事深加工产品开发，始终将食品安全放在第一位，每年兑现与莓农的承诺，以现金保护价敞开收购黑莓，赢得当地莓农一致好评。在黑莓滞销时，他努力洽谈国际市场订单，解决莓农当下之急。当了解到几户人家因残疾或意外缺少收入来源，他主动安排他们到自己工厂做工。此外，还资助贫困家庭学生，力行高尚之德。

毛岸生

溧水区白马供电所运维采集工，2020年5月4日，被区文明委授予2019年度“最美溧水人”称号（助人为乐类）。

57岁，自退伍转业在供电系统工作33年，连续2年实现供电服务零投诉目标。入伍期间遭遇车祸和意外摔倒，两次被人挽救性命，心怀感恩的他，从被救者演变成救人者，挽救过5条生命。多年来，始终坚持关心照顾去世战友的老母亲，替战友尽孝。儿子刚出生就患病，面对家庭的不幸与困苦，他坚强乐观，用实际行动感恩企业、回馈社会，传播正能量。被评为2019年“南京好人”、第十八届“南京好市民”。

方　英

区人民医院血液净化中心主管护师，2020年5月4日，被区文明委授予2019年度“最美溧水人”

称号(助人为乐类)。

37岁,在护理病人过程中,她不怕脏、不怕累,主动帮助病人换衣叠被、打饭喂饭,尽力为患者排忧解难。前来透析的患者多为尿毒症患者,有的情绪低落,甚至觉得自己身患重症、无药可医,她总是尽最大努力去安慰,帮助他们重拾生活勇气和信心。捐献造血干细胞,成功挽救一名12岁白血病男孩性命,是全区捐献造血干细胞第一人,被评为2019年"南京好人"、第十八届"南京好市民"。

陈 辰

区殡仪馆遗体整容师,2020年5月4日,被区文明委授予2019年度"最美溧水人"称号(敬业奉献类)。

27岁,90后小伙,在中国人民武装警察部队汕头边防支队服役期间先后获得优秀训练标兵、优秀士兵等荣誉。退伍后,他进入溧水殡仪馆化妆组工作,成为一位遗体整容师,怀着对生命的尊重,让生者慰藉,逝者安息,他克服内心恐惧、世俗偏见,做到"让两个世界的人都满意"。获得2018年度南京市殡葬管理处遗体整容技能竞赛一等奖和2018年中国殡葬协会第三期全国遗体整形修复实操竞赛金奖。

张草生

溧水公安分局洪蓝派出所所长,2020年5月4日,被区文明委授予2019年度"最美溧水人"称号(敬业奉献类)。

38岁,作为全区大型活动安保具体负责人,他坚持"万无一失、一失万无"理念,每次亲自制订活动安保方案。牵头做好秦淮源头灯会、梅花节、马拉松、"咪豆"音乐节等大型活动安保,圆满完成世界街舞大赛、国际户外运动节、国际名校赛艇比赛等重大国际赛事保卫。工作中主动发挥创新思维,全面推进使用"慧治安"系统采集各类基础信息,推进放管服改革,24条便民服务事项与溧水市民之家完成无缝对接。

王世忠

南京鸿居物业公司副经理,2020年5月4日,被区文明委授予2019年度"最美溧水人"称号(见义勇为类)。

59岁,在接到值班保安汇报小区失火后,他立即赶到现场打开消防栓启动消防水灭火,得知9楼有3位老人被困时,紧随消防人员进入房间,协助消防人员展开破门救援,将被困老人安全转移至楼下,随即又冲上楼救险,直至火势完全扑灭。因在救援现场吸入过量有毒气体和烟尘,突感身体不适,社区工作人员将他送至医院,第二天他又加入到火灾后的相关工作中。被评为2018年度南京市"最美平安志愿者"。

陈道沛

石湫街道公交车停车场门卫,2020年5月4日,被区文明委授予2019年度"最美溧水人"称号(见义勇为类)。

63岁,夜晚值班时,陈道沛听到一声巨响,顺着声音找过去,发现一辆面包车坠落河中,当时周围没有灯,天气寒冷,他隐约看见掉落在河里的面包车内有人在挣扎,陈道沛见情况危急,来不及脱衣服立即跳入河中,从外面用力拉开已经碰撞变形的车门,发现一名大人和三名小孩被困在车内,经过询问4名被困人员均不会游泳,他一个接一个把4个人从车内拉出来,从河中救到岸边。被评为2018年南京市见义勇为积极分子。

(区委宣传部、区文明办)

组织机构及负责人

·领导机关·

中国共产党南京市溧水区委员会

书　记:薛凤冠
副书记:张　蕴
　　　　汪冬宁(6月5日任)
　　　　方　靖(4月24日免)
常　委:黄成文(3月13日免)
　　　　郜伦浩
　　　　夏　云
　　　　王克全

经地生
唐慧炜
葛　飞
陈　霞(4月24日任)
成晓光(挂职,4月24日任)
孙　余(8月5日免)
吴国忠(8月5日任)

南京市溧水区人民代表大会常务委员会

主　任:张　伟
副主任:吴国荣
臧正满(8月5日,提议免职)
裴　敬(1月6日任)
程　民(8月5日,提议任职)
杨四洲(不驻会)
党组书记:张　伟
党组副书记:吴国荣
二级巡视员:陈小冬
臧正满(8月5日任)

南京市溧水区人民政府

区　长:张　蕴(1月6日任)
副区长:黄成文(4月3日免)
邰伦浩(5月22日任)
成晓光(挂职,5月22日任)
徐正凯
张为真
陈　霞(5月22日免)
张德才
王超勇
唐海清
顾顺清(挂职,9月29日任)
代吉上(11月30日任)
吴征光(挂职,9月29日免)
副区级领导:杭　韬
简恩林
刘人祥
石明生
党组书记:张　蕴
党组副书记:黄成文(3月31日免)
邰伦浩(5月9日任)
副巡视员:黄学忠

中国人民政治协商会议南京市溧水区政协委员会

主　席:朱克成
副主席:朱信年
汤义政
王进荣
戴孝礼(8月5日,提名任职)
官爱萍(不驻会)
秘书长:史建平
党组书记:朱克成
党组副书记:朱信年

中国共产党南京市溧水区纪律检查委员会

书　记:葛　飞
副书记:王　京(10月23日免)
严培军(6月5日任)
石　瑞(挂职,2月6日任)
常　委:伍远福
甘本友
王晓阳

南京市溧水区监察委员会

主　任:葛　飞(1月6日任)
副主任:王　京(10月23日,提议免职)
严培军(8月7日任)
委　员:伍远福
甘本友
袁　民
李小斌

中国共产党南京市溧水区委巡察工作办公室

主　任:严培军(8月21日免)
张士顺(8月21日任)
副主任:方明军
巡察组组长:甘本友(8月21日任)
方明军(10月31日任)

邱以进(8月21日免)
张士顺(8月21日免)
许青华
王兆伟(8月21日免)
巡察组副组长:王景高(3月31日免)
胡　云
薛昌盛(3月31日免)
喻孝平
周苏雅(3月31日任)
秦文清(8月21日任)
三级调研员:胡　云(4月14日任)

南京市溧水区人民法院

院　长:水振华
副院长:张红头
唐　明
李宏伟
党组书记:水振华
党组副书记:张红头
政治处主任:陈　伟
执行局局长:唐　明
专职审委:任天保
周荣强

南京市溧水区人民检察院

检察长:梁　云
副检察长:杨中青
张君保
陆晓彬
钱瑞振(11月30日任)
党组书记:梁　云
党组副书记:杨中青
政治处主任:丁　群
专职检委:黄小春
钱瑞振(10月31日免)

·区属部门·

溧水区委工作机构

溧水区委办公室

主　任:程　民
副主任:陈　花
王剑涛(3月31日免)
区委督查室
主　任:王剑涛(3月31日免)

溧水区委研究室

主　任:钱　锋(3月31日免)
副主任:李　侠
张　庆

溧水区委机要局

局　长:张　庆

溧水区国家保密局

局　长:陈　花

溧水区国家密码管理局

局　长:张　庆

溧水区档案局

局　长:程　民
专职副局长:薛晨海

溧水区委组织部

部　长:唐慧炜
常务副部长:花　毅(4月23日免)
郑　萍(4月23日任)
副部长:胡有亮(2月6日免)
何晓明
徐小虎(4月23日免)
芮　磊(2月6日任)
唐红霞(10月31日任)
蒋红松(10月31日任)

溧水区委非公有制企业和社会组织工作委员会
书　记:徐小虎(3月31日免)
专职副书记:蒋红松(10月31日免)
　　　　　施　洋(10月31日任)

溧水区委老干部局
局　长:何晓明
专职副局长:赵耕耘
区委离退休干部工作委员会
书　记:何晓明

溧水区公务员局
局　长:(空缺)

溧水区委考核工作委员会办公室
主　任:芮　磊
副主任:唐红霞(10月31日免)
　　　陈云云(3月31日任)

溧水区关心下一代工作委员会
主　任:唐慧炜
副主任:吴红月

溧水区关心下一代工作委员会办公室
主　任:赵耕耘(3月31日免)

溧水区委机构编制委员会办公室
主　任:芮　磊
副主任:范海霞
　　　杨　祝(3月31日任)

溧水区事业单位登记管理局
局　长:芮　磊

溧水区委区级机关工委
书　记:管红玲
副书记:王　迪
　　　王景高(3月31日任)
纪工委书记:王　迪(3月31日免)
　　　　　钟玉环(3月31日任)
一级调研员:管红玲(2月6日任)

溧水区委宣传部
部　长:经地生
常务副部长:赵敬翔
副部长:马友凤
　　　史献金

溧水区精神文明建设指导委员会办公室
主　任:马友凤
专职副主任:(空缺)

溧水区委网络安全和信息化委员会办公室
主　任:赵敬翔
副主任:(空缺)

溧水区新闻出版局(区版权局)
局　长:(空缺)

溧水区委统一战线工作部
部　长:王克全
常务副部长:张　芬
副部长:夏建国
　　　赵土生
　　　王　慧(8月21日任)
一级调研员:张　芬(12月10日任)
　　　　　夏建国(12月10日任)

溧水区委台湾工作办公室
主　任:何晓萍(8月21日免)
副主任:王　慧

溧水区政府台湾事务办公室
主　任:何晓萍(9月14日免)
副主任:王　慧

溧水区民族宗教事务局
局　长:张　芬
副局长:任贤俊

溧水区政府侨务办公室
主　任:(空缺)
副主任:(空缺)

溧水区委政法工作委员会
书　记:郃伦浩(5月9日免)
　　　陈　霞(5月9日任)
常务副书记:王成龙
副书记:熊爱民
　　　杨文蛟
　　　周　宁
　　　林子亮(挂职,3月20日任)

溧水区国家安全领导小组办公室
主　任:张小唐
副主任:陈和明

溧水区委党史工作办公室
主　任:高明芳
副主任:朱　芸

溧水区档案馆
馆　长:高明芳
副馆长:经贺军
溧水区档案馆党组
书　记:高明芳

溧水区地方志办公室
主　任:高明芳
副主任:(空缺)

溧水区委党校
校　长:唐慧炜
常务副校长:吴永胜
副校长:陆　平
　　　黄术保(10月31日免)
　　　李玉兵(10月31日任)

溧水区行政学校
校　长:(空缺)
副校长:吴永胜

南京市溧水区人大常委会工作机构

溧水区人大常委会办公室
主　任:王　蓉
副主任:杨丽丽(12月23日免)
　　　章　霞
党组书记:王　蓉

溧水区人大常委会研究室
主　任:张传新
副主任:胡　芸

溧水区人大常委会教育科学文化卫生委员会
主　任:王　敏(9月29日免)
　　　张明春(11月30日任)
副主任:许　慧
　　　张夕平

溧水区人大常委会环境资源城乡建设委员会
主　任:刘宽福
副主任:杨　炎(9月29日免)
　　　周兴荣(9月29日任)

溧水区人大常委会代表联络工作委员会
主　任:陈千云
副主任:丁起清

溧水区人大常委会预算工作委员会
主　任:薛昌国(9月29日免)
　　　刘振华(9月29日任)
副主任:陈召根

溧水区人大常委会财政经济委员会
主　任:薛昌国(8月21日,提议免职)
　　　刘振华(8月21日,提议任职)
副主任:(空缺)

溧水区人大常委会民族宗教侨务台湾事务委员会
主　任:程文彬(5月22日任)
副主任:徐友华
　　　魏建芳

溧水区人大常委会农业和农村委员会
主　任:陈晓燕
副主任:朱明保
　　　葛家兵(11月30日任)

溧水区人大常委会法制委员会

主任委员:(空缺)

副主任委员:蔡广金

溧水区人大社会建设委员会

主任委员:赵定海(8月21日,提议免职)

薛昌国(8月21日,提议任职)

副主任委员:陶发扬

溧水区人大常委会监察和司法委员会

主任委员:徐　强(8月21日,提议免职)

副主任委员:喻晓华(8月21日,提议免职)

杨丽丽(12月23日任)

一级调研员:王　蓉(12月10日任)

三级调研员:丁起清(6月28日任)

蔡广金(6月28日任)

陶发扬(12月23日任)

南京市溧水区政府工作机构

溧水区政府办公室

主　任:胡有亮

副主任:张明森

陈　磊(11月26日免)

俞　炜(4月16日免)

朱春宏

武兆飞

彭真万(11月26日任)

党组书记:胡有亮

溧水区政府外事办公室

主　任:胡有亮

溧水区政府研究室

主　任:胡有亮

溧水区政府督查室

主　任:李卫群

溧水区发展和改革委员会

主　任:王超勇(9月29日免)

徐正宏(9月29日任)

副主任:胡承根

黄晓宝

杨学文(4月16日任)

溧水区发展和改革委员会党委

书　记:王超勇(8月21日免)

徐正宏(8月21日任)

三级调研员:黄晓宝(2月21日任)

溧水区粮食和物资储备局

局　长:王超勇(9月14日免)

徐正宏(9月14日任)

专职副局长:杨昌棉

三级调研员:杨昌棉(12月23日任)

溧水区大数据管理局

局　长:王超勇(9月14日免)

徐正宏(9月14日任)

专职副局长:文　博(2月14日免)

溧水区教育局

局　长:魏红星

副局长:胡新春

李德琴

杨　军

尹明涛(挂职,8月2日免)

溧水区委教育工委

书　记:魏红星

专职副书记:查春华

三级调研员:李德琴(12月23日任)

四级调研员:王　斌

溧水区政府教育督导室

主　任:(空缺)

副主任:江文宏(9月14日免)

督导员:陶祥明(4月16日免)

张方健

专职督学:周旭东(9月14日免)

陈兴海(9月14日免)

刘纪强(9月14日免)

溧水区科学技术局

局　长:戴孝礼

副局长:郃振华

刘　磊

蒋　云(挂职,8月2日免)
成家林(挂职,9月14日任)
溧水区科学技术局党组
书　记:张全玉

溧水区工业和信息化局
局　长:易海蓉(9月29日免)
张　磊(9月29日任)
副局长:蔡义群
解承美
程桂石(挂职,8月2日免)
溧水区工业和信息化局党组
书　记:易海蓉(8月21日免)
张　磊(8月21日任)
四级调研员:王兆盛

南京市公安局溧水分局
局　长:徐正凯
副局长:张小唐
王　勇
阮翔忠(9月14日免)
吴克松
刘国庆
政治委员:毛永云
督察长:徐正凯
政治处主任:朱晓梅(3月31日任)
巡特警大队大队长:方晓保(4月16日任)
巡特警大队政治教导员:孔林宁(3月31日任)
交通警察大队大队长:胡志专(4月16日任)
交通警察大队政治教导员:(空缺)
永阳派出所所长:诸小平(2月21日任)
永阳派出所政治教导员:曹巧真(3月31日任)
洪蓝派出所所长:张草生(4月16日任)
洪蓝派出所政治教导员:(空缺)
南京市公安局溧水分局党委
书　记:徐正凯
副书记:毛永云

溧水区民政局
局　长:郑　萍(5月22日免)
徐小虎(5月22日任)
副局长:端木礼荣
任坤祺
张红梅
溧水区民政局党组
书　记:郑　萍(3月31日免)
徐小虎(3月31日任)
三级调研员:任坤祺(6月28日任)

溧水区司法局
局　长:刘　永
副局长:毕咏联
司圣虎
王书美
张　鹏
李　阳
溧水区司法局党组
书　记:刘　永
三级调研员:毕咏联(12月23日任)

溧水区委全面依法治区委员会办公室
主　任:(空缺)
专职副主任:(空缺)

溧水区财政局
局　长:裴　敬(2月16日免)
杨顺保(9月29日任)
副局长:韦仁海(9月14日免)
赵玉伟
王昌然
溧水区财政局党组
书　记:裴　敬(2月8日免)
杨顺保(8月21日任)

溧水区国有资产监督管理办公室
主　任:韦仁海(9月14日免)
杨顺保(9月14日任)
专职副主任:陶金荣
监事会主席:张建勋

溧水区人力资源和社会保障局
局　长:马里兵
副局长:陈致彬
芮明翠
梁国诚(9月14日任)
成家林(挂职,8月2日免)

溧水区人力资源和社会保障局党组
书　记:马里兵

溧水区社会保险管理中心
主　任:庄　毅
副主任:吴宇驰(4月16日任)

南京市规划和自然资源局溧水分局
局　长:闫　刚
副局长:唐祥春
　　　靖　宇
　　　王　涛(11月30日免)
　　　王志国
　　　吴守明(12月31日任)
南京市规划和自然资源局溧水分局党组
书　记:闫　刚(1月3日任)
三级调研员:唐祥春(2月18日任)

南京市溧水生态环境局
局　长:曹智斌(8月19日任)
副局长:张　琳(8月19日任)
　　　王成俊(12月17日任)
　　　汤志伟(12月17日任)
南京市溧水生态环境局党组
书　记:曹智斌(8月19日任)

溧水区城乡建设局
局　长:张启权(9月29日免)
　　　颜孝兵(9月29日任)
副局长:黄继元
　　　李立超
　　　魏　振
　　　董　群
　　　刘向东
总工程师:(空缺)
溧水区城乡建设局党委
书　记:张启权(8月21日免)
　　　颜孝兵(8月21日任)
三级调研员:孙复叶(6月28日任)

溧水区人民防空办公室
主　任:黄继元
专职副主任:夏全国
副主任:范　雷(挂职,4月16日任)

溧水区住房保障和房产局
局　长:罗　勇
副局长:曹春水
　　　窦长鹏
　　　俞桂平
溧水区住房保障和房产局党组
书　记:罗　勇
三级调研员:曹春水(4月14日任)

溧水区交通运输局
局　长:汤世春
副局长:芮林红
　　　徐国林
溧水区交通运输局党委
书　记:汤世春
副书记:毕道涓

溧水区公路管理站
站　长:夏光平
党支部书记:赵承生(10月31日任)

溧水区水务局
局　长:郭　斌
副局长:魏仁富(9月14日免)
　　　傅力生(4月16日任)
　　　王　平
溧水区水务局党委
书　记:郭　斌
副书记:唐　凌
四级调研员:杨成保

溧水区城市管理局
局　长:尹照生
副局长:徐孝武(11月26日免)
　　　姚小白
　　　王日华
溧水区城市管理局党委
书　记:尹照生

溧水区综合行政执法局
局　长:尹照生

专职副局长:范智荣(9月14日任)

溧水区城管综合执法大队

大队长:姚小白
教导员:章　鹏

溧水区农业农村局

局　长:丁长青
副局长:赵立新(4月27日免)
　　　葛庆松(9月14日免)
　　　董海燕
　　　孙　艺
　　　李岭辉
　　　方明保
　　　史秋峰(挂职,8月2日免)
溧水区农业农村局党委
书　记:丁长青
三级调研员:赵立新(4月14日任)
　　　　　葛庆松(6月28日任)
四级调研员:方运保

溧水区林业局

局　长:丁长青

溧水区委农村工作领导小组办公室

主　任:丁长青

南京市溧水区农业综合行政执法大队

大队长:徐友章(9月14日任)

溧水区商务局

局　长:盛木彬
副局长:何春龙(9月14日免)
　　　张文娟
　　　李雪松(9月14日任)
　　　史建军(9月14日任)
溧水区商务局党委
书　记:朱　文(8月21日免)
　　　盛木彬(8月21日任)

溧水区供销合作总社

理事会主任:朱　文(3月31日免)
理事会副主任:赖光荣(4月26日任)
　　　　　　毛以禄
　　　　　　赵　霞
　　　　　　李雪松(8月21日免)
监事会主任:毛以禄(10月31日任)

溧水区文化和旅游局

局　长:韦仁健
副局长:沈　宏(9月14日免)
　　　谢　秋(9月14日免)
　　　芮芳林
　　　王　佳
　　　金伟素
　　　胡迎春(9月14日任)
　　　徐国杰(挂职,8月2日免)
溧水区文化和旅游局党委
书　记:李翔荣
副书记:韦仁健

溧水区体育局

局　长:沈　宏(9月14日免)
　　　韦仁健(9月14日任)

溧水区广播电视局

局　长:韦仁健

溧水区投资促进局

局　长:徐日喜(9月29日免)
　　　孔　刚(9月29日任)
副局长:吴筛青
　　　毛　亮(4月16日任)
　　　沙春林(挂职,8月2日免)
溧水区投资促进局党组
书　记:徐日喜(8月21日免)
　　　孔　刚(8月21日任)

溧水区卫生健康委员会

主　任:鲁慧荣
副主任:姚　民
　　　陶玉林(4月16日免)
　　　陈正兵(9月14日任)
　　　裘　武
　　　肖　鹏(9月14日免)
　　　吴德青(4月16日任)

张向锋(挂职,8月2日免)
溧水区卫生健康委员会党委
书　记:鲁慧荣
副书记:管荣保(8月21日免)
一级调研员:鲁慧荣(12月10日任)
三级调研员:陶玉林(4月14日任)
四级调研员:李孔清

溧水区退役军人事务局
局　长:赵　军
副局长:李陆宝
严荣务(9月14日免)
端　燕(4月16日任)
溧水区退役军人事务局党组
书　记:赵　军
三级调研员:李陆宝(12月23日任)

溧水区应急管理局
局　长:赵雪保(9月29日免)
阮翔忠(9月29日任)
副局长:胡友国
傅力生(4月16日免)
周兴财
陈发仁
溧水区应急管理局党组
书　记:刘德波(8月21日免)
阮翔忠(8月21日任)
副书记:赵雪保(8月21日免)

溧水区安全生产委员会办公室
专职副主任:侯梦炜(4月16日任)

溧水区审计局
局　长:王荣英
副局长:潘胜祥(9月14日免)
袁德玉
解承美
溧水区审计局党组
书　记:王荣英
一级调研员:王荣英(7月21日任)

溧水区委审计委员会办公室
主　任:(空缺)
专职副主任:任　伟(2月6日任)

溧水区行政审批局
局　长:徐茂友
副局长:徐名松
毛经根(4月16日任)
溧水区政务服务管理办公室
主　任:徐茂友
专职副主任:徐名松
溧水区行政审批局(政务办)党组
书　记:徐茂友

溧水区市场监督管理局
局　长:李家顺(9月29日免)
赵雪保(9月29日任)
副局长:顾学军(9月14日免)
黄光辉
郭　俊
刘永红
许正伟
溧水区市场监督管理局党委
书　记:李家顺(8月21日免)
赵雪保(8月21日任)
副书记:周　军
三级高级主办:顾学军(4月14日任)

溧水区知识产权局
局　长:李家顺(9月14日免)
赵雪保(9月14日任)

溧水区市场监管综合行政执法大队
大队长:周　斌(11月26日任)

溧水区统计局
局　长:张春林
副局长:聂　俊
史建军(9月14日免)
董中生
溧水区统计局党组
书　记:易海蓉(8月21日任)

南京市医疗保障局溧水分局
局　长:周明霞

副局长:王　峻

溧水区信访局

局　长:武兆飞

副局长:易茂春(9月14日免)

　　　俞云月

　　　樊小力(9月14日任)

　　　杨　俊(11月26日任)

溧水区信访局党组

书　记:武兆飞

溧水区地方金融监管局

局　长:刘昌兵

副局长:董礼霁

　　　谢文庆

溧水区地方金融监管局党组

书　记:刘昌兵

江苏省南京市白马高新技术产业开发区管委会

主　任:杨　兵

副主任:张震宇(挂职)

　　　孔振宇(挂职,10月26日任)

　　　郑　婕

　　　王　永(11月26日任)

党政办主任:俞小阳

经济发展局局长:张成林(9月14日免)

　　　　　　　施晨曦(9月14日任)

经济发展局副局长:杨学文(4月16日免)

规划资源局局长:王　永(9月14日任)

规划资源局副局长:杨昭明

规划资源局副处级干部:范诗云

科技人才局局长:张　群

科技人才局副局长:朱迎雪

　　　　　　　　史秋峰(挂职,8月2日免)

　　　　　　　　杨大勇(挂职,9月14日任)

农业农村局局长:张亲翔

财政管理局局长:刘源宝

白马高新区党工委

书　记:花　毅

副书记:杨　兵

　　　孔振宇(挂职,10月14日任)

委　员:张震宇

　　　郑　婕

　　　王　永(8月21日任)

　　　钱　锋(3月31日任)

　　　周建誉

　　　张亲翔

　　　季　玲

　　　俞小阳

　　　张成林(8月21日免)

　　　施晨曦(8月21日任)

　　　张　群

　　　杨昭明

　　　刘源宝

　　　武球发

白马高新区纪工委

书　记:周建誉

南京溧水经济开发区管委会

主　任:贾　晨(12月19日免)

　　　翟晓黎(12月19日任)

副主任:刘　佳(挂职,10月26日任)

　　　潘羽忠(挂职,12月19日,提名任职)

　　　王志国

党政办主任:曹园园(9月14日免)

党政办副主任:张　韧

经济发展局局长:张　磊(9月14日免)

经济发展局副局长:张　琦(9月14日任)

财政局局长:周玉根

财政局副局长:吴荣本

　　　　　　张　琦(9月14日免)

招商局局长:陈玉铭(4月16日任)

规划建设局局长:范俊豪(9月14日任)

规划建设局副局长:胡瑞明(4月16日免)

　　　　　　　　韩明忠

科技人才局局长:郭海斌

科技人才局副局长:王艳红

　　　　　　　　程桂石(挂职,8月2日免)

　　　　　　　　王　见(挂职,9月14日任)

党工委书记:夏　云

党工委副书记:贾　晨(12月19日免)

　　　　　　濮　帅(8月21日免)

　　　　　　翟晓黎(12月19日任)

　　　　　　崔长龙(8月21日任)

　　　　　　刘　佳(挂职,10月14日任)

党工委委员:王志国

陈双临（3月31日任）
邵民红
曹园园（8月21日免）
张　磊（8月21日免）
周玉根
陈玉铭（3月31日任）
范俊豪（8月21日任）
郭海斌
杨　祝（3月31日免）
武球发（3月31日免）
王剑涛（3月31日任）
纪工委书记：邵民红
人大工委主任：周金刚（9月29日免）
曹园园（9月29日任）
政协工委主任：陈一鸣

南京溧水高新技术产业开发区管理委员会
主　任：贾　晨（4月16日免）
戴孝礼（4月16日任）
副主任：郭海斌（4月16日免）
王　永（9月14日免）
陶维强
张　晟（挂职，8月2日免）
任　勇（挂职，9月14日任）
中共南京溧水高新技术产业开发区工作委员会
书　记：贾　晨（4月2日免）
张　蕴（4月2日任）
委　员：郭海斌（3月31日免）
王　永（8月21日免）
武球发
陶维强

溧水区融媒体中心
主　任：史献金
副主任：朱红生
张春华
范　俊
朱向齐
总编辑：黄术保（11月26日任）
溧水区融媒体中心党组
书　记：史献金

南京傅家边现代农业园管理委员会
主　任：（空缺）
副主任：端木传龙
毛　亮（4月16日免）
徐　健
胡　飞
管仁红（4月16日任）

江苏（国家）未来影视文化创意产业园管理委员会
主　任：空缺
常务副主任：汤世雷（11月26日免）
副主任：张雪明
张柏生
潘龙金

南京天生桥胭脂河大遗址保护管理委员会
主　任：黄成文（4月16日免）
副主任：施巍（4月16日免）
曹义文
杨长喜
陈功培（4月16日任）
刘　智（4月16日任）

南京市溧水区政协工作机构

溧水区政协办公室
主　任：史建平
副主任：张友花
党组书记：史建平

溧水区政协提案委员会
主　任：陈玉宝
副主任：孙宝玉

溧水区政协经济科技和农业农村委员会
主　任：徐称心
副主任：陶龙宝
刘正林

溧水区政协人口资源环境和城乡建设委员会
主　任：许　敏
副主任：邓伟德
顾学群（9月25日免）

溧水区政协教卫文体委员会

主　任:刘万升

副主任:陈长泉(9月25日免)

严雪凤

徐大联(9月25日免)

谢　秋(9月25日任)

溧水区政协社会法制委员会

主　任:陈德新

副主任:周　明

唐　奇

溧水区政协委员工作委员会

主　任:周　静(9月25日免)

王　京(9月25日任)

副主任:张华春

刘　黎(12月10日任)

一级调研员:徐称心(12月10日任)

三级调研员:孙宝玉(4月14日任)

张华春(4月14日任)

陶龙宝(6月28日任)

刘正林(12月23日任)

周　明(12月23日任)

南京市溧水区纪委、区监委工作机构

溧水区纪委办公室(宣教室)

主　任:(空缺)

溧水区纪委干部管理监督室

主　任:薛昌盛(3月31日任)

溧水区纪委党风政风监督室

主　任:(空缺)

溧水区纪委信访室

主　任:陈修玉(3月31日任)

溧水区纪委案件监督管理室

主　任:王　昆

溧水区纪委案件审理室

主　任:钟玉环(3月31日免)

溧水区纪委纪检监察一室

主　任:王晓阳(8月21日免)

溧水区纪委纪检监察二室

主　任:(空缺)

溧水区纪委纪检监察三室

主　任:(空缺)

溧水区纪委纪检监察四室

主　任:(空缺)

溧水区纪委纪检监察五室

主　任:朱怀权(3月31日免)

溧水区纪委纪检监察六室

主　任:伍远福

溧水区纪委纪检监察七室

主　任:甘本友(8月21日免)

王晓阳(8月21日任)

副主任:王剑书

区监委第一派出监察员办公室

主　任:伍远福

区监委第二派出监察员办公室

主　任:甘本友(8月21日免)

王晓阳(8月21日任)

区监委第三派出监察员办公室

主　任:(空缺)

溧水区纪委区监委派驻纪检监察组

第一组组长:(空缺)

第二组组长:甘红荣

第三组组长:晁宁芳

第四组组长:谈和平(10月31日任)

第五组组长:曹明柏

第六组组长:许阳春

第七组组长:李亚玲

第八组组长:毛经根(3月31日免)

朱怀权(3月31日任)

副处职干部:杨兆飞

·群众团体·

溧水区总工会
主　席:吴国荣
常务副主席:潘　超
副主席:章明花
　　简祖新
　　蔡广金(挂职)
　　张显美(兼职)
　　毕　勇(兼职)
溧水区总工会党组
书　记:潘　超
三级调研员:章明花(6月28日任)

共青团溧水区委
书　记:文　博
副书记:刘福亮
　　杨　倩(10月31日任)
　　张　卉(兼职,3月31日免)
　　林　权(挂职,3月31日免)
　　顾泽皓(挂职,3月31日任)
　　信　涛(兼职,3月31日任)

溧水区妇女联合会
主　席:相开玲
副主席:武月望
　　姜　红
　　张　琳(兼职)
　　张　琦(兼职)
　　李　阳(挂职)
　　黄起翠(挂职)
溧水区妇女联合会党组
书　记:相开玲

溧水区科协
主　席:官爱萍
副主席:章丽坤
　　朱志平(不驻会)
　　肖艳艳(不驻会)
　　路晓华(不驻会)
溧水区科协党组
书　记:章丽坤

溧水区工商业联合会
主　席:梅小明
副主席:夏建国
　　巢玉军(8月21日,提议免职)
　　葛和平
　　刘　容(8月21日,提名任职)
　　徐　强(不驻会)
溧水区工商业联合会党组
书　记:夏建国
一级调研员:夏建国(12月10日任)

溧水区文学艺术界联合会
主　席:卞新宏
副主席:李　华
溧水区文学艺术界联合会党组
书　记:卞新宏

溧水区残疾人联合会
理事长:葛晓宝
副理事长:罗　勇
　　耿　霞(挂职)
溧水区残疾人联合会党组
书　记:(空缺)

溧水区红十字会
会　长:王超勇
常务副会长:刘晓萍
副会长:陈爱群

溧水区法学会
会　长:(空缺)
副会长:钱春火(11月25日免)

·直属单位　企业单位·

金融机构

中国人民银行溧水支行
副行长:胡光云(主持工作)

行　长:胡光云(4月7日任)
副行长:范　群
　　　　黄　伟
国家外汇管理局溧水支局局长:胡光云

中国银行股份有限公司溧水支行
行　长:白　烨
副行长:邱　蔚(12月11日任)
　　　　魏　凯
　　　　陈宝凤(12月11日任)
行长助理:潘海军(8月11日任)
党总支副书记:黄晓明

中国工商银行股份有限公司南京溧水支行
行　长:蔡允林
副行长:贾　力(5月29日免)
　　　　刘克强
行长助理:李兴健(9月11日免)
　　　　　陈　千(6月9日任)
　　　　　杨　茜(9月11日任)

中国农业银行股份有限公司溧水支行
行　长:叶　斌
副行长:黄　芳
　　　　薛　超
　　　　李康康
　　　　李偲帅(10月20日任)
纪委书记:陆连保

中国建设银行股份有限公司溧水支行
行　长:张艳忠
副行长:许　民
　　　　吴建文
　　　　产　俊(4月21日任)
　　　　王　竑
挂职副行长:陈宇峰(4月21日免)

中国农业发展银行溧水支行
行　长:徐　捌
副行长:张爱永(9月18日任)
　　　　徐　晨(12月9日任)

江苏溧水农村商业银行股份有限公司
董事长:陈　亚(5月16日免)
　　　　端淳华(5月17日任)
行　长:端淳华(5月16日免)
　　　　段向宁(5月17日任)
监事长:徐名柏(5月16日免)
　　　　王化青(5月17日任)
副行长:王化青(5月16日免)
　　　　张远杨(5月16日免)
　　　　丁家美
　　　　陶　翔
　　　　常立强(5月17日任)

中国人民财产保险股份有限公司溧水支公司
经　理:陈　宁(3月4日免)
临时负责人:王庆红(3月18日任)
副经理:王庆红(9月16日主持工作)
　　　　陈　斌
　　　　唐　超(3月10日任)

中国人寿保险股份有限公司溧水支公司
经　理:金　乐
副经理:俞　萍(7月13日免)
　　　　郭建林(7月13日任)
　　　　王宏义(9月7日任)
　　　　丁伯玉(12月22日任)

国泰君安证券股份有限公司南京溧水中大街证券营业部
总经理:邹　健

华泰证券股份有限公司溧水珍珠南路营业部
总经理:李光香

区属学校、医院

江苏省溧水高级中学
校　长:杨四洲
副校长:李素琴
　　　　王道军(9月14日免)
　　　　李代贵
　　　　周祥顺
　　　　诸定国(9月14日任)

江苏省溧水高级中学党委
书　记:(空缺)
副书记:邓哉福
纪委书记:解承平(8月21日免)
　　　　杨国珍(8月21日任)

溧水区第二高级中学
校　长:空缺
副校长:周　明(9月14日任)
　　　汤志荣
　　　曾宪生(9月14日免)
　　　王　成
　　　王敬全
溧水区第二高级中学党总支
书　记:陈龙文
副书记:魏贤平(8月21日免)
　　　周　明(8月21日任)

溧水区第三高级中学
校　长:王道军(9月14日任)
副校长:陈　婷
　　　彭太保
溧水区第三高级中学党总支
书　记:吕栋山

溧水区教师进修学校
校　长:胡爱国(4月16日任)
副校长:诸定国(9月14日免)
　　　张召中
　　　梅　军

江苏省溧水中等专业学校(南京广播电视大学溧水分校)
校　长:胡新春(9月14日免)
　　　魏贤平(9月14日任)
副校长:甘德清(9月14日免)
　　　张志和
　　　孙　祥
江苏省溧水中等专业学校(南京广播电视大学溧水分校)党总支
书　记:端义友

溧水区人民医院
副院长:许宝珍(9月14日免)
　　　肖　鹏(9月14日任)
　　　陶孝玲(9月14日任)
溧水区人民医院党委
书　记:陈正兵(8月21日免)
　　　陈　明(11月28日任)
副书记:肖　鹏(8月21日任)
纪委书记:杨国珍(8月21日免)
　　　　仲正龙(8月21日任)

溧水区中医院
副院长:周海森
　　　耿　霞
　　　张才军
　　　仲正龙(8月21日免)
　　　许宝珍(9月14日任)
溧水区中医院党总支
书　记:邱贤澄

溧水区第三人民医院
院　长:严明星
副院长:范　成
　　　诸兴善
党支部书记:严明星

国有企业

南京溧水高新技术产业投资有限公司
董事长:崔长龙(4月16日免)
　　　武球发(4月16日任)
总经理:武球发(11月26日免)
　　　王　涛(11月26日任)
副总经理:包旭华(9月14日免)
　　　　毛金宇
　　　　朱春林
　　　　张　晟(挂职,8月2日免)

南京溧水城市建设集团有限公司
董事长:徐正宏(9月14日免)
　　　刘昌红(9月14日任)
总经理:骆照林
副总经理:陶巧良

戴志盛(11月26日免)
张　杰
胡　军
陈排友

南京溧水城市建设集团有限公司党委
书　记:徐正宏(8月21日免)
刘昌红(8月21日任)
副书记:骆照林
陶巧良
纪委书记:盛　林

南京溧水商贸旅游集团有限公司
董事长:刘昌红(9月14日免)
刘　永(9月14日任,11月26日免)
总经理:刘　永(9月14日免)
副总经理:张忠林(11月26日免)
徐光华(11月26日免)
赖光荣(4月16日免)
金玉峰(9月14日任,11月26日免)

南京溧水商贸旅游集团有限公司党委
书　记:刘昌红(8月21日免)
刘　永(8月21日任,10月31日免)
副书记:张忠林(8月21日任,10月31日免)
纪委书记:邓怀志(10月31日免)

南京溧水产业投资控股集团有限公司
董事长:刘　永(11月26日任)
总经理:(空缺)
副总经理:张忠林(11月26日任)
徐光华(11月26日任)
金玉峰(11月26日任)

南京溧水产业投资控股集团有限公司党委
书　记:刘　永(10月31日任)
副书记:张忠林(10月31日任)
纪委书记:邓怀志(10月31日任)

南京溧水国资经营集团有限公司
董事长:(空缺)
总经理:(空缺)
副总经理:毛世伟
韩兴斌

南京溧水经济技术开发集团有限公司
董事长:崔长龙(9月14日免)
总经理:朱　骏(9月14日任)
副总经理:葛　俊
袁兴高
程　刚(9月14日任)
魏一波(11月26日任)

南京市溧水区拆迁安置有限公司
总经理:(空缺)
副总经理:韦方志
冯　兵
杭化瑾(9月14日任)

江苏永阳建设发展集团有限公司
总经理:颜忠钱(4月16日任)

江苏南京国家农业高新技术产业示范区发展集团有限公司
董事长:武球发(12月4日任)
总经理:季　玲(4月16日任)
副总经理:陈源斌(9月14日任)
焦君华(9月14日任)

南京溧水清源水务集团有限公司
董事长:戴志盛
总经理:戴志盛
副总经理:余洪明(9月14日任)

·垂直部门·

溧水区税务局
局　长:王拥军
副局长:刘德才
喻召双
彭聿新
张显美
汪沁沁(9月3日任)

溧水区气象局
局　长:林　伟
副局长:许　祥

溧水区烟草专卖局(分公司)
局　长:李劲松
副局长:刘先红
经　理:李劲松
副经理:王　概

溧水区盐务局
局　长:杨　云(2月免)
　　　赵进培(2月任)
副局长:王　军(2月免)

国家电网南京市溧水区供电公司
总经理:栾　宁(3月26日免)
　　　王　赫(3月26日任)
副总经理:冯　磊(7月21日免)
　　　　罗　兴
　　　　廖文健
　　　　刘政生(7月21日任)
党委书记:王　赫(3月26日免)
　　　　陈　莉(3月26日任、9月23日免)
党委副书记:栾　宁(3月26日免)
　　　　　王　赫(3月26日任)
副职协理员:许林生
四级职员:任兴春
五级职员:瞿洪庆(8月10日任)
纪委书记兼工会主席:雷娟丽(7月21日免)
　　　　　　　　　张　峰(7月21日任)

溧水邮政分公司
总经理:陈　欣
副总经理:冯　燕
　　　　曹明辉

溧水电信分公司
总经理:刘　明(2月21日免)
　　　薛格非(2月21日任)
副总经理:安　辉(2月24日免)
　　　　蒋文华(3月24日任)
　　　　樊　昊
　　　　芮新兵
　　　　连　铭

溧水移动分公司
经　理:谢鸿飞(主持工作至3月25日)
副经理:江　淮(3月26日主持工作)
　　　刘小明
　　　罗红旗(2月12日免)

溧水联通分公司
总经理:丁　磊(6月18日免)
　　　林　佳(6月18日任)

·街　镇·

永阳街道
党工委书记:石明生
党工委副书记:颜孝兵(8月21日免)
　　　　　　王兆伟(8月21日任)
　　　　　　张明春(10月31日免)
　　　　　　陈　磊(10月31日任)
组织委员:颜小惠
宣传、统战委员:颜忠钱(3月31日免)
　　　　　　　杨　春(3月31日任)
政法委员:俞立新(3月31日免)
　　　　袁兴胜(8月21日任)
纪工委书记:方　璐
人大工委主任:张诗鹏
人大工委副主任:毛和平(9月14日免)
办事处主任:颜孝兵(9月14日免)
　　　　　王兆伟(9月14日任)
办事处副主任:张　军
　　　　　　孙庭革
　　　　　　汤世炜
　　　　　　陈敬瑞
　　　　　　胡瑞明(4月16日任)
　　　　　　蒋　云(挂职,8月2日免)
　　　　　　陈　龙(挂职,9月14日任)
政协工委主任:张明春(12月10日免)
　　　　　　陈　磊(12月10日任)
人武部长:李添元
综合行政检查执法大队大队长:
　　　　　　颜孝兵(9月14日免)
　　　　　　王兆伟(9月14日任)
三级调研员:陈敬瑞(12月23日任)

柘塘街道

党工委书记:崔长龙(8月21日任)

党工委副书记:杨　祝(3月31日免)

陈双临(3月31日任)

王剑涛(3月31日任)

组织委员:施时富

宣传、统战委员:刘　容(8月21日免)

杜少蓓(8月21日任)

政法委员:周晓平

纪工委书记:邵民红

人大工委主任:周金刚(9月29日免)

曹园园(9月29日任)

办事处主任:陈双临(4月16日任)

办事处副主任:王连荣

刘海军(9月14日任)

政协工委主任:陈一鸣

人武部长:傅正华

综合行政检查执法大队大队长:

濮　帅(9月14日免)

陈双临(9月14日任)

东屏街道

党工委书记:杨顺保(8月21日免)

吴生沐(8月21日任)

党工委副书记:任地保

薛永俊(3月31日任)

组织委员:刘海军(8月21日免)

施　雯(10月31日任)

宣传、统战委员:许荣国

政法委员:吴守斌

纪工委书记:王　辉

人大工委主任:陈禄森

办事处主任:任地保

办事处副主任:丁德华

王　栋(4月16日免)

陈小林

刘　群

张锦辉(4月16日任)

成家林(继续挂职)

政协工委主任:薛永俊(5月25日任)

人武部长:梁　军

综合行政检查执法大队大队长:任地保

洪蓝街道

党工委书记:肖　霞

党工委副书记:孔　刚(8月21日免)

濮　帅(8月21日任)

丁　峰

组织委员:史衍扣

宣传、统战委员:后春景(8月21日免)

胡　靖(8月21日任)

政法委员:周承峰(8月21日免)

张草生(8月21日任)

纪工委书记:朱和平

人大工委主任:刘振华(9月29日免)

徐孝武(11月30日任)

办事处主任:孔　刚(9月14日免)

濮　帅(9月14日任)

办事处副主任:梁国诚(9月14日免)

蔡轶武

许正才

后春景(9月14日任)

陶爱斌(9月14日任)

徐国杰(挂职,8月2日免)

刘春苗(挂职,9月14日任)

政协工委主任:丁　峰

人武部长:沈玉银

综合行政检查执法大队大队长:

孔　刚(9月14日免)

濮　帅(9月14日任)

石湫街道

党工委书记:樊　斌

党工委副书记:李　萍

王　栋(3月31日任)

组织委员:诸　敏

宣传、统战委员:胡　靖(8月21日免)

刘芸池(8月21日任)

政法委员:秦运钱(8月21日免)

王绍伦(10月31日任)

纪工委书记:赵东银

人大工委主任:张　锋(9月29日免)

刘继成(9月29日任)

人大工委副主任:周兴荣(9月29日免)

办事处主任:李　萍

办事处副主任:刘继成(9月14日免)

毛绍春
俞立新(4月16日任)
薛永俊(4月16日免)
朱时宝(9月14日任)
周祥华(11月26日任)
尹明涛(继续挂职)
政协工委主任:王　栋(5月25日任)
人武部长:毕文文(8月21日任)
综合行政检查执法大队大队长:李　萍
副处职干部:陈　敏
三级调研员:俞立新(12月23日任)

白马镇

党委书记:杨　兵(3月31日免)
郑　婕(3月31日任)
党委副书记:郑　婕(3月31日免)
季　玲(3月31日免)
钱　锋(3月31日任)
张成林(3月31日任)
党委委员:周建誉
王　生(8月21日免)
孔梅花
陈源斌(8月21日免)
夏培春
李洪林
汤清勇(8月21日任)
傅　明(10月31日任)
纪委书记:周建誉
人大主席:程文彬(3月31日,提议免职)
张亲翔(5月8日任)
镇　长:郑　婕(3月31日,提议免职)
钱　锋(5月8日任)
副镇长:施晨曦(8月21日,提议免职)
张亚军
卞巧林
王　生(8月21日,提名任职)
秦运钱(8月21日,提名任职)
杨大勇(挂职,8月21日,提名任职)
政协工委主任:季　玲(5月25日免)
张成林(5月25日任)
工会主席:范智荣(8月21日,提议免职)
人武部长:汤清勇(8月21日任)
综合行政检查执法大队大队长:
郑　婕(4月16日免)
钱　锋(4月16日任)

和凤镇

党委书记:吴生沐(8月21日免)
徐日喜(8月21日任)
党委副书记:诸德胜
傅　强(3月31日免)
俞　炜(3月31日任)
党委委员:陈修玉(3月31日免)
芮必云
侯梦炜(3月31日免)
支　伟(8月21日任)
王安权
曹友洪
陆振华
唐　宏(3月31日任)
纪委书记:陈修玉(3月31日免)
支　伟(8月21日任)
人大主席:陈双临(3月31日,提议免职)
傅　强(8月13日任)
镇　长:诸德胜
副镇长:芮必云
徐　平
许金香
赵　玮
沙春林(继续挂职)
政协工委主任:傅　强(5月25日免)
俞　炜(5月25日任)
人武部长:王安权
财政和资产管理局局长:韦小平
综合行政检查执法大队大队长:诸德胜

晶桥镇

党委书记:徒位国
党委副书记:李巧根
赵孝云
党委委员:俞同荣
郭　霞
徐名华
汤志斌
李玉平
陈　斌

纪委书记:郭　霞

人大主席:葛家兵(10月31日,提议免职)

　　　　　汤世雷(10月31日,提名任职)

镇　长:李巧根

副镇长:俞同荣

　　　秦文清(8月21日,提议免职)

　　　金玉峰(8月21日,提议免职)

　　　董文明

　　　包旭华(8月21日,提名任职)

　　　周承峰(8月21日,提名任职)

　　　张向锋(挂职,8月2日免)

　　　任　勇(挂职,8月21日任)

政协工委主任:赵孝云

人武部长:徐名华

综合行政检查执法大队大队长:李巧根

(牛永骎)

先进表彰名录

国家级先进集体名录

单位名称	授予称号	授奖部门	授予时间
区医患纠纷人民调解委员会	“大排查、早调解、护稳定、迎国庆”专项活动表现突出集体	司法部	2020年1月8日
东屏街道	国家火炬溧水金属材料特色产业基地	科技部	2020年3月3日
溧水金属材料特色产业基地	2020年第一批国家火炬特色产业基地	国家科技部火炬高新技术产业开发中心	2020年3月10日
南京溧水大金山庄国防匠	2019年度国家防震减灾科普教育基地	中国地震局	2020年4月7日
和凤镇农业服务中心	全国农业产业强镇建设单位	农业农村部、财政部	2020年4月
南京白龙有机农业科技开发有限公司	有机食品生产示范基地	国家生态环境部有机食品发展中心	2020年5月26日
南京万德体育产业集团有限公司	国家体育产业示范单位	国家体育总局	2020年7月
白马镇	2017—2019年国家卫生乡镇	全国爱卫会	2020年8月
溧水区	农村生活垃圾分类和资源化利用示范县	住建部	2020年8月
东屏街道	国家卫生街道	全国爱卫会	2020年9月
溧水区	国家高血压慢性病综合防控示范区	国家卫健委疾病预防控制局、国家心血管病中心、国家心血管病中心高血压专病医联体	2020年9月
白马镇石头寨村	中国美丽休闲乡村	农业农村部	2020年9月
白马镇李巷村	第二批“全国乡村旅游重点村”	文旅部	2020年9月
开发区	国家绿色工业园区	工信部	2020年10月29日
洪蓝街道傅家边社区	2020年全国乡村特色产业亿元村	农业农村部	2020年11月11日
东屏街道长乐村	2020年全国乡村特色产业亿元村	农业农村部	2020年11月20日
白马镇石头寨村	第六届全国文明村镇	中央文明委	2020年11月
晶桥镇水晶村	2020年全国乡村特色产业亿元村	农业农村部	2020年11月

续表

单位名称	授予称号	授奖部门	授予时间
开发区(柘塘街道)	国家卫生街道	国家卫生街道考核评估组	2020年12月10日
溧水区	全国第五批率先基本实现主要农作物生产全程机械化示范县(市、区)	农业农村部办公厅	2020年12月22日
区妇幼保健院	2020年度全国避孕药具不良反应监测工作先进监测点	国家人口和计划生育委员会计划生育药具不良反应监测中心	2020年12月28日
区人民医院	2020年度全国改善医疗服务示范医院	国家卫健委医政医管局	2020年12月30日
区河长制办公室	全面推行河(湖)长制全国先进集体	水利部办公厅、中国农林水利气象工会全国委员会	2020年12月30日
区文昌小学	全国青少年校园足球特色学校	教育部体育卫生与艺术司	2020年12月30日
和凤镇农业服务中心	农村创业创新园区	农业农村部	2020年12月
区检察院	2019—2020年节能型公共机构示范单位	国家机关事务管理局、国家发改委、财政部	2020年12月
南京金龙客车制造有限公司工会委员会	全国模范职工之家	中华全国总工会	2020年12月
开发区商会	2019—2020年度全国"四好"商会	全国工商联	2020年12月
东屏街道商会	2019—2020年度全国"四好"商会	全国工商联	2020年12月
和凤镇农业服务中心	国家级水产健康养殖示范场	农业农村部	2020年
恒大社区	2020年国家综合减灾示范社区	国家应急管理部、国家气象局、国家地震局	2020年
晶桥镇	国家卫生镇	全国爱国卫生运动委员会	2020年
善诚青虾养殖专业合作社	国家级水产健康养殖示范场	农业农村部	2020年
青亚家庭农场	国家级水产健康养殖示范场	农业农村部	2020年
淳利水产养殖专业合作社	国家级水产健康养殖示范场	农业农村部	2020年

省委、省政府及省级部门表彰的先进集体名录

单位名称	授予称号	授予部门	授予时间
区法治宣传教育领导小组办公室	全省"七五"普法中期先进集体	省委宣传部	2020年1月5日
农行溧水支行营业部	安全保卫"三化三达标"先进单位	农行江苏省分行	2020年1月14日
农行交通路支行	安全保卫"三化三达标"先进单位	农行江苏省分行	2020年1月14日
石湫街道蟹塘社区	江苏省卫生村	省爱卫会	2020年1月22日
东屏街道校外辅导站	全省优秀校外教育辅导站	省关工委	2020年1月
南京万德体育产业集团有限公司、南京亚狮龙体育用品有限公司、南京万驰汽车文化传播有限公司	省体育产业示范单位(2020—2022年度)	省体育局	2020年1月
溧水区	综合类体育产业基地	省体育局	2020年1月
永阳街道中山社区	2019年江苏省卫生村	省爱卫办	2020年1月

续表

单位名称	授予称号	授予部门	授予时间
永阳街道石巷社区	2019年江苏省卫生村	省爱卫办	2020年1月
区监委第二派出监察员办公室	带头建设模范机关工作走在前列纪检检查组织(机构)	省纪委监委	2020年2月14日
区委政法委	全省扫黑除恶专项斗争先进集体	省扫黑除恶专项斗争领导小组	2020年2月
农发行溧水支行办公室	条线先进部室	农发行江苏省分行营业部	2020年3月5日
农发行溧水支行信贷业务部	条线先进部室	农发行江苏省分行营业部	2020年3月5日
区供销合作总社	2019年度二十强县级供销合作社	省供销合作总社	2020年3月11日
溧水区	2020年江苏省农村电商示范县	省商务厅	2020年4月26日
溧水区	2019年度推进高质量发展先进县(市、区)	省委办公厅、省政府办公厅	2020年4月
南京可特玩具有限公司研发部	江苏省工人先锋号	省总工会	2020年4月
南京市凯达农业发展有限公司	江苏特色优势种苗中心(企业)	省农业农村厅	2020年4月
白马镇李巷村	第一批江苏省传统村落	省住建厅、财政厅、自然资源厅、农业农村厅、文旅厅	2020年4月
区第二高级中学	“五四”红旗团委	团省委	2020年5月4日
溧水区	全省制造业创新转型成效明显地区	省政府办公厅	2020年5月29日
溧水规划资源分局	2019年度全省系统信访工作成绩突出单位	省自然资源厅	2020年6月2日
区妇联	江苏省“美丽家园”省级示范点	省妇联	2020年6月2日
洪蓝街道上港社区	江苏省“美丽家园”省级示范点	省妇联	2020年6月2日
石湫街道上方村	江苏省“美丽家园”省级示范点	省妇联	2020年6月2日
和凤镇张家村	江苏省“美丽家园”省级示范点	省妇联	2020年6月2日
溧水区实验小学	健康促进学校(金奖)	省教育厅、省卫健委、省体育局、省市场监管局、省爱卫会	2020年6月16日
开发区管委会(柘塘街道)	江苏省大中小企业融通特色载体	省工信厅、省财政厅	2020年6月30日
溧水区	省级全域旅游示范区	省文旅厅	2020年6月
溧水中专校	省文明风采优秀组织奖	省教育厅	2020年7月30日
溧高投	南京溧水先进制造装备及技术众创社区	省科技厅	2020年7月30日
农工党溧水区支部	先进基层组织	农工党江苏省委	2020年7月
溧水区	2019年“四好农村路”省级示范县	省政府办公厅	2020年8月9日
溧水INSPACE科创中心	省级众创空间	省科技厅	2020年8月28日
博士众创创客中心	省级众创空间	省科技厅	2020年8月28日
溧水区	江苏省特色农产品优势区	省农业农村厅、省林业局、省发改委、省财政厅、省科技厅、省自然资源厅、省生态环境厅、省水利厅	2020年9月3日

续表

单位名称	授予称号	授予部门	授予时间
溧水区	2019年度全省基层党员冬训工作示范县(市、区)	省委组织部、省委宣传部	2020年9月17日
开发区(柘塘街道)	2019年度全省基层党员冬训工作示范街道	省委组织部、省委宣传部	2020年9月17日
南京云海特种金属股份有限公司	2020年度江苏省企业技术创新奖	省科技厅	2020年9月25日
洪蓝街道傅家边社区	江苏省乡村旅游重点村	省文旅厅、省发改委	2020年9月
东屏鱼头、洪蓝手抓鸡	江苏省百道乡土地标菜	省农业农村厅、省文旅厅、省商务厅	2020年9月
南京市溧水区国风家庭农场	省级示范家庭农场	省农业农村厅	2020年9月
洪蓝中心小学	健康促进学校(银奖)	省教育厅、省卫健委、省体育局、省市场监管局、省爱卫会	2020年10月8日
柘塘中心小学	健康促进学校(银奖)	省教育厅、省卫健委、省体育局、省市场监管局、省爱卫会	2020年10月8日
溧水中专校	江苏省现代化示范校	省教育厅	2020年10月14日
区农业农村局	2020年全省脱贫攻坚组织创新奖	省扶贫工作领导小组	2020年10月16日
白马镇	省人民防空重点镇	省政府、省军区	2020年10月
东屏街道卫生院	江苏省社区医院	省卫健委	2020年11月13日
南京双吉农业发展有限公司	第十批江苏省农业科技型企业	省科技厅	2020年11月13日
南京白龙有机农业科技开发有限公司	第十批江苏省农业科技型企业	省科技厅	2020年11月13日
南京国家农高区	第五届江苏省科协青年会员创新创业大赛农业科技领域优秀组织单位	省科协	2020年11月23日
区人民医院急诊科	2019年江苏省“三八”红旗集体	省妇联	2020年11月24日
溧水华成蔬菜专业合作社	第十批江苏省农业科技型企业	省科技厅	2020年11月
秦淮梅园有限公司	第四批省级新创天地	省科技厅	2020年11月
区全域旅游综合指挥平台	2020年度智慧文旅示范项目	省文旅厅	2020年11月
白马中心卫生院	首批江苏省农村区域性医疗卫生中心基本建成单位	省卫健委办公室	2020年11月
文昌小学	民族工作“红石榴家园”	省民宗局	2020年12月1日
白马镇机关老干部党支部	全省离退休干部“六有一提升”示范党支部	省委老干部局、省委离退休干部工委	2020年12月1日
溧水防灾减灾科普教育体验馆	2020—2024年度江苏省防震减灾科普教育基地	省地震局、省科协	2020年12月2日
东屏街道白鹿村	江苏省生态文明建设示范村	省生态环境厅	2020年12月9日
洪蓝街道上港社区	江苏省生态文明建设示范村	省生态环境厅	2020年12月9日
区地震办	2020年度县级优秀单位、防震减灾工作创新先进单位	省地震局	2020年12月16日
区司法局	江苏省第七批“省级法治文化建设示范点”	省委宣传部、省全面依法治省办、省法治宣传教育工作领导小组办公室、省司法厅	2020年12月20日

续表

单位名称	授予称号	授予部门	授予时间
溧水区	第三批全省粮食生产全程机械化整体推进县	省农业农村厅	2020年12月25日
区特殊教育学校	2020年度江苏省教科研工作先进集体	省教科院	2020年12月28日
南京大学(溧水)生态环境院	省级研究生工作站	省科技厅	2020年12月30日
南京慧瞳作物表型组学研究院有限公司	省级研究生工作站	省科技厅	2020年12月30日
南京先进生物材料与过程装备研究院有限公司	省级研究生工作站	省科技厅	2020年12月30日
溧水区	省第一批交通运输信息化综合应用示范县(区)	省交运厅	2020年12月31日
团区委	2020年度团属报刊宣传先进单位	团省委	2020年12月
区科协	2020年度县级科协创新发展能力提升计划优秀单位	省科协	2020年12月
柘塘街道荷花社区	江苏省“基层科普行动计划”科普示范社区	省科协	2020年12月
晶桥镇云鹤小学	“十三五”第五批省科学教育综合示范学校	省科协	2020年12月
南京玫瑰园	2020—2024年度江苏省科普教育基地	省科协、省科技厅、省教育厅	2020年12月
区青少年校外活动中心	2020年全国科普日活动优秀单位	省科协	2020年12月
和凤镇中杨村	江苏省健康社区	省爱卫办	2020年12月
和凤镇吴村桥	2020年江苏省卫生村	省爱卫办	2020年12月
江苏三叶园林股份有限公司	2020年度江苏省科普教育基地	省科技厅	2020年12月
区文旅局	2020年度江苏省境外卫星电视传播秩序专项整治工作先进单位	省广播电视局	2020年12月
石湫街道上方村	江苏省第十四批省级民主法治示范村	省司法厅办公室	2020年12月
石湫街道东泉村	第三批江苏省生态文明建设示范村(社区)	省生态环境厅	2020年12月
区供电公司	第三批江苏省“书香企业”建设示范点	省总工会、省全民阅读办	2020年12月
区供电公司	“职工书屋”示范点	省总工会、省全民阅读办	2020年12月
区检察院检察办案中心	全省示范办案中心	省检察院	2020年12月
武警溧水中队	2020年正规化执勤优秀单位	武警江苏总队	2020年12月
民建溧水区基层委员会	中国民主建国会成立75周年先进集体	民建江苏省委	2020年12月
南京富雪果蔬专业合作社	省级巾帼示范专业合作组织	江苏省妇女“双学双比”竞赛活动领导小组	2020年12月
南京未见山酒店	省级巾帼示范精品民宿	江苏省妇女“双学双比”竞赛活动领导小组	2020年12月
晶桥镇商会	2019—2020年度江苏省“四好”商会	省工商联	2020年12月
石湫街道商会	2019—2020年度江苏省“四好”商会	省工商联	2020年12月
区进出口商会	2019—2020年度江苏省“四好”商会	省工商联	2020年12月
东屏街道商会	2019—2020年度江苏省“四好”商会	省工商联	2020年12月

续表

单位名称	授予称号	授予部门	授予时间
南京梦扬农业科技有限公司	2020—2024年度江苏省科普教育基地	省科协、省科技厅、省教育厅	2020年12月
永阳街道司法所	江苏省优秀人民调解委员会	省司法厅、省人民调解协会	2020年
永阳街道退役军人服务站	省部分退役士兵社会保险接续工作先进单位	省退役军人事务厅	2020年
永阳街道宝塔路社区	节水型社区	省水利厅	2020年
永阳街道恒大社区	节水型社区	省水利厅	2020年
永阳街道东门街社区	节水型社区	省水利厅	2020年
永阳街道庆丰路社区	节水型社区	省水利厅	2020年
永阳街道中山路社区	节水型社区	省水利厅	2020年
永阳街道东山村	生态文明建设示范村	省生态环境厅	2020年
永阳街道东庐村	生态文明建设示范村	省生态环境厅	2020年
永阳街道恒大社区	省民主法治示范村	省司法厅	2020年
永阳街道毓秀路社区	江苏省标准化家事调节社区工作室	省司法厅、省妇联	2020年
晶桥镇	第三批江苏省生态文明建设示范乡镇(街道)	省生态环境厅	2020年
晶桥镇	江苏省省级健康镇	省爱卫会	2020年
晶桥镇陶村	江苏省省级健康村	省爱卫会	2020年
晶桥镇芝山村	江苏省省级健康村	省爱卫会	2020年
晶桥镇仙坛村	江苏省省级健康村	省爱卫会	2020年
晶桥镇水晶村	江苏省第五批特色田园乡村	省住建厅	2020年
晶桥镇笪村	江苏省生态文明建设示范村	省生态环境厅	2020年
晶桥镇芮家村	江苏省特色田园乡村	省住建厅	2020年
晶桥镇芮家村	江苏省乡土人才传承示范基地	省人社厅	2020年
石湫街道	江苏省卫生镇(乡)	省爱卫办	2020年
石湫街道	2020年江苏省"扫黄打非"进基层示范点	省"扫黄打非"工作领导小组	2020年
洪蓝街道傅家边社区	江苏省特色田园乡村	省住建厅	2020年
洪蓝街道三里亭社区	江苏省"五四"红旗团支部(团总支)	省共青团委	2020年
洪蓝街道西旺社区	2019年江苏省卫生村	省爱卫会	2020年
洪蓝街道蒲塘社区	2019年江苏省卫生村	省爱卫会	2020年
洪蓝街道陈卞村	2019年江苏省卫生村	省爱卫会	2020年
洪蓝街道姜家村	2019年江苏省卫生村	省爱卫会	2020年
洪蓝街道青锋村	2019年江苏省卫生村	省爱卫会	2020年
洪蓝街道蒲塘社区	江苏省第三批传统村落	省住建厅	2020年
区档案馆	《档案与建设》期刊宣传工作先进单位	省档案馆	2020年

市委、市政府表彰的先进集体名录

单位名称	授予称号	授予部门	授予时间
和凤镇中杨村	美丽乡村示范村	市委、市政府	2020年2月
区委办	全市信息工作先进单位	市委办公厅	2020年2月
和凤镇	南京市机关作风建设标兵(街)镇	市委、市政府	2020年3月
洪蓝街道经管站	2019年度南京市实施乡村振兴战略郊区街镇高质量发展评价发展奖	市委、市政府	2020年3月
白马镇浮山村东岗自然村、朱家边社区许家边自然村	美丽乡村示范村	市委、市政府	2020年3月
白马镇	现代农业主导型街镇	市委、市政府	2020年3月
开发区(柘塘街道)	南京市独角兽瞪羚企业培育工作优秀载体	市政府	2020年4月

国家级先进个人名录

姓　名	工作单位	获奖称号	授奖机关	授奖时间
方述怀	区城管局	中国好人	中央文明办	2020年1月
陈贤萍	开发区管委会(柘塘街道办事处)	第四次全国经济普查工作区级表现突出个人	第四次全国经济普查领导小组办公室	2020年2月
傅爱华	区疾控中心	中国疾病预防控制中心慢病中心死因登记报告先进个人	中国疾病预防控制中心慢性非传染性疾病预防控制中心	2020年3月31
姚宁平	区教师进修学校	"战疫情社会工作服务暨行动研究项目(2020)"杰出志愿者	中国社会工作教育协会	2020年4月10日
王　婷	农行溧水支行	全融服务"三农"最美青年	中国农业银行	2020年5月8日
朱春宏	区生态环境局	农用地土壤污染状况详查表现突出个人	生态环境部、自然资源部、农业农村部	2020年7月22日
张　琳 李　玲 诸定芳	区生态环境局	第二次全国污染源普查表现突出个人	国务院第二次全国污染源普查领导小组办公室	2020年9月27日
史梅兰	区第三高级中学	红十字应急救护能手	中国红十字总会	2020年10月5日
杨小飞	南京市红十字会捐献遗体、器官志愿者溧水区大组	全国无偿献血志愿服务奖五星奖	国家卫健委、中国红十字会总会、中央军委后勤保障部卫生局	2020年10月
雷光荣	白马中心卫生院	在新冠肺炎疫情社区防控工作中做出突出贡献	中国社区卫生协会	2020年11月
周小雨	区中医院	2018—2019年度全国无偿献血奉献奖银奖	国家卫健委、中国红十字会、中央军委后勤保障卫生局	2020年12月25日
张立平	区人民医院	全国改善医疗服务行动突出贡献工作者	国家卫健委医政医管局	2020年12月30日
章　俊	区生态环境局	2020年全国固定污染源排污许可全覆盖工作中表现突出个人	生态环境部	2020年12月30日
计竹华家庭	和凤镇吴村桥村居民	第十二届全国五好家庭	中华全国妇女联合会	2020年12月
程　嘉	区城管局	首月"平安卫士"	中央政法委	2020年12月

省委、省政府及省级部门表彰的先进个人名录

姓　名	工作单位	获奖称号	授奖机关	授奖时间
江　波	区司法局	全省“七五”普法中期先进个人	省委宣传部、省法治宣传教育工作领导小组办公室、省司法厅	2020年1月5日
章　娟	开发区管委会(柘塘街道办事处)	2019年全省开发区统计工作先进个人	省商务厅	2020年1月6日
陶华才	区应急管理局	2019年度全省安全生产执法工作先进个人	省应急管理厅	2020年1月21日
李添元	永阳街道武装部	基层武装先进个人	省军区	2020年1月
汪记海	区统计局	基层统计岗位标兵	省统计局	2020年1月
张　敏	开发区管委会(柘塘街道办事处)	经济普查优秀工作者	省第四次全国经济普查领导小组	2020年2月
朱　波	区法院	个人二等功	省高级人民法院	2020年2月
芮林红	区交运局	2019年度扫黑除恶专项斗争工作先进个人	省交运厅	2020年3月25日
杨小飞	南京市红十字会捐献遗体、器官志愿者溧水区大组	江苏省学雷锋优秀志愿者	省委宣传部、省文明办、省民政厅、省生态环境厅、省农业农村厅、省国资委、省政府扶贫办、省总工会、共青团江苏省委、省妇女联合会、省艺联、省残疾人联合会、省红十字会	2020年3月
王宏义	中国人寿溧水支公司	安康关爱行动先进个人	中国人寿江苏省分公司	2020年4月9日
尹　滇	区人民医院	江苏省文明职工	省委宣传部、省文明办、省总工会	2020年4月14日
胡为祥	中国电信南京溧水区分公司	2019年安全工作安全尖兵	中国电信江苏分公司	2020年4月16日
姚宁平	区教师进修学校	“苏鄂同心”抗疫优秀志愿者	省教育学会心理教育专业委员会	2020年4月30日
赵明才	区退役军人事务局	江苏省模范退役军人	省委退役军人事务工作领导小组办公室、省委组织部、省人社厅、省退役军人事务厅、省军区政治工作局	2020年4月
胡星星	区中医院	江苏省文明职工	省委宣传部、省文明办、省总工会	2020年4月
范哲海	区委研究室	江苏省文明职工	省委宣传部、省文明办、省总工会	2020年4月
王成琴	区特殊教育学校	“五一”巾帼标兵	省总工会	2020年5月7日
涂维浩	绿自然农业发展江苏股份有限公司	省第二批乡土人才“三带”名人	省委组织部	2020年5月25日
田　琨	南京田缘生物科技有限公司	省第二批乡土人才“三带”能手	省委组织部	2020年5月25日
周　辉	南京双吉农业科技有限公司	省第二批乡土人才“三带”新秀	省委组织部	2020年5月25日

续表

姓　名	工作单位	获奖称号	授奖机关	授奖时间
周兴虎	南京黄教授食品科技有限公司	省第二批乡土人才"三带"新秀	省委组织部	2020年5月25日
徐　杨	南京威马农业有限公司	省第二批乡土人才"三带"新秀	省委组织部	2020年5月25日
曹文静	南京金万辰生物科技有限公司	省第二批乡土人才"三带"新秀	省委组织部	2020年5月25日
谢嗣海	溧水电信分公司	中国电信江苏公司2018—2019年度优秀共产党员	中共中国电信江苏分公司委员会	2020年6月11日
程　嘉	区城管局	优秀共产党员	江苏省住房和城乡建设行业委员	2020年6月
翟海萍	区审计局	2019年度全省审计信息宣传工作先进个人	省审计厅办公室	2020年6月
江　巍	农行溧水支行	优秀共产党员	农行江苏省分行	2020年7月1日
李开龙	永阳法律服务所	优秀基层法律服务者	省司法厅	2020年8月18日
胡星星	区中医院	第六届南京地区十佳医生	省卫健委、市委宣传部、无锡联勤保障中心卫勤处、市总工会、市文明办、市卫健委	2020年8月
周海森	区中医院	人民满意的卫生健康工作者	省卫健委、市委宣传部、无锡联勤保障中心卫勤处、市总工会、市文明办、市卫健委	2020年8月
武　翠	区交运局	江苏省交通干线沿线环境综合整治五项行动先进个人	省交通干线沿线环境综合整治五项行动工作领导小组	2020年9月4日
王　越	溧水联通分公司	江苏联通市场线战略新锐人才	中国联通江苏分公司	2020年9月11日
靳玉斌	区教育局	社区教育先进工作者	省成人教育协会	2020年9月17日
毛世贵	洪蓝街道人民调解委员会	江苏省优秀调解员	省司法厅、省人民调解协会	2020年9月28日
范海曙	区交通事故纠纷人民调解委员会	江苏省优秀调解员	省司法厅、省人民调解协会	2020年9月28日
毛岸生	区供电公司	江苏好人	省委宣传部	2020年9月29日
谢经纬	区市场监管局永阳分局	药品稽查执法工作成绩突出的优秀个人	省药品监督管理局	2020年9月
宋聪琴	区统计局	优秀调查员	国家统计局江苏调查总队	2020年9月
余　力	武警溧水中队	2020年总队优秀教练员	武警江苏总队	2020年9月
芮白林	白马镇社区教育中心	校外教育辅导站优秀辅导员	省文明办、省关工委	2020年10月18日
管仁红	区投资促进局	江苏省第二批群众文化"百千万"工程优秀群文骨干	省委宣传部、省文明办、省文旅厅、省文联	2020年10月30日
臧小亮	南京中亮有机蔬果食品有限公司	省第二批乡土人才"三带"能手	省委组织部	2020年11月13日
梁钱福	溧水公安分局	全省打击整治枪爆违法犯罪专项行动成绩突出个人	省公安厅	2020年11月
朱　亮	区地震办	2020年度全省12322优秀灾情速报员	省地震局	2020年12月11日

续表

姓　名	工作单位	获奖称号	授奖机关	授奖时间
陶家友	石湫中学	教科研工作先进个人	省教育科学研究院	2020年12月16日
章壮根	区检察院	省首届最美老干部志愿者	省委老干部局、离退休干部工委	2020年12月18日
周永英	区应急管理局	2020年度全省防灾减灾能力提升工作做出突出贡献的个人	省减灾委办公室	2020年12月21日
顾志勇	区供销社	2020长三角供销合作社名优农产品展销会先进个人	省供销合作总社	2020年12月22日
赵　琴	区疾控中心	全省疾控工作作出贡献个人	省疾控中心	2020年12月22日
储海平	溧水中专校	省教科研先进个人	省教育厅	2020年12月28日
蔡　芸	区退役军人事务局	全省部分退役士兵社会保险接续工作先进个人	省退役军人事务厅	2020年12月
李斌华	区行政审批局	江苏省技术能手、江苏省五一创新能手、江苏省政务服务业务能手	省政务服务管理办公室、省总工会、省人社厅	2020年12月
刘志杰	区司法局	江苏省优秀红十字志愿者	省红十字会、省文明办、共青团省委	2020年12月
仲阿宝	区科协	2020年度江苏省农村科普带头人	省科协	2020年12月
夏红保	区文旅局	全省广电系统“七五”普法先进个人	省广播电视局	2020年12月
王　玮	区委宣传部	2020年度江苏省优秀网络评论员	省委网信办	2020年12月
黄安化	民革溧水区基层委员会	抗击新冠肺炎疫情工作先进个人	民革江苏省委	2020年12月
陈龙云	民建溧水区基层委员会	抗击新冠肺炎疫情工作先进个人	民建江苏省委	2020年12月
周海森	农工党溧水区支部	抗击新冠肺炎疫情工作先进个人	农工党江苏省委	2020年12月

市委、市政府表彰的先进个人名录

姓　名	工作单位	获奖称号	授奖机关	授奖时间
王　刚	区交运局	2019年度市“12345”政务热线工作先进个人	市委办公厅、市政府办公厅	2020年3月24日
张婷婷	区人民医院	南京市优秀共产党员	市委	2020年6月1日
周　勇	区交运局	南京市优秀共产党员	市委	2020年6月28日
张　力	区人民医院	南京市人民满意卫生健康工作者	市政府	2020年8月20日
杨永和	溧水中专校	南京市“斯霞奖”	市委、市政府	2020年9月10日

责任编辑　宋国朝

文　件

·文件选辑·

关于溧水区2020年国民经济和社会发展计划执行情况与2021年国民经济和社会发展计划（草案）的报告

区发展和改革委员会主任　徐正宏

（2021年1月6日）

一、2020年国民经济和社会发展计划执行情况

2020年是全面建成小康社会和“十三五”规划收官之年，面对年初突如其来的新冠肺炎疫情，全区上下在区委、区政府的坚强领导下，在区人大的关心支持和有效监督下，深入学习贯彻习近平新时代中国特色社会主义思想、党的十九大和十九届三中、四中、五中全会精神以及习近平总书记对江苏工作系列重要讲话精神，坚持稳中求进工作总基调，坚持新发展理念，扎实做好“六稳六保①”工作，有力开展“四新②”行动，统筹推进疫情防控、复工复产、转型创新、城乡建设、民生保障等各项工作，在疫情防控常态化的情况下，仍然较好地完成了全年经济社会发展目标任务，全面建成小康社会和“十三五”规划主要指标如期实现，为“十四五”率先开启基本实现现代化新征程打下了坚实基础。

（一）主要经济指标全年预计完成情况

全年预计，地区生产总值完成906亿元，增长6%；一般公共预算收入完成79亿元，增长12.1%。全社会固定资产投资增长8%，其中：工业固定资产投资增长13%。社会消费品零售总额完成351亿元，增长2%；实际利用外资完成3.2亿美元，增长28%；外贸进出口总额完成102亿元，增长32.5%；净增规上工业企业数100家；全体居民人

① “六稳”：稳就业、稳金融、稳外贸、稳外资、稳投资、稳预期；“六保”：保居民就业、保基本民生、保市场主体、保粮食能源安全、保产业链供应链稳定、保基层运转。

② “四新”：“新基建、新消费、新产业、新都市”四个行动计划

均可支配收入46460元，增长6%；城镇登记失业率控制在1.78%。

总体来看，除GDP、社会消费品零售总额和全体居民人均可支配收入3项指标受疫情影响，离人代会目标还有一定差距之外，其他主要经济指标全部完成人代会确定的各项目标任务。三项指标未达目标的主要原因仍然是疫情对服务业的影响更深、时间更长，GDP的关联指标中，批发业全年预计仍然处于“水下”，直接造成了对GDP增速的下拉并影响社零指标的增速，同时服务业也直接影响了全体居民收入增速的下降。

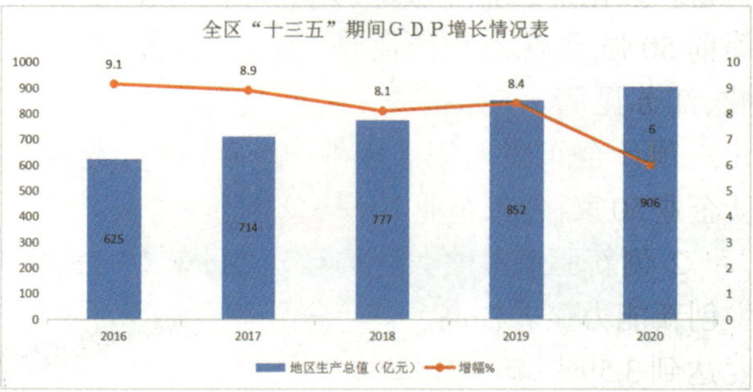

2020年全区经济社会发展主要指标预计完成情况表

序号	指标名称	2020年南京市		2020年溧水区		
		预计完成	是否达进度	人代会计划安排	预计完成	是否达进度
1	地区生产总值	4.5%	否	8%	906亿元，增长6%	否
2	一般公共预算收入	3.3%	否	8%	79亿元，增长12.1%	是
3	全社会固定资产投资	6.6%	否	8%	增长8%	是
4	工业固定资产投资	10%	是	10%	增长13%	是
5	高新技术产业投资增长	12%	是	12%	12.2%	是
6	新型研发机构数	100	是	新引进5家，备案2家	签约5家，通过备案2家	是
7	社会消费品零售总额	正增长	否	7%	351亿元，增长2%	否
8	外贸进出口	增长10%	是	75亿元	102亿元，增长32.5%	是
9	实际利用外资	45亿美元	是	2.6亿美元	3.2亿美元，增长28%	是
10	净增规上工业企业数	500	是	60家	100家	是
11	净增高新技术企业数	累计超6300家	是	50家	121家	是
12	全体居民人均可支配收入	5%	是	8.5%	6%	否
13	城镇登记失业率	1.78%	是	控制在3.5%以内	1.78%	是
14	地表水省市考断面好于Ⅲ类水比例	100%	是	达到省市目标	100%	是
15	空气环境质量达到二级标准以上天数比例	82%	是	达到省市目标	83.1%	是
16	PM2.5年均浓度	32微克/立方米	是	达到省市目标	32.3微克/立方米	是

（二）2020年经济社会发展总体情况

2020年全区经济社会发展呈现以下几个方面的特点：

1.制造业率先摆脱疫情影响加快发展。在全省率先启动复工复产，召开制造业发展千人大会并面向全球直播，坚定不移做大做强制造业。划定一、二级产业发展保护区，直接增加工业用地7500亩，为一批老企业打通“转型求生”之路。疫情期间鼓励企业加强产业协同创新和技术合作，推动产业链向高附加值方向升级，全年累计向企业发放普惠性技改奖补资金3154.8万元，受惠企业超40家。加快低效用地再开发，鼓励低效企业对原有设施进行“工改二[①]”改造，打造共享工业社区，探索实行公租房模式，有效解决外地员工住宿问题。强化重点企业服务，开沃、创维、云海、我乐等前50强重点企业产值预计增长45%，康迈机械、江苏昆腾、江苏国城3家企业产值突破10亿元。预计全年净增规上企业100家；新增专精特新企业50家，瞪羚企业20家，总部企业2家。

2.创新驱动战略久久为功实现突破。企业自主创新能力显著提高。规上工业企业研发投入强度达到3.59%；新认定市级以上工程技术中心16家，其中省级4家，云海获批组建江苏省轻金属合金研究重点实验室。全年实现净增高企121家，其中引进市外高企23家，全区高企总数达405家。积极帮助企业降低创新成本，共兑付343家企业市区两级创新券奖励2244万元，累计兑付各类奖补资金2.3亿元，发放科技贷款8.6亿元。高水平完成创新周工作，签约项目26个，总投资超70亿元。创新载体加快建设，签约新型研发机构5个，博士众创空间、INSPACE荣获省级众创空间，东屏新材料产业园成功创建国家火炬特色产业基地。知识产权意识显著提高，全区新增有效发明专利2423件，PCT国际申请330件，万人发明专利拥有量达54.2件，获批知识产权强省建设示范区。创新人才加快聚集，入选国家海外高层次人才引进计划4项、省“引智计划[②]”3项、“345”海外高层次人才计划[③]1项、省科技副总16名，申报科技顶尖、创新型专家18名。

3.“四新”行动为夺取“双胜利”提供有效支撑。全面落实市委“四新”行动部署，成立四个专班推进“四新”工作。新基建全面布局，建成5G基站650个，完成率全市第一；18个新基建项目开工率达100%，累计完成投资118.2亿元。欣旺达二期当年竣工，西门子数控新工厂主体结构封顶，低运量轨道交通项目通过规划评审。新消费加快回补，组织策划“踏青户外、打卡溧水”、工厂直购节、咪豆音乐节、“放心出门·点亮秦淮源”夜间消费等一系列重大刺激消费活动150余场，“十一”期间溧水旅游网络关注度突破4亿，带动酒店、民宿、餐饮等行业强劲增长。新产业抢占先机，18个新产业核心项目全部开工，完成投资92亿元，竣工投产11个。高端软件和信息服务、新医药与新健康、新能源汽车三大产业分别实现产值12亿元、46亿元、270亿元；新都市加快建设，19个市级新都市项目开工率100%，完成投资111.4亿元；112个区级新都市项目开工率99.1%，完成投资156.1亿元。成功举办全市“四新”行动观摩现场会，148个新基建、新产业、新都市项目累计完成投资366.3亿元，“四新”单项考核排名全市前列。

4.主动适应双循环格局不断扩大对外开放。会展经济强势迸发，空港、白马两大会展中心先后承办全国新农民新业态创业创新大会、全球智慧出行大会、第二届健康中国发展大会等重大展会活动52场次，其中国家级以上会展活动14场，累计参会观展人数超70万人次；第二届“健康中国”发展大会日全球直播实时关注流量超2900万。开放平台功能初步显现。南京空港保税物流中心引进品牌跨境电商企业6家，苏宁易购正式签约入驻，全年累计实现进出口业务突破1亿美元。出台《溧水区支持直播电商发展扶持政策》，创新引入MCN[④]直播经济，打造溧水直播电商产业基地。先行先试自贸区内外联动发展，研究政策、出台办法，积极争取自贸试验区联动创新区落户。招商引资全面突破。连续第2年参加上海进博会专场推荐。全年引进亿元以上签约项目226个，其中制造业签约项目166个。海盛药业、Adler集团汽车工厂研发总部等一批重大项目相继落户，全年新增市场主体3520家，同比增长18.9%。

---

①“工改工”：将现有存量工业用地或旧工业区，升级改造为用地性质为新型产业用地，或普通工业用地加新型产业用地的新兴产业园。

②“引智计划”：由教育部、国家外国专家局联合实施，瞄准国际学科发展前沿，围绕国家目标，以国家重点学科为基础，从世界范围排名前100位的著名大学及研究机构的优势学科队伍中，引进、会聚1000余名优秀人才，形成高水平的研究队伍，建设100个左右世界一流的学科创新引智基地。

③“345”海外高层次人才计划：“3计划”是急需紧缺外国专家引进计划，“4计划”是海外高端创新团队集聚计划，“5计划”是海外专家工作室柔性引才计划。

④ MCN：Multi-Channel Network的缩写，是一种多频道网络的产品形态，一种新的网红经济运作模式。这种模式将不同类型和内容的PGC（专业生产内容）联合起来，在资本的有力支持下，保障内容的持续输出，从而最终实现商业的稳定变现。

5. 国家农高区引领农业现代化水平稳步提升。农高区建设全面铺开，有效保障了各类重大会议、活动的成功举办。6万平米中小食品企业产业园主体工程完工，南林大新校区和农业科技创新港正式签约落户。农业科技合作成果丰硕。南农大作物表型组学项目主体完工；与江南大学共建未来食品技术创新中心方案已通过省科技厅专家论证，与江苏大学共建现代农业装备研究院及研究生院已进入实质性推进阶段。农业现代化水平不断提升。全年新增市级龙头企业11家、区级13家，新增高标准农田3.13万亩，闲置土地栽种3.38万亩，高标准农田建设工作获省政府督查激励。新认定8家省级和10家市级示范家庭农场。农村电子商务发展迅猛，网店数量超过280家，农村电商销售额实现4.5亿元，利润1406万元。

6."三大"攻坚战统筹推进取得圆满收官。脱贫攻坚重点抓好防贫巩固。制定防止返贫长效机制，比现有市定脱贫标准提高2倍。依托特色"五莓（梅）"、蔬菜种植以及旅游扶贫等多种方式，为农户增收致富提供多种渠道。继续坚持对商南的对口支援帮扶，实施苏陕扶贫协作项目93个，争取苏陕协作项目资金1.56亿元，先后带动4000余户1.4万余名群众增收，帮助商南如期实现脱贫摘帽。生态环境持续改善。遥感走航监测技术全面启用，监测发现异常点位100%整改到位，有效实现对大气污染源的精准管控和靶向治理。全区环境空气优良率83.1%，同比上升15.4个百分点；PM2.5浓度均值同比下降20.4%。全区10个省市断面考核、集中式饮用水源地水质达标率均为100%，石臼湖"天空之镜"和"天鹅湖"变成网红热门打卡地。金融等领域重大风险得到有效防控。全区金融机构各项贷款余额1030亿元，首次突破1000亿元。排查重点领域市场主体1280家，较好防范和化解各类金融风险。坚持非法集资陈案处置，全区12件非法集资陈案已完成全部结案、存量风险清零。

7. 城乡面貌在精细化建管中绽焕新颜。城建项目有序推进。473个城乡建设任务总开工458个，开工率96.8%，完成投资243.2亿元；17个市精细化项目推进开工率100%，完成投资84.8亿元。交通路网进一步完善。溧高高速建成通车，S204溧水段、S446白马互通段、秦淮河航道整治工程加快推进。建成市政道路19公里，整治主次干道2条，打通新珠路东沿、石燕路等断头路。完成秀园西路、天生桥大道等绿化提升8公里，建成2个口袋公园，完成景观提升项目30个；新（续）建农村公路80公里。六大经济功能区建设持续发力。溧东大道、高铁新城站前广场景观、白马湖公园、玲珑酒店、溧白路东延、石山公园等一批重点基础设施项目全部建成投入使用。统筹推进农村人居环境整治。完成农村贫困户危房改造184户，建设农村生活污水设施214套，新（改）建农村公厕200座。打造13个美丽乡村示范村、56个宜居村，持续创建"美丽庭院"1200户。全面实施垃圾分类。全区84个行政村（社区）898个自然村垃圾分类覆盖率达100%。智慧城市建设成效明显，全年41个智慧项目有序推进，"城市大脑"基础架构初步建成，一屏观全域、一网管全城、一图知全局、一口理诉求、一掌聚服务的"五个一"应用格局基本形成。

8. 重点改革向纵深推进成果丰硕。深化供给侧结构性改革。整治"散乱污"企业113家，处置低效闲置端落后企业60家，淘汰落后产能8家。积极推进减税降费工作，兑现发展先进制造业项目奖补资金5651.6万元，使用市民营企业转贷互助基金512笔、贷款金额26.2亿元。不断完善政银担体系，在全市率先引入全省唯一AAA级江苏省信用再担保集团，设立"园区保"风险资金池，有效助力小微企业信贷融资。营商环境持续优化。在率先实现"1230"改革目标的基础上，继续首推"1120①"改革。全年"一日办结"开办企业全流程352个、不动产交易登记案例1945个，其中1个工作日内办结891个；"工程建设项目审批制度改革"被市政府通报表扬。社会治理大联动中心整合接入网格巡查、市民热线、网络诉求等多个民意表达渠道，全年处置各类工单31.1万件。国家城乡融合发展试验区建设取得阶段性成果。编制《溧水区国家城乡融合发展试验区实施方案》并上报国家发改委批复。制定配套领导小组和五大任务三年行动计划。重点推进集体经营性建设用地入市改革，完善收益调节金征管、净收益管理、使

① "1120"：开办企业1个工作日、不动产登记1个工作日、工业建设项目施工许可20个工作日内完成。

用权抵押贷款3个《暂行办法》，启动永阳、东屏、白马等镇街5宗地块土地入市挂牌工作。

9.聚焦民生福祉不断提升人民群众幸福感。教育事业全面发展，义务教育优质均衡发展水平全市第一、全省领先。实施惠民园促进工程，全区普惠性幼儿园覆盖率达98.11%。持续改进教育基础设施，11个教育民生实事建设项目完成投资7.53亿元，其中省溧中改扩建工程即将交付，文昌小学改扩建完成并投入使用；建成怡景、南堡等幼儿园，新增学位720个。加快落实安居保障。新开工建设保障房82万㎡、分配安置6797套，完成棚户区改造35.8万㎡。人才安居力度加大，134人通过人才购房服务成功购房。新增城镇就业2.27万人，疫情期间共为全区6216家企业减免养老、失业、工伤、医疗四项社会保险费9.85亿元，为2503家企业发放稳岗补贴2513万元。城乡居民养老保险实现市级统筹，标准提高至人均503.5元。养老体系不断优化，全区111个村社现有3A及以上居家服务中心139个，实现村社全覆盖。全域健康体系持续完善。29个重点健康项目累计完成投资40.9亿元，天安未来生态城、南堡社区康养中心加速推进，无想水镇即将完工；国家极限运动训练基地已开馆试运行。健康保障水平不断提升，区公共卫生服务质量显著提高，三级医疗服务体系实现区域全覆盖，15分钟健康圈全面形成。公立医院改革连续三年获得省政府通报表扬。安全生产事故、死亡人数连续三年实现"双下降"。"一站式"矛盾纠纷调处化解中心投入使用，信访考核稳居全市前列。区十六届人大四次会议票决产生的10件50项民生实事全面完成。

在回顾总结成绩的同时，对照高质量发展要求，我们也清醒地看到，经济社会发展仍然存在一些需要改进和强化的地方：经济发展的内生动力还需不断强化，疫情常态化下实体经济困难增多，部分指标的回升仍然缓慢；"四上"企业和高新技术企业以及优质科创载体数量仍然偏少，对经济的支撑作用有待提升；城市功能品质还需优化完善，教育、医疗、养老等公共服务供给水平仍然参差不齐，环境保护、公共安全等领域工作任务还十分艰巨。对于这些问题，我们将高度重视，采取有效措施，认真加以解决。

二、2021年国民经济和社会发展主要目标和重点任务

2021年是中国共产党建党100周年，也是全面落实"十四五"规划、全面迈向建设社会主义现代化国家新征程的起始之年。做好明年各项工作，必须要坚持以习近平新时代中国特色社会主义思想为指导，深入贯彻党的十九大和十九届二中、三中、四中、五中全会和中央经济工作会议精神，落实总书记"两争一前列①"的目标要求，坚持稳中求进工作总基调，立足新发展阶段，贯彻新发展理念，构建新发展格局，以推动高质量发展为主题，坚决落实好省市区委全会明确的各项目标任务，确保经济社会发展在"十四五"开好局、起好步，努力在更高水平上建设"强富美高"新溧水，体现作为全市"新兴增长极②"的更大担当、更大贡献，以优异成绩迎接中国共产党建党100周年。

2021年全区经济社会发展计划主要目标分为预期性和约束性两大类。具体指标考虑安排如下：

（一）经济和社会发展主要目标安排

1.预期性指标：

——地区生产总值增长8.5%左右；

——一般公共预算收入增长8%；

——全社会固定资产投资增长10%，其中工业投资增长12%，高新技术产业投资增长12%；

——社会消费品零售总额增长8%；

——外贸及港澳台贸易总额100亿元；

——实际利用外资及港澳台资2.8亿美元；

——净增规上工业企业80家，净增高新技术企业160家；

——全体居民人均可支配收入增长高于GDP增速，农村居民人均可支配收入增速高于城镇居民人均可支配收入增速；

——城镇登记失业率控制在3.5%以内。

2.约束性指标：

——单位GDP生产安全事故死亡率、单位

① "两争一前列"：在改革创新、推动高质量发展上争当表率，在服务全国构建新发展格局上争做示范，在率先实现社会主义现代化上走在前列。

② "新兴增长极"：南京江南主城+江北新区、紫东地区、南部片区（江宁、溧水）的"一核三极"功能板块。

GDP能耗下降、单位GDP水耗下降、地表水省考断面达到或好于Ⅲ类水质比例、空气质量优良天数比例等达到省市目标，主要污染物排放、细颗粒物（PM2.5）浓度控制在省市目标以内。

（二）重点工作任务

根据2021年全区经济社会发展总体要求和计划安排，建议做好以下几个方面重点工作：

1.突出创新引领，推动产业发展迈向高质量。

（1）继续厚植科创森林。大力推进科技型企业培育工作，做深做大高企培育“蓄水池”，不断充实高企培育库，全年计划净增高企160家。积极推进科创平台建设。加快作物表型组学、国家未来食品技术创新中心建设，积极争创国家级“星创天地”等国字号平台。完善幸庄科技产业园等国家级科技企业孵化器建设，布局建设科技企业加速器，不断完善孵化链条。继续与高校科研院所合作设立新型研发机构5家，新增引进孵化企业产业集聚度60%以上。

（2）加快集聚创新要素。加快高端人才引进与培养。大力实施国家重点人才工程、省“双创”计划及海外人才计划等，加快高端人才储备。加强国际创新合作。推进海外研发机构建设，进一步扩大与申根国家、海外大学、跨国公司的合作，实体化运作以色列投资服务机构、丹麦海外协同创新中心，推动海创园、中意产业园建设。依托南京国家农高区，壮大农业科技创新主体，加快组织申报、立项实施一批重大科技计划项目，鼓励企业联合科研院所开展技术攻关，促进科研成果落地转化。继续实施好高标准科创载体建设，鼓励国企与镇街之间的合作共建，全年新增高标准科创载体10万平米。

（3）坚持优化创新生态。推动科技与金融深度融合，计划发放各类科技贷款8亿元，对照新的市委一号文件要求，及时兑现科技创新奖励政策，降低企业创新成本。继续与投资机构加强合作，加大权威科技中介引进力度，瞄准深圳前海、上海张江、江北新区等专业中介服务机构，一方面加大对市外高企的直接引进，另一方面帮助本地企业加强科技辅导。继续加大科技招商力度，借助“创新周”、“生根出访”、“溧智创业营”等活动平台，捕捉优质创新项目信息。完善科技人才服务保障，做好人才保障卡的发放和人才就医、子女就学、住房保障等相关服务，不断增强对高素质人才群体的吸引力。

2.突出制造业根基，坚决扛起全市“新兴增长极”重任。

（4）夯实先进制造业基础。持续推动制造业高质量发展试验区建设进一步落地见效，力争全年制造业增加值占GDP比重不低于43%。高度重视疫情常态化背景下重点企业的健康发展。无论是开沃、创维、喜之郎等“老牌名企”，还是我乐、康迈、布雷博、A.O.史密斯等“当红小生”，都要密切关注企业订单、用工、技改等方面的问题，力争重点前50强企业产值增长30%。加快推进欣旺达二期、西门子两大“新晋豪门”上半年竣工投产，力争当年实现产值40亿元。强化5G基础设施布局，新增5G基站500个，实施工业互联网平台建设1家，推进企业智能化改造100家以上。

（5）推动产业链补链强链延链。围绕主导产业头部企业集聚一批产业链关联企业，加强同省产业研究院的全方位合作，围绕核心配套环节和上下游企业，坚持增量引进和存量提升并举，全力突破一批细分产业领域和特色环节，加快打造在全国、全省有竞争力的产业集群。加快开沃重卡、龙电华鑫、英博禄普等新能源汽车补链项目建设，积极争取百能达普什、恒天乘用车、长城汽车等强链延链项目落户。推动开发区进入全市产业链重点园区。引导企业围绕研发、制造、营销、消费等环节，加强专业能力建设，打造公共服务平台，做优产业生态圈，提高本地配套率，促进集群企业间联动融通，加快形成“强磁场”效应。

（6）鼓励企业梯度发展壮大。继续开展规上工业企业倍增计划，提高招商引资签约项目的落地转化率，将更多新项目纳入规上企业培育库，确保在库企业总数不低于300家，净增规上工业企业80家。积极服务本川电子在深交所上市审核，支持开沃集团科创板上市；做好新恒基、创维家电2家企业报证监局辅导备案工作；推进都乐制冷和恒天领锐等后备企业的上市筹备工作。培育产值超10亿元以上企业4家、专精特新企业30家。培育独角兽、瞪羚企业6家以上、总部企业2家，新增市场主体4000家。

3.突出区域循环，积极融入“双循环”发展格局。

（7）做大现代服务业盘子。主动适应后疫情时代服务业发展新形势，加快提升业态能级。巩固海乐城、万达两大商圈带动作用，加强市场引导，推动其他商业综合体错位竞争。培育通济街、无想水镇等特色商业街区集聚人气。加快建设城西农副产品交易中心，推动社区市场智慧升级。大力发展直播经济，完善直播产业配套设施，吸引更多MCN公司入驻直播电商基地。鼓励实体企业发展直播新模式，促进线上线下双向融合发展。加快研究夜市经济、首店经济①、假日经济，努力拓展消费新热点。积极推广国家有关政策，鼓励汽车、家电、家具等大宗商品更新换代。全年计划培育限上商贸企业40家以上，推动工业企业产销分离10家，确保批发业、零售业摆脱疫情影响，实现良性发展。

（8）加快推动消费转型升级。推动“会展名城”“赛事名城”“文旅名城”融合发展，对全区服务业形成强大支撑。擦亮“会展名城”招牌。排定2021年全区两大会展中心相关会展活动44场，举办包括第34届世界电动车大会、中国农村供应链博览会等各类展会力争超过60场。打响“文旅名城”品牌。丰富旅游产品供给，创建升级一批国家A级景区，培育一批星级旅游酒店和文化特色鲜明的民宿客栈。大力实施品牌战略，打响“溧水，来了都说好”“无想居精品民宿”“健康溧水绿色美食”等文旅品牌，积极争创国家级全域旅游示范区。释放“赛事名城”活力。提升体育赛事经济效应，放大马拉松、自行车、极限运动、赛艇等赛事品牌效应，高标准承办国际高水平赛事，打造四季特色赛事。通过会展、旅游、赛事以及各类会议、活动，全面带动餐饮、住宿业发展。

（9）持续扩大对外招商。把主导产业对应的产业集聚区域、龙头企业、领军企业、成长型企业作为招商的主要目标，对照产业链谱图，瞄准北上广深以及成渝、合肥等地区，加大世界500强、国内500强、集团总部、高新技术企业和先进制造业项目招引。严把招引项目质量，在强调项目投资强度和亩均税收的基础上，更加注重项目的科技含量、产品市场前景等核心要素。开展各类专题招商、嵌入式招商活动30场以上。2021年计划招引亿元以上签约项目220个，其中亿元以上制造业项目180个，实际利用内资145亿元。持续推进签约项目落地，提升签约合同履约率、资金到账率、项目开工率。

4.突出农高区建设，带动全区农业跨越式发展。

（10）打造农业科技创新“国家队”。紧紧围绕“两区一地”定位，重点实施“八大行动”。充分发挥高端科研平台在创新资源集聚中的引领性作用，办好大院大所座谈会，确保未来食品技术创新中心实体化运行，农业科技创新港开工建设。加强与中粮、中牧、正大等农业龙头企业合作，建立农业龙头企业园区，计划引入项目70个，总投资超100亿元。高标准推进南京林业大学新校区、会展二期、玲珑酒店二期等项目建设，推动农高区城乡功能品质持续提升。加强与日本、以色列、荷兰等重点农业技术先进国家合作，建立国际合作园区。推动“4+1”规划落细落实，不断巩固在国家级农高区中的头部位置。

（11）持续提升农业现代化水平。加强农业基础建设，建设高标准农田5000亩，推进百亩连片养殖池塘生态化改造3000亩，新增经济林果、设施园艺面积8500亩。发挥重点农业龙头企业引领作用，新增市级以上农业经营主体10家。推进农业适度规模经营，组织1—2家农业龙头企业农业板挂牌。启动溧水草莓的农产品地理标志申报，创建省级绿色优质农产品基地2个。新增绿色食品企业6家、有机企业2家。扩大农村电子商务规模能级，建成一批农业电商示范企业。促进农业与休闲旅游、文化创意等产业融合发展，全区休闲农业接待游客500万人次、综合收入14亿元以上。提升“无想田园”品牌影响度，拓展淘宝、苏宁等线上和德基、大润发、沪宁高速等线下销售渠道，22家品牌授权企业销售额预计突破8亿元。

5.突出城乡融合，描绘全域美丽溧水崭新画卷。

（12）促进全区建筑业高质量发展。高规格召开全区城乡工作会议，结合全区“十四五”规划编制建筑业专项规划，加强建筑产业结构优化，形成一批以工程总承包为业务主体、全过程工程咨询服务、装配式建筑技术管理领先的建筑业领跑企业。2021年建筑业产值预计增长7%以上，实现

① 首店经济：一个区域利用特有的资源优势，吸引国内外品牌在区域首次开设门店；又或者是已入驻的品牌采取先进经营模式创新发展形成的新店，如新物种店、概念店、体验店等，使品牌价值与区域资源实现最优耦合，以及由此对该区域经济发展产生积极影响的一种经营形态。

利税10亿元，力争新增50亿级建筑业企业1家，特级企业1家，积极引进大型建筑企业总部落户。全面提升建筑业发展质量。大力支持绿色建筑，提高二星以上绿色建筑在新建民用建筑中的比例；积极推广垂直绿化，探索屋顶绿化、立体绿化，出台新的绿化导则；继续推进海绵城市建设，申报2～3个市级海绵城市建设亮点项目。

（13）全面提升城乡发展品质。扎实推进2021年城乡建设计划A、B类515个项目，当年计划投资343.36亿元。加快推进宁扬、宁马、宁宣城际铁路前期工作，秦淮河航道建成通航，启动建设低运量有轨公共交通示范线建设，新建续建农村公路60公里。主城区重点推进通济街更新改造、大西门道路综合整治、淮源街北延、南外环路断头路打通等项目建设，注重城市景观提升，实施状元坊公园和竹溪园等公园节点提升，打造两个口袋公园①。深化垃圾分类收集处理，改建城区垃圾中转站4座，完成城西生活垃圾无害化处理设施封场。继续推进农村人居环境整治，打造特色田园乡村组团6个，建设美丽乡村30个，新（改）建农村公厕158座。实施城镇污水处理提质增效精准攻坚“333”②行动，补足农污设施专业运营一体化短板，新改建各类管网40公里。

（14）提升六大经济功能区空间承载。全力保障“六大经济功能区”建设，推进三山湖片区断头路贯通、生态智慧未来城枢纽综合体、南京艺术学院、江苏传媒学院、荔枝广场等重点项目建设。积极争取国土空间总体规划规模调整，新增5平方公里建设用地空间。盘活存量空间指标，按照项目成熟度和贡献度重新分配，加大对低效闲置用地的处置力度，全年完成低效用地再开发500亩，实施土地增减挂钩、占补平衡2000亩。

（15）坚持绿色生态发展本底。巩固污染防治攻坚战成果，严格落实长江大保护要求，扎实推进2021年度水、大气、土壤污染防治工作计划。继续运用好科技手段，加大对空气质量的精准监测，确保空气质量优良率、PM2.5浓度达到省市下达目标。推动生态河湖建设，继续全面深化河长制、湖长制，抓好河湖保护突出问题整治，维护河湖整体功能，确保省市重点断面、饮用水源地水质达标率100%。开展重点行业强制性清洁生产审核，推进重点区域、重点行业重金属污染防治工作。落实危废固废安全生产专项整治要求，确保全区危废固废妥善处置，防范环境安全事故发生。

6. 突出民生为本，回应人民群众所急所需所盼。

（16）确保就业创业形势稳定。围绕“六保六稳”和“百万人口集聚”两大任务，扎实推动就业优先、创业扶持和援企稳岗政策落地见效。优化公共就业服务体系，深化劳务协作，搭建好线上线下就业招聘、创新创业和职业技能培训服务平台，着力培养新的就业增长点。2021年计划举办公益性招聘会100场、城镇新增就业人数1.9万人，其中大学生就业人数4500人、援助困难人员就业人数900人；培育自主创业人数820人、大学生创业人数300人、扶持农民自主创业人数450人；完成城乡劳动者就业技能培训6500人、创业培训2000人。

（17）重点领域实现兜底保障。按照省市部署做好企业职工养老保险省级统筹、征地保障政策落实和省级平台上线工作。深入推进全民参保计划和工伤保险“同舟计划”③，做好困难人员参保和待遇享受的“托底保障”，实现社保“全覆盖”。2021年计划净增企业职工基本养老保险缴费2300人、新增参保单位910户、困难人员政府代缴参保率100%。围绕“一老一小一困”精准兜底，建立集中供养点运行机制，推进洪蓝（三里亭）集中供养点建设，推动镇街敬老院实行公办民营，并逐

① 口袋公园：规模很小的城市开放空间，常以斑块状散落或隐藏在城市结构中，为当地居民休憩、社交所用。城市中的各种小型绿地、小公园、街心花园等都是常见的形式。

② “333”：“三消除”即消除城市黑臭水体、消除污水直排口、消除污水管网空白区，“三整治”即整治工业企业排水、整治“小散乱”排水、整治阳台和单位庭院排水，“三提升”指提升城镇污水处理综合能力、提升新建污水管网质量管控水平、提升污水管网检测修复和养护管理水平。

③ “同舟计划”：国家、省根据建筑行业特点、保障建筑业职工工伤保险权益而专门出台的政策。同舟计划允许建设项目使用的流动性比较大的农民工按照建设项目参加工伤保险，以项目工程总造价的1.5‰计算缴纳工伤保险费，对于在建工程项目按照剩余工程总造价的1.5‰缴纳。目的是实现建筑业人员全部参加工伤保险，从根本上保障建筑施工等领域职工的工伤合法权益。

步向区域性养老服务中心转型。推进基层社会治理服务创新，推广社区购买服务，创成全国社区治理和服务创新试验区。进一步完善住房保障体系，新建安置房80万平方米以上、分配4000套，修缮农村危房120户。推动社会治理大联动深度融合。完善城市"110"实战指挥体系和运作机制，优化预警联动平台，加强城市运行数据监测预警。推进12345、数字城管与社会治理大联动三个平台深度融合、联动处置、数据共享。

（18）持续推进教育高质量发展。召开全区教育大会，树立"教育名城"的鲜明导向。继续强化"远学海安、近赶溧阳"这一坐标定位，以"优化教学、提升质量"活动为抓手，推动各学段教育教学质量稳步提高，支持省溧中创建"江苏省高品质示范高中"；二高中与南通海门区合作办学。大力实施"名校名园"战略，力争引进5所名校（园）来溧合作办学，改革名特优教师引进的方式，锁定重点地区和重点人群，确保引进名师。深入推进义务教育集团化办学，进一步优化教育布局，努力解决城区学校规模超大，农村小规模学校资源投入效率不高、质量长期滞后的局面。

（19）打造健康溧水示范样板。深化医疗集团体制机制创新，推动区人民医院、区中医院三级甲等医院创建。全面开展"省级健康促进区"创建，石湫街道、和凤镇争创国家卫生镇街，柘塘街道、洪蓝街道争创省级健康街道，实现全区国家卫生镇街全覆盖。争创国家级慢病综合防控示范区和全民运动健身模范区。加快健康产业项目建设，推进省康复医院、市颐养中心、绿地中医健康养生示范区等重点产业项目建设，推动无想国医小镇、哈佛适老科技创新中心等新项目加速落地。

7.突出改革攻坚，加快释放发展潜在动能。

（20）深化供给侧结构性改革。落实"去降补"任务，持续推进淘汰低端低效产能项目。从严落实政府性债务管控政策，推进全口径债务率持续下降。促进房地产市场平稳发展，加快建立多主体供给、多渠道保障、租购并举的住房制度，经营性用地出让1000亩以上，商品房上市面积150万平方米。降低企业运营成本，兑现制造业高质量发展试验区、民营企业转贷基金以及减税降费相关政策总金额超过20亿元。

（21）持续优化营商环境。落实市优化营商环境新100条。深化"放管服"改革，突出审批服务提速、政务服务提优、便民服务提质，加快实现工程建设项目审批"864减10"目标，推进营商环境指数稳步提升。加强和规范事中事后监管，完善审管联动机制，全面推行"双随机、一公开"跨部门联合监管，切实降低制度性交易成本，激发市场活力和社会创造力。

（22）推进重点领域改革取得突破。优化国资国企改革顶层设计，推进国企集团"一企一策"改革方案和"三年行动计划"落地，加快企业重组上市步伐。实施经济发达街道的行政管理体制改革试点。持续推进社会信用体系建设三年行动计划，拓展信用信息平台服务功能，落实联合奖惩，打造特色"信易+"产品。城乡融合发展重点推进科技成果入乡转化机制改革。启动职务科技成果权属所有制改革试点，制定《南京农高区促进科技成果转移转化奖励办法》《南京农高区赋予科研人员职务科技成果所有权或长期使用权试点实施办法》，在探索实践、总结经验的基础上出台农技推广服务等其他领域的支持政策。

南京市溧水区人民代表大会常务委员会关于依法防控新型冠状病毒肺炎疫情切实保障人民群众生命健康安全的决定

（2020年2月14日南京市溧水区第十六届人民代表大会常务委员会第二十三次会议通过）

为深入贯彻习近平总书记对依法防控新型冠状病毒肺炎疫情的重要指示，确保中央和省市区委关于疫情防控工作的决策部署落实落地，全力做好疫情防控工作，保障人民群众生命健康安全，维护公共安全和社会稳定，根据《中华人民共和国传染病防治法》《中华人民共和国突发事件应对法》《突发公共卫生事件应急条例》等法律、行政法规和省市人大常委会《关于依法防控新型冠状病毒肺炎疫情，切实保障人民群众生命健康安全的决定》，结合我区疫情防控实际，作如下决定：

一、本区疫情防控工作要以习近平新时代中国特色社会主义思想为指导，坚持“以人民为中心”，把人民群众的生命安全和身体健康放在第一位，把疫情防控作为重大政治任务，以精准防控为抓手，统筹疫情防控与经济社会秩序恢复，以更坚定的信心、更顽强的意志、更果断的措施，紧紧依靠人民群众，切实把各项工作抓实、抓细、抓落地，坚决打赢疫情防控的人民战争、总体战、阻击战，努力实现今年经济社会发展目标任务。

疫情防控应当坚持党的领导，按照坚定信心、同舟共济、科学防治、精准施策的总要求，采取最严格的防控措施，把区域治理、部门治理、行业治理、基层治理、单位治理有机结合起来，充分运用大数据等信息技术手段，充分调动各方面的积极性，切实提高疫情防控的科学性、及时性和有效性。

二、区政府设立与响应等级相对应的应急指挥机构，负责统一领导、协调本级人民政府各有关部门和下级人民政府开展疫情防控工作。

区政府、各镇（街）和有关部门应当全面依法履行职责，坚持用法治思维和法治方式开展防控，加大疫情防控中的司法执法力度，逐级落实疫情防控工作责任，外防输入、内防扩散。要全力做好疫情防控工作，尽可能减少疫情防控对群众生产生活的影响。

区政府应当加强应急能力建设，配齐配强应急队伍，保障应急物资，科学制定流程，强化技术规范，提升实战处置水平。

区政府根据疫情防控需要，应当加强相邻区域信息沟通和工作协同，共同做好疫情联防联控。

区政府应当落实国家和省市要求，统筹做好参与其他省、市疫情防控和病患救治等相关工作。

各镇街应当按照统一部署，发挥群防群治力量，组织指导居民委员会、村民委员会做好有关疫情防控工作；组织社区卫生服务机构、镇街卫生院、社区警务室、居民委员会、村民委员会对未集中医学观察的与患者密切接触者、来自疫情严重地区人员实施健康告知、健康监测、居家医学观察、居家防护指导等措施。

居民委员会、村民委员会应当服从政府统一指挥，落实相关防控措施，协助做好疫情防控宣传教育、健康告知、人员往来情况摸排、人员健康监测、小区和村庄管理等工作，及时收集、登记、核实、报送相关信息。业主委员会、物业服务企业应当按照要求做好疫情防控工作。鼓励、支持志愿者组织、其他社会组织和志愿者科学有序专业地开展疫情防控应急志愿服务工作。

区政府、各镇（街）和有关部门在疫情防控工作中，应当坚持群众路线，充分听取和吸纳合理化建议。

三、区政府可以依照法律、行政法规的规定和本行政区域疫情防控需要，发布疫情防控的决定、命令，采取限制或者停止人群聚集活动，停工、停业、停课，关闭、封闭或者限制使用有关场所，实施交通管制、卫生检疫等应急处置措施。必要时可以依法在本行政区域内，临时征用场地、房屋、交通工具以及相关设施、设备，紧急调集人员或者调用储备物资，并向被征用的单位或者个人依法进行补偿。临时征用或者调用的设施、设备、物资应当优先满足病人救治和一线医护的需要。在不与宪法、法律、行政法规相违背的前提下，可以在疫情排查、隔离观察、社区管理、市场管理、劳动保障、市容环境等方面，采取集中收治隔离等临时性应急行政管理措施。

四、本行政区域内的机关、企业事业单位、社会团体和其他组织应当落实疫情防控主体责任，依法做好本单位疫情防控各项工作。铁路、道路长途客运、水路客运、城市公共交通等公共服务单位和商场、超市、农贸市场、金融机构等公共场所管理单位还应当采取必要措施，确保公共交通工具和经营服务场所符合疫情防控要求。

在本行政区域内居住、工作、学习以及从事其他活动的个人，应当提高自我防护意识和能力，自觉遵守疫情防控的各项规定，支持和配合疫情防控工作，服从政府依法采取的各项防控措施安排。

五、区政府及政府有关部门应当按照集中救治的原则及时将病例患者运转至市定点医院救治；关心和保护一线医护人员和其他疫情防控一线工作人员，严防一线人员感染；加大疫情防控物资生产、供给的统筹调度力度，按照需求计划，加大市场采购，简化购买手续，优先保障病人救治和一线医护、疫情防控工作对相关物资的需要。

发展和改革、工业和信息化、商务、卫生健康、医疗保障、应急管理、交通运输、市场监管、财政、城乡建设、农业农村等有关部门应当加大组织生活必需品的生产、供给力度，打击哄抬物价、囤积居奇、制假售假、虚假宣传等行为，保障城乡居民正常生活需要；优化工作流程，建立绿色通道，为疫情防控物资的生产、供应、运输和使用以及相关工程建设等提供便利和要素保障。

区政府以及民政等有关部门，红十字会、慈善组织、医疗机构等有关单位，应当加强对受赠财物的规范管理，确保接收、支出、发放、使用及其监督全过程透明、公开、高效、有序。

六、区政府应当在做好疫情防控工作前提下，统筹抓好改革、发展、稳定各项工作，采取扶持企业生产经营的政策措施，支持、推动各类企业稳定发展，保障经济社会平稳有序运行。要支持企业复工复产，督促企业落实防控主体责任，认真落实省市区各项扶持政策，鼓励企业全力组织生产、开展生产互助、增强扩产信心、稳岗就近用工，防止大规模裁员。要密切监测经济运行情况，加强调度分析，把疫情影响的不利因素降到最低。对产业类、基础设施类、民生类重大项目要紧盯不放、靠前服务，做好项目复工开工工作。要加强网络招商，确保招商不停顿、项目有储备。要发展网络消费、扩大健康类消费和实物商品消费。要强化社会治理，纾解公众情绪，化解社会矛盾，维护社会稳定。

区政府以及政府有关部门应当根据上级人民政府要求，科学制定人员返工、返校、返岗工作预案，突出预见性、精准性、实效性，强化属地政府、学校和企业事业单位责任，切实做好疫情防控，维护正常的生产、教学、工作秩序。

区政府以及政府有关部门应当充分发挥“不见面审批”的优势，利用一体化在线政务服务平台，加强业务协同办理，优化政务服务流程，提供线上政务事项办理服务，高效优质地满足办事需求。

七、区政府以及政府有关部门应当严格落实疫情报告、信息公布制度，依法、及时、准确向社会公布疫情信息，及时回应社会关切。

任何单位和个人不得迟报、漏报、瞒报、谎报疫情信息，不得编造、传播有关疫情和防控工作的虚假信息。任何单位和个人都有权向政府及其有关部门报告疫情传播的隐患和风险，有权举报违反本决定的其他情况。接受举报的单位，应当及时调查处理。

广播、电视、报刊、网络等媒体应当积极开展公益宣传，普及科学防控疫情知识，宣传政策措施和防控要求，回应群众关切，弘扬主旋律，传播正能量，营造万众一心、众志成城的舆论氛围。

对在疫情防控工作中做出显著成绩和贡献的单位和个人，给予表扬、表彰和奖励。对因参与疫情防控工作致病、致残、死亡的人员，按照有关规定给予补助、抚恤。对从事疫情防控工作的人员，按照国家和省、市规定给予津贴、补贴。

八、行政执法机关应当严格执行法律、法规规定，对阻碍疫情防控、扰乱医疗秩序、隐瞒谎报疫情、违规出租房屋、制售伪劣防护产品、哄抬防疫用品和民生商品价格、非法捕杀交易运输野生动物及制品、违规活禽宰杀和销售等行为加大打击力度,依法保障人民群众生命健康安全。

司法机关应当健全完善工作机制,依法积极履行职责,为疫情防控及时提供司法保障,依法严惩抗拒疫情防控措施、暴力伤医、暴力冲卡、造谣传谣、制假售假、哄抬物价、诈骗、聚众哄抢、疫情防控失职渎职、贪污挪用、破坏交通设施、破坏野生动物资源等各类违法犯罪,坚决维护人民群众合法权益和社会稳定。

九、单位和个人违反疫情防控相关法律法规规定的,由公安机关等有关部门依法给予处罚;构成犯罪的,依法追究刑事责任。个人有隐瞒病情、疫情严重地区旅居史、与患者或者疑似患者接触史等情况,或者有逃避医学观察等行为,危害公共安全和公共利益的,除依法严格追究相应法律责任外,有关部门还应当按照国家和省、市规定,将其失信信息归集到公共信用信息归集和服务平台,并依法采取惩戒措施。

本区各级国家机关工作人员应当服从组织安排,积极参与疫情防控;在疫情防控工作中不依法履行职责,滥用职权、玩忽职守、徇私舞弊的,依法给予处分;构成犯罪的,依法追究刑事责任。

十、区人大常委会、镇人大主席团应当加强对本决定执行情况的监督,适时组织开展专项工作检查。各级人大代表应当带头遵守疫情防控有关规定,充分发挥密切联系群众的优势,及时汇集、反映人民群众的意见和建议,齐心协力做好疫情防控工作。

本决定自公布之日起施行,终止日期由区人大常委会另行公布。

溧水区支持制造业高质量发展十条政策(试行)

溧委发〔2020〕15号

2020年3月23日

制造业是实体经济基础,也是兴区强区之本。为进一步推进制造业高质量发展试验区建设,加快制造业高质量发展,全力打造南京南部制造业高质量发展高地,制定如下政策:

一、突出强链补链,提升产业协同能力

1. 支持重大项目引进。突出主导产业,引进的外资企业、大型央企、中国企业500强或民营企业500强、独角兽企业、瞪羚企业,按年度实缴注册资本一定比例给予最高1000万元奖励。(责任单位:区投促局)

2. 支持产业联动发展。引进的总部经济,形成产业集聚效应,根据对地方经济贡献,经"一事一议"给予奖励。采购区内制造业企业生产的产品或服务,年累计采购额达1000万元以上的,给予采购企业最高200万元奖励。鼓励具备国际竞争力的龙头企业积极开展境外投资,技术、品牌、专利、营销网络等跨国并购,对外承包工程等对外投资和经济合作,给予一定的资金支持。(责任单位:区发改委、区工信局、区商务局)

二、突出节能减排,提升绿色集约能力

3. 支持企业绿色发展。工业企业资源集约利用绩效综合评价处于行业领先水平的,给予资源要素配置优先支持。获得工信部绿色制造项目的企业,给予100万元奖励;企业实施节能改造、主要污染物减排、循环经济以及节能环保产业化项目,给予最高30万元奖励。列入省级以上绿色工厂名单、实施绿色供应链管理和绿色设计产品、完成自愿性清洁生产的企业,分类给予最高50万元奖励。(责任单位:区工信局)

三、突出集智赋能,提升科技创新能力

4. 支持企业开拓创新。企业在研发中开展"技术悬赏"达到标准的,给予最高100万元奖励。实施规上企业"专利灭零"行动,企业开展技术研发和科技成果转移转化等创新活动的,给予创新券和技术合同登记奖励。创建省级以上制造业创新中心,给予最高3000万元奖励;创建市级以上研发创新平台,给予最高500万元奖励;入选市级

以上创新型企业，给予最高150万元奖励；省外新引进的高新技术企业，给予每家最高100万元奖励；新认定的各类公共服务(技术)平台和创新产品，给予最高50万元奖励。新落户的市级新型研发机构，给予最高3000万元奖励和补贴；引进区外新型研发机构孵化企业，给予最高30万元的场地租金减免。(责任单位：区科技局、区工信局、区市场监管局)

5. 支持企业数字化转型。企业信息化发展、数据集成互联互通项目，按其软件、服务投入给予最高200万元奖励。鼓励有条件的企业承担省级以上智能制造示范试点项目，新认定的智能工厂和智能车间，给予最高50万元奖励；省级以上两化融合示范试点企业、星级上云企业、工业互联网平台、工业互联网标杆工厂等，给予最高100万元奖励。鼓励软件产业发展，新认定的软件企业和产品，给予最高10万元奖励。(责任单位：区工信局)

四、突出做精育强，提升企业竞争力

6. 支持企业扩大规模。实施控制设备自动化或“机器换人”技术改造项目，按设备投资额一定比例给予最高1000万元奖励。开票销售亿元以上企业，分类分级给予最高500万元奖励。首次升为规上企业，给予10万元奖励。推行“优质创新产品应用示范工程”，编制制造业优质产品和重点自主创新产品推荐目录，特别是国有投资建设项目单位在同等条件且符合相关规定情况下，可优先采购目录内产品。(责任单位：区工信局、区科技局、区国资办)

7. 支持培育行业标杆。认定为国内、省内首台(套)产品，给予最高100万元奖励。牵头主导制定国际、国家、行业标准的企业，标准颁布后，给予最高50万元奖励。新培育的小型微型企业创业创新示范基地、专精特新、单项冠军、科技小巨人等特色企业，分类分级给予最高100万元奖励。(责任单位：区工信局、区市场监管局)

五、突出激活增效，提升要素配给能力

8. 支持企业上市融资。企业在境内主板、中小板、创业板、科创板首发上市的给予最高1000万元奖励，并根据实际进展提前支付；在香港或其他海外主要股票市场首发上市的，一次性最高奖励1000万元；在“新三板”挂牌的，给予最高200万元奖励；在“四板”挂牌的，给予最高10万元奖励。对符合登记备案条件主要投资于我区新能源汽车、临空产业、健康产业等三大主导产业的股权投资机构(个人)，按照其对地方经济贡献给予最高100%奖励。(责任单位：区金融监管局)

9. 支持低效闲置土地再开发。低效用地企业自主或引进合作方再开发为工业或科技研发项目，开发完成并顺利通过竣工验收且达到B类(及以上)企业标准的，给予奖励；低效用地再开发项目实际缴纳税收(不含不动产类税收)超过原企业完整年度实际缴纳税收且绩效评价为A、B类工业企业，根据该企业新增地方经济发展贡献给予奖励。(责任单位：溧水规划资源分局)

10. 支持引进技术人才。企业柔性引进国内外顶尖专家和高水平创业团队，联合实施核心技术攻关且产业化的，最高提供1亿元科研成果产业配套资金；引进和培育关键核心技术人才的，按当年实际应税薪酬30%给予奖励，每家企业每年最高50万元；引进高技能人才、专业技术人才和青年大学生10人以上的，给予最高10万元引才奖励。(责任单位：区委组织部、区人社局)

本措施自印发之日起试行，2017年颁发的《关于加快发展先进制造业的若干政策》(溧委办〔2017〕55号)即行废止。各责任单位于2020年4月底前制定出台实施细则，并按细则切实抓好落实。

溧水制造业高质量发展试验区总体方案

溧委办发〔2020〕10号

2020年3月7日

为深化落实习近平总书记对江苏工作重要讲话指示精神，更大力度推进供给侧结构性改革，高水平建设现代产业体系，扎实推进溧水制造业高质量发展试验区（下称“试验区”）建设，特制定本方案。

一、总体要求

（一）指导思想。以习近平新时代中国特色社会主义思想为指导，践行新发展理念，坚持高质量发展，充分发挥溧水在全市制造业发展中的新增长极作用，聚焦新能源汽车、临空产业、健康产业三大千亿级产业集群，突出特色优势、注重创新驱动、完善体制机制，在绿色发展、集约发展、集群发展等方面深化探索，在提升产业基础能力和产业链水平上重点发力，形成更多可复制可推广的制造业高质量发展“溧水样本”，在更高起点深化习近平总书记提出的“强富美高”新蓝图指示精神，为南京建设创新名城作出更大贡献。

（二）发展目标。到2021年，形成一批可复制可推广的制造业高质量发展创新经验。到2023年，制造业增加值占GDP比重达到50%以上，制造业高质量发展水平走在全省、全国前列。

——在制造业绿色发展方面。到2023年，“小散乱污”企业全面关停或整改达标进驻园区，建设绿色工厂2家，开发区建成国家级绿色园区。每年实施低效用地再开发1000亩以上，制造业亩均税收超15万元，亩均投资强度超400万元。装备和系统自动化能力明显提升，建设10个示范性智能化制造车间（企业），规模以上企业研发设计、生产管理、营销服务等关键环节互联网应用覆盖率达到75%，关键管控软件普及率达到75%。

——在制造业集群发展方面。到2023年，新能源汽车、临空产业、健康产业等三大主导产业产值均比2019年翻一番。规上汽车及零部件企业达200家，其中亿元以上企业100家；规上临空制造业企业达50家，其中亿元以上企业10家；规上健康制造业企业达30家，其中亿元以上企业20家。形成电子信息、机电、新材料、食品加工等百亿级产业集群4个以上。

——在制造业高端发展方面。到2023年，新增规模以上制造业企业320家以上、总数超800家，新增高新技术企业300家以上、总数超600家，新增规模以上制造业外资企业30家以上、总数超80家。高技术制造业投资占工业投资比重超50%，规上工业企业中有研发活动企业数占比达85%，万人授权发明专利60件，有效授权发明专利拥有量2400件。新建国家级技术中心等研发平台2家，新增省级企业技术中心8家。

二、探索制造业绿色发展之路

（三）创新优化制造业布局。在发展规划中研究设置制造业比例下限目标，划定一二级产业发展保护区，将全区产业用地占比从22%提高到28%。设定总量、性质、门槛“三条底线”，即工业用地规模总量只增不减、工业用地性质原则不变、工业用地准入门槛只升不降，提升制造业发展空间和规模。优化调整现存各类工业园区。引入专业化产业园区运营商，建设一批高标准模块化研发生产载体。

（四）创新制造业评价制度。建立健全产业用地和物业入市、转让、退出的刚性约束机制，构建工业园区产业方向、纳税强度、投资强度等产业发展目录。完善资源利用绩效综合评价制度，定期发布制造业“亩均产出百强榜”。绿色发展水平在全国百强区排名每年至少前进1位。

（五）创新两化融合发展机制。引导企业更新数字化装备，加快装备、生产线、车间和工厂向自动化数字化迈进。支持大型制造业企业建设企业级云平台或产业链协同平台，鼓励发展成为行业性、专业性云平台，培育各具特色的综合性公共云平台。结合智慧城市建设，建设集经济运行监测、土地使用管控、安全环境监控和审批事项办理等功能于一体的产业园区大数据平台，实现园区管理精细化。

三、探索打造先进制造业产业集群之路

（六）创新重大项目服务机制。对重点制造业项目用地，根据项目性质、投资强度等条件，探索“点供”等方式安排计划。允许试验区参照浙江、佛山等地经验做法，实施区域综合评估制度。优化镇街千分制考核，建立涵盖制造业重点项目数量、体量、推进进度等综合考评制度。

（七）创新招商引资机制。对招商部门、招商团队内非公务员岗位实行更加灵活的激励措施，加大出境招商活动、团组申请等支持力度。创新招商形式，学习借鉴成都等地产业全景图招商模式。发挥展会平台作用，以会招商、以展招商。

（八）创新产业地标培育机制。出台培育新能源汽车产业、临空产业、健康产业三大千亿级产业集群措施。支持设立新能源汽车产业基金，打造全国有影响力的新能源和智能网联汽车产业高地。用好南京跨境电商综合试验区政策，高水平推进国家临空经济示范区建设。发挥“健康江苏”实践示范区独特优势，建设国内外一流的健康产业集聚区。

（九）创新金融服务实体经济机制。探索设立制造业高质量发展产业基金，积极与国家战略性基金、省市产业基金、相关银行、风投机构等建立战略合作伙伴关系。探索建立企业信用状况评价制度。构建风险投资、银行信贷、债券上市等全方位、多层次金融支持服务体系。

四、探索低效用地再开发之路

（十）创新空间规划管理机制。牢固树立以亩产论英雄的用地导向，在产业类型、用地规模、建设时序、建设强度、产出效益、集群带动等方面实施综合评估与空间准入制度，严把项目准入关，切实提高土地节约集约利用水平。开展城镇存量建设用地利用现状及潜力调查，建立城镇低效用地数据库和管理平台。编制再开发专项规划和年度实施计划，探索混合用地，新增一批200亩以上的产业发展空间。创新历史遗留问题解决机制，按照依法依规、尊重历史的原则进行分类处理。

（十一）创新社会资本参与机制。允许试验区参照深圳、顺德等地经验做法，建立多元化改造开发机制。在符合规划的前提下，允许原国有土地使用权人通过自主、联营、入股、转让等多种方式，进行改造开发。探索区国资企业参与低效用地改造开发路径。

（十二）创新低效开发激励机制。对低效用地再开发中引入的项目，在符合相关规定的前提下，给予减免企业所得税。调整土地收益分配机制，再开发项目补交的土地出让金全额返还所在镇街。探索建立资产证券化机制，提升社会资本参与改造资金的使用效率。

五、探索科技成果产业化之路

（十三）创新科技成果产业化机制。研究制定促进科技成果产业化措施，构建“高校+企业+园区”科技成果转化链条，探索建立与区外新型研发机构产业孵化合作承接机制。加快推进科技创新集聚区建设，鼓励企业牵头设立制造业创新中心、工业设计研究院等，在早期阶段介入高校院所技术创新项目。

（十四）创新专精特新企业培育机制。实施专精特新“小巨人”和单项冠军企业引进培育工程，对掌握产业链核心环节能力企业的企业家和核心技术人才给予奖励。建立定期组织与高校院所科技成果对接机制，支持专精特新企业技术改造。实施高新技术企业、规上工业企业倍增提质行动，培育一批产值超十亿元、百亿元规模企业。

（十五）创新产业链水平提升机制。实施制造业核心竞争力行动、数字化转型行动、工业强基工程。聚焦主导产业，推进新型研发机构建设，争取国家和省市重大科技基础设施落户。采取“技术悬赏”方式，支持企业牵头攻克产业链关键共性难题。支持制造业企业与国内外高校院所合作建设国家级、省级实验室。实施企业协同创新行动，成立产业技术创新联盟，打造一批新型共性技术平台。实施“溧水质量、溧水智造、溧水品牌”三大提升计划，推动制造业与服务业融合发展。

六、探索开放合作推动制造业高质量发展之路

（十六）创新区域开放合作模式。推进与余杭区开展区域战略合作，在飞地经济、园区协作等重点领域，为长三角区域一体化大胆探路。支持试验区企业与境外企业开展合作，鼓励制造业企业

开展海外投资并购。依托南京机场大通关项目建成运营,联动自贸区联动区、国家临空经济示范区,推进海关特殊监管区域功能叠加、资源共享和优势互补,复制推广自贸区经验做法,构建外资制造业投资促进服务体系,加快融入全球供应链、产业链和服务链。

(十七)创新制造业企业服务机制。深化“放管服”改革,构建“互联网+政务服务”体系,实现高频事项“一网通办”。构建亲清政商关系,出台关爱制造业企业家10条政策,加大制造业优秀人才表彰。成立区制造业企业服务中心,在市民之家设立一站式服务窗口。建立制造业企业免检免扰、企业家容错纠错等机制。研究修订招投标办法,实施创新产品政府首购首用制度,不提出市场占有率、使用业绩等要求。加强专业人才保障,推动制造业与教育深度融合。

七、工作保障

(十八)加强党的领导。把党的建设贯穿于试验区建设全过程。市委深改委要加强对试验区建设的集中统一领导,市相关单位要主动对接服务试验区所需的各项政策配套。溧水区要切实履行主体责任,对标找差、创新实干,加快建立试验区建设的领导机制、工作机制。

(十九)强化政策保障。加大简政放权力度,市相关部门要对试验区建设比较迫切的用地审批、空间规划、项目报建等事项给予更大力度支持。支持试验区开展制造业高质量发展集成改革,优先考虑将国家和省市改革创新举措在试验区先行先试,争取试验区建设获得省委深改委批复,纳入全国制造业高质量发展相关改革试点。

(二十)创新管理机制。建立区委常委会集体调研、镇街制造业高质量发展擂台赛等机制,优化调整高新区体制机制,强化镇街制造业发展主体责任。创新园区人事管理制度,打破人员身份限制,试点推行全员竞聘上岗。

(二十一)激励担当作为。纪检监察、组织、审计等部门要支持指导试验区深化落实“三项机制”,在不违反法律法规的前提下,只要有利于制造业高质量发展的,都可以大胆闯、大胆试。试验区要优化完善考核体系,研究制定鼓励干部敢于担当、尽职免责的保障措施,激励各级干部打开思路、创新方法,创造性开展工作。

(二十二)加强督查考核。市委深改委要加强对试验区建设的成效评估,强化改革措施跟踪落实,及时总结推广试验区经验做法。试验区要强化“功成不必在我”的精神境界和“功成必定有我”的历史担当,全面落实中央和省市关于制造业高质量发展的各项决策部署,不断优化实施方案和工作举措,强化督查考核,及时上报试验区建设进展情况。

延伸阅读 2020年3月3日中共南京市委全面深化改革委员会以“宁委改〔2020〕3号”文《关于支持溧水建设制造业高质量发展试验区的请示》复函溧水区委:

你们《关于支持溧水建设制造业高质量发展试验区的请示》(溧委〔2019〕119号)收悉。经市委全面深化改革委员会第三次会议审议,同意支持溧水建设制造业高质量发展试验区及相关《总体方案》。溧水区要切实承担起制造业高质量发展主体责任,加强组织领导和统筹协调,精心推进实施,确保取得实效。市各有关部门要加强政策对接和指导服务,为溧水区制造业高质量发展试验区建设创造良好条件。

全面推进长江流域溧水重点水域禁捕退捕工作实施方案

溧政发〔2020〕75号

2020年7月12日

为认真贯彻习近平总书记等中央领导同志关于长江流域禁捕退捕工作的重要指示批示精神，进一步落实党中央、国务院和省市决策部署，以及国家部委具体要求，制定本方案。

一、总体要求

以习近平新时代中国特色社会主义思想为指导，深入学习贯彻习近平生态文明思想，全面落实习近平总书记关于长江经济带“共抓大保护、不搞大开发”的重要指示批示精神，按照党中央、国务院和省委省政府、市委市政府决策部署，把修复长江流域生态环境摆在压倒性位置，把长江流域禁捕作为重要的政治任务，全面推进长江流域我区重点水域禁捕退捕工作，严厉打击违法犯罪，切实维护退捕渔民合法权益，坚决打赢长江流域禁捕退捕攻坚战。

二、基本原则

坚持应禁全禁、应退全退。全面对标对表国家、省、市要求，全面摸清渔船渔民底数，全面落实禁捕退捕任务，做到禁得到位、退得彻底、稳妥有序。

坚持标本兼治、长效管理。在开展专项行动、集中攻坚的同时，完善常态化、长效化监管机制。实现退捕渔民转产安置、生计保障全覆盖，切实抓好水产品稳产保供。

坚持强化执法、依法打击。提升执法能力，加大执法力度，强化联合执法，以“零容忍”态度坚决打击，斩断非法捕捞、运输、销售、餐饮地下产业链，形成强力威慑。

坚持压实责任、严格监管。坚持区负总责、镇街抓落实，压紧各镇街禁捕退捕和维护社会稳定主体责任，压实各部门监管责任，强化督查问效。

三、目标任务

按照禁得住、退得出、稳得住、管得好的要求，2020年12月底前，完成溧水境内石臼湖水系渔民退捕工作，实现石臼湖（溧水境内水域）以及与其相通的一干河、二干河、三干河、天生桥河、溧水河、新桥河、云鹤支河常年禁捕，期限暂定实行10年。禁捕期内生产性捕捞和娱乐性垂钓全面禁止，做到无捕捞渔船、无捕捞网具、无捕捞渔民、无捕捞生产，2021年1月1日之前实现清船、清网、清湖、清河。对有劳动能力的退捕渔民实现就业帮扶全覆盖，符合条件的退捕渔民实现养老保险、医疗保险、低保、困难救助、上岸定居等全覆盖，确保石臼湖水系全面禁捕、退捕渔民生计得到保障、水生生物资源得到有效保护。

四、进度安排

第一阶段（2020年6月—7月）。动员部署，发布禁捕退捕通告，摸清底数，造册公示，建档立卡，开展专项行动。对已退捕水域全面开展“回头看”，严格落实常态化监管。

第二阶段（2020年8月—10月）。全面实施整治，收回捕捞权，渔船网具收缴处置，渔民转产安置。

第三阶段（2020年11月—12月）。组织“回头看”和“拉网式”大排查，巩固提升禁捕退捕成果，开展督查问效，建立管护长效机制和河湖休养生息制度。

五、重点工作

（一）积极稳妥推进禁捕退捕

1. 全面排查、摸清底数。各相关镇街对辖区内退捕渔民的捕捞许可证、渔船、网具、船主姓名、身份证号码、家庭人口、收入、住所、就业创业和培训需求、社会保障等情况进行全面准确核查登记，做到每船必查、每证必核、每户必验，不漏一船一户一人。各相关镇街在精准识别的基础上，切实锁定渔民范围，作为补偿安置工作对象。严把调查数据质量关，利用“倒排查”机制，与国家和省、市渔船管理等系统进行对接，确保排查结果准确无误。

2.建档立卡、公平公正。结合省市要求，制定我区退捕渔民建档立卡工作规程，把握政策、规范程序。按照“造册登记、村组评议、镇街入户确认并公示、镇级联合审核”的程序，为渔船渔民建档立卡，做到“一船一档”，确保政策公开、规则公平、结果公正、渔民公认，做好退捕渔船渔民档案资料管理。建档立卡信息以镇街为单位，经镇街盖章确认后，于7月15日前报区农业农村局，7月20日前报市农业农村局，7月25日前务必全部录入农业农村部长江流域退捕渔船管理信息系统。

3.依法收回、及时处置。各相关镇街要严格按照退捕船网证处置的具体程序、补偿标准和奖惩措施；开展船网工具评估、补偿费用核定，及时与渔民签订退捕协议；依法收回并注销《内陆渔业船舶证书》，推进退捕渔船分类处置，渔具网具集中销毁，严格监督验收，实现证注销、船封存、网销毁。

4.规范操作、有序退捕。按规定发布禁捕通告，明确禁捕时间、禁捕范围、禁止事项、违禁处罚等内容。各镇街要设置禁捕标志牌。区退捕捞推进工作小组要组织对参与人员进行岗前培训，科学、有序、规范开展退捕工作。开展禁捕水域水生生物资源调查监测与评估，全面掌握、评估禁捕水域水生生物资源动态变化情况，探索具有溧水特色的水生生物资源保护和利用模式。

（二）全力保障退捕渔民生计

5.促进渔民就业创业。针对渔民年龄层次、就业技能等不同特点，实行分类施策、精准帮扶，做到“应转尽转、应扶尽扶”。积极开展就业创业技能培训，大力促进退捕渔民转产转业，通过发展产业安置一批，充分发挥渔民熟悉渔业生产的优势，支持发展水产养殖、水产品加工、渔事休闲体验等涉渔产业，增加就业空间；发展大水面增殖渔业，吸纳符合条件的退捕渔民参与。务工就业安置一批，对有劳动能力的退捕渔民，加强职业技能培训和职业介绍服务，引导龙头企业、农民合作社、电商平台等带动退捕渔民转产就业。对参加职业技能提升培训合格并取得相应证书的，按规定给予职业培训补贴和鉴定补贴；对吸纳退捕渔民的企业，按规定落实税收减免、创业担保贷款、一次性吸纳就业补贴、岗位补贴、社会保险补贴等政策。支持创业安置一批，对退捕渔民首次创业且正常经营6个月以上的，按规定给予一次性创业补贴和带动就业补贴；对具备条件的退捕渔民，落实富民创业担保贷款及贴息政策；对开展职业指导、专场招聘、创业培训等就业创业服务机构，按规定给予就业创业服务补贴。

6.切实维护社保权益。落实好社保政策，做到应保尽保。退捕渔民社会保障参照被征地农民社会保障办法执行，对劳动年龄段和养老年龄段人员，按当年度征地人员社保费筹资标准进行筹集，并分别纳入职工社会保险和征地人员基本生活保障待遇范围。符合条件的城镇就业退捕渔民按规定参加企业职工基本养老和医疗保险，鼓励灵活就业的退捕渔民自主选择参加企业职工基本养老和医疗保险；不符合职工基本养老和医疗保险参保条件的，可按规定参加城乡居民基本养老保险和医疗。对参加城乡居民基本养老和医疗保险的退捕渔民中建档立卡低收入人口、低保对象、特困人员等困难群体，地方可为其代缴全部最低标准养老和医疗保险费。进一步优化经办服务，确保做到符合参保条件的百分之百进行参保登记、百分之百落实参保缴费代扣代缴、百分之百落实社会保障待遇。

7.落实基本生活保障。坚持兜牢民生底线，做到“应救尽救、应助尽助”。劳动年龄内、有劳动能力、有就业要求、处于失业状态的退捕渔民可在常住地进行失业登记。符合条件的，可按规定给予临时生活补助或临时救助。对共同生活的家庭成员人均收入低于当地最低生活保障标准且家庭财产符合当地规定的，按规定纳入最低生活保障范围。对无劳动能力、无生活来源、无法定赡养抚养义务人或者其法定义务人无履行义务能力的老年、残疾渔民，按规定纳入特困人员救助供养范围；符合医疗救助条件的，可按规定纳入医疗救助范围，发挥社会救助兜底保障作用。

（三）切实加强联合执法监管

8.组织开展非法捕捞专项整治行动。制定《石臼湖水系非法捕捞专项行动工作方案》，依法严厉打击非法捕捞等各类危害水生生物资源行为。加强线索收集，针对非法捕捞、运输、销售长江水生生物违法犯罪规律特点，突出渔船渔民、“三无”船舶、水产市场、餐饮行业等重点方面，通过摸排走访、数据分析、情报研判、案件扩线、发动群众等途径，深入排摸梳理各类案件线索，及时开展核查处置工作；保持严打态势，聚焦重点水域和时段，依法严厉打击“电毒炸”“绝户网”等使用禁用工具或禁用方法的非法捕捞行为，主动发现查处经营利用中华鲟等国家重点保护水生野生动物，跨区作业和生产性垂钓作业等行为。对查处的非法捕捞案件，要追查历次作业情况、非法渔具来源和渔获物去向，实现全流程溯源、全链条打击。严查关联行为，聚焦生产厂家、电商平台、销售店铺等市场主体，依法严厉打击制造和销售“电毒炸”工具、非法网具、禁用渔具以及发布非法广告信息等行为，取缔电鱼器具等非法渔具制造黑窝点、黑作坊；聚焦水产品交易市场、涉渔餐饮场所等市场主体，依法依规严厉打击销售、收购、加工、利用非法渔获物等行为；聚焦禁捕水域周边区域管理，加强动态巡防清查，禁止非法渔获物上市交易；聚焦水产品市场、涉渔餐饮行业管理，对以长江野生鱼、野生江鲜等为噱头的宣传营销行为，追溯渔获物来源渠道，来源非法或涉嫌虚假宣传、过度营销、诱导、欺诈消费者的，依法追究法律责任。清理“三无”船舶，坚持和完善“大数据+网格化+铁脚板”治理机制，动态、持续清理整治长江流域“三无”船舶。对发现的“三无”船舶，要完善移交处置流程，依法进行没收、拆解、处置，并追查非法建（改）造的市场主体，依法处理。

9. 组织开展全面禁售长江非法捕捞渔获物专项整治行动。制定《全面禁售石臼湖水系非法捕捞渔获物行动方案》。对全区范围内农（集）贸市场、水产品批发市场、电商平台、餐饮服务单位等市场主体开展监督检查，严禁非法捕捞渔获物在市场内销售。对经营范围、名称中含有“江鲜”“湖鲜”等字样的企业，按照法律法规要求限期办理变更登记或注销登记，严把市场准入关。强化网络交易监测，杜绝长江非法捕捞渔获物的网络销售。加大广告监测力度，严禁发布有关捕捞、出售、购买、运输、转让、加工消费长江非法捕捞渔获物的违法违规广告，全面净化水产品广告市场环境。依法查处售卖长江捕捞渔获物及相关违法行为，对涉嫌犯罪的，及时移送公安机关处理。归集市场主体行政处罚信息，通过国家企业信用信息公示系统公示，对违法者依法实施市场准入限制。

10. 实行有奖举报。制定《南京市溧水区违法捕捞行为有奖举报管理暂行办法》，开通24小时有奖举报电话（12316），对提供使用禁用渔具非法进行捕捞的；未经许可在禁渔区、禁渔期内进行捕捞的；涉渔“三无”船舶；在禁渔区、禁渔期内销售非法捕捞渔获物的；非法制造、销售禁用渔具的；其他违法违规捕捞行为”等行为证据线索的举报人，经核实确认予以一次性奖励。

11. 建立健全涉渔违法行为处置机制。完善信息共享、情报互通等制度，优化涉渔犯罪案件移送标准、案卷规格和程序要求，构建涉渔行政执法与刑事司法衔接长效机制。强化公安、渔政、交通、水务、市场监管、林业等部门协同联动，推动建立和完善联合执法、联合办案、疑难案件会商机制，做好非法渔获物、禁用的工具和方法等违法犯罪证据鉴定工作，依法追究违法犯罪行为人渔业资源及生态环境损害赔偿责任。加强水域智慧防控系统建设，整合公安、海事、渔政等视频监控平台，在重点区域、重点部位布建监控点位，努力实现水域船舶动态溯源，不断提升重点水域智慧防控水平。

（四）着力抓好水产品稳产保供

12. 按照《南京市溧水区养殖水域滩涂规划（2019—2035年）》，多措并举抓好渔业生产，稳定淡水水产养殖面积，发展特色渔业和特种水产品生态养殖。全面推广具有节水、节地、安全绿色特点的工厂化循环水养殖技术，扩大产业规模。扶持以地域特征为标志的产地品牌和企业品牌，满足广大消费者对优质水产品日益增长的消费需求。

六、组织领导

区政府成立全面推进长江流域溧水重点水域禁捕退捕工作领导小组，统一负责牵头组织、政策指导、协调推进、考核监督等工作。领导小组由区长张蕴任组长，常务副区长郜伦浩，副区长、公安分局局长徐正凯，副区长唐海清，党组成员刘人祥任副组长，相关部门为成员单位。

领导小组下设办公室和退捕推进、社会保障、执法整治、市场监管四个专项组（见附件），四个专项组分别制定专项行动方案。办公室设在区农业农村局，由党组成员刘人祥兼任主任，负责禁捕退捕日常工作。职责分工如下：

区农业农村局牵头做好禁捕退捕总体工作，

开展石臼湖水系禁捕退捕有关政策法规的宣传，发布渔业捕捞权收回公告，指导相关镇街做好渔民渔船调查摸底和核实工作，注销收回渔业船舶证书，负责做好湿地保护区管理工作。

区委宣传部负责做好石臼湖水系禁捕退捕、水生生物保护的新闻宣传和舆论引导等工作。

区发改委负责将禁捕退捕工作纳入石臼湖生态大保护年度重点督查工作计划，指导做好渔船渔具资产评估工作。

区水务局负责做好将禁捕退捕工作纳入河长制、湖长制考核目标，做好打击非法采砂行为，配合做好“三无”船舶清理整治工作。

区司法局负责做好有关禁捕退捕区政府规范性文件的审查工作。

区信访局负责做好有关禁捕退捕方面的信访工作。

区公安分局牵头做好打击违法捕捞行为；负责做好渔民户籍、人口审核，预防处置突发事件，协助做好渔民转产转业维稳工作。会同区法院、区检察院加强对已办案件宣传工作，扩大办理案件成果，形成震慑效应。

区民政局负责做好困难渔民救助工作，将符合条件的家庭及其成员纳入低保和生活困难保障范围，做到应保尽保、应救尽救。

区财政局负责做好财政资金保障工作。

区人社局牵头做好退捕渔民就业及社会保障领域各项政策落实工作。

溧水生态环境局负责做好石臼湖水系水环境污染防控工作。

区交通运输局负责做好内河营运“三无”船舶整治等工作，禁止“三无”船舶进出内河船闸。配合做好打击石臼湖水系违法捕捞工作。

区市场监管局牵头做好农(集)贸市场、水产品批发市场、餐饮服务单位等市场主体的监管，强化行业自律管理；牵头开展市场监管执法检查整顿，做好饭店餐馆张贴通告、禁捕水域捕捞水产品销售市场检查及溯源等工作。

区商务局配合市场监管部门做好对非法渔获物的销售和利用行为的查处工作。

区城管局负责做好门头店招等标牌的规范整治工作。

溧水医疗保障分局负责做好退捕渔民医疗保障情况调查核实工作，协调解决退捕渔民基本医疗保障问题。

溧水规划和自然资源分局负责做好安置渔民住房状况的核查工作。

区房产局负责做好安置渔民的危房鉴定和保障性安居工作。

七、保障措施

加强协调联动。各镇街及相关部门要充分认识石臼湖水系禁捕退捕工作的重要性和紧迫性，各司其职、履职尽责，切实抓好分内工作；同时，要牢固树立一盘棋思想，密切协作、协调联动，凝聚强大合力，共同把禁捕退捕各项工作任务落细落实。

加大投入保障。区财政要积极统筹省市及以上奖补资金、生态补偿、支农惠农、渔业油补、精准扶贫、社会民生等相关资金，做好兜底保障工作。同时，加大对渔业执法监管工作的支持保障力度。加强资金使用监管，建立严格的监管制度。对参加退捕工作的人员，可参照房屋拆迁考核工作给予相应奖励和补助。

强化宣传引导。深入宣传禁捕退捕的相关政策，提高社会公众知晓率和参与度，营造良好的社会氛围；结合实际制定工作方案，并充分征求广大渔民群众意见，保障渔民合法权益。认真分析研究渔民群众的利益诉求，充分预估和严格防范禁捕退捕可能引发的不稳定因素，建立健全风险防控、舆情导控和应急处置预案，牢牢守住社会稳定底线，确保禁捕退捕工作稳步有序。

强化督查问效。将石臼湖水系禁捕退捕工作作为落实“共抓大保护、不搞大开发”的约束性任务，纳入地方政府绩效考核和河长制等目标任务考核体系。将督查与问效、问责贯穿禁捕退捕工作全过程，及时发现薄弱环节和突出问题，督促即知即改、立行立改；对禁捕退捕工作不力、责任落实不到位等进行约谈、通报，对造成严重后果、出现冲击社会道德底线事件、群体性事件的要追责问责，对违法违纪行为依法依规坚决查处。

溧水区国家城乡融合发展试验区实施方案

溧委办发〔2020〕71号

2020年9月30日

为深入贯彻落实党的十九届四中全会精神和《中共中央国务院关于建立健全城乡融合发展体制机制和政策体系的意见》，根据国家发展改革委等18部门联合下发的《关于开展国家城乡融合发展试验区工作的通知》（发改规划〔2019〕1947号）要求，特制定本方案。

一、试验基础

发展基础。一是溧水地处南京大都市近郊区，南京主城区要素和功能外溢为溧水城乡融合提供强大动能和重要驱动力。二是溧水2019年城镇化水平达到62.3%，正处于城乡融合发展关键阶段。三是部分领域已经开展先行先试，近年来溧水先后被授予“江苏南京国家农业高新技术产业示范区”“国家临空经济示范区”“国家生态文明建设示范区”“全国休闲农业与乡村旅游示范县”“健康江苏实践示范区”等荣誉称号，这些试点工作为溧水区城乡融合发展奠定了坚实基础。

优势条件。一是生态优势价值凸显，溧水属江南丘陵山区，拥有石臼湖、中山湖等79个大小湖泊，自然湿地保护率45%，林木覆盖率35%，生态保护红线区占国土面积29.5%，高于全省7.5个百分点。二是产业综合配套体系完善，2019年中国中小城市综合实力百强区列52位，工业百强区列43位，绿色发展百强区列18位。三是农业科技品牌效应显著，白马国家级农业科技园区成功获批全国首批长三角唯一的国家农业高新技术产业示范区。四是乡村特色和配套设施建设成绩突出。创成市级以上美丽乡村示范村16个，白马李巷入选省级特色田园乡村试点。农村基础设施较为完善，生活污水进行处理的行政村占比（100%）、乡村燃气普及率（98.63%）、乡村垃圾无害化处理的行政村占比（100%）等指标区域领先。

主要挑战。一是城乡空间的利用效率不高，闲置宅基地及集体经营性建设用地等“沉睡”的土地有待盘活；二是城乡要素的双向自由流动还存在障碍，尤其是城市人才、社会资本、科技等要素下乡仍存在制度瓶颈，科技成果的转化率不高，人才的引进难度较大；三是城乡产业融合程度不高，各类平台对“三农”的带动作用不强，乡村新产业新业态还存在着落地难的问题；四是生态产品价值的实现路径还有待探索，绿色发展理念有待进一步强化；五是农民持续增收压力较大，各类经营主体和农户之间的合作成效还有待进一步提高，各类金融主体服务“三农”的方式有待创新。

二、总体要求

（一）指导思想

以习近平新时代中国特色社会主义思想为指导，全面贯彻党的十九大和十九届二中、三中、四中全会精神，紧紧围绕统筹推进“五位一体”总体布局和协调推进“四个全面”战略布局，坚持和加强党的全面领导，坚持以人民为中心的发展思想，坚持稳中求进工作总基调，坚持新发展理念，坚持推进高质量发展，坚持农业农村优先发展，以协调推进乡村振兴战略和新型城镇化战略为抓手，以缩小城乡发展差距和居民生活水平差距为目标，以完善产权制度和要素市场化配置为重点，坚决破除体制机制弊端，促进城乡要素自由流动、平等交换和公共资源合理配置，加快形成工农互促、城乡互补、全面融合、共同繁荣的新型工农城乡关系，加快推进农业农村现代化。

（二）基本原则

——坚持遵循规律、把握方向。顺应城镇化大趋势，牢牢把握城乡融合发展正确方向，树立城乡一盘棋理念，突出以工促农、以城带乡，构建促进城乡规划布局、要素配置、产业发展、基础设施、公共服务、生态保护等相互融合和协同发展的体制机制。

——坚持整体谋划、重点突破。围绕乡村全面振兴和现代化建设目标，强化统筹谋划和顶层设计，增强改革的系统性、整体性、协同性，着力破除户籍、土地、资本、公共服务等方面的体制机制弊端，为城乡融合发展提供全方位制度供给。

——坚持因地制宜、循序渐进。充分考虑城乡融合发展阶段和乡村差异性，稳妥把握改革时序、节奏和步骤，勇于开拓，敢于担当，分类施策、梯次推进，试点先行、久久为功，形成符合实际、具有溧水特色的改革路径和城乡融合发展模式。

——坚持守住底线、防范风险。正确处理改革发展稳定关系，在推进体制机制破旧立新过程中，守住土地所有制性质不改变、耕地红线不突破、农民利益不受损底线，守住生态保护红线，守住乡村文化根脉，高度重视和有效防范各类政治经济社会风险。

——坚持农民主体、共享发展。发挥农民在乡村振兴中的主体作用，充分尊重农民意愿，切实保护农民权益，调动农民积极性、主动性、创造性，推动农业全面升级、农村全面进步、农民全面发展，不断提升农民获得感、幸福感、安全感。

（三）主要目标

到2022年，全区城乡要素自由流动制度性通道基本打通，城乡统一建设用地市场基本建成，科技服务乡村振兴的能力明显提升，建成一批城乡产业协同发展先行区和典型项目，生态产品价值实现机制初步建立，农民收入持续稳步提升，在城乡融合体制机制上取得突破，为建设南京都市圈范围内的郊区新城提供制度保障。到2025年，城乡融合发展体制机制更加健全，城乡发展差距和居民生活水平差距显著缩小，与南京主城及宁锡常结合片区实现全面融合发展。

（四）监测指标

为切实推进城乡融合发展试验区建设，结合《意见》的政策要求及国内外城乡融合、乡村振兴的最新研究成果，构建了“城乡融合发展试验区动态监测指标体系”，对溧水区城乡融合发展的工作进展及现有成效进行动态监测评估。

结合溧水城乡融合试验重点工作及数据可获取性，明确了5大类、20项城乡融合发展核心指标：农村集体经营性建设用地入市3项，建立科技成果入乡转化机制4项，搭建城乡产业协同发展平台5项，探索生态产品价值实现机制3项，健全农民持续增收体制机制5项。

溧水区国家城乡融合发展试验区核心指标监测表（暂行稿）

一级指标	序号	二级指标	2019年现状值	2022年监测值	2025年监测值	牵头部门
农村集体经营性建设用地入市	01	村庄规划管理覆盖率（%）	5.3	50	100	规划资源分局
	02	集体经营性建设用地交易面积（亩）	—	150	750	规划资源分局
	03	集体建设用地确权登记颁证比例（%）	—	100	100	规划资源分局
建立科技成果入乡转化机制	04	涉农新型研发机构（家）	—	2	5	科技局
	05	国际农业科技合作创新园区（个）	—	3	5	科技局
	06	科技人才兼职岗位（个）	—	100	300	科技局
	07	农业技术合同登记额（万元）	—	4000	8000	科技局
	08	农产品网络零售额（亿元）	—	10	30	商务局
搭建城乡产业协同发展平台	09	乡村旅游游客数（万人）	605	850	1000	文旅局
	10	省级特色小镇数量（个）	—	6	6	发改委
	11	乡村民宿数量（个）	49	100	200	文旅局
	12	省特色田园乡村数量（个）	1	7	10	农业农村局
	13	区域生态补偿费用（亿元）	—	2	3	生态环境局
探索生态产品价值实现机制	14	“无想田园”产品销售额（亿元）	11.2	15	30	供销社
	15	自然资源确权登记率（%）	—	80	100	规划资源分局

续表

一级指标	序号	二级指标	2019年现状值	2022年监测值	2025年监测值	牵头部门
探索生态产品价值实现机制	16	农村居民人均可支配收入(元)	24700	增幅全省前列	增幅全省前列	农业农村局
健全农民持续增收体制机制	17	城乡收入比	2.12	2	1.9	发改委
	18	农业保险参保农户覆盖率	—	≥90	≥95	发改委
	19	市级以上示范家庭农场(家)	—	20	50	农业农村局
	20	市级以上农民合作社示范社(家)	—	20	50	农业农村局

三、试验措施

(一)农村集体经营性建设用地入市

1.做好集体经营性建设用地入市准备

摸清全区集体经营性建设用地现状。摸清农村宅基地、集体经营性建设用地和集体公益性建设用地现状,形成数据库图库,并对不予实施征收的存量集体建设用地进行用途分类。结合农村集体经济组织登记赋码颁证工作,全面完成宅基地和集体建设用地使用权确权登记发证工作。(责任单位:溧水规划资源分局、区农业农村局、各试点镇街)

先行编制入市地块所在地国土空间规划。重点加强乡镇级国土空间总体规划和"多规合一"实用性村庄规划对集体经营性建设用地空间保障,充分预留用于新增集体经营性建设用地入市的空间范围。结合乡村不同产业项目实际需求,探索乡村新产业新业态项目"点状供地"。(责任单位:溧水规划资源分局、区农业农村局、各试点镇街)

2.搭建集体经营性建设用地交易机制

健全集体经营性建设用地入市管理制度。明确入市范围、模式,引导优先使用存量农村集体经营性建设用地,严格控制新增农村集体经营性建设用地规模。明确入市主体、方式,各街镇探索以集体资产经营公司或联合社的形式组建集体经济组织作为入市主体,鼓励农村集体经济组织以合理方式委托代理主体代为管理入市相关事务。明确集体经营性建设用地入市程序,加快完善入市交易的各项配套制度,健全土地增值收益分配、入市抵押贷款、纠纷解决等实施机制,确保入市合法、合规,确保土地入市交易有章可循、有法可依。(责任单位:溧水规划资源分局、区农业农村局、区财政局、区地方金融监管局、人行溧水支行,各试点镇街)

建立城乡统一建设用地交易平台。在现有国有建设用地网上交易平台基础上,搭建集体经营性建设用地入市交易平台,集体经营性建设用地与国有建设用地统一平台、统一规则、统一管理、统一登记、统一权能、统一监管。(责任单位:溧水规划资源分局、区农业农村局、各试点镇街)

建立科学合理的收益分配机制。通过完善集体经营性建设用地入市收益调节金和集体净收益分配机制,考虑土地用途、土地等级、交易方式等因素合理确定土地增值收益调节金征收比例,规范调节金使用管理,确保集体经营性建设用地入市后农民能够取得合法的直接性补偿收益,确保集体土地增值净收益主要用于增强集体经济。(责任单位:溧水规划资源分局、区财政局、区农业农村局、人行溧水支行、各试点镇街)

3.探索集体存量建设用地更新机制

探索放活宅基地使用权,有序扩大集体建设用地入市规模和范围。探索宅基地所有权、资格权、使用权"三权分置"的实现形式,对增量宅基地实行集约有奖、对存量宅基地实行退出有偿,解决超标准占用宅基地、宅基地闲置空置等问题。探索农村集体经营性建设用地分级入市,盘活宅基地和闲置用房。(责任单位:区农业农村局、溧水规划资源分局、区城建局、各区属国有企业、各试点镇街)

探索集体经营性建设用地多样化利用方式。充分发挥土地资源作为资金、劳动力等生产要素的载体作用,在合适地区建设开发租赁住房,整理集体建设用地腾退出来的用地指标，重点用于支持乡村新产业新业态，满足工商资本入乡的土地、人才需求。探索利用集体经营性建设用地建设人才公寓、养老服务设施等。（责任单位：溧水规划资源分局、区农业农村局、区城建局、区房产局、各区属国有企业、各试点镇街）

探索闲置宅基地、废弃集体公益性建设用地向集体经营性建设用地转化途径。鼓励引导通过宅基地使用权跨区域流转、有偿使用和有偿退出等方式，妥善处理农民集体产权和补偿关系后，依法收回农民自愿退出的闲置宅基地、废弃的集体公益性建设用地使用权，按照国土空间规划确定用途入市，促进乡村资源要素整合和适度集中居住。（责任单位：溧水规划资源分局、区农业农村局、各试点镇街）

4.健全集体经营性建设用地的市场化机制

建立集体建设用地不动产统一登记机制。参照国有建设用地不动产登记制度，通过基础制度建设、逐步衔接过渡、统一规范实施，建立统一的不动产登记信息管理基础平台，实现不动产审批、交易和登记信息实时互通共享以及依法查询，构建城乡统一的不动产登记制度。（责任单位：溧水规划资源分局、各试点镇街）

完善集体经营性建设用地使用权转让、出租、抵押二级市场。参照国有建设用地交易有关规定，构建集体经营性建设用地入市的两级市场制度体系，建立集体经营性建设用地使用权和地上建筑物所有权房地一体、分割转让机制。（责任单位：溧水规划资源分局、各试点镇街）

建立集体经营性建设用地使用权抵押贷款机制。参照国有建设用地使用权抵押登记的有关规定办理农村集体经营性建设用地使用权抵押登记，完善贷款管理机制，探索建立农村集体经营性建设用地使用权价值动态评估和风险评估预警机制，稳步推进集体经营性建设用地的资产化和资本化。（责任单位：区地方金融监管局、溧水规划资源分局、区农业农村局、人行溧水支行、各试点镇街）

（二）建立科技成果入乡转化机制

1.推动开发市场化产业化科技创新成果

迎合市场未来需求，大力推动科技创新。开展精准研发，支持新型研发机构面向企业开展技术创新服务，解决关键技术问题，加快科技成果的集成配套、熟化应用，开发新技术、新工艺、新装备及具有高附加值的新产品。加大对现有新型研发机构的运营绩效管理，全面提升研发机构孵化企业的成功率和成活率。进一步加大新型研发机构特别是涉农研发机构的引进力度，力争各镇街有拥有与自身主导产业相适应的新型研发机构。（责任单位：区科技局、溧水高新区、南京农高区、各试点镇街）

完善产学研合作机制，促进技术成果转移转化。鼓励企业、科研院所通过委托研发、联合研发、信息资源共享等多种形式进行交流合作，围绕农业园区建立产学研合作基地、校企联盟、产业技术联盟、园区协同创新战略联盟等，构筑“创新在院校，创业在园区”的合作机制。依托南京农高区，建立国际农业科技合作创新园区，吸引国外高校、研发机构到溧水进行科技成果转移转化，鼓励和支持企业引进海外核心关键技术，联合高校、研究机构进行消化吸收再创新，推动先进技术成果转化。力争到2022年，围绕绿色智慧农业发展，实现技术合同登记额达4000万元，建设国际农业科技合作创新园区3个。（责任单位：区科技局、南京农高区、各试点镇街）

2.建立健全科技成果转化激励机制

建立健全科技成果产权制度，赋予科研人员科技成果所有权。允许将高校院所利用财政性资金形成或接受企业、其他社会组织委托形成的归单位所有的职务科技成果所有权赋予成果完成人（团队），试点单位与成果完成人（团队）成为共同所有权人。允许赋予科研人员不低于10年的职务科技成果长期使用权，科技成果完成人（团队）应向单位申请并提交成果转化实施方案，由其单独或与其他单位共同实施该项科技成果转化，合理约定成果的收益分配等事项。制定《南京农高区赋予科研人员职务科技成果所有权或长期使用权试点实施办法》。（责任单位：区科技局、区市场监管局、溧水高新区、南京农高区、各试点镇街）

鼓励科技人员入乡兼职兼薪、离岗创业、技术入股。鼓励科技人员入乡创办项目并予以支持。支持符合条件的农业专业技术人员通过选派或自愿申请到企业挂职、离岗、在职创业或者以技术参与项目合作。完善职称评定制度，向入乡兼职兼薪或离岗创业的科技人员有所倾斜。（责任单位：区科技局、区人社局、区农业农村局、溧水高新区、

南京农高区、各试点镇街）

鼓励农村集体经济组织探索科技人才加入机制。探索农村集体经济组织成员身份与户籍脱钩制度，针对部分对乡村建设和发展做出突出贡献的外来人才、海外乡贤、企业家等，探索由村集体商议决定赋予其"新村民"资格及一定范围内的集体收益分配权和宅基地使用权。（责任单位：区农业农村局、溧水规划资源分局、溧水公安分局、各试点镇街）

探索公益性和经营性农技推广融合发展机制。促进农技推广机构与新型农业经营主体、农业龙头企业和特色产业相融合，提供全程化农技服务和个性化服务。鼓励和支持农技人员在履行好岗位职责的前提下，进入家庭农场、农民合作社等新型农业经营主体，开展经营性农技推广服务并合理取酬。（责任单位：区农业农村局、区科技局、各试点镇街）

3.建立科技成果转化的市场化服务机制

促进技术要素与资本要素融合发展。积极探索通过天使投资、创业投资、知识产权证券化、农业科技保险等方式推动科技成果资本化。加强知识产权质押融资服务创新，鼓励商业银行对科技型企业自身拥有的专利权、注册商标专用权及科技人员拥有的科技成果所有权等相关无形资产进行打包组合融资，进一步拓宽科技型企业融资渠道。（责任单位：区科技局、区地方金融监管局、人行溧水支行、各试点镇街）

建立健全科技中介服务保障机制。加快社会化技术转移机构发展，鼓励各类中介机构为技术转移提供知识产权、法律咨询、资产评估、技术评价等专业服务。加快科技经理人队伍建设。争取省技术产权交易市场在溧水设立分中心，集中搜集和发布农业生产技术信息，并开设项目申报、知识产权、资产评估、科技金融、合同登记等一站式服务窗口，提供确权、挂牌、鉴证、评估、登记等全链条服务。（责任单位：区科技局、区市场监管局、溧水高新区、南京农高区、各试点镇街）

4.建设科技成果转化的高质量平台载体

在南京农高区探索建立技术创新市场导向机制。围绕农高区核心产业发展需求，重点打造农业科技创新、创业孵化、科技政策、人才培育四大平台。突破体制机制障碍，汇聚高校、科研机构、行业龙头企业的创新资源，建立一批新型研发机构，以股权激励为核心，明确支持人才团队持大股，以科研团队为主体打造高校院所、政府基金、企业和社会资本等各方参与的利益共同体。（责任单位：区科技局、南京农高区）

发挥各类创新载体作用，提升农村科技服务水平。强化功能提升，打造最优"众创空间"和"星创天地"，推进孵化器提档升级，实现载体数量质量双提升。培育"众创空间（星创天地）+孵化器+加速器"全链条孵化载体，孵化科技型创业群体和创客团队。加强农村科技超市建设，构建线上线下科技成果交易平台。（责任单位：区科技局、区农业农村局、各试点镇街）

（三）搭建城乡产业协同发展平台

1.推进现有平台提档升级，打造一批城乡产业协同发展先行区

支持溧水开发区创建国家级开发区。推进开发区体制机制、资源配置、服务效能集成改革，全力争创国家级开发区。针对新能源汽车、临空经济、健康产业三大千亿级地标产业，进一步加快新能源汽车全产业链的配套，加快欣旺达等一批龙头项目的建设。进一步加快临空经济示范区溧水片区建设。围绕南京空港保税物流中心（B型）的封关运营，中国民航南京适航审定中心的落地，禄口机场T1航站楼的使用，不断深化与禄口机场的合作，推进嘉地物流等临空项目建设。进一步加快健康产业项目建设，推进江苏省康复医院、南京市颐养中心、恒生药业等定标性项目建设。（责任单位：开发区、区商务局、区发改委、区工信局、区卫健委）

推进全区农业园区提档升级。用三年时间实现全区农业园区全部提档升级。白马依托国家农高区进一步争创国家农村产业融合发展示范园。洪蓝依托傅家边农业园争创国家级现代农业产业园。和凤农业园争创省级农业产业示范园区。东屏、晶桥农业园争创市级A类农业园区，石湫、永阳争创市级B类农业园区。（责任单位：区农业农村局、各试点镇街）

加快全区特色小镇建设运营。围绕全区现有的6个特色小镇，加强管理，严格考核，对空港会展小镇、无想·国际创业小镇、石湫影视小镇进一步加大运营绩效的考核力度，强调会展小镇的使用率，创业小镇的孵化率、影视小镇的拍摄率；对东屏新材料小镇、白马农科小镇、晶桥康养小镇，

进一步加快小镇基础设施和重点项目的建设力度，加大小镇投资建设的考核力度。(责任单位：区发改委、各试点镇街)

2.创新产业平台和业态，打通产业融合发展链条

推进科技赋能农业现代化。依托南京农高区定期发布农业重大科技需求，尽快形成一批自主创新成果。争取国内权威的食品、农机行业检验鉴定与认证机构、知识产权交易机构在溧水设立分支机构，鼓励农业产业化龙头企业、高新技术企业、科技型企业和新型研发机构加入农业科技研发联盟。引导农产品精深加工向优势区域和关键物流节点集中，高标准建设食品产业园，打造省级农产品加工集中区。(责任单位：南京农高区、区发改委、区科技局、区农业农村局)

推动种植基地规模化标准化建设。建立农产品安全追溯体系，构筑起从田头到餐桌的全过程一体化质量安全管理体系。大力推进绿色有机农产品认证。打造水稻全国绿色食品原料标准化生产基地，争创国家农产品质量安全区，绿色优质农产品占比达85%。(责任单位：区农业农村局、区市场监管局、南京农高区、各试点镇街)

依托跨境电商平台打通农产品出口通道。以农产品、鲜果和高附加值产品(深加工农产品)的出口业务为主，依托南京空港保税物流中心(B型)和机场跨境电商产业园，提高农产品跨境电子商务冷链物流水平，培育发展一批农产品跨境电子商务企业。建立农产品跨境电子商务质量标准体系，打造政企联合的农产品公共检测平台，加大农产品品牌国际化注册、保护和宣传力度。将白马会展中心建成农产品贸易和农业对外交流与合作的现代化平台。(责任单位：区商务局、区农业农村局、区市场监管局、开发区、南京农高区、各试点镇街)

3.以乡村典型项目推动农文旅产业发展

高标准建设一批特色田园乡村。按照“值得看、值得玩、值得吃、值得住”的要求，高水平打造白马红色李巷、洪蓝郭兴庄园、晶桥芝山曹庄、和凤三叶花开、东屏金色庄园、石湫李在凤田园综合体、永阳秦淮源头等一批特色田园乡村。(责任单位：区农业农村局、区文旅局、各区属国有企业，各试点镇街)

争创国家全域旅游示范区。围绕天生桥、无想山、傅家边、枫香岭、石山下、周园、大金山、石湫影视城等核心景点，围绕无想山重点打造一批具有品牌效应的乡村旅游目的地和精品旅游线路。促进民宿产业与美丽乡村、现代农业、乡土文化深入融合，优化提升一批主题民宿。深入实施共享康养院子项目，吸引社会资本参与，统一运营模式。打造成为全省知名的乡村民宿集聚区。提升乡村旅游公共配套服务水平，加大游客集散中心、旅游交通、智慧旅游和餐饮住宿等旅游基础设施投资和建设力度，争创国家全域旅游示范区。(责任单位：区文旅局、区农业农村局、区城建局、各区属国有企业、各试点镇街)

4.创新发展方式，探索区属国有企业参与镇街融合发展

推动区属国有企业和镇街合作。运用市场化投资方式，一方出项目，一方出资金。城建集团重点投资洪蓝、经开集团重点投资和凤、水务集团重点投资晶桥，通过市场化运作手段，采取资本投资形式，重点建设200亩左右工业标准载体、收储200亩左右集镇用地，吸引优质项目落户，实现国有企业、镇街、民营企业“三方共赢”。(责任单位：各区属国有企业、区国资办、区发改委、区工信局、各试点镇街)

(四)探索生态产品价值实现机制

1.大力发展多元化生态产业

扩大区域公用品牌使用范围。深入推进“互联网+现代农业”，加快草莓、蓝莓、黑莓、优质稻米、蔬菜、茶叶等农产品全产业链数据信息平台建设。坚持线上与线下多种营销方式并重，扩大“无想田园”农产品区域公用品牌影响力，打造区域公用品牌升级版，建立区域公用品牌授权与维护、推介和管理机制，提高生态品牌农产品溢价率。强化“无想田园”区域公用品牌与阿里巴巴等综合电商平台及知名电商企业紧密合作。到2022年，农村电子商务交易额力争突破10亿元。(责任单位：区供销社、区商务局、区农业农村局、各试点镇街)

发展全域健康产业。大力推进产业生态化、生态产业化，提升发展的含金量、含绿量、含新量。善于留白，尊重发展规律，为未来发展和子孙后代留下充足空间。加快形成健康城区、国家农高区、健康特色小镇、健康田园乡村的多层次复合化健康产业发展格局。依托江苏省康复医院、南京市颐养中心，建设全国一流的康养高地；依托生态优

势，发展健康文旅体产业。（责任单位：区健康办、区文旅局、区农业农村局、各试点镇街）

2.推动生态资源价值转化

建立生态系统生产总值（GEP）核算框架和指标体系。摸清生态产品基础底数，制定生态产品目录清单，完善指标体系、技术规范和核算流程，研究制定《溧水区生态产品价值核算技术办法》。开展溧水区GEP核算试点。（责任单位：区发改委、溧水规划资源分局、区农业农村局、区水务局、溧水生态环境局、各试点镇街）

建立健全生态绩效考核机制。在现有的考核机制中增加生态绿色经济的指标，将生态产品价值实现工作纳入干部自然资源资产离任审计内容。2022年底前，制定推行促进绿色生态发展的全新考核办法。（责任单位：区发改委、溧水生态环境局、区审计局）

探索自然资源资产统一确权登记。以不动产登记为基础，充分利用第三次全国土地调查成果，探索启动重要水体、重点国有林区等具有完整生态功能的自然生态空间和全民所有单项自然资源统一确权登记。逐步实现全区水流、森林、山岭、荒地等全部自然资源登记全覆盖。（责任单位：溧水规划资源分局、区农业农村局、区水务局）

探索建立生态产品交易平台。探索制定生态资源产权交易规则、交易程序，依托公共资源交易平台构建溧水区生态产品交易平台。（责任单位：溧水规划资源分局、区农业农村局，溧水生态环境局，区水务局，区发改委）

3.建立健全生态补偿和生态环境损害赔偿制度

建立健全生态补偿制度。强化生态补偿激励机制，实行补偿资金和保护面积、保护成效“双挂钩”。逐步完善重点生态区域保护转移支付，拓展多元化生态保护补偿方式，在省市补偿资金的基础上，增加区级财政投入。进一步扩大补偿范围，把饮用水源地、湿地公园、中小型水库等纳入补偿。（责任单位：溧水生态环境局、区发改委、溧水规划资源分局、区农业农村局、区水务局、区财政局）

开展生态环境损害赔偿制度改革试点。推动建立《溧水区生态环境损害赔偿实施办法》，破解“企业污染、群众受害、政府买单”的困局，对适用实施办法情形的生态环境损害行为，依法追究当事人应承担的生态环境损害责任。（责任单位：溧水生态环境局）

4.建立绿色金融支持保障机制

建立绿色信用体系。建立健全生态信用评价与考核机制，实行生态信用与社会统一信用的联动奖惩，出台溧水区企业和个人生态信用授信与融资的相关政策。推进绿色产品信用制度建设，严格落实生产者对产品质量的主体责任以及认证实施机构对检测认证结果的连带责任，对严重失信者建立联合惩戒机制，对违法违规行为的责任主体建立黑名单制度。（责任单位：区发改委、溧水生态环境局、区地方金融监管局、区工信局、区农业农村局）

打通生态资源的资本通道。建立符合绿色产业和项目特点的信贷管理与监管考核制度，支持银行业金融机构加大对绿色企业和项目的信贷支持。鼓励银行开展集体林权抵押、环保技术知识产权质押融资业务，探索开展排污权和节能环保、清洁生产、清洁能源企业的收费权质押融资创新业务。积极推动设立政府主导、社会参与的生态交易基金，发展绿色资产证券化，多渠道引进社会资本参与节能减排降碳、污染治理、生态修复和其他绿色项目。（责任单位：区地方金融监管局、溧水规划资源分局、区农业农村局、区水务局、溧水生态环境局，人行溧水支行）

（五）健全农民持续增收体制机制

1.完善就业创业服务，提高农民工资性收入

建立规范的招工用工制度。在完善基层公共就业服务平台建设的基础上，对接市网上人力资源服务产业平台，为区内外人力资源服务机构与企业搭建网上平台，充分发挥融媒体信息化手段，创新线上线下相结合招聘方式，促进劳动力就近就地转移就业。对接企业需求，探索实施吸纳农业转移人口就业的鼓励政策。（责任单位：区人社局、各试点镇街）

切实提高农民职业技能培训效能。以市场需求为导向，对有培训意愿、符合条件的本地农民开展就业创业技能培训，推行“订单式”“定岗式”“定向式”培训。构建“专门机构+多方资源+市场主体”的多元化培育体系，培育高素质的新型职业农民。（责任单位：区人社局、区农业农村局、各试点镇街）

打通农民工流动和就业障碍。改革完善企业

职工基本养老保险关系跨地区转移接续政策，实现参保农民工在城乡间流动时基本养老保险关系顺畅转接。加强基本医疗保险、城乡居民大病保险、医疗救助等有效衔接，完善医疗保险关系转移接续、异地就医结算机制。（责任单位：区人社局、溧水医保分局）

2.促进产业融合升级，提升农民经营性收入

完善企业与农民利益的联动机制。完善企业与农户利益联结机制，发挥龙头企业在开拓市场、联结农户、带动农民致富等方面积极作用，探索农户以土地经营权入股企业获得收益，加快推进农民合作社综合社的组建，推进农民合作社综合社的工商登记工作。（责任单位：区农业农村局、区市场监管局、区行政审批局、各试点镇街）

大力发展农民合作社和家庭农场。加快培育示范家庭农场，鼓励农民合作社围绕农业产业链组建联合社，打造优势特色产业合作新亮点。推广“订单收购+分红”“农民入股+保底收益+按股分红”等模式。着力培育发展一批带农作用突出、综合竞争力强、稳定可持续发展的农业产业化联合体。推动示范覆盖面提升、规范建设提升，做好农民合作社质量提升整区推进试点工作。到2022年底，家庭农场适度规模经营面积比重60%以上，新增区级以上家庭农场20家、产业化联合体3个，培育2—3个产值超亿元的特色农业产业化联合体。（责任单位：区农业农村局、区发改委，各试点镇街）

鼓励支持农民乡村创业。出台支持农民创业政策，探索建立农民工返乡创业和本地农民乡村创业服务机制，支持农民就地就近创业。加快南京农高区、农业产业园、创业园建设，为农民创业就业提供平台和载体。积极落实“富民创业担保贷款”惠民政策，为农民营造良好创业环境。（责任单位：区人社局、区农业农村局、南京农高区、各试点镇街）

3.推动产权制度改革，挖掘农民财产性收入

完善农村经营性资产的股份合作制改革。完善成员界定和股权设置，有序开展试验区村社分账、集体经济组织成员制度等试验任务，引导深化村集体更好地赋予农民对集体资产股份占有、收益、有偿退出及抵押、担保、继承权。做好农村集体经济组织登记赋码工作，建立统一社会信用代码制度，打通农村集体产权制度改革“最后一公里”。（责任单位：区农业农村局）

增强集体经济组织运行活力。盘活村集体闲置资金、资产和资源，积极扶持和引导村居集体参与经营性开发，以股权投资方式入股区属国有企业城市基础设施及其他公共服务建设项目，按同股、同权、同利原则享受股东权益。通过招商引资等方式盘活全区闲置未利用土地。大力开展农民合作社综合社试点创建工作，到2022年底，全区40%以上行政村开展综合社组建。（责任单位：区农业农村局，各试点镇街）

推动农村金融制度创新。完善农村产权权属登记和抵质押登记制度，探索扩大农村有效抵质押物范围，积极开展农村土地承包经营权、农民住房财产权、农村集体经营建设用地使用权、林权等“四权”抵押贷款业务，逐步推动动产、应收账款、仓单、股权和知识产权等抵（质）押方式。（责任单位：区农业农村局、溧水规划资源分局、区地方金融监管局、各试点镇街）

4.推动保障政策创新，拓展农民转移性收入

优化涉农财政性建设资金使用方式。统筹整合使用财政涉农资金。按照《市政府关于探索建立涉农资金统筹整合长效机制的实施意见》要求，对涉农专项资金定期开展评估，建立调整优化和退出机制。扩大并做好金陵惠农贷业务，落实好贷款贴息等政策，充分发挥财政资金杠杆作用，着力缓解融资难、融资贵的问题，带动农业产业化、支持符合条件的农业产业化规模化项目。（责任单位：区财政局、区农业农村局、区地方金融监管局、各试点镇街）

健全农业生产者补贴制度。加强“米袋子”“菜篮子”保供体系建设，推动现代种养业规模化、标准化、品牌化和绿色化发展，鼓励发展多种形式适度规模经营，对符合条件的种养殖业大户、各类新型经营主体加大补贴力度，并逐步扩大覆盖范围。推进政策性农业保险增品、提标、扩面，稳步扩大农业保险地方承保单位个数和扩大地方特色农业保险险种补贴范围。（责任单位：区财政局、区农业农村局、区发改委）

创新乡村就业人员社保缴纳方式。进一步延伸经办网络，拓展参保缴费方式。积极拓展线上参保和缴费渠道，实现网站、柜台、智慧溧水APP和微信公众号多途径参保缴费。通过精准排查，广泛动员，持续提升断保人员续保率。（责任单位：

区人社局、各试点镇街）

四、政策保障

（一）改革授权

允许开展土地、资本、科技等要素市场化配置改革。允许区政府行使村庄规划审批权。制定和发布《区农村集体经营性建设用地入市管理办法（试行）》。将溧水开发区纳入中国（江苏）自由贸易试验区南京片区首批联动创新区，允许海关特殊监管区业务在溧水先行先试，并享受自贸区相关政策。争取省技术产权交易市场在溧水设立分中心。

（二）财政金融保障

财政支持。积极争取和充分利用省、市级政府对国家城乡融合发展试验区的财政支持和转移支付制度，切实解决试验改革中的财政支持体制机制障碍。

金融保障。对接省级乡村振兴母基金，设立子基金。探索建立金融机构服务“三农”的激励约束机制。支持在债务风险可控前提下发行政府债券和企业债券。扩大“金陵惠农贷”试点街镇贷款的规模。强化“政银担”合作，完善农业信贷担保体系。扩大高效设施农业保险财政补贴范围，试点特色优势农产品保险，探索开展农产品价格指数保险、农业气象指数保险等新型农业保险险种。

（三）政策集成

统筹各项既有试点政策。统筹推进制造业高质量发展试验区、国家临空经济示范区、国家农业高新技术产业示范区、宁杭生态经济带先行示范区、健康江苏实践示范区等改革试验任务。深化国家体育产业示范基地、国家生态文示范区、全国社区治理和服务创新试验区、全国农村创新创业典型区等创建成果，实现政策红利最大化。

（四）组织实施

成立区级层面城乡融合发展工作领导小组，加强对该项工作的统筹领导、协调推进和跟踪督导，推动区级各部门加强沟通协作，研究解决改革试验过程中的重大政策、重大需求和重大问题。

·文件目录选编·

中共南京市溧水区委员会

溧委发〔2020〕1号	关于印发《溧水区支持制造业高质量发展十条政策（试行）》的通知
溧委办发〔2020〕1号	关于印发《溧水制造业高质量发展试验区建设行动计划（2020—2023年）》的通知
溧委办发〔2020〕4号	关于印发《“健康溧水活力新城”—誓创高质量全域Ⅲ类水三年行动计划（2020—2022年）》的通知
溧委办发〔2020〕10号	关于转发《溧水制造业高质量发展试验区总体方案》《支持制造业高质量发展试验区建设事项》的通知
溧委办发〔2020〕11号	关于印发《溧水区智慧城市建设一网统管实施意见》的通知
溧委办发〔2020〕12号	关于印发《溧水区社会治理大联动平台考核评价办法》的通知
溧委办发〔2020〕13号	关于印发《溧水区推进城市安全发展的实施意见》的通知
溧委办发〔2020〕16号	关于印发《南京石湫文化创意有限公司整合重组实施方案》的通知
溧委办发〔2020〕17号	关于印发《江苏南京国家农业高新技术产业示范区发展集团有限公司整合重组方案》的通知
溧委办发〔2020〕18号	关于印发《溧水区关于深化国有企业和国有资本审计监督的实施意见》的通知
溧委办发〔2020〕20号	关于印发《区有关单位安全生产工作职责清单》的通知
溧委办发〔2020〕27号	关于印发《溧水区支持制造业高质量发展十条政策实施细则（试行）》的通知
溧委办发〔2020〕32号	关于印发《南京市溧水区街镇集成改革实施方案》的通知
溧委办发〔2020〕34号	关于印发《南京市创建国家安全发展示范城市溧水区实施方案》的通知

溧委办发〔2020〕37号	关于集中开展违法违规“小化工”专项整治行动的通知
溧委办发〔2020〕38号	关于印发《南京市溧水区村党组织书记“专职五级”管理评定办法》的通知
溧委办发〔2020〕39号	关于印发《关于建立溧水区防止返贫长效机制的实施方案》的通知
溧委办发〔2020〕43号	关于印发《溧水区全面落实“六保”任务做好当前重点工作实施方案》的通知
溧委办发〔2020〕46号	关于印发《溧水区市管领导联系重点工业企业制度》的通知
溧委办发〔2020〕48号	关于印发《溧水区安全生产专项整治三年行动工作方案》的通知
溧委办发〔2020〕49号	关于建立新时代溧水产业工人队伍建设改革联席会议制度的通知
溧委办发〔2020〕50号	关于印发《关于健全行政裁决制度加强行政裁决工作的实施方案》的通知
溧委办发〔2020〕52号	关于印发《溧水区推进国有企业退休人员社会化管理工作方案》的通知
溧委办发〔2020〕53号	关于印发《中共南京市溧水区委永阳街道工作委员会、南京市溧水区人民政府永阳街道办事处职能配置、职能机构和人员编制规定》的通知
溧委办发〔2020〕54号	关于印发《中共南京市溧水区委柘塘街道工作委员会、南京市溧水区人民政府柘塘街道办事处职能配置、职能机构和人员编制规定》的通知
溧委办发〔2020〕55号	关于印发《中共南京市溧水区委东屏街道工作委员会、南京市溧水区人民政府东屏街道办事处职能配置、职能机构和人员编制规定》的通知
溧委办发〔2020〕56号	关于印发《中共南京市溧水区委洪蓝街道工作委员会、南京市溧水区人民政府洪蓝街道办事处职能配置、职能机构和人员编制规定》的通知
溧委办发〔2020〕57号	关于印发《中共南京市溧水区委石湫街道工作委员会、南京市溧水区人民政府石湫街道办事处职能配置、职能机构和人员编制规定》的通知
溧委办发〔2020〕58号	关于印发《中共白马镇委员会、白马镇人民政府职能配置、职能机构和人员编制规定》的通知
溧委办发〔2020〕59号	关于印发《中共和凤镇委员会、和凤镇人民政府职能配置、职能机构和人员编制规定》的通知
溧委办发〔2020〕60号	关于印发《中共晶桥镇委员会、晶桥镇人民政府职能配置、职能机构和人员编制规定》的通知
溧委办发〔2020〕64号	关于印发《溧水区“战疫情促就业十万研究生宁聚行动”实施方案》的通知
溧委办发〔2020〕66号	关于推进区级党政机关事业单位所办企业清理脱钩的实施方案
溧委办发〔2020〕70号	关于印发《南京市溧水区档案馆职能配置、内设机构和人员编制规定》的通知
溧委办发〔2020〕71号	关于印发《南京市溧水区国家城乡融合发展试验区实施方案》的通知
溧委办发〔2020〕72号	关于印发《关于开展村级集体经济组织与村民委员会功能分离及分账管理的实施意见》的通知
溧委办发〔2020〕75号	关于印发《溧水区农村集体经营性建设用地入市试点行动方案》《溧水区科技成果入乡转化制度工作方案（2020—2022年）》《溧水区搭建城乡产业协同发展平台行动方案》《溧水区“探索生态产品价值实现机制”工作方案》《溧水区健全农民持续增收体制机制工作方案》的通知
溧委办发〔2020〕76号	关于印发《溧水区政府购买社区服务实施办法（试行）》《溧水区政府购买社区服务第一批指导性目录》《溧水区政府购买社区服务资金管理办法（试行）》通知
溧委办发〔2020〕77号	关于印发《溧水区区管国有企业领导人员管理办法》的通知
溧委办发〔2020〕78号	关于印发《关于建立区委常委与党外代表人士、民营经济人士、新的社会阶层人士联系制度的意见》的通知
溧委办发〔2020〕82号	关于印发《溧水区林长制试点工作实施方案》的通知
溧委办发〔2020〕84号	南京市溧水区残疾人联合会改革实施方案

（区委办）

南京市溧水区人民政府

溧政发〔2020〕9号	关于印发《南京市溧水区关于促进会展业发展若干政策措施(试行)》的通知
溧政发〔2020〕15号	关于印发《溧水区新型冠状病毒感染的肺炎防控工作方案》的通知
溧政发〔2020〕27号	关于印发《南京市溧水区农业农村污染治理攻坚战实施方案》的通知
溧政发〔2020〕34号	关于印发溧水区在市场监管领域开展部门联合双随机一公开监管实施方案的通知
溧政发〔2020〕75号	关于印发全面推进长江流域溧水重点水域禁捕退捕工作实施方案的通知
溧政发〔2020〕80号	关于加快推进农业机械化和农机装备产业转型升级的实施细则
溧政发〔2020〕84号	关于落实优化营商环境综合改革十项实事落实情况审议意见的报告
溧政发〔2020〕137号	关于印发《关于全面贯彻落实粮食安全责任制的实施意见(修订)》的通知
溧政办发〔2020〕7号	关于印发《溧水区教体融合工作实施方案》的通知
溧政办发〔2019〕8号	关于印发《南京市溧水区城镇低效用地再开发实施细则》的通知
溧政办发〔2020〕12号	关于印发《南京市溧水区危险化学品安全综合治理方案》的通知
溧政办发〔2020〕18号	关于印发溧水区应对新冠肺炎疫情促进“菜篮子”产品生产销售政策措施的通知
溧政办发〔2020〕21号	关于印发溧水区城市燃气安全生产专业委员会工作方案的通知
溧政办发〔2020〕24号	关于印发《南京市溧水区加快稻田综合种养发展实施方案(2020—2022年)》的通知
溧政办发〔2020〕40号	关于印发《南京市溧水区城镇污水处理提质增效精准攻坚“333”行动实施意见》的通知
溧政办发〔2020〕43号	关于印发《南京市溧水区乡村振兴战略实施规划(2019—2022年)》的通知
溧政办发〔2020〕47号	关于转发区交运局《溧水区城乡公交一体化示范区创建任务分解》的通知
溧政办发〔2020〕51号	关于印发《溧水区创建“江苏省平安校园建设示范区”工作方案》的通知
溧政办发〔2020〕70号	关于印发《溧水区支持直播电商发展扶持政策(试行)》的通知
溧政办发〔2020〕71号	关于印发《溧水区促进服务业高质量发展扶持政策(试行)》的通知
溧政办发〔2020〕88号	关于印发《溧水区区属国有企业违规经营投资责任追究办法(试行)》的通知
溧政办发〔2020〕90号	关于印发《溧水区危险化学品使用安全专项治理行动实施方案》的通知

(区政府办)

统计资料

溧水区2020年国民经济和社会发展统计公报

2020年，面对严峻复杂的外部环境和艰巨繁重的发展任务，全区坚持以习近平新时代中国特色社会主义思想为指导，扎实做好“六稳”“六保”工作，有力开展“四新”行动，统筹推进疫情防控、复工复产、转型创新、城乡建设、民生保障等各项工作，为“十四五”率先开启基本实现现代化新征程打下了坚实基础。

一、综合

【国民经济】 全年实现地区生产总值911.51亿元，比上年增长6.1%，其中，第一产业增加值50.42亿元，增长1.8%；第二产业增加值459.57亿元，增长9.9%；第三产业增加值401.52亿元，增长2.4%。三次产业比重为5.5:50.4:44.1。第二产业中工业增加值387.10亿元，增长11.0%；建筑业增加值72.47亿元，增长3.7%。第三产业中房地产业增加值52.84亿元，下降10.7%，占第三产业比重为13.2%；批发和零售业增加值114.80亿元，增长1.2%，占第三产业比重为28.6%；金融业增加值31.27亿元，增长6.2%，占第三产业比重为7.8%。

【财政收支】 全区政府性基金预算收入103.26亿元，同比增长13.4%。一般公共预算收入79.02亿元，同比增长12.1%，其中，税收收入63.81亿元，增长7.7%，税收占比80.8%。政府性基金预算支出124.17亿元，增长0.7%。一般公共预算支出125.89亿元，增长8.5%。

【人口结构】 年末，全区户籍人口44.98万人，增长6.71‰。在户籍人口中，男性人口为22.56万人，女性人口为22.42万人。0—17岁人口为7.58万人；18—34岁人口为9.25万人；35-59岁人口为18.07万人；60岁及以上人口为10.08万人。全年人口出生率为10.41‰；人口死亡率为7.21‰；人口自然增长率为3.20‰。

【就业创业】 全年城镇新增就业2.27万人，减免社保费9.85亿元，发放稳岗补贴2513万元。积极兑现科技创新、人才安居系列政策，引进培育创新创业人才48名，集聚高层次“双创”人才19名、高素质人口10.5万人，累计兑付各类奖补资金2.3亿元，发放科技贷款8.6亿元。

二、农业

【粮油种植】 全年粮食种植面积42.65万亩，比上年增加0.56万亩，其中，稻谷种植面积25.88万亩，增长0.9%。粮食总产量20.64万吨，其中，稻谷产量15.02万吨，增长0.2%；小麦产量4.32万吨，增长5.1%。油料种植面积5.43万亩，增长0.9%。油料总产量0.9万吨，下降1.1%。

【农林牧渔业】 全区实现农林牧渔业总产值83.27亿元，增长4.1%。其中农业产值47.47亿元，增长2.4%；林业产值3.5亿元，增长7.5%；牧业产值5.28亿元，增长3.3%；渔业产值20.01亿元，增长7.7%。肉类总产量1.42万吨，下降0.7%，其中，猪肉产量0.44万吨，禽肉产量0.97万吨。禽蛋产量1.50万吨，增长2.3%。年末生猪存栏3.62万头，增长136.4%；生猪出栏5.64万头，下降3.5%。年末家禽存栏242.35万只，增长2.6%；家禽出栏590.30万只。

【现代农业】 现代农业稳中向好，牧原集团溧水生猪养殖场建成投产，44个农业重点项目完成投资28.53亿元，新增市级龙头企业11家，休闲农业综合收入23亿元，长乐社区获评全国乡村特色产业亿元村，洪蓝街道创成省级现代农业产业示范园，“无想田园”优质农产品亮相品牌商超、省市机关、高速服务区。高标准农田建设和人居环境整治两项工作获省政府督查激励，获评全国农村创新创业典型区。

三、工业和建筑业

【工业产销】 全区实现工业产值1084.30亿元，同比增长10.0%，其中，规模以上工业产值增长12.4%。规模以上工业累计产销率为95.3%。

【工业结构】 全区规模以上工业行业大类31个，其中16个行业产值实现增长。其中通用设备制造业，农副食品加工业，汽车制造业同比分别增长33.2%、29.9%、27.0%。全区规模以上民营规上工业企业424家，实现工业总产值619.46亿，占规上工业比重为78.1%，增长14.5%，较全区规上工业总产值增幅高出2.1个百分点。

【建筑行业】 全年完成建筑业总产值252.55亿元，增长7.4%。建筑施工面积1273.68万平方米，下降1.5%。其中，当年新开工面积510.48万平方米，下降0.2%。竣工面积416.44万平方米，下降0.1%。

四、固定资产投资和房地产业

【投资结构】 全年固定资产投资（不含农户）同比增长8.6%，其中，第一产业投资同比增长277.2%；第二产业投资同比增长16.8%，其中，工业投资同比增长16.8%；第三产业投资同比增长2.8%。

【房地产业】 全年房地产开发投资完成149.76亿元，同比下降1.3%。房屋施工面积766.60万平方米，同比下降3.6%。房屋竣工面积100.37万平方米，同比下降21.3%。商品房销售面积185.89万平方米，同比增长10.7%。商品房销售额204.19亿元，同比增长11.9%。

五、国内贸易

【消费市场】 全年实现社会消费品零售总额349.84亿元，同比增长1.6%。在限额以上批发和零售企业零售额中，按经营单位所在地分，城镇消费品市场实现零售额148.79亿元，同比增长11.2%；农村消费品市场实现零售额21.30亿元，同比下降24.8%。

【消费结构】 在限额以上批发和零售企业零售额中，家具类6.3亿元，同比增长1256.2%；化妆品类1.3亿元，同比增长320.9%；服装、鞋帽、针纺织品类4.9亿元，同比增长219.2%；电子出版物及音像制品类0.04亿元，同比增长128.6%。

2020年限额以上批发和零售业商品分类零售额

商品分类	零售额（亿元）	增长（%）
粮油、食品类	71.41	3.3
饮料类	6.21	-24.8
烟酒类	6.61	55
服装、鞋帽、针纺织品类	4.91	219.2
化妆品类	1.33	320.9
金银珠宝类	1.45	-1.4
日用品类	9.21	-72.8
五金、电料类	0.78	-57.1
体育、娱乐用品类	0.17	78
书报杂志类	0.84	12
电子出版物及音像制品类	0.04	128.6
家用电器和音像器材类	1.94	36.5
中西药品类	0.18	-24
文化办公用品类	4.61	19.8
家具类	6.33	1256.2
通讯器材类	1.04	-7.5
石油及制品类	3.45	-3.8
建筑及装潢材料类	12.01	67.2

续表

商品分类	零售额(亿元)	增长(%)
机电产品及设备类	0.43	55.8
汽车类	24.74	-27.1
其他类	7.83	66.8

六、开放型经济

【开放经济】 全年实际利用外资及港澳台资33515万美元,增长29%。当年利用外资及港澳台资项目45个,同比增长105%,其中,千万美元以上项目20个,同比增长122%。对外贸易出口104.20亿元,增长59.3%;进口11.5亿元,增长0.4%。会展经济蔚然成势,成功举办全球智慧出行大会等重大展会52场次,获评"中国最佳会展目的地"。临空经济破题起势,机场大通关基地、空港保税物流中心(B型)、南京机场跨境电商产业园正式运营,入驻跨境电商项目9个。宁杭合作试验区蓄势待发,生态智慧未来城开工建设,"1+9"规划体系基本完成,"五横三纵"路网框架全面拉开。

七、交通运输、邮电和旅游

【交通工程】 全年新建设镇村公交站亭70座、站牌280座,安装360根新能源充电桩。完成40千米农村公路提档升级项目。完成S7线提速运营。实施增绿补绿工程,新增绿道5千米、垂直绿化3千米。S246完成30千米沿线标志标牌及防眩板维修安装。协助市公路处开展S204孔镇至和凤段12.5千米大中修工程和部分桥梁栏杆改造项目。完成S341搭接道口处理,完成S341芮家塘段专项维修。江苏省交通厅"我们的小康路"主题宣传活动启动仪式在溧水召开。"健康绿道"获全国交通运输系统优秀文化品牌。创新推进出租车网巡融合改革,巡游出租车可以通过网巡融合系统,接网约车单。

【邮政电信】 全年邮政电信业务(含移动、联通)总量4.41亿元,其中,邮政业务总量1.35亿元,电信业务(含移动、联通)总量3.06亿元。年末,互联网用户17.24万户、移动电话用户50.41万户。

【旅游经济】 全区打造13个美丽乡村示范村、56个宜居村,实现规划布点村美丽乡村建设全覆盖,石山下、洞东等6个村获评省级特色田园乡村,李巷被列入第二批全国乡村旅游重点村,石头寨村入选中国美丽休闲乡村、全国文明村。高标准创成省级全域旅游示范区。以"健康"为主题的全域旅游示范区创建工作得到省市高度肯定,成为"全域旅游看江苏"7个示范单位之一。获评"全国美丽乡村旅游目的地",李巷创成全国乡村旅游重点村,傅家边创成省级乡村旅游重点村。推进疫后文旅企业复苏,协助重点旅游企业争取省市级旅游业纾困资金107万元,争取省级旅游业扶持资金65万元,市级旅游专项资金234万元。打造"旅游+直播+电商"新模式,创新性举办网上梅花节,"两梅展"溧水展区获得地景类特等奖。旅游收入恢复去年同期92%,幅度排名全市第一。咪豆音乐节成为全国唯一一个登上央视《新闻联播》的音乐节,网络关注量超4亿。"十一"期间实现旅游收入7.4亿元。举办无想夜跑、采摘节等各类节庆活动50余场次。完成智慧旅游二期项目全域旅游运营监测平台和一码畅游溧水小程序。初步完成天生桥智慧景区标准化建设。建成8座A级以上旅游厕所,15座旅游厕所一次性全部通过省级评定验收。完成3家民宿上线,全区已上线民宿32家。

八、金融业

【金融信贷】 年末,全区金融机构人民币存款余额915.83亿元,比年初增加206.34亿元,增幅为29.1%。其中,非金融企业存款余额393.20亿元,比年初增加147.57亿元,增幅为60.1%;住户存款余额356.11亿元,比年初增加42.44亿元,增幅为13.5%。年末全区金融机构人民币贷款余额983.43亿元,比年初增加102.65亿元,增幅为11.7%。其中,住户贷款余额322.54亿元,比年初增加51.92亿元,增幅为19.2%;非金融企业及相关团体贷款余额660.88亿元,比年初增加50.74亿元,增幅为8.3%。

2020年金融机构存贷款情况表

指　　标	金额(亿元)	比年初增加(亿元)
各项存款余额	915.83	206.34
非金融企业存款	393.20	147.57
住户存款	356.11	42.44
其中:活期存款	97.89	3.88
各项贷款余额	983.43	102.65
住户贷款	322.54	51.92
非金融企业及相关团体贷款	660.88	50.74

九、科学技术和教育

【科技创新】 全年申报省重点研发计划制造业项目7个、现代农业项目3个;省创新能力建设计划项目2个;国家外国专家专项7家(16人),省外国人才专项7项;申报科技顶尖专家4名、创新型企业家14名、"345"海外高层次人才引进计划4名、南京创新型领军企业培育库14家(拟入库11家),推荐区引导基金投资咨询专家入库11名。深入实施高新技术企业引育计划,签约新型研发机构5家,新增"瞪羚"企业20家、净增高新技术企业121家。纵深推进"两落地一融合",新增产学研合作项目110个。全年兑付各类奖补资金1.58亿元。其中,兑付48家企业市创新券奖励122.59万元,295家企业区创新券奖励2121.12万元。发放科技贷款8亿元(苏科贷3200万元,宁创贷7.25亿元,溧科贷4300万元)。

【教育事业】 全区现有各级各类学校(园)144所,包括幼儿园84所,其中省优质园31所;小学31所,其中省级实验小学6所;初中15所,其中市教育现代化初中1所,市推进素质教育示范初中10所;普通高中3所,其中,"四星级"高中2所,"三星级"高中1所;中等专业学校1所,进修学校1所;省特殊教育现代化示范学校1所;8所省级标准社区教育中心。完成新区小学一期改扩建,怡景幼儿园和南堡幼儿园建设,新增学位720个。实施中小学教室健康照明项目,投入364万元,升级改造38所658间中小学教室照明设施,安装灯具6941盏。完成新一轮民办惠民园认证工作,全区普惠性幼儿园覆盖率达98.11%,远超省市85%的标准。全区优质资源覆盖率大幅度提高,万科、恒大、状元坊、创维、金碧天下、屏溪佳苑、永阳中心、小梅花等8所幼儿园创成市优质园;时代景园、洪蓝中心等2所幼儿园创成市示范园,在省市优质园就读幼儿占比从去年的74.5%提高到86.3%。完成10所新建校(园)的"市级平安校园"创建,全区所有校(园)均达到市级以上平安校园建设标准。中考均分大幅度提高,超市均分11分,在全市排名第5。高考本一达线较去年增加62人,达线率34.4%。纯文化类(不含体育、艺术类)本科达线较去年增加50人,达线率80%,省溧中、二高中高考均获南京市教学成绩突出贡献奖。

十、文化、卫生和体育

【文化艺术】 全年共开展各类文化活动1100余场,线下服务400万人次以上,线上服务近1000万人次。整合全区各街镇文化站以及老年大学,加挂溧水区文化馆分馆牌子,人均接受文化场馆服务14人次以上。落实区文化馆搬迁改造和区图书馆易地新建选址设计方案。建成乡村大戏台4座。每月开展志愿服务20场以上,开展"线上+线下"志愿服务近300场,服务约15万人次。区儿童图书馆"共沐书香,共享图画童年"志愿服务项目入选全省文明实践志愿服务重点项目。完成状元坊等地块的古墓葬发掘工作,发掘六朝时期古墓葬10余座。修复具有500年以上历史的"中山书院官给田房碑记"。城隍庙文化街区正式开放运营,普查登记全区257处不可移动文物点及区级以上文保单位。开展"跟着非遗游溧水"景区行活动。

【医疗卫生】 年末共有各类卫生机构171个，其中医院7个，基层医疗机构161个，专业公共卫生机构3个。各类卫生机构编制床位2552张。卫生技术人员3869人，其中执业（助理）医师1501人、注册护士1559人。拥有市级重点专科24个。

【体育健身】 利用网络资源，积极举办2020年中国街舞联赛“云battle”、云端广场舞比赛、网络八段锦比赛等线上赛事、活动。线下举办了2020江苏省青训俱乐部联赛、全国击剑俱乐部联赛等赛事，以及溧水区羽毛球赛、全民健身日大展演等活动。溧水区获评江苏省综合类体育产业基地，南京万德体育产业集团有限公司、南京亚狮龙体育用品有限公司、南京万驰汽车文化传播有限公司获评江苏省体育产业示范单位。风驰田径俱乐部和耀武格斗俱乐部被评为省级青少年俱乐部。继续开展“智慧溧水”APP走路换好礼活动，鼓励市民参与全民健身。成功举办2020环溧水自行车赛、中国滑板锦标赛、第四届耀武拳王争霸赛等各类赛事。实现区、街镇、村（社区）三级体育公园全覆盖。打造不同主题的区级公园5个，推进39个建制村新建村级体育公园，建设完成50套健身路径。全面完成省市足球场地建设任务，建成19片社会足球场地和6片校园足球场地。积极推进极限馆、冰雪基地、水上运动学校、梅西足球小镇等重大项目建设。

十一、城市建设、环境保护和安全生产

【城市建设】 年末新增公共绿化面积10万平方米，城区园林绿地面积1524.5万平方米，城区人均公园绿地面积22.65㎡，绿地率40.87%，绿化覆盖率44.97%。城市路灯亮化率98%。

【生态环保】 率先在全省提出“暂创高质量全域Ⅲ类水”目标，在全市率先完成劣Ⅴ类水体销号，集中式饮用水源地水质达标率100%，省市考断面达标率100%。强化工业污染源治理及扬尘管控，空气质量优良率达83.1%，同比上升15.4%；PM2.5浓度均值为32.3微克/立方米，同比下降20.4%。完成18家VOCs企业整治、7家VOCs企业在线建设、16家VOCs“一企一策”编制，251台工业炉窑整治核查，5座重点加油站在线监控和3座三级油气回收建设，116家生活污染源（锅炉）排查摸底。完成2019年度石湫街道东泉村、晶桥镇笪村、洪蓝街道上港村、东屏街道白鹿村、永阳街道东山村、永阳街道东庐村6个村的省级生态文明建设示范村考核验收工作。

【安全生产】 全年亿元GDP生产安全事故死亡率为0.009；特种设备万台死亡率为零。开展现场处置演练199次，参加演练107630人次，通过全员化、经常化的现场处置演练，有效提升了应对突发事件的能力和救援实战水平。在全区组织开展全覆盖拉网式安全生产大检查、大排查、大整治、大执法集中行动。全年累计出动执法力量20859人次，检查企业8318家次，排查发现一般隐患15355处，完成整改14791处，整改罚款处罚335.12万元，责令停产停业30家。全区发生工矿商贸类生产安全亡人事故11起、死亡11人，同比下降15.4%。开展城市风险源普查辨识建档和监管责任厘清确认组网行动，普查登记21359家经营场所，辨识风险源23142处，走访巡查54619家次，排查治理各类隐患4024处。

十二、人民生活和社会保障

【居民生活】 全体居民人均可支配收入46655元，增长6.4%，其中，城镇居民人均可配收入59740元，增长5.1%；农村居民人均可支配支收入29078元，增长7.4%。城镇居民人均消费支出30965元，增长0.1%，其中，食品支出占人均消费性支出的比重为26.1%。农村居民人均生活消费支出18413元，下降3.6%，其中，食品支出占人均生活消费支出的比重为29.7%。据抽样调查，年末平均每百户城镇居民耐用消费品拥有量:家用电脑100台、家用小汽车61辆；平均每百户农村居民耐用消费品拥有量:家用电脑55台、家用小汽车59辆。

【社会保障】 全年五项社会保险新增参保46050人次，完成率83.73%，其中净增企业职工参保人数5456人；社保经办水平进一步提高，灵活就业人员参保相关业务下延至各街镇便民服务中心办理。

【住房保障】 全年整治老旧小区5个、背街小巷10条，共完成棚户区改造面积35.8万平方米。完成安置房开工项目8个，173.68万平方米，开工面积完

成率93.38%，已完成安置房分配6797套。新增发放租赁补贴235人，新增发放购房补贴52人，134人通过人才购房服务成功购房。分配公租房35套，共有产权房10套，发放中低收入家庭租赁补贴5户，总金额2.17万元。筹集充足保障房源，37套公租房全部装修完成，陆续办理入住手续。推进栖凤佳苑小户型保障房开工建设，建设保障住房140套，启动立项、招标等前期工作。

注：

1. 公报中数据为年度初步统计数据，正式统计数据以《溧水统计年鉴》为准。部分数据因四舍五入的原因，存在着与分项合计不等的情况。

2. 地区生产总值、各行业增加值绝对数按现行价格计算，增长速度按可比价格计算。

资料来源：

本公报中市场监管数据来自区市场监管局、行政审批局；财政数据来自区财政局；人口数据来自区公安分局；就业、社会保障数据来自区人社局；现代农业、水产数据来自区农业农村局；建筑业、城市建设、住房数据来自区规资局、城建局、房产局；两化融合数据来自区工信局；对外经济数据来自区商务局；交通运输业数据来自区交运局；邮政电信数据来自区电信、邮政、移动、联通等公司；旅游、文化、体育数据来自区文旅局；金融数据来自区人行；科技数据来自区科技局；教育数据来自区教育局；卫生数据来自区卫健委；生态环保数据来自区生态环境局和水务局；安全生产数据来自区安监局；其他数据均来自区统计局。

2020年溧水区行政区划人口及土地面积情况一览表

指　标	单位	2020年	2019年
一、区域面积*	平方公里	1064	1064
	万亩	160	160
人口密度	人/平方公里	461	448
二、行政区划	—	—	—
街道（开发区）	个	5	5
镇	个	3	3
村民委员会	个	37	39
居民委员会（社区）	个	74	73
三、人口情况	—	—	—
（一）户籍人口（公安年报）	—	—	—
年末总户数	户	162857	159635
年末总人口	人	449803	446750
其中：男	人	225618	224305
女	人	224185	222445
其中：城镇人口	人	260145	213068
乡村人口	人	189658	233682
出生人口数	人	4683	4494
出生率	‰	10.45	10.09
死亡人口数	人	3245	2881
死亡率	‰	7.24	6.47
人口自然增长率	‰	3.21	3.62
（二）常住人口（市局反馈）	万人	49.16	49.03

注：据国土部门统计，区域面积不含部分石臼湖水域面积和石湫街道在安徽的飞地面。常住人口数已根据第七次全国人口普查数据进行修正。

2020年溧水区国民经济主要指标情况一览表

指　　标	单位	数值
一、地区生产总值	亿元	911.51
(一)第一产业	亿元	50.42
(二)第二产业	亿元	459.57
工业	亿元	387.10
建筑业	亿元	72.47
(三)第三产业	亿元	401.52
交通运输、仓储和邮政业	亿元	24.80
批发和零售业	亿元	114.80
住宿和餐饮业	亿元	11.12
金融业	亿元	31.27
房地产业	亿元	52.84
其他服务业	亿元	162.80
人均地区生产总值	元	185663
二、工农业总产值	万元	11675702
(一)农林牧渔业	万元	832720
农业	万元	474700
林业	万元	35020
牧业	万元	52750
渔业	万元	200100
农林牧渔服务业	万元	70150
(二)工业总产值	万元	10842982
开发区	万元	6807037
镇(街)	万元	4035945
三、社会消费品零售总额	亿元	349.84
限额以上	亿元	170.09
其中:批发业	亿元	10.96
零售业	亿元	154.49
住宿业	亿元	0.51
餐饮业	亿元	4.12
四、外经港澳台经济、外贸港澳台贸易	—	—
实际利用外资及港澳台资	万美元	33515
注册合同外资及港澳台资	万美元	61306
出口创汇	万元	1042000
五、邮电业务总量	亿元	6.90
邮政	亿元	1.53
电信(含移动、联通)	亿元	5.37

续表

指　　标	单位	数值
六、全社会用电量	万千瓦时	262563
工业用电量	万千瓦时	145416
七、工业经济指标	—	—
主营业务收入	万元	8068222
其中:规模以上工业企业	万元	5741831
利税总额	万元	1022370
其中:规模以上工业企业	万元	574155
利润总额	万元	706964
其中:规模以上工业企业	万元	387937
工业增加值	万元	3871035
其中:规模以上工业企业	万元	3351786
八、总承包建筑企业数	个	247
建筑业总产值	万元	2525506
竣工产值	万元	1890356
施工面积	万平方米	1274
竣工面积	万平方米	416
利润总额	万元	99298
九、非私营单位从业人员平均数	人	91967
其中:在岗职工	人	80978
单位从业人员工资总额	万元	828421
其中:在岗职工	万元	758543
单位从业人员平均工资	元	90078
在岗职工+劳务派遣平均工资	元	91712
十、普通中小学	所	47
在校学生数	人	45344
教职员人数	人	3904
其中:专任教师	人	3622
学校占地面积	万平方米	168.38
其中:校舍建筑面积	万平方米	68.7
学校藏书量	万册	179.6
十一、卫生机构	个	171
床位数	张	2552
人员数	人	4557
其中:卫生技术人员	人	3869
村卫生室	个	76
十二、计划生育情况	—	—

续表

指　　标	单位	数值
人口出生率	‰	5.45
节育率	%	68.93
人口自然增长率	‰	-4.43
十三、财政收入	万元	1246809
其中:公共财政预算收入	万元	790223
财政支出	万元	2500629
其中:公共财政预算支出	万元	1258948
十四、金融机构存贷款	—	—
金融机构存款	万元	9158335
金融机构贷款	万元	9834304
十五、主要农产品产量	—	—
水稻	吨	150182
小麦	吨	43198
油菜籽	吨	7538
苎麻	吨	500
十六、城乡住户调查情况	—	—
全体居民人均可支配收入	元	46655.1
(一)农村常住居民人均可支配收入	元	29078
全年人均总支出	元	32990
全年人均生活费支出	元	18413
(二)城镇常住居民人均可支配收入	元	59739.8
全年人均总支出	元	54079
全年人均消费支出	元	30965
十七、城市建设和生态环境	—	—
城镇化率	%	65.7
建成区绿化覆盖率	%	44.97
城市人均公共绿地面积	平方米	22.65
林木覆盖率	%	35.58
建成区绿地率	%	40.87
城市人均公共绿地面积	平方米	22.65
林木覆盖率	%	35.58

注:城镇化率由市统一调整反馈。

2020年溧水区分行业法人单位数一览表

单位:个

指　　标	法人单位	
		其中:"四上"单位*
合　计	17806	1372
一产	342	—
农、林、牧、渔业	342	—
二产	5557	752
采矿业	—	—
制造业	3486	499
电力、热力、燃气及水生产和供应业	31	6
建筑业	2040	247
三产	11907	620
批发和零售业	4628	319
交通运输、仓储和邮政业	426	37
住宿和餐饮业	245	32
信息传输、软件和信息技术服务业	666	2
金融业	35	—
房地产业	573	73
租赁和商务服务业	1675	49
科学研究和技术服务业	1088	25
水利、环境和公共设施管理业	213	25
居民服务、修理和其他服务业	286	—
教育	259	1
卫生和社会工作	325	1
文化、体育和娱乐业	1024	56
公共管理、社会保障和社会组织	464	—

注:"四上"单位指规模以上工业企业、房地产开发经营企业和具有资质的建筑业企业,限额以上批零住餐企业、规模以上服务企业。

2020年溧水区按现价计算的地区生产总值情况一览表

指　标	增加值(亿元)	增速(%)
合　计	911.51	6.9
农、林、牧、渔业	54.31	4.0
#农、林、牧、渔服务业	3.89	3.7
工业	387.10	10.1
规模以上	335.18	8.6
规模以下	51.92	20.8

续表

指　标	增加值(亿元)	增速(%)
建筑业	72.47	6.9
批发和零售业	114.80	2.1
批发业	50.01	-5.8
零售业	64.79	9.2
交通运输、仓储和邮政业	24.80	5.6
住宿和餐饮业	11.12	-0.6
住宿业	2.22	0.4
餐饮业	8.90	-0.9
金融业	31.27	11.6
房地产业	52.84	0.8
K门类房地产	46.81	-1.2
自有房地产经营活动	6.03	18.8
营利性服务业	78.32	5.5
信息传输、计算机服务和软件业	3.86	25.3
租赁和商务服务业	30.74	—
科学研究、技术服务和地质勘查业	24.29	—
居民服务和其他服务业	3.75	—
文化、体育和娱乐业	15.68	—
非营利性服务业	84.48	7.0
水利、环境和公共设施管理业	21.37	—
教育	24.21	—
卫生、社会保障和社会福利业	12.39	—
公共管理和社会组织	26.51	—
第一产业	50.42	4.0
第二产业	459.57	9.6
第三产业	401.52	4.4

2020年溧水区按可比价计算的地区生产总值情况一览表

指　标	增加值(亿元)	增速(%)
合　计	846.63	6.1
农、林、牧、渔业	49.52	1.7
#农、林、牧、渔服务业	3.29	-0.6
工业	375.55	11.0
规模以上	325.18	9.9
规模以下	50.37	19.0

续表

指　标	增加值(亿元)	增速(%)
建筑业	58.94	3.7
批发和零售业	106.21	1.2
批发业	46.80	-5.6
零售业	59.41	7.3
交通运输、仓储和邮政业	24.42	7.4
住宿和餐饮业	10.14	-3.8
住宿业	2.17	4.4
餐饮业	7.97	-5.8
金融业	27.45	6.2
房地产业	34.87	-10.7
K门类房地产	30.51	-12.6
自有房地产经营活动	4.36	5.0
营利性服务业	76.31	5.0
信息传输、计算机服务和软件业	3.81	24.8
租赁和商务服务业	29.76	—
科学研究、技术服务和地质勘查业	23.93	—
居民服务和其他服务业	3.63	—
文化、体育和娱乐业	15.18	—
非营利性服务业	83.22	6.5
水利、环境和公共设施管理业	21.05	—
教育	23.85	—
卫生、社会保障和社会福利业	12.21	—
公共管理和社会组织	26.11	—
第一产业	46.23	1.8
第二产业	434.49	9.9
第三产业	365.91	2.4

2020年溧水区与其他市辖区地区生产总值情况对比表

市辖区	绝对量(亿元)	增长(%)	市辖区	绝对量(亿元)	增长(%)
玄武区	1108.66	5.2	云龙区	400.95	3.2
秦淮区	1286.60	6.2	贾汪区	359.20	3.1
建邺区	1121.53	4.2	泉山区	682.84	3.2
鼓楼区	1772.60	6.2	铜山区	1181.54	2.9
浦口区	443.57	3.6	天宁区	812.00	4.5
栖霞区	1569.15	2.1	钟楼区	730.00	3.0

续表

市辖区	绝对量(亿元)	增长(%)	市辖区	绝对量(亿元)	增长(%)
雨花台区	947.14	6.1	新北区	1620.00	4.8
江宁区	2509.32	5.3	武进区	2550.00	4.3
六合区	514.39	6.1	金坛区	960.00	5.5
溧水区	911.51	6.1	虎丘区	1446.32	3.6
高淳区	513.13	5.0	吴中区	1343.78	3.6
锡山区	975.38	5.0	相城区	935.66	3.5
惠山区	985.26	4.3	姑苏区	819.90	0.0
滨湖区	855.01	3.2	吴江区	2002.83	0.6
梁溪区	1372.58	4.5	崇川区	1482.60	3.2
新吴区	1930.10	5.1	通州区	1462.50	4.6
鼓楼区	314.79	2.9	海门区	1442.60	5.5
连云区	219.11	5.1	海陵区	620.19	3.5
海州区	653.14	4.1	高港区	634.97	4.1
赣榆区	631.58	0.2	姜堰区	687.49	3.8
淮安区	616.10	3.4	宿城区	403.22	4.5
淮阴区	549.76	3.1	宿豫区	335.25	4.7
清江浦区	591.98	3.0	徐州经济技术开发区	776.07	4.8
洪泽区	343.65	3.0	苏州工业园区	2907.09	4.6
亭湖区	561.36	4.0	南通经济技术开发区	743.40	3.1
盐都区	606.90	2.4	连云港经济技术开发区	357.10	3.3
大丰区	686.78	4.0	淮安经济技术开发区	396.27	3.6
广陵区	843.48	3.5	盐城经济技术开发区	317.36	1.0
邗江区	1128.01	3.9	扬州经济技术开发区	545.66	4.2
江都区	1114.91	3.0	镇江新区	683.59	3.7
京口区	449.48	4.0	泰州医药高新技术产业开发区	336.93	5.5
润州区	245.23	3.3	宿迁经济技术开发区	159.35	9.7
丹徒区	414.03	3.7			

（区统计局）

责任编辑　宋国朝

说　明

1. 索引采用主题分析索引法，按索引词首字汉语拼音音序排列，首字音序相同按第二音序排列，依此类推。

2. 凡类目、分目、副分目标题和人名作索引词的均用红色字标明。

3. 索引词后标的阿拉伯数字表示内容所在页码，数字后的拉丁字母 a、b 分别表示左、右栏，索引词后括注“表”字的为表格。

4. “特载”和“大事记”未作索引。

A

B

C

D

E

F

G

H

J

K

L

M

N

P

Q

R

S

T

W

X

Y

Z